谨以此书献给

为广西高速公路发展事业作出贡献的决策者、建设者、管理者

"十三五"国家重点图书出版规划项目
中国高速公路建设实录

Record of Expressway Construction in
Guangxi

广西高速公路
建设实录

广西壮族自治区交通运输厅

内 容 提 要

本书是《中国高速公路建设实录》系列丛书之广西卷，内容包括广西经济社会发展、公路建设及运输发展、高速公路发展成就、高速公路建设管理地方法规、高速公路建设科技成果、高速公路运营管理与综合执法、高速公路文化建设、高速公路项目建设，以及高速公路大事记。

本书全面系统总结了广西高速公路建设发展成就，详细记述了广西高速公路建设过程中的管理经验、科技创新、文化传承以及项目建设实情，具有很强的史料价值。本书可供交通运输建设行业相关人员阅读、学习与查询参考。

图书在版编目(CIP)数据

广西高速公路建设实录／广西壮族自治区交通运输厅组织编写. — 北京：人民交通出版社股份有限公司，2018.8

ISBN 978-7-114-14164-5

Ⅰ.①广… Ⅱ.①广… Ⅲ.①高速公路—道路建设—广西 Ⅳ.①U412.36

中国版本图书馆 CIP 数据核字(2017)第 224702 号

"十三五"国家重点图书出版规划项目
中国高速公路建设实录

书　　名：	广西高速公路建设实录
著 作 者：	广西壮族自治区交通运输厅
责任编辑：	刘永超　周　宇　李　沛
责任校对：	尹　静
责任印制：	张　凯
出版发行：	人民交通出版社股份有限公司
地　　址：	(100011)北京市朝阳区安定门外外馆斜街3号
网　　址：	http://www.ccpress.com.cn
销售电话：	(010)59757973
总 经 销：	人民交通出版社股份有限公司发行部
经　　销：	各地新华书店
印　　刷：	北京雅昌艺术印刷有限公司
开　　本：	787×1092　1/16
印　　张：	65.25
字　　数：	1310 千
版　　次：	2018年8月　第1版
印　　次：	2018年8月　第1次印刷
书　　号：	ISBN 978-7-114-14164-5
定　　价：	450.00 元

(有印刷、装订质量问题的图书，由本公司负责调换)

《广西高速公路建设实录》
编审委员会

主　　任：潘　巍

顾　　问：曹洪兴　梁承宪　郑皆连　黄怀文

副 主 任：李小林　梁　毅　黄汝生　王劼耘　李日昌
　　　　　罗华芝

委　　员：陆晓明　黄荣钰　唐　飞　李　程　古尚宣
　　　　　姜永春　胡华平　黄锡春　韦　扬　张　孟
　　　　　覃绍生　周　北　陈　剑

《广西高速公路建设实录》
编纂工作委员会

主　任： 梁　毅

副主任： 覃泽宁　朱　毅　刘　杏　张雪莲　李益华
　　　　　　林　友　陆正业　姚凤金　朱方平　钟　永
　　　　　　周华文

委　员： 蹇天保　徐远玲　全玉建　李　霞　李铭辉
　　　　　　陈　迎　黄耀国　韦尧昌　陈　静　王秋霞
　　　　　　李　方　刘定清　黄　彬　潘承海　陈蓉蓉
　　　　　　黄小红

编纂工作委员会办公室

主　任： 周　北

副主任： 农　宇

委　员： 吴杰贵　许秋香　姚　远　唐礼康　黄婉茜
　　　　　　吴君馨　黄春霞

光辉岁月　长路当歌

"一九七九年,那是一个春天,有一位老人在中国的南海边画了一个圈……",和着《春天的故事》主旋律,中国改革开放大歌在神州大地唱响、回荡,在响彻天际的改革开放大歌中,中国高速公路开始谋篇布局——在中国地图上画出一个个圈、一条条线,描绘着中国高速公路网。从此,中国高速公路从无到有,从点到线,从线到网,在祖国壮丽山河谱写出一曲曲气壮山河的宏伟乐章。

1984年6月27日我国首条高速公路——沈大高速公路开工建设,1988年10月沪嘉高速公路建成通车。1992年5月,中共中央、国务院作出"要充分发挥广西作为西南地区出海通道的作用"的战略决策。旌旗奋、宏图起,广西交通人上下一心,共谋发展,群策群力谋划出"多渠道筹集资金谋发展,建设大通道,服务大西南"的发展思路。春华秋实,瞬尔二十余年。从1991年到2016年,广西高速公路风雨兼程地走过了25年,破解筹资难题,高速公路建设硕果垂坠,相继建成五十多条(段)高速公路。随着广西高速公路发展迈入快车道,昔日全国交通路网的"神经末梢",正成为连接多区域的"交通枢纽",一条连通中国和东盟的国际大通道正展现在世人面前。

小调初弹桂柳风

1993年10月5日,桂林至柳州高速公路建设项目正式动工,此项目是广西第一条高速公路,也是当时投资最多、规模最大和技术标准最高的高等级公路,并首次采用"菲迪克"条款向全国公开招标管理,在广西公路建设史上开了先河。1995年5月22日至25日,时任交通部部长黄镇东实地考察了南丹、河池、南宁等地的大通道线路走向,并与自治区领导共同研究广西西南出海通道建设规划。1996年11月26日,广西壮族自治区高速公路管理局成立,桂(林)柳(州)高速公路管理处和沿海高速公路管理处同时成立。1997年5月,桂柳高速公路建成通车,结束了广西没有高速公路的历史。从此,壮乡人民有了令人振奋、令人自豪的光辉大道,开启了建设"西南出海通道、富民强桂"的壮丽征程。

小调初弹,人心振奋,广西交通人乘势而上,奋蹄扬鞭,用血汗、智慧在壮美的八桂大地上谱写着"出海通道"交响乐章的动人音符。2000年8月,造价126亿元人民币、全长652公里的桂海高速公路全线贯通,广西有了当时全国单线最长的高速公路。2003年广西高速公路里程达到1011公里,成为全国第一个高速公路里程突破1000公里的少数民族自治区、西部地区第三个高速公路通车里程突破1000公里的省区。2004年9月西南出海公路通道全线贯通。2005年12月建成我国连接东盟的第一条国际大通道——南宁至友谊关高速公路。2008年,广西实现了南宁至广州高速公路广西境段的全线贯通,广西高速公路通车里程突破2000公里,达到2181公里。2006年至2010年的"十一五"时期是广西交通史上建设重大项目最多、发展速度最快、投资规模最大、建设质量最好、改革成果最显著,对全区经济社会发展贡献最突出的五年;五年间新开工和在建高速公路项目40个,建设里程4622公里,建设规模是"十五"期的两倍。2011年至2015年的"十二五"期是广西交通运输发展历程中投资规模最大、发展速度最快、发展质量最好、发展成效最佳的时期。高速公路实现所有设区市全连通、国省干线高等级公路实现县县全连接,实现了交通运输发展阶段从"瓶颈制约"到"基本适应"的历史性跨越,为打造现代综合交通运输体系奠定了坚实基础。

众声交响大壮歌

二十多年来,广西交通人前赴后继、顽强拼搏,高速公路在不断织网、延伸,延伸、织网,广西交通人"建设大通道,服务大西南"使命光荣,任重道远。二十多年来,广西交通人在广西这片古老的土地上,书写了高速公路发展史上惊天地、泣鬼神的壮乡大歌,集中体现在三个阶段。

一是起步阶段(1991年至2000年),广西交通人从此开启了高速公路建设新的历史纪元。1992年,在交通部的大力支持下,广西第一条高速公路——桂林至柳州高速公路获批建设,1993年10月正式破土动工,1997年5月建成通车,结束了广西没有高速公路的历史,标志着西南出海通道建设迈出了坚实的一步。借助西部大开发的"东风",广西高速公路建设提速前行,钦州至防城港(北海)、宜州至柳州、柳州至南宁等一批高速公路相继建成开通。至2000年年底,全区高速公路通车里程达812公里,在全国排名第8位。

二是稳步发展阶段(2000年至2010年),广西交通人建立起了比较完整的高速公路规划、招投标、投融资、建设、质量、科技等管理体系,积累了在穷山恶水中进行高速公路建设的重要经验。2003年12月，南宁至坛洛高速公路提前一年全线通车，广西的高速公路通车里程达1011公里，成为我国第一个高速公路里程突破1000公里的少数民族自治区；2004年实现西南出海公路通道广西境段的全线贯通；2005年建成我国连接东盟的第一条国际大通道——南宁至友谊关高速公路，广西以提前全国两年的成绩实现了"五纵七横"国道主干线广西境段"一纵""一横"的全线贯通；2007年12月，南宁（坛洛）至百色高速公路建成通车，成为泛北部湾经济区连接大湄公河次经济区域的重要通道；2008年5月，自治区党委、政府审时度势，作出了"掀起交通建设新高潮"的决定，计划用五年时间将区内通往北部湾经济区的出海高速公路通道全部贯通。至此，广西交通进入"大建设、大改革、大发展"阶段。2008年12月，岑溪至兴业、桂林至阳朔高速公路建成通车，全区高速公路里程突破2000公里，达到2181公里，广西作为西南出海大通道的优势跃升为中国连接东盟的国际大通道的优势；2010年年底即"十一五"末，全区高速公路通车总里程达2574公里，比"十五"末增加1163公里，基本实现14个地级市通高速公路，广西与相邻省份以及越南均建立了高速公路通道，通疆达海、互联互通的高速公路主骨架网基本建成，为广西经济社会发展注入了强大的动力。翻开广西高速公路建设大事记时间表，每个"第一次"都是广西高速公路建设史中标志性的里程碑。2001年2月18日，广西首个利用世界银行贷款修建的高等级公路项目——河池（水任）至南宁公路开工建设。2003年8月5日，广西公路建设史上第一条采用"BOT"（即建设—经营—移交管理）模式运作的项目——兴业至六景高速公路建成通车。2005年11月8日，广西第一条由民营企业投资建设的广州至昆明高速公路梧州苍梧至广东郁南段正式通车。一次次的"第一次"使广西交通人在"大建设、大改革、大发展"中提速前行。

三是黄金发展阶段（2010年至2020年），广西交通人总结高速公路建设经验，同时借鉴区外、国外先进经验，以巨大的政治勇气、理论勇气、实践勇气推进高速公路建设，取得了辉煌的业绩。2010年12月，来宾至马山、马山至平果等5个高速公路项目集中开工，为"十二五"高速公路建设拉开了序幕。2013年4月，玉林至铁山港（北海）高速公路开通运营，全区高速公路通车里程突破3000公里，达到3197公里，广西从交通末梢蜕变成为大西南地区的交通枢纽、对接东盟的国际大通道。2014年，河池至都安、靖西至那坡、百色至靖西、桂平至来宾、南宁外环等5条里程共计449公里的高速公路建成通车，是广西高速公路建设历史上通车项目最多、里程最长的一年，实现了"县县通高速"开门红。

光辉岁月，万方乐奏，长路当歌。自1993年桂柳高速公路开始建设，到2003年广西高速公路通车里程超过1000公里，用了整整十年时间；到2008年年底，广西高速公路通车总里程突破2000公里，用了五年多时间；到2014年年底，通车总里程达到3700公里，从2000公里到3700公里，也只用了五年多的时间。随着"县县通高速"的深入实施，广西高速公路建设事业进入了一个快速、全新的黄金发展时期。"十三五"末，全区高速公路通车里程达4289公里，五年新增1715公里，形成了以南宁为中心，对外辐射西南中南地区、东盟国家以及北部湾沿海港口，对内连通各地市的放射状高速公路网格局。全区已建成连接邻省和东盟国家的高速公路通道10条，与相邻省份或国家至少有2条高速公路连通。高速公路连通区内所有设区市和80%的县级节点，基本实现高速公路连接各设区市、连通周边省和出海、出边的网络化目标，形成了东部沿海省区"西进""出边"和西南省市"东出""出海"的高速公路网主骨架。

号角奋催新跨越

二十多年来，广西高速公路建设取得的巨大成就，是一代代广西交通人顽强拼搏、接续奋斗的结果。第一个十年，广西交通人取得了广西高速公路建设从无到有的"零"的突破。第二个十年，广西交通人开启了高速公路建设的伟大历程，吹响了与时俱进的时代号角，开辟了高速公路建设新时期。第三个十年，广西交通人着力推动科学发展，掀起一波强于一波的高速公路建设高潮。回顾广西高速公路建设的伟大历程，振奋人心，瞻望广西高速公路建设的光明前景，士气鼓舞。根据广西壮族自治区人民政府批复实施的《广西高速公路网规划修编（2010—2020）》，至2020年年底，广西高速公路总里程将突破8000公里，形成"6横7纵8支线"的高速公路网络，实现全区所有县（市、区）通达高速公路。为加快推进广西高速公路建设，2014年7月，广西壮族自治区人民政府印发实施《县县通高速公路建设工作方案》，力争到2020年年底前实现所有县（市、区）通高速公路的目标。

广西是中国唯一集沿海、沿边、沿江于一体的少数民族自治区，在中国西部具有重要的经济战略地位，是面向东盟的国际大通道，西南、中南地区开放发展新的战略支点，"一带一路"有机衔接的重要门户。

高速公路为全区经济社会发展、扩大对外开放，实现习近平总书记赋予广西的"三大定位"作出了重大贡献。广西、贵州、云南属经济后发展的西部省区，但拥有十分丰富的矿产等自然资源，而广东珠三角地区虽具有雄厚的经济实力、先进的技术及管理水平，但资源、原材料匮乏。高速公路以其灵活、直达快捷的优势，将区域经济体系的各个发展点连成一体,有利于促进东西部地区优势互补、资源共享和产业转移,推进区域经济走向良性循环的轨道。

广西高速公路建设改善了沿线地区的基础设施投资环境,促进了一、二、三产业的发展,加快了城镇化进程。出海高速公路不仅将南宁、北海、钦州、防城港四个城市紧密联系在一起,还缩短了内陆工业城市柳州、来宾直达港口的距离,带动了临海工业、旅游业、现代服务业和海洋经济的发展,促使一大批重大产业项目落户沿海城市。

高速公路建设还刺激和带动了相关产业发展。根据广西高速公路网规划,广西高速公路未来5年(2015年至2020年)建设所需资金近4688亿元,其中大部分将转化为新的市场消费要求,刺激和带动钢材、水泥、机械等相关产业发展。高速公路投资将直接或间接创造可观的地区生产总值,为社会创造大量的就业岗位。同时,高速公路串起了桂林、柳州、来宾多地山水游和民族风情游,崇左、百色边关游和红色旅游以及钦北防滨海游的区内旅游环,有效带动了区内旅游的蓬勃发展。

此情可望成追忆

回顾广西高速公路建设的二十多年历程,记录着广西高速公路建设者大胆探索、潜心积累、勇于开拓、不断前进的艰辛付出,是几代建设者从不熟悉到熟悉,从没经验到有经验,从照搬照套到具有创造性,不懈努力的真实写照。其中不乏成功的做法和经验,可圈可点的有:建管模式的广西探索,前期工作的广西经验,招标管理的广西做法,勘察设计的广西深度,工程建设的广西品质,征地拆迁的广西样本,筹资引资的广西模式,人才培养的广西力量,文化建设的广西特色。"艰苦奋斗、清正廉洁、乐于奉献、团结求实、雷厉风行"的桂柳路精神,成为全区交通战线的精神财富和学习榜样。桂柳高速公路在抓思想政治教育、廉政建设、招标、合同管理、监理制度、设计创新、节约投资等方面积累了较好的经验,在全区公路建设中得到广泛推广。

这次交通运输部组织编撰全国高速公路建设实录,旨在对全国高速公路建设进行一次全面的总结与提升。《广西高速公路建设实录》将以"公路建设及运输发展""高速公路发展成就""高速公路建设管理地方法规"等八个章节,如实采集收录广西高速公路从规划、投融资、招投标、建设、竣工全过程,全面、真实地总结广西高速公路的建设成果。一是全面、真实地总结广西高速公路在政策实施、战略布局方面的经验与成果。通过总结、梳理各个时期国家及自治区关于推进高速公路建设的政策措施和战略布局,理顺广西高速公路发展的脉络,为今后提供经验借鉴。

二是全面、真实地总结广西高速公路在建设管理、技术创新和运营管理等方面的经验与成果。广西地质条件多样、生态复杂，相当一部分高速公路处于喀斯特地貌地区、高寒山区和民族地区、边疆地区，高速公路地理条件、人文风俗的不同使得建设环境和管理手段不尽相同。通过对每条高速公路建设及运营情况的系统梳理，充分展现各个项目在建设及运营过程中的特点、亮点和难点。三是全面、真实地总结广西高速公路建设过程中积累的精神文明成果。高速公路建设凝聚着全区各个民族和各条战线成千上万劳动者的智慧与心血，涌现出了一批可歌可泣可敬的高速公路建设者。此次实录编撰，就是通过总结和记录广西高速公路建设丰富的精神文明成果，再现广西交通人的智慧与奉献精神。物质不灭，精神永在。二十多年来，广西高速公路每寸每米的延伸都凝结有广西交通人与天斗与地斗的酸甜苦辣，也凝结有广西交通人与天斗与地斗的无尽勇气、无穷乐趣，他们的智慧、精神永不能忘记。我们完全有理由为取得的一切成绩而自豪，但我们没有丝毫理由因此而自满，我们决不能躺在过去的功劳簿上。拭去历史的尘埃，广西交通人的智慧、精神与江山同在，永放光芒，广西交通人的智慧、精神值得传承和发扬光大。

"十三五"是广西全面建成小康社会的决胜时期，是全面履行中央对广西提出的"三大定位"新使命的重要时期，是加快实施广西壮族自治区党委、政府提出的"双核驱动、三区统筹"发展格局、实现"两个建成"重要目标的战略机遇期，是全面实施"两化融合"和经济转型发展升级的关键时期，更是交通运输发展的黄金时期，特别是中央赋予广西构建面向东盟的国际大通道、打造西南中南地区开放发展新的战略支点、形成21世纪海上丝绸之路和丝绸之路经济带有机衔接的重要门户"三大定位"新使命，以及北部湾经济区、珠江—西江经济带、左右江革命老区、桂林国际旅游胜地等规划建设上升为国家战略，为提升广西在国家发展格局中的地位作用，充分发挥广西与东盟陆海相邻的独特优势，扩大对内对外开放，加快形成面向国内国际开放合作新格局提出了更高要求。虽有智慧，不如乘势，今天的广西高速公路建设已经站在新的历史起点上，广西交通人将以更加奋发有为的精神状态推进广西高速公路建设，完善基础设施网络，加快发展现代交通运输业，为实现"两个建成"的目标当好先行。

广西壮族自治区交通运输厅党组书记、厅长 陈鸿起

2018年8月

目录
Contents

第一章 经济社会发展 1
 第一节 广西概况 1
 第二节 广西经济社会发展 4
 第三节 交通行政管理体制 17

第二章 公路建设及运输发展 22
 第一节 公路建设 22
 第二节 公路运输 26
 第三节 综合运输与物流发展 30

第三章 高速公路发展成就 44
 第一节 高速公路规划及发展历程 44
 第二节 高速公路建设 52
 第三节 高速公路桥梁隧道建设 61
 第四节 高速公路建设管理经验 74
 第五节 高速公路与经济社会发展 84

第四章 高速公路建设管理地方法规 92
 第一节 自治区级相关法规制度 95
 第二节 建设市场管理相关法规制度 100
 第三节 项目管理法规制度 106

第五章 高速公路建设科技成果 119
 第一节 高速公路建设科技创新 119
 第二节 重大科研课题 160
 第三节 主要科技成果 233

第六章 高速公路运营管理与综合执法 260
 第一节 高速公路运营管理 260
 第二节 广西高速公路路政执法模式 288

第七章	高速公路文化建设	293
第一节	公路建设与精神文明	293
第二节	广西高速公路文化特色	370
第三节	文明奖项	414
第八章	高速公路项目建设	425
第一节	桂林至柳州高速公路	425
第二节	钦州至防城港高速公路	434
第三节	南宁至南间高速公路	445
第四节	柳州至王灵高速公路	459
第五节	王灵至三岸高速公路	470
第六节	桂林绕城高速公路	479
第七节	钦州至北海高速公路	485
第八节	宜州至柳州高速公路	500
第九节	南宁机场高速公路	506
第十节	合浦至山口高速公路	509
第十一节	兴业至六景高速公路	520
第十二节	南宁至坛洛高速公路	532
第十三节	水任至南宁高速公路	539
第十四节	黄沙河至全州高速公路	553
第十五节	南宁至友谊关高速公路	569
第十六节	百色至罗村口高速公路	584
第十七节	苍梧至郁南高速公路	600
第十八节	平乐至钟山高速公路	606
第十九节	坛洛至百色高速公路	621
第二十节	灵川至三塘高速公路	633
第二十一节	阳朔至平乐高速公路	638
第二十二节	岑溪至梧州高速公路	643
第二十三节	全州至兴安高速公路	649
第二十四节	岑溪至兴业高速公路	654
第二十五节	桂林至阳朔高速公路	666
第二十六节	钟山至马江高速公路	676
第二十七节	马江至梧州高速公路	677
第二十八节	灵峰(桂粤界)至八步高速公路	693
第二十九节	筋竹(粤桂界)至岑溪高速公路	705

第三十节	隆林至百色高速公路	716
第三十一节	六寨至河池高速公路	725
第三十二节	宜州至河池高速公路	744
第三十三节	六景至钦州港高速公路	755
第三十四节	钦州至崇左高速公路	774
第三十五节	玉林至铁山港高速公路	796
第三十六节	兴安至桂林高速公路	819
第三十七节	防城至东兴高速公路	823
第三十八节	河池至都安高速公路	836
第三十九节	南宁外环高速公路	855
第四十节	百色至靖西高速公路	867
第四十一节	靖西至那坡高速公路	878
第四十二节	桂平至来宾高速公路	895
第四十三节	梧州至贵港高速公路	901
第四十四节	灌阳(永安关)至全州(凤凰)高速公路	909
第四十五节	柳州至武宣高速公路	940
第四十六节	来宾至马山高速公路	949
第四十七节	马山至平果高速公路	961
第四十八节	崇左至靖西高速公路	975
第四十九节	岑溪至水汶高速公路	998

广西高速公路大事记(1991—2016年) ·········· 1006

第一章
经济社会发展

第一节 广西概况

一、地理区位

广西壮族自治区地处中国南方沿海,是中国五个少数民族自治区之一,是中国唯一一个沿海自治区,也是中国西部资源型经济与东南开放型经济的结合部,在中国与东南亚的经济交往中占有重要地位。

位置与面积:广西壮族自治区位于东经104°26′~112°03′,北纬20°26′~26°23′之间,北回归线横贯中部。东连广东省,南临北部湾并与海南省隔海相望,西与云南省毗邻,东北接湖南省,西北靠贵州省,西南与越南社会主义共和国接壤。行政区域土地面积23.76万km^2,管辖北部湾海域面积约4万km^2。

地势:广西处于中国地势第二级阶梯的云贵高原的东南边缘,两广丘陵的西部,南边朝向北部湾。西北高、东南低,呈西北向东南倾斜状。山岭连绵、山体庞大、岭谷相间,四周多被山地、高原环绕,中部和南部多丘陵平地,呈盆地状。

地貌:总体是山地丘陵性盆地地貌,分山地、丘陵、台地、平原、石山、水面六类。山地以海拔800m以上的中山为主,海拔400~800m的低山次之,山地约占广西土地总面积的39.7%;海拔200~400m的丘陵占10.3%,在桂东南、桂南及桂西南连片集中;海拔200m以下地貌包括谷地、河谷平原、山前平原、三角洲及低平台地,占26.9%;水面仅占3.4%。盆地中部被两列弧形山脉分割,外弧形成以柳州为中心的桂中盆地,内弧形成右江、武鸣、南宁、玉林、荔浦等众多中小盆地。平原主要有河流冲积平原和溶蚀平原两类,河流冲积平原中较大的有浔江平原、郁江平原、宾阳平原、南流江三角洲等,面积最大的浔江平原达到630km^2。广西境内喀斯特地貌广布,集中连片分布于桂西南、桂西北、桂中和桂东北,约占土地总面积的37.8%,发育类型之多世界少见。

二、人口情况

广西人口增长受经济水平、社会环境、生育政策等各方面因素影响。据统计,1954年至1982年期间,广西自然增加的人口为1714.55万人,平均每年增加59.12万人,年平均自然增长率为21.87‰,人口自然增长的速度高于全国同期的平均水平。新中国成立以来,广西人口经历了1954年至1958年、1962年至1972年两次人口出生高峰;1959年至1961年,广西总人口逐年减少,1960年和1961年人口都是负增长;其他年份广西人口平缓增长。市镇人口增长速度比农村人口快,乡村人口(指县人口)占的比重有所下降。少数民族人口增长速度比汉族快。

新中国成立以来,广西在人口自然变动方面,曾经历了一个较大的转变,即从高出生率(30‰以上)、高死亡率(10‰以上)和自然增长率也较高(20‰以上)向高出生率、低死亡率(6‰~7‰)和高自然增长率的转变。据统计,在1974年以前,广西每年的出生率都超过30‰;在1964年以前,每年的死亡率都超过10‰;在1977年以前,每年的自然增长率都超过20‰。目前,广西人口的自然变动,正向较低的出生率(20‰以下)、较低的死亡率(6‰以下)和较低的自然增长率(10‰以下)转变。

从地区分布来看,20世纪90年代,广西逐步形成了现在的人口分布格局,形成环北部湾和桂东南地区人口集中区域,而桂西和桂北地区人口稀疏的现状。90年代以来,广西地区人口分布大体是在这一格局下的局部调整,总的人口分布结构没有改变,仍然保持东南多西北少的分布状况。

2015年末,全区14个市常住人口分布情况见表1-1-1;1980—2015年全区人口变化情况见表1-1-2。

2015年广西全区14个市常住人口分布情况表　　　　　　　　　　　　表1-1-1

地　　区	常住人口(万人)	地　　区	常住人口(万人)
南宁市	698.61	贵港市	429.37
柳州市	392.27	玉林市	570.72
桂林市	496.16	百色市	359.67
梧州市	299.94	贺州市	202.59
北海市	162.57	河池市	347.68
防城港市	91.84	来宾市	218.20
钦州市	320.93	崇左市	205.45

注:数字选自《广西2015年全国1%人口抽样调查主要数据公报》,根据人口抽样调查推算。

广西人口变化表(1980—2015年)(单位:万人)　　　　　　　　　　　　表1-1-2

年份(年)	人口数	自然增长率(‰)	按性别分(男/女)	按城乡分(市镇/乡村)
1980	3538	19.37	1822/1716	—
1985	3873	19.91	2005/1868	—
1990	4242	13.60	2205/2037	641/3601
1995	4543	11.01	2377/2166	838/3705
2000	4751	7.90	2484/2267	1337/3414

续上表

年份(年)	人口数	自然增长率(‰)	按性别分(男/女)	按城乡分(市镇/乡村)
2005	4925	8.17	2587/2338	1567/3093
2010	5159	8.65	2708/2451	1848/2761
2015	5518	7.9	2913/2605	2257/2539

注：表中数字选自《广西统计年鉴2016》。

2016年末，全区常住人口4838万人，比上年末增加42万人，增长0.88%；出生人口77万人，人口出生率13.82‰；死亡人口29万人，人口死亡率为5.95‰；人口自然增长率为7.87‰。从性别结构看，常住人口中，男性人口2512.4万人，女性人口2325.6万人，常住人口性别比为108.01（以女性为100）。从年龄构成看，常住人口中，16周岁以上至60周岁以下（不含60周岁）的劳动年龄人口2987.3万人，占常住人口的比重为61.75%；60周岁及以上人口716万人，占常住人口的14.8%；65周岁及以上人口481.4万人，占常住人口的9.95%。从城乡结构看，城镇常住人口2326万人，比上年末增加69万人；乡村常住人口2512万人，比上年末减少27万人；城镇人口比重为48.08%。

三、行政区划

广西壮族自治区行政区划为14个地级市，8个县级市，65个县（含12个民族自治县），37个市辖区，773个镇，350个乡（含59个民族乡），128个街道办事处。首府为南宁市。

四、民族

广西是多民族聚居的自治区，世居民族有壮、汉、瑶、苗、侗、仫佬、毛南、回、京、彝、水、仡佬等12个，另有满、蒙古、朝鲜、白、藏、黎、土家等44个其他民族成分。2015年年末广西常住人口中，有少数民族人口1781.23万，其中壮族人口1508.82万，分别占自治区常住人口总数的37.14%和31.46%。

壮族是广西也是中国人口最多的少数民族，主要聚居在南宁、柳州、崇左、百色、河池、来宾等6市。靖西市是壮族人口比重最高的县级行政区，达到99.7%。汉族在广西各地均有分布，主要集中在南部沿海及桂东地区。瑶族主要居住在金秀、都安、巴马、大化、富川、恭城等6个瑶族自治县。苗族主要分布在融水苗族自治县和隆林、龙胜、三江、南丹、环江、资源等县（自治县），其中融水苗族自治县苗族人口最多，约占全自治区苗族人口的40%。侗族主要居住在三江、龙胜、融水等3个自治县，其中三江侗族自治县侗族人口最多。仫佬族主要居住在罗城仫佬族自治县，散居于宜州、忻城、环江、融水等县（自治县、市）。毛南族主要聚居在环江毛南族自治县。回族主要居住在桂林、柳州、南宁、百色等市及临桂、灵川、鹿寨、永福等县。京族主要居住在东兴市江平镇。彝族主要居住在隆林各族自治县和西林、田林、那坡等县（区）。水族主要散居在南丹、宜州、融水、环江、都安、兴安、河池市金城江区等县(自治县、市、区)。仡佬族主要居住在隆林各族自治县及田林、西林等县。

广西是以壮族为主体民族实行民族区域自治的省份。1958年3月5日,国务院批准成立广西壮族自治区。从1951年起,先后批准在各少数民族聚居地方建立自治县12个,分别是1951年建立的龙胜各族自治县,1952年建立的金秀瑶族自治县、融水苗族自治县和三江侗族自治县,1953年建立的隆林各族自治县,1955年建立的都安瑶族自治县,1956年建立的巴马瑶族自治县,1958年建立的防城各族自治县(1993年撤县设区,继续享受民族自治县经济政策待遇),1984年建立的富川瑶族自治县、罗城仫佬族自治县,1987年建立的环江毛南族自治县,1988年建立的大化瑶族自治县,1990年建立的恭城瑶族自治县。广西壮族自治区人民政府还先后批准在苗族、瑶族人口较为集中的西林县和凌云县从1992年起、资源县从1995年起享受自治县政策待遇。1984—1999年,广西壮族自治区先后在乡镇一级行政区域中建立民族乡63个,1996年批准平南县大鹏镇享受民族乡政策待遇。此外,广西壮族自治区人民政府2001年批准撤销东兰县民族乡2个;2005年批准田林县弄瓦瑶族乡并入八桂瑶族乡、福达瑶族乡并入八渡瑶族乡,凌云县力洪瑶族乡并入玉洪瑶族乡;2013年批准建立防城港市防城区十万山瑶族乡。至2015年年末,广西全区设有民族乡59个,其中瑶族乡47个,苗族乡8个,瑶族苗族乡、回族乡、侗族乡、仫佬族乡各1个。

第二节　广西经济社会发展

广西近年国民经济和社会发展速度逐步加快,地区综合经济实力不断加强。特别是20世纪90年代以来,新一轮西部大开发政策逐步实施,中国—东盟自由贸易区建成和中国—东盟博览会成功举办,北部湾经济区开放开发上升为国家战略,广西社会经济发展呈现前所未有的良好势头。

2015年,面对国际经济复苏缓慢、国内经济持续下行的严峻形势,广西壮族自治区党委、政府坚决贯彻落实中央的各项决策部署,坚持稳中求进工作总基调,主动适应经济发展新常态,统筹做好稳增长、促改革、调结构、惠民生、防风险等各项工作,全区经济呈现"总体平稳、稳中有进"的发展态势,各项社会事业不断进步,实现"十二五"圆满收官。经济社会发展取得了新的重大成就。经济综合实力跃上新台阶,地区生产总值、固定资产投资、规模以上工业总产值、金融机构存贷款余额等指标超过万亿元。经济结构调整步伐加快,千亿元产业增至10个,新兴产业加快成长,服务业增加值比重提高,农业农村发展态势良好,城镇化水平提升,"双核驱动、三区统筹"区域发展协调推进。基础设施建设实现大跨越,高铁经济圈和高速公路网基本建成,南宁机场跻身千万旅客吞吐量大港行列,西部首座核电站防城港红沙核电1号机组并网发电,大藤峡水利枢纽开工建设,沿海和内河港口吞吐能力大幅提高。生态文明建设扎实推进,节能减排降碳目标如期完成,生态经济启动发展,美丽乡村建设成果丰硕,生态环境质量全国一流。人民生活明显改善,居民收入增长与经济增长同步,新增就业持续增加,社会保障体系基本建立,教育、卫生、文化等社会事业全面进步。全面深化改革蹄疾步稳,财税金融、行政审批、商事制度、北部湾同城化等重点领域改革取得新突破。开放合作深化拓展,广西成为中国与东盟开放合作的前沿和窗口,成功承办一系列国家重大外事活动,桂港、桂澳、桂台和参与泛珠三角区域合作不断深化,与周边省份经济联系日趋紧密。特别是中央明确赋予广西构建面向东盟的国际大通道、打造西南中南地区开放发展新的战略支点、形成21世纪海上丝绸之路与丝绸之路经济带有机衔接的重要门户"三大定位"新使命,北部湾经济区、珠江—西江经济带、左右江革命老区、桂林国际旅游胜地实现国家战略全覆盖,广西在国家战略中的地位作用显著提升。"十二五"时期,是广西克难攻坚、爬坡过坎的五年,是富民强桂、腾跃发展的五年,是内聚实力、外塑形象的五年。面向未来,广西站在了新的历史起点上。

2016年,广西突出抓好650项工业跨越发展项目,加大力度支持汽车、铝、机械等重点产业、重点企业和重点园区发展。积极争取中央资金,发行政府和企业债券,发挥政府投资引导基金作用,出台20条措施促进社会投资,新开工重大项目1456项,竣工投产729项。抓好服务业百项重点工程和现代服务业集聚区建设,千方百计优供给促消费;举办"壮族三月三"国际电商节等系列活动;新增国家全域旅游示范区创建单位19家、全国旅游标准化示范县1家、广西特色旅游名县7家、4A级景区17家。加快推进现代特色农业"10+3"提升行动,建设959个现代特色农业示范区,新建100万亩"双高"糖料蔗基地,稳定粮食总产量在300亿斤以上,大力发展现代生态养殖、特色经济林和林下经济。深入实施"加工贸易倍增计划",加工贸易额达585亿元,占外贸比重进一步提高,推动边民互市贸易转型升级,发展跨境电商。在落实营改增等减税降费政策的同时,深挖财政增收潜力,实现财政收入2454亿元,八项支出增长17.3%,盘活存量资金,财政收支运行平稳。千方百计降低实体经济成本,出台41条措施,为企业减负约300亿元。优化传统产业供给,出台《中国制造2025广西实施意见》,深入实施质量品牌提升、降成本增效益、产业转型升级三大专项行动,新增工业企业名牌产品107个。推进糖、铝产业"二次创业",加快化工、有色金属等企业"退城入园"。同时狠抓创新促转型,全面部署实施创新驱动发展先进制造业和战略性新兴产业,实施工业创新发展工程。深入实施基础设施攻坚战,竣工投产铁路、公路、水运、能源、水利、城乡基础设施等一批项目。实施农村全面脱贫攻坚战,精准脱贫攻坚首战告捷。实施更加积极主动的开放带动战略,构建"四维支撑、四沿联动"格局。加快推进绿色发展,大力培育生态经济。坚持把改善人民生活作为重中之重,财政支出近80%用于民生领域,全面完成为民办实事工程项目。

一、生产总值

1994年分税制改革以来,广西经济总量与财政收入均得到快速增长,经济建设与财政收入来源建设步伐加快,纷纷跨上新台阶。地区生产总值增速也保持在较高水平,特别是从2004年开始,地区生产总值基本保持高速增长。2003年,广西地区生产总值突破3000亿元,达到3433.5亿元;2006年、2007年两年又连续突破4000亿元、5000亿元两个大关。2011年广西正式跨入地区生产总值"万亿元俱乐部",达到11720.87亿元。广西地区生产总值从1000亿元上升到2000亿元耗时6年,突破3000亿元用了4年,而突破4000亿元、5000亿元以及10000亿元都只用了1年。

2016年,面对复杂严峻的国内外经济环境和持续较大的经济下行压力,广西全区上下在自治区党委、政府的坚强领导下,牢牢把握稳中求进工作总基调,全力稳增长、促改革、调结构、惠民生、防风险,着力推进供给侧结构性改革,全区经济运行呈现缓中趋稳、稳中向好的态势。初步核算,广西全年生产总值18245.07亿元,按可比价格计算,比上年增长7.3%(表1-2-1)。其中,第一产业增加值2798.61亿元,比上年增长3.4%;第二产业增加值8219.86亿元,增长7.4%;第三产业增加值7226.60亿元,增长8.6%。三次产业增加值占全区生产总值的比重分别为15.3%、45.1%和39.6%,三次产业对经济增长的贡献率分别为7.2%、47.0%和45.8%。

广西生产总值增长表(1980—2015年)　　　　　　　　　　　表1-2-1

年份(年)	全区生产总值(亿元)	人均生产总值(元/人)
1980	97.33	278
1985	180.97	471
1990	449.06	1066
1995	1497.56	3304
2000	2080.04	4652
2005	3984.10	8590
2010	9569.86	20219
2015	16803.12	35190

注:表中数字选自《广西统计年鉴2016》。

二、产业结构

1978年以来,广西不断深化经济体制改革,转换经济机制,进入"八五"以后,改革开放步伐加快,产业结构在市场经济的推动下逐步由封闭型向开放型转变,三次产业结构转换加快,各次产业的内部结构不断改善,产业结构呈现由低级到高级,由严重失衡到基本合理的发展变动轨迹。1994年,广西顺利推进了财政、金融、投资、外贸、外汇等重大改革,为全区经济增长和产业结构加速转换创造了条件。

"十五"时期,广西经济结构明显优化。三次产业结构由2000年的26.8:35.2:38.0调整到2005年的22.5:37.9:39.2。农业基础地位更加巩固,农林牧渔业总产值年均增长6.1%。主要农产品生产能力明显提高,农业产业化初具规模,特色农业加快发展,县域经济发展态势良好。工业成为经济增长的主导力量,工业增加值年均增长13.6%,工业对经济增长的贡献率年均达到40%,规模以上工业企业盈亏相抵后实现利润总额年均增长28.5%。优势产业迅速成长,强优企业数量增加。服务业结构进一步优化,旅游业、交通运输业、商贸业、房地产业和会展业等取得长足发展。各经济区特色经济加快发展,区域特色经济格局进一步形成。城镇化进程进一步加快,2005年城镇化率达到33%,比2000年提高约5%。

"十一五"期间,广西的产业结构调整取得重大进展。三次产业结构由2005年的22.9:37.9:39.2调整为2010年的17.5:47.1:35.4。工业对经济增长的贡献率超过50%,工业化率由1.39提高到2.4,标志着工业发展取得历史性突破,工业化进入中期阶段。工业总产值突破万亿元,食品、汽车、冶金率先成为千亿元产业,食糖、微型汽车、轮式装载机、柴油内燃机等市场占有率全国第一。销售额超30亿元的强优企业从11家增加到30家。柳州高新技术产业开发区升格为国家高新区。特色优势农业加快发展,农业综合生产能力显著提高,甘蔗、桑蚕、木薯、速生林、八角等特色农产品产量稳居全国首位。旅游、物流、金融、会展、信息等现代服务业加快发展。

"十二五"期间,广西产业结构调整取得新突破。三次产业结构由2010年的17.5:47.1:35.4调整为15.3:45.9:38.8。千亿元产业增至10个,其中两千亿元产业增至7个,百亿元企业增至26家。高技术产业增加值增长3倍。现代服务业发展加快,电子商务交易额井喷式增长,接待游客总人数和旅游收入分别年均增长18.2%和27.8%。粮食产量稳定增长,糖料蔗、特色水果、桑蚕茧等农林产品产量保持全国前列。产业脊梁更为坚挺,工业化进程加速推进。

1980—2015年广西三次产业结构变化见表1-2-2。

广西三次产业结构变化表(1980—2015年) 表1-2-2

年份(年)	第一产业(亿元)	第二产业(亿元)	第三产业(亿元)	三次产业比
1980	44.07	30.79	22.47	45.3:31.6:23.1
1985	77.49	54.69	48.79	42.8:30.2:27.0
1990	176.77	118.45	153.84	39.4:26.4:34.3
1995	453.15	535.86	508.55	30.3:35.8:34.0
2000	557.38	732.76	789.90	26.8:35.2:38.0
2005	912.50	1510.68	1560.92	22.9:37.9:39.2
2010	1675.06	4511.68	3383.11	17.5:47.1:35.4
2015	2565.45	7717.52	6520.15	15.3:45.9:38.8

注:表中数字选自《广西统计年鉴2016》。

三、财政收入

广西近年以新一轮西部大开发战略的实施和中国—东盟自由贸易区的建成为契机，在北部湾经济区开发的带动下，经济水平得到快速提升，财政收入快速增长。

2016年，广西财政收入2454.05亿元，比上年增长5.2%。其中，一般公共预算收入1556.24亿元，增长2.7%；一般公共预算收入中，税收收入1036.20亿元，比上年增长0.4%；非税收入520.04亿元，增长7.6%。全区一般公共预算支出4472.48亿元，增长10.0%。其中，民生支出总额3529.36亿元，同比增长9.2%，占一般公共预算支出的比重达78.9%。民生支出中，农林水事务支出增长19.2%，城乡社区事务支出增长16.0%，医疗卫生与计划生育支出增长13.3%，社会保障和就业支出增长12.7%，教育支出增长9.2%，住房保障支出增长5.5%。

四、城乡统筹

"十一五"期间，广西城镇化加快推进，城镇化率达到40%左右，城镇人口突破2000万人，城镇建成区面积增加到2197km^2，城市道路达到1万km以上，供水普及率92%，燃气普及率超过90%，城镇综合承载力明显提高，人居环境明显改善，辐射带动能力明显增强。新农村建设取得可喜成效，基本实现村村通公路，行政村通电率100%，户通电率99.55%，20户以上通电自然村通电话、通广播电视，80%以上的行政村能上网，全面实施城乡清洁工程和城乡风貌改造，农村生产生活条件显著改善，城乡面貌焕然一新。

"两区一带"协调发展。广西北部湾经济区开放开发上升为国家战略，经济区发展规划实施取得明显成效，年均经济增速高于全区2.4个百分点，经济总量占全区比重达31.8%，沿海现代重化工业布局加快形成，北部湾港跨入亿吨大港行列，建成钦州保税港区、南宁保税物流中心、凭祥综合保税区和北海出口加工区等海关特殊监管区，成为全国发展最快、活力最强、潜力最大的新增长区域之一。西江黄金水道建设全面推进，建成南宁至贵港千吨级、贵港至梧州两千吨级高等级航道，内河港口吞吐能力6000万吨，沿江中心城市形成汽车、机械、冶金、高新技术及建材等产业布局，承接东部产业转移势头迅猛，带动西江经济带快速发展。桂西优势资源开发力度加大，铝、锰、有色金属、水能、制糖、红色旅游、农产品加工等在全国有重要影响的特色优势产业基地发展壮大。

改革开放特别是进入21世纪以来，广西壮族自治区党委、政府作出了一系列加快推进城镇化的重大战略部署，广西城镇化发展取得了明显成效，呈现出城镇规模快速扩张、城镇体系不断完善、城镇功能持续提升、城乡面貌深刻变化等良好态势。

随着外部条件和内在动力的深刻变化，广西城镇化进入了质量与速度并重、以提升质量为主的新阶段，呈现转型升级发展态势，面临新的趋势和新的要求。当前和今后一个时期,推进新型城镇化发展,广西将以国家新型城镇化发展战略为指导,结合实际走出一条以人为本、集约高效、绿色发展、四化同步、城乡一体、多元特色的新型城镇化道路。以人为本,即人的城镇化,走以人为核心的城镇化之路;集约高效,即布局优化的城镇化,走集约紧凑和大中小城市、小城镇协调发展的城镇化之路;绿色发展,即生态文明的城镇化,走人与自然和谐相处的城镇化之路;四化同步,即产城互动的城镇化,走产业和城镇融合发展的城镇化之路;城乡一体,即城乡融合的城镇化,走新型城镇与新农村建设双轮驱动的城镇化之路;多元特色,即特色鲜明的城镇化,走因地制宜和多样化发展的城镇化之路。

走广西特色的新型城镇化道路,是在现有基础上的继承与发展,是城镇化进入转型阶段的新要求,有利于转方式、调结构、扩内需,打造广西经济升级版,保持经济持续健康较快发展;有利于破解城乡二元结构,化解城镇二元矛盾,解决"三农"问题,促进城乡发展一体化;有利于推动区域协调发展,打造北部湾国家级城市群,提高西江经济带和桂西资源富集区城镇化水平,进一步完善"两区一带"布局;有利于破解资源环境制约,建设生态文明示范区,全面提高城镇化质量和水平。

城乡统筹,关键是城市带乡村。广西城镇化是在人多地少、经济欠发达、发展不平衡、资源环境约束较强的背景下推进的,广西上下将以邓小平理论、"三个代表"重要思想、科学发展观为指导,深入贯彻落实党的十八大和十八届三中全会精神,转变发展理念,创新发展模式,加快推动城镇化转型发展,以人口城镇化为核心,有序推进农业转移人口市民化;以城镇群为主体形态,推动大中小城市和小城镇协调发展;以综合承载力为支撑,提升城镇可持续发展水平;以四化同步为载体,推动产城融合发展;以城乡一体化为导向,促进城乡统筹协调发展;以改革创新为动力,激发城镇化发展活力,走出一条具有时代特征、富有广西特色的新型城镇化道路,在稳步提高城镇化水平进程中提升发展质量。为广西与全国同步全面建成小康社会、加快建成西南中南地区开放发展新的战略支点,打下更加牢固的基础。发展中还坚持以下基本原则:①紧紧围绕以人为核心,推进以人为本的城镇化。着力推进农业转移人口市民化和城镇基本公共服务均等化,促进社会进步和公平正义,让全体居民共享新型城镇化成果。②紧紧围绕优化布局,推进集约高效的城镇化。着力推进大中小城市和小城镇协调发展,优化城镇化布局和形态,培育发展辐射作用大的城镇群。③紧紧围绕生态文明,推进绿色发展的城镇化。着力把生态文明理念全面融入城镇化进程,加强资源节约和环境保护,实现城镇绿色、循环和低碳发展。④紧紧围绕四化同步,推进产城融合的城镇化。着力推进城镇化与工业化、信息化、农业现代化同步发展,构建城镇现代产业体系,增强城镇产业支撑力。⑤紧紧围绕城乡融合,推进城乡一体的城镇化。着力推进城乡统筹发展,促进要素平等交换和资源均衡配置,构建新型城乡关系,实现城乡互动、共同发展。⑥紧紧围绕文化传承,推进多元特色的城镇化。着力发展有历史记忆、文化传承、地域风貌、民族特点的魅力城镇,形成形态多样、各具特色的城镇化发展模式。⑦紧紧围绕改革创新,积极稳妥推进城镇化。着力全面深化改革,建立健全有利于新型城镇化发展的制度环境,使城镇化成为市场主导、自然发展,政府引导、科学发展的过程。以期达到城镇化水平和质量持续提升,城镇布局更加优化,城镇综合承载力提升完善,城镇化体制机制健全完善的发展目标。

在城镇体系构建的方面,广西坚持大中小城市和小城镇协调发展方针,因地制宜、分类引导,增强中心城市辐射带动功能,加快发展中小城市,有重点地发展小城镇,构建结构合理、布局协调、功能互补的新型城镇体系。同时,优化城镇化空间格局,坚持以城镇群为主体形态优化城镇化布局。按照统筹规划、合理布局、以大带小、分工协作的要求,以沿海、沿江、沿交通主要干线为依托,以核心城市为支撑,以周边中小城市和小城镇为组成部分,发展集聚效率高、辐射作用大、城镇体系优、功能互补强的城镇群,形成北部湾城市群和桂中、桂北、桂东南城镇群,承载广西全区80%左右的城镇人口。

五、发展战略

广西是我国少数民族人口最多的自治区,也是革命老区、边疆地区。既有北部湾沿海等发展条件好、潜力大的地区,又有大石山区等集中连片的贫困地区;既有丰富的矿产、旅游、特色农业等资源,又有制约资源优势转化为经济优势的交通、能源、人才瓶颈;既有参与国际国内区域合作的有利区位条件,又存在深化开放合作的体制机制障碍;当前,既有加快发展的难得机遇,又面临国际金融危机的严峻挑战,广西将从以下几个大方向着手突破现有瓶颈。

打造区域性现代商贸物流基地、先进制造业基地、特色农业基地和信息交流中心。充分发挥广西北部湾经济区和西江经济带集聚辐射带动作用,完善产业布局,加快发展先进制造业、高技术产业和现代服务业,大力发展特色农业,构建特色鲜明、集群发展、协调配套、竞争力强的现代产业体系。

构筑国际区域经济合作新高地。加快建设并完善与东盟合作平台,拓展合作领域,扩大合作范围,创新合作机制,在中国—东盟自由贸易区中发挥更大作用,增强参与国际经济合作和竞争的能力,提升经济国际化水平,构建内外联动、互利共赢、安全高效的开放型经济体系。

培育我国沿海经济发展新的增长极。依托沿海港口,进一步加强西南出海大通道建设,构建连接多区域的国际通道,积极发展临海现代产业,优化沿海经济布局,充分发挥后发优势,形成我国沿海新的经济增长极。

建设富裕文明和谐的民族地区。坚持各民族共同团结奋斗、共同繁荣发展的主题,认真落实各项民族政策,珍惜和维护社会主义新型民族关系,加快民族地区经济社会发展,巩固和发展经济繁荣、社会进步、民族团结、边疆稳固的良好局面。

推进沿海沿江率先发展,完善区域发展总体布局。充分发挥北部湾经济区引领带动作用。按照高起点、高水平、高标准的要求,加快实施广西北部湾经济区发展规划,坚持合理布局、有序开发,尽快将广西沿海打造成为西部大开发战略高地和重要的国际区域经济合作区。充分利用沿海港口优势,积极引进国内外大企业,重点发展石油化工、有色金属、钢铁、林浆纸、修造船、电子信息、粮油加工、核电、新能源等产业,培育壮大临港产业集群,加快形成临海先进制造业基地和现代物流基地。当前,要加快淘汰落后产能,积极推进企业兼并重组,进一步调整产业结构,加快推进重大项目建设。加强地区铁路、高速公路、航空等基础设施的对接和共建,增强城市群要素集聚作用,形成连接多区域的重要交通枢纽。鼓励在行政管理、财政、金融、投融资、土地和涉外经济等改革方面先行先试。落实鼓励类产业的税收优惠政策,开展城镇建设用地增加与农村建设用地减少挂钩试点。对已列入规划的项目,要加快核准、审批,提高行政办事效率。

积极打造西江经济带产业集聚优势。桂东、桂中、桂北沿西江地区,面向珠江三角洲,背靠西南腹地,交通运输便利,工业基础较好,要进一步整合资源、集聚优势,加快形成西江经济带。要加快西江黄金水道开发,提高通航能力,形成铁路、公路、水路相互衔接、优势互补的综合交通运输体系,有效降低综合物流成本,为产业拓展、提升、集聚提供强有力的支撑。以区域内重点城市为节点,以产业园区为载体,完善空间布局,形成分工明确、优势明显、协作配套的产业带。柳州要加大产业结构调整力度,做优做强汽车、机械、冶金、化工等产业,加快建设先进制造业基地。桂林要充分发挥旅游资源优势,打造国际旅游胜地,推进机械、汽配、橡胶、医药、特色农林产品精深加工等产业升级换代,进一步办好国家高新技术产业开发区。来宾要提升糖蔗综合加工利用水平,积极发展铝、锰深加工,培育壮大新兴资源加工型产业。梧州、玉林、贵港、贺州等地要加快与珠江三角洲地区的市场对接,改善投资环境,增强配套能力,主动承接东部产业转移,壮大产业规模,提升发展水平。抓紧研究制定西江经济带发展规划。

增强资源富集的桂西地区自我发展能力。桂西地区矿产、水能、旅游等资源富集,要积极实施优势资源开发战略,大力发展特色产业,积极探索老少边山穷地区加快发展的新路子。百色重点打造全国重要的铝工业基地和红色旅游目的地,加快发展煤炭、电力、农产品加工等产业。河池重点打造有色金属、水电和生态旅游基地,加快发展特色食品、桑蚕等产业。崇左重点发展糖业和锰深加工,加快发展旅游、水泥、剑麻深加工等产业。崇左、百色要利用沿边优势,加快发展边贸物流和出口加工业。

加快发展现代农业,夯实经济社会发展基础。切实加强粮食生产。确保口粮产销平衡,努力提高粮食自给率。实行最严格的耕地保护制度,稳定粮食播种面积。加大土地整理和中低产田改造力度,加强农业基础设施建设,积极推广良种良法,建成一批水稻、玉米和冬种马铃薯等优势产区。落实国家新增粮食生产能力政策,建立促进粮食增产增效的长效机制,落实对产粮大县的支持政策,切实保障种粮农民的合理收益。加强粮食流通设施建设和维修改造,发展区域性粮食现代物流。建立粮食应急加工和供应体系,进一步完善粮食储备体系。

大力发展特色农业。发挥特色农业资源优势,积极开发名特优新农产品,建设成为我国亚热带农产品重要产区。稳定和合理调控甘蔗种植面积,完善制糖企业与蔗农利益共享、风险共担机制。加强甘蔗良种研发、繁育和推广,支持主产县(市、区)改善生产条件,稳步推进甘蔗生产机械化,提高单产水平和含糖率。在继续发展桑蚕、亚热带水果、木薯生产的同时,着力加强加工储运能力建设,延长产业链,巩固和提高在全国的领先地位。加大对甘蔗、桑蚕等优势特色农业发展的支持力度。充分利用山地资源,因地制宜发展速丰林、经济林、木本油料、花卉和林木种苗产业。发展生态农业和观光农业。积极发展畜牧水产业,重点发展奶水牛和草食畜禽,支持水产健康养殖池塘标准化改造,扩大对虾、罗非鱼、珍珠等优势产品养殖规模。支持建设北海国家农业科技园区。完善动植物防疫体系,建设边境重大动物疫病防控阻截带。充分发挥广西农垦的龙头带动作用,推进特色农业产业化。

发展壮大县域经济。围绕富民、强县、奔小康目标,积极发展农村二、三产业,多渠道增加农民收入。以特色农产品加工和优势资源型工业为重点,加快发展与大中城市、大型企业集团相配套的产业集群,推动中小企业与大企业协作,打造一批工业强县。鼓励城市工商企业到农村建设原料生产和加工基地,合理布局建设工业集中区,促进城市资金、技术、人才、管理等生产要素向县域流动。推进县域企业重组改造,培育壮大乡镇企业,积极发展农村商贸、物流、旅游等服务业。大力推进农业产业化经营,支持在农产品主产区建立较为完备的加工体系,运用财政贴息、补助等办法支持发展龙头企业和专业合作经济组织。加快发展县城和重点镇,推进户籍制度改革,进一步放宽中小城市落户条件,使在城镇稳定就业和居住的农民有序转变为城镇居民。试行自治区直管县财政管理体制,增强县级财政统筹能力。

加强农村基础设施和公共服务能力建设。把基础设施建设和公共服务的重点放在农村,切实改善农村生产生活条件。加强小型农田水利建设,加快灌区配套改造,扩大农田有效灌溉面积。实施农村饮水安全工程,提高乡村自来水普及率。加快县乡公路建设,推进农村公路乡镇"通畅"和乡村"通达"工程,开展建制村通沥青(水泥)路建设试点,提高路网密度和县乡村屯通达率。建设农村户用沼气池、农村沼气乡村服务网点、大中型沼气工程、养殖小区和联户沼气工程等项目。加快农村电气化县和小水电代燃料工程建设,完善农村电网。把华侨农林场、农垦、国有林场的基础设施建设逐步纳入地方规划。推动医疗卫生、教育培训、农业科技、新闻出版、广播电视、体育健身等公共服务向农村延伸。积极开展扩大农村危房改造试点。对中央投资安排河池、百色的公益性建设项目,适当减少市级配套资金。

深化农村改革。稳定和完善农村基本经营制度,健全严格规范的农村土地管理制度,赋予农民更加充分而有保障的土地承包经营权,保持现有土地承包关系稳定并长久不变。按照依法、自愿、有偿的原则,允许农民采用多种方式流转土地承包经营权,探索建立土地承包经营流转服务市场。严格宅基地管理,依法保障农户宅基地用益物权。建立现代农村金融制度。开展省级农村信用联社改革试点,在保持农村信用社县级法人地位稳定的前提下,加快组建农村商业银行。培育发展村镇银行、贷款公司、农村资金互助社等新型金融机构,建立健全农民小额信用贷款和农户联保贷款制度。加快农村信用担保体系建设,增加农村有效担保物种类,允许有条件的农民专业合作社开展信用合作。扩大邮政储蓄银行涉农服务范围,加大对"三农"的信贷支持力度。探索建立农业贷款风险损失补偿机制。推进集体林权制度改革。推进以工促农、以城带乡机制建设。按照体制融入地方、管理融入社会、经济融入市场的方向,推进华侨农林场改革发展,当前要重点加快道路、供水、供电等基础设施建设。

广西坚持工业化主导方向,推动产业结构优化升级。大力发展先进制造业。积极培育特色优势产业集群,优化资源开发利用方式,坚持走新型工业化道路,加快资源优势向经济优势转变。大力发展以铝为主的有色金属、经济型轿车为重点的汽车、制糖为主的食品、炼油为主的石化、钢铁为主的冶金、工程机械为主的机械制造等支柱产业,促进产业链向精深加工延伸,打造知名品牌,建设全国重要的糖业、有色金属、石化、钢铁基地。加快发展建材、造纸、修造船、茧丝绸、服装、木材加工、林产化工、医药等优势产业,壮大产业规模,提升产业层次。发展以壮药为重点的民族医药产业。推进行业结构调整,淘汰冶金、造纸、化工等行业的落后产能。鼓励大型企业集团联合重组,加快培育一批销售收入超百亿元的企业。支持建设糖业循环经济示范省区。

完善国家与地方两级食糖储备调控机制,研究把甘蔗生产燃料乙醇列入中央财政生物能源和生物化工非粮引导奖励专项资金支持范围。对柳州、桂林、南宁、梧州、玉林老工业基地城市的国有企业,在处置不良资产、技术改造升级方面比照实施振兴东北地区等老工业基地政策。适当降低工业用地最低价格标准,支持现有矿山深部和外围找矿工作。当前,要认真实施重点产业调整和振兴规划,继续实施农机具购置补贴政策,落实汽车、摩托车和家电下乡,以及技改贴息、税收优惠、重要工业品储备、增发企业债券等政策,帮助企业渡过难关。

加快发展高技术产业。立足现有基础,优化产业结构和布局,促进产业集聚,增强产业竞争力。建设以南宁、北海为主体的北部湾经济区高技术产业带,推进南宁生物国家高技术产业基地建设,支持桂林、柳州高技术产业开发区发展。优先发展生物、新材料、新能源、电子信息、海洋等高技术产业,延伸产业链,支持高技术产业发展项目建设。建设中国—东盟科技合作与技术转移平台、西南濒危药材资源开发国家工程实验室、国家非粮生物质能源工程技术研究中心。加强中小企业科技孵化平台和技术产权交易市场建设。建设重点优势产业公共检测技术服务平台,开展重要技术标准研究。

提升企业自主创新能力。加强科技攻关,加大研发投入,构筑人才高地,整合创新资源,打造一批创新型企业。围绕现代产业发展,大力推进关键领域的引进消化吸收再创新和集成创新,鼓励原始创新,加快创新成果转化。实施支柱产业重大科技攻关工程。加大对科技研发和技改贴息投入力度,建立科技创新风险投资机制。强化企业在自主创新中的主体地位,加快建设一批企业技术中心、工程中心、工程实验室和中试基地,引导和支持创新要素向企业集聚。积极培养高素质的科技创新人才,大力引进国内外领军人才,加强大企业博士后工作站建设。加快培育有利于企业家成长的良好环境。整合企业、高校、科研院所创新资源,形成科技创新的强大合力。在优势领域培育壮大一批创新型企业。

加强工业园区建设。根据区域发展总体战略,进一步优化工业园区布局。鼓励多种投资主体参与园区基础设施建设,增强园区产业配套和商务服务、物流配送等综合服务能力,完善生活配套设施,创新人才引进和园区管理体制,搭建产业集群发展平台。提高园区土地集约利用水平,大力发展循环经济,积极推进清洁生产。进一步推动企业向工业园区集聚,引导产业关联度高的企业进入园区,努力做强做优工业园区。支持和推动钦州港经济开发区、北海铁山港工业区、柳州阳和工业园区、防城港企沙工业区、玉林玉柴工业园等重点园区发展,促进产业结构升级。支持柳州高新技术产业开发区等符合条件的高新技术园区升格为国家级园区。

加快发展服务业,提升产业现代化水平。优先发展生产性服务业。充分发挥生产性服务业对先进制造业、现代农业的支撑服务功能,重点发展现代物流、金融服务、会展服务、信息服务等。建设汽车、工程机械、内燃机、有色金属和大宗农产品专业物流体系。加强与粤港澳和东盟金融合作。引进各类金融机构,加快中小银行重组改革步伐,拓展证券、保险、期货等各类金融业务,构建南宁区域性金融中心,形成现代金融服务体系。完善信用担保体系,促进设立中小企业信用担保和再担保机构,充分发挥融资担保作用。大力开发企业理财服务、结算服务、电子银行服务。支持办好已有的综合性、专业性展会。加快建设国家级服务外包基地。培育研发设计、营销策划、工程咨询、中介服务等专业服务机构。推进地方特色产品国家质量监督检验中心建设。

积极发展消费性服务业。适应居民消费扩大和结构升级的需要,加快发展商贸流通、旅游休闲等服务业。加强商贸流通基础设施建设,完善商品市场体系和商业网点布局,大力发展新型流通业态,做强做优大型流通企业。加快实施"万村千乡""双百市场""新农村现代物流"工程,完善农村商品流通网络。加快建设大型工业品、粮食和农副产品批发市场和专业市场,进一步完善柳州食糖现货交易市场。建立健全粮食、猪肉、食用油等重要消费品储备体系。建设桂林、南宁、北海、梧州旅游目的地和游客集散地,发展一批旅游强县和特色旅游小城镇。加强重点旅游景点景区基础设施建设。建设桂林国家旅游综合改革试验区,开发建设北海涠洲岛旅游区,依托崇左大新跨国瀑布景区和凭祥友谊关景区设立中越国际旅游合作区。积极发展社区服务、教育培训、体育健身、养老保健、文化娱乐等需求潜力大的服务业。

营造服务业发展的良好环境。放宽服务业市场准入,从土地、金融和价格等方面支持服务业发展。建立中国与东盟合作的现代服务业标准规范体系和现代服务业技术、产品与服务的认证体系。规范服务业市场秩序,保护自主创新,维护消费者合法权益。积极推进与东盟国家在服务业人才培训方面的交流与合作,加快培养现代服务业复合型人才。

广西正以崛起之姿,加强基础设施建设,增强跨越发展的支撑能力。加快建设综合交通运输体系。构建连接周边省份和东盟国家的铁路、公路、水运和航空综合交通运输网络。规划建设黄桶—百色、玉林—合浦、合浦—河唇、柳州—肇庆、河池—南宁铁路,加快实施广西沿海铁路和湘桂铁路南宁至凭祥段扩能工程,提高铁路网密度和技术等级。加快实施国家高速公路网规划建设项目;推进高速公路建设,提高国道省道路网等级结构,重点建设国家公路运输枢纽。加强沿海港口公用码头、专用泊位、集装箱泊位以及深水航道建设,改善防城港进港航道条件,新建北海邮轮码头,增开北部湾港国际海运航线。大力发展西江水运,重点支持西江航运干线、柳江黔江、红水河、右江等航道建设,推进通航设施建设,实施长洲水利枢纽船闸扩建、沿江主要港口扩能等重点工程。建设南宁机场新航站区,建成面向东盟的门户枢纽机场。加快桂林机场改造,建成国家重要的旅游机场。完善区内支线机场布局。规划建设南宁国际区域性和柳州、梧州国内区域性综合交通运输枢纽。加大对交通基础设施建设的政策支持力度,具有省际通道功能的高速公路项目建设用地执行国家高速公路项目同等政策,重大铁路建设项目可申请先行用地。建立沿江过坝通航联合调度、统筹管理的有效机制。

构筑安全可靠的能源体系。深度开发水电,优化发展火电,积极发展核电,大力发展可再生能源和新能源,建设安全可靠的输变电网络,为经济社会发展提供多元、稳定、经济、清洁的能源保障。研究论证龙滩水电站蓄水400m方案,扩建岩滩水电站。优先建设"上大压小"火电项目,合理布局内陆保障电力供应安全的支撑电源和热电联产项目。加快防城港红沙核电站建设,规划建设新的核电项目。鼓励发展风能、生物质能和其他可再生能源发电,建设可再生能源示范省区。加快电网建设与改造,重点规划建设南宁、柳州、桂林以及沿海城市电网。创新铝电、锰电联营新模式。在百色、来宾、河池等地对符合条件的大用户开展直供电试点。采取股份制方式推进主电网与地方电网联合重组。鼓励企业建设沿海原油、成品油储备设施,支持利用西气东输二线、中缅管道天然气和进口液化天然气。加强与西南地区和东盟国家的能源合作,提高能源供给保障能力。

加强水利工程体系建设。以提高水利保障能力为核心,建设综合防洪防潮减灾体系、水资源保障体系、水生态保护体系。加快实施桂林城市防洪及漓江补水工程,抓紧开工建设桂中治旱乐滩水库引水灌区工程,积极开展大藤峡、柳江洋溪和落久等重大水利工程的前期工作。合理规划建设部分重大产业项目供水水源工程。加大水利基础设施建设投入力度。完善防灾减灾体系,加强重点城市防洪工程和标准海堤建设,加大山洪灾害防治力度。加快西江干流沿岸内涝防治区治理,实施南流江、钦江河口水闸整治和大中型病险水库(水闸)除险加固工程。加快大中型灌区续建配套与节水改造步伐,加强左江旱片、右江旱片和桂西北旱片综合治理。

推进信息网络设施建设。统筹规划,建立和完善信息资源共建共享机制,提高信息化水平。建设数字化城市管理信息系统。加快建设电子政务工程和基础数据库,建立北部湾数据资源和交换平台。建设广西数字认证中心,构建面向中国—东盟的数字证书认证体系。大力发展电子商务。加强广西特别是边境地区无线电频谱监管设施建设,建立城市应急联动信息系统。支持网络信息安全与应急保障基础设施建设。加强企业和个人征信体系建设。

加强城镇体系及基础设施建设。强化规划引导,建设特色明显、功能完善、布局合理、资源节约、生态良好的城镇体系。合理调整城市行政区划,完善城市功能。以区域中心城市为依托,加快构建以南宁为核心的北部湾城市群和桂中、桂北、桂东南城镇群,培育右江河谷走廊、黔桂走廊、桂西南、桂东北城镇带。加快城镇道路、桥梁、给排水、供气、电力、环保、通信、有线电视等基础设施建设。支持发展承载量大、快速便捷的城市公共交通网络和城际快速轨道交通,实施南宁轨道交通工程等重点项目。适时修编城乡建设规划,推进城市新区建设。促进房地产业平稳有序发展,加大对中小套型、中低价位普通商品住房建设的信贷支持,实施"城中村"和城镇危旧住房改造工程。加强城市综合防灾减灾和应急管理能力建设。

加大扶贫开发力度,支持特殊类型地区加快发展。加快大石山区脱贫致富步伐。桂西大石山区是集中连片贫困地区,也是少数民族聚居地区,是扶贫攻坚主战场。要瞄准交通运输基础薄弱、文化水平较低、农业生产条件落后等基本制约因素,坚持开发式扶贫方针,创新扶贫开发模式,加大政策支持力度,到2020年基本消除绝对贫困现象。继续采取行之有效的"大会战"方式,规定时限、集中财力人力物力,开展公路、水利等基础设施建设,突破瓶颈制约。开展教育扶贫试点,立足提高人的素质和就业技能,把加大教育投入与劳务经济相结合,加快劳动力跨区域就业转移。加大整村推进、连片开发、易地扶贫搬迁、以工代赈等扶贫开发力度,切实改善困难群众生产生活条件。积极稳妥地开展贫困村互助资金试点。发展特色产业及民族特需商品生产,增加群众收入。支持生态严重退化区域实施生态移民,搞好异地搬迁安置地配套设施建设。加快少数民族村寨连片木屋防火整治以及村庄整治,大力改善大石山区教育、医疗、文化基本公共服务。创新对口支援方式,加大对口帮扶力度,鼓励东部发达省市和有条件的企业定点帮扶大石山区脱贫致富。加大对人口较少民族的扶持力度。

推进边境地区加快发展。加大对边境8县(市、区)支持力度,大力实施"兴边富民行动"计划,建设经济繁荣、生活宽裕、设施配套、边防巩固的新边疆。加强边境基础设施建设,改善居民生产生活条件,提高边境口岸城镇建设水平,树立国界新形象。推进边境地区农村危房改造试点,加快乡村公路、饮水安全、农村电网、中小学校舍、卫生院(室)、广播电视、文化站、邮政所等建设。加快中越边境地区水利设施建设,加强国境界河治理。加大对边境地区发展的政策扶持力度,大力发展特色产品生产和边境贸易。对承担守边任务的边民给予一定补助。制定和落实受陆地勘界影响边民生产生活的有关扶持政策,扶持受北部湾海域划界影响的渔民转产转业。

切实改善库区矿区生产生活条件。落实大中型水利水电工程移民安置和后期扶持政策,在解决遗留问题的基础上,建立水库移民共享发展成果、逐步走向富裕的长效机制。采取调整概算、调整电价、业主帮扶、中央和地方扶持等多种方式筹集资金,用于解决库区移民长远生计问题。加大库区基础设施建设和公共服务投入,抓紧解决饮水难、行路难、上学难、就医难、用电难等突出问题。积极推进教育扶贫工作,全面落实库区移民适龄儿童义务教育阶段免学杂费、免费提供教科书、补助家庭经济困难寄宿生生活费政策,探索教育移民新模式。扶持库区发展矿产开发、经济林、畜牧水产养殖、旅游等特色产业。开展大中型水利水电工程受益地区对淹没地区的对口帮扶,协调解决跨省(区)库区移民遗留问题。探索建立在政府引导协调下,业主、移民、社会多方参与的库区经济发展新体制。加强矿区环境治理和土地复垦,加强重特大安全生产事故隐患整治,支持资源枯竭城市发展接续替代产业。

第三节　交通行政管理体制

1950年2月,广西省人民政府交通厅正式成立。职能科室设:秘书室,第一、第二、第三科。

1950年12月,广西省人民政府决定:广西省人民政府交通厅和广西省公路局合署办公,对外保留省公路局名称。合并以后,职能科室设:秘书、财务、人事、运输、管理、工务科、计划室。

1953年5月,广西省人民政府交通厅与省公路局分署办公。交通厅内增设统计、劳动工资、企业管理科。1954年7月,计划科与统计科合并,称计划统计科;增设搬运科。

同年8月,交通厅成立政治处,下设组织、宣教、保卫科。同年12月,交通厅设监察室。

1955年3月,为了紧缩机构,节省开支,交通厅撤销职能科室及政治处,只设秘书科和调查研究科。1956年7月,重新改组,撤销秘书科、调查研究科,设立办公室、计划、统计、财务、劳动工资、企业管理科,政治处(下设组织、宣传、干部管理、保卫科和编辑室)。

1957年6月,广西省人民委员会决定:在不增加编制的原则下,将珠江航运管理局广西分局改为广西省航运厅。同年12月,广西省人民委员会决定:省航运厅和省交通厅合并,称广西省交通厅。合并后职能处、科、室设:办公室,运输、公路处,计划统计、财务、人保工资、材料供应、民间运输科,技术监理室,编辑室。1959年,增设军事动员科、交通工业科、科学研究室。1958年设立民航处,管理广西民航业务,1960年撤销,民航业务归广州民航局领导。

1962年1月,成立广西壮族自治区交通运输工会。1964年10月,自治区交通厅政治处改为政治部。

"文化大革命"时期,1967年1月,群众组织"夺权",自治区交通厅各职能部门陷于瘫痪状态。1968年8月,成立广西壮族自治区交通厅革命领导小组。1969年11月,自治区邮电管理局的邮政处划给自治区交通厅,成立广西壮族自治区交通邮政管理站,下设:办事、政工、综合、财劳、邮政、厂监、公路、工务、运输、配件、厂务材料组。

1970年12月,撤销交通邮政管理站,成立广西壮族自治区革命委员会交通局,设:办事、政工、财劳、邮政、综合、监理、运输、工务、公路、配件组。1973年3月,改为广西壮族自治区交通局,设:办公室,政治、业务、计划劳资、财务处。邮政业务划归自治区邮电管理局。1974年1月,业务处改为生产处,撤销财务处,增设监理处、基建处。1976年12月,增设保卫处、民间运输组。1978年6月,增设科学技术处,撤销生产处,成立运输处和工业处。1979年将计划劳资处分为计划财务处、劳动工资处,撤销民间运输组。

1983年12月,自治区交通局改为自治区交通厅,设:办公室、人事教育、公安、计划财务、劳动工资、生产管理、基建、科技处,调查研究室等9个处室。1986年,增设审计处、老干部处。1989年,计划财务处分为规划计划处、财务处;撤销调查研究室,设政策法规处;生产管理处改为综合处。

1995年,根据《自治区机构编制委员会关于印发广西壮族自治区交通厅职能配置、内设机构和人员编制方案的通知》(桂编〔1995〕77号),自治区交通厅设办公室、人事教育处(挂离退休人员工作处牌子)、规划计划处、财务处、基建处、综合处、科技处、政策法规处、外资处等9个职能处室和机关党委(挂政治工作处牌子)。

1998—1999年,自治区交通厅机关设有:办公室、人事教育处(增挂离退休人员工作处牌子)、政策法规处、规划计划处(增挂战备办公室牌子)、财务处、综合处、科技处、外资处、基建处、自治区审计厅驻交通厅审计处、自治区交通公安处、自治区纪委驻交通厅纪检组（自治区监察厅驻交通厅监察室两块牌子一套人马）、厅机关党委（挂政治工作处牌子）、广西交通运输工会（与广西海员工会两块牌子一套人马）、西南出海大通道建设办公室（事业编制，与基建处合署办公）。

2000年，根据《自治区人民政府办公厅关于印发广西壮族自治区交通厅职能配置内设机构和人员编制规定的通知》（桂政办发〔2000〕99号），经机构改革后自治区交通厅内设办公室、人事教育处（挂离退休人员工作处牌子）、政策法规处、综合处、规划计划处（挂自治区交通厅战备办公室牌子）、财务处、外资处、基建处等8个职能处室和机关党委。除自治区人民政府批准的处室外，另设有机关服务中心、自治区纪委监察厅驻交通厅纪检组监察室、自治区交通公安处、广西交通运输工会（与广西海员工会两块牌子一套人马）、西南出海大通道建设办公室（事业编制，与基建处合署办公）等5个机构（组织）。2001年，自治区编制委员会批复同意成立自治区交通厅利用外资工作服务中心。2005年，设立内部审计办公室。

2009年，根据《自治区党委、自治区人民政府关于自治区人民政府机构设置的通知》（桂委会〔2009〕235号），组建自治区交通运输厅，为自治区人民政府组成部门。广西壮族自治区交通运输厅于2010年3月8日正式挂牌，2010年12月正式运转。按照《广西壮族自治区人民政府办公厅关于印发广西壮族自治区交通运输厅主要职责内设机构和人员编制规定的通知》（桂政办发〔2010〕157号），广西壮族自治区交通运输厅设有办公室、人事处、政策法规处（行政审批办公室）、综合规划处（交通战备办公室）、财务处、综合运输管理处（城市公共交通指导办公室）、建设管理处、水运管理处（黄金水道建设办公室）、安全监督处（应急管理办公室）、科教处、内审处等11个内设机构和机关党委、离退休人员工作处。同时，另设有自治区交通公安处、自治区纪委监察厅派驻交通运输厅纪检组监察室、广西交通工会（与广西海员工会两块牌子一套人马）、机关服务中心、西南出海大通道建设办公室、自治区交通厅利用外资工作服务中心。2013年12月，广西西南出海大通道建设办公室更名为广西交通工程建设保障中心，自治区交通厅利用外资工作服务中心更名为自治区交通运输厅利用外资工作服务中心，自治区交通厅通讯站更名为自治区交通运输信息管理中心并划归厅机关管理。

壮乡的高速公路构筑，离不开广西壮族自治区交通基建管理局的热血奉献。广西壮族自治区交通基建管理局成立于1988年，负责对广西壮族自治区交通厅委托建设的高速公路项目实施业主管理，并对全区高速公路BOT项目实施行业管理。20多年来，在自治区交通厅的正确领导下，该局先后组织施工建设了南宁至北海二级公路、南宁至梧州二级公路、贵州盘县至广西百色公路（桂境段）、大化巴龙桥、柳州静兰大桥、桂平黔江大桥、平乐大桥、横县峦城大桥以及防城港第八泊位万吨码头、左江整治、贺江复航等项目。先后完成了桂林至柳州、柳州至宾阳、宾阳至那宁、灵川至临桂、南宁至南涧、钦州至防城港、钦州至北海、宜州至柳州、合浦至山口、南宁至坛洛、河池(水任)至临桂、泉州至黄沙河、南宁至友谊关、百色至罗村口、平乐至钟山、南宁至百色等高速公路建设项目。这些项目的建设,为推进广西高速公路主骨架建设,为经济社会发展提供了战略支持,为加快实现富民兴桂新跨越、全面建设小康社会步伐,发挥了极其重要的作用。

时间追溯至1996年12月18日,广西高速公路管理机构——广西壮族自治区高速公路管理局成立,隶属于自治区交通厅,是自收自支全民所有制事业单位,主要职能是负责自治区境内高速公路(含一级汽车专用公路)及其设施的管理、养护、收费、路政和服务,并根据自治区交通厅的授权对广西区内以BOT形式建成的高速公路进行行业管理。自治区高速公路实行局、处、所三级管理。截至2007年年底,自治区高速公路管理局下设3个高速公路管理处和1个筹备处:桂柳高速公路管理处、南宁高速公路管理处、沿海高速公路管理处和西南处筹备机构,各管理处下设管理所。桂柳高速公路管理处管理桂林、永福、鹿寨、柳州、宜州、柳江、来宾、全州7个管理所;南宁高速公路管理处管理宾阳、邕宁、南环、伶俐、都南5个管理所;沿海管理处管理钦北、钦南、防城港、合浦、山口5个管理所。西南筹备处机构管理扶绥、崇左、凭祥、百色、平果、田东6个管理区。高速公路管理机构的基本职能是:高速公路养护、维护高速公路的完好;路政管理、保护路产路权的完整;收取通行费;对交通事故及其他通行障碍采取紧急措施予以清除,保证高速公路的畅通。此外还有为汽车和旅客提供有偿服务的职能,在高速公路上约50km左右设1个服务区,设有加油站、饭店、停车场、修理间、卫生间、电话通信设施等。

2008年,为适应高速公路发展形势、搭建高速公路投融资平台,广西壮族自治区人民政府组建广西交通投资集团有限公司和广西北部湾投资集团有限公司。广西壮族自治区高速公路管理局所管辖的政府还贷性高速公路资产及债务划转广西交通投资集团有限公司和广西北部湾投资集团有限公司,原高速公路管理处管理人员一并划转,路政执法人员、在职在编五年内退休人员及已退休人员则由自治区高速公路管理局管理。高速公路管理局由原来具体的高速公路运营管理转变为对高速公路实行行业管理,具体职能转变为:按照自治区交通运输厅授权,行使全区高速公路行业监督管理、路政执法管理、车辆通行费清分结算及部分高速公路项目前期工作。

2013年,自治区机构编制委员会对全区高速公路管理机构和编制进行了进一步理顺和规范,同意自治区高速公路管理局增挂自治区高速公路路政执法监督局牌子,为自治区交通运输厅管理的相当于正处级的自收自支事业单位。其主要职责是:负责全区高速公路建设、养护、路政等方面的指导、监督管理等工作;承担全区高速公路规划计划的事务性工作;承担和指导、监督管理全区高速公路路政执法工作;承担全区高速公路联网收费监督管理工作;承担全区高速公路安全生产监督工作、应急处置和指导工作;承担全区高速公路行业信息管理和服务工作。自治区高速公路管理局管理南宁、柳州、桂林、玉林、百色等5个高速公路管理处,各高速公路管理处增挂高速公路路政执法支队牌子,为相当于副处级的自收自支事业单位,内设若干个相当于正科级的路政执法大队。高速公路管理处(高速公路路政执法支队)的主要职责是:实施管辖区域内高速公路养护指导及监督检查工作;负责管辖区域内高速公路路政执法工作;承担管辖区域内高速公路安全生产监督及应急处置工作;承担管辖区域内高速公路行业信息管理和服务工作。同时,自治区交通基建管理局更名为自治区高速公路联网收费管理中心,为自治区高速公路管理局管理的相当于副处级的自收自支事业单位,其主要职责是:承担全区高速公路联网收费管理及通行费清分、结算工作。

第二章
公路建设及运输发展

第一节　公路建设

一、广西公路建设总体情况

1949年12月11日,广西全境解放。随之建立公路管理机构,当时公路建设的中心任务是以对原有公路进行恢复通车和整修为主,并有重点地兴建新的公路。1950年11月,梧州至信都公路动工,揭开了新中国成立后广西新建公路的序幕。至1952年年底,全省公路里程达5067.6km。"一五"期间,广西公路建设贯彻"有重点的恢复,改建和新建具有国防、政治、经济价值意义的主要干线,并适当照顾少数民族地区发展的需要,修建联通少数民族地区的公路"的方针,开始有重点地改造干线公路,掀起了新中国成立后广西第一次筑路高潮。到1957年年底,全省公路里程达到9634km。

1958年5月,自治区人民政府在南宁召开交通工作会议,贯彻交通部提出的"地、群、普"方针,在广大农村掀起新的筑路高潮,到1959年,全区所有县都通了公路。从1958年到1960年,新建公路7456km,平均每年建成2458km。但由于盲目追求数量,导致一些新建公路工程质量低劣,有的甚至不能通车。

1966—1976年,由于受到当时历史条件的制约与冲击,广西公路建设事业在极其艰难的情况下进行。在这一时期,因广西地处援越抗美前线,修建了一批边防公路;为配合农田水利建设,县乡公路有较大发展;同时,把一批大、中型临时桥改建成永久性双曲拱桥。至1978年年底,广西公路总里程达29773km,其中干线公路10720km,县乡公路18158km,厂矿专用公路895km;有沥青路面4272km。有桥梁4508座118177延米,其中永久式桥梁占98.37%,基本实现桥梁永久化。

自改革开放之初到1990年,广西的公路建设进入开创新局面时期。为适应经济发展需要,解决"行路难"的问题,广西继续加快县乡公路建设;以重要干线公路及大中城市进出口路段为重点,逐步进行技术改造和灭渡建桥;加快路网建设步伐,提高公路通过能力;坚持公路建设与养护并重的方针,全面养好公路,提高路况;开始构建以南宁为中心,沟通广西东西南北的公路主骨架,一批高等级公路陆续开工。"八五"时期,特别是"要充分发挥广西作为西南地区出海通道的作用"的决定,把广西交通的地位与作用摆上了重要的位置,广西公路建设进入了快速发展时期,上马项目之多、投资之巨、建设速度之快、等级之高、质量之好,均为历史上前所未有。此阶段也与广西高速公路的孕育、萌芽密切相关,为后者奠定了坚实的基础。到1990年,以南宁、柳州、桂林、梧州等主要城市为中心,向四周辐射的公路网已基本形成,公路技术等级大幅度提高。至1990年年底,全广西共有公路36214km,为1950年通车里程3622km的10倍。其中:国道8条,4336km;省道42条,5076km;县道587条,16004km;乡道1169条,10103km;专用公路102条,695km。

"十五"期间,实现了西南公路出海通道广西境内路段以及边境公路全面通车,东巴凤革命老区交通基础设施大会战圆满完成,沿海交通基础设施大会战取得阶段性成果,全区公路通车里程进一步增加,公路网络日益完善,路网技术等级不断提高。全区新增公路里程8412km,全区公路总里程达到62003km。特别是全区高速公路通车里程突破1000km,达到1411km,是全国第一个实现高速公路通车里程突破1000km的少数民族自治区。

"十二五"期间,广西形成与东盟国家及周边省份高速公路的便捷连接,区内形成市市通高速公路、县县通二级以上公路、乡乡通沥青(水泥)路、村村通公路的公路网布局,建制村通畅率达97%,基本实现村村通畅目标。公路总里程达11.80万km,较"十一五"末增加1.62万km。其中,高速公路通车里程4289km,五年来新增1715km。形成了以南宁为中心,对外多通道辐射西南、中南、华南地区、便捷连通东盟国家,对内连通各地市、有效沟通西江经济带和北部湾经济区的高速公路网络。已建成连接邻省和东盟国家的高速公路通道10条,与每个相邻省份或国家至少有2条高速公路连通。实现所有设区市通高速公路,县县通高速公路比率达到80%。高速公路网主骨架初步形成。此外,农村公路通达能力和服务水平显著提升。在"十一五"基本实现乡乡通油路基础上,重点实施了年度"千村公路通畅工程",共解决了约5500个建制村通硬化路的问题,建制村通畅率位居西部地区前列。农村公路建设改善了农村地区交通条件,有效解决了农村群众"出行难、运输难"的问题。

1978—2015年广西公路路线长度见表2-1-1。

广西公路线路长度表(按等级分类,1978—2015年)　　　　表2-1-1

年份 (年)	公路里程 总计 (km)	等级公路 合计 (km)	高速 公路 (km)	一级 公路 (km)	二级 公路 (km)	三级 公路 (km)	四级 公路 (km)	等外 公路 (km)	等级公路里程 占总里程的比例 (%)
1978	29773							14996	
1979	30692	13771			83	1341	12347	16921	44.87
1980	31624	14703			83	1348	13272	16921	46.49
1981	31823	14902			83	1373	13446	16921	46.83

续上表

年份 (年)	公路里程 总计 (km)	等级公路 合计 (km)	高速 公路 (km)	一级 公路 (km)	二级 公路 (km)	三级 公路 (km)	四级 公路 (km)	等外 公路 (km)	等级公路里程 占总里程的比例 (%)
1982	32156	15264			83	1465	13716	16892	47.47
1983	32529	15740			84	1531	14125	16789	48.39
1984	32757	16061			84	1531	14446	16696	49.03
1985	32972	16329			104	1633	14592	16643	49.52
1986	33222	16703			105	1670	14928	16519	50.28
1987	33928	17604			139	1763	15702	16324	51.89
1988	35400	19193			202	1803	17188	16207	54.22
1989	35945	19829			214	1875	17740	16116	55.16
1990	36214	20098		8	358	2031	17701	16116	55.50
1991	36660	20711		11	428	1919	18353	15949	56.49
1992	37291	21488		11	682	1917	18878	15803	57.62
1993	38495	22754		11	1035	1910	19798	15741	59.11
1994	39550	23890		48	1074	2017	20751	15660	60.40
1995	40904	25509		66	1330	2163	21950	15395	62.36
1996	42696	27375		66	1448	2222	23639	15321	64.12
1997	45378	30283	193	189	1670	2208	26023	15095	66.73
1998	51073	43319	439	389	2107	16741	23643	7754	84.82
1999	51378	43671	575	389	2319	16721	23667	7707	85.00
2000	52910	45430	812	442	2628	16620	24928	7480	85.86
2001	54752	40192	822	449	4316	5213	29392	14560	73.40
2002	56297	42155	822	449	4773	5348	30763	14142	74.86
2003	58451	45284	1011	482	5351	5611	32829	13167	77.47
2004	59704	47304	1157	514	5783	5337	34314	12400	79.23
2005	62003	51046	1411	546	6299	5813	36977	10957	82.33
2006	90318	52101	1545	705	6847	5589	37415	38216	57.69
2007	94202	62861	1879	733	7325	5625	47296	31340	66.73
2008	99273	73051	2181	818	8114	6311	55624	26221	73.58
2009	100491	77154	2395	827	8559	6889	58484	23337	76.78
2010	101782	81239	2574	876	8646	7942	61200	20543	79.82
2011	104889	87296	2754	944	9132	8261	66205	17592	83.23
2012	107906	91583	2883	984	9720	8320	69676	16322	84.87
2013	111384	96343	3305	1008	10392	8258	73380	15041	86.50
2014	114900	100647	3722	1026	10618	8334	76947	14252	87.60
2015	117993	105019	4288	1079	11147	8269	80236	12974	89.00

注：表中数字选自《广西统计年鉴2016》。

二、2015 年广西公路基本情况

公路里程综合情况:截至 2015 年年底,全区公路总里程已达 117993.141km,比上年增长 3093.161km。全区共有国省干线公路 88 条 15297.665km,占公路总里程的 12.96%,其中国道 19 条(含 11 条国家高速公路)7473.561km,占公路总里程的 6.3%;省道 69 条(含 21 条高速公路)7824.104km,占公路总里程的 6.63%。

公路总里程增长情况:2015 年,全区新增公路里程 3093.161km。其中新增高速公路 566.654km、一级公路 52.136km、二级公路 528.466km、四级公路 3288.514km,三级公路减少 64.335km、等外公路减少 1277.819km。二级及二级以上公路里程为 16513.752km,占公路总里程的 14%;等外公路占总里程的 11%。

公路密度及通达情况:截至 2015 年年底,公路密度按国土面积计算为 49.85km/100km^2,按人口计算为 21.55km/万人。通二级公路的县城 75 个,占县城总数的 100%。全区乡镇共 1128 个,已通达的乡镇 1128 个,通达率为 100%,已通畅的乡镇 1128 个,比例为 100%;全区建制村 14361 个,已通达的建制村 14356 个,通达率为 99.97%,已通畅的建制村 12735 个,比例为 88.68%。

公路养护:2015 年高速公路通车里程为 4288.342km,评定里程为 4281.5km,MQI 优良路率为 100%。普通公路国省干线总里程为 11009km,评定里程为 9447km,MQI 优良路率为 81.26%。农村公路总里程为 102695.476km,其中县道评定里程 19125.066km,优良路率为 49.6%;乡道评定里程为 24740.327km,优良路率为 38.7%。

2015 年广西公路主要统计指标见表 2-1-2、表 2-1-3、图 2-1-1、图 2-1-2。

2015 年广西公路主要统计指标汇总表(按行政等级分)(单位:km) 表 2-1-2

总计	国道	省道	县道	乡道	专用公路	村道
117993.141	7473.561	7824.104	25446.23	28914.796	413.26	47921.19

2015 年广西公路主要技术指标汇总表(按技术等级分)(单位:km) 表 2-1-3

总计	高速公路	一级公路	二级公路	三级公路	四级公路	等外公路
117993.141	4288.342	1078.63	11146.78	8269.308	80235.654	12974.427

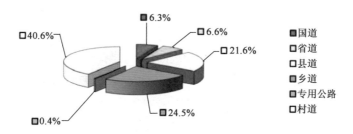

图 2-1-1 2015 年广西公路主要统计指标饼形图(按行政等级分)

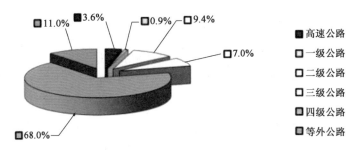

图 2-1-2　2015 年广西公路主要统计指标饼形图（按技术等级分）

第二节　公　路　运　输

　　广西壮族自治区地处我国南疆,兼具沿海、沿边的独特区位优势,是西南地区最便捷的出海通道。随着泛珠三角经济圈和中国—东盟自由贸易区逐步构建以及广西北部湾经济区的蓬勃发展,一方面为公路运输市场提供了广阔的运输需求,另一方面也为更好、更快发展公路运输事业创造了极为有利的机遇与条件。

　　广西公路运输始于 20 世纪 20 年代末。1912 年至 1924 年,仅有私营粤西汽车公司的数辆小汽车,经营南宁至武鸣运输业务。1925 年至 1936 年,形成公营、私营企业并存的格局。1937 年至 1945 年,广西公路转入战时体制,广西成为西南后方和沟通国际运输进出口必经之地,大量外省公私车辆纷纷迁入,民用汽车数量激增。内战时期,公路运输市场萎缩,官办运输业停业,商营汽车运输奄奄一息。

　　新中国成立后,广西省人民政府接管了国民党官办的运输企业,组成国营汽车运输企业。当时全省公私汽车仅有 950 辆,其中公车 198 辆,且多损坏不能行驶。以后数年,有少量汽车从苏联和东欧国家进口。1957 年开始使用国产解放牌汽车,20 世纪 60 年代,桂林、南宁客车厂相继生产客车,柳州汽车厂生产柳江牌货车。20 世纪 80 年代,国产新型东风牌汽车逐步成为广西公路运输的主要运输工具。

　　改革开放后,运输市场竞争机制形成,出现了国营、集体个体(联户)一起上的活跃局面,广西壮族自治区交通厅也转变职能,从直接抓企业转变为抓好行业管理,推行多种形式的经营承包责任制,增强了企业活力,运输市场一片兴旺,人便于行,货畅其流,广西公路运输发生了巨大的变化。

　　如今,全广西客运班线共有 9390 条。其中跨省 2004 条,跨地(市)2251 条,地(市)、县(市)内 5135 条;日发班次 82103 个,日均发送旅客 92.74 万人次。全广西通班车乡镇达 100%,通班车行政村达 86.56%,形成了以首府南宁为中心,通往各地(市),以地(市)为中心,通往各县,以县城为中心,通往各乡镇的三级客运网络。

　　在广西的道路运输中,值得一提的是跨国道路运输。广西与越南有 1020km 的陆路边界线，广西8个县（市、区）与越南接壤。在中越双方政府的共同重视和努力下，20世纪90年代开始，两国在国际道路运输合作上取得了新的突破。1994年11月，中越两国政府签署《中华人民共和国政府和越南社会主义共和国政府汽车运输规定》；1997年7月，两国交通（运输）部根据两国政府汽车运输协定在河内签署了汽车运输协定协议书，逐步确立了后来两国国际道路运输合作的方向。2004年，广西壮族自治区道路运输管理部门在"长期稳定，面向未来，睦邻友好，全面合作"方针的指引下，通过与越南政府及交通主管部门定期或不定期的会谈，健全协调机制，就开通旅游客运、货物运输线路等国际运输合作开展了积极的沟通和交流。目前，广西与越南广宁省、谅山省、高平省建立了交通合作磋商机制，组织广西有资质的运输企业开通了一批国际道路运输线路，包括8条客运直达线路和4条货运直达线路。2013年至2016年，客运车辆2846辆次，客运量30.3万人次；货运车辆383574辆次，货运量779.26万t。其中，通过直达客货运线路进出口货物运输量达9755.8t，出入境人员达3.7万人次，中越公务车辆开行13次，共41辆次在广西对外经贸往来中占到了很大比重，推动了广西与越南乃至大湄公河区域各国的出入境客流、物流和国际道路运输合作。

一、发展政策

道路运输是交通运输业的重要组成部分，是综合运输体系中服务范围最广、承担运量最大、从业人员最多、包容性和衔接性最强的运输方式。道路运输在服务保障民生、支撑经济社会发展、促进广西对外开放等方面，发挥着越来越重要的作用。

近年来，道路运输法制建设不断推进，国家和自治区层面相应制定、修订了道路与客运、货运与物流、城市公交与出租汽车、国际道路运输、机动车维修、车辆技术、道路运输安全与应急、驾培与从业人员、汽车租赁及运政执法队伍建设等方面的行业有关政策法规，法律体系日趋完善，为道路运输业进一步发展奠定了更坚实的法律基础。

二、基础设施

（一）规划情况

"十二五"期间，广西壮族自治区交通运输厅积极加强对全区各市综合运输和现代物流的支持和引导，布置各市编制辖区公路运输枢纽规划，编制了《广西公路水路"十二五"综合客运枢纽和公路货运枢纽（物流园区）建设规划》及《广西"十二五"综合客运枢纽和公路货运枢纽（物流园区）建设建议计划》。

（二）建设重点及建设情况

根据国家公路运输枢纽总体规划，广西重点支持和加快推进一批综合客运枢纽建设，实现公路、铁路、公共交通等多种运输方式的"无缝化衔接"和"零距离换乘"。"十二五"期间,重点建设项目包括"6客6货":南宁凤岭综合客运枢纽站(长途客运站部分)、柳州汽车南站(飞鹅综合客运站)、防城港市沙潭江综合客运站、梧州龙圩综合客运枢纽、钦州市火车东站综合客运枢纽站、百色城东汽车客运中心等综合客运枢纽,以及南宁—中国东盟国际物流园区(南宁玉洞交通物流中心)、柳州鹧鸪江物流园区、柳州柳东(官塘)物流中心、南宁保税物流中心、钦州丝茅坪物流中心、柳州阳和物流中心,建设进展顺利。

"十二五"期间,广西运输效率和服务能力取得重大突破。

枢纽站场建设加快推进。建成了百色城东客运中心、柳州鹧鸪江物流园区等一批综合性枢纽项目,开工了南宁凤岭综合枢纽站(一期工程)、防城港沙潭江客运站、钦州城西快速客运站以及南宁中国—东盟国际物流园区等工程,枢纽城市运输战略布局更加完善。全区所有县城均建有二级及以上客运站,63%的乡镇建有等级客运站,46%的建制村建有便民候车亭,城乡客运一体化发展成效显著。

多层次客运网络更加完善。初步形成以南宁为中心,首府至各地市、地市至县城、县城至乡镇、乡镇至村的四级道路客运网络。到"十二五"末全区共有客运班线8450条,平均日发班次6.9万次、日发送旅客90万人次。具备条件建制村客车通达率达到83%。全区共有出租汽车20623辆、公共汽车11926辆,比"十一五"末分别增加3938辆、3140辆。区内14个地市成立了城市公交发展工作联席会议制度,有效推动了各市城市公交规划编制工作。柳州市成为全国"公交都市"创建城市,相关创建工作正全面推进。

三、运能运力

早在1950年,广西的汽车只有1246辆。当前,随着各级公路网的全面铺开,不管是高速公路的建设规模,还是汽车的拥有量和质量,都已今非昔比,运力发展令人瞩目。运力结构已由单一车型向大、中、小型,高、中、低档发展,结构优化,布局合理,基本满足市场的需要。新中国成立初期,广西公路运输站点少而残破,站点场地窄小,设施简陋,多为砖木结构的平房。改革开放以后,公路运输站点建设迅速兴起。这些站点规模大、设施好、功能多,融吃、住、行于一体,方便旅客。目前,广西的客运站和货运站,布局合理,分布于各市、县和一些乡镇,形成了客货运站点网络。

1983年以后,广西开放运输市场,鼓励多家经营,开展竞争,从而调动了各方办运输的积极性,运输体制形成了多种经济成分、多种经营方式并存,多层次,多渠道,千家万户搞运输的局面。至2016年,全广西公路运输经营业户(含运输、维修)共有38.42万户,从业人员104.53万人。

广西的公路运输企业,特别是国有运输企业,几十年来,在抗洪救灾、支援前线、支农运输、甘蔗运输、粮食运输等方面发挥了十分重要的作用,作出了很大贡献。在从计划经济体制向市场经济体制转变的过程中,主动适应市场发展的需要,不断转换企业经营机制,调整经营策略和经营结构,内抓管理,外抓市场,开拓经营新项目,提高服务质量,普遍取得良好的经济效益和社会效益,企业在竞争中发展壮大。到"十二五"末,广西公路运输骨干企业有广西超大运输集团有限责任公司、广西运德汽车运输集团有限公司、新国线集团(广西)运输有限公司、广西瑞通运输集团有限公司、桂林骏达运输有限责任公司等13家一级客运企业和广西超大运输集团有限责任公司、广西玉柴物流集团有限公司、广西新发汽车运输集团等3家一级货运企业。

运力发生显著变化。在市场竞争中,各运输企业不惜投入巨资更新车辆,调整车辆结构,购买豪华空调和卧铺客车以及大吨位、专用型货车。客车车型由单一向大、中、小型,高、中、低档方向发展;货车也由单一车型向大、特、专用型方向发展,以适应运输市场的需要。国有运输企业以其车辆、技术、组织等优势,在运输市场中发挥了主导作用。

四、运量

近年来,广西加速推进区域干线公路和农村公路建设,进一步完善布局合理、通达顺畅的交通网络,积极推进农村公路"通达""通畅"工程,建成了以首府南宁为中心,向各地市、沿海港口辐射,城乡联网,链接西南出海大通道主轴的干线公路网络。特别是《北部湾经济区发展规划》战略实施后,连接北海铁山港、东兴、凭祥边境的海陆衔接公路通达性以及公路等级都得到充分的建设与改善。这为广西今后的公路客货运输发展奠定了坚实的设施基础,有利于进一步保障公路客货运输在整体运输网络中的运输能力。

1980—2016年广西公路客货运量及周转量见表2-2-1。

广西公路客货运量及周转量表(1980—2016年)　　　表2-2-1

年份(年)	客运量(万人)	旅客周转量(亿人公里)	货运量(万t)	货物周转量(亿吨公里)
1980	7054	25.05	1772	5.77
1985	16993	66.50	9898	47.30
1990	22826	101.21	14711	116.95
1995	30024	180.78	20686	143.39
2000	39321	347.94	23514	209.44
2005	48740	438.77	27861	258.43
2010	72208	695.32	93552	1173.45
2015	41522	410.82	119194	2122.60
2016	39790	390.39	125749	2224.06

注:表中数字选自《广西统计年鉴2016》、交通运输部2016年快报数据。

第三节　综合运输与物流发展

广西具有沿海、沿边、沿江的区位优势,同时处在我国大陆东、中、西三个地带的交汇点,是华南经济圈、西南经济圈与东盟经济圈的结合部,是西南乃至西北地区最便捷的出海通道,也是联结粤港澳与西部地区的重要通道。特别是随着中国—东盟自由贸易区的建立,广西作为连接中国西南、华南、中南以及东盟大市场的枢纽,在拥有5.3亿人口的东盟和5.4亿人口的泛珠三角经济圈两个大市场中,将发挥结合部的重要战略作用。

广西海岸线曲折,直线距离仅185km,仅为海岸线总长的11.6%。从东到西分布有铁山港、廉州港、三娘港、钦州港、防城港、珍珠港等港湾,形成"天然港群海岸"。拥有大小港口21个,其中适合建设泊靠能力万吨以上的有防城、钦州、北海、珍珠、铁山等5个港口,根据《广西公路水运交通运输发展"十三五"规划》,"十三五"期,沿海港口通过能力接近4.5亿吨。广西沿海港口同时具有水深、避风、浪小等自然特点,距港澳地区和东南亚的港口都较近,北海港距香港港425海里,钦州港距新加坡港1338海里,防城港距越南海防港151海里、距泰国曼谷港1439海里。

珠江水系的西江,纵横广西境内梧州、贵港等城市,西通云南、贵州,东经广州出海。西江的年径流量是黄河的5倍、德国莱茵河的4.5倍。西江在广西境内有年吞吐能力万吨以上的内河港口77个,经过国家重点投资整治的西江河道,其运输能力仅次于中国第一大河——长江。西江下游的梧州市,是广西内陆口岸一个历史悠久的商埠。梧州下航至香港、澳门为400km左右。梧州港为中国第六大内河港口。西江水道是连接云、贵内河通向广东及港澳地区的一条"黄金水道"。

广西海陆空运优势体现在以下方面:铁路方面,湘桂、南昆、黔桂、焦柳等4条铁路汇集广西,2016年云桂高铁全线通车,铁路营业总里程达5141km。此外,桂林、柳州、钦州、百色、南宁和防城港等城市已通高速铁路,交通十分便捷。公路方面,以南宁为中心,兰海高速公路(G75)、泉南高速公路(G72)、汕昆高速公路(G78)呈放射状,重庆至湛江、衡阳至昆明、呼和浩特至北海(G209)、汕尾至清水河等国家高速公路主干线以及南宁至广州、南宁至友谊关、桂林至梧州等高速公路纵横广西,高速公路通车里程突破4500km。我国通过陆路进入越南,通往东南亚各国主要公路通道有5条,其中广西2条,距离最近。一条是南宁经东兴、芒街至河内,全长538km;另一条是南宁经凭祥友谊关、谅山至河内,全长419km。随着交通、口岸等通道设施的进一步完善和提升,广西将成为沟通中国内地与东盟各国的最便捷、综合效益最佳的国际大通道,成为中国与东盟各国实施双向开放的桥梁和基地,以及中外客商兼顾中国内地与东盟两大市场理想的投资场所。航运方面,拥有南宁、贵港、梧州等主要内河港口;沿海防城、钦州、北海三大港口 2015 年吞吐能力 20428 多万吨。航空方面,已建成南宁、桂林、北海、柳州、梧州五大航空港,开通航线 264 条。

一、综合运输发展

(一)综合运输发展定位及目标

推进综合运输体系建设是广西经济社会发展的客观要求,是发展现代交通运输业的重要任务,也是现代物流业发展的重要前提和保障。提高综合运输服务水平、满足多样化运输需求,是各种运输方式发展共同肩负的重要使命。

在 2008 年年初,新一届广西壮族自治区党委、政府站在把广西建设成为连接多区域的国际大通道、交流大桥梁、合作大平台,促进广西北部湾经济区开放开发的战略高度,作出了加快交通发展、掀起交通建设新高潮的重大决策。2008 年 7 月 17 日,广西壮族自治区党委、自治区人民政府出台了《关于掀起交通建设新高潮的决定》,明确提出了"深入贯彻落实科学发展观,围绕把自治区建设成为连接多区域的国际大通道、交流大桥梁、合作大平台的战略部署,抓住机遇,解放思想,以改革创新、开放为动力,动员全自治区力量,实现交通优先发展战略,全面推进铁路、公路、水运、航空建设,掀起交通建设新高潮,实现交通新突破、大发展,为建设富裕文明和谐新广西奠定现代化交通基础",提出了力争到 2012 年,总投入 3000 亿元以上,全力加快交通建设,掀起交通建设新高潮,基本形成区内综合交通网络主骨架,建成通往周边省份和东盟国家的快速运输通道,西南出海大通道进一步完善,出海出边国际大通道初步建成的目标。基础设施建设目标中,远期目标是力争到 2020 年,建成以南宁国际综合交通枢纽为中心,以海港、空港为龙头,以泛北部湾海上、南宁—新加坡陆路和南宁通往东盟国家航空三大通道为主轴,以广西通往广东、湖南、贵州和云南方向运输通道为主线的"一枢纽两大港三通道四辐射"的出海出边国际大通道,基本形成各种运输方式布局合理、结构完善、便捷通畅、安全可靠的现代化综合交通运输体系。按照适度超前原则,统筹各种运输方式发展,完善出省出海出边国际大通道。

(二)综合运输发展策略

着重加强基础设施优化衔接。首先要加强各种运输方式规划衔接。建立健全综合运输规划体系,统筹各种运输方式之间以及各种运输方式与城市交通之间规划的协调与衔接。加强高速公路、干线公路与运输枢纽,运输枢纽之间通道的规划衔接。加强城际轨道与客运枢纽规划衔接,推进城际轨道交通与城市公共交通系统的衔接。加强铁路、公路、机场、港口之间的规划衔接,积极发展公铁水航联运。完善城市交通和城际交通与机场、铁路枢纽的规划衔接,提高换乘效率。其次要加强综合运输基础设施网络布局,增加综合运输基础设施总量,抓住国家继续深入实施西部大开发、北部湾经济区开放开发建设上升为国家战略、《国务院关于进一步促进广西经济社会发展的若干意见》发布等重大历史机遇,加快推进各种运输方式基础设施建设,进一步加强综合运输通道以及城市群、城镇带城际交通通道建设,提高综合运输基础设施网络化水平和运输保障能力。加快综合运输网络布局,根据区域交通需求结构和交通资源供给条件,按照各种运输方式比较优势,加快形成布局合理、功能完善、有机衔接、安全环保的综合运输基础设施网络。强化综合运输体系薄弱环节建设,加大西江黄金水道建设力度,加快建设广西北部湾现代港口体系,充分发挥水运优势和潜力,促进各种运输方式协调发展。合理配置综合运输通道资源,注重综合运输大通道与经济发展主轴的有机衔接。优化各种运输方式在运输通道内的资源配置,发挥各自比较优势。加强通道土地资源集约利用,协调推进公路与铁路、轨道交通等共用跨江、跨海通道,以及城际轨道与干线公路合理共用通道资源等。最后要加快综合运输枢纽建设。加强对综合客运枢纽规划建设工作的协调,着力解决规划衔接、功能对接、统筹建设等问题。引导地方政府和枢纽所在城市开展综合客运枢纽布局规划编制工作。以高速铁路、轨道交通等加快建设为契机,加强多种运输方式的衔接,重点支持建设一批立体化布局、多功能的现代化综合客运枢纽,努力实现客运"零距离换乘"。加快推进综合客运枢纽集疏运体系建设,保障枢纽效能的发挥,缓解城市交通拥堵。加快推进主要港口、铁路和公路货运站场、物流园区等货运枢纽的集疏运网络建设。继续加快高速公路与主要集装箱港区的连接,加强沿海港口与内河运输的衔接。

此外,加强城市客运管理也是打造综合运输体系的必然要求。2010年12月,广西出台《广西壮族自治区人民政府关于优先发展广西城市公共交通的意见》,指导各级政府和管理部门实施"公交优先"战略,加大政府对公共交通的投入,扩大城市公共交通通达深度和覆盖面,积极探索合理的出租车管理模式,努力提高公共交通服务能力和质量。一是要建立多层次的公共交通服务网络。加快建立健全多层次、差别化的公共交通服务网络,丰富公共交通服务形式。充分发挥轨道交通和快速公交系统在城市交通系统中的骨干作用。南宁市加快建设以轨道交通为骨干、以城市公共汽电车为主体的城市公共交通服务网络;柳州、桂林市初步形成快速公交、公共汽车协调发展的公共交通服务网络;其余城市形成以公共汽车为主,其他公共运输方式为辅的公共交通服务网络。在柳州市实施"十二五"国家"公交都市"建设示范工程。二要完善公交站场设施。加强城市公共交通停车场、首末站和港湾式停靠站、公共交通站场配套设施等设施与城市规划的衔接。完善各类指向标识、线路图、时刻表、换乘指南等服务设施。针对残疾人及其他特殊群体的出行需求,建设无障碍服务设施。三要提高客运信息化、智能化水平。支持发展面向不同层级政府部门的客运管理信息系统,建立面向公众的客运信息服务体系,初步实现向社会提供全方位、多方式、跨地区的一站式客运信息查询服务。鼓励发展包括城市公共交通在内的公共客运综合信息平台,支撑对多种交通方式的信息查询、应急保障、综合调度及动态监控等功能。四要规范城市公交运营管理。加快完善城市公共交通法规体系,将优先发展公共交通纳入规范化、法制化轨道。加快理顺城市公共交通管理体制,实现城乡客运统筹管理。建立城市公交考核评价激励机制,制定城市公共交通运营服务标准和规范,对公交服务质量、设施建设、安全运营等方面进行综合考评。完善城市公共交通定价、调价机制。科学制定群众可接受、企业可发展、财政可负担的城市公共交通价格。加强城市公共交通安全运营监管。五要加强出租汽车市场管理。加快制定出租汽车行业综合性指导政策,完善市场准入、退出制度,规范运营管理。加强市场监管,加快建立出租汽车服务质量信誉考核制度和出租汽车司机职业资格管理制度。推进城市出租汽车服务管理信息系统建设。

(三)综合运输发展规划

根据《广西壮族自治区国民经济和社会发展第十三个五年规划纲要》,"十三五"期间,广西将以建设面向东盟的国际大通道为目标,强化通道、做强枢纽、优化网络、提升服务,统筹各种运输方式发展,形成内畅外通、便捷高效的"一中心一枢纽五通道五网络"综合交通运输体系。

1. 构建对外五大通道

围绕"一带一路"和战略支点,构建海上东盟、陆路东盟、衔接"一带一路"、连接西南中南、对接粤港澳"五大通道",提升出海出边出省通达能力。以北部湾区域性国际航运中心为依托,面向东盟及21世纪海上丝绸之路国家,建设海上东盟通道。以南崇经济带为依托,推进连接越南、老挝、柬埔寨、泰国、马来西亚、新加坡等中南半岛国家的跨境铁路、公路建设,建设陆路东盟通道。以南宁、柳州为依托,推进南宁至贵阳高速铁路和高速公路建设,延伸渝新欧国际班列至柳州,打通北上贵阳、重庆、成都、西安、兰州等重点城市的交通线路,建设衔接"一带一路"的南北陆路国际新通道。推进通往滇黔湘三省的铁路、高速公路建设,开辟红水河、右江航道,建设连接西南中南的通道。推进通往粤港澳的铁路、高速公路、西江干支线建设,建设对接粤港澳的通道。规划建设南宁至呼和浩特高速铁路"北上第二通道"。

2. 优化区内五张网络

以扩总量、优存量、补短板、破瓶颈为目标,加快铁路、公路、水运、航空、油气管网"五张网络"建设,建成覆盖面广、相互衔接的区内综合交通运输网络。

建设快速、大能力铁路网络。建成以南宁为中心的客货并重、成环配套的"一环四纵四横"铁路网络,实现市市通高速铁路,铁路营业里程达到6000km左右,其中高速铁路突破2000km,铁路复线率、电气化率高于全国平均水平。加快建设连接中心城市和大县城之间的快速铁路,利用既有线开行城际列车,构建北部湾城市群、桂中城镇群等城际铁路通道,打通桂东南城镇群连接珠三角的城际铁路通道,建成快速铁路网。实施既有线铁路扩能改造,形成大能力铁路货运网,完善连通北部湾港口、西江黄金水道和重点产业园区的支线铁路。

完善等级高、覆盖广的公路网络。构建"六横七纵八支线"高速公路网络,基本实现县县通高速公路、乡乡通油路,具备条件的建制村通硬化路,建设自然村屯硬化路,公路总里程达到13万km,其中高速公路7000km、二级以上普通公路17000km。实施国省公路扩能改造,建设一批二级以上公路,以及连接港口、机场、铁路站场的集疏运线路和产业园区、旅游景区的重点路段,推进老龄油路改造和县与县、乡与乡之间道路建设,大幅提升乡村公路通达深度,形成覆盖面广、保障能力强的基础公路网络。

建设高效畅通的内河水运网络。实现西江全线规划河段通航,千吨级以上高等级航道超过1500km,内河港口综合吞吐能力1.5亿吨。加大西江干线航道扩能改造,建成上游通、中游畅、下游优的西江干线,加快建设红水河、柳黔江、右江、左江、桂江等重要干支流航道,推动绣江、贺江复航,打造"三主四辅"现代化港口群,形成"一干七支"内河水运网络。

建设便捷高效的航空网络。基本实现民航全覆盖,民用机场达到9个,旅客吞吐能力3500万人次。进一步提升南宁吴圩、桂林两江国际机场运输保障能力,优化支线机场布局。积极发展通用航空,新建一批通用机场。加密面向东盟和国内主要城市间的航班和航线,推进军民航分离,形成高效、迅捷、安全的"两干七支"航空运输网络。

建设油气管网。加快实施西气东输二线、中缅油气管线、液化天然气上岸等重大工程,推进天然气支线管网及县域管网同步配套建设。布局完善城市管网和城市加油站、沿江加气站,加快公交车、出租车、内河运输船、陶瓷等行业"油改气""煤改气"步伐,推进冷热电联产分布式气电厂建设,扩大天然气消费,天然气消费占能源消费总量比重达到7%以上。

3.建设北部湾区域性国际航运中心

实施港口能力提升、货运畅通、港航服务重大工程,建设现代化港口集群,深化港口对外开放,引进国际港口运营商合作建设,打造具有全球竞争力的国际大港,港口吞吐能力达到4.5亿吨,集装箱吞吐能力接近千万标箱。加快建设深水航道、大能力泊位、集装箱码头等,优化港口功能,提升港口吞吐能力。加强港区与铁路、公路、管道等运输方式衔接,完善港口集疏运体系,提高多式联运水平,扩大口岸开放,完善通关设施,建立便捷高效的运输协调机制,实现国际运输便利化。建设临港现代物流园区和北部湾港航服务集聚区,发展金融、保险、商贸、海事、信息等港航服务业。完善港口布局,加强揽货力量,优化和加密通往东盟及世界各国主要港口航线,开发西南中南地区腹地无水港业务,增强港口辐射能力。

4. 打造综合交通枢纽

以南宁火车东站、吴圩国际机场等客运枢纽为核心,加快以南宁为节点的高速铁路建设,强化南宁与周边省会城市和东盟重要城市的快捷连接,加强城市轨道交通、地面公交与铁路、公路、航空的衔接,打造南宁区域性国际综合交通枢纽。依托桂林两江国际机场和火车站,打造桂林区域性国际旅游综合交通枢纽。以设区市为重要节点,强化各种运输方式、城市交通与城际交通之间的有效衔接,加强铁路、公路、水路联运设施建设,集约建设综合客运和货运枢纽,打造北部湾综合交通枢纽,把设区城市建设成为区域性或地区性综合交通枢纽。发展枢纽经济圈,建设中国—东盟南宁空港经济区和桂林、柳州、梧州、玉林临空经济区。

5. 优先发展公共交通

完善城市公共交通网络,提升城市公交出行比例。有序推进城市轨道交通建设,积极发展地面快速公交,基本建成南宁轨道交通1~4号线,推进有条件的城市规划建设轨道交通。规范发展城市出租车和专车服务,合理引导私家车出行。统筹规划建设城市公共停车场等配套设施,建设区内中心城市航空支线。发展农村公共交通,完善县际、乡际、村际客运班线,促进城乡公交一体化发展,具备条件的建制村通客车比例达到100%,城乡道路客运一体化3A级以上的县超过80%。

6. 提高交通运输服务水平

加强铁路、公路、水运、机场、公交有机衔接,形成以高速铁路、高速公路、水路运输为骨干,其他运输方式为辅助的综合交通运输系统,实现客运零距离换乘、货运无缝化连接。

完善大能力专业化货运体系。建设以沿海集疏运为重点、衔接腹地的矿石煤炭、大宗散货、集装箱、油气等运输系统;以柳州为重点的工业品铁路、公路、水运运输系统。构建以电子产品、精密设备、快递等高时效、高附加值的航空货运服务。大力发展多式联运,推进南宁、贵港、梧州铁水联运、港铁联运、北部湾港海铁联运、水水联运,钦州、梧州、贵港集装箱联运,加快建设南宁、柳州、北部湾集装箱办理站。

完善多元化客运服务体系。开行旅游客运专线和机场快线,建设重点景区集散中心交通通道,发展差异化的旅游运输服务。建设连接区内重点旅游城市的环飞航线,以旅游观光为主的通用航空航线。加大贫困地区和少数民族聚居区交通设施建设,促进交通扶贫和运输服务均等化。

提升绿色智能安全水平。促进交通运输与信息化深度融合,推广应用公路不停车收费系统(ETC)、移动互联、北斗定位导航等信息技术,建设统一公共信息服务平台,实现交通一卡通。推广使用新能源汽车,发展节能环保运输工具和方式。加强交通安全隐患治理和防护工程建设。

(四)综合交通重点工程

南北国际新通道: 建设南宁至贵阳客运专线,黔桂铁路增建二线,乐业至百色、河池至百色高速公路等。

出海通道: 建设沿海铁路既有线扩能改造、洛湛铁路贺州至玉林段扩能改造,南宁经钦州至防城港高速公路改扩建、松旺至铁山港高速公路等。

陆路东盟通道: 建设通往越南的防城至东兴铁路、南宁至凭祥铁路扩能改造,崇左至水口、隆安至硕龙高速公路,沿边公路扩建,北仑河二桥、水口至驮隆界河二桥、峒中至横模口岸桥等。

连接西南中南通道: 建设南昆铁路昆明至百色段新增二线、焦柳铁路怀化至柳州段电气化改造,柳州经合山至南宁、灌阳至平乐高速公路,龙滩、百色升船机等。扩建桂林、柳州机场新航站楼,迁建百色巴马机场。

对接粤港澳通道: 建设柳州经梧州至广州、柳州经贺州至韶关铁路,荔浦至玉林、贵港至隆安、南宁苏圩经灵山经浦北至博白高速公路,贵港经梧州至广州一级航道、柳州至石龙三江口二级航道、来宾至桂平二级航道,西津枢纽二线、红花枢纽二线船闸等。新建玉林、贺州机场,迁建梧州机场。

北部湾区域性国际航运中心: 建设防城港企沙南港区40万吨级码头及配套航道、钦州港20万吨级集装箱码头及配套航道,北海铁山港7～10号泊位,防城港第五作业区进港航道、钦州港30万吨级航道、北海铁山港区航道三期工程、二期扩建工程等。

南宁区域性国际综合交通枢纽: 建设南宁城市轨道交通5号线,推进6号线项目前期工作,南宁机场第二跑道,南宁五象火车站,南宁第二、第三高铁动车所等。

二、运输发展现状

近年来,广西各级认真贯彻落实《国务院关于进一步促进广西经济社会发展的若干意见》和国家深入实施西部大开发战略等一系列重大政策,紧紧抓住广西北部湾经济区、珠江—西江经济带上升为国家战略等发展机遇,全力实施国家"一带一路"战略,充分发挥区位优势,积极应对全球经济复苏缓慢、国际政治经济环境复杂多变、国内经济下行压力持续加大等国内外经济形势,采取非常政策、非常措施,全力推进交通基础设施建设,建成了以南宁国际区域性综合交通枢纽为中心的"一纵两横"立体交通运输网络,形成了铁路、公路、水路、航空等全方位的比较完善的立体交通运输体系。

（一）铁路

"十二五"时期，广西强化东向大通道建设，加快架通南宁、柳州、桂林至沿海的快速、大容量铁路运输通道，加大铁路基础设施建设，续建了南宁至柳州城际铁路等重点项目。2013年年底，广西开通了首条高速铁路，至2015年年底，广西境内拥有7条高速铁路线路，动车通达里程1703km，动车通达14个地级市中的11个，初步形成了"客货分线、北客南货"的铁路运输新格局，实现了以南宁为中心、以南广高速铁路为东向核心的城际高速和大通道铁路网；广西铁路总里程达5086km，其中高速铁路突破1700km，昂首迈入高速铁路时代。

2016年12月28日，连接云南、广西两省区的首条高速铁路——南宁至昆明客运专线全线正式开通运营，广西与湖南、广东、贵州、云南四省实现高速铁路连通，西南地区铁路路网得到进一步完善。云桂铁路是广昆高速铁路连接西南贫困地区的新干线，也是广西第四条连通区外的高速铁路线路。该线在南宁市与广西沿海高速铁路线路相连，经北部湾沿海港口连通"海上丝绸之路"，不仅构成大西南、泛珠三角和环北部湾的快速出海大通道，还进一步提升了西南出海普通铁路、高速铁路双线通道的"客货分线"运输能力，对加强广西、云南与珠三角地区的联系，加快区域经济一体化进程、带动西南贫困地区经济发展具有重要意义。

2016年，广西铁路营业总里程达5141km，铁路客运量8813.8万人次，增幅连续3年居全国前列。到2017年春运前，广西高铁里程已达1737km，广西动车组图定开行对数达到192对，占全局客车总开行对数的76.5%。广西动车通达全国15个省区市，覆盖全区12个设区市。

（二）公路

"十二五"时期，广西形成了以南宁为中心，对外辐射滇、贵、湘、粤等周边省份，对内连通各地市以及北部湾沿海港口的"两区一带"的放射状高速公路网格局；对外与每个相邻省份和东盟都至少有一条高速公路通道连通，实现高速公路与东部沿海省区"西进""出边"，和云南、贵州、四川、重庆等西南省市"东出""出海"。

2016年，广西加快推进路网项目建设，做实基础设施补短板工作，全年新增高速公路367km，总里程达4603km；新增普通公路2707km，二级及二级以上公路17474km，新改建农村公路5850.5km，全区公路总里程突破12万km，全区公路密度达到50.99km/100km^2。崇左至靖西、岑溪至水汶、南宁吴圩机场第二高速公路项目以及桂林至柳州高速公路（僚田至鹿寨北互通）路面改造项目建成通车，三江至柳州高速公路主体建成，新增大新、天等、三江、融水、融安5个县通高速公路，县县通高速公路率达85%。南宁经钦州至防城港改扩建、柳州经合山至南宁、松旺至铁山港、贺州至巴马（昭平至蒙山段、都安至巴马段）、荔浦至玉林、玉林至湛江（广西段）7个项目854km的高速公路开工建设，开工数量和里程为5年来最高。普通国省干线公路项目开工44个，交竣工28个。农村公路项目开工1757个，完工1382个。

2016年，公路客运量为39750万人，客运周转量为3900512万人公里；广西公路货物运输量为128247万t，公路货物运输周转量22484598万吨公里。

（三）水路

"十二五"时期，广西实施"双核"驱动发展战略，西江黄金水道在沿江经济带发展中的战略地位日益显现。经过5年发展建设，黄金水道左手挽起云贵湘、右手拉紧粤港澳，拓展南北运输航线，内河通航条件明显改善，强劲拉动沿海、内河货物运输业发展，广西以西江黄金水道为主体的水路综合运输通道成果丰硕。

港口方面，"十二五"时期，广西全面增强港口综合能力，打造干支线密集、航班集中、具备大批专业化泊位和完善集疏运体系的区域性国际枢纽港，不断提高港口服务水平。

2016年，沿海建成钦州港金鼓江航道，北海港铁山港北暮作业区5号、6号泊位，防城港电厂二期配套码头工程等项目，新增万吨级泊位4个；内河建成老口航运枢纽、来宾港象州港区猛山作业区一期、贵港港中心港区苏湾作业区一期等项目，新增千吨级泊位10个。西江黄金水道关键节点项目西津、红花二线船闸以及北海港铁山港航道三期等8个项目开工建设。广西北部湾港新增"海防—钦州""北部湾港—缅甸—马来西亚"等6条外贸航线和"钦州—厦门—泉州"等3条内贸航线，填补了西南、华南到缅甸物流周班直航服务空白，北部湾港—东盟区域集装箱航线布局进一步完善。目前北部湾港共拥有内外贸班轮航线43条，其中，北部湾港与7个东盟国家的47个港口建立海上运输往来，定期集装箱外贸班轮航线达29条，基本实现了东盟主要港口的全覆盖。

2015年，广西水路运输营运性客船运力12.0万客位，比2010年增长8.4%，年平均增长1.6%；营业性货船运力780万吨位，增长52.0%，年平均增长8.7%。水路客货运输运能运力的不断扩展，保障了水路客货运输周转量保持快速增长的态势。

2015年，广西水路旅客运输量为538万人，比2010年增长36.2%，年平均增长6.4%；旅客运输周转量总数2.72亿人公里，增长52.8%，年平均增长8.9%。广西水路货物运输量23170万t，比2010年增长80.6%，年平均增长12.5%；货物运输周转量1300亿吨公里，增长50.8%，年平均增长8.6%。

截至2015年，广西拥有万吨级以上港口生产泊位75个，比2010年的49个增长53.1%。全年港口货物吞吐量为3.15亿t，比2010年的1.86亿t增长69.0%，年平均增长11.1%。其中：广西北部湾港货物吞吐量为2.05亿t，比2010年的1.19亿t增长

71.8%,年平均增长 11.4%;内河港口货物吞吐量为 1.10 亿 t 比 2010 年的 0.66 亿 t 增长 65.6%,年平均增长 10.6%。

(四)航空

"十二五"时期,广西加大民用航空基础设施建设投入,着力打造以南宁、桂林为中心的航空港建设,航路和配套设施进一步完善,完成空中交通管制、通信、导航和气象监测保障系统技术改造,提升了运输服务技术水平。还建成了南宁机场第二航站楼,完成了柳州机场扩建工程,形成了以南宁、桂林机场为主干线及柳州、梧州、北海、百色、河池为支线,干支线结合的机场网络格局。同时,河池支线机场的建成并投入使用,实现了河池民用航空发展零的突破。形成了广西至周边省区和东盟国家海陆空交通运输服务枢纽。2015 年 2 月 13 日,广西北部湾航空公司正式投入运营,广西结束了没有自己航空公司的历史。

2016 年,广西加快建设以东盟为核心的"一带一路"国际空中大通道,积极构建北海、百色、梧州及河池机场等区内外支线机场经桂林机场中转的发展模式,打造"金桂飞"中转品牌,实现区内干支线协同发展,通过采取一系列富有成效的措施,运输生产整体形势持续上扬。

2016 年,广西航线 264 条(国内航线 222 条、地区航线 8 条、国际航线 34 条),通航城市 105 个,其中国内 75 个,地区 5 个,国际 25 个,基本实现国内省会城市、港澳台地区、东盟国家主要城市全覆盖。

2016 年,广西机场管理集团共完成旅客吞吐量 2065.99 万人次,同比增长 9.6%;货邮吞吐量 14.11 万 t,同比增长 5.6%;保障运输起降架次 17.57 万架次,同比增长 8.4%。

三、物流发展

(一)发展现状

物流产业是国民经济发展的动脉和基础,是促进经济发展的"加速器"。随着广西经济的快速发展和现代科学技术的进步,物流产业作为一个新兴的服务行业,正在迅速发展。

"十二五"以来,广西深入实施物流业调整和振兴规划,全区物流业保持较快增长,物流服务水平明显提高,现代物流体系初步形成,为促进经济社会发展提供了重要支撑。

社会物流总量持续扩大。初步测算,广西全区社会物流总额 2015 年达到 4 万亿元,是 2010 年的 1.6 倍,"十二五"时期年均增长 9.9%。物流业增加值 2015 年实现 1300 亿元,是 2010 年的 2 倍,"十二五"时期年均增长 11%,高于地区生产总值增幅 0.9 个百分点。全区物流业增加值占地区生产总值的比重由 2010 年的 6.7% 提高到 2015 年的

7.7%,占第三产业增加值的比重由2010年的19.3%提高到2015年的19.9%。

物流基础设施不断完善。2015年,广西全区物流及相关行业固定资产投资完成2650亿元,"十二五"时期年均增长16.7%。全区公路通车里程达11.7万km,其中高速公路通车里程4289km,分别比2010年底增加了1.5万km、1714km。铁路营业里程达5086km,比2010年末增加了1886km,其中高速铁路营业里程实现零突破,达1735km。2015年年底,广西北部湾港港口货物综合通过能力达2.3亿t,万吨级以上泊位79个;内河港港口货物综合通过能力突破1亿t,千吨级以上泊位143个。运输机场7个(表2-3-1)。

"十二五"期间广西物流基础设施变化情况表　　表2-3-1

指　　标	2010年	2015年	2015年比2010年增加的数量
公路里程(km)	101782	117000	15218
其中高速公路里程(km)	2575	4289	1714
铁路营业里程(km)	3200	5086	1886
其中高速铁路营业里程(km)	0	1735	1735
北部湾港口货物通过能力(亿t)	1.2	2.3	1.1
万吨级以上泊位(个)	49	79	30
内河港口货物综合通过能力(亿t)	0.6	1.0	0.4
内河千吨级以上泊位(个)	73	143	70
运输机场(个)	6	7	1

物流企业快速成长。全区物流企业加快转型升级,运用现代物流管理理念、先进技术手段整合物流资源,物流服务能力不断提高。2015年,广西全区从事运输和仓储业务的物流企业达3000多家,比2010年增加近1000家,其中A级物流企业22家,广西玉柴物流、南宁铁路局、广西物资集团等一批企业已成为具有示范带动作用的优秀物流企业。

物流园区加快发展。全区各类物流园建设总体呈现加快发展态势,物流集中区基础设施建设逐步加强,涌现出货运枢纽、商贸服务、生产服务、口岸服务、综合服务等多种类型的物流园区,物流服务功能不断完善,物流组织化水平和集约化程度逐步提升。2015年,国家和自治区开展示范物流园区认定工作,广西认定首批自治区级示范物流园区10个。

保税物流体系逐步形成。在南宁保税物流中心、钦州保税港区、北海出口加工区和凭祥综合保税区建设成和运营的基础上,"十二五"期间国家批准设立北海出口加工区B区,南宁保税物流中心升级为南宁综合保税区。中国(北部湾)自由贸易试验区申报工作积极推进。海关特殊监管区管理体制逐步理顺,钦州保税港区、凭祥综合保税区管理体制改革工作加快推进,实现了"泛珠"四省区海关通关一体化和南宁海关关区通关一体化,海关特殊监管区域的辐射带动作用日益明显。随着海关特殊监管区建设的投入力度不断加大,保税物流基础设施进一步完善,入驻的知名企业不断增多,集聚效应逐步显现,国际配送、国际采购、国际中转、加工贸易、保税物流等业务不断拓展。

(二)发展政策

近年来,国家先后出台了《物流业发展中长期规划(2014—2020年)》《全国物流园区规划》等一系列支持物流业发展的文件。广西于2015年召开全区服务业发展大会,对物流业发展作出了部署。广西壮族自治区党委、自治区人民政府出台了《关于加快服务业发展的若干意见》《广西现代服务业集聚区发展规划(2015—2020年)》《广西促进现代物流业跨越式发展三年行动计划(2015—2017年)》等一揽子政策,并进一步健全服务业发展部门联席会议制度,积极推进土地、财政、税务、价格、海关等相关领域改革,为物流业发展营造良好的环境。

目前,广西重点推进重要城市、物流园区、主要港口的货运枢纽建设,加快火车站、机场与周边高速公路、城市道路、轨道交通等无缝衔接的步伐。同时加快重点工业品、农产品、矿产品等物流通道基础设施建设,培育一批货运服务、生产服务、商贸服务、口岸服务、综合服务型物流园区,完善各种物流服务功能,进一步增强广西物流的集聚效应。

(三)物流信息化

目前,广西加大力度拓展新兴服务领域,加快培育龙头企业,加快港站枢纽和物流园区建设,提高物流信息化水平。

拓展服务领域,引导和规范货运代理、无车承运人等运输组织主体的发展。鼓励货运枢纽经营主体拓展仓储、分拨配送、流通加工、保税等功能,促进货运枢纽站场加快向现代综合物流园区转型。拓展航运服务产业链,重点发展航运金融、航运保险、航运经纪、海事仲裁、航运信息、航运交易等服务。

加快培育龙头企业,引导优势企业发挥市场组织和资源整合功能,扩大经营规模和服务范围、拓展经营网络,加快培育规模化、集约化、网络化运作的道路货运龙头骨干企业,进一步做大做强物流业务。促进道路货运企业向综合物流服务商转型,拓展高附加值的物流服务。鼓励港航企业延伸服务链,向全球或区域物流经营人转变,提高航运信息服务机构在信息发布、咨询等领域的国际影响力。

支持依托港口、公路运输枢纽的物流园区建设,支持港口物流园区建设,推进内陆无水港发展。支持内河港口与当地保税物流中心(或保税区)和工业园区联动发展。充分发挥保税港区政策优势,协调推动海关监管措施的逐步完善,拓展国际中转、配送、采购、转口贸易和出口加工等业务。

注重港口建设与现代物流相结合,发展信息化、综合化、一体化的区域港口物流。构筑与港口物流业发展配套的现代综合运输网络和腹地市场体系,进一步拓展港口物流业务。重点抓好钦州保税港物流基地和物流服务中心、商贸基地、加工制造基地和信息交流中心的基础设施建设,完成保税港的整体工程建设,加快港口向第三代港口综合物流业方向发展的进程。加快南宁六景港区有水港物流中心建设。加快百色、贵港、柳州、来宾、梧州港集装箱码头和物流园区的建设,并与钦州、防城、北海、玉林、崇左的物流园区和出口加工区等物流商贸基地相衔接,实现有水港物流与无水港物流区的联动发展。

加快物流公共信息平台建设,加快建设物流公共信息平台政务系统,引导企业构建物流公共信息平台商务系统。加快交通电子口岸建设,推进港航物流公共信息平台和电子商务平台建设。

探索物流信息平台建设和运营良性机制,建立信息平台运行监管机制。推进交通运输与工商、税务、口岸、国检查验等机构的信息平台之间数据传输的标准化和共享。推进各种运输方式间、物流各环节间信息平台的有效衔接。

四、综合运输发展现状相关图表

1980—2015 年,广西综合运输发展相关情况统计见表 2-3-2～表 2-3-5。

广西全社会客运量表(1980—2015 年)(单位:万人) 表 2-3-2

年份(年)	客运量	铁路	公路	水运	民航
1980	9369	1869	7054	429	17
1985	20018	2456	16993	526	43
1990	26272	2391	22826	984	69
1995	34317	2819	30024	1192	283
2000	42952	2508	29321	766	357
2005	52197	2037	48740	883	536
2010	76967	3163	72208	395	1201
2015	50986.4	7046	41522	533	1885

注:表中数字选自《广西统计年鉴 2016》。

广西全社会旅客周转量表(1980—2015 年)(单位:亿人公里) 表 2-3-3

年份(年)	旅客周转量	铁路	公路	水运	民航
1980	60.25	31.11	25.05	4.09	
1985	127.77	55.72	66.50	5.55	
1990	174.79	66.79	101.21	6.76	
1995	298.41	112.14	180.78	5.49	
2000	464.96	114.48	347.94	2.54	
2005	573.08	131.73	438.77	2.58	
2010	879.23	182.13	695.32	1.78	
2015	731.75	318.22	410.82	2.71	

注:表中数字选自《广西统计年鉴 2016》。

广西全社会货运量表(1980—2015年)(单位:万t)　　　　　表2-3-4

年份(年)	货运量	铁路	公路	水运	民航
1980	4496	1833	1722	891	0.10
1985	12909	2224	9898	787	0.58
1990	19888	3798	14711	1338	0.50
1995	28622	5072	20686	2862	1.60
2000	31270	5843	23514	1910	3.38
2005	41025	8517	27861	4642	4.80
2010	113445	7052	93552	12832	9.49
2015	149727.3576	5779	119194	24741	13.4

注:表中数字选自《广西统计年鉴2016》。

广西全社会货物周转量表(1980—2015年)(单位:亿吨公里)　　　　　表2-3-5

年份(年)	货运量	铁路	公路	水运	民航
1980	160.46	132.52	5.77	22.17	
1985	276.26	200.52	47.30	28.44	
1990	428.02	268.17	116.95	42.82	
1995	592.93	351.61	143.39	97.93	
2000	770.61	485.14	209.44	76.03	
2005	1208.91	777.73	258.43	172.75	
2010	2926.77	891.33	1173.45	861.99	
2015	4061.82	674.53	2122.60	1264.69	

注:表中数字选自《广西统计年鉴2016》。

第三章
高速公路发展成就

第一节　高速公路规划及发展历程

自1993年桂柳高速公路开始建设,到2003年广西高速公路通车里程超过1000km,用了整整10年时间;到2008年年底,广西高速公路通车总里程突破2000km,用了5年多的时间;到2014年年底,通车总里程达到3800多公里,从2000km到3800km,也只用了5年多的时间。随着"县县通高速"的深入实施,广西高速公路建设事业进入了一个快速、全新的黄金发展时期。

一、起步阶段(1991—2000年)

1992年5月中共中央、国务院作出"要充分发挥广西作为西南地区出海通道的作用"的战略决策后,给广西交通建设带来了前所未有的发展机遇。交通部门在各级党委政府的领导下,抓住机遇,以"建设大通道,服务大西南"为发展思路,多渠道筹集资金,加大了构筑公路主骨架的建设力度,公路建设进入了快速发展时期。建设项目之多,等级之高,投资之大,速度之快,质量之好,前所未有。

（一）规划背景

根据交通部的部署,广西交通厅从1990年起组织力量着手进行《1991—2020年广西壮族自治区公路网规划》的编制工作。为了获取公路上交通流的构成、流量、流向、起讫点及货类实载等数据,首次在全区境内进行了大规模的路网交通OD调查。共设置调查点101个,动员人力4200余人,共收集数据44.5万个。另对全区88个地、市、县的社会经济以及广西境内8条国道42条省道共9412km线路的技术等级、通过能力、服务水平等状况进行了全面调查。在规划过程中,开发运用了基础资料数据分析汇总、OD调查分析汇总、回归分析、路网交通量预测、路网优化、路网投资效益分析、项目建设经济评价等计算机应用软件,加快了规划的进程。1993年完成规划报告初稿之后,在广泛征求各级领导和广大专家意见的基础上,对初稿进行了认真的修改和补充,形成了送审的规划报告。广西壮族自治区人民政府于1995年5月作出了《关于原则同意1991—2020年广西壮族自治区公路网规划的批复》。该规划确定的广西干线公路骨架结构为"七射一环",它包含了国道主干线在广西境内的全部路段和部分国道,总里程为3795km,采用汽车专用二级公路以上技术标准,展示了广西高等级公路建设的宏图。令人十分高兴的是,在"七射一环"不属于国道主干线的那部分公路中,有相当多的路段与《国家重点公路建设规划》相吻合,从一个侧面反映了《1991—2020年广西壮族自治区公路网规划》的正确性。

(二)规划目标

把国道主干线和国家重点公路在广西境内的路段同"七射一环"广西干线公路综合汇总,广西干线公路网(即有可能成为高速公路网)规划的远景轮廓就展现在眼前。

1. 国道主干线广西路段(共1830km)

(1)重庆至湛江公路广西主要控制点:六寨、南丹、水任、都安、马山、武鸣、南宁、钦州、合浦、山口,另加:钦州至防城港支线,合浦至北海支线,水任经金城江、宜州至柳州过渡线。

(2)衡阳至昆明公路广西主要控制点:黄沙河、全州、兴安、灵川、桂林、永福、鹿寨、柳州、来宾、宾阳(王灵)、南宁、坛洛、隆安、平果、田东、田阳、百色、罗村口,另加:南宁经扶绥、崇左、宁明、凭祥至友谊关支线,桂林过境线,柳州过境线。

2. 国家重点公路广西路段(共约2080km)

(1)临汾至三亚公路广西主要控制点:龙胜(湘桂交界)、桂林(冲口)、阳朔、平乐(二塘)、钟山(同古)、梧州(独木)、苍梧、岑溪、水汶。

(2)包头至友谊关公路广西主要控制点:隆林(黔桂交界)、委乐、田林、百色、德保、大新、崇左、宁明、凭祥、友谊关。

(3)厦门至昆明公路广西主要控制点:灌阳(湘桂交界)、界首、兴安、灵川、临桂(三塘)、桂林(冲口)、融安。

(4)汕头至昆明公路广西主要控制点:信都(粤桂交界)、贺州、钟山(同古)、荔浦、鹿寨、柳州、宜州、河池、东兰、凤山、凌云、田林、隆林、天生桥(黔桂交界)。

(5)汕尾至清水河公路广西主要控制点:筋竹(粤桂交界)、岑溪、容县、北流、玉林、兴业(山心)、六景、南宁、隆安、平果、百色、罗村口(滇桂交界),另加:玉林至山口支线。

3. "七射一环"中未纳入国道主干线和国家重点公路规划的路段

(1)南宁经宾阳、贵港、桂平、平南、藤县至梧州,这"七射"中贵港经桂平至梧州要予以研究,待后定论。

(2)"一环"线中,唯一要考虑的是崇左经上思至钦州段,计136km,应规划为高速公路。环线中的其他路段,绝大多数与国道主干线和国家重点公路重合,少数靠近,其功能与作用已被替代,可不再研究。

(三)规划实施情况

1992年,在交通部的大力支持下,广西第一条高速公路——桂林至柳州高速公路获批建设,1993年10月正式破土动工,1997年5月建成通车,结束了广西没有高速公路的历史,标志着西南出海通道建设迈出了坚实的一步。借助西部大开发的"东风",广西高速公路建设提速前行,钦州至防城港(北海)、宜州至柳州、柳州至南宁等一批高速公路相继开通。1991年至1999年,共投入交通建设资金300多亿元。到1999年年底,全区公路总里程达51378km。其中,高速公路575km。至2000年年底,全区高速公路"七射一环"格局基本建成,高速公路通车里程达812km,在国内排名第8位。一个以自治区首府南宁为中心,以国、省道为骨架,干支相连,城乡相通的出海、出边、出省公路交通网已初步建成。

二、稳步发展阶段(2000—2010年)

进入21世纪,广西交通部门决定乘西部大开发的强劲东风,加快完善西南出海大通道的公路主骨架,大力实施路网建设,进一步加快东、西、南、北公路主通道及整个路网建设步伐。其中,东部通道建设,加强桂东南与贵州、云南、四川、重庆、湖南的联系;西部通道建设,"十五"期间建成南宁至友谊关高等级公路,同时建设南宁至百色罗村口高等级公路,沟通云南;南部通道建设,主要是沟通北部湾出海口与云南、贵州、四川、重庆的联系,公路重点是加快南宁经钦州至北海、合浦至山口高速公路建设,形成南向出海公路通道。北部通道建设,重点改建与湖南、贵州连通公路。

(一)规划背景

(1)进入21世纪后,广西经济发展已经进入到由艰难爬坡向经济起飞的重要转变时期,预计至2020年左右,广西人均GDP将达到3000美元。经济社会的加快发展,工业化、城镇化进程的加快推进,以及人民生活水平的稳步提高,全社会对公路运输的快速、舒适、方便、可靠、安全等方面的要求越来越高,将对高速公路运输产生巨大的需求。必须继续加快高速公路建设。

(2)区域经济一体化要求建立高效统一的高速公路通道。随着中国—东盟自由贸易区的加快建立、泛珠三角区域合作的加速推进,以及环北部湾经济区的启动建设,从国家战略高度把广西推向了区域合作和对外开放的前沿,成为双向沟通中国与东盟的重要桥梁,连接泛珠三角经济区与东盟自由贸易区、环北部湾经济区的重要枢纽。广西交通的战略定位也从大西南出海通道跃升为中国—东盟国际大通道和区域性国际物流中心。加快高速公路通道建设,使之成为推动区域合作的重要基础,已成为新时期广西交通建设的战略任务。

(3)国防安全和应对突发事件要求建立快速、完善的高速公路网络。新时期保障国家安全和应对突发事件,要求必须深入贯彻平战结合原则,以提高交通保障能力为目标来完善国防交通网络,着重改善重点部队迂回道路和应急机动道路,以提升重点部队机动能力。加快高速公路通道建设是确保国防安全的重要保障。

(4)构建完善的综合运输体系,促进综合运输协调发展,需要高速公路运输加快发展。经济社会的快速发展有赖于便捷的交通网络,以满足区域各方对内对外的客货运输需要。公路交通覆盖面广、机动灵活、时效性强、可实现门到门运输,既具有通道功能,又具有集散功能,在综合运输体系中居于重要地位。而高速公路通行能力大、速度快、行车安全舒适,在综合运输体系中承担着基础性和大动脉的双重作用,必须加快发展。

(5)实现交通可持续发展要求科学规划好高速公路建设。资源与环境形势要求公路交通必须走可持续发展的道路,这是实现经济社会可持续发展的重要基础。实现公路交通的可持续发展,必须与经济社会发展需求相适应,与资源环境容量相协调。高速公路能够更好地集约利用土地资源、提高运输效率、减少环境污染、增加交通安全性,有利于可持续发展战略的实施,但也决不能以浪费土地、资源和破坏环境为代价,必须正确处理适当超前与可承受能力的关系,做到合理利用资源、合理确定建设规模和建设方案。

根据广西社会经济发展态势和高速公路交通发展面临的形势,在今后较长一个时期,高速公路运输需求将随经济社会的加快发展继续呈现出快速增长的趋势和特征。

(1)随着经济社会加快发展和人民生活水平的稳步提高,私人汽车进一步普及,广西公路客货运人均出行次数将继续保持高速增长,对公路运输的快速、舒适、方便、可靠、安全等方面的要求越来越高。

(2)随着区域经济一体化进程不断加快,以及公路基础设施和车辆的改进,中长距离的公路运输将进一步发展,平均运距将稳步增长。

(3)高速公路运输在综合交通体系中的地位将进一步提高。随着工业化发展水平不断提高,货物运输中初级产品所占的份额将逐步降低,公路货运对运输的服务水平和服务质量将提出更高的要求。

"十五"时期,在广西壮族自治区党委、自治区人民政府的正确领导和国家有关部委的支持下,广西紧紧抓住实施西部大开发战略和建设完善西南出海通道的历史机遇,以国家"五纵七横"国道主干线系统规划、西部通道规划和广西"七射一环"公路网主骨架规划为指导,加快高速公路主骨架和出海、出省、出边通道建设。《国家高速公路网规划》于2004年12月经国务院审议通过并颁布实施。国家高速公路网由7条首都放射线、9条纵向路线和18条横向路线组成,总规模约8.5万km。规划经过广西的国家高速公路有"两纵四横"约 3430km。"两纵"即包头至茂名和兰州至海口,"四横"即泉州至南宁、厦门至成都、汕头至昆明和广州至昆明。根据交通部《关于印发省(自治区、直辖市)高速公路规划指导意见的通知》(交规划发〔2005〕41号)的统一部署,需要在国家高速公路网规划布局方案的基础上,根据广西的实际情况,深化路线走向方案和主要控制点,落实出省出边出海接线方案,做好高速公路与地方道路的衔接。与此同时,为了贯彻落实党的十六大提出全面建设小康社会的总体要求,适应建设中国—东盟国际大通道和融入泛珠三角区域合作的需要,构建完善的综合运输体系,加快推进广西工业化、城镇化进程,需要进一步加快广西高速公路网建设。为更好地指导新时期高速公路建设,开展广西高速公路网规划工作十分重要和紧迫。在广西壮族自治区人民政府领导下,广西壮族自治区交通运输厅成立了高速公路网规划领导小组,在国家高速公路网规划的基础上,组织开展广西高速公路网规划工作。在规划编制过程中,注重集中民智,广泛征求意见。2004年8月,自治区交通厅组织召开研讨会,就规划方案听取全区交通系统的意见。自治区交通厅党组多次召开党组扩大会议,研究并修改完善规划方案。2005年6月,受自治区人民政府委托,自治区发改委、交通厅召开规划方案评估会议,邀请国家有关部委官员、国内知名专家,以及自治区相关部门和各市的同志参加,并书面征求邻省对规划方案的意见。根据专家、会议代表、邻省的意见,对规划进一步修改、补充和完善,于2005年年底完成了广西高速公路网规划文本编制工作。

(二)规划目标

(1)首府南宁通向各地级市有高速公路,地级市之间有便捷的高速公路连通。

(2)重要省际公路通道为高速公路。省际高速公路通道接口为14个,其中广东5个、湖南4个、贵州3个、云南2个。

(3)重要港口、国家一类口岸通高速公路。其中通往越南口岸的高速公路有4条。

(4)规划20万人口以上的城市、县城有高速公路便捷连通。

(5)86%以上县城实现半小时内上高速公路。

(三)规划实施情况

"十五"开局以来,广西交通系统在广西壮族自治区党委、政府的正确领导下,按照交通部"三主一支持"规划,结合广西经济社会发展实际,继续抓住国家实施积极的财政政策和西部大开发的历史机遇,同心同德,奋力拼搏,高速公路建设取得了丰硕成果。一批对全局或区域经济社会发展有重大影响的项目相继开工建设。国道主干线河池(水任)至南宁、黄沙河至全州、百色至罗村口、南宁至友谊关4个高速公路项目全面铺开,西部省际通道阿荣旗至北海公路南宁—梧州—桂林支线平乐至钟山段开局良好,南宁至坛洛、兴业至六景高速公路建设进入决战阶段。全区高速公路通车里程2002年年底达到822km,以高速公路为骨架、二级公路为干线的运输网络初显雏形,全区路网结构得到一定改善。2003年12月,南宁至坛洛高速公路提前一年全线通车,广西的高速公路通车里程达1033km,成为我国第一个高速公路里程突破1000km的少数民族自治区;2004年实现西南出海公路通道广西境段的全线贯通;2005年建成我国连接东盟的第一条国际大通道——南宁至友谊关高速公路,广西以提前全国两年的成绩实现了"五纵七横"国道主干线广西境段"一纵""一横"的全线贯通。"十一五"以来,以加快出海出省出边国际大通道建设为着力点,大力推进一批高等级公路建设,2008年以来新开工高速公路项目24个共2627km,建成高速公路项目10个共953km;2008年以来开工国省干线路网和提级改造项目4465km,建成1805km。2007年12月,南宁(坛洛)至百色高速公路建成通车,广西成为泛北部湾经济区连接大湄公河次经济区域的重要通道;2008年5月,广西壮族自治区党委、政府审时度势,作出了"掀起交通建设新高潮"的决定,计划5年内广西高速公路将新开工建设1800km以上,建成通车1700km以上。广西交通投资集团作为广西交通建设的主力军和自治区政府主要投融资平台之一,承担着高速公路投资建设的主要任务。至此,广西交通进入"大建设、大改革、大发展"阶段。2008年12月,岑溪至兴业、桂林至阳朔高速公路建成通车,全区高速公路里程突破2000km,达到2181km,广西作为西南出海大通道的优势跃升为中国连接东盟的国际大通道的优势;2010年年底即"十一五"末,全区高速公路通车总里程达2574km,比"十五"末增加1163km,基本实现14个地级市通高速公路,广西与相邻省份以及越南均建立了高速公路通道,通江达海、互联互通的高速公路主骨架网基本建成,为广西经济社会发展注入了强大的动力。"五纵七横"国道主干线和西部开发通道广西境段基本建成,基本实现高速公路连接各市、连通周边省和出海出边的网络化目标。已建成连接广东省的高速公路4条(合浦至山口、苍梧至郁南、筋竹至岑溪、灵峰至八步),连接云南、湖南省的高速公路各1条(百色至罗村口、黄沙河至全州),连接贵州省的高速公路2条(隆林至百色、六寨至河池),连接东盟国家越南乃至东南亚地区最便捷的高速公路1条(南宁至友谊关)。

三、黄金发展阶段(2010—2020年)

在此阶段,广西的高速公路建设无论是在建设模式、资金来源、项目管理、招投标模式,还是运营管理等方面都进入了一个新的发展时期。在广西壮族自治区"交通优先发展战略""两轮驱动、三区统筹"等战略思想指引下,一大批高速公路相继开工建设,涌现出了一批精品优质工程。特别是提出"县县通高速"工作方案后,广西的高速公路建设朝着纵深方向持续推进,取得了一系列令人瞩目的成就,广西高速公路网络进一步完善和优化。

(一)规划背景

根据广西壮族自治区党委、政府对"十一五"时期广西综合交通体系发展提出的"发挥西南出海大通道重要作用、建设连接东盟国际大通道和加快推进泛珠三角区域合作"的总体目标,广西壮族自治区交通厅会同广西壮族自治区发展改革委以《国家高速公路网规划》为指导,结合广西实际编制《广西高速公路网规划(2006—2020)》,并于2006年4月经广西壮族自治区人民政府批准实施。经批准的广西高速公路网规划布局方案为"4纵6横3支线",规划总里程5590km。自规划批准实施以来,广西高速公路建设进入大投资、大建设、大发展的时期,2009年年底,已建成高速公路2395km。2014年年底新开工和续建高速公路已突破3000km,基本实现规划高速公路网的全面开工建设。当前,以南宁为中心连接各地市和"通江达海、出省出边"的高速公路通道骨架初步形成,大幅提高了运输能力和运输效率,对促进全区经济社会快速发展、构建"两区一带"区域协调发展新格局提供了重要支撑。一是出省、出边、出海通道基本形成,为加快中国—东盟自由贸易区建设,深化泛珠三角区域合作,促进广西北部湾经济区和西江经济带发展,发挥广西作为西南出海大通道的作用提供基础支撑,推进广西区位优势转化为经济优势。二是广西14个地级市基本连通高速公路,有力地推进了广西城镇化发展,优化产业布局,改善投资环境,推动外向型经济和旅游业的发展。三是缓解运输压力,改善交通条件,促进综合运输协调发展,节省出行时间,提高人民群众的生活水平。四是拉动投资和经济增长,促进资源开发利用,创造就业机会,改善民生、促进和谐。五是提高了应对地震、冰雪等自然灾害和突发事件的能力。

近年来,随着国际国内形势的发展变化,广西在区域经济合作中的优势地位日益突出,经济社会飞速发展,人民生活水平不断提高,广西高速公路发展面临新的形势和发展机遇,这些因素对广西高速公路网规划的路网布局、功能定位等提出了新要求,《广西高速公路网规划(2006—2020)》迫切需要进行调整修编。

(1)2009年国务院出台《关于进一步促进广西经济社会发展的若干意见》,提出广西新时期发展的战略任务和发展目标,明确指出要进一步加强西南出海大通道建设,构建连接多区域的国际大通道;要加快西江黄金水道开发,提高通航能力,形成铁路、公路、水路相互衔接、优势互补的综合交通运输体系等一系列交通运输发展目标任务。

(2)2008年国家批准实施《广西北部湾经济区发展规划》,标志着广西北部湾经济区开发建设纳入国家发展战略,要求进一步完善广西北部湾经济区对内对外高速公路通道,发挥北部湾经济区引领带动作用,成为支撑西部大开发的战略高地和重要国际区域经济合作区,成为我国沿海新的经济增长极。

(3)国家实施新一轮西部大开发,对西部经济社会发展和较为落后的基础设施将提出新的建设发展要求。

（4）随着中国—东盟自由贸易区建立，泛珠三角等多区域合作不断深化，以及实施国家外交战略的需要，要求广西进一步完善出海出省出边大通道，重点建设南宁—新加坡高速公路走廊和增加广西通往广东、湖南、贵州和云南方向高速公路通道，加快构建以南宁国际综合交通枢纽为中心的"一枢纽两大港三通道四辐射"国际综合交通运输体系。

（5）工业化、城镇化向更高层次发展，城市间的联系更加紧密，新增大量的快速公路客货运需求，对公路运输的舒适、便捷、可靠、安全等品质方面提出更高要求。

（6）经济的快速增长、人民生活水平的不断提高，私人汽车保有量迅速增长，带动高速公路交通量快速增长，要求进一步完善高速公路网络，继续扩大高速公路容量，不断提高服务水平。

（7）落实科学发展观，以人为本全面建设小康社会，推进区域协调发展、加快民族地区发展，增强资源富集区的自我发展能力，实现国土均衡开发，共享改革开放成果，要求高速公路网络提高密度、增加覆盖率。

（8）加强国防建设，保障我国海洋权益与能源运输通道的安全，增强应对突发事件能力，要求加快具有重大战略意义的高速公路通道建设，并提高网络可靠性。

（二）规划目标

到2020年，广西高速公路总里程突破8000km，形成横贯东西、纵穿南北，覆盖全区、连接"三南"、泛珠三角等多区域和东盟国家的"6横7纵8支线"高速公路网格局，实现网络化服务的规模效益，有力支撑广西经济发展，推动社会进步，保障国家安全，全面服务可持续发展。

（1）形成"首府直通地级市与周边省会，地级市间便捷相通，县城基本能直达地级市"的高速公路网络，缩短各经济区之间时空距离，促进经济区间的联系沟通，进一步提高高速公路通过能力和抗风险能力。

（2）实现县县通高速公路，有利于推动城镇化建设，有利于国土资源的均衡开发，有利于区域间经济的协调发展。

（3）出省、出边的高速公路通道达22条，其中通往广东等沿海地区的高速公路通道7条、通往湖南等中部地区的高速公路通道5条、通往云贵川等西南地区的高速公路通道6条（其中贵州4条、云南2条）；通往越南等东盟国家的高速公路国际大通道4条。

（4）形成广西北部湾沿海港口5条集疏运通道，西江黄金水道沿线港区、城镇由高速公路串接，南宁吴圩、桂林两江国际机场由高速公路直接连接，其他支线机场、铁路枢纽及国家一类口岸半小时内可直达高速公路出入口，促进全区构建"四通八达、通江达海"的综合交通网络体系，形成高效的物流、人流通道。

（5）有效地支撑经济社会的可持续发展。进一步缓解广西交通基础设施建设对土地资源需求的压力，有效利用土地资源和线位资源，有效促进实施环境保护和节约能源。

（6）连通南宁、桂林、北海等著名的旅游城市、重要旅游风景区，连通广西全部国家5A、4A级旅游景区所在县（市），带动旅游业兴旺发展，推动广西旅游强省建设。

（7）按静态投资匡算，预计规划实施可累计创造地区生产总值约1万亿元，创造就业岗位650万个。极大促进全区经济增长，刺激和带动钢铁、机械等相关产业发展，有力促进经济社会发展。

近期目标：至2015年，广西境内高速公路总里程突破6000km，所有地级市通高速公路，近90%的县城半小时内上高速公路，出海出省出边高速公路主骨架基本形成，广西北部湾经济区形成较完善的高速公路网。其中，近期建设重点为桂林经柳州至南宁第二通道、柳州至梧州、天峨（黔桂界）至百色、资源（梅溪）至桂林、梧州至封开等高速公路。结合北部湾港铁山港东港区的开发，同步建成松旺至铁山港东岸高速公路。

远期目标：至2020年，力争实现广西高速公路总里程突破8000km，县县通高速公路，广西高速公路网全面形成，连接重要机场、港口等交通枢纽以及出海出省出边的高速公路通道全部建成。

（三）规划实施情况

2010年12月，来宾至马山、马山至平果等5个高速公路项目集中开工，为"十二五"高速公路建设拉开了序幕；2013年4月，玉林至铁山港（北海）高速公路开通运营，全区高速公路通车里程突破3000km，达到3197km，广西从交通末梢蜕变成为大西南地区的交通枢纽、对接东盟的国际大通道。2014年5月，广西壮族自治区人民政府审议通过了《县县通高速公路建设工作方案》，计划至2020年，广西高速公路里程突破8000km，基本实现所有县（区）通高速。实施"县县通高速"攻坚战的第一年即2014年，河池至都安、靖西至那坡、百色至靖西、桂平至来宾、南宁外环等5条共449km高速公路建成通车，是广西高速公路建设历史上通车项目最多、里程最长的一年，实现"县县通高速"的开门红。

第二节　高速公路建设

广西壮族自治区地处祖国南疆，南临北部湾，面向东南亚，西南与越南毗邻，东邻粤、港、澳，北连华中，背靠大西南，是西南地区最便捷的出海通道，也是中国西部资源型经济与东南开放型经济的结合部，在中国与东南亚的经济交往中占有重要地位。广西周边与广东、湖南、贵州、云南等省份接壤。东南与广东省省界线长约931km，东北与湖南省省界长约970km,北面与贵州省省界长约1177km,西面与云南省省界长约632km。西南与越南社会主义共和国边界线长约637km。大陆海岸线长约1500km。

广西位于全国地势第二台阶中的云贵高原东南边缘,地处两广丘陵西部,南临北部湾海面。整个地势自西北向东南倾斜,山岭连绵、山体庞大、岭谷相间,四周多被山地、高原环绕。广西是中国唯一临海的少数民族自治区、西部唯一的沿海地区,是中国对外开放、走向东盟、走向世界的重要门户和前沿,是大西南最便捷的出海口。独特的区位、辽阔的疆域、复杂的地貌,给广西交通基础设施建设,特别是高速公路建设带来了多样化的发展空间。大力发展高速公路,既是节约资源的现实需要,又是充分发挥区位优势、拉动经济发展的内在需求。

——迈步奠基突破重重困难

广西是全国老少边穷地区。长期以来,由于资金缺乏以及人们认识等原因,广西的公路建设主要是对原有公路进行"改弯降坡",建设标准低、规模小、完成投资额少,公路的技术状况长期处于较低水平,到1990年,全自治区二级以上高等级公路里程仅有346km,占公路总里程的0.95%。在此之前,高速公路这个"遥不可及"的概念在广西未曾被正式提上决策的议事日程。公路建设的长期落后状况,严重制约了广西经济的发展。

1992年,中央提出"要充分发挥广西作为西南地区出海通道的作用",给广西交通基础设施建设指明了方向。同年10月,交通部批准桂林至柳州公路立项建设。此后,广西公路建设在标准、规模以及技术含量上出现了质的飞跃。1993年10月,桂林至柳州高速公路正式动工,广西高速公路建设的序幕由此拉开。这个时间节点,距离中国大陆第一条高速公路的"沪嘉高速公路"开工建设已经过去整整9年时间。而紧随桂林至柳州高速公路之后的,有桂林至僚田机场、钦州至防城港、三岸至南间、柳州至王灵、王灵至三岸、钦州至北海、南间至钦州、桂林绕城线、宜州至柳州、南宁至吴圩机场、合浦至山口等一批高速公路项目相继开工建设,全区掀起了高速公路建设的热潮。广西高速公路起步虽晚,但是考虑到广西经济发展的基础和条件先天不足,能在建设初期即大胆做出各种有益的尝试,迅速有效地整合各方力量,一次次克服缺人才、缺技术、缺资金、缺经验等重重困难,顺利地取得了一批项目的开工和竣工,已是着实不易。

20世纪末,党中央为应对亚洲金融危机,决定实施积极的财政政策和货币政策,扩大内需,拉动投资和消费,加快国内经济发展的方针。随后,又作出了实施西部大开发战略的重要决策,这给全国交通基础设施建设带来了千载难逢的历史性机遇,也为广西高速公路的迅速发展提供了十分有利的条件,广西高速公路建设由此进入了跨越式发展的新阶段,呈现了前所未有的大好局面。

1997年5月,广西第一条高速公路——桂林至柳州高速公路胜利通车,实现了广西高速公路里程零的突破。之后,以每年平均建成约150km高速公路的速度发展,到2001

年年底,全自治区累计建成高速公路802.56km,累计完成高速公路投资额131.64亿元,高速公路通车里程当年在全国排序第8位。其中,贯穿广西南北的桂海高速公路起于桂林灵川,终于广东界山口,全长达690km,成为全国省境内高速公路连续路段最长的高速公路,它穿越并联结了广西经济发达的7个市(地)、12个县(区),对发展广西经济起着至关重要的促进作用。

回顾这一探索起步的时期,广西高速公路建设的历程可谓是在摸着石头过河中度过的。从最初对桂林至柳州公路建设标准由二级路提升至高速公路的大胆决策,到首次采用"菲迪克"条款向全国公开招标的初露头角;从钦州至防城港高速公路作为广西第一条由高速公路和汽车专用一级公路组成的沿海高等级公路的创新尝试,到第一次面向全国发行交通建设债券的融资尝试;从柳州至王灵高速公路首次进行工程监理招标的有益革新,到河池(水任)至南宁公路首个利用世界银行贷款修建的努力争取;从广西五洲交通股份有限公司被批准为第一批使用国家特批指标在国内发行A种股票走股份化筹融资的开路先锋,到广西成为全国第一个省(区)全部实行高速公路ISO9001—2000质量管理体系的格局担当,诸此等等。广西高速公路人集谋略、勇气和智慧于一身,在广西公路建设史上屡开先河,且愈战愈勇,筹得点面结合、遍地开花的华丽开篇。

——步履稳健谋求节节攀升

经过初期建设的大胆探索和坚实积累,广西高速公路从新世纪开始步入了稳健发展时期。这一时期,广西充分利用国家对西部地区交通建设给予更广泛的优惠政策和宽松的外部环境,继续全面推行项目法人责任制、项目资本金制、工程招标投标制、工程质量监督管理制、项目环境监督管理制,在项目前期工作、质量、安全、进度、投资等方面稳步发展,总体上实现了项目建设"质量好、进度快、造价低"的目标。2003年广西高速公路里程达到1011km,成为我国第一个高速公路里程突破1000km的自治区;2004年西南出海公路通道广西段全线贯通,实现了云贵川渝的货物运输从广西沿海港口进出;2005年广西建成我国连接东盟的第一条国际大通道——南宁至友谊关高速公路,以提前全国两年的成绩实现了"五纵七横"国道主干线广西境段"一纵""一横"的全线贯通……

进入21世纪,广西的公路建设已形成了自治区重点建设高速公路和进行路网改造;各地、市、县积极投入,建设当地高等级公路;自治区与各地、市、县联合,建设县、乡公路的新的公路建设格局。广西境内以高等级公路为主骨架的西南出海公路大通道初具规模;一个以自治区首府南宁为中心,连接各地、市、县及所有港口码头,由经济发达地区向经济欠发达地区辐射,从大西南内地向沿海地区的水陆联运、四通八达的运输网络已基本形成。广西高速公路平均速度80~120km/h,是一般公路运能的4倍。车辆运输成本降低了1/3,通行时间节省了一半,交通事故比一般公路降低了90%。

这一时期,广西高速公路建设管理主要实行的是建管养分离、分级负责的模式,广西壮族自治区交通厅是建设项目的行政主管部门,负责建设项目的总体规划与布局,对建设项目进行行政管理及监督,对重大问题进行决策,同时负责项目建议书、可行性研究及建设资金筹措等前期工作。广西壮族自治区交通基建管理局则作为项目法人,负责项目的组织实施和建设管理,包括工可以后的前期准备工作、工程招投标、征地拆迁、开工筹备及项目实施过程的现场管理等工作。项目建成后交由高速公路管理局管养。实践证明,这一模式是适合广西区情的,对广西高速公路建设实现又好又快发展起到了重要的保障作用。

广西建设高速公路的步伐明显加快,步履也更加成熟稳健,先后开工建设合浦至山口、兴业至六景、南宁至坛洛、河池(水任)至南宁、全州至黄沙河、苍梧至郁南、南宁至友谊关、百色至罗村口、柳州北环高速公路雒容至洛满段、平乐至钟山、南宁(坛洛)至百色、岑溪至梧州、兴业至岑溪、全州至兴安、钟山至马江、马江至梧州、广贺高速公路灵峰至八步段、筋竹至岑溪、隆林至百色、灵川至三塘、桂林绕城线、桂林至阳朔、阳朔至平乐等高速公路,建设规模合计 3305km,项目总投资合计 1171.4 万元。

从 1997 年的 138.4km,到 2003 年达到 1000km,至 2007 年增加到 1879km,再到 2008 年突破 2000km,10 年间广西高速公路里程实现了逾 10 倍的增长,实现了阶段性跨越发展。至 2008 年,全区各市及近 60% 的县(市)可通高速路,拥有连接广东省的高速公路 2 条、连接湖南省的高速公路 1 条、连接云南省的高速公路 1 条、连接东盟国家越南的高速公路 1 条,基本实现高速公路连接各市、连通周边省和出海、出边、出国的网络化目标,形成了东部沿海省区"西进"和云南、贵州、四川、重庆等西南省市"东进"必经的高速公路网。广西作为西南出海大通道的优势已跃升为中国连接东盟的国际大通道的优势,广西的经济也得到了更加迅猛的发展。

大通道的建设对社会进步的促进作用也是显而易见的。如在这一时期建成的南宁至百色高速公路,真正意义上形成了我国西南地区通往广西沿海港口和粤港澳地区以及东盟国家的运输大动脉,对于推动西部大开发战略深入实施,促进百色革命老区经济社会发展,推动广西北部湾经济区全面开放开发和泛北部湾区域经济合作,都具有十分重大的意义。贯通之后的南宁至百色高速公路,使南宁到百色车程从 4 小时缩短至 2.5 小时,南宁前往云南仅需 3 小时。还有南宁至友谊关高速公路,这是我国通往东盟地区的第一条高速公路,这条高速公路通车后,从南宁至越南首都河内只需 4 个多小时。它将中国与东南亚大陆交通网络紧密相连,形成河内—南宁走廊带的核心通道。实践证明,这些大通道都已经成为通向财富的快车道。

——创新开放力争步步稳健

随着国家开放合作的不断深入,中央提出"把广西打造成连接多区域的国际通道、交流桥梁、合作平台"战略目标,广西高速公路通道建设,实现中国与东盟国家交通互联互通,任务重大,创新思维,开放合作,多渠道筹措高速公路建设资金是项目建设的重要保障。

在国家实施西部大开发战略,资金严重短缺、项目资金筹措困难的环境下,国际金融组织扮演着资金援助者角色。广西交通紧紧抓住国家改革开放的政策和机遇,积极有效地利用外资,国际金融组织贷款成为广西高速公路建设筹融资的重要渠道之一。自"九五"广西交通首次利用国际金融组织贷款以来,广西交通建设项目利用国外贷款额度逐年增加,先后成功完成利用国外贷款项目共10个,项目总投资约286亿元人民币,贷款总额达11.57亿美元,其中高速公路项目4个,贷款总额为7亿美元,项目包括世行贷款水任至南宁高速公路,以及亚洲开发银行和欧洲投资银行贷款南宁至友谊关高速公路、坛洛至百色高速公路和百色至隆林高速公路。上述项目均被国际金融组织机构鉴定为满意或高度满意项目。国际金融组织贷款具有贷款额度大、利率低、期限长的优势,广西高速公路贷款项目的成功实施,促进了交通建设资金筹措多元化的发展,同时使广西交通行业发展融入了国际化舞台,为行业管理制度更加规范和健全,带来了以人为本、可持续发展等一系列新理念、新思想。

由于广西属于欠发达、后发展地区,高速公路投资效益不乐观,对企业或社会资本吸引力不足,为此,广西交通本着积极协调、热忱服务的工作原则,坚持多元化发展、开放性合作的思路,以经营性高速公路为重点,持续加大招商引资力度,通过引进央企大型活动及各类项目招商推介平台,通过政策支持、模式灵活等优惠条件,鼓励专业经验丰富、市场信誉良好、融资能力强的国有、民营企业参与高速公路建设。2000年以来,广西先后成功将25条(段)高速公路推向市场,由国有企业、民营企业按照BOT或BOT+EPC模式进行建设和营运,总里程达到2205km,总投资1475亿元。通过高速公路建设项目招商引资,极大地缓解了广西交通建设资金不足的压力,同时也奠定和巩固了广西交通与企业的良好合作基础。

——大步跨越实现层层飞跃

2008年,世界经济经受了20世纪大萧条以来最为严峻的挑战,这场百年罕见的国际金融危机对中国经济的冲击造成了巨大的影响。为应对危局,中国政府推出了进一步扩大内需、促进经济平稳较快增长的"四万亿计划"。乘借着国家扩大内需、促进增长的东风,广西壮族自治区党委、政府把交通建设作为优先发展战略之一,专门出台了文件,作出了加快交通发展、掀起交通建设新高潮的重大决定。也就在这一年,广西壮族自治区党委、区人民政府决定对高速公路投融资体制进行改革,组建高速公路建设大型投融资平台,即成立了广西交通投资集团有限公司、广西北部湾集团有限公司,组建广西新发展交通集团有限公司走市场化建设道路,解决高速公路建设资金不足等"瓶颈"问题,全力实施交通优先发展战略。

实践证实,经过7年多的砥砺,组建广西交通投资集团有限公司这一重大的决策,整合广西原有交通基础设施建设资源,充分调动和发挥资源优化配置的作用,正是广西壮族自治区党委、区政府对广西交通建设谋篇布局的高瞻远瞩,对广西高速公路建设迈上发展快车有着深远的影响。广西交通投资集团有限公司在挂牌后不到一个月,通过自筹资金开工建设六寨至河池、河池至宜州两条高速公路;紧随其后不到三个月,又开工建设玉林至铁山港、钦州至崇左两条高速公路。短短几个月内开工建设高速公路项目数量、投资金额和覆盖范围,均创广西高速公路建设纪录。

广西交通投资集团有限公司以政策性融资为基础,以股票、债券市场融资和公路经营权转让融资为主导,以项目未来收益融资、项目融资和其他新融资方式为辅助,建立起多渠道的高速公路建设融资体系。同时,通过合资入股、BT、BOT等多种模式开展招商引资,鼓励和吸引社会资金参与高速公路建设。2008年10月,广西交通投资集团有限公司与香港招商局签订100亿元交通项目合作意向书;同年11月,与12家驻桂银行签下1213亿元高速公路建设意向贷款合作协议;2009年3月,与国家开发银行广西分行等6家银行签订556亿元项目贷款协议;2010年5月,与12家驻桂银行签订第二批共445亿元项目贷款协议……这些协议极大地缓解了广西财力不足的大难题,达到了广西壮族自治区人民政府对高速公路投融资体制进行改革的初衷。

2008年以来,广西坚持交通优先发展战略,把加快交通基础设施建设作为应对国际金融危机,扩内需保增长的主战场,全面掀起交通建设新高潮。2008年至2013年,广西先后开工建设了六寨至河池、河池至宜州、玉林至铁山港、钦州至崇左、六景至钦州港、防城至东兴、岑溪至水汶、河池至都安、南宁外环、百色至靖西、靖西至那坡、三江至柳州、桂平至来宾、贵港至梧州、柳州至南宁改扩建、灌阳至凤凰、马山至平果、来宾至马山、崇左至靖西、柳州至武宣、靖西至龙邦、滨海公路、贵港至合浦、梧州至柳州、南宁火车东站改移、梧州环城等高速公路项目,建设里程1291km。在建高速公路总里程和概算投资额分别是广西过去15年高速公路建设的1倍多和3倍多。截至2013年年底,全区高速公路运营里程达3197km,实现全区14个地级市全部通达高速公路。高速公路运营总里程在全国各省(自治区、直辖市)中排第17位,在西部地区中排第3位。

这是广西交通历史上建设重大项目数量最多、发展速度最快、投资规模最大、建设质量最好、改革成果最显著、对全区经济社会发展贡献最突出的一个时期。广西基本形成区内综合交通网络主骨架,建成通往周边省份和东盟国家的快速运输通道,沿海现代化港口群初具规模,区域性国际航空枢纽基本形成,南宁国际综合交通枢纽初步建立,西南出海大通道进一步完善,出海出边国际大通道初步建成,广西在全国交通网络中通向东盟的枢纽地位初步确立。

在20多年高速公路建设历程中,广西特别关注少数民族群众的困难和需求,千方百计帮助他们解决实际困难和问题,以交通事业大发展促进民族大团结。在规划上,重视少数民族聚集区发展,在网线规划上最大限度经过少数民族人口聚集区,打破少数民族地区交通瓶颈制约。此外,广西所有的高速公路建设都实施和谐征迁,施行"征地不能征走群众希望,拆迁不能拆掉群众利益"的理念,主动公示丈量结果、补偿标准、补偿金额,确保宣传发动到位、资金拨付到位、奖励机制到位、以情征迁到位,切实解决被征地拆迁群众的安置、就业及生活保障问题,确保被征地拆迁群众生活水平不降低、长远发展有保障。真正为做到高速公路建设服务社会、用之于民。

一、高速公路建设总体情况

从1993年至2013年为期20年发展历程中,广西先后开工建设了桂林至柳州、桂林至僚田机场、钦州至防城港、三岸至南间等高速公路项目,总投资达1171.4亿元,其中通车里程3305km。目前,广西已初步形成南宁连接各地市和"通江达海、出省出边"的高速公路通道骨架,大幅提高了运输能力和运输效率,对促进全区经济社会快速发展、构建"两区一带"区域协调发展新格局,加快形成通江达海、联内接外、覆盖城乡、水陆空一体化,与"双核驱动"战略相适应的现代综合交通运输体系提供了重要支撑。

到"十二五"末,广西基本形成以南宁为中心,通达北部湾经济区城市、港口的2小时广西北部湾经济圈;构筑南宁连接全区14个地级市的4小时交通圈,86%以上县城实现半小时内上高速公路。预计至2020年,广西高速公路总里程突破8000km,形成横贯东西、纵穿南北,覆盖全区、连接"三南"、泛珠三角等多区域和东盟国家的"6横7纵8支线"高速公路网格局(表3-2-1),实现网络化服务的规模效益,有力支撑广西经济发展,推动社会进步,保障国家安全,全面服务可持续发展。

广西壮族自治区高速公路总体情况表　　　　表3-2-1

序号	项目名称	类型	编号	总里程(km)	总投资(亿元)	建设性质
1	桂林—柳州	国家高速公路	G72	138.425	20.3150	新建
2	钦州—防城港	国家高速公路	G75	98.62	22.7968	新建
3	南宁—南间	国家高速公路	G75	64.491	17.2611	新建
4	柳州—王灵	国家高速公路	G72	137.911	17.4524	新建
5	王灵—三岸	国家高速公路	G72	83.899	13.5144	新建
6	桂林绕城线	地方高速公路	S2201	41.711	15.40	新建
7	钦州—北海	国家高速公路	G75	79.709	19.68	新建
8	宜州—柳州	国家高速公路	G78	112.7	12.95	新建
9	南宁机场路	国家高速公路	G7212	21.458	7.298	新建
10	合浦—山口	国家高速公路	G75	37.1797	9.844	新建
11	兴业—六景	国家高速公路	G80	99.81	27.44	新建
12	南宁—坛洛	国家高速公路	G80	68.703	16.8	新建

续上表

序 号	项目名称	类 型	编 号	总里程(km)	总投资(亿元)	建设性质
13	永任—南宁	国家高速公路	G50	236.76	44.5742	新建
14	黄沙河—全州	国家高速公路	G75	22.303	4.94	新建
15	南宁—友谊关	国家高速公路	G7211	254.45	37.1448	新建
16	百色—罗村口	国家高速公路	G80	55.5	20.6038	新建
17	苍梧—郁南	地方高速公路	S75	22.456	5.3763	新建
18	平乐—钟山	国家高速公路	G65	112	27.6338	新建
19	柳州绕城线	国家高速公路	G78	46.38	12.4961	新建
20	坛洛—百色	国家高速公路	G80	204	51.5287	新建
21	灵川—三塘	地方高速公路	G2201	40	15.2793	新建
22	阳朔—平乐	国家高速公路	G65	39	16.6240	新建
23	梧州—岑溪	国家高速公路	G65	65	27.0647	新建
24	全州—兴安	国家高速公路	G72	63	17.2183	新建
25	岑溪—兴业	国家高速公路	G80	152	51.6361	新建
26	桂林—阳朔	国家高速公路	G65	67	22.6413	新建
27	钟山—马江	国家高速公路	G65	67	26.5295	新建
28	马江—梧州	国家高速公路	G65	77	36.5927	新建
29	灵峰—八步	国家高速公路	G78	85	33.9295	新建
30	筋竹—岑溪	地方高速公路	S50	38.515	19.16	新建
31	隆林—百色	国家高速公路	G78	177.516	107.84	新建
32	六寨—河池	国家高速公路	G75	107.95	61.188	新建
33	宜州—河池	国家高速公路	G78	71.62	33.73	新建
34	六景—钦州港	地方高速公路	S43	139.137	65.4229	新建
35	钦州—崇左	地方高速公路	S60	129.503	63.8	新建
36	玉林—铁山港	地方高速公路	S21	174.46	72.406	新建
37	兴安—桂林	国家高速公路	G75	56	20.8432	新建
38	防城—东兴	国家高速公路	G7511	55.187	25.189	新建

二、国家高速公路建设情况

从1993年建设第一条高速公路开始,广西牢牢抓住国家每个时期出台促进国民经济发展、扩大内需、拉动投资的历史性机遇,认真研究并落实国家高速公路网的总体布局规划在广西的实施,至2013年先后建成了包头至茂名高速公路(G65)广西桂林至阳朔、阳朔至平乐、平乐至钟山、钟山至马江、马江至梧州、梧州至岑溪段,泉州至南宁高速公路(G72)广西桂林黄沙河至全州、全州至兴安、桂林至柳州、柳州至王灵、宾阳至南宁、南宁绕城、南宁至友谊关段,兰州至海口高速公路(G75)六寨至河池、河池至都安、都安至南宁、南宁至南间、钦州至防城港、钦州至北海、合浦至山口、钦州至东兴段,汕头至昆明高速公路(G78)广西贺州灵风至八步、柳州至宜州、宜州至河池、百色至隆林段,广州至昆明高速公路(G80)广西岑溪至兴业、兴业至六景、南宁至坛洛、坛洛至百色、百色至罗村口段等,构成了广西高速公路的骨干网(表3-2-2),对广西地方高速公路网建设起到了积极的带动作用。

国家高速公路建设情况表　　　　　　　　表3-2-2

序号	编号	主要控制点	项目名称	里程(km)	投资(亿元)	车道数	设计速度(km/h)	建设时间(开工~通车)	备注
1	G65 包头—茂名	桂林、阳朔、平乐、钟山、梧州、岑溪	桂林—阳朔	67	226413	4	120	2004.08.28~2008.12.19	
2			阳朔—平乐	39.52	166240	4	120	2005.03~2008.11.10	
3			平乐—钟山	87.839	27.63	4	120/80	2003.11.20~2006.12.28	
4			钟山—马江	60.050	36.52	4	100/80	2005.01.06~2009.12.29	
5			马江—梧州	76.62	45.41	4	80/100	2007.02.06~2009.12.29	
6			梧州—岑溪	65.45	27.06	4	100	2004.04.01~2008.01.16	
7	G72 泉州—南宁	桂林、全州、兴安、鹿寨、柳州、宾阳、南宁、扶绥、崇左、宁明、凭祥	黄沙河—全州	22.303	4.94	4	100	2002.02.08~2004.12.17	
8			全州—兴安	61.475	17.2183	4	100/120	2006.07~2008.11.28	
9			桂林—柳州	138.425	17.8	4	100/80	1993.10.05~1997.05.01	
10			柳州—王灵	137.9107	214902	4	120	1996~1998.12.08	
11			王灵—三岸	83.967	18.3288	4	120	1997.09.01~1999.10.01	
12			南宁—友谊关	179.18	37.0437	4	100/80/60	2003.03~2005.12.28	
13	G75 兰州—海口	河池、南丹、都安、马山、南宁、钦州、北海、合浦、防城、东兴	六寨—河池	107.95	61.188	4	80/100	2009.03.08~2012.07.09	
14			南宁—南间	64.491		6	130	1995.12.08~1998.12.08	
15			合浦—山口	37.1797	9.8472665	4	120	1999.04.10~2001.12.28	
16			钦州—防城	54.2109	22.82	4	120	1994.10.08~1997.10.28	
17			防城—东兴	55.187	25.189	4	100/80	2011.03~2013.12	
18			钦州—北海	79.70945	19.68	4	120	1998.01.20~2000.11.01	
19	G78 汕头—昆明	贺州、钟山、柳州、柳江、柳城、宜州、河池、百色、隆林	灵风—八步	76.427	39.119	4	100	2007.09.01~2010.09.28	
20			柳州—宜州	112.7	12.95	4	100	1998.10.01~2001.08.14	
21			宜州—河池	71.62	33.73	4	100	2009.02.08~2012.07.09	
22			百色—隆林	177.516	107.84	4	80/100	2008.08~2011.01	
23	G80 广州—昆明	苍梧、梧州、岑溪、兴业、南宁、百色	苍梧—郁南	22.456	5.3763	4	100	2003.04.15~2005.11.08	
24			岑溪—兴业	125.5	51.636	4	100	2006.11~2008.12.20	
25			兴业—六景	99.81	27.44	4	120	2000.12.28~2003.08.05	
26			南宁—坛洛	68.703	16.8	4	100	2001.12.28~2003.12.28	
27			坛洛—百色	187.67	51.5287	4	100/80/60	2005.06.23~2007.12.28	
28			百色—罗村口	55.527	17.3743	4	80/60	2003.02.26~2005.12.10	

三、地方高速公路建设情况

作为国家高速公路网的完善和补充,广西不断推进地方高速公路网建设,对完善广西高速公路网起到了重要的作用。截至2013年年底,广西先后建成玉林至铁山港(S21)、桂林绕城(S2201)、六景至钦州港(S43)、筋竹至岑溪(S50)、钦州至崇左等地方高速公路(表3-2-3)。

地方高速公路建设情况表　　　　表3-2-3

序号	编号	主要控制点	项目名称	里程（km）	投资（亿元）	车道数	设计速度（km/h）	建设时间（开工~通车）	备注
1	S2201	桂林	桂林绕城	41.713	15.40	4	100	2004.08.26~2008.03.25	
2	S50	岑溪	筋竹—岑溪	38.574	19.16	4	100	2008.01~2010.04.13	
3	S21	玉林、陆川、博白、合浦、北海	玉林—铁山港	174.46	72.406	4	120	2009.08.03~2013.04.09	
4	S60	钦州、上思、崇左	钦州—崇左	129.503	63.8	4	100	2009.09.15~2012.12.31	
5	S43	钦州	六景—钦州港	139.137	65.4229	4	120	2009.09.15~2013.04.09	

第三节　高速公路桥梁隧道建设

本节主要介绍广西复杂的地质地形条件下高速公路桥梁隧道建设情况,突出山区高速公路桥梁隧道设计、施工成套技术,并选取部分特大桥梁和特长隧道进行重点介绍。

一、总体情况

(一)地形地貌地质

广西地处中华大地的南部,位于东经104°26′~112°04′,北纬20°54′~26°24′之间,北回归线横穿全区中部。处于被称为中国地势第二级阶梯的云贵高原的东南边缘,两广丘陵的西部,南边朝向北部湾。整个地势为四周多山地与高原,而中部与南部多为平地,因此地势自西北向东南倾斜,西北与东南之间呈盆地状,素有"广西盆地"之称。位于广西壮族自治区中部的贵港市拥有广西最大的平原"浔郁平原"。广西地貌总体是山地丘陵性盆地地貌,呈盆地状。其特征是:①盆地大小相杂。西、北部为云贵高原边缘,东北为南岭山地,东南及南部是云开大山、六万大山、十万大山。盆地中部被广西弧形山脉分割,形成以柳州为中心的桂中盆地,沿广西弧形山脉前凹陷为右江、武鸣、南宁、玉林、荔浦等众多中小盆地,形成大小盆地相杂的地貌结构。②山系多呈弧形,层层相套。自北向南大致可分为4列,山系走向明显呈现东部受太平洋板块挤压、西部受印度洋板块挤压迹象。③丘陵错综,占广西总面积10.3%,在桂东南、桂南及桂西南连片集中。④平地(包括谷地、河谷平原、山前平原、三角洲及低平台山)占广西总面积26.9%。广西平原主要有河流冲积平原和溶蚀平原二类。⑤喀斯特地貌广布,占广西总面积37.8%,集中连片分布于桂西南、桂西北、桂中、桂东北,其发育类型之多为世界少见。由于广西的喀斯特地貌及其气候特征,广西地质容易发生岩溶现象。

（二）桥隧总体情况

广西第一条高速桂柳高速公路全长138.425km,桥梁47座4001延米,桥隧比2.9%。2007年通车的坛百高速公路,全线187.815km,桥梁156座16662.23延米,桥隧比8.9%。2010年12月通车的隆百高速公路,全线163.448km,桥梁272座58632.91延米,桥隧比35.9%。截至2014年年底,广西高速公路通车里程3818km,桥梁3304座361337延米;隧道311座233271.77延米(分上下行),桥隧比12.5%。

二、桥梁建设情况

（一）桥梁总体情况

广西山岭连绵、江河纵横、岩溶广布,地形地貌复杂。自然条件铸就了公路建设渡口多、桥梁多的特点。据统计,截至2014年年底,广西高速公路通车里程3818km,桥梁3304座361337延米,占通车里程的9.5%。其中,特大桥13座,占0.4%;大桥950座,占28.7%;中桥1691座,占51.2%;小桥650座,占19.7%。

（二）广西桥梁建设发展情况

广西桥梁建设,经历了早期的石拱桥,逐步向简支梁桥、连续箱梁桥、连续钢桁桥、箱形肋拱桥、空心板梁桥、I形梁桥、先简支后连续梁桥、斜拉桥等发展。比较有代表性的是1981年年底建成的崇左驮卢大桥,是广西第一座预应力钢筋混凝土简支梁公路桥。1984年5月建成的柳州第二公路大桥(河东大桥),是广西首座采用多点顶推法施工的预应力连续箱梁桥,获国家优秀设计银质奖、国家质量银质奖等称号。1984年5月建成通车的石龙大桥,全长578.4m,是广西自行设计、施工的第一座T形刚构桥。1991年10月建成的峦城大桥,被誉为"亚洲第一",是广西第一座双层桥面预应力混凝土连续钢桁公路大桥,获国家创新纪录奖、金马奖等称号。1992年5月建成通车的柳州静兰大桥,是广西第一座钢筋混凝土箱肋拱桥,首次采用钢纤维混凝土桥面。1998年12月建成通车的洛维大桥,是预应力钢筋混凝土连续刚构箱梁桥。2001年12月建成通车的合山路铁山港跨海特大桥,是广西最大跨径的先简支后连续梁桥,也是广西境内最长的公路大桥,该桥在建设过程中采用了多项新的施工工艺,如广西第一条50m宽幅槽形梁的预制、横移安装工艺50m大梁的现场预制,平台搭设方案;填海路基模袋砂、模袋混凝土施工工艺、海上施工桥梁结构物防腐蚀工艺、海上长距离测量技术、大梁支座安装工艺、预应力盖梁等工艺填补了建桥技术的空白。2003年8月建成的香江圩郁江大桥,是广西高速公路第一座刚构—连续组合体系梁桥,连续长度达510m。2014年建成的南宁外环高速公路大冲邕江特大桥,是双塔双索面预应力混凝土斜拉桥,也是广西跨度最大的高低塔预应力混凝土斜拉桥,其跨径在国内同类项目中也位居前列。

广西是拱桥的故乡,目前国内的各种桥梁,在广西均能找到。20世纪50年代,广西的公路桥梁建设主要是拱桥,就地取材,人工操作,采用"满堂架""土牛拱胎"施工拱圈,建造石拱桥。由乱石拱到料石块拱,再到混凝土预制块拱,又从全断面拱板拱桥,发展到拱肋双曲拱桥;小跨径到大跨径,料石块拱肋双曲拱桥路径达100m,使古老的石拱桥技术得到继承和发展。20世纪60~70年代,广西公路桥梁建设主要是混凝土双曲拱桥。20世纪70~80年代,钢筋混凝土箱型拱代替了混凝土双曲拱,工程技术不断创新,桥梁上构向轻巧美观发展。比较有代表性的,有1959年建成的恭城茶江桥,是主跨2孔52m的石拱桥。1966年9月建成的都安红渡桥,全长235m,是混凝土预制块、料石块拱桥。1968年10月建成的灵山三里江桥,净跨46m,用无支架缆索吊装方法建成,首创了双曲拱桥无支架施工新工艺。1978年8月建成的灵山龙武桥,主跨100m,全长331m,是花岗岩石肋双曲拱桥。1978年11月建成的来宾红水河大桥,是广西第一座箱形拱桥,全长377.56m,主桥为3孔钢筋混凝土箱形拱桥,主孔跨径105m。20世纪80年代后,广西桥梁建设进入高潮时期,开创了拱桥施工的新天地,轻巧美观的钢筋混凝土箱肋拱,又代替了钢筋混凝土箱形肋板拱。1992年3月建成的巴龙大桥,主跨134.22m,全长294.7m,为3孔钢筋混凝土箱型肋拱桥。1994年12月建成的柳州文慧大桥,孔径为3×108m,是广西第一座中承式钢管混凝土拱桥。1995年8月建成的桂平北江大桥,全长542m,为广西第一座中承式钢筋混凝土箱肋拱桥。1996年建成的邕宁邕江大桥,创造了钢绞线千斤顶斜拉扣挂合龙后松索的施工工艺,解决了拱肋多段悬拼的安全性、准确性问题,跨径突破了300m大关,是当时世界上中承式钢筋混凝土拱桥中跨度最大的,被誉为"世界第一拱"。

在广西建成的高速公路中,大跨径中承式钢管混凝土拱桥、预应力桁架桥的建设取得新的突破,一批大中桥梁先后应用了大跨径双跨缆索吊装、钢沉井施工、千斤顶斜拉扣挂掉悬拼架设和连续浇筑混凝土等一系列施工新技术、新工艺,很好地解决了大跨径桥梁的施工问题。如1998年12月建成通车的以斜拉扣挂法建成的桂海高速公路磨东大桥,28节段预制吊装合龙的钢筋混凝土肋式箱形拱桥,主跨180m,每一节吊重65t,填补了国内的空白,也是广西第一座箱形拱桥,开创了钢筋混凝土箱形肋拱桥大跨度、大重量、多段吊装之先河,成为中国钢筋混凝土箱肋拱桥的重要里程碑,获得了国家质量银质奖等称号。1998年12月建成通车的三岸邕江大桥,是全国同类桥型中跨度最大跨径钢管混凝土桁架中承式拱桥,该桥钢管和横梁的吊装以及钢管内混凝土的泵送技术科技含量高,施工难度大,在施工过程开发和采用了一系列先进的施工方法,实现了多项突破,如吊装段数为11段,是当时广西吊装段数最多的一座大跨径拱桥;采用热喷涂锌铝金属涂层加封闭涂料及面层涂料非金属涂层的长效重防复合防腐防护系统等。

(三)特大桥梁建设情况介绍

1. 六景至钦州港高速公路钦江特大桥

钦江特大桥为中承式钢管混凝土拱桥,全长1086.5m,跨越钦江,主桥长269m,是六钦高速公路全线的关键控制性工程之一。由于受到钦江航道长期规划的影响,由原设计的三级航道变更为一级航道,原桥设计为135m跨径的预应力混凝土连续钢构桥设计无法满足航道的需求,整个桥梁结构进行了全面的变更,直至2012年4月9日施工图设计获得自治区交通运输厅批复。

该桥建设时期主要困难体现在:①工期短、任务重;②大风、雨水、台风等不利天气过多;③由于运输条件限制,钢结构工程只能现场制作,场地狭小,布置困难;④安全管理难度大,由于场地小,交叉作业面多,且高空作业、特种作业和钢结构加工临时用电多等都是安全管理的重点;⑤施工技术含量高、难度大,精度控制困难;⑥焊接工程量大、质量要求高。据统计,全桥钢结构焊接长度达到89800m(不考虑钢筋焊接),其中在拱肋和格构梁施工中约有38500m需进行全熔透焊接,并进行100%的探伤检测。

针对钦江特大桥变更后工期短、技术难度大等特点,指挥部成立钦江特大桥攻坚小组,由分管领导牵头、副总工蹲点,对钦江特大桥的施工招标、图纸评审、施工方案审批、现场施工等一系列工作进行全面跟踪管理;施工单位广西壮族自治区公路桥梁工程总公司抽调了最有经验的人员迅速组建项目经理部,确保建设过程少走弯路。通过各方的团结协作、创先争优、克难攻坚,发扬"特别能吃苦、特别能战斗、特别能奉献"的精神,攻克一个又一个难关,仅用不到15个月的时间完成了正常工期24~30个月的施工任务。

2. 兴业至六景高速公路香江圩郁江大桥

本项目是兴业至六景高速公路上的一座特大桥(图3-3-1)。兴业至六景高速公路是国家规划的8条西部开发省际高速公路之一南宁至广州高速公路中的重要组成部分,也是广西公路网主骨架"七射一环"的关键路段。

大桥跨越郁江,桥下通航等级为Ⅲ航道标准,桥面总宽26.5m,分上、下行两幅,单幅桥面总宽12.75m。上部构造为1×50m+1×80m+2×125m+1×80m+1×50m预应力混凝土刚构—连续梁桥,全桥一联510m。大桥于2003年正式建成通车,工程总投资4753万元。

本项目是广西高速公路第一座刚构—连续组合体系梁桥,连续长度达510m,直接荷载、间接作用对结构内力的影响明显,高次超静定结构内预应力二次效应、箱梁横向扭转和剪力滞对结构受力的影响也不容忽视,整个桥梁结构受力复杂,施工控制要求较高。箱梁采用挂篮悬臂浇筑施工工艺,其中边跨连续墩与0号块采用预应力临时固结工艺。

图3-3-1 香江圩郁江大桥示例图

桥梁总体设计合理,在满足通航、排洪要求、确保使用功能前提下,选择较小的梁高,以降低桥梁建筑高度,缩短桥长和减少两岸路基填方工程数量,有效地降低工程造价。本桥结构采用三向预应力体系,其中纵向预应力采用大吨位群锚体系,有效减小箱梁尺寸,减少锚固齿板的数量。此外,本桥检查孔设置在受力较小的边跨腹板上,并采用型钢骨架进行构造加强,此设计方法与常规做法(将检查孔设置在0号梁段)相比,其受力更为合理,结构更为安全。全桥采用高强材料,工程经济指标较好,工程造价为3517元/m²。

3.南宁外环高速公路大冲邕江特大桥

本项目位于南宁市青秀区长塘镇德福村大冲屯附近,跨越邕江及湘桂铁路,是南宁外环高速公路项目的控制性工程(图3-3-2)。

图3-3-2 南宁外环高速公路大冲邕江特大桥示例图

大桥全长888m,主桥为43.88m+149.12m+332m+113m双塔双索面预应力混凝土斜拉桥,结构形式采用高低塔、双索面、密索、对称扇形布置、双分离边箱形断面主梁、塔梁分离的半漂浮体系结构,索塔采用双柱式变截面"H"形索塔,塔柱及横梁采用空心薄壁截面,桥面总宽31m。

该桥是广西跨度最大的高低塔预应力混凝土斜拉桥,其跨径在国内同类项目中位居前列。大桥采用"横向敏感度设计"理论对主梁进行设计,并采用基于影响矩阵法的综合法进行索力优化设计,桥梁设计难度大,技术含量高。

4.麦岭(桂湘界)至贺州高速公路贺江特大桥

本项目位于广西麦岭(桂湘界)至贺州高速公路贺州支线段贺州市贺街镇螺桥村,跨越贺江,是该段高速公路项目的控制性工程。

由于桥下通航净空要求较高(净空尺寸为桥墩内缘净宽174m,净高8m),因此该桥的主桥桥型方案选择了跨越能力大、主梁梁高较小、造价较经济的矮塔斜拉桥。大桥全长587m,其中主桥长430m,引桥总长157m。主桥为双塔单索面矮塔斜拉桥,跨径组合为115m+200m+115m=430m,采用塔梁固结、塔墩分离的三跨连续体系。主桥主梁为预应力混凝土变截面连续箱梁,采用单箱三室斜腹板截面,顶板宽32m,悬臂长4.5m。主桥主墩采用钢筋混凝土矩形墩。

5. 梧州市环城高速公路西江扶典口特大桥

本项目位于梧州市环城公路K29km处,地属梧州市城东,自北向南跨越西江。桥址河段处于西江亿吨黄金水道,规划通航等级为Ⅰ(3)级,正常水位水面宽度约1000m,水深10～25m。设计时结合桥址处的地形、地质和水文情况,从使用功能、经济、环保、美观、施工方便性等方面综合考虑,确定的大桥桥型方案由北到南分为:1号主桥(145m+270m+145m矮塔斜拉桥)+2号主桥(131m+198m+131m连续刚构桥)+引桥(11×40m先简支后连续T梁桥),桥梁全长1474m。

1号主桥采用145m+270m+145m跨径布置的矮塔斜拉桥,桥宽28.5m;主塔为柱式钢筋混凝土结构,截面为实心矩形;主桥箱梁为整幅单箱三室直腹板形式;主墩采用单箱三室截面,薄壁空心墩,矩形承台接钻孔灌注桩基础。2号主桥采用预应力混凝土连续刚构桥,跨径组合为131m+198m+131m,桥宽28.5m,分幅设置,单幅桥宽12.75m,两幅桥间净宽3m;主梁采用单箱单室截面;主墩采用双薄壁墩,承台接钻孔灌注群桩基础。其中,1号主桥为目前国内最大跨径的矮塔斜拉桥,技术极其复杂,其矮塔斜拉桥的设计技术已达到国内领先水平。

6. 广西第一高桥——六寨至河池高速公路拉会大桥

拉会高架大桥(图3-3-3)的3个主墩高度在90～110.5m之间,均为空心薄壁墩,桥面至地面最大高度为138m,全桥长度是1021.6m,桥梁有纵坡-4%,超高横坡6%,大桥最小半径R=420m,大桥呈"C"形曲线跨越两座大山,弯度已达到桥梁建筑的技术极限,是广西高速公路第一高桥。

施工亮点:针对大桥地处崇山峻岭中,只有乡村盘山路才能到达桥址,大宗材料和大型设备根本无法运到现场或大型设备成本太高的实际,项目部一方面严格对材料供应方提出要求,材料运输要控制好吨重,不得超过当地交通条件可以通达的限制,虽然一定程度上影响了拉会大桥施工所需材料

图3-3-3　广西第一高桥拉会高架大桥示例图

的供应,但可以通过材料管理工作的科学合理性把影响减至最低。另一方面,也对大桥墩身施工用的脚手架作业平台的提升带来影响,项目部组织大桥工区各岗位管理人员组织技术攻关小组,研究编制了一套用手拉葫芦代替大型液压设备作为提升动力的空心薄壁墩施工脚手架整体提升工法,这一工法的成功运用弥补了广西高墩施工的技术空白,也成功有效解决了高墩施工作业平台提升的难题。其次,大桥横跨山谷,交通通行受限度大,项目要对大桥两端的桩基、墩柱进行浇筑的话,需要克服钢筋、混凝土的运输问题,也就是运输通道要有效通达,对此,在施工前期项目便组建青年突击队,重点攻坚大桥两侧引桥的施工便道的开设问题。在拉会大桥的建设过程,项目部始终用心组织开展各项相关的技术攻关,在攻关小组的用心研究下,编制了多个针对拉会大桥施工实用的施工方法,如上面提到的"用手拉葫芦代替大型液压设备作为提升动力的空心薄壁墩施工脚手架整体提升工法",还有空心薄壁墩异形横隔板施工工艺、现浇小半径弯曲T形刚构桥的预应力安装张拉工艺等,这些工法工艺为后来拉会大桥得以顺利建成通车提供了有力的技术保障。

在艰难困苦的不断砥砺中,在建设者们的辛勤付出后,2012年7月9日,六寨至河池高速公路得以按时顺利通车,拉会大桥飞跨两座大山,架通了西南出海大通道。

7. 合浦至山口高速公路铁山港跨海特大桥

铁山港跨海特大桥于1999年11月18日正式开工建设,2001年12月建成通车。铁山港跨海特大桥位于广西北海铁山港中上段,是合浦至山口高速公路跨越海湾的一座特大型桥梁,全桥长2898.02m,该桥宽26.5m(双向四车道)。起点桩号K2188+765.99,全桥共113孔,其中56孔为跨径20m、54孔为跨径30m预应力钢筋混凝土空心板,另有3跨50m主通航孔为预应力钢筋混凝土宽幅槽形梁、桥下可通行500t船舶。空心板分9联,最大单联420m,最小单联150m。跨径20m、30m上部结构为宽幅预应力混凝土空心板,三支座受力,先简支后连续结构。跨径50m上部结构为简支槽形梁,四支座支承受力,桥面连续。全桥下部结构采用桩、柱式墩、桩基础,桥台下部构造桩基础、肋板埋置式台身。桥面系中桥面铺装为混凝土铺装层,护栏为防撞墙,伸缩缝采用异型钢伸缩缝装置。

铁山港跨海特大桥是合浦至山口高速公路跨越铁山港海湾的一座跨海大桥,由中国公路北京建达道桥咨询公司负责设计。当时,对设计要求时间较为紧迫,并在设计过程进行中,因地质资料、桥面长度宽度变化,施工图设计进行了三次变更,最后,根据施工图设计审查意见修改,确定该桥以1999年6月出版的图纸为施工依据。

8. 南宁至北海高速公路三岸邕江大桥

本项目是国道主干线重庆至湛江公路南宁至北海段高速公路上的一座独立特大型桥梁,于南宁市东南郊三岸园艺场附近跨域邕江。项目的修建,有效缓解了南宁外环过境交通压力和市内交通压力,改善了车辆行驶条件,提高了行车速度,确保了行车安全,对于提高南宁市过境交通能力、充分发挥大西南出海大通道作用、促进广西及西南地区经济发展起到了重要作用。

项目设计荷载为汽—超20,按挂—120验算,桥面总宽32.8m,桥下通航等级采用三级航道标准,最高通航水位为五年一遇洪水位,桥跨组合为16m预应力混凝土空心简支梁引桥+270m钢管混凝土中承式桁式拱桥主桥+2×16m预应力混凝土空心简支梁引桥,桥长352m。拱肋为等高等宽的钢管混凝土桁构。全桥共设8道横向联结系,其中桥面以上6道,在桥面系与拱肋相交处设2道钢筋混凝土横系梁。吊杆为61ϕ7mm的镀锌高强钢丝束组成的成品索,吊点顺桥向中距10m。主桥是单跨270m钢管混凝土等高度截面中承式桁式拱桥,为当时我国乃至世界最大跨径的钢管混凝土公路拱桥,通过该桥的设计,广西交通规划勘察设计研究院的钢管混凝土拱桥设计水平达到了国内先进水平。因此,交通部在组织编写钢管混凝土桥梁设计和施工规范时,邀请该项目设计单位参与了规范的编写工作。

项目勘察设计过程中采用了多种新技术、新工艺:①在初步设计桥位地质勘探时,采用了先进的TEM法(脉冲瞬变电磁法)物探技术,并结合传统的地质钻机钻探手段,较准确地探明了桥位地质情况;②根据受力情况划分了计算单元,建立了精密的钢管混凝土结构力学模型,使计算模型尽量符合结构的实际受力情况;③吊杆采用了创新的双吊杆系统,吊杆间距采用了当时国内最大的10m间距,视觉通透;④解决了弦腹杆节点处由于管壁局部变形对整体结构受力影响问题,消除了结构安全隐患;⑤首次对钢管混凝土桁式拱桥拱肋主管内混凝土的灌注次序问题进行了系统研究,通过优化灌注次序使各主管内混凝土在恒载作用下均获得一定的压应力储备,受力更均匀合理。

该桥在施工中采用多种新技术,其中拱肋安装采用缆索吊装千斤顶钢绞线斜拉扣挂多段悬拼合龙技术,钢管内混凝土采用大功率混凝土输送泵由下至上顶压的灌注方法以及采用千斤顶钢绞线斜拉扣索调载拱肋钢管混凝土连续灌注技术。另外,该桥结构表面防腐防护设计选用了热喷涂锌铝金属涂层加封闭涂料及面层涂料非金属涂层的长效重防复合防腐防护系统,有效防护期可达20年以上。

三岸邕江大桥(图3-3-4)是当时国内最大跨径的钢管混凝土中承式拱桥、最早采用该防腐防护系统的钢管混凝土拱桥之一。该桥设计还获得2001年广西优秀工程设计一等奖、2002年全国优秀工程设计银质奖。

图3-3-4 三岸邕江大桥俯视图

三、隧道建设情况

（一）隧道总体情况

截至2014年年底，广西高速公路通车里程3818km，隧道311座233271.77延米（分上下行），占通车里程的3.1%。其中，特长隧道10座34615延米；长隧道61座96312.36延米；中隧道76座50255.13延米；小隧道164座52089.28延米。

（二）广西隧道建设发展情况

广西解放后较早建成的隧道是1953年建成的位于凭祥至水口公路的大连城隧道，长83m。相继建成的还有靖西至那坡公路的照阳关隧道、南宁至梧州二级公路盘龙坳隧道、阳朔古榕隧道、南丹至天峨二级公路班老隧道等。到1998年年底，广西公路隧道共有38座，6314延米。其中：中隧道7座，3321延米；短隧道31座，2993延米。

广西较早建成的高速公路大多属于平原微丘区，隧道较少，例如，1997年通车的桂柳高速公路，全长138.425km，隧道2座1955.5延米。1998年至2004年建设的高速公路，均没有设置隧道，直到2005年建成通车的南宁—友谊关高速公路、百色—罗村口高速公路，途径山岭重丘区，才设有隧道。平乐至钟山高速公路，穿越多处石灰岩，多处设置长隧道，木冲隧道为广西第一座大于3000m的高速公路隧道。河池至百色高速公路，该项目位于云贵高原边缘山区，地质构造较为复杂，地貌较为丰富，断裂褶皱、崩塌岩堆、陡崖、岩溶、滑坡等不良地质地段较多。项目规划有31座双洞隧道，最长的隧道超过3km，隧道总长3.7万余米，占主线里程21.17%。2014年，岑水高速公路主线全长30.11km，桥隧比为43%，是目前广西桥隧比例最大的高速公路项目，其中全长4.3km的均昌隧道更是广西目前最长的公路隧道。

（三）广西隧道施工难点

（1）不良地质交替，出现全断面为黏土、裂隙发育夹层段、破碎带等地质现象，致使施工过程出现大塌方。广西地处喀斯特地貌，地质情况复杂、多变，施工过程揭露的围岩状况与设计地质情况相符性较小，岩溶现象发育，溶洞、溶槽、溶隙出现频率较高，不时出现全断面为黏土、裂隙发育夹层段、破碎带等地质现象，施工中经常出现塌方、塌陷事故，如钦崇路的四方山隧道，就多次出现塌方事故，导致施工工序长期处于交替调整之中，严重制约了工程的顺利推进，给施工带来了极大的困难和风险。

（2）隧道穿越厚层状砂岩、灰岩和节理裂隙发育段，地下水丰富，施工过程出现股状涌水和塌方，施工难度较大。例如岑水高速公路山心隧道，隧道穿越区地质结构复杂、水系发达,施工难度之大在国内较少有。隧道施工中曾多次出现涌水事故,如2013年9月、2014年9月,2015年劳动节期间,隧道出现严重涌水现象,施工均被迫停止。

(3)隧道地下水位高于隧道设计纵面。例如马鞍山隧道,隧道地下水位高于隧道设计纵面,且紧急停车带为四车道,断面尤其扁平,为目前国内最大的公路隧道断面,地质条件差,结构受力复杂,衬砌设计难度大,工程类比可借鉴的项目较少。

针对隧道施工的各种难点,广西也做了一些研究,例如平乐至钟山高速公路贺州支线木冲隧道施工,针对溶洞、断层、涌水突泥等复杂地质条件,采用小管棚超前注浆、综合运用管棚全断面帷幕注浆技术和注浆小导管径向补强支护,注水泥—水玻璃双液浆进行堵水加固,属于国内当时较为先进的地下涌水处理技术。

(四)特长隧道建设情况介绍

1. 钦州至崇左高速公路四方山隧道

钦州至崇左高速公路四方山隧道为分离式隧道,左线 ZK76+615~ZK80+020 长 3405m,右线 K76+645~K80+035 长 3390m,隧道属低山地貌,四方山、猪尾断山、后尾山等几座小山连绵成一体,使得整个山体庞大雄厚,隧道穿越地段最高点约690m,低点位于隧道出口处的斜坡脚一带约290m,相对高差400m。

四方山隧道设计地质情况主要有残坡积层褐红色~浅黄色由黏土和碎石块组成、灰岩、砂岩、泥岩,其中灰岩、砂岩强度达到70~80MPa,由于隧道穿越厚层状砂岩、灰岩和节理裂隙发育段,地下水易富积,施工过程多次出现股状涌水和塌方,施工难度较大。

四方山隧道地质情况复杂、多变,施工过程中揭露的围岩状况与设计地质情况相符性较小(表3-3-1),岩溶现象发育,溶洞、溶槽、溶隙出现频率较高,不时出现全断面为黏土、裂隙发育夹层段、破碎带等地质现象;上述地质状况呈交替状态密集出现,施工工序长期处于交替调整之中,严重制约了工程进度推进,并造成生产成本较大增加。

四方山隧道围岩类别对比表　　　　表3-3-1

围岩类别		V	IV	III	围岩变化率
左洞	设计(m)	70	70	2013.4	64.22%
	实际(m)	617	815.83	720.57	
右洞	设计(m)	45	70	2030	49.16%
	实际(m)	236	877	1032	

四方山隧道进洞施工采用了零开挖进洞施工理念,减少和控制隧道口仰坡的高度,减少破坏洞口原地表范围以保证洞口坡面的稳定,确保隧道施工顺利、安全进洞,"零开挖进洞"施工方案拟定进洞段开挖采用上下导坑法施工,套拱上仰坡开挖高度控制在1m左右,保证了洞口仰坡的稳定,为顺利进入洞内施工创造了有利条件。

2. 平乐至钟山高速公路贺州支线木冲隧道

本项目处于平乐至钟山高速公路贺州支线上,是贺州支线的控制性工程(图3-3-5)。而贺州支线则是国家高速公路网规划中汕头至昆明高速公路(G78)的组成部分,是桂北及桂东地区通往粤港澳的大通道。

图3-3-5 平乐至钟山高速公路贺州支线木冲隧道示例图

项目位于钟山县凤翔镇木冲村南约1km处,横穿红花岭和犁头山。该项目为独立双洞单向两车道的分离式隧道,隧道右线长3695m,左线长3670m,为广西当时在建或已建最长的特长公路隧道。设计速度100km/h,隧道建筑限界净宽为10.25m,设置紧急停车带处断面加宽2.5m,净高为5m,采用单心圆断面,半径为$R=5.65m$。全隧道纵坡采用坡度为1.165%的单向坡,共设行人横洞7处,行车横洞6处,紧急停车带左右线各6处。项目总投资33405.6584万元。

本隧道是当时广西最长的公路隧道。其多项设计技术、经济指标达到了广西隧道类工程的最高水平和国内先进水平:①隧道洞口40m大管棚超前支护技术在广西区内首次采用,此长度为当时广西公路隧道采用的最长管棚。隧道洞身支护结构设计复杂,仅衬砌断面类型达9种之多,衬砌结构设计是本项目的关键技术之一;②项目建设中,对溶洞、断层、涌水突泥等复杂地质条件,采用小管棚超前注浆、综合运用管棚全断面帷幕注浆技术和注浆小导管径向补强支护,注水泥—水玻璃双液浆进行堵水加固,属于国内当时较为先进的地下涌水处理技术;③在照明、通风设计方面,通过精确计算,合理布置照明灯具及通风设备;④采用复合土工膜新型防水材料,配合纵横向排水设计,较好地解决了隧道渗漏水问题;⑤削竹式洞口配合绿色植物防护使隧道洞口与自然山水景色融为一体。

3. 广贺高速公路石板尾隧道

石板尾隧道位于贺州市灵峰镇石板尾村到信都镇升塘州村,为双向四车道分离式特长隧道。其中右线进出口里程为K13+205~K16+380,长3175m,隧道底板最大埋深约330.99m,位于K14+462处;左线进出口里程为ZK13+220~ZK16+400,长3180m,隧道底板最大埋深约332.29m,位于ZK14+450处。

隧道洞口段结合地形、地质情况设置了长度不等的明洞,明洞采用钢筋混凝土结构。隧道洞身段衬砌均按新奥法原理设计,采用柔性支护体系结构的复合式衬砌,即以锚杆、喷射混凝土、钢拱架、格栅钢架等为初期支护,超前注浆小导管、超前锚杆等为施工辅助措施,充分发挥围岩的自承能力,在监控量测信息的指导下施作初期支护和二次模筑衬砌。

二次衬砌采用模筑混凝土或钢筋混凝土,二次衬砌抗渗等级不低于S6。衬砌结构设计采用工程类比法,结合构造要求,根据隧道埋置深度、围岩级别、结构跨度、受力条件、施工因素等,参照有关规范及国内外类似工程经验进行拟定有关参数,并根据地质资料及相关的规范取用计算参数,进行结构计算校核。最后,综合考虑各种影响因素确定各类型复合支护的参数。

紧急停车带与横通道衬砌结构均按新奥法原理设计,其位置一般布置在Ⅳ级围岩及以上地质条件较好的地段,并且紧急停车带与横通道分开布设。紧急停车带间距约750m一道,紧急停车带长40m,布置在行车方向右侧。设置人行横洞5处,其人行横洞与隧道右线轴线正交;设置车行横洞4处,其车行横洞与隧道右线轴线交角60°;设置紧急停车带4处。

洞门设计根据隧道进出口地形和工程地质条件,结合开挖边仰坡的稳定性及洞口防排水需要,本着"早进晚出"的原则确定隧道洞门位置。洞门形式主要考虑使用功能和地形的协调美观,并尽可能节省投资,主要采用端墙式和削竹式,并进行了必要的装饰。洞口开挖永久边仰坡,采用浆砌片石、喷混植草或三维网植草的绿化防护。

防排水设计原则是以排水为主,防排结合,综合治理。采用防、截、堵、排相结合,形成完整的防排水体系,使隧道防水可靠,排水畅通,保证运营期隧道内不渗不漏,基本干燥。隧道明洞段采用双层土工布夹防水板及黏土隔水层防水,采用M7.5干砌片石盲沟及由100PE波纹管排水;洞内复合式衬砌段采用土工布加防水板防水,环向采用$\phi50mm$排水盲管,墙脚纵向排水管采用$\phi100mm$透水弹簧波纹管,横向采用$\phi100mm$PE波纹管等排水。明洞沉降缝处均设置10mm(厚)×300mm(宽)橡胶止水带,洞内施工缝处设置10mm(厚)×300mm(宽)橡胶止水条。隧道洞内全长设中央排水沟,以横向波纹管连通透水弹簧波纹管和中央排水沟,引水至洞外。隧道洞内设置双侧排水边沟。隧道洞口边仰坡上方根据地形条件设截水沟,引地表水至路基边沟或洞门外侧自然沟谷,以此形成完善的洞内外防排水系统。

隧道洞内进、出口段300m内路面采用复合式路面,路面结构形式为:沥青混凝土上面层4cm + 沥青混凝土下面层6cm + C40钢纤维混凝土厚22cm + 调平层C15混凝土16cm;隧道洞内其他段路面采用水泥混凝土路面,路面结构形式为:26cm厚混凝土路面 + 调平层C15混凝土21cm。

4. 岑溪至水汶高速公路均昌隧道

本项目穿越岑溪市岑城镇钓石村及大隆镇均昌峒之间的崇山峻岭,是《国家高速公路网规划》第七纵包头至茂名高速公路的组成部分,为广西向南前往广东茂名的重要省际和出海通道;均昌隧道为小净距特长隧道,两洞净距为17m;右线起讫桩号为CK6+477～CK10+765,长4288m;左线起讫桩号为DK6+455～DK10+725,长4270m。

均昌隧道工程设计的主要特点如下。

(1)隧道单洞最长为4288m,为广西当时在建最长的公路特长隧道。

(2)隧道中部从岑溪市岑城镇山心村下部穿过,村庄周围地面距隧道洞顶最小距离约90m,地下水丰富,地质条件复杂,设计施工难度高。

(3)洞身结构设计:小净距特长隧道结构设计,其中隧道穿越山心村段采用抗水压衬砌结构设计,饱和土质围岩段采用无系统锚杆支护结构设计,隧道洞口结构下穿均昌垌小学教学楼。

(4)防、排水设计:采用"限量排放、减小影响、生态环保"的设计新理念;涌水突泥地段,采用"泄水降压,排堵结合,以堵为主,综合运用硫铝酸盐水泥单液、水泥—水玻璃双液以及化学浆等多种注浆材料结合的全断面帷幕注浆止水,辅以管棚超前支护、注浆小导管径向补强支护技术",属于国内先进的地下涌水、突泥处理技术。

(5)通风、照明、消防设计:特长隧道的通风、消防及火灾等应急逃脱设施设计也是本项目设计的难点。

5. 桂平至来宾高速公路马鞍山隧道

桂平至来宾高速公路是广西高速公路网布局中"横4"与"纵3"的重要组成部分,其中桂平(石龙)至武宣县湾龙段为"纵3"三江至北海高速公路的共线段。项目是广西区内一条东西走向和南北走向的重要交通主干线,是连接珠江三角经济发达地区与西南内陆地区重要交通组成部分之一,马鞍山隧道是本项目中唯一一座三车道大断面长隧道。进口位于桂平市石龙镇三陀村北西向约950m处,出口位于桂平市石龙镇那生村南西向约500m处,隧道左线长度为2873m,隧道右线长度为2889m,设计隧道为双向分离式+小净距隧道,洞高8.07m,洞宽15.36m;隧道断面采用拱部三心圆曲墙式断面,半径为$R_1=8.5m,R_2=5.7m$。隧道正常段建筑限界净宽为14.50m、紧急停车带段建筑限界净宽为17.0m,净高为5m。

技术亮点包括:

(1)隧道为广西目前建成最长的三车道公路隧道。

(2)洞身结构设计为洞口小净距+洞身分离式长隧道,断面大,扁平率高,小净距段设计难度大。

(3)隧道地下水位高于隧道设计纵面,且紧急停车带为四车道,断面尤其扁平,为目前国内最大公路隧道断面,地质条件差、结构受力复杂,衬砌设计难度大,工程类比可借鉴的项目较少。

6. 万合店隧道群、高岭隧道群、丹州隧道群

广西河池至都安高速公路,位于举世闻名的中国西南岩溶地区,地形复杂,山岭绵亘,岩溶发育，洼地密布，素有"千山万弄"之称，属举世闻名的中国西南喀斯特地区之一。该项目设置了万合店、高岭两大隧道群，其中万合店隧道群位于都安县板岭乡永顺村万合店屯境内，起讫桩号为 K35+850～K40+850，全长约 5km，主要构筑物为万和店 1～4 号隧道，四座隧道共占全长的 73.5%，其余均为路基；高岭隧道群位于广西都安县北西约 18km 处的岩溶峰丛中，起讫桩号为 K61+600～K69+600，全长约 8km，主要构筑物为高岭 1～5 号隧道，五座隧道共占全长的 92%，其余均为路基。

三江至柳州高速公路是广西壮族自治区"四纵六横三支线"高速公路网的重要组成部分，为"纵3"三江至北海公路的主要构成路段，是连接桂北、湘西南和黔东南地区与北部湾经济区腹地的交通主干线，项目于广西三江县丹洲镇丹州村境内设置了丹州隧道群，由丹州 1～4 号隧道组成。该隧道群起于 DK46+729，终于 DK55+111，全线设计长度为 8.382km。四座隧道共占全长的 37%，其余均为路基和桥梁。

典型的山岭隧道群，统筹交安、通风、照明等设计是隧道群设计的主要重点、难点；隧道出渣的利用和废弃，以及由此带来的环境保护问题也是隧道群设计的难点之一。

第四节 高速公路建设管理经验

回顾广西高速公路建设的 20 年多历程，广西高速公路从零的起点，到今天运营里程超过 3000km，已基本形成区内综合交通网络主骨架，建成通往周边省份和东盟国家的快速运输通道，广西在全国交通网络中通向东盟的枢纽地位初步确立。这个过程记录着广西高速公路建设者大胆探索、潜心积累、勇于开拓、不断前进、艰辛付出的点滴，几代建设者从不熟悉到熟悉，从无经验到有经验，从照搬照套到具有创造性，付出了不懈努力。其中不乏成功的做法和经验，也有值得深刻反思、深入研究、提高认识的问题，更有必须再认识、再提高、再完善的问题。

一、建管模式的广西探索

2008 年前，广西高速公路主要实行的是建管分离、分级负责的建设模式，广西壮族自治区交通厅是建设项目的行政主管部门，负责建设项目的总体规划与布局，对建设项目进行行政管理及监督，对重大问题进行决策，同时负责项目建议书、可行性研究及建设资金筹措等前期工作。为适应高等级公路发展的需要，广西壮族自治区交通厅成立了专门负责组织高等级公路建设管理的机构——广西壮族自治区交通基建管理局。广西壮族自治区交通基建管理则局作为项目法人，负责项目的组织实施和建设管理，包括工可以后的前期准备工作、工程招投标、征地拆迁、开工筹备及项目实施过程的现场管理等工作。

项目建设现场管理由建设办、临时党委(总支、支部)负责。项目建设办是广西壮族自治区交通基建管理局组建的现场管理机构,隶属该局的直接领导,代表该局行使业主建设期间的职能。建设办设行政处、协调处、合约部、财务处和政治处等职能部门。建设办负责组织从合同签订、征地拆迁、工程建设管理、支付工程款到交工、竣工验收的全过程。项目沿线县市政府成立分指挥部或征地拆迁办公室,负责征地拆迁与治安协调工作。临时党组织负责党建、思想政治和廉政建设,对工程建设起政治保证作用。

工程监理实行二级监理体制,监理机构按二级职能式设置:即总监理工程师办公室——驻地高级监理工程师办公室。从1996年起至2002年,总监理工程师办公室及总监理工程师由广西壮族自治区交通厅组建和委任(新建项目逐步实行招标选择总监理工程师办公室),负责组织实施整个工程监理、履行施工合同规定的监理职责并领导各驻地办工作的监理机构。尽管存在着业主和总监办是"一家人"的问题,但总监及其办公室与通过招标选择的高级驻地监理工程师及其办公室之间,形成了相互制约、相互监督的机制,对提高监理质量,保证廉政建设是有效的;对控制工程质量、造价、工期也起到了较好的作用。如初期建设的桂林至柳州、钦州至防城港、南宁至南间高速公路,由广西壮族自治区交通厅主管基建的副厅长兼任项目总监理工程师。这种总监理工程师的产生方式是当时的历史条件所决定的。总监办下设监理处、计量经济室、中心试验室等职能部门。驻地办由广西壮族自治区交通基建局通过招标选择,依据与业主签订的监理服务合同,各驻地办为总监办的下设机构,是总监理工程师为完成施工合同规定的监理工作任务的代表。

在施工管理方面,桂林至柳州高速公路项目首次采用了国际FIDIC条款作为工程建设招投标施工建设管理模式,实行工程监理制度,成功地控制了工程计量、工程质量和工程建设投资支出,为广西交通基础设施建设管理探索出新模式、新路子。

2008年7月,广西壮族自治区人民政府组建广西交通投资集团有限公司后,广西高速公路建设全面走上公司化、市场化道路。广西交通投资集团有限公司代为履行业主单位职责,承担广西大部分高速公路投资建设任务。业主单位派出工程建设指挥部,负责与地方政府沟通对接,做好征地拆迁等工作;同时按照"一路一公司"的原则,相应成立项目公司,负责整个项目建设管理的运作,包括建设资金来源、工程建设组织等。项目勘察、设计、监理、施工单位通过公开招标的方式择优选择第三方机构。广西壮族自治区交通运输厅负责行业监督、管理和指导,业主单位全程把控工程投资、进度、质量、安全等,各承包方按照业主的要求,统一协作完成工程建设目标。

二、前期工作的广西经验

从建设桂林至柳州高速公路开始,广西始终把做实前期工作作为重点工作来抓。

一是坚持在国家规划指导下建设广西境内高速公路,始终把建设完善国家规划的干线公路广西路段作为主攻目标。广西把国务院批准的《国道主干线规划布局方案》作为第一层次,用来规划和控制广西的高速公路建设;把建设完善国道主干线和国家重点公路广西路段,作为高速公路的主攻目标。同时,不断完善广西高速公路网的规划,确保公路建设跟上形势发展的需要。

二是明确并始终强调必须按基本建设程序办事。广西壮族自治区人民政府有关职能部门、业主单位、地方政府精诚协作,建立项目报批审批联席会议制度,保持良好的沟通,减少意见分歧,从而为项目审批缩减时间。同时,为了抓紧前期工作进度,使有关部委及时了解情况,早日批复广西上报的前期工作请示文件,广西壮族自治区人民政府分管领导、交通厅领导专程赴京向有关部委领导汇报情况,并指派专职业务人员较长时间地驻守北京,沟通信息,说明情况,传递资料,争取缩短审批时间。

三是坚持高速公路与其他等级公路同步建设,充分发挥路网的整体效益。高速公路建设最终目的是服务于经济社会发展,广西在规划建设时十分重视沿线地方的利益,使高速公路无论是建设中还是建成后,均为带动沿线地方经济跨越式发展立下了显赫功劳。广西已建成通车的高速公路,基本上都做到了路网建设与经济发展的彼此兼顾,均获得社会各界的高度赞誉。

四是集思广益做好方案比选,择优选取公路路线走廊。建设高速公路是百年大计,建成之后对沿线区域经济社会的影响是巨大而长远的。广西坚持从路网布局、工程技术、投资控制等多方面考虑,做足、做好路线方案的比较,实现投资最少、效益最好的目标。如柳州至南宁和南宁至北海高速公路,现在建成的路线大走向,是在广泛听取领导、群众的意见,再经技术专家反复论证后决定采用的。实践证明,其路线走向合理,工程造价低,又照顾了地方利益,提高了地方政府支持公路建设的积极性。

三、招标管理的广西做法

工程招标是保证质量、降低工程造价、按期完成工程任务的一项重要措施。它改变了传统的分配任务方式,通过面向社会开展公开、公平、公正的竞争方式,择优选择设计、施工、监理队伍。广西在1993年建设第一条高速公路——桂林至柳州高速公路时即面向社会公开招标。在该项目招标中,广西唯一的区级路桥总公司在投标中因高标价而落选。这一结果曾引起社会上较大的震动,使投标人看到广西高速公路工程招标活动的规范和公平、公正,得到了投标人好评,也为后期各段高速公路招标工作,坚持公开、公平、公正的原则奠定了良好的基础。

一是坚持执行招标法规。严格执行国家招标法和交通部制定的公路工程招投标办法,规模标准达到必须实行招标的工程监理、工程施工、材料及设备采购项目,全面实行向社会公开招标。从2002年7月起,工程设计也实行面向社会招标。二是严格进行资格预审。严格资格预审是把好投标关,选好队伍的关键。为做到公平、公正,项目业主坚持由专家对潜在投标人的资格进行评审,专家成员从广西壮族自治区交通厅的专家库中抽取,与业主代表共同组成资格预审小组,对潜在投标人的资质、能力、业绩、信誉进行审查,选出投标人参与投标,保证每个合同段有3个以上的投标人参与投标。三是招标文件符合国家法律和部门规章规定。既维护业主权益,也要保护投标人利益,力求达到公平。避免增列仅利于业主而不利于承包人的不公平条款,使合同在国家合同法的规定之内。评标条款做到公开、公平、公正,透明和可操作性强,利于社会监督。四是坚持专家评标。广西高速公路项目的评标,均坚持由专家评选并推荐候选人。属交通部审批的项目,专家组由交通部抽选专家组成;广西区内审批的项目,在广西壮族自治区交通厅专家库中抽签选定。广西壮族自治区交通厅派出人员负责监督招标评标过程,坚持不干预整个招标活动。五是合理确定标底。广西高速公路工程的标底一般按交通部颁布的《公路工程基本建设项目概算预算编制办法》和《公路工程预算定额》编制,并充分考虑工地实际情况和物价风险,标底价一般在总概算的90%~95%之内。国内招标项目中标价为标底的82%~85%,一般不宜低于80%。采用世行和亚行贷款的项目按世行、亚行规定低标中标,中标价一般均低于80%(最低达65%),给工程管理带来了较大的困难。六是杜绝招投标中的违纪违法行为。广西交通行业主管部门和项目业主历届领导中的绝大部分都能以身作则,遵守招标评标规定,充分尊重专家评标意见,保证了历次招标工作的正常进行,也为下级树立了榜样,基本上避免了招标中以权谋私、违纪、违规事件的发生。

四、勘察设计的广西深度

设计是工程的灵魂,它对工程的质量、造价、施工难易、工期起着决定性的作用。广西在高速公路建设中,始终将勘察设计工作摆在重要位置,组织设计队伍不断学习、实践、交流、总结,经20年勘察设计工作的磨炼,积累了可贵的经验,设计质量逐年提高,为广西高速公路建设实现质量好、工期短、造价低的目标奠定了基础。

一是坚持按程序进行设计。广西对项目设计程序采取交叉进行的办法,先组织区内预审,并主动向审批单位的专家通气和征求意见,根据区内预审和审批单位专家的意见,组织设计单位先开展下一阶段工作,待批复文件下来后,再根据批复文件进行修改。这种交叉做法虽有可能造成设计返工,增加测设费用,但它却赢得了时间,保证项目如期开工,而且即便发生返工修改,也仅是局部的,工作量不大,增加测设费不多,更重要的是不会影响项目的开工。

二是引进区外测设队伍,促进区内测设队伍水平的提高。广西高速公路建设起步较晚,建设经验不足,尤其是对山岭重丘区的路线设计和特大型桥梁的勘察设计欠缺经验。在早期高速公路建设中,广西先后引进了湖南、贵州、四川交通勘察设计院,交通部公路科学研究所,中交第二公路设计院和北京建达道桥咨询公司等勘察设计队伍,加快了设计进度,也为广西提供了公路勘察设计的新思路和新经验,促进了区内勘察设计水平的提高。

三是合理选用技术指标,努力降低工程造价。广西地形特点是大石山区多,地形起伏,沟谷纵横;材料特点是砂石料源丰富,大中水泥厂遍及全区。广西坚持因地制宜、充分利用本地资源的设计原则,选用合理的技术指标。主要体现在:路线适应地形,注意土石方平衡,多采用施工造价较低的、以土石填挖为主的路堑或路堤,尽量少采用造价较高的跨沟、跨线桥梁及隧道工程,互通和分离式立交多采用以路堤为主的中小桥跨线方案。

四是推行勘测设计跟踪审查,提高测设质量。2000年以前,广西壮族自治区交通厅对高速公路设计文件的审查,都是在设计单位提供设计文件后再组织人员审阅,提出审查意见。这种事后的审查方式,往往使得很多不合理的设计都安排在工程实施阶段进行修改,加重了工程实施单位的负担,也不便于工程的合同管理。广西壮族自治区交通运输厅提出对勘测设计进行跟踪审查的设想,其做法是在项目的"工可报告"或"初步设计文件"批复后,组织人员对测设单位在下阶段的每一道测设方案,包括路线平纵、路基、排水、防护、桥涵、交叉工程等,在外业测量前或未出设计图前,进行逐项审查,提出意见,由项目法人责成测设单位进行修改;测设工作基本完成,设计图纸已经出来但尚未装订成册前,再继续组织人员进行详细审查,通过后再装订成册出版。这一做法使实施过程中的设计变更明显减少了,既减轻了项目法人的负担,也方便了项目的合同管理。

五、工程建设的广西品质

工程质量是工程的生命,是工程管理的核心。广西历来重视工程质量的管控,逐年制定了一些行之有效的保证工程质量的施工技术措施,力求克服和消除高速公路建成后发生的路基不均匀下沉、边坡滑塌、路面开裂、错台、桥背跳车、伸缩缝脱落等缺陷和通病。这些措施不少是对交通部颁布的设计和施工技术规范的补充,并被列入各项目招标的技术规范,在各项目实施中得到贯彻执行,取得较好的成效。在历年交通部组织的国检中,广西高速公路建设质量均获得了充分肯定。

一是出台一系列的工程监督管理文件。根据交通运输部有关工程管理的文件,结合广西公路建设的特点和需要,补充出台了一系列工程管理的文件和办法。如《广西公路水运工程质量监督实施细则》(桂交基建发〔2008〕66号)、《关于印发广西壮族自治区公路工程项目建设单位现场管理机构资格标准(试行)的通知》(桂交建管发〔2012〕18号)、《关于申报公路水运工程质量监督手续有关事项的通知》(交质监督〔2005〕106号)、《广西交通工程质量监督管理奖罚制度暂行规定》(交基建〔2005〕27号)《关于加强公路水运工程竣(交)工验收检测管理的通知》(交质监督〔2009〕160号)、《关于印发〈公路工程质量鉴定办法〉广西补充规定的通知》(交基建〔2005〕25号)、《广西高速公路实施标准化施工指导意见》(桂交建管发〔2011〕20号)等。

二是大力推行高速公路施工标准化活动。按照2011年交通运输部《关于开展高速公路施工标准化活动的通知》要求,广西壮族自治区交通运输厅出台了《广西高速公路施工标准化指导意见》,并将靖西至那坡高速公路、河池至都安高速公路作为标准化活动示范项目,要求新开工的高速公路要全面推行标准化施工活动。根据广西壮族自治区交通质监站汇总的质量抽检数据,开展施工标准化以来,高速公路各项质量指标抽检合格率均有不同程度提高,如与结构耐久性相关的钢筋保护层厚度、钢筋间距两项指标总体抽检合格率由原来活动前的50%～60%的抽检合格率提高到85%以上,达到了全国平均水平以上;也涌现出一批水平较高的亮点工程、样板工程。

三是抓好关键工序和关键工程的质量监督。严格按照交通运输部《公路工程质量监督检查办法》的要求,着重加强对软土路基处理、路基填筑层厚、路基现场规范施工、结构物基底承载力、桥梁桩基础、混凝土强度及混凝土外观工艺、钢筋加工安装、桥梁预应力、隧道工程支护、路面结构层厚度强度和路用材料(如路基填料、钢筋、水泥、钢绞线、混凝土、集料等)的监督抽查,确保这些项目的关键工序质量得到有效控制。同时,对重点工程施工现场安装远程视频监控系统。通过监控系统,在南宁的监控中心、各项目经理部里均可随时调取现场实时的情况,为质量、安全的有效监督和管理提供了新的模式。

四是推广试验检测实时试验数据采集平台。广西壮族自治区交通工程质量监督站利用计算机技术、网络通信技术,开发了"工程质量检测监控管理系统平台",将高速公路工地试验室、水泥混凝土拌和站、沥青混合料拌和站检测数据自动采集,实时向系统传输,保证了试验检测数据真实、准确、公正,便于监督管理使用,确保工程质量。

五是开展第三方原材料抽样检查工作,组织比对试验。广西壮族自治区交通运输厅从2013年起安排了专项资金,由广西壮族自治区交通工程质量监督站通过招投标,委托具有相应检测资质的检测机构,对在建项目工程原材料、工程关键部位主要质量指标进行抽样检查,通过专项抽样检查,发现了工程原材料使用及工程关键部位存在的主要问题,及时提出了整改要求,从源头上保证了工程质量。

六是开展从业单位信用评价工作及其结果应用。广西壮族自治区交通运输厅分别出台了公路施工企业、监理单位、监理人员、试验检测单位、试验检测人员、设计单位的信用评价实施细则,组织开展了各从业单位年度的信用评级工作,并将信用评级结果应用于各项工程招投标中,对维护统一开放、竞争有序的市场秩序,在招投标中选重信誉、履约能力强及稳步推进公路建设市场信用体系建设起到了积极的推动作用。

七是应用新技术、新工艺、新设备,加强技术创新,提高施工标准化水平。在推行施工标准化活动中,以提高工程质量、提高结构使用耐久性、提高防灾减灾能力与结构安全保障水平为重点目标,坚持管理标准化和技术标准化双重并进,推广应用了数控式钢筋加工机、钢筋二氧化碳保护焊、预应力智能张拉系统、大循环智能真空压浆等新材料、新设备、新技术与新工艺,开展沥青材料指纹识别和SBS改性沥青含量测定技术研究,提高了重要原材料进场质量的控制水平。

八是加快完善安全风险管理技术体系。积极推行安全风险评估制度。结合重点项目、重点企业和重点区域的生产活动,应用安全风险管理理论,加强对较大安全风险的特大桥施工、岩溶隧道和雨季施工中的隧道突水突泥风险进行重点防范,并要求加强对长隧道和特大桥梁的施工管理工作力度。加强安全科技创新能力建设,突出重点项目,加强研发监控平台建设。如实行视频监控平台、推行安全生产"单元预警法"等。推进"平安工地"建设,"三类人员"考核常态化。完善应急管理,启动应急响应,应对突发事件。

六、征地拆迁的广西样本

征地拆迁是高速公路建设的一项重要基础性工作,也是一项政策性强、难度很大的复杂工作。广西在推进和优化高速公路征地拆迁工作上做足了功夫,坚持把每条高速公路征地拆迁作为攻坚战役来打。

一是准备工作做扎实。项目指挥部和属地征迁部门组建精干的工作队伍,并抓紧组织业务培训,使每一个参与征迁工作的工作人员都能全面掌握征拆政策,熟悉征迁业务和方法,明确征迁工作纪律。同时,业主单位、监理单位、设计单位会同各级指挥部严格按施工图做好放红线、挖边沟的工作,为丈量登记打下良好的基础。二是严格执行政策。根据社会发展需要,广西先后出台了《广西壮族自治区基础设施重大项目建设用地征地拆迁暂行办法》(桂政发〔2000〕39号)等一系列的征地拆管理办法,统一全区基础设施重大项目征地拆迁补偿标准,对推进高速公路征地拆迁工作起到了积极的推动作用。三是讲求科学的工作方法。各级各部门和业主单位坚持以人为本,始终维护好征地拆迁对象的合法权益。秉着公开、公平、公正的原则,实行阳光操作,张榜公布,确保各项补偿经费依法、及时、足额兑现到位。同时,妥善解决与被征地群众生产、生活息息相关的还路、还水、过渡安置和宅基地安置等具体问题,真正做到依法征迁、文明征迁、和谐征迁。

近年来,广西交通投资集团有限公司秉承"修一条高速公路,造福一方百姓"的理念,广泛开展形式多样的以建路惠民为目的的"企村八联建"(支部联建、征迁联建、用工联建、培训联建、设施联建、项目联建、文化联建、惠民联建)活动,构筑和谐路地关系。"企村联建"开展以来,广西交通投资集团有限公司多渠道筹措资金,帮助沿线群众建学校、助学童、扶产业、传技术等,打造了一批引领发展能力强的村屯党支部、培养了一批有技术懂市场的致富带头人、建设了一批高质量合需求的生产生活文化设施,形成了地方群众在联建中发展致富,高速公路项目在联建中快速推进的和谐多赢局面。

七、筹资引资的广西模式

在高速公路建设早期，受限于广西经济实力，广西高速公路建设主要采用"统一建设、统一管理"的模式。即由广西壮族自治区交通厅负责"统一规划、统一建设、统一管理"，广西壮族自治区交通厅将项目建设实施委托给下属交通基建管理局统一建设，建成后交由广西壮族自治区交通厅下属高速公路管理局进行统一管理。这种管理模式是由当时广西高速公路建设资金来源单一、技术力量薄弱等条件决定的。

广西高速公路建设初期也试图引进社会投资，比如钦州至北海、南宁至柳州的高速公路筹建期中，曾多次与外商及国内财团商谈，但均因投资效益不显著而告吹。此外，广西各地、市的财政收入较困难，更无力投资高速公路建设。因此，广西高速公路建设必须采用政府行为，其投资由交通主管部门统一负责筹措，执行贷款修路、收费还贷政策，所建成的高速公路属公益性公路，因此实行事业型建设管理模式是适合广西实际的。

广西抓住高速公路网纳入国道主干线规划等政策机遇，利用交通部补助投资作为资本金，争取银行贷款支持，筹措建设资金，逐步开展国道主干线高速公路建设。同时，考虑到广西资金短缺，自治区人民政府根据当时的条件制定了一些优惠政策，如拆迁补偿费采用最低标准，部分地方税费减免，营业税返还和地方协调人员的无偿支援等。这些优惠政策实际上是地方政府的无偿投入。

经过20年来的高速公路建设，广西的经济发展提速，投资环境已大为改善，为广西在交通建设中吸引国内外投资创造了条件。广西实行投资主体多元化，充分调动社会各方面的积极性，多渠道筹集资金建设高速公路等交通基础设施。广西交通部门贯彻"要够国家的、借足银行的、引进国外区外的、吸纳民间的、管好用好自己的"筹资引资新思路，坚持"多条腿走路，多轮子滚动"，不断扩大交通建设市场开放领域，交通筹融资取得了显著成效，交通规费征收、争取国家投资、招商引资和利用外资规模均创历史最好水平。截至2013年年底，广西累计征收高速公路通行费94.4亿元；争取到国开行广西壮族自治区区分行等多家银行信贷资金；争取中央、广西财政的各项补助；利用世界银行、亚洲开发银行等国际金融组织贷款交通项目，利用国际金融组织贷款总额在全国交通系统和区内各行业均处于领先地位；2000年开始，以市场运作方式签订BOT、合资合作建设等招商引资渠道引进中国华闻公司、招商局集团、中国交通建设股份有限公司、中铁建设集团有限公司、广东龙光集团等区内外资金，先后建成了兴业到六景、苍梧至郁南、桂林至梧州、梧州至岑溪、桂林至阳朔、筋竹至岑溪、全州至兴安、兴安至桂林、阳朔至平乐等高速公路项目，建设里程829.69km，招商引资建设的里程占高速公路建设总里程比重的25.1%，市场开放程度位居全国前列。交通建设多元化筹融资工作取得重大成效，极大地促进了广西高速公路的建设和发展。

八、文化建设的广西特色

经过20年建设历程的厚实沉淀,广西高速公路人以其扎实肯干的作风、创新进取的精神、服务于民的情怀、敢于担当的魄力,开创了宝贵的、富有八桂特色的高速公路文化。

桂林至柳州高速公路是广西第一条高速公路,也是广西已建成的高速公路中最艰巨的工程,对广西高速公路建设具有示范作用。它在工程建设中形成的"艰苦奋斗、清正廉洁、乐于奉献、团结求实、雷厉风行"的桂柳精神,成为广西全区交通战线的精神财富和学习榜样;它在抓思想政治教育、廉政建设、招标、合同管理、监理制度、设计创新、节约投资等各方面都积累了较好的经验,广西壮族自治区人民政府号召全区基本建设战线学习桂柳精神。现在这些经验已在全区公路建设中得到广泛推广。

(一)党建文化润物细无声

高速公路建设人员来自全国各地,抓政治、抓思想、抓教育极为重要,必须从党的组织建设抓起。广西每个高速公路项目在工程开工建设时,均报经上级批准,成立工程建设办公室临时党委;各驻地监理办均建成临时支部或党小组;各施工单位都有党团组织。项目建设办公室设立政治处,作为党委的办事机构,负责宣传、教育、监察、纪检、人事管理和党的建设工作。

作为广西交通建设主力军,广西交通投资集团有限公司紧扣"为企业科学发展创先进,为八桂经济腾飞争先锋"的主题,在党建文化建设上做出了有益的尝试。创造性探索打造出"一号六岗""企村联建""三个微笑"三大党建特色品牌,在全国公开出版发行《千里高速党旗飘》党建文化读物(图3-4-1)。"一号六岗"即在"共产党员先锋号"的统领下,广大党员职工争创"克难攻坚、质量争优、廉洁监督、安全文明、科技创新、增收节支"六个创先争优岗,实现了"高速公路修到哪里,基层党组织就覆盖到哪里;项目推进到哪里,先锋模范作用就发挥到哪里",有力地推进了项目建设,打造一批优质、安全、低碳、环保、文明的"用户友好型"精品高速公路。时任广西壮族自治区党委书记郭声琨、自治区主席马飚对"一号六岗"创建活动均给予充分肯定,认为"很有企业特色,值得推广学习"。中央组织部《全国基层组织建设工作情况通报》专刊介绍了该集团创建"一号六岗"的成功经验。

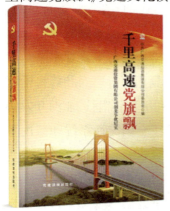

图3-4-1 《千里高速党旗飘》封面

(二)廉政文化体现行业特色

高速公路建设投资巨大、建设周期长、涉及面广,是备受社会关注的容易滋生腐败的一大领域。广西高度重视工程建设的反腐败工作,从始至终都把反腐倡廉作为一件重要的大事来抓。一是抓廉政建设的标本兼治。首先建立严格的招标制、监理制、合同管理制，并把它制度化、规范化，增加透明度，从根本上消除腐败的发生。二是建立各种廉政规定，在工地上广为张贴公布这些规定并发动群众进行监督。三是加大对廉政建设的监督力度。除了加强对招标工作的监督外，在工程施工中，重点防止和监督业主及监理工作人员在质量管理、计量支付、工程索赔、价格变更等工作中有无以次充好、弄虚作假的违纪违法行为。严格各项审批程序和对收方计量的监督签认程序，以及有关工程的重大变更和价格调整由领导集体商定的制度。尽可能把容易发生腐败和权钱交易的工作置于严格监督之下。四是业主同监理、施工单位分别签订廉政合同，在工程开工之前即按相关廉政规定办事，从各个源头堵住漏洞。同时对工程履约检查、劳动竞赛、年终评比和工程完工检查中，均将廉政合同执行情况列入检查内容，确保工程建设"干成事、不出事"。

（三）景观文化折射广西元素

广西地理文化丰富多彩，人文情怀浓厚。在近些年的高速公路建设过程中，广西更加重视挖掘公路沿线文化，让高速公路更好地融入当地的人和自然。在高速公路文化景观建设总体规划中，广西着力提升高速公路形象，展示广西多民族文化风采。广西交通投资集团有限公司提出系统推进高速公路文化长廊建设，形成"一轴二线三片区四大文化长廊"的高速公路文化景观，即形成"一轴"——人文广西文化主轴，"二线"——东盟文化交流体验线、广西少数民族文化体验线，"三片区"——红色旅游文化片区、绿色养生文化片区、蓝色海洋文化片区，"四大文化长廊"——边关风情文化长廊、广西山水文化长廊、桂中历史文化长廊、壮族歌风文化长廊的高速公路文化景观建设总体规划。

目前，已在柳州至南宁高速公路宾阳服务区内建成八桂翰墨园，该园碑林雕刻主要为赞美广西的诗词、曲赋、楹联作品，内容涵盖了唐宋以来至解放初期不同时代历史文化名人之创作、刘三姐传世山歌以及广西高速公路建设等作品。此外，还建成了六寨至宜州桂西民族文化之廊、玉林至铁山港客家和韵风情路、钦州至崇左东盟风情大通道、六景至钦州港海洋文化路等高速公路文化景观长廊，使高速公路成为展示广西历史和民俗风情的流动文化路。

九、人才培养的广西力量

在未修建高速公路前，广西公路建设的技术力量非常薄弱，参加过高速公路设计、施工、监理的人员十分匮乏，以至于第一条高速公路复杂路段的设计不得不委托区外设计单位进行。但广西壮族自治区交通厅非常重视人才培养，除广西交通学校扩大招生名额，增加办学经费外，早在20世纪80年代初期，就委托长沙交通学院等大学代为培养高素质人才，80年代末期出资支持广西大学开设路桥专业。与此同时，从区外引进高水平的人才和设计、科研、监理力量,使广西的公路技术队伍状况得到了根本改善,并培养出一支涵盖建设全过程的较具实力的人才队伍。

一是有较强的设计能力。广西壮族自治区交通规划勘察设计研究院已成为公路桥梁综合甲级设计院,承担广西大部分高速公路勘察设计任务,特别是在大跨径箱形混凝土拱桥和钢管混凝土拱桥设计中积累了较丰富的经验。在已建成的高速公路验收中,设计均得到较高的评价。二是有较强的工程建设管理能力。从早年承担高速公路建设管理任务的广西壮族自治区交通基建管理局开始,到近年来成立的广西交通投资集团、广西北部湾投资集团、广西新发展交通集团,广西已经培养出一批管理水平较高的工程建设管理人才,在各项目管理中,对控制工程投资、保证工程质量、工期起了较好的作用。三是监理力量具有一定规模。广西公路监理力量从无到有,现已组建具有公路交通工程监理甲级资质监理单位5家,从业人员已达623人。四是培养了一支力量较强的高速公路施工队伍。广西高速公路的主要施工力量是广西壮族自治区公路桥梁工程总公司,该公司具有公路特级总承包资质。五是锻炼和培养了科研队伍。广西交通科学研究院在广西高速公路建设中,抓住机遇,围绕建设中的关键技术问题大力加强技术创新,与建设单位和施工部门合作开展科技攻关,取得了一批科研成果,培养了科技队伍,提高了科研水平。

第五节　高速公路与经济社会发展

新中国成立之初的1950年,广西的公路通车里程仅有3622km,标准低、质量差、长年失修,抗灾能力低,路况极差,公路实际通车里程仅555km,客货运输汽车844辆,公路运输十分落后。随着经济的发展,广西加快了公路建设和交通运输的发展。到广西壮族自治区成立的1958年,公路里程达到13570km;到改革开放前的1977年,公路里程达到29333km。

改革开放后,广西的公路建设进入了一个新的发展时期。1992年4月中共中央确定把广西作为西南地区出海通道以后,给广西交通建设带来了前所未有的发展机遇,各级交通部门按照广西壮族自治区党委和政府"建设大通道、服务大西南"的决策,始终紧紧抓住"通道"建设不放松,加大投资力度,加强项目管理,加快基础交通建设。1990—1998年广西公路建设累计投资达176.54亿元,至1999年年底,广西公路总里程达51378km,同1978年公路里程29773km相比,增加了21605km,增长72.57%。公路密度由1978年的12.99km/100km^{2}提高到22.72km/100km^2,高于全国公路密度平均水平。在公路总里程中,二级及二级以上的高等级公路3283km(高速公路575km,一级公路389km,二级公路2319km);三级公路16741km,四级公路23643km。在公路里程中,有路面里程为

49972km，路面铺装率由1979年的92.02%提高到1998年的97.84%；拥有高级、次高级路面14103km，占总里程的27.61%，比1979年增加9574km，增长2.1倍。绿化公路里程1.36万km，文明样板路1491km。有公路桥梁7031座23万延米，公路渡口37处。1998年末全广西有100%的县城、99.6%的乡（镇）和69.55%的行政村通公路，96%的县城通柏油路。

在高速公路建设方面，2006年4月经广西壮族自治区人民政府批准实施《广西高速公路网规划（2006—2020）》，布局方案为"4纵6横3支线"，规划总里程5590km。该规划获批后，广西高速公路建设进入大投资、大建设、大发展的时期，至2009年年底，已建成高速公路2395km。2010年基本实现规划高速公路网的全面开工建设。目前，广西壮族自治区党委、政府对"十一五"时期广西综合交通体系发展提出的"发挥西南出海大通道重要作用、建设连接东盟国际大通道和加快推进泛珠三角区域合作"的总体目标得到扎实推进，以南宁为中心连接各地市和"通江达海、出省出边"的高速公路通道骨架已基本形成，大幅提高了运输能力和运输效率，对促进全区经济社会快速发展、构建"两区一带"区域协调发展新格局提供了重要支撑。至2016年年底，全区已建成高速公路4603km。

——高速公路通车里程实现跨越发展

1993年10月，广西开始建设自己的第一条高速公路——桂林至柳州高速公路，1997年5月1日该高速公路建成通车。1999年国庆期间，广西高等级公路建设又取得了新的进展，全长575km、总投资105亿元的桂林至北海（经过柳州、南宁、钦州、防城港等城市）的桂海高速公路全线通车，是当时全国省（自治区、直辖市）内最长的高速公路。随着柳州至宾阳（王灵）、宾阳（王灵）至南宁、南宁至钦州、钦州至防城港、钦州至北海、桂林绕城线、合浦至山口、宜州至柳州、兴业至六景、南宁至坛洛、河池（水任）至南宁公路南宁环城段、南宁机场高速公路等39条高速公路的建成，至2003年12月底，广西高速公路通车里程突破1000km，成为我国第一个高速公路突破1000km的少数民族自治区；2004年实现了西南出海公路通道广西境段的全线贯通；2005年建成我国连接东盟的第一条国际大通道——南宁至友谊关高速公路；至2013年年底，建成高速公路3305km。

从1997年的138.4km，到2003年达到1000km，至2007年增加到1879km，到2008年突破2000km，再到2016年年底，建成高速公路4603km。19年来，广西高速公路里程实现了逾30倍的增长，实现了跨越式发展。

——有力促进社会经济快速发展

进入21世纪，广西的公路建设已形成了自治区重点建设高速公路和进行路网改造；各地、市、县积极投入，建设当地高等级公路；自治区与各地、市、县联合，建设县、乡公路的新的公路建设的格局。广西境内以高等级公路为主骨架的西南出海公路大通道初具规模；一个以自治区首府南宁为中心，连接各地、市、县及所有港口码头，由经济发达地区向经济欠发达地区辐射,从大西南内地向沿海地区的水陆联运、四通八达的运输网络已基本形成。广西的公路建设实现了量的剧增和质的飞跃。广西国道省道干线公路平均速度在60km/h 左右,高速公路平均速度在 80～110km/h,是一般公路运能的 4 倍。车辆运输成本降低了 1/3,通行时间节省了一半,交通事故比一般公路降低了 90%。

随着公路建设的快速发展,各种运输工具大幅度增加,公路运输生产迅速增长。至1977 年,建成客货运输场站 145 座 42.6 万 m^2。1988 年年末,广西拥有客运汽车 13.69 万辆,比 1950 年翻了 11 番,比 1978 年增长 25 倍,载客量 136.1 万客位;货运汽车 12.71 万辆,比 1950 年翻了一番多,比 1978 年增长 4 倍,载质量 44.22 万吨位;运输拖拉机 25.83 万辆,比 1978 年增长 3 倍。2016 年公路运输客运量 39790 万人,客运周转量 390.39 亿人公里,分别比 1985 年增长 1.34 倍和 4.87 倍;货运量 125749 万吨,货物周转量 2224.06 亿吨公里,分别比 1985 年增长 11.7 倍和 46 倍。

1999 年完成公路货运周转量 254.1 亿吨公里,比上年增长 33.4%;旅客周转量 329.8亿人公里,增长 12.7%。

——建立多渠道的交通筹融资体系

改革开放后,广西交通建设先后采取了"几个一点"、以工代赈(国家转改拨款)、民办公助、民工建勤等办法,实行投资主体多元化,打破单纯依靠国家投资的格局,有效缓解了建设资金不足的难题。20 世纪 90 年代后,逐步探索走出市场化筹措交通建设资金的路子。1992 年 12 月 20 日,由自治区交通厅、财政厅、中国人民建设银行广西区分行共同发起的广西交通投资股份有限公司正式成立,是广西第一家以交通建设为重点募集资金的股份制企业(后更名为广西五洲交通股份有限公司);1994 年 5 月,该公司进行增资扩股,新增中国工商银行广西分行、自治区公路管理局、自治区运输管理局、自治区交通基建管理局和广西交通科研所等 5 家法人股东;广西交通投资股份有限公司扩大交通利用外资工作力度,从 1985 年首次利用世界银行贷款 500 万美元建设农村公路以来,到 2006 年年底全自治区交通建设累计利用国内外贷款 251.33 亿元。1998 年 12 月 24 日,广西高速公路债券首次面向全国发行。2000 年,广西首次采用 BOT 模式(建设、经营、移交)建设高速公路。党的十六大以来,按照"要够国家的、借足银行的、引进国外区外的、吸纳民间的、管好用好自己的"筹资引资新思路,继续深化交通筹融资改革,初步形成了"政府引导、市场运作、社会参与、多元投资"的交通建设筹资引资新格局。到 2016 年年底,以 BOT模式建设高速公路项目 23 个、建设里程 2211km,引进区内外资金 2500 亿元,市场开放度位居全国前列。

——掀起交通建设新高潮

2008 年 7 月 17 日,广西壮族自治区党委、自治区人民政府出台了《关于掀起交通建设新高潮的决定》,明确提出了"深入贯彻落实科学发展观,围绕把广西壮族自治区建设成为连接多区域的国际大通道、交流大桥梁、合作大平台的战略部署,抓住机遇,解放思想,以改革创新、开放为动力,动员全区力量,实现交通优先发展战略,全面推进铁路、公路、水运、航空建设,掀起交通建设新高潮,实现交通新突破、大发展,为建设富裕文明和谐新广西奠定现代化交通基础"。2014年7月31日,自治区人民政府出台《县县通高速公路建设工作方案》,要求按照实现广西与全国同步全面建成小康社会,将广西建设成为我国西南中南地区开放发展新的战略支点的总体要求,牢牢抓住国家当前及今后一段时期重大政策机遇,坚持解放思想、改革创新,以统筹规划、突出重点、加强领导、分工负责、创新驱动、多元投资为原则,举全区之力实施县县通高速公路建设攻坚战,加快构筑东联西靠、南下北上、出省出边、通江达海、通达全区的高速公路网络,为广西经济社会平稳较快发展提供交通保障。新形势下,继续大力推进县县通高速公路建设,有利于当前广西实现扩投资、稳增长、惠民生,对建成通往周边省份和东盟国家的快速运输通道,西南出海大通道进一步完善,出海出边国际大通道初步建成的目标,以及广西实现"两个建成"目标,做好新时期扶贫工作具有重要意义。

60年来,广西交通固定资产完成投资由1950年的47万元增加到2008年的230.1872亿元,增长了48975倍;年均完成交通固定资产投资由改革开放前的2566万元增加到改革开放以来的49.1亿元,增长了191倍。交通建设规模不断扩大,交通固定资产逐年递增,广西交通事业的不断发展为拉动全区经济增长作出了积极贡献。为迅速改变广西交通闭塞状况,支援边疆及少数民族地区建设,国家持续加大对广西交通建设的投入,1958年至1978年间,全区累计完成交通固定资产投资70514万元,年均完成3358万元。改革开放后,党的十一届三中全会提出"以经济建设为中心,坚持改革开放,坚持四项基本原则"的基本路线,在中央和地方各级政府的重视支持下,广西交通建设进入了蓬勃发展的时期。广西交通固定资产投资由1979年的4818万元增加到1998年的76.55亿元,年均增长28.8%。1999年至2002年期间,为应对东南亚金融危机,党中央、国务院作出了加快基础设施建设的重大决策,广西交通建设进入了快速发展时期,4年累计完成交通固定资产投资248.6亿元,年均完成62.1亿元。

一、经济社会发展促进高速公路建设

(一)面临形势

(1)经济社会快速发展对交通运输提出了更新、更高的要求,必须继续加快高速公路建设。当前,广西经济发展已经进入到由艰难爬坡向经济起飞的重要转变时期,预计至2020年左右,广西人均生产总值将达到3000美元。经济社会的加快发展,工业化、城镇化进程的加快推进,以及随着经济的快速增长、人民生活水平的稳步提高,全社会对公路运输的快速、舒适、方便、可靠、安全等方面的要求越来越高，私人汽车保有量迅速增长带动了高速公路交通量快速增长，要求进一步完善高速公路网络，继续扩大高速公路容量，不断提高服务水平。

(2) 区域经济一体化要求建立高效统一的高速公路通道。随着中国—东盟自由贸易区的加快建立、泛珠三角区域合作的加速推进，以及北部湾经济开发区的深入建设，从国家战略高度把广西推向了区域合作和对外开放的前沿，成为双向沟通中国与东盟的重要桥梁，连接泛珠三角经济区与东盟自由贸易区、北部湾经济开发区的重要枢纽，广西交通的战略定位也从大西南出海通道跃升为中国—东盟国际大通道和区域性国际物流中心。这就要求广西进一步完善出海出省出边大通道，重点建设南宁—新加坡高速公路走廊和增加广西通往广东、湖南、贵州和云南方向高速公路通道，加快构建以南宁国际综合交通枢纽为中心的"一枢纽两大港三通道四辐射"国际综合交通运输体系。同时工业化、城镇化向更高层次发展，城市间的联系更加紧密，新增大量的快速公路客货运需求，对公路运输的舒适、便捷、可靠、安全等品质方面提出更高要求。

(3) 国防安全和应对突发事件要求建立快速、完善的高速公路网络。新时期保障国家安全和应对突发事件，保障我国能源及物资运输通道的安全，要求必须深入贯彻平战结合原则，以提高交通保障能力为目标来完善国防交通网络，着重改善重点部队迂回道路和应急机动道路，以提升重点部队机动能力。加快高速公路通道建设，并提高网络可靠性是确保国防安全的重要保障。

(4) 构建完善的综合运输体系，促进综合运输协调发展，需要高速公路运输加快发展。经济社会的快速发展有赖于便捷的交通网络，以满足区域各方对内对外的客货运输需要。公路交通覆盖面广、机动灵活、时效性强、可实现门到门运输，既具有通道功能，又具有集散功能，在综合运输体系中居于重要地位。而高速公路通行能力大、速度快、行车安全舒适，在综合运输体系中承担着基础性和大动脉的双重作用，必须加快发展。

(5) 实现交通可持续发展要求，科学规划好高速公路建设。资源与环境形势要求公路交通必须走可持续发展的道路，这是实现经济社会可持续发展的重要基础。实现公路交通的可持续发展，必须与经济社会发展需求相适应，与资源环境容量相协调。高速公路能够更好地集约利用土地资源、提高运输效率、减少环境污染、增加交通安全性，有利于可持续发展战略的实施，但也决不能以浪费土地、资源和破坏环境为代价，必须正确处理适当超前与可承受能力的关系，做到合理利用资源、合理确定建设规模和建设方案。

(6) 落实科学发展观，以人为本全面建设小康社会，推进区域协调发展、加快民族地区发展，增强资源富集区的自我发展能力，实现国土均衡开发，共享改革开放成果，要求高速公路网络提高密度、增加覆盖率。

（二）需求特点

根据广西社会经济发展态势和高速公路交通发展面临的形势，在今后较长一个时期，高速公路运输需求将随经济社会的加快发展继续呈现出快速增长的趋势和特征：

（1）随着经济社会加快发展和人民生活水平的稳步提高，私人汽车进一步普及，广西公路客货运人均出行次数将继续保持高速增长，对公路运输的快速、舒适、方便、可靠、安全等方面的要求越来越高。

（2）随着区域经济一体化进程不断加快，以及公路基础设施和车辆的改进，中长距离的公路运输将进一步发展，平均运距将稳步增长。

（3）高速公路运输在综合交通体系中的地位将进一步提高。随着工业化发展水平不断提高，货物运输中初级产品所占的份额将逐步降低，公路货运对运输的服务水平和服务质量将提出更高的要求。

（三）公路运输需求分析

根据广西区发改委的《广西综合交通"十一五"规划》的数据，预测到2020年，广西公路承担的客运量、货运量占综合运输总量的比重分别为93%、61%，公路承担的客运周转量、货运周转量增长速度分别为4.1%、3.9%。

二、高速公路建设带动经济社会发展

广西二十多年高速公路的建设，对促进全区经济社会加快发展作出了重要贡献：

一是拉动投资和经济增长。截至2014年7月，全区在建高速公路约为2270km，总投资1680亿元。大部分投资转化为新的市场消费需求，刺激和带动了钢材、水泥、机械等相关产业发展，直接和间接拉动项目所在地地区生产总值，为社会创造更多就业机会。

二是显著提高了全区路网的整体技术水平，促进了城镇化发展。实现了南宁、柳州、桂林等9个地级市连通高速公路，大大缩短了区域间的空间、时间距离，从首府南宁至桂林、北海、玉林等城市的出行时间均节省一半以上，为社会经济发展创造更优越条件。

三是改善了钦州、北海、防城港3个沿海港口的集疏运条件，促进了港口吞吐量的快速增长。据统计，2013年年末沿海港口吞吐量达到18674万吨，比1998年增长了10.7倍，年均增长13.1%，广西作为西南出海通道的作用更加凸显，促进中国与东盟各国贸易进一步发展。

四是催生了快速客货运输系统发展，提高了公路运输竞争力，巩固了公路运输在综合交通运输体系中的重要地位。同时有效缓解运输压力，改善交通条件，促进综合运输协调发展，节省出行时间，提高人民群众的生活水平。

五是改变了社会观念。高速公路带给人们快捷、安全、舒适的交通便利,促使人们思想的进一步开放,"大路大富、高速快富",求发展、谋发展,全社会关心、支持交通建设的氛围进一步形成。

六是提高了应对地震、冰雪等自然灾害和突发事件的能力。有效减少抢险救灾准备时间,为保障救援人员、物资以及大型设施及时到位创造有利条件。

七是强化了国防安全的保障能力。有效缩短应对战争和紧急事务的反应时间,进一步增强国防军队的机动能力,扩大军事力量的威慑辐射范围。

三、高速公路建设前景

1. 综合交通建设目标

力争到2020年,建成以南宁国际综合交通枢纽为中心,以海港、空港为龙头,以泛北部湾海上南宁—新加坡陆路和南宁通往东盟国家航空三大通道为主轴,以广西通往广东、湖南、贵州和云南方向运输通道为主线的"一枢纽两大港三通道四辐射"的出海出边国际大通道,基本形成各种运输方式布局合理、结构完善、便捷通畅、安全可靠的现代化综合交通体系。其中高速公路建设方面,力争到2020年年底,广西高速公路总里程将突破8000km,形成"6横7纵8支线"的高速公路网络,实现全区所有县(市、区)通达高速公路。按照广西高速公路网规划和到2020年年底前实现所有县(市、区)通高速公路的目标,合理安排项目建设时序,加快推进在建的21个高速公路项目建设,总里程2234km,总投资1611亿元;同时,从2009年起陆续新开工24个高速公路项目,总里程3467km,总投资3077亿元,力争用7年左右的时间,实现2020年年底全区高速公路总里程突破8000km,基本形成区内综合交通网络主骨架,建成通往周边省份和东盟国家的快速运输通道,与沿海现代化港口群共同确保南宁基本建成区域性国际航空枢纽,初步建立综合交通枢纽,进一步完善西南出海大通道及出海出边国际大通道,进一步确立广西在全国交通网络中通向东盟的枢纽地位。

2. 加快交通建设的创新和落实政策措施

(1)放开交通建设投资领域。进一步加大交通建设领域的开放合作力度,完善和规范招商引资机制,鼓励和支持国内外有能力、信誉好的投资者,依据国家规定,以合资、合作、合股、独资等形式,采取BOT、BT、TOT、PPP等方式开发建设交通项目。加强与国内外金融组织的合作,扩大交通项目商业银行贷款和利用外资规模。

(2)积极争取和落实国家相关部委的交通建设补助资金。加强与国家有关部委的沟通合作,积极争取国家各部门财政性建设资金的支持,落实与国家有关部门签订的相关协议资金,最大限度地争取国家支持。

(3)调动地方参与交通建设的积极性。探索采取公路收费权质押、统贷统还等方式筹措交通建设资金。完善以工代赈、以奖代补、投工投劳、一事一议等办法,鼓励社会集资、企业赞助、个人捐款等民间资金投入交通建设。统筹安排各类农村交通建设资金,加快农村交通建设。

(4)加大各级财政对交通建设的支持力度。从2008年起,广西壮族自治区本级一般预算逐年增加对交通建设的资金投入,市县级财政每年安排一定数额的财政性资金,专项用于交通基础设施建设,确保交通建设项目各级配套资金及时到位。

(5)完善扶持交通建设的相关税费政策。广西壮族自治区统筹推进的重点交通建设项目占用耕地应缴纳的耕地开垦费,项目业主自行完成占补平衡任务并经广西壮族自治区国土资源部门确认后,不再另行征收耕地开垦费。严格执行国家、自治区政府各项交通规费的使用规定。在广西全区收费公路对载货类汽车推行计重收费,深入开展"大吨小标"和外挂车辆专项治理,确保交通规费应征不漏。

第四章
高速公路建设管理地方法规

广西高速公路建设有关法规的制定,均在国家相关法律法规的基础上制定。1993年,广西第一条高速公路——桂柳高速公路开工建设,当时广西相应的高速公路建设相关的法规制度很少。随着1994年广西壮族自治区交通厅《广西交通基建工程质量监督管理暂行规定》(交总办〔1994〕字第310号)的出台,广西高速公路建设相关的法律法规相继出台。1998年,交通部提出加快建设"五纵七横"国道主干线、重要经济干线的要求;2000年,随着国家西部大开发战略的提出,西部地区基础设施建设全面铺开,自治区党委七届四次会议提出"重点建设一批贯通东西,连接南北,出海出边出省高等级公路"的战略部署,广西高速公路建设迎来新高潮,而相应的法规制度也逐步建立起来。目前,广西在建设市场管理领域、工程管理领域均制定了相应的法规、制度。

一、建设市场管理领域

(一)市场管理方面

结合广西实际,自治区人民政府、自治区人大、自治区建设厅、自治区交通厅出台了一系列法规、制度,初步形成广西建设市场法律管理体系。较早的法规制度有1994年自治区交通厅印发的《广西交通基建工程质量监督管理暂行规定》(交总办〔1994〕字第310号),明确广西壮族自治区交通厅是自治区人民政府的交通主管部门,交通工程质量监督站在厅的领导下,行使政府监督职能,并进一步明确交通工程质量监督站的主要任务、经费来源等。1996年,对于建筑市场出现的一些秩序混乱问题,党中央、国务院加大了对建设领域的专项治理力度,并出台了《中华人民共和国建筑法》。广西也相继出台了一些法规、制度:1996年8月6日,广西壮族自治区第八届人民代表大会常务委员会第二十三次会议通过《广西壮族自治区建筑市场管理条例》,对建筑市场的发包管理、承包管理、中介服务管理、合同和造价管理以及相关法律责任作出明确的规定。10月15日,自治区纪委、自治区监察厅印发了《关于违反建设工程法律法规的党纪政纪处分暂行规定》(桂办发〔1996〕43号),对建设市场进行了约束。2000年6月1日,自治区交通厅印发《公路建设市场管理办法实施细则》(交基建〔2000〕135号),从管理与职责、项目报建及资信登记、招投标管理、合同签订与履行、项目实施管理等方面做出具体规定,有效地规范了广西公路建设市场秩序。2007年6月26日,自治区交通厅印发《广西公路建设市场施工企业信用评价管理暂行办法》(交基建发〔2007〕78号);2010年5月13日,自治区交通运输厅印发《广西公路建设市场施工企业信用评价规则实施细则(试行)》(桂交建管发〔2010〕40号),这两项规范性文件的出台,有效地指导了广西施工企业信用评价。2014年1月14日,自治区交通运输厅印发《广西公路建设市场公路设计企业信用评价实施细则(试行)》(桂交建管发〔2014〕10号),进一步明确了公路设计企业的信用评价制度。2012年2月27日,自治区交通运输厅印发《广西壮族自治区公路工程项目建设单位现场管理机构资格标准(试行)》(桂交建管发〔2012〕18号),跨出了广西在资格管理法律建设的第一步。

(二)招标投标方面

招标投标管理方面,广西一直沿用国家相关的法律法规,结合广西实际制定的主要有《广西壮族自治区招标公告发布管理办法》(桂政办发〔2011〕127号),广西壮族自治区第八届人民代表大会常务委员会第十八次会议通过的《广西壮族自治区建设工程施工招标投标管理条例》等。

二、工程管理领域

结合广西实际,在勘察设计、工程审计、征地拆迁、工程质量安全管理等方面制定了一些法规、制度,确保广西高速公路工程管理有序开展。

(一)勘察设计管理方面

1999年3月26日,广西壮族自治区人大常委会通过《广西壮族自治区建设工程勘察设计管理条例》,对自治区行政区域内从事建设工程勘察设计活动以及对工程勘察设计活动进行监督管理的有关行为进行了规定。另外,自治区交通运输厅、质监站也出台了一些具体规定,例如《广西公路工程设计变更管理办法》(桂交基建发〔2010〕88号)、《广西膨胀土地区建筑勘察设计施工技术规程》(DB 45/T 396—2007)、《广西公路建筑限界净高补充规定》(桂交建管发〔2011〕138号)等。

(二)工程审计方面

广西壮族自治区交通运输厅、审计厅等部门都制定了高速公路审计方面的法规制度,法规制度建设比较健全。2001年7月7日,广西壮族自治区人民政府出台《广西壮族自治区国家建设项目审计办法》(自治区政府令〔2001〕第5号),明确了国有资产投资或者融资为主的基本建设项目和技术改造项目均应当接受审计机关的审计监督。2007年12

月 29 日,自治区审计厅发布《关于进一步加强和规范政府投资建设项目审计管理的意见》(桂审投〔2007〕68 号);2008 年 2 月 19 日,自治区审计厅继续出台《广西审计机关政府投资建设项目审计立项工作操作规范(暂行)》(桂审投〔2008〕20 号)以及《广西审计机关政府投资建设项目预算执行情况审计操作规程(暂行)》(桂审投〔2008〕21 号);2008年 12 月 29 日,自治区审计厅、自治区财政厅联合发布《关于进一步加强政府投资建设项目资金管理和监督的意见》(桂审投〔2008〕217 号);2010 年 12 月 9 日,自治区审计厅出台《广西壮族自治区审计厅本级建设项目跟踪审计操作指南》(桂审法〔2010〕244 号);2011 年 11 月 9 日,广西壮族自治区人民政府修订出台《广西壮族自治区政府投资建设项目审计办法》(自治区政府令〔2011〕第 70 号)。

(三)征地拆迁方面

为了加快大西南出海大通道的建设,推进全区高速公路建设进程,广西壮族自治区人民政府在征地拆迁方面出台了很多优惠政策,有效地推进了广西高速公路建设征地拆迁工作。1993 年 1 月,自治区人民政府出台工程征地及其补偿方法,规定工程征地拆迁必须贯彻"既要做到合理合法,又要坚持奉献和艰苦奋斗"的原则,高速公路全线使用统一的征地拆迁补偿标准,征地拆迁款交由当地政府统一掌握,包干使用,征地拆迁超过自治区补偿部分,由各县(市)自行解决。1995 年,自治区人民政府结合实际又出台了桂政办〔1995〕105 号文。2000 年 8 月 14 日,自治区人民政府出台《自治区人民政府批转自治区计委等部门关于广西壮族自治区基础设施重大项目建设用地征地拆迁暂行办法的通知》(桂政发〔2000〕39 号);2002 年 6 月 14 日,自治区发展计划委员会、自治区国土资源厅、自治区林业局、自治区统计局联合制定《关于公布〈广西壮族自治区基础设施重大项目建设用地被征用土地年均产值基数标准和拆迁补偿标准〉的通知》(桂计法规〔2002〕274号);2010 年 10 月 15 日,自治区人民政府出台《广西壮族自治区铁路交通基础设施重大建设项目征地拆迁工作实施办法》(桂政发〔2010〕52 号);2011 年 11 月 27 日,自治区人民政府出台《广西壮族自治区人民政府批转自治区交通运输厅关于推进普通干线公路建设项目征地拆迁工作意见的通知》(桂政发〔2011〕56 号)。

(四)质量、安全管理方面

大部分直接沿用国家相关的法律法规,只是针对质量、安全的一些细节进行补充,没有形成自己的一整套体系。例如,1997 年 7 月 22 日,广西壮族自治区交通厅印发《重点交通基础设施建设现场文明管理规定》(交基建〔1997〕235 号);1998 年 12 月 16 日,广西壮族自治区交通厅印发《广西壮族自治区交通建设工程工地试验室管理暂行办法》(公监督字〔1998〕117 号),对全区交通建设工程施工、监理单位从事工地试验检测工作的试验室管理作出了具体的规定。2000年1月31日,广西壮族自治区人民政府颁布了《关于加强我区基础设施项目管理的通知》(桂政发〔2000〕7号),对基础设施项目,包括1998年列入国家计划的农林水利、交通、城乡电网改造、城市基础设施、国家直属储备粮库、经济适用房、教育等基础设施的项目的建设有关事项作出明确规定。2005年12月15日,自治区交通厅印发《公路路面基层材料含泥量补充规定》(交基建〔2005〕117号);2011年12月19日,自治区交通运输厅印发《关于印发广西公路建筑限界净高补充规定的通知》(桂交基建发〔2011〕138号);2013年12月9日,自治区交通工程质量监督站印发《桥梁工程预应力智能张拉工艺有关要求》(桂交监路发〔2013〕166号);2014年2月19日,自治区交通工程质量监督站印发《桥梁工程预应力孔道智能循环压浆工艺有关要求》(桂交监路发〔2014〕5号)等。

第一节 自治区级相关法规制度

广西壮族自治区党委、自治区人民政府、自治区人大高度重视交通建设工作,为促进广西高速公路事业科学发展,不断完善高速公路立法,从高速公路的规划、建设、养护和管理等方面都制定了有关的条例、办法,为高速公路的发展提供有力的法律保障。自治区交通管理各相关部门在自治区党委、政府的领导下,各司其职,为推进广西高速公路建设,制定了相应的制度、规定。

一、自治区政府出台

(一)《广西壮族自治区高速公路管理办法》

为了加快高速公路的建设,保障高速公路高效、安全和畅通运营,促进经济和社会发展,根据国家的有关规定,结合本自治区的实际,1996年12月23日,广西壮族自治区人民政府令第7号颁布了《广西壮族自治区高速公路管理办法》,规定了从事高速公路建设、经营和管理的单位和个人,在高速公路上行驶的车辆、车上人员,在高速公路及其设施、用地和预留用地内从事行政管理和其他作业的单位、个人的权利和义务;也规定了自治区交通行政主管部门、自治区公安行政主管部门的责任和义务。《办法》由总则、建设管理、养护管理、路政管理、交通安全管理、经营管理、法律责任、附则等八个部分组成。

2009年,借"扩内需"东风,一直作为广西优先战略发展的交通建设进入"高速时代",广西高速公路管理体制也发生了变化。加上2004年8月28日第十届全国人民代表大会常务委员会第十一次会议审议通过《关于修改〈中华人民共和国公路法〉的决定》第二次修正;2009年5月27日,交通运输部第5次部务会议通过《关于修改〈中华人民共和国国公路管理条例实施细则〉的决定》。由此指导广西高速公路建设管理的《广西壮族自治区高速公路管理办法》需要及时修订。2009年9月7日,广西壮族自治区第十一届人民政府第39次常务会议审议通过修改《广西壮族自治区高速公路管理办法》,并于2009年10月15日广西壮族自治区人民政府令第51号公布实施。本次修订以后,《办法》由总则、规划建设、经营服务、公路养护、路政管理、法律责任、附则等七个部分组成。较之97版的《办法》,修正部分比较多,主要有：①各个章节包含的条款进行了重新修订；②丰富并细化了章节的内容；③与时俱进,对一些旧的规定进行了删除。

2011年,国务院发布了《公路安全保护条例》,对公路安全保护作出了许多新的规定,《广西壮族自治区高速公路管理办法》迎来了第二次修订,由2013年12月25日自治区第十二届人民政府第21次常务会议审议通过,并于2014年1月26日广西壮族自治区人民政府令第101号颁布实施。一是根据《公路安全保护条例》,对相关的规定作进一步细化,比如公路建筑控制区范围需要结合广西实际提出具体要求,对公路档案管理需要作出具体规定,需要具体明确高速公路管理机构、高速公路经营管理者各自的养护管理职责义务等；二是《办法》的规定与《公路安全保护条例》不一致的,应当修改完善、保持一致,或者不再作重复规定,例如对扰乱超限检测秩序或者逃避超限检测行为的处罚规定；三是对一些高速公路管理中的难点问题,比如高速公路养护管理、广告设施规划、治超检测中的证据效力等,需要结合实际予以规范。

（二）《广西壮族自治区重大建设项目稽查办法》

2009年10月12日,自治区十一届人民政府第42次常务会议审议通过《广西壮族自治区重大建设项目稽查办法》,并于2009年11月23日广西壮族自治区人民政府令第52号颁布实施。长期以来,广西在投资管理中重前期审批、轻建设期管理,缺乏关于重大建设项目稽查的制度化规定。为加强投资监管,加强对重大建设项目的监督管理,规范重大建设项目稽查工作,维护国家和社会公共利益,自治区人民政府及时出台了《办法》。《办法》规定,以下4类项目适用于重大建设项目稽查：一是使用财政预算资金和纳入财政管理的政府性专项建设基金,关系社会公共利益、公众安全的建设项目；二是使用财政融资资金,对国民经济和社会发展有重大影响的建设项目；三是设区的市以上政府统筹推进的重大建设项目；四是县级以上政府确定的其他重大建设项目。《办法》规定项目稽查的主要内容包括：审批是否符合法定程序；是否依法进行招标投标；是否依法进行施工、监理；是否符合进度要求；资金使用、概算控制是否真实、合法以及其他必须稽查事项。为维护规范的投资和建设市场秩序,《办法》还规定了被稽查单位的处理办法。如被稽查单位违反重大建设项目管理规定,情节较轻的,稽查部门可以发出整改通知书、责令限期改正、通报批评；情节严重的,经报重大建设项目出资或者审批机关的本级政府批准,可以暂停拨付政府建设资金或者暂停项目建设。

二、自治区人大出台

为了加强公路的建设和管理,促进公路事业的发展,适应社会主义现代化建设和人民生活的需要,根据《中华人民共和国公路法》,2005年9月23日,广西壮族自治区第十届人民代表大会常务委员会第十六次会议通过《广西壮族自治区实施〈中华人民共和国公路法〉办法》。《办法》主要有职责分工、公路建设、公路养护、路政管理、收费公路、法律责任等内容。2010年9月29日,广西壮族自治区第十一届人民代表大会常务委员会第十七次会议通过了《关于修改部分法规的决定》(第一次修正),对《办法》进行了修正。将第二十三条"高速公路的道路清障、车辆救援由交通主管部门负责。因交通事故引起的路障清理和救援工作,由公安机关交通管理部门和交通主管部门相互配合,共同负责",修改为:"高速公路的道路清障、车辆救援由高速公路经营者负责。因交通事故引起的路障清理和救援工作,由公安机关交通管理部门和高速公路经营者相互配合,共同完成。"

三、各部门出台

(一)《广西壮族自治区贷款修建高等级公路和大型公路桥梁、隧道收取车辆通行费实施细则》

为了进一步明确广西贷款修建高等级公路和大型桥梁、隧道车辆通行费征收工作,调动各地贷款、集资修路、建桥的积极性,缓解广西交通运输紧张状况,促进交通事业的发展,1988年,广西壮族自治区交通厅、自治区财政厅、自治区物价局联合下发《广西壮族自治区贷款修建高等级公路和大型桥梁、隧道收取车辆通行费实施细则》(交财字〔1988〕346号)。实施细则对贷款修建高等级公路和大型桥梁、隧道收取车辆通行费作了具体规定,如规定对收取的通行费在偿还贷款期间不征能源交通重点建设基金及营业税、所得税等。

(二)《广西壮族自治区高速公路联网收费管理暂行办法》

为了进一步规范自治区高速公路联网收费的规划建设和运营管理工作,保证高速公路联网收费系统安全、有序、高效运行。2008年8月19日,广西壮族自治区交通厅出台了《广西壮族自治区高速公路联网收费管理暂行办法》。《办法》首次对广西所有封闭式联网收费高速公路的收费结算管理机构、公路经营业主职责以及收费业务的总体规划、运营管理和清分结算等相关问题作出了系统规定。《办法》规定,自治区交通主管部门将组建高速公路联网收费结算管理机构,全面负责全自治区高速公路联网收费的各项具体管理工作,包括指导联网收费系统的建设改造,制定联网收费系统运行和清分结算管理办法以及组织联网收费稽查等。根据《办法》，广西高速公路联网收费将遵循"统一规划，统一管理，统一清算"的原则，对于收费高速公路联网收费的通行券（卡）、非现金支付卡（储值卡或记账卡）和电子标签、系统用卡统一由上述管理机构或由管理机构授权的机构发行；对于纳入自治区联网收费的高速公路，将按照自治区人民政府批准的统一收费标准和收费方式进行收费。此外，联网收费系统将采用统一收费应用软件，相关的联网收费系统必须经国家认定的检测机构或联网收费管理机构测试合格后，方可投入使用。《办法》同时对联网收费经营业主的工作职责和义务、联网收费的总体规划和清分结算等问题作出规定。

（三）《广西壮族自治区收费公路养护管理办法（试行）》

为了进一步加强全区收费公路管理，规范收费公路养护行为，维护收费公路投资者、经营管理者和使用者的合法权益，发挥收费公路的功能和社会效益，2007年3月12日，自治区交通厅出台《广西壮族自治区收费公路养护管理办法（试行）》。根据规定，广西经营性收费公路的经营管理者除了保证正常的公路养护资金外，还应建立年度养护保证基金制度，作为今后公路大修及改善工程资金。在每月收取的车辆通行费中提留不少于5%的资金作为养护保证基金，并设立专门账户，专款专用。《办法》明确了全区收费公路养护的范围、养护指标要求、养护监督检查及对养护不当的处罚等。其中要求普通公路的好路率需达到80%以上，高速公路养护质量指数（MQI）达80以上，其他各项指标均保持75以上。同时授权广西壮族自治区公路管理局和广西壮族自治区高速公路管理局对全区收费公路实施监督检查。2010年12月10日，《广西壮族自治区收费公路养护管理办法》出台，2007年3月12日出台的《广西壮族自治区收费公路养护管理办法（试行）》废止。

（四）《广西壮族自治区收费公路养护管理办法》

为适应新形势下收费公路养护管理工作的需要，结合广西收费公路养护管理工作的实际，经修改完善，2010年12月10日，自治区交通运输厅出台了《广西壮族自治区收费公路养护管理办法》。相较于《广西壮族自治区收费公路养护管理办法（试行）》，新出台的《办法》作了较大的改动。①大部分条款作了修正：《办法（试行）》的条款，除第二、三、四、十二、二十条款没有改动，其余条款均作了修正；②部分条款删减：删减了《办法（试行）》第十五、十八、二十三、二十四条。《办法》明确了职责：自治区交通运输主管部门依法对全区收费公路养护进行指导、监督和检查；自治区高速公路管理局对全区高速公路实施具体指导、监督和检查；自治区公路管理局对全区普通收费公路实施具体指导、监督和检查；收费公路经营管理者应按国家和交通运输部有关规定和技术规范的要求对公路进行养护。《办法》明确了目标：积极开展预防性养护，保证收费公路经常处于良好的技术状态,公路标志、标线等附属设施以及沿线服务设施应齐全完好,为通行车辆及人员提供优质服务。《办法》明确了养护有关工作制度:预防性养护、考核检查制度、养护质量评定、保证金制度、招投标制度、安全作业等。

另外,1995年7月26日,广西壮族自治区交通厅还出台了《广西交通厅合资修建国省道干线公路工程项目管理办法(试行)》,1997年4月15日,自治区物价局出台了《广西壮族自治区路(桥)通行费收费许可证管理办法》等。

广西区级高速公路相关法规制度见表4-1-1。

区级高速公路相关法规制度表　　　　表4-1-1

序号	名　　称	文　号	颁发日期	颁发单位	备注
(一)	自治区政府出台				
1	广西壮族自治区高速公路管理办法	广西壮族自治区人民政府令第7号	1996.12.23	自治区人民政府	已废止
2	广西壮族自治区高速公路管理办法(2009)	广西壮族自治区人民政府令第51号	2009.10.15	自治区人民政府	已废止
3	广西壮族自治区重大建设项目稽查办法		2009.11.23	自治区人民政府	
4	广西壮族自治区高速公路管理办法(2014)	广西壮族自治区人民政府令第101号	2014.01.26	自治区人民政府	
(二)	自治区人大出台				
1	广西壮族自治区公路检查和收费管理条例	广西壮族自治区人大常委会公告第51号	1996.03.30	自治区人大	已废止
2	广西壮族自治区实施《中华人民共和国公路法》办法	广西壮族自治区人大常委会公告十届第76号	2005.09.23	自治区人大	
3	广西壮族自治区实施《中华人民共和国公路法》办法(修正)		2010.09.29	自治区人大	
(三)	各部门出台				
1	广西交通厅合资修建国省道干线公路工程项目管理办法(试行)		1995.07.26	自治区交通厅	
2	广西壮族自治区收费公路养护管理办法(试行)	桂交基建发〔2007〕35号	2007.03.12	自治区交通厅	已废止
3	广西壮族自治区高速公路联网收费管理暂行办法	桂交财务发〔2008〕85号	2008.08.19	自治区交通厅	
4	广西壮族自治区收费公路养护管理办法	桂交基建发〔2010〕110号	2010.12.10	自治区交通运输厅	
5	广西壮族自治区贷款修建高等级公路和大型公路桥梁、隧道收取车辆通行费实施细则	交财字(1988)346号	1988.05.23	自治区交通厅 自治区财政厅 自治区物价局	
6	广西壮族自治区路(桥)通行费收费许可证管理办法	桂价费字〔1997〕133号	1997.04.15	自治区物价局	

第二节 建设市场管理相关法规制度

多年来,结合广西实际,自治区人民政府、自治区人大、自治区建设厅、自治区交通运输厅出台了一系列法规、制度,初步形成广西建设市场法律管理体系。

一、市场管理

在市场管理方面,为了加强广西建设市场管理,维护市场秩序,广西制定了《广西壮族自治区建筑市场管理条例》《公路建设市场管理办法实施细则》等制度。

(一)《广西壮族自治区建筑市场管理条例》

为加强建筑市场管理,维护建筑市场秩序,保护建设工程经营活动当事人的合法权益,1996年8月6日,广西壮族自治区第八届人民代表大会常务委员会第二十三次会议通过《广西壮族自治区建筑市场管理条例》,对建筑市场的发包管理、承包管理、中介服务管理、合同和造价管理以及相关法律责任作出明确的规定。《条例》规定:从事建设经营活动,必须遵循公平、等价有偿、诚实信用的原则。禁止任何单位和个人滥用职权干预或者垄断建筑市场等不正当竞争行为。

(二)《公路建设市场管理办法实施细则》

为加强广西公路建设市场管理,严格执行基本建设程序,规范公路建设市场行为,建立"统一、开放、竞争、有序"的公路建设市场体系,根据《中华人民共和国公路法》、《中华人民共和国招标投标法》、国务院《建设质量管理条例》、交通部《公路建设市场管理办法》和《广西壮族自治区建筑市场管理条例》,2000年6月1日,自治区交通厅印发《公路建设市场管理办法实施细则》(交基建〔2000〕135号),从管理与职责、项目报建及资信登记、招投标管理、合同签订与履行、项目实施管理等方面作出具体规定,有效地规范了广西建设市场秩序。

二、信用管理

在信用管理方面,广西主要是制定了有关施工企业信用评价、公路设计企业信用评价的办法、条例,进一步规范广西公路建设市场信用评价体系。

(一)《广西公路建设市场施工企业信用评价管理暂行办法》

为加强公路建设市场管理,广西从规范公路建设市场施工企业行为入手,规范公路建设施工企业行为,维护统一开放、竞争有序的市场秩序,促进公路建设又好又快发展。根据《中华人民共和国公路法》《中华人民共和国招标投标法》《公路建设市场管理办法》等相关法律法规和交通部《关于建立公路建设市场信用体系的指导意见》,2007年6月26日,自治区交通厅印发了《广西公路建设市场施工企业信用评价管理暂行办法》,并于2009年进行了修订。《办法》共有广西公路建设市场施工企业信用评价的指导思想、广西公路建设市场施工企业信用评价主体和主要内容、广西公路建设市场施工企业信用评价等级划分、评价方法和标准、评价周期、信用奖惩机制等六章内容。《办法》明确广西公路建设市场施工企业信用评价的指导思想:按照交通部建设公路建设市场信用体系的总体要求,结合广西公路建设行业实际和特点,以信用管理为手段,首先从规范广西公路建设市场施工企业行为入手,通过加强行政监管、行业自律和社会监督,最终建立与社会主义市场经济相适应的公路建设市场信用体系。《办法》规定:施工企业信用评价主要包括评价内容和主体、评价等级划分、评价标准和方法等,评价内容主要包括守法评价、履约考核和质量评价等。

(二)《广西公路建设市场施工企业信用评价规则实施细则(试行)》

为规范公路施工企业信用评价工作,统一评价方法和标准,准确地评价公路施工企业信用,根据交通运输部《关于建设公路建设市场信用体系的指导意见》和《公路施工企业信用评价规则》等法规、规章,结合广西实际,2010年5月13日,自治区交通运输厅制定《广西公路建设市场施工企业信用评价规则实施细则(试行)》,并于2011年10月23日进行了修订。《细则》共有二十三条,包括职责范围、评价工作制度、评价等级划分、评价方法和标准、奖惩制度等内容。《细则》第二条明确:本实施细则所称公路施工企业信用评价是指自治区交通运输主管部门或其委托机构依据有关法律法规、标准规范、合同文件等,通过量化方式对具有公路施工资质的企业在广西公路建设市场从业行为的评价。《条例》明确:公路施工企业信用评价工作实行定期评价和动态管理相结合的方式。《条例》明确:自治区交通运输主管部门将进一步加强对全区公路建设市场施工企业的动态管理,项目法人在招标投标时应将信用等级列入资格审查条件。对长期评定为AA、A级的守法诚信单位给予宣传和表彰,对存在违法、违规、违约等行为的施工企业,将依法查处、重点监管。

(三)《广西公路建设市场公路设计企业信用评价实施细则(试行)》

为规范和准确地对公路设计企业信用进行评价,根据交通运输部《关于建设公路建设市场信用体系的指导意见》和《公路设计企业信用评价规则(试行)》等规定,结合广西实际,2014年1月14日,自治区交通运输厅制定《广西公路建设市场公路设计企业信用评价实施细则(试行)》。《细则》共有二十四条,包括职责范围、评价工作制度、评价等级划分、评价方法和标准、奖惩制度等内容。《细则》第三条明确:本实施细则适用于承担由自治区发展和改革部门下达的广西公路水运交通基础设施建设计划中投资额在5000万元以上的二级及以上公路项目新建、改建和扩建工程勘察设计的公路设计企业的信用评价工作。《条例》明确:公路设计企业信用评价工作实行动态评价与定期评价相结合的方式。

三、资质管理

在资质管理这方面,广西制定了项目建设单位现场管理机构的资格标准。

为加强对公路工程项目建设单位的资格管理,规范项目建设管理行为,提高建设管理水平,根据交通运输部《关于进一步加强公路项目建设单位管理的若干意见》,结合广西公路工程项目建设实际,2012年2月27日,自治区交通运输厅组织制定了《广西壮族自治区公路工程项目建设单位现场管理机构资格标准(试行)》。《标准》共有六条内容,第二条明确了高速公路工程项目(含独立特大型桥梁、隧道项目)建设单位现场管理机构资格标准,从管理机构、管理人员两方面作出了具体的、全面的规定。

四、招标投标管理

针对公路建设活动中的招标投标管理,广西在国家招标投标相关法律法规的框架下制定了一些实施办法,如《广西壮族自治区实施〈中华人民共和国招标投标法〉办法》,另外结合广西实际,制定了《广西壮族自治区招标公告发布管理办法》《路网工程招标下浮费和预备费管理暂行规定》等制度。

(一)《广西壮族自治区建设工程施工招标投标管理条例》

为加强建设工程施工招标投标管理,确保工程质量,提高投资效益,保护施工招标投标者的合法权益,维护建筑市场的正常秩序,根据国家有关法律、法规,结合自治区实际,1995年11月14日,广西壮族自治区第八届人民代表大会常务委员会第十八次会议通过《广西壮族自治区建设工程施工招标投标管理条例》。《条例》共有七章内容,包括总则、招标、标底、投标、开标评标定标、法律责任、附则等。《条例》第三条规定:自治区境内的下列建设工程项目,应当实行施工招标投标:①建筑面积达1000m^3以上的房屋建筑和工程造价在50万元以上的其他土木建筑工程项目;②工程造价在50万元以上的设备安装和管线敷设工程;③工程造价在30万元以上的装饰装修工程和土石方工程。外商独资、国内私人投资、境外个人捐资的建设工程项目,由投资者自行决定是否实行施工招标投标。县级以上人民政府确认的保密、抢险、救灾等建设工程项目,可以不实行施工招标投标。第四条规定:施工招标投标应当遵循合法、公正、平等竞争、诚实信用的原则,不受地区、部门及所有制形式的限制。

禁止任何单位或个人利用职权强行推荐、指定承包单位或者干预招标单位和评标、定标组织的工作。2002年,自治区人大对《条例》作出了修订。

(二)《广西壮族自治区实施〈中华人民共和国招标投标法〉办法》

为了贯彻落实《中华人民共和国招标投标法》,促进公平竞争,节约公共资金,维护招标投标活动的正常秩序,2004年3月26日广西壮族自治区第十届人民代表大会常务委员会第七次会议通过《广西壮族自治区实施〈中华人民共和国招标投标法〉办法》,并于2004年7月1日施行。《办法》全文共有五十四条,主要内容包括招标投标工作的管理机制和职责分工、招标范围和规模标准、招投标程序以及一些禁止性、义务性规定、公共服务平台和信用制度建设问题等内容。2010年9月29日,广西壮族自治区第十一届人民代表大会常务委员会第十七次会议通过了《〈关于修改部分法规的决定〉第一次修正》,对《办法》作了修正。

随着《办法》的深入实施,招标投标领域也出现了一些亟待解决的问题。一是一些招标人对依法必须招标的项目,规避招标,暗箱操作,故意设置条件限制或排斥潜在投标人。二是一些投标人串通投标,弄虚作假,以他人名义投标,严重扰乱招标投标活动正常秩序,破坏公平竞争。三是一些招标代理机构与招标人、投标人相互串通,恶意竞争,损害他人合法权益。四是一些评标委员会组建不规范,评标专家不履行独立评审职责,甚至私下接触投标人。五是监管工作不到位,一些国家工作人员插手招标投标活动,甚至滥用职权、徇私舞弊。2014年6月19日,自治区法制办公室将《广西壮族自治区实施〈中华人民将共和国招标投标法〉办法(修订草案征求意见稿)》在广西政府法制网公布,公开征求社会各界的意见,修订意见稿从五大方面进行修订:

(1)关于管理机制和职责分工。根据广西招标投标管理机制调整的实际,《办法》第三条、第四条进一步明确了政府和有关部门、机构的职责。一是规定县级以上人民政府根据招标投标工作需要,可以建立招标投标工作协调机制,及时解决招标投标工作中的重大事项。从法规上明确了政府的职责。二是明确设区的市级以上人民政府成立的招标投标集中交易场所的监管机构,负责会同有关部门拟定招标投标交易相关的综合规范性文件、管理制度以及建设和管理全区统一的评标专家库;负责建设管理本级公共资源招标投标交易平台,对进入集中交易场所的招标投标交易全程实施管理、监督、协调和提供服务;配合有关行政监督部门对集中交易的招标投标活动实施监督。从法规上明确了招标投标集中交易场所监管机构的法律地位,并赋予其法定职责。三是明确县级以上人民政府工业和信息化、住房城乡建设、交通运输、水利、商务等有关部门的监督职责。三是增加了财政部门、监察机关的职责。

（2）关于招标范围和规模标准。依法必须进行招标的工程建设项目的具体范围和规模标准，根据《条例》第三条的规定，《条例》授权国务院发展改革部门会同国务院有关部门制定，报国务院批准后公布施行，现国家招标范围和规模标准正在修订之中。为此，征求意见稿将原《办法》中的第五条、第六条、第七条、第八条、第九条、第十条合并修改为《办法》第六条，列明了应当进行招标的工程建设项目的种类，并明确了具体范围和标准依照国家有关规定执行。

（3）关于招投标程序的问题。针对原《办法》有关招标投标程序不能满足实际工作需要，以及上位法实施条例和相关配套规则已作调整的情况，《办法》一是第八条、第九条对依法必须进行招标的项目因特殊情形可以不招标、应当公开招标项目因特殊情形可以进行邀请招标的条件作了进一步明确。二是第十条明确了招标人自行办理招标事宜的具体能力和要求。三是第十一条对招标活动的程序和部分内容进行了修改，使之更符合实际。四是第十二条进一步明确了招标公告、资格预审公告发布的媒介，增加了不同媒介发布内容一致，以及指定媒介发布公告不得收费的规定。五是第二十八条、第三十一条、第三十二条对评标和确定中标候选人的程序作了进一步的明确。同时，为了促进民营企业投资，《办法》第八条第（十）项明确了民营企业全部使用自有资金且法律法规没有规定必须招标的建设项目，可以不招标。

（4）关于禁止性、义务性规定。针对招标投标活动当事人存在的违规设置条件、围标串标、虚假招标等突出问题，《办法》增加或者修改了相关条款，一是第十六条进一步明确了招标人以不合理条件限制排斥潜在投标人的情形。二是第二十一条增加了招标代理机构禁止性行为。三是第二十四条进一步明确了投标人以他人名义投标的行为。四是第二十五条、第二十九条进一步明确了评标委员会及其成员的行为规范。

（5）关于公共服务平台和信用制度建设问题。针对有的国家机关工作人员、招标单位负责人滥用权力干涉评标委员会成员的选取，妨碍公正评标的问题，《办法》第三十四条明确了自治区应当建立跨行业、跨地区的全区统一综合评标专家库，政府投资项目的评标专家，必须从全区统一综合评标专家库中抽取。为适应自治区推进公共资源集中交易的工作要求和形势发展需要，第五条明确了自治区和设区的市人民政府应当建立统一规范的招标投标集中交易场所，明确了要建立公共交易平台电子招标投标制，促进电子招标投标工作。为健全招标投标失信惩戒机制，规范招标投标当事人行为，第三十五条还明确了自治区应当建立招标投标信用记录公示制度，完善信用记录公示平台，进行招投标信用公示。

（三）《广西壮族自治区招标公告发布管理办法》

为了规范广西招标公告发布行为，保证招标人及时、公开、正确发布招标公告，保证潜在投标人平等、便捷、准确地获取招标信息,2011年,广西壮族自治区人民政府办公厅发布《广西壮族自治区招标公告发布管理办法》。《办法》规定:依法必须进行公开招标的项目,其招标公告必须在自治区指定媒体发布,同时可在其他媒体上发布,但内容应当相同。《办法》明确:自治区指定媒体发布依法必须招标项目的招标公告,不得收取费用,但发布国际招标公告的除外。

广西建设市场管理相关法规制度见表4-2-1。

广西建设市场管理相关法规制度表　　　　表4-2-1

序号	名　　称	文　号	颁发日期	颁发单位	备注
一	市场管理				
1	自治区交通厅关于印发《广西交通基建工程质量监督管理暂行规定》的通知	交总办〔1994〕字第310号	1994.09.26	自治区交通厅	
2	广西壮族自治区建筑市场管理条例	广西壮族自治区第八届人民代表大会常务委员会第二十三次会议通过	1996.08.06	自治区人大	
3	公路建设市场管理办法实施细则	交基建〔2000〕135号	2000.06.01	自治区交通厅	
二	信用管理				
1	广西公路建设市场施工企业信用评价管理暂行办法	交基建发〔2007〕78号	2007.06.26	自治区交通厅	
2	广西公路建设市场施工企业信用评价管理暂行办法(修订)	桂交基建发〔2009〕113号	2009.11.02	自治区交通厅	
3	广西公路建设市场施工企业信用评价规则实施细则(试行)	桂交建管发〔2010〕40号	2010.05.13	自治区交通运输厅	
4	广西公路建设市场施工企业信用评价规则实施细则(2011年修订)	桂交建管发〔2011〕113号	2011.10.23	自治区交通运输厅	
5	广西公路建设市场公路设计企业信用评价实施细则(试行)	桂交建管发〔2014〕10号	2014.01.14	自治区交通运输厅	
三	资质管理				
1	广西壮族自治区公路工程项目建设单位现场管理机构资格标准(试行)	桂交建管发〔2012〕18号	2012.02.27	自治区交通运输厅	
四	招投标管理				
1	广西壮族自治区建设工程施工招标投标管理条例(1995)	广西壮族自治区第八届人民代表大会常务委员会第十八次会议通过	1995.11.14	自治区人大	
2	广西壮族自治区建设工程施工招标投标管理条例(2002)	自治区九届人大常委会公告第53号	2002.01.21	自治区人大	

续上表

序号	名　称	文　号	颁发日期	颁发单位	备　注
3	广西壮族自治区实施《中华人民共和国招标投标法》办法	广西壮族自治区人民代表大会常务委员会公告第15号	2004.03.26	自治区人大	
4	路网工程招标下浮费和预备费管理暂行规定	交基建〔2004〕484号	2004.07.06	自治区交通厅	
5	关于印发广西公路水运交通项目招标评标工作纪律的通知	桂交基建发〔2009〕96号	2009.08.17	自治区交通厅	
6	关于广西公路工程施工招标评标办法的意见	桂交基建发〔2010〕86号	2010.08.23	自治区交通运输厅	
7	广西壮族自治区实施《中华人民共和国招标投标法》办法（修正）	广西壮族自治区第十一届人民代表大会常务委员会第十七次会议	2010.09.29	自治区人大	
8	广西壮族自治区招标公告发布管理办法	桂政办发〔2011〕127号	2011.07.14	自治区人民政府	
9	广西壮族自治区人民政府关于贯彻实施《中华人民共和国招标投标法实施条例》的若干意见	桂政发〔2013〕14号	2013.02.08	自治区人民政府	
10	广西壮族自治区人民政府办公厅关于印发广西壮族自治区招标公告发布管理办法的通知	桂政办发〔2013〕121号	2013.10.29	广西壮族自治区人民政府办公厅	

第三节　项目管理法规制度

广西在项目管理方面，结合实际，针对项目管理的综合管理、勘察设计管理、质量与安全管理、环保与土地、廉政建设、资金与审计等方面均制定了一些具体办法、规定。

一、综合管理

（一）征地拆迁

为了确保广西高速公路建设征地拆迁工作顺利进行，提高全区高速公路建设进程，推进大西南出海大通道的建设，自治区政府在征地拆迁方面出台一系列的办法、制度，有效地指导了广西高速公路建设征地拆迁工作，确保广西高速公路建设征地拆迁工作突破重重困难，按时完成拆迁任务，保证了高速公路建设的正常推进。

1.《自治区人民政府批转自治区计委等部门关于广西壮族自治区基础设施重大项目建设用地征地拆迁暂行办法的通知》

为使广西基础设施重大项目建设适应实施西部大开发战略要求,有效改善投资环境,合理调整国家、地方和群众的利益关系,根据有关法律法规的规定,结合广西实际,2000年8月14日,自治区人民政府出台《自治区人民政府批转自治区计委等部门关于广西壮族自治区基础设施重大项目建设用地征地拆迁暂行办法的通知》(桂政发〔2000〕39号)。《办法》包括基础设施重大项目规模标准、基础设施重大项目建设用地报批、征用土地补偿费标准、安置补助费标准、建设用地附着物和青苗补偿费标准、耕地开垦及开垦费标准、建设用地费用减免、征地拆迁实行县(市)人民政府包干负责制等八个方面的内容。《办法》的出台,有效地推进了广西高速公路建设征地拆迁工作。

2.《关于公布〈广西壮族自治区基础设施重大项目建设用地被征用土地年均产值基数标准和拆迁补偿标准〉的通知》

2002年6月14日,根据《自治区人民政府批转自治区计委等部门关于广西壮族自治区基础设施重大项目建设用地征地拆迁暂行办法的通知》(桂政发〔2000〕39号),自治区发展计划委员会、自治区国土资源厅、自治区林业局、自治区统计局联合出台1999—2001年《广西壮族自治区基础设施重大项目建设用地被征用土地年均产值基数标准和拆迁补偿标准》(桂计法规〔2002〕274号),明确1999—2001年全区各县(市、区)的水田、旱地、菜地、园地、鱼塘的3年平均年产值基数标准以及被征用土地地上附着物拆迁补偿标准。2009年1月16日,结合实际,自治区发改委、自治区国土厅、自治区林业局、自治区统计局又再次联合下发2006—2008年《广西壮族自治区基础设施重大项目建设用地被征用土地年均产值基数标准和拆迁补偿标准》。

3.《广西壮族自治区铁路交通基础设施重大建设项目征地拆迁工作实施办法》

2010年10月15日,自治区人民政府出台《广西壮族自治区铁路交通基础设施重大建设项目征地拆迁工作实施办法》(桂政发〔2010〕52号)。

4.《关于推进普通干线公路建设项目征地拆迁工作意见的通知》

为进一步贯彻实施交通优先发展战略,掀起交通建设新高潮的决策部署,进一步落实普通干线公路项目建设用地等关键环节的支持政策,确保项目顺利实施,2011年11月27日,自治区人民政府发布《广西壮族自治区人民政府批转自治区交通运输厅关于推进普通干线公路建设项目征地拆迁工作意见的通知》(桂政发〔2011〕56号),对普通干线公路建设项目征地拆迁工作进行了具体部署,进一步明确普通干线公路建设项目征地拆迁补助标准。

(二)工程审计

为确保高速公路建设项目审计工作正常进行,自治区交通运输厅、自治区审计厅等部门都制定了高速公路审计方面的法规制度,法规制度建设比较健全。

1.《广西壮族自治区国家建设项目审计办法》

为了加强广西国家建设项目审计监督,严格执行投资与建设管理法规,根据《中华人民共和国审计法》《中华人民共和国审计法实施条例》等法律、法规的规定,结合广西实际,2001年7月7日,自治区人民政府出台《广西壮族自治区国家建设项目审计办法》(广西壮族自治区人民政府令第5号),明确了国有资产投资或者融资为主的基本建设项目和技术改造项目均应当接受审计机关的审计监督;与建设项目直接有关的建设、设计、施工、采购等单位的财务收支,也应当接受审计机关的审计监督。2012年1月1日,自治区人民政府颁布《广西壮族自治区政府投资建设项目审计办法》,《广西壮族自治区国家建设项目审计办法》同时废止。

2.《广西壮族自治区政府投资建设项目审计办法》

2011年,为了加强政府投资建设项目审计监督,规范投资行为,提高投资效益,自治区人民政府拟对2001年8月1日施行的《广西壮族自治区国家建设项目审计办法》进行修订,并在广西政府法制网和广西壮族自治区人民政府网站都公布了《广西壮族自治区政府投资建设项目审计办法(修订草案征求意见稿)》,公开征求社会各界的意见。2011年11月3日,自治区第十一届人民政府第94次常务会议审议通过修订的《广西壮族自治区政府投资建设项目审计办法》,于2012年1月1日起施行。《办法》明确政府投资建设项目范围。《办法》对政府投资建设项目的范围和内容作了明确界定,要求政府全额投资和以政府投资为主的建设项目应当全部接受审计。这些建设项目主要包括:一是全部使用财政预算资金、政府专项建设资金(基金)、政府筹措的资金以及其他财政性资金占项目总投资比例50%以上的建设项目,或者不足50%但政府拥有项目建设、运营实际控制权的建设项目;二是政府以项目或者土地等资源融资,或者在市政设施配套、基础设施配套等方面依法给予政策优惠,接受国际组织、外国政府、组织、企业、公民捐赠并委托政府部门实施管理的公益性建设项目;三是政府接受使用社会资金的重点基础设施、社会公共工程项目等。《办法》规定项目审计实行计划管理。规定审计机关依照法律、法规、规章规定的职权和程序,独立行使审计监督权,不受其他行政机关、社会团体和个人的干涉。《办法》要求对政府投资建设项目的审计实行计划管理,规定审计机关应当根据法律、法规、规章的规定和本级人民政府、上级审计机关的要求,确定建设项目年度审计工作重点,编制年度审计项目计划,征求财政等部门意见后报本级人民政府批准,有计划地对建设项目进行审计监督。审计机关、财政部门和政府投资项目相关主管部门应当建立政府投资项目审计工作的信息共享和协作配合机制。《办法》细化了建设项目的审计管辖范围,明确规定审计机关依法对所管辖的建设项目总预算或者概算的执行情况、年度预算执行情况和年度决算、单项工程结算、项目竣工决算实施审计监督。审计机关对建设项目进行审计时,可以直接对建设单位实施审计,也可以对直接有关的勘察、设计、施工、监理、检测、咨询、供货等单位取得建设项目资金的真实性、合法性进行调查。对投资大、建设周期较长或者关系国计民生的重大建设项目实行全程监督、跟踪审计。《办法》对被审计单位及其有关人员的行为作了较为详细的规定。根据《办法》第十二、十三条规定,被审计单位及其有关人员在建设项目中有违法、违规行为,属于审计机关职权范围内的,由审计机关依法处理;不属于审计机关职权范围内的,移送相关机关处理。被审计单位及其有关人员违反《办法》规定,未按照要求提供有关资料,或者提供的资料不及时、不真实、不完整的,由审计机关责令改正、通报批评。《办法》还就审计管辖、程序、方式、纪律及投资效益审计和社会中介机构参与政府投资审计等方面作了规定,充分保证被审计单位权益和审计机关有效监督。

3.《广西审计机关政府投资建设项目审计立项工作操作规范(暂行)》

2008年2月19日,自治区审计厅继续出台《广西审计机关政府投资建设项目审计立项工作操作规范(暂行)》(桂审投〔2008〕20号)。

4.《广西审计机关政府投资建设项目预算执行情况审计操作规程(暂行)》

2008年2月19日,自治区审计厅出台《广西审计机关政府投资建设项目预算执行情况审计操作规程(暂行)》(桂审投〔2008〕21号)。

5.《关于进一步加强政府投资建设项目资金管理和监督意见》

2008年12月29日,自治区审计厅、自治区财政厅联合出台《关于建议不加强政府投资建设项目资金管理和监督的意见》(桂审投〔2008〕217号)。

6.《广西壮族自治区审计厅本级建设项目跟踪审计操作指南》

2010年12月9日,自治区审计厅出台《广西壮族自治区审计厅本级建设项目跟踪审计操作指南》(桂审法〔2010〕244号)。

7.《广西壮族自治区政府投资建设项目审计办法》

2011年11月9日,自治区人民政府修订出台《广西壮族自治区政府投资建设项目审计办法》(自治区政府令〔2011〕第70号)。

8.《交通运输建设项目跟踪审计操作指南》

2013年11月26日,交通运输部办公厅印发《交通运输建设项目跟踪审计操作指南》

(厅财字〔2013〕300号),2014年1月1日正式施行,是交通运输主管部门(或项目建设管理单位)的内部审计机构(或履行内部审计职责的机构)和审计人员开展交通运输建设项目跟踪审计专用的指南。

（三）廉政建设

为了加强高速公路建设管理、规范全区高速公路建设行为,自治区政府等部门制定了一些建设工程的廉政制度。

1.《违反建设工程法律法规的党纪政纪处分暂行规定》

为保证国家和自治区有关建设工程管理法律、法规的执行,严肃查处在建筑市场中的各种违法违纪行为,维护建筑市场的正常秩序,促进党风廉政建设,根据有关党纪、政纪处理的规定,结合广西实际情况,1996年10月15日,自治区纪委、自治区监察厅印发《违反建设工程法律法规的党纪政纪处分暂行规定》(桂办发〔1996〕43号)。《规定》对国家机关及其工作人员、建设行政管理部门及其工作人员、有关业务主管部门及其工作人员、建设单位及有关人员、建设工程的勘察等各类人员的各类违法行为进行了明确界定,对违法行为的处理也进行了相应规定。

2.《广西壮族自治区人民政府关于印发〈关于在全区项目建设中实施阳光工程的若干规定〉的通知》

为进一步加强全区项目建设的管理,规范项目的规划、立项、拆迁、建设、采购等主体行为,将项目建设成为廉洁、优质、高效工程,决定在全区项目建设中实施阳光工程:即项目建设从立项到验收交付的全过程必须公开透明、公平公正,必须接受社会监督,杜绝暗箱操作。2009年8月20日,自治区人民政府出台《广西壮族自治区人民政府关于印发〈关于在全区项目建设中实施阳光工程的若干规定〉的通知》(桂政发〔2009〕51号)。《规定》包括实施范围、责任主体、公开内容、实施形式、工作纪律等五部分内容。《规定》明确:全部或部分使用国有资金投资或政府融资的建设项目,以及各级国有企业、国有控股企业、集体企业、事业单位的投资项目,必须实施阳光工程。《规定》明确项目建设公开内容有:立项和审批公开、规划公开、用地公开、执法和收费公开、拆迁安置公开、招投标公开、采购公开、施工公开、资金管理公开、竣工验收公开。

3.《广西壮族自治区人民政府关于印发〈关于在全区项目建设中实施廉政工程的若干规定〉的通知》

为进一步加强工程建设领域的党风廉政建设,规范全区建设工程的规划、立项、拆迁、建设、采购等主体行为,将项目建设成为廉洁、优质、高效工程,决定在全区项目建设中实施廉政工程:即严明纪律,严格监督检查,严格责任追究,预防和减少暗箱操作等不良行为的发生,确保项目安全、资金安全和干部安全。2009年8月20日,自治区人民政府出台《广西壮族自治区人民政府关于印发〈关于在全区项目建设中实施廉政工程的若干规定〉的通知》(桂政发〔2009〕52号)。《规定》包括实施范围、责任主体、十项纪律、严肃执纪等四部分内容。《规定》明确:全部或部分使用政府资金投资或政府融资的建设项目,以及各级国有企业、国有控股企业、集体企业、事业单位的投资项目,必须实施廉政工程。

二、勘察设计管理

为了进一步规范勘察设计管理工作,有效推进高速公路建设,自治区政府、自治区人大制定一些勘察设计管理方面的条例、制度。

为规范建设工程勘察设计活动,加强对建设工程勘察设计的管理,保证建设工程质量,保障公民生命财产安全,维护社会公共利益,保护建设工程勘察设计活动当事人的合法权益,根据法律、法规的有关规定,1999年3月26日,经广西壮族自治区第九届人民代表大会常务委员会第十次会议审议通过了《广西壮族自治区建设工程勘察设计管理条例》。《条例》对自治区行政区域内从事建设工程勘察设计活动以及对工程勘察设计活动进行监督管理的有关行为进行了规定,由总则、工程勘察设计从业资格、工程勘察设计发包与承包、工程勘察设计监督管理、法律责任、附则等六部分组成。2002年2月1日,广西壮族自治区第九届人民代表大会常务委员会第二十八次会议对《广西壮族自治区建设工程勘察设计管理条例》作了部分修改并重新公布。修改内容为:①删去第十六条,即本自治区行政区域外持有资格证书的单位,需到本自治区承包工程勘察设计业务的,应当按照国家和自治区的有关规定,持有关证明文件到自治区建设行政主管部门办理验证登记手续后,再到工程项目所在地建设行政主管部门备案并接受属地管理。自治区建设行政主管部门应当在接到有关文件后的15日内办理登记手续,不予登记的,应当书面说明理由。②删去第三十八条第三项,即"(三)不按本条例第十六条规定办理验证登记手续的"。2004年7月31日,广西壮族自治区第十届人民代表大会常务委员会第九次会议决定对《广西壮族自治区建设工程勘察设计管理条例》再次修改并重新公布。修改的内容有:①第七条第一款第四项修改为"法律、行政法规规定的其他条件";②删去第十三条第二款;③删去第十八条;④第二十五条改为第二十四条,修改为"工程勘察设计文件必须由具有工程勘察、工程设计资质的单位进行编制,工程勘察设计文件必须标明编制单位名称、资质证书等级、编号,有单位法定代表人、技术负责人、勘察设计人员及相应专业的注册执业人员签字,并加盖注册人员执业专用章及国家规定的必须加盖的其他印章";⑤删去第二十六条;⑥第二十七条改为第二十五条,删去第二款;⑦删去第三十二条;⑧第三十三条改为第三十条,删去第一款、第二款;⑨删去第三十四条;⑩第三十六条改为第三十二条,删去第一款第一项、第四项和第五项,第二款修改为"有前款第(一)项行为的,其发包行为无效,并依法承担民事责任";⑪删去第三十九条;⑫第四十一条改为第三十六条,删去第一款第二项。此外,还作了一些文字修改,并根据本决定对条文顺序作相应调整。2013年7月4日,《广西壮族自治区建设工程勘察设计管理条例(修订草案征求意见稿)》在广西政府法制网上公布,公开征求社会各界的意见。

另外,自治区交通运输厅、自治区质监站也出台了一些具体规定,例如《广西公路工程设计变更管理办法》(桂交基建发〔2010〕88号),《广西膨胀土地区建筑勘察设计施工技术规程》(DB 45/T 396—2007),《广西公路建筑限界净高补充规定》(桂交建管发〔2011〕138号)等。

三、质量与安全管理

质量、安全管理方面,大部分直接沿用国家相关的法律法规,只是针对质量、安全的一些细节进行补充,没有形成广西的一整套体系。

(一)质量管理

主要出台了《公路工程质量鉴定办法广西补充规定》《广西壮族自治区交通工程建设质量监督管理奖惩制度暂行规定》《公路路面基层材料含泥量补充规定》《公路水运工程试验检测管理办法广西补充条款》《广西壮族自治区公路路面贫混凝土基建质量检验评定标准(试行)》《广西公路桥梁养护管理工作制度实施细则(试行)》《广西壮族自治区公路水运工程质量监督实施细则(试行)》《广西交通绿化美化项目工程验收办法》《广西高速公路施工标准化技术指南》《广西公路水运交通重点工程项目约谈制度》《广西公路项目建设单位现场管理机构考核评价办法(试行)》《桥梁工程预应力智能张拉工艺有关要求》《桥梁工程预应力孔道智能循环压浆工艺有关要求》《广西壮族自治区交通工程质量监督管理奖惩制度暂行规定》等规范性文件。

为加强全区公路工程建设管理,规范公路工程设计变更行为,保证公路工程质量,保护人民生命及财产安全,合理控制工程造价,根据《中华人民共和国公路法》《建设工程质量管理条例》《建设工程勘察设计管理条例》和《公路工程设计变更管理办法》等相关法律和行政法规,结合广西公路工程建设实际,2010年8月4日,广西壮族自治区交通运输厅印发《广西公路工程设计变更管理办法》(桂交基建发〔2010〕88号)。《办法》明确:设计变更是指公路工程初步设计批准之日起至通过竣工验收正式使用之日止,对已批准的初步设计文件、技术设计文件或施工图文件进行的修改、完善等活动。公路工程设计变更应当以提高设计质量、节约建设资金、保护环境资源和推动技术进步为目的,应当符合国家有关公路工程强制性标准和技术规范要求,符合工程质量和使用功能的要求,符合环境保护的要求。

(二)安全管理

主要制定了《广西壮族自治区安全生产约见警示、黄牌警诫暂行办法》《公路水运工程建设项目平安工地达标验收办法》《建设项目安全准入的实施意见》《广西壮族自治区交通运输建筑施工企业安全生产标准化考评实施细则》《广西交通运输安全生产重点监管名单管理实施细则》等规范性文件。

广西项目管理法规制度见表4-3-1。

项目管理法规制度表　　　　　　　　　　　　　　　表4-3-1

序号	名称	文号	颁发日期	颁发单位	备注
一	综合管理				
(一)	征地拆迁				
1	广西壮族自治区人民政府关于高等级公路建设用地有关问题的通知	桂政发〔2000〕11号	2000.03.08	自治区人民政府	
2	自治区人民政府批转自治区计委等部门关于广西壮族自治区基础设施重大项目建设用地征地拆迁暂行办法的通知	桂政发〔2000〕39号	2000.08.14	自治区人民政府	
3	关于认真贯彻执行公路铁路建设用地指标的通知	国土资发〔2000〕186号			
4	自治区人民政府关于高等级公路建设用地有关问题的通知	桂政发〔2000〕11号			
5	关于印发高速公路项目建设用地征地拆迁实施方法(暂行)的通知	交基财〔2001〕85号			
6	广西壮族自治区实施《中华人民共和国土地管理法》办法		2001.09.01	自治区人大	颁布
7	转发区人民政府关于加强我区耕地保护和建设用地管理工作的通知	交基建〔2003〕35号		自治区人民政府办公厅	
8	关于公布《广西壮族自治区基础设施重大项目建设用地被征用土地年均产值基数标准和拆迁补偿标准》的通知	桂计法规〔2002〕274号	2002.06.14	自治区发展计划委员会、自治区国土资源厅、自治区林业局、自治区统计局	
9	广西壮族自治区人民政府批转自治区发展改革委等部门关于支持基础设施重大项目建设用地征地拆迁若干规定的通知	桂政发〔2008〕63号	2008.12.22	自治区人民政府	
10	关于公布《广西壮族自治区基础设施重大项目建设用地被征用土地年均产值基数标准和拆迁补偿标准》的通知	桂发改法规〔2009〕52号	2009.01.16	自治区发改委、自治区国土厅、自治区林业局、自治区统计局	

续上表

序号	名称	文号	颁发日期	颁发单位	备注
11	广西壮族自治区易地补充耕地暂行办法		2005.04.14	自治区国土资源厅	
12	关于进一步明确报自治区批准先行用地有关问题的通知	桂国土资发〔2009〕44号	2009.10.23	自治区国土资源厅	
13	关于调整耕地开垦费征收使用管理政策有关问题的通知	桂财建〔2009〕254号	2009.10.15	自治区财政厅、自治区国土资源厅、自治区物价局	
14	广西壮族自治区人民政府办公厅关于实施征地统一年产值标准有关问题的通知	桂政办发〔2010〕9号	2010.01.23	自治区人民政府	
15	广西壮族自治区铁路交通基础设施重大建设项目征地拆迁工作实施办法	桂政发〔2010〕52号	2010.10.15	自治区人民政府	
16	广西壮族自治区人民政府批转自治区交通运输厅关于推进普通干线公路建设项目征地拆迁工作意见的通知	桂政发〔2011〕56号	2011.11.27	自治区人民政府	
（二）	工程审计				
1	广西壮族自治区国家建设项目审计办法	广西壮族自治区人民政府令第5号	2001.07.07	自治区人民政府	
2	关于进一步加强和规范政府投资建设项目审计管理的意见	桂审投〔2007〕68号	2007.12.29	自治区审计厅	
3	广西审计机关政府投资建设项目审计立项工作操作规范（暂行）	桂审投〔2008〕20号	2008.02.19	自治区审计厅	
4	广西审计机关政府投资建设项目预算执行情况审计操作规程（暂行）	桂审投〔2008〕21号	2008.02.19	自治区审计厅	
5	关于进一步加强政府投资建设项目资金管理和监督的意见	桂审投〔2008〕217号	2008.12.29	自治区审计厅、自治区财政厅	
6	广西壮族自治区审计厅本级建设项目跟踪审计操作指南	桂审法〔2010〕244号	2010.12.09	自治区审计厅	
7	广西壮族自治区政府投资建设项目审计办法	自治区政府令〔2011〕第70号	2011.11.09	广西壮族自治区人民政府	
8	交通运输建设项目跟踪审计操作指南	厅财字〔2008〕300号	2013.11.26	自治区交通运输厅	
9	广西壮族自治区交通运输厅内部审计工作规定	桂交内审发〔2014〕19号	2014.02.20	自治区交通运输厅	
（三）	廉政建设				
1	违反建设工程法律法规的党纪政纪处分暂行规定	桂办发〔1996〕43号	1996.10.15	自治区纪委、自治区监察厅	

续上表

序号	名称	文号	颁发日期	颁发单位	备注
2	广西壮族自治区人民政府关于印发《关于在全区项目建设中实施阳光工程的若干规定》的通知	桂政发〔2009〕51号	2009.08.20	自治区人民政府	
3	广西壮族自治区人民政府关于印发《关于在全区项目建设中实廉政工程的若干规定》的通知	桂政发〔2009〕52号	2009.08.20	自治区人民政府	
（四）	其他				
1	公路基本建设工程概算预算编制办法广西补充规定	交基建〔1996〕331号	1996.11.12	自治区交通厅	
2	重点交通基础设施建设现场文明管理规定	交基建〔1997〕235号	1997.07.22	自治区交通厅	
3	广西壮族自治区公路桥梁经营权有偿转让暂行管理办法	桂政发〔1998〕23号	1998.05.25	自治区人民政府	
4	广西壮族自治区人民政府关于加强我区基础设施项目管理的通知	桂政发〔2000〕7号	2000.01.31	自治区人民政府	
5	广西壮族自治区人民政府办公厅关于切实解决建设领域拖欠工程款和农民工工资问题的通知	桂政办发〔2004〕46号	2004.04.24	自治区人民政府办公厅	
6	广西壮族自治区人民政府办公厅关于进一步解决建设领域拖欠工程款问题的通知	桂政办发〔2005〕49号	2005.04.27	自治区人民政府办公厅	
7	关于废止公路基本建设工程概算预算编制办法广西补充规定部分内容的通知	交基建〔2005〕49号	2005.06.03	自治区交通厅	
8	广西交通建设项目钢材水泥沥青材料价差调整指导性意见	交基建〔2005〕106号	2005.11.01	自治区交通厅	
9	关于印发广西壮族自治区收费公路养护管理办法(试行)的通知	交基建发〔2007〕35号	2007.03.12	自治区交通厅	
10	关于印发广西壮族自治区公路建设项目代建管理指导意见的通知	桂交基建发〔2008〕6号	2008.01.14	自治区交通厅	
11	关于印发公路基本建设工程概算预算编制办法广西补充规定的通知	桂交基建发〔2008〕62号	2008.06.11	自治区交通厅	
12	关于印发广西壮族自治区水运工程建设管理规定(试行)的通知	桂交基建发〔2008〕65号	2008.06.24	自治区交通厅	
13	关于印发广西壮族自治区高速公路养护工程预算定额及编制办法(试行)的通知	桂交基建发〔2008〕83号	2008.08.08	自治区交通厅	

续上表

序号	名　　称	文　号	颁发日期	颁发单位	备注
14	关于印发广西交通项目价格调整指导性意见的通知	桂交基建发〔2008〕94号	2008.09.24	自治区交通厅	
15	关于发布广西公路工程机械台班车船使用税标准的通知	桂交基建发〔2009〕99号	2009.02.04	自治区交通厅	
16	关于印发广西公路水运交通项目招标评标工作纪律的通知	桂交基建发〔2009〕96号	2009.08.17	自治区交通厅	
17	广西高速公路命名和编号规则	桂交建管发〔2011〕63号	2011.06.15	自治区交通运输厅	
18	广西壮族自治区交通运输厅公路水运建设项目前期工作经费管理暂行办法	桂交财务发〔2011〕112号	2011.10.12	自治区交通运输厅	
19	广西壮族自治区建设项目环境准入管理办法	桂政办发〔2012〕103号	2012.04.13	自治区办公厅	
20	关于加强全区公路水运工程工地试验室管理的通知	（桂交监检测发〔2013〕6号	2013.05.14		
21	广西壮族自治区水土保持设施补偿费、水土流失防治费征收使用管理办法	桂价费〔2007〕262号	2007.04.03		
二	勘察设计管理				
1	广西壮族自治区建设工程勘察设计管理条例(1999)	广西壮族自治区人大常委会公告第8号	1999.03.26	自治区人大	
2	广西壮族自治区建设工程勘察设计管理条例(2002)	自治区九届人大常委会公告第54号	2002.01.21	自治区人大	
3	广西壮族自治区建设工程勘察设计管理条例(2004)	广西壮族自治区十届人大常委会公告第55号	2004.07.31	自治区人大	
4	关于印发广西公路工程设计变更管理暂行办法的通知	交基建〔2007〕34号	2007.03.12	自治区交通厅	
5	广西膨胀土地区建筑勘察设计施工技术规程	DB 45/T 396—2007	2007.12.18	自治区质量技术监督局	
6	广西公路工程设计变更管理办法	桂交基建发〔2010〕88号	2010.09.07	自治区交通运输厅	
7	关于广西高速公路建设项目设计代厅审查咨询工作有关问题的通知	桂交基建发〔2010〕97号	2010.10.18	自治区交通运输厅	
8	广西公路建筑限界净高补充规定	桂交建管发〔2011〕138号	2011.12.19	自治区交通运输厅	

第四章 高速公路建设管理地方法规

续上表

序号	名称	文号	颁发日期	颁发单位	备注
三	质量与安全管理				
(一)	质量管理				
1	广西优质工程评选与管理办法	桂建质字〔1997〕第1号	1997.01.22	自治区建设厅	
2	广西壮族自治区交通建设工程工地试验室管理暂行办法	工监督字〔1998〕117号	1998.12.16	自治区交通厅	
3	关于加强我区基础设施项目管理的通知	桂政发〔2000〕7号	2000.01.31	自治区人民政府	
4	公路工程质量鉴定办法广西补充规定	交基建〔2005〕25号	2005.03.14		
5	广西壮族自治区交通工程建设质量监督管理奖惩制度暂行规定	交基建〔2005〕27号	2005.04.21		
6	公路路面基层材料含泥量补充规定	交基建〔2005〕117号	2005.12.15	自治区交通厅	
7	关于印发公路水运工程试验检测管理办法广西补充条款的通知	交基建〔2005〕122号	2005.12.23	自治区交通厅	
8	关于印发广西壮族自治区公路路面贫混凝土基建质量检验评定标准(试行)的通知	交基建〔2006〕73号	2006.08.22	自治区交通厅	
9	关于调整广西交通基本建设专家库人员的通知	交基建〔2006〕116	2006.12.13	自治区交通厅	
10	关于印发《广西公路桥梁养护管理工作制度实施细则(试行)》的通知	交基建发〔2007〕128号	2007.10.11	自治区交通厅	
11	关于印发《广西壮族自治区公路水运工程质量监督实施细则(试行)》的通知	桂交基建发〔2008〕66号	2008.07.07	自治区交通厅	
12	关于调整广西交通基本建设专家库人员的通知	桂交基建发〔2009〕38号	2009.07.07	自治区交通厅	
13	广西交通绿化美化项目工程验收办法		2011.11.15	自治区交通运输厅	
14	广西公路工程设计变更管理办法	桂交基建发〔2010〕88号	2010.08.04	自治区交通运输厅	
15	广西壮族自治区公路工程项目建设单位现场管理机构资格标准(试行)	桂交建管发〔2012〕18号	2012.02.27	自治区交通运输厅	
16	广西高速公路施工标准化技术指南	桂交建管发〔2012〕30号	2012.03.20	自治区交通运输厅	

续上表

序号	名　　称	文　号	颁发日期	颁发单位	备注
17	广西公路水运交通重点工程项目约谈制度	桂交建管发〔2012〕42号	2012.05.03	自治区交通运输厅	
18	广西公路项目建设单位现场管理机构考核评价办法(试行)	桂交建管发〔2012〕100号	2012.09.07	自治区交通运输厅	
19	桥梁工程预应力智能张拉工艺有关要求	桂交监路发〔2013〕166号	2013.12.09	自治区交通工程质量监督站	
20	桥梁工程预应力孔道智能循环压浆工艺有关要求	桂交监路发〔2014〕5号	2014.02.19	自治区交通工程质量监督站	
21	广西壮族自治区交通运输建筑施工企业安全生产标准化考评实施细则	桂交安监发〔2014〕49号	2014.05.04	自治区交通运输厅	
22	关于印发《广西壮族自治区交通工程质量监督管理奖惩制度暂行规定》的通知	交基建〔2005〕27号			
(二)	安全管理				
1	广西壮族自治区安全生产监督管理局关于印发《广西壮族自治区安全生产约见警示、黄牌警诫暂行办法》的通知	桂安监管字〔2005〕9号	2005.06.07	自治区安全生产监督管理局	
2	关于明确交通基础设施建设安全生产监督单位的通知	交基建〔2006〕39号	2006.05.22	自治区交通厅	
3	广西公路水运工程建设项目平安工地达标验收办法	桂交安监发〔2011〕86号	2011.08.20	自治区交通运输厅	
4	广西壮族自治区人民政府关于建设项目安全准入的实施意见	桂政发〔2012〕41号	2012.04.28	自治区人民政府	
5	广西交通运输安全生产重点监管名单管理实施细则	桂交安监发〔2014〕150号	2014.12.30	自治区交通运输厅	

第五章
高速公路建设科技成果

第一节 高速公路建设科技创新

广西独特的地形地貌增加了高速公路建设的难度。在运用新技术、新工艺、新材料解决困难的过程中,广西高速公路建设探索形成多项科技创新。

广西处于被称为中国地势第二级阶梯的云贵高原的东南边缘,两广丘陵的西部,南边朝向北部湾。广西地貌总体是山地丘陵性盆地地貌,喀斯特广布,占广西总面积37.8%,集中连片分布于桂西南、桂西北、桂中、桂东北,这也为广西的优质水泥产业提供了丰富原材料。考虑到发展地方水泥产业,进而拉动地方经济发展,广西在高速公路建设初期,大量采用水泥混凝土路面,形成了自身的建设特色。与此同时,广泛发育、形式多样的喀斯特地貌,也为广西高速公路桥梁建设提供了丰富的实践机会。经过多个高速公路工程实践,广西逐渐在大跨度钢管拱桥方面积累了丰富的建设经验。钢管拱桥建设水平逐步走到了同行业的前列。

在广西高速公路的建设中,建设各方高度重视科技创新,依托重大工程建设,有序开展重大科技专项研究、科技示范工程和科技成果推广应用,推进高速公路工程建设关键技术研究,大力推广新技术、新材料、新工艺、新设备、新产品在工程实践中的应用,在应用技术及软科技领域均取得了一定的创新成果。在路基工程方面,值得推广应用岩溶路基病害处理技术、岩溶土洞病害处治技术、填石路堤施工处治技术、膨胀土路基填筑及边坡防护技术等;在路面工程方面,值得推广混凝土路面耐久性提升技术、水泥混凝土变异性施工处理技术、橡胶—水泥沥青复合路面、旧水泥混凝土再生集料长寿命半刚性基层沥青路面、下设沥青混凝土功能层水泥混凝土路面、旧水泥混凝土路面加铺沥青层路面改造、SMA沥青路面等技术;在桥梁工程拉吊索检测方面,推广"吊杆拱桥短吊杆索力精确测试方法""体外预应力筋张拉力精确测试方法""曲线连续箱梁爬移测量方法""曲线连续箱梁爬移自动监测方法"等,这些成果成功地应用到邕江大桥体外预应力检测、梧州鸳江大桥吊杆索力检测当中,解决了拉、吊索检测技术难题,取得了很好的工程化效果。在加固新材料研发方面,在纤维筋增强超高韧性水泥基复合材料研发项目上取得突破性进展。

在智能交通方面涉及智能交通领域的三个大的方向取得了创新,即公路机电系统新技术、城市交通管理智能化技术和综合运输新技术。

一、路基、路面方面

(一)广西特殊土处治技术

虽然广西公路建设者在多年的施工建设中对这些区域性特殊土的应用积累了一定的设计、施工经验,但所取得的经验大部分是零散的、非系统的,没有进行及时的总结和完善。由于这些经验是属于地区性的,还没纳入现行规范,因此某一条路的经验也很少在类似地质条件下其他公路建设中推广应用。使得这些区域性特殊土的应用问题成为这些地区公路建设的技术难题,经常需要立项研究这些特殊土的应用问题。

针对膨胀土这一世界级难题,广西公路建设者积极参与了交通部西部交通科技建设项目《膨胀土地区公路建设成套技术研究》的研究工作,该项研究主要以南友高速公路为依托工程,开展了膨胀土路基填筑、边坡防治、构筑物地基处治等方面的研究,取得了突破性的技术进展,基本解决了膨胀土地区公路建设的"癌症"。该项课题获得了2009年度国家科技进步一等奖。后期该项研究成果由广西交通规划勘察设计研究院等单位在南宁外环公路、隆百高速公路等项目进行了推广应用,完成了广西交通科技项目"膨胀土路基处治新技术在南宁外环的全面推广应用研究",取得了很好的效果。

针对广西分布广泛的高液限土问题,广西交通规划勘察设计研究院与广西交通基建管理局也积极参与了交通部西部交通科技建设项目"高液限土路基稳定技术研究"的研究工作,该研究以南友高速公路为依托工程,开展了填筑碾压、改良等方面的试验研究,取得了较丰硕的成果,获得了2006年度中国公路学会科技进步一等奖。此外,广西交通规划勘察设计研究院还参与了"高液限红黏土路基动力响应及性能衰变规律研究",获得了2016年度中国公路学会科学技术二等奖。

(二)岩溶地区公路建设关键技术

广西交通科学研究院结合以往高速公路建设的实践,对岩溶问题有了比较深入的认识。广西交通科学研究院自2001年以来,先后主持和参与了与岩溶问题有关的两项西部交通科技项目,分别为2002—2006年西部交通科技项目"岩溶地区公路基础设计与施工技术研究"——岩溶地区公路修筑成套技术研究之二,2005—2009年西部交通科技项目"岩溶地区桥梁桩基承载能力评价及施工综合技术研究";两项广西交通厅科技项目,分别为2001—2005年"岩溶地区高等级公路建设关键技术研究",2004—2006年"桂林至阳朔高速公路岩溶土洞勘察及处治技术研究";广西壮族自治区交通厅课题有"岩溶发育区高等级公路路基地质塌陷监测方法研究"。其中,西部交通科技项目"岩溶地区公路基础设计与施工技术研究"获得2008年度国家科技进步二等奖,广西壮族自治区交通运输厅课题"岩溶地区高等级公路建设关键技术研究"获得2005年广西壮族自治区科技进步三等奖。结合多个相关课题研究和工程问题的处理,在岩溶地区修筑高等级公路积累了丰富的经验和成果,同时也更加深了对岩溶条件下公路建设复杂性和困难性的认识。

岩溶路基病害处理从工程处理角度对病害类型特点研究出发,进而提出了从影响病害的两方面重要因素对岩溶路基病害进行划分方法,明确了各种处治方法的使用条件和尺度规模范围,使得广大一线工程技术人员面对各种复杂岩溶形态时更加易于掌握,选择正确处理方法。这种方法避开采用地质学上的岩溶形态类型的概念对岩溶路基病害划分和判别,可以大大降低现场人员由于岩溶地质学知识了解不透和经验不足造成的各种误判的可能,在选择病害处理方法上提出了一种全新思路。岩溶路基病害处理研究中提出的方案仅在水南公路No.4标段的60余处病害处理中就节约投资1500多万元。

(三)高速公路连续长下坡路段安全评价与整治技术

针对山区公路连续长下坡路段事故率高、伤亡率大、交通安全设施设置针对性不强、避险车道设置缺乏规范指导及结构防护能力不足等问题,广西交通规划勘察设计研究院等单位通过大量事故调研及统计分析,采用汽车行驶动力学理论、交通工程学理论、仿真计算等技术手段对长下坡路段的安全水平评价方法、避险车道设置及设计、交通安全设施设置、重载交通管理措施、长下坡路段综合整治措施等内容进行系统研究,构建了量化的综合安全度指数评价模型和安全水平等级,形成高速公路安全评价方法;首次建立了长下坡路段制动失控车辆的行驶速度模型,形成了基于重车行驶安全性的长大下坡路段避险车道量化设置方法,填补了行业空白;研制了可重复使用、撞击初始峰值力小的滑道式网索拦截装置,提高对失控车辆的防护效果;采用计算机仿真方法模拟分析道床和滑道式网索拦截装置防护性能,取得避险车道道床及滑道式网索拦截装置设置的关键参数和设置方法;编制了《避险车道设置指南》,为行业规范的修编提供经验参考。

(四)混凝土路面耐久性提升技术

混凝土路面耐久性提升技术通过对已有技术的应用风险和潜力进行评价和集成再创新,形成了适合广西地区的"哑铃式"混凝土路面技术体系,相关技术成果已在广西乃至全国的高速公路及其他等级公路混凝土路面广泛应用,成功铺筑实体工程300km,指导施工近1000km,降低初期投资,降低管养费用10%。技术成果主体纳入国家行业规范《公路水泥混凝土路面施工技术细则》(JTG/T F30—2014)、《公路水泥混凝土路面设计规范》

（JTG D40—2011）、《公路水泥混凝土路面养护技术规范》，以指导南方湿热地区混凝土路面的设计、施工与养护。组合式路面耐久性提升技术形成了机制砂、河砂两类混凝土加铺薄层沥青罩面组合式路面技术，提出了旧混凝土路面加铺沥青罩面组合式路面技术，相关成果已应用在390km的高速公路和路网公路路面，可降低组合式路面初期投资约15%，减少养护费用20%。沥青路面耐久性提升技术提出了适合广西地区的沥青路面抗车辙水损技术和橡胶粉改性沥青技术，相关成果已应用于实体工程，指导近1000km的沥青路面施工，可减少养护及维护费用15%以上，应用橡胶沥青可节能减排27.3t 标准煤/km。相关成果已经形成广西地方标准《橡胶沥青路面施工技术规范》《沥青路面施工技术规范》和其他技术规范及指南。

（五）旧水泥路面改造利用技术

水泥混凝土路面是高等级路面的重要类型之一。在我国的西南地区，特别是西部山区公路及重交通道路，大量采用了水泥混凝土路面。由于受当时设计技术、施工经验制约及经常受交通荷载、气候和自然因素的长期反复作用，路面逐渐损坏，大量旧水泥混凝土路面急需进行大修改造。针对旧水泥混凝土路面改造中存在的资源浪费及加铺路面使用性能较低的问题，以提高旧水泥混凝土路面的改造利用效率与性能为研究目标，采用调查研究、室内试验、现场检测、试验路段修筑与理论计算分析相结合的技术路线，形成了一套旧水泥路面改造的综合利用技术，主要创新性技术成果如下：

1. 旧水泥混凝土路面使用性能评价方法与指标

针对我国现行旧水泥路面评价方法的不足，提出引入以现代化无损检测技术为主的综合评价体系，基于FWD检测方法，提出了根据路表弯沉与荷载的线性关系特点来检测板底是否脱空的方法与指标。根据该成果可对旧水泥路面使用性能进行定量判断，并指出旧路面的使用方法。该成果已指导苍梧等多条公路的改造工程。

2. 旧水泥混凝土路面碎石化沥青罩面改造技术

提出了碎石化沥青罩面材料设计方法，推荐了合理的路面结构组合形式，形成了一套旧水泥路面碎石化施工控制技术，节约了工程的投资，提高了路面的抗车辙性能，有效延长了公路路面的养护周期。

3. 层间黏结材料和层间处理技术

开发了"白加黑"新型橡胶沥青黏结材料，基于不同层间处理方法的分析，提出了层间处理程度的量化控制指标。该项技术有效提高了路面结构的抗剪强度、层间抗拉拔力和抗滑移性能，对旧水泥加铺沥青组合路面长期使用的稳定性能有很大的提升，从而也大大降低了后期路面养护成本。

项目针对我国现有旧水泥混凝土路面大量需要大修改造的实际情况,解决了对水泥混凝土路面进行简单修复后直接加铺沥青混凝土路面,将旧水泥混凝土面板进行碎石化后再进行沥青混凝土的加铺,以及加铺工程中存在的反射裂缝或沥青层推移与车辙等核心问题,提出了一套旧水泥混凝土路面的改造利用技术。通过修筑试验路实体工程和大规模的工程应用实践得到,在工程中应用本项目成果既减少了旧水泥混凝土面板对环境的污染,节约了石料的开采,还提高了路面的使用寿命,降低了公路运营成本,已产生直接经济效益3300余万元,具有显著的经济和社会效益,研究成果总体上处于国内领先水平。

(六)基于旧水泥混凝土再生集料的长寿命半刚性基层沥青路面结构设计

针对目前越来越多的水泥路面维修改造所产生的大量废弃旧水泥混凝土材料且占用土地资源,以及旧水泥混凝土材料再生利用的问题,广西交通规划勘察设计研究院在国内首次应用研究旧水泥混凝土再生集料长寿命半刚性基层沥青路面结构设计,采用试验研究并铺筑试验路段现场验证及性能预测分析的方法,开展基于旧水泥混凝土再生集料的耐久性半刚性基层性能、设计参数及其长寿命半刚性基层沥青路面结构设计的应用研究,解决了高速公路水泥路面沿线所堆弃的大量旧水泥混凝土资源再生利用,达到节能减排、环保、环境友好、经济和社会效益明显的功效。获得以下创新性成果:旧水泥混凝土板破碎再生集料的性能和均匀性评价、旧水泥混凝土再生集料半刚性基层混合料优化设计及性能参数测定与评价、基于疲劳破坏的旧水泥混凝土再生集料长寿命半刚性基层沥青路面结构设计方法,以及破碎加工工艺、结构设计与施工控制等。解决了公路沿线所堆弃的大量旧水泥混凝土资源再生利用难题,达到资源循环再生利用、节能减排、经济和社会效益明显的功效,填补了我国在这方面的空白。研究成果已在广西沿海高速公路改扩建工程茅尾海出口工程中成功应用,形成了成套应用技术。广西沿海高速公路改扩建一期工程、柳州至南宁改扩建工程正在推广应用此研究成果。

实践证明,该研究成果具有良好的社会效益和经济效益,对于构建生态型、节约型社会具有很大意义。

(七)下设沥青混凝土功能层的耐久性水泥混凝土路面

针对水泥混凝土路面板与基层工作性能不协调,容易出现脱空、断板等严重病害,结合水泥路面的施工与使用状况,设计研究采用了3~4cm沥青混凝土功能层的方案,协调混凝土面层与基层刚性匹配问题,有效降低混凝土板的翘曲,提高抗冲刷能力,并可为混凝土面板提供平整的受力面,改善混凝土板的受力状况,且因采用了柔性基层,路面对荷载的敏感性较低,可减缓行车对路面造成的冲击,降低混凝土板的温度应力,提高路面的耐久性。该技术成功应用在坛洛至百色高速公路,至今通车运营近8年,没有出现水泥路面断板等明显的病害情况;该成果随后也应用于长达169km的三江至柳州高速公路,使广西水泥路面设计处于国内领先水平。该技术成果已纳入我国交通行业和广西地方标准规范当中。

(八)SMA沥青路面

沥青玛蹄脂碎石(SMA)是一种由沥青、纤维稳定剂、矿粉和少量的细集料组成的沥青玛蹄脂结合料,填充于间断级配的粗集料骨架间隙中,而形成的沥青混合料。它是由足够的沥青结合料和具有相当劲度的沥青玛蹄脂胶浆填充在粗集料形成的石—石嵌挤结构的空隙中形成的。因此,它具有抗高温、低温稳定性,良好的水稳定性,良好的耐久性和表面功能(抗滑、车辙小、平整度高、噪声小、能见度好)。SMA路面耐久性好,故养护工作少,使用寿命长,综合经济效益和环境效益好。

针对广西高速公路沥青路面的应用情况,在坛洛至百色高速公路上成功设计研究应用了SMA路面,后在桂林至北海高速公路改扩建中全线应用。实践证明,SMA路面较常用的AC、AK等沥青混合料具有更优越的路用性能,对沥青路面的常见病害都有实质性的改善,其中良好的抗疲劳性能和抗车辙能力是其他形式沥青路面所不能比拟的,为减轻超载车辆对路面的疲劳破坏作用和车辙提供了一条有效的途径。

(九)边坡防护技术

1.沿海边坡防护的研究

钦防高速公路挖方大,挖方边坡面大,且超过20m以上的高边坡多,最高边坡高达70m,边坡土质为节理发达、岩体破碎的泥质与粉沙质互生的风化层。原设计边坡过陡,且多采用圬工防护投资大、稳定差。钦防高速公路邀请了长沙理工大学开展对边坡稳定的研究,采用放缓边坡、坡面喷草种、铺草、三维网植被、砌石、锚喷混凝土、龙骨砂浆等多种坡面防护方法,以及用分段砌急流槽等排水防冲措施,基本上摸索出一套适合沿海多雨区的防护方法。

2.砂砾路堤边坡防护技术应用

灌凤高速公路K30+400~K35+600段路基填筑材料为砂砾,路基施工质量得到一定保障,但砂砾边坡比较松,易冲刷、滑落,给边坡绿化防护带来一定的困难,经过三维植被网防护、浆砌片石拱形骨架喷播植草和边坡直接客土草灌混喷防护三个边坡防护方案比选,三维植被网防护效果又好又经济,因此,该段路基边坡防护主要选用三维植被网防护。三维植被网是以热塑性树脂为原料,采用科学配方,经挤出、拉伸等工序精制而成。它无腐蚀性,化学性稳定,对大气、土壤、微生物呈惰性,将边坡上杂石碎物清理干净,将低洼处回填夯实平整,确保坡面平顺。在边坡防护中使用三维植被能有效地保护坡面不受风、雨、洪水的侵蚀。三维植被网的初始功能是有利于植被生长。随着植被的形成,它的主要功能是帮助草根系统增强其抵抗自然水土流失能力。三维植被网防护优点如下:

(1)稳固坡面。三维网植草后,草根生长与三维网形成地面网系,有效防止地表径流冲刷,而根系深入原状坡面深层,使坡面土层与三维网及草坪共同组成坡面防护体系,对坡面的稳定起到重要的作用。

(2)工艺简单,操作方便,施工速度快。

(3)绿化效果好,经济可行。

3."植被混凝土护坡绿化技术"的应用

灌凤高速公路设计土石方700余万立方米,其中石方500余万立方米,石方路堑边坡较多,由于部分石方路堑边坡开挖后表面岩石较完整,整体稳定性较好,且坡率较陡,若按原设计的"厚层基材喷播植草"方案进行绿化,草种存活率较低且坡面的泥土易被雨水冲刷,最终导致绿化效果差。因此,对部分岩层较为完整的路堑石方边坡,引进"植被混凝土护坡绿化技术"进行绿化,具体边坡位置为:K1+815~K2+015右侧、K3+470~K3+840右侧、K4+042~K4+284右侧、K7+059~K7+420右侧、K17+300~K17+437右侧、文市互通HK0+235~HK0+450右侧6处边坡,该项技术在岑溪至水汶高速公路的花岗岩边坡上也应用了3段。

"植被混凝土护坡绿化技术"是将水泥、生植土、混凝土绿化添加剂、腐殖质等与植绿种子均匀混合喷射到工程坡面,形成一层人工基质,厚约10cm,有一定强度、不龟裂、抗冲刷,稳定地附着在坡面上,植物能在此基质上正常生长,特别适用于劣质土边坡、岩石边坡及混凝土边坡的复绿工程。采用该技术后,边坡植被稳固,覆盖率高,绿化效果好。

(十)轻质混凝土应用

轻质混凝土是一种比较新型的材料,在广西应用得比较少,这种材料突出的一个特点就是"轻"。其原理是将水和水泥混合,通过一种发泡技术,将水和水泥混合物进行发泡,并凝固成有一定强度的轻质混凝土,一般其密度为$0.6~1.0kg/dm^3$,在一些特殊地形条件下比较适宜,如靠近悬崖路段、地基承载力难于满足设计要求路段、涵背回填、隧道顶溶洞回填等。

结合实际情况,钦崇路挑选了K22+959.614英明中桥崇左台和K35+868平民二号桥崇左台的桥头回填作为试点,这两座桥的特点都是跨越小河沟,河床地质较差,承载能力低,如采用全部换填,成本较高,施工难度也大,为此采用了轻质混凝土作为台背回填材料。其中 K22+959.614 英明中桥处理长度为 20m,全幅处理,工程量约 2250m³,造价约 96 万元,K35+868 平民二号桥处理长度 40m,全幅处理,工程量约 4800m³,造价约 206 万元。既保证了台背回填材料的强度,也减轻了台背的土压力及基底承重,减少了台背的工后沉降,确保了桥梁和台背范围的路基稳定。经过两年多的运营检验,采用轻质土处理的路段路基稳定,达到了预期的目的,效果较好。

(十一)针对膨胀土路基,优化采用 ATB 柔性基层

鉴于钦崇路地质条件复杂,土质相对较差,项目公司根据项目实际情况,考虑路面各结构层的功能,充分发挥其整体性能,在钦崇路 K53+000~K76+650 膨胀土路段,路面结构下面层采用 10cm 厚的(沥青稳定碎石)ATB-25 柔性基层,与其下部半刚性基层结合,使路面结构刚柔并济,可缓解路面开裂对下层结构的影响,同时也能阻止半刚性基层开裂导致的反射裂缝向上发展,结构组成更加合理。

通过两年多的运营观测,K53+000~K76+650 路段除局部路段因路基下沉较大导致出现路面裂缝外,大部分膨胀土路段路面状况良好,反射裂缝较少。

(十二)新型沥青材料应用试验

高模量沥青:随着交通的迅猛发展,车流量日益剧增,重载和超载车辆比例不断提高,许多新修的公路使用年限只有 3~4 年,甚至 1 年就出现严重损坏。为了解决这一问题,六钦高速公路项目组与长安大学合作,在六钦路引入了高模量沥青混凝土这一新产品,高模量沥青混凝土具有良好的水稳性和抗车辙性能,抗车辙性能比普通沥青提高 6 倍,动态模量提高 2 倍,抗疲劳性能提高 1 倍,路面使用年限提高 1 倍;同时,在保证道路整体承载力的情况下,可以降低路面结构层厚度 25%,节省资源及能源消耗 30%,节约工程造价 20%。该课题已明确在六钦 A 标实施。

(1)试验路段:K13+850~K22+000 路段。

(2)工程量:K19+960~K27+100 左幅、K13+850~K22+000 右幅中面层和 K19+960~K23+000 左幅、K19+000~K22+000 右幅上面层,共 21.33km 单幅单层 23m²。

(3)经济投入:中面层高模量沥青改性剂采用法国 PR Module,掺量为 0.4%,用量为 121t,上面层沥青改性剂为法国 PR Plast.s,掺量为 0.4%,用量为 27t,费用为 344 万元。

(4)应用效果:在通车一年后,课题组于 2013 年 12 月 20 日~22 日进行了试验路段跟踪检测,具体检测内容包括弯沉、车辙、厚度、动态模量等指标。

检测的结果显示,中面层铺筑了 PRM 改性沥青混合料的路面结构弯沉值显著小于中面层为 SBS 改性沥青混合料的路面结构,对上面层弯沉值的影响不显著。除了左幅 K22

+600~K22+800 路段发现显著车辙外,其余测试路段车辙较小,为 2~6mm,属于合理范围,经钻心检测左幅 K22+600~K22+800 路段车辙严重的原因是路基的压实不足造成,属于结构型车辙。

(十三)通过台背强夯措施减少台背下沉

结合多年广西高速公路施工管理经验,六钦高速公路项目组深刻认识到,桥涵台背跳车一直是困扰公路建设的一个难题,原因非常明了,就是台背的压实达不到设计的要求。

为了比较快捷地解决这一问题,减少桥台背工后沉降,提高运营期间形成舒适性,项目公司采用了 HHT-3 液压夯实设备进行桥台背、涵侧回填补压,提高桥台背路基的压实度,减少工后沉降,从而解决或减少桥头跳车病害。

HHT-3 液压夯实机是国内最新出现的一种新型高效液压夯实机械,该机械填补了传统的表层压实技术如碾压、振动压实和传统强夯技术之间的空白。

(1)作业方式:每个夯点边缘间隔一定距离,呈等边三角形布点,间隔距离一般以一倍的夯锤底面半径较适宜;施工顺序为先从靠近桥台开始,然后逐渐倒退施工。夯实次数和质量为:在靠近桥台背第一和第二排位置采用中档夯击 12 次,其他位置为强档夯实 9 次。

(2)处理长度:大中小桥桥头处理长度为纵向 12m,通道涵洞的处理长度为纵向 8m;宽度为路基宽度。

(3)测试指标:试验段测试指标有两项,分别为夯实前后的沉降量和表层压实度变化。

从沉降量检测结果表明:即使压实度满足规范要求的点位,采用 HHT-3 夯实后平均沉降约 10cm,说明采用 HHT-3 夯实不仅是对路床表层补压密实,也对整个台背路基的补压密实,可以显著降低桥涵台背的工后沉降,防止或减少桥头跳车。

(十四)协助编制广西区域性沥青路面施工规范,全面提高沥青路面标准化施工水平

六钦高速公路项目组与广西交通科学研究院合作,结合广西的气候特点,通过调查研究广西沥青路面主要病害类型及所占比例,系统总结广西沥青路面破坏形式及机理,以六钦路实体工程为依托,对已有的工程技术经验和科研成果进行验证,对某些失败的或是不适用广西高等级沥青路面的技术进行分析,提出广西的集料加工过程质量控制工艺技术参数和适用于广西地区的均匀防离析-骨架稳定密实型沥青混合料的生产技术,并编写了适合广西区域的《沥青路面施工技术规范》地方标准初稿。

(十五)开展混凝土通病治理,提高混凝土工程质量

根据交通运输部下发《关于印发公路水运工程混凝土质量通病治理活动实施方案的

通知》(交质监发〔2009〕174号文)要求,上级主管单位将六景至钦州港公路(以下简称六钦路)项目作为广西区公路混凝土质量通病治理的示范项目。

通过对管理通病、施工工艺通病、实体质量通病、现场文明施工通病等进行综合治理,六钦路混凝土质量得到了有效提高。

主要的治理措施如下:

1. 制订相关控制措施,确保精细化施工

项目公司针对创建交通运输部混凝土通病治理典型示范项目的要求,制定了技术指导措施(施工指南系列)九大篇、九项管理制度、十四项管理措施、五项技术措施、七项工艺工法措施等一系列技术指导措施和管理措施。

2. 大力开展先进工艺、先进工法的学习与推广

(1)钢筋集中加工(图5-1-1)

大力提倡钢筋集中加工,制作好后运输到现场使用,对设置和制作规范的钢筋集中加工场给予适当的奖励。对不执行钢筋集中加工且加工制作不规范、施工现场凌乱的给予通报批评和一定经济处罚。

(2)钢筋安装(图5-1-2)

为保证钢筋安装间距,梁板钢筋采用专用的卡位固定钢筋位置。

图5-1-1　六钦路钢筋加工区示例图

图5-1-2　六钦路钢筋定位架示例图

(3)混凝土集中拌和(图5-1-3)

公司在各施工单位进场之初就明确要求全线混凝土采用集中拌和,大力提倡预制场及拌和场砂石料堆放区搭建防雨棚架。要求拌和楼自动计量装置设置密码,以防止操作工人随意改变配合比。

(4)混凝土养生(图5-1-4)

桥梁墩柱统一采用薄膜包裹加在顶上放置水桶或简易储水装置的养生方式,由水桶

底或简易储水装置底部开小孔进行滴灌,洒水车定时给水桶或简易储水装置加水;涵洞统一采用土工布饱水养生;预制梁板采用自动喷淋系统养护(图5-1-5)。

图5-1-3　六钦路拌和站全景图

图5-1-4　六钦路墩柱滴灌养生图

(5)模板

项目公司统一规定了底模和侧模面板厚度,要求梁板底模厚度不得小于10mm,侧模面板厚度不得小于6mm。预制梁板模板进场时,由总监办牵头,组成由业主代表、总监办相关人员和项目经理部总工和梁场负责人组成的联合验收小组,对模板进行统一验收(图5-1-6)。

图5-1-5　六钦路预制箱梁自动喷淋养生图

图5-1-6　六钦路箱梁模板示例图(模板厚6mm)

3.措施得力,严格管理

项目公司先后组织了多次桥涵专项整治活动(图5-1-7),狠抓质量,对质量达不到要求的构造物坚决推倒返工,并对相关责任人进行通报批评,并清退了责任心不强的监理人员和施工人员。

4.强力推行首件工程认可制和亮点工程评选活动

(1)公司严格实施首件产品认可制,立足于"预防为主,先导试点"的原则,在桥涵施工中推广和完善首件产品认可制,进一步优化施工工艺、改进施工组织,以真正实现"精细化施工"(图5-1-8~图5-1-10)。

图 5-1-7　六钦路返工处理的涵洞通道墙身示例图

图 5-1-8　No.4 合同段龙脊塘高架桥桥墩示例图

图 5-1-9　No.6 合同段预制箱梁外观示例图

图 5-1-10　No.9 合同段涵洞墙身采用大块钢模板的效果图

（2）大力开展亮点工程评选活动，加大宣传，对亮点工程进行重奖，对亮点工程和先进工艺大力进行推广，在全线掀起创优创亮点的热潮。

（十六）高速公路大厚度水泥混凝土路面铺筑技术

依托岑溪至水汶高速公路的"高速公路大厚度水泥混凝土路面铺筑技术研究"（2009 年广西交通科技项目）项目已完成课题的验收与鉴定工作，研究成果总体达到国际先进水平，并编制了《高速公路大厚度水泥混凝土路面铺筑技术指南》与《高速公路大厚度水泥混凝土路面铺筑技术研究》，获授权实用新型专利《滑模摊铺试验机》一项，发表论文 8 篇。已获得 2014 年度广西科技进步奖三等奖。

研究成果主要有以下四个方面的创新：

（1）新型路面混凝土引气剂的研发，显著改善混凝土工作性，对于低坍落度混凝土，提高了其流动性，而对于高流态混凝土，减少了其离析、泌水现象。

（2）通过对路面混凝土振动液化性能的研究，给出了振捣棒参数与混凝土的黏度系数的关系，有效解决了路面混凝土容易产生塌边的病害。

(3)通过自制的滑模试验机室内模拟试验,建立大厚度水泥混凝土滑模施工过程中干硬性混凝土在高频振动激振下混凝土的液化机理,并指导现场施工。

(4)研发了专用平整度检测设备,提出了水泥混凝土路面塑性阶段(混凝土硬化前)平整度检测技术,为塑性阶段混凝土缺陷部位修复提供了依据。

通过对大厚度水泥混凝土路面施工工艺的研究,对改善大厚度水泥混凝土路面平整度差、传力杆难以就位、施工质量差的现状,大大提高了水泥混凝土路面的使用寿命和行驶舒适性,对于拉动广西水泥产业发展,应对金融危机具有重要和现实意义,为促进水泥混凝土路面在高等级公路中的应用提供了技术支撑。

(十七)大吨位压路机在填石路基中的运用技术

目前,在高速公路施工中一般采用20t或22t的压路机对填石路基进行碾压,但由于受功率的限制,往往需要将石料进行多次解小施工,且现有的羊足碾更多的是起到挤密的作用,对稍大一点的石块,其破碎和挤密效果均不佳。且羊足碾施工后,需要用强夯法或冲击法进行补强碾压,对单价、转场、施工场地、现场操作要求较高。存在补强效率低、横向挤压变形大、密实度不均匀、施工工艺复杂等缺点,在实际施工中的应用和推广遇到了较大阻力。针对上述情况,崇靖路引进了中大YZ32K振动羊足碾作为填石路基压实机械。在试点成功的基础上,作出了在全线各分部推广使用的要求,取得了良好的效果。

1.机械介绍及工艺组合

YZ32K振动羊足碾自重32t;最大作用力(激振力+前轮主力)81t(前轮载荷:21t,后轮载荷:110t)。

使用YZ32K振动羊足碾时,需配备的机械组合为:布料、整平用1台推土机,现场解小较大石块用1台炮机,碾压用中大YZ32K羊足碾1台,复压用平地机1台及22t光轮压路机1台。

压实工艺的最佳组合为:碾压用中大YZ32K羊足碾1台碾压4遍,用平地机整平,最后用22t光轮压路机振压2遍。碾压速度为3~4km/h,亦即满足不大于4km/h的要求时,所碾压的压实效果最佳,4遍强振便已满足规范以及设计要求。

2.大吨位填石压路机的使用成效

大吨位填石压路机用于石方路基施工时,其显著的成效主要表现在以下两方面:

一是新填筑层压实质量明显提高。项目公司在石方路基施工试验中选取了一段800m的填石路基,该段路基已填筑高5.5m。该层松铺厚度50cm,每20m断面补点8个,每压实一遍后用平地机刮平测量沉降差。通过测量每遍强振前后的数据,该试验段平均沉降差数据统计如表5-1-1所示。

试验段平均沉降差数据表　　　　表 5-1-1

序号	压实遍数	沉降差平均值(mm)	序号	压实遍数	沉降差平均值(mm)
1	强振 1 遍后	47	3	强振 3 遍后	10
2	强振 2 遍后	28	4	强振 4 遍后	5

二是破碎效果明显,有效解决了填石路基粒径难控制问题。中大 32t 羊足碾激振力可达 81t,梅花形凸块布置减少了 2/5 表面积,凸块激振力可达 133t。石块抗压强度一般为 80～100MPa,压实行进中,凸块与石块单点接触面积不会超过 100cm²,压强可达到 133MPa,从而起到破碎石块效果。在 800m 的新填筑路基试验段中,指挥部特意布置了 100m² 的大粒径石块(个别平铺直径达到 80cm),以试验该压路机的破碎效果。压实中:第 1、2 遍主要起到嵌紧作用,第 3、4 遍主要起到破碎密实作用,可达到平地机刮平,光轮压路机收光的效果,破碎作用显著,较好地解决了填石层厚、粒径的质量通病(图 5-1-11～图 5-1-13)。

图 5-1-11　块石破碎前示例图

图 5-1-12　块石破碎后示例图

图 5-1-13　碾压第 4 遍后示例图

3. 大吨位石方压路机的经济效益对比

指挥部选取了两个工作面,对采用 YZ32D 压路机机械组合与普通羊足碾机械组合压实成本进行了成本经济对比,在同厚度填石压实中,使用大吨位压路机施工仅比使用普通的石方路基压实机械投入的成本多 4.7%,成本相差无几(表 5-1-2)。

路基平整压实经济效果评估对比表　　　　表 5-1-2

施工机械		YZ32D 压路机施工		普通压路机施工		备 注
		数量(台班)	费用(元)	数量(台班)	费用(元)	
羊足碾压路机	租金	1	2400	1	900	现场反馈的实际情况表明:各施工单位更愿意使用大吨位压路机用于石方路基施工。因为它施工速度提升明显,施工的破碎、挤密、压实质量更有保障
	使用费用(燃油、保养)	1	1750	1	850	
炮机	租金	1	650	1	650	
	使用费用(燃油、保养)	1	600	1	600	
	炮机	1	1000	2	2000	
推土机	使用费用(燃油、保养)	1	1330	2	2660	
	推土机	1	1000	1	1000	
平地机	使用费用(燃油、保养)	1	1330	1	1330	
	租金及使用费用	0.25	400			
小计			10460		9990	
平整压实施工方量		\multicolumn{4}{c}{150m × 32m × 0.5m = 2400m³}		
平整压实机械成本		\multicolumn{2}{c}{4.36}	\multicolumn{2}{c}{4.16}	

4. 大吨位石方压路机优势总结

经广西金石高速公路有限公司组织各参建单位综合分析,以大吨位压路机大厚度压实试验路的结果显示:不管是常规碾压还是补强压实,压实质量都符合规范要求,且有显著提高。广西金石高速公路有限公司认为,采用大吨位、超大激振力的自行式压路机对填石路基进行碾压有以下优点:

(1)有效压实厚度可以达到 0.6 ~ 0.7m,石块破碎效果显著,可有效解决填石层厚、粒径难控制的质量通病。

(2)压实效率较高、经济成本增加不多,可提高施工质量与进度。

(3)相对于强夯和冲击压实施工,大吨位压路机的施工工艺简单,可往返作业、定位压实,速度可控、密实度均匀,无盲区、弱区,便于在公路建设中大面积推广使用。

(十八)"两高土"处治技术

由于灌凤路 K38 + 393 ~ K47 + 977(含凤凰北互通匝道)约 9.8km 的不良地质路段中所有的 14 个自然挖(土)方段不同程度存在着大量高液限、高塑性指数黏土,涉及挖方数量约为 94.2173 万 m³,大部分土的 CBR 值达不到《公路路基施工技术规范》(JTG F10—2006)中路基填料的有关规定要求,不能直接作为填料进行高速公路路堤填筑。但该路段沿线土料短缺严重,借(弃)土场征用均较困难。为了更好地保护环境、加快施工进度、保证工程质量、节约工程投资,对沿线较好的高液限、高塑性指数黏土加以合理利用,广西凤城高速公路有限公司组织设计、监理、咨询和施工等各方面力量进行了专题研究,针对本项目高液限、高塑性指数黏土特点,结合本项目工程建设实际情况和特点,编制了《灌凤路高液限、高塑性指数黏土处治技术指导意见书》,同时编写了《高液限、高塑性指数黏土掺灰改良路基填筑施工工法》,为广西今后的高液限、高塑性指数黏土施工提供了科学参考依据。

灌凤路"两高土"处治技术措施及取得的成果:

(1)通过晾晒,改善施工工艺,科学合理利用高液限土填筑路基,路基强度、稳定性符合有关设计要求。

(2)通过设置填筑层间透水层、坡脚增设矮墙,增强路基稳定性和防水渗透。

(3)采用好土包边和增设反压护道,保证路基稳定性。

(4)挖方段增设路基横向盲沟和纵向渗沟引排地下水,保持路基(床)干燥和稳定。

(5)经济效益:通过晾晒,降低土的含水量,改进填筑施工工艺,科学合理地利用了68万 m^3 土方,在施工质量得到保证的前提下,节约工程投资约900万元。同时,避免了征用大量的取(弃)场,当地的生态环境得到有效保护。

(6)社会生态效益:部分路床采用掺石灰改良"两高土",可减少破坏林地约120亩,耕地200亩;同时,减少了水土流失,对改善生态环境效益十分明显。

(7)试验理念先进:践行室内试验尽量采用模拟现场施工的理念,有效减少了试验工作量,大大提高了工作效率,同时节约了施工成本。

(8)掺灰改良后施工效果明显:掺灰改良后,含水量、液塑限和塑性指数均降低,CBR值大幅度提高,改变了黏土的物理性质,提高了路基填筑的施工质量。

(9)该项目"两高土"改良施工技术取得较大成效,在2014年,"两高土"改良后路基填筑技术向中国公路建设行业协会申请了公路工程工法。

(十九)HHT-3 液压夯实技术

"三背"是指桥梁台背、涵背及挡土墙背,由于"三背"的位置不易压实,通车后易发生较大的工后沉降,从而形成跳车现象,影响行车舒适性。

1. HHT-3 强夯机(图 5-1-14)

工作原理:用液压缸将夯锤提升至一定高度,夯锤在重力和液压储能器的共同作用下加速下落,落下后击打带缓冲垫的、静压在地面上的夯板,并通过夯板夯击地面,在装载机工作装置的牵引下,机动灵活地对不同的位置进行准确、快速的夯实,从而满足对作业

图 5-1-14　HHT-3 强夯机示例图

面积的单点或连续夯实要求。

功能:自动检测每击夯实的沉降量和压实度,并能在显示器上直接显示夯实沉降量和路基压实度,与预定的沉降量或预定压实度对比后,可改变夯实功率,使之满足要求。

技术参数:锤体质量≥3t,最大落距≥2.0m,最大有效压实深度为2.5~3.0m,单位击实功≥12.2t/m³。

优点:①夯实面积小,作用深度深,密实效果好;②适用范围广;③性能优良,稳定性好;④运输方便。

2.加强夯实施工工艺

"三背"回填填料以透水性材料为主,每层压实厚度不大于15cm,不小于10cm,每压实一层,从已压实层的表面往上量15cm画线,画线水平距离控制在5~10m,逐层向上填筑,每填筑10层(约1.5m)采用HHT-3连续式强夯机补强1次,每点采用自动夯实模式,当沉降量及压实度达到设定的值时,夯锤自动停止,然后转移进行下一个点夯实,每个夯实点重叠夯板面积的1/3,确保作用深度内填料密实性与作用区域的连续性,有效保证了特殊压实区的压实度(图5-1-15)。

图5-1-15 台背回填采用HHT-3强夯机夯实示例图

公司在全线桥梁台背、涵背及挡土墙背的位置应用该技术,在广西高速公路投资有限公司及广西壮族自治区质监站的抽检中,压实度平均增加3.5%,合格率均达到100%。各项数据还表明,采用HHT-3夯实后不仅对路床表层补压密实,也对整个路基补压密实,可以显著降低桥涵台背的工后沉降,达到防止或减少桥头跳车的效果。

二、桥梁隧道方面

(一)大跨径钢筋混凝土箱拱多段吊装技术

广西交通规划勘察设计研究院、广西路桥工程集团有限公司依托来宾磨东大桥,开展设计技术研究,通过施工工况作结构计算分析与现场试验研究,提出了大跨径钢筋混凝土箱肋拱桥多段吊装的设计技术。通过开展拱箱锚固系统局部应力试验、大跨径钢筋混凝土箱拱多段吊装结构分析方法、施工调索步骤、拱肋节段间的接头设计、拱脚铰设计和固结时机、侧缆风设计、松索方法等研究,实现每条拱肋分段达28段吊装,其成果为大跨径钢筋混凝土拱桥的多段吊装工艺设计提供了有益参考。

(二)钦江特大桥钢管拱肋混凝土灌注采用抽真空灌注工艺

钦江特大桥全长为1086.5m,主桥采用跨径为252m的中承式钢管混凝土拱桥,矢跨比为1/4,拱肋采用变高的钢管混凝土桁架结构,桥面梁采用由钢横梁与钢纵梁组成的钢格构体系,钢格构梁上桥面板采用钢—混凝土组合结构。

根据广西路桥工程集团承建的泸州合江长江一桥世界第一拱采用抽真空灌注工艺取得的实效,混凝土密实程度好、脱空少,为了保证钦江大桥钢管拱肋的混凝土灌注质量,钢管混凝土变更原有施工工艺为采用抽真空后输送泵泵送顶升法灌注工艺,即在主弦管顶部设置抽真空装置,在泵送钢管过程中,把弦管内抽成 -0.09 ~ -0.07MPa 范围,从而达到减少混凝土泵送阻力和提高混凝土密实度的目的。

应用效果:通过现场检测,拱内脱空率比采用普通注浆方式明显降低。

(三)体外预应力加固技术的应用

为解决大跨度预应力混凝土连续梁桥跨中挠度过大的通病,广西交通规划勘察设计研究院将体外预应力技术成功应用于泉州至南宁高速公路洛维大桥旧桥加固工程。由于原桥竖向预应力损失过大引起主拉应力超限,最终造成箱梁边跨内现浇段至 $L/2$ 和主跨 $L/4$ 至 $3L/4$ 的腹板内外表面出现较多斜裂缝。且根据试验检测结果,连续刚构主桥的实际承载能力不满足公路—Ⅰ级汽车荷载的要求。为提高桥梁的承载能力,使其承载能力达到公路—Ⅰ级标准,并适当降低腹板主拉应力,遏制斜裂缝进一步开展,旧桥加固采用了在箱体内部增设体外纵向预应力钢束的方法。

(四)波纹钢腹板预应力混凝土简支箱梁设计研究

广西交通规划勘察设计研究院等单位首次基于 ANSYS 软件,运用二次开发语言 APDL 和 UIDL,开发了波纹钢腹板连续刚构桥专用建模和计算模块(CBCW)。该模块嵌入 ANSYS 的系统中,能够通过界面对话框参数输入的方式,自动建立简支、连续梁及连续刚构等组合梁模型。通过该模块,对隆百高速公路 K118+115 东部 2 号高架桥内衬混凝土、横隔板等局部构造进行了精确模拟。成桥阶段,通过对该桥进行动力性能测试,进一步了解了该类结构的基本动力性能,提出了体外预应力波纹钢腹板梁式桥自振频率及汽车荷载冲击系数的计算方法。

(五)长大隧道视觉环境保障技术研究

2013 年,联合广西壮族自治区高速公路管理局和重庆交通大学,对广西目前运营通车最长,且事故易发的长隧道——木冲隧道进行视觉环境保障技术研究,分析驾驶员进出隧道及在隧道内行车时的视觉需求,最后在隧道设置了四项视觉环保设施,该成果有效地降低了隧道事故的发生率,此类型的隧道安全保障体系设置在广西尚属先例。

(六)高大桥墩自动爬模系统应用技术

液压自爬模的动力来源是本身自带的液压顶升系统,通过液压系统可使模板架体与导轨间形成互爬,从而使液压自爬模稳步向上爬升。液压自爬模在施工过程中无需其他起重设备,操作方便,爬升速度快,安全系数高,是高耸建筑物施工时的首选模板体系。

1. 自动爬模系统的组成结构(图5-1-16、图5-1-17)

模板系统:木梁胶合板体系,由面板、木梁、背楞和连接件等组成。

埋件系统:主要由埋件板、高强螺杆、受力螺栓、爬锥等组成。

支架系统:主要由受力三脚架、上部支架、调节系统、导轨、平台等组成。

液压系统:主要由泵站、油缸、上下换向装置、胶管等组成。

其组成部件由模板结构、埋件系统、主背楞、主背楞斜撑、三脚架斜撑、吊平台、平台立杆、桁架加高节、液压油缸、导轨、导轨尾撑、后移装置12个部件组成。

在一次爬升循环中需要完成:前一模混凝土浇筑、后移模板、提升导轨、提升支架、合模浇筑混凝土5个步骤。

2. 液压自爬模系统优点

(1)操作方便,安全性高,可节省大量工时和材料。

一般情况下爬模架一次组装后,一直到顶不落地,节省了施工场地,减少了模板(特别是面板)的碰伤损毁。

(2)液压爬升过程平稳、同步、安全。

(3)提供全方位的操作平台,施工单位不必为重新搭设操作平台而浪费材料和劳动力。

(4)结构施工误差小,纠偏简单,施工误差可逐层消除。

(5)爬升速度快,可以提高工程施工速度。

(6)模板自爬,原地清理,大大降低塔吊的吊次。

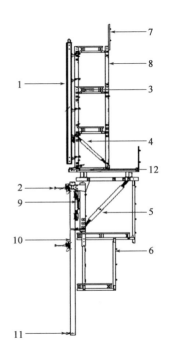

图5-1-16 自动爬模系统的组成结构图
1-模板结构;2-埋件系统;3-主背楞;4-主背楞斜撑;5-三脚架斜撑;6-吊平台;7-平台立杆;8-桁架加高节;9-液压油缸;10-导轨;11-导轨尾撑;12-后移装置

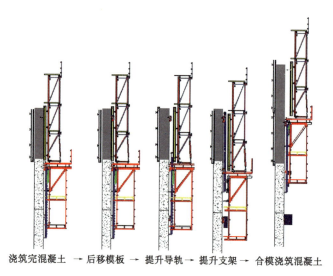

浇筑完混凝土 → 后移模板 → 提升导轨 → 提升支架 → 合模浇筑混凝土

图 5-1-17　液压自爬模爬升循环示例图

（七）公路隧道运营电能耗感测及节能技术

广西交通规划勘察设计研究院等单位根据公路隧道照明工程的特点,对隧道入口段的亮度、照度、均匀度等技术参数进行了实测及分析,重点研究了无极灯的照明和节能效果,并根据无极灯的标称寿命,与高压钠灯进行了技术及经济性对比分析,填补了广西公路隧道照明领域的空白。基于物联网技术,开展了公路隧道运营电能耗感测及节能技术的基础模型研发,开发了隧道的物联网+绿色交通能效管理软件,该平台对隧道用电系统能耗使用情况进行大数据分析,为运营单位提出在满足规范要求的前提下更为精细化、定制化的隧道节能控制策略,有效降低运营管理单位的运营成本。

（八）岩溶地区公路隧道修筑关键技术

广西交通规划勘察设计研究院对广西岩溶地区高速公路隧道不良地质和施工地质灾害进行了详细调查,对勘察、设计和施工的关键技术进行了研究,提出了岩溶区隧道工程地质勘察分级和隧道围岩分级岩溶复杂程度修正系数,将岩溶区隧道水环境保护的理念纳入设计施工体系,提出岩溶地区公路隧道安全风险评估分级标准和岩溶隧道投资成本控制的理念,编制了《广西岩溶区公路隧道修建勘察、设计与施工技术指南》。相关研究成果直接应用于岩溶地区的公路隧道设计和施工中,为我区高速公路设计和施工中岩溶区隧道修建提供重要技术指导,填补了岩溶区修建隧道研究的空白,对广西建设节约、环保、和谐公路交通将起到积极作用。

（九）公路隧道衬砌裂缝预防及处治技术

广西交通规划勘察设计研究院等单位对区内多条高速公路的隧道工程进行了现场调

研或检测工作,结合对现场调研及检测成果的研究,采用数值试验的手段从内因、外因、材料性能等方面分析了裂缝的形态及成因。结合成因分析,提出了外因型及内因型裂缝的预防技术;提出了非结构性裂缝及结构性裂缝的处治技术,并采用这些技术对一些实际工程进行了处治。在这些工作的基础上,结合目前勘察、设计、施工、运营养护的现状,提出了公路隧道预防与处治指南。相关研究成果可直接用于公路隧道勘察、设计、施工、运营养护中,为广西的公路隧道的裂缝的预防与处治提供技术支持,对广西公路隧道工程的建设、运营起到积极的作用。

(十)隧道涌水地质灾害段综合帷幕注浆及抗水压衬砌技术

广西交通规划勘察设计研究院有限公司针对岑溪至水汶高速公路均昌隧道特殊的水文地质和地物条件,利用三维地质模型理论、有限元计算软件及现场试验,确定采用结合超前地质探查的综合帷幕注浆技术手段治理并设计了抗水压隧道衬砌,有效治理了隧道涌水灾害,保证洞顶居民区和施工安全。其三维地质概念、结合超前地质探查的综合帷幕注浆技术、新型注浆材料的成功应用以及塌方段抗水压衬砌的设计,为今后广西高速公路其他类似工程项目提供了宝贵的工程经验。

三、智能交通方面

依托广西智能交通系统工程技术研究中心(广西 ITS 中心),以国民经济、交通运输行业和市场需求为导向,针对智能交通发展中存在的重大技术问题开展研发工作,广西对有市场价值的重要科技成果进行共性技术、关键技术的系统集成以及后继工程化、产业化;为政府以及城市管理部门提供政策咨询与技术支持;为广西区内外企业提供智能交通方面的技术开发、成果转化、产品测试、咨询和评估等服务。近年来在高速公路现代化建设中的交通系统智能化领域方面取得了一些显著的成果,为提高广西道路交通供给能力、服务管理能力和可持续发展能力提供有力的技术支撑。

广西智能交通系统工程技术研究中心已经承担的研究课题主要有"高速公路联网收费储值卡应用研究""高速公路 IC 卡"一卡通"联网收费系统""公路隧道施工信息化监控关键技术研究""基于图像识别的高速公路二义性路径识别系统的研究""全国治理超载超限信息管理系统研究""广西交通地理信息系统""广西高速公路收费系统升级改造成套技术研究""广西交通电子政务系统""广西高速公路机电工程系统规划与研究""广西高速公路超限运输网络管理系统""广西交通财会计算机辅助管理系统""FET2001 型太阳能光纤紧急电话系统"等。

自主研发了"高速公路一卡通收费系统软件""高速公路收费清分系统软件""高速公路不停车收费系统(ETC)软件""高速公路入口无人值守系统软件""开放式收费站收费

系统软件""高速公路监控系统软件""公路建设工程信息管理系统软件""交通厅政务信息软件""公路 GIS 系统软件""SmartNetVision 智能视频监控与管理系统平台软件""Supermerge 智能多路图像实时拼接系统软件""越南高速公路收费系统软件""越南高速公路监控系统软件""孟加拉开放式收费站收费系统软件"等大批应用软件;以及"太阳能光纤紧急电话系统""智能视频分析监控摄像机""太阳能无线紧急电话""光环通信平台""综合接入 IP 网关""网络硬盘录像""嵌入式一体化车道控制机""光纤数字广播机"等公路机电智能化产品,在广西乃至全国均得到广泛的推广应用和较高的评价,对支持和推动广西的交通信息化建设做出了贡献。

经过近 30 年的发展和技术沉淀,广西智能交通系统工程技术研究中心已成为广西交通系统重要的科技开发、成果转化和产业化基地。在智能交通应用技术方面,广西在全国处于先进地位。

(一)隧道监控系统应用

为了改变隧道施工过程安全管理落后的管理模式,实现管理的现代化、信息化,钦崇高速项目公司率先建立了隧道监控系统,并分别对河山隧道、四方山隧道、蕾帽山隧道三个长大隧道进行了监控。通过隧道监控系统,进一步提高灾害预防、事故救助、电子信息化等先进的管理手段。

隧道监控系统(图 5-1-18)是集施工现场视频监控、隧道施工人员考勤、区域定位、安全预警、灾后急救、日常管理等功能于一体的综合管理系统,管理人员能够随时掌握施工现场人员、设备的分布状况和每个人员和设备的运动轨迹,便于进行更加合理的调度管理。

图 5-1-18　隧道监控系统示例图

当事故发生时,救援人员也可根据隧道施工人员及设备安全监测管理系统所提供的数据、图形,迅速了解有关人员的位置情况,及时采取相应的救援措施,提高应急救援工作的效率。这一系统的建立，为隧道施工的安全生产和日常管理提供了有力保障。

(二)交通量监测综合信息系统项目

1. 成果简介

随着社会经济的快速发展，特别是高速公路建设速度的加快，公路规划、建设、管理、养护和社会公众对公路交通信息需求不断增加，对信息范围要求越来越宽，精度越来越高，时效性要求越来越强，这些需求对公路交通情况调查统计工作提出了新的更高的要求。交通情况调查从过去静态数据的整理、统计跨入到实时、动态更新，从过去仅仅满足行业管理应用转变到既为行业管理提供基础数据，也为广大公众出行服务的新阶段。为实现这一目标，提高辖区高速公路交通量数据的准确性及完整性，2014年年底，坛百公司在坛百高速公路 K659+100 处安装调试完成一套交通量调查监测系统。该系统可在不影响正常交通的情况下获取高速车辆的载荷信息及车牌信息，对所有通过车辆进行不停车载荷检测及车牌检测。在 5~200km/h 的速度范围内，都能够获得较高的载荷检测及车牌检测精度，可以检测到车辆的轴重、轴组重、车辆总重及轴距、车速、车型、车牌以及 I 级交调站所要求的各类车辆数据信息。此外，该系统不仅用于坛百高速公路交通量调查，同时兼顾广西高速公路二义性路径识别的应用，大大降低了公司的建设及运营成本。高速公路交通量调查系统的安装，为各级部门了解和利用高速公路的交通流量、构成、分布、车辆行驶速度等交通特性，并进行统计、分析和预测，为高速公路的规划、建设、设计、管理、养护和科研部门及社会公众提供公路交通情况信息调查，起到了举足轻重的作用。

2. 系统方案

交通量监测综合系统主要由交调站系统、车牌识别系统、交通量监测综合信息系统组成，交调站系统由交调主机、石英式称重系统、微波雷达、超声波测距传感器等主要设备组成。交通量调查系统如图5-1-19所示。

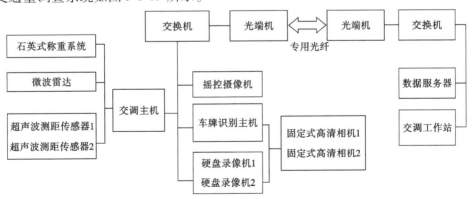

图5-1-19 交通量调查系统框图

称重系统、微波雷达和超声波传感器实时采集通过监测点车辆的速度、重量、轮廓特征等信息(5-1-20、图 5-1-21),并将这些信息送到交调主机;交调主机将这些信息正确地匹配,并对车辆按照国家机动车一级分类标准进行分类处理,最后再将分类后的车辆信息送到监控中心;同时车牌识别主机根据固定式高清相机采集的车辆视频信息进行车牌识别,并将识别结果也送到监控中心,监控中心完成对所有车辆信息的整合、备份、显示等处理。

图 5-1-20　现场(1)图

图 5-1-21　现场(2)图

(三)无人值守自动发卡系统项目

1. 成果简介

近年来,随着国民经济的发展和社会车辆保有量的不断增加,高速公路收费站在车流量较大的情况下时常出现拥堵。这不仅增加了收费站车辆的延误时间,而且增大了车辆的运行成本,还增加了汽车尾气的排放。如何利用先进技术解决大车流量下高速公路出入口车辆堵塞,提高高速公路的通行效率,减少人力成本,降低收费员的劳动强度,已成为高速公路收费管理系统建设工作和社会各方面密切关注的焦点。为此,从 2010 年至今,广西坛百高速公路有限公司陆续投入 350 多万元,陆续在所辖高速公路沿线 11 个收费站的入口车道安装了 14 套无人值守发卡系统及车型预判系统,并取得了良好的效果。

相对于传统手工收费模式,采用 IC 无人值守自动发卡系统在运营管理上的优势十分明显。该设备有效提高了入口收费车道的通行能力,有效缓解高峰时段车道压车问题,实现入口准无人化管理,减少了收费过程中人为因素影响,规范了 IC 卡管理;不仅提高了车辆的通行速度,而且降低了收费站入口车道的运营成本,保障了现场畅通秩序,提升了高速公路的服务能力和水平(图 5-1-22)。根据目前安装的无人值守自动发卡系统的成本测算,在运营成本方面,每条车道的设备及人员成本方面比现在的收费设备每年可节约费用 20 万元。

无人值守自动发卡系统在运营管理上优势显著,且相关技术已经趋于成熟,系统运行稳定、维护费用低、经济效益可观,使高速公路更加快捷、方便,高速公路服务更加人性化。

图 5-1-22　无人值守自动发卡机示例图

2. 系统方案

系统构成:无人值守自动发卡系统主要由自动发卡系统、车牌识别系统、自动车型识别系统组成。无人值守自动发卡系统如图 5-1-23 所示。

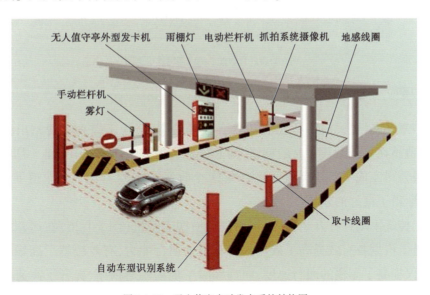

图 5-1-23　无人值守自动发卡系统结构图

自动发卡车道构成:传统人工发卡模式下,需要收费员发卡前判断车型,且录入车牌号码,并将通行卡交给驾驶员。因此自助发卡车道应具备自动车型分类、自动车牌识别以及自助发卡的功能。一般自动发卡车道机构如图 5-1-24 所示。

自动发卡机构成:自动发卡机是一个完整的车道控制和发卡系统,一般内置工控机,并具备数据处理、网络通信、外设控制、IC 卡读写和发出以及语音提示、报警等完善的功能。其内部构成如图 5-1-25 所示。

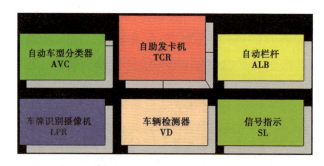

图 5-1-24　自动发卡车道机构示例图

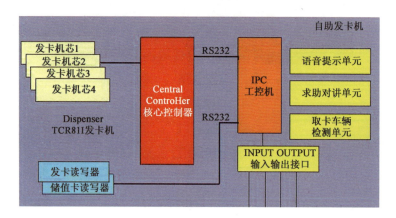

图 5-1-25　自动发卡机内部构成示例图

(四)收费站手动栏杆改造项目

近些年来,随着国民经济的发展和社会车辆的增加,为了提高收费站出入口通行效率,缓解收费站在车流量较大时的拥堵,降低收费员的劳动强度,2014 年 5 月广西坛百高速公路有限公司完成了所辖高速公路沿线 11 个收费站的 57 套出入口车道手动栏杆的改造工程,并取得了良好的效果。

相对于传统手动栏杆开道模式,采用自动横摆道闸机(图 5-1-26)在运营管理上的优势十分明显。该设备有效提高了入口收费车道的通行能力,有效缓解了高峰时段车道压车问题;不仅提高了车辆的通行速度,而且保障了现场畅通秩序,提升了高速公路的服务能力和水平。

(五)ETC 不停车收费系统

系统简介:不停车收费系统(Electronic Toll Collection,简称 ETC 系统)即通行费电子支付系统,是目前世界上最先进的收费系统,通过安装在车辆前风窗玻璃上的车载电子标签与在收费站 ETC 车道上的微波天线之间的微波专用短程通信,利用计算机联网技术与银行进行后台结算处理,实现不停车自动收费的全电子收费系统。

图 5-1-26　自动横摆道闸机示例图

发展历程:2009年,广西高速公路 ETC 不停车收费系统正式立项;2010年,ETC 不停车收费系统课题完成软件程序的设计,同年 12 月完成硬件设备的兼容测试;2011年,ETC 不停车收费系统开始整体测试,先后在南宁、柳州、合浦 3 个收费站共 6 条 ETC 车道试运营;2012年,广西高速公路 ETC 不停车收费系统通过专家验收鉴定,标志着 ETC 不停车收费系统达到使用及推广的条件;2016年,举行揭牌仪式,同年,全区 20 个 ETC 流动网点全部投入使用,提前完成 11 个 ETC 自营网点建设并投入运营,覆盖南宁、柳州、桂林、崇左、梧州、钦州、玉林、百色、河池 9 个设区市。

随着 ETC 实现全国联网,纵贯南北、互通东西的联网格局已然形成,有效贯通京津冀、长三角、珠三角等城市群,让城际间交流贸易更密切,让更多的经济圈相连,贯通全国的大经济格局,有效助推区域经济腾飞,为"一带一路"战略提供智能化支撑、搭建创新性平台,为促进国民经济与社会发展作出重要贡献。

(六)隧道 LED 灯代替高压钠灯

宜河高速公路隧道达到 16 座,运营管理电费费用预估达到上千万元,为降低运营管理成本,将"低碳、节能、环保"发展理念在宜河高速公路上充分体现,将原设计隧道内照明采用高压钠灯,改为专用 LED 灯,经初步估算,每年节省电费费用约 800 万元。

(七)大梁预制场自动喷淋养生系统应用技术

灌凤高速公路项目建设全面推行"标准化、规范化、精细化、人本化"管理,项目的大梁预制按照"工厂化、集约化、专业化、规范化"要求设置标准化的预制场,实行集中预制生产。为了提高大梁预制质量和标准化生产水平,项目的 1 号大梁预制场(位于主线 K11+800)和 2 号大梁预制场(K23+800)引进了新型的智能型自动喷淋养生系统,一套系统投入约20万元,项目完成后每套能回收材料及设备15万元左右。通过实际应用,取得了预制大梁雾化喷淋养护不留死角、养护及时、省水、省人工等良好效果,显著提高了预制梁的养生质量,达到了预期目的。

1. 自动喷淋养生系统工作原理

首先在主水池进水管上安装好电磁阀,同时根据用水量在水池上方安装好浮筒控制器,当水池水位下降,进水管路电磁阀打开进水,当水位上升到一定高度,电磁阀自动关闭,以保证水池中的水能够供应喷淋系统。调节电结点压力表,下限为工作值,上限为安全值,打开自动控制系统电源开关,压力水泵开始工作,将水池中的水抽到储压罐里。当储压罐内压力达到电结点压力表下限时,电结点压力表在压力作用下向喷淋时间继电器及电磁阀提供开启信号,喷淋开始,此时水泵仍在抽水,保持罐内压力。当达到电结点压力表上限时,电结点压力表指挥水泵电源断电,水泵停止工作。根据一次性喷洒时间来调节喷淋时间继电器时间,时间到后自动停止喷淋。喷淋停止后,测试梁体表面水分蒸发完毕时间,根据此时间来调节水泵时间继电器,当延时时间达到后,水泵再一次自动工作抽水,如此周而复始直到养护期满为止。

2. 自动喷淋养生系统的优点

一是养护效果好。自动喷淋养护喷头可进行180°旋转且喷出的是气雾状水,喷洒范围大,出水密集且均匀,喷射范围最高可达10m,合理设置好喷头位置可照顾到梁体所有位置,喷淋无死角,可以达到全湿润的养护质量标准;自动喷淋装置设置为每隔20～30min喷一次,一次喷淋2.5min,确保预制梁混凝土表面始终处于湿润,可以达到全天候的养护质量标准。二是节省劳动力。同等数量大梁养护以往至少需要6人,而采用自动喷淋系统,只需2人进行计算机控制和系统日常保养即可,熟练技工1人也可以操作。三是节约用水。养护用水通过场地排水系统流入沉淀池,经沉淀后流入养护用水蓄水池,实现了养护用水的循环利用,合理利用了水资源,从而节约用水,达到施工环保的目的。四是不占用场地。系统采用美国雨鸟3504型旋转雨帘喷头,未开动时喷头处于场地以下,开启系统后喷头自动伸长露出地面对大梁进行喷淋养护。该设计既能很好地保证喷头的使用寿命,也不妨碍大梁的钢筋及模板安装。预制场地更整洁、作业更有序。五是工作管理安全。系统使用的PVC管、电缆均提前预埋置于场地底部,保证了现场施工作业人员的安全。该系统使用示例如图5-1-27所示。

图5-1-27　智能型自动喷淋养生系统使用示例图

（八）基于唯一性标识编码与公路数字化档案相关性的应用研究

该系统是具有收录、造表、分类、查询、导入、导出、播放、打印、上传、下载项目文件等功能的工程档案信息化管理软件，将各参建单位施工准备、施工过程所形成的文件及时收录到软件，真正实现档案与项目建设同准备、同完成，使全员参与档案建设的过程，实现质保资料与工程质量互动的良性循环，最大限度减少资料的回忆录，杜绝资料失真。本系统将项目档案建设参与到整个建设过程，使所归档的材料经受历史的考验，为今后维护、加固、借鉴提供有价值的档案，同时也为广西其他公路档案信息化管理起到促进作用。

基于来宾至马山项目的课题组于2011年年底开始组织开发信息化管理系统，2012年8月系统正式投入使用。课题组先后完成了"基于唯一性标识编码与公路数字化档案相关性的应用研究总报告""唯一性标识编码与公路数字档案相关性的研究""公路数字档案编码词典""公路数字档案管理系统应用研究""云技术在公路数字档案建设的应用研究""唯一性标识编码的分析研究""数字档案管理系统的应用与评价"等研究报告。其中《公路数字化档案唯一性标识编码词典》于2014年12月12日获得广西壮族自治区版权局颁发版权证书；"基于唯一性标识编码与公路数字化档案相关性的应用研究"项目于2015年12月7日通过国家档案局鉴定，荣获2016年国家档案局优秀科技成果奖三等奖。

（九）公路建设项目档案信息化管理系统

该系统是具有收录、造表、分类、查询、导入、导出、播放、打印、上传、下载项目文件等功能的工程档案信息化管理软件，各参建单位施工准备、施工过程所形成的文件及时收录到软件，真正实现档案与项目建设同准备、同完成，并参与档案建设的过程。该系统于2012年投入使用，并在使用过程中不断完善，进展顺利。来宾至马山项目实行档案信息化管理，也将改变以往工程竣工后竣工资料迟迟未能提交的历史。2015年5月8日，广西壮族自治区档案局和广西红河高速公路有限公司在广西来宾至马山高速公路建设指挥部召开双方联合承担的、国家档案局立项批复的"基于唯一性标识编码与公路数字化档案相关性的应用研究"课题推进工作座谈会。目前，来宾至马山、马山至平果高速公路正全面推行工程档案信息化建设，已经取得了初步成果。据统计，目前承包人、监理的施工资料已经上传到系统的数量达到31万份。从目前系统运行情况看，基本达到了预期目标。

《公路工程数字化档案管理系统》著作权登记申请顺利通过国家版权中心审核，2015年6月该项目已获得中国版权保护中心的版权，2015年12月7日通过国家档案局鉴定。

（十）智能循环压浆技术

智能循环压浆工艺是采用计算机技术控制整个压浆过程，采用浆液循环方式排出管道内的空气和杂质,不需要人工开泵和手动补压的压浆工艺。

循环智能压浆系统由制浆系统、压浆系统、测控系统、循环回路系统组成。浆液在预应力管道、制浆机、压浆泵组成的回路内持续循环以排净管道内空气,及时发现管道堵塞等情况,并通过加大压力进行冲孔,排出杂质,消除致压浆不密实的因素。在管道进、出浆口分别设置精密传感器实时监测压力,并实时反馈给系统主机进行分析判断,测控系统根据主机指令进行压力调整,确保浆液质量、压力大小、稳压时间等重要指标在符合施工技术规范的要求下完成预应力管道压浆过程,确保压浆饱满和密实。压浆设备示例及压浆效果如图5-1-28、图5-1-29所示。

图5-1-28 预应力智能循环压浆设备示例图

图5-1-29 智能循环压浆与普通压浆效果对比图

来宾至马山项目桥梁梁体通过运用智能循环压浆技术,取得了较好的成效。总结出以下优点:①精确控制水胶比;②准确控制压力,调节流量;③一次压注双孔,提高工效;④浆液持续循环排尽空气;⑤实现高速制浆,缩短搅拌时间;⑥监测压浆过程,实现远程管理;⑦系统集成度高,简单适用;⑧大幅提升超长预应力孔道压浆施工质量,能够保证压浆饱满密实,符合规范和设计要求,有效提升桥梁结构的耐久性。

四、产业化方面

开展高性能橡胶沥青产业化中的关键技术研究。

废旧轮胎胶粉筑路技术的研究与应用,可以有效提高废旧轮胎的再生利用技术,减少废旧轮胎因焚烧、掩埋和堆放等方式对环境造成"黑色污染",保护当地环境,同时橡胶沥青可以使路面沥青混合料的材料成本下降10%~15%。橡胶沥青路面能提高路面抗滑能力,明显降低路面噪声,提高行车舒适性。与近年广西SBS改性沥青路面开放交通1~2年出现泛白的情况相比,橡胶沥青路面颜色对比更强,路面更美观,社会经济效益更明显。本项目应用于钦崇高速公路连线和机场高速公路两个实体工程,共使用橡胶粉1840t,大车轮胎每条重约50kg,产粉率70%计算,共消耗5.26万条废旧大车轮胎,取得良好的环境效益。

广西交通科学研究院下属胶粉加工厂主要生产路用胶粉,目前,已经具备年产15000t胶粉的生产能力。以钦崇高速公路连接线为例,该路段2013年的经济效益报告显示,钦州至崇左高速公路连接线为二级公路,总长为72km,共使用橡胶沥青4400t,胶粉880t。本技术不仅适用于新建和改建沥青路面、旧水泥路面加铺沥青面层,同样也适用于新建复合式路面。广西计划到2020年建成高速公路8000km,而目前已建成高速公路4000多公里,而原来所修筑的部分高速公路、900km一级公路、9800km二级公路以及市政道路在未来的十年内也都面临着加铺和改扩建的问题。结合广西本地的资源特点和行驶舒适性要求,广西将会大量采用沥青路面结构或复合式路面结构,大修改造的路面考虑到工期和行驶舒适性的需要,也将采用黑色化的方案。

此项技术的成功应用,不仅可以提高广西地区公路建设的技术水平,丰富广西等南方湿热多雨地区高等级公路路面的施工技术,而且符合我国建设节约、循环利用、环境友好的可持续发展理念。

五、科技平台的建设方面

目前共拥有科技平台14个(表5-1-3)。

科技平台载体情况表 表5-1-3

项目类别	名称	批准部门	批准日期	近5年获得的资助(万元)
重点实验室	广西道路结构与材料重点实验室	广西壮族自治区科学技术厅	2013.04	400
国家或自治区级工程技术研究中心、企业技术中心	高等级公路水泥混凝土路面建设与养护技术行业研发中心	交通运输部	2014.12 通过专家评审,待下文	—
	广西道路智能交通系统工程技术研究中心	广西壮族自治区科学技术厅	2014.12	—
	自治区级研发中心	广西壮族自治区工业和信息化委员会	2014.11	—
	广西交通科学研究院技术中心	广西壮族自治区工业和信息化委员会	2014.09	60
	广西桥梁监测及加固工程技术研究中心	广西壮族自治区科学技术厅	2010.10	210
	广西交通勘察设计工程技术研究中心	广西壮族自治区科学技术厅	2008.06	—
其他科研创新载体	广西壮族自治区高新技术企业(广西交通规划勘察设计研究院)	全国高新技术企业认定管理工作领导小组办公室	2014.12	—

续上表

项目类别	名称	批准部门	批准日期	近5年获得的资助(万元)
企业	自治区产学研用一体化企业	广西壮族自治区工业和信息化委员会	2014.12	—
	国家火炬计划重点高新技术企业	科技部火炬高技术产业开发中心	2014.11	—
秘书处	广西创新型试点	广西壮族自治区科学技术厅	2014.09	—
	广西交通运输标准化技术委员会	广西壮族自治区质量技术监督局	2013.05	—
	广西壮族自治区高新技术企业（广西交通科学研究院）	广西壮族自治区科学技术厅、广西壮族自治区财政厅、广西壮族自治区国家税务局、广西壮族自治区地方税务局	2012.09	—

国家和交通运输部2个：①国家火炬计划重点高新技术企业；②交通运输部高等级公路水泥混凝土路面建设与养护技术行业研发中心。

广西壮族自治区科技厅5个：①广西道路结构与材料重点实验室；②广西桥梁监测及加固工程技术研究中心；③广西公路智能交通系统工程技术研究中心；④广西创新型试点企业；⑤广西交通勘察设计工程技术研究中心。

广西壮族自治区工信委4个：①自治区级企业技术中心；②自治区一级高新技术企业；③自治区级研发中心；④广西壮族自治区产学研用一体化企业认定。

教育部1个：物联网技术与产业化推进协同创新中心。

广西壮族自治区质量技术监督局1个：广西交通运输标准化技术委员会秘书处。

全国高新技术企业认定管理工作领导小组办公室1个：广西壮族自治区高新技术企业（广西交通规划勘察设计研究院）。

六、施工方面

（一）高性能水泥稳定碎石基层全厚式施工技术

当前高速公路沥青路面基层设计厚度一般为34～40cm，施工方法通常采用分层摊铺。该施工方法存在基层施工周期长、层间结合不好、纵向接缝出现离析带易造成纵向开裂等缺点，进一步影响了路面结构的质量。基于现有的水泥稳定基层存在的上述问题，特向广西壮族自治区交通运输厅申请了"高性能水泥稳定碎石基层全厚式施工成套技术研究及应用"项目课题，在水泥稳定碎石基层在材料设计、施工方法等方面进行了深入研究，并根据课题的研究成果，将马平2-2分部路线范围内桩号为K379+000～K381+000

长2000m的路段作为依托工程,铺筑了试验路段,对课题研究成果充分进行实体工程验证,提出了全厚式水泥稳定碎石的铺筑施工工艺及控制方法,为今后广西高等级公路路面建设提供借鉴及指导。

全厚式铺筑对施工设备和施工工艺都有严格要求,这将是对传统的基层分层摊铺施工工艺的优化和创新,在推动我国路面基层施工技术发展方面具有积极的意义。

(二)硬质沥青混合料路面应用技术

近年来,由于交通量的迅速增大、车辆载质量增加、超常单轮胎的应用以及普遍车辆超载等,在某些情况下按常规设计的纯沥青混凝土性能,特别是高温稳定性已不能满足要求。针对广西地区湿热多雨气候,重交通、重载条件下沥青路面易发生病害的特点,通过利用硬质沥青的高黏性及其混合料的高强度、高模量、热稳定性和水稳性好等特点,研究解决目前广西高等级公路沥青路面建设中存在的早期高温车辙损坏等问题,同时也为广西沥青路面建设工程提供一种较廉价的新型筑路材料。

硬质沥青混合料具有高强度、高模量特点,能较好地提高路面的抗车辙能力,同时与改性沥青相比还有相对较为低廉的价格。对硬质沥青的研究成果将为我国南方特别是广西公路沥青路面修筑提供一种新型路面材料,对提高路面的使用性能、减少养护费用、延长使用寿命、减少投资浪费和不良的社会影响具有重要意义,同时本课题的研究成果对一般高等级公路和其他等级公路的沥青面层结构设计也有重要的参考价值。本技术已成功应用于钦崇高速公路K112+000~K112+500段左幅中面层,其路面性能各项检测结果满足我国沥青路面施工技术要求,且经济效益和社会效益明显。

(三)桥梁预应力精细化施工控制关键技术

依托广西路桥工程集团有限公司承建的来马一分部马安红水河大桥、马平四分部那厘右江特大桥,开展了桥梁预应力精细化施工关键技术研究,成功立项了广西交通科技项目"桥梁预应力精细化施工控制关键技术研究",主要以预应力精细化施工为基础,现场测试各项施工控制指标的可靠数据样本,通过数理统计结合预应力理论建立指标相关体系,并基于生产实践,对预应力精细化施工工艺进行全面科学的技术经济评估。通过研发、实施预应力精细化施工控制技术,使桥梁预应力施工实现全过程、系统化、定量化和智能化控制与管理,确保安全、高质量完成依托工程桥梁预应力施工。

(四)BIM技术在施工方案设计及管理中的应用

目前,广西路桥工程集团有限公司正在开展BIM技术在公路工程施工中的应用研究,并成功立项了广西交通科技项目"BIM技术在施工方案设计及管理中的应用"。BIM

是一种全新的理念,它涉及从规划、设计到施工、维护技术的一系列创新和变革,是建筑业信息化的发展趋势。BIM 的研究对于实现建筑生命期管理,提高建筑行业设计、施工、运营的科学技术水平,促进建筑业全面信息化和现代化,具有重要的应用价值和广阔的应用前景。目前,BIM 的应用在欧美发达国家正在迅速推进,如美国已推出国家 BIM 标准,规定房屋建筑设计必须应用 BIM 技术,推行集成项目交付 IPD 管理模式。同时该行业的大力推进,使得 BIM 工程师、BIM 经理、BIM 咨询公司等新型职业和商机应运而生。

与欧美发达国家相比,我国 BIM 应用起步并不晚,但由于建筑企业和项目管理模式及水平的限制,致使其推广应用更为艰难。不过,国家的重视及行业发展的需求,将极大促进 BIM 更深层次的研究和广泛的推广应用。利用 BIM 技术,在项目管理中实现施工技术方案从方案优化、设计、验算、施工图纸、进度管理、成本管理、材料管理、资源配置、技术交底以及验收等全过程信息化管理。提升项目生产效率、提高质量、缩短工期、规范材料管理、降低建造成本。如该技术推广到公路工程应用,可实现工程全寿命周期(投资、设计、施工、运营等)的信息化管理,是实现公路工程精细化管理,建设节能环保的精品工程的有效支持技术,具有广泛的应用前景。

(五)边坡生态袋防护技术

六寨至河池高速公路项目公司对部分边坡进行生态袋防护。其优点是具有目标性透水不透土的过滤功能,既能防止填充物(土壤和营养成分混合物)流失,又能实现水分在土壤中的正常交流,植物生长所需的水分得到了有效的保持和及时的补充,使植物穿过袋体自由生长。根系进入工程基础土壤中,如同无数根锚杆完成了袋体与主体间的再次稳固作用,时间越长越牢固,更进一步实现了建造稳定性永久边坡的目的,大大降低了维护费用。六河路在 K94+300～K94+400 左侧进行生态袋防护,边坡稳定、生态、环保,取得了较好的效果,生态袋防护技术在广西高速公路建设史上是第一次。

(六)路缘石采取滑模施工工艺

为了避免预制的路缘石安装线形不美观、工期长的弊病,六寨至河池高速公路所有路缘石采取滑模施工工艺,其工作原理是按路缘石设计尺寸调整好滑模机成型模,采用小粒径干式混凝土进行自动滑模成型路缘石,混凝土密实主要靠挤料装置螺旋叶片旋转将混合料挤压在成型模中挤压成型。从实际施工效果来看,线形顺畅、美观,施工质量符合设计要求。

(七)就地热再生技术处理沥青路面病害

沥青混凝土路面就地热再生工艺是回收利用原路面沥青混合料,再添加少量新集料对路面进行补强,实现资源循环利用、节能环保的目的。百色高速公路运营有限公司坚持以创新来提升经济效益的整体思路,经细致调查研究,确定以百罗路 K840 + 300 ~ K841 + 300 上行、K838 + 570 ~ K839 + 570 下行病害较为集中的路段进行高速公路就地热再生技术课题研究。经就地热再生技术修复后,该路段内的路面使用性能得以改善和恢复,路段内的坑槽、松散、裂缝、车辙等病害完全消除,国际平整度指数 IRI 小于 3m/km。通过本项目的实施,丰富广西地区高速公路沥青路面的养护技术,积累工程经验,为今后广西地区大面积应用就地热再生技术提供技术支持。

(八)铣刨重铺技术能处治沥青路面结构车辙病害

百罗路于 2005 年 12 月通车后,2010 年已经产生 16447m^2 的车辙病害。针对此类病害,百色高速公路运营有限公司通过病害调查、路段的交通量与车流组成分析,根据各个病害部位的实际路况进行分析研究,从调整各路段的沥青混凝土的配合比设计、优化嵌挤填充级配及加强施工过程控制等方面着手,通过铣刨重铺的方式进行有效的处治,将原沥青面层铣刨后重铺一层或多层具有嵌挤填充结构的沥青混凝土。检测结果显示,铣刨重铺后的路面使用性能有了大幅提升,道路行车的舒适性及安全性也得到改善。结果表明,铣刨重铺能有效处治沥青路面结构车辙病害,改善道路使用性能,延长道路使用寿命,是一种值得推广应用的道路养护技术。

(九)小导管注浆锚固技术综合处治路基变形与不均匀沉降病害

采用小导管注浆锚固技术处治百罗路路基变形与不均匀沉降病害,百色高速公路运营有限公司在养护工作中借鉴隧道超前支护基础上,延伸推广一些边坡治理技术,如同钢筋砂浆锚杆一样,与坡面成一定角度,由潜孔钻机成孔,置入钢锚管并注入水泥砂浆构成锚管体达到稳定边坡的目标。其优点是可以通过注浆压力调整和二次注浆增加锚孔周边岩土的吸浆量,钢管起到加筋锚固作用,通过杆体、浆体与土体的摩阻力来约束路基的侧向变形,阻止裂缝扩展;注浆达到固化锚孔周边破碎岩土和提高锚管体的锚固力的双重复合作用,改善岩土结构,增强岩土自身凝固力和路堤抗压能力,约束路基侧向变形,从而提高路堤边坡自然稳定性。最后采用贯前和贯后的标准贯入度试验来检测工程实施的效果。通过该工程的实施,有效地提高了路基的承载力,延长了路面的使用寿命,2011 年在百罗路利用了"小导管注浆锚固技术"处置路基变形与不均匀沉降,节省近 40% 的养护资金,取得了较好的经济效益和社会效益。

(十)网索—滑道式阻尼器新技术改造百罗路 3 号缓冲车道

百罗路 K153 + 740 ~ K162 + 920(坡顶)的路段为连续长大下坡路段,分别在 K156 +

800、K157+500、K158+500处设置了缓冲车道,3处缓冲车道编号分别为3号、2号和1号。从运营过程中缓冲车道的使用情况来看,百罗路3号缓冲车道的功能尚存在不足,问题主要体现在结构防护能力、偏角过大和缺少服务车道三大方面。这些缺陷大大降低了缓冲车道的有效、安全的缓冲作用。为了消除这些安全隐患,提高长大下坡路段的行车安全性,综合考虑技术、经济和地形条件等因素的影响,百色高速公路运营有限公司与科研机构共同研究,通过增设网索—滑道式阻尼器、减小引道偏角、在缓冲车道外侧增设服务车道三个方面对3号缓冲车道进行了改造。网索—滑道式阻尼器可以为冲入缓冲车道的失控车辆提供辅助的阻尼作用,使失控车辆能在缓冲车道内安全减速并停车。该技术在缓冲车道上的应用,可有效提高缓冲车道的防护能力,从而达到缩短缓冲车道长度、减少缓冲车道坡度的目的,降低缓冲车道的建设成本。

(十一)"抛丸"新工艺处理隧道打滑

采用"抛丸"新工艺,快速解决百隆路水泥混凝土路面车辆打滑问题。百隆路部分隧道路面光滑,雨天常有车辆打滑而发生交通事故的现象。为此,百色高速公路运营有限公司通过大量的分析和研究,提出了引进抛丸工艺,将光滑的水泥混凝土路面进行抛丸处理,改善水泥混凝土路面微观构造的粗糙度,有效解决了路面打滑问题。该工艺便携、高效、费用低,具有100%清理基面、无集料破坏、不损伤原路面、通过工艺参数的调整可形成不同的微观纹理深度与表面粗糙度,以及处理后的表面无需后续清理等特点。2012年处治光滑路面23586m^2,有效提升了路面抗滑性能,消除了安全隐患,确保行车安全。

(十二)对路面湿滑路段加铺多功能改性树脂超薄抗滑层

多功能改性树脂超薄抗滑层采用了多组分热固性树脂,并抛撒特制耐磨石料作为骨架固化成型,具有厚度薄(5mm)、抗滑性能好、高温稳定性优良、耐水性好、施工便利、维修养护简单等特点,非常适用于公路桥梁、隧道、长坡等对于抗滑性能有较高要求、同时受高程或恒载限制的特殊路段。2014年9月,百色高速公路运营有限公司将该项技术应用在百隆路委见隧道、隆田隧道、隆林互通立交C匝道,处理路段总长为1319.18m,面积10000m^2,截至目前,上述试验路段未发生一起因路面湿滑而发生的交通事故,处治效果良好。该项技术应用在高速公路上,这在广西运营高速公路养护项目中尚属首次。

(十三)不扩缝施工工艺更换水泥混凝土路面缝填缝料

2009年,桂林至柳州高速公路灵川至临桂段采用不扩缝施工工艺对水泥混凝土路面进行接缝填缝料更换试验。该方法不但减少了对路面的损坏程度,保证其传荷能力,而且提升了路面使用的耐久性,目前已得到大力推广。

(十四)错台水泥混凝土路面进行精铣刨整治

2011年,桂林至柳州高速公路项目公司邀请交通运输部公路科学研究院,选取桂林绕城线就错台影响水泥混凝土路面平整度不佳、行车舒适性下降的问题进行了精铣刨的课题研究。该方法不但能减少或消除错台,提高路面平整度,同时起到拉毛的作用,为下阶段的大修加铺提供基础。这种方法方便快捷,雨天也可施工,铣刨后即可开放交通,在高速公路上进行此类精铣刨还是第一次。

(十五)耐久性旧水泥路面加铺沥青层修筑

2012年,在柳南路大修改造项目中,注重"白加黑"施工管理,桂林至柳州高速公路项目公司与交通运输部公路科学研究院进行"旧水泥路面加铺耐久性沥青面层关键技术研究方案"创新项目研究,探索适合广西地区气候、交通特点的耐久性旧水泥路面加铺沥青层修筑成套应用技术;在混凝土加铺路面试验中,利用废旧轮胎磨制成胶粉作为橡胶沥青路面的原材料,建设环保型高速公路,体现了"资源节约型、环境友好型"的交通建设理念,社会、经济效益显著。

(十六)采用平地机数字化施工工法进行路基土石方施工技术

路基土石方平地机数字化施工是利用计算机和传感设备通过GPS定位系统,在软件中建立虚拟的3D图形,使平地机操作工可以不借助机械外部的参考系直接在操作室内就能直观地观察到设计要求的平纵面数据,并与机械本身的姿态相结合,从而可以迅速而准确地完成路基填筑施工。此外,该工法不受外部时间条件影响,可以24h不间断施工。在防城至东兴高速公路土建第4标合同段土石方施工的实际使用中,省略了每次填土所需的放桩、测量环节,高程可直接由操作工直观控制,从而大大节省了人力投入,减少机械空闲时间和台班费用消耗,作业的连续性和准确性完全符合现行土石方施工规范要求的各项指标,施工进度、施工质量大大提高,人力成本大大减少。

路基土石方平地机数字化施工工法的操作流程为:向计算机软件中输入设计数据→基站的安装和调试→现场移动接收机的复测及定位→传感器的安装和调试→操作平地机进行施工。

(十七)采用直投式"壳牌Thiopave改性剂"现场自主改性沥青的高速公路

采用直投式"壳牌Thiopave改性剂"现场自主改性沥青,并应用于防东高速公路K17~K27全幅硫黄沥青下面层。该产品在沥青混合料拌和过程中直接投放,解决了长期以来生产沥青混合料的高能耗、高污染、高成本、技术不稳定等方面的技术难题,填补了我国直投式生产硫黄沥青混合料技术的空白,同时,还具有替代部分沥青、灵活生产、降低成本、节能减排、资源再生等特点,是沥青混合料生产工艺的一次革命。更是直接降低了混合料的拌和温度,节约了拌和设备的燃料消耗,降低了VOC(有机物挥发分)的排放和排入大气的CO_2的排放量。经检测,此次试验路各项技术指标均满足设计规范要求,且抗车辙能力、混合料残留稳定度、冻融劈裂强度明显高于普通沥青混凝土路面。

(十八)沥青拌和站新型监控设备应用

防东路在沥青面料施工拌和过程中,采用现代化的监控设备进行有效的立体监控,通过传感技术、移动通信技术、互联网应用等,把拌和站生产的混凝土每一盘生产数据进行实时采集、无线传输、存储,为管理各方提供了翔实有效的数据基础,并利用信息手段进行统计分析,从微观到宏观,用一系列图表,提供及时准确的质量数据跟踪和分析,为决策者提供数据依据。另外,监控采用的是动态管理的方法,对生产过程进行跟踪观测,并将观测结果与标准值进行比较,若发现偏差,则立即进行纠偏,做到防患于未然,真正达到全面质量管理的要求。有效杜绝了偷工减料,确保工程质量,使施工真正实现了现代化和信息化。

(十九)防东高速公路第4标引进Trimble机械智能控制系统应用于路床调整工作

防东高速公路第4标利用晴天有利时机,紧紧围绕年度目标,精心整合资源,点面结合,重点攻坚,全面抢抓施工进度,为赶在雨季来临之前完成全部的路床调整工作,该项目部引进了Trimble机械智能控制系统辅助路床施工工作。Trimble机械智能控制系统的引进、应用在广西业界尚属首例,也是广西路桥建设在施工中首次采用该技术。

Trimble机械智能控制系统通过安装在平地机上,由后台高精度的全站仪遥感控制,采用铲刀横向坡度控制技术对平地机铲刀动作进行实时监控,能实现毫米级精度的高程控制效果。同时,Trimble机械智能控制系统还可安装在挖掘机、推土机、压路机等机械设备上,从而达到施工一体化的效果。该系统的应用,一方面可日夜快速精确施工,大大提高平地机的作业效率,从而有效提高施工质量、缩短工期;另一方面,无需测量人员反复测量放样和辅助施工人员配合,缩短了等待测量和坡度控制检查的工作时间,可以实时监控施工信息,一次做好工作,返工率低,从而极大提高了生产效率,为项目有效缩减了人力成本和管理成本。

目前,防东高速公路第4标引进Trimble机械智能控制系统,应用于平地机作业控制已顺利完成1km路段(双幅)的路床调整。经人工复核、检测,该路段路床宽度、厚度、平整度等均符合规范要求,达到了预期的效果。

(二十)桥面全幅铺装提浆整平施工技术

1. 桥面铺装现状

现阶段,广西区内高速公路的桥面铺装大部分采用的是分幅铺装,而在分幅铺装中容易出现以下问题:一是分幅施工时桥面施工缝处理不容易处理;二是施工、养护措施不到位,桥面铺装容易出现裂缝;三是分幅交叉施工对钢筋保护层有一定影响;四是提浆不足、平整度差。

针对分幅铺装中存在的问题,崇靖路试点引进了桥面铺装提浆整平机,在取得了良好效果的基础上进行了全线范围内的推广应用。

2. 设备组成及所在优势

新型桥面铺装提浆整平机主要由单轴滚筒、钢轨道、滑动牵引机、桥面抹平栈桥4部分构成。与传统的桥面混凝土铺装层施工工艺相比,其具有以下特点:一是施工速度快,可大量节约人力、物力;二是以防撞墙作为侧模,控制桥面铺装高程;三是整平机集振动、整平于一体;四是施工机械操作简单,标准化程度高;五是机械设备投入不大(约8万元)。

3. 主要施工工序及步骤

(1)施工准备、桥面高程测量验收。

(2)桥面凿毛、清洗、翘起桥面钢筋(图5-1-30)。

(3)绑扎钢筋网片,复核钢筋网片高程(图5-1-31)。

(4)安装整平机行走轨道,复核整平轨道高程(图5-1-32)。

(5)安装提浆整平机,复核整平机高程及钢筋网片高程,准备浇筑混凝土(图5-1-33)。

(6)混凝土浇筑布料,提浆整平机施工,人工收面。

(7)及时土工布覆盖、洒水养护(7d)。

图5-1-30 翘起桥面钢筋示例图

图5-1-31 验收钢筋网片高程示例图

图 5-1-32 安装轨道,复核高程示例图

图 5-1-33 安装提浆机,清洗桥面,准备浇筑桥面混凝土,抹面示例图

(二十一)BIM 技术在桥梁施工中的运用

以建筑信息模型(BIM)为核心理念的数字化三维技术的出现,可以帮助企业精细化管理,更准确、有效地控制施工过程,加快进度、保证质量。

1. BIM 技术特点

BIM 目前在房建工程中运用较为普遍。在公路工程尤其是大型桥梁工程中的运用尚未得到有效的普及。它是以三维的数字模型将拟建设的工程实体简单、直观、明了地呈现于用户眼前,以便于发现建设中的各类技术和管理问题,可以对桥梁的任何部位和结构实行三维数据建模。

2. BIM 的优点

(1)审查图纸错漏偏差。通过大桥的 Revit 三维建模过程,查找出了图纸设计中可能存在的问题,主要涵盖三类:第一类是明显的错误;第二类是有缺项或者漏项;第三类是设计意图不详,指意不明。针对明显的错误予以更正;针对缺项漏项予以指出以便确认;针对设计指意不明的予以指出,并提出施工中的解决建议和优化施工的方法。

(2)精细施工。通过建立三维模型,发现普通钢筋与管道冲突问题,解决顶板负弯矩区冲突、梁肋钢筋与预应力管道冲突,查找浇梁和 40m 标准 T 梁问题截面、修改钢筋的局部大样图。

(3)加强对工程用材料的管理。通过优化图纸及相关截面设计相应的增加与节省材料,避免浪费。

(4)加快工程进度。杜绝了返工、窝工现象,加快了施工进度。

3. 意见和建议

一是 BIM 技术介入工程管理宜早不宜晚。最好在施工单位拿到图纸还未进驻工地之前就介入。

二是 BIM 技术宜适用于整体工程。在条件允许的情况下,可将 BIM 技术运用于项目所有重要的桥涵、隧道、路基工程管理,实现项目进行整体的质量、进度、材料管理。

(二十二)二氧化碳气体保护焊施工技术应用

灌凤高速公路钢筋焊接施工采用了二氧化碳气体保护焊。二氧化碳气体保护焊是焊接方法中的一种,是以二氧化碳气为保护气体进行焊接的方法。在应用方面操作简单,适合全方位焊接,并适合室内作业。灌凤路按照"四化"管理要求,建立了标准化、工厂化的钢筋加工场,在钢筋加工场内采用 CO_2 保护焊的方法进行钢筋焊接作业,取得了良好效果。一是焊接速度快,单位时间内融化焊丝比手工电弧焊快一倍;二是焊接范围广,可适用低碳钢、高强度钢、普通铸钢等全方位焊接;三是焊接质量好,对铁锈不敏感,焊缝含氢量低,抗裂性能好,受热变形小;四是引弧性能好,能量集中,引弧容易,连续送丝电弧不中断;五是溶深大,熔深是手弧焊的三倍,坡口加工小;六是溶敷效率高,手弧焊焊条熔敷效率是 60%,CO_2 保护焊焊丝熔敷效率是 90%;七是焊接成本低,经济性好。

七、软科学方面

(一)GPS 应用

根据公路、水运工程的发展需要,先后开展了"钦州港 GPS 导航监理系统""GPS 水上测量定位系统""GPS 在公路工程测量中的应用研究"等课题研究工作。

"GPS 水上测量定位系统"课题是将国外先进的 GPS、微机、国内成熟的测深仪等硬件结合起来,再加上自己开发的接口、软件组成一套自动化测深定位系统,既保证系统的先进性、稳定性、适用性,又大大降低了成本。

"GPS 在公路工程测量中的应用研究"课题针对 GPS 在国内公路工程测量中的重点难点问题,结合广西实际工程项目,探索 GPS 技术在该领域的应用,创新开发了 GPS 公路模块相对应的数据录入软件。该项技术能提供准确的数字化测量成果,为实现公路勘察、设计、施工、后期管理一体化提供了技术基础,减少中间数据转换环节,对提高勘察设计水平起到积极的推动作用。具有精度高、速度快、劳动强度低等优点,提高了生产效率,经济效益和社会效益显著。

(二)V8 网络化多功能电法工作站运用

为解决广西长大深埋隧道勘察的技术难题,广西壮族自治区交通规划勘察设计研究院斥巨资引进"V8 网络化多功能电法工作站",开展了"V8 多功能电法工作站在广西长大深埋公路隧道勘察应用研究"。课题以广西区内 8 条高速公路的 24 个隧道(总长

56km)为依托工程,对 V8 多功能电法工作站在广西长大深埋隧道勘察应用开展了全面系统的研究,通过 AMT、CSAMT 与高密度电法的对比研究,论证了 AMT 与 CSAMT 在隧道勘察的有效性,并总结了 AMT 与 CSAMT 的优缺点;系统研究了音频大地电磁法(AMT)和可控源音频大地电磁法(CSAMT)的方法原理、测深曲线特征、静态效应识别与校正、近场效应识别与校正、CSAMT 最佳观测方案优选原则与方法、CSAMT 分辨率影响因素、噪声类型与应付措施及电磁法反演技术等;研究总结了一套长大深埋隧道 V8 多功能电磁法的野外工作方法及室内反演解释流程;编制了《V8 多功能电法工作站隧道勘察应用手册》,填补了广西公路长大深埋隧道勘探技术的空白。

课题研究成果在河百、乐百、靖隆等高速公路项目的隧道勘察中成功应用,同时为了更好地实现产研结合,还将该技术应用于昭平黄花山地热矿泉水探测、柳州盘龙铅锌矿水文地质和环境地质评价的岩溶勘察等项目中,为广西勘察技术的提升注入强有力的动力,也为岩溶区探测技术的引进、应用、推广起示范带头作用。

（三）施工企业 ERP 系统设计与实施

由于广西路桥工程集团有限公司工程项目多、地域分布广、管理跨度大,分散作业和集中管理的问题一直没有得到很好的解决,各项目部的管理模式无法统一,好的管理模式很难推广。因此,公司开展了"施工企业 ERP 系统设计与实施"课题研究,并在广西壮族自治区交通运输厅立项成功。而通过引入 ERP 先进的管理理念,利用计算机技术实现动态、实时、简捷、优化的管理流程,整合系统资源、实现资源计划、重组业务流程、发挥资源效益、实现管理效益最大化,改造整个管理模式并固化优秀的管理模式,进而实现"管理复制"。目前,该课题已通过验收,该项技术也在一定范围内使用。

第二节　重大科研课题

一、公路科研课题

（一）高液限土路基稳定技术研究

获得奖项:2006 年中国公路学会科学技术奖一等奖。

完成时间:2005 年 1 月。

项目概况:本课题以高液限土的工程特性、路基治理机理与技术、设计理论与方法、施工与质量控制等内容为重点开展研究。

通过对西南、西北高等级公路的调研,提出了我国高液限土的主要类型和分布区域,分析了高液限土路基的病害成因。对天然与改良高液限土物理力学特性与工程特性进行了系统全面的研究；针对工程中存在的主要问题进行了专题研究，揭示了高液限土在不同自然条件与不同工程力学条件下的工程特性，特别是时间效应、长期水稳定性和干湿循环等特性。建立了严格非饱和土固结理论，并从实际需要出发建立了非饱和土简化固结理论和相应的本构模型，编制了非饱和土理论的有限元计算软件。在国内外首次运用非饱和土理论分析了实际工程的变形与稳定特性，成功模拟了高液限土的开裂过程和降雨条件下路堑边坡的破坏过程，揭示了高液限土路基的稳定、变形与老化的过程和规律。运用先进的离心模型试验技术，研究了非饱和土高液限土路基的稳定、变形特性，成功模拟了高液限土路堑边坡降雨条件下的破坏过程。

课题在3条实际工程的试验路段上，进行了工程试验，完成了石灰、水泥、加筋等多个治理方案的工程实施，进行了全面的施工工艺、质量标准检测方法的研究与验证。研究课题提出了关于高液限土路基稳定较为全面的技术成果，多项成果在实际工程中得到应用，对今后的工程应用与规范的制定有基础性的重要意义。

本课题由广西壮族自治区交通规划勘察设计研究院、南京水利科学研究院、广西壮族自治区交通基建局、河海大学4家单位共同完成。

（二）膨胀土地区公路建设成套技术研究

获得奖项：2009年国家科学技术进步一等奖。

完成时间：2007年6月。

项目概况：本课题含"膨胀土地区勘察设计技术研究""膨胀土路基设计、加固与施工技术研究""膨胀土地区公路构造物地基与基础设计和施工技术研究""膨胀土地区公路环境保护技术研究"4个专题。由广西、湖南、湖北、云南、四川、陕西、江苏等省（自治区）的16家高校、科研、设计、管理、施工单位，共380名科研人员分4个专题（15个子题）开展了系统的研究和科技攻关，研究总投入6700余万元。

课题在公路膨胀土边坡的滑坍治理、膨胀土弃方的合理利用、膨胀土的判别分类、构造物地基基础设计及环境保护等关键技术方面有重大突破和实质性创新，取得了集理论、方法以及勘察、设计、施工技术于一体的公路系列技术，形成了膨胀土地区公路建设膨胀土治理成套技术，实践了"最小的破坏就是最大的保护"这一主动环保的新理念，使我国公路膨胀土处治技术跃居国际领先水平。

本课题获国家授权专利12项，修编行业规范4部，出版专著3部，发表论文213篇（SCI和EI收录46篇），依托项目建成了"教育部道路灾变防治及交通安全工程研究中心"，显著推进了行业科技进步和膨胀土工程领域的科技发展。美国Civil Engineering期刊专门约稿，对该技术进行了重点推介。

课题创新成果主要有:

(1)从节约资源和保护环境的新视角,提出了"以柔治胀"的新理念,发明了膨胀土路堑边坡滑坍治理的柔性支护综合处治技术,揭示了膨胀土路堑边坡的灾变机理、破坏特征和演化规律,建立了膨胀土路堑边坡稳定、加固与生态环保的理论、方法及设计、施工系列技术,攻克了膨胀土"逢堑必滑"的世界性技术难题,为公路运输的安全畅通提供了技术保障。

(2)解决未经改良的膨胀土不能直接用作路堤填料的难题,开发了膨胀土填筑路堤的物理处治新技术,论证了直接用膨胀土填筑路堤的可行性,提出了新的膨胀土填料分类分级标准、方法与试验技术,建立了膨胀土填筑路堤的理论基础、评价方法与设计、施工系列技术,避免了因大量借、弃土方引起的水土流失和环境破坏。

(3)首次提出了膨胀土地区公路勘察设计系列技术,建立了以微观特性为基础、工程特性为指标的公路膨胀土判别分类标准、方法及工程分类体系,使其误判率降低30%,开发了我国第一个公路工程膨胀土分布地理信息系统——中国膨胀土GIS信息系统,补充完善了多部行业规范、规程。

(4)开发了一种新的膨胀土地基处治技术,建立了膨胀土与桥涵构造物地基基础相互作用的计算方法及变形预测模型,提出了非饱和膨胀土工程本构模型以及土工合成材料加筋膨胀土的设计理论与方法,发展了公路膨胀土工程理论。

广西壮族自治区交通规划勘察设计研究院参与了"膨胀土地区公路修筑成套技术研究"课题的第一分题"膨胀土地区公路勘察设计技术研究"(排名第三)和第三分题"膨胀土地区公路构造物地基与基础设计和施工技术研究"(排名第二)的研究工作。其余参加单位分别为:中交第二公路勘察设计研究院、中国科学院武汉岩土力学研究所、广西壮族自治区交通基建局。

(三)公路处治土路基长期性能的研究

获得奖项:中国公路学会科学技术二等奖。

完成时间:2010年12月。

项目概况:本课题为交通运输部西部交通建设科技项目,由广西壮族自治区交通规划勘察设计研究院等两家单位共同承担完成。该课题通过工程调研、室内外试验、理论分析、数值模拟和现场监测等手段,系统研究了典型处治土路基工程特性及其影响因素、处治土路基设计方法以及工程技术措施等,取得以下研究成果:

(1)研制了淋滤试验装置,提出了相应的试验方法,通过试验建立了Ca^{2+}离子含量与石灰处治土强度的关系。

(2)研究了非饱和土动应力—温度—湿度—溶质四场耦合模型,数值模拟了处治土路基在干湿循环、汽车荷载和淋滤作用下的强度和变形的变化特性,利用环境发生器进行了石灰处治膨胀土路基干湿循环过程模拟试验，获得了环境变化条件下处治土路基的温度场和湿度场变化规律。

（3）通过路基路面动力响应室内模型试验，获得了处治土路基动应力与变形特性；通过CT扫描试验，得到了处治膨胀土破坏过程损伤演化特性；基于路面路基层状结构的三维动力学分析模型，求解得出了路基动应力分布与汽车荷载作用深度的关系图。

（4）初步建立了考虑路基路面协调作用、基于动强度理论的处治土路基设计框架体系，提出了提高公路处治土路基长期性能的工程技术措施。

本课题成果创新性高，具有明显的社会经济效益和环境效益，推广应用前景良好，总体达到国际先进水平，项目研究成果已成功应用于实体工程，并编制了《公路处治土路基设计施工技术指南》。

（四）高液限红黏土路基动力响应及性能衰变规律研究

获得奖项：2016年中国公路学会科学技术二等奖。

完成时间：2015年1月。

项目概况：本课题是交通运输部2011年度交通建设科技项目（编号：20113184931700），由广西壮族自治区交通规划勘察设计研究院会同中交第二公路勘察设计研究院有限公司、中国科学院武汉岩土力学研究所共同完成。该研究以高液限红黏土路基性能衰变规律、汽车荷载作用下红黏土路基动力响应、高液限红黏土路基变形与稳定控制技术措施作为研究重点，以来马高速公路、马平高速公路为依托，获得了一些创造性的研究成果：

（1）提出了公路施工运营多阶段联合试验的路基动力响应现场测试方法，编制了车辆—道路—地基大系统耦合动力响应计算软件，揭示了汽车与压路机荷载作用下红黏土路基动态应力应变空间分布规律。

（2）提出了不同干湿循环条件下压实红黏土收缩变形及压缩模量的预估方程，建立了干湿效应与动荷载耦合作用下压实红黏土的动弹性模量衰变函数，揭示了高液限红黏土路基性能演化规律。

（3）揭示了交通荷载及环境变化对红黏土路基变形的影响规律，建立了考虑路基累计塑性变形、固结变形、收缩变形的红黏土路基总变形预测模型。

（4）提出了高液限红黏土路基变形和稳定控制技术措施，研发了一种不损伤路面的平孔注浆路基加固技术。

基于项目研究成果，编制了《高液限红黏土路基设计施工技术指南》，并成功指导了依托工程修筑。项目研究成果完善了红黏土地区公路路基设计施工技术，为修订公路路基设计规范和施工规范提供了理论依据和技术支撑，促进了行业设计施工技术水平提高，有着十分显著的社会意义。

(五)广西高速公路路面耐久性提升技术及工程应用

本项目研究对象属于交通运输工程技术领域。

本项目依托广西交通科技项目计划"耐久性路面实用技术研究"(计划任务书编号：桂交综合发〔2008〕75)，主要通过系统集成和评价广西乃至国内已有各项路面技术的成果、潜力与风险，提出基于广西应用实际的高速公路路面耐久性提升技术，具体包括较为独立的三个分题：混凝土路面耐久性提升技术、沥青路面耐久性提升技术、组合式路面耐久性提升技术，目的是达到提升广西高速公路路面的使用寿命和功能，促进路面的结构耐久性和功能耐久性，从而为广西今后公路建设和维修养护提供技术支持。

随着社会和使用者对高速公路通行能力和舒适性的期望值日益提高，要求路面具备更为优良的结构耐久性和使用耐久性，但广西高速公路路面技术的发展相对于建设进度较为落后，已有路面的耐久性不佳，严重影响了高速公路建设的形象和成果体现。项目组从2008年开始，对广西20年来应用的各类主流路面技术的使用效果、潜力、技术风险进行了研究评估，并采用测试推演、研究分析、集成再创新的技术办法，形成了广西高速公路路面耐久性提升技术成果如下。

1. 混凝土路面耐久性提升实用技术及应用

建立了适合于软弱地基和重载交通条件的"哑铃式"路面结构设计体系，提出了大厚度路面低阻力混凝土施工技术，改善了混凝土路面对路基沉降和层间脱空敏感、不耐重载、平整度差的问题。成果已应用于300km的高速公路和路网干线公路，预计可减少管养费用15%(图5-2-1、图5-2-2)。相关成果已纳入行业规范《公路水泥混凝土路面施工技术细则》(JTG/T F30—2014)、《公路水泥混凝土路面设计规范》(JTG D40—2011)、《公路水泥混凝土路面养护技术规范(送审稿)》。

图5-2-1　现场施工作业图

图5-2-2　广西高速公路路面耐久性提升技术及工程应用示例图

2. 组合式路面耐久性提升实用技术及应用

建立了适合于广西地区的组合式路面设计体系,减少了混凝土加铺沥青罩面发生开裂、车辙和推移等病害的发生率,提出了机制砂、河砂两类新建混凝土路面加铺沥青罩面技术以及旧混凝土路面加铺沥青罩面技术。相关成果已应用在390km的高速公路和路网公路,预计可降低新建混凝土路面组合式路面初期投资约15%,减少旧混凝土路面组合式路面管养费用20%。相关成果已纳入行业规范《公路水泥混凝土路面施工技术细则》(JTG/T F30—2014)、《公路水泥混凝土路面养护技术规范(送审稿)》。

3. 沥青路面耐久性提升实用技术及应用

完善了广西地区沥青路面抗车辙水损技术,提出了沥青薄层罩面用橡胶沥青技术,相关成果已应用于300km的沥青路面,并指导近1000km的沥青路面施工,可减少管养费用15%,应用橡胶沥青路面每公里可节能减排27.3t标准煤。相关成果将形成广西地方规范《橡胶沥青路面施工技术规范》《沥青路面施工技术规范》。项目主体技术已产生直接经济效益4100万元,节能减排8190t标准煤,经济社会效益显著。

本项目提出的高速公路路面耐久性提升技术为广西乃至全国高速公路路面的设计、建设与养护提供了更为科学合理的技术保证,项目成果已被和即将被纳入3部行业规范、2部地方规范,发表论文20篇,指导了广西地区各类型路面近3000km的设计、施工与养护,为我国公路交通现代化作出了重要贡献,有力促进了社会经济的全面发展。同时,还培养了一批高素质专门人才,有效促进了路面设计理论与交通运输学科发展,有力推动了交通行业科技进步。

项目成果充分显现了绿色环保化和节能减排效果突出的特点。

(1)项目成果的广泛应用,有效提升了路面的结构性能和使用功能,预估路面使用寿命可延长3~5年,大修时限可延缓2~4年,因此减少了频繁的养护维护对路面通行造成的压力,增强了道路的通行与运输能力,改善了行车的安全性与舒适性,降低了交通事故的发生率,保护了人民群众生命财产安全。

此外,通过延长大修期限,可在预定寿命期限内减少路面养护废料10%~15%,可大大降低旧路面破碎、废料处理及堆放对环境造成的压力。

(2)项目部分技术应用后节能减排效果突出:

①低阻力混凝土技术可通过混合料系统设计计算节约水泥5%~10%,成果已应用混凝土路面300km,节约水泥4.75万t,折算可减少标准煤耗约8500t。通过低阻力混凝土技术可降低混凝土阻力,减少混凝土搅拌和摊铺功率5%~10%,计算最高可降低电耗20万kW·h。

②橡胶粉改性沥青技术在隆百高速公路与钦崇高速公路连接线上应用,两个项目总

用沥青约38184t,使用废轮胎橡胶粉6364t,以每吨废橡胶轮胎生产47%成品柴油的最低转化计算,减少替代燃料量(吨标准油)2991t的排放。

③混凝土加铺沥青罩面技术应用后可降低罩面厚度6cm,技术成果在隆百高速公路和坛百高速公路中应用,计算可减少沥青混合料用量656896.5t,可节能标准煤5255.3万t。

④沥青抗车辙技术指导高速公路路面铺筑里程1025km,在确保沥青混合料的合理油膜厚度下,沥青含量相对减少为0.2%,可节能标准煤2250.9万t。

(3)降低汽车油耗,提高使用者效益

项目技术成果可大大提高混凝土路面和沥青路面的平整度,特别是组合式路面技术可进一步提高混凝土路面的使用性能,降低汽车油耗和车辆轮胎磨损。平整度对油耗影响的最大差别为1.15,因此可降低油耗,提高使用者效益。

广西未来五年内将修建或扩建300km高速公路,近2000km各等级公路,每年的路面建设和养护维修十分繁重,因此,本技术的应用前景广阔,潜在的社会生态效益显著。

(六)薄层橡胶沥青在北部湾水泥路面中的应用技术研究

"薄层橡胶沥青在北部湾水泥路面中的应用技术研究"项目为交通运输部西部交通建设科技项目,合同编号:2011-318-788-1280,由广西交通科学研究院承担项目研究工作,交通运输部科学研究院及长沙理工大学为项目合作研究的主要参加单位。

广西北部湾经济区开发提出了"交通优先"的发展战略,"资源节约、环境友好"成为发展的主题,同时对公路路面的使用功能提出了更高的要求。在北部湾交通大发展形势下,通过路面结构选择和新技术的应用,提高公路路面的行车舒适性、安全性及使用寿命,节约改性沥青材料及建设资金,减少路面维修过程对交通运行和环境的压力显得十分迫切。

项目针对北部湾地区水泥路面行车舒适性差和维修困难的特点,采用水泥路面加铺薄层橡胶沥青面层技术,对薄层橡胶沥青复合式路面展开研究,旨在充分利用橡胶沥青路面减振、降噪、抗滑的特点,提高路面的行车舒适性和安全性,发挥橡胶沥青面层隔热、防水、耐老化的特点,提高路面耐久性。在已有研究的基础上,通过集成创新和重点突破,提高技术稳定性、配套性和系统性,开展了包括"新建水泥路面加铺薄层橡胶沥青复合路面结构组合研究""薄层橡胶沥青复合式路面层间界面特性的研究""薄层橡胶沥青混合料设计及路用性能评价指标研究""薄层橡胶沥青复合式路面施工过程质量控制关键技术研究"4个专题的研究。项目组投入研究力量200人,主要仪器设备30台套,使用试验材料10t,室内试验、现场取样和试验检测1500点,获取试验数据10000多个。项目组成员团结协作,刻苦钻研,扎实工作,不断试验和总结升华,顺利地完成了预期目标。

按合同书要求,本研究达到的主要技术指标为:①提出北部湾山区重载交通条件下,新建设水泥路面加铺薄层橡胶沥青路面的设计标准;②提出薄层橡胶沥青复合式路面界面处理评价指标与标准、刚柔面层层间界面应力控制参考范围;③提出薄层橡胶沥青路面混合料设计方法与路用性能评价指标;④提出新建水泥路面加铺薄层橡胶沥青路面施工工艺和质量控制关键技术;⑤编制《新建水泥路面加铺薄层橡胶沥青复合式路面施工技术指南》,指导设计与实施该类复合式路面200km以上,完善相应的指标检测、评价方法及施工质量控制方法;⑥依托项目将形成新建水泥路面加铺薄层橡胶沥青路面技术指南一套,实体工程推广应用2个,培养主要技术人员3名,发表论文14篇,申请专利5项。

项目成果适用性较强、应用方便,与设计、施工、检测等部门均紧密相关,具备系统性、实用性、整体性、针对性和前瞻性的特点,摆脱了传统设计方法的盲目性和经验性,能够铺筑出适宜于具体项目工程特点、经济、耐久的橡胶沥青复合式路面,显著促进了行业标准的提升,经济效益、社会效益和环境效益重大。本项目在薄层复合式路面的结构设计、界面处治、沥青混合料配合比设计和施工方面的研究成果,是在归纳和总结国内外现有技术的基础上,结合室内试验及力学分析计算,进一步提炼出的实用性技术和方法,大部分技术和方法已有成功的应用实例,完全可推广应用,具有较高的成熟性,可为新水泥混凝土面层或旧水泥混凝土面层加铺薄层罩面等工程提供技术指导。

本项目研究与实际紧密结合,研究内容全面、研究成果对工程建设有现实指导意义。广西在"十二五"待建3955km高速公路,采用薄层橡胶沥青复合式的路面结构形式可大大提高社会、经济效益。本项目的研究成果还可应用于广西地区已修筑近1800km高速公路水泥混凝土路面的加铺改造;应用于对一些南方城市道路中水泥混凝土路面的行驶功能改善。可提高路面行车安全性和舒适性,延长路面使用寿命,节约资源,缓解资金压力、资源压力、政治压力和社会压力,可形成较大的市场规模。因此,本项目成果具有广阔的推广应用前景。

(七)水泥混凝土路面施工变异性及控制技术研究

项目由交通部西部交通建设科技项目管理中心于2007年以交管中心项目字〔2007〕103号文件下达,任务书(合同)编号:2007-318-223-01-5。该课题是2007年度西部交通建设科技项目重大专项"西部地区耐久性水泥混凝土路面关键技术研究"的第5分题,由广西交通科学研究院承担,长安大学为项目合作研究的主要参加单位。

已有研究对不同工艺的适用范围、工艺选择的限制、工艺过程对路用性能及耐久性的影响研究得较少,没有从工艺原理上摸清工艺过程对材料组成、混凝土分层结构及性能的影响规律,没有突破工艺选择上的限制,没有解决混凝土匀质性问题,制约了水泥混凝土路面在二级及以上公路路面中的应用。

本项目组针对目前水泥混凝土路面在工程应用中存在的诸多问题,在广泛的国内外研究成果调研、咨询诸多专家意见和建议的基础上,根据项目合同和可行性报告要求,制订了科学系统的研究方案和工作大纲。研究过程中,以空间变异理论、误差理论、复合力学理论和水泥混凝土工艺理论为指导,采用调查研究—室内试验研究—典型工艺试验—现场试验相结合的技术路线,以工艺过程对水泥混凝土路面结构形成及路用性能的影响为主线,在已有研究的基础上,通过集成创新和重点突破,提高技术稳定性、配套性和系统性,开展了包括"水泥混凝土路面材料组成变异性及控制技术研究""水泥混凝土路面施工变异性控制技术研究""水泥混凝土路面性能变异性控制技术研究"等4个专题的研究。投入研究力量300人,主要仪器设备40台套,使用试验材料602t,室内试验、现场取样和试验检测1260点,获取试验数据8000多个。撰写了总报告1本、分报告13本、附件报告2本及其他所需鉴定文件,圆满完成了合同和工作大纲规定的各项任务。

实际达到的性能指标为:①提出了水泥混凝土路面施工性能及使用性能变异性评价指标与方法;②提出了典型工艺水泥混凝土路面施工变异性控制技术和均匀优质水泥混凝土路面施工技术;③开发了水泥混凝土路面性能评价和试验检测技术;④培养了技术骨干8名,博士研究生3名,硕士研究生2名,发表期刊论文17篇,其中核心期刊8篇。实际达到的主要经济指标为:提高了水泥混凝土路面质量均匀性和施工技术水平;延长了水泥混凝土路面使用寿命;扩大了水泥混凝土路面使用范围,发挥了资源优势和拉动内需的作用,节约了初期投资和养护维修费用,达到了合同的要求。该项目研究成果技术原理先进,按预定性能进行设计程度高,从材料选择方法、混凝土组成系统设计、路面结构设计、施工工艺和各性能检测方面,进行了多层次的系统改进,完善了基于性能的水泥混凝土路面组成系统设计和控制方法,改进了混凝土搅拌工艺、三辊轴施工工艺和滑模施工工艺,改进了混凝土施工性能、物理力学性能、使用性能和耐久性的分析评价方法。在建立水泥混凝土路面材料设计、施工和检测评价新技术、新方法,掌握水泥混凝土路面新结构、性能新规律和系统集成方面有显著突破。研究成果实现了水泥混凝土路面性能设计、施工控制和检测评价技术的跨越,有力促进了水泥混凝土路面技术的发展,提高了水泥混凝土路面技术的竞争优势,总体达到国际先进水平。

项目成果适用性较强、应用方便,与设计、施工、检测等部门均紧密相关,具备系统性、实用性、整体性、针对性和前瞻性的特点,摆脱了传统设计方法的盲目性和经验性,能够铺筑出适宜于具体项目工程特点、经济、耐久的水泥混凝土路面。显著促进了行业标准的提升,经济效益、社会效益和环境效益重大。

截至2010年年底,全国公路总里程约400万km,其中高速公路约7万km,一级公路约6.5万km,二级公路约31.5万km,三级公路约38万km,四级公路约250万km,等外公路约67万km。有铺装路面200万km,其中沥青混凝土路面约54万km,水泥混凝土路面约146万km,简易铺装路面约53万km,未铺装路面约147km。近年来,高速公路、一级公路分别以每年5000km以上的速度增长,二级及以下公路每年增加约30万km,水泥混凝土路面所占比重为有铺装路面的70%。目前,水泥混凝土路面主要用于二级及以下公路,高速公路水泥混凝土路面的比例不到3%,主要集中在广西。而近两年来随着石油沥青价格的高涨,沥青路面的成本已大大超出了水泥路面,致使建设部门难以承受。随着水泥混凝土路面施工水平的提高,如能降低施工成本,提高路面结构性能、使用性能和耐久性,水泥路面将会有广阔的应用前景。

我国是水泥生产大国,2010年我国水泥产量18.68亿t,约占世界水泥总产量的63%;而沥青资源相对匮乏,优质沥青主要依靠进口,发展水泥混凝土路面,能够扩大内需,拉动经济,促进建材、施工设备行业的发展,具有巨大的经济和竞争优势。建设沥青路面需要消耗大量能源,并增大碳排放,而发展水泥混凝土路面,能够节约大量沥青资源并减少燃料和油料的消耗,在发展低碳经济和节能减排压力不断增加的背景下,该项技术的推广应用将具有重要现实意义。

项目研究成果将提高我国水泥混凝土路面的耐久性,延长路面使用寿命,为修订或增补水泥混凝土路面设计、施工技术规范提供最新依据,在指导我国水泥混凝土路面的设计和施工方面具有广阔的应用前景。

(八)水泥混凝土路面养护技术研究

"水泥混凝土路面养护技术研究"(2001-318-788-77)是2001年立项的西部交通建设科技项目,由广西壮族自治区交通科学研究所和交通部公路科学研究所共同承担,参加单位有广西壮族自治区高速公路管理局、广西壮族自治区公路管理局等。

随着水泥混凝土路面里程的不断增长,路面的养护管理工作日益繁重:一是早期修建的水泥混凝土路面大多已接近使用年限,需要翻修;二是近期修建的水泥混凝土路面,由于诸多原因,大多已出现不同程度的损坏。国内早期修建的水泥混凝土路面,主要用于二级以下公路,其设计强度低、面板厚度薄,在车辆荷载及外界因素的作用下,有的修建不久便出现破坏,有的已超过使用年限,大多数进行过罩面、补强或改建。近年修建的水泥混凝土路面,由于施工、养护及自然因素等原因,也出现了不同程度的损坏,虽然这些损坏大多还未严重到影响水泥混凝土路面的正常使用,但随着交通量的增长,损坏逐渐加剧,如不及时维修,将会给以后的养护带来更大的困难,造成不必要的经济损失和不良的社会影响。

尽管水泥混凝土路面有诸多优点,一旦损坏,修复工作却困难得多。因此,如何使现有的水泥混凝土路面保持结构完整,满足使用功能要求以及延长使用寿命,使现有公路保持良好的营运状态和服务水平,发挥更大经济效益和社会效益,是公路管理养护部门急待解决的重要课题,也是影响水泥混凝土路面发展的关键技术。

依靠科技,提高养护技术及养护管理水平,是解决问题的关键。养护技术是检测、设计、材料、工艺紧密结合的综合技术，先进的养护技术能有效地消除加速水泥混凝土路面破坏的不利因素，以最优的性能、最小的费用修复水泥混凝土路面损坏，保持路面畅通和使用可靠，使公路保持在一定服务水平上。

研究水泥混凝土路面养护技术，目的是推广应用先进的水泥混凝土路面损坏检测技术，提高水泥混凝土路面损坏检测评价水平，提高养护管理部门决策的准确性和预见性；完善水泥混凝土路面修补设计，丰富水泥混凝土路面损坏修补形式；提高水泥混凝土路面修补材料的性能，保证水泥混凝土路面修补的有效性，保持或提高水泥混凝土路面的服务水平及延长水泥混凝土路面修补的使用寿命；提出不同水泥混凝土路面损坏修补的施工工艺，有效地控制水泥混凝土路面损坏修补工序质量和施工质量。

我国现有的水泥混凝土路面通车里程已超过 25 万 km。随着水泥混凝土路面的飞速发展和广泛应用，水泥混凝土路面通车里程将迅速增长，在我国交通事业中的位置将越来越重要，对国民经济的影响也将越来越大。因此，水泥混凝土路面养护技术不但有着广阔的应用前景，还有着非常重要的现实意义和巨大的经济效益及社会效益。

本项目的主要研究内容分为以下几个方面：

1. 路面结构承载能力无损检测与评价技术

（1）路面板温度状况的快速无损测试方法研究。

（2）路面板温度梯度对路表弯沉的影响研究。

（3）路面结构参数的无损测试方法研究。

（4）水泥混凝土路面板的疲劳损伤研究。

（5）旧水泥混凝土路面板剩余寿命估算技术研究。

2. 抗盐冻破坏机理与应用技术

（1）水泥混凝土路面盐冻试验方法研究。

（2）水泥混凝土路面盐冻破坏机理研究。

（3）混凝土盐冻破坏的影响因素研究。

（4）水泥混凝土路面盐冻破坏的修补。

（5）抗盐冻混凝土的设计原则和防治技术措施。

3. 板底脱空检测评价与处治技术

（1）脱空形成机理及脱空变化规律。

（2）脱空板应力分析。

（3）板底脱空检测与评价技术。

（4）板底灌浆关键技术。

（5）灌浆施工工艺。

(6)灌浆效果检测及评价技术。

4. 薄层修补技术

(1)薄层修补界面剪切破坏应力分析。

(2)水泥混凝土路面薄层收缩特性试验研究。

(3)薄层修补界面处理技术试验研究。

(4)薄层修补路面疲劳特性研究。

5. 板块修复技术

(1)水泥混凝土路面裂缝修复研究。

(2)边角快速修复技术。

(3)预制拼装修复技术研究。

(4)全厚式预制快速修复技术研究。

主要研究成果：

通过广西交通科学研究所、交通部公路科学研究所等8家单位40余名工程技术人员近3年半的努力，取得的研究成果主要如下，并获得2006年度自治区科技进步二等奖。

专题1：水泥混凝土路面结构检测评价技术

(1)提出了水泥混凝土路面温度状况的无温度传感器测试（半理论测试）方法。即利用路表温度函数模型和部分气象资料，辅以简单的现场实测温度数据，推算旧水泥混凝土路面瞬时温度状况的（即半理论测试）方法。

(2)建立了水泥混凝土路面板温度梯度与路表弯沉的关系。即建立水泥混凝土路面板温度梯度与路表弯沉的关系式。

(3)对《公路水泥混凝土路面设计规范》（JTG D40—2002）中提出的基层顶面当量回弹性模量的无损测定方法进行了改进；通过大量的对比测试，指出利用此法测定基层顶面当量回弹性模量与实际存在显著差异，在应用时应对其进行修正，并提出了基层顶面当量回弹模量的参考修正系数。

(4)提出了基于路表弯沉曲线的水泥混凝土路面疲劳损伤度的计算方法，并建立了考虑疲劳损伤影响的路面车辆荷载和温度应力的计算公式。

(5)建立了考虑温度和疲劳损伤影响的旧水泥混凝土路面板剩余寿命无损测试估算方法。通过实践运用表明该方法能够较准确地估算出旧水泥混凝土路面板剩余寿命。

专题2：水泥混凝土路面抗盐冻机理及应用技术

(1)首次提出了适合于我国的水泥混凝土路面盐冻试验方法，包括试验装置、试验条件、评价指标。

(2)提出了水泥混凝土路面结冰压测定方法。

(3)借助于本项目提出的盐冻试验方法和结冰压测定方法,首次测得 Nacl 浓度对饱水度、溶液结冰压和膨胀率的影响数据,并结合盐结晶压和化学侵蚀破坏较全面地解释了混凝土盐冻破坏机理和破坏现象。

(4)水泥混凝土路面抗盐冻的设计原则与防治技术。通过机理分析和试验研究水泥混凝土路面盐冻破坏的主要影响因素,提出可以使水泥混凝土路面的抗盐冻性能提高 10 倍以上的设计原则与防治技术。

(5)优选出了盐冻破坏修复材料,并提出了相应修复工艺。

专题 3:水泥混凝土路面板底脱空与处治技术

(1)探索提出了路面板底脱空发展变化规律。即通过试验研究典型基层结构的水泥混凝土路面板底脱空的发展变化规律,并建立典型基层水泥混凝土路面板底脱空发展的预估模型。

(2)建立了路面板底脱空检测方法与评价指标,包括测试部位、测试荷载、测试时间、评价指标。

(3)提出了确定路面板底灌浆深度的方法。即根据脱空板底的实际状况,确定浅层灌浆还是深层灌浆的方法。

(4)系统提出了路面板底灌浆材料性能指标与要求。通过室内和现场试验研究,从灌浆材料的可灌性、灌浆效果、强度等方面对路面板底灌浆材料的性能提出具体的评价方法和指标要求。

(5)建立了路面板底灌浆效果检测方法与评价指标。

专题 4:水泥混凝土路面薄层修补技术

(1)研究了水泥混凝土薄层收缩特性。通过试验研究,得出了水泥混凝土薄板收缩应力、应变发展规律及主要影响因素。

(2)研究了水泥混凝土路面界面黏结影响因素。通过试验研究,提出影响新旧水泥混凝土界面黏结性能的主要因素,包括界面宏观、微观粗糙度、界面剂等。

(3)研究提出了水泥混凝土路面界面处理实用技术——高压水射流+酸蚀的界面处理方法。利用此方法进行界面处理,利用路表原有的宏观粗糙度,可使新旧混凝土黏结抗剪强度达到 6.0MPa 以上。

(4)研究了薄层修补后水泥混凝土路面的疲劳特性。通过室内小梁疲劳试验研究,建立了薄层修补复合小梁试件的双参数疲劳方程。薄层修补复合小梁试件疲劳方程表明,水泥混凝土薄层修补能与旧混凝土黏结良好,共同受力。

(5)铺筑了水泥混凝土薄层修补试验工程。

专题 5:水泥混凝土路面板块修复技术

(1)提出了跨缝斜孔植筋裂缝修补方法。即采用在裂缝两侧交叉钻斜孔、安装传荷装置为主要特征,实现恢复水泥混凝土路面整体性的裂缝修复方法。

(2)提出了水泥混凝土路面预制拼装快速修复技术。即在养护工作中,采用水泥混凝土预制板对路面破碎板进行更换的路面板修复技术。

(3)提出了水泥混凝土路面预制拼装板接缝处理技术。即采用小石子灌环氧液增强板间的荷载传递,用TST弹塑体作上层填塞,达到防止接缝漏水,行车平稳、舒适、耐久性好,预制拼装路面的传荷系数达到原有路面的传荷系数的接缝处理技术。

(4)研制了复合型快速修补剂。即通过试验研究,采用多元复合技术,研制具有早期强度高,后期强度倒缩小、收缩小、凝结时间长且掺量低等优点的复合型快速修补剂;利用修补剂配制的快速修补混凝土初凝时间≥1h,在坍落度不小于3cm的情况下,6h抗折强度可达4.35MPa,且耐久性好;与52.5级水泥进行水泥混凝土路面整板全厚修补可实现8h可开放交通。

(5)研究了早强修补剂的作用机理。通过试验研究,全面阐述了早强修补剂的早强作用机理。

(6)提出了快速修补混凝土的早期自收缩与干缩试验初始长度测试方法。通过试验研究,确定快速修补混凝土的早期自收缩与干缩试验初始长度测试的依据和具体指标要求。

主要创新点:

(1)建立了水泥混凝土路面板温度梯度和路表弯沉的关系式,并应用于评估旧水泥混凝土路面剩余寿命。

(2)提出了运用路表弯沉曲线进行水泥混凝土路面疲劳损伤计算的方法。

(3)对旧路面基层顶面当量回弹模量测试方法进行了修正,并提出了计算结果的修正系数。

(4)提出了结冰膨胀压的测定方法,并运用它解释混凝土盐冻破坏机理。

(5)提出了水泥混凝土路面板底灌浆深度的确定方法。

(6)解决了水泥混凝土薄层修补关键技术,并研究了水泥混凝土薄层复合梁试件疲劳特性,建立了疲劳方程。

(7)提出了水泥混凝土路面跨缝斜孔植筋修补方法。

(8)提出并解决了水泥混凝土路面板的预制拼装修复技术。

(九)山区公路贫混凝土透水基层的研究

"山区公路贫混凝土透水基层的研究"是2001年交通部西部交通建设科技项目,合同号为200131878831,由广西交通科学研究所、交通部公路科学研究所、长沙理工大学、广西交通基建管理局以及广西公路桥梁工程公司共同完成。课题组通过调研与依托工程实体相结合，室内试验与现场试验相结合，对公路内部排水系统设计方法、多孔贫混凝土材料组成、结构及物理力学性能和多孔贫混凝土基层施工技术等内容进行系统深入的研究，形成了一整套多孔贫混凝土透水基层的实用修筑技术，取得了研究成果，并获得2006年度自治区科技进步二等奖。

对路表渗入率、多孔材料渗透系数试验方法、路面内部排水时间和排水能力等方面开展试验研究分析，提出路面内部排水系统设计方法。对多孔贫混凝土材料有效孔隙率的测试方法、试件成型方法、级配设计方法等进行试验研究，并提出贫混凝土透水基层材料设计方法。通过试验和理论计算分析，结合直道足尺试验，提出了贫混凝土透水基层路面设计方法，弥补了现行路面设计规范的不足。对现场拌和工艺、成型工艺、现场质量控制技术以及养生方法进行试验研究，提出适于贫混凝土透水基层的施工工艺。对贫混凝土透水基层材料的各项性能进行研究分析，论证了贫混凝土透水基层材料优良的路用性能。直道足尺试验结果表明，设透水基层的柔性路面和刚性路面与常规半刚性路面相比较，在无水条件下疲劳寿命相当；如果考虑透水基层的排水能力，贫混凝土透水基层的路用性能更优越。

通过项目的研究，取得了一批具有创新意义的研究成果，社会经济效益显著，本研究成果在多条高速公路建设中得到应用，尤其在山区多雨地区的推广与应用，对促进排水基层在国内的广泛应用具有重要指导意义。该研究成果总体达到国际先进水平，其中，贫混凝土透水基层的排水能力测试计算和材料性能评价与设计方法处于国际领先水平。

推广应用前景：

贫混凝土透水基层具有强度高和抗变形、抗冲刷能力强、施工速度快、快速排水能力等优点，是一种性能优良、经济合理的路面基层结构。

设透水基层的路面，其使用寿命要比未设的路面提高30%（沥青路面）和50%（水泥混凝土路面）。广泛开展贫混凝土透水基层的应用对减少路面病害，有效延长路面使用寿命，节省养护和维修费用，对解决我国路面早期水损坏具有重要指导意义。

本项目以解决路面内部排水问题，减少路面病害为目标，通过多孔贫混凝土基层路面结构设计的研究，提出相应的水泥混凝土路面和沥青路面结构设计方法，为推广应用多孔贫混凝土基层，解决路面结构内部和路肩排水问题，减少路面结构的水破坏，延长路面使用寿命提供设计依据。本研究成果包括贫混凝土透水基层材料组成、结构及其物理力学性能的研究，贫混凝土透水基层路面结构设计及性能评价和施工工艺的研究。其中，研究提出的《贫混凝土透水基层应用指南》可以指导贫混凝土透水基层的广泛推广与应用，尤其是在山区多雨地区，更要重视路面内部排水问题。因此本项目不但有着广阔的应用前景,还有着非常重要的现实意义和巨大的社会效益与经济效益。

(十)北部湾地区橡胶沥青复合式路面应用技术研究

"北部湾地区橡胶沥青复合式路面应用技术研究"是广西科学研究与技术开发计划项目(合同编号:桂科攻11107021-6),下达于2011年。

1. 课题总体目标

通过本项目系统研究北部湾地区橡胶沥青复合式路面应用关键技术,提出橡胶沥青复合式路面橡胶沥青面层的合理厚度;提出橡胶沥青复合式路面橡胶沥青面层混合料级配优化组成设计;提出橡胶沥青复合式路面施工过程质量控制关键技术,使橡胶沥青复合式路面的使用性能通过结构设计、材料设计和施工得到保证,为设计、施工和养护单位等相关工作者提供依据。

2. 研究内容

本课题根据研究目标,在以下3个方面展开系统的研究:

(1)复合式路面橡胶沥青混凝土混合料的组成优化设计研究。

(2)橡胶沥青复合式路面沥青层合理厚度研究。

(3)橡胶沥青复合式路面施工过程质量控制关键技术研究。

3. 技术路线

项目研究工作中,充分吸收国内外已有研究成果,结合广西的实际情况,通过资料调查、理论计算与分析、室内试验和现场试验相结合等多种手段,对橡胶沥青混凝土在复合式路面中的应用技术,进行全面、系统而深入的研究。拟采用的技术路线如下:

(1)复合式路面损坏情况调查分析,包括国内、外橡胶沥青路面和橡胶沥青复合式路面资料收集及使用情况调查分析,获取国内外成功的应用研究成果和技术经验。

(2)北部湾地区交通、自然环境、复合式路面结构、矿料特性等相关资料调查分析。

(3)橡胶沥青面层混合料配合比设计理论分析和优化设计试验研究。

(4)考虑橡胶沥青混合料的黏弹塑性理论和有限元理论,利用有限元软件ABAQUS分析温度对薄层橡胶沥青加铺结构层间剪应力的影响和薄层橡胶沥青复合式路面的结构组合效应,提出所加铺的橡胶沥青面层的合理厚度。

(5)铺筑橡胶沥青复合式路面试验路,利用无损和有损检测手段对施工质量进行监控和评价。

(6)对试验路进行温度场观测,并对测试数据进行分析和总结。

(7)综合上述试验研究和检测结果,进行系统的理论研究和分析。

(8)总结橡胶沥青复合式路面应用技术,并编制橡胶沥青复合式路面设计、施工技术指南。

4. 国内外同类技术比较

国内外已有较多学者对橡胶沥青路面技术进行研究,但是未见有新建水泥路面加铺薄层橡胶沥青面层的文献报道,也没有系统的水泥路面表面和层间界面处理方法和评价标准的文献报道。

5. 成果的创造性、先进性

本课题攻克的关键技术:

(1)机制砂混凝土薄层橡胶沥青复合式路面典型结构形式。

(2)针对机制砂混凝土路表界面特性和橡胶沥青使用特点,提出了机制砂混凝土路表界面处理技术和机制砂混凝土加铺橡胶沥青组合式路面实用技术。

(3)提出推荐RAC-13橡胶沥青混合料级配设计范围。

本课题取得的主要成果:

(1)橡胶沥青与基质沥青具有配伍性。

(2)橡胶沥青混合料级配具有多样适用性,偏粗类似间断级配相对最好。

(3)与其他沥青运营后"变白"相比,橡胶沥青路面较黑。

(4)橡胶沥青路面具有良好的裂缝自愈能力。

(5)合理设计撒布式黏结防水层的碎石及橡胶沥青洒布量。

(6)铺筑高速公路薄层橡胶沥青复合式路面177km,高速公路连接线薄层橡胶沥青复合式路面72km,目前路用性能总体良好。

6. 经济效益和社会效益

公路建设和大修加铺消耗大量能源,增加碳排放。采用水泥路面加铺薄层橡胶沥青面层结构,提高水泥混凝土路面行车舒适性,根据路面平整度与耗油分析,能够节省使用者油料消耗,提高使用者效益。水泥路面加铺薄层橡胶沥青复合式路面采用废旧轮胎生产橡胶沥青,消耗大量废旧轮胎,减轻环保压力。由于减少沥青用量,与沥青路面相比能够大大节约能源,减少碳排放。

(十一)旧水泥混凝土路面面层综合利用技术研究

1. 任务来源

"旧水泥混凝土路面面层综合利用技术研究"是广西科学研究与技术开发计划项目(合同编号:桂科攻0992009-5),下达于2009年。原计划课题起止时间为自2008年10月至2011年10月,因试验周期加长,研究技术总结于2012年4月完成。

2.应用领域和技术原理

(1)课题总体目标

课题研究总体目标为:提出适合广西区内混凝土路面大中修养护设计理论和方法,开发出"白+黑"加铺结构形式的薄层沥青材料和层间黏结材料;找出破损混凝土面板的再生利用方法及途径,提出废弃混凝土面板全面综合循环利用方案。有效提高公路养护管理在公众眼中的形象,减少公路面板废弃造成的污染和资源浪费,使广西区内水泥混凝土路面使用质量达国内先进水平。

(2)课题主要内容

①研究内容

本课题根据研究目标,结合依托工程和已有研究成果,对旧水泥混凝土路面面板的综合利用项目,在以下三个方面开展系统的研究。

a.对旧水泥混凝土路面评价指标的研究。我国现行的评价方法存在着一些缺陷:评价体系过于强调对单个性能的评价,如平整度、抗滑性能,破损率等。有些指标人为影响因素较大,且极易受主观因素影响。PCI评价模型还存在受地域和道路状况条件影响的局限性。本项目从罩面加铺的角度来考虑问题,对板底脱空、板间接缝传荷能力、路基顶面强度等进行研究,并作为一种检测指标列入评价系统内。然后根据有关的检测结果,决定对旧水泥混凝土板进行直接加铺或矿石化处理后加铺罩面。

b.在对已有旧水泥混凝土路面碎石化研究的基础上,依托道路大修实体工程,进一步对碎石化后的加铺沥青层结构进行较为深入的理论分析,对加铺沥青层材料设计及施工工艺等方面做进一步深入研究,为今后的旧混凝土路面碎石化沥青罩面设计与施工提供技术借鉴,促进旧混凝土路面再生利用,减少弃渣对环境的污染。

c.从现有的旧水泥混凝土路面加铺沥青面层理论和方法着手,以强度理论和疲劳破坏的基本理论和知识为基础,通过不同的模拟试验,系统地研究旧水泥路面上沥青加铺层不同疲劳开裂形式及其影响因素,在此基础上总结提出有关的旧水泥路面沥青加铺层弯沉控制标准和针对不同疲劳开裂破坏形式的解决措施。

本课题通过以上三项内容的研究,旨在对旧水泥混凝土面板进行综合利用时形成相对完整的理念体系,即根据检测结果判断是进行碎石化后加铺沥青混凝土或者是直接加铺沥青混凝土,为旧水泥混凝土路面综合利用提供依据和思路。

②技术路线

本项目研究采取的技术路线如下:

a.利用国内外已有的研究成果,在调研的基础上,深入分析国内外同类研究的技术思路,通过集成创新和重点突破,提高技术稳定性、配套性和系统性。

b.依托实体工程,通过室内相关试验,对路面的损坏状况进行检测评价,提出旧水泥混凝土板的评价标准和大修改造加铺设计方法。

c.通过对旧水泥混凝土路面碎石化或直接加铺沥青层的实体工程的修筑,达到对废旧水泥混凝土面板循环利用目标。

3.国内外同类技术比较

在所查国内公开文献中,关于旧水泥混凝土路面利用方式、技术、设计方法及加铺新材料组成设计方法的研究已有一些报道,除广西交通科学研究院及其合作单位外,未见国内有针对旧水泥混凝土路面综合利用提出上述加铺沥青混凝土与路面层间处理粗糙程度量化技术指标和沥青混合料矿料级配组成设计方法的公开文献报道。

4.成果的创造性、先进性

(1)攻克的关键技术

①服务于判定旧水泥混凝土路面加铺方式的混凝土路面技术状况评定标准的研究,提出旧水泥路面工作状态的评判指标。

②研究水泥混凝土板表面弯沉与荷载关系,对板底脱空进行判定。

③基于断裂力学和复合材料理论和方法,研究"白+黑"加铺结构形式,构建水泥混凝土路面大中修养护设计理论与方法。

④旧水泥混凝土板碎石化减少裂缝和推移产生的理论研究及设计、施工控制技术。

(2)取得的主要成果

①分析了水泥混凝土路面板路表弯沉与荷载之间的关系,研究表明,不论板底是否存在脱空及脱空程度如何,路表弯沉与荷载大小之间均呈现良好的线性关系。即 $W=f(p)=ap+b$,式中,W 为路表弯沉,a、b 为回归常数,p 为荷载)。

②提出了路面板底脱空检测评判方法,即板底脱空的板角5t、7t和10t3级荷载弯沉测试法。进一步的研究表明,在路面板内温度梯度 $|\Delta T|<0.5℃/cm$ 的任意时刻进行路面板底脱空检测,其测试结果对板底脱空评价影响不大。

③提出路面板底脱空判定标准。在线性回归公式中,当 $|b|\geq 20\mu m$,即 $b\geq 20\mu m$ 或 $b\geq -20\mu m$ 时,可以判定水泥混凝土板底发生脱空现象。

④对基层顶面当量回弹模量 E_t 的无损测试与评价技术进行深入研究,并对有关规范提出的测试与评价方法进行了完善,同时提出了测试计算结果的修正系数,使测试结果能够用于现行路面力学的计算与分析。

⑤通过旧混凝土路面碎石化加铺级配碎石层沥青罩面层结构设计参数的力学响应敏感性分析计算,在理论上推荐了旧混凝土路面沥青罩面层结构合理组合形式。

⑥基于高温稳定性研究了中粒式沥青混合料矿料级配设计,提出了关键筛孔通过率,性能试验表明,所推荐的级配具有良好的抗车辙性能及抗水损性能。

⑦级配碎石层压实特性研究,基于大量现场跟踪检测,研究了碾压过程中级配碎石混合料组成、压实度、厚度随碾压遍数增加的变化规律,并提出了级配碎石层的碾压优化工艺。

⑧依托实体工程实施,研究了旧水泥混凝土路面碎石化技术、级配碎石加铺层及沥青罩面层施工工艺,提出了旧水泥混凝土路面碎石化沥青罩面层防车辙路面施工技术。

⑨针对不同级配的沥青混合料组合试件,在不同的预留缝宽和不同温度下,进行了直接拉伸试验、竖向剪切试验,分析了各种工况下各自的破坏强度、破坏位移—应力比变化、疲劳寿命—应力比变化,拟合了有关的疲劳方程。

⑩层间剪切试验中,当温度相同时,乳化沥青黏层材料和 SBS 改性沥青黏层材料作为层间黏结材料,AC-25 和 SMA-13 混合料的层间剪切强度和疲劳寿命均比 AC-13、AC-16、AC-20 大。乳化沥青黏层材料在层间黏结力和层间剪切疲劳方面均优于 SBS 改性沥青黏层材料。

⑪利用大型直线试槽和直线式加速加载试验系统进行了沥青路面加铺层足尺试验,通过静态和动态荷载下各路面结构层应变、路表弯沉以及路表抗滑性能检测,对比分析了沥青加铺层的结构性能和疲劳性能。

⑫在美国沥青协会(AI)关于评定水泥混凝土路面结构状况的接缝弯沉指标及其标准的基础上,利用疲劳损伤力学理论与方法,探讨了水泥混凝土路面接缝弯沉指标的意义及其标准,总结提出了我国水泥混凝土路面沥青加铺层设计方法。

5. 作用意义

本课题是根据我国现有旧水泥混凝土路面大量需要大修改造的实际情况,为充分利用现有旧水泥面板而进行的研究。课题研究成功,可有效延长水泥混凝土路面的使用寿命,旧水泥混凝土面板由废弃变为利用,可减少旧水泥混凝土面板对环境的污染,节约石料的开采,从而带来环境效益。广西区内水泥混凝土路面养护的成功,将改变水泥混凝土路面的形象,降低公路运营成本,从而具有显著的社会效益。

课题的经济效益主要表现在:①养护成本的减少。合理的大中修养护技术,对路面损坏的及时养护,均可提高路面的使用寿命,从而节约运营养护费用。按节约 20% 养护费用计,约可节约 2000 万元。②废弃板再生利用效益。旧水泥混凝土面板废弃,需花费堆弃场地费用;再生利用后,形成新的产品,可"变废为宝",形成新的效益。

(十二)云环境下基于移动智能终端的交通新型分析与应用服务平台

1. 项目背景

本项目为广西千亿元产业重大科技攻关工程项目:新一代网络技术研发,合同编号:桂科攻 12118017-14D,目的是研究一种新型的交通出行调查技术,以人、车为中心,通过移动智能终端追踪人、车的出行轨迹,在云环境下采集交通出行调查数据并进行智能分析。按照1万居民参与调查,调查人员每月5元的话费补助,大大减少调查人员的工作量,提高了调查结果的覆盖范围和准确度,使交通出行调查更科学有效。

2. 项目简介

本技术集成两种数据采集方式:基于基站定位的出行数据采集和基于GPS定位的数据采集方式,对公众出行者出行轨迹进行实时跟踪,由系统自动进行智能识别和分析,将出行者的位置和时间信息与地图进行匹配,得到出行者的出行轨迹;再将出行轨迹与公交线网、地铁网等公共交通网络进行比较,分析出行者在这段出行轨迹中的每一种出行方式、耗费时间、换乘点等参数。最后根据不同调查主题对参数进行数据挖掘,得出调查结论。

本技术与人工调查技术相比,不仅能得到交通出行调查所需的所有信息(包括被调查人员采用的出行方式、耗费时间、换乘方式等),同时将大量的数据采集和整理工作交由系统自动进行,还可根据不同的调查主题进行数据挖掘和智能分析。

因此,本项目的研究成果符合交通出行调查的要求,并且使交通运输部门能够进行调查范围更广、时间跨度更大、不断持续更新的交通出行调查。本技术大大减少调查人员的工作量,提高调查精度,并可进行常年持续调查,大大提高调查结果的覆盖范围和准确度,使得交通出行调查结果更科学、更有效。

推广前景:

本技术适用于任何需要进行交通出行调查的企业和政府部门。应用本技术进行交通出行调查时,只需事先准备足够多的样本量即可,前期工作量少、成本低。系统自动采集出行者出行数据,自动进行对比分析,得到出行者出行轨迹和所乘交通工具,数据精度高,并且大量的分析工作由系统自动完成,大大降低对调查人员的技术要求,可使调查人员的精力集中在对数据分析结果的解读上面,提高调查工作的效率和水平。

本项目研究一种以人、车为中心的交通出行调查方法,改进了传统交通出行调查方法,不仅符合交通出行调查的要求,能得到交通出行调查所需的所有信息(包括被调查人员采用的出行方式、耗费时间、换乘方式等),同时将大量的数据采集和整理工作交由系统自动进行,还可根据不同的调查主题进行数据挖掘和智能分析。

本项目的研究成果使交通部门能够进行范围更广、时间跨度更大、长年不断持续更新的交通出行调查,使许多用传统交通出行调查方法无法完成的调查工作可以用本技术完成。在交通运输部门进行交通出行调查前,只需邀请足够多的民众参与调查(可以话费补贴的形式鼓励民众参与调查)。出行者从手机应用商店中下载交通出行调查手机软件安装在手机上,之后全部由系统自动进行数据采集、处理和分析。由于手机定位的精度很高,可以避免出行者忘记历史出行轨迹等问题,提高调查精度;同时,该软件可长期采集相关信息,可进行常年持续调查。

本技术包括交通出行调查手机应用服务和云计算服务器。手机应用服务提供给被调查人员下载安装在手机上,集成手机定位技术,程序自动采集出行者的位置和时间信息;由云计算服务器智能识别和分析出行者在被调查时间范围内的出行轨迹,并进行数据挖掘和深入分析,根据不同的调查主题获得分析结论。本技术不仅大大减少调查人员的工作量,使交通出行调查结果更科学、更有效,而且维护方法简单,定位和数据传输等工作均由移动运营商负责解决,技术应用广泛,可面向多个领域提供增值服务,例如提供公交出行路线信息服务、面向科研部门提供基础调查服务等,对广西交通信息服务产业、交通科研工作等都能提供支持。本项目的研究成果可用于人工出行调查技术适用的所有领域,为广西建设低碳交通、环保交通、节能交通提供决策支持。

(十三)公路收费车道级工业控制系统

1. 任务来源

"公路收费车道级工业控制系统"开发项目为桂科技字〔2002〕35号、39号文件下达的广西科学研究与技术开发计划项目。

2. 应用领域和技术原理

项目总体目标为研制出能广泛应用于高速公路及路网收费站的车道级收费控制机,使其能在恶劣情况下实现对收费站相关电器设备的集中控制,完成面向车辆的全套收费过程,并与监控中心的后台收费管理系统进行准确的数据交换。开发在公路收费车道环境下对栏杆机、车辆检测器、红绿灯、通行灯、雾灯、IC卡读写器、费额显示器、票据打印机、脚踏开关、声光报警器等十个外设进行控制的工控系统,系统预留车道车牌自动识别的图像处理接口。

项目应用标准PC总线、单片机、自动控制、现代通信、计算机等相关技术进行I/O接口电路、设备驱动电路以及收费控制系统软硬件的开发,并保证系统设备具有较强的抗雷击、抗过电压过电流的能力。

3. 成果的创造性、先进性

本项目引入高速度、低功耗、大集成度的PIC单片机系统到车道控制机系统中充当下位机来实现车道外部设备的I/O控制,开发出的收费车道控制机,与已有的收费软件兼容,并通过合理选用单片机系列、型号及外围元件,建立了实用又简洁的硬件系统,使车道机各组成部分模块化,提高了整机可靠性。对车道控制机整机结构进行再设计,使车道控制机性能优化、外形紧凑,更适合车道收费现场的控制使用。

4. 作用意义

本项目成果的完成,结束了收费车道控制机产品市场由个别品牌产品垄断的局面,扩展了产品的技术实现方式,提高了市场净增机制,为产品质量的不断提高创造了条件。

5. 推广应用前景

公路收费车道级工业控制系统是半封闭式收费公路收费车道专用控制系统,此系统在一个较长的时期内仍有应用。

继续推广收费车道控制系统的应用,从以下几方面进行:

(1)不断解决系统软硬件的瑕疵,使系统功能性能更趋完善,使产品结构更适合于使用者的操作和维护;

(2)随时掌握国家公路收费政策及道路经营者需求,将其实行于产品的设计制造生产中;

(3)满足本区新建及改造车道需求市场并加大向周边省份的推广宣传工作。

未来车道控制系统将向不停车收费方式发展,产品应适时更新相应的硬件及软件以适应新的要求,并将新技术与车道机已有功能相融合,赋予产品紧跟技术发展步伐的生命力。

(十四)基于抗车辙的沥青混合料材料与性能研究

1. 任务来源

"基于抗车辙的沥青混合料材料与性能研究"项目由广西壮族自治区交通运输厅于2011年以桂交科教发〔2011〕54号文件下达,任务书(合同)编号为:2011-54-26。

2. 应用领域和技术原理

(1)应用领域:公路工程。

(2)技术原理:本项目在研究过程中以沥青混合料的黏弹塑性理论、有限元理论和莫尔库仑强度理论为指导,采用了"理论分析—室内试验与总结—室外实体工程验证—室内研究成果修正"的动态化研究思路,以车辆荷载、气候条件、施工等外在因素和组成材料等内在因素的综合作用对沥青路面车辙的影响为主线,通过集成创新和重点突破,总结出了一套适用于广西地区的抗车辙沥青混合料材料设计方法、施工关键技术和质量控制方法,达到了预期目标。

3. 研究成果

(1)提出了橡胶粉—PE复合改性沥青技术;

(2)提出了与TLA配伍的适宜基质沥青品种和性能指标及TLA改性沥青的合理配比;

(3)提出了橡胶粉—PE复合改性沥青和TLA改性沥青的质量控制关键指标和技术标准;

(4)提出了抗车辙沥青混合料的矿料级配设计、混合料设计方法;

(5)提出了成套的TLA改性沥青混合料的设计、生产、运输、摊铺和碾压的施工技术与质量控制方法及标准；

（6）编写了特立尼达湖沥青（TLA）改性沥青混合料设计、施工技术指南；

（7）在核心期刊发表论文2篇。

4. 与国内外同类技术比较

通过文献查新可知，国内没有以内摩擦角作为沥青混合料级配设计指标进行TLA改性沥青混合料级配设计的方法，没有适用于广西地区的TLA改性沥青、橡胶粉—PE复合改性沥青的质量控制关键指标和技术标准。本项目是在针对广西气候、交通、材料和经济状况等特点基础上进行的研究，研究成果更具针对性和实用性。

5. 成果的创造性、先进性

本项目研究成果的创造性、先进性主要体现在以下几个方面：

（1）以莫尔库仑强度理论为指导，提出了以内摩擦角作为TLA改性沥青混合料级配设计指标的级配设计方法；

（2）提出了适用于广西地区的TLA改性沥青性能评价指标和技术标准；

（3）结合广西地区的气候状况，提出了以180℃手持黏度为核心技术指标，以针入度、软化点、弹性恢复为辅助技术指标的橡胶粉—PE复合改性沥青技术标准；

（4）提出了基于TLA改性沥青性能的TLA最佳掺量确定方法。

6. 作用意义

（1）TLA改性沥青路面效益分析

①直接经济效益

以四车道高速公路为例，单幅路面宽度按10.5m计算，如若高速公路中、上面层采用6cm AC-20 TLA改性沥青混凝土 +4cm AC-13 TLA改性沥青混凝土的路面结构，比中、上面层采用4cm AC-13 SBS改性沥青混凝土面层 +6cm AC-20 SBS改性沥青混凝土面层的路面结构双幅每公里可节约初期建设费用3.5万元。全寿命周期内，双幅每公里每年的养护维修费用比SBS改性沥青路面可省48万元。

②社会意义

在路面使用性能不低于SBS改性沥青路面使用性能的情况下，特立尼达湖沥青不仅可以取代SBS改性剂，而且可以替代35%的基质沥青，因此可以节约SBS改性剂和沥青资源，从而减少加工SBS改性剂和沥青过程中对原油资源的开采，符合我国节能减排的方针政策，因此具有显著的社会效益。

（2）橡胶粉—PE复合改性沥青路面效益分析

①直接经济效益

高速公路中、上面层采用6cm AC-20橡胶粉—PE复合改性沥青混凝土 +4cm AC-13

橡胶粉—PE复合改性沥青混凝土的路面结构,比中、上面层采用4cmAC-13 SBS改性沥青混凝土面层+6cm AC-20 SBS改性沥青混凝土面层的路面结构的前期投入费用双幅每公里增加19.5万元,建成后,全寿命周期内每年的养护维修费用可节省18.53万元,全寿命周期内可节省258.45万元/km。因此高速公路中、上面层采用6cm AC-20橡胶沥青—PE复合改性沥青混凝土+4cm AC-13橡胶沥青—PE复合改性沥青混凝土的路面结构,在全寿命周期内不但可以降低路面的维修和处治频率,而且具有显著的经济效益。

②社会意义

将废轮胎和废塑料加工成废胎胶粉和废塑料粉应用于公路工程中,可以使数以万计的废旧轮胎和废塑料得以再生利用,达到废弃物"一站式"的无害化处理,能将废旧轮胎和废旧塑料变废为宝,这样不仅减轻了"黑色污染"和"白色污染"的环保难题,而且节约了沥青资源,在创造经济价值的同时,也顺应了以人为本、节能减排、资源循环利用、保护环境的时代要求,符合我国当前公路建设可持续发展的战略,因此具有显著的社会效益。

7. 推广应用的范围、条件和前景以及存在的问题和改进意见

（1）推广应用范围、条件

该项目研究成果不仅适用于高速公路、一级公路、二级公路和市政道路沥青路面的新建和改扩建工程,而且适用于旧水泥路面加铺改造工程以及新建复合式路面。

（2）推广前景

广西计划到2020年建成高速公路8000km,而目前已建成的高速公路仅有2883km,即每年要开工建设的高速公路里程为400~500km,而原来所修筑的2883km高速公路、900km一级公路、9800km二级公路以及市政道路在未来的十年内也都面临着加铺和改扩建的问题。结合广西本地的资源特点和行驶舒适性要求,广西将会大量采用沥青路面结构或复合式路面结构,大修改造的路面考虑到工期和行驶舒适性的需要,也将采用"黑色化"的方案。

该项目研究成果的成功应用,不仅可以提高广西地区高等级公路建设的技术水平,丰富广西等南方湿热多雨地区高等级公路路面的施工技术,而且符合我国建设节约、循环利用、环境友好的可持续发展理念,在广西未来的高速公路建设中具有广阔的应用前景。

（十五）广西公路地质灾害智能监测预警系统开发

1. 任务来源

2013年度广西交通科技项目,项目批准文号为桂交科教发〔2013〕100号,项目编号为2013年21号。

2. 应用领域

本课题以广西干线公路105处重大地质灾害隐患点及42段地质灾害多发路段为研

究对象,借助GIS强大的功能,将数据收集、空间分析、监测预警和决策过程合为一个共同的信息流,建立广西公路地质灾害智能监测预警系统,为做好公路地质灾害管理提供智能化服务。

3. 技术原理

该系统是基于ArcGIS开发完成,充分利用现场监测仪器、网络、多媒体、信息、计算机等先进技术,全面实现地质灾害的智能监测预警,变被动为主动,提高公路灾害应急处置能力,最大限度地减少人员伤亡和财产损失。系统以公路沿线潜在的重大地质灾害隐患点及地质灾害多发路段的地质灾变体为监测对象,对其在时空域的变形破坏信息和灾变诱发因素信息实施动态监测(侧重于时间域动态信息的获取),野外监测装置采用无人值守,24小时连续观测,并将监测数据采用无线方式自动传输至监测中心,监测中心采用计算机对各监测点数据进行实时接收、记录和处理。通过对变形因素、相关因素及诱发因素信息的相关分析处理,对灾变体的稳定状态和变化趋势做出判断。同时,揭示重大地质灾害隐患点及地质灾害多发路段的地质灾变体的空间分布规律,对未来可能发生灾害的地段(点)作出预警预测。可克服目前地质灾害监测预警费用高、施工维护困难等难题,使得用更多的手段、更低的成本、更科学的方法对更多的危险边坡进行监测预警成为可能,对地质灾害实现普遍监测有重要意义。

4. 项目主要创新类型、创新点

(1)通过现场调查,基本摸清了广西干线公路重大地质灾害隐患点和地质灾害多发路段地质灾害主要类型、时空分布、发育特征、危险性等,并将其详查数据进行整理,完成对应的空间数据库(包括地质灾害、基础地质、基础地理)建设、灾害数据库建设(导入了详查的灾害点及其全部属性信息),并应用ArcGIS进行了统一管理和组织。

(2)本课题研究之前,广西公路行业尚未形成科学规范的地质灾害分析评价、动态监测与预警技术体系。本课题开发完成了基于ArcGIS的"广西公路地质灾害智能监测预警系统"1套。该系统建立在三维地理信息技术和地质灾害专业监测技术基础之上,基于基础地理信息、监测数据库、监测设备信息、地质灾害数据库等数据库的地质灾害调查监测信息系统。系统功能包括:三维地理信息系统基本功能、地质灾害、动态监测、专业监测预警、气象预警、应急支撑和权限管理等。

(3)在南宁市环城高速公路K52+700某高边坡建立广西公路地质灾害智能监测预警应用示范点1处。

5. 作用意义

目前,广西公路行业尚未形成科学规范的地质灾害分析评价、动态监测与预警技术体系,开展该课题研究,目的在于摸清广西公路干线沿线重大地质灾害和多发路段规模特征、致灾机理、危害方式与范围等,有针对性地采取绕避、工程治理、维护与改善生态环境、监测预警对策等。

实践证明,由于公路地质灾害点分布广,受降雨、边坡变形等因素影响,存在较大的不确定性,如对所有潜在灾害点均进行工程治理,耗资巨大。借助现在网络通信手段,对一些重大地质灾害点开展全天候智能监测,及时了解灾点发展状况,危险性辨识,及时采取绕避应急或者治理,做好预警与公众告示等,也可达到防灾减灾效果。

根据广西壮族自治区国土资源厅2010年组织技术力量对广西境内干线公路调查发现,初步界定地质灾害点1523处,地质灾害多发路段42段,规模在10000m^3以上稳定性差的地质灾害隐患点有105处。而且,近两年建成投入运行的国省干线公路和其他公路尚未进行调查。若每个潜在隐患点均采取工程治理措施,花费将达数百万甚至上千万。

根据测算,采用所开发的监测预警系统,每处监测预警费用大约10万元,与花费数百万甚至上千万工程治理费用相比,经济、社会效益显著。

6. 推广前景

本研究以国省干线公路105处重大地质灾害隐患点和42段地质灾害多发路段地质灾害详查资料为基础,利用计算机、GIS、空间分析、智能监测、移动通信等手段,开发出具有管理、防治、监测预警和应急指挥功能的地质灾害信息、监测预警与应急指挥系统,方便集中管理各灾点与地质灾害易发路段,为政府主管部门、专业技术人员或社会公众提供及时、准确、有效的公路地质灾害智能化信息服务,为制订针对性的绕避、工程治理、维护与改善生态环境、监测预警等对策,最大限度地预防突发性地质灾害或降低灾害损失,提高公路安全营运水平,同时也为其他线性工程地质灾害的研究和防治提供可资借鉴的经验。

"广西公路地质灾害智能监测预警系统开发"课题作为2013年度广西交通科技项目,课题组全体成员经过近两年的努力,不断取得进步,完成了课题研究任务,形成的技术成果已公开发表和在工程中应用。

(十六)基于移动智能终端的交通视频监控系统

1. 任务来源

来源于2013年度广西交通科技项目,项目批准文号为桂交科教发〔2013〕100号。

2. 应用领域

主要用于交通行业的视频监控领域,也可以用于安防等其他领域。

3. 技术原理

本系统主要由移动智能终端视频监控APP、中心服务器和PC端监控软件三大部分组成。视频监控APP负责移动智能终端的用户信息、位置信息、视频数据的采集和上传;

中心服务器负责数据的存储及转发;PC端监控软件负责从中心服务器读取数据,并实现视频数据的查看、回放等功能。

本项目采用Socket的方式来传输数据。通常来说,Socket也称为"套接字",用于描述IP地址和端口,是一个通信链的句柄。每台计算机应该具有一个唯一的IP地址。端口是指一台计算机往往同时运行多道网络程序,IP仅能指出与哪台计算机通信,无法指明与哪道程序通信,因此需要使用端口号来标识与哪道程序通信。网络中可以被命名和寻址的通信端口,是操作系统可分配的一种资源,每个端口都拥有一个称为端口号(Port number)的整数型标识符,用于区别不同端口。首先服务器软件必须先创建出一个套接字,这是分配给该服务器进程的一个操作系统资源。这个套接字是由该服务器通过系统调用Socket创建函数创建出来的。接着,服务器进程会对套接字起个名字。给本地套接字起的名字是文件系统中的一个文件名,一般放在/tmp或/usr/tmp子目录里。而网络套接字的名字则是一个与客户所能连接的特定网络有关的服务标识符。给套接字起名字(这个操作称为"绑定")要使用系统调用Bind函数来实现。然后,服务器就开始等待有客户连接到这个套接字上来。系统调用Listen创建一个队列,来自客户的连接将在这个队列上排队等待服务器的处理(这个过程称为"监听")。服务器将通过调用Accept函数来接受来自客户的接入连接。当服务器调用Accept时,会新创建一个套接字,新套接字的唯一用途就是与这个特定的客户进行通信,而原命名套接字则被释放出来,准备处理来自其他客户的连接。对一个简单的服务器来说,后来的客户请求需要在队列里等待服务器的重新就绪。基于套接字系统的客户端比较简单,客户先通过调用Socket创建出一个未命名套接字,然后调用Connect函数利用服务器的命名套接字和一个地址来建立起一个连接。套接字被建立起来之后,人们就可以用它来实现双向的数据通信。通过Socket将图像数据、位置信息及相关的用户名、命令等数据传输到服务器程序中。PC端软件采用Java编写,通过监听相应的端口,在获取中心服务器数据后进行相应的命令解析和图像数据还原,然后将图像数据传递至窗口中进行显示,这样就实现了手机摄像头的视频数据实时传输到服务器上。

中心服务器负责将移动智能终端上传的数据进行存储和转发。然后由监控中心计算机上的监控软件调取监控视频及用户信息,并完成移动智能终端用户的管理及用户的地理位置和视频展示。

4. 项目主要创新类型、创新点

(1)开发了一套基于移动智能终端的交通视频监控系统,作为传统监控的补充,加强了交通视频监控的力度。

(2)可以接入到广西高速公路视频监控平台,丰富监控软件平台的视频来源,提高其管理水平。

5. 作用意义

本技术将大大减少交通视频监控的投资,可以用较少的资金进入大规模的实用阶段。并可进行常年持续监控调查,由于投入资金较少,所以可以大大提高监控范围的覆盖范围和准确度,使得交通出行调查结果更科学、更有效。

6. 推广应用范围和前景

移动视频监控技术作为传统视频监控技术的一个补充,可以应用于交通行业的各个领域。本系统已经接入到广西高速公路视频监控平台中,将利用这个平台逐步完善系统的功能,提高系统的性能,并以高速公路视频监控为试验平台,逐步推广到交通视频监控的其他领域。移动视频监控技术可以利用已拥有的广大移动智能终端用户,大大减少设备投入,弥补传统视频监控的短板,终将获得巨大的社会经济效益。目前课题研究只是基于 Android 系统,今后还要继续研究基于 iOS 及其他操作系统的视频监控。

(十七)橡胶粉水泥稳定基层结构及橡胶粉改性水泥混凝土路面性能的应用研究

1. 立项背景

虽然经过几十年的发展水泥混凝土路面技术已非常成熟与先进,但混凝土路面依然面临着如下典型问题:

(1)接缝多。由于热胀冷缩的影响,水泥混凝土路面必须建造许多纵向和横向的接缝,而接缝处又是路面的薄弱点,如处理不当会使板边和板角处破坏,而且这些接缝容易引起行车跳动。

(2)刚性路面模量大,反弹颠簸大,荷载、温度、干湿变形较大。由于其刚度大,减振效果差,噪声较大,影响行车的舒适性。同时由于混凝土板块刚性大,不适应大沉降量。

(3)白色水泥混凝土路面的光、热反射能力高于黑色沥青路面,在高速公路上晃眼,眼睛容易疲劳。针对这些问题,有必要开发出能解决主要问题的一种复合材料。

将废旧橡胶粉掺入到水泥混凝土中形成橡胶微粒混凝土,根据橡胶粉具有的特性以及将橡胶粉掺入到水泥混凝土中形成的复合材料的特性,可以有效改善传统水泥混凝土路面的缺点。这种改性水泥混凝土成本低,工艺简单,具有广阔的应用前景。同时,橡胶粉是由废旧汽车轮胎加工而成的固体废弃物,橡胶粉水泥混凝土在路面上的使用既符合我国发展循环经济要求,也符合我国发展低碳、环保的产业需求。

2. 研究目的

本课题主要对橡胶粉水泥稳定基层结构和橡胶粉改性水泥混凝土路面性能进行研究,从而为橡胶粉水泥稳定基层结构和橡胶粉改性水泥混凝土在道路上的推广应用提供技术参考,同时充分利用废旧轮胎废弃物,有效地缓解废旧轮胎废弃物对环境的污染,促进废弃物资源化的可持续发展。

3. 主要研究内容

(1)研究橡胶粉在水泥稳定基层中的应用。

(2)研究橡胶粉改性水泥混凝土的物理力学性能与路用性能。

(3)在前两者研究基础上,进行试验路试验研究,分析试验路成型后的各项性能指标,并进行监测与检测,评估试验路段应用效果。

4. 开展情况

本课题研究工作于2005年10月开始酝酿、调研和前期试验研究,于2007年8月申请立项。课题批准立项后,课题组即按照计划任务书的要求,组织人力、物力和财力全面开展课题各子项的研究工作,至2009年12月,先后历时两年多,完成课题研究。

5. 取得的主要成果

(1)完成了国内首条橡胶粉水泥混凝土路面的铺筑。

(2)完成了水泥混凝土路面温度稳定性的研究。

(3)完成了橡胶粉水泥稳定碎石基层路用性能研究。

(4)完成了橡胶改性水泥混凝土路用性能的研究。

(5)课题组撰写了12篇科技论文。

6. 社会经济效益

课题的研究是固体废弃物的应用,对经济和社会效益都具有不可估量的作用。课题组通过学术交流、技术培训等方式对混凝土材料研究人员和土木工程技术人员进行推广应用,让这种既环保又经济的混凝土能够应用到工程实际中。本课题铺筑了国内第一条橡胶粉水泥混凝土路面,具有很大的社会影响力。同时,也提升了广西在橡胶粉水泥混凝土方面的研究水平,推进广西对橡胶粉水泥混凝土的研究水平,使广西在橡胶粉水泥混凝土路面和橡胶粉水泥稳定碎石基层方面的研究处于国内领先地位,进一步提升和加固了广西在水泥混凝土路面研究和应用领域的领先地位。

(十八)沥青拌和站加热系统燃料节能技术研究与应用

1. 立项背景

(1)广西路桥建设有限公司2000年开始引进大型沥青拌和站,现有沥青拌和站5台,拌和站的加热系统燃料均采用柴油。

(2)沥青拌和站是修建沥青公路中投资最大的机械设备,而燃油消耗又是拌和站最主要的运行成本。

(3)油价居高不下,我国是一个煤炭生产大国,煤炭充足价格便宜,如将沥青拌和站加热系统燃料油改煤,对于节约成本、提高经济效益有着非常重要的现实意义。

(4)对沥青拌和站的运行和性能了如指掌,为研究和技改的实施提供了良好的基础。

(5)本课题完成后可在几台大型沥青拌和站上都进行技术改造,将给企业带来立竿见影的可观的经济效益,如推广应用于广西区内外的同类企业或市政道路施工单位,将产生很大的经济效益和社会效益。

2. 研究目的

道路修筑企业配备有许多沥青拌和站,拌和站运行成本中最大的支出是燃料,如果从燃料着手,通过改造设备,将烧柴油改为烧煤,成本将会大幅下降,这些对黑色路面施工企业的节能效益立竿见影。

通过对大型沥青拌和站加热系统的导热油炉和石料骨材炉燃烧情况进行研究,进而对导热油炉进行技术改造,燃料由柴油改为煤,在达到同样的加热效果和效率的前提下,降低生产成本,提高效益。

3. 主要研究内容

(1)对沥青拌和站加热系统燃烧炉使用柴油和煤两种不同燃料,通过对沥青导热油和石料骨材的加热效果情况的研究分析,对两个燃烧炉进行改造,燃料由油改煤。

(2)提高煤粉燃烧器在使用和控制上的自动化程度。

(3)运用PLC和变频技术实现风、煤的自动比例调节,使火焰长短自动可调,提高燃烧率。

(4)安装燃烧炉自动点火和火焰监控系统。

4. 开展情况

该项目于2008年7月,完成沥青拌和站加热系统燃烧炉在使用柴油和煤两种不同燃料的情况下对于沥青导热油和石料骨材加热效果的研究分析,2009年3月完成项目研究技术总结。

5. 取得的主要成果

(1)据对技改后的DG3000型沥青拌和站进行的运行能耗统计,每生产1万t沥青混凝土成品料,导热油加热炉和骨材加热炉技改后节约燃料成本约16.44万元,达到预期目的。

(2)技改后设备运行正常可靠,使用控制自动化程度有所提高。

6. 社会经济效益

(1)已完成对一台北京德基DG3000型沥青拌和站(该拌和站目前设立在桂平市)加热系统进行油改煤节能技改,技改正在产生节能效益。

(2)已完成对第二台派克 M356 沥青站(该拌和站目前设立在防城港市)导热油加热部分的油炉改煤炉技改工作,正部分产生节能效益,对集料加热炉油燃烧器改煤粉燃烧器部分的技改正在筹划中。

(十九)高速公路隧道沥青路面环保型铺筑技术研究

1. 立项背景

传统的热拌沥青混合料 HMA(Hot Mixture Asphalt)是一种热拌热铺沥青混合料,是将沥青从常温加热到 140℃左右,矿料从常温加热到 160~180℃,然后再将沥青和矿料于 160℃的高温下进行拌和,拌和后 HMA 温度不低于 150℃,摊铺和碾压时的温度不低于 120℃;热拌沥青混合料摊铺不仅要消耗大量的能源,而且在生产和施工的过程中还会排放出大量的废气和粉尘;再者,隧道内部处于相对封闭的环境,通风情况极为不好,施工过程中产生的烟雾粉尘污染无法有效地排放出去,加剧了环境污染的程度,严重影响周围的环境质量和施工人员的身体健康。

温拌沥青混合料 WMA(Warm Mix Asphalt)是一种可以替代传统热拌沥青混合料 HMA 的环保型材料。所谓 WMA 就是在沥青混合料中使用一种调和沥青,这种调和沥青具有合适的黏度,从而能在相对较低的温度下进行拌和及施工。就目前的技术水平而言,WMA 的拌和温度一般保持在 100~120℃,摊铺和压实路面的温度为 80~90℃,相对于 HMA,温度降低了 30℃左右,却具备和 HMA 一样的施工和易性和路用性能。因此,通过研究,总结出整套隧道沥青路面环保型铺筑技术显得尤为迫切。

2. 研究目的

通过对隧道沥青路面铺筑技术进行深入研究,开发沥青路面环保型铺筑施工技术,能够克服我国隧道沥青路面铺筑施工及使用过程中的一些问题,减少隧道沥青路面铺筑过程中的环境污染,降低热拌沥青混合料施工对施工人员身体健康的影响和对周边环境条件的影响;同时,可以减少热拌沥青混合料高温施工所带来的能源浪费;另外,从隧道内沥青路面的耐久性角度出发,从材料性能、路面结构、防水体系等方面进行系统研究,可以有效减少隧道路面的早期病害,显著延长路面的使用寿命。因此,有针对性地对公路隧道沥青路面环保型铺筑技术进行深入研究具有重要意义。

3. 主要研究内容

(1)温拌降黏材料的开发比选研究;
(2)温拌降黏材料的使用性能研究;
(3)隧道沥青路面典型铺装结构适宜的黏结形式研究;
(4)隧道路面施工通风技术研究。

4. 开展情况

整个项目研究从2009年9月至2012年5月,前后历时2年8个月,全面完成了各项研究任务,并取得了良好的研究成果。

5. 取得的主要成果

(1)完成了千余项试验研究,培养了2名硕士研究生和2名工程师。

(2)比较论证并择优确定了成本低、性能更好的自我开发的降温降黏材料F2及AMP-HB二阶反应型环保防水黏结材料,是国内第一例。

(3)研究确定了隧道洞内环保型路面结构设计优化方案,属广西第一例。

(4)铺筑了近400m长的环保型隧道沥青路面实体工程,属广西第一例。

(5)编写了《隧道沥青路面环保型铺筑施工技术指南》。

(二十)基于动态过程的沥青混凝土路面施工控制应用技术研究

1. 立项背景

我国从20世纪80年代开始引进国外机械设备用于修建国内的高等级公路,通过近20年的施工实践,人们已经认识到:仅仅拥有众多的机械并不能保证施工的顺利进行,机械仅是物质基础、是硬件,要保证高等级公路沥青路面机械化施工的顺利进行,还必须对机械化施工有科学系统的认识。随着施工机械向大型、专用、高效等方向发展,投资费用大幅度增加,更使得施工企业越发关注机械的使用效率和施工成本问题。随着改革的深入,我国公路工程建设体制实现了从计划体制向市场体制下的招投标承包制转轨,市场竞争压力日趋增强,公路工程建设市场充满了生机和活力;与此同时,建立的市场竞争也促进了公路工程施工企业的发展,各施工企业也为了增强市场竞争实力,最大限度地占有市场份额,不断地调整和扩大自己的生产规模。施工生产的机械化、施工管理的现代化,是各公路工程施工企业在交通基础建设高峰期最为明显的发展态势。

2. 研究目的

本课题的研究目的就是借鉴在工业企业中较成熟的规模经济理论思想,结合公路沥青混凝土路面施工作业特点(设备、工艺、材料等),找到一个适合具体工程项目的最佳施工生产规模,使施工企业在施工之前能正确合理地组建适合于该项目的机械设备,并合理地进行宏观布局和材料调配,使工程施工成本最低化,生产利润最大化。

3. 主要研究内容

(1)拌和站选址技术及机群配置理论与方法;

(2)基于动态过程的沥青混凝土路面施工控制技术。

4. 开展情况

本项目于2010年初开始酝酿,并开展了前期调研准备工作。3月申请立项,于2011年3月正式获得立项批准。整个项目研究从2011年6月至2013年11月,前后历时两年半,全面完成了各项研究任务,并取得了良好的研究成果。

5. 取得的主要研究成果

(1)提出大型拌和设备优化选址数学模型和算法实现。

(2)提出沥青混凝土路面单机作业和机群作业规律,实现不同作业设备之间干扰的定量评价。

(3)提出沥青混凝土路面静态、动态配置方法和评价指标。

(4)提出基于现场动态反馈的沥青混凝土路面施工质量和成本控制方法。

(5)提出基于动态过程的沥青混凝土路面施工质量和施工成本控制实现技术。

(6)开发沥青混凝土路面施工质量和成本动态控制应用工具一套。

(二十一)硬质沥青混合料性能及应用技术研究

1. 立项背景

我国地域辽阔,气候的多样性及交通条件的复杂性,使得沥青路面在运营过程中不同程度地出现了一些质量问题,较严重时还出现了车辙、拥包、推移、坑洞、唧浆、网裂等沥青混合料高温稳定性与水损坏病害,这些病害使沥青路面的使用性能迅速下降,大大降低了公路的社会效益和经济效益。就广西地区而言,由于夏季高温时间长、温度高且降雨量大,因此,沥青路面面临的主要问题是如何提高沥青路面的高温稳定性、抗疲劳性能及抗水损害能力。而硬质沥青混合料的研究与应用将成为解决广西等南方湿热地区沥青路面病害的一条有效途径。尽管我国规范中有AH-50及AH-30沥青标准,石化部门也研制过相应的生产工艺,除少数几个生产企业有过少量生产外,并没有广泛应用。硬质沥青混合料在我国是否使用,其性能如何,这些都需要大量的试验来验证,开展硬质沥青混合料性能及应用技术研究显得尤为迫切。

2. 研究目的

本项目研究从我国调和法生产的硬质AH-30基质沥青基本性能入手,重点考察硬质沥青技术指标、使用性能,提出硬质沥青混合料的设计方法;通过对广西常用级配下硬质沥青混合料的路面性能和力学性能研究,并结合路面结构力学分析,验证硬质沥青路面的良好路用品质,通过路面实体工程铺筑,研究提出硬质沥青路面的施工工艺与方法,并通过路面检测进一步论证硬质沥青用于沥青路面的可行性。

3. 主要研究内容

(1)国内外研究现状调查；

(2)硬质沥青的性能测试分析；

(3)硬质沥青混合料路用性能和力学性能试验；

(4)硬质沥青路面结构力学分析；

(5)硬质沥青混合料施工工艺研究。

4. 开展情况

本项目以钦崇 D 标为依托工程进行研究，于 2010 年初开始酝酿并开展了前期调研准备工作。5 月申请立项，于 2011 年 5 月正式获得立项批准，于 6 月全面启动科研工作。整个项目研究从 2011 年 6 月至 2013 年 9 月，前后历时 2 年 3 个月，全面完成了各项研究任务，并取得了良好的研究成果。

5. 取得的主要成果

(1)铺筑了近 500m 长的硬质沥青路面实体工程，属广西第一例。

(2)编写了《硬质沥青混合料性能与应用技术项目研究报告》。

(3)编写了《硬质沥青路面铺筑实体工程报告》，总结了硬质沥青路面的施工方法与工艺。

(二十二)绿色循环低碳示范项目研究

1. 立项背景

随着我国汽车保有量的迅速增加，废旧轮胎处理问题将成为我国生态循环建设的重要内容，同时，我国橡胶资源匮乏，废旧轮胎橡胶资源的合理利用是解决上述问题的积极手段。

本项目采用废旧轮胎生产的橡胶粉改性沥青与常规改性沥青性能相差不大，广泛适用于旧水泥路面加铺改造、新建复合式路面沥青加铺层、沥青表面功能层等多个沥青面层，可用于高速公路、一级公路、二级公路及市政道路建设。

2. 研究目的

广西钦州至崇左高速公路连接线吴圩至上思段、板利至东门段全线 72km 路面工程中采用了在水泥混凝土路面上进行加铺 5cm 厚的薄层橡胶沥青面层的复合式路面结构。为解决原设计方案中 24cm 水泥混凝土路面厚度偏薄及行驶性能不足的问题，结合交通运输主管部门审核意见及交通运输部西部交通建设科技项目"薄层橡胶沥青在北部湾水泥混凝土路面中的应用技术研究"的研究成果，对新建水泥混凝土路面采用橡胶沥青面层进行薄层加铺。橡胶沥青是将废旧轮胎再生制备橡胶粉作为路用改性剂，其不仅能够促进废旧轮胎资源循环利用,减少优势改性剂的生产及使用,还能使沥青路面具有较好的抗变形、耐疲劳及美观度,有效提高路面行驶功能,可以发挥废旧轮胎中天然橡胶、抗老化剂等组分的优点。

3. 研究内容

(1)橡胶沥青作为改性剂掺加量的控制;

(2)橡胶沥青路面的性能对比。

4. 开展情况

该工程橡胶沥青路面实施自2013年2月至2013年5月,全线共使用橡胶沥青4600余吨,消耗废旧轮胎近1000t,节约SBS改性剂近150t。本项目采用废旧轮胎胶粉作为改性剂,不仅促进了废旧轮胎资源的循环利用,同时对提高路面结构层抗裂、美观舒适等特性提供了条件,起到了良好的节能低碳及改善路用性能的作用。

5. 取得的主要成果和社会经济效益

该工程于2013年6月初全线通车运行,路面行驶舒适,平整度及美观程度具有较大的提升。目前,全线交通量较大,在经历了一个高温季节,运行6个月后路面状况良好,无路面病害发生。

目前,我国已有橡胶沥青相关行业规范标准,广西地区地方标准也正在推广实施,地区应用的施工及管理水平也积累了丰富的应用经验,且本技术施工及机械与常规改性沥青面层相差不大,可推广复制性强。

(二十三)机制砂在广西山区高速公路的应用研究

1. 立项背景

目前,国内机制砂已有在混凝土和砂浆制品中应用成功的先例,并以水电行业最为成熟。而在广西特别是高速公路工程应用机制砂混凝土较少,这主要是由于机制砂与天然砂外观上不同,参建单位对其性质和应用不了解,及工程技术人员对机制砂混凝土的性能研究不够。

2. 研究目的

隆林至百色高速公路中的桥涵工程量就超过了60%。项目所处的桂西北地区优质河砂极其匮乏,右江流域所产河砂大部分是细砂和特细砂,含泥量大且品质差,难以满足桥梁上构和路面所需,导致目前工程用砂均从400km外的钦州或更远的贵港运来,致使混凝土的单方成本增高了40%以上。为降低工程造价及满足项目大规模施工需要,应用机制砂是理想方案。

3. 主要研究内容

（1）建立隆百高速公路工程混凝土原材料特性与品质控制指标体系。

（2）研究机制砂混凝土的配合比设计与配制技术。

（3）研究机制砂在路面混凝土中的应用研究技术。

4. 研究成果

（1）提出了机制砂混凝土配合比设计方法、配制技术。

（2）编写机制砂在混凝土中的应用研究技术报告。

（3）编写机制砂在路面混凝土中的应用指南。

（二十四）隆百高速公路高边坡稳定性分析与加固方法研究

1. 立项背景

对于水文地质条件复杂的高速公路高边坡，目前国内外还没有形成系统的分析理论和与之相配套的评价方法。对复杂岩土边坡需作一定程度的概化与简化模拟，目前国内外还未见针对不同典型地质条件提出相应技术措施处理原则。本项目在充分研究边坡变形机理基础上，提出三种不同典型地质条件的边坡加固原则，提出了基于锚固岩体各向异性参数特性的锚固边坡稳定性分析方法。

2. 研究目的

通过开展广西隆林至百色高速公路高边坡工程地质背景、边界条件、岩体力学参数、工程地质模型、边坡变形破坏机理、稳定性评价、开挖加固处理、优化设计、施工技术理论方法的综合研究，提出适合于高速公路高边坡的稳定性分析与加固方法。

3. 主要研究内容

从解决工程实际问题出发，全面研究了隆百高速公路沿线的 10 个典型高边坡的稳定性，并提出边坡支护的优化加固措施建议。为了研究不同类型高边坡的变形失稳及加固机理，重点对 4 处典型高边坡进行全面的岩体力学参数试验研究、边坡稳定性极限平衡分析和数值分析，以及加固前后的稳定性进行评价，提出锚固岩土体强度特性的分析方法和锚固边坡的稳定性分析简化方法。

4. 研究成果

（1）提出了本课题研究典型高边坡的岩土力学参数的建议值。

（2）针对隆百高速公路三种不同典型地质条件边坡提出了加固原则。

（3）采用极限平衡分析方法对隆百高速公路 3 种典型地质构成的路堑高边坡进行了全面计算分析，提出了边坡安全稳定性的优化建议措施，取得了良好的工程应用效果。

(4)首次提出了利用加锚岩体的单轴抗压强度推求锚固岩体各向异性抗剪强度参数的新方法,以及将边坡锚固区等效为各向异性材料的边坡锚固效应简便计算方法。

(5)根据项目研究内容发表高水平科技论文5篇,其中1篇在国际刊物《International Journal of Geomechanics》上发表;3篇在中文核心期刊上发表。

(二十五)基于层间功能层的水泥混凝土路面结构研究

1. 立项背景

水泥混凝土路面是高等级路面的重要结构形式,与沥青路面相比,具有寿命长、养护工作量较小、能源消耗少、施工简便以及对交通等级和环境适应性强等优点。

但是由于各种原因,我国早期修建的水泥混凝土路面使用状况不佳,使用寿命大大低于设计使用年限。尤其在一些重交通干道上水泥混凝土路面早期破损严重,往往通车2~5年就产生断板、断角和碎裂等结构性损坏。

通过对有关水泥混凝土路面的破坏情况进行调查发现,混凝土路面板的断裂损坏,大部分都与基层的不良支撑状况有关,并且刚性基层与半刚性基层对水泥混凝土面层的影响有较大区别。刚性基层水泥混凝土路面的破坏形式主要是由温度翘曲应力与荷载应力综合作用造成的板角断裂,而半刚性基层水泥混凝土路面结构的破坏主要是由脱空引起的,同时与路基的稳定性及基层的稳定性有密切关系。

采取在面板与基层间设置中间层的方法可以防止水泥浆渗入凹凸不平的基层而使面板与基层成为整体,大大降低面板内的拉应力水平,不仅有利于防止断板,而且在施工期间,可保护基层不被车辆压坏,也可保护基层越冬。此外,中间层可以起到防水的作用,防止渗漏水对基层的冲刷破坏。

2. 研究目的

在基层上设置层间功能层修筑水泥混凝土路面,能有效改善水泥混凝土路面的层间接触条件,减小路面早期病害、降低养护周期、延长路面的使用寿命。因此,开展设置层间功能层的水泥混凝土路面结构应力分析具有重要意义。本项目将通过对我国水泥混凝土路面使用状况的调查,重点从基层角度分析路面结构过早损坏的机理,分析水泥混凝土路面层间作用机理和设置层间功能层的水泥混凝土路面结构力学行为,提出功能层材料和结构设计指标,建立基于功能层的水泥混凝土路面结构协调设计方法,并对其施工工艺和经济效益进行分析。

3. 研究内容

(1)水泥混凝土路面基层使用状况调查与评价。针对不同交通等级和不同类型基层的水泥混凝土路面,重点调查分析水泥稳定碎石与二灰稳定碎石等半刚性基层,以及贫混凝土等刚性基层水泥混凝土路面的使用状况。分析基层开裂、基层脱空、层间黏结状况及基层刚度等使用状况对混凝土路面性能的影响，探讨水泥混凝土路面的破坏机理。

（2）水泥混凝土路面层间功能层作用与力学行为。基于过渡层理论分析面层与基层层间界面特性与作用机理，针对水泥混凝土路面常见的结构破坏，分析断板及脱空产生的原因，指出设置层间功能层的必要性。采用有限元模型分析层间功能层的力学行为，并对其结构设计指标和方法进行研究。

（3）功能层沥青混合料路用性能与组成设计。模拟实际路用状况，自行开发设计试验装置，在MTS上进行功能层混合料累积变形试验，分析其变形规律。结合层间剪切和抗水损坏等路用性能试验测试，分析其性能特点。基于层间功能层的作用，提出功能层沥青混合料的设计要求及其材料设计步骤。

（4）设置层间功能层的水泥混凝土路面结构分析。通过有限元分析，建立水泥混凝土路面不同类型基层与面层之间相互作用的力学模型，分析刚性基层、半刚性基层等不同类型基层水泥混凝土路面在荷载和环境作用下的力学响应，以及模量、厚度、温度梯度和层间接触状况等因素对路面结构受力的影响。基于均匀设计法安排参数组合，通过大量计算和回归分析，得出设功能层的半刚性基层和刚性基层水泥混凝土路面面层荷载应力、温度应力的实用计算公式。

（5）设置功能层的水泥混凝土路面结构协调设计。分析不同气候条件（水和温度）、交通特征等因素对水泥混凝土路面基层的影响以及基层的受力状况，提出水泥混凝土路面耐久基层结构组合设计的原则和方法，以及对耐久性基层、面层及功能层的技术要求。基于基层长期性能的要求，对水泥混凝土面层与基层进行协调设计，同时提出考虑混凝土面层和基层疲劳的水泥混凝土路面结构设计方法。

（6）设置功能层的水泥混凝土路面施工工艺和经济效益分析。结合试验路实体工程，对设置功能层的水泥混凝土路面施工工艺进行研究，总结其施工经验，并结合试验路段的性能观测数据对设置功能层的水泥混凝土路面进行全寿命经济效益分析。

4. 开展情况

2010年3月开始课题的可行性研究，2010年10月开始课题的申报与准备，2011年3月开始理论分析与研究，2012年5月至2013年5月观测试验路，撰写研究报告，提交研究成果，申请进行课题验收。

5. 研究成果

（1）本项目通过对广西地区水泥混凝土路面使用状况的调查与评价，总结分析了各类水泥路面的破坏原因以及对路面病害造成的影响，并提出水泥混凝土路面破坏机制。

（2）基于过渡层理论分析了面层与基层层间界面特性与作用机理，指出设置层间功能层的必要性。

（3）根据层间功能层的力学行为分析结果，提出其结构设计指标和方法。

（4）基于层间功能层的作用机理及其性能特点，提出功能层沥青混合料的设计要求及其材料设计步骤。

（5）通过建立水泥混凝土路面不同类型基层与面层之间相互作用的力学模型，分析了功能层对基层和面层受力的影响规律。

（6）基于均匀设计法安排参数组合，通过大量计算和回归分析，得出设功能层的半刚性基层和刚性基层水泥混凝土路面面层荷载应力、温度应力的实用计算公式。

（7）基于基层长期性能的要求，对水泥混凝土面层与基层进行协调设计，提出同时考虑混凝土面层和基层疲劳的水泥混凝土路面结构设计方法。

（8）结合试验路实体工程，提出设置功能层的水泥混凝土路面的施工工艺，并分析了设置功能层的水泥混凝土路面全寿命周期成本。

（9）完成以下指南及论文：《基于层间功能层的水泥混凝土路面结构设计与施工技术指南》《基于层间功能层的水泥混凝土路面动态响应非关联分析》《基于旧水泥路面加铺层的层间研究》。

（二十六）隧道环保型沥青路面铺筑试验研究

运用高强度、环保型结合料和层间黏结材料代替常规改性沥青混合料，实现降低隧道路面铺筑温度并延长路面寿命的环保目标。其具有高强度、环保降噪等施工和路用优点，而且具有抗反射裂缝、抗水损害、抗老化和耐久性等优势。明显降低沥青混合料的生产耗能，降低粉尘排放量，用在长大隧道中可以降低烟雾的生成，极大地改善施工环境，延长沥青拌和料和设备使用寿命，降低设备维修成本，较低的拌和温度有利于沥青施工过程中的老化。其拌和温度不高于150℃，碾压温度不高于100℃；施工隧道内空气中CO浓度不大于30mg/m³，CO_2不大于0.5%，力争做到铺装层7年以内不中修，10年以内不大修。

（二十七）广西沿海地区桥面沥青混凝土面层铺装耐久性研究

课题组依据玉铁路项目的K162+255白沙头港大桥和K156+931.58闸口江大桥地处广西北部湾沿海地区，受风暴潮灾的影响大特点为依托，针对所处沿海地区环境特点和沥青混凝土桥面铺装常见病害，从沥青混凝土桥面铺装材料和结构入手，对盐湿环境下沥青—集料界面特性变化规律，沥青混合料耐久性衰减规律和桥面铺装结构性能进行了试验研究，提出了沿海盐湿热环境下沥青混合料有关设计参数的推荐范围和保证沥青混凝土桥面铺装耐久性的措施。主要结论如下：

(1)通过沥青薄膜盐蚀试验和水煮法试验,海水由于含有众多盐离子,形成离子渗透压,使沥青薄膜的渗透增多,加速了沥青薄膜的老化,降低了沥青的内聚力,降低了沥青与集料的黏附性,特别是被海水侵蚀过的集料。

(2)基于表面能理论的海水与水对沥青—集料的剥落能力进行了定量计算,海水对沥青—集料的剥落能力大于水对沥青—集料的剥落能力,如蒸馏水与浓缩5倍的海水对"埃索70号基质沥青—石灰岩"的黏附差 M 值为 $-44.755MJ/m^2$,即浓缩5倍的海水比水更易使埃索70号基质沥青从石灰岩集料表面剥离。对同一种沥青而言,海水更易从石灰岩表面将沥青剥离,即玄武岩比石灰岩的耐盐蚀性能好;对同一种集料而言,SBS改性沥青的抗盐蚀剥落能力优于基质沥青。在试验选用的材料组合中,"SBS改性沥青—玄武岩"组成的沥青混合料抗盐蚀能力最优。

(3)针对广西沿海地区环境特点提出了沥青混合料的室内盐湿热循环加速模拟试验,结果表明,3种不同级配和材料组成的沥青混合料由于海盐的离子渗透降低了沥青—集料界面黏附性、增大沥青老化,同时海盐结晶产生较大结晶压力破坏了沥青混合料颗粒间的黏结,使沥青混合料强度、稳定性等发生不同程度衰减。由经过海水侵蚀过的集料组成的沥青混合料由于沥青—集料界面黏附性大大降低,导致高温稳定性、低温抗裂性和水稳定性能出现显著降低,分别为30.5%、7.2%和20%。

(4)较小的空隙率对沥青混合料防海水侵蚀有明显作用,在一定程度上可延缓沿海盐湿环境的侵蚀。沥青混合料在沿海盐湿热环境中性能的衰减前期,主要表现为海盐进入沥青混合料中发生结晶产生的结晶压力和沥青与集料黏附性,后期主要表现为沥青结合料的老化使沥青内聚力降低。综合试验结果,沿海盐湿热环境下推荐选用SBS改性沥青、玄武岩和骨架结构明显的密实性沥青混合料以提高其抗盐蚀能力,确保沥青混凝土桥面铺装的耐久性。

(5)桥面铺装的层间黏结性能是沥青混凝土桥面铺装的生命线,海水一旦渗透进入黏结层后,会对水泥混凝土面板和钢筋产生强烈腐蚀,同时使黏结层抗剪切性能降低,引起沥青混凝土铺装层的推移、拥包等病害,同时引起桥梁结构破坏。

(6)针对沿海盐湿热环境下沥青混凝土桥面铺装从材料和结构两方面提出设计、施工要求和有关参数的建议。沥青混合料现场空隙率控制在3.0%~5.0%,集料吸水率控制在2.0%~2.5%,沥青混合料采用骨架结构明显的密实性级配。施工中将桥面板处治为露石混凝土,增大与沥青铺装层的黏结;减少混合料运输摊铺中的离析,保证沥青混合料空隙分布,避免形成局部重渗区域;在铺装层与路缘石内侧涂刷SBS改性沥青,接缝处设置小斜坡,防治含盐水的渗入。

该课题由玉铁路项目公司与长安大学合作开展。

(二十八)玉铁高速公路建设项目经济效益后评价研究

课题以建设项目为依托,运用交通经济理论、项目投融资决策理论以及统计分析法、对比分析等方法,分析高速公路建设项目经济效益后评价的内容、方法与指标体系,对玉铁高速公路建设项目投资执行情况、财务效益和国民经济效益进行后评价,并提出提高玉铁高速公路建设项目经济效益的措施建议。通过本课题的研究和实施,可以提高项目未来的运营效率,为未来新建项目的投融资决策提供科学依据和指导。课题的研究成果应用于广西玉林至铁山港高速公路,可以直接为项目的建设运营服务,对于全国其他高速公路建设也具有较好借鉴和参考价值。

(二十九)路基深层压实质量快速检测全套技术研究

该科研课题采用现代先进的基于触探原理的快速检测设备,通过现场比对试验,研究建立不同土质、不同含水率下的检测指标与现场压实度检测方法(灌砂法)检测结果的关系,提出适合玉铁高速公路的路基内部(浅层和深层)压实质量快速检测方法和检测标准,便于及时发现路基内部质量缺陷,为路基缺陷处治提供准确的判断依据。

1. 立项背景

"十一五"以来,节能减排工作成为各地区、各部门调整经济结构、转变经济发展方式、推动科学发展的重要抓手和突破口。照明耗能历来是我国重点耗能单位,约占电力能耗的10%~12%,其中公路隧道照明,特别是高速公路隧道照明更是照明耗能的大户。随着今后高速公路建设中山区高速公路比重逐步增加,高速公路中隧道所占比例越来越大,隧道照明的能源消耗也将越来越大,运营管理成本随之增加,从而使公路隧道照明的节能工作被摆到了突出的位置。

"高速公路LED照明产品及节能控制系统研究"项目为桂交综合发〔2010〕109号文件下达的广西交通科技项目。项目主要内容为:研制用于高速公路收费广场、服务区、隧道及重点路段等应用场所的LED照明产品;研制适合高速公路隧道LED照明的节能控制系统;编写高速公路LED照明产品企业标准等。研究成果应用于其依托工程——钦州至崇左高速公路机电工程项目四方山隧道照明系统工程中。

2. 研究目的

本项目研究并制造生产用于高速公路隧道、收费广场及道路桥梁等处的LED照明灯具产品;研制用于高速公路中长隧道LED照明节能的无级调光控制系统,其在保证隧道中车辆安全行驶照明需求的基础上,尽可能节约电能的消耗,同时延长LED灯具的使用寿命,减少隧道灯具的维护量。

3.研究内容

研制用于高速公路收费广场、服务区、隧道及重点路段等应用场所的LED照明产品；研制适合高速公路隧道LED照明的节能控制系统；编写高速公路LED照明产品企业标准等。

4.开展情况

2010年1月开始收集国内外研究资料，分析发展现状，形成分析报告。2010年4月至2010年12月开发LED照明灯具，研究隧道照明节能控制系统技术；2011年1月至2011年6月灯具及控制系统试验、检测；2011年7月至2011年12月产品生产系列化，制定产品企业标准；2012年1月至2012年6月依托四方山隧道工程照明系统工程设计；2012年7月至2013年5月依托工程安装调试。

5.取得的主要成果

经过产品的研发、检测、生产及依托工程的设计、安装、调试，最终完成了课题的全部内容，产出了以下成果：

（1）制定高速公路LED照明灯具产品企业标准1项。

（2）研制出应用于高速公路照明的LED灯具系列产品，产品性能达到企业标准要求。

（3）研制出隧道LED照明无级调光节能控制系统的关键设备亮度无级调光控制器。

（4）应用本项目灯具产品及调光控制系统的依托工程一项（钦崇高速公路四方山隧道照明系统）。

6.经济效益与推广应用前景

以洞外亮度取$3500cd/m^2$，洞内时速80km为例，每座中长隧道约$2\times300m=600m$为加强段，需要高压钠灯数量约为320盏，功率约为84kW，而LED灯具需50kW；基本段以中间布灯方式可按每9m一盏100W高压钠灯计算，按每9m一盏50W LED灯计算。

高压钠灯市场平均价格：800元/盏。

LED灯具市场平均价格：23元/W。

（1）灯具经济效益分析

一条2km高速公路中长隧道，其使用高压钠灯照明所需功率总数约为130kW，灯具成本约60万元，使用寿命2年，年成本30万元/年；使用LED灯照明，所需功率总数约为73kW，灯具成本约168万元，使用寿命5年，年成本34万元/年，高出高压钠灯灯具成本13%。

（2）运行电费效益分析

高压钠灯照明六级调光系统每条隧道年用电电费约为97万元，LED照明无级调光控制系统按节约64%的电费算，则每年运行电费35万元，每年节约62万元电费。其初期投入时高出钠灯系统的100万元灯具成本,不到两年即可收回,其余三年净节约186万元运行电费。

此算法还未包括因供电回路减少而节约的电缆费用及因灯具维护费用的减少而节省的费用。

(3)推广应用前景

按广西全区及周边省份每年新增五条高速公路中长隧道计,其LED灯具总功率约$5 \times 73kW = 365kW$,以23元/W的产品价格,可为企业创造23元/W×365000W=839.5万元的产值,更为用户节约可观的运行费用,为建设节能型社会提供有力支持。

二、桥隧科研课题

(一)来宾磨东大桥施工设计技术研究

获得奖项:2001年广西科学技术进步二等奖。
完成时间:1998年6月。
项目概况:来宾磨东大桥(图5-2-3)是跨径180m的钢筋混凝土箱形肋拱桥,每条拱肋分段达28段。本课题主要依托该桥开展设计技术研究,通过施工工况作结构计算分析与现场试验研究,提出了大跨径钢筋混凝土箱肋拱桥多段吊装的设计技术。该研究成果为国内首例,总体上居国内领先水平。

图5-2-3　来宾磨东大桥

本课题研究成果包含设计及施工技术,为完善设计进行了基础研究工作,包括拱箱锚固系统局部应力试验研究、大跨径钢筋混凝土箱拱多段吊装结构分析方法、施工调索步骤、拱肋节段间的接头设计、拱脚铰设计和固结时机、侧缆风设计、松索方法等,其成果为大跨径钢筋混凝土拱桥的多段吊装工艺设计提高有益参考。

大桥于1999年10月建成通车。通过湖南大学对全桥进行动静载测试的结果表明,桥梁的各项技术指标均达到设计的要求,桥梁结构安全可靠。

本课题主要由广西壮族自治区交通规划勘察设计院和广西壮族自治区公路桥梁工程总公司共同完成。

(二)预应力混凝土公路板式桥梁通用设计图成套技术研究

获得奖项:2008年湖南省科学技术进步二等奖。

完成时间:2006年12月。

项目概况:课题主要内容为板式结构的合理结构形式研究、板式结构计算方法比较研究和板端局部应力分析等,提出了解决问题的技术措施,并在通用设计图的编制中予以具体体现,实现了科研成果向生产力的有效转化。同时,在结构的安全、耐久等方面提出了许多针对性的技术要求,以实现公路桥梁建设向资源节约型、环境友好型的可持续发展。

课题成果主要有:①形成了一套涵盖公路板式桥梁受力性能、分析方法、工程措施和施工工艺的成套技术;②按照现行公路工程技术标准和公路桥涵设计规范,开发了一整套包括9种路基宽度、6种跨径(6m、8m、10m、13m、16m、20m)、3个斜交角度、2种荷载等级(公路—Ⅰ级、公路—Ⅱ级)、2种板宽和2种预应力(先张法和后张法)施加工艺等513种工况组合下的预应力混凝土(含钢筋混凝土)板式桥梁通用图;③开发了一套适用于不同等级、不同跨径、不同工艺的通用钢制内模。

广西壮族自治区交通规划勘察设计研究院参与了本次课题研究,其他参与单位有:湖南省交通规划勘察设计院、湖南省交通科学研究院、辽宁省交通勘测设计院、中交公路规划设计院有限公司。

(三)钢—混凝土组合(箱)梁桥建设成套技术研究

获得奖项:2009年中国公路学会科学技术奖二等奖。

完成时间:2007年3月。

项目概况:本课题为广西壮族自治区交通规划勘察设计研究院等7个单位共同申报的2004年交通部西部交通建设科技项目,意在解决波纹钢腹板预应力组合梁这种新结构在受力机理、构造措施和设计计算方法中的一系列关键技术问题,为其在西部地区和国内的推广和应用起到积极作用。

课题针对波纹钢腹板预应力组合箱梁桥,在详细调研国内外实桥资料与相关文献和全面总结前期科研成果的基础上,通过系统的理论分析、室内模型试验和动静载实测等一系列的研究工作,提出了波纹钢腹板抗剪、箱梁截面抗弯和抗扭、箱梁的疲劳性能、剪力连接键、体外预应力转向块以及锚固体系的设计及实用计算方法,并根据其动力性能的试验和理论研究提出波纹钢腹板预应力组合箱梁的设计优化建议,形成了波纹钢腹板预应力组合箱梁的设计理论,编写了《波纹钢腹板预应力组合箱梁桥设计与施工技术指南》。

(四)西部地区中小跨径适用桥梁形式的研究

获得奖项:2008年中国公路学会科学技术奖二等奖。

完成时间:2007年5月。

项目概况：我国西部地区自然条件恶劣，沟壑纵横、季节性河流多、地震烈度高，泥石流、冻融、盐渍、岩溶、地震等自然灾害频繁发生，给桥梁的建设和正常使用造成危害。随着国民经济的迅猛发展，公路交通日渐繁忙，超重车辆的轴重远高于设计轴重，原有公路桥梁已不堪重负，尤其是新桥规的出台，设计理念的转变，及时更新中小跨径桥梁的设计通用图意义重大。通过立项对中小跨径桥梁适用结构形式进行专门研究，帮助设计人员有效利用已有设计资源，提高设计工作效率，保证设计质量，对西部地区公路桥梁建设是非常必要和及时的。

本课题在对不同地形、地质、河流特点的中小跨径桥梁合理孔跨布置方案研究的基础上，着重进行了中小跨径桥梁合理结构形式、设计理论及计算方法，钢—混凝土组合梁桥结构形式、设计理论及计算方法的研究，在此基础上开发出了"中小跨径桥梁电子版通用设计图图库管理系统"，并编写了《西部地区中小跨径桥梁设计指南》。项目研究的钢—混凝土组合桥梁技术是桥梁结构体系的发展趋势之一，适合在西部山区推广使用，具有较大的推广应用前景。

项目开发的中小跨径桥梁电子版通用设计图图库管理系统，系统中存储着本项目研制的常用中小跨径桥梁通用设计图纸（约2300张）及计算书（约1450页），使设计人员能够方便地查询、参考本项目研究成果。通用设计图对桥梁设计人员具有较强指导作用和实际应用价值。设计人员编制出好的中小跨径桥梁设计方案，可以避免自然灾害造成的经济损失，可以使其使用年限更长，节省桥梁建设和维修资金。同时，图库系统能够帮助各个设计院更加有效地管理设计院的设计图纸，共享设计图纸信息资源。这将大大提高桥梁设计工作效率，缩短桥梁设计周期，节约设计经费。中小跨径桥梁电子版通用设计图图库管理系统 BDDMS 已在公路系统省、地级设计院以及铁路、水电、市政等其他行业十多家设计咨询单位推广使用，应用效果较好，该系统进一步的推广应用将会大大提高我国中小跨径桥梁设计水平和设计工作效率，促使西部地区中小跨径桥梁的设计更加科学化、标准化、信息化、数字化。

项目编制的《西部地区中小跨径桥梁设计指南》，全面阐述了西部地区中小跨径桥梁孔径合理布设原则、适应西部地区的中小跨径桥梁的合理结构形式、设计理论及计算方法，有利于促进我国西部地区桥梁设计水平的进一步提高。

本课题为2003年交通部西部交通建设科技项目，广西壮族自治区交通规划勘察设计研究院参与课题研究，其余单位有交通部公路科学研究院、清华大学、四川省交通厅公路规划勘察设计研究院、甘肃省交通规划勘察设计院有限公司、新疆公路规划勘察设计研究院以及陕西西禹高速公路有限公司。

（五）岩溶地区桥梁桩基承载能力评价及施工综合技术研究

我国岩溶地区分布广泛，特别以西南地区的广西、四川、云南、贵州、湖南分布较多。

随着我国西部大开发战略的实施,大量在建或规划中的高速公路将不可避免地穿越岩溶发育地区,复杂多变的隐伏岩溶形态给桥梁桩基修筑带来较大的困难,而现有规范难以满足岩溶桩基修筑的需要。据此,2005年7月,交通部西部交通建设科技项目管理中心批准立项,开展"岩溶地区桥梁桩基承载能力评价及施工综合技术研究"课题的研究(项目合同号:200531878618)。

课题主承担单位为广西交通科学研究院和湖南交通科学研究院,并联合了中国地质科学院岩溶地质研究所、湖南大学岩土工程研究所、广西壮族自治区交通规划勘察设计院等多家单位,共同对西部公路工程岩溶桩基需要解决的关键技术问题进行全面的研究,以期研究总结出一整套能够代表目前国内最高水平,比较完善的岩溶桩基修筑技术。

课题分为以下4个专题进行研究:

(1)岩溶地区桥梁桩基工程地质背景与勘察技术研究(广西交通科学研究院);
(2)岩溶地区桩基承载能力评价与设计理论研究(湖南省交通科学研究院);
(3)岩溶地区桥梁桩基施工技术与质量控制技术研究(广西交通科学研究院);
(4)岩溶地区桥梁桩基试验检测技术研究(湖南省交通科学研究院)。

课题主要依托湖南、广西两省区已建、在建高速公路开展了研究,旨在解决岩溶地区公路桩基勘察、承载力评价、施工技术与检测技术问题,为相关技术规范的修订或编制提供科学依据和研究积累。通过本项目的研究与依托工程的实施,所取得的岩溶地区公路桩基修筑技术成果,将促使我国岩溶山区公路桩基修筑技术迈向一个新台阶,从而达到节约工程投资,有效预防、减少施工中各类病害的发生,提高工程施工及运行质量的目的。这对保证我国岩溶区桥梁安全、经济和快速地建设成功具有重要的社会经济意义及理论研究价值。

项目于2009年10月完成研究工作,历时4年,2009年11月27日在南宁通过鉴定验收。主要研究内容与研究成果如下:

1. 主要研究内容

专题1:岩溶地区桥梁桩基工程地质背景与勘察技术研究

本专题主要针对岩溶桥梁桩基地质勘察问题展开研究,通过调查研究西南地区岩溶地质发育规律及桥梁桩基岩溶病害的特征、机理及分类,对岩溶地区桥位勘探选择方法和岩溶地区桩基勘察技术进行了研究。

研究内容主要包括以下几方面:

(1)调查研究岩溶地区岩溶形态发育规律,桥梁桩基岩溶病害的特征、机理及分类,建立桥梁桩基岩溶地质病害的地质模式。

(2)岩溶地区桥位工程地质调查及勘探方法调查研究。重点研究如何在不同勘察阶段中,充分结合已掌握的区域工程地质内容,采用适宜的物探方法与钻探相结合,进行桥位工程地质勘探查明的方法研究。

专题2：岩溶地区桩基承载能力评价与设计理论研究

本专题主要针对岩溶桥梁桩基承载能力评价问题展开研究，针对岩溶地区桥梁桩基的工程特点，主要对桩底存在溶洞的典型岩溶桩基地质模式，通过室内模型试验，以及现场观测试验，全面分析其承载力学性状及荷载传递规律，提出岩溶地区基桩的承载力计算方法，为新规范的制定提供可靠依据。研究内容主要包括以下几方面：

（1）岩溶地区基桩承载力室内模型试验研究（图5-2-4）。在深入探讨岩溶地区基桩的受力机理和变形特性基础上，建立合理的桩侧、桩端荷载传递模型，提出岩溶桩基承载力的计算方法。

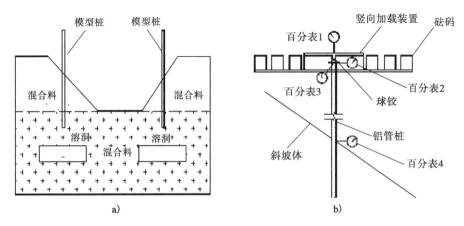

图5-2-4　模型试验布局示意图

（2）岩溶地区溶洞顶板稳定性的模糊评价方法。在已有极限平衡分析方法的基础上引入模糊理论，建立岩溶地区溶洞顶板稳定性的模糊极限平衡分析模型，利用统计资料分析，以及专家经验构造出模型参数的模糊集，建立合理的评价方法。

（3）岩溶地区顶板安全厚度及嵌岩深度计算方法优化。引入数值流形方法建立基本求解方程，并编制出相应的计算模块；基于建立的流形元程序，建立岩溶地区桥梁桩基下溶洞顶板厚度的计算力学模型。通过理论分析和模型试验研究，提出相关计算方法优化，计算桩基下伏溶洞顶板允许厚度，提出桩基下伏溶洞顶板厚度计算方法和原则。

（4）岩溶区桩基按变形控制承载力设计研究（图5-2-5）。紧扣容许变形控制承载能力的理念，根据建立的桩侧、桩端荷载传递模型，充分考虑桩侧岩体与桩端岩层阻力的发挥程度，导出桩顶沉降量与桩顶荷载之间的关系式。

专题3：岩溶地区桥梁桩基施工技术与质量控制技术研究

本专题主要针对如何避免岩溶桥梁桩基施工病害展开研究，通过对产生岩溶桩基施工病害的因素分析，进行岩溶地区桩基施工病害预防措施及处治措施的研究，提出成套岩溶地区桩基施工工艺，主要研究内容包括：

(1)依据建立的岩溶桩基地质模式,调查岩溶地区地质发育对桩基施工的影响,归纳典型岩溶桩基地质模式施工存在的主要病害类型。

(2)对岩溶地区桩基施工病害预防措施及处治措施进行研究,按不同岩溶形态、不同施工工艺所产生的病害,分别提出相应的处理方法。

(3)岩溶地区桩基施工适用施工工艺研究。研究岩溶桩基的适用施工工艺,提出不同施工工艺组合及其适用的岩溶地质模式。

a)　　　　　　　　　　　　　　　　b)

图 5-2-5　桩顶沉降及水平位移观测及模型桩应变片粘贴示意图

专题 4:岩溶地区桥梁桩基试验检测技术研究

本专题主要针对岩溶地区桥梁桩基成孔检测技术和承载力检测技术展开研究,对桩身完整性与承载力试验检测技术进行优化。在桩基承载力评价体系建立的基础上,进行桩基承载力试验检测技术研究,确定现场岩溶桩基承载力。对岩溶地区桥梁桩基承载力评价的研究成果进一步验证与完善。主要研究内容包括:

(1)岩溶桩基成孔质量试验检测技术研究。主要针对沉渣厚度和桩底岩溶形态的检测进行研究,提出岩溶桩基成孔质量检测技术。

(2)桩身完整性及强度检测技术研究。对桩身完整性及混凝土强度的检测方法进行调研分析,提出适合岩溶地区桩基完整性及强度的检测方法。

(3)桩基承载力检测技术研究。分析了桩基承载力检测技术,进行了按变形控制承载力的研究,将自平衡法应用于岩溶地区桩基检测,对此也进行了相关研究。

2. 主要研究成果

项目通过对岩溶地区桥梁桩基关键技术的研究,取得了以下创新:

(1)从典型桥梁桩基岩溶发育特点出发,系统分析桥梁桩基面临的主要岩溶病害类型及影响因素,研究岩溶对桩基的作用机理,以岩溶发育特点、第四系覆盖层厚度、地下水作用强弱以及桩的位置与岩溶形态的关系为基础,分别从岩溶桥梁场地勘察和岩溶桩基勘察施工的角度,对岩溶桩基地质模式进行了划分,建立了岩溶桩基地质模式。

(2)基于岩溶桩基室内大型模型试验,得到了岩溶区桥梁桩基的荷载传递规律,在此基础上,提出了按桩顶沉降控制基桩竖向承载力的方法,与传统方法相比更能反映岩溶桩基的实际情况。

(3)应用三维数值方法和突变理论,建立了岩溶区嵌岩桩承载力及其下伏溶洞顶板安全厚度的尖点突变模型,提出了岩溶区嵌岩桩承载力及其下伏溶洞顶板安全厚度确定的新方法。

同时,该项目还取得了以下研究结论和成果:

(1)依据地质模式,结合依托工程的勘察,总结归纳出一套适合于岩溶地区桩基勘察的勘察方法,以及各勘察阶段适用的勘察技术与技术要点(表5-2-1)。

岩溶桩基工程地质综合勘察技术表 表5-2-1

勘察阶段	主要勘察方法	主要勘察技术	备注
可行性研究勘察	类比法	进行工程地质调查,利用已有资料,运用GIS技术绘制沿线1:20万比例尺的水文地质图,进行岩溶影响范围和岩溶发育程度的区划,对桥址按岩溶桥基场地地质模式分类	可在拟定桥位地质模式为地表岩溶个体发育的,适当地利用简易勘探技术和少量物探
初步勘察	类比法、地质剖面法	进行大比例尺工程地质调绘(一般采用1:500~1:2000),根据具体情况在高精度电测深、高密度电阻率法、浅层地震、地质雷达等地面物探方法中选择1~2种进行物探,普遍适用、效率较高的为高密度电阻率法	调绘和物探发现的异常处,沿剖面布置验证性钻孔
详细勘察	地质推断法	以逐桩地质钻探为主,根据岩溶发育具体情况,采用井间层析成像法或电磁波雷达测井等井中探测方法进行物探,普遍适用的为电磁波层析成像(CT)	物探在岩溶强发育及重点桩基中采用
施工勘察	类比法、地质推断法	进行一定的超前地质钻孔	对勘察资料进行验证,落实持力层和终孔深度

(2)分析目前公路勘探中存在的问题,提出岩溶桩基勘察,关键不是采用何种具体勘探技术或几种勘探技术的组合问题,而是应充分重视地质勘察方法的研究工作,能够大幅提高勘察效率和精度,降低勘察成本。从钻探工艺本身的问题、钻探孔位和数量的布置及钻探和物探的结合三方面总结分析了提高工程地质钻探正判率的技术方法。

(3)深入分析了影响岩溶区桩基下溶洞顶板稳定性的因素,建立了完整的岩溶区桩基下溶洞顶板稳定性模糊综合二级评判方法。

(4)在荷载传递理论的基础上,提出了按桩顶沉降控制基桩竖向承载力的方法,依据允许变形控制承载能力的设计理念,根据建立的桩侧、桩端荷载传递模型,充分考虑桩侧岩体与桩端岩层阻力的发挥程度,导出桩顶沉降量与桩顶荷载之间的关系式,并编制出相应的计算程序。

(5)收集并归纳了上百根岩溶桩基的情况,通过统计分析320个钻孔溶洞高度分布规律,得出影响桩基施工的地下溶洞规模尺度划分的依据,对影响桩基施工的地下岩溶形态进行尺度划分。

（6）提出岩溶桩基施工的5大类岩溶桩基地质模式，从岩溶地质模式分类入手，分析了各类复杂的岩溶桩基施工病害产生机理，为岩溶桩基施工选择最佳预防措施和处治方案提供一套全新的解决思路和方法。针对常见的溶洞型和多层溶洞型岩溶地质模式，进行了进一步分析，首次提出隐伏溶洞形态的走向及桩基与溶洞形态的相互关系，是决定施工处治措施成败的关键影响因素（图5-2-6）。

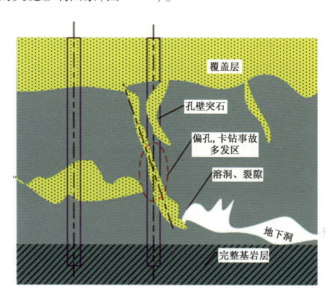

图5-2-6　溶洞轴向走向对施工影响示意图

（7）针对岩溶地区桥梁桩基承载力静载试验的特殊性，对静载试验进行了优化研究，提出了锚杆反力梁装置，并通过数值计算和现场试验验证，确定了锚杆布置的一般性原则。

（8）对比了两种承载力测试方法，介绍了自平衡法的基本原理以及在岩溶地区试桩中的具体应用，并对自平衡测试的关键技术进行了较深入的探讨，指出平衡点（即荷载箱埋设位置）的选择是在岩溶地区应用自平衡法时一个值得注意的问题。

（9）总结归纳出一整套国内最先进的岩溶桩基勘察、施工和检测技术，并编制了勘察、施工和检测指南，3份指南能够直接应用指导岩溶桥基的勘察、施工及检测，可大幅降低工程造价和岩溶桩基的病害率。

以上取得的这些成果，可为公路岩溶桥基勘察、设计、施工、检测规范的编写提供依据。研究成果能够直接应用指导岩溶桥基的勘察、施工及检测，可大幅降低工程造价和岩溶桩基的病害率，具有广泛的实用价值和推广应用前景。

（六）大跨径预应力混凝土梁桥主梁下挠原因分析及对策研究

获得奖项：2012年中国公路学会科学技术奖二等奖。

完成时间:2011年12月。

项目概况:大跨径预应力混凝土梁桥普遍存在主梁下挠过大的问题,不仅严重影响桥梁的美观和行车舒适性,更为重要的是它可能改变桥梁的受力体系和内力分配,通常伴随梁体的开裂,对桥梁的安全性和耐久性带来了危害。因此,主梁跨中下挠问题已成为制约此类桥梁发展的严重障碍,研究下挠的成因及控制下挠措施成为目前桥梁界急需解决的课题之一。

本课题针对大跨径预应力混凝土连续箱梁桥的持续过度下挠问题,通过实桥调查、模型试验和理论分析,从预应力梁桥下挠特征、桥用高强混凝土材料特性、反复荷载效应、长期挠度计算与设计方法、施工方法与工艺、防控主梁过度下挠措施,和已下挠预应力梁桥处治技术等方面进行了系统研究,解析了持续下挠原因,提出了长期挠度计算方法、防控主梁过度下挠的设计施工措施,以及已下挠桥梁的加固技术,并编制了相关设计、施工技术指南。

项目研究在以下方面具有创新性:

(1)总结、提出了大跨径预应力混凝土连续梁桥主梁下挠的三种时变模式。

(2)从箱梁顶底板收缩差、永存预应力度的系统偏差、多向预应力体系、高强混凝土收缩徐变特性等方面解析了持续过度下挠的原因。

(3)提出了考虑尺寸效应、湿度和变载效应的高强混凝土长期徐变修正模型以及考虑收缩徐变特性断面非一致性的长期挠度计算方法。

(4)首次揭示了反复荷载下预应力混凝土梁具有累积变形效应,且会导致预应力损失加大。

(5)系统提出了抑制箱梁过度下挠的设计、施工改进与处治措施。

项目研究成果在广西罗天乐大桥等4座大跨径预应力混凝土箱梁桥上得到了成功应用,社会经济效益显著,应用前景广阔。研究成果总体上达到国际领先水平。

本课题系交通运输部2006年西部交通建设科技项目,由广西壮族自治区交通规划勘察设计研究院等6家单位共同承担研究工作。

(七)波纹钢腹板混凝土连续刚构桥梁设计与施工技术研究

获得奖项:2013年中国公路学会科学技术奖一等奖。

完成时间:2012年7月。

项目概况:波纹钢腹板混凝土组合连续梁及连续刚构桥合理地将钢、混凝土结合起来,提高了结构的稳定性、强度及材料的使用效率,具有自重轻、施工速度快、耐久性好等优点,在我国有广阔的应用前景。

本课题针对波纹钢腹板混凝土连续刚构桥梁,在详细调研国内外实桥资料、相关文献和全面总结前期科研成果的基础上,通过系统的理论分析、数值模拟、室内模型试验和依托工程施工控制、动静载实测等一系列的研究工作,提出波纹钢腹板连续刚构桥计算方法并编制参数化建模和计算程序,明确了波纹钢腹板预应力组合箱梁动力特性,给出其自振频率计算公式,提出该种结构冲击系数合理取值方法;并结合依托工程鄄城黄河公路大桥主桥和桃花峪黄河大桥跨大堤桥工程实践,提出该种结构设计与施工控制关键技术。通过对波纹钢腹板组合箱梁桥和常规混凝土桥系统的经济性能对比分析,提出其合理跨径范围。在全面总结项目研究成果的基础上,编写了《波纹钢腹板梁式桥设计与施工技术指南》。结合本项目的研究,本课题组提交了7份科研报告,获得软件著作权1项,编写并出版专著1本,发表论文20篇,申请发明专利2项,参编行业标准(JT/T 784—2010)1部。成果鉴定会认为,研究成果总体达到国际先进水平,其中波纹钢腹板梁式桥的计算分析方法达到国际领先水平。

课题的主要创新成果如下:

(1)国内外首次基于ANSYS二次开发了波纹钢腹板体外预应力组合连续刚构桥的参数化建模和计算模块CBCW;

(2)考虑体外预应力对截面刚度增大的贡献及波纹钢腹板剪切变形较大的特性,揭示了波纹钢腹板混凝土连续刚构桥动力性能,提出了体外预应力波纹钢腹板梁式桥自振频率及汽车荷载冲击系数的计算方法;

(3)提出波纹钢腹板混凝土连续刚构桥的合理跨径范围和混凝土0号块合理长度设置方法;

(4)系统研究了波纹钢腹板梁式桥施工全过程受力性能、线形预测与调整方法,首次建立施工监控系统;

(5)首次开展波纹钢腹板活性粉末混凝土新结构试验研究,揭示了该结构力学性能优势;

(6)编写了《波纹钢腹板混凝土连续刚构桥设计与施工技术指南》。

课题的研究成果为该类结构在国内的推广应用奠定了一定的基础,同时对于进一步规范和优化国内波纹钢腹板箱梁桥的设计、施工和维护将起到积极的推动作用,对我国西部地区公路建设领域的技术进步,特别是桥梁设计和建造技术的创新发展将会产生积极影响。

本课题系交通运输部2008年西部交通建设科技项目,由广西壮族自治区交通规划勘察设计研究院等10家单位共同承担项目的研究工作。

(八)(拉会高架大桥)薄壁空心高墩施工阶段温度裂缝控制及温度效应研究

1. 立项背景

广西西部地区的高等级公路中,受地形条件限制,高墩桥梁占有相当大的比例。在形式上,高墩一般采用薄壁空心墩。各种形式的温度作用对空心薄壁高墩的影响非常复杂,但我国现行的桥梁规范对高墩的温度作用未作明确规定。课题"(拉会高架大桥)薄壁空心高墩施工阶段温度裂缝控制及温度效应研究"是为解决薄壁空心高墩如何避免混凝土早期温度裂缝、结构温度效应分析中如何取用温度模式这一问题而立项研究的。

2. 研究目的

(1)研究薄壁空心高墩施工过程水化热温度效应,研究控制施工阶段温度裂缝的方法。

(2)通过研究依托项目的温度场分布及温度应力规律,提出符合广西地区的空心薄壁高墩温度分布模式。

3. 主要研究内容

(1)薄壁空心高墩施工过程水化热温度作用理论分析和现场试验研究。

(2)环境温度作用下薄壁空心高墩温度效应的研究。

(3)环境因素对薄壁空心高墩截面温度分布的影响研究。

4. 开展情况

本课题于2009年开始研究,依托于六寨至河池高速公路拉会高架大桥工程。课题组成员对依托项目进行了认真研究和探讨,分别进行了薄壁空心高墩各阶段(施工阶段及成型后)温度场分布及温度应力的现场观测和数值分析,经研究后有效地控制桥墩产生混凝土早期温度裂缝,研究总结出环境温度作用下空心薄壁高墩的温度分布模式及温度应力规律,保证了工程的如期完工和施工的质量与安全,较好地完成科研任务,达到了研究目的。

5. 取得的主要成果

(1)通过仪器设备测试薄壁空心高墩施工过程的温度变化和应力变化,根据监测数据对施工过程采取相应措施,保证施工的质量与安全,取得了大量有价值的科研与施工资料。

(2)通过对薄壁空心高墩混凝土水化热的数值分析和现场实测研究,有效避免了拉会大桥薄壁空心高墩产生混凝土早期温度裂缝,为桥梁顺利进入下一步和安全运营打下了基础。

(3)获取QC成果1项。

(4)形成企业级工法1项。

(九)大跨度桥梁高性能混凝土制备技术与耐久性研究

1. 立项背景

高性能混凝土(HPC)由于具有优良工作性、高强度、高耐久性和体积稳定性好等特点,能够较好地保证大跨度桥梁结构的服役安全性和使用可靠性,因此在桥梁工程中得到较多应用。

随着我国公路交通事业的迅速发展,需要修建大量的大跨度混凝土桥梁,因此,桥用高性能混凝土的需求进一步增加。虽然我国对高性能混凝土(HPC)已有一定研究和应用实例,但总体应用水平和规模还处于初级阶段,研究成果不够系统。高性能混凝土在桥梁工程方面的应用还没有相关的应用规程和规范。因此研究桥用高性能混凝土非常必要。从高性能混凝土的制备技术及工作性能、耐久性等各方面进行试验研究,其研究成果能够为高性能混凝土的应用丰富试验数据,并为我国大跨度桥梁工程顺利健康的发展提供有力的保证。

高性能混凝土的定义是:靠传统的组分和普通的拌和、浇筑、养护方法制备出的具有所要求的性能和匀质性的混凝土,这些性能包括:易于浇筑、捣实而不离析;高超的、能长期保持的力学性能;早期强度高、体积稳定性好;在恶劣的使用条件下寿命长。也就是说高性能混凝土要求高的强度、高的流动性、良好的体积稳定性与优异的耐久性。

相对于普通混凝土,高性能混凝土的水胶比很小,一般在 0.25 ~ 0.35 之间,胶凝材料用量在 400 ~ 550kg/m³,细集料要求细度模数 2.7 ~ 3.0 等。

由于高性能混凝土水胶比大幅度降低,同时又要求具有高强度及高流动性,因此往往需要通过掺入高效减水剂及矿物掺合料来达到目的。随着研究的深入与应用范围的推广,矿物掺合料已成为现代高性能混凝土中不可缺少的组成部分,掺合料混凝土的耐久性也越来越受到重视。

硅粉作为混凝土的掺合料,具有能够提高混凝土抗渗性,降低侵蚀化学药品的扩散速率,改善混凝土界面黏结性能等优点,因此硅粉是高性能混凝土的理想掺合料。

拉会高架大桥位于六寨至河池高速公路南丹县内。该桥的主桥为预应力混凝土连续刚构桥,主桥跨径为 60m + 2 × 110m + 60m,上部结构混凝土要求为 C50。本项目依托拉会高架大桥上部结构,对高性能混凝土进行制备技术和耐久性的研究,制备出满足大跨度桥梁设计与施工要求的高性能混凝土,同时研究矿物掺合料(硅粉)的掺量对高性能混凝土的工作性(混凝土坍落度和扩展度)和耐久性(碳化和氯离子扩散系数等)的影响,并研究高性能混凝土护筋性能。项目的研究成果可为广西地区相似环境的桥梁提供参考数据,对于促进该类材料广泛用于桥梁结构具有实际意义。

2. 研究目的

(1)完成拉会大桥上部结构的 C50 高性能混凝土配合比设计。

(2)提出矿物掺合料(硅粉)对高性能混凝土工作性能及耐久性的影响规律。

(3)提出大跨度桥梁高性能混凝土掺合料的合理掺量范围。

3. 主要研究内容

(1)研究性能优良的桥用高性能混凝土制备技术,包括混凝土原材料性能测试和质量控制、高性能混凝土配合比设计并配制出性能优良的高性能混凝土。

(2)研究矿物掺合料(硅粉)对高性能混凝土性能的影响,用不同掺量的硅粉配制高性能混凝土,比较不同硅粉掺量对高性能混凝土性能的影响。

(3)对新拌高性能混凝土进行工作性研究,包括坍落度、坍落度损失、表观密度等性能试验。

(4)对高性能混凝土进行抗碳化、氯离子快速渗透等耐久性研究。

(5)采用混凝土同步热分析法对高性能混凝土进行护筋性能研究等。

4. 开展情况

本项目依托拉会高架大桥上部结构对高性能混凝土进行制备技术和耐久性的研究,制备出满足大跨度桥梁设计与施工要求的高性能混凝土,同时研究矿物掺合料(硅粉)的掺量对高性能混凝土的工作性(混凝土坍落度和扩展度)和耐久性(碳化和氯离子扩散系数等)的影响,并研究高性能混凝土护筋性能。

5. 取得的主要成果

(1)通过工程项目部现场试验、实验室内的试验研究,结合拉会大桥工程的具体情况制备出满足该桥工作性能、强度和耐久性等各方面要求的C50桥梁高性能混凝土。

(2)高性能混凝土配合比试验结果表明:掺入微硅粉的高性能混凝土较未掺微硅粉的混凝土的坍落度和扩展度有较大的提高,试验结果的拟合曲线显示,在该配合比下微硅粉的合理掺量在2.5%~6%之间,过小和过大的掺量都会导致混凝土和易性下降。

(3)高性能混凝土氯离子渗透试验结果表明:掺加微硅粉可以显著增加混凝土抵抗氯离子渗透的能力。随着微硅粉含量的增加,混凝土抵抗氯离子渗透的能力也增加,当微硅粉掺量超过2.5%之后,混凝土抵抗氯离子渗透能力评价即可达到"很低"的程度。因此,本项目中微硅粉掺量为8.4%的混凝土抵抗氯离子渗透能力最强,5.66%和2.8%掺量的混凝土也能够满足拉会大桥的耐久性要求。

(4)高性能混凝土碳化试验结果表明:本项目中掺加微硅粉的C50高性能混凝土均具有良好的抗碳化性能。混凝土龄期较早的时候,微硅粉对混凝土的抗碳化能力影响显示不明显,随着混凝土龄期的增长,微硅粉的作用逐渐显现,龄期越长,微硅粉掺量越大,混凝土的抗碳化能力越好。本项目三个微硅粉掺量(2.8%、5.66%、8.4%)的C50高性能混凝土抗碳化能力均能达到拉会大桥的耐久性要求,但微硅粉掺量为8.4%的混凝土抵碳化能力最强。

（5）高性能混凝土热分析试验表明：未掺加微硅粉的混凝土所含的 $CaCO_3$ 较掺加微硅粉的混凝土大，掺量大的混凝土中所含的 $CaCO_3$ 较掺量小的混凝土所含的 $CaCO_3$ 要少，而未掺加微硅粉的混凝土所含的 $Ca(OH)_2$ 较掺加微硅粉的混凝土小，掺量大的混凝土中所含的 $Ca(OH)_2$ 较掺量小的混凝土所含的 $Ca(OH)_2$ 要多。即随着微硅粉掺量的增加，混凝土的护筋性能也得到增强。

（6）通过试验和理论分析，拉会大桥合理的 C50 高性能混凝土配合比为：1∶1.35∶2.41∶0.34∶0.0265∶0.06，掺合料微硅粉的合理掺量范围在 2.5%~6% 之间，工程最终采用掺量为 5.66%，在合理掺量范围内。

（7）在核心期刊上发表高水平论文 2 篇。

（十）30m T 梁后张法预应力体系的耐久性检测试验研究

该课题以玉铁路项目的 K162+255 白沙头港跨海大桥作为试验地点，通过在 T 梁预埋电绝缘性锚具和采用塑料波纹管，可以很好地防止和检测预应力筋的腐蚀问题；在梁端预埋磁通量传感器可以测出钢绞线的应力变化，如果测出的电阻显示下降了，则表明钢绞线有被腐蚀的趋势，通过分析磁通量传感器测出的钢绞线的应力变化，从而进一步判断和评估梁板的工作状态是否需要维修和加固；本课题研究的特点和创新之处是通过无破损的检测手段来对预应力筋的腐蚀情况进行随时检测。

该课题由玉铁路项目公司与广西交通科学研究院共同研发。

（十一）广西桥梁工程有效预应力施工控制检测与验收指南研究

1. 立项背景

预应力是预应力结构的生命线。预应力技术是现代结构工程的核心技术之一，是结构施工的重点和难点。目前国内外对预应力张拉施工微观过程的跟踪检测、控制研究较少。传统的预应力张拉施工操作流程，受施工现场条件和人为因素干扰较大，具有较大的随意性和变异性，施工质量稳定性和可靠度较差，缺乏高效可靠的现代化过程智能测控手段和验收评估标准等软件体系作为辅助支撑，停留在较为粗放和落后的技术状态。而在施工过程中跟踪检测预应力，在许多情况下特别在后张法构件中难度较大。因此，目前对预应力损失发生后的现场预应力筋应力检测技术，大都还停留在试验研究阶段，其造价较高、操作困难、效率低下使得推广应用阻力很大。绝大多数预应力桥梁的张拉施工没有实施过程控制和分批质量验收，张拉锚固后预应力筋中建立的有效预应力的准确量值和分布均匀程度往往处于未知状态，是否真正满足设计要求也无从判断。

"桥梁工程有效预应力施工控制检测与验收指南研究"系针对目前桥梁预应力张

拉施工过程控制手段落后、操作工艺随意性和变异性较大、施工质量稳定性和可靠度较低的严峻现实,积极利用现代化的智能化软、硬件测控手段和信息技术,其目的在于支撑和促进结构预应力张拉的"精细化"施工,为工程质量"百年大计"提供有力的技术保障。

2. 研究目的

本课题的目的是通过桥梁施工中有效预应力的检测与控制,达到梁体所受预应力最好,变形最佳,消除施工隐患,建立验收软件系统,为T梁、箱梁、连续梁、连续刚构桥和斜拉桥的预应力施工检测控制部颁标准的制定打下基础,对我国桥梁预应力施工质量控制意义重大(消除事故隐患,确保施工质量,延长使用寿命)。

3. 研究内容

桥梁预应力施工检测控制与验收研究内容如下:

(1)桥梁预应力施工现状分析。

(2)现有预应力施工控制技术研究(各主要截面的应力、应变、扭转等综合分析)。

(3)有效预应力在现行各种规范中的要求与控制。

(4)预应力施工的新型检测控制验收评估智能化系统研究(以有限检测,实现全面控制)。

(5)预应力施工中有效预应力全面控制方法研究。

(6)锚下有效预应力检测分析与应用研究。

(7)对在建高速公路桥梁预应力施工进行工艺控制研究,并编制地方标准《预应力施工工艺控制与验收指南》,以确保预应力施工质量。

4. 开展情况

2009年研究大纲,现场施工控制方案的全部编写工作,并进入施工现场,实施检测控制。

2010年10月至12月继续开展对连续梁桥、连续刚构桥有效预应力的优化施工工作,应用人工智能化系统,全面编写并完善《桥梁有效预应力施工控制与验收评估指南》。

2011年完成全套资料,完成全部研究报告,准备鉴定。

5. 取得的主要成果

(1)专利:预应力张拉锚固自动控制综合测试仪。

(2)新产品:数显式张拉综合测试仪。

(3)新工艺:桥梁工程有效预应力施工控制检测与验收。

(4)新装置:预应力张拉锚固自动控制综合测试仪。

(5)研究报告:《广西桥梁工程有效预应力施工控制检测与验收指南研究报告》。

(6)论文专著:《桥梁工程有效预应力施工控制检测与验收指南》。

(7)标准:《桥梁预应力及索力张拉施工质量检测验收规程》(CQ JTG/T F81—2009)、《公路桥涵施工技术规范》(JTG/T F50—2011)。

(8)推广应用:《桥梁工程有效预应力施工控制检测与验收指南》已在广西六景至钦州港高速公路和钦州至崇左高速公路沿线桥梁成功应用。

(十二)石板尾长大公路隧道施工技术研究

依托广西壮族自治区灵峰(桂粤界)至八步公路项目土建施工第二合同段的石板尾隧道,广西路桥工程集团有限公司在广西交通运输厅立项成功了广西交通科技项目"石板尾长大公路隧道施工技术研究"。

1.立项背景

伴随着20世纪世界科学、技术、经济的发展,交通运输、水利、水电、采掘,特别是城市地下交通及空间利用等,对公路隧道工程在数量和难度上提出了更高的要求。大规模的地下工程建设促进了隧道修建技术的进步。大量的锚喷支护工程实践和岩石力学的迅速发展,导致了现代支护理论的建立,在此基础上出现了新奥法、挪威法、浅埋暗挖法等更有效的施工方法;用现代技术装备的掘进机和盾构能够适应从坚硬岩层到软弱含水地层的各种掘进条件,其可靠性、耐久性、机动性及掘进的高速度,使其在隧道工程施工中得到日益广泛的应用;冲击钻头改进及全液压钻孔台车的出现,大能力装渣、运渣设备的开发,新型爆破器材的研制及爆破技术的完善,改善围岩条件及支护技术的进步等,极大地改良了施工环境和提高了掘进速度,使钻孔爆破法的掘进技术得到更新;水底沉埋隧道施工技术的发展为穿越江河、海湾提供了新的有效手段。

目前,我国隧道工程矿山法施工中较普遍采用新奥法;岩石中隧道施工除采用钻爆法掘进外,也已开始采用掘进机施工;城市等浅埋隧道明挖或盖挖法施工中开始使用了地下连续墙,暗挖时采用的盾构法及浅埋暗挖法已具有较高的技术水平。随着我国公路建设的发展,特别是高等级公路在我国的兴起,我国公路隧道在数量与规模上有很大发展,修建技术,特别是在克服复杂环境条件的能力上,有很大提高。

图 5-2-7 石板尾隧道

2.研究目的

石板尾隧道(图 5-2-7)位于贺州市灵峰镇石板尾村到信都镇升塘州村,为双向四车道分离式特长隧道,其中右线进出口里程为 K13+205~K16+380,长 3175m,隧道底板最大埋深约 330.99m,位于 K14+462 处;左线进出口里程为 ZK13+220~ZK16+400,长 3180m,隧道底板最大埋深约 332.29m,位于 ZK14+450 处。

隧道所穿越的山体山势陡峭,表现为一较大流域的分水岭,地形起伏大,相对高差约 399.53m。隧址区水文地质条件较复杂。隧道除明洞采用明挖法施工外,其余均采用钻爆法施工。隧道洞身段按新奥法原理施工。隧道施工难度大,技术复杂。因此,为了更快、更好、更安全地完成石板尾隧道的施工,开发、总结长、大隧道施工工艺,解决长、大隧道的施工难题,并节省工程投资,很有必要设立此研究项目。

3. 主要研究内容

(1)隧道开挖施工技术及开挖分析研究;
(2)支护、衬砌施工技术研究;
(3)施工排水、止水措施;
(4)施工通风、防尘技术;
(5)施工监控量测;
(6)施工中地质判释;
(7)塌方处理。

4. 开展情况

项目立项后,课题组于 2007 年 6 月 15 日前,进行了初步方案设计和方案可行性分析研究;2007 年 6 月 15 日至 2009 年 1 月 15 日,进行方案实施,并跟踪整个实施过程,不断进行分析研究和修改设计,收集资料;2009 年 1 月 15 日至 2009 年 3 月 29 日,整理资料、深化研究,形成科研报告;2009 年 12 月 7 日,由广西交通运输厅综合处主持召开了课题验收会议,该课题顺利通过了验收。

5. 取得的主要成果

总结出一套完整的长大公路隧道施工技术(图 5-2-8);编写了《隧道洞口长管棚超前支护施工工法》,并被评为 2008 年度广西壮族自治区级工法。

6. 社会经济效益

由于采用了"石板尾长大公路隧道施工技术研究"成套技术,隧道提前半年实现了全线贯通,总计节约工期 3 个月,节约费用至少 300 万元。

石板尾隧道是一座双向四车道高速公路分离式特长隧道,当时属于广西第二长公路隧道,其施工工艺及特殊地质灾害处理均体现了"新奥法"施工的优越性,且工程造价低,具有很高的社会效益,极具推广价值。

a) b)

图 5-2-8 长管棚施工图

洞内施工根据不同的围岩采用不同的施工方法,认真按照"新奥法"的理念指导整个隧道的施工,整个隧道施工仅发生一次塌方,并安全顺利地通过了30多米宽的不整合面和50多米宽的断层,有效地克服了不良地质对隧道施工的影响,而且施工安全、快速,降低施工成本,具有很高的社会效益。

石板尾隧道是国家重点公路汕头至昆明公路的一部分,也是广西高速公路网"四纵六横"主骨架中的重要路段。该隧道建成后,与平乐至鹿寨高速公路、桂梧高速公路和广州至岗坪(粤桂界)高速公路连接,沟通两广的高速公路网络,成为广西及云南、贵州、湖南经贺州通往粤港澳最快捷的通道,对推进"泛珠三角"区域合作,改善中西部地区的投资环境,促进经济的持续健康发展起着重要的作用。

(十三)岩溶地区隧道施工超前地质预报技术研究

1. 立项背景

超前地质预报技术作为一种新的手段,运用相应的技术方法,能够帮助施工人员了解隧道掌子面前方的工程地质及水文地质情况,为隧道施工过程中及时调整支护方案提供依据,从而有效控制地质灾害的发生,保证隧道施工安全,避免或减少人身伤害;提高隧道掘进速度,节约投资。

现有隧道内综合超前地质预报方法,宏观而言可分为三类:地质方法、常规勘探方法和地球物理勘探手段。常用的地质方法主要是地质测绘法、掌子面地质编录等;常规勘探方法主要是超前水平钻探和导洞(坑)法等;地球物理勘探的主要方法有地震波反射法(如TSP超前预报系统)、地质雷达探测法、高频大地电磁法(瞬变电磁法)、陆地声呐法、高密度电阻率法、红外探测技术、电磁波CT探测方法等。

探地雷达(简称GPR)方法,是一种用于确定地下介质分布的广谱电磁波技术。探地雷达利用一个发射高频带短脉冲电磁波,另一个天线接收来自地下介质界面的反射波。电磁波在介质中传播时,其路径、电磁波强度与波形将随所通过的介质及几何形态而变化。因此,根据接收到波的旅行时间(亦称双程走时)、幅度与波形等资料,可探测地下介质的结构、构造和反射界面的深度。

2. 研究目的

本课题以广西河池至都安高速公路下刁隧道工程为依托,结合工程的特点,对岩溶区隧道施工过程中的超前地质预报方法进行研究,为岩溶地区隧道施工安全提供保障措施。

在研究岩溶地质灾害的成因、分布规律及特点的基础上,以现有的地球物理勘探方法为主,辅助以地质方法和常规勘探手段,针对岩溶地区隧道的主体结构形式和施工工艺形成一种有针对性的岩溶区隧道施工超前地质预报方法,为类似工程提供借鉴经验。

3. 主要研究内容

(1)研究岩溶地质灾害的成因、分布规律及特点。

(2)评价广义的岩溶隧道施工超前地质预报各种方法,说明各具体方法的适用条件、特点以及对岩溶地质灾害体的预报效果,并总结归纳岩溶预报方法的类型、模式。

(3)利用数值模拟分析岩溶洞穴相对隧道的大小、位置不同对隧道结构的影响和危害,明确岩溶地区隧道施工超前地质预报的具体任务。

(4)依据依托工程特点,研究该类型岩溶隧道超前地质预报的优化组合方法。

(5)依托工程预报实例及预报效果的验证。

(6)根据隧道预报资料与施工信息的结合,对所采用的超前地质预报方法进行评价,分析该预报方法的研究成果的意义及其实用价值。

4. 开展情况

该项目以河都路4标下刁隧道为依托工程进行研究,根据下刁隧道的工程概况、风险源和预报难点分析,结合前期资料收集整理及调研成果,综合超前地质预报常用手段的总结分析,采用地质雷达探测结合掌子面地质编录及超前水平钻的综合超前预报手段,对下刁隧道施工过程进行超前地质预报。项目的研究成果可为相似地质条件的隧道施工提供参考作用,具有实际意义。

5. 取得的主要成果

(1)在结合调查研究相关地质成因、不同地质预报手段及隧道施工工艺的基础上提出了一种岩溶区双连拱隧道的超前地质预报方法——地质雷达探测结合掌子面地质编录和地质超前平钻的超前预报方法。

（2）采用地质雷达探测结合掌子面地质编录和地质超前水平钻的超前预报方法，对下刁双连拱隧道整个开挖断面的地质情况进行超前预报，成功预报了下刁隧道整个开挖断面的溶洞、裂隙、断层等地质异常情况，预报效果良好，顺利完成下刁隧道的施工。

（十四）隧道施工引起水环境变化及灾害控制技术研究

1. 研究目的

本研究为六寨至河池高速公路瑶寨隧道施工进行灾害预测提供处治方案。

2. 主要研究内容

（1）瑶寨隧道岩溶发育特征与地下水分布规律研究；

（2）隧道开挖引起水环境变化规律和突水机理研究；

（3）隧道开挖围岩变形规律与岩体力学参数研究；

（4）渗流场与应力场耦合作用下岩溶隧道稳定性研究。

3. 开展情况及主要研究成果

本项目组以广西六寨至河池高速公路瑶寨隧道为依托，采用野外工程地质和水文地质调查、现场监测、室内试验、数值计算等方法，对隧道施工引起的水环境变化及灾害控制进行了研究，取得以下成果：

（1）综合应用多种岩溶隧道涌水量预测方法，基于 MAPGIS 平台开发了隧道施工灾害预测预报信息系统软件 KTB_MAPGIS，实现了隧道施工灾害实时预测预报。

（2）采用 Monte-Carlo 法对岩体结构面进行二维、三维网络模拟，对隧道岩体力学参数估算；利用 FLAC 软件对不同岩溶发育部位隧道的稳定性进行研究，从而提出相应的支护措施，实现了隧道安全施工。

（3）将地质超前预报、数值模拟和施工监控数据相结合，建立隧道施工稳定性预测模型，对隧道灾害危险性分区，实现对隧道施工灾害动态评价和控制。

4. 社会经济效益

成果应用于瑶寨隧道施工引起的水环境变化及灾害评价，解决了隧道施工穿越团结水库和断层破碎带灾害控制问题，取得良好效果，具有推广应用价值。

三、科研课题汇总

重大科研课题统计汇总见表 5-2-2。

第五章 高速公路建设科技成果

重大科研课题统计表

表 5-2-2

序号	项目名称	项目来源	研究单位	起止时间	成果形式	主要技术指标	获奖情况
1	高液限土路基稳定技术研究	交通部西部交通建设科技项目	广西壮族自治区交通规划勘察设计研究院等单位	2002.06~2005.01	成果鉴定	1. 提出了非饱和土固结理论和本构模型，编制了有限元计算软件程序并进行了高液限土路基稳定性分析，为该领域的研究提出了新的方法。 2. 采用离心模型试验方法研究高液限土路基的变形性状，成功再现了路堑边坡降雨条件下的破坏过程，揭示了高液限土高液限土路堑边坡浅层稳定破坏的特征和破坏机理。 3. 编写了西部地区高液限土路基的设计理论和施工技术指南，运用地理信息系统GIS技术构建了高液限土地数据库平台，对我国高液限土地区的公路建设具有指导意义	科学技术奖一等奖
2	膨胀土地区公路建设成套技术	交通部西部交通建设科技项目	广西壮族自治区交通规划勘察设计研究院等单位	2002.07~2007.06	成果鉴定	1. 创建了膨胀土路堑边坡滑坍治理的柔性支护综合处治技术，揭示了膨胀土路堑边坡的灾变机理、破坏特征和演化规律，系统建立了膨胀土路堑边坡稳定、加固及生态环保新技术，改克了膨胀土"逢堑必滑"的世界性技术难题。实践表明：每100m长、10m高的路堑边坡可减少乔木利削坡占地9.4亩，缩短工期75%，降低造价66%。 2. 突破未经改良的膨胀土不能直接作为路堤填料的禁区，开发了膨胀土直接填筑路堤的物理处治技术，创造性地提出了膨胀土直接填筑路堤可利用膨胀土填筑路堤的理论基础及填料的物理处治评价方法。工程应用证明：每100m长、8m高的路堤可利用膨胀土填料提高50%，工期缩短60%，造价降低70%，减少了借方土占地和土方运输燃油消耗。 3. 建立了膨胀土地区公路勘察设计系列技术，提出了新的公路膨胀土判别指标与膨胀土工程分类方法，使其误判率降低30%，补充完善了多部行业规范，并首次开发了"中国膨胀土GIS信息系统"。 4. 发明了一种膨胀土地基治新技术，提出了膨胀土与构造物相互作用的设计计算方法。提出了非饱和膨胀土工程本构模型及土工合成材料加筋膨胀土的设计理论与方法，发展了公路膨胀土工程理论	国家科技进步一等奖
3	西部地区中小跨径桥梁适用桥梁形式的研究	交通部西部交通建设科技项目	广西壮族自治区交通规划勘察设计研究院等单位	2003.09~2007.05	成果鉴定	1. 项目首次在我国西部地区进行中小跨径桥梁设计、施工及使用情况的大规模系统调查和研究工作，提出了适合于西部特殊地形、地质条件下的中小跨径桥梁合理孔跨布置原则及结构形式，为西部地区公路建设中小跨径桥梁的改进设计技术奠定了基础。 2. 该项目对钢—混凝土组合结构在中小跨径桥梁上的应用进行了研究。 3. 按新桥梁规范编制了中小跨径电子版通用设计图。 4. 开发了中小跨径桥梁电子版通用设计图库管理系统BDDMS。 5. 编制了《西部地区中小跨径桥梁设计指南》	中国公路学会科学技术奖二等奖

223

续上表

序号	项目名称	项目来源	研究单位	起止时间	成果形式	主要技术指标	获奖情况
4	钢-混凝土组合(箱)梁桥建设成套技术研究	交通部西部交通建设科技项目	广西壮族自治区交通规划勘察设计研究院等单位	2004.03~2007.03	成果鉴定	1. 提出了波纹钢腹板抗剪、箱梁截面抗弯抗扭、箱梁的疲劳性能、剪力连接键、体外预应力转向块以及锚固体系的设计及实用计算方法。 2. 研究提出波纹钢腹板预应力组合箱梁的设计优化建议。 3. 编写了《波纹钢腹板预应力组合箱梁桥设计与施工技术指南》。	中国公路学会科学技术二等奖
5	公路处治土路基长期性能的研究	交通部西部交通建设科技项目	广西壮族自治区交通规划勘察设计研究院等单位	2005.03~2010.12	成果鉴定	1. 研制了淋滤试验装置,提出了相应的试验方法,利用环境发生器进行了石灰处治土路基在干湿循环、汽车荷载和淋滤作用下的强度和变形的变化特性,得到了环境变化条件下处治土路基的温度场和湿度场变化规律,通过试验建立了Ca^{2+}离子含量与石灰处治土强度的关系。 2. 研究了非饱和土主动应力-温度-湿度-溶质四场耦合模型,数值模拟了处治土路基在干湿循环、汽车荷载作用下的强度和变形的变化特性。 3. 通过路基室内模型试验,得到了处治土路基干湿循环损伤演化规律;基于路面路基层状结构的三维动力学分析模型,求解得出了路基动应力分布与汽车荷载作用深度的关系图。 4. 编制了《公路处治土路基设计施工技术指南》。	科学技术二等奖
6	高液限红黏土路基动力响应及性能衰变规律研究	西部交通建设科技项目	广西壮族自治区交通规划勘察设计研究院等单位	2002.06~2005.01	成果鉴定	1. 提出了我国高液限土的主要类型和分布区域,分析了高液限土路基的病害成因。 2. 对天然与改良高液限土的基本物理力学特性与工程特性进行了系统全面的研究,针对工程中存在的主要问题进行了专门的研究,揭示高液限土在不同自然条件与工程应力条件下的工程特性,特别是时间效应、长期水稳定性和干湿循环特性。 3. 建立了严格非饱和土固结理论,编制了非饱和土理论的有限元计算软件。 4. 在国内外首次运用非饱和土理论分析了实际工程下路堤边坡的变形与稳定特性,成功模拟了高液限土路基的开裂过程和降雨条件下实际工程下路堤边坡的变形老化模型的稳定、变形与老化的过程和规律。 5. 运用先进的离心模型试验技术,研究了非饱和土高液限土路基的稳定,成功模拟了高液限土路堑边坡降雨条件下的破坏过程。	2006年度中国公路学会科学技术奖一等奖

续上表

序号	项目名称	项目来源	研究单位	起止时间	成果形式	主要技术指标	获奖情况
7	大跨径预应力混凝土梁桥主梁下挠原因分析及对策研究	交通部西部交通建设科技项目	广西壮族自治区交通规划勘察设计研究院等单位	2006.08~2011.12	成果鉴定	1. 总结提出了大跨径预应力混凝土连续梁桥主梁下挠的三种变模式。2. 从箱梁顶底板收缩徐变预应力度,永存预应力体系、多向预应力体系、高强混凝土等方面解析了持续过度下挠的原因。3. 提出了考虑尺寸效应、湿度和变载效应的高强混凝土长期挠度计算方法,型以及考虑收缩徐变特性断面非一致性的长期挠度计算方法。4. 首次揭示了反复荷载下预应力混凝土梁具有累积变形效应,且会导致预应力损失加大。5. 系统提出了抑制箱梁过度下挠的设计、施工改进与处治措施	科学技术奖二等奖
8	波纹钢腹板混凝土连续刚构桥梁设计与施工技术研究	交通部西部交通建设科技项目	广西壮族自治区交通规划勘察设计研究院等单位	2008.07~2012.07	成果鉴定	1. 国内外首次基于ANSYS二次开发了波纹钢腹板外预应力组合连续刚构桥的参数化建模和计算模块CBCW。2. 考虑体外预应力对截面刚度增大的贡献及波纹钢板剪切变形较大的特性,揭示了波纹钢腹板混凝土连续刚构桥动力性能,提出了体外预应力波纹钢腹板梁式桥自振频率及汽车荷载冲击系数的计算方法。3. 系统研究了波纹钢腹板混凝土连续刚构桥的合理跨径范围和混凝土0号块合理长度设置方法。4. 首次建立施工监控系统。5. 首次开展波纹钢腹板活性粉末混凝土新结构试验研究,揭示了该结构力学性能优势。6. 编写了《波纹钢腹板混凝土连续刚构桥设计与施工技术指南》	科学技术奖一等奖
9	来宾樟东大桥施工设计技术研究	广西交通科技项目	广西壮族自治区交通规划勘察设计研究院等单位	1996.10~1998.06	成果鉴定	1. 开展了大跨径钢筋混凝土箱肋拱桥多段吊装的设计技术研究。2. 国内首例提出了大跨径钢筋混凝土箱肋拱多段吊装的设计技术	广西科技进步二等奖

续上表

序号	项目名称	项目来源	研究单位	起止时间	成果形式	主要技术指标	获奖情况
10	膨胀土地区公路勘察设计技术研究	交通部西部交通建设科技项目	广西壮族自治区交通规划勘察设计研究院等单位	2002.07~2004.12	成果鉴定	1.创新性地提出了膨胀土的粒度及孔径的分形分析方法,研制了膨胀土的三相分形分析仪器,进行了膨胀土的三相膨胀与收缩试验。2.首次提出了标准吸湿含水率的概念,制定了标准吸湿含水率试验方法,研制了标准吸湿含水率的试验装置,提出了以标准吸湿含水率为主要指标的膨胀土的判别和分类方法。3.利用饱和土弹性公式的半经验延伸断裂力学理论推导了裂隙扩展深度,间距和开度的数学表达式,为膨胀土裂隙特性的研究提供了一种理论方法,并给出了基于固结试验和三相膨胀与收缩试验的工程分类体系。4.首次提出了公路膨胀土路基填料分类、地基分类、路堑边坡分类和场地分类的方法,形成了公路膨胀土工程地质勘察分类方法。5.提出了《膨胀土地区公路工程地质勘察指南》和《膨胀土地区公路路线设计指南》。	湖北省科技进步一等奖
11	预应力混凝土公路板式桥梁通用设计图成套技术研究	交通部西部交通建设科技项目	广西壮族自治区交通规划勘察设计研究院等单位	2003.09~2006.12	成果鉴定	1.开发了一整套包括9种路基宽度、6种跨径、3个交角度、2种荷载等级、2种桥板和2种预应力混凝土工艺等513种工况组合下的预应力混凝土(含钢筋混凝土)板式桥梁通用图。2.完成了预应力混凝土公路板式桥梁通用设计图成套研究。3.提出了一套能适用不同公路等级、不同板宽、不同跨径的板式桥梁通用钢制内模。	湖南省科学技术进步二等奖
12	高速公路连续长下坡路段安全评价与整治措施研究	广西交通科技项目	广西壮族自治区交通规划勘察设计研究院等单位		成果鉴定	1.首次提出了基于重载车辆行驶安全性的长大下坡路段避险车道优化指标设置方法。2.建立了综合安全度指数量化评价模型,提出了安全水平等级标准,形成了长大下坡路段的安全评价方法。3.研制出可重复使用的沿道式网索栏截装置,大幅度降低了阻尼器初始峰值、阻尼力平稳增加,提高了对失控车辆的防护效果。4.采用计算机仿真模拟分析了道床和滑道式网索栏截装置防护性能,取得了建路车道避险及滑溢网索栏截装置设置的关键参数,提出了滑道式网索避险车道装置的设计方法。5.编制完成《避险车道设置指南》	广西科学进步三等奖

第五章 高速公路建设科技成果

续上表

序号	项目名称	项目来源	研究单位	起止时间	成果形式	主要技术指标	获奖情况
13	土基压实度标准与参数的研究		广西交通科学研究院等		成果鉴定		交通部科技进步奖三等奖
14	广西高速公路路面耐久性提升技术及工程应用	广西交通科技项目	广西交通科学研究院	2008.12~2014.03	自主开发的新技术、实用新型专利论文等	1. 混凝土路面耐久性提升实用技术及应用。2. 组合式路面耐久性提升实用技术及应用。3. 沥青路面耐久性提升实用技术及应用	2014年度广西科学技术进步奖二等奖
15	薄层橡胶沥青在北部湾水泥路面中的应用技术研究	交通部西部交通建设科技项目	广西交通科学研究院	2011.04~2014.06	自主开发的新技术、论文等	1. 新建水泥路面加铺薄层橡胶沥青复合路面结构组合研究。2. 薄层橡胶沥青复合路面层间界面特性的研究。3. 薄层橡胶沥青复合路面混合料设计及路用性能评价指标研究。4. 薄层橡胶沥青复合路面施工过程质量控制关键技术研究	
16	水泥混凝土路面施工变异性及控制技术研究	交通部西部交通建设科技项目	广西交通科学研究院	2007.07~2010.06	自主开发的新技术、论文等	1. 提出了水泥混凝土路面施工性能及使用性能变异性评价指标与方法。2. 提出了典型工艺水泥混凝土路面施工变异性控制技术和均匀优质水泥混凝土路面施工技术。3. 开发了水泥混凝土路面性能评价和试验检测技术	2012年度广西科学技术进步奖三等奖
17	北部湾地区橡胶沥青复合式路面应用技术研究	科技厅科技攻关计划项目	广西交通科学研究院	2010.09~2013.12	自主开发的新技术、论文等	1. 复合式路面橡胶沥青复合料的组成优化设计研究。2. 橡胶沥青复合层厚度合理研究。3. 橡胶沥青复合式路面施工过程质量控制关键技术研究	
18	旧水泥混凝土路面面层综合利用技术研究	科技厅科技攻关计划项目	广西交通科学研究院	2008.10~2011.10	自主开发的新技术、论文等	1. 服务于判定旧水泥混凝土路面加铺方式的混凝土路面技术状况评定标准的研究,提出旧水泥混凝土板工作状态的评判指标。2. 研究水泥混凝土板弯沉与荷载弯沉和方法,对板底脱空进行判定。3. 基于断裂力学和复合材料理论和复合路面大中修养护设计理论与方法、建水泥混凝土板大中碎石化减少裂缝和推移产生的理论研究及设计、施工控制技术。4. 旧水泥混凝土板碎石化减少裂缝和推移产生的理论研究及设计、施工控制技术	

续上表

序号	项目名称	项目来源	研究单位	起止时间	成果形式	主要技术指标	获奖情况
19	云环境下基于移动智能终端的交通新型出行分析与应用服务平台	科技厅科技攻关计划项目	广西交通科学研究院	2012.01~2013.12	自主开发的新技术、论文及软件著作等	本技术集成两种数据采集方式：基于基站定位的出行数据采集方式，对公众出行轨迹进行实时跟踪，由系统自动进行数据识别和分析，将出行者的位置和时间信息与地图进行匹配，得出基于GPS定位的智能识别的出行轨迹；再将出行轨迹与公交线网、地铁网等公共交通网络进行比较，分析出行者在这段出行轨迹中的每一种出行方式、耗费时间、换乘地等参数。最后根据不同调查主题对参数进行数据挖掘，得出调查结论	
20	公路收费车道级工业控制系统	广西壮族自治区科学技术厅科技攻关计划项目	广西交通科学研究院	2002.12~2012.10	自主开发的新技术、论文及软件著作等	研制出能广泛应用于高速公路及路网收费站的车道级收费控制机，使其能在恶劣情况下实现对收费站相关电器设备的集中管控，完成面向车辆的全套收费过程，并与监控中心的后台收费管理系统进行准确的数据交换。开发在公路收费车道环境下对栏杆机、车辆检测器、红绿灯、通行灯、雾灯、IC卡读写器、费额显示器、票据打印机、脚踏开关、声光报警器等十个外设进行读写控制的工控系统、系统预留车道车牌自动识别的图像处理接口	
21	基于抗车辙的沥青混合料材料与性能研究	广西交通科技项目	广西交通科学研究院	2011.01~2013.12	自主开发的新技术、论文等	1.提出了橡胶粉—PE复合改性沥青技术。2.提出与TLA配伍的适合基质沥青品种和性能指标及TLA改性沥青的合理配比。3.提出了橡胶粉—PE复合改性沥青和TLA改性沥青的质量控制关键指标和技术标准。4.提出了抗车辙沥青混合料的矿料级配设计、混合料设计方法。5.提出了成套的TLA改性沥青混合料的设计、生产、运输、摊铺和碾压的施工技术方法及标准。6.编写了特立尼达湖沥青（TLA）改性混合料（TLA）改性沥青的施工技术指南	
22	广西公路地质灾害智能监测预警系统开发	广西交通科技项目	广西交通科学研究院	2013.01~2014.12	自主开发的新技术、论文等	该系统是基于ArcGIS开发完成，充分利用现场监测仪器、网络、多媒体、信息、计算机等先进技术，全面实现地质灾害的智能预警，变被动为主动，提高公路灾害应急处置能力，最大限度地减少人员伤亡和财产损失	
23	基于移动智能终端的交通视频监控系统	广西交通科技项目	广西交通科学研究院	2013.01~2015.01	自主开发的新技术、论文等	本系统主要由移动智能终端视频监控视频监控APP、中心服务器和PC端监控软件三大部分组成。视频监控APP负责移动智能终端用户信息、位置信息、视频数据的采集和上传；中心服务器负责数据读取并转发；PC端监控软件负责从中心服务器读取视频数据，并实现视频数据的查看、回放等功能	

第五章 高速公路建设科技成果

续上表

序号	项目名称	项目来源	研究单位	起止时间	成果形式	主要技术指标	获奖情况
24	石板尾长大公路隧道施工技术研究	交综合发[2007]76号	广西路桥工程集团有限公司	2007.03~2009.03	课题报告	1. 对石板尾隧道施工方案做出技术、经济可行性分析及评价。2. 合理化隧道施工开挖、支护技术，并进行分析研究，保证隧道施工的安全。3. 隧道周岩变形及稳定性现足现行设计规范要求。4. 总结出一整套长大隧道施工工艺。5. 节约资金300万元	获2008年广西壮族自治区级工法1项
25	橡胶粉水泥稳定基层结构及橡胶粉改性水泥混凝土路面性能的研究	桂交综合发[2007]130号	广西交通职业技术学院，广西路建工程集团有限公司	2007.01~2009.12	成果鉴定	橡胶粉改性水泥混凝土路面在抗折强度、抗冲击性、耐磨性、干缩性、抗冻性、重度、抗腐蚀变形能力、降噪性、极限应变能力等性能优于普通水泥混凝土路面。橡胶粉改性水泥混凝土路面相比降低工程造价0.47元/m²，且后期养护费用低于普通水泥混凝土路面	2011年度中国公路学会科学技术三等奖
26	沥青拌和站加热系统燃料节能技术研究与应用	桂交综合发[2008]75号	广西路建工程集团有限公司，广西交通技师学院	2008.01~2009.05	成果鉴定	1. 导热油加热系统安装了普通燃煤锅炉，通过三通阀与原柴油锅炉切换使用，燃煤锅炉使用正常可靠。2. 骨材加热由原柴油燃烧器改造为柴油和煤粉两用燃烧器，点火启动使用柴油，生产时使用煤粉。3. 加装了变频器控制磨煤喷机等设备，炉温控制方便。4. 顺利实现燃料节能和降低施工成本	
27	(拉会高架大桥)薄壁空心高墩施工阶段温度裂缝控制及温度效应研究	桂交综合发[2009]95号	广西路建工程集团有限公司，广西大学	2009.01~2011.08	成果验收	1. 完成拉会高架大桥温度裂缝的控制。2. 提出薄壁空心高墩施工阶段水化热温度裂缝控制的有效方法。3. 提出计算简便、合理实用的薄壁空心高墩截面温度分布模式。4. 在国内外学术期刊上公开发表2~5篇高水平论文	
28	高速公路隧道沥青路面环保型铺筑技术研究	桂交综合发[2009]95号	广西路建工程集团有限公司，重庆鹏方路面工程技术研究院	2009.01~2012.06	成果鉴定	温拌沥青混合料采用温拌工艺，通过降低沥青黏度，实现在降低施工拌和温度的同时保证沥青混合料的流动性。该技术可以降低沥青混合料生产过程中燃油消耗量20%~30%，减少30%以上的CO_2等气体及粉尘的排放量，专利通风设备排放效果好，有效降低环境污染，大大改善施工人工作环境	国家级实用新型专利

序号	项目名称	项目来源	研究单位	起止时间	成果形式	主 要 技 术 指 标	获奖情况
29	基于动态过程的沥青混凝土路面施工控制应用技术研究	桂交综合发[2010]109号	广西路建工程集团有限公司、重庆交通大学	2010.01~2013.12	成果验收	1. 提出大型拌和设备优化选址数学模型和算法实现。2. 提出沥青混凝土路面单机作业规律、实现不同作业设备之间干扰的定量评价。3. 提出沥青混凝土路面静态、动态配置方法和评价指标。4. 提出基于现场动态反馈的沥青混凝土路面施工质量和成本控制方法。5. 提出基于动态过程的沥青混凝土路面施工质量和施工成本控制实现技术	
30	大跨度桥梁高性能混凝土制备技术与耐久性研究	桂交综合发[2010]109号	广西路建工程集团有限公司、广西大学	2010.01~2013.04	成果验收	1. 通过工程项目部现场试验、实验室内的试验研究，制备出满足拉会大桥工作性能、强度和耐久性等方面要求的C50高性能混凝土。2. 提出拉会大桥合理的C50高性能混凝土配合比为1:1.35:2.41:0.34;0.0265:0.06，掺合料微硅粉的合理掺量范围在2.5%~6%之间，掺量过小不要满足耐久性要求。大的掺量都会导致混凝土和易性下降，掺量过小不要满足耐久性要求。3. 以莫忠凡为第一作者在国内期刊《混凝土》(核心期刊)公开发表2篇论文	大跨度桥梁高性能混凝土制备技术与耐久性研究
31	岩溶地区公路隧道施工超前地质预报技术研究	桂交综合发[2010]109号	广西路建工程集团有限公司、广西大学	2010.01~2013.04	成果验收	1. 通过理论分析、室内模拟实验结合工程应用实例提出新的预报方法体系。2. 完成下刁隧道施工超前地质预报。3. 在国内外学术期刊上公开发表2篇论文	岩溶地区公路隧道施工超前地质预报技术研究
32	硬质沥青混合料性能及其路面应用技术研究	桂交科教[2011]54号	广西路建工程集团有限公司、桂林理工大学	2011.01~2013.10	成果验收	1. AH-30硬质沥青混合料的热稳定性能明显高于AH-70，并接近SBS改性沥青混合料，水稳定性能满足规范要求。AH-30硬质沥青老化前后的高温稳定性、劈裂强度、水稳定性试验均能满足要求。2. AH-30硬质普通沥青混合料的抗压回弹模量均大于路面设计规范中的推荐值，且比较普通沥青混合料、SBS改性沥青混合料都要高。劈裂强度基本在1MPa左右，也较普通沥青混合料、SBS改性沥青混合料高。AH-30硬质沥青混合料有更好的力学性能和较好的抗疲劳性能高于和改性沥青混合料。3. 硬质沥青混合料较普通沥青混合料改性沥青混合料节约成本12.16%，每公里节约成本10万元，具有较好的经济效益	硬质沥青混合料性能及其路面应用技术研究

续上表

序号	项目名称	项目来源	研究单位	起止时间	成果形式	主 要 技 术 指 标	获奖情况
33	广西桥梁工程有效预应力施工控制检测验收指南研究	桂交综合发[2010]109号	广西高速公路投资有限公司，重庆交通大学	2009.04~2011.12		采用本成果控制的预应力施工以延长结构大修周期20%，缩小大修规模20%计，则相应的大修次数将减少20%，综合起来大修成本可降低1-(1-20%)×(1-20%)=36%	
34	基于层间功能的水泥混凝土路面结构研究	桂交综合发[2008]110号	广西高速公路投资有限公司，长安大学	2010.01~2013.05		建设成本每公里增加8%，路面大修时间延长1倍左右，降低大修费用50%，日常养护费用降低60%，节约全寿命周期费用40%	
35	机制砂在广西山区高速公路的应用研究	《广西壮族自治区交通厅下达2009年度广西交通科技计划项目的通知》（综合发[2009]95号）	广西高速公路投资有限公司，广西八桂工程监理咨询有限公司	2009.06~2011.12		1. 提交机制砂在混凝土中的应用研究技术报告。 2. 提交机制砂在路面混凝土中的应用指南。 3. 公开发表学术论文1篇	
36	隆百高速公路高边坡稳定性分析与加固方法研究	《隆百高速公路高边坡稳定性分析与加固方法研究》（桂交综合发[2008]75号）	广西高速公路投资有限公司，长沙理工大学			1. 提交《隆百高速公路高边坡稳定分析与加固方法研究》报告。 2. 发表高水平科技论文5篇，培养硕士研究生2名	

续上表

序号	项目名称	项目来源	研究单位	起止时间	成果形式	主要技术指标	获奖情况
37	高速公路LED照明产品及节能控制系统研究	桂交综合发[2010]109号	广西高速公路投资有限公司,广西交通科学研究院	2010.01~2013.05		按广西全区及周边省份每年新增五条高速公路中长隧道计,其LED灯具总功率约 $5 \times 73 kW = 365 kW$,以23元/W的产品价格,可为企业创造23元/W $\times 365000 W = 839.5$ 万元的产值	
38	广西桥梁工程有效预应力施工控制检测指南验收报告研究	桂交综合发[2010]109号	广西高速公路投资有限公司,重庆交通大学	2009.04~2011.12		采用本成果控制的预应力施工以延长结构大修周期20%,缩小大修规模20%计,则相应的大修次数将减少20%,综合起来大修成本可降低 $1-(1-20\%) \times (1-20\%) = 36\%$	
39	广西玉铁高速公路路基深层压实质量快速检测全套技术研究	内部立项	长沙理工大学	2010.08~2012.12.	总结报告		
40	广西沿海地区桥面沥青路面铺装耐久性研究	内部立项	长安大学	2012.02~2015.05	总结报告		
41	玉铁高速公路建设项目经济效益后评价研究	内部立项	长沙理工大学	2013.03~2014.05	总结报告		

第三节 主要科技成果

一、地方规范

地方规范统计见表5-3-1。

地方规范统计表　　　　　　　　　　　　　　　　　表5-3-1

序号	规范名称	文号	颁发单位	编制单位	颁发时间
1	《橡胶沥青路面施工技术规范》	待定	广西壮族自治区质量监督站	广西交通科学研究院	待定
2	《膨胀土路基处治与填筑技术施工规范》	待定	广西壮族自治区质量监督站	广西交通科学研究院	待定
3	《高速公路沥青路面施工技术规范》	待定	广西壮族自治区质量监督站	广西交通科学研究院	待定
4	《高速公路电子不停车收费系统的车道检测技术规范》	待定	广西壮族自治区质量监督站	广西交通科学研究院	待定
5	《钢管混凝土拱桥施工技术规程》	桂质监函〔2012〕1037号	广西壮族自治区质量监督站	广西壮族自治区公路桥梁工程总公司、广西大学、福州大学、广西壮族自治区交通规划勘察设计研究院	待定

（一）《橡胶沥青路面施工技术规范》

《橡胶沥青路面施工技术规范》由广西壮族自治区交通运输厅提出，广西交通科学研究院、广西交通投资集团有限公司、广西路建工程集团、广西交通工程质量安全监督站、广西路桥工程集团、广西壮族自治区标准技术研究院共同起草。本标准在总结广西地区7项科研项目成果，调研260余公里橡胶沥青路面使用状况的基础上，充分考虑广西地区潮湿、多雨的环境特点，借鉴国内外先进成熟技术手段，对广西地区橡胶沥青路面应用技术进行了全面研究。

（1）该标准的制定规范了橡胶沥青路面的原材料质量要求、施工工艺和施工质量管理与检查验收要求，对推动广西橡胶沥青路面施工作业规范化、程序化具有重要意义。

（2）该标准是在深入调研、大量试验、总结广西橡胶沥青路面工程经验基础上制定，针对广西的实际情况对现行相关标准进行细化与补充，增加了橡胶沥青锥入度和回弹恢复的检测指标，提出了适用于橡胶沥青混合料的施工工艺，技术路线正确，内容完整，具有科学性、先进性和可操作性。

（3）该标准的内容符合国家相关法律法规，与相关的国家标准、行业标准协调一致，标准的编写符合 GB/T 1.1—2009 的要求。

本技术规范作为推荐性广西地方标准予以发布。

（二）《膨胀土路基处治与填筑技术施工规范》

（1）该标准的制定对提高广西壮族自治区膨胀土路基处治与填筑的施工水平、保证膨胀土路基处治与填筑的施工质量具有重要的作用。

（2）该标准对广西境内膨胀土路基的处治与填筑技术进行了调研，对广西膨胀土路基处治与填筑施工的相关经验进行了总结，研究吸收了国内外膨胀土路基处治与填筑技术领域的相关科研成果和实践经验，标准内容完整、科学、合理，符合广西膨胀土路基处治与填筑施工的实际需要，有普遍的推广意义。

（3）标准内容符合相关法律法规，标准的编写符合 GB/T 1.1—2009 的要求，与相关的国家标准、行业标准协调一致。

本技术施工规范作为推荐性广西地方标准批准发布。

（三）《钢管混凝土拱桥施工技术规程》

依托公司在广西区内承建的钢管混凝土拱桥，如六钦高速公路上的钦江特大桥等，立项成功编制了广西地方标准《钢管混凝土拱桥施工技术规程》，该规程已编制完成并通过广西质监局的审定，即将发布实施。

本标准起草单位为广西路桥梁工程总公司、广西大学、福州大学、广西壮族自治区交通规划勘察设计研究院。

本标准起草人为：冯智、陈光辉、谢开仲、陈宝春、李彩霞、秦大燕、魏华、梁家心、林峰、李宗文、韩玉、唐颖贤、陈光强、张永兵、蒋斌、赵玉峰、黄卿维、罗吉智、黄金文、陈云辉、商从晋、阮波。

2012 年 11 月，广西路桥梁工程总公司、广西大学、福州大学与广西壮族自治区交通规划勘察设计研究院组织成立了《钢管混凝土拱桥施工技术规程》标准项目编写项目组。编写组在经过大量的工程调研及总结现有经验和研究成果基础上，召开单位内部会议对标准制定的内容进行了深入研究，进一步确定了标准的编制思路和内容，明确了人员分工。

2012 年 12 月~2013 年 6 月，编写组阅读了大量的文献，并按照各自的分工，分别开展了国内外相关资料的收集整理及分析研究工作。

2013 年 7 月~10 月，编写组在全面分析研究的基础上，编制完成了标准初稿。

2013 年 11 月，编写组根据相关专家意见对标准初稿进行了修改完善，最终形成了现在的征求意见稿。

2014年6月~7月，编写组根据征求意见，对征求意见稿进行了修改完善，形成了送审稿。

2014年9月~10月，编写组根据审定会专家组意见进行了修改完善，形成了报批稿。

本标准的编制遵循国家施工与设计相关标准、行业施工与设计相关标准，遵循先进性原则和实用性原则。在充分吸收国内外先进成果的基础上，针对广西境内钢管混凝土拱桥的多年来的施工技术特点、常见施工设备受力特点及钢管混凝土拱桥施工阶段的力学特点，提出了符合广西区的钢管混凝土拱桥施工与监控的相关规定。

本标准征求意见稿共16章。第1章规定了标准的范围；第2章给出了规范性引用文件；第3章为有关术语和定义；第4章为总则；第5章为施工准备和施工测量；第6章为钢管拱肋制作；第7章为焊接施工；第8章为防腐涂装；第9章为钢管拱肋架设；第10章为管内混凝土浇筑；第11章为其他构造施工，包括一般规定、吊杆与系杆的安装与验收、桥面梁板安装；第12章规定了施工监控的主要任务与目的；第13章给出了施工控制计算的内容、方法、模型、结果的要求；第14章给出了钢管混凝土拱桥施工过程监测的参数、截面及测点布置、频率、方法的相关要求；第15章为施工控制中的误差分析与反馈；第16章为监控成果及要求。

通过对广西境内钢管混凝土拱桥的施工情况进行调研，对广西钢管混凝土拱桥施工中存在的问题及相关经验进行了总结，研究吸收了国内外钢管混凝土拱桥施工领域的相关科研成果和实践经验，形成了在广西壮族自治区境内有指导意义的《钢管混凝土拱桥施工技术规程》。

该规程规范了钢管混凝土拱桥施工与监控技术，对提高广西钢管混凝土拱桥的施工与监控水平、保证钢管混凝土拱桥建设的施工质量、施工安全等具有重要的作用。

该规程对现行国家标准《钢管混凝土拱桥技术规范》进行了细化与补充，内容完整，填补了国内钢管混凝土拱桥施工与监控规程的空白。

二、主要专著

主要专著统计见表5-3-2。

主要专著统计表　　　　　　　　表5-3-2

序号	专著名称	主编	出版社	出版时间
1	道路工程建设影响概论	黄世武	人民交通出版社	2013.05
2	向美丽进发——广西靖西至那坡高速公路项目建设文集	本书编委会	人民交通出版社	2014.12
3	GOCAD三维地质建模技术基础应用教程	李敦仁、卢玉南等	西南交通大学出版社	2012.10
4	工程地质数理模型研究	卢玉南、李敦仁	西南交通大学出版社	2013.03
5	路基工程现场施工技术	罗竟、邓廷权	人民交通出版社	2004.06

（一）《道路工程建设影响概论》

该书主要阐述了公路项目建设过程中对沿线社会与环境产生临时性和永久性的影响以及社会与环境会对公路产生临时性和永久性的相互影响，系统地概括了公路建设全过程应注重、解决的根本性问题，提出了在设计阶段、实施阶段需要采取的相应技术、应对办法和解决措施（图5-3-1）。

（二）《向美丽进发——广西靖西至那坡高速公路项目建设文集》

本文集分项目概述、纪实报告、经验做法、技术论文四大篇章。内容涉及山区高速公路设计、施工、监理、项目管理的经验总结和科技创新、感人故事等方面，尤其是探索推行"四化"管理的理念与举措，是项目建设者和管理者的智慧结晶。文集精密结合实际，理论联系实践，内容丰富翔实，对大石山区高速公路建设具有较高的参考价值（图5-3-2）。

图5-3-1 《道路工程建设影响概论》封面图

图5-3-2 《向美丽进发——广西靖西至那坡高速公路项目建设文集》封面图

（三）《GOCAD三维地质建模技术基础应用教程》

GOCAD(Geological Object Computer Aided Design)软件是法国Nancy理工大学开发的主要应用于地质领域的三维可视化建模软件，在地质工程、石油、地球物理勘探、矿产开发、水利水电工程、公路工程中有广泛的应用。GOCAD软件具有强大的三维建模、可视化、地质解译和分析的功能。它既可以进行表面建模，又可以进行实体建模；既可以设计空间几何对象，也可以表现空间属性分布。并且，该软件的空间分析功能强大，信息表现方式灵活多样。

本书以GOCAD入门级别为主要定位，围绕GOCAD的使用，由浅入深地阐述它的基础知识,从点、线、面、体等基础地质结构表达要素和对象的创建与编辑,逐渐渗透到分析计算、地质统计、地质解释等三维地质模型的关键技术。本书适用于各种水平的地质工程师,可以作为 GOCAD 的用户手册,具备很好的参考价值(图 5-3-3)。

(四)《工程地质数理模型研究》

该书主要是基于地质统计学的认识,梳理了工程地质梳理模型研究与应用过程中的心得体会,并利用 GOCAD 实现了多个工程案例。本书各章节乃是按工程数理模型从理论到实践的过程进行分章列节的,编者认为这样能够体现工程地质数理模型的数学逻辑与案例展示(图 5-3-4)。

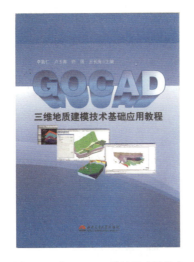
图 5-3-3 《GOCAD 三维地质建模技术基础应用教程》封面图

图 5-3-4 《工程地质数理模型研究》封面图

(五)《路基工程现场施工技术》

本书介绍了目前公路路基现场施工中所遇到的典型的技术问题,分析了这些问题的成因及处理要点,重点介绍路堤填筑、路堑开挖、路基排水、路基防护加固现场施工技术,大量引入了近年来关于填石路基、特殊土应用、边坡加固等方面通过技术鉴定的科研成果和工程经验,提出了可操作的提高路基整体强度均匀性的控制措施,论述了利用数理统计方法评定路基现场施工质量的方法(图 5-3-5)。

图 5-3-5 《路基工程现场施工技术》封面图

三、主要发明专利

(一)广西公路工程施工管理业务系统

获得奖项:2003年广西壮族自治区科学技术进步三等奖。

完成时间:2001年8月。

项目概况:广西公路工程施工管理业务系统,采用先进的信息技术手段在广西高等级公路建设中首次大规模、全方位利用计算机软件系统对项目建设实行全过程管理。开发的工程管理业务系统包括计量支付、合同管理、试验检测、二进度控制、公文处理等十多个功能模块,并组建局域网。驻地办、承包人通过计算机传输,上报各种材料、报表资料,大大加快了信息传输速度,使各级领导随时可以掌握工程建设的各方面信息,实现了对工程全方位动态管理。该系统具有业务处理功能全面、分析功能强大多样、查询功能快捷周全、操作简单和适应性强等特点,使施工及施工监理过程中所需要掌握的数据能够及时、准确、形象、快捷地反映到各级管理层,为业主、监理、承包人等不同身份管理者提供完整可靠的信息,为决策提供了更科学、更快捷的手段,有效监控费用、进度等要素的运行状况。不但提高了工作效率,同时也使工作更加规范、高效,达到对公路建设工程项目进行全面管理和综合控制的目的,使工程管理水平提升到一个新的层次。

(二)设计院信息集成系统

获得奖项:2009年广西优秀工程勘察设计计算机软件三等奖。

完成时间:2008年。

项目概况:该课题从广西交通规划勘察设计院实际出发,结合该院多年信息化建设成果,通过资源整合和系统集成,逐步完成了网络基础平台、资源共享平台、信息沟通平台和协同工作平台的组建,实现了以网络为平台、以CAD辅助设计应用为基础、以信息管理为中心的集成应用系统。

课题研究主要内容:

(1)局域网网络实施方案的研究;

(2)辅助设计软件开发应用,促进设计院CAD应用向智能化、标准化、集成化方向发展;

(3)综合信息管理系统的开发与应用,系统基于.Net框架,通过Web Service服务组件实现,按照三层模式开发,实现了设计院办公自动化和日常业务流转自动化;

(4)企业级沟通平台的组建和集成应用;

(5)网络计算平台,使设计院计算资源得到了充分的共享,实现资源利用的最大化;

(6)网络信息完全,研究成果达到了区内先进水平。

通过这些平台的组建及推广应用,实现了广西交通规划勘察设计院各类信息资源的有效整合和挖掘,数据资源得到了统一和共享,提高了设计院的管理效能,增强了核心竞争力。

(三)基于CARD/18.1版本的互通立交设计系统

获得奖项:2009年广西优秀工程勘察设计计算机软件三等奖。

完成时间:2008年1月。

项目概况:该系统(图5-3-6)由广西壮族自治区交通规划勘察设计研究院对CARD/1软件系统二次开发而成,有助于提高该院在勘测设计方面的技术储备以及有效解决互通立交设计等难点问题。

互通立交设计是公路路线设计中一项费时费力的工作,诸多的路线辅助设计软件只在立交线形设计阶段提供了部分方便布线设计功能,但对于互通立交高程设计、路基设计以及批量绘制设计图表等方面没有提供较为有效的解决方案,致使立交设计中存在着人工计算量大、重复设计步骤多、设计整体性不强等问题。

针对以上问题,广西壮族自治区交通规划勘察设计研

图5-3-6 证书(1)

究院引入了10套CARD/1软件系统,对软件系统进行了一定的本地化工作,并在软件提供的应用层面的二次开发平台上,采用CardScript语言编写程序模块。经过深入开发,广西壮族自治区交通规划勘察设计研究院编写和整合了一套以互通立交智能化设计为重点兼顾一般道路设计的CARD/1道路设计系统,其功能和特点有:①计算立交各个连接部的详细信息;②匝道连接部纵坡自动推坡计算;③自动设计连接部高程,自动处理连接部相交横断面线;④互通立交设计图表自动绘制,包括立交高程数据图、连接部大样图、总体布置图、匝道纵断面图等;⑤匝道路基工程数量精确划分与计算;⑥与JSL-Road以及"桥梁大师"软件的全面接口程序。

(四)运行速度计算及绘图程序

为进一步保障和提高我国公路的行车安全,交通部颁发了《公路项目安全性评价指南》(JTG B05—2004),初步提出了对我国公路进行安全性评价的内容、方法和标准,从行车安全性的角度要求高速公路和一级公路需进行公路安全性评价,以达到减少交通事故、降低交通事故危害程度的目的。按照指南要求,评价的内容较多,车辆的运行速度计算是

其中一项重要的基础工作，车辆运行速度是相邻路段运行速度协调性、设计速度与运行速度协调性的检验标准，也是公路平纵横设计指标选取合理与否的判断依据，运行速度断面图是车辆运行速度计算的成果。《公路项目安全性评价指南》（JTG B05—2004）中对运行速度计算方法进行了介绍，但由于作为一种规范标准，其介绍不够详细，没有算例分析，不便于理解，分析路段划分情况较多且组合情况未描述清楚；相关介绍的书籍很少；每条公路进行分析时如采用手工计算比较费时费力且容易出错；由于需查图又使得存在人为读数误差，每个人计算出来的结果不能完全一致。为解决以上问题，广西壮族自治区交通规划勘察设计研究院根据交通部《公路安全性评价指南》（JTG/T B05—2004）规定，开发了运行速度计算及绘图程序 V1.0 版，该程序主要针对高速公路、一级公路的工可、初步设计、施工图设计及运营等不同阶段分别进行全路线正反双向运行速度计算，并自动输出符合规范要求的全路线"运行速度计算表"以及绘制运行速度断面图，著作权登记证书见图 5-3-7。

（五）地震映像法绘图软件

该软件（图 5-3-8）是根据地震映像法的基本理论、结合野外工作方法、数据处理方法和实际应用开发的一套绘图系统。实现了地震映像法图形生成、显示及保存和打印功能，还具有 CSP3.0 和 CSP5.0 地震格式转换，地震数据抽道集成文件的功能，增益调整及地震波形或彩色映像显示打印功能。

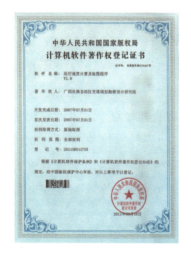
图 5-3-7　证书（2）

图 5-3-8　证书（3）

（六）公路 CAD 表格工具包软件 V1.0

针对中交第二公路勘察设计院完成的国家"九五"重点科技攻关项目"GPS、航测、遥感及公路 CAD 集成技术开发"课题中的"公路路线与互通立交 CAD 系统"的用户化问题,为提高公路设计 CAD 水平,提高设计效率,使设计图表标准化、规范化,广西壮族自治区交通规划勘察设计院组织人员开发了公路 CAD 表格工具包软件(图 5-3-9),工具包基于公路路线与互通立交 CAD 系统,能够进行自动统计并生成平、纵面设计和路基设计中的直、曲线及转角表,平面线元数据表,纵坡、竖曲线表,逐桩坐标表,路基设计表,路基土石方数量表,路基每公里土石方数量表,路基土石方运量统计表。

(七)公路与城市道路勘测设计系统 V1.0

该系统(图 5-3-10)是针对公路与城市道路中互通式立交及平面交叉设计与绘图要求,基于 CARD/1 进行的二次开发程序,程序实现了:①自动计算出互通立交中所有连接部的信息,包括特征点桩号、宽度以及连接部的段落划分等。②连接部匝道推坡功能,使自动计算的高程数据直接保存为匝道的纵断面变坡点数据,用户可快速进行匝道纵坡设计。③采用立交分析计算功能生成的连接部信息,能自动开展路基高程设计和路基"戴帽"。正确划分连接部的段落之后,程序能根据各段落的不同属性选择正确的路基设计模式,实现自动处理路基加宽设计、连接部存在路拱时的横坡设计、路基相交段落的边坡处置等。④根据连接部信息以及路基设计数据,自动、批量地绘制立交常用图表。⑤精确计算立交区域的工程数量。

图 5-3-9　证书(4)　　　　图 5-3-10　证书(5)

(八)路基辅助设计 CAD 程序软件

该软件(图 5-3-11)是利用中交第二公路勘察设计院开发的公路路线与互通立交 CAD 系统生产的成果,结合广西壮族自治区交通规划勘察设计研究院设计应用要求自主开发的一套辅助设计软件,实现了:①自动在金思路道路软件生成的横断面图上绘制水沟块(包括各种盖板边沟,三角形边沟,排水沟,水田矮墙等);②自动将外业测量的横断面数据按数模加长;③平面纸上移线后,自动生成横断面纸上移线后的数据(金思路道路软件格式);④参数化绘制挡土墙、改沟断面;⑤分别绘制道路平面以及纵面的视距包络图;⑥配合金思路道路软件按平面视距的要求自动输出逐桩横断面视距平台需要拓宽的宽度;⑦在横断面上按比例绘制挖台阶;⑧横断面设计完成后自动输出逐桩断面的填挖面积,用于土石方调配;⑨横断面图自动添加右上角角标,自动计算填写本图起止桩号;⑩按路面设计人员提供的高速公路超高路段横向排水管数量表,自动在图上绘制总体图路面横向排水管图块;⑪自动将金思路道路软件生成总体图上的涵洞通道旋转90°,以便符合道路制图规定;⑫在平面图上标注坐标;⑬批量自动打印;⑭根据边桩坐标表,生成道路用地图。

(九)新型复合加筋绿色护坡砌块

新型复合加筋绿色护坡砌块证书见图5-3-12。

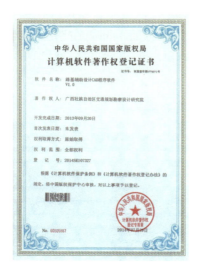

图5-3-11 证书(6)

图5-3-12 证书(7)

(十)滑道式网索避险车道

受地形条件限制,公路中连续长大下坡路段的线形指标差,纵坡较大,车辆(尤其是重载货车)下坡时,需要长时间使用制动器来控制行驶速度,而制动器长时间工作容易引起制动载过热而使制动器的制动效能减弱或者失效,进而导致车辆失控并引发交通事故。目前,国内外治理连续长下坡路段车辆制动失效的交通安全问题的各类措施中,最有效的方法是修建避险车道。但由于受地形条件的限制,大多数避险车道的建设长度不足,在实际应用中,引发了较多的车辆冲出避险车道的坠崖事故,造成了巨大的人员伤亡和财产损失;此外,地形条件的限制也大大增加了避险车道的建设成本和建设难度。因此,研究可靠的、易于实施的、低成本的避险车道技术是避险车道发展的必然趋势。

该实用新型避险车道(图5-3-13)所要解决的技术问题是克服现有技术的缺点,提供一种安全可靠、结构简单、造价低的避险车道结构,该避险车道通过制动坡床和强制减速系统的共同作用使制动失效车辆在较短的长度范围内平稳减速并安全停车,相对传统避险车道而言大大缩短了避险车道的建设长度;强制减速系统可平稳地对外输出阻尼作用力,且阻尼作用力是由小到大逐渐增加的,以防止阻尼力的激增造成对乘员的伤害或强制减速系统自身的破坏失效。

图5-3-13 证书(8)

为实现上述目标,该实用新型避险车道采用如下技术方案:包括制动坡床、网索和滑道式阻尼器,网索由拦截网和牵引索组成,拦截网横向布置于制动坡床上,其两端通过牵引索分别与制动坡床两侧的滑道式阻尼器连接,制动坡床具有一定坡度,路面采用松散集料铺设而成。

当车辆驶入制动坡床后撞击并推动横向布置的拦截网前行时,牵引索在拦截网的作用下牵引可压缩的弹性滑块在变截面的滑道内由宽槽端向窄槽端滑动,随着弹性滑块的滑动,滑块受到滑道壁的挤压力越来越大,使滑块与滑道的摩擦力也逐渐增大,滑块与滑道之间产生的摩擦力形成了使车辆强制减速的阻尼力,其与制动坡床自身的阻尼作用共同使失控车辆在避险车道内减速并安全停车;在滑道式网索避险车道被使用后,可利用连接在滑块后部的复位索牵引滑块复位,使其处于滑道宽槽端的初始状态。

该实用新型避险车道结构简单、设计合理,可有效提高避险车道的防护能力,缩短避险车道长度,节约建设成本。在实际应用中,可适当增加该实用新型避险车道的阻尼器和网索的设置数量,以提高避险车道的防护等级,达到实际的防护需求。另外,该实用新型结构的造价成本低、施工和养护简单,已在百色至罗村口、六寨至河池高速公路等实际工程中推广和应用。

(十一)加筋反包生态袋绿色护坡

生态袋由土工合成材料制成,具有高强度、耐腐蚀、不降解、抗UV、反滤、适应环境强、材料不降解、稳固性好、利于植物生长等多种优异性能。装满土(可以选择性地调整土壤营养)的生态袋码砌到边坡坡度很陡的山体外层,生态袋之间用连接扣相连。生态袋砌好后,可以往上面喷播植物种子(选择乡土树种),就可长出绿色植物,植被根系会加强生态袋紧密度和连接强度,形成永久性生态绿色边坡。其优势特点为:边坡工程中,此新型材料,可以完全替代石头、水泥等材料,可以大幅度减少工程成本。施工后的边坡具有可植被覆盖的表面,使开挖的坡面达到绿化的效果,形成自然生态边坡。这样形成的边坡具有高度透水性,对土壤流失、局部泥(土)石流、边坡塌方等具有很强的防护和稳定作用,可成为永久性高稳定自然边坡。该专利(图5-3-14)已经在广西六寨至河池高速公路得到应用,大大降低工程造价和高速公路边坡维护费用,取得了良好效果。

(十二)一种减小径向膨胀力测试中摩擦力的装置

《公路土工试验规程》(JTG E40—2007)的膨胀力和膨胀率试验,均采用单轴固结仪测试,而该仪器无法获得土壤径向的膨胀力与变形。为了实现径向膨胀力及变形的测试,自制了一种测试土壤竖向与径向膨胀力与膨胀变形的试验仪,试验中径向膨胀力测试组件与其他组件间存在摩擦力,这对径向膨胀力的测试结果有较大影响,因此,如何降低该摩擦力成为试验成功与否的关键。

针对上述测试径向膨胀力的特点与不足,该实用新型专利(图5-3-15)目的是提供一种减小径向膨胀力测试中摩擦力装置。该装置可有效地消除围压测试过程中试样护环部件与周围构件间的摩擦力,使试样只受施加围压力的作用,设置万向平面轴承保持架厚度小于滚珠的直径,且在滚珠的滚动下可相对于围压测试底座任意运动,滚珠穿过万向平面轴承保持架接触围压测试底座,较好地解决了以往存在的问题,减小了摩擦力,在纵向滑动块和横向直线导轨设置刻度线,便于对其位移做出参数指示,及时掌握试验结果,提高了试验的成功率,具有很好的应用前景。

图5-3-14　证书(9)

图5-3-15　证书(10)

(十三)一种用于测试径向膨胀力及膨胀变形的装置

《公路土工试验规程》(JTG E40—2007)的膨胀力和膨胀率试验,均采用单轴固结仪测试,而其仅能测定试样在有侧限条件下的竖向膨胀力与变形,对于需要考虑径向(侧向)发生位移情况下进行膨胀力及膨胀率的试验来说却无能为力。另外,获得有侧向和无侧向条件下土体的径向膨胀力及变形,对刚性支挡或支护结构安全性的计算也尤为重要。

针对现有单轴固结仪无法测定径向膨胀力及变形的不足,该实用新型专利(图5-3-16)的目的是提供一种测试有或无侧限条件下土体吸水后的径向膨胀力与变形的测试装置。可实现以下测试:径向位移不变,试样饱和过程中,测试竖向和径向膨胀力,获得它们的变化规律;径向位移不变或变化,试样饱和过程中,测试不同竖向位移条件下竖向和径向膨胀力;测试不同径向压力条件下竖向膨胀力及径向膨胀位移,获得它们的变化规律。

(十四)刚架拱桥微弯板加固用曲面钢梁

钢筋混凝土刚架拱桥自1979年应用以来,特别是1983年,交通部出版《钢筋混凝土刚架拱桥定型设计图》以后,在全国广泛修建,这种桥梁结构化整为零、集零为整,优点是结构离散轻巧,但缺点是结构整体性差。这些特定历史时期修建的钢筋混凝土刚架拱桥现在已普遍出现不同程度的病害,严重威胁行车安全,加固改造迫在眉睫。

进一步分析钢筋混凝土刚架拱桥的病害原因,由于微弯板的混凝土加劲肋较窄,粘贴钢板法或挂网喷射混凝土法植筋时将大大损伤本来已严重开裂的微弯板加劲肋,且根据以往的施工经验,喷射混凝土法的强度难以保证,还增加了恒荷载。因此,传统常用的加固方法如截面替换法、增加截面法和粘贴受力层法已不适用钢筋混凝土刚架拱桥的加固,有必要研发一种新的加固结构。

针对现有技术的不足,该实用新型专利(图5-3-17)的目的是提供一种施工破坏性小、施工工艺简单、经济性好的加固钢筋混凝土刚架拱桥微弯板的曲面钢梁。

图5-3-16　证书(11)

图5-3-17　证书(12)

该曲面钢梁的工作原理:弯板与腹板、底板、连接板、加强板、加劲板等零件组成一个刚性结构,弯板做成和原微弯板曲面吻合的曲面形式,两者紧密贴合,再通过弯板和连接板上的化学螺栓与桥的微弯板和拱肋连接,曲面钢梁主要承担拉力,原微弯板承担压力,整体结构受力性能优良,达到了延长刚架拱桥使用寿命的目标。该实用新型专利已在钦江二桥加固工程中成功应用。

（十五）刚架拱桥横梁加固用钢梁

钢筋混凝土刚架拱桥缺点是结构整体性差,如:刚架拱桥的横向联系梁出现了不同程度的斜裂缝、竖向裂缝等,横向联系相对薄弱,造成桥梁横向和整体刚度不足。传统常用的加固方法对于刚架拱桥存在以下缺点:①增大截面法增加恒载较多,且不方便施工,接头难以固定;②接头外包钢板法,对拱肋损伤太大,且对桥梁本身没有加固作用。因此传统的技术已不适用钢筋混凝土刚架拱桥横梁的加固,有必要发明一种新的加固结构。

图 5-3-18　证书（13）

针对现有技术的不足,该实用新型专利（图 5-3-18）的目的是提供一种施工破坏性小、施工工艺简单、经济性好的加固钢筋混凝土刚架拱桥横系梁的钢梁。

该钢梁的工作原理:先通过现场画线确定安装位置,焊接端板和节点板,然后通过螺栓Ⅰ固定端板,固定完后在节点板上焊接横杆,在节点板上方焊接连接板,再用螺栓Ⅱ把连接板与原来桥的横梁连接起来,最后在钢—混凝土接触面灌注结构胶,利用横杆来增强各片拱肋的横向连接,即完成了加固施工,达到了延长刚拱桥使用寿命的目标。该实用新型专利已在钦江二桥加固工程中成功应用。

（十六）零号块腹板分层浇筑非荷载裂缝预防方法

该项发明（图 5-3-19）涉及了一种零号块腹板分层浇筑非荷载裂缝预防办法,即在零号块腹板分层浇筑的上层混凝土内,预埋厚壁金属管。该发明的预防方法不仅缩短了混凝土内部热量散发的时间,降低了混凝土的升温,避免出现拉应力,有效防止裂缝的出现,而且简单易操作,不影响施工进程。

该发明专利是广西交通科研项目"连续刚构桥 0 号块腹板非荷载裂缝成因分析"（桂交综合发〔2009〕95 号）的成果之一,该专利成果已在多座桥梁施工中成功应用,技术成熟,可广泛推广。

(十七)基于桥梁动应变识别车辆重量的方法

该项发明(图5-3-20)是一种基于桥梁动应变识别车辆重量的方法,在桥梁结构的特定位置安装动应变采集设备,根据特定算法对动应变数据进行处理,可自动识别桥梁结构上行驶车辆的速度、位置及重量。所用仪器设备成本低,易于实现。可实现桥梁的车流量、车辆荷载谱的自动统计工作,有利于桥梁超速、超载车辆的调查及取证。并可结合桥梁健康监控系统判断桥梁结构反应是否异常,监测桥梁结构的损伤及衰老情况。

图5-3-19　证书(14)

图5-3-20　证书(15)

该授权发明专利是科研课题"基于桥梁动力反应识别移动荷载技术研究"的成果之一。

(十八)使用轻质混凝土作为拱上填料的圬工拱桥

该项发明(图5-3-21)公开了一种使用轻质混凝土作为拱上填料的圬工拱桥,包括:主拱圈、腹拱和拱上填料层,其特征在于拱上填料层是轻质混凝土填料层,在拱上填料层顶面设有一调平层,主拱圈与拱上填料层之间还设有一防水层,沿桥横向设有锯缝,在由两两锯缝构成的每块填料的最低位置处和侧墙的两侧设有渗水管,所述的防水层采用水凝液或沥青铺设而成。该发明可以有效改善拱的受力,降低恒载内力,提高圬工拱桥承受活载的能力。

(十九)一种带减振器短吊杆的内力测定方法

该项发明(图5-3-22)公开了一种带减振器短吊杆的内力测定方法。该方法能够完全考虑此类索杆的振动参数,包括索杆的刚度、非均质、复杂边界条件等,能识别出传统方法不能够识别的复杂条件下的索杆内力。

图 5-3-21　证书(16)　　　　图 5-3-22　证书(17)

该发明专利是广西交通科技项目"系杆拱桥系、吊杆内力识别与分析"(桂交综合发〔2010〕109号)后续研究成果之一。已在多座桥梁检测中成功应用,技术成熟,可广泛推广。

(二十)一种地质聚合物/乳化沥青复合材料及其制备方法

该项发明(图5-3-23)公开了一种地质聚合物/乳化沥青复合材料及其制备方法,它由碱激发活性材料(偏高岭土、矿渣、粉煤灰中的一种或两种以上混合)、改性水玻璃、乳化沥青等材料按一定重量比混合浇筑或压制成型,常温养护而成。该材料具有凝结硬化快、力学性能好、体积稳定性好、与材料相容性好等特点。其最高抗压强度可达97.15MPa、抗折强度可达15.24MPa。该发明能有效解决乳化沥青复合材料早期抗压强度不足的缺点。该发明工艺简单,成本低,有望作为道路修补材料得到应用。

图 5-3-23　证书(18)

(二十一)索杆截面几何刚度的精细识别方法

该项发明(图5-3-24)公开了一种索杆截面几何刚度的精细识别方法,是基于分层级计算钢丝圆截面惯性矩而精细识别索杆截面几何刚度的方法,尤其涉及不规则、不封闭的索杆截面几何刚度的精细识别方法,其方法直接用于各种索杆截面的刚度计算,为索杆结构内力的精细测量提供基础。

(二十二)一种性能稳定的化学改性橡胶沥青及其制备方法

该项发明(图5-3-25)公开了一种高温性能稳定的化学改性橡胶沥青及其制备方法。所述制备方法包括以下工艺步骤:步骤一,在容器中依次加入乙醇、水玻璃和胶粉,在50~80℃恒温水浴中搅拌2~5h,再将产物过滤取出,室温陈化12~24h,干燥至恒重,获得改性胶粉;步骤二,以改性沥青质量百分比计,将18~25份的改性胶粉加入到100份道路沥青中,搅拌发育0.5~2.5h,制备出高温性能优良的化学改性橡胶沥青。该制备方法提高了胶粉与基质沥青的相容性,改性胶粉提高了橡胶沥青的高温稳定性和耐储存稳定性。该方法生产工艺简单,操作简便易行。

图5-3-24 证书(19)

图5-3-25 证书(20)

(二十三)一种移动式隧道路面施工通风排烟系统

实用新型专利(图5-3-26)的目的是提出一种隧道施工通风排烟技术。通过各控制阀的开关控制,以实现通风管路的分流以及施工工作面排风量大小的调节。

该实用新型专利的技术方案为:隧道路面施工通风排烟系统由1个通风排烟控制箱、2组风机、8个风筒和6个控制阀组成。硬质风管分别连接进风口、通风排烟控制箱和轴流排风机,在通风排烟控制箱箱体外部风筒上设置有6个控制阀,软质风管分别连接轴流排风机和出风口。与其中两进风口连接的硬质风管平行设置于移动工作平台上,与另两个进风口连接的硬质风管则垂直悬挂于移动工作平台下方并与施工工作面垂直。

该实用新型专利使用过程为:洞内污染空气通过进风口进入风筒,通过调节各控制阀的开、关,以满足各工作面的需风量要求。

在路面施工作业时,该实用新型专利的优点是:将单个通风装置进行连接,通过各控制阀的调节,实现需风量调节。实现轴流排风机与施工工作面之间的单对单、单对多、多对单、多对多的排风调节方式。在施工工作面上方设置有四个进风口进行通风排烟,进风口所连接风筒上控制阀的开关视洞内排风量而定,可最大限度地提高对洞内污染空气的吸入量。当需加强排风量或进风口与施工工作面距离较远时可使用两组轴流排风机加强排风,当排风量需求不大时可使用一组轴流排风机排风,从而有效地实现排风量的调节。

该专利已经在宜州至河池高速公路 2 标得到了应用,大大提高了隧道施工的通风性,取得了良好效果。

(二十四)水泥混凝土保水养护膜生产及其施工办法

该实用新型专利证书见图 5-3-27。

图 5-3-26　证书(21)

图 5-3-27　证书(22)

(二十五)工程基础数据的作用和应用及全过程反作弊研究

"工程基础数据的作用和应用及全过程反作弊研究"(2010 年广西交通科技项目)项目已完成课题的验收与鉴定工作,研究成果总体达到国内领先水平,编制了《ACPAY 公路项目管理系统用户手册》与《工程基础数据的作用和应用及全过程反作弊研究》研究报告,"ACPay 公路工程反作弊收方测量与计量支付管理系统"获国家版权局软件著作权(图 5-3-28),形成专著《工程基础数据的组织、管理与应用》(修改完善中)一部。研究成果已申报 2014 年度中国公路学会科学技术奖二等奖,"ACPAY 公路工程项目管理系统"申报了广西计算机成果奖。

研究成果主要有以下 3 个方面的创新:

(1)提出具有反作弊功能的工程计量单元数据模型，单元不但包括代表工程实体的唯一代码、工程数量、工程位置、工程类型等属性数据，还包括工程轮廓特征点、影像特征点、基准面体系、质量指标等特有数据。

(2)提出利用该模型实现反作弊的操作方法，将设计、变更、收方测量、质量检验多环节数据关联于一体，数据可验证、可追溯，可对异常工程单元进行全程监测，辅助事前、事中、事后的异常数据判别。该体系不仅适用于传统的全站仪收方技术，也适用于激光雷达收方、数码照相收方等新技术。

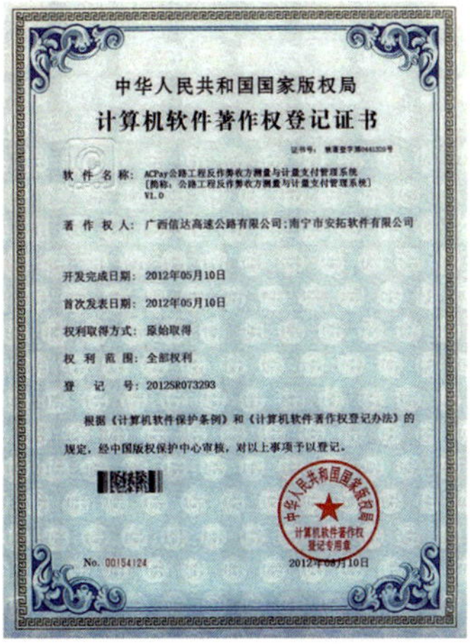
中华人民共和国国家版权局
计算机软件著作权登记证书
软件名称：ACPay公路工程反作弊收方测量与计量支付管理系统
[简称：公路工程反作弊收方测量与计量支付管理系统]
V1.0
著作权人：广西信达高速公路有限公司；南宁市安拓软件有限公司
开发完成日期：2012年05月10日
首次发表日期：2012年05月10日
权利取得方式：原始取得
权利范围：全部权利
登记号：2012SR073293
根据《计算机软件保护条例》和《计算机软件著作权登记办法》的规定，经中国版权保护中心审核，对以上事项予以登记。

No. 00154124
2012年08月10日

图 5-3-28　证书(23)

(3)基于课题提出的数据组织、管理与运用理论，可形成完整的包含从设计到竣工各阶段的数据链、特征数据群，既可应用于项目费用、进度、质量控制一体化管理，也可为纪检、审计工作提供可验证、可追溯的数据。

公路工程基础数据管理与运用研究为工程项目管理实现从设计到招标、签订合同、办理工程变更令、办理计量支付单、办理收方验收单、办理质量检查等各阶段各环节一体化作业、反作弊、提高效率提供了可行的方法，软件可以提供项目每个计量单元的投资完成情况的监测，从而保证投资的安全，并且可以带来工作效率的提高，减少项目管理风险和个人风险，避免管理过程中失误的出现。通过项目实施防范作弊，减少工程项目不必要支出，节省投资，具有显著的经济效益和社会效益。

上述各项发明专利信息汇总见表 5-3-3。

主要发明专利汇总表　　表 5-3-3

序号	专利名称	专利号	专利发明人	授权单位	授权时间(年)
1	广西公路工程施工管理业务系统	计算机软件著作权	广西壮族自治区交通规划勘察设计研究院	国家版权局	2001
2	设计院项目管理系统 V1.0	计算机软件著作权	广西壮族自治区交通规划勘察设计研究院	国家版权局	2013
3	基于 CARD/1 8.1 版本的互通立交设计系统 V1.0	计算机软件著作权	广西壮族自治区交通规划勘察设计研究院	国家版权局	2011
4	运行速度计算及绘图程序 V1.0	计算机软件著作权	广西壮族自治区交通规划勘察设计研究院	国家版权局	2011
5	地震映像法绘图软件 V2.0	计算机软件著作权	广西壮族自治区交通规划勘察设计研究院	国家版权局	2014
6	公路 CAD 表格工具包软件 V1.0	计算机软件著作权	广西壮族自治区交通规划勘察设计研究院	国家版权局	2014

续上表

序号	专利名称	专利号	专利发明人	授权单位	授权时间（年）
7	公路与城市道路勘测设计系统 V1.0	计算机软件著作权	广西壮族自治区交通规划勘察设计研究院	国家版权局	2014
8	路基辅助设计CAD程序软件 V1.0	计算机软件著作权	广西壮族自治区交通规划勘察设计研究院	国家版权局	2014
9	新型复合加筋绿色护坡砌块	实用新型专利	广西壮族自治区交通规划勘察设计研究院	国家知识产权局	2011
10	滑道式网索避险车道	实用新型专利	广西壮族自治区交通规划勘察设计研究院	国家知识产权局	2011
11	加筋反包生态袋绿色护坡	实用新型专利	广西壮族自治区交通规划勘察设计研究院	国家知识产权局	2011
12	一种减小径向膨胀力测试中摩擦力的装置	实用新型专利	广西壮族自治区交通规划勘察设计研究院	国家知识产权局	2013
13	一种用于测试径向膨胀力及膨胀变形的装置	实用新型专利	广西壮族自治区交通规划勘察设计研究院	国家知识产权局	2013
14	刚架拱桥微弯板加固用曲面钢梁	实用新型专利	广西壮族自治区交通规划勘察设计研究院	国家知识产权局	2014
15	刚架拱桥横梁加固用钢梁	实用新型专利	广西壮族自治区交通规划勘察设计研究院	国家知识产权局	2014
16	零号块腹板分层浇筑非荷载裂缝预防方法	ZL20121013503.3	广西交通科学研究院	国家知识产权局	2014
17	基于桥梁动应变识别车辆重量的方法	ZL201210249735.9	广西交通科学研究院	国家知识产权局	2014
18	使用轻质混凝土作为拱上填料的圬工拱桥	ZL201210105040.3	广西交通科学研究院	国家知识产权局	2014
19	一种带减振器短吊杆的内力测定方法	ZL201210280412.6	广西交通科学研究院	国家知识产权局	2014
20	一种地质聚合物/乳化沥青复合材料及其制备方法	ZL201310143484.0	广西交通科学研究院	国家知识产权局	2014
21	索杆截面几何刚度的精细识别方法	ZL201210280411.1	广西交通科学研究院	国家知识产权局	2015
22	一种性能稳定的化学改性橡胶沥青及其制备方法	ZL 201310143483.6	广西交通科学研究院	国家知识产权局	2015
23	一种移动式隧道路面施工通风排烟系统	ZL.2011.2 0264643.9	杨胜坚、陆宏新、赵亚飞、何崇雄、黄小亚、孟勇军	国家知识产权局	2012
24	水泥混凝土保水养护膜生产及其施工办法	ZL 2010 2 0 561308.0	黄世武、宁小林、罗根传、李少军、黄成年	国家知识产权局	2011.05
25	工程基础数据的作用和应用及全过程反作弊研究	计算机软件著作权	广西信达高速公路有限公司；南宁市安拓软件有限公司	国家版权局	2012.05

四、工法

广西高速公路建设期间,不断对施工技术、施工工艺进行总结,形成了多项工法,并申报自治区级、国家级工法,获得广西住房和城乡建设厅、中国公路学会等机构认定。

国家级工法汇总见表5-3-4,自治区级工法汇总见表5-3-5。

国家级工法汇总表　　　　　　　　　　　表5-3-4

序号	工法名称	工法编号	工法等级	获得年月
1	水泥混凝土路面三轴式摊铺整平施工工法	GJEJGF141—2008	二级	2009.10
2	柔性支护处治膨胀土路堑边坡施工工法	GJYJGF059—2012	一级	2014.03
3	膨胀土路基填筑物理处治施工工法	GJEJGF221—2012	二级	2014.03

自治区级工法汇总表　　　　　　　　　　　表5-3-5

序号	工法名称	工法编号	获得年份(年)
1	整体拆装钢内模预制空心板梁施工工法	GXGF61—2011	2011
2	缆索吊装拱桥整体钢桥面格子梁施工工法	GXGF66—2013	2013
3	离心式悬辊预制圆管施工工法	GXGF108—2014	2014
4	特大跨度钢桁拱杆件悬拼施工工法	GXGF08—2008	2008
5	水泥混凝土路面三轴式摊铺整平施工工法	GXGF09—2008	2008
6	高墩(深水)大跨度连续刚构上构施工工法	GXGF10—2008	2008
7	风化白云岩加工及铺筑高速公路路基95区施工工法	GXGF11—2008	2008
8	膨胀土路堑边坡柔性挡墙施工工法	GXGF12—2008	2008
9	边坡中导管注浆处治路基侧向变形施工工法	GXGF47—2009	2009
10	桥面板抛丸拉毛SBS改性沥青同步碎石黏结防水层施工工法	GXGF48—2009	2009
11	无砂大孔混凝土回填桥涵台背施工工法	GXGF49—2009	2009
12	T形梁桥改造加固施工工法	GXGF08—2010	2010
13	连续梁桥临时支墩辅助墩梁临时固结施工工法	GXGF09—2010	2010
14	路堑边坡锚杆格梁防护施工工法	GXGF10—2010	2010
15	全站仪路基横断面测量工法	GXGF11—2010	2010
16	上承式钢筋混凝土箱形拱桥爆破拆除施工工法	GXGF12—2010	2010
17	水泥混凝土路面抗滑硬性刻槽施工工法	GXGF13—2010	2010
18	水泥混凝土路面改造加铺沥青层施工工法	GXGF14—2010	2010
19	"白+黑"复合路面中橡胶沥青碎石应力吸收层施工工法	GXGF62—2011	2011
20	旧桥改造加固旋转顶升施工工法	GXGF63—2011	2011
21	软土地基加筋施工工法	GXGF64—2011	2011
22	橡胶沥青混凝土路面施工工法	GXGF65—2011	2011
23	路基石方劈裂静态爆破施工工法	GXGF112—2012	2012
24	稀浆封层施工工法	GXGF113—2012	2012

续上表

序号	工法名称	工法编号	获得年份(年)
25	高速公路沥青路面路缘石滑模施工工法	GXGF101—2013	2013
26	高速公路隧道沥青路面环保型温拌铺筑施工工法	GXGF102—2013	2013
27	高速公路小型构件预制标准化施工工法	GXGF137—2014	2014
28	运营公路路侧石方松动爆破施工工法	GXGF137—2014	2014

(一)水泥混凝土路面三轴式摊铺整平施工工法(国家级工法)

1. 简要关键技术及性能指标

该工法在引进三轴整平机的基础上,总结国内水泥混凝土路面小型机械施工经验,研究开发了排式振捣机、拉杆插入机和路面纹理刻槽机与之配套,形成了水泥混凝土路面的成套设备,并研究了与其相适应的施工工艺,形成了独特的施工工法。该工法研究曾获广西2000年度科学技术进步二等奖,也已列入交通部颁发的行业施工技术规范可选取的施工工艺,技术成熟,处于国内领先水平。

其技术原理及性能指标为:

该工法以前后自行三轴式摊铺整平机为施工主导机械,配套以大型混凝土搅拌站、排式振捣机、拉杆插入机、刻槽机等机械以及各种饰面刮尺和刮板,具有摊铺、振密、提浆和整平功能。工法通过配制具有适宜工作性能的水泥混凝土混合料,通过采购、研制合理的组合机械,以及人工配合作业,使水泥混凝土路面内在质量及表面平整度达到高速公路的质量要求。该工法具有机械匹配合理、使用灵活、操作简便、能耗低、施工速度快、施工质量可靠、施工成本低等优点。

2. 经济效益和社会效益

该工法的应用,与人工施工相比,功效提高3~5倍;与滑模摊铺机施工相比,两套三轴摊铺整平机械组合的施工进度要快20%以上,而设备购置费用投入却可减少94%左右,实际施工成本可节约20%左右,直接经济效益显著。该技术的推广使用,可以在富产石灰岩地区大面积铺筑水泥混凝土路面,充分开发了地方材料和水泥的应用潜力,用价廉物美的水泥混凝土路面替代沥青路面,有效促进地方经济的发展。另一方面,该项技术、工艺在水泥混凝土路面施工方面适应性非常强,不受条件限制,高速公路、二级公路、地方工程都可普遍应用,目前各地都在广泛应用,产生了良好的经济效益和社会效益。

3. 推广应用前景

该工法机械匹配合理,使用灵活,操作简便,能耗低,施工速度快,施工质量可靠,施工成本低,完全能满足高等级公路工程质量要求,经济效益显著。已在广西桂柳高速公路、南柳高速公路、钦防高速公路、柳宜高速公路、钦北高速公路、沙企一级公路、邕浦二级公路等工程中全面推广使用。该工法设备费用投入少、路面施工造价低、施工质量好,适用于各种道路水泥混凝土路面、广场、货场的施工,具有广泛的推广应用价值。

(二)柔性支护处治膨胀土路堑边坡施工工法(国家级工法)

1. 技术背景

膨胀土失水收缩开裂、吸湿膨胀软化,导致在其分布区修路常"逢堑必滑",膨胀土路段开挖边坡坍塌失稳,严重影响了工程进度和形象,为攻克这一"工程癌症",西部交通建设重大科技项目"膨胀土地区公路修筑成套技术研究"课题组与施工单位项目部"提高膨胀土边坡施工质量"QC小组开展技术攻关,创立并实施柔性支护技术治理坍滑边坡,完满解决困扰工程建设难题。

2. 工艺原理

按1:1.5的坡比,在分层平铺的土工格栅上分层填膨胀土并用普通压路机碾压形成加筋边坡体,使土与格栅相互咬合;用预留的格栅将边坡表土层"反包"并张紧后,将其与上层摊铺的格栅用连接棒在边部搭接,编织成一层加筋的整体边坡结构;利用该足够厚的土工格栅加筋体自身重量和整体强度,对开挖膨胀土坡实施柔性支挡防护;因加筋体本身允许坡体限量膨胀变形,将大部分膨胀变形能释放,能有效控制边坡不产生塌滑破坏;再由修建完备的防排水体系,实现对边坡体保湿防渗,使坡体土的吸湿膨胀大为减小,从而彻底消除坍塌失稳破坏。

3. 技术创新

(1)用土工格栅加筋柔性支护技术处治膨胀土路堑边坡,在国内外都属新理念、新技术、新工艺,它是针对膨胀土路堑滑坍特点采取的一种特别行之有效的新方法,经支护后的边坡能长期稳定、安全可靠性好。

(2)总结了柔性支护结构的施工工艺,其操作方便,不需要添置专用机械设备,整个建造过程除格栅的摊铺、张拉及反包、两布一膜封闭作业需人工配合以外,其余工作全部可机械化施工,所用材料及施工成本均较低。施工安全、进度快,易于推广应用。

(3)修建柔性支护加筋体的填料是就近利用坍塌和修整边坡的膨胀土,大大减少了借弃土方的开挖和运输量,能显著降低工程施工带来的水土流失,节能环保,产生极佳的经济和社会效益。

4. 工法应用情况及应用前景

(1)工法应用情况

工法已应用于广西南友路、广西柳州外环线、广西隆百路等工程。

（2）应用前景

柔性支护技术支护效果明显，施工工艺简单，操作方便，不需要添置专用机械设备，整个填筑过程除格栅的摊铺、张拉及反包，顶部封闭的两布一膜需人工配合以外，其他工作全部机械化施工，材料以及施工成本较低，施工进度快，易于推广应用。

（三）膨胀土路基填筑物理处治施工工法（国家级工法）

1. 技术背景

膨胀土遍及我国26个省份，天然含水率高、吸水膨胀软化、强度低等性质导致其不宜作为填料。国外修膨胀土路基多实施化学改良，工艺、设备要求高且不经济；国内则采取弃土换填，造成土地资源浪费、水土流失和环境破坏，也使公路建设投资大增。2002年交通部专门立项，课题组研究创立了物理处治技术，采取封闭包盖、保湿防渗的配套技术措施，和施工单位共同总结施工工艺，直接用膨胀土填筑高速公路下路堤。经在多条高速路上修建的工程实体验证，该技术成果的工程、经济、环保效益显著。

2. 工艺原理

CBR值小于3%和天然含水率高决定了膨胀土不能按常规工艺直接用于路堤填筑，而含水率又是影响膨胀土强度的重要因素。因此，只要设法使膨胀土满足不饱水条件下，CBR强度不低于3%，并控制好因含水率变化而引发的体积胀缩量，就可以将膨胀土直接用作路堤填料。通过控制好路堤膨胀土的含水率变化范围，使其强度满足下路堤对填料的强度要求，同时用非膨胀性土包边或路堤边部土工格栅加筋处治两种有效封闭包盖和防渗保湿措施，使大多数膨胀土都能用于公路下路堤的填筑，用其填筑成型的下路堤也完全能满足路基强度与变形要求。

3. 技术创新

（1）以膨胀土稠度、CBR值、湿法重型压实标准等为控制指标，采用物理处治方法，直接使用膨胀土作为填料填筑公路下路堤，经济和环保效益显著。

（2）采用与膨胀土下路堤填料指标体系相配套的非膨胀土或土工格栅加筋膨胀土包边的"封闭包盖"工艺，实现了包边土和路堤填料的同步填筑，施工机械化程度高。

4. 工法应用情况及应用前景

（1）应用情况：膨胀土路基填筑物理处治技术已在广西南友路、广西百隆路和广西六景至钦州港高速公路等工程中得到了应用。

（2）应用前景：具备较好的经济、环保、节能和社会效益，能真正实现在膨胀土地区筑路时的"废物"利用，减少借土弃方、浪费和占用宝贵而有限的土地资源，保护生态环境，非常符合21世纪高速公路建设必须经济、生态环保和可持续发展的新理念。且施工工艺简单,易于推广。

(四)整体拆装钢内模预制空心板梁施工工法(2011年度广西壮族自治区级工法、2011年度公路工程工法)

近年来,随着高速公路建设的快速发展,我国的桥梁修建数量越来越多。先简支后结构连续桥由于其结构简单、施工简易方便而倍受青睐。空心板有着结构稳定、受力合理、重量轻等优点,非常适合跨径在20m以下的简支梁桥使用。用于空心板预制的内模主要有几种形式:木内模、气囊芯模、组合钢模内模,早期主要采用木内模及气囊芯模,随着施工技术的发展,目前空心板预制用的内模主要采用组拼式组合钢模及整体拆装钢内模。

木制内模属于一次性内模,不能重复使用;气囊芯模作为内模由于气压不易控制及定位固定比较困难等,易出现芯模上浮造成梁底板超厚、顶板厚度不足等质量问题;而组拼式组合钢模虽能克服前两种的缺点,较好地保证截面尺寸及有效控制内模上浮的问题,但在内箱尺寸较小的情况下模板拆装困难、工作条件差;而整体拆装钢内模具有结构简单、拆装方便、功效高等优点,可以满足各种尺寸空心板的施工。

采用整体拆装钢模作为内模,先后在来宾至马山高速公路等项目的小跨径空心板预制中成功应用,取得了显著的经济效益和社会效益,并在实践中对内模装拆工艺进行改进与完善,形成该工法。

该工法采用模板由钢板和型钢组成,由左右两部分组成内箱截面,以1/2梁长为一个节段,在模板内侧竖向、横向按一定间距各设置活动铰点,在与内模纵向平行的外力作用下,推动或拉动竖向铰点,带动横向铰点活动,使内模具有合龙和张开的功能(图5-3-29和图5-3-30)。张开时进行预制施工,拆卸时将其合龙即可抽拉离开预制梁。

图5-3-29 收拢状态的钢内模示例图

图5-3-30 张开状态的钢内模示例图

该工法克服了木内模、气囊芯模等存在的变形、漏浆等缺点,解决了梁板内箱截面尺寸较小工人无法进入内箱进行施工的问题且能够加快空心板的预制速度,加快了梁板内箱尺寸小空心板的推广应用。

(五)缆索吊装拱桥整体钢桥面格子梁施工工法(2013年度广西壮族自治区级工法)

近年来随着交通基础建设的发展,大跨径桥梁建设也取得了快速发展,为提高桥梁的跨越能力减小桥面系自重和减少材料用量,达到节能降耗的目的,大桥的桥面系可采用格子梁结构(图5-3-31)。格子梁为典型的钢—混凝土结合梁,钢和混凝土组合结构,是钢部件和混凝土或钢筋混凝土部件组合成为整体而共同工作的一种结构,兼具钢结构和钢筋混凝土结构的一些特性,充分利用了钢材的抗拉能力和混凝土的抗压能力的材料特性。钢—混凝土组合结构和钢筋混凝土结构相比,可以减轻自重,减小构件截面尺寸,增加有效使用空间,节省支模工序和模板,缩短施工周期,增加构件和结构的延性等。和钢结构相比,可以减小用钢量,增大刚度,增加稳定性和整体性,增强结构的抗火性和耐久性等。长期荷载作用下,钢与混凝土之间会产生内力重分布。

图5-3-31 格子梁安装施工图

广西公路桥梁工程总公司在六景到钦州港高速公路跨径252m的钦江大桥中承式钢管混凝土拱桥施工中,成功采用桥面梁为"工"形格子梁,桥面板为钢—混凝土组合桥面板,主桥吊杆间距分别为14.3m和12m的整体钢桥面格子梁施工,取得了良好的社会和经济效益,并在施工中不断地对该工艺加以改进和完善,形成此工法。

该工法需要的吊装场地小,对通航的影响很小;大段格子梁采用工厂加工,质量有保证,且现场安装速度快,现场焊接工作量大为减少;整个桥面格子梁安装不需要支架,降低施工成本,加快施工进度。

(六)离心式悬辊预制圆管施工工法(2014年度广西壮族自治区级工法)

近年来,经济发展步伐的加快,带动了高速公路的快速发展,高速公路逐渐向山区丘陵地带延伸,圆管涵洞作为小型排水构造物占总工程量的比例逐年增加,圆管涵洞施工进度成为影响路基快速连通的关键工程,如何保证涵洞的施工进度成为高速路施工中需关注的重要环节。

传统人工预制涵管方法存在劳动强度大、人为因素影响大、质量波动大、不易控制、成型慢、施工周期长等不足。采用悬辊预制圆管,可以充分发挥干硬性混凝土成型快、早强的优点,突出了中小型混凝土构件集中预制节约设备便于车间模式生产的优势,涵管预制施工地点较少受到冬季或雨季等恶劣天气条件的影响,劳动强度低,生产效率高,表面平整、光滑,色泽一致,线条顺直,质量稳定,有效解决了施工速度与质量问题。

该工法是利用悬辊旋转带动套在悬辊上的钢模一起转动产生离心力。向钢模内喂入干硬性混凝土,由钢模高速旋转产生的离心力使投入的混凝土均匀地附着在钢模内壁上,当喂入的混凝土高出模口时,悬辊轴与混凝土直接接触,悬辊机辊压混凝土,钢模高速转动、振动,悬辊对混凝土进行反复挤压,在离心、辊压、振动三重力反复作用下,直至混凝土表面光滑密实成管。

该工法管节预制采用干硬性混凝土,成型快,强度上升快,大大缩短了工期,加快施工进度;采用双卧轨式机械上料混凝土搅拌机和悬辊式预制管机;装载机上料,搅拌机电子秤配料,运输机皮带喂料,运用机械旋转振动振捣混凝土,全程自动化程度高,人为因素少,质量可靠,同时减小了劳动强度;施工进度快,加快了模板周转,产生了良好的经济效益;悬辊制管使用干硬性混凝土无废浆液、材料浪费少、不污染环境,噪声低,满足环境要求。

在百色至隆林高速公路12、13标,来马高速公路,合山、上林连接线共155.8km应用该工法,管涵施工满足高速公路原预定的施工进度要求,全部管涵经质量验收,外观、强度均满足设计、规范要求,受到了业主、监理的一致好评,见图5-3-32。

图5-3-32 加工好的涵管示例图

第六章
高速公路运营管理与综合执法

第一节　高速公路运营管理

一、总体情况

（一）规模

1997年5月1日，广西第一条高速公路——桂林至柳州高速公路正式建成通车，从此拉开了广西高速公路运营管理的序幕。截至2016年年底，广西先后建成钦防高速公路、柳南高速公路、桂林绕城高速公路、钦北高速公路、宜柳高速公路等50余条高速公路，全区高速公路通车里程达4288km，占全区公路总里程的3.24%。广西高速公路发展迅速，仅用了17年时间，基本建立了全区高速公路交通网络，实现了约70%的县（区）通达高速公路，形成了东联西靠、南上北下、出省出边、通江达海、连接泛珠三角等多区域和东盟国家的高速公路网格局。

1.运营公司及收费站

截至2014年年底，广西高速公路共设置收费站211个（收费站设置见附表），南宁收费站见图6-1-1 全区共有25家高速公路经营单位（经营单位名单见附表）。广西于2015年9月底实现ETC联网，并趁势开展ETC营业网点业务，截至2016年年底，全区营业网点已超过395个，已覆盖14个社区市及全区73个县（市），ETC用户迅猛增长。从1997年广西第一条高速公路通车至今，广西高速公路运营通车里程逐年实现迅猛增长，运营管理规模持续扩大。

2.服务区建设

截至2015年6月30日，广西高速公路通车里程为3954km，共有服务区69对，停车区31对。其中已投入运营的65对。服务区占地面积普遍为50~100亩，最大的210亩，最小的18亩（单侧服务区）；投入运营的服务区基本具备了停车、加油、汽车修理、餐饮、购物等基本服务功能，见图6-1-2。

图 6-1-1　南宁收费站

图 6-1-2　高速公路服务区

1）广西高速公路服务区管理体制

广西壮族自治区高速公路管理局负责全区高速公路服务区行业管理工作，主要职能是制定全区高速公路服务区管理制度、统一服务标准和要求，监督、检查、指导高速公路运营公司（以下称"运营公司"）做好服务区各项管理工作。运营公司成立服务区管理机构，负责对所辖路段服务区进行日常管理，督促服务区经营单位守法经营、文明服务，做好服务区保安、保洁以及公共设施的维护、管理工作。

2）服务区主要经营管理模式

目前，广西高速公路服务区经营管理模式以租赁经营为主，由运营公司将所辖路段服务区经营项目经营权分别租赁给相关服务区经营单位进行经营管理。截至 2015 年，广西共有高速公路运营管理单位 27 个，其中广西交通投资集团（以下称"交投"）下属运营公司 7 个，控股运营公司 4 个；广西北部湾投资集团（以下称"北投"）下属运营公司 1 个；高速公路 BOT 项目运营公司 13 个；机场高速公路运营公司 2 个。

3）规范服务区管理的主要措施

为加强高速公路服务区管理，提高服务质量和管理水平，广西壮族自治区高速公路管理局主要以规范行业管理为抓手，以开展"美丽广西·清洁乡村"高速公路行动活动为契机，重点打造"星级服务区"品牌，在服务区环境卫生整治、强化服务监管、提升服务能力等方面取得明显成效。

（1）扎实开展"美丽广西·清洁乡村"高速公路行动，服务环境整洁有序。

2013年5月以来，根据广西壮族自治区党委、政府以及自治区交通运输厅有关"美丽广西·清洁乡村"活动的要求，广西壮族自治区高速公路管理局制订了"美丽广西·清洁乡村"高速公路行动实施方案，出台了考核办法和评比标准，加强检查监督，召开了现场推进会。各高速公路运营公司积极响应，相应成立领导机构，制订了方案，加大了投入，落实责任，认真开展现场清洁，将"美丽广西·清洁乡村"活动纳入常态化的管理工作中，高速公路的路容路貌和服务区环境卫生得到了进一步提升。

（2）持续推进"星级服务区"品牌创建工作，服务品质有效提升。

组织广西高速公路服务区开展星级服务区评比活动，促使服务区经营管理单位通过加大资金投入，完善服务设施，改进服务质量，提高服务区的硬件设施和软件服务水平。广西壮族自治区高速公路管理局统一在广西高速公路上设置四星级、五星级服务区标识，为驾乘人员出行提供更好的服务选择，增加星级服务区的影响力，促进运营公司进一步强化管理。2012年、2013年、2015年，广西电视台、《广西日报》《南国早报》《当代生活报》《南宁晚报》《广西交通报》等多家媒体对广西高速公路星级服务区创建工作进行宣传报道，营造了积极的舆论氛围，提高了广西星级服务区的社会知名度和美誉度。经过5年的"星级服务区"品牌创建打造，星级服务区数量逐年递增，截至2014年年底，三星级以上服务区共45个，占广西高速公路已开通运营服务区总数的69%。星级服务区服务品质得到有效提升。

（3）不断完善服务区行业监管手段，服务监督有效保障。

为进一步加强服务区管理，广西壮族自治区高速公路管理局充分发挥行业监管职能，强化对服务区的监督指导工作。一是统一设置服务质量监督牌，在广西高速公路服务区公示服务区经营管理单位、行业监督单位以及服务质量投诉电话、服务质量监督电话等，接受社会监督。二是开展行业督查。开展服务区合法经营专项检查，杜绝违法经营行为；开展"美丽广西·清洁乡村"高速公路行动专项督查，对服务区环境卫生进行全面整治。三是实行约谈机制，在行业督查中发现问题且整改不达标的，对运营公司法人进行约谈。四是由广西壮族自治区高速公路管理局各直属路政支队及派出路政管理机构对管辖路段的服务区进行日常检查，即路政执法人员每日均要求进入服务区进行日常检查，每3天填写1次"广西高速公路服务区管理日常检查表"，服务区现场负责人签字确认并整改落实,较好地实现了服务区日常监管的常态化。

(4)不断实施服务区升级改造,服务能力有效增强。

自2013年以来,广西先后完成了坛洛至百色高速公路沿线坛洛、隆安、田东、百色服务区以及柳州至南宁高速公路宾阳服务区的改造扩建工作。广西坛百高速公路公司共投入2300多万元对坛百路沿线4对服务区进行升级改造。服务区打造自然、生态的园林景观。公厕按星级标准重新装修,有效消除公厕异味。全线服务区开设了客房,同时还配备了设施齐全的顾客休息室,为顾客提供无线上网、信息查询、手机充电、自动擦鞋等多项免费服务,满足顾客不同的服务需求。2013年9月,宾阳服务区完成改扩建,成为广西最大的高速公路服务区,服务区面貌焕然一新,大大增强了服务区整体服务能力。

4)服务区文明服务创建活动

2015年开始,广西按照交通运输部统一部署,在全国范围内开展高速公路服务区服务质量等级评定工作。根据《交通运输部关于开展全国高速公路服务区文明服务创建工作的通知》(交公路函〔2015〕79号),切实做好广西高速公路服务区服务质量等级评定工作,广西壮族自治区高速公路管理局积极采取多种方式组织全区高速公路运营管理单位深入开展服务区文明创建工作,努力推动广西高速公路服务区管理更上新的台阶。

(1)明确创建工作目标,落实创建工作实施方案。

结合广西高速公路服务区管理的实际情况,2015年3月9日,广西壮族自治区高速公路管理局拟定了《广西高速公路服务区文明创建工作实施方案》(以下称《方案》)报广西壮族自治区交通运输厅,由其行文下发全区各高速公路运营管理单位。《方案》明确了服务区文明创建工作目标:2015年全区已开通运营1年以上服务区服务质量等级全部达标,力争评定全国百佳示范服务区1~3对,优秀服务区5~10对。

为更好地落实《方案》要求,广西壮族自治区高速公路管理局成立了服务区文明服务创建工作领导小组,负责广西高速公路服务区文明创建工作的组织实施、协调指导和验收工作。分管服务区文明创建工作的局领导带队到广西交通投资集团、广西坛百高速公路有限公司等单位进行沟通指导,大力支持集团所辖各高速公路运营公司积极投入,深入开展服务区文明创建工作。

(2)加强政企互动联系,推动创建工作有序开展。

《方案》出台后,广西壮族自治区高速公路管理局立即组织服务区管理部门负责人、服务区评定专家到相关高速公路运营公司,走访沿线服务区、停车区,同时按照交通运输部评定标准进行模拟评定,指出存在的不足,指导服务区经营管理单位对照评定标准制订整改计划,落实整改期限。针对高速公路BOT项目服务区经营管理模式的特点(服务区已整体转让给中石化或中石油经营管理),广西壮族自治区高速公路管理局在指导BOT项目运营公司开展文明创建工作的同时,还主动与中石化广西石油分公司(该公司经营管理的服务区共有17对,其中有14对参加等级评定)联系沟通,及时传达交通运输部、广西壮族自治区交通运输厅相关文明创建工作文件精神,引起服务区经营业主重视,及时布置、组织开展好高速公路BOT项目服务区文明创建工作。

(3)广泛动员重点打造,确保创建目标顺利实现。

开展服务区文明创建工作以来,广西壮族自治区高速公路管理局认真贯彻落实上级文件精神,同时对各高速公路运营公司、服务区经营管理单位进行了广泛的动员,要求所有参评服务区必须达标,否则严格按有关规定挂牌督办。为保证实现广西高速公路服务区创建目标,广西壮族自治区高速公路管理局以抓好星级服务区文明创建工作为重点,选择部分服务设施完善、管理规范的三星级、四星级服务区重点打造,争创全国优秀服务区,选择个别服务功能齐全、硬件设施条件好的四星级、五星级服务区重点打造,争创全国百佳示范服务区。

为加大服务区文明创建工作力度,广西壮族自治区高速公路管理局在广西壮族自治区交通运输厅的支持下,筹措350万元服务区绿化精品提升工程资金,计划用于重点服务区的提升改造。此外,对百色服务区、田东服务区、宾阳服务区等重点打造百佳示范服务区单位,广西坛百高速公路有限公司、广西南宁高速公路运营有限公司也给予了资金上的倾斜支持。

(4)积极组织开展日常检查和现场检查考核。

2015年7月中旬,省级评定委员会组织完成了对参评服务区的日常考核工作,高速公路运营公司在7月底已完成自评并将自评材料报省级评定委员会,8月中旬组织开展现场检查考核,8月31日前将广西高速公路服务区服务质量等级评定结果和评定报告报交通运输部评定委员会。

(二)运输

广西高速公路网自实施联网收费以来,路网交通量不断增长,2009年,广西联网高速公路交通量达到4973.09万辆(日均13.62万辆);2014年1月至7月,全区联网高速公路交通量为7255.38万辆(日均34.22万辆),路网交通量呈现迅猛增长态势。

(三)收费

从1997年广西第一条高速公路——桂柳高速公路开通以来,随着国家及广西地方经济社会的不断快速发展,高速公路运营管理政策也在不断发展变化。

1.按车型车类收费

广西最早出台公路收费政策可以追溯至1988年5月23日由广西壮族自治区交通厅、财政厅、物价局联合下发的《关于颁发〈广西壮族自治区贷款修建高等级公路和大型公路桥梁、隧道收费车辆通行费实施细则〉的通知》(交财字〔1988〕346号),其未就高速公路车辆通行费收费标准作出规定。1997年5月1日,广西第一条高速公路建成通车,广西壮族自治区人民政府办公厅下发《关于同意收取桂柳高速公路机动车辆通行费的批复》(桂政办函〔1997〕104号)同意桂柳高速公路全线7个收费站收取通行费25年(1997年5月1日起至2022年5月1日止),这是广西高速公路收费的开端。

2. 鲜活农产品运输车辆减免高速公路通行费

2005年1月,交通部、公安部等七个部委联合制定下发《关于印发全国高效率鲜活农产品流通"绿色通道"建设实施方案的通知》(交公路发〔2005〕20号),提出了在高速公路构建"绿色通道"的政策,并构建了全国"五横二纵"绿色通道。2009年,交通部、国家发改委下发了《关于进一步完善和落实鲜活农产品运输绿色通道政策的通知》,将绿色通道扩大至全国所有高速公路,对绿色车辆免费条件、规范操作程序、标志设置、执法程序以及绿色产品目录进出了进一步的细化要求。目前,通行广西所有高速公路的整车合法装载运输鲜活农产品的所有车辆均免收车辆通行费。

3. 广西高速公路联网收费

2008年9月1日,广西首个《高速公路联网收费管理暂行办法》出台。办法首次对广西所有封闭式联网收费高速公路的收费结算管理机构、公路经营业主职责以及收费业务的总体规划、运营管理和清分结算等相关问题作出了系统规定。根据新出台的《高速公路联网收费管理暂行办法》,广西壮族自治区交通运输主管部门组建高速公路联网收费结算管理机构,全面负责广西高速公路联网收费的各项具体管理工作,包括指导联网收费系统的建设改造,制定联网收费系统运行和清分结算管理办法以及组织联网收费稽查等。根据办法,广西高速公路联网收费将遵循"统一规划,统一管理,统一清算"的原则,对于收费高速公路联网收费的通行券(卡)、非现金支付卡(储值卡或记账卡)和电子标签、系统用卡统一由上述管理机构或由管理机构授权的机构发行;对于纳入广西联网收费的高速公路,按照广西壮族自治区人民政府批准的统一收费标准和收费方式进行收费。此外,联网收费系统将采用统一收费应用软件,相关的联网收费系统必须经国家认定的检测机构或联网收费管理机构测试合格后,方可投入使用。办法同时对联网收费经营业主的工作职责和义务、联网收费的总体规划和清分结算等问题作出规定。在广西高速公路建设发展和投资主体日益多样化的形势下,办法的出台进一步规范了广西壮族自治区高速公路联网收费的规划建设和运营管理工作,保证了高速公路联网收费系统安全、有序、高效地运行。

4. 载货类汽车实施计重收费

根据《广西壮族自治区实施〈中华人民共和国公路法〉办法》和交通运输部《印发关于收费公路试行计重收费指导意见的通知》(交公路发〔2005〕492号)有关规定和要求,广西壮族自治区交通厅、自治区物价局、自治区财政厅共同研究制定上报的《广西收费公路载货类汽车计重收费实施方案》已经广西壮族自治区十一届人民政府第28次常务会议审议并原则通过。广西壮族自治区交通运输厅、自治区物价局、自治区财政厅于2009年6月1日联合下发《关于印发广西收费公路载货类汽车计重收费实施方案的通知》（桂交财务发〔2009〕66号），在全区启动收费公路载货类汽车计重收费工作。明确从2009年7月1日起，所有已联网收费的高速公路和与高速公路平行、出省、出边、主要干道的普通收费公路试行计重收费，试行时间半年；从2010年1月1日起在全区收费公路全面推行实施计重收费。计重收费的实施改变了当时货车"大吨小标""车辆改装"情况严重的货运环境，有利于鼓励车辆合法装载运输，减少高速公路超限超载等违法行为。

5. 重大节假日小型客车免费

2012年7月24日，国务院批转《交通运输部等部门重大节假日免收小型客车通行费实施方案的通知》（国发〔2012〕37号）。同年，广西重大节假日免收小型客车通行费实施工作方案出台，明确广西免费通行政策从2012年国庆节假日（含连休日）起开始实施。免费时段从节假日第一天的00:00开始，至节假日最后一天的24:00结束。除高速公路、普通公路免收通行费外，机场高速公路和南宁、柳州、梧州、防城港等4个市的城市路桥收费也纳入免费范围。方案规定，重大节假日的范围为春节、清明节、劳动节、国庆节等4个国家法定节假日，以及国务院办公厅文件确定的上述法定节假日连休日。免费通行的车辆范围为7座以下（含7座）载客车辆，包括允许在普通收费公路行驶的摩托车。型号和外观尺寸相同的小型客车，其核定座位为7座或8座的，按7座客车列入免费通行的车辆范围。方案要求，在重大节假日期间，各相关部门要加强收费站免费通行管理。针对7座及以下小型客车免费通行的要求，在适当地点提前设立明确清晰的引导标识，合理布置、统筹安排和利用现有收费车道和免费专用通道，特别是交通流量较大的收费站，要设置专门的重大节假日小型客车免费通道，避免收费车辆与免费车辆混合通行。车辆在免费时段通行高速公路，收费站仍保持入口发卡和出口验卡操作。各相关部门将制定并完善重大节假日期间应对收费公路突发事件的应急预案，一旦出现突发事件，迅速启动应急响应，及时采取各种有效措施，确保收费站正常运行和车辆有序通行。广西壮族自治区政府将成立由自治区交通运输厅、自治区发改委、自治区公安厅、自治区监察厅、自治区财政厅、自治区商务厅、自治区物价局、自治区纠风办为成员单位的联合工作小组，加强对广西重大节假日期间免收小型客车通行费工作的指导、协调和督查。

6. 高速公路收费标准全面调整

2014年7月16日，广西壮族自治区物价局、自治区交通运输厅、自治区财政厅联合发布了《广西壮族自治区物价局　交通运输厅　财政厅关于调整我区高速公路车辆通行费收费标准的通知》(桂价费〔2014〕87号),对广西高速公路车辆通行费收费政策进行调整。决定从8月1日零时起,调整部分高速公路部分车型车辆通行费基本收费标准。新的收费标准有升有降:2008年及此后建成通车的高速公路,小车基本收费标准增加0.1元;大客车在自治区内高速公路行驶,每公里基本收费降低0.15元。同时,还将对符合条件的桥隧另收车辆通行费。本次调整有利于全区高速公路建设的资本良性循环,推动建设进程,对方便当地群众出行、助推经济社会发展具有十分重要的意义。

7. ETC全国联网

2014年3月,交通运输部下发了《关于开展全国高速公路电子不停车收费联网工作的通知》(交公路发〔2014〕64号),文件提出了在2015年前ETC全国联网的目标,并对ETC车道覆盖率、非现金支付率、拓展应用方面提出了具体要求。按照ETC全国联网工作要求,收费公路客车车型分类需在全国范围内保持一致,广西作为第二批ETC联网省市,要求于2015年9月接入全国ETC联网系统。按照通知要求,广西全力推进高速公路电子不停车收费(ETC)系统建设工作,2014年6月广西壮族自治区政府专门出台《广西高速公路联网电子不停车收费技术推广应用实施方案》和相关配套政策,明确了由广西新发展交通集团有限公司牵头全区各高速公路业主组建第三方机构ETC公司。

2015年5月20日,广西高速公路联网电子不停车收费第三方机构广西捷通高速科技股份有限公司正式成立,并于7月3日成立ETC筹备工作领导小组。广西壮族自治区高速公路管理局也成立联网收费管理中心,完成了国标密钥的采购工作,并就设立统一的ETC跨省结算账户与中国邮政储蓄银行广西分行开展业务洽谈工作。2015年以来,广西捷通高速科技股份有限公司经过统筹规划和分工部署,全力完成了ETC密钥系统建设、省界站联调、全区MTC车道软件升级、ETC中心机房建设等系列工作。截至2015年9月,广西已完成124个收费站250条ETC车道土建施工(其中8个省界站18条,匝道站232条),118个收费站238条车道的设备安装,182条车道软件测试工作。

2015年9月1日,广西通过了ETC全国联网实车测试,标志着已经具备ETC全国联网运行条件,并于9月份完成全区ETC车道安装调试、ETC客服系统建设、ETC不停车收费系统全国联网等后期保障工作。9月28日,广西第一个ETC营业网点(交通设计大厦旗舰店)正式对外营业,标志着广西壮族自治区内已经初步实现了高速公路电子不停车收费联网工作模式。基于区内ETC项目良好开局,ETC全国联网工作牵头单位广西新发展交通集团公司在下一步工作中,相继与中国建设银行广西区分行、中国邮储银行广西区分行、中国工商银行广西区分行、广西区农村信用社、中国石化广西石油分公司等众多单位举行ETC项目合作签约仪式,深化推进广西壮族自治区内ETC全国联网工作步伐。2016年5月20日,《广西ETC移动发行接入方案》通过专家评审。6月23日,广西首个ETC移动发行点在南宁市安吉客运站旁的中石化加油站投入运营。9月10日,广西20个ETC

流动网点全部投入使用。9月22日,提前完成11个ETC自营网点建设并投入运营,覆盖南宁、柳州、桂林、崇左、梧州、钦州、玉林、百色、河池9个设区市。

二、运营管理成效

(一)体制机制

广西高速公路的运营管理体制经历了两个阶段:

1. 第一阶段:高管局直接管理时期

1996—2008年,广西高速公路运营管理体制为广西高速公路管理局(以下简称"高管局")负责政府还贷高速公路的运营管理工作。广西壮族自治区政府通过招商引资等方式主要以BOT形式建成的高速公路由各投资主体负责运营管理工作,同时负责行业管理。下设桂柳(含7个管理所和1个管理站)、南宁(含5个管理所)、沿海(含5个管理所)3个高速公路管理处,以及南友高速公路管理机构筹备处(含3个管理区和1个管理站),实行局、处、所三级管理。这种管理体制和设置原则,责任明确,关系顺畅,管理方便,有利于高速公路的养护和运营管理。在人事关系上,该局采取"两种身份"(有编制员工及聘用制员工)的劳动用工制,控制了机构的规模,基本解决了机构臃肿、人浮于事的状况,保证了资金有效地投入养护管理工作。

2. 第二阶段:高管局行业监管时期

2008年以来,广西壮族自治区人民政府实施了"三个优先"(产业优先、北部湾优先、交通优先)发展战略和掀起交通建设新高潮的决定,并同时成立了广西交通投资集团有限公司,将原高管局管辖的高速公路含资产、债务、人员一并划转至广西交通投资集团有限公司和广西北部湾投资集团有限公司。为此,广西高速公路运营管理体制发生了变化,完全转变为行业管理。目前,主要承担路政管理(含治超)、联网收费管理及通行费清分结算工作;承担高速公路养护、运营、安全生产、服务质量等行业监管职能。各高速公路运营公司具体承担高速公路养护、收费等营运管理工作,养护资金主要来源为高速公路车辆通行费收入及银行贷款。

广西高速公路管养由企业实施后,加快了管养的市场化与专业化发展步伐,养护技术水平与运营效率进一步提升,管养成本得到有效控制,有利于高速公路管养的健康、持续发展。

(二)管理能力与水平

1. 公路养护运行机制现状

(1)广西高速公路管理局负责全区高速公路养护工作的行业监管,通过年初下达年度养护目标,开展年度定期检查、专项检查和日常检查,对各高速公路运营公司开展公路养护情况进行监督和考核,并将考核结果向社会公布。广西高速公路管理局制定出台了《广西高速公路运营管理检查办法》《广西高速公路养护工作管理规定》《广西高速公路桥隧养护管理办法》《广西高速公路技术状况评定考核办法》《广西高速公路服务区星级评定办法》《广西高速公路服务区日常检查办法》《广西高速公路行业安全生产管理办法》《广西高速公路交通阻断信息报送制度》等管理制度。

(2)各高速公路运营公司负责所辖高速公路的具体养护管理工作,包括日常养护、大中修、公路技术状况评定、公路防灾与突发事件处置、养护信息化管理、养护工程招投标等。目前广西高速公路养护工程组织实施有以下两种模式:一种是管养分离制,高速公路运营公司负责高速公路的管理,养护工程则推行市场化,日常养护工程及专项工程、大修工程采取公开招标方式,向社会择优选择养护施工单位,高速公路运营公司作为业主对养护工程的质量、工期、造价等管理,但不直接参与施工。大多数高速公路运营公司采用管养分离制;另一种是管养一体制,高速公路的管理与养护实施由高速公路运营公司一并负责,少数管养路段较短的高速公路运营公司采用管养一体制。

2. 养护队伍的结构优化

随着广西高速公路管养里程的增加和养护要求的提高,养护管理人员队伍迅速扩大,人员素质进一步提升,既具备掌握熟练技能的养护人员,也有掌握先进技术和具有科技创新研发能力的优秀人才,队伍结构趋向年轻化、专业化、高学历化。

3. 养护装备的提升

引进路面快速检测设备。通过2008年引进的路况快速检测车(RTM)及数据分析系统,每半年对全区运营的高速公路路况进行检测,及时掌握并监督全区高速公路技术状况水平和养护质量,将检查中路面损坏状况指数(PCI)、路面行驶质量指数(RQI)、路面车辙深度指数(RDI)未达到规范要求的路段及时下达整改通知,要求各运营单位限期进行整改。通过引进路况快速检测车及数据分析系统,指导高速公路运营公司有针对性地对路面进行养护,合理使用养护资金,提高了工作效率,使养护质量评定更趋于系统化、科学化、程序化,使高速公路处于良好的技术状态。

4. 养护技术的提升

1)广西旧水泥路面加铺耐久性沥青面层关键技术研究

该课题于2010年2月立项,2011年12月结题,取得4项发明专利,并获得中国公路学会科学技术三等奖、广西科学技术进步奖。

该课题主要研究内容包括:

(1)广西旧水泥混凝土路面调查评价体系研究;

(2)广西旧水泥路面病害处治决策关键技术研究;

(3)广西旧水泥路面加铺沥青面层结构优化设计及典型结构图谱研究；

(4)广西耐久性加铺材料优化设计研究；

(5)广西施工质量实时控制关键技术研究；

(6)广西旧水泥路面加铺耐久性面层成套技术研究。

该课题取得的主要成果有：

(1)通过对广西旧水泥混凝土路面调查评价方法、实施方案和必要的调查评价关键参数的系统性研究，提出了基于路面行为反演的旧水泥路面残余寿命评价方法，建立了服务于加铺层设计的旧水泥路面调查评价体系；

(2)提出了基于服役性能均衡的耐久性加铺材料优化设计方法，据此优化了耐久性加铺材料的级配和最佳油石比确定方法；

(3)建立了基于性能均衡的应力吸收层设计体系，提出了基于路用性能均衡的应力吸收层材料"四控制点"最佳油石比确定方法和富沥青含量的粗集料断级配密实型应力吸收层混合料的矿料级配优化设计方法；

(4)研究了骨架嵌挤型粗粒式高模量沥青混凝土及其制备方法并在柳南路实施过程中铺筑了高模量沥青混凝土试验路；

(5)提出了基于原材料级配变异性的目标配合比矿料级配确定方法并在柳南路上成功应用；

(6)采用全面质量管理体系对柳南高速公路改扩建工程进行质量管理和控制；对原材料、沥青混合料和工程实体采取了有效的事前控制及过程控制措施，使施工后的实体工程处在低等变异水平，施工均匀性很好；

(7)建立了适合广西区域特点的旧水泥路面加铺耐久性沥青面层成套技术，从旧路评价、病害处治、结构设计、材料设计、施工质量控制等方面为区内超过6000km高等级公路的水泥路面改造提供了可靠的技术支撑；

(8)在项目执行期间申请发明专利4项(表6-1-1)；在国内外学术会议和期刊上共发表论文10篇，其中有一篇被EI检索；课题组成员做大会特邀报告2次。

主要发明专利统计表(一) 表6-1-1

序号	专利名称	专利号	专利发明人	授权单位	授权时间
1	一种利用三控制点双曲线构造矿料级配的确定方法	ZL201110313053.5	王旭东；傅琴；张蕾；刘奕；周兴业；李福建	交通运输部公路科学研究所；广西交通投资集团有限公司	2013.03.27
2	一种基于原材料级配变异性的矿料级配范围的确定方法	ZL201110313054.X	王旭东；傅琴；周兴业；张蕾；郭朝阳；刘小滔	交通运输部公路科学研究所；广西交通投资集团有限公司	2013.03.27

续上表

序号	专利名称	专利号	专利发明人	授权单位	授权时间
3	骨架嵌挤型粗粒式高模量沥青混凝土组成及其确定方法	ZL201110315278.4	王旭东;傅琴;周兴业;陈智杰;张蕾;柳浩;郭朝阳;肖倩	交通运输部公路科学研究所;广西交通投资集团有限公司;北京市政路桥建材集团有限公司	2013.03.27
4	一种新型沥青混合料应力吸收层油石比确定方法	ZL201010588159.1	王旭东;张蕾;周兴业;郭朝阳;肖俏;王吉生	交通运输部公路科学研究所	2012.07.04

2)基于功能的水泥混凝土路面沥青加铺层结构与路用性能研究

该课题于2007年立项,是广西壮族自治区交通运输厅科技计划项目,由广西柳桂高速公路运营有限责任公司和长安大学共同承担,属于公路工程沥青加铺层研究领域,2012年进行课题鉴定。

该课题主要研究内容包括:

(1)旧水泥路面状况调查与稳定处治标准研究;

(2)湿热地区水泥混凝土路面沥青加铺层温度场研究;

(3)设置抗裂结构层的旧水泥路面沥青加铺结构力学分析;

(4)基于抗车辙功能的沥青加铺层结构与材料研究;

(5)基于防水抗裂功能的沥青加铺结构层材料研究;

(6)基于功能的水泥混凝土路面沥青加铺层合理结构推荐;

(7)设置功能层的沥青加铺结构施工技术与经济效益分析。

该课题取得的主要成果有:

(1)提交《基于功能的水泥混凝土路面沥青加铺层结构与路用性能研究》研究报告;

(2)研究了旧水泥路面沥青加铺层的温度场分布,得出了加铺层中的温度变化规律和温度梯度参数,为加铺层路面结构设计参数的确定提供了依据;

(3)得出了应力吸收层和大粒径沥青碎石控制反射裂缝扩展的机理,通过结构抗裂疲劳试验,验证了应力吸收层和大粒径沥青碎石的阻裂作用和效果;

(4)提出了基于功能的旧水泥路面沥青加铺层设计方法,推荐了设置应力吸收层和大粒径沥青碎石的抗裂加铺层合理结构,以及设置高模量沥青混凝土的抗车辙加铺层合理结构;

(5)获实用新型专利1项(表6-1-2);

(6)发表与课题研究内容相关的论文10篇,其中EI检索3篇,出版与课题研究内容相关的专著2部;

(7)培养博士1名,硕士2名;

(8)经过观测,试验路使用效果良好,养护费用明显降低,经济效益显著。

主要发明专利统计表(二)　　　　表6-1-2

专利名称	专利号	专利发明人	授权单位	授权时间
一种用于沥青路面材料与结构的扭转剪切试验装置	ZL201120163334.2	李祖仲;陈拴发;房建宏;熊锐;岳丹;姚运仕;苑瑞星	长安大学	2011.12.07

3)基于抗车辙的沥青混合料材料与性能研究

该课题于2009年立项,承担单位为广西交通科学研究院,协作单位为广西柳桂高速公路运营有限责任公司、广西大学,于2013年结题。该项目的研究成果,可以提高广西地区应用新型的抗车辙沥青混合料修建高等级公路建设的技术水平,丰富南方湿热多雨地区沥青路面施工技术,为形成技术规范和施工指南提供技术基础,在广西高速公路建设中应用前景广阔。

该课题主要研究内容包括:

(1)沥青路面车辙形成机理研究;

(2)基于抗车辙的橡胶粉复合改性沥青结合料材料研究;

(3)基于抗车辙的特立尼达湖沥青(TLA)和TLA混合沥青胶结料研究;

(4)基于抗车辙的沥青混合料制备工艺研究;

(5)基于抗车辙的沥青混合料配合比优化设计与路用性能研究;

(6)基于抗车辙的沥青混合料施工技术和质量控制研究。

该课题取得的主要成果有:

(1)提交《特立尼达湖沥青(TLA)沥青应用技术研究》研究报告,《基于抗车辙的沥青混合料材料与性能研究》工作报告;

(2)攻克橡胶粉复合改性沥青改性技术,以回收的废旧沥青PE作为橡胶沥青的改性复合剂,通过正交试验确定了橡胶粉和PE的最佳掺量,并提出了橡胶粉-PE复合改性沥青的制备工艺;

(3)对于TLA改性沥青混合料,提出了以内摩擦角φ为TLA改性沥青混合料级配设计指标的级配设计方法,设计出的沥青混合料具有良好的稳定骨架结构;

(4)提出了适用于广西的TLA改性沥青性能评价指标和技术标准;

(5)提出了以180℃手持黏度为核心技术指标,以针入度、软化点、弹性恢复为辅助指标的橡胶粉复合改性沥青技术标准;

(6)在核心期刊发表论文2篇。

附件一

关于同意收取桂柳高速公路机动车辆通行费的批复

（桂政办函〔1997〕104号）

自治区交通厅：

你厅《关于桂柳高速公路收取车辆通行费问题的请示》（交财务报〔1997〕104号）。经自治区人民政府研究同意，现批复如下：

一、收取桂柳高速公路机动车辆通行费25年，即从1997年5月1日起至2022年5月1日止。全线设立静兰、雒容、鹿寨、黄冕、波寨、永福、僚田7个收费站，各收费站的收费标准请按"桂柳高速公路机动车辆通行费收费标准表"（附后）执行。

二、同意你厅现设在柳州静兰大桥西端的静兰大桥收费站继续保留不迁移，收费期限与桂柳高速公路的收费期限相同，收费标准仍按自治区人民政府办公厅《关于同意柳州静兰大桥收取车辆通行费的批复》（桂政办函〔1992〕563号）规定执行；对从柳州市出城的机动车辆一律实行单向收费，对进入柳州市的已缴纳桂柳高速公路通行费的机动车辆不再收取通行费，从旧路进入柳州市的机动车辆仍按桂政办函〔1992〕563号规定收取通行费。

三、收费管理和使用范围请按自治区交通厅、财政厅、物价局《广西壮族自治区贷款修建高等级公路和大型公路桥梁、隧道收取车辆通行费实施细则》（交财字〔1988〕346号）和《自治区人民政府批转自治区交通厅、财政厅、物价局关于清理整顿我区公路通行费征收管理请示的通知》（桂政发〔1991〕51号）规定执行。

四、要加强财务收支管理，严格控制非还贷性开支；加强对收费站的管理，健全和完善各种规章制度，严格遵守，文明收费。收费部门要逐月将收费还贷月报表上报自治区交通厅、财政厅、物价局，并接受检查监督。

根据《广西壮族自治区实施〈中华人民共和国公路法〉办法》和交通运输部《印发关于收费公路试行计重收费指导意见的通知》（交公路发〔2005〕492号）有关规定和要求，自治区交通厅、物价局、财政厅共同研究制定上报的《广西收费公路载货类汽车计重收费实施方案》已经自治区十一届人民政府第28次常务会议审议并原则通过。自治区交通厅、物价局、财政厅于2009年6月1日联合下发《关于印发广西收费公路载货类汽车计重收费实施方案的通知》（桂交财务发〔2009〕66号），在全区启动收费公路载货类汽车计重收费工作。《广西收费公路载货类汽车计重收费实施方案》全文如下：

为改善我区车辆通行费计量方式，以经济手段引导、调控载货类汽车合理装载运输，切实减少车辆超限超载引发交通安全生产事故，整治非法改装车辆行为，促进汽车工业健康发展,逐步建立公平、合理、科学的车辆通行费征收管理长效机制,规范道路运输市场经济秩序,保护公路桥梁安全,确保鲜活农产品运输"绿色通道"高效、安全、畅通,保障道路交通安全通行,根据交通部等八部委《关于印发2005年全国治超工作要点的通知》(交公路发〔2005〕89号)、《广西壮族自治区实施〈中华人民共和国公路法〉办法》、交通部《关于印发收费公路试行计重收费指导意见的通知》(交公路发〔2005〕492号)的有关规定和要求,参照外省做法,结合我区收费公路实际情况,对通行全区收费公路的载货类汽车实施计重收费(以下简称"计重收费")。

一、计重收费的指导思想

以科学发展观为指导,按照建立和完善社会主义市场经济体制的要求,对广西收费公路现行车辆通行费征收方式进行调整和完善,制定较为公平、合理、科学、易行的计重收费标准。利用经济手段引导运输业户合法装载和运输,适当降低合法运输业户的运输成本,不增加合法运输车辆负担。规范货运市场经济秩序,促进汽车工业健康发展,减少交通安全生产事故,保护公路桥梁,保障道路交通安全畅通,促进广西交通事业健康发展。

二、计重收费的基本原则

(一)公平合理原则。综合考虑车辆对公路的使用和破坏因素,使车辆使用收费公路的成本与其对公路的磨损程度成正比关系,轻车少收,重车多收,确保车辆在交纳通行费上的公平合理。

(二)鼓励运输业户合法装载原则。计重收费充分体现鼓励合法运输、打击非法改装车辆和超限超载运输行为,对合法运输车主让利,让守法运输成本适当降低,保护合法运输车主利益。

(三)不增加合法运输车辆负担原则。计重收费严格执行国家有关收费政策规定,不以增收为目的,确保实行新的收费方式和收费标准后,标准车型、标准装载的车辆总体收费水平与现行收费水平基本持平,不增加合法运输车辆负担。

(四)引导货运车辆发展原则。通过车辆通行费征收方式的调整和优化,利用经济杠杆,对国家鼓励发展的车型和多轴大型车辆给予适当的通行费优惠,用收费政策引导我区货运车辆发展,优化货运车辆结构,纠正"大吨小标"车辆的违法运输行为。

(五)简便易行原则。计重收费标准和通行费额计算尽量简单明了,便于车主理解,社会接受,同时便于与原收费方式的衔接,收费人员易掌握、易操作。

(六)渐进试行、稳步推进原则。实施计重收费涉及面广,影响大,特别是涉及广大人民群众的经济利益,计重收费的实施和推广必须要积极稳妥,循序渐进,坚持先试点后推进的原则,确保政策调整平稳过渡和社会稳定。

三、计重收费的范围、对象和时间

(一)计重收费的范围:经自治区人民政府批准联网收费的高速公路、剩余收费年限5年以上(含5年)的开放式收费公路及新开通的收费公路。

(二)计重收费的对象:通行收费公路的载货类(含客货两用)汽车。

(三)计重收费的时间安排:从2009年7月1日起,所有已联网收费的高速公路和与高速公路平行、出省、出边、主要干道的普通收费公路试行计重收费,试行时间半年;从2010年1月1日起在全区收费公路全面推行实施计重收费。

四、计重收费的标准

(一)超限判别标准

依据国家强制标准《道路车辆外廓尺寸、轴荷及质量限值》(GB 1589—2004)和交通部、公安部等7部委《印发关于在全国开展车辆超限超载治理工作的实施方案的通知》(交公路发〔2004〕219号)综合认定,各车辆类型的最大允许总质量限值为:

三轮货车:2t;

四轮货车:4.5t;

二轴货车:20t;

三轴货车:30t;

四轴货车:40t;

五轴货车:50t;

六轴以上(含六轴)货车:55t。

超过上述最大允许总质量限值的运输车辆为超限运输车辆。允许计重设备误差为5%。

(二)计重收费标准

按照交通部《印发关于收费公路试行计重收费指导意见的通知》(交公路发〔2005〕492号)的有关原则制定计重收费标准,封闭式高速公路基本费率标准以元/吨公里计算;开放式收费公路的基本费率标准以元/(t·车次)计算。正常装载的合法运输车辆的计费金额按基本费率标准收取;超限运输车辆的计费金额除按正常费率收取外,对超限部分按本方案规定加收通行费。具体收费标准如下:

1.正常装载的合法运输车辆通行费收费标准

(1)封闭式高速公路

基本费率标准为0.08元/吨公里,车货总质量(车货总重)小于等于10t的按0.08元/吨公里计收;大于10t小于等于50t的按0.08元/吨公里线性递减到0.04元/吨公里计收;大于50t的按0.04元/吨公里计收。车货总质量不足5t的,按5t计收;收费额不足5元的,按5元计收。此收费标准适用于联网收费的高速公路。

(2)开放式收费公路

收费标准Ⅰ:基本费率为1.8元/(t·车次)。小于等于10t的车辆按1.8元/(t·车次)计费;大于10t小于等于50t的车辆,按1.8元/(t·车次)递减到0.8元/(t·车次)计费;大于50t的车辆按0.8元/(t·车次)计费;计费不足10元时按10元计收。

适用范围:开放式收费的高速公路、新建1000m以上的独立收费桥梁(隧道);现行分类收费标准与开放式高速公路现行分类收费标准相同或接近的一级公路、南宁和柳州市路桥。

收费标准Ⅱ:基本费率为1.65元/(t·车次)。小于等于10t的车辆按1.65元/(t·车次)计费;大于10t小于等于50t的车辆,按1.65元/(t·车次)递减到0.65元/(t·车次)计费;大于50t的车辆,按0.65元/(t·车次)计费;计费不足10元时按10元计收。

适用范围:新建的一级公路、500~1000m独立收费的公路桥梁(隧道);现行分类收费标准与宜州至金城江一级公路现行分类收费相同或接近的一级和二级公路。

收费标准Ⅲ:基本费率为1.45元/(t·车次)。小于等于10t的车辆按1.45元/(t·车次)计费;大于10t小于等于50t的车辆,按1.45元/(t·车次)递减到0.45元/(t·车次)计费;大于50t的车辆按0.45元/(t·车次)计费;计费不足7元时按7元计收。

适用范围:新建的二级公路;现行分类收费标准与南宁至北海等二级公路现行分类收费标准相同或接近的一级和二级公路。

收费标准Ⅳ:基本费率为1.25元/(t·车次)。小于等于10t的车辆按1.25元/(t·车次)计费;大于10t小于等于50t的车辆按1.25元/(t·车次)递减到0.45元/(t·车次)计费;大于50t的车辆按0.45元/(t·车次)计费;计费不足5元时按5元计收。

适用范围:现行分类收费标准与平果至百色二级公路现行分类收费标准相同或接近的一级和二级公路。

车货总质量每吨位对应的计重收费费率标准按《广西收费公路计重收费费率标准表》执行。

2.超限运输车辆收费标准

(1)超限30%以内(含30%)的车辆,暂按正常车辆的基本费率计重收取车辆通行费。

(2)超限30%以上100%以内(含100%)的车辆,除计收正常车辆的基本费率计收通行费外,对其超限30%以上的重量部分,按基本费率的3倍递增至6倍计重收取车辆通行费。

(3)超限100%以上(含100%)的车辆,除计收正常车辆的基本费率计收通行费外,对其超限100%以上的重量部分,按基本费率的6倍计重收取车辆通行费。

3. 计费取整办法

封闭式的高速公路计重通行费单车合计金额尾数实行 2.50 元以下舍去, 2.51～7.50 元归 5 元, 7.51～9.99 元进 10 元。开放式的收费公路计重收费通行费尾数(角、分)按照四舍五入法归整为"元"。

五、计重收费的相关政策规定

(一)实施计重收费后,现行分类收费标准仍然保留,当计重收费设备发生故障不能按计重方式收费时,按分类收费标准收取通行费。根据计重收费实施情况,需要对本方案的费率标准作调整的,由自治区物价局、自治区交通厅、自治区财政厅提出报自治区人民政府审批。

(二)对客货两用车,按载货类汽车计重收费。

(三)对载客类汽车和摩托车、手扶拖拉机、机动三轮车的收费,仍按《广西壮族自治区人民政府关于对全区车辆通行费收费标准调整和收费期限重新核定等有关问题的批复》(桂政函〔2004〕244 号)规定的收费方式和收费标准执行。

(四)对免征车辆通行费的车辆仍按国家和自治区有关规定执行;对于整车(核定装载量达 80%)合法装载、运输鲜活农产品的车辆,凡通过我区范围内的所有收费站,一律免收车辆通行费,实行"绿色通道"通行费减免区内外无差别政策;对于超限运输鲜活农产品的车辆,按照超限运输车辆收费标准计重收取通行费,不再享受免费政策。对依法批准的超限运输车辆,按正常装载的合法运输车辆收费。

(五)普通公路实施计重收费后,对按规定办理月票、年票的载货汽车,凭月票、年票通行收费站;但车辆超限运输时,按照超限运输车辆收费标准计重加收通行费。

六、计重收费投资和设备安装

计重收费投资包括收费广场、车道、收费系统软件改造升级、称重设备购置等费用。计重收费投资由各收费公路投资业主自筹解决;政府还贷公路的计重收费投资在车辆通行费中列支或通过银行贷款予以解决,在建和新建收费公路的计重收费投资在项目建设投资中予以安排。

封闭式的高速公路,称重设备安装在收费站出口收费车道上;开放式收费公路,称重设备应安装在收费站收费车道上。

七、组织实施

(一)加强计重收费工作领导。实施计重收费是对现行货车通行费征收方式的重大调整和完善改进,事关广大车主利益,涉及面广,工作量大,要加强组织领导,按照"政府领导、部门分工、联合行动"的原则组织实施。自治区成立由交通、物价、财政、公安、计量监督等部门组成的计重收费工作协调机构,及时研究、协调和解决计重收费过程中出现的问题。各市各有关部门要积极支持和配合开展计重收费工作。

(二)做好宣传工作。计重收费是收费公路收费方式的重大改革,涉及面广,政策性强,要高度重视并大力开展宣传工作。通过多种渠道、各种方式向社会广泛宣传计重收费的政策措施,为实施计重收费工作营造良好的社会氛围,使广大车主、驾乘人员了解、接受、支持和配合计重收费工作。

(三)正确处理好计重收费和治超执法的关系。计重收费是对收费公路通行费收费方式的调整和完善,是政府授权的经济行为。开展治超执法是为保护公路而对行驶公路的超限超载车辆进行卸载、处罚和严厉打击,是法律授权的行政行为。实施计重收费改变车辆通行费收费方式和费率标准,能够降低合法运输车辆的收费标准,增大违法运输车辆的运输成本,通过经济和价格手段,消除超限超载运输的利益驱动,从而进一步鼓励守法运输,遏制超限超载运输行为。因此,各级人民政府及各主管部门要把实施计重收费与治超执法结合起来,同时开展,相互促进,实现计重收费与治超执法信息资源共享、互动互补。各有关部门要在各自职责范围内加大对超限超载运输车辆的整治力度,切实减少车辆超限超载引发的道路交通安全生产事故,加强对车辆制造、销售、运输、市场准入等各环节的监管,坚决清除并处罚改装厂或整装厂的违法改装车辆行为,从而实现从行政、经济两个方面对超限超载车辆进行双重调控,确保道路交通安全畅通。

各收费公路经营管理单位应在收费站入口的明显位置公示计重收费标准,要求收费站对发现违法超限超载的车辆特别是超过公路桥梁承载能力100%以上的车辆,应立即告知交通、公安等执法机构,由交通、公安等执法机构按照国家治超的相关规定对其进行相应的卸载、罚款等行政处罚,对车货总重超过55t以上的非法运输车辆要严禁上桥行驶,确保桥梁安全。

(四)制订应急预案。按照"保障畅通、确保稳定"的原则,制订实施计重收费应急预案,各级各有关部门按照应急预案要求,落实责任,保障计重收费的顺利实施。交通、公安等相关部门要密切配合,通力协作,切实维护正常的交通秩序和收费秩序,确保计重收费工作正常开展。

附件1. 桂柳高速公路机动车辆通行费收费标准表(附表1、附表2)

车 辆 分 类 表　　　　　　　　　　　　　　　　　　　　　附表1

车　型	车　辆　分　类
A(小型)	1.75t(含1.75t)以下货车;12座(含12座)以下小客车
B(中小型)	1.75t以上,4t(含4t)以下货车;12座以上,25座以下(含25座)客车
C(中型)	4t以上,8t(含8t)以下货车;25座以上,45座以下(含45座)客车
D(大型)	8t以上,12t(含12t)以下货车;45座以上大客车
E(特大型)	12t以上货车

载货类汽车计重收费标准表　　　　　　　附表2

车　型	车　辆　分　类	收费标准(元/吨公里)
正常车辆	基本费率	0.08元/吨公里
正常车辆	车货总重量≤10t	0.08元/吨公里
正常车辆	10t<车货总重量≤50t	10t部分按基本费率0.08元计收,超过10t的部分按0.08元线性递减至0.04费率计收
正常车辆	车货总重量>50t	10t部分按基本费率0.08元计收,10t至50t部分按基本费率0.08元线性递减至0.04费率计收,超过50t部分按0.04元计收
超限车辆	超限30%以内的车辆	暂按正常装载车辆的基本费率计重收取车辆通行费
超限车辆	超限30%~100%以内的车辆	超限0~30%(含30%)的部分按基本费率计费,超限30%以上部分按基本费率的3倍线性递增至6倍计重收取车辆通行费
超限车辆	超限100%以上的车辆	超限0~30%(含30%)的部分按基本费率计费,超限30%以上部分按基本费率的3倍线性递增至6倍计重收取车辆通行费,超过100%的部分按基本费率的6倍计重收取车辆通行费

注:应收通行费尾数按以下办法取整:2.50元以下舍去,2.51~7.50元归5元,7.51~9.99元进10元。

附件二

关于调整我区高速公路车辆通行费收费标准的通知

为促进广西高速公路事业健康可持续发展,助推地方经济,根据《中华人民共和国价格法》《中华人民共和国公路法》《收费公路管理条例》(国务院令第417号)及交通部《印发关于收费公路试行计重收费指导意见的通知》(交公路发〔2005〕492号)的有关规定,自治区物价局、交通运输厅、财政厅就调整我区高速公路车辆通行费收费标准的问题进行了调研,并制订了具体方案,在此基础上,依法组织召开听证会,广泛征求了社会各界的意见和建议。经自治区人民政府同意,现将调整高速公路车辆通行费收费标准的有关事项通知如下:

一、从2014年8月1日零时起,调整部分高速公路部分车型车辆通行费基本收费标准。

(一)2007年12月31日及之前建成通车的高速公路,一类车基本收费标准维持0.40元/车公里不变;2008年1月1日及之后建成通车的高速公路,一类车基本收费标准调整为0.50元/车公里。

(二)四类客车(≥40座客车)通行费收费标准调整为1.45元/车公里。在实际执行过程中,仍维持现行优惠政策。即:桂林至柳州高速公路为1.35元/车公里,宜州至柳州、柳州至南宁、南宁至北海、合浦至山口、钦州至防城港高速公路为1.30元/车公里,其他路段及新开通的联网收费高速公路调整为1.45元/车公里。

全区高速公路车辆通行费基本收费标准见附件1。

二、对符合收费条件的桥隧另外收取车辆通行费。

客车与货车分别采取不同方式计收桥隧通行费,同时,桥隧通行费收费标准分两步实施。具体如下:

(一)客车计收方式:客车按照车型分类和桥隧分类折算系数计算,按车次收取。一类车通过一类桥隧为1.50元/车次,通过二类桥隧为2.50元/车次,通过三类桥隧为3.50元/车次,车型分类系数为1、2、2.5、3。

(二)货车计收方式:载货类汽车通过符合收费条件的桥隧,收费标准为0.15元/吨公里。

(三)同一桥梁或隧道上行方向和下行方向长度不同的,收费里程按算术平均数计算。

(四)桥隧计费分步实施方案见附件2。

三、此次调整后,车辆通行费由基本收费与桥隧收费两部分组成。即按高速公路建成通车年份及计费里程确定基本收费,在此基础上,对通行符合收费条件桥隧的车辆加收桥隧通行费。

四、每条高速公路各区间段的具体收费标准由自治区物价局会同交通运输厅、财政厅核准并向社会公示后执行。

五、各有关收费单位要到自治区物价局办理《收费许可证》变更手续,在收费站醒目位置竖立自治区物价局统一监制的《收费公示牌》。

六、调整我区高速公路车辆通行费收费标准,是自治区人民政府为了提高高速公路付息还本能力,完善我区高速公路路网建设,方便群众出行,助推地方经济发展的一项重要决策,关系到广大道路运输使用者的切身利益。各有关部门要密切配合,价格主管部门加强对收费行为的监督检查,坚决制止乱收费行为的发生,保证收费政策执行到位。交通运输部门要认真执行调价政策,继续实行整车运输鲜活农产品车辆、抢险救灾车等优惠政策,进一步加强行业管理。财政部门要加强对车辆通行费的管理监督。各高速公路经营公司要努力降低营运管理成本,提高服务质量。

附件:1. 全区高速公路车辆通行费基本收费标准(附表1)

2. 桥隧计费分步实施方案(附表2~附表5)

附件1

全区高速公路车辆通行费基本收费标准表　　　　　　　　　　附表1

计价方式	分类	车型	收费标准	
			2007年12月31日及之前建成通车路段	2008年1月1日及之后建成通车路段
按车型分类（元/车公里）	一类（A型）	≤2t货车；≤7座客车	0.40	0.50
	二类（B型）	2t～5t（含5t）货车；8～19座客车	0.80	
	三类（C型）	5t～10t（含10t）货车；20～39座客车	1.20	
	四类（D型）	10t～15t（含15t）货车；20英尺集装箱车；≥40座客车	1.44 1.45	
	五类（E型）	>15t货车；40英尺集装箱车	1.68	
按计重（元/吨公里）		载货类汽车	0.08	

注：1. 上表收费标准不包括开放式收费的南宁机场、桂林两江国际机场等高速公路；
　　2. 通行费单车合计金额尾数按以下办法取整：2.50元以下舍去，2.51～7.50元归5元，7.51～9.99元进10元。

附件2　桥隧计费分步实施方案

一、客车计收方式：客车按照车型分类和桥隧分类折算系数计算，按车次收取。

车型分类折算系数表　　　　　　　　　　附表2

车型	车型分类	系数
一类（A型）	≤7座客车	1
二类（B型）	8～19座客车	2
三类（C型）	20～39座客车	2.5
四类（D型）	≥40座客车	3

桥隧基本收费标准表　　　　　　　　　　附表3

类别	桥隧分类	一类客车收费标准（元/车次）	
		2016年8月1日前	2016年8月1日起
1	500～1000m	1.2	1.5
2	1001～3000m	2.2	2.5
3	3001m以上	3.2	3.5

注：桥隧通行费 = 车型分类系数 × 桥隧基本收费标准。

二、货车计收方式：载货类汽车通过符合收费条件的桥隧，2016年8月1日前为0.10元/吨公里，2016年8月1日起，为0.15元/吨公里。

广西高速公路运营管理单位表

附表4

管理单位名称	路线名称	路段范围	里程长度(km)
广西交通投资集团百色高速公路运营有限公司	广州—昆明	百色—罗村口	55.527
	汕头—昆明	百色(永乐)—隆林	163.448
	百色绕城高速公路	永乐—四塘	14.401
	银川—百色	百色—靖西	102.103
	合浦—那坡	靖西—那坡	85.417
广西交通投资集团南宁高速公路运营有限公司	泉州—南宁	宾阳—南宁	86.399
	南宁绕城高速公路	南宁环城高速公路	83
	都南高速公路都安联络线	都安联络线	4.543
	兰州—海口	都安—安吉	117.04
	兰州—海口	良庆路段	1
	广州—昆明	安吉—坛洛	18.95
	安吉互通—安吉	安吉互通—安吉大道	1.572
	南宁市外环高速公路	安吉—玉洞	81.538
广西交通投资集团柳州高速公路运营有限公司	包头—茂名	庙岭—僚田	7.283
	包头—茂名	平乐—钟山	57.365
	泉州—南宁	黄沙河—全州	22.3
	泉州—南宁	粟家互通—僚田	13.687
	泉州—南宁	静兰—小平阳	108.471
	汕头—昆明	贺州—同古	30.5
	三江—北海	洛满西—新兴	40.387
	汕头—昆明	雒容—洛满	46.387
	桂林绕城高速公路	粟家互通—灵川	2.48
	武宣—平果	武宣—来宾	55.648
广西交通投资集团崇左高速公路运营有限公司	南宁—友谊关	吴圩—友谊关	180.063
广西交通投资集团河池高速公路运营有限公司	汕头—昆明	宜州—河池	71.571
	兰州—海口	六寨—河池	108.067
	汕头—昆明	洛满西—宜州	68.363
	宜柳高速公路叶茂联络线	叶茂联络线	3.987
	兰州—海口	河池—都安	92.315
广西交通投资集团玉林高速公路运营有限公司	资源(梅溪)—铁山港	玉林—铁山港	131.753
	玉林绕城高速公路	岑兴互通—新桥互通	42.708
广西交通投资集团钦州高速公路运营有限公司	合浦—那坡	钦州—崇左	129.56
	六景—钦州港	六景—钦州港	139.134

第六章
高速公路运营管理与综合执法

续上表

管理单位名称	路线名称	路段范围	里程长度(km)
广西北部湾投资集团有限公司沿海高速公路分公司	兰州—海口	良庆—山口	222.392
	钦州—东兴	卜家—防城	18.655
	三江—北海	石湾—北海	26.764
	钦州—防城港	防城—防城港	24.734
	钦州—东兴	防城港茅岭—东兴	54.437
	茅岭互通—大宝坝	茅岭互通—大宝坝	0.75
广西五洲交通股份有限公司	泉州—南宁	小平阳—宾阳	29.44
广西坛百高速公路有限公司	广州—昆明	坛洛—百色	187.815
广西柳桂高速公路运营有限责任公司	包头—茂名	桂林僚田—池头	6.8
	泉州—南宁	池头—柳州静兰	131.625
广西岑兴高速公路发展有限公司	包头—茂名	岑溪枢纽—岑溪善村	1.487
	广州—昆明	岑溪—兴业	124.556
	玉林北互通—玉林	玉林联络线	11.14
广西新长江高速公路有限责任公司	广州—昆明	兴业—六景	99.807
广西龙光广贺高速公路有限公司	汕头—昆明	灵峰—八步	76.427
中冶(广西)马梧高速公路建设发展有限公司	包头—茂名	马江—梧州	69.935
	马梧高速公路梧州联络线	梧州联络线	4.2
广西桂梧高速公路桂阳段投资建设有限公司	包头—茂名	桂林—阳朔	66.645
广西梧州岑梧高速公路有限公司	包头—茂名	梧州—岑溪	62.491
	广州—昆明	苍梧—保村互通	2.959
广西全兴高速公路发展有限公司	泉州—南宁	全州—兴安	61.479
广西水利电力建设集团高速公路有限公司	包头—茂名	钟山—马江	60.048
桂林港建高速公路有限公司	桂林绕城高速公路	灵川—三塘	41.711
广西华通高速公路有限责任公司	包头—茂名	阳朔—平乐	39.523
广西岑罗高速公路有限责任公司	包头—茂名	岑溪善村—岑溪东枢纽	5.339
	岑溪—筋竹	岑溪—筋竹	33.235
广西越秀苍郁高速公路有限公司	广州—昆明	大坡—苍梧	17.903
	苍梧南互通—苍梧	苍郁高速公路苍梧入口	0.58
南宁城市路桥投资管理有限责任公司	南宁—友谊关	那洪—吴圩	15.42
	那洪—吴圩机场	南宁机场高速公路那洪段	1.28
	那洪—吴圩机场	南宁机场高速公路吴圩段	1.743

广 西
高速公路建设实录

续上表

管理单位名称	路线名称	路段范围	里程长度(km)
广西桂兴高速公路投资建设有限公司、桂林市机场路管理有限公司	泉州—南宁	兴安—桂林	53.401
	桂林—两江国际机场	桂林机场专用公路	8.396

广西高速公路收费站点设置表　　　　　　附表5

项目运营单位	项目路段	批准设立收费站点名称	收费站情况(个)			通车日期	备 注
			设置总数	已收费运营	未收费运营		
广西交通投资集团有限公司(2008年7月28日成立)	黄沙河至全州	桂湘(原名为黄沙河,省界主线站)、黄沙河、全州	3	3	—		柳州公司
	桂林市绕城高速公路桂林北段		0	0	—		柳州公司管辖,原庙岭站已撤销
	柳州静兰至宾阳王灵(柳平段)	新兴、凤凰、来宾	3	3	—		柳州公司
	宜州至柳州	太阳村、柳江	2	2	—		柳州公司
	平乐至钟山	平乐二塘(原名为平乐)、同安、英家、钟山、贺州	5	5	—		柳州公司
	雒容至洛满	柳州北、洛埠、洛满东	3	3	—	2006.10.17	柳州公司(原启程公司管辖)
	宾阳至南宁	五合、伶俐、六景、古辣	4	4	—		南宁公司
	三岸至南间(南南高速公路交投段)	南宁(原名为三岸)、蒲庙(原名为良庆)	2	2	—		南宁公司
	南宁环城(南宁至坛洛段)	石埠、沙井、高岭、玉洞、坛洛	5	5	—		南宁公司
	河池(水任)至南宁(含西津至三岸段)	二塘、安吉(原名为西津)、伊岭岩、武鸣、府城、马山、都安	7	7	—		南宁公司
	南宁至友谊关	吴圩、苏圩、扶绥、渠黎、渠旧、崇左、天西、宁明、夏石、凭祥	10	10	—		崇左公司
	百色至罗村口	罗村口(省界主线站)、阳圩、百色西	3	3	—		百色公司

284

第六章 高速公路运营管理与综合执法

续上表

项目运营单位	项目路段	批准设立收费站点名称	收费站情况(个) 设置总数	已收费运营	未收费运营	通车日期	备注
广西交通投资集团有限公司(2008年7月28日成立)	钦州至崇左	洞利(八寨沟)、上思、罗白、柳桥、七门	5	5	—	2012.12.31	钦州公司
	六景至钦州	峦城、平朗、新福、旧州镇、陆屋镇、久隆、金桔、中马园区	8	8	—	2013.04.09	钦州公司
	玉林至铁山港	玉林东、塘岸、玉林南、沙田、博白、旺茂、东平、松旺、公馆、南康、铁山港主线	11	11	—	2013.04.03	玉林公司
	宜州至柳城(原宜柳段一部分)	宜州、洛东、六塘、柳城	4	4			河池公司
	河池至宜州(千山公司)	河池西、河池东、德胜、怀远、宜州西	5	5		2012.07.09	河池公司
	河池至六寨(万山公司)	黔桂界六寨站(省界主线站)、六寨站、芒场站、南丹站、车河站、水任站	6	6	—	2012.07.09	河池公司
	河池至都安	都安北、永安、龙头	3	3		2014.09.26	河池公司
	靖西至那坡	禄峒、靖西三合、坡荷、那坡、那桑(省界主线站、未开通)	5	4	1	2014.12.16	百色公司
	桂平至来宾	来宾南、寺山、武宣	3	3		2014.12.16	柳州公司
	南宁外环高速公路	高峰、五塘(未开通)、南宁港(未开通)、八鲤、新江	5	3	2	2014.12.26	南宁公司
	小计		107	104	3		
广西隆百高速公路发展有限公司	隆林至百色	下塘、汪甸、田林、潞城、板桃、旧州、沙梨、广西平班(省界主线)、永乐、隆林	10	10	—	2011.01.27	属交投集团百色公司管辖
广西北部湾投资集团有限公司(2007年2月14日成立)	南宁至南间(南南高速公路北投段)	那马	1	1	—		
	钦州至防城港(含南间至钦州港段)	南间、大寺、钦州、钦州港、防城、防城港、钦州茅尾海	7	7	—		2012年新增茅尾海站
	钦州至北海	那丽、星岛湖、合浦	3	3	—		

广西

高速公路建设实录

续上表

项目运营单位	项目路段	批准设立收费站点名称	收费站情况(个)			通车日期	备注
			设置总数	已收费运营	未收费运营		
广西北部湾投资集团有限公司(2007年2月14日成立)	钦州至北海（十字路收费站）	十字路	1	1	—		
	合浦至山口	铁山港（未开通）、白沙、山口	3	2	1		铁山港站已设置、未使用（未收费）
	合浦至山口（桂海站）	桂海收费站（省界主线站）	1	1	—		
	防城至东兴	东兴、江平、华石、防城北	4	4	—	2013.12.20	
	小计		20	19	1		
广西五洲交通股份有限公司	柳州静兰至宾阳王灵(平宾段)	小平阳、宾阳（原名为王灵站）	2	2	—	1998.12.08	
苍梧桂海苍郁高速公路有限公司	苍梧至郁南	桂东（原名为大坡收费站，省界主线站）	1	1	—	2005.11.08	
广西梧州岑梧高速公路有限公司	岑溪至梧州	岑溪、糯垌、新地、苍梧	4	4	—	2008.01.16	岑溪临时主线站（已取消）
广西岑兴高速公路发展有限公司	岑溪至兴业	马路、昙容镇、容县、山围、北流、寒山、玉林	7	7	—	2008.12.20	
桂林港建高速公路有限公司	灵川至三塘	桂林象山（原名尧山）、桂林高新（原名桂林东）、桂林七星（原名桂林南）、灵川匝道收费站	4	4	—	2008.03.31	
广西桂梧高速公路桂阳段投资建设有限公司	桂林至阳朔	临桂六塘、阳朔白沙（原名为白沙）、葡萄、阳朔高田（原名为高田）	4	4	—	2008.12.19	
广西桂兴高速公路投资建设有限公司	兴安至桂林	兴安城南、溶江（未通车）、灵川西、桂林北站	4	3	1	2013.4.2	溶江站暂时还未开通运营

第六章
高速公路运营管理与综合执法

续上表

项目运营单位	项目路段	批准设立收费站点名称	收费站情况(个)			通车日期	备注
			设置总数	已收费运营	未收费运营		
广西华通高速公路有限责任公司	阳朔至平乐	平乐	1	1	—	2008.11.10	高田临时主线站(已撤销)
广西柳桂高速公路运营有限责任公司	柳州至桂林	柳州(原名为静兰)、雒容、鹿寨、黄冕、波寨、永福、苏桥	7	7	—	1997.05.01	
广西全兴高速公路发展有限公司	全州至兴安	全州西、全州凤凰、界首、兴安	4	4	—	2008.11.30	
广西坛百高速公路有限公司	坛洛至百色	那桐、小林、隆安、平果、平果铝、思林、田东、祥周、田阳、那坡镇、百色东	11	11	—	2007.12.28	
广西新长江高速公路有限责任公司	兴业至六景	兴业、木格、贵港、云表、横县	5	5	—	2003.08.05	
广西水利电力建设集团高速公路有限公司	钟山至马江	黄姚、潮江、富罗、三合	4	4	—	2009.12.29	
中冶(广西)马梧高速公路建设发展有限公司	马江至梧州	武岭、倒水、梧州(原名梧州平浪)、梧州西(原名苍梧四合)	4	4	—	2009.12.29	
广西岑罗高速公路有限责任公司	筋竹至岑溪	横垌(省界主线站)、筋竹、归义、岑溪东	4	4	—	2010.04.14	
广西龙光广贺高速公路有限公司	贺州至灵峰	桂粤站(省界主线站)、灵峰站、信都站、梅花站、贺街站、贺州东站	6	6	—	2010.09.28	灵峰匝道站已设置、仅发卡,不收费(属于已投入运营)
机场高速公路	桂林机场路	机场口收费站、僚田收费站	2	2			
	合计		211	206	5		

注:截至2014年12月,全区高速公路共设置通行费收费站点211个,收费运营206个。

第二节 广西高速公路路政执法模式

一、路政管理体制发展历程

2008年以前,广西高速公路管理模式是高管局—高管处—高管所,每个层级均设置的一个部门,行使高速公路路政执法工作。

2008年体制改革后,广西高速公路路政执法管理模式为:高管局—路政支队—路政大队三层管理模式,广西高速公路管理局路政科增挂路政执法总队牌子,负责对广西直属路政执法支队(大队)进行管理,对BOT派出路政管理机构进行指导。

2012年,在桂林片区试点对路政管理模式进行调整,将直属与派出两种模式进行整合,实施高速公路路政管理"一体化",包括业务管理、统一指挥、片区联动等。

2014年12月,经批复,广西高速公路管理局增挂路政执法监督局牌子,下设南宁、柳州、百色三个高速公路管理处(路政执法支队),管理处下设路政执法大队。

根据2015年广西壮族自治区交通运输厅党组会议决定,广西高速公路路政将实行一体化管理,广西壮族自治区高速公路管理局拟将16个派出路政管理机构进行整合,并根据管辖路段划入相应的管理处(支队)管理。

目前路政执法机构情况:全区现设置南宁、柳州、百色、桂林、玉林5个高速公路管理处(路政执法支队),共有41个直属路政执法大队,3个局派出路政执法支队(管辖4个路政大队),11个局派出路政执法大队。

二、广西高速公路路政执法经验和主要成效

18年来,在广西高速公路管理里程不断延伸、车流量年均增长不断加大的情况下,高速公路路政执法队伍认真履行职责,保护路产、维护路权,有力保障了高速公路安全畅通,圆满完成了抗震救灾、奥运保畅、抗冰保畅等一系列急难险重任务,得到了上级领导及社会各界的肯定,先后荣获全国交通执法先进集体、全国交通运输行业执法文明示范窗口等荣誉。主要有以下成效和经验:

(一)理顺了管理体制,增强了执法职能

广西高速公路管理局增挂路政执法监督局牌子,实现了全区高速公路路政"一体化"管理,进一步理顺职能、理清责权关系,有利于推进依法行政进程和加强路政管理法制化、规范化建设,有利于进一步强化公路保护和行业监管力度。

（二）执法队伍更加专业，执法管理更加规范

广西高速公路路政紧紧围绕部"三基三化"建设目标，以开展"阳光路政"品牌创建和"四个统一"形象建设为载体，促进执法队伍专业化、执法行为规范化管理。

加强执法队伍职业化建设。以"阳光路政我先行"为主题，开展"阳光路政"示范大队和示范队员评比活动；明确了"阳光路政"示范大队定量和定性指标，提出了"业务专长型""法制实践型""行业管理型""专业特长型"四类示范队员的评判标准。通过建立路政执法人员封闭轮训学习、军事化管理制度，建立高速公路路政执法计算机考试题库，组织路政业务知识竞赛和模拟改道竞赛，全面提升执法人员整体素质，开展"五查、五看"活动，强化队伍廉政教育。

加强基层路政执法机构标准化建设。制定了《路政执法服装和装备管理办法》，全面完成新式交通行政执法制服的更换，投入315万元对直属路政队伍基层场所进行执法标志改造，全面完成全区高速公路路政执法形象"四个统一"建设。

加强执法管理规范化建设。广西高速公路统一实施路政管理"六公开"和路政案件回访制度，实现全区各级路政管理机构的执法结果在管辖区域内全公开，各类行政许可项目在网上公开，赔（补）偿案件的回访率达100%，路政处罚案件按比例进行回访。编印了《路政管理规范工作手册》并举办轮训班，完成了《行政许可项目管理实施细则》《路政案件回访制度》《路政执法自由裁量权管理规定》《不可解体大件物品超限运输车辆行驶广西高速公路管理规定》等多项制度的编写实施工作，出台《高速公路路政管理用房建设标准》，路政规范化管理不断加强。

开启治超动态监控和后续处理新局面。2013年，广西对违法超限运输车辆实施治超动态监控和后续查处的治超"非现场执法"新模式，经广西壮族自治区人民政府同意后在广西全面实施。广西先后制定了《广西高速公路入口称重劝返建设实施方案》《广西高速公路车辆违法超限运输监控及后续处理实施细则》等，按照"突出重点、集中力量、加大力度、加强协作"的原则开展联合专项整治行动，并与广东、云南、贵州、湖南周边省份建立了省际信息共享和联动机制开展治超，治超成效明显。

加强路政执法队伍信息化建设。广西高速公路管理局研发了路政管理系统、治超管理系统和行政许可管理系统，共投入232万元采购车载视频回传系统和现场执法监督仪；投入269.7万元采购台式计算机229台、手提计算机28台，实现了路政执法人员每人1台台式计算机，每队1台以上手提计算机的工作目标，路政执法队伍信息化建设不断强化。

（三）执法服务不断加强，执法监督更加透明

广西高速公路实现"一条龙服务""一站式审批"。进一步梳理规范行政服务项目，将

路政许可项目由7项减少为3项，行政审批办理时限由11个工作日减少为7个工作日，平均提速40%。从2013年4月起，通过调整行政许可审批标准和完善审批工作流程，超限运输行政许可当场办结率由以往的82%提高到了99.37%，2013年以来行政许可当场办结率一直维持在99%以上。认真执行重大项目集体议事和专家评审制度，有效避免了因技术原因而出现的行政责任。"十二五"以来，广西高速公路管理局政务服务窗口服务对象评议非常满意评价18405次，满意率达100%，多次获得"群众满意窗口"荣誉称号。

全面落实政务公开。建立健全路政执法信息公示制度，在办公场所设置公示栏，做到执法结果、执法监督等"六公开"；在广西高速公路管理局门户网站设置了路政执法信息公示专栏，公开行政许可公示、路政赔补偿公示、治超案件公示等内容，方便群众了解相关内容，办理相关事项；深化监督机制，建立、完善服务标准，落实首问负责制、跟踪服务等各项便民制度，树立高效、便民的良好形象；公开服务投诉电话，拓宽监督渠道，广泛接受社会各界及服务对象的监督。

（四）执法协作更加紧密，联合执法更加高效

签订爱路护路协议。2001年，针对部分高速公路沿线村镇、学校、企业众多，人口密集，治安环境复杂的情况，广西高速公路与沿线村庄、学校、企业签订爱路护路协议，开展建设路政管理样板路，通过成立路政宣传小分队等，到共建单位以开展学雷锋活动、法制宣传课、文艺演出等形式宣传高速公路管理法规，形成了沿线群众积极配合路政部门开展执法工作的良好氛围，营造了良好的高速公路路政管理环境。

积极打造"平安高速"。2006年，广西高速公路路政部门以"维护路产路权、建设平安高速"为主题的治路护卫战，实施了"春雷行动""零点行动""飓风1号行动""飓风2号行动"等，并对违章设置的广告牌、建筑物、构造物及偷盗标志标线等附属设施进行整治。路政部门还分别与沿线的高速公路交警、派出所、消防部门、120急救中心，客运站、电力部门等单位签订了7类联合攻关协议书，制订了应急联动预案，加强应急演练，实行联合共管。

加强横向联系。各级高速公路路政部门以多种形式开展横向联系，紧密依靠沿线当地政府搞好路政工作，做到每月下乡、镇、学校宣传2次以上，争取当地政府和群众的支持和配合。坚持在沿线较大的收费站、服务区停车场、修理厂等地发放法制宣传单，通过网络进行广泛宣传，在高速公路沿线广告牌开展宣传，有效调动沿线群众参与管理高速公路的主动性和积极性，营造良好的执法环境。

建设"快速反应服务"型路政。通过整合资源，形成了路政、养护、收费等多部门合力作战的快速反应应急联动网，继续联合高速公路交警、当地政府、公安、消防、医院等相关

单位,理顺职能,共享资源,建立和优化各项应急预案流程图,建立了多方位、多渠道、多层次的快速反应应急联动机制,信息渠道不断拓宽,信息传递更加及时有效,进一步提升了交通事故、水毁等突发公共事件的应急处置能力,使高速公路的快速反应赢得了社会的赞誉。

"深蓝"跃高速 "阳光"照通途
——广西壮族自治区高速公路管理局
"阳光路政"品牌建设侧记

"苍苍森八桂,兹地在湘南。江作青罗带,山如碧玉篸。"神奇秀美的山水在阳光透射下更加清新迷人。在素有"美甲天下"之称的广西,高山平湖间,一条条向远处延伸的高速公路,绘制了纵横交错、四通八达的壮美画卷,孕育了一支公正透明、规范文明的高速公路路政执法队伍。

自国务院印发依法行政实施纲要以来,交通运输部和广西壮族自治区人民政府出台了一系列规范行政执法的规章制度。2012年7月,广西壮族自治区高速公路管理局提出了打造"阳光路政"品牌的发展战略。"阳光路政"从"阳光形象""阳光执法""阳光政务""阳光服务""阳光队伍""阳光传播"六个方面,着力打造一支规范文明、廉洁公正、便民高效、健康向上的高速公路政执法队伍。

鲜明的视觉形象是展示执法机构核心价值和整体素质的直观标识。在广西壮族自治区交通运输厅的指导下,2012年广西壮族自治区高速公路管理局编制了《广西高速公路路政形象建设执行标准手册》,2013年投入350万元对基层执法场所外观和交通行政执法制服进行统一更换和改造。此外,还编印了《路政文明执法规范图册》,开展了仪表礼仪、执法礼仪等培训,以礼仪促执法。2013年年底,全区高速公路路政执法机构基本完成了包括执法标志、执法证件、执法工作服装和执法场所外观在内的"四个统一"建设工作。至此,广西高速公路政正式迈入"深蓝"时代。深蓝的制服、洁白的手套、金色的肩章在阳光下熠熠生辉,挺拔的身姿、整齐的步伐、昂扬的斗志展现了广西高速公路路政的阳光形象。

规范现场执法行为,是全面"阳光路政"建设的关键环节。广西壮族自治区高速公路管理局致力于建立健全现场执法管理规定。先后编印了《广西高速公路路政管理规范化工作手册》《广西高速公路路政管理文件汇编》等规范手册,制定了《广西高速公路管理局行政许可管理规定》等一系列规定。

为实现现代信息技术与高速公路管理和服务的全面融合,广西壮族自治区高速公路管理局先后研发了高速公路路政管理系统、超限运输管理系统、路政执法动态监控系统和路政业务考试系统,实现了路政日常业务、执法过程监督、业务考试的信息化操作。

行政效能是检验行政权力运行的重要指标。2013年,广西共受理行政许可申请达

19200多件,受理数量之多排在广西行政审批数量的前三位,通过不断优化行政审批环节,超限运输行政许可当场办结率由以往的82%提高到了99.37%。近三年来,广西壮族自治区交通运输厅政务服务窗口的办事群众满意度均为100%,连续4年获得自治区"政务服务工作先进单位"荣誉称号。

建立长效监督机制是政务公开有效实施的重要保证。广西壮族自治区高速公路管理局按照政务信息公开的要求,建立执法信息公开制度。在办公场所及高速公路服务区设立设置"政务公开栏",公开办事依据、流程、时限等信息。同时设置廉政监督箱,对外公开监督举报电话,向管理相对人发放廉政监督卡,聘请政风行风监督员,实行"开门行政"。

提高服务能力和服务水平是"阳光路政"建设的中心。针对广西喀斯特地貌分布广泛、雨量较多、灾害性天气出现频繁的地形气候特点,广西壮族自治区高速公路管理局联合运营公司、高速公路交警等部门,制订了突发事件应急处置预案,开展应急处置、防自然灾害、防恐维稳等应急演练,形成了每年一次演练的常态化应急演练格局。

为方便群众办事,广西各级高速公路路政机构设立了便民执法窗口、来访人员休息区,在执法车辆上放置"便民工具箱、急救药箱","流动机关"打破固定办公模式,深入一线为驾乘人员排忧解难,涌现出了救助高速公路流浪行人三十余次、归还失主财物数次的"高速公路上的雷锋哥"周云等先进典型。

加强人才队伍和队伍管理是高速公路管理事业发展的基石。广西壮族自治区高速公路管理局从加强队容风纪管理入手,实行"行动军事化、内务统一化、着装规范化、卫生清洁化"的"四化"管理,严格考勤、值班等制度,定期组织开展岗位练兵、技能比武、徒步巡查等活动,在条件艰苦的大队发动队员自己动手开垦"辛勤园",搭建"天蓬府""五德舍"搞小养殖,自建小食堂自己烹饪,开创"路政南泥湾",培养团结协作、奋发向上、开拓进取的阳光团队精神。同时,通过竞争上岗、岗位定期轮训、"人才工程"培训等活动加强领导班子建设和骨干培养,为高速公路路政事业发展凝聚了强大动力。

加强"阳光路政"品牌传播,是增强干部职工对品牌认同和参与热情的重要措施。自治区高速公路管理局通过设置"阳光路政"宣传牌、网站宣传、报刊宣传、召开工作推进会、举办演讲、微电影比赛等方式,将阳光路政价值理念、精神内涵传达给每一位执法人员,做到内化于心,外化于行。

两年来,广西高速公路"阳光路政"日益深入人心,品牌效应日益凸显,在"阳光"理念的引领下,广西高速公路路政积极践行"四个交通""三个服务",全系统形成了和谐共进的良好发展氛围。品牌建设硕果层出,近两年来,先后获得"全国交通运输行业文明示范窗口""全国交通运输依法行政先进集体""全国青年文明号""交通运输行政执法评议考核优秀单位"等荣誉称号,显示出蓬勃的生机活力和广阔的发展前景。

第七章
高速公路文化建设

在高速公路项目施工前线,广西高速公路建设者背井离乡,奋战异土。随着高速公路网络逐渐织密、人们出行需求不断增长,高速公路所扮演的角色也在发生变化,它不仅是驾乘人员的通行之路,同时也承担着弘扬中华优秀传统文化和地域文化,传播社会主义价值观、展示交通形象、促进社会发展之重任。高速公路沿线的窗口平台优势、点位分布优势、当地发展需求优势,也决定着高速公路在文化建设中的发展空间越来越广阔。

本章节主要从"人"和"物"两个方面对广西高速公路文化建设进行介绍。第一节主要介绍建设过程中涌现出的先进人物、先进集体、先进事迹以及所体现出的核心价值观,第二节主要介绍以高速公路为载体的地域历史、文化习俗等人文景观建设。

第一节 公路建设与精神文明

本节主要介绍高速公路建设过程中涌现出的先进人物、先进集体、先进事迹以及体现出的爱岗敬业、无私奉献等核心价值观。

先进集体——广西路建工程集团有限公司

从撑车运石到技术腾飞
——广西路建工程集团有限公司奋战
广西高速公路建设55年纪实

在广西高速公路建设中,活跃着一支交通基础设施施工建设的主力军——广西路建工程集团有限公司(2014年9月升级更名前为广西路桥建设有限公司)。广西路建工程集团有限公司前身是建于1959年10月的广西公路管理局筑路机械队,有着55年的发展历史,参与了广西绝大部分及区外多个省份的高速公路建设,是区内最早成功开拓东南亚交通建设市场的施工企业,并在越南公路建设中享有崇高的声誉,树立了"中国—广西路建"的响亮品牌。

广西路建工程集团有限公司是广西新发展交通集团的全资子公司,是一家国家公路工程、市政公用工程施工总承包一级资质企业,同时具有公路路基、路面、桥梁工程专业承包一级,港口与航道工程施工总承包二级等多项资质,是集路基、路面、桥梁、隧道、市政工程机械配备齐全的广西区内大型路桥施工企业,年施工生产能力达50亿元以上。

广西路建工程集团有限公司旗下有广西路桥建设房地产开发有限公司、广西名嘉钢结构工程有限公司、广西交建工程检测咨询有限公司、广西金力工程劳务有限公司等多家具有独立法人结构的子公司,以及越南分公司、广东片区分公司、桥梁机具材料租赁公司、工程机械设备租赁公司、石油物资供应公司、汽车修理厂、物业管理公司等多个下属单位。

五十余载风雨兼程,广西路建工程集团有限公司秉承"以信誉求生存,以管理求效益,以创新求发展"的企业宗旨,以"务实、开放、合作、共赢"的姿态参与市场竞争,已发展成为以公路工程建设为主业,房地产、租赁、试验检测、钢结构加工、旅游、酒店业等综合发展的多元化现代化企业。

在历届班子的领导下,多年来尤其自"十二五"以来,广西路建工程集团有限公司以深化企业改革发展、促进企业转型升级为导向,坚持以"转作风、强基础、促发展"为工作主线,2007年至2013年间,共中标130多个项目,合同总金额达300多亿元;年生产总值从2007年的4.5亿元到2013年的36亿元,企业实现了跨越式大发展(图7-1-1~图7-1-5)。

图7-1-1 人工运石

撑车运石,前辈路桥建设者艰苦卓绝的奋斗。

图7-1-2 人工挖基

1986年初,广西路建工程集团有限公司承建的象州大桥5号墩人工挖基,肩挑人扛艰苦之状历历在目。

第七章

高速公路文化建设

图 7-1-3　静态液压劈裂机

"再难啃的骨头"如今也有"神器"对付。图为 2013 年 6 月广西路建工程集团有限公司承建的河池至都安高速公路项目引进被称为"中国第一台"的静态液压劈裂机 HRB-100,专"啃"难骨头。

图 7-1-4　大规模机械施工

广西路建工程集团有限公司承建项目开展大规模机械施工。

图 7-1-5　钦崇高速公路路面施工

广西路建工程集团有限公司承建的钦州至崇左高速公路项目路面施工如火如荼开展。

广西路建工程集团有限公司先后被授予全国优秀建筑企业、全国优秀施工企业、全国设备管理优秀单位、全国交通运输行业文明单位、全国青年文明号、自治区和谐企业、自治区文明单位、广西区直机关文明单位、广西交通运输系统文明单位、广西对外承包工程先进企业、广西实施卓越绩效模式先进企业、广西区直机关十佳青年文明号、南宁市花园式单位、南宁兴宁区明星企业等荣誉称号。集团公司积极参与社会公益事业,为公路沿线群众排忧解难办实事,开展捐资助学、结对帮扶、保护文化遗产、抗旱救灾等活动,赢得了良好的社会声誉。

广西路建工程集团有限公司始终不渝地遵循"以信誉求生存,以管理求效益,以创新求发展"的企业宗旨,诚交天下朋友,以"务实、开放、合作、共赢"的姿态参与市场竞争,与国内外同行通力合作,竭诚为国内外交通基础设施建设服务,为交通事业的发展作出积极贡献。

市场开拓赢美誉

近年来,广西路建工程集团有限公司秉承"科学管理、智慧经营"理念,紧紧抓住广西交通基础设施大建设、大改革、大发展机遇,审时度势推进企业战略性结构调整,形成了一整套理念创新、制度完善、手段先进、行为规范的现代化企业管理模式,不断促进企业管理的质量提升、效益提升、品牌提升、形象提升(图7-1-6)。

图7-1-6 战略合作洽谈会

广西路建工程集团有限公司进一步加大开拓越南市场步伐。图为在广西新发展交通集团与越南Alphanam集团举办的洽谈会上,广西路建工程集团有限公司领导与越方领导互赠礼物深化合作。

通过整合原有设备及最新市场资源,广西路建工程集团有限公司不断拓宽经营模式,开拓了BT、工程总承包、房地产开发、劳务输出、设备租赁、投融资等业务,参与了高速公路、市政工程、路网工程、设备租赁、房地产及旅游投资等市场开发,产业结构由单一向多元转变,形成了以路桥施工为主业,辅助业务多元发展的新格局,企业综合实力实现了新的跨越。

亮点工程筑品牌

斗转星移,在数十载的风雨历练中,不论是企业创立之初肩挑人扛开展工程攻坚,还是如今高科技、机械化、智能化进行施工建设,广西路建工程集团有限公司始终专注于修好路、架好桥。

因为专注,所以卓越。从南宁会展路,到南宁那莫大桥、柳州文惠桥;从南宁至百色高速公路、南宁至友谊关高速公路、防城港兴港大道,到隆林至百色高速公路、河池至都安高速公路、靖西至那坡高速公路;从同类型"亚洲第二、广西第一"六寨至河池高速公路拉会高架大桥,到"世界第一拱"重庆朝天门长江大桥;从钦州至崇左高速公路、边关重镇凭祥保税区工程项目,到越南岩壕桥、越南内排至老街高速公路……从南宁首府到区内各地,从广西到全国各地,从国内到国外,广西路建工程集团有限公司打造了一批批精品工程、亮点工程,铸就了广西交通建设主力军的辉煌,在国外打响了"中国—广西路建"的过硬品牌(图7-1-7~图7-1-10)。

图 7-1-7 拉会大桥

广西路建工程集团有限公司承建的六寨至河池高速公路拉会大桥,是广西高速公路第一高桥,是国家西部地区出海出边交通"大动脉"上的一颗耀眼明珠。拉会大桥的三个主墩高度在 90~110.5m 之间,均为空心薄壁墩,桥面至地面最大高度为 138m,全桥长度是 1021.6m,桥梁有纵坡 -4%,超高横坡 6%,大桥最小半径 $R=420m$,大桥呈"C"形曲线跨越两座大山,这个弯度已达到桥梁建筑的技术极限。拉会大桥从 2009 年 3 月 8 日破土动工,到 2011 年 11 月 21 日全部竣工通车。大桥一端建有观景台,如今,拉会大桥已成为广西高速公路上一道壮丽雄伟的人文景观。

图 7-1-8 重庆朝天门长江大桥

广西路建工程集团有限公司承建"世界第一拱"重庆朝天门长江大桥主跨上构安装工程。在工程建设中成功运用六大核心技术,其中钢桁架拱肋悬拼施工技术研究获得广西科技进步奖。

图 7-1-9　南宁市会展路

广西路建工程集团有限公司承建的南宁市会展路工程。

图 7-1-10　宜柳高速公路

广西路建工程集团有限公司承建的宜州至柳州高速公路。

科技创新结硕果

广西路建工程集团有限公司始终坚持以自主创新为根本来构建核心竞争力。承担了多项区内外及国家重点工程科研项目的研发工作,先后取得国家级、省部级优质工程奖及科技进步奖60多项。目前获得国家级工法、实用新型发明专利、省部级工法共40余项。

在"世界第一拱"重庆朝天门长江大桥的上构安装工程建设中成功运用六大核心技术,其中钢桁架拱肋悬拼施工技术研究获得广西科技进步奖;在"同类型桥梁亚洲第二、广西第一高桥"——拉会高架大桥建设中多项技术研究成果弥补了广西高墩施工的空白;在六寨至河池高速公路侧岭隧道、要亮隧道等区内复杂地质条件隧道工程建设中积累了丰富的经验,开展的移动式隧道路面施工通风排烟系统科技创新项目获得国家实用新型发明专利;在隆林至百色、宜州至河池、钦州至崇左、六景至钦州港、玉林至铁山港、河池至都安等高速公路沥青路面施工中发展成熟了"黑色路面"施工技术,并作为主要编写单位之一编写了广西地方标准《橡胶沥青路面施工技术规范》。这些都为企业打造桥梁、隧道、路面施工技术品牌、推进"科技强企"战略实施奠定了坚实基础(图7-1-11、图7-1-12)。

图7-1-11 兴港大道

广西路建工程集团有限公司以BT模式建设的防城港市兴港大道道路改造工程。

图7-1-12 上构安装

广西路建工程集团有限公司承建的"世界第一拱"重庆朝天门长江大桥上构安装工程所运用的六大核心技术达世界领先水平。

文化建设促发展

多年来,广西路建工程集团有限公司致力于打造具有自身特色的先进文化,为企业发展提供文化支撑。通过不断完善企业文化建设和管理系统,提炼以"管理、执行力、品牌、团队、安全、廉洁"为子文化的广西路建工程集团有限公司文化体系,成功导入了企业视觉识别系统,形成了"企业文化月"活动长效机制,勾勒了"路建梦"目标愿景,具有广西路建工程集团有限公司特色的企业文化风格已然确立(图7-1-13)。

图7-1-13 "为农民工党员找家"活动

广西路建工程集团有限公司重视以党建为引导,打造特色企业党建文化。图为广西路建集团项目基层党组织打造"为农民工党员找家"活动亮点。

"畅享文化":畅以致远 享以融和
——广西北部湾投资集团有限公司沿海高速公路分公司
企业文化建设综述

广西北部湾投资集团有限公司沿海高速公路分公司是一家扎根北部湾经济区19年,始终坚持为公众提供优质服务的优秀企业。其管养高速公路347km,管辖着南宁、钦州、北海、防城港、桂海等5个管理处、19个收费站和7个服务区,是大西南出海出边最便捷通道的主动脉,是人们口中名副其实的政治路、经济路、文化路、致富路和形象路。截至目前,广西北部湾投资集团有限公司沿海高速公路分公司获得国家级荣誉10项,省部级荣誉64项,地市级荣誉78项。先后获得"全国交通系统文明示范窗口"、广西"五一劳动奖状""广西文明单位""广西和谐企业""广西青年文明号一条路"、2007—2010年度"广西企业文化建设工作先进单位"等一系列荣誉称号。

作为北部湾经济区的重要交通命脉,广西北部湾投资集团有限公司沿海高速公路分公司深刻认识到自身作为运营管理者肩负的重要使命和责任。特别是2011年至2014年的企业发展中,广西北部湾投资集团有限公司沿海高速公路分公司深刻认识到提升企业文化软实力的重要性。在创造大量物质财富的同时,该公司坚持文化先行、塑造品牌,以"为公众出行服务,助北部湾经济腾飞"为企业使命,以"一路有我、一心为你"为服务理念,主动深入感知社会公众需求,不断提高公共服务体系有效供给能力,逐渐提炼出具有沿海高速公路文化特色的核心理念系统、基本理念体系和行为规范体系,进一步形成了以"畅以致远,享以融和"为核心内涵的"畅享"文化("畅"——员工身心舒畅、经营管理顺畅、道路路域安畅;"享"——员工创享成果、企业共享价值、公众乐享服务),并通过不断建设和创新,做到了以文化促管理,以文化聚人心,以文化谋发展,使企业走上了可持续发展的快车道。

注重历史的传承与创新,打造接地气的"畅享"文化

广西北部湾投资集团有限公司沿海高速公路分公司前身是事业单位。当时该单位就非常重视文化建设,沉淀了深厚的文化底蕴。企业转型后,广西北部湾投资集团有限公司沿海高速公路分公司更深刻认识到,企业文化是企业的灵魂,是推动企业发展的不竭动力。没有先进文化的积极引领,企业就不可能实现可持续发展。为此,他们不断吸取沿海高速公路的历史和文化因子,根据广西北部湾投资集团有限公司作为"北部湾发展的企业领航者"的公司愿景,结合自身的发展历程,取其精华孕育提出了以"为公众出行服务、助北部湾经济腾飞"的企业使命、"成为区域领先、行业典范、国内知名的高速公路公司"的企业愿景、"实干、担当、奉献、创享"的企业核心价值观、"凝心聚力、艰苦奋斗、图强不息、砥砺前行"的"马灯"精神等为核心的"畅享文化"体系。为履行使命和实现愿景,他们把企业文化践行于日常工作的细节之中,着力打造微笑服务品牌、养护畅舒品牌、快速反应品牌、服务区星级服务品牌、信息服务品牌等"五个服务品牌"和"两广高速共建文明服务新形象"等服务品牌,让"畅享"文化的精神体现在企业运营管理之中。并通过开展"学习型企业创建""职工之家创建""道德讲堂活动""佳乐美主题系列活动""两广站长服务日",组织企业文化宣贯大会,纪念广西北部湾投资集团有限公司沿海高速公路分公司成立10周年"感动沿海"表彰会、纪念15周年颁奖庆典晚会、学唱传唱企业之歌等方式,将"畅享"文化理念深植于每一位员工心中,为公司的持续健康发展提供了源源不断的动力。2014年10月,广西壮族自治区人民政府国有资产监督管理委员会有关领导在实地参观了解广西北部湾投资集团有限公司沿海高速公路分公司企业文化建设情况后,对其工作给予了高度评价。

注重文化与管理的融合,打造有价值的"畅享"文化

广西北部湾投资集团有限公司沿海高速公路分公司把企业文化渗透到企业管理的各个方面,紧紧围绕建设"保收增效、保畅提舒、便民利民、平安和谐、窗口形象、素质提升、文化支撑、固本强基"等"九项重点工程",积极引导广大职工参与"收费业务提高年""服务区管理形象提升年""养护质量年"等竞赛活动,通过提升服务质量、深化经济活动分析,及时解决生产经营中的突出问题;进一步规范成本管理,着力降低生产成本;按照精细化的要求,挖掘提高工作效率,创新方式方法,实现生产经营成果最大化。2011年,深入开展服务区创优服务劳动竞赛活动,召开租赁经营工作座谈会,主动帮助经营业主改进文明服务、经营管理等方面的不足,共同提升服务水平,服务区服务满意率达到100%,在2011年全区高速公路星级服务区评比中,黄屋屯服务区被评为全区高速公路唯一一个"五星级服务区"。2012年,推行更具人性化的"点滴服务""三心服务"和开展"微笑高速路、魅力北部湾"主题活动,文明服务质量和业务技能得到不断加强,实现车辆通行费收入超11亿元。2013年,深入开展"十佳调研课题"评选活动,针对企业管理运营中的热点、难点问题进行了深入调查,为解决企业发展提供了可行性解决方案。2014年,积极开展以"我为发展献一计"为主题的"十佳创新金点子"评比等合理化建议活动,鼓励员工针对企业生产、经营各个环节中存在的问题,提出建议,征集到《收费站"5S"管理》《"老甘"打逃计算器》《安装保安巡更系统》等创新项目39项,增强了员工的主人翁意识和创新精神,促进企业健康快速发展。

注重企业竞争力的提升,打造有力量的"畅享"文化

广西北部湾投资集团有限公司沿海高速公路分公司把企业文化与企业党建、思想政治工作和精神文明建设紧密结合,内强企业素质,外塑企业形象,增强企业凝聚力,提高企业竞争力。坚持以提升党建品牌为动力,深入推进"一支部一品牌"创建活动,创建了"服务先锋""四型党支部"等5个支部品牌,并进行实践和理论探索,撰写论文4篇,为各支部工作找准了重点,提升了党支部的凝聚力和战斗力。坚持以创新载体为动力,紧紧依托"工人先锋号""青年文明号"等活动载体,积极创新班组建设,探索开展收费站班组"每月一主题"活动和"大站帮小站"合作共建,创新开展"收费站形象大使""一月一评比"等活动,有效激发了广大职工岗位创新的活力。2011年以来,该公司的多个集体获得广西"十佳收费站""广西工人先锋号"等荣誉,培养出自治区行业"二十佳青年文明岗位能手""二十佳青年文明号号长"等一大批先进工作者和特殊技能人才。坚持以社会主义核心价值观宣传和"佳乐美"等文化活动为动力,通过开展"看谁跳得最美""看谁笑得最美"等形式多样的评选活动及"乐享中国梦合唱汇""青春才艺汇",培养、增进了职工团队意识,锻炼了职工文娱体育活动积极分子队伍,释放了职工才艺和热情,促进了全员同乐,达到了以文化凝聚人心、增强活力的作用。坚持以加强企业文化建设研究为动力,加强对企业文化和思想政治宣传工作的理论研究,通过专项课题,为公司企业文化建设提供一条行之有效的方法,持续提升企业文化的科学性和深入性。该公司员工的6篇论文分别获得2011年、2012年广西职工思想政治工作研究会和广西企业文化建设优秀论文二、三等奖。

注重企业与公众的融合,打造有影响的"畅享"文化

企业是社会的一分子,回报社会是应尽的职责。多年来广西北部湾投资集团有限公司沿海高速公路分公司一直坚持"为公众出行服务　助北部湾经济腾飞"的企业使命,主动担当国企责任,积极融入和服务区域经济社会发展大局,增强企业发展后劲,走与社会相融共生的科学发展之路。一是积极为民服务创先争优,深入开展道德讲堂活动和"十佳好人好事"评选活动,积极参加党的十八大精神演讲比赛、学习体会征文和党章知识竞赛等活动,组织搭建"阳光驿站"志愿者服务平台,开展爱心助学、植树造林、清洁乡村、帮困扶贫、金秋助学等活动。2011年以来,为漏车旅客提供帮助、及时救助受伤乘客等好人好事上万件,提供咨询服务7464次,收到感谢电话150个,让公众的每一次出行都是一次舒心愉悦的享受。二是积极履行社会责任,积极响应广西壮族自治区国有资产监督管理委员会党委关于为农村村级卫生室购置中医治疗仪器而开展的"美丽广西·清洁乡村——国有企业在行动"——"健康家庭"的倡议,以实际行动奉献爱心,踊跃捐款13895.30元,帮助当地居民建设健康家园。

近年来,企业文化建设对广西北部湾投资集团有限公司沿海高速公路分公司产生了积极的影响,分公司经济指标得到了大幅提升,经营业绩、经济效益、人均收入得到持续增长,为北部湾经济区经济发展作出了重要的贡献。

先进集体——六寨至宜州高速公路六河十标

六河十标"兄弟连"

为六寨至宜州高速公路工程而决战拼搏的他们,很像"兄弟连"。

他们以"兄弟连"的形象,为六寨至宜州高速公路沧浪疾行、浴血开路。

六河十标是一支砺剑"兄弟连"。

这个标段的工程总量为集路基、隧道、桥梁总长近11km。其中总长为1670m的分离式隧道一座,总长为638m的大桥、中桥3座;总长为1535m的涵洞、通道42座,总长为80m的主线上跨分离式立交桥两座,总长为67m的匝道跨线桥1座。除此之外,路基挖方68万m^3,挖石方100万m^3,填土石方159万m^3。

这个标段工程是六寨至宜州高速公路建设中举足轻重的工程之一。时任自治区党委书记郭声琨,自治区政府副主席、公安厅厅长梁胜利等有关领导,凡到六寨至宜州高速公路工程视察,都要到这个标段。

备受关注的六河十标,还成为整个路段工程的领先标段。

2011年9月成功冲线,鸣金收兵;

2011年9月偃兵息甲,弹唱凯歌。

六河十标成为全线十二个路基合同项目中第一个合同期限内全面完成任务的项目部。

六河十标成功冲线夺冠,其根本所在,是他们一步领先,步步领先。

2008年11月,当六寨至宜州高速公路全面上马的时候,六河路基的一彪人马就一步领先地进入"战区"了,引领六宜公路全线旌旗如云,戈矛如林。各个项目标段的施工队伍纷纷厉兵秣马,各就各位。

在各个标段、项目队伍都各就各位的时候,六河十标,又迈开了先走一步的步伐。在各个项目标段还在焦急地等待业主交付施工用地的时候,这个标段的控制性工程——三叉岭隧道已经破土动工了。

这一步步的领先,离不开这个标段举旗人的敏锐和决策。

梁裔举,六河十标项目部经理,不到一米六的小个子,黝黑的脸庞上,滴溜溜转的一双大眼睛,显示出他格外的精明与强干。六河十标的项目部经理是他1998年毕业于广西交通学校工作以来,第一次出任项目经理的职务。

他在六河十标掌舵时,六河十标也是用刘翔速度跑,用飞人速度飞,他们跑得让其他人望尘莫及。在冲线夺冠的每一步,都要"跨栏",每一步都有障碍。六河十标的第一个障碍,也是征拆问题迟迟未决。

不同的是,梁裔举精彩地跨越了这道障碍,胜利地完成了这个标段第一大控制性工程——三叉岭隧道的施工用地征迁。

和他一起努力的还有这个项目的党支部书记韦继雍、副经理刘永辉。

他们的组合也是最有动力的组合。其中,1976年生于广西博白县的刘永辉,与梁裔举一起于1998年毕业于广西交通学校,也在同一天走进广西壮族自治区公路桥梁工程总公司。

他们两个人,既是同学、同事,也是一起奋战的战友。2001年,新世纪的第一个十年的第一个年头,他们两人一起远征湖北,承接襄阳高速公路的建设;2003年,在南宁至友谊关高速公路,是他们的第二次合作。六寨至宜州高速公路工程,是他们的第三次合作。

在六寨至宜州高速公路工程的合作更是珠联璧合,相得益彰。

2011年12月,梁裔举调任新职时,刘永辉从副经理的位置担任常务副经理。这一棒,他同样跑得很好,仅仅九个多月的努力,他带领整个项目部成功冲刺了。

在征地拆迁经费还没有落实到位的时候,他们不等不靠,千方百计地自筹了一百多万元资金,用自己的人格魅力和智慧,成功地说服了44位户主,把影响石方爆破及水任高架桥施工的半山腰上的坟墓全部迁走。走出了这个标段征迁的第一步,为最后的冲刺跨出了最关键的一步。

然后,又完成了三叉岭隧道红线内所有用地的征迁手续。三叉岭隧道终于破土动工了。

第七章

高速公路文化建设

六河十标又领先一步了。

2009年10月10日,顺利地浇筑了"六寨至宜州高速公路第一梁"。这片长40m,重达60t的T梁,是六河十标为全路创造的一个奇迹:从组织人员进场到制作完成这第一片梁仅用22天。

那22天,预制场的员工每一天都在紧锣密鼓、催马扬鞭。当时,大部分农民工都忙于秋收,劳动力非常匮乏,他们除了精心组织机械设备和材料进场,还要到处调兵遣将,每天组织50多个劳动力,高峰期组织了100多个劳动力,投入工地。他们凭借电闪雷鸣般的狂飙之举,一鼓作气地完成了190片梁的制作任务。其中,有40片是40m长的T梁,60片是16m长的空心板,90片20m长的箱梁。而且还创造了一次性交工验收合格率达到100%的纪录。六河十标领先一步,走出了开门红。

同样重要的一步,是砺剑三叉岭。六寨至宜州高速公路第二长(两幅总长3.5km)的隧道工程要从三叉岭贯通。因而,砺剑三叉岭,是这个标段的不二之选。

然而,三叉岭的陡峭凶险,让他们始料不及。

那一天,以潘家平为组长的测量组一行五人,为了复核三叉岭隧道的施工导线,天刚亮他们就出发了。出发之前,他们都带上了干粮饮料。他们知道翻山越岭的这一程,绝对充满艰难困苦,但却没有想到,会苦得如此严峻和苍凉。

他们在那一脉高达400多米、荆棘漫过人头的三叉岭上,踏遍褶褶皱皱、角角落落,对着设计图,精细地复测一组组的数字。时值冬天,测着测着,标尺上的数字已经看不清了,潘家平这才呼唤大家:"下山,要不然天黑下来,我们就走不了。"

天说黑真的就黑下来了。急于下山的他们,走着走着,竟然走到一处悬崖峭壁的旁边。山上翻卷着当地人俗称"赶牛风"的山风,风声像是海上的涛声,在他们耳边响鸣。天虽然很冷,但他们的后背都在冒汗,那是惊吓的虚汗。

他们再也不敢往前走了,只怕一失脚,落下万丈悬崖。更为严峻的是,山,虽然是大山、高山,却连手机信号都没有。此刻的他们真的走到了"喊天天不应,喊地地不灵"的绝境了。他们只能饱受饥寒,忧心如焚地坐在漆黑如墨的山上,眼巴巴地等待救援。救,在这座高耸深黑的大山上,即便项目部里真的派人来救他们,又如何找到他们?在天大地大的漆黑一片里,他们看不见山下的人们,人们也看不见山上的他们,如何呼救?

他们也想到了火光,烧一堆熊熊大火,用火光向山下报警。不巧的是他们五个人都是不抽烟的,没有一个人身上带打火机或火柴。

面对重重地漫过来的漆黑和一阵阵卷过山顶的呼啸北风,饥寒交迫的他们心里涌起了悲凉而又无助的绝望。

而此时,项目部里的人们同样心焦如焚。在项目部领导全部出差在外的情况下,员工们自发地组织了三个小组,带着手电筒、干粮、饮料走进伸手不见五指的夜幕。

这三个小组,一个组从未来隧道进口向出口找,一个组从未来隧道出口往进口找,还有一个组则从三叉岭的岭腰向上找。

这三个小组分开以后,对着高耸深黑的三叉岭,一遍一遍地呼喊:"潘家平,你们在哪里?"

他们的喊声在周围的群山回荡,似乎所有的大山都听见了他们的喊声,唯有被困在三叉岭上的潘家平他们没有听见。三叉岭太高太大了,只有三叉岭沉寂得让人焦竭。

他们从晚上七点,一直喊到十点,喊得声嘶力竭,就是喊不应困在山上的潘家平他们一行五人。

直到凌晨两点,困在悬崖绝壁上的潘家平他们,才看见手电筒一束一束的光芒,于是,对着那手电筒光,他们同声地应:

"我们在这里!"

"我们在这里!"

这样的别后重逢,太惊太险。他们相互握手,握得很久,很久,像是分离十年、二十年的久别重逢。

三叉岭隧道为分离式隧道,工程巨大,仅仅是开挖方量就达三十多万。开挖时,他们才发现,三叉岭的地质围岩与原来设计的地质差别太大。溶洞发育不良,极其容易导致塌方冒顶,而且开挖困难,有时一天只能推进0.5m。

一天只推进0.5m,犹如水滴石穿的艰难。更艰难的是,费了九牛二虎之力才掘进五六十米,结果遇上一场冒顶大塌方,整个隧道又被石方堆得满满的。仅仅是2009年12月一个月,就发生两次大塌方,垮塌方数达一万多方,还压坏了初支钢拱架,造成经济损失60多万元。

经过一个月每天24小时加班加点的赶工,才基本把塌方现场清理干净。

三叉岭分离式隧道让六河十标的项目部领导梁裔举、韦继雍、刘永辉常常宵衣旰食,焦灼不安。

六寨至宜州高速公路指挥部指挥长、总经理吴忠杰到三叉岭隧道现场办公时,握着梁裔举的手,亲切地问:"困难大不大?"

梁裔举肯定地回答:"三叉岭隧道正面临着前所未有的严峻形势,我们已经做好了最坏的打算,三叉岭隧道可能要有苦战、硬战、恶战,我们都要坚持到底,我们保证不拖六寨至宜州高速公路工程的进度,我们还要力争在全线第一个完工。"

吴忠杰很满意,觉得这个标段的建设者们有一股不怕苦、不怕死的硬骨头精神。

三叉岭隧道地形、地质、地貌罕见,溶洞更是罕见:三叉岭隧道中部,有一个长约80m、深约30m的溶洞。

这个意外的溶洞,使整个隧道工程施工条件突然变得险恶和严峻起来。

要使隧道越过这个溶洞,必须在溶洞上面架一座桥。在隧道中架桥,这也是罕见之难。

通过扎实的试验基础和一系列具有数理逻辑说服力的证据,隧道中的架桥方案获得通过。即先回填,然后再开挖桩基。

这个溶洞之大也超出想象,仅仅填方,就填了1万多方。根据架桥方案,三叉岭隧道的洞中之桥,桥长七十多米,而且还是一座最高桥墩达到三十多米的高架桥,桥的施工难度就不言而喻了。

这座洞中桥要深挖4个30m深的桥桩,因为是在填方的基础上开挖,每天挖到30~50cm,就要加固护壁,待护壁凝固后才能往下开挖,而且全部都是人工开挖。

除此之外,六河十标的水任高架桥也是六寨至宜州高速公路工程贯通的第一桥。

六河十标果真是一步领先、步步领先。他们领先的动力,是对这个标段心热似火的激情。

他们做得最"热"的就是"生日蛋糕文化"。六河十标的"生日蛋糕文化"闻名整个六寨至宜州高速公路工程。

2009年,26岁的工区长朱继财,可能还没有过生日的习惯,竟然连自己的生日都忘记了。那一天晚上收工回来,突然收到生日蛋糕,他还莫名其妙,直到大家都对着他唱《生日快乐》歌的时候,他才记起来,今天是自己的生日,也记住了这个团队的温暖。他为这份温暖感动,因了这份感动,他愿为这个团队竭尽所能。一个工区长,在这个标段里,可能还不算是中流砥柱,却也是一颗螺丝钉,有了他的竭尽所能,这颗螺丝钉就不会生锈,甚或闪闪发光。朱继财是发光了,担任工区长的他,周密编班排班,这个标段的机械设备,24小时都有人在操作,24小时都在作业,推动这个标段的工程24小时都在向前推进。

朱和风是刚刚毕业的大学生,梁裔举、韦继雍和刘永辉特意要让他这根嫩竹扁担挑千斤——担任水任高架桥的工区长,以便让他脱颖而出。

似乎是担心言轻力微的原因,一开始,朱和风并没有要担此重任的决心。"生日蛋糕文化"也把他的心焐热了,热得他最后跃跃欲试地表态:"那就试一试吧。"

一试,就风生水起了。

那一座由他担任工区长的水任高架桥,成为全路段第一座贯通的高架桥。

这个标段的路基施工,也随着水任高架桥的贯通而突飞猛进了。这个标段与九标会合的路段,由于交通不便,一直无法施工。水任高架桥贯通了,机械通过了,设备通过了,材料通过了,整个工程建设就一路绿灯畅通无阻了。

担任水任高架桥工区长的朱和风,在这个标段尽到了有一分热、发一分光的责任。

先进集体——六寨至河池高速公路

修路架桥　造福百姓
——六寨至河池高速公路建设纪实

六寨至河池高速公路项目公司党委始终以"四保"为指导思想,把工程的进展与驻地人民共同发展紧密结合,坚持"修路架桥,造福百姓"的理念,既关注眼前的、显性的问题,又关注长远的、隐性的问题,在加快工程进度的同时,不忘以民为本,主动承担社会责任,积极主动帮助沿线群众解决事关国计民生的具体问题,树立了负责任行业的良好企业形象,与群众建立了和谐的路地关系。

拉会精神

在广西高速公路工程建设的圈子里,有一种高度,叫作"拉会";有一种自豪,叫作"拉会";有一种精神,叫作"拉会"。拉会高架大桥以其同类空心薄壁墩亚洲第二、广西第一,承载着六寨至宜州高速公路的荣誉,承载着广西高速公路建设的荣誉。然而"拉会"同样也代表着高度亚洲第二,跨度、长度、弯度、难度全线第一,当地的地势、地质、地方关系又是难以想象的复杂。

六寨至河池高速公路拉会高架大桥是全线重点控制性工程之一,也是广西目前高速公路中最高、最长、最弯的高架桥。所处地段地形复杂,遇到了地貌落差大、高填深挖地段集中、自然地质破损较严重等难题。在施工过程中,技术人员以拉会高架大桥12号墩为实体依托,对空心薄壁高墩施工阶段温度裂缝及温度效应进行系统研究。以"边施工边科研,以科研指导施工"的科学方式,实现了科研、施工、人才等多重效益,为工程建设提供了强大推力,创造了每5天浇筑6m高墩身的"拉会速度",顺利实现了该桥12号墩110.5m广西第一空心薄壁高墩全幅封顶。

每当面对着座座高耸入云的高墩,参观者无不感叹路桥建设者的鬼斧神工,用各种词藻盛赞这承载着品牌、荣誉的拉会高架大桥。而工程技术人员面对这些赞誉,有着骄傲,同样背后也有着说不出的辛酸。崇山峻岭中,拉会高架大桥施工最高点距地138m,难以想象的高空作业,安全、技术、人员素质这些都要有严格的要求;拉会高架大桥跨越两个曲线段,半径只有420m,为全线半径最小,纵坡为-4%,超高横坡为6%,超弯的曲线对于设计要求和施工来讲无疑是难上加难;更让施工人员辛酸的是那泥泞的便道,一条便道九曲十八弯,雨天更是泥泞得寸步难行,不说大型机械,甚至连改装的大马力摩托车都难以前行;10号墩到11号墩的施工人员行走的便道,被人戏称为"魔鬼便道",几近"完美"的90°,只有满身是刺的小树可以借力,然而现场的施工人员却是一天四次攀爬这"完美"的魔鬼便道,硬是将"刺身"的小树抓磨成光秃秃的木杆。

面对着超高难度的施工,面对着超陡峭的施工便道,员工们硬是以钢筋脊梁支起这路桥建设新的丰碑,捍卫着"路建铁军"的荣誉。当太阳褪去白色的外衣,月亮披上黑色的睡袍,夜幕下的拉会工区依然灯火通明。组建的青年突击队,肩膀上扛着"拉会"的荣誉,这些继承着开创路建第一大隧道青年突击队荣誉的年轻人,用他们无私的行动描绘着"拉会"这一特殊的词汇,坚持着"克难攻坚,我冲在先"的"拉会"精神。每当工程施工遇到难点,在最艰苦的地方,总是会有党旗在高高飘扬,这飘扬的党旗代表着党员先锋队总是奋战在最艰苦最困难的施工一线,党员先锋队永远是秉承"拉会"精神的主力军。也正是这让全体路建员工自豪的"拉会"精神,为拉会高架大桥插上了腾飞的翅膀,让这座承载着六宜高速公路荣誉的亚洲第二高桥腾飞在广西的崇山峻岭间,腾飞在广西路桥建设者的心中,腾飞在广西交通工程建设的历史上。

筑路人的人生精义,似乎都可以在此得到诠释。近三年的艰辛开拓,六宜高速公路留下了宝贵的精神财富,可大致概括为:勇挑重任、克难攻坚、风清气正、忘我奉献、团结和谐。

创新廉洁机制

公司党委以"干成事、不出事"为廉政建设目标,立足于抓教育、抓源头、抓预防,一手抓项目建设,确保工程质量安全和目标进度;一手抓廉政建设,健全腐败风险防控体系,确保权力行使安全、资金运用安全、项目建设安全和干部成长安全。

公司成立了党风廉政建设领导小组,建立健全了各项廉政制度,实行廉政建设责任制,认真贯彻《中国共产党党内监督条例(试行)》《中国共产党纪律处分条例》等廉洁自律各项规定。公司各部门负责人与公司领导签订廉政责任状,并与各承包单位、监理单位签订廉政合同,进一步明确双方廉政工作的责任、义务和违约责任,规范双方的工作行为。

公司党委与河池市人民检察院建立了共同预防职务犯罪和商业贿赂工作机制,通过会议和开办讲座,加强对管理、施工、监理、设计、检测等重要岗位和关键人员进行廉洁从业教育、廉政形象教育和廉政警示教育。

公司建立计量支付、设计变更、试验检验等相关管理制度;设立廉政告示牌、公布举报电话、在各总监办和各合同段项目经理部设立廉政举报箱等;公司纪委经常不定期到各总监办、项目部,深入施工现场了解情况,加强对工程设计变更、计量支付验收的廉政管理与监督,从源头预防违规违纪等不廉洁行为。

构建和谐路地关系

2009年,河池市罗城仫佬族自治县卡马水库险情不断,7千多名群众紧急撤离,项目公司党委组织公司员工及各总监办、各项目经理部积极捐款6.4万元;为支援河池市大化县那色村饮水、屯级路、排污、码头、卫生室等基础设施建设,公司组织相关项目部捐款2万元。

项目部施工时,充分考虑群众需要,在施工点附近,为保证村民的出入安全,在路口设置安全标语,粘贴温馨提示牌;项目公司党委组织各项目部给村民修路送水泥,砌筑水柜和挡土墙,帮助村民解决灌溉问题;向当地贫困大学生捐款,为当地村民清理垃圾;安排机械帮助村民挖塘养鱼、平整土地、运输房屋建材,为农田换填肥沃土壤。为金城江区九良村小学重新粉刷、装修教室,铺地板砖,运水泥送球板,把旧球场改造成崭新的灯光球场。

据统计,开工以来,项目部新修便民路超过70km,其中包含道路硬化52km,新建小学1所,新建水利设施113处,蓄水池13座,打井5口,开办农民培训班41次,使用农民工累计超过1.2万人次,投入资金超过3000万元。

项目公司党委通过不断加强思想、组织、作风建设,抓班子、带队伍、促活力,促进了公司整体工作健康协调发展和工程建设的又好又快推进,多次荣获广西交通投资集团有限公司年度"先进单位""先进基层党组织""四好班子"宣传工作先进单位。

抗旱救灾保春耕

2010年,河池市遭遇历史罕见的特大旱灾。公司党委及时号召全体从业单位积极行动起来,热情伸出援手,采取多种方式,集合多方力量,急当地政府之所急,帮沿线群众之所需,主动为当地群众送水、挖井、建水柜,寻找水源,组织员工捐款,以各种方式支援当地群众抗旱救灾保春耕。

2月份,项目公司组织六河八标人员,根据当地地质水路走向,翻山越岭一个星期,为侧岭乡找到水源,并资助5万元修建水柜,购买水管,解决当地90余户250余人饮水老大难问题。在旱情持续期间,六河八标人员每隔一天为拉垒村送水一次,解决该村50多户人家约200人饮水难问题。

据统计,旱情持续期间,公司党委组织各项目部持续为沿线村、屯送水500多次,寻找水源5处,钻井10余口,惠及沿线村、屯村民2000余人,发动全线从业单位和建设者支援当地群众抗旱救灾,捐款金额超过10万元。

公司党委通过不断加强思想、组织、作风建设,抓班子、带队伍、促活力,促进了公司整体工作健康协调发展和工程建设的又好又快推进。开工建设以来多次荣获广西交通投资集团有限公司年度"先进单位""先进基层党组织""四好班子"宣传工作先进单位。

先进集体——隆林至百色高速公路

宏图抒壮志　天路谱新篇
　　——隆林至百色高速公路克难攻坚建设纪实

隆林各族自治县位于广西西部云贵高原余脉,是广西连通滇黔两省的交通咽喉。然而,去过隆林的司机都感叹:"去隆林的路太难走了!"确实,从百色到隆林虽然只有

160km 的路程，但由于路况不好，需要行驶三四个小时才能到达。

隆林至百色高速公路被誉为"广西山区高速公路第一路"，它的开工囊括了广西高速公路建设史上的"三个最"：桥隧比例"最"高——它是广西第一条典型的山区高速公路，每 100km 路线中桥梁和隧道总长达 38km；(2009 年以前) 投资规模"最"大——它是广西第一条投资超百亿的在建高速公路，概算投资达 107.84 亿元，单公里造价 6000 多万元；施工条件"最"艰难——项目地处广西西南山区，地形地质条件复杂，土石方工程量巨大，沿线基本没有合格的砂、石材料，筑路材料需要远运，部分高等级混凝土用砂甚至需远运 400km 以上；此外，由于全线大多穿越高山深谷，唯一的纵向施工运输道路 G324 线通行条件较差，拥堵现象严重。原材料匮乏、施工场地狭窄、运输条件艰难，成为制约施工的"三座大山"。

建设隆林至百色高速公路，是一项光荣而艰巨的历史使命。

"一号六岗"铸精品

隆林至百色高速公路在建设中，结合项目实际，以"推动科学发展，促进隆百高速公路优质、高效、安全、廉洁、和谐建设"为主题，以创建"一号六岗"为抓手，不断深化党建工作，在党建促工建方面取得了明显的实效，努力开创了党建工作新局面。一是建立健全党员管理机制，夯实党建促工建的组织基础；二是强化制度建设，切实提高党建促工建的工作水平；三是创新党建工作载体，有效开展"一号六岗"创建和评比活动，积极开展支部联建，建设和谐项目，创造良好的工程施工环境，搭建廉政共建平台，建设"阳光工程""廉洁工程"；四是加强队伍建设，充分发挥共产党员在工程建设中的先锋模范作用和全体参建员工的工作积极性。

克难攻坚抓生产

克难攻坚不但是所有奋战在隆林至百色高速公路战线上的共产党员和建设员工的首个岗位要求和岗位目标，它更是一种精神。投资 100 多亿元的工程，29 个月的工期，排除一切天气等客观因素，平均每天需要完成的产值为 1200 多万元。艰巨的任务，要求业主、监理、施工单位必须制订严密的施工组织计划并不折不扣地执行。

为了圆满完成上级下达的任务，给老区人民早日修通致富路，隆林至百色高速公路指挥部紧紧抓住广西区党委、政府"掀起交通建设新高潮"的契机，以创建"克难攻坚岗"为引领，乘风破浪，奋勇前行，广大建设员工始终保持高涨的建设热情，克服重重困难，快速推进了工程建设。

项目开工建设以来，紧紧抓住了两个春季、两个旱季的施工黄金时间，迅速组织掀起以桥梁、隧道、防护施工和路床整修为重点的一轮又一轮生产高潮，工程建设明显加快，两琶大桥、两琶乐里河大桥、澄碧河水库大桥、四座跨铁路立交桥等一批重点控制桥梁的施工取得突破性进展。为了实现计划、完成目标,近2年来,全线20多家参建单位近2万名建设员工,大部分人离妻别子,以工地为家,日夜奋战在项目上,指挥部常务副指挥长2年内创下650多天的出勤记录。大家之外,难圆小家。"爸爸,你在工地还好吗?"2011年的迎春晚会上,一曲《回家》真切地唱出了高速公路建设员工的心声,听到孩子深情的呼唤,台下的参建员工个个热泪盈眶。

心血浇筑"生命线"

质量是工程的灵魂和生命。面对拥有广西前所未有的"三个之最"的项目,面对着"隆林至百色高速公路要打造广西山区高速公路精品工程"的管理目标,"质量之峰"如高山仰止,但绝非高不可攀。这是一场人类改造自然、斩天堑为通途、创造优质工程的艰苦"战役"。

工欲善其事,必先利其器。作为项目业主,充分发挥社会监理在质量保证过程中的作用,严格检查加强施工单位对质量的自检工作,既是质量管理的保证和基础,又是实现质量优质最直接的两大利器。为此,指挥部充分发挥小业主、大监理的职能,要求监理强化"三控、二管、一协调",同时在全线开展创"亮点工程"活动,通过开展"青年科技论坛""夜校技术讲座""创亮点工程经验交流会"等形式的学习交流活动,提高管理人员的理论水平和业务素质,掀起了争创"亮点工程"和"典型示范工程"的竞赛热潮,在全线大力开展了治理影响工程安全性和耐久性的质量隐患活动,有力地促进工程质量水平的提高。同时针对项目桥梁隧道比例高、砂石材料相对缺乏等特点,大力开展科研课题研究,有针对性地开展了广西生态高速公路、机制砂应用、高边坡加固处治研究和广西交通公路工程项目建设管理信息化系统课题研究,解决长期困扰区内高速公路建设中的生态环境影响与路基高边坡破坏治理的实际问题和施工中的技术难题。

在险恶中创造平安

隆林至百色高速公路是广西高速公路施工中环境最险恶的一条高速公路。万仞大山重重叠叠,切割沟壑纵横交错;全线桥梁205座,隧道15座,桥隧比例接近40%,建设过程中塌方等意外事故随时都可能发生;沿线高填深挖、高空作业、交叉作业点多面广,极易产生安全生产事故。

为此,指挥部多管齐下,合同手段和经济手段齐头并进,签订安全生产合同和责任书,强化和明确各参建方安全责任,建起安全生产奖励和惩罚机制,调动参建各方的安全生产积极性;加强施工第一线操作人员的安全生产教育,提高参建各方人员的安全意识;狠抓完善落实"法人负责—社会监理—企业自检—政府监督—外国监理督查"的五级质量保证体系建设和落实。在各方的共同努力下,项目未发生一起安全责任事故。

"百亿工程零缺陷""百亿工程零死亡"——这是隆百高速公路开工建设以来努力实

现的质量和安全管理目标。一个简单的数字"零"的背后,包含了多少人尽职尽责的坚守、无怨无悔的奉献!

阳光透射下的工程

透明、公正——把住"关口"。防止工程腐败的关键之一就是招投标的公开、公平、公正,隆林至百色高速公路项目在组织招标过程中特别强调工作程序,严守工作纪律,确保整个招标工作组织严密,程序合法,使招投标处于公开、公平、公正环境中进行;在建设过程中,严格工程变更,明确工程设计变更必须在保证使用安全和不降低技术标准的前提下,对原设计进行优化,并须通过现场勘察、核对、分析、论证和比选,确定变更方案;严格工程设计变更的审批权限,重大、较大工程设计变更由指挥部报上级主管部门审批后方能实施。

制度、监督——堵塞"漏洞"。健全廉洁监督体系,落实党风廉政责任制和实行廉政责任追究制,制定了《廉政建设管理制度》;层层签订廉政责任书,指挥部领导与各部门负责人、各部门负责人与各部门人员签订党风廉政建设责任书;制定了"十个严禁"工作准则,详细列出高速公路项目建设管理工作中可能出现的廉洁现象,并严禁违反。教育、引导,常敲"警钟",开辟专门宣传教育平台,加强对党风廉政建设相关精神制度的深入教育力度,强化预防职务犯罪的宣传教育。指挥部临时党委积极与百色市人民检察院共同成立百色至隆林高速公路工程建设项目预防职务犯罪工作领导小组,并把各县(区)征地拆迁办、监理和施工单位"一把手"纳入,共同加强对预防职务犯罪的组织领导。积极主动邀请检察机关提前介入,对征地拆迁、材料采购、工程变更等可能引发职务犯罪的制度上或管理上的漏洞及时提出预防对策,并协助落实防范措施,收到了很好的效果。时至今日,该项目未发现腐败问题。

路在和谐旋律中延伸

以人为本,和谐拆迁。拆迁工作中,征迁人员带着深厚的感情投入拆迁管理工作中,处处从老百姓利益出发,尊重和理解群众对土地、房产的眷恋情感,一方面加大对相关法律法规的宣传,使群众了解相关的法律法规,努力做到"四个讲清楚",即征地用途讲清楚、征地意义讲清楚、补偿标准讲清楚、补偿款支付办法讲清楚;另一方面耐心细致地解答拆迁户提出的各种问题,努力把思想工作做在前、做上门、做到家、做到位,在坚持统一补偿标准的前提下,注入情感因素,采取一户一方案为特征的"差异工作法",上班时间与征拆户劳作习惯错位的"错时工作法",选定当地德高望重的人帮助做思想工作的"动心工作法",邀请征拆户亲朋好友做工作的"亲情工作法",帮助征拆户解决一些实际困难的"和谐工作法"。通过动之以情,晓之以理,稳步推进征地拆迁工作,在较短的时间内全线43家厂矿企业得以顺利拆迁,350多户房屋拆迁户妥善安置,密密麻麻的各类杆线大部清理干净……征地拆迁的顺利进行为迅速开展施工创造了有利条件。

伸出爱心之手，奏响和谐乐章。"我们要视沿线百姓如亲人，他们为修隆百路作出的巨大牺牲，我们要记在心头，要以修好隆百路来回报我们的亲人。"朴素的话语成为隆林至百色高速公路打造和谐路民关系的基调，各参建单位积极参与扶贫救困、捐资助学、改善群众生产生活设施、与群众共度灾难、带动群众增收致富等公益性事业，谱写了一曲曲动人的爱心之歌，成为隆林至百色高速公路建设中的一道美丽的风景线。

厚重的精神财富

"道路靠建设者修建，建设者靠精神文化滋养。"这是"人类靠文化滋养"历史发展规律在隆林至百色高速公路建设中的具体体现。

隆林至百色高速公路是广西交通投资集团成立以来建成通车的第一个大型高速公路建设项目。广西交通投资集团"诚信务实、开拓创新、团结协作、奋发有为"的企业精神在隆林至百色高速公路建设中得到充分体现。而隆林至百色高速公路特殊的建设环境也培养和孕育了非一般的"隆百精神"——永不言弃、顽强拼搏的战斗精神和默默奉献的高尚情怀。这样的精神，引导隆林至百色高速公路在艰苦中奋力前行；这样的情怀，是广西交通投资集团全体员工为集团美好明天献上的赞歌。

先进集体——玉林至铁山港高速公路

"四干"精神扬八桂

——玉林至铁山港高速公路建设纪实

日益增长的交通量和飞速发展的经济速度，国家及区域公路网的建设以及出海通道功能急需完善——玉林至铁山港高速公路（以下简称"玉铁路"）应运而生，作为自治区层面2009年统筹推进的重大项目之一，玉铁路自筹备以来，以科学发展观为指导，深入开展以"一号六岗八联建"为载体的创先争优活动及"七个年"活动，狠抓项目建设质量、安全管理，同时加强党建宣传工作力度，营造舆论氛围，为玉铁路建设推进提供有力保障和坚实基础，为实现广西交通投资集团有限公司强企目标，作出应有的贡献。

发挥党员先锋模范作用

深化开展"一号六岗"创建活动，发挥党组织的战斗堡垒和党组织的先锋模范带头作用，制订活动实施方案，建立了组织领导机构，明确了"推动科学发展，促进玉铁高速公路又好又快建设"的创建主题，同时开展比、学、赶、超的旱季大会战劳动竞赛和全区"交通杯"劳动竞赛，设立龙虎榜，涌现出了4个先进项目经理部、总监办及85名先进个人，项目公司获广西交通投资集团有限公司"先进基层党组织""四好领导班子"称号，20人获广西交通投资集团有限公司先进工作者、岗位标兵等称号,1人获广西壮族自治区交通运输厅"交通杯"劳动竞赛先进个人称号,树立了玉铁路建设的先进标杆。在项目抢工期建设过程中,开展"大干100天、实现项目建成通车目标任务"的攻坚大会战活动和"团结拼搏保通车"等主题活动,调动各党支部和广大党员争当"六岗"先锋的积极性,抢抓关键工程和"卡脖子"工程的进度,着力破解征地拆迁难题。

2009年8月,玉铁路开工建设的第一锹土掀起了施工建设的新高潮,项目公司及30多家参建单位的近万名建设员工披星戴月,风餐露宿,筚路蓝缕……建设者们以工地为家,以参建为荣,夜以继日,克难攻坚,全力以赴地投入施工,形成"晚上当作白天干、假日当作上班干、两天当作一天干、一人当作两人干"的玉铁路"四干"精神。在公路建设过程中,涌现了一批可圈可点的先进人物,他们在各自岗位上兢兢业业、勤勤恳恳,用汗水挥洒青春与激情,谱写着辉煌的华美乐章!

分管项目征地拆迁、合同管理的常务副总经理陈华梁,办事果断、雷厉风行,办法多、脑子活、执行力强,能坚决贯彻广西交通投资集团有限公司有关决定,采取各种有效、有力措施和手段,发扬"5+2""白加黑"的敬业精神,放弃节假日休息,出色圆满地完成各项投资目标任务。玉林至铁山港高速公路沿线经济发达、人口密集、寸土寸金,且民情复杂,遇到的阻工非常多、征迁难度非常大。面对恶劣的施工环境、拆迁滞后的严峻形势,陈华梁迎难而上,靠前指挥,想方设法采取各种强有力措施进行解决。

此外,还有副总经理兼总工程师朱志勤、工程部部长吴庆发、工程部副部长李忠亮、蒋廷球,协调部女部长唐秋玲……作为名副其实的公路人,他们付出了很多,也牺牲了很多很多,甚至于跟同事相处的时间多于跟亲人相处的时间。

营造和谐路地关系

深入开展企村联建工作,利用"六一"儿童节,组织项目公司开展慰问沿线小学,项目指挥部联合第二总监办与福绵区沙田镇沙田村委举行篮球友谊赛,进一步密切与沿线村庄的关系,构建和谐社会,理顺沿线施工环境,为促进施工生产创造良好的环境。

为推进"党组织建设年"活动的开展,玉铁路5标党支部与沙田镇沙田村党支部开展"结对共建、先锋同行"活动,玉铁路5标党支部向沙田镇沙田村党总支捐赠了一批文体用品和党报党刊、科技致富书籍等资料,并深入沙田村慰问困难党员和优秀贫困生,开展"送科技助农增收"宣传资料发放暨送优良种子活动和"兴修水利解民忧"等活动。10标党支部发动广大党员、员工为解决革命老区东兰县花香乡廷宏小学建校困难捐款3万元,进一步加强项目与驻地基层党组织联系互动,和谐路地关系,增强了基层党组织的凝聚力和向心力,也营造了和谐施工环境,促进项目建设的推进。

2010年6月,玉林容县六王镇发生泥石流,交通中断,群众生命财产遭受威胁,项目公司党委根据自治区领导及广西交通投资集团有限公司党委的安排,由公司2名领导带队,第一时间组成由工程部,综合部党员干部,1、2标段项目经理,支部书记,物资设备部长,施工员,驾驶员参加的抢险救灾突击队,带着大型推土机、挖掘机等10多台土方施工机械车辆,连夜奔赴灾区投入抢险救灾,奋战20多个小时抢通"生命线",为挖掘抢救被倒塌房屋掩埋群众及受灾群众的转移和救治赢得了宝贵时间。提高了员工队伍的战斗力和执行力,提升了广西交通投资集团有限公司的影响力和知名度,为推进项目建设创造有利条件。

培育廉洁文化

抓好落实党风廉政建设责任制。为落实广西交通投资集团有限公司"干成事、不出事"的理念,项目公司与监理、承包人分别签订《监理咨询服务合同》《施工合同》时,三方同时签订《玉林至铁山港高速公路廉政建设合同》。公司党委与各部门也签订了党风廉政责任书,明确廉政责任的内容,并与经济责任挂钩,使软任务变成了硬指标,各部门强化考核监督,把落实党风廉政建设责任制与严格责任追究相结合,综合应用纪律处分和组织处理等手段,切实维护责任制的严肃性。

建立党风廉政建设和预防职务犯罪责任体系。按照广西交通投资集团有限公司《贯彻落实〈建立健全惩治和预防腐败体系2008~2012年工作规划〉的实施意见》要求,加强反腐倡廉工作,预防和遏制腐败,与玉林市人民检察院签订《共同开展职务犯罪预防工作意见》,联合开展惩治和预防腐败体系建设工作,通过构建教育有效、制度管用、监督有力的防范腐败机制;增强公司员工的廉洁自律意识、服务意识;提高拒腐防变和抵御风险的能力,提高团队协作能力,提高干事创业、促进发展的能力。建立廉洁风险防控体系,融入玉铁建设行为过程,有效预防腐败行为的发生,为玉铁路建设高效、优质、廉洁工程提供强有力的保障,从而提升广西交通投资集团有限公司的知名度和美誉度。抓好员工廉政教育,开辟"廉政教育大学堂"教育平台,确定每周二晚为机关员工集中学习日,开展以廉洁为主题的思想教育活动。以廉政文化活动促观念牢固,开展短信促廉活动,组织员工参观玉林市廉政教育基地,对干部职工进行廉政教育,增强广大党员干部廉洁从业意识,使廉政教育观念深入人心。

营造温馨和谐家园

项目公司坚持以人为本,以"520"幸福工程(五大行动目标,二十项行动任务)为抓手,创建"幸福企业",用强烈的"幸福感"增强员工对公司的认同感和归属感。一是进一步完善公司机关和各站点的娱乐设施设备,在公司机关建设了标准的足球场、网球场和体育馆,设立了形体室、减压室、棋牌室,为员工业余文化生活提供场地、设备。二是为每个员工宿舍配备了洗衣机、为每位员工配备了电风扇,在生活区开通了无线网络,方便员工使用,降低生活成本。三是开展各类主题鲜明的文体活动,如"激情红五月,团结拼搏保通车""走红军道路,强革命信念,促玉铁建设",以及"践行广西精神,纪念建团90周年"为主题的拓展活动,组织参加玉林市交通运输系统"运美杯"球类运动会、第二届"交通杯"球类运动会、"玉铁杯"全线气排球比赛、"五四"青年节青春健步走、"团圆情·幸福行"中秋游园活动、"幸福杯"篮球比赛等,丰富公司员工业余文化生活、提高职工生活质量,增进公司员工的沟通与交流,增强凝聚力和向心力。四是深入宣贯广西交通投资集团有限公司和项目公司企业文化,如开展《高速公路之歌》演唱活动,参加企业文化知识竞赛,普及广西交通投资集团有限公司文化理念,全面提升广大员工对企业文化建设的认知度和认同感,充分调动自觉参与企业文化建设的积极性;五是打造玉铁"客家和韵风情"文化景观路,提升高速公路文化内涵。将玉林至铁山港高速公路打造成集中展示广西客家文化,尤其是玉林及北海部分地区丰富多彩的客家文化继承与发展之路。沿线文化景观的设计紧紧围绕广西客家文化,借助于现代简约的艺术形式,表现广西客家人创造的伟大物质与精神文化财富。六是结合形势,针对性地做好职工思想政治工作。做好建成通车后职工安置工作,紧密联系干部员工的思想实际,对员工进行形势政策任务、企情教育,帮助员工释疑解惑,引导员工识大体、顾大局,自觉服从服务项目建设需要,统一思想,凝聚力量,全神贯注投入项目建设中,确保项目建成通车任务的完成。

推动核心竞争力

创新管理模式,加快工程建设推进。项目公司采取"金字塔式"和"直通车式"的管理模式,实行从各部门领导到各技术、管理干部分层分片区分标段的责任分级管理,成立驻现场工作站,将工程技术、征迁协调干部派驻施工一线,对工程现场工作进行全面管理和负责,及时处理施工现场出现的困难和问题,有效管控工程质量和安全生产。

发挥建管养一体化优势,保障收尾各项工作有序推进。一是整合资源聚合力。针对项目收尾工作人员不足等情况,整合玉港公司、玉林运营公司人员资源,集中力量解决项目收尾工作,从运营公司借用了1名中层管理人员负责项目收尾工作,借用5名管理人员从事项目工程结算等工作,大大推进了玉铁路项目收尾工作。二是创新方式方法有效解决工程遗留缺陷处置难题。利用项目公司中层和管理干部统筹兼顾运营公司业务工作特点,发挥优势和特长,共同推进玉林至铁山港高速公路遗留缺陷工程。三是在运营筹备和项目后期收尾等工作中,对行政后勤、车辆交通安排、工作生活设施使用等统筹安排、协调共用,最大程度发挥了两家公司的资源和管理优势安排,实现了资源整合及互补,既能推进工作顺利开展,又节约了大量设备、经费开支。

先进集体——广西北部湾投资集团沿海高速公路分公司

迎战"威马逊"
——广西北部湾投资集团沿海高速公路分公司员工
抗击超强台风"威马逊"侧记

2014年7月18日,第9号超强台风"威马逊"从海南、广东沿海登陆后,一路向西,横扫广西沿海,北部湾重要交通枢纽——沿海高速公路,面临41年来最为严峻的台风影响和考验。

积极迎战力保安全保畅

山雨欲来风满楼。"威马逊"未到达沿海高速公路路段,就隔空甩来一个下马威。7月18日16时许,广东高速公路因"威马逊"封路,往广东方向车辆全部从沿海高速公路山口站出站,导致山口站车流量剧增。

为化解车流量剧增带来的挑战,广西北部湾投资集团沿海高速公路分公司在做好设备排查、值班值守、救灾抢险物资准备、启动迎击"威马逊"应急预案的同时,立刻抽调收费站人员参与车辆疏导,积极备战、迎战。

7月18日傍晚,正在山口镇过21岁生日的山口站收费班长周紫玲就接到了支援山口站的通知,她没有犹豫,主动结束生日聚会投入工作。为缓解司机排队等待缴费的烦躁情绪,疏导收费站外广场不愿意离开的车辆,周紫玲和她的组员们,冒着风雨一次次走出收费站,走向一辆辆车做着解释工作,并且一干就是9个多小时,雨水汗水湿透了她3套衣服,但她依然坚守在岗位上。

7月19日凌晨2点起,不逊的"威马逊"急不可耐地突袭防城港市,呼啸的12级狂风和水柱般的暴雨考验着防城港市的门户——防城港高速公路收费站。只见收费站的一手动栏杆被狂风吹断砸向收费窗口,120多米长、6t重的中央伸缩活动栏栅被吹翻,顶棚上30多米,重达几百斤的不锈钢栏杆,竟也被狂风吹断悬挂在半空之中……

风雨中,防城港收费站站长罗晞露带领清一色的90后收费员们一直坚守。为维护收费站安全畅通,保护驾乘人员的生命财产不受到损害,她们冒着被风刮跑和散落物砸伤的危险,抱着柱子对各车道的手动栏杆进行安全排查,将已被吹弯的手动栏杆拆卸、放好,跟跟跄跄地站在狂风暴雨中对出入口车辆进行劝出,禁止车辆靠近不锈钢护栏悬挂的区域。

总有人说90后的孩子没有担当,不能吃苦,但在这次抗击强台风保畅中,90后的孩子却让人刮目相看。她们个个身上满是雨水、汗水与泥浆,雨水和汗水打花了她们的妆容,有的员工声音嘶哑了,有的手上或腿上受了伤,有的还在车辆疏导过程中被烦躁的司机辱骂,但即便如此她们都没有放弃,她们用自己的行动告诉大家:90后也有担当,90后也绝不会轻言放弃。

清障道路　畅通交通动脉

7月19日6时起,超强台风"威马逊"更加肆意妄为,像发狂的狮子一样呼啸而来,中心风力最高达到15级,给钦防高速公路、南北高速公路、合山高速公路等路段都带来了巨大影响,沿海高速公路分公司合浦等收费站开始陆续关闭入口车道,各路应急抢险队迅速投入沿线道路的抗台抢险工作之中。

在合山高速公路路段,沿海高速公路分公司所辖路段狂风肆虐,大雨倾盆,沿线部分树木及设施被吹倒后散落路面。北海处组织养护施工单位出动3辆施工车、12名抢险队员,携带油锯、大砍刀、铁铲等工具,联合路政、交警、改建施工6标等相关单位组织人力全力投入抢险。石湾服务区组织保安员把滞留在服务区的20多辆车、200多人转移到安全地带,清理树木100余处,确保了服务区安全、畅通。

在钦防高速公路路段,沿线大量速生桉出现大面积的断裂、倾倒,阻断高速公路,危及行车安全。防城港处安排37名施工人员和7台施工车辆在路上清理树干、树枝、广告牌等各种障碍物,派出4台车和6名管理人员在路上来回巡逻检查,组织清障施工。50多岁的老党员黄福权带头冲在了前面,他连续工作10个多小时,即使在清理树干中被大风刮倒扭伤了脚,也依然咬牙坚持着。

在南北高速公路路段,出现高压线、通信和大量路树掉落路面的重大安全隐患。沿海高速公路分公司领导冒着风雨亲临现场指挥,钦州处主任何传平顾不上正在发烧的孩子,上路组织排障队员与供电、交警等相关部门沟通协调进行应急抢险,以最快速度疏通高速公路。

功夫不负有心人。7月19日11时30分起各收费站陆续开放,16时30分影响行车安全的因素基本排除,各路段全部恢复通车,沿线车辆通行平稳有序,无因障碍物引发的交通事故发生,无安全责任事故和人员伤亡。

抗灾自救　传递一路温情

狂风过境,"威马逊"在给公众安全便捷出行带来巨大威胁的同时,也给沿海高速公路分公司带来了严重的损失。据统计,沿线路树损失3256株,管理区、服务区、收费站等多处设施设备损坏,直接经济损失超过479万元,机关、多个管理处的员工公寓楼、生活区停水断电,而且由于风雨太大,部分收费站一度不能正常交接班,一线员工工作生活受到严重影响。

大灾面前,既要为公众出行服务,又要保障全体员工的生命财产安全,"风雨同路,携手同行"成为了沿海高速公路分公司上下员工无言的共识。

为保障员工能够安心工作,后勤人员起早摸黑。7月19日6点,北海处食堂管理员洪肇权就冒着暴风骤雨出发购买当天生产的米粉。这让上早班的收费员都觉得惊讶和感慨,"没想到,今天还能吃到热腾腾的米粉!"

为保障供电需要,水电工们昼夜奋战,更是坚守岗位的幕后英雄。赖国南是钦州管理处的一名老水电工,身患高血压的他第二年就要退休了。但当他得知"威马逊"来袭造成管理处2个服务区、4个收费站停电,发电需要支援的消息后,二话不说,吃了降压药,就出发了,一干就是72小时,就连吃饭都是在发电机房里解决。在市电恢复正常供电后,走出发电机房的他还不忘幽默一把:"3天3夜没回家了,老婆长什么样都不知道了。"

服务区管理员、保洁员、保安员更是舍小家为大家,成为了"服务区的保护神"。为快速恢复服务区的供电,保障服务区餐厅、加油站、修车厂的运行,大塘服务区管理员韦龙,保安员陆国龙、李德远,保洁员农立皇顾不得家里被淹的甘蔗田、晒在房上的稻谷、承包种下的小树林,冒雨各自回家拿来手锯和砍刀,把一条条压在电线上的树枝剪落,齐心合力,把影响供电的树木全部清理。

正是有了这些可爱的沿海高速人的努力,才取得了抗击强台风的胜利。"威马逊"已经过去,但他们的脚步始终不会停。

先进集体——六寨至宜州高速公路

敢把天堑变通途
——六寨至宜州高速公路建设纪实

为把广西交通投资集团有限公司成立以来首次开工建设的高速公路建设好,六寨至河池、宜州至河池高速公路(以下简称"六宜高速公路")的建设者们,以非凡的自信、勇气与毅力,历尽艰辛近三载,终于在有"地质博物馆"之称的大石山区整出了一条平坦通途,形成了如今的高速公路雏形。六宜高速公路的建设主角——各参建单位按照指挥部的施工节点要求,以"一号六岗"创建活动为载体,创先争优争标兵,"百舸争流"立潮头,掀起了一波又一波的旱季施工高潮,创造了一个又一个新胜利:全线最长、最复杂的瑶寨隧道于2011年10月10日半幅贯通;全线最长、最弯、最高的拉会大桥在2011年10月19日胜利贯通;影响主线通车最棘手的才吉屯房屋拆迁2011年11月18日基本解决;2012年7月9日,六寨至河池、宜州至河池高速公路正式通车。

随着六宜高速公路建设工期的日益临近,从倒计时的200天,100天,50天……每一天,每一刻都紧紧揪着指挥部领导及每位员工的心。每位员工自觉实行"五加二""白加黑"的工作方式,在指挥部领导的带领下,大家以时不我待的精神,鼓足干劲,夯实措施,精心部署,在旱季施工短短几个月时间里,掀起了大干旱季的火热场面。

强化领导　高效计量　改进服务

指挥部调整休假和上下班时间,取消月中休假规定,全力以赴投入到项目建设上。指挥长赵德新带头,不分昼夜经常深入重点、节点施工现场,协调各方,破解各类难题;党委副书记韦小强经常深入施工一线调研指导,及时掌握各类动态,切实维护稳定施工局面;副指挥长魏作标与地方政府紧密联系、沟通,现场及时、有效解决征迁难题;副指挥长胡文学严抓、细抓工程进度、质量,切实做好路面、房建、机电等交叉工程衔接工作;副指挥长白伟长时间驻守一线,狠抓房建、安全生产,协调处理各分管工作。

指挥部采取有力措施,加强和改进计量工作。规定各施工单位旱季施工期间严禁更换计量人员,细化计量计划,责任到人,加快承包人资金流转;促使部分挪用开工预付款的合同段及时转回;通过专题汇报,降低以银行保函置换履约保证金的门槛,及时办理置换业务,确保置换的保证金专项用于支付人工、机械、材料和油料款。

指挥部成立克难攻坚小组,确保瑶寨隧道如期贯通。全线两大重点控制性工程,拉会大桥已全部贯通,仅剩下工程难度较大的瑶寨隧道。通过成立由指挥部工程部、设计代表、总监办、承包人组成的瑶寨隧道克难攻坚小组,确保遇到技术难题1天之内能及时反馈,及时调整方案,及时组织施工。

倒排工期　控制节点　加大投入

指挥部积极组织各监理单位、承包人及指挥部工程技术人员进行倒排工期,对各分项工程具体到单段路基、单个桥梁及隧道。为确保计划的落实,指挥部以周为期,由指挥部人员、总监、项目经理每周末共同对计划进行检查。发现未完成项,采取严格措施要求承包人增加人员、设备、资金的投入,增加下周的工程量,确保按倒排计划完成施工任务。截至2012年3月,路面合同段投入的水稳拌和楼达到11套、沥青混凝土拌和站8套,投入压路机58台套,摊铺机36台套,路面劳务人员1200人,房建合同段劳务人员投入超过900人。受限电影响,指挥部督促六寨至河池高速公路项目路面No. A、No. B合同段租用1800kW的大功率发电机,确保沥青混凝土路面正常施工;对剩余工程量较多的六寨至河池高速公路项目路面No. A合同段、宜州至河池高速公路项目路面No. A合同段,指挥部要求再各增设一套3000型及以上型号沥青拌和站及相关配套摊铺碾压设备等,工地现场作业紧锣密鼓,各项工作快速推进。

超前计划　无缝衔接　确保运营

六宜高速公路机电合同段均已进场施工,各房建单体主体工程、收费大棚等已基本完成,场地平整和填充墙施工也正有序进行。为确保各施工单位施工无缝衔接,指挥部超前计划,要求土建、路面标做好前期机电预留预埋工作,最大限度减少后期遗留问题;要求各房建合同段抓紧施工,确保机电设备如期安装;要求已经进场的机电合同段见缝插针,积极组织施工,确保通车前收费、通信、监控及隧道照明等设施顺利投入使用。

先进集体——钦州至崇左高速公路

多措并举显实效
——钦州至崇左高速公路建设纪实

钦州至崇左高速公路在建设过程中,多措并举,开展多项丰富多彩的专项活动,把工程创建与党建积极结合,取得了明显实效,开创了精神文明工作新局面。

"1150"打造一流建设管理服务品牌

钦州至崇左高速公路(以下简称"钦崇高速公路")工期短,建设任务重,在广西高速公路建设史上是不多见的。为了坚定不移地完成这个目标任务,广西金港高速公路有限公司、广西金城高速公路有限公司结合钦崇项目建设实际,在总结以往高速公路建设管理经验的基础上提出了"1150"工程这一创建载体,并通过与"一号六岗""七个年""四化"建设等创建活动的有机结合,掀起了"比、学、赶、帮、超"的劳动竞赛高潮,推进了项目建设。在"1150"工程推行过程中,一是通过开展专题调研,找准项目建设和公司管理存在的问题和难点,针对性地制定"1150"工程各项措施。围绕"1150"工程各项目标,公司成立了6个课题调研组,由公司领导班子成员挂帅,带队领题调研,组织开展了六个方面的专题调研,开展了多次专题讨论,并发动员工撰写相关论文及心得,梳理出了项目建设、公司管理等工作中存在的主要问题和难点,并将调研意见融入"1150"工程各项措施中,确保各项措施的切实、可行。二是在专题调研的基础上,将实施"1150"工程目标进行了细化分解,对每一个分项目标提出了具体要求,确定了各个目标的责任部门和考核标准。三是在实践工作中不断总结完善。在实施"1150"工程过程中,根据开展情况,分阶段组织开展总结和讨论,由公司领导牵头,组织发动员工撰写相关的论文和心得体会,将"1150"工程课题的探讨引向深入。同时,结合项目特点建立动态管理体系,在实施过程中不断调整优化各项管理措施,包括思想教育、组织机构设计、各种规章制度建设等工作,紧紧围绕目标进行并为目标实现提供保障。四是加大宣传力度。在项目建设过程中对"1150"工程开展情况进行了多层次、全方位的宣传报道,使全体参建单位对实施"1150"工程有了更深刻的认识,使社会各界了解创建活动和项目建设的动态、成绩和亮点。经过几年的管理实践,"1150"工程品牌已初步打响。

凝心聚力推进项目建设

在项目建设和公司管理工作中,项目公司始终坚持"以人为本,根本在人"的管理理念,把抓好班子和团队建设摆在首要位置。一是实施"人才强企"战略,不断完善公司人才发展规划,提高公司人才队伍整体素质;同时,积极探索高速公路区域一体化理论,努力实现高速公路建设、运营、经营一体化,加强复合型人才队伍建设。充分利用项目公司与运营公司合署办公的优势,整合现有的人力资源,通过安排运营管理人员深入项目建设一线、组织联合设计等多种方式,多举措力保工程建设和运营筹备工作齐头并进,实现项目建设与运营管理的无缝对接。通过人才的优化配置,锻炼了队伍,提高了员工的综合素质,实现了"1150"工程目标中"建设1个优质工程、打造1支优秀团队"的目标,为集团公司跨越发展、可持续发展培养了大批复合型人才。二是通过开展以"一号六岗"创建、"1150"工程、"导师带徒"为载体的创先争优活动,为员工号岗创先找准标杆、树立典型,充分激发全体员工及各参建单位"比、学、赶、帮、超"的建设热情,形成了"你争我赶、大干快上"的施工高潮局面,又好又快地推进钦崇、六钦项目建设。三是多载体开展活动,鼓舞员工士气,促进项目建设。公司根据项目建设进度,提出了"围绕保通车这一主题、树立路面工程标准化施工和文化景观建设两个标杆、打好三大攻坚战役、做好提质、打假、治乱、筹资、攻坚、宣传等六项工作"的"1236"工作目标,组织开展了以"抢时间、抢进度,抓协调、抓安全、抓廉洁,保质量、保资金、保服务、保通车"为主题的系列活动,并建立了《现场办公制度》《落后标段蹲点制度》《夜巡工地制度》《人员动向"每日一报"制度》,有效促进项目建设。为进一步鼓舞士气,公司先后两次组织120多名家属沿着钦崇和六钦路走工地、看变化,并到公司与员工共同开展活动,让家属感受到自己的亲人在重大项目建设中的责任与光荣,员工也在家属面前感受到骄傲和自豪,从而全身心投入项目建设。

良好路地关系实现"和谐美"

项目建设以来,项目公司以政企联建、村企联建等联建活动为抓手,融洽路地关系,推行"依法征迁、文明征迁、阳光征迁、和谐征迁",构建和谐路地关系取得明显成效,为工程建设提供良好的社会氛围,提升了企业的社会形象。一是在征地拆迁和工程建设过程中,始终把"关注民生、关注三农"放在重要的位置,充分调查沿线房屋拆迁、水系路系、群众饮水等情况,科学制订拆迁重建方案,主动协调地方政府和村屯,在施工建设过程中及时处理涉农、涉路问题,征拆工作顺利推进。二是结合当地的实际情况及沿线路系水系的完善,投入适当资金为当地援建了"便民路""惠民井"。截至2012年年底,两个项目共投入资金500多万元,为当地建设人饮工程共18处;修建便民路、爱心路100多公里。三是结合实际开展"村企八联建""党员1+1帮扶"等联建活动和社会公益活动。几年来公司及各参建单位共扶助了沿线各地16名困难学生,捐赠助学、救灾等捐助款20多万元,开展社会公益及帮扶活动600多件次,紧扣"关注民生、关爱三农"的主题积极开展企村八联建活动。两年多来,项目公司组织参建单位捐资助学、抗旱、辅助孤寡老人等好人好事510多件次,投入资金共1300多万元,修建便民路、爱心路112条,共235多公里;修建桥涵12座、水利设施18处、蓄水池36个、篮球场5个,建立了良好的路群关系。四是在工程建设中文明施工,保证了村民的正常生产生活。

建设廉洁防控体系实现"廉洁美"

生态美、文化美、和谐美是高速公路建设的外在美。而作为重大交通项目建设,参建的员工队伍清正廉洁才是企业的内在美。几年来,公司党委和纪委狠抓项目建设的"内在美"。努力实现广西交通投资集团有限公司"干成事,不出事"和项目公司提出"1150"工程廉政建设零事件及"项目建成,干部健康"的廉洁工作目标,为项目建设提供了有力的政治保证。项目开工建设以来,无一起廉政事件发生。一是廉洁制度到位。项目公司根据项目建设需要,实施"一岗一制度",即对每一个不同的岗位制定不同的廉洁从业制度,如桥梁工程师、隧道工程师、采购员等岗位,都有不同的规章制度。几年来,公司共制定了《党风廉政建设考核办法》《领导人员廉洁从业实施细则》等制度二十多项,确保从源头上预防和治理职务犯罪。二是廉洁监督到位。公司坚持民主集中制原则,利用董事会、监事会、领导班子集中讨论、职工代表大会等措施,对公司"三重一大"事件进行集体讨论、集体决策。强化对货币资金、采购与付款、工程项目等业务活动的控制,加强监督检查工作。项目公司还与钦州市、崇左市检察院建立了共建关系,共同做好职务犯罪的预防和监督工作。同时,加强纪检监察对工程设计变更等关键环节监督管理工作。严格按照广西交通投资集团有限公司要求,对10万元以上工程变更和隐蔽工程收方工作,项目公司纪委均能视情况派人参加监督,对100万元以上工程变更和隐蔽工程收方工作,公司纪委领导均能到场监督。三是廉洁教育到位。公司根据项目建设各阶段,坚持做到"三个廉",即逢会讲廉,每季谈廉,网上提廉。"逢会讲廉",不管大会、小会、政治学习、业务学习、技术研讨等会议,都要强调廉政建设和廉洁从业相关规定,做到廉洁规定处处提醒、时时牢记;"每季谈廉",坚持每季度对重要岗位人员,特别是不在公司办公、单独住在标段的工程师进行廉洁谈话;"网上提廉",通过公司建立的QQ群,向广大员工传达廉洁工作相关规定,使上级和公司关于廉洁自律的规章制度得到及时、准确地传达学习,并提醒大家近期廉洁工作注意事项等。

先进集体——六景至钦州高速公路

质量争优铸精品
——记六景至钦州港高速公路开展混凝土质量通病治理

六景至钦州港高速公路(以下简称"六钦高速公路")作为交通运输部公路水运工程混凝土质量通病治理示范项目,肩负着打造优质精品示范样板工程的重任。六钦高速公路指挥部以此为动力,以"一号六岗"为抓手,深入开展创先争优活动,全力争创质量争优岗,打起一场混凝土质量通病治理的攻坚战,确保目标任务的实现。

第七章
高速公路文化建设

精细施工把精品工程点亮

一个具有精品眼光的质量管理者,对精品工程都有着明晰的认识:对工程质量来说,不是100分就是0分。

这100分来自首件工程制。六钦高速公路指挥部结合项目实际提出的一个首创制度,是精品工程建设中理论和实践相结合的产物。他们立足于"预防为主,先导试点"的原则,通过在桥涵施工中推广和完善首件工程制,进一步优化施工工艺、改进施工组织,真正实现了"精细的施工"。通过推行"首件工程制",六钦高速公路各标段掀起了一股争创首件的质量竞赛风气,首件工程制度的推行告诉了施工工人该怎么做,做到什么程度,施工中应注意什么。起初刚刚推行工程首件制,什么事都讲求标准和程序,工人们还觉得有些麻烦,可经过一段时间的运作后,工人们切身感受到工作干起来更得心应手了,工程建设也更顺利了,思想才发生了根本的转变。"过去在高速铁路上才推行工程首件制,现在他们高速公路也实行首件制,在这儿,每一个工作环节都能找到标准,找到工法,丝毫不比高速铁路差!"No.10 标项目总工自豪地说。

这100分来自规范施工行为。在桥涵等结构物施工中,指挥部实行模板准入制度。要求涵洞通道、墩柱、盖梁所采用的钢模板厚度不小于4mm,大梁预制模板厚度不小于6mm。所有模板必须经过监理单位验收合格后方能进场,否则不能进场。通过模板准入制,全线的模板质量大大提高,保证了混凝土质量的外部条件。在 No.3 合同段那岩分离立交的施工现场,项目部进场的一批钢模板的厚度没有达到指挥部要求,由于工期紧张,重新引进模板肯定会耽误工期,第二总监办与项目经理部采用这批模板与较厚的模板进行了一次对比,相同条件下分别浇注了一根立柱,等到拆模后,No.3 标施工队长看到较薄的模板浇注的立柱外布满了密密麻麻的小气泡,活像老树皮,而厚模板浇注的立柱光洁照人,宛若新生婴孩的皮肤,他毅然拿起手中的铁锤砸向了"老树皮"。

这100分来自标准化管理。六钦高速公路全线混凝土采用集中拌和,实行标准化管理。对拌和站的建设规模、混凝土的产量、原材料管理等提出了明确要求,定期开展检查。此项措施大大提高了原材料的质量,减小了混凝土的离散性,从源头上保证了混凝土的质量。项目开工以来的混凝土实体检测证明,实行混凝土拌和站标准化管理取得了较好的成效。不但在后张法预应力混凝土施工中采用先进的真空压浆工艺来代替传统的管道压浆工艺,还加强对技术人员的培训,2010年以来,共举办了桥梁隧道方面的5次专项培训、20余次经验交流会,大大提高了从业单位的技术力量。

这100分来自质量控制。在抓好关键工程施工指导的同时,指挥部努力做好质量薄弱环节的质量控制。他们针对混凝土保护层厚度、预应力张拉、管道压浆等质量控制较困难的工程项目,着重采取得力措施加强控制,在意识上高度重视,在管理上形成合力,在措施上加强检查。如针对 No.8 合同段桥梁结构物多的特点,联合交通运输部科学研究院相关专家召开现场会交流形式,集中解决混凝土保护层合格率低的问题。另外,针对大梁张拉控制难度大的问题,他们与重庆交通大学合作开展张拉控制预应力检测,大大提高了全线预应力张拉的质量,为消除质量通病奠定了良好的基础。

把精品工程点亮,压力变动力,第一个涵洞、第一个墩柱、第一片大梁……都顺利诞生了,但是外观质量与指挥部下达的目标还有差距,他们苦苦思索,埋头苦干不行,必须引进新的技术力量支持。最后与交通运输部公路科学研究院积极合作,聘请专家深入施工一线诊断,逐一指导解决问题。经过摸索,混凝土的外观质量终于大幅度提高,拆模后的光面混凝土的外观犹如镜子一般,现场施工工人吃惊地说:"与混凝土打了一辈子交道,今天算是开眼了。"

严格监管把示范工程点亮

一个具有示范眼光的质量管理者,对示范工程都有着明晰的认识:工程质量是创造出来的,不是检验出来的。

六钦高速公路指挥部始终以"如临深渊、如履薄冰"的审慎态度来对待监理工作存在的薄弱环节。指挥部先后制定发布了《工程监理工作考核办法》《质量管理考核办法》等一系列管理制度,从严要求,促进监理工作的规范化。对工程产生的质量、进度问题,严格区分施工、监理单位的责任,对由于监理单位失职而产生的质量问题,严肃追究监理人员和监理单位的责任。六钦高速公路共更换总监 1 位,监理试验室主任 1 位,清退专业监理工程师多位,处罚监理单位监理费用 5 次。

六钦高速公路指挥部始终以"人人讲质量、人人创质量"的高度责任心来突出抓好施工现场质量监管工作。既抓好施工单位质量保证体系和安全生产体系的正常运转,开展定期和不定期的检查,又抓好对分包工作的管理,防止出现分而不管、管而不严的现象,杜绝违法转包、违规分包的现象;既在工程施工中重点抓好重要部位、关键环节、关键工序的质量控制,又完善激励机制,制定了《施工单位优质优价奖励办法》,采用与阶段性劳动竞赛相结合的方式,加大对施工单位工程建设质量、进度状况的考核和奖惩力度,大大提高了六钦高速公路工程建设质量。

把示范工程点亮,完成的涵洞及桥梁的墩柱,内实外光,尺寸标准,色泽均匀;大梁预制场钢筋安装准确,线形顺直,混凝土密实,外观质量较好。在广西壮族自治区交通工程质量安全监督站及广西交通投资集团有限公司内部多次检查中均受到表扬。

关键环节把亮点工程点亮

一个具有亮点眼光的质量管理者,对亮点工程都有着明晰的认识:亮点工程是生产率的工程,亮点工程是质量的工程。

与其说六钦高速公路指挥部全力抓好关键工程、重点部位的检测,不如说指挥部员工用责任和使命点亮了关键工程。在试验室的建立上,他们抓好各级工地试验室的建立和规范化配置,并会同广西壮族自治区交通工程质量安全监督站逐个进行检查验收;在质量指标检查上,他们加强重点工程、重点部位、关键环节、主要指标的检查,重点检查混凝土强度、钢筋保护层厚度、钢筋间距和主要原材料的质量指标;在专项检查上,他们针对检测中发现的问题及时开展相关的专项检查,相继开展了钢筋焊接、混凝土保护层、桥梁锚具、桥涵外观、工地试验室、大梁预制等专项检查;在落实整改上,他们对检查中发现的重大质量问题和质量隐患,狠抓整改落实。对于检测质量通报中的质量问题和隐患,督促有关单位认真分析原因、按照"四不放过"原则、及时整改。

与其说六钦高速公路指挥部全线实行亮点工程评选活动,不如说指挥部员工用亮点意识点燃亮点工程。他们积极在全线范围内掀起"亮点工程"施工活动,分阶段对亮点工程进行评选,以"亮点工程"为样板,以点带面,促进工程质量不断地上台阶。

"过去干工程凭经验,现在全凭标准!"把亮点工程点亮,使尝到甜头的 No.9 合同段预制场负责人由衷地感慨,"你去现场看吧!即使是安全栏杆都是严格规定了地面上和土里的栏杆尺寸,更别提什么安全管理和质量管理了,在这儿,每一个工作环节都能找到标准!"指挥部坚持"自下而上"扎实开展标准化建设,要求各从业单位让员工结合自己的岗位梳理工作流程,制定工作标准,即"写我所做,做我所写",使每一位员工都明白什么时间干什么工作,怎么干,干到什么程度,做到心中有底,事事有章可循。

创新模式把品牌工程点亮

一个具有品牌眼光的质量管理者,对品牌工程都有着明晰的认识:品牌工程是生产率的工程,品牌工程是质量的工程。

为了提高混凝土强度和避免混凝土干缩裂缝,指挥部要求各从业单位必须重视混凝土养生工作。对于桥梁墩柱统一采用薄膜包裹养生,并在混凝土顶上放置水桶,水桶底部开小孔进行滴灌;涵洞墙身统一采用保水土工布覆盖养生,并在顶部放置水桶,水桶底侧连接带孔水管,由水管滴灌,并且由洒水车定时给水桶加水。预制梁统一采用自动喷淋系统养生,对于不按照规定进行养生的单位进行处罚。

在 No.2 合同段的预制场,烈日炎炎,炙热的太阳灼烧着大地,而一片片 T 梁正在沐浴着清凉的甘泉——No.2 标段引进了一套自动喷淋设备,每天只要轻轻一摁开关,清凉的泉水就自动飘起;预制场负责人介绍说:"自从安装了自动喷淋设备,每天节约用水 3 吨多,节约了人工费用,而且养生的效果非常好,很值得。"

为了保证混凝土的外观色泽均匀,模板清洁是一项很重要的工作。指挥部分别对比了四种方法:脱模剂、机油、模板漆、二次打磨。通过试验,模板漆是一项较好的解决模板污染的方法。目前该方法已在全线推广,效果较理想。

实践证明,钢筋定位架能有效提高钢筋间距的合格率。目前,采用钢筋定位架来进行定位的钢筋骨架合格率均在95%以上。另外,为了保证混凝土保护层合格率,经过多次试验,证明使用高强混凝土垫块的效果远远高于塑料垫块和砂浆垫块。

六钦高速公路是广西近年来投资规模较大、建设里程较长的建设项目之一,也是治理混凝土质量通病的典型示范工程;在建设过程中,参建单位克服了建设周期长、环节多、涉及面广的困难,借鉴高速铁路标准化工地建设成功经验,创新建设理念、创新技术工艺、创新管理模式,扎实开展混凝土质量通病治理,高标准、高要求完成了工程标准化工地,做到了"五个化"——在场地建设上做到了标准化、施工工艺流程上做到了程序化、施工人员管理上做到了人性化、质量管理措施上做到了制度化、工程与环境关系上做到了常态化,取得了成功经验,值得借鉴和推广。

把品牌工程点亮,使No.7合同段试验室人员不断提炼工作经验并形成了驻厂、出厂、进场的三检制度,取得了显著成效,确保了原材料的质量。同时,通过运用预应力混凝土张拉控制检测、混凝土钢筋定位无损检测等新的检测手段,大大提高了检测的效率,保证了工程质量。No.7合同段项目经理孙建勋说:"通过扎实的检测,做到了'两个化'——在原材料检测上做到了制度化、在工程实体检测上做到了常态化,取得了成功经验,值得借鉴和推广。"

通过争创质量争优岗,六钦高速公路混凝土质量通病治理取得显著成效,打造出了一批质量好、外观美的样板工程。

先进集体——罗村口收费站

深山里的行业标杆
——全国交通运输行业文明示范窗口罗村口收费站

罗村口收费站是广西交通投资集团百色高速公路运营有限公司下辖的一个"省际"收费站,该收费站现有职工43人,其中女职工34人,约占职工人数的79%。艰苦的自然条件、高强度的工作量和工作压力是各级领导对罗村口收费站的评价。然而多年来,罗村口收费站以"树立行业标杆,奉献一流服务"为目标,扎实工作,勤奋进取,以饱满的工作热情,向社会展示了一个群山围绕下的高速公路收费站的精神面貌,打造了"罗村口精神",创造了良好的社会效应、经济效应和人才效应,成为社会广泛认可的行业标杆。

自立自强　独栖深山创佳绩

"条件最艰苦,业绩最突出"是众多领导与媒体对罗村口收费站的共同评价。

罗村口收费站地处广西、云南交界,与云南富罗高速公路对接,是国家"五纵七横"

323国道主干线衡阳至昆明高速公路的重要"省际站",被称为广西的"西大门"。该收费站地处云桂山脉脚下,四面群山环绕,地理位置远离城镇,出行极为不便,生活单调枯燥、环境艰苦,有时还缺水。

但该收费站日均车流量超过6000车次,日货运量超过20万t。罗村口收费站员工平均年龄22岁。就是这些处于花季的员工,每天日均收费金额近百万元,每天人均服务车辆数达1000多车次。

出入罗村口收费站的车辆以大型货车为主,收费环境复杂。2009年广西实施计重收费以来,罗村口收费站员工累计为社会解释政策达12万多次。就是在这样艰苦的工作环境下,2010年12月28日,罗村口收费额顺利突破了3亿元,成为广西交通投资集团有限公司第一个收费额突破3亿元的收费站。2014年12月22日,罗村口收费站收费额越过了4亿元大关,成为名副其实的业绩一流的金牌收费站。

与此同时,罗村口收费站还培养出广西高速公路收费行业第一位"五千万收费无差错能手""全国交通运输行业劳动模范"许凌婕,"六千万收费无差错能手"米钦等一大批优秀员工。"条件最艰苦、业绩最突出、人才效应最明显"成为罗村口收费站最突出的特色,先后吸引了大批云南、贵州、四川等区内同行前来参观点学习,"罗村口效应""罗村口精神"成为行业内共同认可的品牌内涵和价值追求。

正是凭着这样扎实奋进的精神,罗村口收费站先后获得国家级"工人先锋号"、全区"十佳收费站"等20多项荣誉,2015年1月更是被交通运输部授予"2012—2013年度全国交通运输行业文明示范窗口荣誉称号",成为名副其实的标杆收费站。

"三笑"服务、"畅舒"服务美名扬

省际收费站的服务质量如何,直接影响外地驾乘人员对该省区高速公路文明形象的评价。因此,"满意100%,责任投诉0"一直是罗村口收费站孜孜以求的目标。2010年以来,罗村口收费站推出了"看得见的微笑""听得见的微笑""做得好的微笑",即"三个微笑"品牌服务。同时,为保证高速公路的快捷、安全、畅通,罗村口收费站还推出了"滇桂畅舒高速第一站"品牌服务。

"三笑"服务打造最美高速公路。品牌打造过程中,罗村口收费站首先细化了绩效考核星级评比方案,结合争创"五一巾帼文明岗"方案,根据收费员对驾乘人员的微笑率、文明用语的标准度、保障畅通的实效及回答驾驶员询问的情况来评定考核星级,将考核星级与绩效工资相挂钩,提高文明服务考核项目的比重,充分调动了广大收费员开展微笑服务的积极性,形成了"人人讲微笑,人人讲文明"的良好服务氛围。

"虽然是深夜,罗村口收费站的小哥笑得好甜哦,好温暖。"这句驾乘人员发布在网络上的评价充分肯定了罗村口微笑服务的魅力。目光柔和亲切、笑容大方甜美、文明用语自信亲切,是通行罗村口收费站的驾乘人员共同的评价。

高速公路服务,畅舒第一。为提高工作效率,罗村口收费站把点钞训练作为强化课程。以1min准确清点70张不同面额人民币为要求,循序渐进地提高收费员点钞的速度和准确度,提升服务质量,提高通行速率。"梅花香自苦寒来"。经过长期苦练,这里的收费员清点1000元10元面额的整钞,平均只需27s,2000元10元面额的只需30多秒。在满意率的调查中,罗村口收费站的整体满意率为100%,收费站实征率100%,服务质量事故率为0,出口接待车辆平均收费时间为10.30 s/辆。

跨省合作打造"滇桂畅舒高速第一站"。广西百色至云南富宁高速公路是滇桂两省区目前唯一连通的高速公路,是滇桂两省区公路客货运输大通道,也是构建西南出海大通道的重要组成部分。罗村口收费站与同处百色至富宁高速公路仅10km之隔的云南省平年收费站均属省际收费站,两站日均流量超过6000车次,日货运量超过20万t。

长期以来,广西罗村口收费站与云南平年收费站相互学习、团结合作,素有"姐妹站"之称。为了进一步加强沟通与联系,共同打造两省区之间的畅通之路、和谐之路,2010年7月7日,广西交通投资集团百色高速公路运营有限公司罗村口收费站与云南省交通公路开发投资有限责任公司平年收费站签订了"滇桂畅舒高速第一站"共建协议,致力于打造社会广泛认可的、在全国有影响力的"滇桂畅舒高速第一站"品牌。双方建立了党支部联建及人才联建互换培养制度。两站通过联建取长补短,重新制定了两站的服务形象、标准规范及工作流程,改造提升收费站环境和设施设备,使收费员工的整体素质与品牌收费站管理水平相适应。针对面临的复杂社会环境,两站定期交流,共同探讨,对计重收费的作弊行为、换卡逃费、假鲜活农产品运输车辆等制定有效办法,统一行动,进行专项治理,加大联合查处力度,有效遏制偷逃通行费的行为,实现了两省区高速公路资源共享、信息互动,经验互通、优势互补。

开展联建活动以来,云南省公路开发投资有限责任公司昆明东管理处、红河管理处、文山管理处等同行通过参观交流、派员跟班学习等形式多次到罗村口收费站学习文明服务。据统计,截至2015年年底,云南省同行派员参观学习超过30次,文山管理处、昆明东管理处还多次派遣业务骨干50人次到罗村口收费站跟班学习。同时,受云南省公路开发投资有限责任公司邀请,罗村口收费站还多次派出"微笑使者"到其公司下属8个管理处为他们进行文明服务培训。近几年,云南省文明服务水平显著提高,得到了社会的广泛认可,罗村口收费站的文明服务之花跨省绽放,广西的文明服务名片向大西南广泛传播。

知性圆融 "温馨之家"凝气聚神

走进罗村口收费站,会发现每一张脸都神采奕奕,到处笑声朗朗,这份罗村口专有的"精气神"洋溢在每一个角落。这群被称为"90后"的年轻人把爱岗敬业、自尊自强、自信自爱当成"时尚"。她们自信地走在公司礼仪队里,站在演讲台前以及各种比赛的现场,捧回一个又一个的奖杯。把理想深扎在深山里的这些被称为"彩凤"的新时代女性,除了有着传统的坚韧,更多了一份高远的志向,一份知性圆融的智慧。

"人才基地"建设为员工搭建成长平台,艰苦的生活环境和复杂的业务环境为人才的成长提供了良好的条件。2010年以来,罗村口收费站先后培养出"五千万以上收费无差错能手"2人,"千万以上收费无差错能手"13人。

"拿得出本领、耐得住寂寞、顶得住压力"是罗村口收费站员工共同的品质。这种人才品质成功吸引了百色高速公路运营有限公司以及广西交通投资集团有限公司旗下各新开通运营公司的目光。2010年以来,罗村口收费站培养出子公司中层管理人才5人,为广西交通投资集团有限公司旗下玉林、钦州、河池等运营公司以及公司内部培养人才多达30人次。强大的人才效应吸引了广西交通投资集团有限公司主动把罗村口收费站定为广西交通投资集团有限公司首个"人才培养基地",罗村口收费站也因此被称为"黄埔军校"。成为人才培养基地后,罗村口收费站先后为广西交通投资集团有限公司举办了28期培训班,受训人数达600多人次。

温馨"家文化"留人留心。为丰富职工生活,罗村口收费站把"畅舒之路,温馨之家"作为品牌文化建设,深山彩凤"广播站"办得有模有样,罗村口艺术团活动精彩纷呈;菜园子生机勃勃,猪栏里的大肥猪也是"虎虎生威"。为了丰富员工的业余生活,把收费站打造成能留住人的温馨之家,罗村口收费站把"和谐治站"这张文化牌做足。在硬件上,建立了网吧及各种文件活动室;在软件上,"生日派对""温馨问候"每一个细处都会看到管理者的体贴和关心。

"深山栖彩凤,微笑化春风,罗村抒壮志,功业贯长虹"这首诗是罗村口收费站真实生活的写照,也是罗村口收费站"行业标杆"创建集体孜孜追求的高远目标。

先进集体——南宁收费站

微笑闪耀八桂大地　服务引领迎八方客
——微笑服务发源地南宁收费站实录

广西交通投资集团南宁高速公路运营有限公司所辖的南宁收费站位于桂海高速公路中段,始建于1998年12月8日,是广西目前最大的收费站,共有出入口车道16条,出口复式收费亭6个,出、入口ETC车道各1条。全站共有员工106人,平均年龄21岁,是一支积极向上、朝气蓬勃的年轻队伍。

近年来,南宁收费站在公司党委的正确领导下,坚持以科学发展观为统领,以深化拓展服务品牌为载体,紧紧围绕"使用者优先"的服务理念,不断地开拓创新,锐意进取,为社会提供优质的文明服务,社会满意度不断提高,为建设美丽广西提供了有力的保障。

强化思想建设

南宁收费站深入贯彻落实科学发展观,认真学习贯彻党的十七大、十八大和十八届三中全会精神,积极开展各种思想政治教育活动,通过开办"道德讲堂""社会主义核心价值观进收费岗亭"等活动,在员工当中强化社会主义核心价值观的宣传和教育,并通过收费站标语、广告宣传栏、电子屏,大力弘扬和传播社会主义核心价值观,使之深入人心。通过组织开展"道德讲堂"活动,以"身边人讲身边事、身边人讲自己事、身边事教身边人"为基本形式,进一步提升全站员工思想道德修养和文明素质。近年来,该站共举办"道德讲堂"活动 10 期,累计参加人数达 500 多人次。在收费站广场制作大幅广告标语,宣传社会主义核心价值观;全站共计 15 个收费站岗亭都粘贴醒目的价值观标语,要求广大员工严格树立正确价值观,努力提升文明服务水平,做好岗位工作,成为传递、弘扬社会主义核心价值观的践行者。

微笑服务全国闻名

南宁收费站紧紧围绕"使用者满意"的目标,自 1998 年建站以来一直深入开展微笑服务活动,是广西交通行业微笑服务品牌的发源地。

近年来,南宁收费站不断深化微笑服务品牌建设,使微笑服务成为广西窗口文明服务的典范和交通行业一张靓丽名片,并在全国首先实施微笑服务标准化、制度化、规范化,打造了全国闻名、蜚声东南亚的微笑服务品牌。收费员富有亲和力的微笑得到社会各界的广泛认可和好评,涌现出广西道德模范"微笑姐"农凤娟,"广西青年岗位能手"袁杏云、黄日芳等典型代表。公司微笑服务品牌建设得到了国务委员、公安部部长郭声琨及广西壮族自治区政协主席陈际瓦等领导的高度赞扬。全国各窗口行业、高速公路同行及东盟各国考察团纷纷慕名前来参观考察。近年来,南宁收费站每年接待学习考察人员近 2000 人次。

同时,南宁收费站派出微笑服务培训团队,应邀到兄弟单位、银行等服务窗口单位传授微笑服务标准和经验,迄今为止共对外培训 4 次,对内培训 10 次,参培人员约 1000 人次,使微笑服务的种子遍洒全国、远播东盟。

以联动机制有效处置突发事件

南宁收费站是进入广西首府南宁的主要出入口,出入口日均车流量大,每逢节假日容易发生拥堵现象。为了保障高速公路收费站良好的通行秩序,防止突发事件发生,南宁收费站积极探索科学应急保畅体系建设,积极应对车流量高峰期收费站的应急保畅等工作。与交警、路政等建立联动保畅机制,实现统一接警、统一处置、资源共享、统一指挥、联合行动,确保了重大节假日和遇到重大及突发事件时,各职能部门能及时、快速处置突发收费站应急事件,加强突发事件处置程序控制,提高突发事件处理效率,确保首府南宁的重要出入口的畅通。几年来,南宁收费站应急保畅体系经受住春节、清明、国庆等重大节假日的考验,未发生一次因主观因素造成的阻塞和因阻塞造成的群体性事件,为进出首府南宁的车辆安全畅通作出了重要贡献。

打造微笑服务行业标杆

南宁收费站充分结合自身发展需求,不断探索先进的管理流程,努力成为交通行业的微笑服务标杆收费站。在全体员工的共同努力下,南宁收费站取得了突出的业绩:一是微笑服务树立标杆。南宁收费站按照"形象更美、品质更高、业绩更优、环境更好"的服务要求,推行"双向微笑"服务新理念,大力推行"三美四化五微笑"服务新标准,通过形象美、微笑美、环境美的具体要求及精细化、规范化、标准化、人性化的管理措施,坚持以"使用者满意"为目标,持续改进服务质量,相继推出简化文明用语、收费工作"三快二准一及时"、坚持向社会公开服务承诺、推出车辆应急修理、车祸突发事故处置、旅客急病抢救、旅客困难救助、加水以及交通指南咨询等六大免费服务项目,为驾乘人员提供满意、优质的微笑服务。二是员工队伍素质树立标杆。通过积极全面推行绩效管理,将考核与薪酬利益挂钩,实行大小站流动机制,将其他站点表现优秀的员工吸收到南宁收费站,实现收费人员优胜劣汰的流动机制,保证该站收费队伍的高综合素质及优质的微笑服务质量。三是站队管理树立标杆。南宁收费站持续开展提升优质服务系列活动,与郑州西收费站、都安收费站等不同类型的收费站开展"结对共建、先锋同行"活动,相互学习交流,形成优势互补,共同进步。以"5.8世界微笑日"为契机,开展丰富多彩的活动,营造收费站创先争优的氛围,如开展微笑服务主题演讲比赛、收费技能比拼活动,增加员工实战经验和应变处事能力,展现服务新形象。

加强管理团队建设和组织建设

南宁收费站重视加强职工思想道德及队伍建设,为职工营造风清气正的管理环境和良好的工作生活氛围,加强收费站站长、副站长、站务员的管理团队建设。

一是强化理论学习。除注重抓好党员干部的理论学习外,每月管理团队坚持集中业务学习,对收费站重要工作集体讨论决定。

二是强抓组织建设。在收费站党员队伍管理中引入绩效管理理念,建立党员积分制度,进一步促进了党员创先争优、岗位建功立业。加强团员队伍的管理,充分发挥团员青年的积极性和战斗力,并做好优秀团员推优工作,为党组织发展壮大增添新鲜血液。

三是转变作风,深入职工,作为收费员办实事、解难题的知心人。定期参与班会,听取收费员的困难和意见;经常与员工谈心,为职工解决工作和生活上的困惑,鼓励职工参加各类培训学习,不断提高个人综合素质。南宁收费站成立以来没有发生过重大安全、责任事故,员工无违纪违法案件及刑事案件,无"黄赌毒"等违法乱纪现象,未发生群众投诉、上访等情况。

通过不断传承、发扬微笑服务文化,南宁收费站不仅得到了社会广泛认可,更吸引了东盟各国行业代表的目光,也赢得了广泛的荣誉。据统计,建站至今,共获得各级荣誉18项,其中国家级6项,分别是"全国五一劳动奖状""全国青年文明号""全国巾帼文明岗""全国十佳交通文明窗口""全国交通行业文明示范窗口""全国交通建设系统工人先锋号"等;以及"广西五一劳动奖状""自治区文明单位""自治区十佳突出成就奖""广西工人先锋号""自治区巾帼文明示范岗""首届广西青年文明号十杰集体"等12项省部级荣誉。

先进集体——灵峰至八步高速公路

培养隧道施工技术人才队伍
—— 灵峰至八步高速公路第二合同段建设纪实

灵峰(桂粤界)至八步高速公路第二合同段,主体工程为石板尾隧道,右线进出口长3175m,左线进出口长3180m,为双向四车道分离式隧道,是广贺高速公路全线的控制性工程、广西区内第二长的公路隧道。作为广西、云南、贵州、湖南经贺州通往粤港澳最快捷的通道,广贺高速公路全线通车后,将联动起东盟与珠江流域的经济交流,架接一条八桂大地上振奋人心的大动脉。作为广西第二长隧道、广西路桥工程集团有限公司承建的第一长隧道,项目经理部精心组织施工,积极开展劳动竞赛活动,同时积极探索长大隧道的施工工艺,总结经验,不断提高隧道施工技术和管理水平,培养出一批隧道施工技术人才队伍。

抓好学习型团队的建设

项目于2007年进场,对于项目人员来说,首次参加这么长的隧道施工,经验不够,所以,学习对于项目部管理人员来说尤为重要。项目不定时对项目员工进行培训,内容包括隧道开挖、喷射混凝土、隧道防水及排水、二衬施工等,采用现场讲解分析与演示,形式新颖、独特、信息量大、富有很强的针对性,为项目全体员工做好下一步工作夯实了专业技术基础。为此,项目不定期结合平时培训情况,总结出相关的文字材料,下发到每个工区,组织相关员工再学习。同时,为提高施工技术水平,项目部针对石板尾隧道施工的不同阶段,邀请专家讲座,不断累积经验,以科技实力,建设好这条特长隧道。

作为广西路桥工程集团有限公司承建的第一个长大隧道施工,项目部平时开展多种类型科研和技术交流攻关活动,在全公司开展隧道施工技术交流,有针对性地组织年轻的技术骨干学习隧道的施工工艺和管理,取得了良好的成效。

劳动竞赛促生产

灵峰至八步高速公路 2 标项目一进场,就把劳动竞赛作为项目自始至终的一项工作来开展,组织员工、劳务队伍开展劳动竞赛活动,在整条广贺高速公路全线发扬吃苦奋斗精神,施工进度、质量、安全总排第一。项目根据实际,在员工中开展每月之星评比活动、青年岗位能手活动等,同时,针对隧道左右洞不同的劳务队伍,也开展了劳动竞赛活动,组织技术攻关,开展 QC 活动,取得很好的成效。

2008 年,在项目全体员工的共同努力下,项目全年施工产值累计完成 18716 万元,实现利润 1000 多万元;通过积极开展多种类型科研和技术交流攻关活动,《石板尾特长隧道初期支护的稳定性控制》QC 成果获得 2008 年广西工程建设优秀 QC 小组成果三等奖;《在有钢拱架条件下隧道系统锚杆支护效果》获得 2008 年广西工程建设优秀 QC 小组二等奖。这些科研成果为公司在隧道工程施工方面积累了宝贵的经验,同时也锻炼培养了一批青年技术骨干。

创新活动内容

以争创青年文明号为契机,营造良好的人文氛围。在项目党团支部的带领下,丰富职工业余生活,开展了篮球赛、国庆游玩等活动,既增添了节日气氛,又活跃了职工文化生活,还增进了职工团结、友谊,更展示了路桥人的精神风貌、增强了公司凝聚力。

以"全员"管理为契机,推进民主建设。在项目领导班子的带领下,项目形成了团结协作、你争我赶的氛围;并以加强员工的思想工作作为重点,及时解决党建工作中存在的问题,始终把政治思想教育工作渗透到日常工作和支部生活的各个方面,注重发挥政治思想工作的凝聚、激励、协调功能,有效地解决了支部与日常工作之间的各种矛盾,项目党支部也不断探索党员干部思想政治教育的新路子,改变了支部学习工作系统性不强、深度不够等问题。通过一系列的工作,项目全体员工适应新的形势,解放思想,创新思路,有针对性地加强技术创新和管理,积累了丰富的经验。在项目部的倡导下,项目全体员工形成了全员管理的氛围。

抓好传帮带工作

在项目党、团支部的带领下,项目积极开展"传帮带"活动,引导员工特别是新员工迅速成长。项目以特长隧道施工这一新施工技术为载体,开展多种类型科研和技术交流攻关活动,并通过技术交流、座谈会等,积极带领年轻技术人员投入到隧道施工工艺和管理工作中去。同时,通过压担子、帮带和引导,特别是在编制各类技术论文、QC 等工作中,充分发挥年轻技术干部的作用,培养和锻炼技术人员,提拔部分年轻技术骨干为中层管理人员。一批基层技术人员迅速成长，成为独当一面的管理能手，部分技术骨干调到其他隧道项目担任重要岗位，一批新员工得到了很好的锻炼。

先进集体——马江至梧州高速公路

年轻有为　善打硬仗　勇往直前
——马江至梧州高速公路 L8 合同段建设纪实

广西路桥工程集团有限公司马江至梧州高速公路 L8 合同段项目经理部在 L8 合同段奋战一年多，团支部以创建"青年文明号"为契机，大力推进项目民主管理，取得了良好的经济、社会、人才效益。2007 年 3 月，马江至梧州高速公路 L8 合同段把"青年文明号"的创建精神不断延伸，以争创区直机关"青年文明号"为目标，力争把 L8 标建设成为一个精品工程，"优质、快速、高效、安全"完成施工任务，树立良好的企业形象和品牌。

塑造一个年轻有为、善打硬仗、勇往直前的领导班子

马江至梧州高速公路 L8 合同段项目作为广西路桥工程集团有限公司打开梧州地区路桥建设市场的先头部队，广西路桥工程集团有限公司、分公司高度重视，为项目配备了一个年轻而富有开拓精神、富有战斗力的领导班子。班子成员平均年龄不足 29 岁。项目领导班子成员定期开展理论学习，自觉接受职工们的监督，以身作则，在职工中享有较高的威信。

"天将降大任于斯人也，必先苦其心志，劳其筋骨。"马江至梧州高速公路 L8 标施工生产过程中也是一波三折，几经磨难。开工前期，由于劳务关系未理顺，资金不到位，马江至梧州高速公路 L8 标的施工进度严重受阻，每个季度考核进度，要承受住业主、监理的巨大压力。此外，因为深圳珠海卡都公司与劳务队伍之间就有关施工合同的纠纷导致四个隧道队伍及路基结构队伍无法正常施工，各段路基与相邻隧道交叉段施工干扰，隧道临建场地非正常填筑路段后期路基施工返工、开挖、填筑费用等问题都是急需解决的大问题。为此，项目领导班子与各方面进行交涉、合同谈判，为项目的正常施工奠定了坚实的基础。

工作面展开了，可项目经理李亮勤的身体却越来越瘦弱，连续一周在外谈判、交涉，每天早上起床经常总会听到他的寝室里传来一阵阵撕心裂肺的咳嗽声、呕吐声，员工们心里都一阵阵犯紧。尽管如此，在所有员工面前他永远是那么精神抖擞，富有战斗力，有股使不完的冲劲。

青年员工，工程建设主力军

项目刚进场时，因为合同问题一时不能解决，造成施工进度几度落后。日子一天天过去，管理难度大，产值无法完成，大家心里很是着急。职工们压力大，思想就有些波动，更有个别职工甚至有离开项目的念头。项目团支部不断做青年团员的思想工作,使青年团员紧紧地团结在一起,成为职工思想动摇时的中流砥柱。青年看到项目的希望,他们不计报酬,敢于奉献,以百倍热忱投入到工作中,成为项目施工中逆流而上的中坚力量。随着工作展开、产值逐步提高,员工们的工作积极性也大大提高。

参加本项目施工的员工大部分都是青年人,其中35岁以下18人,占项目员工总数的81.8%。这支年轻的建设队伍有一个共同的目标:培养一支守纪律、精业务、善经营、创新意识和能力强的青年职工队伍,树立一个"团结拼搏,求实创新,开拓进取,敬业爱岗,乐于奉献"的"优质、高效、重信誉、守合同"的企业形象,实现一流的服务、一流的管理、一流的效益,争创一个能产生人才、社会、经济三大效益的"全国青年文明号"。

自经理部组建以来,在各级党组织、团组织的正确领导和关心下,项目部坚持"精神文明与物质文明两手抓、两手都要硬"的方针开展各项工作,以创建"青年文明号"为动力促进项目生产的发展及各项管理目标的实现,用取得的生产成果为创建"青年文明号"工作的深入开展提供了必要的物质基础,两者相辅相成、相得益彰。2008年春节期间,业主要求正常施工,项目部采取积极措施,组织以青年团员为主力军的相关管理员工及劳务队伍坚守施工生产一线,确保春节期间正常施工,得到了业主的全线通报表扬。

培养人才,积极开展"传帮带"

国旗、"青年文明号"号旗、团旗三面旗帜在工地上空高高飘扬是广西路桥工程集团有限公司创建"青年文明号"的特色。马江至梧州高速公路L8标项目不仅让旗帜飘扬在空中,更要让旗帜飘扬在人们的心里。项目部除了各种创号规章上墙、做好创号的总动员和过程管理外,始终把对青年人才的思想教育放在首位,作为争创工作的突破口、切入点。项目部坚持见缝插针式的政治学习,组织员工认真学习党的十七大精神、"三个代表"的重要思想,积极开展思想大解放讨论及制度学习等活动,在统一思想、统一行动、改变工作作风方面,取得了较好的成效。在工作中,重视发现和培养先进人物,通过"争当青年岗位能手"活动,树立榜样形象,号召后进学习先进,先进帮后进,营造"比、学、帮、超"的良好氛围。马江至梧州高速公路L8标员工的平均年龄仅27岁,是一个充满朝气的团体,刚参加工作不久年轻的技术人员和刚毕业的大中专院校学生,在项目内形成钻研技术、不断提高业务水平的学习热潮。通过邀请隧道专家教授给员工们以及劳务队伍负责人召开隧道培训班,开展导师带徒等一系列活动,一大批年轻技术人员成长为技术骨干,担任了项目的重要岗位工作。项目部质检、计量、成本、财务等部门都是年轻人挑大梁,他们互相学习、互通有无、互相帮助,很快就在工作中独当一面,获得了业主、分公司及总公司的好评。项目经理李亮勤由于业务突出、德才兼备,被评为2007年度广西路桥工程集团有限公司一分公司优秀中层管理者;项目党支部书记杨军国被评为2007年度广西路桥工程集团有限公司优秀共产党员,项目总工程师被评为2007年度区直机关优秀共青团员和广西路桥工程集团有限公司一分公司项目优秀总工程师。

坚守一线,攻坚克难,勇担重任

针对隧道施工作业面狭小,相互作业干扰大,不利于多项目同时展开;隐蔽工程众多,施工质量不易控制,也不易保证;施工综合性强,各工种相互配合、各工序相互衔接很重要;施工作业环境较差,黑暗、潮湿、粉尘及有毒有害气体多且不易排出;地质条件不可预见性大,在恶劣的地质条件(涌水、断层、溶洞、膨胀土围岩、煤层、瓦斯等)下,施工安全不易保证;作业面狭窄导致工期较长且不易保证、施工风险性大等问题,项目部为该隧道成立了光面爆破QC管理小组,组长由项目部总工程师担任,成员为现场技术干部、领工员及开挖班班长,实行责任承包,把责任分解到各工序,落实到人。

项目部均以年轻的技术干部为主,在隧道施工当中经验欠缺,希望借QC活动的开展,锻炼隧道施工技术人员,提高对隧道施工的感性理性认识,提高现场管理控制能力。马江至梧州高速公路L8标是个以隧道施工为主的标段,由四个隧道组成的隧道群,要真正管理好现场,控制好质量和安全,必须常驻施工一线进行细化管理。项目部派驻隧道现场的技术人员,基本上是毕业一两年的新员工,但在施工一线管理现场丝毫不马虎,对各个劳务队伍高要求、严管理,按照规范施工,在确保工程施工的安全和质量的前提下加快进度。

同时,马江至梧州高速公路L8标施工的劳务队伍都是业主指定分包的,管理难度相当大,曾经因现场管理等问题受到业主、总监、监理的批评,可他们没有半句怨言,坚守一线,查找问题,逐个改正,积累管理经验。

在生活上,隧道施工一线条件异常艰苦,与福建劳务队伍同吃住,口味要经过一段时间才能适应过来。冬天,寒气逼人,在隧道内摸爬滚打后在深山里洗个澡都是个大问题。艰辛挡不了他们学习向上的激情,他们抓住每次回项目部的短暂时间向项目总工虚心请教,真正做到学以致用,能以理论知识指导现场施工,做到能独立开展隧道施工的各种方案设计、技术指导和现场管理。

结合生产,营造氛围,促进各项工作

项目部在开工之初,成立了民主监督小组、工会监督小组,坚持实际政务公开制度,每月的经营情况、费用开支上榜公布,重大事项、重大开支进行项目班子集中讨论,使职工们心里有底。

为让职工们心情舒畅,全身心投入到工作中,项目设置"职工之家",配备有电视、DVD、音响、乒乓球桌,购置足球、羽毛球、棋、牌,订购报纸杂志等。同时,项目部十分重视后勤工作,特别为厨房配备了消毒柜、冰箱,保证员工随时能放心地吃上新鲜、卫生的饭菜。在这样的环境下,员工感受到了家庭般的温暖,稳定了人心,造就了整个队伍良好的精神面貌。

团支部积极开展"推优"工作,促使广大团员青年在思想上追求进步,努力实现德才兼备。一年多来,广大青年员工积极向党组织递交入党申请书,向党靠拢,为党组织积蓄了后备军。认真组织开展"节约增效"活动,使争创工作促进了企业经营管理工作的开展,形成了全员参与成本管理、人人讲究控制节约的作风,项目的成本控制达到了预期的目标。积极组织开展丰富多彩的文娱活动。项目团支部经常组织员工与周边单位进行篮球友谊赛,同时还经常组织项目的卡拉 OK 比赛,在"五一"劳动节、"五四"青年节等节日还开展丰富多彩的义务劳动、游园、篮球比赛。通过这些活动的开展,活跃了气氛,建立了友谊,沟通了感情。

先进集体——隆林至百色高速公路 4 标段

铁军英雄谱赞歌
——隆林至百色高速公路 4 标段建设纪实

隆林至百色高速公路沿线有大量的高压电线、通信线路、国防光缆等杆线和房屋需要拆迁,受各方面原因影响,征地拆迁工作进展缓慢,严重制约着隆林至百色高速公路施工进度和工作面的全面有效展开。隆林至百色高速公路 4 标的青年员工努力克服材料、资金和技术上的困难,与恶劣的自然环境抗争,取得了良好的成绩,获得了 2009 年自治区级"青年文明号"、广西壮族自治区交通系统"先进基层党组织"、隆百路"共产党员先锋号",连续两年获得广西路桥工程集团有限公司"先进集体""先进基层党组织"等荣誉。

一个篱笆三个桩　一个好汉三个帮

在工程管理上,以谢荣华为首的领导班子深知,要做好项目这篇大文章,除了培养员工有强烈的责任心、使命感,还必须不断培养技术人才,打造更高素质的团队。

团结的领导班子是前进有力的"火车头",团结的员工队伍是前进中熊熊燃烧的能源,该项目进场后,始终把团结、民主、协作作为项目企业文化的重头戏来抓,时刻营造团结、民主、协作的氛围。通过班子民主生活会、党团员民主评议会、集体学习会、技术交流培训会等会议形式,通过改善员工生活生产条件,解决员工后顾之忧,开展丰富多彩的团队活动,大力推进项目精神文明建设,持续加强团队建设、班子建设和员工素质建设"三个建设",强调团结、民主、协作的工作方式,牢牢凝聚人心,推进团结、民主、协作的企业文化不断深入人心,促进项目建设科学、持续地推进。同时,项目向公司及其他项目源源不断地培养输送能承担重要岗位的人才 20 多人。

内强实力　外塑形象

建好隆林至百色高速公路4标段,内强实力,外塑形象,打造公司品牌,证明公司实力,无论从政治上、经济效益上,还是从长远发展上考虑,都具有异常重要的意义,也是凝结在全项目员工心中共同的期望。而由一帮刚毕业一两年初出茅庐的年轻人为主要力量,承担起了隆林至百色高速公路4标段建设的重任。一开始,难免走一些弯路、出现困难,隆林至百色高速公路4标段工程进度形象曾一度处于全线排后的尴尬境地。

年轻的项目经理谢荣华调任隆林至百色高速公路4标段项目经理后,提出了超越的目标,要扭转局面,打一个漂亮的翻身仗,改善项目形象,打造公司品牌,打造公司的标杆项目,"只许成功,不许失败"。"我们年轻,经验技术还很薄弱,但这不是借口,我们哪方面落后,就补哪方面,我们发挥我们年轻的优势,用团结克服一切困难。"谢经理反复告诫员工,"我们不要怀疑自己的能力,也不要认为自己是异想天开,当有了目标之后,我们就该向着目标锲而不舍地前进,所有的困难挫折都将被我们用不甘落后、勇于拼搏的精神击败!"

抢时间　保工期　只争朝夕

对于工期,隆林至百色高速公路业主先后根据上级要求分两个阶段提出了具体的要求,即:第一阶段为半幅贯通,时间是到2010年春节前;第二阶段为年底通车,从春节到2010年年底。"提前完工,两年太久,只争朝夕""大干晴天,巧干雨天,迅速完成剩余工程量""迎难而上,大干旱季,保质保量完成年底通车目标"等这些标语口号施工现场随处可见。

面对工期如此之紧,同时业主对工程质量、安全有极高要求,压力可想而知。谢荣华把13.6km的路基线路切割三段,成立3个工区,设立工区负责人,单独设立路面工区,建立健全责任目标管理办法,突出重点,各个击破,分段进行。项目部坚持效益优先,精心挖潜,划分责任,分解任务。项目部以月、旬、周、天周密细致计划来督促执行,奖罚分明,并及时执行兑现。与此同时,项目部还积极开展劳动竞赛活动,主要在工区之间、班组之间、工点之间展开劳动竞赛,充分调动了员工和劳务队伍的生产积极性。通过开展奖罚分明的劳动竞赛,营造了"比、学、赶、帮"的浓厚氛围,有力地加快了施工进度。

临近春节,为抢工期,项目部大部分职工坚守工作岗位,把对亲人的思念转化为工作动力,节日里工地上一片大干的景象。2010年春节,路面工区施工夜以继日,在寒冷的冬季,他们抢时间,鏖战旱季,施工进度得到快速推进,抢得了先机,受到了业主的好评。隆林至百色高速公路4标段获得了2009年隆林至百色高速公路"创一流业绩,勇当建设主力军"劳动竞赛第二名,全线部分施工单位还到现场观摩交流。

率先在全线进行路槽验收。2009年11月以来,隆林至百色高速公路4标段进入全面路槽修整阶段。2009年12月25日,隆林至百色高速公路4标段率先在隆林至百色高速公路开展路槽验收工作,为路面垫层、底基层施工创造了有利条件。

辞旧迎新之际掀起速度革命,率先开展路面级配碎石底基层施工。在2010年辞旧迎新之际,欢快的鞭炮声配合着旱季大干的氛围,奏出了一曲振奋人心的路桥赞歌。2009年12月31日,隆林至百色高速公路4标段路面工区底基层施工率先在隆百路全线进行。经过精心筹备和统筹安排,率先在全线开始路面底基层施工,极大地鼓舞了项目员工的斗志,路面工区打响了路面施工振奋人心的第一炮。

胜利实现业主下达的年前半幅贯通目标。2010年1月17日,伴随着一工区岩龙跨线桥左幅顺利架通,隆林至百色高速公路4标段胜利完成业主下达的年前既定目标,顺利实现半幅贯通。隆林至百色高速公路4标段项目克服前期工作落后局面,通过增加机械人员投入,科学管理、合理安排、精心组织工程施工,采取有效举措,大力改善工程形象,化被动为主动,如期完成业主下达的半幅贯通目标,树立了广西路桥全国特级施工企业的品牌形象。

先进集体——六景至钦州港高速公路

携手共发展

——六景至钦州港高速公路路面工程

No. B合同段建设纪实

广西长长路桥建设有限公司六景至钦州港高速公路路面工程No. B合同段项目经理部组建于2011年8月2日,承建路段全长39.46km,合同总金额为3.67亿元,为双向四车道高速公路,沥青混凝土路面。项目荣获"全国模范小家"、广西壮族自治区交通运输系统2011年度"青年文明号"荣誉称号,在2011年度和2012年上半年业主开展的安全评比中均获得安全生产第一名的好成绩。项目上的覃世光被公司授予2011年度"优秀项目经理"荣誉称号,张军军获得2011年度广西区"五一劳动奖章"荣誉称号。

建设优质工程谋发展

项目自成立以来,在公司的正确领导下,深入开展QC活动,积极创新以满足工程建设的技术要求。项目成立了以覃世光为组长的QC小组,针对水稳、沥青路面施工过程中遇到的难题、质量控制点开展QC活动,小组成员分工有序,各负其责。2011年,该小组的研究课题《加强管理控制沥青混凝土路面压实质量》《沥青路面旧水泥混凝土路面病害处治》曾分别荣获广西工程建设QC小组成果二等奖、三等奖。2011年10月,项目QC小组以《提高水泥稳定碎石基层压实度合格率》为课题,以满足业主对水稳基层质量管理目标:现场检测压实度≥98%,压实度合格率100%。项目QC小组自成立以来,通过科学合理分析造成水泥稳定碎石基层压实度达不到设计要求的因素,制订了相关措施,解决水稳施工存在的质量隐患,确保水稳基层压实度达到要求。通过 QC 小组成员的努力并指导现场施工,项目水稳施工质量得到了有效控制,发挥了班组员工在经济技术活动和班组建设中的主动性、创造性和示范性,得到了业主、监理单位以及公司的一致好评。

提供优质服务促发展

着力加强作风建设,提高全体员工责任意识。2011 年 8 月以来,项目以公司"五个不让"作风建设要求,加强员工遵纪守法教育,大力开展企业文化教育,倡导责任意识。在日常工作中,项目部认真贯彻落实公司各项制度,全体员工努力做到"五个不让":不让上级部署的工作在我手中延误;不让需要办理的事情在我手中积压;不让各种差错在我身上发生;不让来办事的人在我这里受到冷落;不让单位和部门的形象在我这里受到影响。员工们弘扬了良好的职业道德,工作认真负责,兢兢业业,在本职岗位上创造了优秀的成绩。一年来,项目员工受到上级单位表彰 30 人次,其中张军军喜获 2011 年度广西区"五一劳动奖章"荣誉称号,极大地振奋了项目员工的斗志。项目先后荣获公司、业主 3 次表彰,在创建"青年文明号"工作中荣获广西壮族自治区交通运输系统 2011 年度"青年文明号"荣誉称号。

强化企业社会责任意识

自 2011 年项目党支部建立以来,支部现有正式党员 7 名,入党积极分子 2 名。在公司党委的正确领导下,支部充分发挥战斗堡垒作用,党员同志充分发挥先锋模范带头作用,增强社会责任感。项目党支部与广西钦州市灵山县旧州镇政府、旧州镇横塘村委会开展联建工作,并援助驻地附近横塘村委铺筑 700m 水泥道路,累计投入人力、物力折合人民币 7 万余元,取得了良好的联建效果。广西钦州市灵山县电视台曾先后两次对村企联建工作和项目的施工生产进行了报道,收到了良好的社会效果,树立了良好的社会形象。

打造优秀团队求发展

高要求开展"强基扩能"党建主题活动,提高员工综合素质。项目以"强基扩能"活动为推手,大力开展员工技术培训工作。在"工地大课堂"活动载体下,选拔了 10 名优秀员工作为讲师,累计开展"工地大课堂"活动 19 次;邀请广西交通运输厅质监站副站长、沥青路面专家杨胜坚到项目为全体员工讲授沥青路面施工知识;组织员工去相邻标段学习 5 次。通过不断加强内部培训,在业主组织的水稳、沥青施工层压实度、平整度等各项指标检验中,项目多次受到表扬。

项目员工韦联飞从工区长被提拔为项目生产副经理,项目路面专工韦永正被提拔为工区长,试验员李文帅被提拔为公司其他大项目的试验室主任等,项目机手张军军荣获广西区"五一劳动奖章",为广西路桥人赢得荣誉,很大程度上鼓舞了更多的员工努力提高自身技术水平,更积极地投入施工生产中。

以人为本、重点建好"职工之家",打造和谐团队。项目自进场以来,建立了职工之家,添置了电视机、报纸刊物、乒乓球台,建设了篮球场、羽毛球场,从硬件设施上充分满足员工业余生活要求。同时,项目结合自身特点,以人为本,努力建立和谐项目,打造一流团队,取得了良好效果。通过组织一系列文体活动、班组教育以及送温暖等活动,加强了项目员工之间的团结,增强了班组的凝聚力,在工作中,大家齐心协力、克难攻坚,甘于奉献,战白天,斗黑夜。在生活上,大家互相帮助、共同进步,形成了争先创优的良好氛围。

创造优秀业绩共发展

营造竞争氛围,实现快速发展。项目组建以来,在内部管理上把竞争这种内促力放在首要位置。2011年12月7日,项目组织全体机手开展了"岗位练兵技能比武"活动,表彰了先进人员,鞭策了后进人员,起到很好的效果。2012年6月30日,项目结合业主要求,组织施工管理人员进行沥青路面知识考试,进一步提高了沥青路面施工技术水平。

此外,项目设置了月度"节油之星",月度"青年岗位能手";在后勤方面,每季度开展一次饭堂厨师"技能大比武"活动;在施工管理中,设置班组节点奖励,2012年旱季施工开展以来,项目以日摊铺沥青2km,水稳摊铺1km为目标,全体员工奋发有为,施工进度在六景至钦州港高速公路路面施工中居第一,实现了较好的生产经营业绩。

实现项目稳发展

加强安全日常管理,实现安全生产事故零发生。按照"安全第一,预防为主,综合治理"的原则,项目严格保证安全资金的投入,大力开展项目安全管理工作。

2012年6月,项目认真开展安全生产月活动。活动期间,项目部安全部门根据实际情况,组织人员进行安全教育、安全检查等工作,广泛利用宣传栏、横幅、彩图、随身小手册等方式大力宣传各种安全生产知识、预防安全事故的方法以及自我保护的相关知识,组织观看了《以人为本、安全第一》《人命关天之11.15静安大火》等安全警示片。6月25日上午,项目部组织开展了一次消防演练,进一步强化了项目员工、劳务人员的安全意识,做到了人人懂安全,人人参与安全。

积极创建平安工地,荣获多项安全奖。项目部全体员工高度重视安全生产工作,积极创建"平安工地",项目未发生一起生产安全事故,先后获得业主2011年度及2012年上半年"安全生产先进单位"荣誉称号,并获得广西长长路桥建设有限公司2011年第三、第四季度,2012年第一、第二季度安全生产达标奖。安全工作得到业主、监理单位和公司的充分肯定,为施工生产营造了良好的环境,同时树立了良好的企业形象,成为其他项目的榜样。

先进集体——宜州至河池高速公路

修一条高速公路 造福一方百姓
——宜州至河池高速公路建设纪实

在近三年的艰辛开拓中,宜州至河池高速公路项目公司的建设者们克服人员偏少、征迁、投资压力大等困难,与设计单位、监理单位、施工单位一起,以饱满的热情,以坚韧不拔、特别能战斗的精神,发扬"五加二""白加黑"精神,勇挑重任,克难攻坚,忘我奉献。一方面,根据广西交通投资集团有限公司、广西高速公路投资有限公司要求,务实开展"一号六岗八联建、三美四化五个廉"大品牌化党建文化活动;另一方面,结合项目实际,积极开展廉政建设及工、青、团、妇等文体活动,积累了宝贵的精神财富。

精神文明建设不断强化,成果日益明显。宜州至河池高速公路项目公司始终以"四保"为指导思想,把工程进展与驻地人民共同发展紧密结合,坚持"修路架桥,造福百姓"的理念,既关注眼前的、显性的问题,又关注长远的、隐性的问题,在加快工程进度的同时,不忘以民为本,主动承担社会责任,积极主动帮助沿线群众解决事关国计民生的具体问题,树立了负责任行业的良好企业形象,与群众建立了和谐的路地关系。

热心扶贫帮困

2009年,河池市罗城仫佬族自治县卡马水库险情不断,7千多名群众紧急撤离,项目公司党委组织公司员工及各总监办、各项目经理部积极捐款6.4万元;为支援河池市大化瑶族自治县那色村饮水、屯级路、排污、码头、卫生室等基础设施建设,公司组织相关项目部捐款2万元;宜河路八标出资2万元为侧岭中学购买学生铁架床。

项目部充分考虑群众需要,在施工点附近,在路口设置安全标语,粘贴温馨提示牌,保证村民的出入安全;公司党委组织各项目部给村民修路送水泥,砌筑水柜和挡土墙,帮助村民解决灌溉问题;向当地贫困大学生捐款,为当地村民清理垃圾;安排机械帮助村民挖塘养鱼、平整土地、运输房屋建材,为农田换填肥沃土壤;为金城江区九良村小学重新粉刷、装修教室,铺地板砖,运水泥送球板,把旧球场改造成崭新的灯光球场。

在深入开展"企村联建"活动中,双方通过企村组织联建、党员牵手帮扶等方式,建立互帮、互学、互助的有效机制,并坚持从实际出发,双方做到优势互补,共谋发展,互惠双赢,实现资源互动,进一步加快了项目建设步伐。其中的典型有:测洞新村——宜州至河池高速公路全线10余个征迁集中安置点之一,已成为河池市特色鲜明、布局合理、设施配套、环境优美的社会主义新农村示范点、高速公路征地拆迁安置示范点、人居生活示范点,共惠及77户共221人。

据统计,自开工建设以来,项目新修便民路超过70km,其中包含道路硬化52km,新建小学 1 所,新建水利设施 113 处,蓄水池 13 座,打井 5 口,开办农民培训班 41 次,使用务工人员累计超过 1.2 万人次,投入资金超过 3000 万元。

高度关注民生

2010 年,河池市遭遇历史罕见的特大旱灾。项目公司党委及时号召全体从业单位积极行动起来,热情伸出援手,采取多种方式,集合多方力量,急当地政府之所急,帮沿线群众之所需,主动为当地群众送水、挖井、建水柜,寻找水源,组织员工捐款,以各种方式支援当地群众抗旱救灾保春耕。

2 月份,公司组织宜河路八标人员,根据当地地质水路走向,翻山越岭一个星期,为侧岭乡找到水源,并组织资助 5 万元修建水柜,购买水管,解决当地 90 余户 250 余人饮水老大难问题。按照高标准重建的学校,总投入 562.65 万元,为当地的拉者小学建成 1 栋共 16 间宽敞明亮的教室,1 栋 12 套教师宿舍及 1 栋包含多媒体室、图书阅览室、科技活动室等现代化的综合楼,极大地改善了当地教学环境。

高速公路沿线金城江区则洞村白尾屯,是一个有着 22 户 100 余人的偏远小山村,村民长期靠天饮水,人畜饮水困难。宜河路八标施工队伍进驻该屯后,在村边打下四口 70 多米的深井。在满足施工用水的同时,免费为村民接上水管、水龙头,提供生活、灌溉用水。2010 年持续的旱灾,使 4 口深井出水量逐渐减少,施工生产用水面临困难,但他们优先确保村民正常生活用水,而生产用水不足的部分,则另外每天花 1 千元从 20km 外的市里购买补充。同时组织二次钻井扩大取水孔,加深水源,出资 5 万元帮助该屯建立大水柜,完善供水系统,在确保白尾屯村民生活用水的同时,惠及周边村屯 500 余人。

宜州至河池高速公路第六经理部为东江镇永康社区加基队拉水保春耕,并下田帮助放肥、浇水,使该队春秧下种难题得到及时解决。

据统计,旱情持续期间,项目公司党委组织各项目部持续为沿线村、屯送水 500 多次,寻找水源 5 处,钻井 10 余口,惠及沿线村、屯村民 2000 余人,发动全线从业单位和建设者支援当地群众抗旱救灾,捐款金额超过 10 万元。

企村联建　水滴石穿

由于土地征用、资源利用、利益分配等问题,高速公路建设项目公司与沿线村屯的矛盾难以避免,村企关系紧张成为征地拆迁必须面临的首要问题,虽然建设单位耗费了大量的精力希望改善企业与周边村民的关系,但收效甚微。同时,由于部分项目公司负责人在掀起旱季施工高潮过程中,往往只注重生产经营,忽视党群组织建设,党群工作基础薄弱,党组织的政治优势和组织优势得不到充分体现,造成党员骨干带头作用难以发挥。

针对以上两种实际情况,项目指挥部在广西交通投资集团有限公司党委的领导和部署下,积极响应中共中央关于开展"创先争优"活动的号召,提出"修一条高速公路,造福一方百姓"的口号,站在实现科学发展、和谐发展、为人民群众服务的高度,从创新企业党建模式,打造建功立业平台的高度,从加强路地共建、化解路地矛盾和纠纷的高度出发,从增强地方,特别是农村、农民对高速公路的认知,构建和谐路地关系的高度出发,开展"企村联建"活动。

在"企村联建"活动中,宜州至河池高速公路指挥部既立足于自身发展,又秉承"为民"宗旨,以"八联建"(支部联建、征迁联建、用工联建、培训联建、设施联建、项目联建、文化联建、惠民联建)为载体,以项目建设为平台,以建设项目基层党组织和沿线农村基层党组织共建为内容,通过产业带动、企村联动、投资推动等多种形式,既有效解决了在高速公路项目建设过程中的一些棘手问题,也能为农村经济的发展提供新的思路和方式,真正实现兴企富民、企村共赢的目标,促进高速公路沿线经济社会科学发展、和谐发展和跨越式发展,同时也创造性地形成了关系密切、有机融合、资源共享、功能互补、双向受益、共同提高的企村党建新格局。

先进集体——防城港至东兴高速公路

青春洋溢战前线
——防城港至东兴高速公路 No.1 标段建设纪实

广西路桥工程集团有限公司广西防城港至东兴高速公路 No.1 标段全长 5.750km,工程总造价 2.29 亿元,合同工期 540 天。项目共有员工 52 名,平均年龄不足 29 岁,35 岁以下的青年员工 41 名,占职工人数的 78%,其中党员 5 名,团员 7 名,是一个上下都迸发着活力、激情、青春和朝气的项目基层党组织。

防城港至东兴高速公路 No.1 标一直坚持以生产经营效益为重心,人才效益、社会效益为辅佐的基本思路开展党建工作,把施工现场作为深入推进创先争优活动的主阵地,坚持"重在持续,重在提升,重在实效"的原则,围绕"凝心聚力,克难攻坚,挖潜增效,科学发展"的工作主线,以党组织建设年暨创先争优、庆祝建党 91 周年、深入开展"情暖路桥"以及安全质量管理专项大排查大整治等活动为契机,找准创争结合点,创新活动载体,充分发挥基层党组织合力攻坚、党员模范带头和服务指导劳务队的作用,攻克了集体与个人历史遗留纠纷地、抢种强建以及大牛冲组等拆迁难关,在项目范围内形成了"争优秀、创典型、作表率"的良好氛围,调动和激发了广大员工及务工人员的积极性,为持续稳定地推进项目的工程建设提供了强大动力。

在分公司党委的带领下,防城港至东兴高速公路 No.1 标项目党支部以"党员 1+1 绝对帮扶""承诺联评大行动""党群共建大行动"等活动为契机,紧扣党组织建设年暨创先争优这一主题,通过党建带工建、党建带团建、党员带群众、先进带落后等方式,组织开展了"创建先进集体活动""争当先进个人活动""创建青年文明号活动""争当青年岗位能手活动"等活动,激发党组织活力,努力形成活动同行、组织同建、先锋同创的格局。在上级各党委的直接带领下,防城港至东兴高速公路 NO.1 标项目党组织严格遵照广西路桥工程集团有限公司"关爱员工,温暖路桥"主题实践活动和党员志愿服务行动要求,组建党员志愿者服务队,分别深入到施工一线开展"送清凉"行动和"关爱农民工子女志愿服务"行动,引导广大党员在服务劳务队中践行企业责任,进一步培养全体员工的互助奉献意识。

先进人物——周文

不忘初心　砥砺前行
——记"广西优秀企业家"周文

周文毕业于重庆交通学院公路与城市道路专业,1986 年 7 月参加工作,从技术员岗位做起,曾任广西交通科学研究所所长、广西新发展交通集团有限公司总经理、广西五洲交通股份有限公司董事长、广西壮族自治区国有资产监督委员会副主任、广西北部湾开发投资有限责任公司总经理、广西北部湾投资集团有限公司董事长,2014 年 12 月至今任广西交通投资集团有限公司董事长、党委书记。参加工作 30 年,他情牵交通、锐意奋进、不忘初心,为广西交通科技、交通建设、国企改革等事业发展作出了重要贡献。

扎根专业的交通人

周文是一名"老交通"。在他 30 多年职业生涯中,除有 1 年半时间担任广西壮族自治区国资委副主任外,都与交通事业直接相关。周文始终坚信,交通企业要从交通的角度抓住战略机遇,提升企业的实力,为经济社会发展作贡献。

在担任广西交通科学研究所所长的 4 年间,周文组织科研团队,先后承担交通运输部、广西壮族自治区交通运输厅 20 余项重大课题,被评为"全国优秀青年专家"。

在担任广西北部湾开发投资有限责任公司、广西北部湾投资集团主要领导期间,周文贯彻广西壮族自治区党委、政府关于北部湾经济区开放开发决策部署,推进经济区交通基础设施、产业园区、保税港区等项目建设,防城港至东兴、南宁至钦州改扩建高速公路项目顺利完成,启动了大塘至浦北、大塘至吴圩机场、钦州至防城港改扩建等高速公路项目前期工作,为北部湾经济区发展"黄金十年"提供了有力保障。

任职广西交通投资集团有限公司董事长后,周文推动交通建设的任务更重了,面对 34 个在建、筹建和收尾高速公路项目,他狠抓主业、统筹兼顾,交通项目建设继续快速推进。2015 年,广西交通投资集团有限公司实现来宾至马山、马山至平果、柳州至武宣、灌阳至凤凰、那坡至富宁 5 条高速公路通车,新增上林、象州、灌阳 3 个县通高速公路,新增通车里程333.4km,广西高速公路通车里程突破4000km大关。同年广西交通投资集团有限公司还开工建设了乐业至百色、崇左至水口高速公路,启动了桂林至柳州、桂林绕城线、南宁至坛洛3个高速公路路面改造项目,全年完成高速公路投资169亿元,为实现广西全区交通"十二五"规划目标作出了重要贡献。2015年12月29日,广西壮族自治区副主席陈刚在上林收费站主持全区高速公路建设现场会上,对广西交通投资集团有限公司的工作给予了充分肯定。

2016年是"十三五"开局之年,周文强调要始终把推进高速公路建设作为集团公司的主责主业,他主持编制集团公司"十三五"发展战略,明确了到2020年的高速公路建设目标。2016年5月30日,广西交通投资集团有限公司投资建设的崇左至靖西高速公路如期建成通车,这是广西"十三五"首条建成通车的高速公路,结束了大新县、天等县不通高速公路的历史。

周文高度重视交通工程质量安全,注重进度、安全、质量平衡发展。在广西新发展交通集团有限公司工作时,公司承建的交通项目众多,他提出"既要争分夺秒抢工期,千方百计抓效益,更要万无一失保质量"。他注重科技创新应用,注重以人为本,努力建设安全便捷、绿色环保的高速公路。2015年,广西交通投资集团有限公司《废轮胎修筑高性能沥青路面关键技术及工程应用》获国家科技进步二等奖,获广西科技进步三等奖1项、实用新型专利技术6项、发明专利1项,靖西至那坡高速公路成为广西唯一荣获国家安全生产监督管理总局、交通运输部"平安工程"冠名的工程项目。

锐意进取的企业家

周文先后担任交通科研机构及多家重要交通企业主要负责人,他坚持科学发展理念,遵循市场规律,始终以效益为导向推动改革创新。

周文担任广西交通科学研究所所长后,推动科研所走市场化、企业化发展道路,4年间单位创收从上任伊始的200万元增长到20000万元,为科研所的发展作出了积极贡献。担任广西新发展交通集团有限公司总经理兼广西壮族自治区路桥工程集团有限公司总经理期间,他认真研究施工企业经营特点,积极开拓国内市场,稳步进军海外,开拓了越南、孟加拉国等市场。

2004年,作为首届中国—东盟博览会重要配套工程,广西路桥工程集团有限公司承建的南宁市竹溪立交桥工程是南宁市乃至广西有史以来罕见的复杂结构桥梁。周文带领员工吃住在工地,克服地质结构复杂、作业面狭窄、工期时间短等种种困难,仅用一年时间就高质量建设完成,创造了广西建筑工程史的奇迹。

随着北部湾经济区开放发展序幕的拉开,为促进广西北部湾经济区开放开发,做好广西北部湾经济区内重大基础设施、公共设施和岸线资源开发建设,广西壮族自治区党委、政府审时度势，决定成立广西北部湾投资集团有限公司，其于2007年2月揭牌成立。周文担任广西北部湾投资集团有限公司主要负责人，是公司起步发展的拓荒者、推动者，更是企业跨越发展的设计师、领航人。他带领广西北部湾投资集团有限公司科学研判内外发展环境，主动融入"三个优先发展""一带一路"和"双核驱动"战略，突出"抓经营"与"抓党建"两条主线融合发展，以"产金—湾"战略为纲领，提出了"全面落实两个转变、推动转型跨越发展"的战略决策，书写了一份科学发展、加快发展的精彩答卷。截至2014年12月，广西北部湾投资集团有限公司资产总额362亿元，累计实现利润总额30亿元，投资规模达900亿元，累计完成投资300亿元。广西北部湾投资集团有限公司迅速拓展成为以交通产业投资建设与经营、产业园区整体开发、水务一体化投资运营、土地整体开发、商贸物流产业发展等为五大主营业务，并依托投资形成的平台而涉入贸易加工、新能源、新材料、新技术和节能环保型等产业领域的主业格局，迎难而上跑出满载正能量的"北投加速度"，彰显了强大的发展活力与核心竞争力。

周文于2014年12月始担任广西交通投资集团有限公司董事长、党委书记。面对经济发展"新常态"给企业带来的严峻挑战，他牢牢把握公司发展方向，加强内部管理改革，经营管理规范性、制度化、科学化水平进一步提升。以提升质量效益为目标，优化整合经营资源，积极"瘦身升级"，在内外部风险逐步加大的形势下，广西交通投资集团有限公司保持了持续稳定发展，经营机制、管理效率、发展质量有了新的提升。通过一年多的探索实践，周文主持确定广西交通投资集团有限公司"十三五"规划，明确坚持"深耕主业、稳健拓展"的原则，实施"纵向一体化、横向相关多元化"的产业发展战略，形成以高速公路及附属业务为核心，商贸物流、金融、土地开发与经营为主要业务，国际业务、信息化与互联网＋为支持业务的"132"产业布局，到2020年年底，实现资产总额3500亿元、营业收入300亿元、利润总额25亿元以上，逐步打造成为国内一流、东盟知名的综合交通产业投资和发展商。伴以广西高速公路还贷运营管理中心设立、广西交通发展投资基金获批、广西交通投资集团有限公司首次境外发行美元债券（同时也是广西国企首次）等重要里程碑，标志着广西交通投资集团有限公司二次创业、跨越发展迈上了新征程。

不忘初心的老党员

周文大学时代即入党，是一名党龄超过30年的老党员。他始终牢记自己的党员身份和入党誓言。他认为，作为一名党员，既要对党忠诚，也要为党奋斗，通过在平凡岗位上的勤奋工作，践行对党、对人民的庄严承诺。

面对不同的岗位、不同的使命、不同的挑战，他一以贯之的，是他对待工作任劳任怨的"黄牛气质"，敢为人先的"担当魄力"，精益求精的"工匠精神"。

周文"上班早"是出了名的，从广西交通科学研究所到大型企业集团，从基层技术员到重要领导岗位,他几乎都是最早到办公室的,几十年如一日。这也体现了他所秉承的理念——"要用职业的精神对企业负责",正是这种理念引领着他带领企业在复杂环境和激烈竞争中蹄疾步稳,不断开拓进取。

周文到任广西交通投资集团有限公司后,在半年时间走遍了下属42家子企业,调研行程5万多公里,了解掌握了集团公司真实的经营管理情况,对面临的严峻形势有了深刻的认识和判断,也更加体会到党组织安排自己到新岗位的嘱托和期望。他以勇于担当的责任感、使命感,与集团公司班子成员一起,果断对企业的管理体制、决策机制、机构设置、资源配置等进行调整完善,公司战略管控更为有效,消除了重大经营风险,高速公路主业保持健康稳定,广西交通投资集团有限公司继续发挥着广西全区交通建设主力军的支撑作用,为全区稳增长、保民生、防风险作出了重要贡献。

作为党员,特别是走上领导岗位后,周文始终没有忘记党的建设第一责任人的使命。他坚持原则,贯彻民主集中制,狠抓基层党组织建设,在广西北部湾投资集团有限公司任职时先后成立了25个基层党组织,深入开展创先争优和党组织建设年活动。在广西交通投资集团有限公司,周文再次带头参加"三严三实"专题教育、"两学一做"学习教育,坚持加强党对国企的领导,发挥国有企业党组织政治核心作用;将党建工作列入各公司绩效考核,并大幅提升党建工作的权重;把加强党的领导和完善公司治理统一起来,在各级党组织中落实管党治党责任。周文高度重视党建文化建设,支持推动广西交通投资集团有限公司"微笑+"运营服务创新升级,以"国内一流、东盟知名"为目标,打造"笑迎四方 畅享八桂"高速公路运营品牌,形成了广西交通投资集团有限公司"344511"运营管理文化体系,把高速公路建设成为发展大通道、旅游大通道、文化大通道,把高速公路运营管理提升到了新的水平。

展望未来,周文将带领广西交通投资集团有限公司万名职工以"创新、协调、绿色、开放、共享"发展理念为指引,以永远在路上的精神,坚持底线思维和问题导向,努力"干成事、不出事",厚植经济基层、政治基础,为广西实现"两个建成"宏伟目标不断奋进、不断前行。

先进人物——周华文

铁肩挑重担　丹心映党旗
——记沿海高速公路改扩建工程建设指挥部指挥长周华文

周华文,广西北部湾投资集团有限公司副总裁,时任广西钦州保税港区开发投资有限责任公司总经理、广西北部湾投资集团有限公司沿海高速公路改扩建工程建设指挥部指挥长、临时党委书记。2008年国家批准实施北部湾经济区开放开发战略后,他全身心投入北部湾经济区建设大潮中,充分发挥党员先锋模范作用,恪尽职守、无私奉献、爱岗敬业、勇于担当,在风生水起北部湾谱写了一个共产党员先锋模范的华丽篇章。

第七章
高速公路文化建设

创新管理，创优创效，创造建设效益

沿海高速公路包括南宁至钦州、钦州至北海、钦州至防城高速公路，总里程约207km，同步建设三大国际物流商贸项目和南宁管理中心、钦州茅尾海管理中心等管理服务配套设施，工程要求于2012年开工，2015年年底完工，项目投资巨大，路线长，管理压力大，其中，茅尾海出口工程于2012年2月率先开工建设，要求2012年年底通车。

2011年7月，周华文担任沿海高速公路改扩建工程建设指挥部指挥长、临时党委书记。面对指挥部管理人员缺乏，绝大多数员工对高速公路建设项目管理"零经验"、改扩建边施工边通行平安畅通难、征地拆迁难等困难和挑战，周华文以创先争优为动力，创新管理，把茅尾海出口工程分为"八大时间节点"，用年底通车实现目标倒逼各项举措落到实处，实现了茅尾海出口主体工程2012年年底通车的目标。

周华文积极开展指挥部与高速公路养护单位、高速公路路政、交警部门结对共创"平安畅通"活动，创造了茅尾海出口工程交通安全"零事故""零堵车""零投诉"，为沿海的全面实施阶段交通安全管理积累了宝贵的经验。同时，积极组织党员帮助征迁户收割水稻，帮助征迁户回填宅基地、修建设施等，营造了和谐氛围，顺利完成了征地拆迁任务，没有发生一起征地拆迁重大纠纷事件。

周华文积极创优创效活动，在茅尾海出口工程施工中取消原设计大部分路基挡墙，充分利用公路用地，直接放坡填筑土方，节约投资约250万元。对于原路面废料，经试验成功将破碎旧混凝土面应用于路面垫层的技术，解决了旧混凝土面废料堆弃占地、环境污染等问题，节约工程投资448万元。在凭祥综合保税区一期建设中，为解决好土石方开挖的弃方占地的远距离运输产生的昂贵费用，周华文组织设计单位、监理单位和施工单位一起深入施工现场，反复调整方案，最后减少土石方开挖50多万方，节省投资近2000万元。运用石方微差控制爆破技术并边坡防护组合方案优化设计，确保了民房的安全，不仅对民房没有损害，而且还节约了1500万元的投资。

融合提升，打造精英，培养造就管理团队

北部湾建设需要人才，北部湾发展需要人才。周华文十分重视团队建设，努力打造高素质的管理团队，不断为北部湾开发建设输送管理人员和技术力量。他经常教育员工珍惜参加北部湾建设的大好机会，打好基本功，努力提升自身实力。他开展"传帮带"工作，对有工作经验的职工，不断委以重任，让其在实践中不断磨炼，担当管理，勇于负责；对新聘用和新毕业的职工，则以"老帮新""老带新"的形式加以融合提升。除了在项目现场认真指导职工开展项目管理工作外，他还利用每周的例会积极指导员工学会总结工作，提高业务水平和管理能力。从前期工作、设计到施工，从计划、实施、检查到总结，各项工作均具体落实到个人，确保"个个头上有任务，人人肩上有担子"，提高执行力度，在工作中培养了良好的团队精神,营造了积极向上、团结协助、共同创业的和谐氛围。

针对沿海高速公路改扩建指挥部员工来自不同单位和部门,绝大多数缺乏高速公路建设管理经验的实际,周华文提出了打造学习型团队的目标和要求,把提高员工整体素质、锻造一流管理团队作为重要工作来抓。开展全员培训工作,开展导师带徒活动,组织员工分期分批到广西区内外高速公路建设项目考察学习,到国内名校学习充电。通过培训,强化了员工"责任、危机、服务、团队、创新"五种意识,提高了员工"学习、组织、协调、沟通、创新、执行"六种能力,积极打造团结、高效、和谐、廉洁的管理团队。

堂正做人,清廉做事,打造阳光廉洁工程

周华文始终高标准严要求自己,他管理的重大项目建设涉及几十个亿甚至上百个亿,钱不可谓不多,但是,他始终严格遵守国家法律法规,自觉防范和抵制各种腐朽思想的侵蚀,严格管好自己,管好家人亲属,不把工程当生意做,不把权力当交易做,正确运用党和人民赋予的权力,堂堂正正做人,踏踏实实干事。

在高速公路建设过程中,周华文都把确保工程安全、资金安全和干部安全作为党风廉政建设重要目标来管理,努力建设阳光工程、廉洁工程。他强调员工保持并自己带头践行要始终求真务实、清正廉洁、艰苦奋斗的作风。他高度重视制度建设,坚持用制度管人、管事。沿海高速公路改扩指挥部先后出台了《工程质量管理办法》《工程进度管理办法》及《安全生产管理办法》管理制度28项。他抓住项目管理的招投标、转包分包、资金拨付、设计变更、物资采购等关键环节,有效防范了廉洁风险。他实行资金预算管理,规范了资金使用管理,严格实行"询价—审批—购买"程序,规范了大宗物资采购管理,成立了询价议标小组,对所有订立的合同执行严格预审制度;他邀请广西壮族自治区审计部门到项目开展跟踪并针对审计组提出的意见认真进行整改,增加了透明度,有效防止了管理漏洞等;他坚持"三重一大"决策制度,重大事项、重大决策坚持集体研究讨论和集体决策,把指挥部各项管理推向规范化管理轨道,努力打造改扩建阳光工程、廉洁工程。

周华文肩挑大任,一片丹心映党旗,也先后荣获了"自治区直属企业优秀'共产党员'和'八桂先锋行'先进个人""全区国有企业创先争优和党组织建设年活动先进个人"等荣誉称号。

先进人物——张荫成

醉美高速的领航者

二十多年高速公路建设历程,使张荫成从一名普通的技术员成长为经验丰富的高速公路建设高级管理者。从2010年进入崇左至靖西高速公路指挥部,他先后担任广西金石高速公路有限公司董事、副总经理、常务副总经理、常务副指挥长,董事长兼总经理等职务。在全面指挥崇左至靖西高速公路建设过程中,他一步一个脚印,带领团队在茫茫的荒芜群山中架起了一座通天的坦途。

公司内部抓管理

崇左至靖西高速公路地形复杂,施工难度大。此外,作为混合经济的试点路,工程施工实行总包制,施工队构成多样复杂,管理上没有现成的经验可遵循。

面对这种复杂情况,张荫成的目标不只是把崇左至靖西高速公路按期保质建好,他决心乘势而上,要把崇左至靖西高速公路建设成为优质安全、生态环保、和谐廉洁的边关旅游风情路,争创合作建设项目的典型示范路。

作为担负崇左至靖西高速公路建设总指挥长的张荫成清楚地认识到,只有建立起一套高效合理的现代企业管理制度,才能让混合动力的崇左至靖西高速公路行驶在健康快速的道路上。

张荫成首先加强自身的学习,理论和业务并重,不断更新完善自身的知识结构,然后在崇左至靖西高速公路上实施他的管理理念。他在团队中铸造崇左至靖西高速公路的建设精神,提出了"确保优质安全,营造和谐廉洁,服务生态旅游"的建设主题,要求项目形成"求真务实,积极创新,奋发有为,追求卓越"的精神,他还在不同的场合不断强调建设中要按标准化、精细化、规范化、人本化的"四化"高标准要求。

制度建设方面,张荫成从实际出发,指导制定、修订、完善了金石公司包括业务接待、财务管理、工程管理、合同管理、征地拆迁等内容的管理制度和工作流程近60多项管理制度。同时加强制度的学习和培训,为提升队伍素质提供制度保障,切实做到用制度管人、用制度管事,呈现出制度建设与内部管理良性互动的态势。

为使制度发挥最大功效,他在制度设计中逐步深入实施绩效管理,使公司目标、部门目标以及个人目标始终保持一致,也使得薪酬分配、职务晋升、评优评先、培养发展等有据可依,充分发挥绩效考核的引导、激励作用,调动了员工积极性和创造性,为建立健全现代企业管理体系夯实基础。

在公司未具备条件成立党委的情况下,张荫成积极筹备成立了党支部,完善党的组织机构,使党建工作正常化、规范化。捐书共建文化室、演讲比赛、领岗承诺活动、朗诵比赛、纪念"七一"以及迎新素质拓展等各种活动在公司内部得到正常化开展。同时注重学习培训、提升队伍素质。以业务技能为依托,开展"强基提质"的学习培训,并组织员工骨干到从业单位实地学习项目管理经验。年轻的员工们在这些活动中展示自己,激扬青春,公司内部呈现出一股活力迸发、干事创业的热情。

为项目开工建设保驾护航

2010年初到崇左至靖西高速公路指挥部,张荫成第一件事是主抓好项目合法开工工作。他亲自挂帅,协调、督促有关人员、单位做好项目建设用地审批、施工图设计和审批、监理及施工招投标等各项工作,为崇靖高速公路开工建设扫清了障碍。

为控制成本,具有丰富高速公路建设经验的张荫成着力抓好设计关,在设计阶段实施过程管理,优化设计,减少项目工程投资。在设计管理中,张荫成严抓方案质量,做到多种方案同深度比选,优中选优,项目初步设计阶段投资控制效果十分明显,其中路基土石方工程减少1.1亿元,桥涵工程减少3.85亿元,隧道工程减少2.55亿元。

在收到初步设计概算文件后,张荫成指导公司人员分别对初步设计的概算投资进行了复核。从影响项目造价的材料单价水平、隧道工程技术经济指标、预应力混凝土箱梁大桥及特大桥的技术经济指标、前期方案优化程度和同期其他特点相类似的在建项目比较等主要因素对初步设计概算进行分析研究。项目概算由工可估算的129.30亿元降至原报概算的125.17亿,最终降至审批概算的118.51亿元。

如何抓好征地拆迁工作?张荫成始终坚持又快又准的指导思想。首先是抓征迁补偿标准出台,保证相应概算控制的执行。他注重就如何抓好征地补偿标准方面加强与项目沿线地方政府的协调与沟通,制定出合理的征地补偿标准,确保了相应概算控制有效执行。制定好标准后,他立刻按标准组织开展征地拆迁各项工作。

征迁工作快速高效的开展,为崇靖高速公路建设又扫清一个重大障碍。

攻坚克难　保质保量

崇左至靖西高速公路的红黏土处理、溶洞处理、岩溶地区的桥梁桩基施工、桥梁高墩及钢筋连接施工方案工艺、密集的隧道群施工控制等既是质量管理的难点工程,也是进度保证的关键工程。

为确保工程顺利实施,张荫成把这些关键难点建设作为全线工程管控的重点工作揪住不放。他每个月都会专门抽出时间深入一线检查,反复向项目的工程管理人员强调工作要求,做好实地勘察、核对研究设计方案的可靠性、组织专家评审优化设计方案、抓好方案实施,保证工程质量。

崇左至靖西高速公路建设施工情况再复杂,难度再巨大,也阻挡不了张荫成要把这条路建成样板工程的信心和决心。为此,张荫成想了不少办法,下了不少苦工。先是从先进场的监理单位的驻地及试验室标准化建设抓起,要求在驻地的规划、选址、建设、验收等各环节都上报指挥部审查批准,努力使驻地的规模、标准、格局、配套设施等均符合集团公司标准化建设的要求,创造环境优美的花园式管理单位。

同时,张荫成更加注重施工单位驻地、拌和场、钢筋加工场等场站的建设,除了按照规定的程序审查验收外,还着力加强对标准化场站建设过程中的检查和整改,务必建成一流的标准化场站,在场站建设过程中使各参建单位牢固树立高标准的质量品牌意识,逐步养成严要求的质量管理习惯,在抓好场站建设的同时抓好施工生产现场的标准化建设。

在崇左至靖西高速公路上行走,几乎所有的项目部都整洁大方,各种功能房整齐划一,工程用车排放整齐,场站道路畅通无阻,不少项目部还建起了篮球场,修建职工菜地,项目部俨然成为了快乐之家。

张荫成还不遗余力地在全过程中落实"四化"建设的要求。除在监理、总承包合同签订中通过有关条款要求高标准做好"四化"管理工作外,还在监理、施工单位进场时切实贯彻和执行集团公司的"四化"要求。除项目选址要上报方案,经审批同意后才能进行建设外,他多次到施工一线督查有关"四化"执行工作,从混凝土集中拌和站、钢筋加工场、小型预制构件集中加工场的建设、交通、水电、周边环境、试验设备、人员和信息管理等各方进行指导,在保证各参建单位工作达到"四化"要求的同时,在一线打造典型,树立样板工程,确保全面、持续地形成标准化施工、标准化管理的良好局面。

先进人物——韦世明

弘扬工匠精神　建设美丽高速
——记崇左至靖西高速公路总工程师韦世明

"铺路修桥是一项造福人民、为人民服务的事业,作为一名工程师,不忘初心,就是要扎扎实实把路修好!"作为一名从事高速公路建设长达25年的工程师,韦世明在"两学一做"学习教育座谈会上发出平凡的感慨。

作为一名总工程师,在河池至都安高速公路和崇左至靖西高速公路建设过程中,韦世明高度重视高速公路新技术、新工艺、新设备、新材料的创新和应用,以系统的技术创新和高超的工程管理艺术,将河池至都安高速公路打造成为喀斯特山区典型示范高速公路,将崇左至靖西高速公路打造成为中国醉美边关风情高速公路,接连树立了广西高速公路建设的新标杆。

努力探索创新　打造喀斯特山区典型示范高速公路

有92.315km的河池至都安高速公路,全线穿越河池市至都安县喀斯特地貌山区,有桥梁45座,隧道27道,桥隧比达32%以上,峰群耸立,洼地密布,素有"千山万弄"之称,是目前广西高速公路中建设难度最大、施工环境最复杂的山区高速公路之一。山区施工,运输困难,用水难,场地狭窄,筑路材料昂贵、匮乏。而且如此大规模地在喀斯特地貌山区建设高速公路在广西尚属首次,生态环境脆弱,工程建设中水土保持和环境保护任务非常艰巨,工程处理难度为广西区内外罕见。

面对种种困难,韦世明带领团队,激流勇进,始终咬定"喀斯特地貌山区典型示范工程"这一建设目标,坚持高标准、高质量、高效率工作原则,使河池至都安高速公路成为广西壮族自治区"县县通高速"战略部署通车的第一条高速公路。他成立工程管理队伍,针对喀斯特地貌进行专门研究,分析现状和难度,对症下药,不但克服了由喀斯特地貌带来的施工困难,还和长安大学、广西交通科学研究院密切合作,对喀斯特地区高速公路路线设计技术、生态影响评价与生态防护技术、景观规划与设计技术、填石路堤修筑技术、施工标准化管理方法进行了深入研究,解决了喀斯特地区路线方案设计、高速公路与自然协调、填石路堤修筑、施工过程生态保护与施工标准化等问题,并在河池至都安高速公路建设实践中得到应用,取得了良好的效果。并专门对喀斯特地貌的研究进行了系统总结,成立课题小组,撰写的"喀斯特地区典型示范工程成套技术管理研究"于2014年6月获得了广西壮族自治区科学技术厅科学技术成果鉴定证书,鉴定结果为:项目研究成果总体达到国际先进水平。该研究项目基于喀斯特地区的特殊地形地貌及地质条件,系统总结了喀斯特地区的高速公路路线设计方法,提出了特殊地貌、生态条件下的景观规划与设计理论及路域生态保护技术,为岩溶地区高速公路多目标、协调性设计提供了技术支持。

2014年9月26日,河池至都安高速公路建成通车,成为广西首条山区(喀斯特地貌)高速公路典型示范工程,为广西区乃至全国的喀斯特地貌山区高速公路建设,在提升设计理念、提高设计质量、工程建设品质、项目管理等方面提供参考和示范作用。

推广使用"四新"技术　绘就中国醉美边关风情路

河池至都安高速公路建成通车后,韦世明本以为可以给自己放个假,多陪陪家人,然而临时受命,他不得不奔赴祖国南疆,转战崇左至靖西高速公路,担任副指挥长、总工程师。

崇左至靖西高速公路主线全长147.6km,连接线60km。一组数据足以体现崇靖高速公路的建设难度:全线桥梁119座,隧道33座,桥隧比例高达22%。崇靖高速公路所经地区为岩溶峰丛地貌,地势险峻,地质状况复杂,地质灾害多发,如隆昌隧道出现多股大流量强涌水,布亮隧道遇到系列溶洞群和地下暗河,龙那1号隧道发生连续塌方和突泥地质灾害,布孟二号隧道遇到地下软基溶腔,历时半年多,打下8190根树根桩方能安全通过施工,古龙山大桥百米高墩桩基施工遇到深达70多米的地下暗河。项目建设的风险程度、规模和工程处理难度,为区内外罕见,是目前广西已建和在建高速公路中建设难度最大、施工环境最复杂的山区高速公路之一。当时流传这样一句话:"崇靖路,苦不苦,隧道里面看瀑布;崇靖路,难不难,隧道暗河可划船。"可以想象,崇左至靖西高速公路建设所面临怎样的困难。

然而,韦世明没有退缩,越是困难的地方越能激发他的豪情和智慧。他马不停蹄,立刻投入到项目建设当中。在第二年的工程建设布置大会上,他对全体参建单位和建设者说了这样一句话:"质量与安全并重,人品与精品同在!"后来,这句话成了很多建设单位驻地的标语,成了广大工程师的价值追求,鼓舞着大家齐心协力去建设好这条边关高速公路。

作为总工程师,韦世明非常注重发现和挖掘亮点工程,无论是新工艺还是新设备,一经发现就树立典型,引导施工单位认真系统总结经验,组织全线参建单位现场观摩学习,然后将这些成熟技术和成功经验向全线推广,培育形成了各参建单位你追我赶、提品质、创亮点的良好氛围。三年来,在他的指导和规划下,崇左至靖西高速公路运用大批新技术新工艺,有的在广西乃至全国都是率先使用,前后有十多项新工艺得以大规模推广使用,大大提升了崇左至靖西高速公路工程品质。

"要把这条路当作自己的孩子来培养,要将每一个工程当作一件艺术品来打磨。"韦世明总是语重心长地教导年轻工程师,在工程管理上严格要求,一丝不苟。对于驾乘人员直接接触和感受的路面工程,韦世明更是作出了严格的管理要求。项目全程使用先进的无损检测手段对沥青混合料级配及施工工艺进行优化;从中面层开始采用路况检测车对平整度进行全程跟踪检测,以保证路面上面层的平整度;长大纵坡沥青路面配合比及施工方案单独设计;加强对沥青等原材料的质量控制;引进黑匣子监控系统等先进的技术手段,实时跟踪路面施工的各项关键工序。

在项目建设中,韦世明从"使用者优先"理念出发,着眼于现代化出行需要,大力推进智慧交通建设,构建"大监控大数据"信息平台,全线收费站设置ETC电子不停车收费系统,采用整车称重收费系统提高计重精度,在重点区域路段设置高清视频监控系统,全面使用隧道智能照明系统提高高速公路的绿色环保水平,提升管理区和服务区信息化系统,全力打造使用者满意的高速公路。

同时,韦世明强调文化融合,通过精心设计,将壮丽民族文化景观和元素融入高速公路,打造"一路一特色,一站区一景色,一互通一亮点"的景观效果。浓郁的少数民族特色景观设计加上浑然天成的喀斯特地貌,使崇左至靖西高速公路成为全国最具壮族文化代表性的高速公路,也是祖国南疆最为壮美秀丽的民族风情高速公路。

2016年5月30日,崇左至靖西高速公路建成通车,多年的努力和期待终于画上了句号。韦世明在自己的工作日志里,写下了这样的一段话:"这一路走来,自己对这条路注入了很多的情感、很多的想法,做出了很多的行动,这其中有辛苦,有迷茫的时候,更多的时候有快乐,有感动,特别是那些在建设一线的人所给我带来的感动!那一幅幅画面、一幕幕往事在我工作之余,总是时不时地想起,每当此时,总会再一次感动!"

铺路架桥25载,作为一名工程师,作为一名中国共产党党员,他总是以"履行工程师职责、体现工程师价值、超越工程师极限"的境界要求自己,工作中勇挑重担,品质上精益求精,充分体现了一名共产党员应有的情怀。

先进人物——曹文海

倡导先进企业文化的践行者
——记广西公路桥梁工程总公司党委书记曹文海

有品位、有味道,尤其是有文化品味的品牌,当然更为众人所青睐。塑造品牌的根本是文化元素,有了文化的品牌才是有灵魂的品牌,这个品牌才会有生动的生命,品牌所蕴含的文化基因即文化传统和企业核心价值取向,是决定一个品牌能否生存持久的关键。正是基于这样的认识,曹文海自2008年8月担任广西公路桥梁工程总公司企业文化建设负责人以来,在前人的基础上,把"广西路桥"这一品牌继续发扬光大,通过企业文化建设,让每一位接触企业、走进企业的人都能瞬间穿越企业峥嵘岁月,目睹广西路桥波澜壮阔的锤炼历程,畅怀分享广西路桥强大的文化能量,细细品味企业独特的精神文化内涵成为了曹文海的重要工作。为此,他身体力行,率先垂范,在倡导先进企业文化的大道上打出一系列漂亮的组合拳。

曹文海意识到,随着企业的壮大,单纯的制度管理肯定会制约企业的发展,能否成为百年强企的最终决定力量是企业文化。鉴于此,在继承企业文化优良传统的基础上,结合时代要求,曹文海组织精干力量重新构建了以"奉献精品,造福社会"为主题的企业文化理念体系;"优质、高效、守约、重义"是广西路桥人的经营宗旨;"责任与利益同在,员工与企业共发展"是广西路桥人的核心价值观,"忠诚敬业、创新创优、克难攻坚、执行有力;特别能吃苦,特别能战斗,特别能奉献"是广西路桥人奉行的企业精神。其中,"奉献精品,造福社会"显露出广西公路桥梁工程总公司大路桥、大企业、大责任、大气度、大作为的伟岸形象,鲜明地指出了广西路桥的神圣使命与光荣责任,表达了广西路桥追求卓越的信心与实现发展愿景的决心,回答了广西路桥以什么样的精神状态、朝着什么方向与目标前进的根本问题。

企业文化建设本质上就是人心建设,也就是以人为本,以知为先,释放人的潜能,从而提高企业的整体素质和核心竞争力,对内增强企业的凝聚力和亲和力,对外提高企业的扩张力和竞争力,说到底就是经营人心,曹文海深谙其道。针对企业员工大多野外作业,无法感受家庭温暖等行业特点,曹文海通过精心培育"情暖路桥"系列主题活动,让每一位员工在企业大家庭中找到小家庭的温馨。

在项目施工前线,广西路桥人大多背井离乡,奋战异土,和家人聚少离多,其苦其难天地可知。可广西路桥的里里外外、上上下下却是一派融融的和谐景象。在广西路桥,每一个项目部每个季度都不定期举行"理解·爱"活动,让家属亲朋到项目、临现场同员工团聚,亲历一线职工的点点滴滴,加大家属对员工工作的知情度、透明度,加深亲朋对员工的理解度、支持度。让员工和家人在漫漫的岁月里一路搀扶、相互支持,同筑员工小家和谐,

第七章

高速公路文化建设

共建路桥大家和谐。"理解·爱"是曹文海根据行业实际和企业特色倡导开展的"情暖路桥"系列主题之一。此外,员工集体生日会、员工大病求助、夏季送清凉活动、工地文艺巡回演出等主题活动,都让员工深深感受到了作为广西路桥人的骄傲与自豪。

对于员工的关爱,更体现在曹文海要求推行的"五必访、五必谈"制度(即员工家庭发生灾情遇特殊困难必访,员工生病受伤住院必访,女员工生育必访,员工父母去世必访,员工家庭发生矛盾必访;员工有思想情绪必谈、与同事发生纠纷必谈、工作调整必谈、受到批评处分必谈、与新进员工必谈),通过建立"心连心"沟通联系制度,及时了解员工思想动态,为员工提供有针对性的帮助,解除员工后顾之忧。

2013年8月29日,是一个秋高气爽、艳阳高照、金桂飘香的时令,同时也是一个绝好的施工黄金季节。这一天,广西路桥人响应广西壮族自治区党委、政府提出的掀起交通建设新高潮和"交通先行"的号召,在来宾至马山高速公路No.1标段建设施工现场,隆重举行了岗位练兵技能比武大赛暨掀起旱季施工高潮启动大会活动。"超常投入、任务到人、责任到人、全力以赴、夺取旱季施工胜利",军令如山,铿锵有力,号角一吹响,路桥人个个斗志昂扬,擂动了大战旱季的战鼓,集结动员一切可以动员的力量,迅速贯彻速度制胜的要求,掀起大干旱季的施工高潮,誓要打场漂亮的旱季施工攻坚战,当好广西交通建设的主力军,夺取年度生产经营目标全面胜利。于是乎,轰轰烈烈的劳动竞赛,在公司的各个领域营造了"比、学、赶、帮、超"的良好氛围,成了激发广大员工工作积极性、主动性和创造性,展现员工队伍的精神风貌和团队精神,创造一流的工程质量、一流的经济效益、一流的工作业绩的有力载体。

其实这只是曹文海全力推行的品质文化、执行力文化的一方景象,其所作所为,都是在围绕着"奉献精品,造福社会"核心理念而展开。"质量、安全"维系着施工企业的命脉,也是打造精品工程的前提,因此,围绕"质量安全",曹文海每年把岗位练兵、技能比武活动作为苦练内功、夯实基础的一项重要内容来抓。活动几乎涵盖了所有的岗位与工种,从新闻写作、公文处理、CAD制图到工程测量、试验操作到工程机械操作,既有项目内部技能比武又有片区综合竞技比赛;既有实际操作比武也有应知应会考试,精彩纷呈、实效性强。活动的举办,为公司广大员工提供了一个相互学习、相互交流、相互切磋的平台,为企业培养复合型人才开辟了一条有效途径,更是广大员工提升素质的良机。

文化活动是企业文化建设最外在、最直接的一种表现形式,是企业文化建设的切入点。在企业文化的推进中,曹文海以每年一届的企业文化节为抓手,组织开展篮球、乒乓球、羽毛球、演讲、征文、书画摄影、知识竞赛等内容丰富的文体活动。同时,抓好"三八"妇女节、"五一"劳动节、"五四"青年节、"七一"建党节、中秋节以及元旦等大型节日活动,确保"年年有活动,月月有竞赛"。2011年,为丰富广大员工8小时以外文化生活,在曹文海的指导下,根据员工的爱好、特长、兴趣等先后组建成立了摄影协会、书画协会等社团组织,为企业文化建设工作带来了新的气息,对推进企业文化建设起到了积极作用。

曹文海就是这样一个人,在企业文化建设上,他亲力亲为,既从大处着眼,又从小处着手,他倡导的企业文化既积极奋进、慷慨激昂,又亲切温馨、直抵人心。如今,从公司总部到分部,从员工社区到施工现场,每个领域、每个角落都渗透着浓郁的企业文化,而公司管理创新、安全生产、执行力、和谐劳动关系、感恩慈善、社会责任等积极先进的企业文化一直在高效执行着。曹文海表示,"胸中已无少年事,骨气乃有老松格",强筋壮骨,才能支撑企业大厦巍然屹立,万人莫当。而"强筋壮骨"离不开企业文化的建设发展。今后,他还将带领广西路桥广大员工不断开拓创新,加快企业文化建设步伐,谱写广西路桥企业文化建设新篇章。

先进人物——李迎春

广西公路桥梁工程建设的技术带头人

广西交通规划勘察设计研究有限公司副总工程师李迎春长期在基层一线从事公路工程和市政工程的规划、勘察、设计工作,曾参加和负责完成了龙滩电站对外二级公路、横县峦城大桥,南宁至柳州、南宁至北海、南宁至友谊关、南宁至百色、百色至罗村口、南宁至吴圩机场、兴业至六景、重庆环城高速公路,南宁外环高速公路以及南宁市竹溪路至民族大道立交等二十多项重大公路桥梁和市政工程的勘察设计及技术审核、审定工作,并参加了多个交通部西部交通建设科技项目的科研工作。

李迎春在道路桥梁及市政工程专业方面有相当高的理论知识水平和丰富的勘察设计经验,是广西公路桥梁工程建设的技术带头人。在工作中,为提高勘察设计水平和质量,他精心设计、勇于创新,积极推广新技术、新材料、新工艺,并创造了良好的社会经济效益,多次获得国家及部(省)级咨询、勘察、设计、科技成果表彰奖励,并获得2002年"广西十佳青年岗位能手"、2005年"中国公路百名优秀工程师"等荣誉称号。

广西南宁至吴圩机场高速公路是广西首府的形象工程,技术标准高(设计车速120km/h,路基宽42.5m)。为做好该项目工程,李迎春在负责项目施工图设计中,对勘察设计高要求,本着精心勘察、精心设计的精神和"以人为本"的设计理念,从规划、环保、地质、经济等方面深入方案比选研究,并注意线形与地形、环境的配合,合理运用技术指标,较好地处理了高填方路基及高边坡稳定等问题,公路防护、绿化和景观设计能有机结合,达到了良好的效果,保证了工程质量。该工程荣获广西优秀工程勘察二等奖、广西优秀工程设计一等奖和国家优质工程银质奖。

李迎春在主持南宁至友谊关公路勘察设计中,引入全球定位系统(GPS)的新技术RTK定位技术,即基于载波相位观测值的实时动态技术,进行公路勘测控制网和中线放样测量,改善了测设精度,大大地提高了生产效率,并在该项目中探索了车载GPS测量技术。同时根据南宁至友谊关公路、南宁(坛洛)至百色高速公路较广泛存在膨胀土、高液限土、红黏土等不良地质、岩土问题,以该两项目为依托工程,开展了交通部西部科研项目"膨胀土路基勘察技术研究""高液限土路基稳定设计方法研究",两个课题均已通过交通运输部的鉴定验收,研究总体水平达到国际先进,部分成果达到国际领先。其中,"膨胀土地区公路勘察技术研究"获得2005年度湖北省科技进步一等奖、2010年国际科学技术进步一等奖。

李迎春曾独立研制开发了一套功能全、实用性强的计算机辅助设计软件——"公路涵洞、通道CAD系统",该系统基本实现了"计算—绘图—输出工程数量"的设计全过程,提高功效达10倍以上,已在广西壮族自治区内外公路勘察设计单位推广应用。

工作中,李迎春将"产、学、研"较好结合,以科研指导设计,解决关键技术,提高设计水平和质量。在广西壮族自治区交通运输厅"转变设计理念,提高建设质量"的要求下,李迎春根据广西特点,负责编写了《南宁(坛洛)至百色高速公路典型示范工程设计指导意见》。在负责的国道主干线百色至罗村口高速公路勘察设计中,针对地形、地质条件复杂,而且部分路段位于库区的特点,运用地质遥感、物探、原位测试、钻探、GPS、航测、数字地面模型等综合手段进行勘察、勘测,进行地形、地质、环保选线和方案论证,结合地形条件,进行了路基整体断面、台阶式断面、分幅路基等比选并采用,有效减少弃方、挡墙防护工程及用地数量,降低工程投资,为山区高速公路路基断面形式选择进行了有益的探索。

先进人物——罗吉智

公路桥梁勘察设计技术带头人

二十余载青春奋斗只为西部开发建设。罗吉智自1985年7月参加工作以来,在西部开发建设的第一线奉献了长达20多年的青春、智慧和汗水,作为广西交通基础设施建设的排头兵,他已成长为广西公路桥梁勘察设计技术带头人和广西桥梁及隧道工程专业的学术带头人,完成了广西90%以上的高速公路的勘察设计工作,担任多个国家及广西重点建设项目的负责人,为广西的经济腾飞铺就了多条成功之路、构筑了多座希望之桥,为广西乃至全国的社会经济繁荣作出了突出贡献,多次获得国家、省部级的荣誉和表彰。

罗吉智在工作中大胆采用"四新"成果,大力开展科研工作,促进科技与生产结合,取得了重大的成就。他主持开展了"特大跨径钢管混凝土桁架拱桥"研究,参加并指导开展了"西部地区中小跨径适用桥梁型式的研究""桥梁索缆结构安全性、耐久性评价体系与维护技术""大跨径预应力混凝土梁桥主梁下挠原因分析及对策研究"等交通部西部课题、交通部中小跨径桥梁通用图编制、广西课题"大谷形波形钢板结构物在广西高速公路建设中的应用"等科研工作。他有多项科研成果达到国内领先水平,经济和社会效益显著,被交通运输部吸收为《钢管混凝土拱桥设计规范》编写成员。

罗吉智在桥梁的设计和科研上有独特的造诣,拥有钢管混凝土桁拱桥设计的核心技术,为广西在该领域的建设积累技术经验、在国内外获得领先地位打下了坚实基础。他主持设计南宁至北海高速公路三岸邕江大桥(主跨跨径270m),是当时世界上已建成的最大跨径的钢管混凝土桁拱,具有国际先进水平,获2001年度广西优秀工程设计一等奖及2002年度国家级优秀工程设计银质奖。他主持设计的南宁永和大桥,设计水平居国内领先地位。由他担任了目前世界最大跨径的钢管混凝土中承式提篮拱桥——安徽太平湖特大桥(主跨跨径336m)设计监理项目负责人。在郑皆连院士的指导下,他作为主要成员参加了获国家优秀设计金质奖、鲁班奖的目前世界最大跨径的钢管混凝土拱桥——巫山长江大桥的主桥设计验算。由他指导设计的红水河罗天乐大桥是目前墩高和跨径同时位于国内领先地位的预应力混凝土连续刚构桥。由他指导设计的平乐至钟山高速公路木冲隧道(长3.6km的双洞特长隧道),为目前广西最长的公路隧道。

担任广西交通行业勘察设计排头兵——广西交通规划勘察设计研究院有限公司的技术质量总负责人总工程师后,大力推动该公司在道路、桥隧、港口码头及航运枢纽等各领域的技术发展和质量提高,取得了优异的成绩,为广西交通事业的跨越式发展、创新式发展和西部大开发建设作出了突出贡献。

先进人物——林文岩

攻坚克难解决公路桥梁重大技术问题

广西交通规划勘察设计研究院有限公司总经理林文岩自1982年参加工作以来,严格遵守国家法律、法规和勘察设计人员职业道德,具有爱国主义精神和高度的责任感,积极进取,勤于钻研,勇于创新,为广西交通事业的跨越式和创新式发展作出了突出贡献。他曾主持和参加桂海高速公路、水任至南宁高速公路、南宁至吴圩机场高速公路、南宁至友谊关高速公路、平乐至钟山高速公路,岩滩红水河大桥、横县峦城大桥、三岸邕江大桥、南宁市永和大桥等数十项公路、桥梁工程的勘察设计工作及技术管理和审核工作,并在二十多项工程项目中担任项目负责人和审定工作,有多项工程项目获得国家级、省部级优秀勘察和优秀设计及科技奖。其中,三岸邕江大桥工程于2002年获国家优秀工程设计项目银质奖,南宁至吴圩机场高速公路工程和平乐至钟山高速公路木冲隧道工程分别于2005年、2008年获得国家优质工程银质奖,柳州至桂林高速公路工程于2001年获广西优秀设计、勘察一等奖,南宁至北海高速公路三岸至南间(那布)段工程于2002年获广西优秀设计一等奖。

　　林文岩在工作中始终坚持科学、务实、创新的精神,重视科技进步与创新工作,积极探索并推广应用新技术、新工艺、新结构,在解决关键技术疑难问题和技术创新中作出了突出贡献。由他牵头负责研究的"先简支后连续宽幅空心板通用图"攻关项目,有效解决了大、中、小桥标准跨径的设计工作,也解决了采用简支梁桥面连续存在的问题,对桥梁设计实现安全可靠、适用经济、先进美观具有现实意义。在工可编制方面,首次在规划咨询项目工程设计中应用科技含量高的1:1万数模技术,改变了过去在1:1万地形图上人工点取平纵面数据和扫描出版平纵面图的传统做法,不仅大大提高了工作效率,缩短了工可编制周期,而且提高了平纵面图的出版质量。在平乐至钟山高速公路的勘察设计中遇到了两座特长隧道,其中,木冲隧道长度达到了3600多米。而以往广西交通规划勘察设计研究院有限公司在隧道设计方面项目少,特别是长隧道和特长隧道没有碰到过,在缺乏设计经验的情况下,林文岩充分抓住这一难得的设计项目并以此为契机,成立了隧道设计组进行技术攻关,通过其艰苦努力,平钟路隧道的设计按时按质地完成,并通过由国内知名的隧道专家咨询组的评审,设计质量得到上级部门和业主的好评,设计水平上了一个新台阶,该项目获得"国家优质工程银质奖"。为了提高内业设计的速度和质量,近年来,他在充分考查、论证的基础上,还先后引进了公路CAD集成系统等新技术,使内业设计速度、技术水平和设计质量提高了一个档次。在外业测量方面,他积极引进先进的全球卫星定位系统(GPS),并由他牵头组织成立了GPS运用研究小组,当年研究成果就成功运用于世行贷款项目水任至南宁高速公路外业测量,取得了显著的效果,不仅缩短了外业测量时间,而且大大提高了测量精度,为按时按质完成任务争取到了宝贵的时间。

　　由林文岩主持参与的交通部西部科研项目"西部地区中小跨径适用桥梁型式的研究"在国内首次针对中小跨径桥梁设计、施工、使用现状开展大规模的深入、全面、系统的调查研究,项目研究成果促进了桥梁形式的正确选择,避免了不必要的经费支出,为西部地区各建设单位的项目决策提供参考,为公路设计部门选择出适应地区特点、经济合理的桥梁形式提供依据,使我国西部地区公路桥梁整体设计水平得到较大的提高,该研究成果荣获2008年度"中国公路学会科学技术奖"二等奖,个人排名第5。

　　林文岩在公路桥梁勘察设计方面具有丰富的经验,在其参与的数十项公路、桥梁工程的勘察设计工作及技术管理、审核工作中,多次解决了重大技术疑难问题,并在技术创新和成果推广应用中作出了突出贡献。其主持完成的工程项目多次获得国家级、省部级优秀工程勘察、优秀工程设计奖。

先进人物——陈荣驹

用生命诠释"铺路石"真谛
——追记柳州至南宁高速公路服务区改扩建指挥部
副指挥长陈荣驹

"总把自己当成明珠,就时时有被埋没的痛苦;把自己当成一粒石子吧,让众人从我的身上走过……"

2010年6月18日下午,年仅36岁的柳州至南宁高速公路服务区改扩建指挥部副指挥长陈荣驹因劳累过度,突发脑溢血倒在工作岗位上,生前最喜爱的这首诗正是他的写照。

"路修到哪里,哪里就是我们的家"

"已经整整一个月没能陪牙牙学语的儿子玩了。等忙过这阵子,一定好好陪他。"这是陈荣驹去世前每次加班闲聊说得最多的一句话。

实际上,类似的话陈荣驹已经感叹多次。

南宁至友谊关高速公路党群办主任苏征宇最佩服陈荣驹对事业的执着。2005年,南宁至友谊关高速公路修建期间,苏征宇和陈荣驹被安排在同一间宿舍。虽然两人是室友,可是一年下来,两人见面时间没超过一个月。

"大部分时间他都在工地上吃住。"苏征宇说,一旦工作需要,他草草把家里安顿好后就全身心投入。

"身为筑路人,路修到哪里,哪里就是我们的家。"陈荣驹常对同事、好友这样说。

由于工程紧张,2008年10月,陈荣驹在儿子呱呱坠地一个月后才回家。面对妻儿,他满脸愧疚。

陈荣驹担任柳州至南宁高速公路服务区改扩建指挥部副指挥长一职后,肩上的担子更重了。同样的工作量,别的指挥部人员编制是30~40人,而陈荣驹所在的指挥部编制只有10人,其中还包括指挥长在内的5人在工程部兼职。

"这段时间他太累了,白天上班,晚上回家哄孩子睡着后,一个人还在房间里看图纸、看设计,反复琢磨,一熬就到凌晨三四点钟。"陈荣驹的母亲谈起儿子泣不成声。

这一时期,他完成了设计方案的五易其稿。

在生命的最后一周,他妻子要到上海去出差,看着1岁9个月大的儿子和忙碌的丈夫,她有些担心。

"你放心去吧,我会工作家庭两不误的。"陈荣驹宽慰妻子。

然而,这却成了最后的诀别。

第七章
高速公路文化建设

陈荣驹累倒的那天下午,桌面上还摊着工程可行性报告图纸;电脑屏幕显示他还在审核已经完整的方案,力求完美。陈荣驹以他特有的姿态,最后定格在自己的岗位上。

"国家的钱,我们没有权力乱花一分"

"国家的钱,我们没有权力乱花一分。"这是陈荣驹常挂在口头的一句话。作为国有企业的一名工程技术人员,陈荣驹心中始终有一条准绳,那就是对国家负责、为国家节约资金,有效控制工程造价。

"你是领导,调整工程概算这种事怎么还用亲自动手?"2010年6月初,广西交通规划勘察设计研究院有限公司的凌有建看到陈荣驹周末还在加班,就这样劝他。

陈荣驹回答:"调概可轻可重,随便动一下手指就是几百万元。我们这里人手少,年轻人经验不足,别人去做我不放心。"陈荣驹说,宁可自己苦一点,累一点,也不能造成国家资金浪费。

2009年年初,南宁(坛洛)至百色高速公路所有标志牌需要按国家标准更换。重新设计的标志牌,工程造价400万元,旧牌将被同时废除。

"工程造价还能降低吗?"陈荣驹拿着设计图纸,在高速公路上来回驱车,将1000多块标志牌逐字对照看看哪些还能利用原有材料。有人劝他:"省下的钱又不进你的口袋,没必要这么折腾。"他笑了笑,还是那句老话:"国家的钱,我们没有权力乱花一分。"这项工程,陈荣驹硬是"抠出"了30多万元。在柳州至南宁高速公路服务区改扩建工程上,陈荣驹使工程预算从12亿元缩减至6亿元。

服务区要打造成"全国一流,广西精品",项目定位很高。陈荣驹反复审核后发现,设想规模需要20年才能回收所有项目收益。这意味着,即使预算能通过,企业也养不起。

陈荣驹跋涉五大服务区附近的山山水水,和设计人员反复沟通,作出一份6亿元的工程可行性研究报告。他提出分两步走的发展策略,既在规划中保留发展余地,又根据实际情况先实施企业能养得起又不影响精品服务的那部分,最终交出了满意的方案。

"强烈的使命感决定了陈荣驹人生的高度。"广西交通实业有限公司董事长卓越评价道,"他是创先争优活动涌现出的先进典型。"

"少一些,等于多一些"

建筑学在阐述设计和空间关系时有一句格言:少一些,等于多一些。

陈荣驹把这句名言作为自己人生的态度:少一些功利心,等于多一些事业心和责任心。

在南宁至友谊关高速公路建设中,陈荣驹表现突出,组织上把他调到总监办负责全线的房建管理工作。2008年9月,因工作需要,他被安排到南宁(坛洛)至百色高速公路养护站当一名普通技术员。当时,养护站有许多站长论资历、论经验都不如他,但陈荣驹毫无怨言,欣然接受。

与陈荣驹同一批下工地的同事回去后,大都谋得一官半职,只有他还坚守在工地忙验收后的缺陷责任处理等棘手问题,回来时常常一身水一身泥。

高度的责任心、过硬的专业知识和能力,使陈荣驹负责的工程当中,从未发生过一起安全或质量事故,全部被评为优质工程。

"干成事,不出事"

工程建设领域是腐败的高发区。陈荣驹作为项目中的技术骨干,始终坚持集团公司"干成事,不出事"的理念,以身作则,严格把关。

一次,陈荣驹负责一栋综合楼建设工作,施工方老板碰巧是他的一位好朋友。那个朋友觉得"有戏",认为可以偷工减料,陈荣驹即使知道,碍于情面也会睁一只眼闭一只眼。不料,陈荣驹第一时间就通知他立即改正错误。

"有时一念之差,人就会犯错误,幸亏陈荣驹及时制止了我的贪念。"那个朋友感激地说。

严于律己的陈荣驹在总监办任职期间,委派单位提出合同以外的过分要求也被他一一拒绝。

陈荣驹平静地说,派我到总监办就是要为业主负责,履行好自己责任,不担心会被误解、回去后穿小鞋。

身为负责全面工作的副指挥长,陈荣驹从未利用职务的便利进行公款消费和超标准招待。一些办公设备,他是能省尽量省。公司核定800万元的设备增添费、办公费等,大半年过去了,只用去几十万元。

"唯一的一次宴请是在指挥部刚成立时,大家相互之间需要认识,他自己掏了200多元钱在餐馆请大家吃了一餐。"同事陈江宏说。

一生平凡的陈荣驹没有过多的豪言壮语。2010年4月27日,他把对党、对事业的忠诚话语,都写在入党志愿书中:"没有人民的哺育和党的教育,就不会有我的今天。为此,我将永远忠诚于党的事业……吃苦在前,享受在后,乐于奉献。"

先进人物——魏作标

发扬"五加二""白加黑""四干"精神
——记六寨至宜州高速公路工程建设指挥部副指挥长魏作标

2009年8月,魏作标被任命为广西千山、万山高速公路有限公司副总经理兼财务总监,六寨至宜州高速公路工程建设指挥部副指挥长,主要协助总经理(指挥长)分管项目征地拆迁、财务管理和审计工作。

第七章
高速公路文化建设

自2009年以来,魏作标始终以优秀共产党员的标准严格要求自己。为把工作做好,他常常放弃休假、周末休息时间,充分发扬"五加二""白加黑""四干"精神,始终不折不扣落实广西交通投资集团有限公司下达的各项任务,维护集团公司的利益。结合项目的具体情况,通过调查研究,并采取有针对性措施,使工程建设进度得到进一步加快,征拆、财务、审计工作成效卓著。

加强学习,不断提高自身政治理论水平和党性修养。

魏作标高度重视理论学习和业务学习,在繁忙的业务工作之中,通过不同方式加强学习,不断提高自身政治理论水平、党性修养和业务工作水平。他深入学习实践科学发展观活动,重视参加集体学习,坚持自学,廉洁自律,作风简朴,公道正派,谦虚勤勉,受到公司广大党员、干部员工的好评。

紧紧依靠河池市各级党委和政府,克难攻坚,认真抓好征地拆迁工作。

为克服六宜高速公路征地拆迁时间紧、任务重的不利因素,魏作标积极主动与市、县区两级政府和征地拆迁指挥部汇报沟通,及时共同研究解决征地拆迁过程中碰到的新情况新问题,上下齐心协力,克服了种种困难,项目征地拆迁得到较快推进。

在魏作标积极协调下,河池市成立了(地)市级高速公路征地拆迁工作指挥部,统筹协调各市、县区开展征地拆迁工作。指挥部统一部署征地拆迁任务,指导、协调各市、县区开展征地拆迁工作,定期开展督察检查,从组织机构确保了高速公路征地拆迁工作顺利进行。

在征地拆迁工作中,魏作标认真编制了征迁工作大纲,并组织相关工作人员和承包人学习,明确工作思路、工作程序和工作要求。根据工作大纲制定年度、阶段工作计划,重点把影响施工工期的控制性工程隧道、大桥作为解决突破征迁重点,以点带面,推进交付用地进度。这种做法得到河池市征地拆迁指挥部和各分指的认可,上下思想统一,集中力量,全力突破控制性工程用地,取得明显效果。此外,组织制定了《征地拆迁工作管理办法》,规范了各分指挥部各项工作程序和统一工作方法,使征迁工作有序开展。

魏作标积极配合各级林业、土地、劳动保障等主管部门做好六寨至宜州高速公路用地报批工作,加快完善项目用地手续。2009年3月,六寨至宜州高速公路已获得国家林业局对项目使用林地的批复;2009年11月20日,项目用地报批材料已上报到自治区国土资源厅,2009年12月29日报批材料已通过国土厅有关处室会审。

魏作标定期把项目征迁工作进度和存在的问题分类整理,向市政府和市指挥部报告,会同市指挥部深入施工一线了解掌握第一手资料,及时召开沿线分指、乡镇政府、施工单位会议,研究解决办法。通过多次深入现场办公,有效解决了影响施工的各种矛盾和问题。2009年,南丹县芒场镇黑泥屯改线,魏作标多次邀请河池市分管征迁工作主要领导及协调南丹分指挥部、各相关部门到现场进行调查,并通过有资质的相关单位进行改路方案的商讨和确定,既不影响当地老百姓正常的生产生活,又有效推进了高速公路建设。魏作标心系沿线老百姓生产生活,对全线水系路系问题,多次要求沿线施工单位做好调查和完善工作,并亲自组织工程部、协保部等有关人员到六河路 No.3 合同段进行水系路系的调查工作;此外,针对两棵"神树"补偿要求过高的老大难问题,魏作标同志多次跟河池市领导汇报、沟通,并亲自组织南丹分指挥部及相关部门多次深入一线与老百姓面对面做协调工作。经过耐心的解释和引导,达成共识,让有资质的相关部门对两颗"神树"进行评估,并在评估价的基础上再进行协商,最后确定"神树"的补偿,使当地老百姓阻工对正常施工的影响降低到了最低点。

一年多以来,为尽快解决征迁难题,魏作标基本放弃了个人休息时间,一心扑在了工作上。司机小潘曾感慨地说:"经常送魏总到工地,总觉得他有无穷的精力,从不知疲倦。"正是魏作标这样的兢兢业业,使六宜路建设环境总体上得到有效控制,为六宜高速公路又好又快发展立下了汗马功劳。

加强财务基础管理,确保工程建设资金安全、有效使用。

魏作标亲自组织制定了《广西千山、万山高速公路有限公司征地拆迁财务管理和会计核算暂行办法》《广西千山、万山高速公路有限公司工程建设资金管理实施办法》等 12 项有关财务方面的管理实施细则,并指导财务部门制定了财务工作岗位、工作职责和业务流程,使财务人员工作分工明确,工作目标和任务清晰,财务工作走上了正规化。

他还主持编制了公司 2010 年度公司费用预算,严格按照当年"增收节支年"活动要求,将费用分解到各部门,实行分级分部门控制,此外,通过组织指挥部、经办银行、承包人签订了三方共同监管资金的协议,充分发挥审计监督职能,使财务监管工作得到有效实施。

此外,魏作标还经常与财务人员交谈财务管理工作,通过把自身的财务管理经验传授给财务人员,组织财务人员相互交流和学习,使财务人员业务能力在短时间内得到明显提高;而对于维护被征迁户群众利益,魏作标通过采取各分指挥部分账户存储征地拆迁补偿费和征地劳务费,严禁以现金兑付征地拆迁补偿费等措施,定期对各分指挥部征地拆迁补偿费使用情况进行检查,加快征地拆迁补偿款结算资料审核复核工作,使预拨的补偿费能及时结算。

在投资控制方面,魏作标组织制定了实施细则,严格合同立项、审批和会签制度,严格执行工程变更程序,控制工程变更,同时他还主持建立了全面的预算管理体系,对费用开支严格控制。2010 年度,建设单位管理费预算 1773.6 万元,截至 2010 年 6 月 30 日,建设单位管理费支出 480.68 万元,占年度费用预算的 27.1%,费用开支控制在批复预算的范围内,这都得益于魏作标丰富的实践经验和管理水平,使千山、万山公司在财务管理上未出现纰漏,得到了广泛好评。

先进人物——许凌婕

小女子大能量
—— 记"全国交通运输系统劳动模范"许凌婕

许凌婕是广西交通投资集团百色高速公路运营有限公司罗村口收费站的一名普通收费员，她所在的收费站处在滇桂交界的大山之中，条件艰苦，出行极为不便。然而，凭着自己对高速公路事业的热爱，凭着一股坚韧的性格，平凡的"小"女子也有"大"能量，她先后摘得广西高速公路行业第一位"五千万收费无差错"能手、"全区高速公路行业十佳收费员""全区青年岗位能手""全区优秀志愿者"乃至"全国交通运输系统劳动模范"等荣誉，是广西高速公路行业爱岗敬业的标杆。

深山创佳绩

作为一名普通收费员。许凌婕在4年半的工作中实现了收费额从100万元至5000万元无差错（无差错即无长款、无短款、无假币），成为广西高速公路行业最早实现5000万元收费无差错的能手，成为广西高速公路行业收费岗位的行业标杆。她能够在1分钟单点210张整钞，混点120张散票，还能准确地识别假币。

在许凌婕的眼里，收费是个使巧劲的活，司机数钱的时候她会用眼睛的余光扫一遍面额及张数，清点的时候她就会用手重点触摸几个防伪点，等待打印机打票的时间她会再用心算的方法核对数额，所以不需要重复点，心用到了点上就会又快又准。就算是再灵活的技巧，也离不开长期的练习，一捆捆点得起了毛边的"练习券"见证了许凌婕对这份简单枯燥工作的专注、认真与执着。

为了提高业务技能，许凌婕总是不断地钻研，不断想方设法对操作磨合过程进行完善，遇到特殊车辆时，总能做到认真分析、仔细揣摩。通过长期的经验积累和工作总结，她做到了收发卡速度一秒完、人民币识别一摸准、车型判断一看知，练就了"车型车牌输准、轴型轴限看准、键盘操作按准、收费找零核准"的业务技能，将收费、发卡时间缩短，有效地提高了车辆通行速度。

许凌婕2007年到罗村口收费站上班时只有18岁。罗村口收费站地处广西与云南交界处，四面群山环绕，出行极不方便。这里条件艰苦，却是云南、贵州等西部省市出省、出边、出海的重要陆路通道，日均车流量6000辆次，货运量20万t，大货车通行量在广西全区居于前列。跳秤、走S形、地磅前加速……在这里，各种载重货车的逃费手段多种多样，收费站员工为了制止这些行为会采取一些措施，矛盾时有发生。收费环境复杂、业务量大、生活艰苦、工作压力大，很多年轻的职工工作一段时间后就会选择离职。许凌婕从2007年入职以来在罗村口收费站一待就是6年，不仅没有被艰苦的自然环境吓倒，还在平凡的岗位上创下不平凡的业绩。2013年3月3日,许凌婕上岗472天创下了5002.14万元收费无差错,成为广西高速公路行业第一位"五千万收费无差错能手",她的事迹经《广西日报》《南国早报》等主流媒体的宣传,引起了社会广泛的关注,人们从这个平凡的小女子身上感受到了爱岗敬业的大能量。

微笑服务远播云南

广西交通投资集团百色高速公路运营有限公司用"微笑率"作为衡量文明服务水平的重要指标。在罗村口收费站"微笑率"能坚持95%以上就要付出常人难以想象的努力,而许凌婕做到了100%。

与那些地处市区以通行小汽车为主的收费站不同,罗村口收费站以大型货车为主,广西全区实施计重收费以来,仅2012年罗村口收费站就查处跳秤、冲秤、假轴、垫钢板等各种逃费行为13162辆次。为了制止这些行为采取的措施,自然会让一些司机感到不快,矛盾就会发生。许凌婕认为,微笑是调节与驾乘人员关系最有效的调和剂。无论面对多么刁蛮无理的驾乘人员,她始终保持微笑服务,化解双方的矛盾。同事们称许凌婕是收费员中"定力"最好的:她收到过带着口水的钱;遭受过醉酒的副驾拍着窗子捶玻璃指着鼻子的辱骂,清点过605枚硬币组成的通行费,做这一切时,她始终保持着亲切自然的笑容。"她的笑容让人没了脾气",一位长年经行云南与广西的货车司机这样评价她。许凌婕关注服务的每一个细节,比如同样是伸手示意,她就会比别人早伸手几秒,因为细心的她发现罗村口收费站地处长下坡路段,提前伸手示意,司机早看见早减速,就会更安全。她把服务渗透到了每一个环节,关注驾乘人员的需要:有时是一张自制的"地图";有时给驾乘人员加杯热茶;有时是一句温馨的提醒,总能让人如沐春风。

作为"业务标杆"和微笑之星,许凌婕毫无保留地把所有的业务技能和服务技巧传授给全站员工,在她的带动下,罗村口收费站先后涌现出了一大批"岗位能手"和"微笑之星",其中就包括现在的"六千万收费无差错能手"米钦,如今的罗村口收费站五百万收费无差错能手就达到19人。同时,为帮助周边收费站推进文明服务管理,许凌婕先后多次被交换到云南平年收费站以及云南公投建设集团有限公司旗下的昆明东管理处、文山管理处等10多个收费站指导收费业务和文明服务,把广西高速公路的窗口服务带到了云南,受到了云南同行的高度赞扬,推动了广西高速公路窗口服务对云南、贵州的辐射。

第二节 广西高速公路文化特色

高速公路是经济发展和社会进步的产物,是一个国家现代化水平的标志之一。随着社会经济的发展,高速公路被赋予了活的灵魂,并承担了体现和弘扬地域文化的重要角色。

第七章
高速公路文化建设

广西是一个民族文化富集地区和绿色生态地区,高速公路辐射各少数民族聚居区,沿途分布着丰富多彩、绚丽多姿的人文和自然景观。广西高速公路文化将高速公路项目所处的地域范围、地形地貌等自然因素和地域特色、文物古迹、风俗习惯等人文因素进行综合,并确定相应的设计原则,从而形成一个特有的广西高速公路文化名片。使每个驾乘人员都能感受到它的独特及其浓郁的地方风情,获得旅途的愉悦和文化的熏陶。

本节以高速公路相关设施及构筑物为载体,介绍广西高速公路建设中体现出的文化特色,主要介绍服务区、桥梁隧道、景观工程等所体现出的地域文化、民族文化、生态文化和历史文化。

让微笑一路相随
——广西高速公路打造"微笑服务"品牌侧记

微笑,让人与人之间的距离不再遥远,让心与心的交流不再陌生;

微笑,丰富了内涵和外延,启迪了智慧和力量,传递了希望和梦想;

微笑,以独特的魅力将爱的力量撒播到世界的各个角落,让世界充满阳光。

这微笑是广西高管人的微笑,是八桂高速公路的微笑,是书写和谐之美的微笑,是谱写和谐之音的微笑,是广西壮族自治区高速公路管理局创新服务理念,成功地打造出一个与广西高速公路携手延伸八桂大地的"服务品牌"。

从微笑服务的提倡,到实施、传播,再到被成功打造成蜚声海内外、享有广泛赞誉的服务品牌,广西高管人为此付出了巨大的努力及辛勤的劳动。

点燃"微笑服务"理念

高速公路是播撒春光之路,是传播精神文明之路。

在车流量不断攀升以及社会公众对高速公路服务质量需求日益提高的今天,如何才能在服务工作上做出成效?如何走出一条符合广西高速公路管理体制的服务模式?如何使广大驾乘人员到有赏心悦目的感受,并体验高速公路的精品服务?如何通过不断借鉴国内外优质服务的模式和标准,结合自身的实际不断地探索服务创新点?

从成立伊始,广西高管人就在苦苦探索。

1997年,广西高速公路管理局创新提出规范性的征费服务工作理念,编撰了《征费服务手册》,点燃"文明服务"的理念。

列队上下岗,使用文明用语,来有问声,去有送语,唱收唱付,微笑服务。

"先生(女士)您好!""请您系好安全带""欢迎您再走高速公路""您好走",一句句温暖人心的话语,与服务对象进行情感交流。

"文明服务"的理念使征费服务工作步入一个逐渐规范和成熟的轨道。然而,随着车流量的不断攀升以及社会公众对高速公路服务质量需求的日益提高,广西高管人并没有满足于现状。他们努力探索、大胆实践,终于在"微笑"上找到了突破口,并将实施"微笑服务"这个理念定位为提升征费服务质量和水平的崭新契机。

2002年年初,在规范的征费服务工作取得优异成绩的基础上,原广西高速公路管理局沿海处防城港管理所开展了"微笑服务"竞赛活动,标志着高管人"微笑服务"理念进入了一个初步的实施阶段。

为了使竞赛活动取得实际成效,该管理所制定了一套实施方案,方案中明确开展"微笑天使""文明服务班组""文明服务优胜站"等为载体的争先创优活动,并制定了一个初步的"微笑服务"考核标准,成立了一个活动领导小组专门负责活动的开展。

此次竞赛活动的开展,进一步促进了征费服务质量和水平的提高,在该年度的社会满意率调查中,防城港管理所的征费服务工作获得社会的广泛好评,当地的媒体也作了相关的报道。收费员在工作时时刻践行"微笑服务"如图7-2-1所示。

图7-2-1　收费员在工作时时刻践行"微笑服务"

提升"微笑服务"品牌

2005年年初,原广西高速公路管理局南宁高速公路管理处瞄准了将"微笑服务"精细化、品牌化,启动"八颗牙式高速微笑"精品活动的创新点,提出了打造"微笑服务"品牌的战略目标,通过"四个标准""四个考核"和"四个深入",将"微笑服务"的实践工作提升到一个实质性的日程上,倾注全处之力轰轰烈烈地开展了打造和提升"微笑服务"品牌的各项具体工作。

"四个标准"是通过借鉴国内外优质服务的模式和标准,首创性地制定了微笑服务标准,对微笑作出定量规定,将"微笑服务"设定为可以看得见、听得到、考核得了的具体性的工作。具体标准是:面部标准做到和蔼可亲,伴随微笑自然地露出6至8颗牙齿,微笑时真诚、甜美、亲切;眼神标准做到面对驾驶员眼神柔和,亲切,自然流露真诚,目光友善、坦然、亲切、和蔼有神;声音标准做到清晰柔和、细腻圆滑,语速适中,富有甜美悦耳的感染力,语调平和,语句流畅;亲和力标准做到微笑必须是真挚的,发自内心而非虚情假意;态度必须是热情的,热情洋溢而非冷漠无情;工作必须是仔细的,关注细节而非粗心大意;回答必须是耐心的,百问不厌而非答非所问;服务必须是心怀感激的,真情付出而非贪图回报。

"四个考核"是针对微笑服务建立起来的绩效考核机制,有效地激发了收费员工的工作热情,充分调动起收费人员的工作积极性,使微笑更真诚、甜美,服务更到位。具体内容是:日常考核与服务质量考核并重,服务质量考核得分占总考核得分的50%;收费员的工资与微笑服务、服务质量挂钩,获"最佳微笑奖"或"微笑鼓励奖"的收费人员在评上的次月起,浮动工资可以在当月的考核工资基础上晋升一档;根据文明服务考核内容及考核方法对本所管辖的收费站每月进行一次微笑服务检查考核,每季度末按规定的名额向管理处推荐表现突出的收费站作为"示范站"进行奖励;按当月文明服务考核分从高至低排名,取全站收费员总数10%的比例,作为"最佳微笑奖"进行奖励。

"四个深入"是把文明创建工作融入"微笑服务"活动中,不断充实微笑服务的内涵和品味,以达到以微笑服务促文明创建工作、以文明创建工作推进微笑服务良性发展的具体措施。具体内容是:深入开展青年文明号、巾帼文明岗等文明创建活动,给予员工们发挥聪明才智、实现人生价值的广阔平台和空间,在潜移默化中促使员工们把"微笑"当作自己的行为准则;深入开展"走进基层、服务基层"等主题活动,为收费员办实事好事,给收费员工创造一个安心工作、舒心生活的良好环境;深入开展文化建设年活动,打造具有行业特色高速公路管理文化,精心培植出广西高速公路管理核心理念和价值观,以文化力管理的氛围和作用促进"微笑服务"的全面开展;深入开展"文明礼仪伴我行"活动,将文明礼仪高度融入微笑服务中,进一步拓宽微笑服务的内涵,促使"微笑服务"更具人性化。

随着"微笑服务"活动的开展,进一步促进了征费服务质量和水平的提高,以南宁收费站为重点的南宁环城高速公路线成为一道亮丽风景、一阵文明新风、一张真诚笑脸,树立了广西高速公路"微笑服务"品牌,取得了显著的社会效果。

拓展"微笑服务"内涵

在南宁成功实施"微笑服务"的影响和辐射下,"微笑服务"之花迅速在广西高速公路遍地绽放。

"两转体、两点头、并五指、露八牙"富有特色。心理学家研究发现,信息的全部表达=7%语言+38%声音+55%表情与动作举止。在收费服务过程中,如何在短暂的时间内,妙用肢体语言留给过往的驾乘人员最好、最深的印象?原广西高速公路管理局桂柳处根据收费现场的实际,选择了"两转体、两点头、并五指、露八牙"四种肢体语言,通过这些肢体语言向过往的驾乘人员表达尊重、真诚、亲切。

这些服务规范不单单只是字面上理解转体,点头,八颗牙,它们结合了有形的服务与无形的内涵,有着更深层次的含义。

"两转体",通过转体,将收费人员的心脏置于驾乘人员的视线之下,体现真诚相待的含义。

"两点头",第一次点头,表示礼貌、问候;第二次点头,表示赞成、肯定,肯定驾乘人员在短暂的时间内对我们工作的支持与合作。

"并五指",手心朝上,使收费人员显得诚实可靠,而且还有助于制止对方说谎并且鼓励对方坦诚相待。并拢的五指,展示收费人员端庄礼貌、温文尔雅。

"露八牙",展示亲切自然的笑容,消除与驾乘人员的心理隔阂,促进相互理解和加深友谊(图7-2-2)。

图7-2-2 收费员们在练习"露八牙"微笑

"海之魅"魅力四射。原广西高速公路管理局沿海处在收费站推行八个"笑一笑"服务工程:一是迎来驾乘人员笑一笑,二是问候驾乘人员笑一笑,三是向驾乘人员收费笑一笑,四是回答驾乘人员询问笑一笑,五是向驾乘人员道歉笑一笑,六是得到驾乘人员理解笑一笑,七是暂时受到委屈笑一笑,八是送走驾乘人员笑一笑。营造了一个充满微笑的温暖空间,让驾乘人员在经过收费站时,特别能感到温馨的气息,让每一位员工的亲和力,给驾驶员深觉收费站不仅仅只是收费站,更是一个撒播欢乐和爱的地方。

"微笑操"风景靓丽。原广西高速公路管理局西南处从拓宽微笑服务品牌的内涵和外延出发,从体现人性化的角度出发,首创了"微笑操",有效地提升了微笑服务的水平。"微笑操"包括坐姿练习及站姿练习两大部分,其中坐姿部分的面部微笑练习就是要教会员工如何微笑、如何微笑得最美及如何保持微笑,收费员可以在不服务车辆的间隙随时练习。其中站姿练习可以放松全身各个关节,帮助员工消除疲劳,避免因长时间保持坐姿引发的诸如颈椎、肩周疼痛等职业病,同时轻松舒缓的节奏还可以帮助员工减轻工作压力、活跃身心,使收费员始终保持良好的精神面貌。自2007年开始已在西南处管辖的南友高速公路、南百高速公路、百罗高速公路全线铺开,推广到24个一线收费站,取得了良好的效果。在广西高速公路管理局2007年举行的面向社会的问卷调查中,南宁至友谊关高速公路收费站综合满意率为98%;2007年南宁至友谊关高速公路被区团委授予"青年文明号大通道"称号;交通运输部翁孟勇副部长10月30日视察南宁至友谊关高速公路对管理工作给予肯定;崇左收费站的收费员的微笑服务成为代表崇左市文明服务的一张靓丽名片,凭祥站成为名副其实的"南疆国门第一站",成为越南等东盟国家青年代表来参观的示范站。

绽放"微笑服务"之花

在广西高速公路,活跃着一群可爱的微笑大使。他们,用自己的行动,用自己的真诚,用自己的微笑,感染着每一位驾乘人员,如图7-2-3所示。

图7-2-3 收费工作现场

有一位微笑天使叫袁杏云。她实现了连续收费3000万元无差错,获得"全国青年岗位能手""广西五一劳动奖章获得者"等荣誉称号,被誉为广西高速公路收费岗位上的"奥林匹克选手"。袁杏云每个班要接待四五百辆车,她坚持用标准规范的文明用语和真诚甜美的微笑迎送每一位驾乘人员,耐心解答各种询问,成为高速公路上的服务明星和传播现代文明的使者。一次,一辆外地货车驶入袁杏云所在的车道,驾驶员把卡和285元通行费交给了她,当刷完卡后发现通行费为460元,她就微笑着询问驾驶员货车的吨位,并要求他出示行驶证。驾驶员不知道哪来的脾气,一听到要看行驶证就大声吼道:"你为什么要查我的行驶证? 你有什么权力查我的行驶证?"袁杏云想也许是驾驶员路途劳累了,发点脾气不算什么,这么想着,就向驾驶员解释说:"先生,是这样的,入口站把您的车判为3类车须收费460元,请您出示一下证件核实您的车是不是2类的,如果您的车是2类的,我们就帮您改过来。"驾驶员听完解释后积极配合地把行驶证递给了她,经过核实该车确实是2类车,袁杏云立刻叫班长过来修改。办好手续后,袁杏微笑着对驾驶员说:"不好意思,耽搁了您的宝贵时间,请谅解,祝您一路顺风!"这样的微笑,足以融化任何一人脸上的冰霜。

有一个微笑天使叫黄秀清。2005年3月底,一名过往驾驶员正是听从柳州收费站收费员黄秀清在收费过程中"请您系好安全带"的温馨提醒,在车祸中幸免于难,过后专程携1万元登门感谢,却被黄秀清婉拒了。过后,多家媒体先后报道了这位因"一句温馨提示,挽救一个生命"而感动社会的美丽的收费姑娘。

还有一个微笑天使叫李书美。她是向广东传播文明礼仪的"微笑先行者"。李书美工作在位于两广交界的桂海收费站,每天她都带着甜甜的微笑上班,广东高速公路集团湛江分公司到桂海收费站学习时,深深地为她的微笑服务所折服,专门聘请她到广东给同行上微笑服务课,在她的影响和带动下,广东高速公路湛江分公司也开展了微笑服务,并多次分批组织收费人员到桂海收费站参观学习微笑服务。

广西高速公路管理局从成立至今,已经涌现出了30余名收费一千万元以上无差错收费员,而且他们还将用自己的努力延续这样的收费无差错"奇迹"。

播撒"微笑服务"芳香

通过几年来的努力,"微笑服务"已经成为广西高速公路独具特色的"服务品牌"。收费员真诚甜美的微笑、规范的文明用语,得到社会各界的高度认可和广泛赞誉,成为广西高速公路的一张亮丽名片,也成为了各个服务行业竞相学习的榜样,全区甚至全国的许多服务行业纷纷来到广西高速公路学习微笑服务。随着东盟博览会的永久落户广西南宁,以及广西风生水起北部湾新一极快速发展,广西高速公路"微笑服务"的芳香播撒得更广更远。

2005年5月国家审计署到广西审计时,对各收费站微笑服务给予高度评价,审计小组组长认为,广西给他留下最深印象的是"广西高速公路收费员的微笑",如图7-2-4所示。

图7-2-4 以"微笑服务"打造广西高速公路亮丽名片

2005年8月公安部暗访组到广西公安系统窗口单位进行暗访,期间多次经过南宁收费站,收费员自然、甜美的微笑、文明礼貌的用语和端庄的仪态给他们留下了深刻的印象。暗访组一位领导说:"在全国走了那么多的地方,南宁收费站收费员的微笑服务是最好的!"暗访组离开广西后,要求作为公安系统窗口单位的广西交警总队车管处到南宁站现场学习、交流。被誉为"国门卫士"的广西口岸边防武警也慕名前来南宁站观摩学习。

2007年11月15日,中国广西国际青年交流学院国际青年干部高级研修班学习的越南、菲律宾、泰国学员一行34人,在参观了全国青年文明号、全国巾帼文明岗南宁收费站的微笑服务后纷纷拍手称赞,认为这样的"微笑服务"很值得借鉴。

2008年4月深圳航空有限责任公司南宁分公司乘务分部的空乘人员共30余人,分两批到南宁收费站进行了参观交流活动。空姐们在参观了南宁收费站的职工宿舍、收费现场及监控室等地方并参观了收费员们的微笑服务后,认为广西高速公路的微笑服务是"了不起的!"

几年来,前来广西高速公路参观学习"微笑服务"的团队就多达156批次共4617人,其中越南、缅甸、泰国、老挝等外国参观团4个共204人。微笑服务品牌跨越国界,赢得社会各界的广泛赞誉,并通过传播微笑服务,取得良好的社会效应。

"世上本没有路,走的人多了也便成了路。"用大文豪鲁迅先生的这句经典名言形容广西高速公路"微笑服务"从提倡,到实施、传播,再到被成功打造成蜚声海内外的服务品牌所历经的艰辛和付出的努力恰如其分。广西高速公路管理局4000多名员工正是用一双双脚走出了一条属于自己的微笑之路、文明之路、和谐之路。

微笑溢满八桂高速公路
——广西交通投资集团有限公司打造微笑服务品牌纪实

中国自古以来就是一个以礼仪之邦闻名于世的国度,现代的文明礼仪主要以甜美、具有亲和力的微笑服务形式展现。在2008年北京奥运会期间,我国出现了许多具有时代特色的微笑服务文化现象,如创建"微笑圈"国际板,招聘"微笑北京"志愿者等。微笑服务文化作为中国传统文化的一个重要组成部分,传承了中国五千年的华夏文化。高速公路作为服务窗口行业,文明服务的优劣直接影响驾乘人员对高速公路的感官和态度,也影响社会对高速公路的信任与理解的程度。广西交通投资集团有限公司通过开展微笑服务,构建微笑服务文化,积极营造和谐的高速公路通行环境,取得了显著的成效。如今,高速公路的微笑服务已经成为广西的一张亮丽名片,得到了区内外、国内外多方客人的赞扬。

理念,制度,文化,塑造微笑服务

微笑服务品牌在创建过程中也遇到许多难题,如员工的微笑服务比较职业化、机械化、程序化,被动地按照职业规定执行,表情僵硬、不自然,服务对象同样觉得冷冰冰、拒人千里之外,这也是许多推行微笑服务的单位、部门遇到的通病和困难;如微笑服务难以坚持,出现一阵风的现象,风云一时便陷入沉寂,往往存在重要性认识不足、相关资源投入缺乏以及配套激励机制缺乏的原因;如开展微笑服务没有铺开,犹如星星点灯,一枝独秀,内涵和形式都没有创新,没有发展,缺乏系统的支撑和创建的浓厚氛围,各种资源和工作重点往往集中在一些重要站点,其微笑服务成效明显,而其他边远站点的微笑服务水平就相对较低,没有形成整体的规模效应、影响面小,社会认可度不高。

广西交通投资集团有限公司通过规范服务标准,打造具有亲和力的微笑,实施微笑品牌战略,提炼微笑文化,营造浓厚的微笑文化氛围,以应对推行微笑服务活动过程中所面临的新情况,破解高速公路微笑服务发展和文明创建水平提升的难题。

标准化与亲和力编织的微笑。随着"微笑服务"品牌的逐渐打响,广西交通投资集团有限公司把打造"微笑服务"品牌提升到了事业发展的战略高度来组织实施。自从把"八颗牙"微笑引入高速公路管理服务窗口,用"八颗牙"微笑标准规范员工的微笑,率先在全国高速公路行业对微笑进行量化后,实施过程中又最具亲和力的微笑服务标准,从嘴型、眼神、声音、表情四个方面对微笑做了定量和定性的规定,使微笑服务更能拉近收费员与驾乘人员之间的距离。除微笑外,微笑服务标准还对高速公路管理服务标准赋予了新的内容,包括制定了文明用语、仪表姿态、接待礼仪、业务流程、便民服务、环境卫生、畅通应急等8个标准化制度,甚至连工作人员的着装、坐姿、站姿、走姿、手势动作及手饰、头饰都有标准。收费员头上的小头花也有讲究——平时头花的颜色带点冷色调,在节假日和双休日头花的颜色要求是暖色调,让驾乘人员更容易感受到节假日的快乐喜庆氛围。微笑服务标准提出限时服务标准,对收费员在亭内单车接待车辆的时间作明确规定:入口不得超过6s,出口不得超过12s;在未开放全部车道的情况下,收费站等候过站排队的车辆超过5辆车以上的时间不超过2min。

对于问候语,规定收费员要根据节日和气候的不同而变换,如"请系好安全带""雨天路滑,请小心驾驶""祝您节日快乐"……针对私家车的日益增多和驾车人员身份的多样化,对驾驶员的称呼也作了改变,把原先的"司机,您好!"改为"先生/女士(小姐),您好!"使广大驾乘人员听了更加亲切。

微笑是"微笑服务"品牌的核心内容,为使工作人员能更好地掌握微笑服务标准,组织者拍摄了《服务标准示范片》,制作了《服务标准画册》《形象标准图画》等资料;还专门邀请专家、教练,对员工们的坐姿、站姿、仪态、文明用语、微笑等进行"魔鬼"式强化训练。为了达到标准要求,员工们把示范片带进收费亭,把画册带在身上,在工作中及时纠正坐姿、站姿和文明用语。在他们中间,还形成了像"含筷子""练瑜伽"和"塑身材"等特别的微笑训练方法。

微笑服务,它并不仅仅是一种表情的展示,更重要的是与服务对象之间情感上的沟通与交流。收费员有时会遭到过往驾驶员的莫名辱骂,心情很容易受影响。为此进行了心理暗示训练和心理调适训练,让他们学会转移和淡化烦恼与不快,时刻保持一颗平常心,保持一种轻松情绪,通过发自内心的真诚微笑把快乐传递给每一名驾乘人员。

制度与机制构筑的微笑服务。从某种意义上说,推出品牌,不仅仅是一个漂亮的外壳,更重要的是其核心的构筑。在创建微笑服务品牌中,广西交通投资集团有限公司尤其注重品牌的塑造、维护与管理,创新理念,以微笑管理微笑,构筑起和谐融洽的管理环境和服务环境。在完善各种规章制度的同时,将真诚和谐的微笑管理理念贯穿于平时管理当中,突显人性化的情感管理。管理人员要用微笑面对每一位员工,让微笑为员工增添信心和力量,让员工更有决心做好工作;用微笑塑造和谐融洽的氛围,让员工消除压抑和紧张,更乐意地做好工作;用微笑来不断传递对员工的尊重、信任、关怀的信息,让员工在微笑中获得工作的认可,从而更积极地做好工作。

为了使微笑服务品牌真正创出特色,形成长效机制,先后出台了《服务责任追究制》《收费人员考核细则》《微笑服务奖励办法》等规章制度,坚持以制度管人、管事。在严格管理、量化考核的同时,集团公司还注重培养员工创品牌意识,开展各种宣传、讨论,举办服务竞赛和文艺演出活动,让职工说自己身边的人和事,进行自我教育,在潜移默化中把"微笑"当作自己的行为准则,使服务品牌战略由领导意志变成全体员工的自觉行为。

塑造微笑文化,使微笑服务经久绽放。微笑服务品牌的经营管理过程实际上是微笑文化的构建与发展的过程。广西交通投资集团有限公司以"理念—制度—激励"为链条打造微笑文化。首先是确立微笑服务至上的服务理念,形成以"微笑感动你我,微笑构筑和谐"为核心价值观,以微笑感动顾客为目标,让广大驾乘人员"走进广西高速,享受优质服务"。

广西交通投资集团有限公司根据工作实际制定了开展微笑服务的各项制度和规范,把全体员工认同的微笑文化理念用制度规定下来,渗透到高速公路管理与服务的全过程,渗透到各个管理环节,建立起科学规范的内部管控体系,把抽象的服务概念变为具体的服务行为,使具体的服务项目对应到每个岗位职责,细化服务标准和要求,明确人员和岗位的责任,积极推行机关对基层、后勤对一线、全单位对社会的全方位服务承诺,形成以外促内、以内保外的良性循环。

微笑服务文化是制度标准与价值准则的相统一、激励约束与文化导向的相协调,广西交通投资集团有限公司在开展微笑服务活动中,建立了系统的激励机制。一是加大文明服务考核力度,增大收费员工月度考核中文明服务的分值比重,并与工资奖励相挂钩,以经济杠杆调动员工开展微笑服务的积极性;二是开展微笑服务星级评比活动,设立最佳微笑奖、微笑鼓励奖和微笑进步奖,按照服务星级给予奖励,增强收费站员工争优创先意识;三是开展微笑服务示范站和样板收费站评比,营造开展微笑服务的氛围,从而形成千帆竞发、你追我赶的局面,各单位、各站点、各班组之间的"微笑服务示范站""星级服务奖""最佳微笑奖""微笑之星""一月一主题""岗前一学习、岗后一小结""个人微笑目标卡""每日一星"等竞赛活动和等评选方式层出不穷,极大地调动了全员参与微笑服务的积极性。

微笑,和谐,创造文明

微笑是人类最具魅力的语言,是维系社会关系的纽带,能化解矛盾,促进和谐。每天在高速公路通行的车辆成千上万,每个驾乘人员有着不同的心情、不同的性格,然而每当看到收费人员甜美真诚的微笑时,心情都不由自主地受到感染,形成共鸣。广西交通投资集团有限公司从岗亭的甜美微笑,拓展到优质的服务,拉近了与驾乘人员之间的距离,化解了一个个矛盾,构建和谐交通环境。

"听得见的微笑"以高速公路96333客户服务中心为平台,以甜美的声音、标准的服务、热情的态度,形成了"空中的微笑服务",为广大驾乘人员提供最优质的服务。

"干得好的微笑"则在机关、养护、应急等部门开展,目的是打造畅舒精品高速公路。突出"双向微笑",形成高速公路管理者、员工和驾乘人员之间互动和谐的五环"微笑链";养护部门通过科学施工、规范管理,为社会奉献一流的路面质量、一流的道路绿化、一流的人文景观,打造广西一流高速公路,让广大顾客满意、赞叹;应急、服务区等部门通过快速反应、安全维护、保洁保畅等措施,为广大驾乘人员提供快速救助服务,提供安全洁净道路环境,为广大顾客提供"最周到、最放心、最卫生"的优质"星级驿站"服务,让广大驾乘人员走得舒心、走得满意。

过往的驾驶员有时对收费员恶语相向,但是收费员始终用自己的热情和微笑为驾驶员提供服务。正是有了高速公路灿烂的微笑与人性化的服务,给驾乘人员带来了温暖。一位过路驾驶员如此回应收费员甜美灿烂的微笑:"你们的微笑让我自然而然地笑了出来。"一句朴实的话,道出了微笑构筑起来的人与人之间的和谐之美。

一枝独秀不是春,微笑花开遍地香。广西交通投资集团有限公司的微笑服务品牌,在全国同行和区内外其他行业产生微笑冲击波,微笑服务享誉全国,成为全国交通行业极具美誉度的服务品牌和广西的一道亮丽的风景。

"没有想到微笑服务能有那么大的魅力,通过开展微笑服务能获得驾乘人员的认可和赞美时非常开心,非常感谢你们让我们感悟到了微笑服务的意义和真正内涵。"广西交通投资集团有限公司微笑服务培训组应邀到安徽高速公路总公司合肥管理处、贵州省贵阳高等级公路管理处进行微笑服务交流及指导,培训结束后,合肥管理处一名收费员由衷地发出了这样的感叹。

2009年5月,广西交通投资集团有限公司收费站长和一线收费员代表,应邀走进中国银行广西分行,通过视频大会的形式向全区1万多名中行员工介绍高速公路微笑服务经验。从高速公路微笑服务品牌的产生、发展、管理、社会效应、实践经验等几个方面,介绍了打造微笑服务品牌的整个体系,以及打造微笑服务品牌所采取的具体措施和激励机制。优秀收费员代表则畅谈了自己在微笑服务中的切身体会,以及如何强化微笑服务的意识,练出真诚、甜美、自然的微笑,努力提高服务质量等。整个介绍声情并茂、内容生动具体,得到中国银行广西分行员工的热烈欢迎和高度评价。

2009年6月24日,广州市党政考察团到南宁市考察,经南宁市委推荐,70多名处级以上干部在省委领导的带领下参观了南宁站,来自开放前沿的领导们纷纷感慨在经济相对落后的广西有如此文明先进的服务。一个月后,广州市番禺区党政领导也慕名组团前来考察。

几年来,前来参观、学习的窗口服务单位络绎不绝,南宁铁路局、中国移动广西分公司、广西工商局、南宁国税局、南宁梦之岛百货员工、南宁肯德基员工和全国各省区高速公路同行都先后到广西交通投资集团有限公司学习微笑服务。此外,广西交通投资集团有限公司也先后派出代表给平果铝业、光大银行、中国银行、荣和房地产、广东开阳高速公路、安徽高速公路、湖南高速公路、贵州高速公路、河南高速公路、云南公投公司等多家企业培训微笑服务与礼仪工作,取得了良好的社会效应。山西省交通运输厅领导在参观南宁收费站后,发出通知要求山西高速公路管理部门分期分批到广西取经学习。许多省市交通部门来函来电索要学习资料,广西交通投资集团有限公司都毫无保留地回赠微笑服务的光碟、画册及有关规章制度,为提升交通行业的服务水平和文明程度作出了奉献。

微笑搭平台,享誉东南亚。2009年7月28日,中国广西国际青年交流学院越南籍校友座谈会在河内市召开,越南青年医药协会副会长阮拔劲深有体会地说,在广西国际青年交流学院学成回国后,他把广西高速公路的微笑服务理念运用到了越南青年医疗服务机构,收到了显著效果。由团中央、财政部举办的中国广西国际青年交流学院,主要负责培训东南亚国家的青年干部,为使学员了解中国的社会进步,学院把广西交通投资集团收费站作为教育基地,每期培训班都安排学员到收费站交流学习,学员们每次都饶有兴趣地学习探讨微笑服务,美丽的微笑成为交流的语言和友谊的传播。

理念,责任,贵在坚持不懈

"三个微笑"能够成为社会公认的品牌,成为传播社会文明、推动社会和谐发展的法宝,关键在于有服务理念、社会责任和坚持不懈。

微笑服务作为一种服务理念一直得到社会的推崇,但由于对微笑服务理念认识的不同和实践的差异性,使得微笑服务成效各异,社会影响亦不同。广西交通投资集团有限公司能够将"三个微笑"服务打造为同行认同、社会认可,成为企业品牌、城市名片和全国高速公路的服务标杆,根本在于广西交通投资集团有限公司致力实施品牌战略,塑造优质服务的精品,将微笑服务上升到企业品牌发展战略高度来科学系统的经营与管理,并以追求卓越的发展目标和态度来开展微笑服务,因此,"三个微笑"服务在广西交通投资集团有限公司的发展历程中不断探索提升,精益求精,成为社会认可的服务品牌。

国有企业具有公益性质,必须服务社会经济的发展,为社会提供公共服务产品,承担构建和谐社会的责任,为全社会提供示范和导向。高速公路本身就是一种公益性的服务行业。广西交通投资集团有限公司正确认识国有企业和高速公路的属性,在权衡高速公路管理的社会效应和经济效益时,把社会效益放在第一位,坚持服务至上的理念,将微笑服务作为构建社会文明、传播文明新风的载体和行动,不断提高交通服务"窗口"的文明服务水平,推动高速公路精神文明建设上新的台阶。这是对自身职责和使命的觉悟,是对工作导向和定位的抉择——着力于全社会的整体利益和长远发展,并自觉承担相应的社会责任,甘当构建和谐社会的坚实基础,充当经济发展与社会进步的重要力量。

"三个微笑"服务美丽而动人,不乏成功的例子,也有不少的昙花一现。她不是靠包装,更不是炒作,是执着的、由点点滴滴组成的追求,是不惜心血的投入,是有效的激励机制和有力的管理措施形成的基础牢固、动力强劲的长效机制。在创建微笑服务品牌中,广西交通投资集团有限公司尤其注重品牌的强化管理,通过不断创新管理理念,悉心锻造,"十年磨一剑",用坚持不懈的理想追求和辛勤汗水,通过持之以恒的真诚付出和不断创新,"三个微笑"服务的内涵和外延得到深化扩展,服务水平逐年提高,微笑服务知名度和美誉度享誉中外,终于将微笑服务打造成广西交通投资集团的"拳头"品牌和广西交通行业的"精品"。

先进集体——黄屋屯服务区

南北高速公路上"隐形的翅膀"
——记广西高速公路五星级服务驿站黄屋屯服务区

位于广西北部湾经济区内的南北高速公路上有这样一个服务区,它由东西两个区组成,分别伫立于高速公路两旁,东边是红瓦庭院的中式建筑,西边是雕刻浮雕的欧式建筑,两处的建筑风格虽各具特色,文明服务的理念却一脉相承,它就是广西南北高速公路上的优质文明服务驿站——黄屋屯服务区。

打造"人性化服务星级驿站"是黄屋屯服务区员工们的目标和追求。为了达到这个目标,他们以心换心,换位思考,以人性化的服务赢得了过往旅客和社会各界的肯定。服务区运营以来,先后荣获自治区"工人先锋号""高速公路十佳文明服务区"称号;被广西交通运输厅授予"最佳服务区""先进职工小家"等荣誉称号;连续五年被广西高速公路管理局评为"五星级服务区",并且是最早获评的一个。

靓丽服务　提供优美的休息环境

打造生态景观。黄屋屯服务区的整个绿化面积高达37352m^2,占整个服务区总面积

35%。俯瞰整个黄屋屯服务区绿意盎然。为使广大驾乘人员在停留的短暂休息时能放松身心,服务区在车道两旁分别种植了一排小叶榕,增加了蜿蜒的长廊、小径、幽雅的凉亭,种植了桃花、紫薇、凤凰木、鸡蛋花木等,使服务区四季有绿、四季如春,营造出一派休闲、自然的迷人花园景色。

打造建筑景观。黄屋屯服务区分为东西两区,两个区采取不同的建筑风格。东区采用的是现代式设计理念。采用流畅的线条式的藤架设计与服务区简洁、宽阔的空间相搭配,带给人一种清新、现代之感。而与东区隔道相望的西区,则采用欧式设计理念。在建筑中,广泛采用浮雕,并用4根摆成环形罗马柱及9个圆球,来增添欧洲风情的神秘感。两种风格各异的建筑隔道交相辉映,别具特色。

为维护靓丽、优美的环境,黄屋屯服务区在环境整治与维护上也做了许多工作。以自治区当前开展的城乡清洁工程、"美丽广西·清洁乡村"等活动为契机,持续开展环境整治活动,重点清除卫生死角,定期开展蚊蝇、树木杀虫工作,保障食品安全卫生,减少服务区病虫害。保证服务区处处洁净。同时向广大驾乘人员散发保护环境倡议书,激发服务区职工及旅客对服务区环境卫生的保护意识。此外,还建立完善的环境整治制度、标准,按照"24小时监管,及时清理"的原则,调整保洁工作方式方法,落实卫生任务分块负责机制,服务区清洁人员的清洁标准是尽量在第一时间清除污迹、水迹,保洁员平均每天至少要进行1000多次的弯腰拖地动作,更有甚者"五一""十一"等节假期间要达到3000至4000多次。

细节服务　细到了每个人的心坎上

在提升服务质量方面,黄屋屯服务区对每一个细节工作都要求高质量、高要求、高效率完成。为此,服务区细化、量化服务标准,将人性化服务融入员工的"迎来送往"中。

为了提高停留在服务区休息的驾驶员安全系数,在加强夜间巡逻密度的同时,不忘给每一位夜间停留在服务区休息的驾驶员提个醒。如提醒驾驶员晚上睡觉要关好车门车窗,注意财物人身安全、注意夜间气候变化等。

为了确保服务区卫生环境整洁,黄屋屯服务区通过"三天一小检、七天一大检"对各部门环境卫生进行控制,并划分卫生责任区,明确责任,建立环境卫生长效监督体系。

为了确保食品卫生得到保障,餐厅原材料、便利店的商品进货渠道严把质量关,由权威部门不定期进行食品质量监督。

为了使驾乘人员有宾至如归感,坚持用"服务从我做起"理念来完成整个服务程序。如保安员用"50m迎车服务"积极主动跑出50多米迎接车辆;便利店开展的"三声服务""店长服务",做到顾客来有迎声,遇有招呼声,去有送声;管理中心要求各单位服务要做到客人来时"三个一":一声问候、一个微笑、一个文明引导动作;客人走时"三个一":一句感谢、一句祝福、一声慢走。

服务区厕所不仅铺上了防滑地毯,还安装了卫星天线接收全天候纯音乐广播,可播放包括爵士乐、华丽钢琴音乐、大小提琴音乐等31种风格的音乐,悦耳的音乐与以往臭气熏天的厕所味道形成鲜明对比。近年来,更投入上万多元对男厕通风系统、洗手台、水龙头、窗户、残疾人设施进行升级改造,新增了干手设施、洗手液及喷香机等。

技术服务　提供良好的服务保障

建立完善的管理制度和服务监督体系。现今,黄屋屯服务区已经形成了一套较完善的管理制度。如《黄屋屯服务区卫生标准》《黄屋屯服务区环境卫生长效管理规定》《黄屋屯服务区卫生监控方案》《黄屋屯服务区优质服务保障机制》《黄屋屯服务区安全生产管理制度》等,各经营单位均在显眼的地方公开投诉信箱(意见簿)、投诉电话,自觉接受顾客监督。

提供便民利民设施。在咨询台处设置了便民OTC药品、广播呼叫系统,以及交通、旅游、天气、地方特色美食等信息查询系统。

经常组织防抢劫演习、消防应急预案演习等各种应急预演,提高自身的快速反应能力、执行力。并定期开展了晨跑、擒拿、搏斗训练,有时也邀请武警官兵过来指导训练,从而培养了一支英勇奋战、见义勇为的治安队伍,为广大驾乘人员休闲提供强有力的安全保障。2007年6月9日,黄屋屯服务区治安员黄日金挺身而出,勇敢追击偷盗者,追回了一位非洲籍男乘客被盗的贵重物品,非洲籍乘客连声道"OK!"以表达感谢之情。

真心服务　换来群众一致好评

从安装婴儿换尿布专用床及儿童洗手盆、男童小便盆,到开放式的活动场上配备的健身器材,黄屋屯服务区无一不为广大驾乘人员提供最贴心、最真心、最人性化的服务。

除做好本职工作外,服务区还倡导"爱心"服务,热心无偿地为过往驾乘人员分忧解难。他们不仅对驾乘人员奉行真心服务,对社会上的弱势群体同样主动热心伸出援助之手。据不完全统计,服务区职工为过往驾乘人员所做的好人好事有600余次,向社会捐款近2万元。

在打造"星级服务区"的过程中,黄屋屯服务区获得了上级领导的众多肯定和表扬,也得到了广大驾乘人员的赞誉,但员工却并未因此而满足,他们不放松、不骄傲,始终保持着昂扬的工作激情、服务热情、创新精神。从2005年建立广西高速公路服务区第一间星级公厕,到2006年第一个在广西高速公路服务区安装健身器材,到2007年第一个在广西高速公路服务区安装婴儿换尿布专用床及儿童洗手盆、男童小便盆……黄屋屯服务区一直在精益求精,一直在力求为广大驾乘人员提高最贴心、最人性化的服务。

链接：一则则感人的故事

它，见证了生命的诞生。2016年9月23日至28日的五天时间里，两名孕妇分别在东、西区厕所内突然分娩。这种情况对服务区员工来说是史无前例的，他们立即启动了突发事件应急预案，准备好热水和干净的毛巾，及时与正在赶来的救护车上的医生取得了联系，并组织几名有一定护理知识的女职工主动协助孕妇生产。在医生的指导下，她们耐心真诚地给生产的孕妇以协助和鼓励，帮助她们度过难忘而痛苦的人生时刻。由于服务区人员的热心救助，两名妇女都平安产出了健康的小生命。

它，留住了中外旅客的眼睛。2006年6月3日，香港特区行政长官曾荫权率一个近两百人的经贸代表团前往防城港考察，途中在黄屋屯服务区稍作短暂停留。在停留过程中，干净整洁优美的服务区环境给香港代表经贸代表团留下了深刻印象，许多代表团团员纷纷合影留念。2007年5月2日，全国人大原副委员长布赫一行到黄屋屯作短暂休息，并饶有兴趣地参观服务区的宣传板，并在陪同人员的引导下察看了黄屋屯服务区其他服务功能、现场面貌，露出了满意的笑容。2007年6月8日，"中国友谊之旅·中国行"记者访问团在黄屋屯服务区短暂停留，俄罗斯记者们一下车就颇为兴奋地争先拿起手中的摄像机留影，并相互采访，微笑频频。

它，将文明的种子播撒在旅客心里。2014年1月30日正值大年三十，车辆爆胎后万分无助的周姓驾驶员在黄屋屯服务区员工黄承辉、张盈7个多小时的帮助下，找到合适轮胎并装上最终得以顺利返家。为此，周先生送来了感谢信和"恪尽职守、热心服务、情系群众、为民排忧"的锦旗。2014年2月5日（大年初六），黄屋屯服务员工庞兴丰及时将一名遇车祸的女孩送往医院，为医治赢得了宝贵的时间。

一件件或大或小的事，让乘客发现、感受到黄屋屯服务区的存在。这里不仅拥有一栋栋漂亮的建筑物，不只是一个提供短暂休息的驿站，更是一个有精神、有血有肉的文明优秀服务团体。

广西交通投资集团有限公司
——高速公路文化景观建设纪实

广西交通投资集团有限公司高速公路文化景观建设是对高速公路所经沿线及周边地区的自然地理环境、人文历史景观等进行科学的保护、恢复、开发、设计与完善，使高速公路成为融入自然与文化大环境中的一条景观生态长廊，最终达到公路内部和外部的共同和谐，进而全面展现广西高速公路文化形象。良好的高速公路文化景观建设，不仅可以大大改善沿线的自然生态环境，丰富沿线的视觉景观，还可以充分发掘沿线地区的旅游经济潜力，同时有助于减轻、消除驾驶人员的疲劳，减少交通事故的发生；使驾乘人员享受文化大餐,获得审美的愉悦。因此,加快广西高速公路文化景观建设,进一步将高速公路的使用功能和景观功能有效结合起来,创造一个既满足人们现代生活需求、又具有地域特色和时代特征的道路空间,对全面展现广西高速公路形象具有重要的现实意义。

广西高速公路文化建设以"一轴"(人文广西文化主轴)、"二线"(东盟文化交流体验线、广西少数民族文化体验线)、"三片区"(红色旅游文化片区、绿色养生文化片区、蓝色海洋文化片区)、"四大文化长廊"(边关风情文化长廊、广西山水文化长廊、桂中历史文化长廊、壮族歌风文化长廊)、"五大环城公路"(南宁、柳州、桂林、梧州、玉林)为主要载体展开,目的是形成广西交通投资集团有限公司独有的文化品牌,把高速公路建设成为展示广西历史和民俗风情的文化路。

高速公路文化景观建设的目标

建设承载现代工业文明发展历程、沟通东盟各国历史文化、展示地域民族风采、创建广西文化画卷的高速公路文化长廊;打造绿色休闲通道、体验百越神秘文化、领略民族多元风情、品味八桂优美生态的绿色旅游通道;体验便捷高效的交通时空、丰富多彩的旅途生活、现代商业的休闲购物、无微不至的服务关怀的高速公路生活驿站。

1. 高速公路文化长廊

广西交通投资集团有限公司高速公路文化品牌建设重在突出文化走廊建设,全面展现广西公路形象,重点打造一轴、二线、三通道、四大文化长廊、五环建设。广西文化种类众多,有歌谣文化、铜鼓文化、花山文化、龙母文化、布落陀文化、刘三姐文化、百越文化等。广西高速公路文化长廊,通过以"文化"路,提升广西公路文化品位,打造文化品牌,推进行业文化建设,充分展现了广西生态、文化、旅游的良好形象。例如桂海高速公路,在这条全长652km的高速公路上,可以领略到广西独有的"山、水、海、边"风貌,可以将整条高速公路经过区域当作一个大的旅游景点,而桂海高速公路,就是一条游线,可以欣赏到广西独特的人文和自然环境。同时,桂海高速公路服务区从设计理念、风格等各方面,确定符合人文广西文化主轴的主题,将服务区打造成融休闲、娱乐、商贸、购物于一体的综合服务中心,将桂海高速公路建成"广西精品文化第一路"。

2. 生态旅游绿色通道

广西高速公路文化品牌建设主要抓住绿色生态和民族风情两大特点,打造绿色生态旅游通道。例如巴马—都安—象州—金秀—贺州高速公路,经过巴马瑶族自治县、都安瑶族自治县、象州县、金秀瑶族自治县和贺州市。这一区域自然生态环境优美,森林覆盖率高,空气清新,有举世闻名的"世界长寿之乡"、世界瑶都金秀大瑶山国家森林公园等。这条高速公路沿线山、水、石、洞的相辅相成为绿色旅游通道增加了独有的韵味,使人们体验到"车在山中走,人在画中游"的别样情致。

3. 高速公路生活驿站

高速公路服务区是高速公路驾乘人员餐饮、休息、购物、娱乐和车辆维修、养护的场所。它的数量、规模及在高速公路上的分布根据驾乘人员的生理、心理需求，并结合地理环境和道路景观而精心规划和设计。

服务区的设置、选址依托当地环境，与原有地区的环境相辅相成，互为依托。合理、完备、美观的设计，对于地方环境的保护以及对于原有环境景观上的点缀，都使得高速公路服务区景观规划设计更为人性化和尊重自然。重点打造广西高速公路沿途服务区，建成高速公路生活驿站，将沿途服务区建设成"和谐高速、温馨驿站"，充满人文关怀和生活情趣的浪漫家园。

广西交通投资集团有限公司通过高速公路文化建设，着力把广西的高速公路打造成为"承载中国东盟发展希望、铭记革命历史功绩、展示地域民族风貌、弘扬时代和谐精神"的高速公路文化走廊；着力把广西的高速公路建设成为"畅舒绿色公路、体验生态文化、领略民族风情、共享发展希望"的绿色生态走廊；致力于把广西高速公路建设成为继往开来的发展之路、内外交往的友谊之路、民族团结的和谐之路、风光优美的观光之路、优质服务的文明之路、社会进步的康庄之路、人民群众的致富之路。

建设桂西民族文化之廊
——六寨至宜州高速公路文化景观设计建设初探

广西六寨至宜州高速公路是广西交通投资集团有限公司旗下全资子项目，起于河池市南丹县六寨镇龙里，止于宜州市莫村，全长180km，连接线长31km，投资约95亿元，是国家西部开发省际公路通道阿荣旗至北海公路的重要组成部分，同时也是国家高速公路网规划兰州至海口高速公路、汕头至昆明高速公路的重要路段。

沿线区域文化背景

六寨至宜州高速公路沿线具有特色鲜明的民族文化。河池是著名的"铜鼓之乡"，南丹是少数民族白裤瑶聚居之地，宜州是歌仙刘三姐的故乡。广泛流传的莫一大王、布洛陀等，是壮族北部地区人民代代相传的精神依托。浓郁的少数民族特色加上浑然天成的喀斯特地貌，使六寨至宜州高速公路文化景观建设有了丰富的土壤。在建设好高速公路的同时，通过民族文化景观建设载体，充分展现丰富多样的历史、民俗，既美化公路环境，又使民族文化得以更好展示、传承。

六寨至宜州高速公路文化景观建设，在学习和借鉴国内外先进经验的同时，立足于民族特色，紧密结合所处区域的地域特征、人文历史等，通过深入研究河池人文历史，以六寨至宜州高速公路的隧道洞口、服务区、全线房建主体为主要载体展开，践行出一套具有鲜明民族特色的高速公路景观文化"走廊"。

鲜活的民族文化

六寨至宜州高速公路的文化景观建设定位于打造"安全、和谐、生态、文化"的绿色休闲通道,体验桂西民族神秘文化、领略民族多元风情、展现建设雄伟姿态的绿色旅游通道;体验便捷高效的交通时空、丰富多彩的旅途生活、无微不至的服务关怀的高速公路生活驿站。

文化是维系一个民族的精神纽带,是凝聚一个民族的感情乳胶。地域文化的形成是受自然环境的地质、地形、气候等因素影响,在长期的社会发展中形成的具有区域特征的文化现象。高速公路作为连续的线形空间,距离短则十几公里,长则几十、上百公里,沿线跨越了不同的区域,恰是展示和宣传地域特色文化的良好载体。高速公路文化景观作为道路景观,自然风光是基础,展现区域丰富的民族特色文化才是内涵。在进行道路景观设计时,充分利用文化资源,创造富含地域文化的景观环境,包含了自然风光、民族风情、宗教信仰、文物古迹、民间工艺和历史人物等,为驾乘人员提供了解历史和审美体验的、具有导向意义的文化信息,让人们在路上也可以读到一本鲜活的民族文化书。

隧道洞口文化景观建设

在设计隧道出入口的景观时,充分考虑河池地区少数民族特色文化,将壮族、瑶族等少数民族文化元素进行精炼,将人工工程景观与自然景观和谐统一,将人性与安全、使用与美观完美结合,让驾乘人员在经过隧道时能有强烈的视觉冲击,感受民族文化精髓,打造出个性和地域特点,让最具代表性的铜鼓、壮锦等元素淋漓尽致的展现。

天生桥隧道出口建设浮雕一幅,以抽象的铜鼓为主要内容,并贯穿简洁的流云以及飞鸟,旨在展示浓郁的民族风情,再配上中间绿化带造型优雅、色彩艳丽园林式小品景观,给过往的客人以美的享受。

关西隧道出口的浮雕则是充满古典意味的、抽象的民族风格的装饰浮雕,井井有条的园林景观,让人产生无尽的想象和向往的民族风情画。

岜好隧道右入口的浮雕展现的是从铜鼓上提取的装饰纹路,既有艺术的美感,也不缺乏独有的民族风格,很好地体现了广西少数民族的勤劳与智慧,同时也再次加深了外地客商对当地民族文化的了解。

三叉岭隧道入口的浮雕则是抽象的民族代表性装饰符号——铜鼓上的凤凰、太阳以及代表祥和、喜庆的流云,一幅整洁大气又极具特色的表达广西少数民族的精神意志的抽象画。

河池六号隧道出口的浮雕展现的内容是壮族传统的铜鼓、壮锦、彩云,整个画面庄重大气,又不失活泼与热烈,很好地将广西少数民族的文化与自然山水完美地融合在一起。

河池三号隧道出口的浮雕内容是壮乡的山,壮乡的云,壮乡的绣球,壮乡的淳朴,壮乡的热情,仿佛把人带到了浓郁的壮乡文化中,同时也向人们展示了广西人民乐观积极的进取精神。

水任服务区文化景观

将在水任服务区建立一座布洛陀雕塑和一幅系列浮雕。布洛陀是壮族先民口头文学中的神话人物,是创世神、始祖神和道德神,其功绩主要是开创天地、创造万物、安排秩序、制定伦理等。"布洛陀"是壮语的译音,是指"山里的头人""山里的老人"或"无事不知晓的老人"等意思。布洛陀是中国非物质文化遗产名录之一。通过壮族始祖布洛陀气势磅礴的形象,表现他在开创天地、创造万物、安排秩序、制定伦理的过程,同时赋予其神的智慧和气魄。雕塑运用高浮雕和浅浮雕结合的手法,并以图腾、故事、天地万物为背景烘托出布洛陀创世的形象。

大型系列浮雕内容将包含壮族民间叙事诗《莫一大王》的传说内容节选。莫一大王是一个富有传奇性的神话人物,是古代壮族人民在反抗建统治的斗争中,根据当时的现实生活和自己的愿望,精心塑造出来的理想中的人民英雄,勇敢机智,敢于冒着生命危险、智斗奸臣,为民除害。通过莫一大王骑马引弓的英雄形象,表现其率领壮族先民抗暴安民所表现出来的百折不挠、宁死不屈、虽死犹斗的精神,形象而具体地体现了壮族人民在长期的斗争实践中所形成的顽强、坚毅的民族性格。雕塑采用高浮雕和低浮雕结合的表现手法和山的外形,以率领壮族先民战斗的场面烘托出莫一大王的英雄形象。

优秀的高速公路景观必然是反映文化的,与环境和谐的,与人的审美心理和价值取向相一致的。国人讲究的是意境,喜欢艺术地再现自然或抽象地表现自然,追求写意和曲径通幽的美。这些都与各个民族的审美心理密不可分,景观文化的民族特性在高速公路景观建设中反映出来,从而赋予道路景观显著的民族特征,这样的高速公路文化景观,才最能经受历史的检验与评价。

"红、绿、情"打造南疆国门第一路
—— 南宁至友谊关高速公路文化景观建设纪实

2005年,中国通向东盟的便捷通道——南宁至友谊关高速公路通车了,至此,中国—东盟自由贸易区的建设插上了腾飞的翅膀。该路是我国第一条连接东盟国家的高速公路,也是中国通往越南乃至东南亚地区最便捷的陆路国际大通道,被誉为"南疆国门第一路",担负着国防建设、经济建设和社会发展的重大职责,是民族团结、内外交流的重要国际大通道,集革命文化、民族文化、地域文化、旅游文化、生态文化于一身。建设南疆边关民族风情路就是要提炼和展示南宁至友谊关高速公路所蕴含的丰富文化内涵,把人文与

文化的理念融入现代公路之中,把人、车、路融入自然,融入环境,以个性化设计突出南疆边关民族风情特点,围绕"红、绿、情",打造绿色生态南疆路、红色边关路、浓浓民族风情路、国际友谊之路,构建安全、舒适、畅通、亮丽的和谐平安大道。

绿色生态南疆之路

为了将南宁至友谊关高速公路建设成为一条绿色之路、生态之路,管理单位根据南宁至友谊关高速公路的地形地貌及生态特点,以现代林业科学、景观生态学、恢复生态学、风景园林学等学科理论为指导,提高沿路两侧一公里范围森林覆盖率;林种结构趋于合理,生物多样性日趋丰富,森林景观质量和防护交通逐步提高,生态效益和景观质量显著改善;通过沿路两侧一公里以内可视范围绿化美化,把成片宜林地造林、疏残林地和低效灌木林地改造、沿线居民区建设、重要景观节点及沿路两侧行道树绿化种植有机组合,建成点、线、面相结合,类型结构多样,景观丰富多彩,边关民族文化内涵深厚的国际化廊道植物景观生态大道,让广大驾乘人员享受"车在画中行,人在画中游"的美景。

2005年至2011年,共计投入资金2300万元,先后实施了生态绿化试验工程、生态绿化示范段建设工程、服务区绿化完善工程、中央分隔带及边坡绿化改造工程、沿线绿化美化工程等14项绿化工程,在南宁至友谊关高速公路沿线、互通立交、服务区边坡开展绿化美化工作,取得了良好效果。沿线绿化植物主要有垂叶榕、红绒球、三角梅、木棉、黄槐、红花羊蹄甲、夹竹桃、黄素梅等,花色以红色为主,黄色为点缀,沿线花木春夏秋三季开花,全年常绿,绿化美化工程已经取得良好成果。对于石质边坡与水泥喷浆护坡,在坡底种植池填土种植红三角梅、台湾海桐等花灌木;下边坡则主要选择乔木、灌木、草本混合方式绿化,强化植被的水土保持功能,起到生态防护、丰富行车环境的作用。为凸显立交互通处亚热带特色的绿化效果,增加一部分规格大、树形优美的乔木,如盆架子、秋枫、幌伞枫、鸡蛋花、无忧花、大花紫薇等配合现有的绿化植物,使其绿化美化效果更显著。对上跨天桥墩台、砖砌隔音墙等"硬质"构造物进行绿化"软"包装,进行垂直绿化示范试验。

如今的南宁至友谊关高速公路,已经建设成为具有南国边关地带植物特色的南疆国门形象绿色通道、中国与东盟自由贸易区最便捷的景观生态高速通道,反映壮乡特点和边关民族风情的绿色景观生态游憩走廊。

红色边关之路

南宁至友谊关高速公路沿线地区红色旅游资源丰富,有红八军军部旧址、龙州起义纪念馆、红八军成立大会旧址、红八军第二纵队第六营战斗遗址(陈勇烈祠)、龙州铁桥战斗遗址、红八军反帝斗争场所(法国驻龙州领事馆旧址)等,这些丰富的革命历史遗存成了南宁至友谊关高速公路文化景观建设的特点和优势。20世纪20年代至40年代,胡志明等越南革命者曾多次到龙州进行革命活动,龙州也是越南革命者进行境外革命活动的重要基地。南友至友谊关高速公路的下一步景观文化建设紧紧抓住这些特色,在沿线、服务区建设系列雕塑艺术作品。

友谊关坐落在凭祥市区南18km处,始建于汉朝,初名雍鸡关,后几经易名,1965年始称友谊关。它以雄伟的建筑、险峻的形势有"天下第二关"之称,是我国九大名关之一,见证了中华民族反侵略、反封建、反压迫的历史,也是目前我国仍在使用的唯一的边关通道。城门上"友谊关"3个大字乃是陈毅元帅手迹。闻名中外的镇南关大捷和镇南关起义在这里打响,为历代兵家必争之地。如今随着国际贸易的飞速发展,友谊关已成为中国南方出海大通道和著名的旅游胜地,也是南宁至友谊关高速公路文化标志之一。

如今镇南关大捷遗址、红八军纪念馆、龙州起义纪念碑、法卡山烈士陵园等成为青少年进行爱国主义教育的生动教材。

崇左地处边境,使左江流域壮族人民肩负着保家卫国的重任,也因此创造了一卷卷壮丽的边关文化。1840年鸦片战争,法国殖民者侵入桂西南地区,壮汉族人民奋起抗法,留下了许多胜迹遗址。清光绪年间,广西提督苏元春在凭祥、宁明、龙州、大新一带500多公里边境线的险要崖峰修筑炮台69座,如小连城、大连城、平而关、金鸡山炮台等,还有抗法古战场遗址和大清国英烈墓地(万人坟)等,构成了神秘的祖国西南边塞风光,还有弄怀、浦寨等边境贸易点的异国风情。

国际友谊之路

细心的人们都会发现,在南宁至友谊关高速公路上的吴圩、崇左、凭祥3个收费站的右侧均树立着一块高大的、用中越英3种文字书写的"南疆国门高速青年文明号大通道"牌子。

2007年8月7日,南宁至友谊关高速公路在崇左收费站举行"南疆国门高速青年文明号大通道"揭牌仪式,越南胡志明共青团中央常务委员、工人城市部部长阮黄协、共青团广西区委副书记李泽共同为其揭牌,出席中越青年"一廊六城"国际通道论坛的越南青年代表团也参加了揭牌仪式。

南宁至友谊关高速紧紧围绕着"南疆国门第一路"来进行创建青年文明号,努力把南宁至友谊关高速公路打造成中国和东盟最便捷的国际大通道,优质服务中国—东盟博览会。同时,注重加强与越南同行、青年的交流,通过开展中越妇女友谊会、中越青年共植友谊林、中越高速公路青年友谊见证仪式、走出国门与越南谅山进行足球友谊赛等活动,树立了"南疆国门第一路"的良好形象。

将各服务区建设成为具有广西民族特色和东盟风情的服务区园林景观,营造中国与东盟各国人民友好往来的浓烈氛围。实施人性化温馨服务,对服务区的软件和硬件进行升级。如在公共洗手间和便利店安装音响设备,悬挂具有广西风景特色和东盟国家风景特色的油画和壁画。进一步完善服务区功能和设施,如完善凭祥服务区的餐饮功能,商品具有东南亚特色;在南宁至友谊关高速公路各服务区设置商务中心及中、英、越三国文字指示牌;增加旅游服务咨询,满足顾客旅途观光和出行需求。

浓浓的民族风情路

南宁至友谊关高速公路沿线区域具有大石铲文化、花山崖壁画文化、恐龙文化、崖棺葬文化、土司文化、民间舞蹈文化等壮族世界顶尖级历史文化遗产。

大石铲是广西南部地区最富有地方特色的一种新石器时代晚期遗物。1973年在扶绥县中东镇发现了全国最大的大石铲加工场遗址,共挖掘整理出大石铲1500多把。这些石铲造型工整美观,形制规范,制作工艺很高,堪称世界一绝。花山崖壁画是左江地区骆越民族两千多年前留下的宝贵文化遗产,在崇左迄今已发现有80多个点和180多处。被誉为"壮族文化瑰宝"的宁明花山崖壁画,宽200m,高40m,以其宏大的画面、众多且高大的图像、险峻的地势、磅礴的气势和神秘的内容,成为世界难得的文化遗产。

1973年在扶绥县山圩镇发掘出多枚肉食类恐龙、蜥脚类恐龙牙齿化石,经中国科学专家鉴定,属1.37亿年前的"白垩纪"时代的爬行动物,这是广西首次发掘的恐龙化石。

壮族土司制度起源于汉、唐羁縻制,是宋、元、明、清封建王朝在南部和西南部少数民族地区普遍设置施行的一种统治制度。土司制度一直延至民国年间,长达一千余年,留下了许多宝贵的文化遗产,是研究壮民族政治、经济、文化发展史的重要参考资料。左江流域土司衙门遗址、土司墓遗址之多为全国之最。左江流域壮族民间舞蹈大致可分为自我娱乐性舞蹈、祭祀性舞蹈和广场性舞蹈三大类,其中独特的民间舞主要有:春牛舞、师(道)公舞、麒麟舞、白鹤舞、采茶舞、禅坛舞、三穿花、打榔舞、铜钱舞、行马舞、蚌舞、板凳龙、马舞、花灯舞、蝴蝶舞、花凤舞、擂鼓舞、燕球舞、牛角舞、鹿马舞等。

左江流域壮族人民自古就有爱唱山歌的习俗,他们以歌会友,以歌传情,左江流域素有"歌海"之称。左江流域处处有歌坡,每个县(市、区)的歌坡少则二三十处,多则六七十处,山歌种类达数十种,曲调悠扬动听,音律独特,富有地方民族特色。

左江地区的民族体育项目有武术、壮拳、舞龙、舞狮、舞破潮、舞春牛、划龙舟、抢花炮、踩高跷、打陀螺、踢毽子、滚铁圈、抛绣球、打尺子、跳活人棋、跳八仙桌、斗鸡、斗画眉、跳灯、打谷榔、顶竹杠、大象拔河、击土坑、投标枪等。其中壮拳在许多地方已失传,只在龙州一带还有传人,被称为壮族一绝。

南宁至友谊关高速公路文化景观建设主要采用壮族元素、多元视角、现代手法,以表现南疆边关地区百折不挠革命传统、兼容并包的少数民族胸怀、纯真朴素的民族风俗、扬帆起航的国际合作东风,这便是令人遐思神往的南疆边关风情之路。

第七章
高速公路文化建设

山高地远幸福路
——河池至都安高速公路文化景观建设

河池至都安高速公路是国家高速公路网规划兰州至海口公路和国道主干线重庆至湛江公路的重要组成部分,也是广西高速公路网规划"五纵八横八支线"中南丹至东兴公路的重要路段,是联系桂西北与桂南经济区重要的干线公路。

河池至都安高速公路主线全长92.315km,全线采用四车道高速公路标准建设,设计速度100km/h,路基宽度26m,项目全线设置桥梁45座共7450.9m,设置隧道28座共20624m,互通式立交4处,分离式立交20处,通信监控分中心1处,养护工区3处,隧道管理站2处,服务区2处,停车区1处,匝道收费站4处。

文化景观的背景

都安瑶族自治县城奇峰异洞,岩溶景观,全国遐迩闻名。1986年、1987年,英国皇家探险队20余人先后两次前来考察。据中英联合洞穴探险队提供资料:洞穴具有恒温、恒湿、低噪声等优越特点,辟作仓库、医院、科研所,为理想的适宜场地,开辟旅游胜地亦极为良好。其中有:狮子岩、下巴山岩洞、桥楞隧洞等。主要旅游景点:八仙公园、匹夫关、绿岑仙谷、翠屏叠嶂、龙颈银涛、八仙古洞、响泉夜月和古松洲。

大自然对河池如此厚爱,赋予她神奇美丽的一方山水,是一处旅游资源极为丰富、亟待开发的"养在深闺人未识"的旅游宝地。据不完全统计,河池已发现的风景名胜区、点共60余处,分布于地区2市9县,是一个旅游资源富饶的少数民族地区,具有极大的开发潜力。

集思广益 各方专家齐献策

河池至都安高速公路项目全线28座隧道,而质量优良、造价合理的勘察设计成果,是一条精品路的奠基石。项目指挥部领导高度重视隧道洞口文化景观设计,多次组织区内外设计专家到河池至都安高速公路项目现场勘察,就项目的喀斯特地貌典型示范工程管理科研课题进行了研究,围绕打造"壮族歌风文化长廊"这一主题,讨论了喀斯特地区的公路设计理念、公路环境综合评价、材料资源开发利用、填石路堤及边坡保护、环境保护与景观设计等子课题组成。同时参阅了大量文献资料,在坚持人与自然相和谐,树立尊重自然、保护环境的理念下开展了卓有成效的基础工作,为现场勘察提供了清晰的指导思想。

根据广西高速公路战略规划,河都高速公路的文化定位是"歌舞升平幸福路",主要反映壮族、瑶族等少数民族歌舞风情、民风民俗等,将生态技术、景观艺术应用到隧道洞口景观上,将高山平湖、奇峰异石展示在隧道洞口上,将民族文化、地域风情体现在隧道洞口上,着力打造河都高速的人文景观。

文化景观建设的主要措施

河池至都安高速公路文化景观路的设计主要为两条线：一条是自然景观线，对一些隧道的进出口端墙式洞门进行塑石化处理，与自然山石景观相融合；另一条是人文风情线，设计中从沿线的壮族、瑶族舞蹈、民族乐器、民族服饰、风俗等方面提取设计元素，融入端墙文化景观装饰中，体现"歌舞升平幸福路"的文化主题，主要设计了5组文化浮雕。

（1）瑶族浮雕效果——悠久的民族历史。由于瑶族是一个山居民族，大部分散居在海拔1000m以上的高山和密林之中，以其历史悠久、迁徙频繁和文化独特而为世人所瞩目。所以，此浮雕以瑶族的文化特色为基调，以高山白云为背景，体现地区山清水秀、物产富饶。

（2）瑶族浮雕效果——丰收的季节。此浮雕以瑶族节日表现为中心，对瑶族同胞来说，忙碌过春耕、夏种、秋收，现在已经是可以稍作休息的时候了。也是在这个辛劳后获得丰收的季节里，瑶族同胞迎来了祭祀自己祖先的节日——盘王节。浮雕采用艺术抽象的手法，展现族民在盘王庙一起欢歌起舞、享受丰收后的喜悦，自然和谐的景象构成一幅具简明、抽象、带有想象力与视觉冲击感的画面。在表现瑶族特色文化艺术成果丰硕的同时蕴含了幸福和谐的理念。

（3）壮族浮雕效果——载歌载舞。壮族是除了汉族以外最大的一个民族，壮族人能歌善舞，表达任何事情都喜欢用歌曲舞蹈来表达，在不同的场合里壮族人会跳着不同的舞蹈。这幅浮雕设计也是融合了"苏尼且""谷追""达踢"等壮族最为广传的几个舞蹈。在这样几个舞蹈一起融合的画面里，壮族人民劳作时、婚嫁典礼时、参加宴会时的场景都好似身临其境，使人也能感受到壮族人民的热情和友好。

（4）壮族浮雕效果——"抛起"幸福。在壮族最盛行的赛歌集会便是"歌圩"，歌圩上所唱的歌，主要是以男女青年追求美好爱情理想为主题，以便年轻男女可以找到自己心仪的对象。歌圩期间，还举行男女间的抛绣球活动，而之后绣球好像也成为了代表壮族的一个代名词。这幅浮雕设计直接展现了歌圩上的壮族年轻男女载歌载舞的场景，而整个设计贯穿了绣球，也期望着在这样一个盛会里抛到自己的幸福。

（5）瑶族浮雕效果——鼓声激昂。瑶族在长期的历史发展中创造了具有鲜明民族特色的文化艺术。如长鼓舞，起舞时，舞者身穿节日盛装，腰扎红绸，脚裹白色绑腿，挂着1m多长的花鼓，时而腾空急转，时而如猛虎扑地，特别是双人表演时，犹如两虎相斗，又像双龙戏珠，真是妙趣横生。整套动作刚劲有力，粗犷洒脱，把瑶族人民勤劳勇敢的精神和雄劲刚强的性格表现得惟妙惟肖。所以这幅浮雕设计，整个运用了跳起长鼓舞的瑶族人民，很鲜明地表达了瑶族的民族文化和瑶族人民勇敢刚硬的性格特征。突出"以人为本，因地制宜，生态优先，多重兼顾"的设计思路，结合高速公路上车行的时空关系及人的心理、视觉对景观变换的要求,在符合行车安全的前提下,乔灌草结合,由点到线,线面结合,从面到体,实现层次感丰富和韵律性较强的生态景观。并尽可能地传承地域经典风貌,展示地域特色风情,创造出符合高速车行规律的隧道洞门景观。

河池至都安高速公路的建设者从设计伊始,一直秉承着少数民族歌风设计理念:以人为本为核心,实现人性化设计;以科学性为原则,实现可持续发展;人文与景致结合,实现情景的交融;厉行节约为理念,实现简约不简单。就着"人与自然和谐共荣"的大方向,借鉴国内国际经典案例,以自然环境、人文环境为线,结合绣球、壮锦等文化符号,着力体现出浓郁的地方特色与民族风情,还秉着使隧道口与周围自然环境完全融合,形成和谐、生态、环保的隧道洞门景观的设计理念,使高速公路的隧道也能精美如诗,形成融古雅、简洁、富丽为一体的具有民族风情的高速公路景观。

打造一条客家和韵风情路
——玉林至铁山港高速公路文化景观建设

玉林至铁山港高速公路指挥部依托高速公路沿线深厚的历史文化资源,以文化促发展、促产业、促民生、促和谐,着力打造客家和韵风情路,提升桂东南出海大通道文化品质,努力实现高速公路与自然环境和谐、与历史文化和谐、与当地社会大环境和谐,造就了一方的和谐和幸福。

深入调查研究　准确定位文化景观

项目指挥部在高速公路沿线进行了广泛而深入的调研,指挥部领导带领有关人员深入到沿线各地进行调研,并掌握了大量的第一手资料,多次召开文化建设研讨会,最终确定了"玉铁高速客家和韵风情路"这一主题。

玉林至铁山港高速公路位于玉林市和北海市境内,北起玉林市北流西埌镇,与岑溪至兴业高速公路设枢纽互通相接,终点位于北海市铁山港区,与兴港路对接于北铁一级路,途径玉林市的北流市、玉州区、陆川县、福绵区、博白县和北海市的合浦县、铁山港区,全长175km,全线设4个服务区(玉林南、博白、松旺、铁山港)。玉林是广西客家人最多的地区,客家文化特色十分突出,是广西客家人的主要聚居区。其人数及分布密度皆居广西之首,处处都有客家的巨族著姓,他们多聚族而居。客家精神的核心是团结和奋进,有着团结上进、艰苦奋斗、吃苦耐劳的精神。一是客家先民自身团结的精神形成了很强的向心力。正是这种向心力使他们在漫长的迁徙过程中把中原灿烂的文明带到南方播衍而不被迁徙地的土著同化。二是这种团结奋进的精神特质,还表现在对异族文化的博采和涵化上。客家先民的南迁,是中原的汉人与迁徙地土著长期融合的过程,并最终形成了共同体。

玉林至铁山港高速公路的建设者紧紧围绕广西客家文化,借助于现代简约的艺术形式,表现广西客家人创造的伟大的物质与精神文化财富,美化公路环境,打造客家和韵风情之路。

在设计阶段,建设者始终将这一理念深入融合到高速公路建设过程中,将该段高速公路打造成集中展示广西客家文化,尤其是玉林及北海部分地区丰富多彩的客家文化继承与发展之路。沿线文化景观的设计主要采用的文化题材有:

(1)《话说客家》:客家文化石刻景观。

(2)《"客"从哪儿来》:客家历史变迁与文化建筑景观。

(3)《贵妃回眸》:古代四大美人之一——杨贵妃故里。

(4)地缘文明和民俗文化题材。建筑模型:客家围拢屋土楼;客家妇女"帮工"场景主题雕塑;客家服饰与鞋袜展示及服务员或收费站服装;客家婚俗"六礼"制:"说亲,送定,报日子和送聘金,盘嫁妆,接亲与送亲,拜堂与吃面碗鸡";客家人农耕场景:灌水、浇肥等;服务区餐厅墙面画:宣传客家文化、历史;厕所文化:在厕所每个门背后张贴有关客家文化或人物事迹或历史故事的图画;人文景观:《真武阁》《老街骑楼》《云天文化城》《海上丝绸之路》;自然景观:《天然南国园林》《沙田柚之乡》《大容山国家森林公园》《勾漏洞》《都峤南山》《银滩》《碧水蓝天斜阳岛》《涠洲岛之夜》。

(5)近代历史和当代文化题材。《客家儿女墙》:历史上著名的客家儿女事迹展,有清朝客家壮士刘永福(祖居广西博白)、冯子材(祖居广西博白,后迁至钦州沙尾)、同盟会中的客家人、广西早期的客家中共党员、文学艺术战线上的客家战士、抗战飞行员英烈李膺勋(陆川滩面乡上旺村人)、客家华侨、国民党中的客家军政人物、共产党中的广西客家将领、广西客家科技精英等。

其中,重点建设玉林南服务区、博白服务区、松旺服务区。玉林南服务区为全线最大服务区,靠近玉林市,占地200亩,风景优美,以"客家和韵"的主题进行规划,设置现代雕塑"客家和韵"一座、客家文化展示景观墙一面、文化景观小品展示区。文化景观小品展示区将包括贵妃故里、沙田柚之乡、江南四大名楼天南杰构真武阁、都峤山佛都圣地、民国将军故居群5项内容。博白服务区将以"博白——编织之都"为主题,展示美轮美奂的编织工艺品,同时在服务区内设置著名语言学家王力的人物雕塑一座。

玉林南服务区、博白服务区以"灰瓦、白墙、木构、绿地"为表现形式,加以融入客家围屋等细节,充分体现客家风格,打造具有客家文化特色的和韵风情路。

桂东南出海大通道　文化品质步步提升

在高速公路建设过程中,指挥部一直努力将项目路线所经区域的客家文化融入高速公路建设中,贯穿到整条线路的建筑造型、内部空间与景观规划的设计中、文化景观建设中,利用现代的艺术表现形式,以立体的雕塑、精美的图案给过往乘客以视觉上的强大冲击,使人赏心悦目,形成一道道亮丽风景线,旅途的疲劳和单调顿时一扫而光,高速公路的旅途也变得五光十色、多姿多彩。同时将乘客带入一个客家博物馆中游览,达到"走一条路,知一方土"的目的。

打造红色文化景观之路
——灌凤高速公路文化景观设计建设初探

灌阳(永安关)至全州(凤凰)高速公路(以下简称"灌凤高速公路")是《国家高速公路网规划》中厦门至成都高速公路广西境内路段,也是广西高速公路网"横2"灌阳(永安关)至三江(唐朝)公路的构成路段。灌凤高速公路位于桂林市境内,起自灌阳县文市镇永安关,接在建的湖南省宁远至道县高速公路,止于凤凰北三里村附近,与全州至兴安高速公路相接,途经桂林市灌阳县的文市镇、新圩乡、全州县的石塘镇、凤凰乡,路线全长47.995km,是国家为实施西部大开发而开辟的一条东西向的重要高速干线,途径湘江战役革命胜地。

灌凤高速公路景观绿化设计以"走绿色长征路,忆红色革命情,显多彩民俗风"为主题,打造一条具有地域特色的红色高速公路。景观设计主要抓住灌凤高速公路是红色革命圣地、多民族文化共同繁荣和新时代社会和谐发展的历史缩影这一特点,挖掘其中蕴含的公路文化内涵;并融进沿线民族文化、地域文化,通过代表性路段和实物景观加以展示。"建设一条高速公路,培育一种文化",找准灌阳(永安关)至全州(凤凰)高速公路景观文化定位,充分发挥文化对灌凤高速公路发展的推动作用,为促进灌凤高速公路科学持续发展提供良好的文化环境和发展软实力是提高企业竞争力的关键因素,对凤城公司创造出富有灌凤路与时代特色红色高速文化具有重要意义。

灌凤高速公路文化景观总体布局为4个主题12个景观节点,分层次展现不同的文化画卷。

第一段:湘江红遍——映河山

灌凤高速公路建设路线经过了红军长征路线及湘江战役的凤凰、石塘、新圩、文市等地,灌凤路途经之处,具有极其特殊的地域和历史意义。1934年11月25日至12月2日,长征中的中央红军在兴安、全州、灌阳的湘江地域,与蒋介石精心布置"围剿"红军的国民党反动派30万军队,进行了一场生死存亡的大血战,这就是著名的湘江战役。

该段从起点至灌江大桥为界,以纪念湘江战役,体现红色革命精神为主题,公路景观色彩为热烈的红色氛围,包括有2个景观节点,分别是石门关和省界主线收费站。绿化设计主题植物为杜鹃、青松,该段中分带绿化采用标准段设计形式,选用火棘球、桧柏等常绿开花植物交替种植,每2km种植一株,树形优美的罗汉松桩景作为特色景观,简洁的设计形式在美化环境的同时,也起到了良好的防眩效果。边坡两侧植物主要选用杜英、马尾松、枫香、红枫、红叶李、桧柏、火棘、杜鹃的搭配。春夏两季杜鹃常开,秋季一派红叶缤纷,冬景则遍野松柏,苍翠凝重。

第二段:长风鼓韵——瑶峒情

该段起于灌江大桥至塘屋岭大桥为界,沿线为丘陵地形至岩溶地形的过渡段,路线经过灌阳县。灌阳县历史悠久、古迹众多,沿线植被茂密、莽莽森林、峭壁幽谷,具有得天独厚的自然优势。灌阳县境内的千家洞,被誉为"世界瑶族的发源地"。

该段以展现瑶族民俗文化为主题,营造淳朴而神秘的地域氛围,包括文市互通、文市收费站、灌江大桥、灌阳服务区、灌阳互通、灌阳收费站6个景观节点。绿化设计主题植物为茶花、翠竹,该段中分带绿化采用标准段设计形式,分别选用山茶球、海桐球等常绿开花植物交替种植,每2km种植一株造型奇特的金弹子桩景作为特色景观。边坡两侧主要选用香樟、紫薇、孝顺竹、茶梅、夹竹桃等夏景植物为主,形成"芳菲歇去何须恨,夏木阴阴正可人"的景观氛围,如瑶峒文化一样清爽宜人,韵味悠长。

第三段:松海听涛——伴川行

该段起于塘屋岭大桥至杨梅山大桥为界,沿线为岩溶地形,自然地理状况较复杂。本段内景观质量较好,有怪石嶙峋、形状奇特的喀斯特丛山,奇峰异洞,山岭绵亘,山体植被茂密,沿线有大片的松树林,原始景观风貌尽收眼前。

该段以自然山水文化为主题,集中体现沿线独特的喀斯特地形地貌。结合塘屋岭特大桥两侧水系景观,风光这边独好。该段包括石塘停车区、石塘互通、石塘收费站3个景观节点。绿化设计主题植物梅花、青松,该段中分带绿化采用标准段设计形式,分别选用桧柏、红桎木球等常绿开花植物交替种植,每2km种植一株树形优美的五针松桩景作为特色景观。边坡两侧植物主要选用马尾松、香樟、蜡梅、孝顺竹等植物。隆冬时节,遍野松柏苍翠中绯红点点,如寒冬中燃起的火焰,给人心中无限暖意。

第四段:凤凰古渡——今胜夕

该段起于杨梅山大桥至路线终点为界,沿线为河流冲积的平原地形,周边村舍人家、小桥流水,富有浓郁的田园风光、乡土气息。

该段以展现新时代的和谐发展为主题,以多彩的颜色体现积极向上的情感氛围,并呼应整条公路的红色基调,时刻铭记凤凰古渡边血染的江水,带着满腔的热血奔向美好的明天,包括有凤凰北互通景观节点。绿化设计主题植物樱花、香樟,该段中分带绿化采用标准段设计形式,分别选用圆柏柱、毛杜鹃球等常绿开花植物交替种植,每2km种植一株树形优美的红桎木桩景作为特色景观；边坡两侧主要选用香樟、栾树、紫荆、樱花、红花夹竹桃、紫叶李等植物，打造繁花似锦、落英缤纷、姹紫嫣红的景观效果。

<h2 style="text-align:center">别具一格灌凤十二景</h2>

石门关——诗词景墙

该节点位于湖南省与广西壮族自治区交界处，以两侧连绵的挖方石质边坡为标志，在边坡上设立巨型广西交通投资集团视觉标志，从此点景观经过标志着已经进入广西壮族自治区路段，起到门户作用。在该处利用两侧的挖方边坡，结合植物和浮雕、塑石形成一幅大型的诗词景墙。

省界主线收费站——红似火景观

结合建筑布局，形成湘叶园，体现红色精神。建筑周边根据地形的高低起伏和天际线的变化，采用自然式配置树木，以香樟、桂花、杜英等常绿树种为骨架，选用乌桕、枫香、红枫、美国红栌、红花紫薇等片植形成特色种植，营造出如火如荼、红叶似血的色叶景观。

文市互通——层林叠染

文市以出产石材闻名，绿化融合地域文化和现状地形，运用天然景石与绿化植物配合组景，采用自然式种植，以湿地松、木荷等常绿和落叶树种的群植搭配形成背景林，林缘选择一些树冠饱满或色彩艳丽的乡土大乔木孤植，形成凸显地域特色，四季有景、富于变化的景观。

文市收费站——小梅园

结合建筑布局，形成小梅园。以梅花为主景，与景观石组合，体现"瘦石寒梅共结邻，亭亭不改四时春"的景观意境。建筑周边上层乔木以湿地松、马尾松等为主，下层主要选用春花灌木如迎春、绣线菊、结香、杜鹃等，适当配置碧桃、白玉兰、栾树、樱花、含笑、紫叶李等中层乔木，形成地被—花灌木—乔木次第升高的有层次的植物群落，营造出一个姹紫嫣红的"人间四月天"，为工作人员提供一个幽雅的办公和居住环境。

灌江大桥——碧波映月

从灌江大桥上俯视河道，河床蜿蜒，蓝色的水带延伸到远方，自然景观较好，祖国大好河山尽收眼底，是一处以自然景观为主的景观节点，在桥两头以小马尾松、黄栌、枫香、映山红、盐肤木等色叶植物点缀，形成标识感。

灌阳服务区——歌舞节楼

服务区是高速公路上人员暂时停留及休憩的场所,也是整个路线的重要景观节点。以"歌舞节楼"为切入点,融合少数民族传统故事,通过景观建筑、雕塑、景观小品、公共家具等,体现多民族地区的风土人情,让人印象深刻,引发旅客希望进一步了解的兴趣。景观绿化设计以功能为出发点,布置一些硬质的健身场所和林下休闲空间;在面积较大的绿地建亭榭、花坛、雕塑等园林小品,供人观赏休息,以缓解旅途疲劳。人工景观及植物有机组合,形成有序、整洁的环境,做到具有文化内涵、景观特色和地方特点。

灌阳互通——瑶鼓图腾

鼓文化是瑶族文化中的重要代表,历史上有"瑶不离鼓"之说。设计采用色彩丰富的低矮花灌木和开花草本植物,组成瑶鼓图案,营造出较强的视觉效果,表达景观设计主题的民族文化理念内涵。局部点缀树丛或孤植大树,形成良好的规则与自然相结合的综合形式。

灌阳收费站——翠竹园

结合建筑布局,形成翠竹园,体现"风惊晓叶如闻雨,月过春枝似带烟"的景观意境,用地北部有带状密林,西部沿线列植乔灌木,起抵御寒风以及隔离噪声的作用,为员工提供一个安静、祥和的环境。选用色彩和香气都富有悠闲淡雅气质并且对人体有益的植物,如蜡梅、雪松、龙爪槐、罗汉松、竹柏、孝顺竹等,营造一种恬静自然的氛围。

石塘停车区——旅客憩园

停车区等主要是解决车辆加油、修理及司机、乘客的休息等问题的区域。通过设计富有当地文化内涵的硬质小品设施与栽植季相变化的植物,从而形成有序、整洁的空间环境,释放出具有文化内涵、和谐休憩空间环境。在停车场周围栽植高大的乔木,提供遮阴纳凉处;生态停车场铺装地采用透水生态植草砖;并辅以垃圾桶、坐凳等服务设施,突出"以人为本"的设计理念。

石塘互通——大地盆景

石塘属于桂林喀斯特岩溶地区,这里不仅民风淳朴,而且山奇洞异,风景优美,自然人文景观众多。在绿化设计中以植物造景为景观特色,形成"大地盆景"的景观意向,绿化以片植和丛植相结合,多选用以观赏秋色叶植物,如枫香、香樟、栾树、红枫等,通过多种乔灌木混栽,营造景观生态林,创造自然而壮阔的互通景观。

石塘收费站——丹桂园

结合建筑布局,景观绿化以体现植物的花香袭人为主题,形成丹桂园,体现"桂子月中落,天香云外飘"的景观意境,选用桂花、深山含笑、乐昌含笑、乐东拟单性木兰、蜡梅、美人梅、垂丝海棠、栀子花等香花植物为主,结合香樟、香柚、罗汉松等常绿植物,形成简洁、优雅、大气的植物景观。

凤凰北互通——绿映红

灌全高速的终点部位,以形如波浪的花田形式表现出田园风光的质朴、自然,与曲线型的互通形式相呼应,同时也是对幸福生活的美好祝愿。植物配置反映季相效果和层次效果,选用洒金柏、红桎木、红叶石楠、杜鹃、紫叶小檗等成片种植为主,与公路景观绿化的红色基调相呼应,采用整形树和花灌木形成一片片的波浪纹图案,突出大色块、大线条,营造出热情、大气的互通景观。

展绿意春水幸福路
——南宁外环高速公路文化景观建设纪实

文化景观是高速公路的窗口和亮点。南宁外环高速公路作为广西首府南宁的高速路,搞好文化景观建设对于展现广西文化、风土人情、历史人文等具有十分重要的意义。近年来,随着广西高速的快速发展,将文化景观理念贯穿于公路建设全过程的意识逐步取得共识。南宁外环高速公路指挥部在项目建设过程中积极探索文化景观建设,把文化景观真正融入工程建设中,致力于打造具有首府特色的文化景观路。

高速公路文化景观的内涵和建设的必要性

高速公路文化景观就是利用道路组成要素、道路周围的地物、地貌等自然要素以及本地域的人文要素,按照一定的比例、尺度、线形、形态、色彩、质地、韵律、节奏等基本法则进行设计形成的文化景观。这些文化景观能营造一种反映当地文化系统特征和地理地貌特征的文化景象,能创造良好的视觉形象和生态环境,给人带来一种审美愉悦和良好的情感反响。

高速公路文化景观建设是贯彻落实党的十七届六中全会和自治区第十次党代会精神,促进经济社会发展和社会主义文化大发展大繁荣的需要。党的十七届六中全会对深化文化体制改革、推动社会主义文化大发展大繁荣作出了全面部署。自治区第十次党代会提出建设文化强区,强调牢牢把握社会主义先进文化前进方向,推动文化大发展大繁荣,充分发挥文化引领风尚、教育人民、服务社会、推进发展的作用。高速公路文化景观建设就是社会主义文化大发展大繁荣的具体实践,是满足城乡形象宣传的需要。高速公路文化景观是对外展示广西民族文化和经济社会发展的重要窗口,是宣传城市形象的重要载体,是人民群众日益增长的物质文化生活的需要。随着经济社会发展和生活水平的提高,从高速公路出行休闲、旅游、探亲等活动日益增多,公众对道路舒适性、环境优美度的要求不断提高,推动企业自身发展的需要。高速公路文化景观建设有利于提升高速公路文化内涵和品质,有利于提高企业的知名度和美誉度,使企业在凝聚人才、推动发展方面形成强大的磁石效应。

景观文化建设的优势与劣势分析

景观文化建设的优势一是文化资源丰富多彩。南宁市因有凤凰岭、五象岭而得名绿城、凤凰城、五象城;南宁是以壮族为主的多民族和睦相处的现代化城市,是民族文化名城;南宁是中国—东盟文化的发祥地,是中国和东盟各国友谊的重要城市。壮文化、东盟文化等丰富的文化资源为打造文化景观提供大量的题材。二是区位优势明显。南宁市是广西壮族自治区的首府,是广西的政治、经济、文化中心,是中国—东盟博览会永久举办地,得天独厚的区位优势和不断深化的区域合作,为文化景观建设开辟了广阔的空间。三是文化建设正合时机。当前,中央、自治区高度重视文化建设,氛围浓厚。广西交通投资集团有限公司也把高速公路文化景观建设当作集团可持续发展的大事来抓,为各项目搞好文化景观建设提出了明确要求,创造了有利的条件。

劣势主要集中在:文化景观建设认识不够,长期以来,人们对于高速公路建设的认知都是基于改善交通条件的角度,重使用功能,忽视文化功能建设,在高速公路规划和工可中没有将文化景观建设作为高速公路建设的有机组成部分统筹考虑。文化创意产业力量薄弱,公司没有景观文化建设方面的专业人才,社会上专业力量也不足。截至2009年,广西仅有文化创意企业72家,从业人员不足2000人,特别是高速公路文化景观的研究刚起步,缺乏有系统研究的机构和人才。资金投入不足,尽管集团轰轰烈烈地推行文化景观建设,但增加的投资从哪里出,没有具体明确。

文化景观建设的设想

首先要明确文化景观建设的原则。

整体性的原则,广西交通投资集团有限公司对所管辖的高速公路进行了文化景观系统总体规划,构建了文化景观体系。同时,每条路都有一个文化主题,驾乘人员走在路上就知道所走的路传播的形象。南宁外环高速公路的文化景观建设一定要与系统总体规划相吻合、相协调、相一致。

独特性的原则,在整体性的前提下,南宁外环高速公路按照文化主题定位,突出在万水千山友谊路上下功夫,其文化景观的内容、形式、规模、档次等方面要有唯一性和独特性,营造独一无二的地方氛围。

实用性的原则,既满足"高速"功能,又很好地满足景观环境要求,达到两全其美。

经济性的原则,既要社会效益,又要兼顾经济效益,确保高速公路的可持续发展。

挖掘特色文化资源

文化资源的挖掘重点在地域文化和企业文化两个方面。

地域文化。高速公路文化景观设计应注重对沿线地域文化的挖掘与整理,充分体现地方特色,使高速公路沿线文化在博采众长中得到丰富和发展,展现地方文化的流光溢彩,焕发地域文化的活力生机。

企业文化。集团公司成立三年来形成了不少文化品牌,如:一号六岗、企村八联建、微笑服务、四化建设、廉洁风险防控体系等。必须进一步提升企业文化的内涵,并把企业文化落地到文化景观的建设中。

选好文化景观建设的载体

高速公路文化景观主要由景观节点和景观长廊两部分组成。景观节点主要指高速公路进出口(收费站)、服务区、桥梁(跨线桥)、互通立交、涵洞、隧道等;景观长廊主要指行车道、路肩、隔离带、防护栏、隔离音屏、边坡、道路两侧绿化带、沿途景观等。

文化景观建设就是依托当地文化资源的特点和优势,对各个地方的景观节点和景观长廊进行统一的规划设计,用最具有表现力的艺术形式去打造每一点,并通过一系列点的组合,形成一条条独具风格的高速公路文化长廊,最终构成点、线、面结合的文化立体展示平台。

文化景观建设的表现形式多种多样,可采用大型壁画、浮雕、透雕、圆雕、装置、石刻、纪念碑、绿化、灯光等不同手段和模型来表达和展示特有的文化。

搞好各项文化景观的规划设计

文化景观建设出精品,必须起点高、立意好,搞好规划设计就显得尤为重要。在创作中,必须处理好以下八大关系:

内与外的关系。高速公路文化景观可以分为内部景观和外部景观。行驶在高速公路上的驾乘人员看到的景观以及在停车场、服务区见到的景观称为内部景观;从沿线居住地及其他道路上看到的高速公路景观称为外部景观。从内部和外部看到的景观尽管角度不同,但都应有"美"的效果。

多与少的关系。文化景观过多,容易使人眼花缭乱,记不住;文化景观不足,又让人感到意犹未尽,不过瘾。必须处理好距离与数量的关系。

远与近的关系。视点的位置、距离的变化,使景观的层次区分十分明显。因此,景观设计中必须强调层次、空间概念,使远景和近景相互补充、相得益彰。

借与造的关系。文化景观建设要形成系统性、层次性,除要充分挖掘、利用沿线的地貌景观外,还必须根据需求进行一些人工的造景,取得最佳效果。

封与露的关系。在周围环境恶劣处,以密实的绿化遮挡驾乘人员视线,在破坏的山体处用大型浮雕进行遮盖;在景区和自然环境优美地区,减少遮挡物,让高速公路融入生态环境中。通过封与露的组合形成"路随景出、景由路生"的境界。

动与静的关系。高速公路文化景观作品有两种观赏状态,一种是步行看和近距离观赏,另一种是在快速移动的交通工具中观赏。因此,基于观赏者不同的观赏角度和欣赏特点,需要在创作时考虑视觉效果。

落实专业协作机构和资金保障

文化景观建设事业刚起步,人员不足、能力有限,必须借助文化创意机构协助完成。同时,在资金来源、建设规模上必须进行明确,确保文化景观建设做出亮点、做出成效。

基本做法和思路

文化建设规划主题:绿意春水幸福路。

南宁是广西首府,是一座历史悠久的南国古城,具有深厚的文化积淀,也是一个以壮族为主的多民族和睦相处的现代化城市。南宁境内山岳环绕、丘陵起伏。南宁外环高速公路和环城高速公路设有三岸、二塘、西津、石埠北、石埠南、沙井、高岭、玉洞、良庆南、蒲庙10处互通式立体交叉出入口,形成5条通往广西各主要中心城市的高速公路,极大地改善了南宁市的交通条件,进一步确立南宁作为西南出海大通道的主枢纽地位。南宁作为首府城市,具有深厚的文化积淀,区域优势明显、经济势力日益增强、商业气氛浓厚,而最能凸显出其经济日益腾飞的当属"中国—东盟博览会"。2003年,中国—东盟博览会把南宁作为永久举办城市,因此,南宁成为中国和东盟各国友谊的重要城市。南宁是一座绿城,又在打造水城这一城市名片,绿树清水相互掩映,是一座国际知名宜居城市,故高速公路文化主题拟定为:绿意春水幸福路。让驾乘人员感受到南宁的快速发展以及这座城市所蕴含的更大潜能,同时能让人感受到这座边陲城市正以全新而充满活力的姿态向东盟呼唤,向世界呐喊。同时这一主题蕴含着"崛起中的南宁"的意思。

景观设计

南宁外环高速公路沿线按不同路段分为"丽水山情、绯影映霞、绿谷云涧"三个绿化景观段落。K0+000~K30+000段总体规划以居住区用地为主,周边现状水系较多,农田、果林、池塘勾勒出山水画卷,设计中下边坡采用通透形式,充分对周边环境借景,在绿化设计中植物选择以色叶与秋天变色植物为主,使公路色彩斑斓,充满明媚和烂漫的气息,秀丽的远山近水,开阔的视野使心情晴朗,主题定义为"丽水山情"。K30+000~K50+000段,规划用地性质以公园绿地为主,现状山体较多,公路横跨过邕江,周边原生植被丰富。在绿化设计中选择开花植物,采用花色绚烂的开花乔木并结合开花灌木与地被相搭配,突出新区欣欣向荣的现代都市气息和热烈迎宾的喜庆氛围,主题定义为"绯影映霞"。K50+000~K79+024(终点)段,规划性质以工业为主,需展示的为工业特色风貌。绿化设计为营造葱茏荫郁的公路环境以常绿阔叶乔木作为基调树种,结合亚热带特色植物构筑层次丰富的混交群落,成为风景优美、防护功能最佳的生态公路,主题定义为"绿谷云涧"。

服务区与收费站外观设计展示现代建筑理念,融入广西少数民族元素,体现东盟文化气息,整体设计象征中国与东盟的和谐友谊,携手共创美好明天,体现"颂东盟和风,倾骆越风情"主题。

打造边关风情路　彰显壮乡精气神
——靖西至那坡高速公路文化景观设计建设纪实

在美丽的中国西南边陲,与越南山水相依,飘逸着悠久历史弥香,闪耀着壮族文化光芒的,那便是中国革命发源地之一、红色旅游胜地——百色。

随着中国—东盟经济圈的崛起,西南门户的大开放,出海出边大通道的规划建设如雨后春笋,地处桂西南,民族文化和边关文化璀璨的百色靖西、那坡两县顺理成章地成了这条经济链上的桥头堡。如何让行走在这条高速路上的驾乘人员、往来旅客领略民族和边关风情,感受地域文化之奇特?指挥部在文化景观建设方面端出了一道招牌菜:打造边关风情路,彰显壮乡精气神。依托当地文化资源的特点和优势,对沿线景观节点和景观长廊进行统一的规划设计,用最具有表现力的艺术方式去打造每一个点,使之能充分体现出当地的文化特征,并通过一系列点的组合形成文化形象品牌宣传链条,每条链条又互相交接形成文化网络带,最终构成了点、线、面相结合的立体文化展示平台,将这一平台建成宣传、推介广西文化的新阵地。

百色至靖西、靖西至那坡高速公路是广西高速公路网布局"四纵六横"规划中"横四"(苍梧至龙邦)、"横六"(合浦至那坡)的重要组成部分,二者呈"V"字形交汇于靖西,并经靖西与中越边界国家一类口岸相连,是广西规划建设的出海出边大通道的重要项目。从公路沿线的地域特色、文化资源和民族风情出发,把该公路沿线的红色文化、边关文化、历史文化、壮族文化融入靖那高速公路的景观建设之中,打造一条富有地域特色、民族特色和边关特色的"边关风情路"。

综观百色的地理、历史和文化资源,具有如下几个特色:

历史源远流长　地处边关要塞

追古溯源,百色的历史可延伸至史前文明。上宋旧石器时代遗址揭开了以百色旧石器为代表的百色盆地史前文化研究的序幕。百谷旧石器时代遗址共出土旧石器时代遗物70多件,经科学测定,其年代为73万年前。远在原始社会,靖西就有人类居住。地处归属和政区设置最早见于《唐书》,靖西县早在唐代于西部置安德州,东部设归顺州,建制已有1200多年历史。宋皇佑年间置镇安峒,治所在今那坡县境内。解放初期,仍称镇边县,1953年10月改称睦边县,1961年1月,改为那坡县并沿用至今。

沿线居住着壮、汉、苗、瑶等11个民族,其中壮族人口占99.4%,靖西、那坡均为壮族聚居的边境人口大县,沿边有152.5km长的边境线,有龙邦一类口岸、岳圩二类口岸,4个边民互市点,36条出入境通道,是大西南通往东南亚各国的重要陆路通道之一,具有优越的沿边优势。

文化底蕴深厚　风物奇珍瑰丽

百色市仅存的古代建筑之一——灵洲会馆集中体现了我国南方古代的传统建筑风格和艺术。干栏建筑以石木结构为主,工艺简单粗糙。下面为打磨过的坚固石柱支撑,上面用木头搭建楼房,呈"凹"形,反映出黑衣壮祖先面临的自然生态的恶劣,以及生产生活条件的艰苦。

红七军军部旧址于1988年被定为全国重点文物保护单位,现为全国爱国主义教育基地。

独特的壮民族文化密洛陀文化,其田阳县敢壮山被国内专家、学者认定是传说中的壮族始祖布洛陀的诞生地,是壮民族的朝圣地和精神家园。

南路壮剧最早形成于清朝道光年间,源于当地民间歌舞,主要内容基本上由民间艺人根据古代小说改编而成,如《薛仁贵东征》《真假驸马》等。

壮族山歌是那坡人民喜闻乐见的一外口头文学形式。民族特色浓郁,艺术表现力强。讲究韵律和对仗,在表现手法上多用比喻、夸张、反复、顶针等修辞。每逢春节、婚礼、新居落成,风流街是壮族山歌盛行期壮族的一个支系,主要聚居在广西那坡县境内,由于历史上战争和民族迁徙等原因,许多人躲入深山老林,过着几乎与世隔绝的生活,从而保留了古老的文化。

古村古镇旧州青石铺路,建筑古朴,民风淳厚,为明抗倭英雄瓦氏夫人出生地,有文昌阁、张天宗墓园、岑士可墓群及明代以来摩崖石刻、岩画。

壮锦是靖西县壮族传统的工艺珍品,早在唐宋时代已广泛流传。它用棉纱和五色丝绒织成,工艺精巧,色彩绚丽耐用。传统图案有双喜形、回纹、水纹、云纹、花草、动物图形等。

绣球是靖西县壮族民间传统的工艺品。靖西制作绣球有着悠久的历史,早在宋代就有绣球传情之说。绣球采用传统的手绣工艺,制作精巧,造型别致,色彩艳丽,过去是壮族男女青年传情的信物。如今绣球作为一种旅游纪念品,受到中外游客的喜爱。靖西所产的绣球曾获国际博览会金奖。

黑衣壮的衣裤套裙显示出立体层次感,人也显得活泼秀雅。赶圩或走访亲友时,将围裙向上翻卷可作口袋使用,劳动时又可装少量的菜豆和零星杂粮。以崇尚黑色为主题的审美意识,构成了黑衣壮独特的区域服饰文化。

玄武岩群位于那坡县城附近的公路边，岩群长约700m，高约10m。在岩壁上，玄武岩呈枕状密集分布，岩群形态各异，规模宏大，十分壮观。该枕状玄武岩群规模之大、保存之完整，在国内乃至世界上都属罕见，具有重要的地质科学研究价值和旅游开发价值。

倾力打造独具特色的边关风情文化景观路

基于悠久的历史、灿烂的文化，靖西至那坡高速公路的文化景观建设大有文章可做。民族元素、边关风情、奇珍风物、民间传说、革命故事皆可纳入沿线景观的布局，让民族文化和边关文化立体呈现，创造一个既满足人们现代生活需求、又具有地域特色和边关风情的道路空间，使高速公路成为融入自然与文化大环境中的一条景观生态长廊，最终达到公路内部和外部的共同和谐，进而全面展现广西高速公路文化形象。这不仅可以大大改善沿线的自然生态环境、丰富沿线的视觉景观，还可以充分发掘沿线地区的旅游经济潜力，同时使驾乘人员享受文化大餐，获得审美的愉悦，有助于减轻、消除驾驶人员的疲劳，减少交通事故的发生。

景观设计以高速公路为主轴，以旧州互通立交为重点，串联"那坡服务区""靖西服务区""那布服务区""朗含服务区"四个服务区和十个互通立交、停车区、隧道口，建设融休闲、娱乐、商贸、购物于一体的综合服务中心，以园林景观、绿化、石刻、雕塑、宣传画报为主要表现手段，通过绣球、壮锦及黑衣壮人服饰等元素表现壮民族文化和边关文化。把靖西至那坡高速公路打造成广西第一条边关风情路。

沿线文化景观建设构件主要由景观台、景观节点和绿化植被组成。景观台设在旧州互通立交桥，这里是四条公路的交会处，具有较强的视觉震撼力。同时，鸟瞰旧州互通立交与周边自然山水田园的完美融合，线条优美的高速公路、清澈见底的小河流水、绿意葱茏的奇山秀峰、垄埂交错的农田肥地，这种匠心独运的景观布局巧夺天工，又顺应了自然和谐，让驾乘人员和游客心旷神怡，如入世外桃源。代表现代工业文明的高速公路与象征农耕文明的自然山水相伴而生，水乳交融，如诗如画。

景观节点主要包括高速公路的进出站口、服务区、互通立交以及桥梁、隧道口等处；主要布景构件有雕塑、石刻、绣球等，以风物绣球、壮锦、黑衣壮服饰、民间传说和故事为表现内容，立体呈现壮民族风土人情。雕塑以绣球女为题材，设计一个壮族女孩，身着壮族服饰，手拿针线凝神绣球，神情自然，体态优美，笑容可掬，把壮家姑娘的手巧、心灵、人美刻画得栩栩如生。石刻则重点介绍当地风景名胜、历史故事、民间传说、文化风俗等，成为宣传当地旅游资源的窗口，让驾乘人员和游客深入了解边关风情，并为其提供向导和便利服务。

绿化植被不采用全线开花的惯用做法，视地势和周边景物实情选取重要节点布景，主要分布在路肩、路基边坡和道路两侧。让驾乘人员在旅途中享受绿树鲜花、清香惬意所带来的自然之美。树木选用低矮品种,以不遮挡周边山水、不妨碍交通安全又能与周边环境形成完美点缀为宜;鲜花选用颜色鲜艳、适合当地种植的品种,开花季节涵盖春夏秋冬四季,且要成带状分布,让游人能感到移步换景、变化有序。

文化景观承载沟通东盟各国历史文化、展示地域民族风采、创建广西文化画卷的高速公路文化长廊;打造绿色休闲通道,体验百越神秘文化、领略民族多元风情、品味八桂优美生态的绿色旅游通道;体验便捷高效的交通时空、丰富多彩的旅途生活、现代商业的休闲购物、无微不至服务关怀的高速公路生活驿站。以"和谐高速、温馨驿站"为建设目标,为驾乘人员、过往游客提供一个充满人文关怀、诗情画意、民族文化鲜明、边关风情浓郁精神家园。

靖西至那坡高速公路主要采用壮族元素、多元视角、现代手法、表现一个主题:西南边陲兼容并包的壮民族胸怀、纯真朴素的壮民族风俗、勤俭硬朗的壮民族人格、多元厚重的壮民族文化,这便是令人流连忘返的边关风情。

在山峦起伏的西南边陲,在自然条件较为恶劣的环境下,高速公路建设者克服地质地貌复杂、资源短缺、交通运输不便、施工难度大等诸多困难,最终让山川阻隔的边关壮乡喜通致富路、幸福路,这条质量优良、景观优美、服务周到、设施先进、人文环保的精品路正是靖西至那坡高速公路建设者高标准严要求推行"标准化、规范化、精细化、人本化"施工的智慧结晶。"企村八联建"活动本着"修一条高速,造福一方百姓"的原则,以工业反哺农业,发挥建设单位的优势,从投资推动、文化帮扶和产业带动等多种形式切实帮扶和带动高速公路项目沿线农民群众脱贫致富,促进沿线经济社会跨越发展,这正是边关风情路的精、气、神之所在,这使得观赏游客对广西交投人由衷敬佩,更对壮乡人肃然起敬。

东盟风情大通道
—— 钦州至崇左、六景至钦州高速公路文化景观建设纪实

钦州至崇左高速公路项目是中国—东盟陆路通道的沿海公路的重要路段。项目建成后对加强中国沿海经济发达地区与东南亚国家的紧密联系,加强"泛珠江三角洲"经济区与东盟自由贸易区的联系具有重要的推动作用,对中国—东盟自由贸易区的伟大实践具有极其重要的意义。因此该项目与崇左至靖西、靖西至那坡高速公路一道被定位为"东盟文化国际交流体验线""东盟风情大通道",其中钦州至崇左高速公路的主题为"走进钦崇,畅游东盟",所有服务区、停车区、收费站、隧道、桥梁均体现东盟特色。

走进钦崇　畅游东盟

目前,钦州至崇左高速公路项目的文化景观结合广西民族风情,引进泰国、越南、老挝等佛教东盟国家元素,以服务区、停车区、收费站、隧道、桥梁等单体为载体进行设计。

主服务区增加综合楼文化元素、设立中国—东盟友谊主题雕塑,上、下行线分开表现分主题。服务区注重人性化服务,专门设计了凉亭式风雨长廊,旅客下车即可通过长廊走进服务区综合楼;注重功能多元化,填补休闲运动设施不足,增添贵宾区、驾乘休息室和惠农超市等设施,丰富了服务区的服务功能,有效激发和满足旅客的各种潜在需求;注重旅客体验,设立服务区、停车区指示灯塔、引导系统标牌和大屏幕LED显示设备,便于人车分流和服务;注重内部结构,注重低碳化,大量采用低碳节能材料,并着重考虑材料的耐久性,降低环境污染,提高资源使用效率。

停车区重点通过凉亭等建筑表现文化主题,将实用性与美观性有机结合起来;收费站增加特色民族符号,提升标识设计和文化品位;壮锦图案扮靓隧道口。隧道入口在钢筋混凝土的洞门上展开素混凝土雕塑,内部以涂料喷涂壮锦图案;桥梁护栏上布置特色的盆栽植物,使之成为文化景观的连接点。

六钦扬帆路　海上丝绸情

六景至钦州港高速公路项目是中国—东盟陆路通道的沿海公路的重要路段,也是中国与越南"两廊一圈"经济区的主要通道之一。该高速公路联通南宁六景工业园区和钦州港保税区,项目建成后将有利于完善区域干线公路网络,发挥高速公路的整体效益,对促进北部湾沿海港口运输和建设起到推动作用。因此该项目被定位为"蓝色梦想大港路",主题为"六钦扬帆路,海上丝绸情",所有服务区、停车区、收费站、隧道、桥梁均体现海洋文化、工业文化特色。

六景至钦州港高速公路"扬帆六钦路,海上丝绸情"的主题按区域不同分段表现为"起航、扬帆、出海"三大篇章。其中,"起航"以峦城服务区作为主要表现窗口,重点描写广西人民走出深山、奔向大海、扬帆远航的迫切愿望;"扬帆"以陆屋服务区作为主要表现窗口,讴歌广西沿海在汉代曾作为"海上丝绸之路"起点的辉煌历史,展示中国与西方源远流长的文明交流与贸易往来。六景至钦州港高速公路中马产业园区段的主线出口收费站新址、金窝服务区结合"十二五"规划中北部湾"中国沿海发展新一极"的发展战略及中马产业园"先进制造基地、信息智慧走廊、文化生态新城、合作交流窗口"的功能定位去表现现代海洋文明,同时考虑工业园区道路的实际特点填补功能设计;主线出口收费站新址充分利用场坪、建筑总平同步推进的时间优势,结合周边地形山势进行总平布局,意图在沿线附属设施的结构布局上作一创新;主线出口收费站新址、金窝服务区、主线出口收费站旧址进行统一规划,预留未来产业化发展的空间。

"扬帆六钦路,海上丝绸情"这个主题,源于钦州是古代海上丝绸之路重要港口的一部分。六景至钦州港高速公路的文化景观建设,本着自然、滨海、休闲原则,非常注重高速公路附属建筑群与周边自然山水的相互协调,建筑物从体量、形式到颜色,都强调融入山水本质，与自然山水共同构成优美的整体环境；同时，向人们展示一种休闲、舒展、鲜明的滨海情调，建筑群以简洁明快的造型、优雅浪漫的姿态和波浪感十足的流线形体，对"滨海"这一概念进行柔软的人性阐述。

六景至钦州港高速公路的景观建筑群不是简单滨海建筑的照搬，而是经过了提炼和再融合。比如，通过退台、局部挖空等手法，创造出多层次的公共观景露台和空中庭院模式，仿佛凭栏而望，便可以将一片广阔的海景尽收眼底。较低的容积率和高低组合，带来了建筑区内大视野的景观绿地和开阔通透的景观欣赏。同时，结合滨海地区与内陆地区不同的气候特点打造大面积的热带植物景观，同步解决了夏季的建筑通风散热问题，呈现出高品质的滨海风格景观空间。

白海豚造型的标识牌，鱼鳞型的人流指示标识，出海商船等主题雕塑……多姿多彩的海洋文化景观，使游客尽享在美丽的大海中遨游的乐趣。在这里，相互呼应的单体设计将总体的规划构思加以延伸和细化，韵律与层次在统一中变化，又在变化中统一，由蓝白色调板楼、点楼等构筑而成的建筑造型，舒展地传递着湿润温和的滨海风情。蓝天、白云、蓝海、白帆、绿树、雪浪，在这里的一切元素，都很容易唤醒人们意识中"面向大海、春暖花开"的强烈美感。

文化景观建设的主要做法

根据广西"一轴两廊"的干字形工业布局、"四群四带"城镇发展格局、《广西高速公路网规划（2006—2020）》提出的"4纵6横3支线"的公路网布局，综合权衡沿线区域地域文化、旅游资源丰富的特点及社会、经济发展状况，钦州至崇左、六景至钦州港高速公路注重地方文化的提炼，对沿线地区的文化、旅游资源进行系统完整的调研，围绕文化景观主题，采用露、透、封、诱以及远景近景相结合的设计手法，恢复自然环境的损伤，协调人为景观和周围环境，把握景观节奏、韵律，划分自然景观特征区间和人文主题段落，结合景观元素的尺度、间隙、色彩、造型等进行景观层次控制，结合高速公路经营的实际情况在沿途设置"空间+文化"的文化景观，构建"旅客体验平台"，形成结构清晰、层次分明的完美空间，起到文化景观建设示范的作用。

同时，两个项目根据经济社会和交通运输发展的要求，以及服务区、停车区区位特点，重点增加、提升服务区、停车区的软硬件设施，如凉亭式风雨长廊、旅客贵宾室、农产品展卖专区、驾乘休息室等，提高人性化服务水平，并有目的性、针对性地引进品牌战略，建设服务品牌，对标识系统进行标准化建设。同时，项目将适应需求外延扩大的趋势，增加服务内容，扩大功能范围，未来考虑通过进一步功能拓展，增加旅游接待服务中心、娱乐休闲中心、商业服务中心、应急救援系统等功能模块，进行综合开发和多元化经营，以有效配置和整合市场资源，更好地创造社会效益和经济效益。

此外,项目预计还将选择服务区旁边地域环境中具有代表性的典型聚落加以保护,探索在发展交通基础设施、大量进行建筑拆迁的情况下,保存历史文明的遗存、保护人类多民族"文化生态"的平衡、保持地域特色、保护地方乡土文化的新途径,并着力于在保护传统民居聚落环境的前提下,适度更新、有机改造,营造适宜当代人生存的人居环境。改造将尊重村落传统的格局,不改变村寨地形、地貌和田地分布,在原宅基础上就地实施,照顾乡民的愿望,改善聚落环境,再现传统特色,丰富聚落的空间与形态。

钦州至崇左、六景至钦州高速公路项目的文化景观建设,将使项目所经沿线及周边地区的自然地理环境,人文历史景观等得到科学的保护、恢复、开发、设计与完善,使高速公路成为融入自然与文化大环境中的一条景观生态长廊,其品牌效应将不断凸显。

一路有我　一心为你
——广西北部湾投资集团有限公司沿海高速公路服务区文化建设纪实

广西沿海高速公路于1997年建成通车,全线总长347km,沿线设黄屋屯、大塘、石滩、石湾、铁山、防城、东兴7对服务区,具备通车、加油、修理、餐饮、购物等基本服务功能。服务区运营以来,分公司始终坚持"一路有我,一心为你"的服务理念,以为公众出行营造"安全、便捷、舒适"的服务区休憩环境为己任,通过健全服务功能,整治服务区环境,提高服务水平,转变用工模式,推动服务区管理向集约化专业化管理转变。

打造"人性化服务区驿站"

在黄屋屯服务区公厕及休闲广场设置"车旅之声"广播,广播播放美妙动听的音乐及服务区安全注意事项,有效舒缓旅客疲劳;在黄屋屯服务区设置便民服务点内配置了休息椅、手机充电器、咨询服务及信息查询平台,极大地方便了旅客出行需求。在服务区公厕内设男女童洗手台、男童小便斗、残疾人专用便池、老年人专用便池、通风透气系统、感应式冲水设备、防滑地胶以及人性化温馨提示牌。考虑到驾乘人员旅途劳累,服务区夏季免费提供凉茶消暑,冬季提供姜汤驱寒。这一系列人性化服务进一步拓展了服务功能,同时也得到了广大驾乘人员的认可。尤其是2012年4月,为接待参加中马产业园开园仪式的马来西亚总理一行,广西北部湾投资集团有限公司沿海高速公路分公司寻遍沿海三地及南宁市,最终找到符合穆斯林如厕习惯的设备,以完美的接待服务得到了外宾及广西壮族自治区领导的高度赞扬。

打造"零距离"服务圈

广西北部湾投资集团有限公司沿海高速公路分公司所辖的南北、钦防高速公路是西南出海最便捷的通道,而北海、钦州、防城港都是著名的旅游城市,各服务区成为车流、人流、信息的聚集地。为更好地为驾乘人员服务,方便公众出行,广西北部湾投资集团有限公司沿海高速公路分公司整合各种资源,为公众提供零距离的资讯服务。在重点服务区均设有公众查询平台,公众可在服务区现场或通过手机上网查询、短信(微博)查询各城市的旅游资讯、各城市情况、公路安全畅通情况;通过拨打96333服务电话及查看高速公路可变情报板也能及时获取最新信息。服务区与旅游企业、酒店达成公众服务基本框架协议,重大节假日在服务区设置咨询点,发放各种免费资讯资料,共同打造信息互通、服务联动的"零距离"服务圈。五年来,各服务区共为驾乘人员提供信息咨询5万多人次,发放旅游宣传资料13.5万余份。

打造"生态服务区"

广西北部湾投资集团有限公司沿海高速公路分公司各服务区绿树成荫、绿意盎然,均拥有干净整洁的广场和设施齐全的休闲健身场所,形成了如公园般优美洁净的生态景观。在铁山服务区种植了三百多棵木棉、秋枫、凤凰等大树,且定期对枯萎的花草树木进行移植、修剪,使服务区保持较高的绿化率。各服务区均安装了既节能又美观的数控路灯,其良好的照明和塑景效果,让驾乘人员倍感安全、温馨。2015年,广西北部湾投资集团有限公司沿海高速公路分公司还投入近20万元在铁山服务区更换了节能环保的LED广场照明灯。在2015年全国高速公路服务区文明服务创建活动开展期间,广西北部湾投资集团有限公司沿海高速公路分公司累计投入约280万元,用于服务区场地硬化、停车位增加、公厕改造、污水处理系统建设等。为改善服务区整体环境卫生状况,提高服务区保洁人员劳动积极性,2014年,广西北部湾投资集团有限公司沿海高速公路分公司创新服务区用工管理模式,以石滩服务区上行线为试点,引进专业物业公司进驻,将服务区保洁服务整体外包,从直接管理服务区保洁工作转变为对物业承包单位保洁工作的结果管理,效果显著。这标志着服务区用工管理朝专业化方向又迈进了一步。

打造"安全服务区"

不断健全监控设施,在各服务区均安装了安防监控系统,对服务区各主要场所实行24小时全方位监控,提高了服务区治安管理成效。各服务区间建立起治安联动信息互通机制,及时将治安信息、图片通过网络共享,强化了服务区安保工作。2012年5月6日,石滩服务区在得到前方大塘服务区提供的一流窜盗窃团伙可能前往石滩服务区实施盗窃犯罪行为的信息后,保安员与当地派出所民警提前布控,现场一举抓获作案嫌疑人3名,缴获赃款2万多元。此外,还建立了服务区群防联动机制,联合当地村镇、属地公安、交警,共同做好服务区安全工作,应对各种突发事件。同时不断提高员工安全意识和安保技能,定期组织应急演练、军事训练,提高员工快速反应能力和执行力。

高速公路第一次系统融入民族文化元素
——六寨至宜州高速公路文化建设纪实

按照广西交通投资集团有限公司"将六宜高速打造成为广西文化第一路"的要求,六寨至宜州高速公路指挥部充分挖掘人本理念与和谐思想,开始广西在建高速公路第一次系统融入民族文化元素的有益尝试。项目指挥部按照"文化景观与路、自然环境相互和谐、普适性和艺术性相互统一、经济性与品位性有机结合、文化与路域旅游文化发展良性互动"的建设理念,坚持"传承性原则、可视性原则、代表性原则",系统植入了区域文化及民族文化因子,展示和传承了公路建设文化及公路历史文化。

(一)文化建设"五个一"

项目指挥部实施文化建设"五个一"(建设一批文化景观、一个建设陈列展、创作出版一部六宜高速建设纪实报告文学、制作出版一本六宜高速公路建设画册、制作一条视频短片)工程,积极开展以人文特色雕塑、文化观景平台、隧道洞门浮雕、房建特色建筑等为载体的高速公路文化探索与实践。

——文化观景平台。以人为本,在局部地段设立文化景观台,供驾乘人员驻足观赏美景。

——隧道洞门浮雕。聘请专门的设计单位进行浮雕设计,在六河路第4合同段天生桥隧道出口、第5合同段关西隧道出口、第9合同段岜好隧道进口、第10合同段三叉岭隧道出口开展具有河池文化底蕴的浮雕施工。

——人文特色雕塑。邀请专业雕塑公司进行艺术创作和施工,把具有河池少数民族文化的莫一大王、布洛陀、刘三姐及集团公司企业形象、民族团结形象等经过艺术创作,融入雕塑作品,集中在星级服务区展示,凸显六寨至宜州高速公路沿线民俗风情,宣扬广西壮乡文化风貌。

——建筑民族元素。收费大棚、办公楼、宿舍区等主要房建主体,经过多次论证,选择最能体现河池地方特色的建筑形式,充分体现建筑文化中人与建筑、与环境融合的哲学理念,实现六寨至宜州高速公路文化、诗意、和谐的行车服务环境。

浓郁的少数民族特色景观设计加上浑然天成的喀斯特地貌,使六寨至宜州高速公路成为广西最具壮族文化代表的高速公路之一。

(二)树立以路线展示地域特色文化的理念

高速公路文化景观作为道路景观,自然风光是基础,展现区域丰富的民族特色文化才是内涵。六寨至宜州高速公路在进行道路景观设计时，充分利用文化资源，创造富含地域文化的景观环境，包含了自然风光、民族风情、宗教信仰、文物古迹、民间工艺和历史人物等，为驾乘人员提供了解历史和审美体验的、具有导向意义的文化信息，让人们在路上也可以读到一本鲜活的民族文化书。六寨至宜州高速公路将文化与公路有机地串联起来，使公路真正成为文化长廊。沿六寨至宜州高速公路前行，在路旁的临时停靠点，不时可以看到精心建设的公路历史文化及地域特色文化景观。以人为本，在局部地段设立文化景观台，供驾乘人员驻足观赏美景，是六寨至宜州高速公路的文化建设的一大亮点。

六寨至宜州高速公路是展示和宣传地域特色文化的良好载体。六寨至宜州高速公路根据线路沿线乡村民族风情浓厚的特点，设计上充分运用了白裤瑶文化、山歌文化、傩俗文化等题材，着力打造一条千里八桂风情路，让各地驾乘人员能"走一条路，知一方土"，让驾乘人员在经过隧道时能有强烈的视觉冲击，感受民族文化精髓，打造出个性和地域特点，让最具代表性的铜鼓、壮锦等元素淋漓尽致地展现。

浓郁的少数民族特色加上浑然天成的喀斯特地貌，使六寨至宜州高速公路文化景观建设有了丰富的土壤。在建设好高速公路的同时，通过民族文化景观建设载体，充分展现丰富多样的历史、民俗，既美化公路环境，又使民族文化得以更好地展示、传承。

第三节　文　明　奖　项

模范个人如表7-3-1所示。

模 范 个 人 表　　　　　　　表7-3-1

序号	姓名	获奖名称	获奖时间
1	刘燕	全国青年岗位能手	2003.08
2	周劲松	全国交通系统劳动模范	2004
3	黄家城	全国交通系统先进工作者	2004
4	锋杰	广西五一劳动奖章	2007
5	魏作标	广西五一劳动奖章	2007
6	劳家荣	广西五一劳动奖章	2008
7	黄世武	广西五一劳动奖章	2007
8	袁杏云	全国青年岗位能手	2007.04
9	袁杏云	广西十大金牌工人	2007.08
10	袁杏云	广西五一劳动奖章	2007.08
11	袁杏云	2006—2007年度全国交通行业文明职工标兵	2008.02
12	袁杏云	2007年度全国交通行业巾帼建功标兵	2008.05
13	韦勇	全国交通运输行业抗震救灾先进个人	2008.07

第七章
高速公路文化建设

续上表

序号	姓名	获奖名称	获奖时间
14	李相佑	2008年度全国交通企业文化建设先进个人	2008
15	周河	全国交通运输系统劳动模范	2009.12
16	卢书海	广西五一劳动奖章	2012
17	吴文佐	广西五一劳动奖章	2012
18	钟许文	全国公路交通系统金桥奖	2012
19	文洁彬	全国公路交通系统金桥奖	2012
20	彭勋	2012年度广西区直机关优秀共青团员	2013.06
21	李国兴	区直机关2011—2012年度优秀党务工作者	2013.06
22	卢记昌	2012年度全国交通运输企业文化建设先进个人	2013
23	高雪山	全国交通运输行业文明职工标兵	2013
24	郑义恒	广西青年岗位能手	2014.04
25	吴腾军	2014年全国"春运"情满旅途活动先进个人	2014.04
26	文洁彬	全国交通运输系统先进工作者	2014.08
27	张波	首届区直机关职工岗位技能大赛优秀个人奖	2014.12
28	吴腾军	2014年全国"春运"情满旅途活动先进个人	2014
29	钟瑜	广西五一巾帼标兵奖	2014
30	林奇茂	2013年度全国交通运输企业文化建设先进个人	2014
31	凌冠昌	2013年度全国交通运输企业文化建设先进个人	2014
32	李宜标	2013年度全国交通运输企业文化建设先进个人	2014
33	余昌文	2014年度全国交通运输行业核心价值观践行奖	2015
34	曹文海	2014年度全国交通运输行业核心价值观践行奖	2015
35	廖红梅	2014年度全国交通运输行业核心价值观践行奖	2015
36	赵亚飞	第八届中国公路百名优秀工程师	2015
37	姚富昌	全国交通运输行业文明职工标兵	2015
38	梁柯	交通运输部2015—2016年度12328电话百佳话务员	2016
39	张波	2014—2015年度全国交通运输行业文明职工标兵	2016
40	梁敏	广西区直机关2013—2015年度优秀共产党员	2016
41	许凌婕	2016年度广西五一巾帼标兵	2016

先进集体如表7-3-2所示。

先进集体表　　表7-3-2

序号	单位名称	获奖名称	获奖时间
1	广西交通投资集团柳州高速公路运营有限公司永福所波寨站、柳州所柳州站、柳州高速公路运营有限公司路政大队	青年文明号	1998
2	广西交通投资集团柳州高速公路运营有限公司柳州所柳州站	文明收费站	1998

续上表

序号	单位名称	获奖名称	获奖时间
3	广西交通投资集团柳州高速公路运营有限公司永福所永福站、鹿寨所路寨站	青年文明号	1999
4	广西交通投资集团柳州高速公路运营有限公司桂林站	文明收费站	1999.04
5	广西交通投资集团柳州高速公路运营有限公司桂林站	全国青年文明号	1999.05
6	广西壮族自治区高速公路管理局	1997—1998年度广西直属机关先进基层党组织	1999.07
7	广西北部湾投资集团有限公司沿海高速公路分公司防城港收费站、钦州收费站、钦州港收费站	青年文明号	1999.08
8	广西交通投资集团柳州高速公路运营有限公司鹿寨所,广西北部湾投资集团有限公司沿海高速公路分公司沿海高速公路管理处、防城港所	文明单位	1999.11
9	广西交通投资集团柳州高速公路运营有限公司管理处	自治区文明单位	1999
10	平宾高速公路营运管理所宾阳站	青年文明号	1999
11	广西壮族自治区高速公路管理局	四川省科学技术进步奖三等奖	2000
12	广西交通投资集团柳州高速公路运营有限公司桂林所、永福所	自治区文明单位	2000.04
13	广西北部湾投资集团有限公司沿海高速公路分公司大寺、南间收费站	广西青年文明号	2000.08
14	广西交通投资集团柳州高速公路运营有限公司来宾所小平阳站、柳州所柳州西站	青年文明号	2000.09
15	广西交通投资集团柳州高速公路运营有限公司来宾所来宾站	青年文明号	2000.11
16	广西交通投资集团柳州高速公路运营有限公司管理处	全国青年文明号	2001.05
17	广西交通投资集团柳州高速公路运营有限公司管理处	全国青年文明号信用建设示范创建单位	2001.06
18	广西壮族自治区高速公路管理局,广西北部湾投资集团有限公司沿海高速公路分公司钦南所、钦北所	文明单位	2001.08
19	广西壮族自治区高速公路管理局	全国交通系统先进集体	2001.09
20	广西交通投资集团柳州高速公路运营有限公司管理处	广西杰出青年文明号	2001.09
21	广西壮族自治区高速公路管理局	"五好家庭"创建活动文明卫生单位	2001.10
22	广西壮族自治区高速公路管理局	全国交通运输系统先进集体	2001.10
23	广西壮族自治区高速公路管理局	全国交通运输系统文明行业	2001.10
24	广西北部湾投资集团有限公司沿海高速公路分公司沿海高速公路管理处	全国交通系统文明示范窗口	2001.10

第七章
高速公路文化建设

续上表

序号	单位名称	获奖名称	获奖时间
25	广西壮族自治区高速公路管理局	广西壮族自治区绿化先进集体	2001.12
26	广西交通投资集团柳州高速公路运营有限公司柳南高速公路	青年文明号一条路	2001.12
27	广西北部湾投资集团有限公司沿海高速公路分公司防城港所	全国青年文明社区	2002.03
28	广西壮族自治区高速公路管理局	全国创建文明行业示范点	2002.04
29	广西壮族自治区高速公路管理局	广西五四红旗团委	2002.05
30	桂海高速公路	青年文明号一条线	2002.05
31	广西交通投资集团柳州高速公路运营有限公司来宾所	广西壮族自治区文明单位	2002.07
32	广西交通投资集团柳州高速公路运营有限公司柳州所	广西壮族自治区文明单位	2002.08
33	广西交通投资集团柳州高速公路运营有限公司宜州所	警民共建先进单位	2002.08
34	广西交通投资集团柳州高速公路运营有限公司宜州所路政中队	青年文明号	2002.08
35	广西交通投资集团柳州高速公路运营有限公司永福所	区警民共建精神文明先进单位	2002
36	广西五洲交通股份有限公司平宾高速公路营运管理所宾阳站	广西青年文明号	2002
37	广西壮族自治区高速公路管理局	区直机关"党建带团建"和"推优育苗"工作先进单位	2003.01
38	广西交通投资集团南宁高速公路运营有限公司宾阳收费站	全国巾帼文明示范岗	2003.02
39	广西交通投资集团南宁高速公路运营有限公司南宁收费站	全国青年文明号	2003.08
40	广西交通投资集团柳州高速公路运营有限公司柳江所	文明庭院	2003.09
41	广西交通投资集团柳州高速公路运营有限公司柳江所柳城站、柳江所柳江中队	青年文明号	2003.11
42	广西交通投资集团柳州高速公路运营有限公司宜州所宜州站	青年文明号	2003.11
43	广西北部湾投资集团有限公司沿海高速公路分公司那丽收费站	广西壮族自治区青年文明号	2003.12
44	广西五洲交通股份有限公司平宾高速公路营运管理所宾阳站	广西壮族自治区"巾帼文明示范岗"	2003

续上表

序号	单位名称	获奖名称	获奖时间
45	广西壮族自治区高速公路管理局	广西绿化模范单位	2004.01
46	广西壮族自治区高速公路管理局	文明行业	2004.02
47	广西交通投资集团柳州高速公路运营有限公司管理处	全国青年文明号十年成就奖	2004.08
48	广西交通投资集团柳州高速公路运营有限公司雒容站、宜州所六塘站	青年文明号	2004.11
49	广西壮族自治区高速公路管理局	十年全区青年文明号活动"突出贡献奖"	2004.12
50	广西交通投资集团南宁高速公路运营有限公司南宁收费站	全国巾帼文明岗	2005.03
51	广西交通投资集团柳州高速公路运营有限公司宜柳高速公路	广西青年文明号一条路	2005.03
52	广西交通投资集团柳州高速公路运营有限公司柳州所柳州站	全国巾帼文明岗	2005.03
53	广西交通投资集团柳州高速公路运营有限公司柳江所柳江站	广西巾帼文明示范岗	2005.03
54	广西壮族自治区高速公路管理局	2003—2004年度广西壮族自治区直属机关先进基层党组织	2005.07
55	广西交通投资集团柳州高速公路运营有限公司鹿寨所	广西警民共建先进单位	2005.07
56	广西壮族自治区高速公路管理局	全国文明单位	2005.10
57	广西交通投资集团柳州高速公路运营有限公司永福所苏桥站	广西青年文明号	2005.11
58	广西交通投资集团南宁高速公路运营有限公司南宁收费站	全国交通行业文明示范窗口	2005.11
59	广西交通投资集团南宁高速公路运营有限公司南宁收费站	全国十佳交通文明窗口	2005.11
60	广西壮族自治区高速公路管理局	全国交通文明行业先进单位	2005.12
61	广西壮族自治区高速公路管理局	全国交通运输十佳文明畅通工程	2005.12
62	广西交通投资集团柳州高速公路运营有限公司来宾所	广西区级文明庭院	2005.12

第七章
高速公路文化建设

续上表

序号	单位名称	获奖名称	获奖时间
63	桂林市机场路管理有限公司	2005年度全区交通、邮电通信业部门工作先进单位	2005
64	广西壮族自治区高速公路管理局	广西治理车辆超限超载工作先进集体	2006.01
65	广西壮族自治区高速公路管理局	广西科学技术进步奖二等奖	2006.02
66	广西壮族自治区高速公路管理局	广西科学技术进步奖三等奖	2006.02
67	广西壮族自治区高速公路管理局	全国绿化先进集体	2006.03
68	广西交通投资集团柳州高速公路运营有限公司来宾所	自治区爱国卫生先进单位	2006.03
69	广西壮族自治区高速公路管理局	2005年度广西计算机推广项目应用成果一等奖	2006.05
70	广西交通投资集团百色高速公路运营有限公司西南处	自治区直机关文明单位	2006.11
71	广西壮族自治区高速公路管理局	2005—2006年度广西壮族自治区直属机关先进基层党组织	2007.07
72	广西壮族自治区高速公路管理局	广西科学技术进步奖三等奖	2007.12
73	中共南宁(坛洛)至百色高速公路工程建设临时委员会、南宁(坛洛)至百色高速公路第16合同段项目经理部	广西五一劳动奖状	2007
74	广西壮族自治区高速公路管理局	2005—2006年度自治区直属机关先进基层党组织	2007.07
75	广西交通投资集团南宁高速公路运营有限公司南宁收费站	全国"交通建设系统工人先锋号"	2007.09
76	广西交通投资集团百色高速公路运营有限公司凭祥收费站	2006年度广西"青年文明号"	2007
77	广西交通投资集团百色高速公路运营有限公司凭祥收费站、崇左收费站	自治区"巾帼文明岗"	2007
78	广西交通投资集团百色高速公路运营有限公司百色管理站、罗村口收费站、阳圩收费站	自治区"卫生先进单位"	2007

续上表

序号	单位名称	获奖名称	获奖时间
79	平宾高速公路营运管理所小平阳站	广西青年文明号	2007
80	广西交通投资集团百色高速公路运营有限公司崇左、苏圩、扶绥、渠黎、渠旧、天西、宁明、夏石收费站,扶绥、崇左、凭祥路政大队	自治区2007年度"南疆国门高速青年文明号大通道"	2008.01
81	广西壮族自治区高速公路管理局	全国交通行业文明职工标兵	2008.02
82	广西交通投资集团南宁高速公路运营有限公司安吉收费站	全国交通行业文明示范窗口	2008.02
83	广西交通投资集团百色高速公路运营有限公司罗村口收费站	广西区"工人先锋号"	2008.02
84	广西交通投资集团南宁高速公路运营有限公司南宁高速公路管理处	全国绿化模范单位	2008.04
85	广西壮族自治区高速公路管理局	广西区"工人先锋号"	2008.04
86	广西交通投资集团南宁高速公路运营有限公司南宁收费站	全国五一劳动奖状	2008.04
87	广西壮族自治区高速公路管理局	2008年全区抗击雨雪冰冻灾害工作中作出突出贡献集体二等功	2008.05
88	广西交通投资集团百色高速公路运营有限公司凭祥收费站	全国"青年文明号"	2008.06
89	广西壮族自治区高速公路管理局	自治区文明卫生单位	2008.09
90	广西壮族自治区高速公路管理局	交通文明执法标兵	2008.10
91	广西壮族自治区高速公路管理局	交通行政执法责任制示范单位	2008.10
92	广西壮族自治区高速公路管理局	2008年度"全国交通运输行业企业文化建设优秀单位"	2008.11
93	广西交通投资集团南宁高速公路运营有限公司南宁高速公路管理处	全国"三八红旗单位"	2008.11
94	广西交通投资集团百色高速公路运营有限公司西南处	2008年度全国交通企业文化建设优秀单位	2008
95	广西交通投资集团百色高速公路运营有限公司凭祥收费站	2007年度广西"青年文明号"	2008
96	广西交通投资集团百色高速公路运营有限公司凭祥收费站、崇左收费站	自治区"巾帼文明岗"	2008

第七章
高速公路文化建设

续上表

序号	单位名称	获奖名称	获奖时间
97	广西交通投资集团百色高速公路运营有限公司百色管理站、罗村口收费站、阳圩收费站	自治区"卫生先进单位"	2008
98	广西交通投资集团南宁高速公路运营有限公司都安收费站	全国青年文明号	2009.06
99	广西壮族自治区高速公路管理局	二〇〇八年度全国交通运输行业企业文化建设优秀单位	2009.11
100	广西交通投资集团百色高速公路运营有限公司凭祥收费站	全国"三八红旗集体"	2009
101	广西交通投资集团百色高速公路运营有限公司西南处	第十二批自治区军(警)民共建精神文明先进单位	2009.04
102	桂林市机场路管理有限公司	自治区巾帼文明岗	2009
103	广西壮族自治区高速公路管理局	"城乡清洁工程"创建活动先进协调组织	2010.07
104	广西交通投资集团南宁高速公路运营有限公司都安收费站	全国巾帼文明岗	2010.07
105	广西壮族自治区高速公路管理局	广州战区"十一五"教育备战工作先进集体	2010.07
106	广西壮族自治区高速公路管理局	2008—2009年度广西交通战备工作先进单位	2010.03
107	广西交通投资集团南宁高速公路运营有限公司环城所	2010年"春运农民工平安返乡(岗)"安全优质服务劳动竞赛先进集体	2010.04
108	广西全兴高速公路发展有限公司兴安收费站	广西青年文明号	2010.05
109	广西高速公路管理局沿海高速公路路政执法支队钦南大队	2009至2010年度全国交通建设系统"工人先锋号"	2010
110	广西高速公路管理局西南路政支队百色大队	2009至2010年度全国交通建设系统"工人先锋号"	2010
111	百色至隆林高速公路工程建设指挥部	2009至2010年度全国交通建设系统"工人先锋号"	2010
112	广西交通投资集团百色高速公路运营有限公司罗村口收费站	全国"工人先锋号"	2010
113	广西交通投资集团南友高速公路运营有限公路百罗分公司罗村口收费站	2009至2010年度全国交通建设系统"工人先锋号"	2010

续上表

序号	单位名称	获奖名称	获奖时间
114	广西交通投资集团南宁高速公路运营有限公司武鸣收费站	全国巾帼文明岗	2011.02
115	广西壮族自治区高速公路管理局	广西西部大开发突出贡献集体	2011.07
116	广西交通投资集团百色高速公路运营有限公司崇左收费站	国家级"巾帼文明岗"	2011
117	广西梧州岑梧高速公路有限公司路政执法大队、苍梧收费站、岑溪收费站	广西区2011年度青年文明号	2011
118	广西梧州岑梧高速公路有限公司糯垌收费站	广西区2010年度"青年文明号"	2011
119	南宁路政执法支队	全国交通系统模范职工小家	2012.12
120	广西交通投资集团有限公司靖西至那坡高速公路工程建设指挥部	广西工人先锋号	2012
121	广西交通投资集团有限公路六寨至宜州高速公路工程建设指挥部	广西工人先锋号	2012
122	广西交通投资集团有限公路玉林至铁山港高速公路工程建设指挥部	广西工人先锋号	2012
123	广西北部湾投资集团有限公司沿海高速公路分公司南宁至北海高速公路黄屋屯服务区	广西工人先锋号	2012
124	广西交通投资集团有限公司柳州高速公司运营有限公司南宁至柳州高速公路新兴服务区	广西工人先锋号	2012
125	广西长长路桥建设有限公司六景至钦州港高速公路路面工程B合同段项目经理部	全国交通运输系统模范职工小家	2012
126	广西路桥建设有限公司马山至平果高速公路工程总承包第2合同段项目经理部二分部	全国交通运输系统模范职工小家	2012
127	广西壮族自治区高速公路管理局南宁路政执法支队	全国交通运输系统模范职工小家	2012
128	靖西至那坡高速公路工程建设指挥部	全国交通运输系统先进单位	2012
129	钦州至崇左高速公路工程建设指挥部	全国交通运输系统先进单位	2012
130	广西交通投资集团靖西至那坡高速公路工程建设指挥部、六寨至宜州高速公路工程建设指挥部、玉林至铁山港高速公路工程建设指挥部,广西北部湾投资集团有限公司沿海高速公路分公司南宁至北海高速公路黄屋屯服务区	广西工人先锋号	2012

第七章
高速公路文化建设

续上表

序号	单位名称	获奖名称	获奖时间
131	广西梧州岑梧高速公路有限公司	自治区第十四批文明单位	2012
132	广西交通投资集团柳州高速公路运营有限公司南宁至柳州高速公路新兴服务区	广西工人先锋号	2012
133	广西全兴高速公路发展有限公司兴安收费站	青年文明号	2013.05
134	广西高速公路管理局党委	先进基层党组织	2013.06
135	广西交通投资集团百色高速公路运营有限公司罗村口收费站	全国五一巾帼标兵岗	2013
136	广西五洲交通股份有限公司平宾高速公路营运管理所小平阳站	广西巾帼文明岗	2013
137	桂林市机场路管理有限公司	广西青年文明号	2013
138	广西新发展交通集团有限公司	2010—2011年度全国交通运输行业文明单位	2013
139	广西壮族自治区高速公路管理局百色路政执法支队	2010—2011年度全国交通运输行业文明示范窗口	2013
140	广西五洲交通股份有限公司	2012年度全国交通运输企业文化建设优秀单位	2013
141	广西梧州岑梧高速公路有限公司	广西区2012年度青年文明号	2013
142	南宁路政执法支队党总支部	自治区交通运输厅青年文明号、阳光路政"好品牌"	2014.10
143	南宁路政执法支队	首届区直机关职工岗位技能竞赛、广西高速公路路政技能竞赛第一名	2014.10
144	广西壮族自治区高速公路管理局百色路政执法支队隆林路政执法大队	全国交通运输系统执法评议考核优秀单位	2014.10
145	南宁高速公路管理处南环路政执法大队	自治区青年文明号	2014.12
146	广西交通投资集团河池高速公路运营有限公司黔桂界六寨收费站、广西长长路桥建设有限公司广西河池至都安A合同段项目经理部	2014年广西工人先锋号	2014

续上表

序号	单位名称	获奖名称	获奖时间
147	广西交通投资集团河池高速公路运营有限公司河池东收费站、罗村口收费站	广西五一巾帼标兵岗奖	2014
148	广西壮族自治区公路桥梁工程总公司,广西交通投资集团百色高速公路运营有限公司	2013年度全国交通运输企业文化建设优秀单位	2014
149	广西交通投资集团河池高速公路运营有限公司黔桂界六寨收费站、广西长长路桥建设有限公司广西河池至都安A合同段项目经理部	2014年广西工人先锋号	2014
150	广西交通投资集团河池高速公路运营有限公司河池东收费站、广西交通投资集团百色高速公路运营有限公司罗村口收费站	广西五一巾帼标兵岗奖	2014
151	笑迎八方畅享八桂——广西交通投资集团有限公司	2014年度全国交通运输文化建设品牌单位	2015
152	广西八桂工程监理咨询有限公司,广西壮族自治区公路桥梁工程总公司	2014年度全国交通运输文化建设优秀单位	2015
153	广西交通投资集团南宁高速公路运营公司	全国文明单位	2015.02
154	广西交通投资集团南宁高速公路运营有限公司宁宾分公司南宁收费站、广西交通投资集团南宁高速公路运营有限公司石埠收费站、广西路桥工程集团有限公司一分公司惠水至罗甸高速公路第十一合同段、广西百色高速公路运营有限公司百罗分公司罗村口收费站四班、百色高速公路运营有限公司百隆分公司板桃收费站收费三班	全国公路交通系统"模范班组"	2015
155	广西交通投资集团河池高速公路运营有限公司工会委员会	全区模范职工之家	2015
156	贵港市交通投资建设有限公司交投工程部工会小组	全区模范职工小家	2015
157	宾阳、百色、全州服务区	全国百家示范服务区	2015
158	发达、武鸣、新兴、德胜、侧岭、南丹、隆安、田东、黄屋屯、横县、贵港、倒水服务区	全国优秀服务区	2015
159	广西北部湾投资集团有限公司沿海高速公路分公司北海管理处合浦收费站	广西工人先锋号	2016
160	广西百色高速公路管理处田东路政执法大队	2014—2015年度全国交通运输行业文明示范窗口	2016
161	广西交通投资集团钦州高速公路运营有限公司久隆收费站、广西交通投资集团崇左高速公路运营有限公司凭祥收费站	2016年度广西五一巾帼标兵岗	2016

第八章
高速公路项目建设

第一节 桂林至柳州高速公路

桂林至柳州高速公路是广西壮族自治区第一条高速公路,是国道主干线衡阳至昆明公路的一段,是交通运输部、广西壮族自治区"八五"重点建设项目。

桂柳高速公路北起桂林市临桂县僚田村,南至柳州市郊静兰村,途经临桂、永福、鹿寨县,正线全长138.425km,北与桂林两江国际机场路相交,南与南柳高速公路相接,为双向四车道、全封闭、全立交、全部控制出入口的高速公路,平原微丘区设计速度为100km/h,山岭重丘区设计速度为80km/h,路基重丘区宽度为25.4m,山岭区宽为21.5m,全线铺设水泥混凝土路面。

一、项目概况

(一)基本情况

桂柳高速公路经交通部批准于1993年10月5日开工,经3年零7个月的建设,1997年5月1日正式建成通车(比计划工期提前5个月)。交通部1993年5月25日以交工发〔1993〕555号文批准概算投资17.8亿元人民币,1996年9月6日以交公路发〔1996〕778号文批准调整概算为20.4亿元人民币,批准项目总工期4年。共征用土地25393亩,其中,永久占用土地共计15506.55亩,临时用地9886.45亩,完成路基土石方2559.9954万m^3,防护排水98.11万m^3,混凝土路面240.2376万m^2,隧道1955.5m/2座/4洞,涵洞25424m/554座,小桥596m/20座,中桥783m/15座,大桥2622m/12座,互通立交7处,分离式立交52处,通道152处,中央分隔带混凝土护栏、路侧钢护栏、标志、标线、隔离栅、收费系统、服务区、管理区房建工程及配套设施均全部完成。通车一年多以来,社会反应良好,对沿线的经济发展起到良好的促进作用,特别是1996年洪水期间,显示了高速公路较高的抗灾能力。

(二)前期决策情况

柳州至桂林高速公路是国道主干线衡阳至昆明公路的一段。原有公路从柳州起经鹿寨、头排、荔浦、阳朔至桂林,全长245km,路况差、营运里程长,不能满足工农业和旅游业发展的要求。广西壮族自治区交通厅于1988年1月组织有关人员对柳桂高速公路永福至鹿寨段进行了现场调查,广西壮族自治区交通规划勘察设计院于同年4月和5月两次到现场调查,还编写了调查报告。

1989年6月广西壮族自治区交通厅依据交通部《关于下达"八五"第一批公路建设重点项目的前期工作计划的通知》(交计字〔1989〕172号)精神,以《关于转发交通部"八·五"第一批公路建设重点项目的前期工计划的通知》(交计划〔1989〕33号),要求广西交通规划勘察设计院承担"宾阳至黄沙河公路预可行性研究报告的编制任务",广西壮族自治区交通规划勘察设计研究院于1990年元月完成了编制研究报告的任务。同年2月15日,广西壮族自治区交通厅以《关于转发交通部"全国公路、水运交通建设前期工作会议纪要"的通知》(交计〔1990〕74号),要求广西交通规划勘察设计院承担宾阳至黄沙河公路的工程可行性研究,同年12月完成编制任务,建议用汽车专用二级公路标准,交通部于1991年8月27日以《关于桂林至柳州公路项目建议书的批复》(交计字〔1991〕436号)批准该项目立项。

广西壮族自治区交通厅多次召开会议研究柳州至桂林公路建设问题,认为广西交通规划勘察设计研究院编写的宾阳至黄沙河公路的工程可行性研究,对柳州至桂林路段的重要性及交通量估计不足,认为原推荐汽车专用二级公路的技术标准偏低。广西壮族自治区交通厅1991年9月15日以《关于下达国道主干线衡阳至南宁公路柳州至桂林段建设项目工程可行性编制任务的通知》(交计〔1991〕588号),要求广西壮族自治区交通规划勘察设计院尽快组织力量开展工作,在交通部计划司公规处和公路规划设计院的指导下,广西壮族自治区交通规划勘察设计院于1992年3月完成了编制任务,建议柳州至桂林公路采用汽车专用一级公路标准。1992年5月28日至6月2日,广西壮族自治区计委委托广西国际工程咨询公司组织有关政府部门领导和专家,对柳州至桂林汽车专用一级公路工程可行性研究报告进行预评估。交通部公路规划设计院、国家交通投资公司派领导和专家参加评估工作。预评估会议同意研究报告的主要结论,认为新建桂柳公路采用汽车专用一级公路是必要的、合理的、可行的,路线走向短捷,营运里程缩短92km,经济效益好,社会效益显著。根据预评估会对工程可行性研究报告提出的意见,广西交通规划勘察设计院作了补充论证,并于1992年7月编制完成补充报告。1992年10月10日交通部以《关于柳州至桂林公路可行性研究报告的批复》(交计发〔1991〕914号)批准设计任务书。

(三)参建单位主要情况

桂柳高速公路是广西第一条高速公路,广西壮族自治区人民政府对桂柳高速公路的建设非常重视,在征地拆迁、划定料场、资金筹集等方面给予一系列优惠政策,为工程建设提供了基本保障。依据自治区人民政府《关于成立柳桂公路建设总指挥部的通知》(桂政发〔1992〕128号)的精神,桂柳高速公路的建设由自治区交通厅负责组织实施。建设过程中成立了由自治区主要领导担任总指挥长、交通厅主管领导任常务副总指挥长的总指挥部,总指挥部负责筹集,招投标、征地拆迁、组织协调等方面的工作,极大地推进了桂柳高速公路的建设。沿线各市县也相应成立了分指挥部,签订了承包责任制,协调了地方及人民群众的关系,为桂柳高速公路的顺利建设发挥了重要作用。

建设项目业主单位:广西壮族自治区交通厅,1992年9月30日广西壮族自治区交通厅宣布成立柳桂高速公路建设总指挥部,并委托桂柳高速公路工程建设总指挥部办公室代行业主职权。

设计单位:本项目由广西交通规划勘察设计院承担设计,其中交通工程部分由深圳华科交通工程有限公司承担。

项目建设实行监理制度,采用国际通用的FIDIC条款模式进行管理。监理队伍选择以区内指令性委派抽调为主,区外择优委托为辅组建。受业主广西壮族自治区交通厅的委托,成立桂柳高速公路工程监理部,负责组织和实施桂柳高速公路的监理工作。广西壮族自治区交通厅副厅长兼总工程师郑皆连高级工程师担任总监理工程师(即合同文件的工程师)。柳桂路字〔1993〕7号、8号文确定了监理的组织机构和人员。监理队伍选择以区内指令性委派抽调为主,区处先择优委托为辅组建。其中,Ⅰ期工程的鹿寨监理组外聘湖南交通科研所,大石监理组外聘重庆公路科研所,Ⅲ期工程交通安全设施专业监理组外聘深圳华科交通工程有限公司。广西交通工程质量监督站对项目实施监督。

实行国内公开招标、邀请招标和议标等三种形式择优选择了广西路桥总公司等33个施工企业与业主签订了施工合同。

桂柳高速公路根据工程特点分Ⅰ期、Ⅱ期、Ⅲ期工程施工。Ⅰ期工程包括路基工程、路面底基层及基层工程、隧道、大、中桥等工程、互通立交工程(不含混凝土路面面层);Ⅱ期工程主要包括水泥混凝土路面工程和沥青混凝土硬路肩、路缘石及挡水块土路肩工程;Ⅲ期工程主要有中央分隔带混凝土护栏、钢护栏、标志、标线、隔离栅等交通工程、通信、收费站及隧道照明、装修工程和服务区、管理区房建及配套工程等。

二、建设情况

(一)项目准备阶段

1. 立项审批

该项目的立项、初步设计批复、报建、报监、审计、开工等各项手续齐备。严格按照基本建设程序办事。

1991年交通部以《关于桂林至柳州公路项目建议书的批复》(交计字〔1991〕436号)同意桂柳公路立项,1992年交通部以《关于柳州至桂林公路可行性研究报告的批复》(交计发〔1992〕914号)通过工可报告,1993年交通部《关于柳州至桂林公路初步设计的批复》(交工发〔1993〕555号)批准初设,1993年以《关于同意柳州至桂林汽车专用一级公路开工的批复》(交工发〔1993〕1021号)批准桂柳公路正式开工。

2. 资金筹措

与投资总概算相适应,资金来源的筹集需要2040731679元。交通部在《关于柳州至桂林公路可行性研究报告的批复》(交计发〔1992〕914号)中由交通部从车辆购置附加费安排投资447000000元,其余资金由广西自筹解决。

至1998年8月31日,资金到位总额为2034584578.84元,到位资金率为99.7%,其中:交通部专项建设拨款644000000元(交通部对广西建设高等级公路非常重视和支持,从计划的车辆购置附加费447000000元增加到644000000元),广西壮族自治区交通厅自筹资金拨款714634711.75元,广西邮电局通信管道补偿1000000元,财政部门返还施工企业营业税金及附加47526367.09元,联营单位——香港招商局拨入联营拨款16980000元,投资借款580000000元,发行企业债券30443500元。

3. 招投标

桂柳高速公路选择承包人主要采用国内竞争性招标方法,对于少数因图纸未能及时到位或施工极为困难的合同段采用招议结合二次报价的方法,同时也采用邀请投标、设计和施工一揽子总价承包等多种方式。承包人的选择除了合理的报价外,还考查其参加同类工程施工的经验和业绩,投入的设备、人员和管理方式。承包方法主要采用单价承包的方式,也进行过总价承包的试验。在标段的划分上,主要要求其与工期、施工水平和工程质量要求相适应,并根据报名承包人的情况,综合确定。选定承包人后,与其签订进场设备协议,以确保工程质量和进度。工程开工后,即对所选择的承包人作进一步考察,对不适应工程实施,不能履行合同的承包人及时处置,引起所有承包人的重视,强化合同意识,以保证优质高效。第一期招标的127km(不包含水泥混凝土路面)共14个大标段占全线91%的土建工程,评选出的8个中标单位均为中央企业或外省的施工企业,其中一些企业中两个或3个标段,但实际施工能力又无法承担,业主通过与其协商,将4个标段转让给广西区内有实力的单位承担。第二期水泥混凝土路面工程11个标段采用公开招标与招议结合的方式选择了7个施工单位。第三期工程房建、钢护栏、标志、标线、收费系统等工程亦采取了类似的方式选择了承包人。在招标、选择承包人的过程中,业主始终如一,一丝不苟地坚持公正、公开、公平的原则,得到了社会的一致公认与好评。

桂柳高速公路是广西第一条按FIDIC条款进行全国性工程招标的公路,根据广西壮族自治区交通厅基建局《关于做好施工图设与工程招标配合工作的通知》(基柳桂函〔1993〕03号)的精神,为配合广西壮族自治区交通运输厅的招标工作,设计单位在进行施工图设计的同时,按业主编制的招标文件的要求,及时提供了地亩图、路线纵、平面图和工程量清单,供招标之用,为柳桂路的按时开工作出了贡献。

4. 征地拆迁

1993年1月广西壮族自治区人民政府出台了《自治区人民政府办公厅印发柳州至桂林一级汽车专用公路征地拆迁补偿办法的通知》(桂政办〔1993〕8号),通知规定工程征地拆迁必须贯彻"既要做到合理合法,又要坚持奉献和艰苦奋斗的原则",全线实行统一的征地拆迁补偿标准,征地拆迁款交由当地政府统一掌握,包干使用。征用农村集体经济组织的土地,每亩平均补偿3000元(含各种税费),国营农、林、牧、渔场(站)和部属、区属输电、通信线路由各所属单位作出奉献,不予补偿。林地、坟墓、房屋适当补偿,荒山、荒地和沙、石料场不予补偿。征地拆迁费超过自治区补偿3000元部分,由各县(市)自行解决。工程沿线各县(市)成立分指挥部,负责征地拆迁,协调解决砂石材料采供及施工单位与当地的矛盾问题,维护沿线社会治安。

在征地拆迁过程中,各级政府、分指挥部和广大群众都作出了很大贡献,支付的拆迁补偿费没有突破每亩3000元的标准,总征地数量为25393.65亩,其中:永久性占地15506.55亩,拆迁房屋41136m^2,通信线路14.825km,电力线路36.12km,见表8-1-1。

征地拆迁情况统计表　　　表8-1-1

阶段	征地拆迁安置起止时间	征用土地(亩)	拆迁房屋(m^2)	支付补偿费用(元)	备 注
一期	1993.10.05~1997.04.23	15506.55	41136	60631600	

桂柳高速公路路基工程、路面工程、大桥施工单位见表8-1-2、表8-1-3、表8-1-4。

桂柳高速公路路基工程施工单位一览表　　　表8-1-2

合 同 段	施 工 单 位	合 同 段	施 工 单 位
No.1	柳州铁路局工程处	No.9-2	中国建筑五局七公司
No.2	广西路桥总公司机械施工处	No.9-3-1	广西路桥总公司机械施工处
No.3	广西机械施工公司	No.9-3-2	铁道部第二十工程局三处
No.4	广东省湛江水利机电工程公司	No.9-3-3	四川省桥梁工程公司
No.5	铁道部第五工程局机筑处	No.10	武警交通一总队二支队
No.6	贵州省公路工程公司	No.11	中国水电十三局
No.7	铁道部第十六工程局第一工程处	No.12	湖南省岳阳市路桥总公司
No.8	铁道部第十六工程局机械施工处	No.13	广西路桥总公司机械施工处
No.9-1	广西航务工程处	No.14	广西路桥总公司路面施工处

桂柳高速公路路面工程施工单位一览表　　　表8-1-3

施工单位	施工桩号	调整桩号	里程（km）
广西路桥总公司机械施工处	K145+525~K163+900	K493+050~K511+425	18.375
广西路桥总公司路面施工处	K163+900~K192+000	K493+050~K493+050	26.175
广西路桥总公司路面施工处	K192+000~K207+100	K451+775~K466+875	15.1
广西路桥总公司第四工程处	K207+100~K216+000	K442+890~K451+775	8.885
交通部公路二局	K216+000~K227+000	K431+890~K442+890	11
中国建筑第五工程局	K227+000~K230+000	K428+890~K431+890	3
武警交通总队二支队	K230+000~K234+300	K424+763~K428+890	4.127
武警交通总队二支队	K234+300~K247+000	K413+257~K424+763	11.506
广西航务工程处	K247+000~K260+000	K399+760~K413+257	13.497
广西航务工程处	K260+000~K272+000	K387+760~K399+760	12
广西路桥总公司机械施工处	K272+000~K286+760	K373+000~K387+760	14.76

桂柳高速公路大桥施工单位一览表　　　表8-1-4

合同段	施工单位	大桥名称
No.3	广西机械施工公司	洛清江大桥
洛清江桥	广西路桥总公司第三工程处	
No.4	广东省湛江市水利机电工程公司	石榴河大桥
石榴河桥	广西路桥总公司第三工程处	
No.7	铁道部第十六工程局一处	旁寨大桥
旁寨桥	广西路桥总公司第一工程处	
No.9	铁道部第十六工程局机械施工处	大端大桥下行
大端大桥	广西路桥总公司第一工程处	大端大桥上行
No.9-1	广西航务工程处	波Ⅰ大桥 波Ⅱ大桥
波Ⅲ桥	柳州铁路局工程处	波Ⅲ大桥
No.9-3-3	四川省桥梁工程公司	五里大桥 鲤鱼滩大桥
西河大桥	广西航务工程处	西河大桥
No.12	湖南省岳阳市路桥总公司	大溪河大桥

（二）项目实施阶段

桂柳高速公路建设过程进展非常顺利，不仅提前半年竣工通车交付使用，且其工程建设质量达到了优良水平，并创造了全国高速公路建设史上造价最低的纪录。

在施工管理方面，采用了国际FIDIC条款作为工程建设招投标施工建设管理模式，实行工程监理制度,成功地控制了工程计量、工程质量和工程建设投资支出,为广西交通基础设施建设管理探索出新模式、新路子。

在工程施工中,大胆采用新技术新成果,组织科技人员进行技术攻关和科研活动以及开展合理化建议活动,取得了一连串的成果。如旁寨河原设计为建两座大桥,采纳了改河的方案,只建一座大桥,节约投资就达1000万元以上;潮水隧道采用短隧道方案节约了时间;光面爆破技术、高填方高挖方施工技术及边坡处理技术等的采用。大大提高了高速公路的安全性和节约了大量的投资;新技术、新工艺、新配方和新材料的应用,提高了工程建设质量,加快了施工进度。

在建设投资支出方面,采用由监理组计量、监理部审核和业主审定三级控制制度,严把支出关,有效地控制了建设投资支出,在建设标准由一级公路升为高速公路的情况下,建设支出没有突破概算总额。

1. 积极分担价格风险,控制投资

一是控制地方材料及主要原材料的价格。①依据合同条款办理价格调整。②为有效地平抑物价,减少承包人的价格风险。地方砂石材料业主确定了最高限价,沿线业主共征用了15个石料场,开采量占全线石料用量的50%,并用招标方式选择开采人。③对价格变动较大的钢材,按设计图纸规定的数量、规格由业主统一采购,按统一单价供应。二是优化设计,开展合理化建议活动,节约投资。作为一个庞大的工程,桂柳高速公路实现了工程质量好、建设投资省的目标,工程施工没有突破1993年的概算,每公里造价仅1467.6万元。

2. 重大变更

由于地形、地质复杂,虽经多次勘测,反复比选,广泛征求意见,又经各级审批,大的走向及布线合理,整个工程设计基本符合实际,但局部变更设计仍不可避免。主要变更情况如下:

(1)K225+000~K228+000段为了减少施工困难,降低造价,采用了桥改路方案,取消了潮水1号及潮水2号两座大桥和挡土墙三处。

(2)K228+000~K234+755.06段线,减少土石方76.3万m^3,挡土墙圬工1.6万m^3,取消大桥230m(1座)。

(3)K234+755.06~K235+545.72段改线,使路线靠山边移,避开了不良地质地段,虽然增加了部分投资,但使路基稳定。取消一座235m半边旱桥。

(4)经局部改线、调坡,在山岭区出现了两处4.5%的纵坡。

(5)雒容互通立交由主线上跨变为主线下穿。

(6)由于边坡放缓,稳定了路基上边坡,但增加了土石方494万m^3,增设浆砌片石挡土墙 1.51 万 m^3，增加混凝土挡土墙 0.035 万 m^3，增设抗滑桩 0.606 万 m^3。

（7）大端隧道减短 10m，潮水隧道增长 60m。总计单洞增长 50m。

（8）静兰管理处位置由北面改移到南面。收费站前匝道宽由 15.1m 加宽到 24.5m。

（9）全线减少大桥 494.79m/3 座，中小桥 2 座，涵洞及通道 6 道。

（10）五里大桥由原设计 7 孔 30m 工字型组合梁桥改为 2 孔 80m 箱肋拱桥，大溪河桥增加 3 孔 16m 空心板。

（11）路面结构作了变更，行车道部分把混凝土面层下的下封油层取消，硬路肩面层由水泥混凝土改为 4cm 厚中粒式沥青混凝土，二灰层度相应变厚，底基层不变。水泥混凝土面层的设计抗折强度由 4.5MPa 改为 5MPa。

（12）在 K219+760~K220+040 段有一道 300m 沿路线走的 1 孔 3m 的拱涵被取消，另设沿路边排水沟。

（13）全线中央分隔带的双向钢护栏及路缘石取消。路两边的隔离栅增加了种植马夹子绿色刺蓠。

三、科技创新

通过"人工砂在混凝土及砂浆中的应用研究"，提出了应用技术规程，解决了施工中用砂紧缺问题；结合试验路段施工及压实机具情况，解决了过湿土、高液限土及土石混填压实施工的技术难题和质量评价问题；立项研究"石方路堑边坡探孔光面爆破技术"并应用于本工程，取得良好效果；通过广西交通厅立项"高等级公路水泥混凝土路面接缝技术研究"，探索了接缝设计、施工工艺和缩缝良好密封材料等一系列技术难题，通过交通部"九五"攻关项目"水泥混凝土路面施工技术研究"，寻求中档机械高等级公路水泥混凝土路面快速施工和满足平整度要求的问题，在全线推广应用三轴式水泥混凝土摊铺振捣整平机；通过交通厅立项"高路堤稳定技术和土石混填压实评定方法的研究"，支持了桥改路的合理化建议实施，处理了斜坡高填方路堤纵向裂缝的巨大难题。

四、运营管理

（一）服务区设置

该路段共设置桂林（单边）、永福（双边）、波寨（双边）、鹿寨（双边）4 处服务区。2010 年，鹿寨服务区获得"自治区爱国卫生先进单位"荣誉称号；2012—2014 年，鹿寨服务区、永福服务区连续三年被评为广西壮族自治区高速公路"四星级服务区"；2013—2014 年，波寨服务区连续两年被评为"三星级服务区"。

(二)收费站点设置

该路段共设置7个收费站:柳州东收费站、雒容收费站、鹿寨收费站、黄冕收费站、波寨收费站、永福收费站、苏桥收费站。7个收费站共39条车道,其中柳州东收费站设置ETC车道2条。具体见表8-1-5。

收费站车道设置情况表　　　　　　　　　　　　　　　表8-1-5

站点名称	车道数(条)	收费方式	站点名称	车道数(条)	收费方式
柳州东	9(其中ETC车道2条)	半自动收费方式	波寨	4	半自动收费方式
雒容	6	半自动收费方式	永福	5	半自动收费方式
鹿寨	7	半自动收费方式	苏桥	4	半自动收费方式
黄冕	4	半自动收费方式			

(三)车流量发展状况

该路段日均车流量从1997年的1875辆增至2014年13131辆,年平均增长率为12.13%。具体见表8-1-6及图8-1-1所示。

日均车流量增长情况表　　　　　　　　　　　　　　　表8-1-6

年份(年)	日均车流量(辆/d)	同比增长率(%)	年份(年)	日均车流量(辆/d)	同比增长率(%)
1997	1875	—	2007	7505	1
1998	3500	87	2008	7620	2
1999	3589	3	2009	8475	11
2000	3976	11	2010	9424	11
2001	4109	3	2011	10309	9
2002	4523	10	2012	11689	13
2003	4842	7	2013	13135	12
2004	5818	20	2014	13131	-0.03
2005	6700	15	2015	13090	-0.3
2006	7425	11	2016	11906	-9

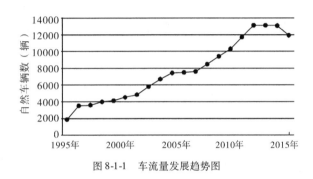

图8-1-1　车流量发展趋势图

(四)大修情况

桂柳高速公路因运营时间长、交通量大、超载超重车增多等因素影响,近年来道路破损日趋严重,给车辆出行造成较大影响。2007年、2011年,公司分两次通过公开招标的方式选择施工单位,将桂柳高速公路水泥混凝土路面病害最严重的共55km路段改造成沥青混凝土路面。第一期改造时间为2007年7月至2008年9月,改造路段长度为39.8795km,第二期改造时间为2010年9月至2011年6月,改造路段长度为15.107km,改造的主要内容是原水泥混凝土路面病害综合处治(包括路基、路面、桥涵病害处治),铺筑沥青混凝土,沿线交安设施改造等,改造后原道路病害得到彻底治理,路况水平大幅提升,社会公众满意,改造前、中、后路面如图8-1-2、图8-1-3、图8-1-4所示。

图8-1-2 改造前路面示例图

图8-1-3 改造中路面施工图

图8-1-4 改造后路面示例图

第二节 钦州至防城港高速公路

一、项目概况

(一)基本情况

钦州至防城港高速公路(以下简称钦防高速公路)是国道主干线重庆至湛江公路的

第八章
高速公路项目建设

重要路段,国家高速公路网南北纵向线兰州—海口的一段。是西南地区出海大通道重要组成部分,它的建设对广西乃至我国西南地区的经济发展都具有十分重要的意义。

钦防高速公路由南间经卜家至磨刀水和卜家至防城港两个路段组成。南间经卜家至磨刀水段,起点设在钦州市大寺镇那布村(南北高速公路 K64+997.83)。与南宁至南间高速公路相接,经大寺、那潭、卜家、丝茅坪,终点为钦州市的磨刀水(南北高速公路 K119+258),与钦州至北海高速公路相连,正线全长 54.2109km,为六车道高速公路。卜家至防城港段,起点设在南间至磨刀水段的卜家互通立交(现更名为钦防互通立交),经白露沟、冲仑、倒水坳、玉罗岭,终于防城港市的防城港区,施工桩号为 K12+860~K56+239.25,正线全长 44.107km,为四车道一级公路。

本项目批复的初步设计总概算为 22.82 亿元,建设工期为 3 年。工程于 1994 年 10 月 8 日开工,交工验收时间 1997 年 10 月 23 日,1997 年 10 月 28 日正式通车试运营。实际建设工期比计划工期提前 6 个月。

南间至磨刀水段:采用平原微丘高速公路标准,全封闭、全立交、全部控制出入口。设计速度 120km/h,路基宽 33.5m,中间带宽 3m,行车道采用水泥混凝土路面,宽度为(2×7.5)m,设计平曲线最小半径 1000m/1 处,最大纵坡 2.9%/1 处。路基、桥梁和涵洞的设计洪水频率为 1/100,桥涵和人工构造物设计车辆荷载为:汽车—超 20 级,挂车—120 验算。

那潭至防城港段:采用平原微丘一级汽车专用公路标准,全封闭、全立交、全部控制出入口。设计速度 100km/h,K12+860~K50+570 路基宽 24.5m,从 K50+570~K56+239.25 封闭路段路基宽 31.0m,两路段中间带均为 3.0m,行车道采用水泥混凝土路面,宽度为(2×7.5)m,设计平曲线最小半径 720m/1 处,最大纵坡 2.596%/1 处。路基、桥梁和涵洞的设计洪水位频率为 1/100,桥涵和人工构造物设计车辆荷载为:汽车—超 20 级,挂车—120 验算。另 K50+570~K56+239.25 封闭路段左右侧分别布设有 15m 及 9m 宽的 100m 海滨大道。

自然条件及水文地质情况:钦防高速公路属东南湿热区的华南沿海台风雨区,本区气候温和,年平均气温为 28~30℃;冬季不冷,年极端最低气温 0.9~2.3℃,几乎全年无霜期。该地区雨量充沛,年平均降雨量在 2000mm 以上,雨季主要集中在 5~9 月,占全年降雨量的 85%,降雨季节多暴雨,而又随台风侵扰,多年平均相对湿度 81%。

南间至磨刀水段水文地质情况:路线所经地形段为微丘区地形。植被发育,地面高程一般在 2.0~136m(黄海高程)之间,无大的山脉经过,纵面高差起伏较大。所经地层主要为第四系全新及三叠系、二叠系、泥盆系地层,还有大量印支期第二、四次侵入花岗岩出露。第四系全新主要为残积、坡残积、坡积层。软土地段长约 6.387km。

那潭至防城港段水文地质情况:路线所经地形段为滨海平丘地形,植被发育。路线所跨越的几条河流,均受海潮影响,涨落频繁,属洪潮性河流,不均落差 2.39m,公路通过地段,除第四系外,均为侏罗系红色砂岩、砂砾岩、泥岩及志留系青灰色砂岩,粉色砂岩,灰黑色砂岩等。岩层走向与路线走向均以大小不等角度相交。地下水位低,软土地段较多,软土层最厚达9~10m,软土路段累计长达14.73km,是影响路基工程质量的关键。

主要工程量:路基土石方:2630.11万m^3;水泥混凝土路面235.775万m^2;排水、防护污工砌体39.094万m^3;大桥(含立交)2328.33m/13座;中小桥(含立交)3021.61m/69座;小桥21.04m/1座;涵洞通道2792.54m/528座;互通立交5处;服务区1处;收费站5处。

基本情况统计见表8-2-1。

钦州至防城港高速公路项目基本情况统计表　　　　表8-2-1

建设单位	广西壮族自治区交通厅
工程投资	22.82亿元(概算)
工程起止桩号	K64+997.83~K119+258 K12+860~K56+239.25
工程设计标准	六车道高速公路、四车道一级公路
开工时间、通车时间	1994年10月8日开工 1997年10月28日建成通车
地形条件	滨海平丘地形、微丘区地形
设计标准 (南间至磨刀水)	路基宽:33.5m 设计速度:120km/h 设计洪水频率:路基、桥梁和涵洞的设计洪水位频率为1/100 大、中、小桥、涵洞及路基均为1/300 设计车辆荷载:汽车—超20级,挂车—120
设计标准 (那潭至防城港)	路基宽:24.5m 设计速度:100km/h 设计洪水频率:路基、桥梁和涵洞的设计洪水位频率为1/100 设计车辆荷载:汽车—超20级,挂车—120

(二)前期决策情况

钦防高速公路项目建设的前期决策包含项目立项建议书、项目可行性研究报告和项目设计阶段。

项目立项:1998年9月交通部批准立项;1994年5月交通部批复可行性研究报告;1995年年底交通部批复初步设计;1994年9月26日交通部批复开工报告。

项目管理组织机构设置情况:按照国家公路建设管理规定,为加强工程建设现场管理,并实行项目业主与工程监理分离的原则,经广西壮族自治区交通厅批准,本项目分别成立了工程建设办公室及总监理工程师办公室,钦州至防城高速公路工程建设指挥办公室为项目业主。

(三)参建单位主要情况

(1)建设单位:广西壮族自治区交通厅。

(2)设计单位:广西壮族自治区交通规划勘察设计研究院、湖南省交通规划勘察设计院、交通部重庆公路科学研究所。

(3)施工单位:全线参建单位95家,其中土建路基及大桥主要合同段41个,路面9个,交通工程17个,房建11个,通信管道17个。

(4)监理单位:全线设5个驻地监理组,后其另增设房建、交通安全设施、通信监控3个专业监理组。

(5)质量监督单位:由广西壮族自治区交通工程质量安全监督站代表政府主管部门对本项目进行监督。

二、建设情况

(一)项目准备阶段

1.立项审批

本项目工程建设严格依据国家法律法规和标准、规范、规程执行,严格执行国家的基本建设程序,从工程的立项、可行性研究、初步设计、施工图设计以及开工前的其他各项有关工作,均遵照国家基本建设程序及公路工程建设市场管理的有关规定,严格按要求分步骤逐一报批,循序进行,国家基本建设程序(表8-2-2)审批手续齐全、完善。

钦防路基本建设程序执行情况一览表　　表8-2-2

序号	建设程序	批准单位	批复日期	文件编号	文 件 题 名	备注
1	项目立项	交通部	1988	交计字〔1988〕096号	关于钦州至防城港高速公路建设工程项目建议书的请示	
2			1988.09	桂计规字〔1988〕534号	关于钦州至防城港高速公路建设工程项目建议书的批复	
3	可行性研究报告	自治区交通厅	1993	交计划字〔1993〕243号	关于钦州至防城港高速公路可行性研究报告的请示	
4	可行性研究报告的批复		1994.05	桂计能字〔1994〕869号	关于钦州至防城港高速公路可行性研究报告的批复	
5	初步设计的请示		1995.12	交总办〔1995〕568号	关于报请审批钦州至防城港高速公路初步设计的请示	
6	初步设计的批复		1995	桂计能字〔1995〕768号	关于钦州至防城港高速公路初步设计的批复	
7	开工批复	自治区交通厅	1994.09.26	交总办〔1994〕38号	关于钦州至防城港高速公路工程开工的批复	

2. 资金筹措

项目批复的初步设计总概算为22.82亿元,资金通过自筹、申请上级部门补助和贷款等多渠道解决。

3. 招投标情况

项目建设严格执行《中华人民共和国公路法》《中华人民共和国招投标法》《中华人民共和国合同法》以及交通部《公路建设市场管理办法》和《公路建设四项制度实施办法》等各项法律、法规,通过公开招标择优选定各设计单位、监理咨询单位、施工单位及大宗材料采购供应商。在各次招投标活动中,业主的资格预审文件、招标文件均获得广西壮族自治区交通厅的备案,招标各方行为守法规范,均能做到"公开、公平、公正、诚信"原则,广西壮族自治区交通厅对招标全过程进行监督,开标时由南宁市公证处进行公证,专家评标推荐,最后由业主定标并经公示,招投标行为合法合规。

4. 征地拆迁情况

项目在建设实施中,严格执行"十分珍惜、合理利用土地和切实保护耕地"的基本国策,使用土地严格执行国家的法律、法规,各项手续齐全。本项目通过统一征地拆迁工作程序、实行征地拆迁补偿资金分账户管理、先结算后支付、补偿资金支付"实名制"、补偿资金银行—银行—存折模式运行并定期回访检查等整套办法,尽可能避免和制止挪用、截留、贪污等违法犯罪现象的发生,保障建设资金安全,保护农户的合法权益。全路征地拆迁安置起止时间为:1994年10月~1997年10月,全线共征地18878.986亩,线路占用13300.232亩,临时用地2906.424亩,零星用地2672.33亩(含石场、服务区等),在征用土地中,水田5597.062亩、旱地2441.036亩,其他土地10840.888亩,拆迁房屋131258.185m^2,征地拆迁补偿费用75500623.89元。

5. 标段划分情况(表8-2-3)

标段划分情况表 表8-2-3

标 段 号	里 程 桩 号	工 程 内 容 及 长 度	施 工 单 位
No.1-1标	K64+997~K65+568	主线0.57km路基工程与那布大桥	广西路桥总公司一处
No.1标	K64+997.83~K68+800	主线3.232km路基与那布立交匝道4.35km路基工程	广西路桥总公司一处
No.2-1标	K68+800~K71+825	主线3.025km路基工程	岳阳路桥基建总公司
No.2-2标	K71+825~K74+800	主线2.975km路基工程	湛江水利机电工程总公司
No.3标	K74+800~K80+360	主线5.56km与大寺立交匝道2.861km路基工程	广西路桥总公司三处
No.4标	K80+524.52~K87+250	主线6.725km路基工程	武警交通第一总处

第八章 高速公路项目建设

续上表

标段号	里程桩号	工程内容及长度	施工单位
No.5 标	K87+250～K95+000	主线 7.75km 路基工程	铁五局机筑处
No.6 标	K95+000～K100+120.13	主线 5.12km 卜家立交匝道 4.471km 路基工程	广西区机械施工公司
No.7 标	K100+120～K106+325	主线 6.0131km 与丝茅坪立交匝道 3.42km、黄屋屯至丝茅坪二级公路 5.26216 路基工程	广西路桥总公司机械施工处
No.7-1 标	K105+200～K106+325	主线 1.12km 路基工程	广西路桥总公司机械施工处
No.8-1 标	K12+860～K15+272	主线 2.41km 路基工程	钦州市公路局机械施工处
No.8-2 标	K15+270～K17+932	主线 2.662km 路基工程	中国第十一冶金建设公司
No.8-3 标	K18+156.11～K21+400	主线 3.244km 路基工程	柳州公路局机械施工处
No.8-4 标	K21+400～K24+400	主线 3.0km 路基工程	广东公路工程总公司茂名一公司
No.8-5 标	K24+400～K27+280	主线 2.88km 路基工程	河池地区公路局机械施工处
No.9 标	K27+280～K34+590	主线 7.31km 路基工程	广西路桥总公司机械施工处
No.10 标	K34+590～K42+200、冲仑立交	主线 7.61km 与冲仑立交匝道 2.849km 路基工程	铁二局二处
No.11 标	大寺中桥、大寺大桥	路基工程	兰州市政北海分公司
No.12 标	K100+120.13～K100+311.66	黄屋屯大桥长 191.53m	广西路桥总公司二处
No.13 标	K17+932～K18+156.11	西江大桥长 224.11m	广西航务工程处
No.14 标	K29+513～K29+662 冲仑大桥、K29+343～K29+409 冲仑二桥	大桥 188m，中桥 90m，K18～K42 段内中小桥上构预制安装	广西路桥总公司四处
No.15 标	玉罗岭 1 号、2 号、3 号桥，尖山大桥	路基工程	广西路桥总公司一处
No.16-1 标	K42+200～K46+182.27、K48+663.09～K50+570	主线 5.889km 路基工程	广西路桥总公司机械施工处
No.16-2 标	K46+182.275～K48+296.91、玉罗岭匝道	主线 2.114km 与玉罗岭匝道 3.582km 路基工程	广西航务工程处
No.16-3 标	K50+320～K56+239	涵洞、混凝土路面等	广西路桥总公司路面施工处
No.16-4 标	K50、K51	土石方	广西路桥总公司机械施工处
No.16-5 标	防城港立交桥	防城港立交桥 307.571m/3 座，引道 2.488km	广西路桥总公司一处
No.17 标	K50+570～K56+329	百米大道 5.669km，路基填方与防洪堤工程	交通运输部四航局三公司
No.18 标	K106+325～K106+435 南涧江大桥	南涧江大桥 110.26m	广西路桥总公司四处
No.19 标	K107+246～K107+416 大缆江桥东段	K107+246～K107+416 大缆江桥东段长 170.52m/2	兰州市政北海分公司
No.19-1 标	K107+246～K107+417 大缆江桥西段	K107+246～K107+417 大缆江桥西段长 170.52m/2	广西路桥总公司二处

续上表

标段号	里程桩号	工程内容及长度	施工单位
No.20标	K107+416~K107+905 路基工程及鲤鱼江中桥	K107+416~K107+905 路基工程及鲤鱼江中桥长90.06m	兰州市政北海分公司
No.21标	K111+907~K112+033 钦江大桥	钦江大桥长288.06m及东端引道0.493路基工程	广西路桥总公司三处
No.22标	K116+882~K116+033 茶山江大桥	茶山江大桥长150.16m及引道0.232路基工程	广西路桥总公司三处
No.22-1标	K108+697~K118+907 石门江中等11座小桥	等11座小桥上构预制安装	广西路桥总公司三处
No.23标	K106+435~K118+975 通道涵洞,中小桥	K106+435~K118+975 通道涵洞,中小桥下构	梧州公路局机械施工处
No.24标	K118+666~K118+748中桥、K118+892~K118+921小桥	中桥78.62m,小桥2座	中国建筑第五工程局第五工程公司
No.25标	K106+435~K107+216、K107+905~K109+000	主线1.851km路基工程	广西路桥总公司机械施工处
No.26标	K109+000~K111+917	主线2.917km路基工程	湛江水利机电工程公司
No.27标	K112+700~K115+500	主线2.8km路基工程	中国四冶机械施工公司
No.28标	K115+500~K116+660、K117+033~K118+975、磨刀水立交	主线3.102km与磨刀水立交匝道路基工程	铁五局机筑处
No.29标	K65+140~K75+300	主线10.3km、匝道4.35km、混凝土路面27.96万m²	广西路桥总公司一处
No.30标	K75+300~K87+250	主线11.95km匝道2.861km、混凝土路面29.93万m²	交通部二航局四公司
No.31标	K87+250~K98+500	主线10.3km、混凝土路面27.33m²	交通部二航局四公司
No.32标	K98+500~K106+324	主线7.824km、匝道7.891km、混凝土路面18.64万m²	广西路桥总公司机械施工处
No.32-1标	K106+324~K109+000	主线2.676km、混凝土路面5.6697万m²	广西路桥总公司机械施工处
No.33标	K12+860~K28+556	主线15.756km、混凝土路面25.534万m²	钦州市公路局机械施工处
No.34标	K28+556~K31+515	主线13.64km、匝道2.84km、混凝土路面24.09万m²	钦州市公路局机械施工处
No.35标	K42+200~K50+330	主线7.44km、匝道3.582km、混凝土路面15.54万m²	广西路桥总公司四处
No.36标	K109+000~K119+258	主线9.03km、匝道3.942km、混凝土路面24.98万m²	南宁公路局
标志No.1	K65+000~K119+310	门架标志	福州京鹏交通工程有限公司

第八章
高速公路项目建设

续上表

标段号	里程桩号	工程内容及长度	施工单位
标志 No.2	K65+000 ~ K119+310	其他标志	福州京鹏交通工程有限公司
标志 No.3	K12+860 ~ K56+239	其他标志	四川京川交通工程公司
标志 No.1-1	K12+860 ~ K56+239	其他标志	广州现代交通工程公司
标线 No.1	K75+000 ~ K98+500	主线及大寺立交标线	北京恒宇交通设施有限公司
标线 No.1-1	K64+997 ~ K75+000	主线及南间立交陶瓷标线	广州天宝技术经济发展公司
标线 No.2	K98+500 ~ K119+310	主线及丝茅坪磨刀水立交标线	北京华纬交通工程公司
标线 No.3	K12+860 ~ K56+239	主线及玉罗岭、冲仑立交标线	广州金山发展有限公司
标线 No.4	K35+600 ~ K56+239	主线及玉罗岭立交标线	深圳蛇口新路交通工程公司
护栏 No.1	K66+200 ~ K83+000	主线及大寺立交钢护栏工程	徐州安达交通设施公司
护栏 No.2	K83+000 ~ K101+000	主线及卜家立交钢护栏工程	江阴市护栏板有限公司
护栏 No.3	K101+000 ~ K119+310	主线及丝茅坪、磨刀水立交钢护栏工程	徐州安达交通设施公司
护栏 No.4	K12+860 ~ K35+000	主线及冲仑立交钢护栏工程	广西河池公路机械厂
护栏 No.5	K35+000 ~ K56+239	主线及玉罗岭立交钢护栏工程	广西路桥总公司机械施工处
护栏 No.1-1	K64+997 ~ K66+200	主线及那布立交钢护栏工程	江阴市护栏板有限公司
镀塑隔离网	全线	镀塑隔离网安装	广西柳州钢丝制品厂
钢板网防撞网	全线	钢板网隔离工程	广东省交通发展公司
轮廓标和反光路钮	全线	混凝土护栏轮廓标和反光路钮产品供应和安装	深圳蛇口新路交通工程公司
机电工程	全线	公路通信及监控系统	成都曙光公司
办住 A-1	钦北管理所办公楼、食堂、公寓、庭院道路等		合浦建安公司
办住 A-2	钦北管理所1号、2号宿舍、收费站、宿舍区、庭院道路等		中建五局一公司
A-3	南间收费站、值班室		钦州三建
C-1	防城管理所住宅、公寓、食堂		钦州市公路建筑公司
C-2	防城管理所办公楼、收费站、水塔		中国四冶
C-3	防城港收费站		钦州市公路局
办住 D-1	钦南管理所办公楼、收费站		南宁公路局
办住 D-2	钦南管理所公寓、食堂		钦州市七建
D-3	丝茅坪收费站、办公楼、食堂、公寓		广西桂乡建司二分公司
B-1	黄屋屯服务区东区加油站、厕所、餐厅等		铁二局二处
B-2	黄屋屯服务区西区加油站、厕所、餐厅等		铁二局二处
第一监理组	K64+997.83 ~ K87+250	22.25km 路基路面	湖南交通科研所
第二监理组	K87+250 ~ K106+324、K12+860 ~ K17+932	24.144km 路基路面	四川监理事务所

续上表

标段号	里程桩号	工程内容及长度	施工单位
第三监理组	K17+932~K42+200路基、K17+932~K42+200路面	路基24.4km,路面39.84km	广西交通科研所和广西林勘院(无资质证书)
第四监理组	K42+200~K56+239	14.039km	广西交通基建局组建(无资质证书)
第五监理组	K106+324~K119+258	12.934km	广西交通基建局组建(无资质证书)

(二)项目实施阶段

严格按合同办事,控制好工程投资:

(1)严格按照合同规定的计量支付程序审批工程款,对可变工程的计量实行监督,计量支付工作认真做到质量合格、数据准确、签证齐全,计量及时。

(2)经常进行投资测算,及时掌握费用控制。

(3)坚持以设计图作为计量的依据。

(4)处理好工作中的索赔。

重视设计的修改和设计优化,施工过程中主要修改内容如下:

(1)六车道地段原设计为四个车道加两侧水泥混凝土硬路肩,中间带预留8.5m,后期再修建中间两个车道,现改为一次建成六个车道,两侧硬路肩改为沥青混凝土,中间增设防撞栏和中间带,增加投资4080万元。

(2)防城港100m大道段,结合城市开发的需要走沿海跨海方案,将24.5m的四车道改为100m宽的城市道路和高速公路分道行驶的共用道,使桃花湾万亩荒山及滩涂得到开发,并增建玉罗岭、防城港市互通立交。虽然初期投资多用13640万元,但将使防城港市城市布局更合理,极大改善城市投资环境,有利于防城港市的开发。

(3)原设计软土处理地段较少,处理方案不尽合理可靠。现根据规范的要求,采用换填、打芯板桩、铺砂砾、铺工布、铺土工格栅、增设反压护道等多项技术措施。虽然多用投资3118万元,但达到了保证路基稳定安全的目的。

(4)放缓挖方边坡,改装边坡防护。原设计路基挖方边坡较陡,其中近百处边坡开挖后即出现边坡失稳,大量塌方,后即修改设计,修改边坡,共增加开挖土石方312万 m^3,并改圬工坡面防护为植被防护。虽多花投资4286万元,但基本上保证了边坡稳定,也美化了环境。

(5)增设通信管道及收费、监控系统,增加电话亭站,虽增加投资4368万元,但完善了高速公路设施。

(6)原设计涵洞、通道、中小桥桥台为砌片石结构,其质量难以保证,后改为片石混凝土,桥台改为钢筋网混凝土护面。虽增加投资800万元,但大大提高了结构的安全性能。

三、复杂技术工程

在工程建设的过程中,坚持重点工程、重点部位旁站,按规定频率进行施工单位自检和监理质量抽检,监理组和监理部巡回检查,对现场发现的质量缺陷,及时发出整改通知,监督整改,未经整改并验收合格的不予计量。钦防高速公路项目全线桥梁82座,基本为结构和受力较简单的先简支后连续预应力钢筋混凝土梁桥或现浇连续梁桥,工程建造技术上不存在特别复杂技术和施工难度。

四、科技创新

(一)边坡防护的研究

钦防高速公路挖方大,挖方边坡面大,且超过20m以上的高边坡多,最高边坡高达70m,边坡土质为节理发达、岩体破碎的泥质与粉砂质互生的风化层。原设计边坡过陡,且多采用圬工防护投资大,稳定差。项目邀请了长沙交通学院开展了对边坡稳定的研究,采用放缓边坡、坡面喷草种、铺草、三维网植被、砌石、锚喷混凝土、龙骨砂浆等多种坡面防护方法,以及用分段砌急流槽等排水防冲措施,基本上摸索出一套适合沿海多雨区的防护方法。

(二)水泥混凝土路面工艺的研究

钦防高速公路水泥混凝土路面235.78万m^2,如何保证路面在设计年限内的强度、耐磨性、平整度,除路基稳定排水良好外,还要从路面本身的质量下功夫。要从路面的材料、配合比、施工工艺、接缝处理等各方面着手。项目委托广西交通科研所进行水泥路面的专题研究,并取得以下成果:

(1)对路用水泥研究。优选了各项路用指标良好的蒲庙转窑散装水泥,水泥用量控制在340~360kg范围内。

(2)选用了适合现场施工情况的外加剂,达到了减少水泥、改善工作度和缓凝的目的,消除混凝土泌水现象。

(3)推广三轴整平机、滑模摊铺机铺装路面,组织对施工工艺的研究,掌握了保证路面的强度、厚度、平整度及提高路面抗滑耐磨性的工艺流程。

(4)研究各种养护方法,选用了薄膜覆盖养护的方法。

(5)对各种补缝、填缝、胀缝处理的方法进行对比研究,并制定了适合钦防公路的施工方法和填缝材料。

五、运营管理

(一)服务区设置

钦防高速公路沿线设置有黄屋屯服务区一对服务区及倒水坳服务区单向服务区,除倒水坳服务区只具备加油功能外,其余服务区都具备了停车、加油、修理、餐饮、购物等配套服务功能,黄屋屯服务区还具备住宿功能。

(二)收费站点设置

钦防高速公路沿线设置有大寺、钦州、茅尾海、钦州港、防城、防城港 6 个收费站(表 8-2-4)。

收费站点设置情况表　　　　表 8-2-4

站点名称	车道数(条)	收费方式	站点名称	车道数(条)	收费方式
大寺站	8	联网收费	茅尾海站	19	联网收费
钦州站	7	联网收费	防城站	6	联网收费
钦州港站	7	联网收费	防城港站	18	联网收费

(三)车流量发展状况

从图 8-2-1、表 8-2-5 可以看出,钦防高速公路的交通量从 2003 年至 2016 年翻了 3 倍,年平均增幅 14.64%。

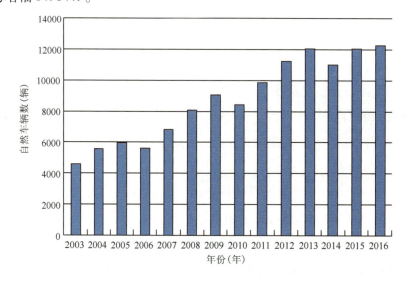

图 8-2-1　钦州—防城港 2003 年至 2016 年日均车流量柱形图

钦州至防城港高速公路日均车流量发展状况表 表8-2-5

年份(年)	日均车流量(辆/日)	增(减)幅(%)	年份(年)	日均车流量(辆/日)	增(减)幅(%)
2003	4577		2010	8427	-6.9
2004	5562	21.5	2011	9860	17
2005	5954	7.1	2012	11227	13.9
2006	5608	-5.8	2013	12039	7.2
2007	6805	18.7	2014	11015	-8.5
2008	8077	12.1	2015	12029	9.2
2009	9048	25.5	2016	12283	2.1

(四)养护模式

钦防高速公路由防城港管理处、钦州管理处共同管养,养护模式为管养分离,通过招投标模式确定中标单位,由中标单位在每个管理处所辖路段安排至少一支施工养护队伍负责日常的养护。

第三节　南宁至南间高速公路

一、项目概况

(一)基本情况

南北高速公路南宁至南间段是国家高速公路网南北纵向线兰州—海口的一段,是交通部规划2000年前建设的三个重要路段中的一段,也是广西公路交通主骨架南北向公路的主要组成部分;是大西南出海通道以及广西公路交通主骨架的重要组成部分,是广西首府南宁接通东西南北高速公路进出的窗口。它的建成对加强广西与云贵川藏的经济发展,实施广西"南北钦防"群体发展战略,沟通首府与三个沿海港口城市的物质交流,促进旅游事业的发展,加强民族之间的团结,振兴广西经济有着重大的作用。

南宁至南间高速公路是向广西壮族自治区成立40周年献礼工程,全长64.491km,起于南宁市东郊三岸杨屋村附近,由北向南经邕宁县良庆、那马、大塘、南晓等乡镇,终于钦州市南间那布村,接钦州至防城港高速公路。工程于1995年12月8日动工建设,1998年12月8日建成,建设工期3年。该路建设标准为平原微丘区六车道高速公路,设计速度120km/h,路基宽度33.5m,行车道宽度2×11.25m,平曲线最小半径650m,最大纵坡3.9%;设计荷载为:汽车—超20级,挂车—120;设计洪水频率:一般的大、中、小桥、涵洞及路基均为1/100,三岸特大桥为1/300。

全线土石方1682万 m^3,排水及防护圬工30.6万 m^3,特大桥352m/1座,大桥384.26m/3座,中桥223m/3座,小桥42.5m/2座,涵洞通道317道,互通式立交3处,分离式立交15处,水泥混凝土路面176万 m^3。设计批准概算172611万元,竣工决算133339万元。

南宁至南间高速公路中央以水泥混凝土防撞护栏分隔,喷涂绿色涂料,分道标线采用反光钮和陶瓷突起标志,路侧采用波形钢护栏,沥青混凝土紧急停车带宽2.9m,沿线每隔2km有一对紧急电话。南宁高速公路管理处设在那马,下设南宁、良庆、那马3个收费管理站,采用封闭型电脑收费,在大塘设有服务区,提供排障、拯救、加油、停车、修理、餐饮等服务。

南北高速公路南宁至南间段穿越南宁市、邕宁县。沿线经过三岸、良庆、新兰、冲敏、那马、太安、大塘、南晓、那布等乡镇。全线大部分路段(三岸—南晓)位于南宁盆地内,南晓—那布位于丘陵洼地。跨过邕江、八尺江、思灵江、莲花江、南晓河等河流。所经过的地形有平丘区及重丘区,沿线所处的地质地层主要以第三、第四、白垩及侏罗系为主,泥盆、石炭系次之。地表覆盖层有黏土、亚黏土及碎石土、浅积土等,其下为灰岩、硅质岩、砂岩、泥岩等。地层层位一般稳定,但也有部分不良地质现象,如软土、滑坡、岩体顺层滑动和软弱岩层与破碎带等。

南北高速公路南宁至南间段处于北纬22°00′~23°20′、东经108°~109°之间,属亚热带海洋性气候。全年阳光充足,雨量充沛,气候温和,夏长冬短。干湿季分明,年平均气温22~23℃,春季连绵细雨,夏季高温多雨,每年七、八月间为台风季节,秋冬两季温和干燥,年降雨量2000mm以上。由于气候适宜植物生长,所以沿线植被茂盛,风景秀丽。

南北高速公路南宁至南间段由广西壮族自治区交通规划勘察设计研究院牵头,会集北京中通公路桥梁工程咨询发展有限公司、交通部重庆公路勘察设计所、广西水文地质工程地质物探队、广西南宁工程地质勘察院、广西有色地质勘查局南宁有色基础工程勘察院及交通部公路科学研究所等单位共同完成全线的勘察与设计工作。

(二)前期决策情况

南宁至南间段是国道主干线重庆至湛江公路的重要路段,是广西主骨架中南北向公路的重要部分,该项目与南间至北海公路及钦州至防城港公路将本区三大出海口岸北海、钦州及防城港与自治区首府南宁紧密相连。它的建成不仅是沿海地区带动本区经济发展的纽带,同时也是西南三省最便捷的出海通道,它将对整个西南地区的对外开放,振兴经济和发展旅游事业产生极大的作用,所以总体设计是相当重要的。设计时着重进行了以下几个方面的论证:

(1)北端在南宁市东郊,应考虑南宁作为公路交通主枢纽的作用。此处是南宁至北海、南宁至柳州、南宁至坛洛、南宁至六寨等四条高等级公路的交汇中心,且应结合南宁市城市总体发展规划而决定。南端必须考虑与钦州至防城港公路接上。

（2）沿线有南宁市及良庆、那马、大塘、南晓等乡镇,这些城镇所在地有火车站及旅游资源,必须方便人员及物资出入高速公路并符合城镇规划。设计时遵循靠而不进、离而不远,方便车辆汇集疏散、快捷的原则,设置必要的互通式立交。

（3）全线均采用平丘区标准设计,路基宽度33.5m。采用标准时考虑以减少工程数量,降低工程造价,尽可能降低填挖高度,又能便于以后公路等级提高等原则,选用适当的技术标准。

（4）由于经过村镇附近拆迁房屋和占用农田不可避免,设计时应遵循尽可能少拆迁房屋和少占用农田的原则。

（5）为了保证路基稳定,尽可能少用高填深挖的设计,个别地段不可避免时应加强地质工作,论证其稳定性,并采取稳定措施。

（6）路面投资所占比例较大,根据广西灰岩多、水泥多的特点,论证水泥混凝土路面与沥青混凝土路面的耐用性和经济性。

（7）论证交通管理、安全、服务设施以及监控、收费、通信系统的布局、规模及分期实施的原则。

（三）参建单位情况

该项目业主为南宁至北海高速公路工程建设总指挥部南宁至南间段办公室,先后采用外聘和自行组建方式成立了5个监理组监理,并接受了广西壮族自治区交通工程质量监督站的监督。

南北高速公路南宁至南间段由广西壮族自治区交通规划勘察设计研究院牵头,会集北京中通公路桥梁工程咨询发展有限公司、交通部重庆公路勘察设计所、广西水文地质工程地质物探队、广西南宁工程地质勘察院、广西有色地质勘查局、南宁有色基础工程勘察院及交通部公路科学研究所等单位共同完成全线的勘察与设计工作。

该项目的建设有广西壮族自治区公路桥梁工程总公司、广西航务工程处、交通部、铁道部、水电部等部门的直属队伍以及广西水电工程局、柳铁工程处等十八支队伍中标。

二、建设情况

（一）项目准备阶段

1993年5月广西壮族自治区交通厅交给广西壮族自治区交通规划勘察设计研究院

编制国道主干线重庆至湛江公路南宁经钦州至北海段预可行性研究报告任务,报告于同年11月编制,并由广西壮族自治区计委和广西壮族自治区交通厅组织专家进行了评审。广西壮族自治区交通厅以〔1994〕666号文向广西壮族自治区计委报送了南宁至钦州(磨刀水)公路项目建议书(南宁至南间高速公路即为其中一段),广西壮族自治区计委以桂计能字〔1995〕44号文批复工程项目建议书,以桂计交字〔1995〕833号批复可行性研究报告,以桂计交字〔1996〕459号文批复初步设计,经广西壮族自治区交通厅《关于南宁至北海高速公路南宁至南间段工程开工的批复》(交总工〔1995〕318号)批准,于1995年12月8日开工,工程项目管理由南宁至北海高速公路工程建设总指挥部南宁至南间段办公室负责,先后采用外聘和自行组建方式成立了5个监理组监理,并接受了广西壮族自治区交通工程质量监督站的监督。

工程以公开竞争招投标方式进行招投标,第一期工程(路基工程)参加报名的施工单位有200多家,经过交通厅领导和筹备小组集体进行严格的资格预审和筛选,选择了48个单位参加了一期工程23个标段的投标。标底由交通厅基建处编制,并由评定标领导小组审定。1995年10月28日上午在南宁市公证处公证下公开开标,经评标委员会及定标领导小组进行评标、定标,参加广西高速公路建设的骨干队伍有广西壮族自治区工路桥梁工程总公司、广西航务工程处、交通部、铁道部、水电部等部门的直属队伍以及广西水电工程局、柳铁工程处等18支队伍中标(详见表8-3-1)。

标段划分情况表　　　　　　　　表8-3-1

合同段号	施工单位	资质	监理单位	施工项目
一、公开招标的合同或合同段 第一期工程:路基工程含路面基层、涵洞、通道、防护、大中小桥上下构				
No.1	铁道部第十二工程局第三工程处	一级	良庆监理组	K0+000~K2+000主线5km路基,6.1m叉道与64m桥
No.2	南宁力展公路工程有限公司	二级	良庆监理组	K2+000~K3+345主线1.345km路基工程
No.3	交通部第二公路工程局第二工程处	一级	良庆监理组	K4+000~K10+000主线5.5km路基,3.158m叉道与32m桥
No.4	交通部第二公路工程局第二工程处	一级	良庆监理组	K10+000~K16+000主线6km路基工程
No.5	四川公路桥梁工程总公司二公司	一级	那马监理组	K16+000~K20+200主线4.2km路基工程
No.6	中国航空港建设第九工程总队	二级	那马监理组	K21+000~K25+094.27主线4.09km路基工程

续上表

合同段号	施工单位	资质	监理单位	施工项目
No.7	广西航务工程处	二级	那马监理组	K25+194.5~K29+350 主线 4.155km 路基工程
No.8	铁道部第二工程局第五工程处	二级	那马监理组	K29+350~K34+000 主线 64.65km 路基工程
No.9	柳州铁道路局工程处	二级	那马监理组	K34+000~K39+000 主线 5km 路基工程
No.10	中国水利水电十三局	二级	大塘监理组	K39+000~K44+860 主线 5.860km 路基工程
No.11	武警交通第一总队第二支队	二级	大塘监理组	K44+860~K50+000 主线 5.14km 路基工程
No.12	广西路桥总公司机械施工处	一级	大塘监理组	K50+000~K53+900 主线 3.9km 路基工程
No.13	广西路桥总公司机械施工处	一级	大塘监理组	K53+900~K59+200 主线 5.3km 路基工程
No.14	攀枝花公路建设公司	一级	大塘监理组	K59+600~K61+850 主线 2.250km 路基工程
No.15	广西水电工程局	二级	大塘监理组	K61+850~K64+997.83 主线 3.148km 路基工程
No.16	湖南娄底地区工程总承包公司桥梁分公司	二级	良庆监理组	下穿南蒲北线分离式立交桥 95.6km 桥梁工程 三屯分离式立交桥 19.5km 桥梁工程 三岸分离式立交桥 20km 桥梁工程
No.17	广西路桥总公司第二工程处	一级	良庆监理组	K3+345~K4+500 主线 1.155km 路基工程与 352m 三岸大桥
No.18	铁道部第十八工程局第五工程处	一级	良庆监理组	上跨南蒲公路分离式立交 30m 桥梁工程 绿联坡分离式立交桥 24m 桥梁工程 团里小桥 21.3m 桥梁工程 那迁分离式立交桥 23m 桥梁工程 那屯小桥 21.2m 桥梁工程
No.19	铁道部第十八工程局第五工程处	一级	那马监理组	那洞中桥 43.06m 桥梁工程 渡槽桥 80m 桥梁工程 平菲分离式立交桥 22m 桥梁工程

续上表

合同段号	施工单位	资质	监理单位	施工项目
No.20	广西路桥总公司第三工程处	二级	那马监理组	K20+200~K21+000 主线 0.8km 路基工程 150.5m 八尺江大桥
No.21	广西航务工程处	二级	那马监理组	正上分离式立交桥 63m 桥梁工程 那马分离式立交桥 37.3m 桥梁工程 宁屋分离式立交桥 24m 桥梁工程 思灵江中桥 112m 桥梁工程
No.22	铁道部第十二工程局第一工程处	二级	大塘监理组	莲花江中桥 68m 桥梁工程 跨铁路立交桥 66.27m 桥梁工程
No.22				大塘立交桥 34m 桥梁工程 那坎分离式立交桥 20.24m 桥梁工程
No.23	铁道部第十二工程局第一工程处	二级	大塘监理组	南晓分离式立交桥 151.72m 桥梁工程 K58+200~K59+600（含南晓大桥）
第二期工程:混凝土路面				
No.A	广西路桥总公司路面施工处	一级	良庆监理组	K0+000~K3+828 段混凝土路面工程
No.B	交通运输部二航局第四公司	二级	良庆监理组	K4+180~K16+000 段混凝土路面工程
No.C	广西路桥总公司机械施工处	一级	那马监理组	K16+000~K25+094.27 段混凝土路面工程
No.D	广西路桥总公司第四工程处	一级	那马监理组	K29+350~K39+000 段混凝土路面工程
No.E	武警交通第一总队第二支队	二级	大塘监理组	K39+000~K50+000 段混凝土路面工程
No.F	广西路桥总公司第一工程处	一级	大塘监理组	K50+000~K64+997.3 段混凝土路面工程
D-1	广西航务工程处	二级	那马监理组	K25+194.54~K29+350 段混凝土路面工程

二、由区交通基建局及南宁至南间段办公室邀请招标的合同
第一期工程:路基工程含大中小桥上下构

29	广西路桥总公司第二工程处	一级	那马监理组	那马预制场

第八章
高速公路项目建设

续上表

合同段号	施工单位	资质	监理单位	施工项目
35	湖南娄底地区工程总承包公司桥梁分公司	二级	那马监理组	K19+840 增建桥梁工程
35-1	湖南娄底地区工程总承包公司桥梁分公司	二级	良庆监理组	K14+570 人行天桥
35-2	湖南娄底地区工程总承包公司桥梁分公司	二级	良庆监理组	K1+466 渡槽桥
第二期工程:硬路肩				
H-1	广西路桥总公司机械施工处	一级	那马监理组	K11+000~K39+000 硬路肩沥青碎石面层工程
H-2	南宁公路管理局机械施工处	二级	良庆、大塘监理组	K0+000~K11+000 K39+000~K64+997.8 硬路肩沥青碎石面层工程
交通工程(含防撞墙、通信管道、钢护栏、标志、路标、紧急电话等)				
G	广西路桥总公司机械施工处	一级	交通监理组	K2+000~K64+997.3 中间防撞墙施工工程
G-1	工程阳朔县三建公司	三级	交通监理组	中央防撞墙装修工程
G-2	柳州公路局机械施工处	二级	交通监理组	中央防撞墙装修工程
G-3	南宁金鹰化工涂有限公司		交通监理组	中央防撞墙装修工程(爱普司材料)
G-5	广西路桥总公司第二工程处	一级	交通监理组	中央防撞墙装修工程
G-6	广西市政工程有限责任公司	二级	交通监理组	中央防撞墙装修工程
K-1	防城港市防城区交通战备机械队		交通监理组	K0+000~K16+000 通信管道埋设工程
K-2	北海市公路局	二级	交通监理组	K16+000~K39+000 通信管道埋设工程
K-3	防城港市防城区交通战备机械队		交通监理组	K39+000~K64+997.3 通信管道埋设工程
M-1	广西河池公路机械厂	二级	交通监理组	K0+000~K16+000 波形梁钢护栏工程

续上表

合同段号	施工单位	资质	监理单位	施工项目
M-2A	广西路桥总公司机械施工处	一级	交通监理组	K16+000~K39+000波形梁钢护栏工程（施工）
M-2B	江苏省张家港市交通工程设施厂		交通监理组	K16+000~K39+000波形梁钢护栏工程（材料）
M-3	徐州安达交通设施有限公司	一级	交通监理组	K39+000~K64+997.3波形梁钢护栏工程
N-1	成都大通公司		交通监理组	K0+000~K20+000段交通标志中标志牌工程
N-2	福州京鹏交通工程有限公司		交通监理组	K20+000~K64+997.3段交通标志中标志牌工程
N-3	广西南宁造船厂	三级	交通监理组	K0+000~K64+997.3交通标志中埋置式轮廓标工程
N-4	成都大通公司		交通监理组	K0+000~K64+997.3交通标志中附着式轮廓标工程
P-1	广州市天宝技术经济发展公司		交通监理组	K16+000~K39+000段突起路标工程
P-2	深圳蛇口新路交通工程公司		交通监理组	K39+000~K64+997.3段突起路标工程
P-3	中国路桥（集团）总公司进出口部		交通监理组	K0+000~K16+000段突起路标工程
P-4	广西化工研究院		交通监理组	K0+000~K64+997.3段混凝土路面异形标线工程
R	电子工业部第五十四所		交通监理组	紧急电话系统工程
S	成都曙光光纤网络公司	一级	交通监理组	收费系统工程
T	成都曙光光纤网络公司	一级	交通监理组	通信系统工程
32	湖南娄底地区工程总承包公司桥梁分公司	二级	交通监理组	K0+000~K16+000刺铁丝隔离栅立柱预制及安装工程
33	柳州公路局机械施工处	二级	交通监理组	K16+000~K39+000刺铁丝隔离栅立柱预制及安装工程
34	南宁力展公路工程有限公司	二级	交通监理组	K39+000~K64+997.3刺铁丝隔离栅立柱预制及安装工程

续上表

合同段号	施工单位	资质	监理单位	施工项目
36	柳州市钢丝制品厂		交通监理组	K0+000~K16+000隔离栅刺铁丝拉丝工程
37	柳州公路局机械施工处	二级	交通监理组	K16+000~K39+000隔离栅刺铁丝拉丝工程
38	深圳太原特钢有限公司	一级	交通监理组	K39+000~K64+997.3隔离栅刺铁丝拉丝工程
绿化工程				
30	南宁思科达草业有限公司		监理处	喷种草皮
31	深圳市新华丰草业公司		监理处	喷种草皮
39	广西植物研究所	二级	监理处	那马互通式立交绿化工程
40	广西林业设计院	二级	监理处	良庆互通式立交绿化工程
41-1	南宁市园林建设工程公司	二级	监理处	三岸互通式立交南宁至北海三角区绿化工程
41-2	广西林业设计院	二级	监理处	三岸互通式立交南宁至潭洛三角区绿化工程
41-3	北海华兴花木公司	三级	监理处	三岸互通式立交柳州至北海三角区绿化工程
41-4	广西植物研究所	二级	监理处	三岸互通式立交南宁至潭洛三角区绿化工程
42-1	广西植物研究所	二级	监理处	中间隔离带南宁至柳州段绿化工程
42-2	北海华兴花木公司	三级	监理处	中间隔离带潭洛至北海段绿化工程
43-1	广西植物研究所	二级	监理处	刺铁丝网隔离栅K0+000~K16+000绿化工程
43-2	广西林业设计院	二级	监理处	刺铁丝网隔离栅K16+000~K39+000绿化工程
43-3	北海华兴花木公司	三级	监理处	刺铁丝网隔离栅K39+000~K64+997.3段
44-1	北海华兴花木公司	三级	监理处	三岸互通立交南宁至柳州高速公路北海方向半边喷淋工程
44-2	南宁市美景园林物资有限责任公司		监理处	三岸互通立交南宁至柳州高速公路潭洛方向半边喷淋工程
房建工程				
乙-1	中国四冶机械化施工工程公司广西分公司	一级	南宁管理处邕宁管理所办公楼	房建组

续上表

合同段号	施工单位	资质	监理单位	施工项目
乙-2	广西银桥建筑工程有限公司	三级	南宁管理处邕宁管理所公寓楼	房建组
乙-3	玉林地区大地建设发展公司	二级	南宁管理处邕宁管理所食堂	房建组
乙-4	玉林地区大地建设发展公司	二级	南宁管理处邕宁管理所国库	房建组
乙-6	邕宁县电业工贸公司		那马管理区配电房工程（设备线路、电杆安装）	房建组
丙-1	广西一建机安分公司	一级	那马、良庆收费大棚下构工程	房建组
丙-2	徐州飞虹网架集团南宁分公司		那马、良庆收费大棚柱顶网架屋盖工程	房建组
丙-3	广西南宁造船厂	三级	那马收费亭、防撞护栏工程	房建组
丙-4	广西南宁造船厂	三级	良庆三岸收费亭、防撞护栏工程	房建组
丁-1	南宁市邕宁县大塘天湖水厂		大塘服务区供水工程	房建组
丁-2	邕宁县水利电力局大塘灌区供电所		大塘服务区供电工程	房建组
丁-3	广西一建南宁兴光建安公司	一级	大塘服务区厕所、配电房	房建组
丁-4	北海市建筑工程有限公司驻南宁施工处	二级	大塘服务区东区食堂和修理车间	房建组
丁-5	广西银桥建筑工程有限公司	三级	大塘服务区西区食堂和修理车间	房建组
丁-6	中国四冶机械化施工工程公司广西分公司	一级	大塘服务区东西两侧加油站	房建组
丁-8	广西送变电建设公司	一级	大塘服务区配电工程	房建组
戊-1	广西南宁送变电实业总公司	一级	良庆收费站配电工程	房建组
己-1	广西一建南宁兴光建安公司	一级	三岸收费站房工程	房建组
己-2	广西送变电实业总公司	一级	三岸收费站房配电工程	房建组

第八章
高速公路项目建设

续上表

合同段号	施工单位	资质	监理单位	施工项目
三、由南宁至南间段办公室单价承包或指令分包的合同				
第一期工程:路基工程含路面基层、涵洞、通道、防护、大中小桥上下构				
1-1	中国四冶机械化施工工程公司广西分公司	一级	三岸匝道内填土	良庆监理组
3-1	铁道部第十二工程局第三工程处	一级	分包 K4+500~K6+000 路基工程	良庆监理组
3-2	交通运输部第二公路工程局第二工程处	一级	良庆互通式立交工程	良庆监理组
4-1	铁道部第十二工程局第三工程处	一级	分包 K14+000~K16+000 路基工程	良庆监理组
4-2	黑龙江路桥总公司北海分公司	一级	分包 K14+000~K16+000 路基工程	良庆监理组
5-1	钦州市第八建筑公司	三级	N0.5 合同段增加的线外及排水工程	那马监理组
6-1	广西航务工程处	二级	那马互通式立交叉道 4.430km	那马监理组
9-1	南宁公路管理局	二级	分包 K37+600~K39+000 路基工程	那马监理组
20-1	广西路桥总公司第三工程处	一级	K20+200~K21+000 路基工程八尺江大桥 150.50m 上构	那马监理组
28	广西航务工程处	二级	那马场地平整	那马监理组
第二期工程:混凝土路面填缝				
L	湖南长沙新型交通器材材料厂		全线混凝土路面纵、横向缝填封	各监理组
交通工程(含标志,紧急电话等)				
N-5	徐州飞虹网架集团南宁分公司		K58+700~K58+940 南晓隔音墙板工程	交通监理组
N-6	广西南宁造船厂	三级	三岸立交图形标志工程	交通监理组
R-1	柳州公路局机械施工处	二级	K22+800~K64+997.3 紧急电话基础安全护栏工程	交通监理组
R-2	衡阳电缆厂		通信线路购销铠装光缆工程(材料采购)	交通监理组
29-1	广西路桥总公司第二工程处	一级	那马立交桥台装修釉面砖及涂料装修(除桥台)	那马监理组

续上表

合同段号	施工单位	资质	监理单位	施工项目
29-2	南宁金鹰化工涂料有限公司		立交桥装修涂料工程	遗留工程组
绿化工程				
27	广西林业设计院	二级	K22+000~K64+997.3段挡土墙绿化工程	监理处
房建工程				
乙-5	钦州市第八建筑公司	三级	那马管理区配电房工程	房建监理组
乙-7	钦州市第八建筑公司	三级	那马管理区场地平整工程	房建监理组
丁-7	柳州公路局机械施工处	二级	大塘服务区平整场地工程	房建监理组
戊-2	北海市建筑工程公司驻南宁施工处	二级	良庆收费站配电房、办公楼	房建监理组

项目指挥部认真做好征地拆迁工作,为施工单位提供较好的施工条件和环境,使工程顺利进行。征地拆迁任务相当艰巨,加上建设之初群众对修建高速公路认识不足,对自治区给予公路修建的优惠政策不理解,从而使征地拆迁工作困难重重。项目业主紧紧依靠沿线政府及主管部门走访农户,深入现场,大力宣传修建高速公路的重大意义以及广西壮族自治区关于加快南北高速公路建设的 105 号文件,运用以理服人、以情动人、以行动感人的工作方法,坚持有理、有利、有节地做好群众工作,实事求是、扎扎实实地为拆迁户解决困难,关心他们的疾苦,从而使桂政办〔1995〕105 号文得以贯彻执行,确保工程顺利进行。南宁至南间高速公路建设征用土地 9081.5 亩。

(二)项目实施阶段

在整个建设过程中严格按照 FIDIC 条款进行管理,建立了"政府监督、社会监理、企业自检"的三级质量保证体系,认真按合同文件施工。

三、复杂技术工程

(一)基本情况

三岸邕江大桥是国道主干线重庆至湛江公路南宁至北海段高速公路上的一座独立特大型桥梁,是南宁(三岸)至南间段的重点工程。项目的修建有效缓解了南宁外环过境交通压力和市内交通压力,改善了车辆行驶条件,提高了行车速度,保证了行车安全,对于提高南宁市过境交通能力、充分发挥大西南出海大通道、促进广西及西南地区经济发展起到了重要作用。

桥跨组合为 16m + 270m + 2 × 16m,全长 352m,桥宽 32.8m。其中,主桥采用跨径为 270m 钢管混凝土中承式双肋桁架拱桥,拱轴线为悬链线,拱轴系数 $M = 1.167$,矢跨比 $f/l = 1/5$,拱弦杆采用 $\phi 1020$mm 的 16Mn 钢管。三跨 16m 引桥为空心板结构。主桥为当今国内最大跨径的钢管混凝土中承式拱桥。

南宁岸引桥桥台为重力式 C15 片石混凝土 U 形桥台,主拱座基础为明挖扩大基础。北海岸引桥桥台是以 5 根 $\phi 200$cm 钻孔灌注桩为基础的轻型桥台,主拱座基础为两个独立的 12m × 25m 的就地预制下沉的沉井基础。桥头两端引道长为 791m,包括两道高度 4.5m、跨度 4.0m 的通道和 1 道圆管涵洞,土石方量达 21 万 m^3。三岸邕江大桥跨度大,外形轻巧美观,科技含量高,施工难度大,在施工过程开发和采用了一系列先进的或合理的施工方法。

(二)新技术、新工艺

(1)在初步设计桥位地质勘探时采用了先进的 TEM 法(脉冲瞬变电磁法)物探技术,并结合传统的地质钻机钻探手段,较准确地探明了桥位地质情况。

(2)根据受力情况划分了计算单元,建立了精密的钢管混凝土结构力学模型,使计算模型尽量符合结构的实际受力情况。

(3)吊杆采用了创新的双吊杆系统,吊杆间距采用了当时国内最大的 10m 间距,视觉通透。

(4)解决了弦腹杆节点处由于管壁局部变形对整体结构受力影响问题,消除了结构安全隐患。

(5)首次对钢管混凝土桁式拱桥拱肋主管内混凝土的灌注次序问题进行了系统研究,通过优化灌注次序使各主管内混凝土在恒载作用下均获得一定的压应力储备,受力更均匀合理。

(三)新技术

该桥在施工中采用多种新技术,其中拱肋安装采用缆索吊装千斤顶钢绞线斜拉扣挂多段悬拼合龙技术、钢管内混凝土采用大功率混凝土输送泵由下至上顶压的灌注方法以及采用千斤顶钢绞线斜拉扣索调载拱肋钢管混凝土连续灌注技术。另外,该桥结构表面防腐防护设计选用了热喷涂锌铝金属涂层加封闭涂料及面层涂料非金属涂层的长效重防复合防腐防护系统,有效防护期可达 20 年以上。

三岸邕江大桥(图 8-3-1)是当时国内最大跨径的钢管混凝土中承式拱桥,是最早采用该防腐防护系统的钢管混凝土拱桥之一。该桥设计还获得 2001 年广西优秀工程设计一等奖、2002 年全国优秀工程设计银质奖。

图 8-3-1　三岸邕江大桥俯视图

四、科技创新

（1）上边坡度放缓至 1∶1～1∶1.5 有利于边坡稳定，上边坡面采用喷草及种草防护，局部有砌体的地方建有种植平台，种植爬墙虎（向上攀爬）和蟛蜞菊（向下生长），使工程建设与周围的山林自然相协调，既保护了环境，又增强了工程的美感，形成了线条开阔、美观、协调的绿色大通道。

（2）三岸互通立交是目前广西最大的高速公路互通立交，整个立交占地千亩。该立交设计为苜蓿叶型，苜蓿叶立交 4 个圆形匝道内种植红桑、红背桂、木槿榄等植物组成 4 个彩色凤凰图案，用马尼拉草满铺衬托。主道与匝道形成的 8 个三角地带种植南洋、假槟榔、鱼尾葵等植被。在立交地下设有喷灌系统，负责绿化自动浇灌。通过绿化不仅给三岸立交高速公路和车辆创造了一个更安全、舒适的环境，还为首府进出口道路增添一个优美整洁、雄伟壮阔的新景区。

（3）三岸邕江大桥为中承式钢管桁架拱桥，是目前国内同类桥型跨径最大的，它横跨邕江，雄伟多姿，轻盈美观，与青秀山公园的青山塔、凤凰台遥相辉映。桥全长 352m，主孔跨径 270m，该桥钢管和横梁的吊装以有钢管内混凝土的泵送技术科技含量高，施工难度大。

（4）实行科学管理，推广应用新技术、新工艺，全面提高工程质量。该路段路面混凝土全部应用电脑拌和楼进行选料、配比、拌和、出料，摊铺时采用先进的刚性刻槽技术。路面平整度，在总结桂柳、钦防两条高速公路施工经验的基础上，狠抓质量，全线平整度达到 85％以上，提高了行车的平稳性和舒适性。

（5）对于解决高速公路质量通病，采用土工格栅加固填挖交界处路基填方，增设桥头搭桥过渡段防止桥头跳车，全线桥梁伸缩采用仿毛勒钢质伸缩缝，对胀缝结构进行了改进,并成功尝试施行了土工格栅加筋挡土墙科研项目,其成果具有较高的推广价值;会同科研单位设计和施工完成高8m加筋挡土墙,与同高度重力挡土墙比较,节约工程费有25%以上。全线提出合理化建议共60多项,总计节约工程建设资金2000多万元。

南宁(三岸)至南间(那布)高速公路的建设得到了广西壮族自治区党委和人民政府的高度重视,制定了征地拆迁和保障建设环境的优惠政策,认真执行了基本建设程序,推行了工程招标和质量监理制度,加强了工程质量、进度和投资管理,同时注重环境保护及工程景观,为广西高速公路建设积累了宝贵的经验。

南宁至南间高速公路的建成,对加快国道主干线建设,提高公路整体服务水平,促进沿线地区的经济发展具有十分重要的意义。南宁至南间高速公路的建成,是广西壮族自治区党委、人民政府果断决策和正确指挥,各级政府大力支持和热情帮助,沿线群众积极配合和无私奉献以及全体筑路员工艰苦奋斗、团结拼搏,用心血、汗水取得的,它正以快速、安全、便捷、舒适、经济的优势,为广西工农业建设和旅游事业的发展发挥重要作用。

第四节　柳州至王灵高速公路

一、项目概况

(一)基本情况

柳州至王灵高速公路位于广西壮族自治区中南部,起自柳州市静兰,与桂林至柳州高速公路相接,经新兴、来宾、小平阳,止于宾阳县王灵乡横寨村,与宾阳至南宁高速公路相接,主线全长137.9107km,匝道15.54334km。柳州至王灵高速公路是西南出海大通道桂海高速公路的一段,也是国家"五纵七横"之一衡阳至昆明公路的重要组成部分。这条公路把柳州和南宁两个城市连接起来,大大促进了柳州至南宁沿线经济和文化的发展。

全线采用高速公路平原微丘区标准建设,设计速度120km/h,双向四车道,水泥混凝土路面,路基宽度28m。全线设新兴(一)、新兴(二)、凤凰、来宾、小平阳、王灵6处互通立交,设新兴、来宾、王灵3个服务区。批准概算投资214902万元,批准建设工期3年。

沿线地形为平原微丘区,地形起伏不大,地质出露为灰岩,溶洞、溶槽多,高液限、高含水率土分布较为广泛,加上桂中南地区雨量充沛、雨季长,路基、桥梁施工难度较大。全线共征用土地15512.786亩,临时用地9713.613亩。完成土石方为1449万 m^3,排水防护工程156.408万 m^3,涵洞通道510道17733.58延米,中小桥(含立交)102座4613.76延米,大桥2座210.28延米,特大桥2座1006延米。

工程于1996年年底开工建设,于1998年12月8日向社会开放试运行。

(二)前期决策情况

柳州至王灵高速公路是国道主干线衡阳至昆明公路中一段,国道主干线衡阳至昆明公路途经广西桂林、柳州、南宁、百色至昆明,是1995年4月交通部杭州会议确定的我国要在20世纪末基本贯通的"两纵两横和三个重要路段"的国道主干线公路。

本项目预可行研究报告于1994年完成并通过预评估。1996年5月28日交通部对该项目建议书作了批复(交计发〔1996〕378号),批准该项目立项。接着完成工程可行性研究报告,并经交通部交计发〔1996〕724号文批复,确定了建设规模和技术标准,批准了设计任务书。

(三)参建单位主要情况

项目业主:广西壮族自治区交通厅。该项目由柳州至王灵高速公路建设办公室代自治区交通厅履行业主职责。建设办公室下设行政处、政治处、财务处、协调处4个职能部门,具体办理建设中有关业主的各项事宜。柳州至王灵高速公路还按沿线行政区域设立了5个分指挥部,具体负责征地拆迁和协调事宜。

设计单位:柳州至王灵高速公路的初步设计和施工图设计由广西壮族自治区交通规划勘察设计研究院完成,交通部重庆公路勘察设计所完成了通信管道工程设计,深圳华科交通工程有限公司完成交通安全工程设计。广西交通科研所牵头完成全线通信、收费、监控系统设计。

监理单位:监理机构按二级直线职能式设立,设总监理工程师办公室和高级驻地监理工程师办公室。由总监办负责组织和实施全线的工程监理工作,各驻地办负责工程现场监理业务。总监理工程师由广西壮族自治区交通厅直接任命,总监办由总监理工程师负责组建,内设监理处、合同管理处、经济室、中心实验室和设计室5个职能处室作为总监理工程师的办事机构,负责日常监理业务工作。总监办下设6个土建工程驻地办,1个交通工程驻地办,1个交通机电工程监理组,1个绿化工程监理组。土建工程驻地办(即第一至第六驻地办)的监理单位,由业主通过招标选定。

二、建设情况

(一)项目准备阶段

1. 项目立项审批情况

柳州至王灵高速公路严格执行国家基本建设程序,项目的立项、报建、开工建设等各项手续齐全。

1994年完成了预可行性研究报告并通过评估。

1996年5月28日,交通部以交计发〔1996〕378号文对该路段的建议书作了批复。

1996年11月,交通部下达《关于柳州至王灵公路可行性研究报告的批复》(交计发〔1996〕724号),批复了工可,确定了建设规模和技术标准。

1996年10月中旬,交通部组织专家现场审查初步设计文件。

1996年11月,交通部《关于柳州至王灵公路初步设计的批复》(以交公路发〔1996〕922号),批复了初步设计,批准概算总投资为21.49亿元,核定总工期为3年。

1996年11月,广西壮族自治区交通厅向交通部致《关于报送国道主干线衡阳至昆明公路柳州至王灵高速公路工程项目报建的函》(桂交基建函〔1996〕912号)报建并获批复。

1996年11月中旬,通过自治区审计厅开工前审计。

1996年12月,广西壮族自治区交通厅向交通部上报《关于柳州至王灵高速公路开工的请示》(桂交基建报〔1996〕204号),交通部于1996年12月18日批准开工建设。

1997年3月,广西壮族自治区交通工程质量监督站批复同意柳州至王灵高速公路的质量监督申请。

2. 项目资金筹措情况

柳州至王灵高速公路批复概算为21.49亿元,根据工程决算,累计完成投资17.47亿元,占批复概算投资的81.29%。本项目资金来源构成有交通部补助、税收返还、建行借款、国开行借款、国债转贷(表8-4-1)。

项目资金来源情况表 表8-4-1

资金来源	金额(万元)	资金来源	金额(万元)
一、基建拨款	78024	1. 建行借款	29387
1. 交通部补助	74200	2. 国开行借款	60289
2. 税收返还	3824	3. 国债转贷	10000
二、基建投资借款	99676		

3. 工程招投标情况

监理招标:柳州至王灵高速公路是广西首次实行监理招标的建设项目,土建工程6个高级监理工程师驻地办公室分别由广西壮族自治区交通规划勘察设计院工程监理部、交通部北京育才工程咨询监理总公司西南分公司、江苏华宁交通工程咨询监理公司、北京成明达监理公司(第四、第五驻地办)、湖南交通科研所5个单位中标。后因北京成明达监理公司履约能力差,监理力度不够,质量控制不严,业主按合同规定终止了与其签订的监理服务合同。由于中途撤换驻地办,无法通过招标选择监理队伍,经研究,并经广西壮族自治区交通厅同意,选择武汉土木工程建设监理公司组建第五驻地办,指定广西壮族自治区公路桥梁工程总公司组建第四驻地办。其后根据工程进展的需要又组建了交通工程高级驻地监理工程师办公室(由深圳华科交通工程有限公司承担)、交通机电工程监理组和绿化工程监理组。

施工招标:通过对区内公路建设市场的分析和研究,结合本工程的实际情况,在总结前几条高速公路项目实施经验的基础上,确定了以大型构造物为独立合同段,其间划分中等合同段的原则,路基合同段一般长5~10km,路面合同段一般长10~15km,全线共33个合同段。从工程实施效果来看,合同段划分较合理,控制了合同段工作量,促使承包人集中力量,成建制进入项目,避免了擅自分包,并为加强合同管理,确保工程质量和进度,提供了可靠的保证。

柳州至王灵高速公路项目主线全长137.9107km,其中红水河至王灵段69km路基工程共分10个合同段,经自治区建设厅批复(桂建重字〔1996〕第1号)采用议标方式选择施工队伍。广西壮族自治区交通厅于1996年9月底组织了由广西壮族自治区公路桥梁工程总公司6个处(具有公路施工一级资质)和广西航务工程处(具有公路施工二级资质)共7个单位进行议标。柳州至红水河段68.9107km路基工程共分11个合同段,采取了公开招标方式选择施工单位。路面工程招标投标工作参照路基工程进行,其中来宾至王灵段77km路面工程共分7个合同段,采用议标方式选择施工队伍,广西壮族自治区交通厅于1997年7月底组织了由广西壮族自治区公路桥梁工程总公司6个处和广西航务工程处共7个单位进行议标。柳州至来宾段60.9107km路面工程划分为5个合同段采取公开招标方式选择施工队伍。交通工程施工单位全部采用公开招标方式选择,标段划分情况见表8-4-2。

标段划分情况表　　　　　　　　　　　表8-4-2

标段号	标段所在地	工程内容及长度	施工单位
No.1、No.A	宾阳县王灵乡	5.85km 路基、路面工程	广西航务工程处
No.2、No.B	小平阳	10.701km 路基、路面工程	广西公路桥梁工程总公司第一工程处
No.3、No.4、No.C	小平阳	13.25km 路基、路面工程	广西公路桥梁工程总公司第三工程处
No.5、6、7、8、11、No.D、E、F	来宾	39.703km 路基、37.709km 路面工程	广西公路桥梁工程总公司机械施工处
No.9、No.G、H	来宾	6.1km 路基、19.793km 路面工程	广西公路桥梁工程总公司第四工程处
No.10	来宾	1.03km,含磨东特大桥,桥长308m	广西公路桥梁工程总公司第三工程处
No.12	凤凰	6.92km 路基工程	铁道部第十二工程局第一工程处
No.13	凤凰	9.93km 路基工程	中国建筑第五工程局第五工程公司
No.14	凤凰	4.775km 路基工程	广州公路工程公司
No.I	凤凰	9.1km 路面工程	交通部二航局一公司
No.15	新兴	8.7km	交通部第四航务工程局第三工程公司

续上表

标 段 号	标段所在地	工程内容及长度	施 工 单 位
No.16	新兴	9.967km	交通部一局海南工程处
No.J	柳江	14.993km 路面工程	广西公路桥梁工程总公司路面工程处
No.17、No.K	新兴	6.46km 路基、10.96km 路面工程	交通部二局二处
No.18、No.L	新兴	5.44km 路基、13.827km 路面工程	交通武警二支队
No.19	新兴	4.495km 路基工程	交通部二航局一公司
No.20-1	柳州	0.698km,洛维特大桥,桥长698m	交通部公路二局二处
No.20-2	柳州	0.647km 路基工程	柳州市政工程处
No.21	柳州	3.245km 路基工程	柳铁工程处

4. 征地拆迁工作

柳州至王灵高速公路征地拆迁工作是依据广西壮族自治区人民政府办公厅《关于加快南宁至北海高速公路建设问题的通知》(桂政办〔1995〕105号),由沿线各县、市人民政府按照统一要求和部署具体组织实施的。

本项目使用永久性土地为15512.786亩,其中耕地14446.102亩,林地763.72亩,其他土地302.964亩。征用工程临时用地9713.613亩。全线共拆迁13316.864m^2,搬迁、升高和加固防护的电力线49处,通信线路和地下光缆22处,搬迁坟墓2260座。全线永久用地补偿4106.1835万元,临时租用土地补偿1540.6515万元,补偿青苗费635.6429万元,地面附着物拆迁补偿费894.5347万元,共计7177.0128万元。征地拆迁情况见表8-4-3。

征地拆迁情况统计表　　　　　　表8-4-3

	征地拆迁安置起止时间	征用土地 (亩)	拆迁房屋 (m^2)	支付补偿费用 (元)	备 注
一期	1996.08~1996.11	15512.786	13316.864	71770127.69	

(二)项目实施阶段

1. 项目实施过程中的重大决策、重大事件

在工程建设中,建设办始终根据工程的总体目标及各阶段的施工特点,把握住每一阶段的工作重点。回顾建设历程,可以概括为"两大战役一个突破"。一是1996年第四季度"大战70天,拿下450万立方米土石方"的路基工程施工中,共完成土石方672万立方米,夺取了开工初期的第一个胜利,创造了广西高速公路建设史上一个旱季完成土石方数量的最高速度。二是在1998年交通部和全国加快公路建设会议精神鼓舞下,建设办提出了"发起秋季攻势奋战120天实现柳王路建成通车"的战斗口号,制定了以混凝土路面施工为工作重点,各工序穿插进行的实施方案。用倒计时安排工作计划,定出了各工序的最迟完成时间,提出了每月的生产目标,要求各分指、各驻地办努力做好协调工作,为施工单位排忧解难。同时业主千方百计组织好水泥、砂石材料的供应,采取优惠政策,代垫材料款,鼓励承包人做好备料工作。这一阶段,每天完成混凝土面层数量为设计总量的1%,用近70天的时间,完成200万 m^2 的混凝土路面,并于1998年9月月底全面完成了混凝土路面的铺筑任务。"一个突破"是在1997年,虽然在当年3、4月份遇到雨水多、汛水暴涨早等不利因素,给工程施工带来了很大的难度,但全体建设员工克服了种种困难,抢时间、争速度,这一年,取得了突破性的胜利——基本完成了第一期工程(包括路面底基层),为后续工程的开展打下了坚实的基础。

2. 主要工程变更情况

在施工过程中路线平、纵面、桥涵结构基本无大的变动,但由于采用一些新技术、新工艺和不断加深对高速公路的认识做了一些修改和变更。主要变更情况如下:

(1)磨东大桥由郑皆连院士亲自挂帅组成专家组对磨东大桥有关设计进一步完善,主要变更有:拱脚由对接铰改为钢铰接,拱肋各段接头由直面对接改为顶底板对接,腹板留有缺口和利用两岸小桥台作为拱肋扣索锚固点等,使施工更加安全可靠。

(2)洛维大桥:由于地处岩溶河床,施工中每一个桩位均进行了补钻,再根据补钻的地质情况调整桩基深度;由于开工时间较晚,为避免洪水影响,将11号、12号主墩承台提高2m,承台以下加设裙墙;连续刚构边孔现浇段由16m改为8.82m,增加两段悬浇段,增设临时索,用水箱作平衡重;增设两岸护岸,北岸冲刷严重,护岸坡脚设桩基及混凝土承台;连续刚构主梁端部预留通人孔,便于养护检查。

(3)为连接宜柳高速公路,在新兴互通立交匝道与柳石联线交叉处增设一座互通立交桥,并将收费站从A匝道移至柳石联线K0+800处,新兴管理所相应移位。

(4)应柳州市要求,并经广西壮族自治区交通厅批准,在K221+790处增加一座上跨主线分离式立交桥,桥面宽12.5m。

(5)应来宾市人民政府的要求,经广西壮族自治区交通厅批准在来宾互通立交入口处建设2km来宾连接线,为此将收费站由L2K0+200移至L2K0+735处。

(6)取消K88+800处通道,增设K88+788主线下穿分离式立交桥。

(7)硬路肩面层由沥青混凝土路面改为水泥混凝土路面,宽度由3.75m改为3.5m,土路肩由0.50m改为0.75m,挖方段边沟内缘至硬路肩边缘25cm改为浆砌片石砌满。

(8)全线通道内泥结碎石路面改为水泥混凝土路面。

三、复杂技术工程

洛维大桥位于柳州洛维园艺场,横跨柳江,总长698m,桥面宽度为28m,由交通部公路二局二处施工,工程于1997年1月11日开工,于1998年8月5日完成了全桥合龙,1998年9月28日主体工程全部完成。

洛维大桥的桥孔布置为 $10 \times 30m + 80m + 125m + 80m + 3 \times 30m$，主桥为 $(80 + 125 + 80)m$ 预应力混凝土连续刚构箱梁、引桥为 30m 的预应力先简支安装转换成后连续的混凝土 T 形梁，该桥型在广西属首例。全桥共 77 根 $\phi 2.0m$ 钻孔灌注桩，其中主桥上、下线各 6 根，引桥除 16 号墩 8 根外，其余均为 3 根。

该桥位于喀斯特地貌，裂隙很发育，溶洞、溶沟、溶槽纵横交错，基础施工特别困难，而洛维大桥的桩基由于桩径大(桩径为 2m)、施工深度大(承台底到基桩底达 20~45m)，施工更是难上加难。主桥桩基开钻后，由于地质情况与设计图纸的地质资料相差较大，业主组织队伍重新勘探，并委派设计代表和有卡斯特地貌施工经验的专家及驻地监理，根据反循环钻机钻出来的渣样进行分析判断，现场确定孔底高程。引桥河床面覆盖了 3m 到十几米厚的土层及卵石层，要求全面入岩 1.5m，孔深、水位落差大，地质情况更为复杂，一钻到深洞、裂隙，泥浆瞬间流失，容易造成塌孔。后根据实际情况全部改为冲击成孔，钢护筒跟进的施工方法，避免了泥浆流失造成坍孔的现象。

主桥上部箱梁 0 号块段施工，采用型钢焊接的简易托架施工，1~18 号块段采用挂篮悬浇施工，在悬浇施工过程中，严格按照设计、施工规范的要求，特别是控制预应力施工质量，根据设计计算的理论高程，结合监控的高程，调整悬浇时箱梁的高程，使悬浇的箱梁曲线平滑。合龙段施工按先中跨合龙，后边跨合龙的程序进行。边跨、中跨合龙段施工是预应力施工体系转换的关键，由于箱梁悬浇施工在温度变化、日照、风力等影响下，会产生轴向伸缩，竖向挠曲及水平方向偏移，因此合龙段一般在每日温度最低的稳定区内进行浇注混凝土。

引桥上部结构 156 片预应力 30m T 梁，集中预制、安装就位后，进行现浇缝的施工，达到设计强度后按间隔顺序张拉负弯矩束，使 T 梁由简支转换成连续梁。

洛维大桥桥面混凝土采用钢纤维混凝土，拌和时采取边搅拌边加入的方法，防止结块、成团，采用 1~2cm 规格的碎石，采取低水灰比、低砂率以减少气泡，既满足抗渗性能要求，又增加了耐磨性。施工中将梁面上的预留钢筋与桥面钢筋网片连成一片，达到了桥面混凝土"嵌固理论"要求，由于加入了钢纤维，大大提高了混凝土的抗折强度。

在洛维大桥的建设过程中，各有关单位始终贯彻"百年大计，质量第一"的原则，做到把工程质量放在首位，建立多层次质量管理制度，洛维大桥在交工验收中工程质量评分值为 95.6 分，工程质量等级为优良。

四、科技创新

洛维大桥基桩施工难度很大，在成孔过程中，经过探索、总结，针对不同地层，采取不同的钻头形式，加快了锤头对岩石的破碎速度；采用二级循环排渣系统解决了孔内水位距孔口几米到二十几米的排渣问题；冲击成孔的事故预防、事故应急处理及成孔管理办法的实施,加快了基桩成孔速度,克服了埋锤等困难。

自行设计加工的三角轻型斜拉挂篮,解决了洛维大桥挂篮因工期因素由4套增加到8套的资金困难,且使用效果很好,在同类成品中处于领先地位。

高达27m,上面重下面轻的边跨现浇支架由上线横移到下线,节约工期20多天,减少了安、拆的不安全因素。

洛维大桥(溶沟、溶槽、溶洞)基桩成孔、洛维大桥埋锤处理、洛维大桥三角轻型斜拉挂篮的设计、加工与施工,三项成果在施工技术应用、施工管理方面均达到当时领先水平。

五、运营管理

(一)服务区设置

柳州至王灵高速公路共设置2对服务区:新兴服务区和来宾服务区。

新兴服务区于2008年1月在广西提升中国公民旅游文明素质行动创建活动中荣获"高速公路十佳文明服务区"荣誉。2012年2月荣获广西壮族自治区交通运输厅"最佳服务区"荣誉。2012年12月荣获广西壮族自治区总工会"广西工人先锋号"荣誉。2011年至2014年连续4年获"四星级服务区"荣誉。

来宾服务区于2001年4月获柳州市"青年文明号"荣誉。2004年5月获柳州市"巾帼文明岗"荣誉;2004年11月获广西"青年文明号"荣誉;2007年11月获"三星级服务区"荣誉;2010年8月获"四星级服务区"荣誉;2012年9月获"三星级服务区"荣誉;2013年9月获"三星级服务区"荣誉;2014年10月获"三星级服务区"荣誉。

(二)收费站点设置

该路段共设置3个收费站:新兴收费站、凤凰收费站、来宾收费站。3个收费站共24条车道。具体见表8-4-4。

收费站站点设置情况表　　　　　　表8-4-4

站点名称	车道数(条)	收费方式
新兴站	4进7出	半自动收费方式
凤凰站	1进2出	半自动收费方式
来宾站	3进7出	半自动收费方式

(三)车流量发展状况

该路段日均车流量从1998年的4167辆增至2014年的17608辆,年平均增长率为9.43%。具体见图8-4-1、表8-4-5。

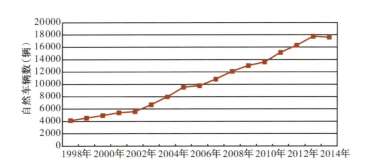

图 8-4-1　车流量发展趋势图

日均车流量增长情况表　　　　　　　　　　　表 8-4-5

年份(年)	日均车流量(辆/d)	同比增长率(%)	年份(年)	日均车流量(辆/d)	同比增长率(%)
1998	4167	—	2007	10858	10.84
1999	4563	9.50	2008	12124	11.66
2000	4974	9.01	2009	13041	7.56
2001	5422	9.10	2010	13620	4.44
2002	5596	3.21	2011	15158	11.29
2003	6715	20.00	2012	16322	7.68
2004	7990	18.99	2013	17769	8.87
2005	9569	19.76	2014	17608	-0.91
2006	9796	2.37			

(四)大修情况

柳州至南宁高速公路1998年建成通车。随着交通流量的迅速增长和超重车辆的影响,水泥混凝土路面出现了严重损坏现象,路面行驶质量逐年下降。2009年,按照《公路技术状况评定标准》计算路面PCI平均值为74.48,断板率DBL(%)平均值达到20.31%,路面破损较为严重。为了更好地服务广西经济发展,延长公路使用寿命,提升高速公路的服务水平,经广西壮族自治区党委、政府同意,决定对全线进行大修加铺改造,由水泥混凝土路面加铺为沥青混凝土路面。

柳州至王灵高速公路于2010年初开工,2011年6月主体工程完工,项目投资估算约17亿元,由广西交通投资集团南宁高速公路运营有限公司作为项目业主进行改扩建。其中,柳州高速公路运营有限公司管辖路段概算投资约8亿元,起讫桩号为K1263+425~K1371+896,里程长108.471km,途经静兰、新兴、凤凰、来宾、小平阳5个收费站及新兴、来宾2个服务区。本次加铺改造89.771km,其余18.7km于2005—2006年间加铺为沥青试验路。设计速度为每小时120km。

工程内容主要：旧路处治（含水泥路面板底灌浆、路面裂缝修补、填缝料更换、排水设施完善、路基病害处治等）、桥梁维修加固处理、沥青混凝土路面施工（包含沥青拌和场临时用地、场地硬化、设备安装与拆除及与沥青混凝土施工相关工作内容）、热熔标线、垫高路缘石、中央分隔带回填土及种植草皮、钢护栏等交安设施改造及施工期间高速公路日常维修养护。

旧路面总厚度为60~64cm，路面结构为：24cm水泥混凝土路面+20cm二灰结碎石基层+16~20cm级配碎石底基层。加铺沥青混凝土路面厚度12~14cm，路面结构为：4cm SMA13+SBS防水黏结层+6cm AC20或8cm AC25+SBS黏层+2cm AC10+SBS黏层。其中，SBS防水黏结层沥青用量1.5kg/m²或2.0kg/m²；SBS黏层沥青用量0.3~0.5kg/m²。

在项目建设过程中，项目业主严格按照广西壮族自治区党委、政府的要求，将建设精品高速公路的理念贯穿到立项、设计和施工管理全过程中。提前做好工程实施前期路况勘察工作（如路段交通量收集分析及预测和路基、路面及桥梁等病害调查与分析），以使后期实施病害处治及路面加铺方案设计能够彻底根除所存病害和满足设计年限内使用要求；重点加强对设计单位勘察设计过程管理，重视设计方案的比选和优化，多次召开项目业主和设计单位的施工设计沟通协调会议，同时邀请广西壮族自治区内外知名专家召开"柳南路路面加铺专家研讨会"，有效地为改扩建工程施工设计、施工技术管理出谋献策。

在施工质量控制方面，主要在如下几点：一是提高主要材料的技术要求，在工程质量保证方面提高沥青材料技术要求（如蜡含量、软化点、延度等）和路面平整度。二是提高路面施工设备规格和档次，要求每一标段采用电脑自动控制的4000型以上拌和设备以及配备2台宽度12m摊铺机；对以上质量要求均在施工招标文件中给予明确，以合同条款方式确保提高质量品质。三是充分运用运营高速公路信息资源和人才优势，建立工程建设动态信息网络监控平台，利用施工现场设置信息监控摄像，加强对主要施工现场、施工工艺和工序、原材料、施工人员、设备等质量管理情况进行全方位、全过程的监督管理。同时，依靠科技创新，利用现代信息监控手段进一步加强施工过程监督力度，对关键施工现场和工序实行实时监控、有效专项管理，确保优质质量目标的实现。

截至目前，柳南高速公路加铺改造后已通车4年。总体上，柳王路沥青路面质量状况良好。2014年第四季度MQI值95.1、PQI值94.1、PCI值98.5，路面等级都为优。从上述加铺结构的使用情况来看，所选择的加铺结构和材料具有较好的使用效果，可以借鉴和参考。主要体现在以下几个方面：一是柳南高速公路改扩建工程在水泥混凝土路面上加铺沥青混凝土路面，是复合式路面的一种类型，设计上符合长寿命路面的理念和要求。二是具有良好的路基稳定性。加铺沥青路面之前，柳南高速公路通车12年，路基经过长时间使用，路基处在良好的稳定状态。三是沥青路面结构设计合理，路面加铺结构层厚度12~14cm比较适中。四是上面层采用SMA-13，有效提高了沥青路面的高温稳定性、低温抗裂性、水稳性、抗渗性、抗滑性、耐久性等性能。五是中面层采用 AC-20、AC-25 或 SAC-20,在沥青混合料配合比上提高抗车辙性能,兼顾低温抗裂性、耐久性、抗渗性等性能要求。六是下面层采用应力吸收层有效地解决了水泥混凝土板反射裂缝问题。七是充分发挥旧水泥混凝土路面的残余寿命。处治后的水泥混凝土路面变为路面基层,为沥青路面提供了很好的承重层和整体性能。八是全程监控旧路面病害处治,严控施工质量,为沥青面层提供稳定的下承层,对整个沥青路面耐久性起到关键作用。

具体如图 8-4-2～图 8-4-4 所示。

图 8-4-2　改造前路面图

图 8-4-3　改造中路面图

图 8-4-4　改造后路面图

第五节　王灵至三岸高速公路

一、项目概况

（一）基本情况

宾阳（王灵）至南宁（三岸）高速公路段（以下简称本项目）是国道主干线衡阳至昆明公路的重要路段，是广西公路主骨架桂林至北海的重要组成部分。宾阳（王灵）至南宁（三岸）高速公路北起宾阳县王灵（起点桩号为K84+000），与柳州至王灵高速公路相接，途经宾阳县古辣、横县六景、邕宁县伶俐和五合，止于南宁市三岸（终点桩号为K0+000），与南宁至北海高速公路相交，中途两次跨过邕江，全长83.967km。

本项目按平原微丘区四车道高速公路设计，设计速度为120km/h，路基宽28m（古辣至六景路段宽26m），全部为水泥混凝土路面。桥涵设计车辆荷载采用汽车—超20级，挂车—120。本项目全立交、全封闭、全部控制出入口，共设五合、伶俐、六景、古辣4处收费站，在南宁、伶俐设服务区。工程于1997年9月28日正式动工修建，计划工期3年，概算投资18.3288亿元。

本项目位于广西南部，属于平原微丘区、按路基宽28m设计，基本上沿邕江布设，海拔高程60~160m，大多为连绵低矮山丘，沿线植被较为发育，局部地形横坡较陡。属于亚热带季风气候，气温高，降雨量多，年平均气温在20~30℃，极端低温−1℃，春季连绵多雨，夏季高温多雨，每年7、8月份为台风季节，秋季温和干燥，夏季以东南风为主，冬季以东北风为主，年平均降雨量1247mm，年平均日照时数1724h。路线所经过的地层主要为第四系、第三系及泥盆系地层，路段岩层无大断裂带通过，地层表层1~10m多由第四系的灰、浅红褐色黏土、亚黏土、砂砾土组成，间歇性分布第三系浅褐色泥岩夹粉砂岩，岩质疏松，风化后残积土一般都带有膨胀性。路线经过泥系，其组成岩性较为复杂，有砂岩、泥岩、硅质岩、石灰岩等。六律特大桥其基岩为石灰岩，局部间带溶洞、裂隙。

（二）前期决策情况

宾阳（王灵）至南宁（三岸）高速公路段是国道主干线衡阳至昆明公路的重要路段，是广西公路主骨架桂林至北海高速公路的重要组成部分。宾南高速公路是广西建设的第五个高速公路项目，是在广西已有高速公路修筑经验基础上建设的，总体目标和要求是：质量要好，速度要快。工程分三个阶段实施：第一阶段施工路基工程、路面底基层、桥梁和互通立交工程；第二阶段施工路面工程（含基层、面层和路肩）；第三阶段施工交通工程。

(三)参建单位主要情况

1. 建设单位

经广西壮族自治区交通厅批准,本项目由宾阳至南宁高速公路建设办公室代广西壮族自治区交通厅履行业主职责,建设办主任由周佩友高级工程师担任。建设办设政治处、协调处、行政处、财务处4个职能部门,具体办理建设中有关业主的各项事宜。按沿线行政区域,成立宾阳县、横县、邕宁县3个分指挥部,负责征地拆迁和协调等工作,如图8-5-1所示。

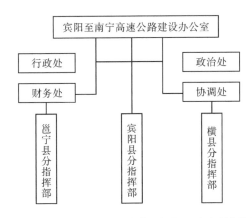

图 8-5-1　宾阳至南宁高速公路建设办公室组织机构框架图

2. 设计单位

K0+000~K44+000段:根据广西壮族自治区交通运输厅《关于下达王灵至三岸高速公路施工图勘测设计任务的通知》(交基建函〔1997〕205号)和《柳州至南宁高速公路宾阳(王灵)至南宁(三岸)段两阶段施工图勘察设计合同书》的精神,宾阳至南宁段高速公路两阶段施工图设计第一段K0+000~K44+000的测设任务,由广西交通规划勘察设计研究院第二公路勘察设计室负责承担。广西交通规划勘察设计研究院第二公路勘察设计室于1997年3月24日开始外业勘测,5月28日完成外业测量,并通过由广西壮族自治区交通厅主持的外业测量验收,7月29日向广西壮族自治区交通厅基建局提供征地、拆迁、地亩图,8月30日提交招标资料,1997年10月3日完成施工图设计。六律大桥施工图设计于同年12月完成。1997年11月根据合同协议,派驻两名设计代表。广西交通规划勘察设计研究院派遣一名副总工程师(高工)和一名工程师完成后期设计服务工作。

K44+000~K84+296.496段:根据广西壮族自治区交通厅《关于下达王灵至三岸高速公路施工图勘测设计任务的通知》(交基建函〔1997〕205号)以及测设总包单位——广西壮族自治区交通规划勘察设计院与交通部第二公路勘察设计院签订的《柳州至南宁高

速公路宾阳(王灵)至南宁(三岸)段两阶段施工图勘察设计分包合同书》,交二院委派其下属的第四勘察设计公司承担第二段(K44+000～K84+296.496)的施工图勘察设计任务。第四勘察设计公司与1997年5月4日进入现场,开始外业资料调查与测量工作,1997年7月5日完成全部外业工作,同时通过广西壮族自治区交通厅主持的外业验收,在验收中,根据广西壮族自治区交通厅及该院总工办对本路段线路验收意见,该院对部分方案进行了修改。同年11月完成全部设计工作,并于1998年1月派出驻地设计代表。

3. 施工单位

第12合同段:本合同段由交通部一级施工企业——交通部武警第一总队二支队承建,本段桩号为K64+200～K69+500,全长5.3km。采用平原微丘区标准,双向四车道,设计速度120m/h,路基宽度26m,平曲线最小弯度半径900m,最大纵坡4.8%,最大挖方高度为70m,位于K66+800～K66+950段右侧,最大填方高度为31.5m,位于K66+255～K66+315段,填方地段均为软土地基。

C合同段:本合同段由广西路桥工程总公司第四工程处承建,本段桩号为K23+000～K34+700,主线长11.7km,匝道长2.14km,工程总造价为3350万元,合同工期10个月。采用平原微丘区四车道高速公路标准,路基宽度28m,路面宽度24m。施工单位见表8-5-1。

宾阳至南宁高速公路施工单位一览表　　　　表8-5-1

序　号	合　同　段	工程内容	施工单位
1	No.1-1	路基,路面底基层、桥涵	广西路桥总公司机械施工处
2	No.1-2	路基,路面底基层、桥涵	广西路桥总公司机械施工处
3	No.2	路基,路面底基层、桥涵	广西路桥总公司第三工程处
4	No.3-1	桥梁	交通部二航局一公司
5	No.3	路基,路面底基层、桥涵	广西路桥总公司第一工程处
6	No.4-1	路基,路面底基层、桥涵	广西路桥总公司第三工程处
7	No.4-2	路基,路面底基层、桥涵	广西路桥总公司路面施工处
8	No.5-1	路基,路面底基层、桥涵	广西路桥总公司机械第四工程处
9	No.5-2	路基,路面底基层、桥涵	广西路桥总公司机械施工处
10	No.6-1	路基,路面底基层、桥涵	广西路桥总公司机械施工处
11	No.6-2	路基,路面底基层、桥涵	广西路桥总公司机械施工处
12	No.7	路基,路面底基层、桥涵	广西路桥总公司第二工程处
13	No.8	路基,路面底基层、桥涵	广西路桥总公司第二工程处
14	No.9	路基,路面底基层、桥涵	广西路桥总公司机械施工处
15	No.10	路基,路面底基层、桥涵	交通部第一工程总公
16	No.11	路基,路面底基层、桥涵	广西建工集团有限责任公司
17	No.12	路基,路面底基层、桥涵	武警交通第一总队
18	No.13-1	路基,路面底基层、桥涵	广西航务工程处

续上表

序　号	合同段	工程内容	施工单位
19	No.13-2	路基,路面底基层、桥涵	广西航务工程处
20	No.13-3	路基,路面底基层、桥涵	广西航务工程处
21	No.13-4	路基,路面底基层、桥涵	广西航务工程处
22	No.A	路面路基、面层、路肩	广西路桥总公司第三工程处
23	No.B	路面路基、面层、路肩	广西路桥总公司路面施工处
24	No.C	路面路基、面层、路肩	广西路桥总公司第四工程处
25	No.D	路面路基、面层、路肩	广西路桥总公司机械施工处
26	No.E	路面路基、面层、路肩	交通部公路二局二处
27	No.F	路面路基、面层、路肩	交通部二航局四公司
28	No.G	路面路基、面层、路肩	广西路桥总公司南宁公路局
29	No.H	路面路基、面层、路肩	广西航务局工程处
30	No.I	标线	南宁市金桥研究所
31	No.J	标线	四川京川公路工程公司
32	No.K	隔离棚	南宁市速公路管理处
33	No.L	隔离棚	鹿寨通宝建材有限公司
34	No.M	钢护栏	广西路桥总公司机械施工处
35	No.N	钢护栏	江苏海维集团有限公司
36	No.O	钢护栏	北京交通运输科技服务公司
37	No.P	钢护栏	广西河池公路机械厂
38	No.Q	中央分隔带分路侧绿化	桂柳高速公路有限责任公司
39	No.R	中央分隔带分路侧绿化	广西林科院
40	No.S	中央分隔带分路侧绿化	广西植物研究所
41	No.T	中央分隔带分路侧绿化	柳州市城市绿化维护管理处
42	No.U	标志	广西弦路交通附属有限公司
43	No.V	标志	广西一建道路设施标牌厂
44	机电1	收费、监控	广西交通研究所
45	机电2	收费、监控	广西交通研究所
46	机电3	收费、监控	成都曙光光纤网路公司
47	机电4	收费、监控	成都曙光光纤网路公司
48	收费棚	收费棚土建	广西建工集团大公司
49	房建	服务区管理区土建	广西高速公路管理局
50	监理1	路基路面桥涵	广西桂通监理公司
51	监理2	交通工程	广西桂通监理公司

4.监理单位

宾阳(王灵)至南宁(三岸)高速公路监理组织是在总结广西多年建设高等级公路的基础上,参照国际通用的 FIDIC 条款,结合宾南高速公路的工程规模、合同工期、现场条件等具体情况组建的,监理机构按二级直线职能式设置,设总监理工程师办公室和高级驻地监理工程师办公室。总监办下设监理处、合同材料处、经济室、中心实验室和设计室 5 个职能处(室),广西桂通监理咨询有限责任公司负责现场监理,并组建了蒲庙、伶俐、六景、古辣 4 个高级驻地监理工程师办公室,随着工程进展的需要,增加房建监理组和交通机电工程监理组,如图 8-5-2 所示。总监办负责组织和实施全线的工程监理工作,各驻地办负责工程现场监理业务。

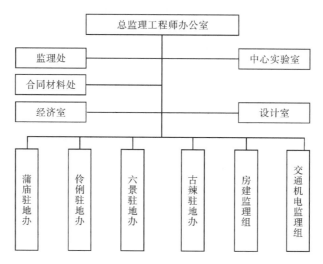

图 8-5-2 宾阳至南宁高速公路监理组织机构框架图

二、建设情况

(一)项目准备阶段

1. 立项审批情况

1996 年 5 月 20 日,交通部以交计发〔1996〕436 号文《关于王灵至三岸公路项目建议书的批复》对项目批准立项。

1997 年 1 月 30 日,交通部以计交发〔1997〕59 号文《关于王灵至三岸公路可行性研究报告的批复》批复了工可,确定了建设规模和技术标准。

1997 年 8 月 15 日,交通部以交公路发〔1997〕468 号文《关于王灵至三岸公路初步设计的批复》批准了初步设计,批准概算总投资 18.3288 亿元人民币,核定总工期为 3 年。

1997 年 9 月中旬,广西壮族自治区审计厅进行了开工前审计,工程项目于 9 月 17 日通过审计。

1997 年 9 月 25 日,广西壮族自治区交通厅以桂交基建报〔1997〕175 号向交通部申请办理开工手续,工程于 1997 年 9 月 28 日正式动工建设,工程名称为柳州至南宁高速公路宾阳至南宁段,后改称为宾阳至南宁高速公路。

1997年9月,建设办向广西交通工程质量监督站申请办理工程质量监督手续,广西壮族自治区交通工程质量监督站批复同意宾南高速公路建设办的质量监督申请(交质监字〔1998〕1号)。

2. 招投标与合同段划分

交通部以公路建字〔1997〕169号文《关于对广西南宁至柳州公路宾阳至南宁段投标施工单位资格预审请示的批复》,同意参加投标的施工单位的资格预审。交通部以公路建字〔1997〕201号文《关于对广西宾阳(王灵)至南宁(三岸)高速公路项目招标文件的批复》,批准招标文件。

广西壮族自治区建设厅以桂建管字〔1997〕58号文《关于同意广西南宁至柳州公路宾阳至南宁段采用议标方式进行施工招标的复函》,同意工程第一阶段的第1、第2、第4~第9和第13合同段共64.578km路段采用议标,经广西壮族自治区交通厅同意,选择了具有相应资格的广西公路桥梁工程总公司6个处和广西区航务工程处共7个单位参加议标。

第3、第10、第11和第12合同段共19.718km的路基工程、路面底基层工程和桥梁工程,经交通厅同意采用邀请招标方式选择施工队伍。遵循公开、公平、公正原则,在7个投标单位中,确定交通部第一公路工程总公司、广西建工集团有限责任公司、武警交通一总队、交通部第二航务工程局和广西公路桥梁总公司5个单位中标,并先后于1998年9月至10月签订第一阶段的施工合同。

第二阶段路面工程的招标投标工作参照第一阶段工程进行,议标路段为A~D和H合同段,经广西壮族自治区交通厅同意,由广西壮族自治区公路桥梁工程总公司、广西航务工程处参加议标;招标路段为E~G合同段,分别由交通部第二公路工程局第二工程处、交通部第二航务工程局第四公司、广西路桥总公司南宁公路局中标。其余于1998年7月至8月与中标单位签订施工合同。

交通工程和绿化工程全部采用招标方式选择施工队伍,其中钢护栏工程分为4个合同段,交通标志标线工程分为4个合同段,绿化工程分为4个合同段。

3. 资金落实情况

项目概算投资18.3288亿元。建设办根据交通厅下达的年度投资计划、调整年度投资计划和工程建设任务安排资金,每个月由财务处根据经济室提供的月度工程结算款使用计划及资金使用情况,编制下月度资金使用计划表,经主管领导审批后报上级核批,保证工程建设资金能按投资计划、建设范围、建设项目有计划的使用。在宾南高速公路整个建设中,建设资金能按工程进度及时、足额到位,完全满足工程建设计量支付的需要,不存在拖欠施工单位工程结算款的情况,为工程建设的顺利进行提供了保障。

4. 征地拆迁情况

1997年8月13日,广西壮族自治区人民政府在南宁召开宾南高速公路建设工作动员会,宾阳县、横县、邕宁县主管领导与广西壮族自治区人民政府主管领导签订工程责任书,负责做好征地拆迁、砂石料场划拨、沿线治安等工作。各县指挥部随即召开征地拆迁动员大会,做群众宣传工作,并组织交通、土地、公安等部门的得力工作人员,会同乡、镇政府组成工作小组,深入农村细致地动员群众,认真贯彻执行广西壮族自治区桂政〔1995〕105号文件及有关征地拆迁政策,并拟定具体执行办法,高效快速地完成土地丈量和房屋拆迁工作。至1997年9月下旬,各分指挥部基本完成征地任务,有力地配合了全线的顺利开工,各分指挥部继续抓紧沿线服务区、管理区、石料厂用地及各种工程临时用地的征用工作,以及房屋拆迁、电力电信线杆的迁移工作,见表8-5-2～表8-5-5。全线共永久征用土地面积9710.1558亩,含临时用地5510.714亩(已退耕),拆迁房屋7876.5m²。

各县分指永久性征用土地一览表(单位:亩)　　　　　　　　　　　表8-5-2

各县名称	设计数量	实际征用面积	其中						主房屋拆迁面积(m²)
			水田	旱地	鱼塘	林地	其他地	荒地	
邕宁县	4359.16	4618.282	732.982	1459.329	150.775	1187.915		1087.28	1259.84
宾阳县	3062.29	3304.50	864.017	976.675	21.262	1399.216	0.626	42.704	98.80
横县	1540.53	1787.3738	477.1148	553.919	28.793	11.265	9.259	707.123	3146.22
合计	8961.98	9710.1558	2074.1138	2989.823	200.83	2598.396	9.885	1837.107	4504.86

各县分指永久性征用土地一览表(单位:亩)　　　　　　　　　　　表8-5-3

各县名称	面积	其中						备注
		水田	旱地	鱼塘	林地	荒地	其他地	
邕宁县	2579.01	205.015	767.813	39.148	964.231	602.803	0	
宾阳县	1576.081	178.692	487.215	32.618	0	874.705	2.851	
横县	1355.623	250.811	505.315	11.152	583.102	2.562	2.021	
合计	5510.714	634.518	1760.343	83.218	1547.693	1480.07	4.872	

各县拆迁建筑物一览表　　　　　　　　　　　表8-5-4

各县名称	泥墙瓦面房(m²)	砖体结构房(m²)	水井(口)	猪栏(m²)	晒场(m²)	砖窑(只)	迁坟(个)	学校(个)	厕所(座)	工棚(m²)
邕宁县	1453.1	2085.94	4	143.73	2077	3	46	1	15	
宾阳县	10.26	919.59	2			3	730			
横县	930.96	2476.779	18	602.14	1401.09	8	849		7	234
合计	2394.32	5482.309	24	745.87	3478.09	14	1625	1	22	234

各标段临时占地计划表(单位:亩)　　　　表 8-5-5

合同段名称	面积	其中						备注
		水田	旱地	鱼塘	林地	其他地	果园（甘蔗）	
No.1	105.460	0.150	105.000					
No.2	48.000		48.000					
No.3	31.800		16.650				15.150	
No.4-1	28.800		4.500				21.300	
No.4-2	150.603	7.200	117.501			18.102	7.800	
No.5	18.750		18.750					包括5-1、5-2
No.6	37.500		37.500					包括6-1、6-2
No.7	22.050		22.050					
No.8	40.500		40.500					
No.9	39.000		39.000					
No.10	41.647		41.647					
No.11	84.832	18.720	66.112					
No.12	114.300		114.300					
No.13	170.100		170.100					
No.A	24.000		24.000					
No.B	77.610		77.610					
No.C	42.000		42.000					
No.D	57.000		57.000					
No.E	43.500		43.500					
No.F	39.750		39.750					
No.G	42.750		42.750					
No.H	61.500		61.500					
合计	1395.753	26.37	1304.03			18.102	18.102	47.25

(二)项目实施阶段

路线总体设计。本着充分利用地形,综合考虑城镇及路网规划,认真分析研究当地自然条件,灵活应用技术标准的原则,正确处理标准与造价关系,不片面追求高标准,在工程量增加不大时,尽可能采用较高的技术标准,力求使路线与自然景观相协调。在详勘过程中,对初步设计进行了进一步优化。在施工中,因铁路部门对跨湘桂铁路桥桥梁净空要求的提高而相应修改了有关设计;第十三标古辣互通范围积水,根据要求提高了道路的设计高程,对跨线桥、匝道桥、路线纵坡进行了变更设计。

路面设计。在施工过程中,由于是分阶段招标,根据部分路基标段反映,由于工期紧,岩石路段路床表现平整非常困难,会影响下道工序的交接,因此,作了相应调整,将岩石路段的路面结构按干燥类型的结构形式予以变更。

桥涵、人工构造物设计。在施工过程中,由于地方群众的要求,原排水系统的延续、地质条件等实际情况,均对构造物的原设计方案进行调整,如增设灌溉渠、渡槽、分离式立交桥。

互通式立体交叉设计。古辣互通在施工初期,施工单位发现该段范围雨季积水较为严重,K75+750～K75+500主线及互通设计高程不能满足防汛要求,于是未继续施工。1998年1月6日,设计代表与施工、监理单位对该段进行了现场水文调查、测量,并取得当地公路部门的有关资料,确定了路基设计高度,并对该段主线纵坡进行了调整,同时将古辣互通进行了重新设计,1998年3月提交了修改设计文件。

三、复杂技术工程

六景郁江大桥是柳州至南宁高速公路宾阳至南宁段上的一座特大桥,桥跨结构为 $8\times16m+220m+7\times16m$,引桥为16m跨简支梁桥,桥宽 $2\times13.5m$,主桥为净跨220m的中承式钢管混凝土桁架双肋拱桥,桥宽25.1m。路基范围内有一座 $4m\times4m$,长44m斜交机耕通道;三条内径分别为1.25m、1.5m、2m的圆管涵。该项目的合同工期为22个月,从1997年12月1日至1999年9月30日,合同总价为42356191.00元。

六景郁江大桥实行项目法施工,并组建"广西路桥总公司第二工程处六景郁江大桥工程项目经理部",实行项目经理责任制。项目经理部下设的职能科室为六部一室。结合施工特点,调入3个施工队和作业队,分别负责大桥主体、主桥钢管桁架的制作安装、引道路基工程。

根据合同要求及施工实际情况,实行目标管理,并制定4个基本目标:①工期目标:在合同工期内完成所有施工内容,竣工交付使用。②质量目标:无重大质量事故,工程施工质量等级优秀,工程合格率100%,分项工程优良品率达90%以上。③安全目标:无主要责任以上的施工安全事故。④成本目标:本项目为议标工程,成本目标为保本微利。

六景郁江大桥施工的关键在于主桥的施工,主桥的施工分为主拱座、主拱肋拼焊、主拱肋吊装及钢管混凝土浇筑4个主要工序。主拱座基础采用明挖开炸的方法进行施工,并在每个拱座基础位置设置一套龙门吊配合施工。主拱肋的拼焊严格遵循《钢结构工程施工及验收规范》(GB 50205—95)、《建筑钢结构焊接规程》(JGJ 81—91)及《公路桥涵施工技术规范》(JTJ 041—89)等技术标准。钢桁架的加工制作分四道主要工序进行,首先是按吊装段长度接长钢管;其次是对照1:1的1/2跨拱肋大样进行加热煨弯主钢管;再次是按吊装段长度进行拼装焊接;最后是进行喷涂防腐。钢桁架采用无支架缆索吊装系统及钢绞线斜拉扣挂方案进行施工。主拱钢桁架的吊装采用斜拉扣挂施工方法,该方法是国内较先进的拱桥无支架缆索吊装的一种施工方法,尤其是在多节段吊装施工中更显示其优越性。

六景郁江大桥施工取得的主要成绩:一是工程各项质量自评均达到优良;二是主拱吊装实现18天全桥合龙,创下广西同类大型桥梁的新纪录;三是钢骨架的拼焊质量及进度与区内同类桥梁相比均有所提高;四是针对钢桁架制作开展的QC小组活动获得1998年广西施工企业QC小组活动成果三等奖;五是优化了钢管混凝土施工组织方案,保证了质量,降低了施工成本。

四、科技创新

宾南路新技术、新设备、新工艺设计和施工应用情况(K0+000~K44+000):①路线导线点采用GPS卫星定位系统;②六景郁江大桥施工难度大,科技含量高,该桥采用了先进的结构体系和体系转换工艺;③采用了H型花锚、BM型扁锚、OVM夹片群锚和螺栓锚具预应力体系;④外业测量采用红外线测距仪,电子测距仪,利用便携式计算机进行极坐标路线测量和放样;⑤横断面测量,自动记录,断面显示;⑥路线设计采用"路线CAD系统"和"互通立交CAD系统",桥梁设计采用"桥梁通用程序""SAP5"等,尚有近期开发绘图程序;⑦路线、路面、桥涵、匝道的设计、计算、绘图均用计算机完成,预算、表格、出版、文件编制也由计算机完成,计算机出图率达98%。

第六节　桂林绕城高速公路

一、项目概况

(一)项目的起终点、中间控制点及工程进度

桂林至柳州高速公路灵川至临桂段位于广西北部,起点为桂柳高速公路僚田互通立交,经庙岭、定江、独田,终于桂林至黄沙河一级公路灵川段以北,全长23.45km,其中桂林庙岭—桂林僚田段7.28km属G65路段;粟家互通—桂林僚田段13.687km属G72路段。全线全立交、部分封闭、部分控制出入,共设庙岭、灵川2处互通立交。全线设单向收费站1处、监控楼1栋。

批准调整后概算34653.6889万元,批准建设工期为2.5年。经交通厅批准,项目于1998年4月26日开工,2000年4月20日主体工程完工,2000年5月1日向社会开放通车。

（二）主要技术指标

主线全长 23.45km，采用平原微丘区四车道高速公路标准。路基宽 24.5m，其中中分带宽 2m，左侧路缘带宽 2×0.5m，行车道宽 2×7.5m，硬路肩宽 2×2.75m，土路肩宽 2×0.5m。水泥混凝土路面厚度 24cm，设计速度 120km/h。

设计荷载：汽车—超 20 级，挂车—120。

设计洪水频率：大中小桥涵洞及路基 1/100。

（三）主要工程量

主线长 23.45km，完成计价土石方 242.056 万 m^3；大桥 117.12m/1 座，中小桥（含立交）819.308m/34 座，涵洞通道 4895.28m/151 道。

（四）沿线自然地理概况

路线走向为西南、东北方向，其余桂柳高速公路僚田互通立交，向东北经华罢村，在庙岭跨 321 国道，设庙岭互通立交，在东北跨潦塘河、金龟河，经塘南及苔塘村北，在定江西侧跨湘桂铁路至终点与桂林至黄沙河高速公路相交，设灵川互通立交。全长 23.45km，处于临桂、灵川两区县境内。

本项目位于桂林市西北侧，符合桂林市的远景规划。路线穿行在河流、山谷及稻谷之间，偶有奇峰拔地而起，自然景色优美。

1. 气候

属亚热带季风气候，温湿多雨，年平均温度 18~20℃。雨季较长，其中 4~7 月降水量占全年的 62%，冬季降水较少，干燥有霜雪。年平均风速 2.3m/s，最大风速 28.3m/s，主导风向东北偏北风。

2. 地形地貌

路线所经过区域地形地貌差异较大，大致可分为 3 种地貌单元：缓坡丘陵地貌、孤峰平原地貌和残丘平原地貌。

3. 地质及地震

路线所经地带主要有第四系、石炭系和泥盆系，以石炭系下统岩关阶底层为主，其他次之。路线范围褶皱构成和新裂构造比较发育，K8~K15 段处于空口向斜的轴部，基本与之平行。而在 K7+600 处于长蛇岭正断层相交；在 K18+400 与灵川大断层相交，该断层为性质不明的断层，近期无明显的活动迹象。该路段范围根据地震烈度区划图（1992年）为小于Ⅵ度区。

4.水文

路线所经区域水网发育,均属桃花江水系。该水系于桂林市区汇入漓江,汇水面积 $300km^2$,路线上游的主河道长24km,百年一遇水位流量 $2104m^3/s$。河流水位受降雨控制,季节变化明显。

(五)项目投资及来源

桂林至柳州高速公路灵川至临桂段概算为31648.7250万元,批准调整后概算为34653.6889万元。

(六)主要参建单位

本工程项目由广西壮族自治区交通工程质量监督站进行监督,原煤炭工业部沈阳设计研究院进行一阶段施工图设计、广西交通规划勘察设计研究院进行修改,广西桂通公路工程监理公司承担现场监理工作。路基路面施工单位见表8-6-1。

路基路面施工单位一览表　　　　　表8-6-1

序号	标段名称	施工单位名称	施工起止桩号
1	No.1	武警交通一总队	K0+000~K6+800
2	No.1-1	桂林市交通局(分包路基桥涵)	K5+300~K6+800
3	No.2	桂林公路局工程处	K6+800~K9+200
4	No.2-2	桂林公路局机械施工处	K9+200~K11+964
5	No.3	二航局一公司	K11+964~K17+400
6	No.3-1	桂林地区交通局(分包路基桥涵)	K11+964~K13+470
7	No.4	梧州公路局	K17+400~K23+450
8	No.4-1	柳铁工程处(分包路基桥涵)	K22+600~K23+200
9		广西路桥公司二处	桥梁上构预制

二、建设情况

(一)项目准备阶段

1.建设依据

(1)项目建议书:广西壮族自治区计委《关于桂林至柳州公路桂林绕城线项目建议书的批复》(桂计交〔1997〕313号)。

(2)可行性研究报告:广西壮族自治区计委《关于桂林至柳州高速公路桂林绕城线可行性研究报告的批复》(桂计交〔1997〕470号)。

(3)初步设计:广西壮族自治区计委《关于桂柳高速公路灵川至临桂段(原桂林绕城

线)初步设计的批复》(桂计交〔1997〕763号)。

(4)报建:1998年2月,建设办公室向广西壮族自治区交通厅上报《公路工程项目报建表》报建并获批复。

(5)开工前审计:1998年4月,通过自治区审计厅开工前审计。

(6)开工:1998年4月26日,广西壮族自治区交通厅批准开工建设。

(7)报监:1998年4月7日,广西区交通工程质量监督站以交质监〔1998〕17号文批复同意桂柳高速公路灵川至临桂段的质量监督申请,并下达监督计划通知。

2.成立项目法人、管理机构及职责

经广西壮族自治区交通厅批准,由桂林至柳州高速公路灵川至临桂建设办公室代广西壮族自治区交通厅履行业主职能,同时设立灵川、临桂2个分指挥部,具体负责征地拆迁及协调事宜。建设办公室下设行政、协调、财务3个职能部门,具体办理建设中有关业主的各项事宜。

3.招标情况

(1)勘察设计招标情况

原煤炭工业部沈阳设计研究院于1996年5月底按部分控制出入平原微丘区一级公路标准完成一阶段施工图设计。桂柳高速公路于1997年5月通车后,随着交通量的快速增长和湖南方向交通需求的日益明显,广西壮族自治区交通厅施工图评审专家认为原设计标准偏低,并要求广西交通规划勘察设计研究院利用沈阳设计研究院的外业勘察资料按平原微丘区高速公路标准进行施工图修改设计。

(2)监理招标情况

按国家有关规定建立了"政府监督、社会监理、企业自检"的工程质量保证体系,参照国际通行的FIDIC条款模式,实行了工程监理制度,设立了二级直线式监理机构,由广西壮族自治区交通厅任命总监理工程师,并由其组建总监办公室,负责项目现场监理的组织实施,总监办下设1个驻地高级监理工程师办公室,具体负责现场监理业务;现场监理工作由广西壮族自治区交通厅选定广西桂通公路工程监理公司承担。其后根据工程进展的需要,总监办成立了交通工程、交通机电工程、房建工程、绿化工程等监理小组,由建设办公室直接聘请专业人员组成,直属总监办管理。

(3)施工招标情况

广西壮族自治区交通厅按照交通部关于工程招投标的有关规定,成立了桂林绕城高速公路(即桂柳路灵临段)招标、评标领导小组,作为招标工作的领导和决策机构,下设招标、评标办公室,具体负责工程招标、评标工作。根据本工程的实际情况,路基、路面实行一起招标。经上级批准,全线采用邀请招标方式选择施工队伍,中国有色十一冶、武警交通一总队、交通部二航局,梧州、桂林、柳州公路局和柳州铁路局工程处等7家单位参加投标。投标工作在南宁市公证处的监督下进行,按照严格的招标程序,公平、公正地评比,并经广西壮族自治区交通厅评标定标领导小组审定,确定了施工单位。交通工程、房建工程也采用了公开招标的方式选择施工队伍。

4. 征地拆迁情况

设计单位提供原一级路的用地数量为1835.770亩,而全线实际征用的土地数为2410.439亩,其中耕地(含水田、旱地、鱼塘,下同)1436.288亩,林地480.96亩,其他土地493.191亩。

属农村集体所有制土地2296.937亩,其中耕地1332.106亩、林地471.64亩。属集体厂矿企业所有制土地67.177亩,其中耕地57.857亩,林地9.32亩。属自负盈亏、独立核算事业单位土地46.325亩,均是水田和鱼塘。

临桂县境内后曾用土地1034.739亩,其中耕地61.226亩,林地248.631亩,其他土地114.882亩;灵川县境内征用土地1375.70亩,其中耕地765.062亩,林地232.329亩,其他土地378.309亩。

共拆迁房屋3961.91m²,房屋墙共147.69m²(只下基脚未建房),围墙1288m²,晒坪1198.13m²,搬迁、升高电力线路24处,通信线路9处。拆迁砖厂1个,养猪场1个,自来水设施1处,水井5口,迁坟5449座。

公路土地征用工作,是由临桂、灵川县人民政府按照广西壮族自治区人民政府的有关文件以及建设办的部署具体组织实施的。两县指挥部会同土地管理部门已分别按照土地管理法规和秩序要求,于1999年底以前,逐级上报到广西壮族自治区人民政府审批。

(二)项目实施阶段

1. 重大决策

本项目由原煤炭工业部沈阳设计研究院于1996年5月底完成一阶段施工图设计,该设计按部分控制出入平原微丘区一级公路标准进行。设计速度100km/h。桂柳高速公路于1997年5月通车后,随着交通量的快速增长和湖南方向交通需求的日益明显化,使广西壮族自治区交通厅有关施工图评审专家认为原设计标准偏低,应按高速公路标准修建,并要求广西交通规划勘察设计研究院利用沈阳设计研究院的外业勘察资料按平原微丘区高速公路标准进行施工图修改设计。

2. 重大设计变更理由

按广西壮族自治区交通厅有关部门要求,施工中改变原设计的硬路肩结构形式,硬路肩面层变成与行车道面层相同的24cm厚混凝土。

按广西壮族自治区交通厅有关部门要求,增设一处收费站及相应设施,增加路段绿化和灵川立交绿化工程,设计代表在工地按要求进行了变更和增补项目的设计。

三、运营管理

（一）收费站点设置

收费站点设置情况见表8-6-2。

收费站点设置情况表 表8-6-2

站点名称	车道数（条）	收费方式
桂林北站（2013年4月2日已撤销）	6	半自动收费方式

（二）车流量发展状况

该路段日均车流量从2000年的969辆增至2014年的8233辆,年平均增长率为16.51%。具体见图8-6-1、表8-6-3。

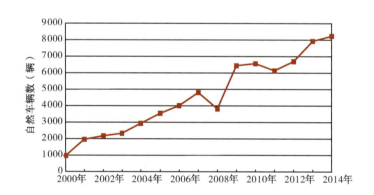

图8-6-1　车流量发展趋势图

各年日平均车流量增长情况表 表8-6-3

年份（年）	日均车流量（辆/d）	同比增长率（%）	年份（年）	日均车流量（辆/d）	同比增长率（%）
2000	969	—	2008	3811	-20.60
2001	1955	101.75	2009	6447	69.17
2002	2180	11.51	2010	6568	1.88
2003	2333	7.02	2011	6141	-6.50
2004	2935	25.80	2012	6697	9.05
2005	3545	20.78	2013	7926	18.35
2006	4006	13.00	2014	8233	3.87
2007	4800	19.82			

第八章
高速公路项目建设

第七节　钦州至北海高速公路

一、项目概况

（一）基本情况

钦州至北海高速公路（以下简称钦北高速公路）是国道主干线重庆至湛江公路的重要路段，是西南地区出海大通道重要组成部分，它的建设对广西乃至我国西南地区的经济发展具有十分重要的意义。

钦北高速公路由磨刀水至星岛湖和北海支线两个路段组成。磨刀水至星岛湖段，国家高速公路网南北纵线兰州—海口（G75线）重要组成部分，起点设在钦州市的磨刀水（K118+968.22），经那丽镇、合浦县、星岛湖乡、石湾、终于十字路白水塘乡（K198+677.67），主线全长79.70945km。北海支线，广西高速公路网三江至北海的组成部分，起点设在石湾立交，施工桩号K0+000处，经廉州镇、平阳镇，终点施工桩号为K25+561.39，支线全长为25.56139km，全线为四车道高速公路。

本项目批复的初步设计总概算为19.68亿元。项目分为3个路段先后动工，各路段工期均比原设计36个月大为缩短，其中磨刀水至星岛湖段施工工期为21个月，星岛湖至石湾段及北海支线工程施工工期分别为28个月和22个月，石湾至白水塘段为23个月。根据工程总体部署及建设资金逐步到位的实际情况，建设中采用分段、整体推进的办法，将全路划分为3个路段，并分段组织安排施工。各路段开工及竣工日期分别为：钦州磨刀水至合浦星岛湖段，长52.13178km，于1998年1月20日开工，1999年10月1日建成交付使用；星岛湖至石湾段与北海支线工程共35.61453km，按两分段先后分别于1998年4月28日与10月20日开工，于2000年8月18日建成通车；石湾至白水塘段，长17.67767km，于1998年12月18日开工，于2000年10月27日通过交工验收，11月1日投入试运营。至此，作为广西和国家"九五"重点建设项目组成部分的钦北路在最后一个路段石湾至白水塘段竣工后，即于宣告全路提前全面建成。

本工程全路段均按平原微丘区标准进行设计。全线除北海连接支线（进城路段）K16+000～K25+561.39段外，其余均为双向四车道全封闭高速公路设计标准。主要是：主线设计速度120km/h，桥涵设计荷载为汽车：超20级、挂车—120，桥涵及路基设计洪水频率为1/100，特大桥为1/300。路基宽度：星岛湖至石湾段路基宽28m，其中中央分隔带1.7m，左侧路缘带2×0.75m，行车道2×7.5m，硬路肩2×4.0m（包括右侧路缘带2×

0.5m),土路肩 2×0.9m;北海连接支线工程设计速度、设计荷载与设计洪水频率等与主线相同,而路基宽则为 33.5m,其中央分隔带宽 10m,左侧路缘带 2×0.5m,行车道 2×7.5m,硬路肩 2×3.5m(包括右侧路缘带 2×0.5m),土路肩 2×0.5m。全线路平面及纵坡:磨刀水至星岛湖段最小平曲线半径 1000m,最大纵坡 2.7%;星岛湖至石湾最小平曲线半径 1650m,最大纵坡 2.7%;北海连接支线最小平曲线半径 1000m,最大纵坡 2.15%;石湾至白水塘路段最小平曲线半径 1000m,最大纵坡 2.1%。

磨刀水至白水塘段主要控制点:在钦州境内主要有石球岭、青龙、高桥水库、白坟山、山子坪、石东水库、黄大门、牛骨港、新田江、大坪、石滩,在 K151+432 建桥跨丹竹江进入合浦县境的芋萌钦廉林场乌家分场丹竹江工区、瓦窑垌、钦廉林场乌家分厂新工区、垌尾村至官子根北面、扬乌家分场新工区、垌尾村至官子根北面,经迁安、西头岭、石湾村、山刁坡北面,路线在 K178+697 处建设特大桥跨越南流江至陈屋北面,斗昌南面周屋,经垌心村、新安大队、潭村、夏屋、小夏村、小庄江、大庄江、江头岭、十字路北面至白水塘终点。

地形:本段公路通过地域为广西南部沿海地形区,属滨海平原、微丘地貌单元。路线所经地段地面最低高程为 -9.01m,在 K129+475.0 大风江河槽,最高为 61.58m,在 K122+205 青龙垭口。

磨刀水至白水塘段地质:根据沿线地质调查及浅层地震物探资料,测设所经地区出露地层主要有第四系砂砾、卵石层及黏土层;第三系砂岩、砾岩、泥岩及黏土层;侏罗系砂岩、粉砂质泥岩、钙质泥岩、泥岩、粉砂岩夹硅质岩;泥盆系砂岩夹石英岩;志留系粉砂岩、砂岩与页岩;燕山期花岗岩及印支期花岗岩。

磨刀水至白水塘段水文地质:沿线地区地表水丰富,河流发育,沟渠纵横密布。多江河、多水库、多鱼塘。钦州境内主要为大风江河网区,主要河流为大风江,路线跨越的支流有牛骨港、那王江、高滩河、大坪河等均在大风江桥位下游汇入大风江,于大风江港处流入北部湾。

合浦境内自西向东有丹竹江、洪潮江、大白水库、南流江、周江、七里江、湖海运河等,多属南流江水系,汇入南流江后向南奔流,注入北部湾。区域内地下水以岩隙水(不发育)及地表水为主。直接受雨水补给,水文地质较简单,对路基、构造物影响不大。但平原地区受海潮顶托影响较大,经实地调查及收集有关资料综合分析,确定设计洪水频率水位高程。

地震:路线所经区域地质稳定性良好,根据国家地震局、建设部震发〔1992〕160 号文《中国地震烈度区划图(1990)》使用规定划分,路线区域内的地震基本烈度为Ⅵ度,结构物设计按《公路工程抗震设计规范》作简易设防。

气候:路线位于北回归线以南,属亚热带海洋性季风气候,按《中国自然区划图》划分为Ⅳ7 区,即东南湿热区的华南沿海台风区。冬无严寒,夏无酷暑,气候温和,雨量充沛,四季草木常青。年平均气温22.6℃,12月份极端最低气温为2℃,7月份最高气温为37.1℃,年平均降雨量1299~2190.1mm,雨季多发生在每年5~9月之间,而6~9月尤其集中,降雨量约占全年雨量的80%以上,每年从10月至次年3月为干旱季节。

北海市连接支线主要控制点:北海市连接支线起点紧接石湾互通立交A匝道后,经新周屋、崩窝村、赖屋、迎水庙、旱冲、孙东、西江道班、包象塘、老旧场,与北铁一级公路相连接。

北海市连接支线地形:路线所通过地域为广西南部沿海地形、属滨海平原、微丘地貌单元。路线所经的地段地面最高点在老鹤江至旱冲村附近的小山丘、海拔53.7m,最低点在周江河槽,海拔为4.5m。

地质构造:根据区域地质资料和沿线地质调查,测区内构造特征为斋山期和喜马拉雅期等多期构造运动,形成的断陷盆地——合浦构造盆地。

北海市连接支线水文地质:测区内地下水主要是埋藏于覆盖层的孔隙水及岩溶裂隙水,地下水埋藏较浅。赋存于第四系黏土层中的孔隙水,无统一的水位,地下水靠大气降水渗入补给,洪水期主要接受江河补给,雨后地下水位变幅滞后于河水水位变幅,地下水与河水是季节性互补关系,大气降水大部分以面流及坡流形式直接向河流、水沟排泄,其次沿第四系冲洪积、坡残积层渗入补给地水。地表水主要为南流江水系的支流周江。湖海运河穿过测区中部。经对测区内水质检验结果,河水及地下水对混凝土不会产生影响。

地震:路线所经区域地质稳定性良好,按《中国地震烈度区划图》划分,本区域内的地震基本烈度为Ⅵ度,结构物设计按《公路工程抗震设计规范》作简易设防。路线位于北回归线以南,属亚热带海洋性季风气候,按《中国自然区划图》划分为Ⅳ7区,即东南湿热区的华南沿海台风区。冬无严寒、夏无酷暑、气候温和、雨量充沛,年平均气温22.6℃,12月份极端最低气温为2℃,7月份最高气温为37.1℃,年平均降雨量1400~1550mm,雨季多发生在每年5~9月之间,而6~8月尤其集中,降雨量约占全年雨量的40%~60%,每年从10月至次年3月为干旱季节。本地区风向随季节性变化显著,据调查,冬季为偏北风、夏季为东南风,全年强风向为东南向,最大风速29m/s,年出现大于17m/s(相当于6级风)大风日数,平均为11.8d,最多25d(1956年),最少3d(1954年)。台风:夏秋雨季受台风影响,每年2~4次,一般只有5~6级共延时24h左右,10级以上少见,台风中心途经北部湾每年约1次,达12级以上约4年1次。

主要工程量:路基土石方11870720m³,软基处理9.866km计885001m³;路面底基层2971327m²,基层2851119m²,水泥混凝土面层1940971m²;沥青料面层729443m²匝道混凝土面层21.626km;涵洞及通道453道计18743.41m;小桥6座共长154.90m,中桥10座共长606.26m,大桥7座共长1155.04m,特大桥1座长912.02m,分离立交桥58座长2676.40m,互通立交桥4座长234.2m;混凝土护栏78.852km,钢护栏157.579km;收费设计4处,管理站房

31栋共10770.5m²;通信管道105.424km;标志972面,标线102988.60m²。

钦州至北海高速公路项目基本情况见表8-7-1。

钦州至北海高速公路项目基本情况统计表　　表8-7-1

建设单位	自治区大通道建设总指挥部、区交通厅
工程投资	19.68亿元(概算)
工程起止桩号	主线 K118+968.22～K198+677.67 支线 K0+000～K25+561.39
工程设计标准	全线除北海连接支线(进城路段)K16+000～K25+561.39段外,其余均为双向四车道全封闭高速公路
开工时间、通车时间	1998年1月20日开工 2000年11月1日建成通车
地形条件	平原微丘
设计标准(磨刀水至白水塘段)	路基宽:28m
	设计速度:120km/h
	设计洪水频率:特大桥1/300,大、中、小桥涵洞及路基均为1/100
	桥涵设计荷载:汽车—超20级,挂车—120
设计标准(北海连接支线)	路基宽:33.5m
	设计速度:120km/h
	设计洪水频率:特大桥1/300,大、中、小桥涵洞及路基均为1/100
	桥涵设计荷载:汽车—超20级,挂车—120

(二)前期决策

1994年底,由广西壮族自治区交通厅主持和组织编写了本工程的项目建议书。1995年1月11日,区计划委员会以桂计能字〔1995〕43号批准了钦州(磨刀水)至北海公路工程项目建议书。

尔后,由广西交通规划勘察设计院组织进行了项目的可行性研究工作。广西壮族自治区计划委员会于1997年10月25日以桂计交字〔1997〕619号批准了钦州至北海公路可行性研究报告。

按规定和要求,由具有甲级设计资格的广西交通规划勘察设计研究院按两阶段设计进行了初步设计。广西壮族自治区计划委员会于1997年11月27日以桂计交字〔1997〕647号批准了本项目初步设计,批准工程概算为19.68亿元人民币。

广西交通规划勘察设计院在完成初步设计后,即根据与业主签订本路段施工图设计合同书所规定各项要求,于1995年及1997年10月两次进入现场开展勘察设计工作。在进行外业详测后,经半年时间完成设计任务。圆满完成施工图设计任务。

在工程开工前,由国家环保局对本项目进行了环保审查,1997年12月23日,国家环保局以环发〔1997〕818号文审批了项目环境保护影响报告,同意该报告书可以作为本工程设计和环境管理的依据,并明确由广西壮族自治区环保局加强对本项目的监督工作。

广西壮族自治区交通厅以《关于将那丽连接线纳入钦州至北海高速公路建设项目的请示》(交基建报〔1999〕79号)文,向自治区发展计划委员会提出了项目报建。

广西壮族自治区发展计划委员会于1999年11月24日以《关于同意将那丽连接线和合浦十字路互通式立交纳入钦州至北海高速公路项目建设的复函》(桂计交通函〔1999〕136号)文件,同意建设那丽支线,同意建设资金在钦北高速公路工程投资概算内调剂解决。

1998年4月6日,通过广西壮族自治区审计厅组织的开工前审计。

1998年7月21日,交通部正式批准工程开工。

1998年5月,钦北路建设办向广西交通工程质量监督站申办了监督手续。质监站以交质监字〔1998〕第29号下达工程质量监督计划。

(三)参建单位主要情况

(1)建设单位:广西壮族自治区交通厅。项目业主由钦北建设办代交通厅行使业主职责。

(2)设计单位:广西壮族自治区交通规划勘察设计研究院。其中,交通安全设施工程由深圳华科交通工程有限公司设计。

(3)施工单位:全线参建单位20余家,其中路基工程主要合同段24个,路面工程9个,特大桥工程2个。

(4)监理单位:按招标择优选定6个监理单位分别组成6个驻地办开展工作。承担本项工程监理任务的单位是:江苏华宁监理公司、湖南交通科研所、武汉土木监理公司、广西桂通监理公司。

(5)质量监督单位:由广西交通工程质量监督站代表政府主管部门对本项目进行监督。

二、建设情况

(一)项目准备阶段

1. 立项审批

本项目各项前期工作,均遵循国家基本建设的规定,认真贯彻执行基建程序。工程的立项、可行性研究、初步设计、施工图设计以及开工前的其他各项有关工作,均予循序进行,逐一报批,手续完备。

在"八五"计划的最后一年,即1994年底,由区交通厅主持和组织编写了本工程的项目建议书。1995年1月11日,区计划委员会以桂计能字〔1995〕43号批准了项目建议书。指出：建设钦北路对实现南、北、钦、防经济战略目标,建成大西南出海通道十分必要。批文明确了本公路项目的起止点及建设标准等内容。

尔后,由广西交通规划勘察设计院组织进行了项目的可行性研究工作。广西壮族自治区计划委员会于1997年10月25日以桂计交字〔1997〕619号批准了本项目可行性研究报告。并在此前已由自治区国际工程咨询公司组织进行了全面评估。批文进一步明确了钦北高速公路的起终点和线路的主要控制点及线路的主线、支线长度；明确了线路的主要技术标准,采用平原微丘区高速公路标准进行建设,全封闭、全立交,设计行车速度120km/h,并同意研究报告中提出的设置互通立交设施的方案；明确了建设资金和主要来源,投资控制在22亿元以内,项目建设总工期为3年。

按规定和要求,由具有甲级设计资格的广西交通规划勘察设计研究院按两阶段设计先进行了初步设计。广西壮族自治区计划委员会于1997年11月27日以桂计交字647号批准了本项目初步设计,并对主线、支线的建设总里程以及路线走向原则、设计标准、主要方案、工程规模等,作了较详细的批示。本项目初步设计总概算核定为1967985882元(含建设期贷款利息196163050元),其中主线1517844591元,北海支线450141291元。

广西交通规划勘察设计院在完成初步设计后,即根据与业主签订本路段施工图设计合同书所规定各项要求,于1995年及1997年10月两次进入现场开展勘察设计工作。在进行外业详测后,经半年时间完成设计任务。

在工程开工前,由国家环保局对本项目进行了环保审查,1997年12月23日,国家环保局以环发〔1997〕818号文审批了项目环境保护影响报告,同意该报告书可以作为本工程设计和环境管理的依据,并明确由广西壮族自治区环保局加强对本项目的监督工作。

1998年4月6日,通过了广西壮族自治区审计厅组织进行的工程开工前审计。审计意见指出：本建设项目总投资来源合规,建设项目及投资已纳入国家计划,开工前的各项审批手续完备、合法。1998年7月21日,交通部正式批准本项目开工。

1998年5月,本建设项目办公室向广西交通工程质量监督站申办了工程监督手续。其后,区交通工程质量监督站以交质监字〔1998〕29号下达了工程质量监督计划。

2. 资金筹措

本项目批复的初步设计总概算为19.68亿元,资金来源：一是广西壮族自治区计划委员会及广西壮族自治区交通厅下达的计划投资；二是国债转贷资金；三是国家的少量补助。

3. 招投标情况

项目建设严格执行《中华人民共和国公路法》《中华人民共和国招投标法》《中华人民

共和国合同法》以及交通部《公路建设市场管理办法》和《公路建设四项制度实施办法》等各项法律、法规,通过公开招标择优选定各设计单位、监理咨询单位、施工单位及大宗材料采购供应商。在各次招投标活动中,业主的资格预审文件、招标文件均获得广西壮族自治区交通厅的备案,招标各方行为守法规范,均能履行"公开、公平、公正、诚信"原则,广西壮族自治区交通厅对招标全过程进行监督,开标时由南宁市公证处进行公证,专家评标推荐,最后由业主定标并经公示。招投标行为合法合规。

4. 征地拆迁情况

征地拆迁是本工程施工的先行工作,也是工程破土开工的前提和基础。根据设计,全线主线及其匝道、服务区、站房等,需征用永久用地共11091.84亩(其中耕地4818.55亩);需拆迁电力线路长42245m、通信线路14635m,拆迁各类房屋共52953.29m²。各路段拆迁数量情况具体见表8-7-2及表8-7-3。

各路段拆迁情况　　　　　　　　　　　　　　　　表8-7-2

路　段	路段长(km)	永久性用地(亩)		工程临时用地(亩)		房屋(m²)	电力线路(m/处)	通信线路(m/处)
		小计	其中耕地	小计	其中耕地			
磨刀水至星岛湖	52.13	5642.03	1616.46	2208.705	623.324	6007.84	12890/23	7200/13
星岛湖至石湾及北海支线	35.61	4101.58	2311.03	2781.6	1339.674	40523.86	24330/65	6485/13
石湾至白水塘	17.68	1348.23	891.06	966.073	473.301	6421.59	5025/10	950/5
合计	105.42	11091.84	4818.55	5986.378	2436.799	52953.29	42245/98	14635/31

标段划分情况表　　　　　　　　　　　　　　　　表8-7-3

工程类别	路段名称	合同段号	起讫里程桩号	工程承包单位	承包单位资质
路基工程	磨刀水至星岛湖段	No.1	K118+968.22~K122+595	铁二局二处	公路施工二级
		No.13	K122+595~K124+852	广西路桥总公司第四工程处	公路施工一级
		No.2	K124+852~K129+300	交通部二局二处	公路施工一级
		No.3	K129+300~K129+842 含大风江大桥	交通部二局二处	公路施工一级
		No.4	K129+842~K134+500	铁五局机筑处	公路施工二级
		No.5	K134+500~K136+700	广西航务工程处	公路施工二级
		No.6	K136+700~K141+700	广西路桥总公司第三工程处	公路施工二级
		No.7	K141+700~K146+600	铁十二局三处	公路施工一级
		No.8	K146+600~K151+095.47	广西路桥总公司路面工程处	公路施工一级
		No.9	K151+095.47~K156+100	铁十二局	公路施工一级
		No.10	K156+100~K161+100	广西壮族自治区建工集团	公路施工一级
		No.11	K161+100~K165+125	广西路桥总公司第二工程处	公路施工一级
		No.12	K165+125~K171+100	广西路桥总公司第一工程处	公路施工一级

续上表

工程类别	路段名称	合同段号	起讫里程桩号	工程承包单位	承包单位资质
路基工程	星岛湖至石湾段	No.14	K171+100~K175+490.98 含洪潮江大桥工程	中国五冶一公司	工程施工一级
		No.15	K175+490.98~K175+661.52 大白水库大桥	广西路桥总公司第四工程处	公路施工一级
		No.17	K175+661.52~K181+000（扣除No.16长度）	广西路桥总公司机械施工处	公路施工一级
	北海支线	No.18	K0+000~K5+000	交通部二航局一公司	公路施工二级
		No.19	K5+000~K9+800	交通部第一公司工程总公司	公路施工一级
		No.20	K9+800~K19+000	广西铁二局工程有限责任公司	公路施工二级
		No.21	K19+000~K25+561.39	广西路桥总公司钦州机械施工处	公路施工一级
	石湾至白水塘段	No.22	K181+726~K181+959.06	广西路侨总公司第二工程处	公路施工一级
		No.23	K181+000~K188+000	广西路桥总公司机械施工处	公路施工一级
		No.24	K188+000~K193+000	中铁五局五公司	公路施工一级
		No.25	K193+000~K198+667.67	铁五局机筑处	公路施工一级
路面工程	磨刀水至星岛湖段	No.A	K118+968.22~K134+500	广西路桥总公司第四工程处	公路施工一级
		No.B	K134+500~K151+095.47	广西路轿总公司路面工程处	公路施工一级
		No.C	K151+095.47~K161+000	广西路桥总公司第三工程处	公路施工一级
		No.D	K161+000~K171+100	广西路桥总公司第一工程处	公路施工一级
	星岛湖至石湾段北海支线	No.E	K171+000~K181+000	广西路桥总公司机械施工处	公路施工一级
		No.F	K0+000~K9+800	交通部二航局四公司	公路施工一级
		No.G	K9+800~K19+000	广西路桥总公司路面工程处	公路施工一级
		No.H	K19+000~K25+561.39	广西路桥总公司钦州机械施工处	公路施工一级
	石湾至白水塘段	No.I	K181+726~K198+677.67	交通部二局二处	公路施工一级
特大桥工程	南流江特大桥	No.16-1 No.16-2	K178+050~K179+325 分别承包该特大桥左右副施工	广西路桥总公司第一、第二工程处	公路施工一级

（二）项目实施阶段

1. 重大决策

新增十字路互通立交：合浦县人民政府于1999年8月函报钦州至北海高速公路建设办公室，要求在十字路乡增设主体交叉一处，建设办认为，要更好发挥钦北高速公路建成后的近期社会效益和经济效益,增设十字路互通立交是十分有益的,并报广西壮族自治区交通厅同意,广西壮族自治区交通规划勘察设计研究院于2000年1月增加了互通立交施工图设计。十字路互通立体交叉设计桩号为K195+600,距合浦县城约25km,该立交的增设,极大地改善了附近村镇的交通水平,为促进附近村镇的经济效益起到了较大的促进作用。

原银滩大道北延长线的12座小桥和涵洞全部拆除,重新设计、重新修建:北海市连接线的K17+000至终点K25+561.39,为原北海市已建银滩大道北延长线的K8+559.73~K0+000,广西壮族自治区交通规划勘察设计研究院在施工图设计时,仍根据初设审核意见进行勘察设计,对利用已建银滩大道北延长线路基、桥涵部分未做质量鉴定。1998年12月21日,根据广西壮族自治区交通厅指示,广西壮族自治区交通规划勘察设计研究院、厅基建处、钦北建设办各派员深入现场调查,并于1999年1月11日以交设报〔1999〕2号文向广西壮族自治区交通厅上报了调查报告,报告认为已经建成的北海银滩大道北延长线上12座小桥、涵洞施工质量低劣,设计也存在问题,不能满足承载要求。经交通厅同意,对利用的12座小桥和涵洞全部拆除,重新设计、重新修建。

2. 重大变更

1) 重大路面设计变更

由于基层和垫层的砂砾,质量难以控制和产量有限,在设计执行中,均改用级配碎石作为基层、垫层粒料,保证了工程质量,垫层厚度改为16~18cm。

2) 重大桥梁设计变更

大风江大桥K129+506,原设计为4~30m预应力空心梁,该桥位跨大风江河床狭窄地段河床较深,水下基础施工困难,施工单位总承包后,提出修改设计,改为3×40m T形梁桥,为保证桥下通航净空,设计高程由12.10m提至12.40m,纵坡调整长度1050m;山子坪分离式小桥K130+012原设计为1~10m,在大风江汛期高洪水位时,有部分水流从桥位处古河道漫流而过。虽然大风江桥泄水能力已能满足要求,但当地群众向信访部门再三反映要求增加桥孔。广西壮族自治区交通规划勘察设计研究院人员实地勘察,并根据水文分析,高洪水位时桥位处古河道约有15%流量通过,为尽快排泄洪水,减少上游村庄、农田的淹没时间,考虑上游群众利益同意改为3~20m预应力空心梁,取消原设计的1~10m空心板桥和$\phi 1$~$\phi 1.5$m圆管涵;K178+679处设计特大桥一座跨越南流江。施工图设计桥型为30×30m预应力混凝土工形组合梁桥(后张法),两岸设置U形桥台,扩大基础,下构桥墩为双幅双柱式墩,钻孔灌注桩基础,桥长912.2m。由于上构工字梁在预制、安装中的刚度和稳定性较差,和配合承包人新购进的德国产LEFFR-VR2000Ⅱ型液压套筒磨桩钻孔机,根据广西壮族自治区交通厅交基建〔1998〕116号对南流江特大桥修改设计的批复,广西壮族自治区交通规划勘察设计院于1998年4月对1996年6月施工图设计的该桥作修改设计。桥孔桥跨不变仍为30×30m,预应力混凝土工形组合梁桥(后张法)改为先简支后连续的预应力混凝土T形连续(后张法)梁桥,修改后的桥长为907.86m,双幅双柱式墩桩径由1.8m改为1.5m的钻孔灌注桩基础,两岸U形桥台改为桩柱式桥台,修改后的设计结构更为合理,更适宜于承包人施工工艺和施工机具,确保了南流江特大桥的顺利建成;K181+844周江大桥,设计为11~20m空心梁简支梁桥,桥墩基础为钻孔灌注桩,U形桥台明挖扩大基础。桥台施工时,由于地下水位高,基坑渗水严重,无法施工,后修改设计为桩柱式桥台,桥长由230.06m减短为225.06m;在原施工图设计中有少数中、小桥桥台采用了U形桥台,由于难以保证桥台砌石质量和桥头填土施工质量,在设计执行中改为桩柱式桥台,孔径相应作了调整。如K145+220大坪中桥由1~20m变更为3~10m、K151+432丹竹江中桥由3~10m变更为4~16m、K159+382乌家小桥由1~16m变更为3~13m的中桥;K139+073.95上跨南北二级路分离式立交大桥:孔径为(16+40+16)m,中孔为40m工字梁,由于工字梁刚度较差,预制、吊装、就位等都比较困难,且在以前工程中,发生过折梁事故,因此,改为40m预应力混凝土箱梁;主线下穿的分离式立交桥:如K132+288.719、K140+891.213、K158+525、K160+900、K162+858、K167+425、K168+400等9座桥,因U形桥台较高(大于5m),圬工体积大,难于保证砌筑质量,都改为柱式桥台,上构也由简支梁桥改为(10+2×16+10)m的连续梁桥,造价有所减少,工程质量容易保证,桥型轻巧美观;K179+466.6石湾分离式立交,是上跨合浦县城通往石湾镇直至灵山县公路的分离式立交,施工图设计为1~16m预应力混凝土空心梁桥,U形桥台,明挖扩大基础,桥长30.4m。因开挖基础时,发现地下水位高,无法施工而修改设计为(13+16+13)m预应力混凝土空心梁桥,钻孔灌注桩基础,桩柱式桥台,桥长改为47.04m;另K152+591芋萌塘上跨分离武立交桥由1~16m改为3~16m,取消U形桥台,改善了桥下通视情况,提高了行车的安全性;为了节约投资,利用较好地形适当改道,或将建桥改建为通道,取消了三座中小桥:K121+414(1~8m)石球岭分离式小桥、K125+314(2~25m)念竹坑分离式中桥、K135+092(1~16m)关塘分离式小桥;近几年来,农村经济迅速发展,农民收益逐年提高,使用农耕机械和农用交通车辆不断增加,农民对增设分离式立交和通道的要求较多,在设计执行中,经广西壮族自治区交通规划勘察设计研究院认真调查研究并报广西壮族自治区交通厅同意,在K186+875、K188+375处增设了主线下穿分离式立交。1996年钦北高速公路施工图设计中的那丽、星岛湖、石湾等三处互通立交主线路基宽度按厅文仍为33.5m。1998年1月20日开工后,广西壮族自治区交通厅下发了交基建〔1998〕27号《关于南北高速公路磨刀水至白水塘(K118+968.22~K198+677.67)施工图设计的审核批复》文件,指示三处互通立交主线路基宽度由原来设计的33.5m改为28m,互通形式不变。设计院于 1998 年 4 月完成修改设计。北海市连接线 K8+562 龙门大桥,设计为 6~20m 预应力混凝土空心梁桥跨越龙门水库库尾,桥长 125.1m,施工图设计考虑为不压缩水库库容和保留库岸边的鱼塘,工程开工后,县政府主动提出同意压缩库容减短桥长,经报厅同意,在南宁岸减 1 跨,北海岸减 2 跨,设计改为 3~20m 预应力混凝土空心梁龙门中桥,桥长 65.10m,减短桥长 60m。

3. 重大事件

重大安全事件:1998 年 2 月 23 日在钦北路第 7 合同段发生施工装载机翻落事故,驾驶员雷时宝当场被砸致死。经调查取证,主要是由于该驾驶员未经考核即聘用上岗作业、对施工现场情况缺乏必要了解,且对设备缺乏常规检查所致。建设办及时向上级报告,同时作了认真处理,并对全线通报。1998 年 6 月 11 日,在第 6 合同段高滩中桥工地发生了一起电焊作业人员触电身亡事故。经查,造成这事故的主因是该电焊工人系无证上岗,且在电焊操作时不穿防护鞋、不带皮手套,违反了作业安全规定。以上两起重大安全事故发生后,引起了全路段参建单位的震动。各相关单位高度重视,进行了全面对照检查,管理制度不断完善,安检频率和力度大大提高,极大地提高了全线建设施工单位的安全管理水平。

三、复杂技术工程

本项目共有 64 根摩擦桩,桩径 1.5m,桩长从 27m 到 39m 不等,从 1998 年 9 月 26 日开始钻孔灌注桩施工,施工中从 30 号台的桩基开始,逐步向 0 号台推进的顺序进行施工。2 号墩至 14 号墩位于河道,根据桥位水浅,水流平缓的特点,采用沿桥位筑砂堤改流的方案进行施工。利用河床丰富的河砂资源,从 14 号墩到 4 号墩筑一道宽 25m、高出水位 0.5m 的砂堤,作为钻机行走和工作的场地,当完成 5 号墩桩基后,从 5 号墩至 7 号墩、12 号墩至 14 号墩之间挖开砂堤,使水流改道从这两个位置流过,再集中力量修筑 4 号墩至 2 号墩的砂堤,继续进行 4 号墩至 0 号台的桩基施工。

本项目的桩基础地质情况为亚黏土、砾砂、砾岩和砂岩。为了保证桩基的施工质量,专门从德国购进一台先进的 LEFFR-VR2000Ⅱ型液压套筒磨桩钻孔机。30 号台至 20 号墩的桩基施工时与第 16-1 合同段轮流使用。1998 年 11 月初总公司从云南公路局桥工处租赁一台相同的钻机,主要是用在本项目的桩基施工,大大加快了施工进度,到 1999 年 2 月 4 日全部完成 64 根桩基的施工任务。

(一)桩基础成孔

(1)平整场地,用电子全站仪精确地定好桩位,设好护桩。
(2)钻机就位后,把第一节护筒定位准确,慢慢压进,检测护筒的平面位置和垂直度,使其偏差在允许范围内,钢护筒压进一定深度,再继续下沉比较困难时,检测护筒的平面位置和垂直度,符合技术规范的要求后,用冲抓斗冲击取渣,边取渣边压进护筒。

(3)第一节护筒下沉完后接上第二节,依次渐进,直到取渣至桩底设计高程。在成孔过程中,必须保持护筒内的水位与地下水位一致,并且成孔后钢护筒埋深应比孔深大1~2m,避免出现孔内翻砂,破坏孔壁的地质结构,降低摩擦力。成孔后,检测桩孔平面位置、垂直度、孔底高程均符合技术规范要求并经监理工程师验证后,进入下一道工序施工。

(二)钢筋笼安装

桩基钢筋笼分两段安装,每段钢筋笼加工成型后,必须顺直。钢筋的数量、间距、接头质量符合设计和技术规范的要求。在钢筋笼内侧呈等边三角形布设$\phi50mm$检测管,检测管焊接固定在钢筋笼内壁上,不得有弯曲现象,而且检测管底口用钢板焊密封,以防水泥浆渗进管内。钢筋笼经检验合格并经监理工程师验证后,用吊机把第一节钢筋笼吊进钢护筒内并固定在护筒口上,将第二节钢筋笼用吊机吊起校正与第一节的位置,检查好垂直度后,进行焊接接长。为了加快这道工序的进度,采用4台焊机施焊,认真细致检查每道焊缝的焊接质量。两个钢筋笼和检测管对接好,绑扎好箍筋后,起吊将完整的钢筋笼放到孔底定位,解除吊点进入下一道工序。

(三)水下混凝土灌注

(1)桩基为C25混凝土,进行水下混凝土施工时,坍落度控制18~20cm,外掺南宁糖厂TF缓凝剂和水泥用量25%的田东Ⅱ级粉煤灰,采用1~3cm河卵石作粗集料,使混凝土具有良好的和易性、流动性,便于施工。

(2)配备两台产量$25m^3/h$简易混凝土搅拌站,混凝土集料自动称量,并用泵送混凝土,加快了施工进度,保证水下混凝土灌注的连续性,每根桩的水下混凝土灌注基本上都控制在6h以内完成。

(3)导管检查密封不漏水,安装导管初始离孔底40~50cm,第一斗浆不小于$3m^3$,抛球后导管埋深大于1m,且不间断地泵送混凝土,使导管埋深不小于2m。

(4)测量员经常检测导管的埋置深度,保持2~6m,随着水下混凝土的浇筑,慢慢地拔出护筒,钢护筒埋在混凝土的深度控制在4~6m为宜。

(5)混凝土每灌注10~12m,拆除一节钢护筒(6m或8m)及相应的导管长度,直到灌注满桩孔,并高出桩顶2m,拆除最后一节护筒和导管。在拔出桩顶高程以下4m范围内的钢护筒时,护筒的拔出速度应缓慢,以使混凝土能充分流到护筒厚度的位置,挤满桩孔,保证桩的直径。

在水下混凝土灌注施工过程中，每次拆除护筒及导管的时间严格控制在40min以内，以避免泵送混凝土堵管及桩孔内混凝土的流动性变差，拔护筒时混凝土无法流到护筒壁，造成桩的缩径现象。

本项目在桩基施工过程中，由于采用比较先进的施工设备，施工人员日夜备战，极大地加快了施工进度，仅用120多天时间就完成了64根桩的灌注施工任务。经过广西交通科研所对每根桩进行超声波检测，A类桩35根，B类桩29根，工程质量取得了比较满意的效果。但由于在加快施工进度的同时，忽略了意外事故的防范，在1999年2月6日凌晨进行5~4号桩水下混凝土灌注过程中，水下混凝土导管接头漏水，现场施工处理措施不当，造成该桩在-8.5~11.28m处出现较严重的质量缺陷，经广西交通科研所进行超声波检测，该桩缺陷面积达24%，判断为C类桩。经广西壮族自治区交通规划勘察设计研究院地质室钻孔取芯做抗压试验，缺陷部位的混凝土强度达不到设计要求。1999年5月14日，由周佩友总监主持召开由设计单位、业主、总监办、承包人等单位负责人参加的对5~4号桩基缺陷处理会议，会上提出在该桩的中心开凿直径80cm的孔洞直到-12.0m高程，在-8.0~12.0m处扩孔至直径1.0~1.1m，清理干净后，在该部位安装直径0.9m间距10cm的ϕ25mm钢筋笼，重新浇筑C30混凝土。于1999年5月18日开始按以上处理方案对该桩进行返工处理，7月9日处理完毕。后经科研所用超声波检测，效果理想，评定为A类桩。

（四）墩柱盖梁施工

墩桩为直径1.5m的C25混凝土圆柱墩、盖梁C30混凝土，为了保证墩柱、盖梁的外观质量，桩头处理完，并安好钢筋后，每个墩柱用新加工的模板一次安装到盖梁底，用泵送混凝土一次浇注完，避免了施工冷缝的出现。盖梁模板用组合钢模拼装，内镶贴光滑板，同样采用泵送混凝土一次浇完。

（五）T梁预制和安装

本项目共有30m跨C50预应力混凝土T梁180片，做了12个底模，加工整体模板中梁2套，边梁1套，模板的接缝全部焊满后用砂轮机打磨平整，底模与侧模间用5mm的橡胶绵夹缝，每隔50cm设一道拉杆，保证了模板的稳固，接缝不漏浆。在模板外布设附着式振动器，浇筑混凝土时模板两边同时开动振捣。从1998年10月19日开始预制第一片梁，到1999年3月25日全部预制完180片梁，每片梁的外观质量都比较好。

为了保证每片梁的混凝土质量，专门用一台35m³/h的混凝土拌和楼进行混凝土拌和，全部混凝土用集料都实行电脑自动控制称量。T梁C50混凝土用0.5~3cm花岗岩碎石,南流江中粗砂,水泥用鱼峰525号散装水泥,外掺湛江产FDN减水剂,每片梁施工时,都根据砂石含水率对施工配合比作适当调整,严格控制混凝土的水灰比,确保混凝土强度的内在质量。

T梁为后张拉预应力,采用柳州建机厂生产的OVM锚具,锚具安装符合设计要求。混凝土达到100%设计强度时才进行正弯矩钢束张拉,并且严格按设计的张拉控制吨位、伸长量以及顺序、程序进行张拉。为了加快台座的周转,张拉结束后起梁运存放台存放后才进行孔道压浆。

1998年12月4日T梁从第30跨开始安装,沿南宁岸逐步推进,每安装完10跨即进行横隔板、接头接缝、纵向接缝C50混凝土浇筑,混凝土达到100%设计强度后,进行双向对称张拉墩顶负弯矩束,张拉时严格按照设计要求进行操作。

在T梁预制安装过程中,严格按施工图和技术规范的要求认真组织施工,每道工序层层把关、严格监理程序,T梁的内在质量和外观质量都取得了令人满意的效果。

(六)防撞墙施工

防撞墙施工于1999年5月18日开始,采取分两次浇筑的方法施工,先浇筑底层10cm的混凝土,以底层混凝土作基底安装墙身模板,每隔50cm设一道拉杆,测好高程,调整模板顺直后,浇筑墙身混凝土。混凝土施工过程中,严格控制混凝土坍落度3cm左右,且边倒浆边振捣,通过采取以上措施,施工的防撞墙线条顺直,外观光滑平整。

(七)桥面铺装

桥面为C30钢纤维混凝土,每立方混凝土掺40kg钢纤维,集料用花岗岩1~3cm碎石,南流江中粗砂,鱼峰牌袋装525号水泥,外掺南宁泰龙公司UNF-5减水剂。为了提高桥面施工的平整度,分三幅进行铺筑,在距桥中线5.35m和9.60m的位置分幅,桥面内外侧各留0.8m,便于摊铺机行走。对每一幅的模板安装都反复测量2~3次,控制误差在2mm以内,混凝土铺装时,先用插入式振动器振捣密实,再用三滚轴混凝土摊铺机摊平,最后用3m刮尺刮平3~4次,安排熟练工人收浆。经理部领导和技术骨干每次浇筑桥面混凝土时都亲临现场,从开始到结束都坐镇指挥,由于对桥面施工的高度重视,桥面的平整度达到98%以上。桥面施工从1999年9月23日开始,至11月12日全部完成铺筑任务。

四、科技创新

采用新机器——德国产的LEFFR-VRM2000II型液压套筒磨桩钻孔机进行南流江大桥钻孔灌注桩施工。

南流江大桥工程为钦北高速公路重点工程,该项目分左、右幅施工,其中右幅就有64根摩擦桩,为了保证桩基施工质量,南流江大桥的钻孔灌注桩采用德国产的 LEFFR-VRM2000II 型液压套筒磨桩钻孔机施工,在广西建桥史尚属首次。该钻机进行摩擦桩施工有如下特点:施工速度快,正常情况下,30m 长左右的一根桩,从成孔到成桩的全过程仅需 24h 左右;桩身质量保证,全程钢护筒护壁,避免在灌注混凝土时坍孔而造成桩身夹泥、砂或断桩事故;浇筑桩身混凝土时,应比桩头高程高 2m,以确保桩头的质量。该钻机在本项目使用收到较理想的效果。

五、运营管理

(一)服务区设置

钦北路沿线设置有石滩、石湾两对服务区,服务区都具备了停车、加油、修理、餐饮、购物等配套服务功能。

(二)收费站点设置

钦北高速公路沿线设置有那丽、星岛湖、合浦、十字路 4 个收费站(表 8-7-4)。

收费站点设置情况表　　　　　　　　　　　　　　　　　　表 8-7-4

站点名称	车道数(条)	收费方式	站点名称	车道数(条)	收费方式
那丽站	3	联网收费	合浦站	12	联网收费
星岛湖站	7	联网收费	十字路站	5	联网收费

(三)车流量发展状况

表 8-7-5 和图 8-7-1 为钦州至北海高速公路 2003—2016 年交通流量发展状况。从表 8-7-6 可以看出,钦州至北海高速公路的交通量从 2003 年至 2014 年翻了 4 倍,年平均增幅 11.74%。

钦州至北海高速公路 2003—2016 年交通日均车流量　　　　　表 8-7-5

年份(年)	路段	日均车流量(辆/d)	年份(年)	路段	日均车流量(辆/d)
2003	钦州至北海	3715	2010	钦州至北海	8330
2004	钦州至北海	4243	2011	钦州至北海	9242
2005	钦州至北海	4763	2012	钦州至北海	10047
2006	钦州至北海	5097	2013	钦州至北海	8719
2007	钦州至北海	5717	2014	钦州至北海	11012
2008	钦州至北海	6954	2015	钦州至北海	14057
2009	钦州至北海	8033	2016	钦州至北海	14162

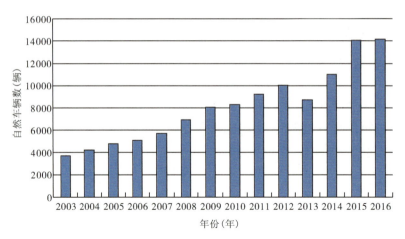

图 8-7-1 钦州至北海高速公路 2003—2016 年日均车流量柱形图

钦州至北海高速公路 2003—2016 年交通日均车流量发展状况表   表 8-7-6

年份(年)	日均车流量(辆/d)	增(减)幅(%)	年份(年)	日均车流量(辆/d)	增(减)幅(%)
2003	3715		2010	8330	3.7
2004	4243	14.2	2011	9242	10.9
2005	4763	12.3	2012	10047	8.7
2006	5097	7.1	2013	8719	−13.2
2007	5717	12.1	2014	11012	26.3
2008	6954	21.6	2015	14057	27.7
2009	8033	15.5	2016	14162	0.7

(四)养护模式

钦北高速公路由钦州管理处、北海管理处共同管养,养护模式为管养分离,通过招投标模式确定中标单位,由中标单位在每个管理处所辖路段安排至少一支施工养护队伍负责日常的养护。

第八节 宜州至柳州高速公路

一、项目概况

(一)项目的起终点、中间控制点及工程进度

宜州至柳州高速公路是广西第一条东西走向的高速公路,西起宜州市叶茂接金城江至宜州一级公路,东止于柳州新兴互通立交连桂海高速公路,途经宜州、柳城、柳州、柳江

等市、县,全长112.7km。

(二)主要技术指标

主线全长112.7km,采用平原微丘区四车道高速公路标准。路基宽25.5m,水泥混凝土路面,沥青混凝土硬路肩,行车道宽2×7.5m。设计速度100km/h,曲线半径700m,最大纵坡3.9%。

设计荷载:汽车—超20级,挂车—120。

设计洪水频率:大、中、小桥,涵洞及路基1/100。

(三)主要工程量

本工程设计共有土石方1052万m³;大桥723.73m/4座,中桥1311m/23座,小桥292m/13座,分离式立交65处,涵洞12299m/357道,通道5433m/161道;设宜州、马山、太阳村、柳江共4处互通立交。

(四)沿线自然地理概况

宜州至柳州高速公路走向由西向东偏南,路线地貌主要以低山丘陵岩溶峰林地貌出现,沿线地貌为平原微丘区,起伏不大,地质出露为灰岩、硅质岩、白云岩、白云质灰岩、碳质页岩、泥质页岩等。山间多为冲积和坡积黄色低~高液限黏土,洪积含砂砾黏土,含碎石黏土及碎石土,有部分软土和淤泥。灰岩地带岩溶较发育。

宜州至柳州高速公路路线位于北回归线以北,纬度较低,按《中国自然区划图》划分为V3区,属亚热带季风气候,多年平均气温在19°~20°,多年平均降雨量在1300~1500mm。每年10月至次年3月为旱季,是施工的大好季节。

(五)项目投资及来源

宜州至柳州主线100.63km,批准概算投资为12.95亿元;宜州绕城线12.13km,批准概算投资为1.58亿元;(柳城县)马山(乡)至(柳城县县城)大埔连接线全长22.801km,概算投资6096万元;柳江连接线全长0.719km,概算投资280万元。

(六)主要参建单位

本工程由广西壮族自治区交通工程质量监督站进行监督。设计工作主要由广西壮族自治区交通规划勘察设计研究院承担,会集广西壮族自治区部重庆勘察所(通信工程)、深圳华科交通工程有限公司(交通安全工程)以及广西交通科研所(通信、收费、监控)等单位共同完成全线的勘察与设计工作。表8-8-1为路基工程施工单位一览表,表8-8-2为路面工程施工单位一览表,表8-8-3为柳城、柳江连接线路基路面施工单位一览表。

广西

路基工程施工单位一览表

表 8-8-1

序 号	标段名称	施工单位名称	施工里程(km)	施工起止桩号
1	No.1	广西路桥总公司路面施工处	6.843	K179+866.89～K186+710
2	No.2	广西路桥总公司机械施工处	5.615	K186+710～K192+325
3	No.3	广西路桥总公司第一工程处	9	K192+325～K201+000
4	No.4	广西路桥总公司机械施工处	10	K201+000～K211+000
5	No.5	广西路桥总公司第二工程处	6.552	K211+000～K217+552.48
6	No.6	广西路桥总公司第四工程处	7.461	K217+552.48～K225+000
7	No.7	广西路桥总公司机械施工处	10	K225+000～K235+000
8	No.8	广西路桥总公司第三工程处	6.50	K235+000～K241+500
9	No.9	广西路桥总公司第三工程处	4.50	K241+500～K246+000
10	No.10	广西路桥总公司机械施工处	10.224	K246+000～K256+224.14
11	No.11	广西航务工程处	6.965	K256+224.14～K262+965
12	No.12	广西航务工程处	8.935	K262+965～K271+900
13	No.13-1	广西水电工程局	4.1	K271+900～K276+000
14	No.13	交通武警第一总队第二支队	5	K276+000～K281+000
15	No.14	交通部第二工程局第二工程处	11.308	K281+000～K292+308.66
16	No.15	柳州铁路局工程处		7座铁路分离立交桥

路面工程施工单位一览表

表 8-8-2

序 号	标段名称	施工单位名称	施工里程(km)	施工起止桩号
1	No.A	广西路桥总公司路面工程处	12.133	K179+866.89～K192+000
2	No.B	广西路桥总公司第一工程处	9	K192+000～K201+000
3	No.C	广西路桥总公司机械工程处	10	K201+000～K211+000
4	No.D	广西路桥总公司第四工程处	14.014	K211+000～K225+000
5	No.E	广西路桥总公司机械工程处	10	K225+000～K235+000
6	No.F	广西路桥总公司第三工程处	11	K235+000～K246+000
7	No.G	广西路桥总公司机械工程处	10.224	K246+000～K256+224.14
8	No.H	广西航务工程处	15.9	K256+000～K271+900
9	No.I	武警交通一总队二支队	5	K276+000～K281+000
10	No.I-I	广西建工集团第二工程公司	4.1	K271+900～K276+000
11	No.J	交通部第二工程局第二工程处	11.3	K281+000～K292+308.66

柳城、柳江连接线路基路面施工单位一览表

表 8-8-3

序号	标段名称	路线名称	施工单位名称	施工里程(km)	施工起止桩号
1	LC1	柳城连接线	柳州市市政工程公司	路基6.05	K0+000～K6+050
2	LC2	柳城连接线	广西路桥总公司第二工程处	路基0.2	K6+050～K6+250

续上表

序号	标段名称	路线名称	施工单位名称	施工里程(km)	施工起止桩号
3	LC3	柳城连接线	广西建工集团机械施工公司	路基8.75	K6+250~K15+000
4	LC4	柳城连接线	中国有色第十一冶金建设公司	路基7.95	K15+000~K22+920
5	LC5	柳城连接线	柳州公路局	路面12	K0+000~K12+000
6	LC6	柳城连接线	广西航务工程处	路基10.92	K12+000~K22+920
7	13-2	柳江连接线	柳州公路局	0.719	K558+071~K558+800

二、建设情况

(一)项目准备阶段

1. 建设依据

项目建议书:广西壮族自治区计划委员会桂计交〔1996〕84号。

可行性研究报告:广西壮族自治区计划委员会桂计交〔1996〕550号。

初步设计:广西壮族自治区计划委员会《关于宜州至柳州公路初步设计的批复》桂计交〔1998〕118号(宜柳公路)、广西壮族自治区计划委员会桂计交〔1999〕224号(宜州绕城线)、广西壮族自治区计划委员会桂计函〔1999〕40号(各连接线)、广西壮族自治区计划委员会桂计交〔2000〕278号(预留项目、交通工程)。

报建:1998年2月,建设办公室向广西壮族自治区交通厅上报《公路工程项目报建表》报建并获批复。

开工前审计:开工前通过广西壮族自治区审计厅审计。

开工:广西壮族自治区交通厅批准1998年9月5日开工建设。

报监:广西壮族自治区交通工程质量监督站以交质监〔1998〕54号文批复同意报监。

2. 成立项目法人、管理机构及职责

自治区公路大通道工程建设总指挥部办公室设立宜州至柳州公路建设办公室,代表广西壮族自治区交通厅在施工现场行使项目业主职能,同时设立宜州、柳城、柳江、柳州、新兴农场5个分指挥部和露塘农场领导小组,负责当地征地拆迁及协调地方关系工作。宜柳公路建设办公室下设行政处、政治处、协调处、财务处、公安执勤室5个职能部门。

3. 招标情况

宜柳公路所有工程项目均按国家和交通部有关法律、法规和文件,由广西壮族自治区交通基建管理局或宜柳公路建设办公室组织公开招投标或议标。其中路基、路面、房建工程或部分材料采购项目在广西壮族自治区交通厅领导下由广西壮族自治区交通基建管理局完成,其他在广西壮族自治区交通基建管理局领导下由宜柳公路建设办公室完成。所有招投标工作均符合基本建设程序。通过招投标选定报价较合理、实力雄厚、工期能满足要求、质量有可靠保证措施的施工单位、监理单位参与宜柳公路的建设。整个招标过程体现了公平、公正、公开的原则。

宜柳公路实行二级直线职能的监理管理模式,设立宜州至柳州公路建设总监理工程师办公室,建立和落实工程质量领导责任制。总监理工程师办公室下设监理处、合同材料处、设计室、计量经济室、中心实验室以及7个驻地高级监理共享式办公室,负责工程监理工作。7个驻地办分别是:广西桂通监理公司组建的第一、二驻地办,华南监理公司组建的第三驻地办,华宁北方监理公司组建的第四驻地办,湖南交通监理公司组建的第五、六、七驻地办,总监办另设房建监理室和机电监理室。第一至五驻地办主要负责监理正线路基和路面、隔离栅、绿化等工程;第六驻地办主要负责连接线——马(山)大(埔)二级公路的全部工程监理工作;第七驻地办负责全线交通工程监理工作;房建监理室主要负责全县2个管理所、6个收费站、2个服务区的房建施工的监理工作;通信收费系统的监理工作由机电监理室负责。

4.征地拆迁情况

宜州至柳州公路主线和管理所、服务区按设计应征土地共计10942.65亩,项目实际征用面积10329.822亩,其中集体土地有9647.652亩,国有划拨土地有682.17亩,比设计少征土地612.828亩。

(二)项目实施阶段

重大设计变更情况:因实际地址情况与原钻探资料有出入或地基承载力不足,K277+370木罗村分离立交桥0号台由扩大基础变更为桩基础;K205+840马山分离立交桥1号、2号、3号墩加深、加大扩大基础。K208+420网格分离式立交由1×10m主线上跨分离式立交桥改为(10+2×16+10)m主线下穿分离式立交桥,降低了两端线路纵坡,大大改善了纵面线形,减少填方7.7万m^3,缓解了土源缺乏的困难,减少了从远方调运土方的运费。

三、科技创新

第J标在施工中积极采用新技术、新工艺,使工程施工质量得到了提高。

在二灰碎石基层施工,以及二灰混合料拌和中,根据拌和机的特点,采用先将石灰与粉煤灰预拌,再按配合比将预拌二灰和碎石进行机拌,有效控制了石灰剂量。在现场施工中,采用支立模板、平地机整平、人工辅助拉线等方法,使二灰高程控制在规定范围之内,为封油层施工及混凝土施工创造了有利条件。

在混凝土施工中,对配合比进行了优化设计,即水泥:中粗砂:5~30mm碎石:水:外加剂为320:12:1321:14.2:1.6,并且根据三轴机的特点,对混凝土前场施工工艺进行了改进,在三轴机前增加一台自行式振动梁进行二次振捣密实,不仅降低了水灰比,还方便了刮尺饰面作业,对提高混凝土强度、平整度、表面回弹值及耐磨性起到了很好的作用,自行式振捣梁的使用使J标混凝土施工质量更上了一个台阶,弥补了三轴机的不足之处,有一定的推广价值。

四、运营管理

(一)服务区设置

该路段服务区不属于柳州运营公司管辖。

(二)收费站点设置

该路段共设置2个收费站:柳江站、太阳村站。2个收费站共10条车道。具体见表8-8-4。

收费站点设置情况表 表8-8-4

站 点 名 称	车道数(条)	收 费 方 式
柳江站	2进3出	半自动收费方式
太阳村站	2进3出	半自动收费方式

(三)车流量发展状况

该路段日均车流量从2000年的1912辆增至2016年的7553辆,年平均增长率为18.43%。具体见表8-8-5及图8-8-1。

日均车流量增长情况表 表8-8-5

年份(年)	日均车流量(辆/d)	同比增长率(%)	年份(年)	日均车流量(辆/d)	同比增长率(%)
2000	1912	—	2009	1990	-8.51
2001	1970	3.03	2010	4014	101.7
2002	2700	37.06	2011	5190	29.3
2003	2788	3.26	2012	4975	-4.1
2004	2877	3.19	2013	5834	17.3
2005	3873	34.62	2014	6182	5.97
2006	3585	-7.44	2015	5709	-7.65
2007	2950	-17.71	2016	7553	32.3
2008	2175	-26.27			

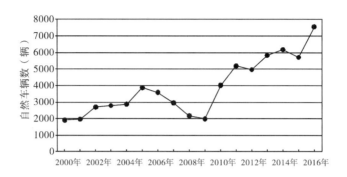

图 8-8-1 宜州至柳州高速公路日均车流量发展状况图

第九节 南宁机场高速公路

一、项目概况

(一)基本情况

南宁至凭祥高速公路吴圩机场段是国道 322 线(衡阳—凭祥)中的一段,是国道 G72 联络线 G7211 的组成部分,是广西、南宁市与国内外联系的重要纽带,是显示广西特别是南宁市对外开放、改善投资环境的重要窗口,它的建成通车,对广西的经济建设和社会发展起着十分明显的促进作用。

南宁机场高速公路是南宁至凭祥高速公路吴圩机场段,北起快速环道南站大道与富宁大道交叉口,南至吴圩机场,全长 21.458km。其中城市道路段 3.016km,路幅宽 100m,设计速度 60km/h;高速公路段 18.442km,路幅宽 42.5m,设计速度 120km/h,全线双向六车道,水泥混凝土路面,路基土石方数量:挖方 493 万 m^3,填方 484 万 m^3;水泥混凝土路面 696718m^2;中桥 1 座,长 100m,小桥和涵洞 88 座,是广西当时公路中每公里土石方量最大、边坡最高、坡长最长的道路工程;铁路立交(跨线桥)1 处、互通式立交 3 处、分离式立交 3 处、人行天桥 2 座。概算总投资 7.298 亿元,工程总投资为 81942 万元。工程于 1998 年 11 月 20 日开工建设,2000 年 9 月 28 日竣工通车。

道路等级:城市道路段为城市快速路;城市道路段外为高速公路;路段设计速度:城市道路段为 60km/h;高速公路为 120km/h;设计荷载:汽—超 20 级,挂—120 验算;路幅宽度及横断面布置:城市道路段路幅宽度为 60m,布置为四块板的横断面形式,其中中央分隔带宽3.0m,两侧机动车道各宽16.5m,两侧分隔带各宽2.0m,两侧非机动车道各宽6.5m,两侧人行道各宽3.5m。高速公路段路基宽度为35m,横断面布置为三上三下双向六车道,双幅路。中央分隔带宽3.0m,左侧路缘带各宽0.75m,行车道每幅宽$3 \times 3.75 = 11.25$m,硬路肩各宽3.5m(包括右侧路缘带0.5m),土路肩宽0.5m。

（二）参建单位情况

按照南宁市委、市政府的指示,路基、路面、交通绿化等工程的所有项目的施工和监理都面向全国公开招标。整个工程分50多项单项工程进行公开招投标。招标过程都在南宁市市招标办、市公证处、市纪检委、市监察局等监督部门的监督下进行,采用二级评标法,经过专家组和评委会的评定确定中标单位。

项目业主:南宁市城市建设投资发展总公司。

监理单位:第1监理代表处:广西建设监理公司;第2监理代表处:长沙交院华南交通工程咨询公司;第3监理代表处:武汉城苑监理工程有限公司。

施工单位:

(1)路基施工单位

第1合同段:南宁市市政工程总公司

第2合同段:南宁市基础工程总公司

第3合同段:中国水利水电第十三工程局

第4合同段:柳州市市政工程总公司

第5合同段:中南市政工程建设总公司

第6合同段:广西壮族自治区公路桥梁工程总公司

第7合同段:交通部二航局四公司

第8合同段:中国建筑第二工程局

(2)路面施工单位

第1合同段:中南市政工程建设总公司

第2合同段:广西壮族自治区公路桥梁工程总公司

第3合同段:中港第二航务工程局第四工程公司

(3)交通工程

标线工程:广州天宝经济技术发展公司

标志工程:广西一建道路设施标牌厂

钢护栏工程:江苏常州华林交通设施有限公司

隔离栏工程:厦门宏辉交通护栏有限公司

机电系统、监控系统工程:成都曙光光纤网络有限责任公司

部分监控收费设备:广西壮族自治区交通科学研究所

(4)绿化工程

绿化 A1:南宁市鑫录园林绿化工程有限责任公司

绿化 A2:广西南宁万景园林工程有限公司

绿化 A3:广西柳州市园林建设工程公司

绿化 B1:南宁市园林建设工程公司

绿化 B2:广西林科院园林绿化规划设计部

绿化 C1:广西林业勘测设计院

绿化 C2:柳州市城市绿化维护管理所

二、建设情况

(一)项目准备阶段

建设资金由国债转贷、广西壮族自治区交通厅投入、南宁市财政投入和业主向国家开发银行专项贷款四部分组成,其中国债转贷 1.5 亿元,广西壮族自治区交通厅投入 1.2 亿元,南宁市财政投入 1.5 亿元,南宁市城市建设投资发展总公司向国家开发银行贷款 3 亿元。占用土地 3021 亩。

(二)项目实施阶段

在工程建设中,南宁市城市建设投资发展总公司按照 FIDIC 条款建立了管理模式和质量保证体系,并与各监理代表处和各合同段施工单位签订了质量终身责任书和工程合同,严格要求、严格制度、严格管理、落实责任,积极稳妥地做好各项管理工作。

三、复杂技术工程

全线总投资 7.49 亿元,其中绿化工程总投资 3099.91 万元,占总投资的 4.14%。每年管护费 400 多万元。

南宁至凭祥高速公路吴圩机场段的绿化充分考虑了南宁绿城和环保的时代要求,全线 10.5m 的中间绿化带和边坡的绿化,种植了特别能体现南国特色和亚热带风光的 120 多种花草树木,12 个民族手拉手,五象图、壮锦等各种图案点缀其间,既协调了人与自然的关系,又丰富了人们的想象空间,20 多公里长的中间绿化长廊,是南国特色和亚热带风光植物的天然展览馆。

南宁机场高速公路的绿化是南宁机场高速公路的重要组成部分,整个绿化布局由下边坡绿化、上边坡绿化和中央分隔带绿化组成,绿化面积 163.1 万 m^2,绿化率 66%。整条高速公路种植了能够体现浓郁的南国特色和区热带特色的花草树木近百种。按城市风光、自然风光和田园风光三大部分设计。城市风光的绿化主要种植朱槿、黄金榕、美人蕉和马尼拉草,分别组成五象图、壮锦、12个民族手拉手等图案,具有鲜明的民族特色。既协调了人与自然的关系,又丰富了人们的想象空间;自然风光部分的中央分隔带主要种植软叶针葵、黄素梅、彩叶朱槿、九里香、蚌花,上边坡主要种植铺地菊、马樱丹,表现广西劳动人民安居乐业、勤劳朴素的精神风貌;田园风光段高速公路从平坦的田野中通过,边坡绿树成荫,花果飘香,中央分隔带景色迷人,花红草绿,充分表现壮乡人民热情好客和对美好生活的向往。

四、科技创新

在工程的建设中,广大建设者顶烈日、冒寒暑,发扬连续作战精神,克服重重困难,在时间短、任务重、施工难度大、质量要求高的情况下,较快、较好地完成了工程的各项任务。路基填方最高约42.5m,挖深近100m,最长边坡160多米,本工程为广西公路建设之最。广西路桥总公司机械施工处在施工中创造了日填方2.4万m^3的新纪录。在水泥混凝土路面的施工中,项目公司要求施工单位采用高科技、新技术以确保工程速度和工程质量,广西路桥总公司引进的目前广西最先进的美国CMI公司SF-6004型滑模摊铺机首次在本工程投入使用,该型号摊铺机自动化程度高、速度快,全液压控制,对混凝土路面的平整度、高程、压实度都能进行有效控制,其创造了日摊铺混凝土路面7225m^2的广西新纪录,其摊铺的路面平整度达100%,经广西壮族自治区交通质监站验收分数达95.1分,是广西高速公路路面评分最高分,代表了广西的最高水平。

五、运营管理

机场高速公路那洪收费站于2001年1月1日开始收费经营,收费年限为25年,从2001年1月1日起至2020年12月31日止,目前隶属南宁城市路桥投资管理有限责任公司管理,那洪收费站共设16条车道,进城方向9条车道,出城方向7条车道。收费方式为开放式双向收费,2014年全年收费收入为1.13亿元,2015年1~6月累计收费收入为5700万元,预计全年收入将达到1.14亿元左右。

第十节 合浦至山口高速公路

一、项目概况

(一)基本情况

合浦至山口高速公路(以下简称合山路)是国道主干线G75兰州至海口公路的重要

路段,是广西公路主骨架东端的重要路段。它承东启西,把我国大西南和珠江三角洲连接沟通,被列为交通运输部和广西壮族自治区重点公路建设项目之一。

合山路在合浦县境内。路线起于十字路白水塘村附近,与钦州北海高速公路终点衔接。经闸口镇,跨越铁山港海湾,穿过白沙镇,终点位于桂粤两省交界的山口镇农业中学附近,路线全长37.1797km。将来与广东湛江至山口高速公路衔接。图8-10-1为合浦至山口高速公路路线图。

图8-10-1 合浦至山口高速公路路线图

本项目批复的初步设计总概算为9.84472665亿元,每公里造价2526万元,建设工期为3年。工程于1999年4月10日开工,交工验收时间为2001年12月19日,2001年12月28日正式通车试运营。实际建设工期比计划工期提前4个月。桂粤连接段开工时间是2005年1月18日,交工验收时间是2005年12月8日,2005年12月10日正式通车试运营。

全路段按四车道高速公路标准设计,路基宽28m,水泥混凝土路面宽2×12.5=25m,中间分隔带2.2m,路肩2×3.4m,设计速度120km/h,全线桥涵与路基同宽,设计洪水频率:特大桥1/300,大、中、小桥、涵洞及路基均为1/300。设计车辆荷载:汽车—超20级,挂车—120。全线全封闭、全立交、全部控制出入口。

地形地貌:合山高速公路路线走向由西向东偏南,为广西南部沿海地区地形。西北枕山丘,东南濒临铁山港,属滨海平原微丘地貌单元。路线经过地面最高点在起点白水塘附近,高程为53.62m,最低点为铁山港沙泥滩 -8.38m。

地质构造及地震:整个区域地质北东向断裂构造发育,北西向断裂构造也有发育,自新生代以来没有发现强烈构造活动现象,区域性稳定性好,但小断层和节理裂隙稍发育。路线K203+100~K235+875.38段,属于以侵蚀和剥蚀为主的覆盖型岩溶地区,由于构造控制,岩面高差较大,少量溶槽、溶沟、溶蚀裂隙发育。

水文地质:路线区域内地下水主要是埋藏于覆盖层的孔隙水、碎屑类的裂隙水及碳酸盐类岩溶水。地下水位受海潮涨落而变更。区域环境检验结果在铁山港跨海大桥、下底河大桥及少部分路段对混凝土具有弱结晶腐蚀作用和强结晶分解复合类腐蚀现象。

气候情况:

(1)气温:合浦县多年平均气温22.4℃。极端最高气温为37.2~37.7℃,极端最低气温为-0.8~2.5℃。

(2)降水:本地区雨量充沛,每年5~9月间为雨季,降水量占全年的78.8%。累年平均降水量1663.9mm。

(3)台风:夏秋季受台风影响,每年2~4次,一般只有5~6级,10级以上少见,达12级以上约4年一次。

主要工程量:路基土石方378.3818万m^3;特殊路基处理49.2779m^3;水泥混凝土路面61.4592万m^3;排水、防护污工砌体11.9301万m^3;特大桥2898.02m/1座;大桥610.16m/2座;中桥322.72m/7座;小桥21.04m/1座;涵洞4280.31m/119道;互通立交3处;互通立交中桥106.12m/3座;分离式立交中桥940.34m/17座;通道2262.62m/76道;服务区1处;收费站2处。

表8-10-1为合浦至山口高速公路项目基本情况统计表。

合浦至山口高速公路项目基本情况统计表　　　　表8-10-1

项　　目	基　本　情　况
工程投资	9.39175625亿元(概算)
工程起止桩号	K198+677.67~K235+857.37
工程设计标准	四车道高速公路
开工时间、通车时间	1999年4月10日开工 2001年12月28日建成通车
地形条件	滨海平原微丘地貌
设计标准	路基宽:28m 设计行车速度:120km/h 设计洪水频率:特大桥1/300 大、中、小桥,涵洞及路基均为1/300 车辆荷载:汽车—超20级,挂车—120

(二)前期决策情况

合山路项目建设的前期决策包含项目立项建议书、项目可行性研究报告和项目设计阶段。

项目立项:1995年5月9日交通部批准立项;可行性研究报告:1997年7月4日交通

部批复;初步设计:1998年9月14日交通部批复;开工报告:1999年4月5日交通部批复。

项目管理组织机构设置情况:按照国家公路建设管理规定,为加强工程建设现场管理,并实行项目业主与工程监理分离的原则,经广西壮族自治区交通厅批准,本项目分别成立了工程建设办公室及总监理工程师办公室。

合山路建设办公室下设政治处、行政处、财务处、协调处、保卫科共5个具体办事职能部门。

为做好合山路建设用地的征地拆迁,维护建设工地的治安,协调、处理好工程建设同地方的关系,在北海市成立了合山路建设分指挥部,市所属的沿线(区)、乡(镇)政府,相应成立了有关工程建设的领导小组,负责具体征地拆迁、治安、协调等工作。

(三)参建单位主要情况

(1)项目法人单位:广西壮族自治区交通厅。

(2)设计单位:具有公路工程甲级资质的广西壮族自治区交通规划勘察设计研究院。

(3)施工单位:全线参建单位12家,其中土建路基工程7个合同段,路面工程2个合同段,交安工程1个合同段,房建工程1个合同段,机电工程1个合同段。

(4)全线监理参建单位2家,分别为具有公路工程甲级资质的广西八桂工程监理咨询有限公司、长沙交通学院华南监理公司。

(5)质量监督单位:监督单位由广西壮族自治区交通工程质量安全监督站代表政府主管部门对本项目进行监督。

二、建设情况

(一)项目准备阶段

1. 立项审批

本项目工程建设严格依据国家法律法规和标准、规范、规程执行,严格执行国家的基本建设程序,从工程的立项、可行性研究、初步设计、施工图设计以及开工前的其他各项有关工作,均遵照国家基本建设程序及公路工程建设市场管理的有关规定,严格按要求分步骤逐一报批,循序地进行,国家基本建设程序审批手续齐全、完善。详情见表8-10-2。

合山路基本建设程序执行情况一览表　　　　　表8-10-2

序号	建设程序	审批机关	批复日期	批准文号
1	项目立项	交通部	1995.05.09	交计发〔1995〕412号
2	可行性研究报告	交通部	1997.07.04	交计发〔1997〕383号

第八章 高速公路项目建设

续上表

序 号	建设程序	审批机关	批复日期	批准文号
3	初步设计	交通部	1998.09.14	交公路发〔1998〕563号
4	项目报建	交通部	1998.09.22	
5	工程投标单位资质预审	交通部公路司	1998.12.24	交建设字〔1998〕136号
6	开工前审计	广西壮族自治区审计厅	1998.02.25	
7	开工报监	广西壮族自治区交通工程质量监督站	1999.09.02	交质监〔1999〕31号
8	开工报告	交通部		

2. 资金筹措

项目批复的初步设计总概算为9.84472665亿元,资金通过自筹、申请上级部门补助和贷款等多渠道解决。

3. 招投标情况

项目建设严格执行《中华人民共和国公路法》《中华人民共和国招标投标法》《中华人民共和国合同法》以及交通部《公路建设市场管理办法》和《公路建设四项制度实施办法》等各项法律、法规,通过公开招标择优选定各设计单位、监理咨询单位、施工单位及大宗材料采购供应商。在各次招投标活动中,业主的资格预审文件、招标文件均获得广西壮族自治区交通厅的备案,招标各方行为守法规范,均能做到"公开、公平、公正、诚信"原则,广西壮族自治区交通厅对招标全过程进行监督,开标时由南宁市公证处进行公证,专家评标推荐,最后由业主定标并经公示。招投标行为合法合规。

4. 征地拆迁情况

项目在建设实施中,严格执行"十分珍惜、合理利用土地和切实保护耕地"的基本国策,使用土地严格执行国家的法律、法规,各项手续齐全。本项目通过统一征地拆迁工作程序、实行征地拆迁补偿资金分账户管理、先结算后支付、补偿资金支付"实名制"、补偿资金银行—银行—存折模式运行并定期回访检查等整套办法,尽可能避免和制止挪用、截留、贪污等违法犯罪现象的发生,保障建设资金安全,保护农户的合法权益。总计征用永久性土地4459.23亩、拆迁住宅房屋10072.4m²。具体见表8-10-3、表8-10-4。

征地拆迁情况统计表　　　表8-10-3

征地拆迁安置起止时间	征用土地（亩）	拆迁房屋（m²）	支付补偿费用（元）	备 注
1999.04~2011.12	4459.23	10072.24		

标段划分情况表

表 8-10-4

标 段 号	里 程 桩 号	工 程 内 容	长度(km)	施 工 单 位
No.26	K198+677.67~K211+500	路基土石方、排水工程、涵洞、砌筑工程、小桥	12.82233	交通部武警一总队二支队
No.27	K211+500~K212+700	路基土石方、排水工程、涵洞、砌筑工程	1.27	广西路桥总公司(二处)
No.28	K215+664.01~K217+000	路基土石方、排水工程、涵洞、砌筑工程	1.33599	广西路桥总公司(一处)
No.29-1	K217+000~K221+600	路基土石方、排水工程、涵洞、砌筑工程	4.6	广西路桥总公司(三处)
No.29-2	K221+600~K226+598.52	路基土石方、排水工程、涵洞	4.99852	广西路桥总公司(路面处)
No.30-1	K226+598.52~K230+800	路基土石方、排水工程、涵洞	4.20148	广西路桥总公司(机械施工处)
No.30-2	K230+800~K235+857.37	路基土石方、排水工程、涵洞	5.05737	广西路桥总公司(四处)
No.J	K198+677.67~K212+765.99、K215+664.01~K217+000	路面及桥面工程	15.42431	广西路桥总公司(机械施工处)
No.k	K217+000~K234+540	路面及桥面工程	17.54	广西路桥总公司(四处)
第二预制场	K198+677.67~K234+540	桥上构	35.86233	广西路桥总公司(三处)
第一预制场	K198+677.67~K234+540	管涵	35.86233	广西路桥总公司(二处)
No.127	K198+677.67~K233+800	标志标线	35.12233	常州常新道路工程材料有限公司
No.123	K198+677.67~K234+560	防护网	35.88233	中国公路工程咨询监理公司
No.124	K198+677.67~K235+540	波形钢护栏	35.86233	河北银达集团有限公司
No.125	K198+677.67~K234+540	波形钢护栏	35.86233	四川京川公路工程(集团)有限公司
No.126	K198+677.67~K234+540	标线	35.86233	常州常新道路工程材料有限公司
No.127	K198+677.67~K234+540	标志	35.86233	广西弘路交通附属工程有限公司
全线		房建工程	全线	北海市第三建筑工程公司
全线		机电工程	全线	广西壮族自治区交通科学研究所

续上表

标段号	里程桩号	工程内容	长度(km)	施工单位
监理 No.Ⅰ 合同段	No.26～No.28、No.J、第二预制场、交安工程	监理		广西桂通公路工程监理咨询有限责任公司
监理 No.Ⅱ 合同段	路基 No.29-1、29-2、30-1、30、No.K、房建工程	监理		长沙交通学院华南公司

(二)项目实施阶段

严格工程合同管理:合山路施工合同文件是参照 FIDIC 条款编制的法律合同文本。该合同条款对工程进度、质量、资金支付、安全生产、施工监理、合同管理等,都做了严格的规定,工程施工中,加强合同管理,确保工程建设目标的实现。

狠抓工程质量管理:合山路工程质量管理,认真贯彻执行了上级的指示精神,从项目的前期工作到竣工验收,一直都坚持齐抓共管,常抓不懈。工程开工以后,合山路建设办认真学习国务院、交通部关于加强工程质量管理的新法规,进一步增强质量意识和质量责任感。

1. 路基

对较高的填挖方边坡由设计的草皮防护改为浆砌片石骨架加种草皮防护,使边坡更能抗冲刷和更加稳定,同时也美化了路容。K198+779～K203+000 段挖方边坡变更为 1:1.25。

多处软土地基,经设计单位请地质部门进行勘探,并设计了深层搅拌法软基处理,确保了路基工程质量。

K212+185～K212+795 段填海路堤,根据 1999 年 6 月 29 日广西壮族自治区交通基建管理局组织设计、公路学会及建设监理等单位的有关专家的会审意见进行施工图修改,将原设计抛石棱体子堤修改为袋装砂,子堤外侧为模袋混凝土,优点是降低造价,减少石料用量和施工难度。

K215+664～K216+550 段桥头路堤经地质勘探后,对软土地基作了补充设计,软土深度小于 3m 采用换土垫层法,软土深度大于 3m 采用砂桩进行处理。

2. 路面

遵照交通部颁发的《公路水泥混凝土路面设计规范》(JTJ 12—94)和广西壮族自治区交通厅下达任务的有关文件执行。水泥混凝土面层厚 24cm,沥青石屑下封层 1cm,二灰碎石基层 18cm,级配碎石下基层厚干燥路段为 16cm,中湿路段为 18cm。设计执行中,根据广西壮族自治区交通厅交基建函〔2000〕45 号,水泥混凝土路面板厚由设计的 24cm 改为 26cm。

3. 主要桥梁设计修改及执行情况

在施工过程中,由于当地群众的强烈要求,经上报上级单位同意,那交河大桥桥位向西移动60m,桥头起点桩号由原设计的K231+305.46变为K231+245.46,桥型桥长不变。

三、复杂技术工程

铁山港跨海特大桥,1999年11月18日正式开工建设,2001年12月建成通车。该桥位于广西北海铁山港中上段,合浦至山口段跨越海湾的一座特大型桥梁,全桥长2898.02m,该桥宽26.5m(双向四车道)。起点桩号K218+765.99,全桥共113孔,其中56孔为跨径20m、54孔为跨径30m预应力钢筋混凝土空心板,另有3跨50m主通航孔为预应力钢筋混凝土宽幅槽形梁、桥下可通行500t船舶。空心板分9联,最大单联420m,最小单联150m。跨径20m、30m上部结构为宽幅预应力混凝土空心板,三支座受力,先简支后连续结构。跨径50m上部结构为简支槽形梁,四支座支承受力,桥面连续。全桥下部结构采用桩、柱式墩、桩基础,桥台下部构造桩基础、肋板埋置式台身。桥面系中桥面铺装为混凝土铺装层,护栏为防撞墙,伸缩缝采用异型钢伸缩缝装置。

铁山港跨海特大桥是合浦至山口高速公路跨越铁山港海湾的一座跨海大桥,由中国公路·北京建达道桥咨询公司负责设计,当时,对设计要求时间较紧迫,并在设计过程进行中,因地质资料、桥面宽度变化,施工图设计进行了三次变更,最后,根据施工图设计审查意见修改,确定该桥以1999年6月出版的图纸为施工依据。

该桥在建设过程中采用了多项新的施工工艺,如广西第一条50m宽幅槽形梁的预制、横移安装工艺50m大梁的现场预制,平台搭设方案;填海路基模袋砂、模袋混凝土施工工艺、海上施工桥梁结构物防腐蚀工艺、海上长距离测量技术、大梁支座安装工艺、预应力盖梁等工艺填补了建桥技术的空白。

该桥的建成使中国大西南地区、西南沿海地区与广东珠江三角洲渝湛高速公路、兰海高速公路得以全线贯通,缩短了广西防城港、钦州等西南沿海城市地区到珠江三角洲的陆上交通距离,促进了大西南地区以及西南沿海地区和广东珠江三角洲的交通、商贸、物流的极速发展。

四、科技创新

(一)模袋砂子堤及模袋混凝土的应用

1. 适用范围

北海铁山港跨海特大桥闸口岸引道K212+200～K212+795段填海路堤原设计是全部抛填片石到+3.5m高程后(一般潮位高程),再填土作路堤,经考察现场后认为:填石较高,在未清淤情况下抛填片石,难以密实,路堤筑好后,工后沉降可能较大,施工质量比较难控制;抛填片石数量较大,工程造价较高,今后的维修保养困难较大。为此,在施工中采用当时海港工程中的新工艺,采用大型模袋填充砂作子堤(左右两侧),外侧填充C20模袋混凝土作护面,堤内回填中粗砂至原地面+0.5m高程或到一般潮位+3.5m高程。模袋填充砂子堤主要适用于高速公路经过浅海滩,路堤受海浪冲刷,但覆盖层厚度不大的情况。

2. 模袋砂子堤及模袋混凝土的结构特点

(1)结构紧凑,布局合理,外形简洁美观。

(2)子堤耐久性好。外表面有C20混凝土厚30~40cm护面,再加上还有花岗块石抛石护脚、已满足抗海浪冲刷的要求。

(3)施工便捷。砂袋及模袋可以在工厂定做(尺寸自定),只要备少量的抽砂机(砂泵)就可以将砂抽入袋中进行整平施工作业。

(4)造价低廉,路堤质量有保证。经分析,比采用全抛填片石可省投资20%以上,而且对子堤以上部分的填方路堤的施工质量有保证,工后沉降可以大大减小。

3. 模袋砂子堤施工要点

基础开挖及整平、袋装砂子堤施工、反滤层施工、模袋混凝土护面施工、抛石护底、袋装砂子堤内填料施工、浆砌花岗岩块石护面等。模袋砂子堤施工时应注意以下事项:当模袋砂子堤修筑完工后,应及时用袋装碎石进行埋坡,避免模袋长时间日晒或者冲刷造成漏砂;埋坡完工后,抓紧进行模袋混凝土的护面施工,否则海浪冲刷容易造成碎石袋位移;尚未打模袋混凝土护面之前,严禁在左右两侧子堤顶面进行填土施工工作;严禁在已修筑的子堤范围内再开挖修筑涵洞或通道等结构物。图8-10-2为模袋砂子堤施工现场。

图8-10-2 模袋砂子堤施工现场图

(二)50m 槽形梁的应用

50m 预应力槽形梁预制及安装工艺跨海大桥主通航孔采用50m预应力槽形梁新结构,50m 槽形梁是全国同类桥梁中跨度最大的梁,这在广西也尚属首次。该结构具有板宽、壁薄、混凝土圬工数量少、钢筋比较节省、施工及安装等工艺不复杂等优点,但梁内腔为棱体,给模板的装拆增加一定的难度。经过分析研究,决定在海上50m跨位置(靠左侧)搭设一个现场预制工作平台。当每片大梁预制完成后,用千斤顶、滑板等设备,采用顶推方式将其横移就位。这样,不仅省去了使用大型运输装吊等设备的费用和工序,而且施工比较经济方便,工期有保证。其次,为了确保工程质量,对钢模板的设计、安装、混凝土浇筑,以及梁的顶起、横移、就位,都进行了精心的设计,认真研究和试验。预应力槽形梁边板宽2.47m,高2.5m,中板宽为2.2m,高为2.5m。全幅共9片梁,梁的预制长度49.96m,底宽1.6m,高2.5m,为宽幅薄壁预应力结构,体积大、重量重,在横移时要特别小心,否则容易造成倾倒。为此,当槽形梁在平台底模上预制完成后,先将其两端顶起并横移船上。平台上每条底模的两头约1m范围的底模钢板在设计时均为活动式,底模下用槽钢及木楔垫起,当大梁最后一次压浆强度达到75%的设计强度时,即可将木楔取出使模板落下,然后取出模板插入横移拖船,并在拖船下垫好木块及滑板。槽形梁的横移采用千斤顶顶推式,当千斤顶顶起大梁时,梁体最易倾倒,因此,支架一定要顶稳,两个千斤顶的顶起速度也要一致,顶前要对每个千斤顶的油管油泵进行检查,以防止因千斤顶的故障导致大梁倾倒。

五、运营管理

(一)服务区设置

合山高速公路沿线设置有一对铁山服务区,服务区都具备了停车、加油、修理、餐饮、购物等配套服务功能。

(二)收费站点设置

合山高速公路沿线设置有白沙、山口、桂海等3个收费站(表8-10-5)。

收费站点设置情况表　　　　　　　　　　　　　　　　表8-10-5

站点名称	车道数(条)	收费方式
白沙站	5	联网收费
山口站	5	联网收费
桂海站	10	联网收费

(三)车流量发展状况

表8-10-6和图8-10-3为合浦至山口高速公路2003—2016年日均车流量发展状况。从表8-10-7可以看出,合浦至山口高速公路的交通量从2003年至2016年翻了4倍,年平均增幅11.74%。

日均车流量发展状况表

表 8-10-6

年份(年)	路 段 一	路 段 二	路 段 三	日均车流量(辆/d)
2003	合浦至山口			3146
2004	合浦至山口			3691
2005	合浦至山口			4452
2006	合浦至山口			4755
2007	合浦至山口			4941
2008	合浦至山口			6723
2009	合浦至山口			7252
2010	合浦至山口			8655
2011	合浦至山口			8797
2012	合浦至山口			9445
2013	合浦至山口			6718
2014	合浦至山口			11122
2015	合浦至山口			12175
2016	合浦至山口			12664

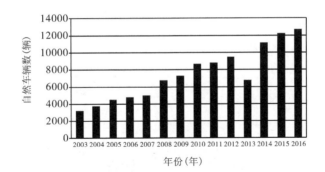

图 8-10-3　合浦至山口高速公路 2003—2016 年日均车流量柱形图

合浦至山口高速公路 2003—2016 年日均车流量发展状况表

表 8-10-7

年份(年)	日均车流量(辆/d)	增(减)幅(%)	年份(年)	日均车流量(辆/d)	增(减)幅(%)
2003	3146		2010	8655	19.35
2004	3691	17.32	2011	8797	1.64
2005	4452	20.62	2012	9445	7.37
2006	4755	6.81	2013	6718	-28.87
2007	4941	3.91	2014	11122	65.56
2008	6723	36.07	2015	12175	9.47
2009	7252	7.87	2016	12664	4.02

(四)养护模式

合山高速公路由桂海管理处进行管养,养护模式为管养分离,通过招投标模式确定中标单位,由中标单位在管理处所辖路段安排至少一支施工养护队伍负责日常的养护。

第十一节　兴业至六景高速公路

一、项目概况

(一)基本情况

广昆高速公路兴业至六景高速公路(图8-11-1)位于广西玉林市兴业县、贵港市、南宁市横县境内,是南宁经梧州至广州高等级公路的重要路段,也是广西公路网主骨架"七射一环"的关键路段。

图8-11-1　兴业至六景高速公路路线示意图

兴业至六景高速公路起于兴业县山心镇,接岑兴高速公路,经木格、瓦塘、香江圩、大岭、云表、校椅、石塘,终于横县六景镇,在六景互通式立交与柳南高速公路相接,主线公路全长99.81km。设计车辆荷载为汽车—超20,挂—120,主要设计技术指标如下:

线路主线(K182+980～K282+333.62)为高速公路,全长99.81km,路基宽度28m,行车宽度2×7.5m,设计速度120km/h。

兴业连线为一级公路,全长12.93km,路基宽度25.5m,行车宽度2×7.5m,设计速度

100km/h。

贵港连线为一级公路,全长18.44km,路基宽度25.5m,行车宽度为2×7.5m,设计速度为100km/h。

横县连线为二级公路,全长20.76km,路基宽度17m,行车宽度为2×7.0m,设计速度为80km/h。

山心支线为二级公路,全长1.825km,路基宽度8.5m,行车道宽7.0m,设计速度40km/h;另有0.74km联线。

高速公路、一级公路特大桥设计洪水频率1/300,大、中、小桥,涵洞及路基设计洪水频率1/100。

二级公路桥梁设计洪水频率1/100;涵洞及路基设计洪水频率1/50。

设计的主要工程数量为:主线互通式立交6处,服务区2处,停车区1处,收费站(含2个管理所)5处,分离式立交35处,特大桥521m/1座,大桥350.04m/2座,中桥716.11m/12座,通道208道,涵洞506道,路基计价土石方1383.903万m^3,水泥混凝土路面3563.927千m^2。

路线位于广西中南部低山丘陵区,沿线所经过地区属广西"山"字形构造弧顶区及其东南华夏构造的一部分,为山前丘陵和岩溶平川地形,地势东高西低,海拔高程为30~50m,相对高差110m左右。沿线有武思江、广福河、班桥江、郁江、林桥江、鲤鱼江、云表河、新桥江、新龙江、甘棠河等河流;沿线露出的地层主要有印支期第二次侵入的堇青石黑云母花岗岩;白垩系新隆组砾岩、粉岩及粉砂岩;泥盆系页岩、砂岩、粉砂岩、灰岩、泥岩及白云岩;石炭系的页岩、白云质灰岩;二叠系栖霞阶灰岩;第三系的砾岩、粉砂岩;第四系全新统砂质黏土、亚砂土等。地层层位一般稳定,但也有部分不良地质现象,如软土、滑坡、岩体顺层滑动和软弱岩层和破碎带等。

本路段处于东经108°35′~109°35′,北纬22°36′~22°43′,属南亚热带季风气候,阳光充足,气候温和,雨量充沛,湿度大;冬短夏长,无霜期长,冬旱夏湿,春季阴雨绵绵,夏季暴雨成灾,气候呈显著气候性变化。年平均降雨量1194mm,主要集中在4~9月。年平均日照达1750.4h,年平均气温21.8℃,最低气温-0.4℃,年无霜期327d。区域主导风向为东北风或北风,最大风速20m/s,平均风速2.3m/s。沿线气候适宜植物生长,沿线植被茂盛,风景秀丽。

本项目是广西第一个推行BOT模式的公路项目,本项目经广西区计委批准调整概算为27.44亿元。批复建设资金来源为自筹资金。

本项目建设总工期3年,工程于2000年12月28日正式开工建设,于2003年8月5日建成通车。

表8-11-1为项目建设情况表。

项目建设情况表　　　表8-11-1

编号	主要控制点	项目名称	里程（km）	投资（亿元）	车道数	设计速度（km/h）	建设时间（开工~通车）	备注
G80	山心互通、木格互通、香江圩郁江大桥、大岭互通、云表互通、校椅互通、甘棠河大桥、六景互通，兴业、贵港一级连线公路，山心支线、横县连线二级公路	兴业至六景高速公路	99.81	27.44	4	120	2000.12.28~2003.08.05	

（二）前期决策情况

本项目为经广西壮族自治区人民政府同意，并授权中国华闻事业发展总公司按BOT模式进行建设的大型公路建设项目，按规定并依法成立项目公司——广西新长江高速公路有限责任公司（以下简称"新长江公司"）进行项目的建设、经营与管理，建设期3年，经营期28年。新长江公司委托中铁二局集团有限公司（以下简称"中铁二局"）进行施工管理。中铁二局派出人员组建工程建设指挥部，负责在现场组织施工。

项目建设前期工程阶段的立项、工程可行性研究，经由广西壮族自治区交通厅上报广西壮族自治区计划委员会审批并获批准（桂计文字〔1998〕493号、桂计交通〔1999〕47号），并列入广西壮族自治区交通厅2000年年度基本建设计划（桂计交通厅〔2000〕298号），广西壮族自治区交通厅指定广西交通规划勘察设计研究院（甲级）进行两阶段设计，广西壮族自治区计划委员会以桂计交通〔1999〕285号对初步设计进行了批复，广西壮族自治区交通厅以交基建函〔2000〕970号对施工图设计进行了批复；广西壮族自治区计划委员会以桂计字〔2002〕144号批准调整概算为27.44亿元。

工程于2000年12月28日正式开工建设，于2003年8月5日建成通车。

全线参与设计单位共有3家，见表8-11-2。

设计单位情况表　　　表8-11-2

序号	单位名称	资质等级	承担设计内容
1	广西交通规划勘察设计研究院	公路工程设计甲级	土建部分
2	中铁二局集团勘测设计院	建筑工程设计甲级	房建部分
3	中国公路工程咨询监理总公司	交通工程设计甲级	交通安全设施及通信管道

（三）参建单位主要情况

本项目土建部分由广西交通规划勘察设计研究院负责勘察设计工作，施工图设计文件于1999年12月完成。在施工期间，院派出1名副总工程师（高工）及2名工程师负责后期服务工作。项目业主单位为广西新长江高速公路有限责任公司。

全线建设单位共有36家,见表8-11-3。

项目参建单位一览表 表8-11-3

序 号	单 位 名 称	资 质 等 级
1	广西壮族自治区公路桥梁工程总公司	公路工程施工总承包特级
2	中铁二局五处	公路工程施工总承包壹级
3	北京城建集团有限责任公司	公路工程施工总承包特级
4	中铁十七局	公路工程施工总承包壹级
5	中铁十四局	公路工程施工总承包壹级
6	中铁二局四处	公路工程施工总承包壹级
7	中铁股份有限公司(一公司、二公司)	公路工程施工总承包壹级
8	中铁二局机筑处	公路工程施工总承包壹级
9	中铁十八局四处	公路工程施工总承包壹级
10	中铁大桥工程局	公路工程施工总承包特级
11	中铁二局建筑有限公司	房屋建筑工程施工总承包壹级
12	中色建设集团有限公司	房屋建筑工程施工总承包壹级
13	广西中铁二局工程有限公司	房屋建筑工程施工总承包壹级
14	广西建工集团第一安装公司	房屋建筑工程施工总承包壹级
15	广西壮族自治区交通科学研究所	交通机电工程设计、施工壹级
16	成都曙光光纤网络有限责任公司	交通机电工程设计、施工壹级
17	南京公路防护设施工程公司	公路交通工程专业承包交通安全设施资质
18	四川路桥建设集团交通工程有限公司	公路交通工程专业承包交通安全设施资质
19	北京高速公路交通工程公司	公路交通工程专业承包交通安全设施资质
20	北京路路达交通设施有限公司	公路交通工程专业承包交通安全设施资质
21	北京华凯交通科技有限公司	公路交通工程专业承包交通安全设施资质
22	陕西奥威路桥实业有限公司	公路交通工程专业承包交通安全设施资质
23	山西通安交通工程公司	公路交通工程专业承包交通安全设施资质
24	四川京川公路工程(集团)有限公司	公路交通工程专业承包交通安全设施资质
25	广西劲达交通工程有限公司	公路交通工程专业承包交通安全设施资质
26	山西长达交通设施有限公司	公路交通工程专业承包交通安全设施资质
27	北京通大现代设施技术开发有限公司	公路交通工程专业承包交通安全设施资质
28	陕西公路交通科技开发咨询公司	公路交通工程专业承包交通安全设施资质
29	广西嘉田交通设施有限公司	公路交通工程专业承包交通安全设施资质
30	柳州市园林建设工程处	园林绿化工程资质
31	广西植物研究所	园林绿化工程资质
32	南宁市鹭湖风景园林有限公司	园林绿化工程资质
33	南宁市园林建设工程公司	园林绿化工程资质

续上表

序 号	单 位 名 称	资 质 等 级
34	内江市美艺园林花卉有限责任公司	园林绿化工程资质
35	南宁市思科达草业有限公司	园林绿化工程资质
36	南宁市慧金科技发展有限公司	园林绿化工程资质

全线共分7家监理单位,对全线土建工程、房建工程、交安工程、绿化工程、机电工程等施工合同段进行二级监理,详情见表8-11-4。

项目监理单位表　　　　表8-11-4

序 号	单 位 名 称	资 质 等 级
1	淄博东泰交通工程监理有限公司	公路工程甲级
2	育才—布朗交通咨询监理有限公司	公路工程甲级
3	江苏华宁交通工程咨询监理公司	公路工程甲级
4	山东省交通工程监理咨询公司	公路工程甲级
5	湖南省交通建设工程监理有限公司	公路工程甲级
6	广西八桂工程监理咨询有限公司	公路工程甲级
7	广西桂通公路工程监理咨询有限责任公司	公路工程甲级

二、建设情况

(一)项目准备阶段

1. 立项审批

广昆高速公路兴业至六景高速公路项目严格执行基本建设程序,主要基本建设程序审批情况详见表8-11-5。

兴业至六景高速公路项目基建程序表　　　　表8-11-5

序号	基建程序名称	审批机关(单位)	批复文号	批复时间
1	项目建议书	广西壮族自治区发展计划委员会	桂计交字〔1998〕493号	1998.10.21
2	可行性研究报告	广西壮族自治区发展计划委员会	桂计交通〔1999〕47号	1999.02.24
3	一阶段设计批复	广西壮族自治区发展计划委员会	桂计交通〔2000〕285号	2000.07.14
	施工图设计文件		交基建函〔2000〕970号	2000.11.09
4	施工图设计文件(房建)	广西壮族自治区交通厅	交基建函〔2001〕769号	2001.07.27
	施工图设计文件(交通工程)			
5	项目环境评估报告	广西壮族自治区环境保护局	桂环然字〔1999〕13号	1999.02.08
6	工程监理招标	广西壮族自治区人民政府	交基建函〔2001〕62号	2001.01.15
7	工程施工招标	广西壮族自治区人民政府	交基建函〔2001〕62号	2001.01.15

第八章
高速公路项目建设

续上表

序号	基建程序名称	审批机关(单位)	批复文号	批复时间
8	项目开工报告(项目施工许可)	广西壮族自治区交通厅	无文号（直接在申请书上加盖印章）	2000.12.25
9	年度基本建设计划	广西壮族自治区发展计划委员会	桂计交通〔2000〕298号	2000.04.09
10	交通部主管部门对建设资金的审计情况	广西华通会计师事务所	通会师118号 通会师72号	2000.12.20 2001.06.11
11	建设用地预审批复	广西区土地管理局	桂土征函〔2000〕5号	2000.01.26
12	建设用地批复	广西区人民政府	桂政土批函〔2001〕58号	2001.08.22

2. 项目招标管理

本工程严格按《中华人民共和国招标投标法》、交通部2000年8月29日颁布的《公路工程施工招标评标办法》及国家计委2000年8月31日颁布的《工程建设项目自行招标试行办法》等规定程序，并获得广西壮族自治区交通厅批准，依法进行土建工程、房建工程、交安工程、机电工程和工程监理咨询服务的公开招标，按规定申请开工，于2001年9月12日获广西壮族自治区交通厅批准开工。

2000年12月18、19日，新长江公司在《中国交通报》《中国建设报》《广西日报》刊登了土建工程施工及监理资格预审公告，截至递交日期，共有国内168家施工单位和19家监理咨询单位递交了资审文件。

新长江公司组织有关专家及工作人员评审并报经广西壮族自治区交通厅审查，最终有67家施工单位、14家监理单位通过资格预审。

2001年1月13日，新长江公司向通过资审的施工、监理咨询单位发出投标邀请书。2001年1月17～18日进行现场考察，2001年1月18日在南宁召开了标前会议。到2001年2月20日，共收到67家施工单位的98份投标书，12家监理咨询单位递交的18份投标书，当天召开了开标会议。经过由广西壮族自治区交通建设工程招标评委专家库随机抽取6人、新长江公司按规定推荐3人组成的评标委员会的严格评审，按综合评分法评定，广西路桥工程总公司等9家施工单位、山东淄博东泰交通工程监理有限公司等7家监理公司成为本项目的施工及监理中标单位。2001年2月28日经评标领导小组审查，获批准后于2001年3月7日、8日，新长江公司分别与施工、监理中标单位签订了合同协议书。

房建、交安、机电工程分别于2002年4月和10月按上述程序、要求进行了公开招标和评标。整个招标评标过程及定标结果得到广西壮族自治区交通厅和公证部门的认可。

3. 标段划分

全线共分10个土建施工合同段、1个大桥施工合同段、2个房建合同段、2个机电合同段、14个交安合同段、6个绿化合同段，详见表8-11-6。

标段划分情况表

表 8-11-6

合同段	内 容	单位名称	资质等级	起讫桩号
一	路基标 路面标 桥涵标	广西壮族自治区公路桥梁工程总公司	公路工程施工总承包特级	K182+980~K193+000
二		铁道部第二工程局第五工程处		K193+000~K204+000
三		北京城建集团有限公司	公路工程施工总承包特级	K204+000~K217+000 不含香江圩郁江特大桥
四		中铁第十七工程局	公路工程施工总承包壹级	K217+000~K228+000
五		中铁第十四工程局	公路工程施工总承包壹级	K228+000~K241+000
六		铁道部第二工程局第四工程部	公路工程施工总承包壹级	K241+000~K262+000
七		中铁二局股份有限公司	公路工程施工总承包甲级	K262+000~K282+333.62
L1		铁道部第二工程局机械筑路处	公路施工工程专业承包二级资质	K0+739.5~K13+613.88
L2		铁道部第二工程局机械筑路处	公路施工工程专业承包二级资质	K0+000~K18+436.05
L3		中铁第十八工程局第四工程处	公路工程施工总承包壹级	K0+000~K20+722.99
十一	通信管道A合同段	广西交通科研所	公路工程设计甲级	K182+980~K232+500
十二	通信管道B合同段	成都曙光光纤网络有限责任公司	交通机电工程设计、施工壹级	K232+500~K282+334
十三	机电标	陕西公路交通科技咨询公司	公路交通工程专业承包交通安全设施资质	K182+980~K282+333.62
No.1~No.6 波型梁护栏	交安标	南京公路防护设施工程公司等	公路交通工程专业承包交通安全设施资质	兴业联线、贵港联线 K182+980~K282+333.62
No.7~No.10 隔离珊		北京华凯交通科技有限公司等	公路交通工程专业承包交通安全设施资质	K182+980~K282+333.62
No.11~No.12 标志		四川京川公路工程(集团)有限公司等	公路交通工程专业承包交通安全设施资质	兴业联线、贵港联线、横县联线 K182+980~K282+333.62
No.13~No.15 标牌		广西劲达交通工程有限责任公司等	公路交通工程专业承包交通安全设施资质	兴业联线、贵港联线、横县联线 K182+980~K282+333.62
No.16~No.17		北京通大现代设施技术开发有限公司等	公路交通工程专业承包交通安全设施资质	
No.1	房建标	中铁二局集团建筑有限公司	房屋建筑工程施工总承包壹级	
No.2		中色建设集团有限公司	房屋建筑工程施工总承包壹级	
No.3		广西中铁二局工程有限责任公司	房屋建筑工程施工总承包壹级	
No.4		中铁二局集团建筑有限公司	房屋建筑工程施工总承包壹级	
No.5		广西建工集团第一安装有限公司	房屋建筑工程施工总承包壹级	

续上表

合同段	内容	单位名称	资质等级	起讫桩号
第ⅱ监理处		育才一布朗交通咨询监理有限公司	公路工程甲级	（香江圩郁江特大桥）
第ⅰ监理处		淄博东泰交通工程监理公司	公路工程甲级	K182+980～K193+000
第ⅱ监理处		育才一布朗交通咨询监理有限公司	公路工程甲级	K193+000～K217+000
第ⅲ监理处		江苏华宁交通工程咨询监理公司	公路工程甲级	K217+000～K241+000
第ⅳ监理处		山东交通工程监理咨询公司	公路工程甲级	K241+000～K262+000
第ⅴ监理处	监理标	湖南省交通建设工程监理有限公司	公路工程甲级	K262+000～K282+333.62
第l监理处		淄博东泰交通工程监理公司	公路工程甲级	（兴业联线 K0+739.5+K13+613.88）
第ⅵ监理处		广西八桂工程监理咨询有限公司	公路工程甲级	（贵港联线 K0+000+K18+436.05）
第ⅶ监理处		广西桂通公路工程监理咨询有限责任公司	公路工程甲级	（横县联线 K0+000+K20+722.99）
第ⅲ、ⅵ监理处		江苏华宁交通工程咨询监理公司等	公路工程甲级	（交通附属工程）

4. 征地拆迁

征地拆迁情况见表8-11-7。

征地拆迁情况统计表　　　　　　　　表8-11-7

分期	征地拆迁安置起止时间（年月～年月）	征用土地（亩）	拆迁房屋（m²）	支付补偿费用（万元）	备注
一期		12997.59	48033.77	33784.4	

（二）项目实施阶段

本项目变更设计较多，主要变更如下：

（1）K273+584跨黎钦铁路立交原斜交为105°，改为斜交110°，满足铁路净空要求。

（2）K265+327.5分离式立交为跨横县至宾阳公路而设，两路交叉角度为143°，后调整为1～25.0m，斜交45°，左右幅桥台错开。

（3）山心互通立交，根据审查会议纪要改为只修A1匝道连接兴业联线，并与主线同宽。

（4）调整山心支线纵坡。

(5)对贵港连线 K11+300~K15+000,兴业连线 K3+900~K5+100,主线 K212+000~K214+000,K226+800~K228+300 的纵坡进行调整。

(6)根据当地群众的强烈要求,为解决群众通行,增设 K207+285 人行天桥及 K208+545、K212+647 两座分离立交桥,取消 K242+912 分离立交桥。

(7)全线软土地基的处理,与设计数量相差较多,多进行清淤换填。

(8)全线对涵洞、通道的修改较多,涵洞位置的移动,并增加一些灌溉涵洞地基的处理根据实际情况进行变更。

(9)完善路系、水系工作,使通道两端接通,路基排水自成体系,增加必要的改沟变更等工作。

(10)边沟放缓及边坡防护,在施工过程中,根据实际情况进行调整。

(11)K278+717 设计为 1~40m 中承式拱分离式立交桥,变更为 (12+25+12)m 斜腿刚构分离式立交桥。

(12)主线上有几处因地质不良造成塌方,设部分挡土墙或挖孔桩。

(13)横县收费站以及横县服务区、贵港服务区变更较大;部分区域根据实际情况,总平面也有一些调整。

三、复杂技术工程

香江圩郁江特大桥,六景路中心桩号 K214+850,路线跨越珠江流域的郁江段河流,桥梁上部采用 (50+80+2×125+80+50)m 预应力钢筋混凝土刚构连续梁,分上下行两幅,每幅主梁为单箱单室箱梁,刚构部分箱梁采用变截面;梁高按抛物线渐变,计算公式为 $Y=0.00124X'+2.5(m)$。

底板按抛物线渐变,计算公式为 $Y=0.000138X'+0.32(m)$,抛物线顶点位置为跨中合龙段中心处,在一个箱梁节段内按直线变化,连续部分箱梁采用等高截面(2.50m),腹板厚度在支点附近采用 55cm,在跨中采用 40cm。箱梁采用挂篮悬臂对称浇筑施工,箱梁边跨靠桥台端有 30.84m 采用搭支架现浇,设置纵、横、竖三向预应力体系,中央分隔带下设悬吊式人行道;在两岸桥台锥坡处设置上、下人行道桥的步梯,整个桥的施工阶段和营运阶段的受力计算及配筋均采用公路桥梁设计综合计算程序 BriCAS 进行计算,并用桥梁结构线性非线性分析综合程序进行校核计算。下部构造及基础:0 号、6 号桥台采用桩基础埋置式肋式桥台;1 号、5 号墩采用桩基础空心薄壁墩,墩顶设盆式橡胶支座;2 号、3 号、4 号墩采用桩基础双薄壁墩,墩梁固结;所有桩基直径均为 2.0m,在 2 号、3 号、4 号墩上、下游设置船舶及漂浮物防撞设施。

四、科技创新

在本项目的建设过程中,参建单位认真履行合同约定,坚决落实质量方针和目标,克服多雨、高温的恶劣气候,科学地解决了路基土石方施工中高液限、高塑限和高膨胀地质条件带来的不利因素。还针对施工过程中的不同情况,采取了系列技术措施:针对风化石质边坡采用骨架护坡或砌石挡护投入大、效果差的情况,在部分地段采用三维网植草防护技术,取得良好效果;根据广西既有高速公路建设经验,桥头和涵管两端路基由于施工原因,容易下沉并引起车辆行驶过程中发生"跳车"现象,除了采用透水性材料并分层夯实,增加搭接板等措施外,还租用南非生产的"蓝派"冲击式压路机对全线的桥头和大型涵背进行冲击式复压,保证了上述部位的质量;针对全线唯一的重点控制工程——香江圩郁江特大桥连续梁施工技术特点,专门聘请专家学者采用三维有限元非线性结构计算和现场监测,提出最优合龙温度和应力分布情况、索力和挠度的关系曲线,确保了大桥在施工中达到设计要求;在主线路面混凝土施工工艺上,全部采用大型滑模摊铺设备和混凝土集中拌和,有助于从源头控制混凝土质量,保证混凝土平整度和密实度;在混凝土路面施工中,推广使用"双掺"技术,合理使用外加剂和粉煤灰,既节约了水泥,又改善了混凝土性能;针对部分施工单位路面施工经验不足,采取组织外出学习考察、请专家授课等方式,完善和提高了工艺水平。从而全面促进和提高了项目建设质量,使本项目成为广西建设工期短、质量好、投资少的公路项目之一。

五、运营管理

(一)收费服务

广昆高速公路兴业至六景高速公路共有横县和贵港两对服务区,有1对云表停车区,设置横县、云表、贵港、木格、兴业5个匝道收费站(表8-11-8)。

收费站点设置情况表 表8-11-8

站定名称	车道数(条)	收费方式	站定名称	车道数(条)	收费方式
横县	5	计重收费	木格	5	计重收费
云表	5	计重收费	兴业	9	计重收费
贵港	6	计重收费			

交通流发展状况见表8-11-9。

交通流发展状况表 表8-11-9

年份(年)	交通量(辆)	日均车流量(辆/d)	年份(年)	交通量(辆)	日均车流量(辆/d)
2010	3498868	9586	2013	5807652	15911
2011	4012051	10992	2014	6459558	17697
2012	4808412	13174			

兴业至六景高速公路于2003年8月5日正式通车收费。通车运营后,公司严格执行国家、广西壮族自治区、行业主管部门出台的相关收费法律法规和政策。按规定标准收取过往车辆通行费,做到应收不漏,应免不收。认真执行行业管理规定和标准,规范收费服务管理工作。如通车前已执行的针对鲜活农产品绿色通道相关惠免措施和规定、对国家和广西壮族自治区人民政府规定的一些车辆的惠免规定、通车后国家出台对小型客车免费的规定等。公司通车运营至今主要执行的相关政策法规有:

(1)收费服务规范管理方面:《中华人民共和国公路法》《收费公路管理条例》《高速公路管理办法》《中华人民共和国安全生产法》《关于印发广西高速公路收费工作规范指导意见的通知》(桂高管清〔2010〕333号)等。

(2)鲜活农产品绿色通道减免政策:《关于建立我区鲜活农产品运输"绿色通道"实施意见的报告》(交财务报〔2004〕75号)、《关于加强我区鲜活农产品运输绿色通道管理有关问题的通知》(交基建〔2005〕119号)、《关于贯彻执行川桂共建鲜活农产品运输绿色通道协议的通知》(交法规〔2005〕126号)、《关于开通全国"五纵二横"鲜活农产品流通"绿色通道"网络广西境内路段的通知》(交基建〔2006〕2号)、《关于实行我区鲜活农产品运输绿色通道通行费减免无差别政策的紧急通知》(桂交财务发〔2008〕18号)、《关于进一步完善和落实鲜活农产品运输绿色通道政策的通知》(桂公路发〔2009〕784号)、《转发交通运输部国家发展改革委员会财政部关于进一步完善鲜活农产品运输绿色通道政策的紧急通知》(桂交财务〔2010〕147号)、《转发关于进一步完善鲜活农产品运输绿色通道政策的紧急通知》(桂交法规发〔2011〕9号)等。

(3)小客车和其他车辆免费政策:《国务院关于批转交通运输部等部门重大节假日免收小型客车通行费实施方案的通知》(国发〔2012〕37号)、《转发国务院关于批转交通运输部等部门重大节假日免收小型客车通行费实施方案的通知和交通运输部关于做好今年国庆节长假期间小型客车免费通行有关工作的紧急通知》(桂高管清〔2012〕274号)、《关于印发广西高速公路管理局应对重大节假日免收小型客车通行费工作实施方案及应急处置预案的紧急通知》(桂高管清〔2012〕284号)、《关于防汛指挥车免交车辆通行费有关问题的通知》(交财务函〔2005〕606号)、《关于免收广西壮族自治区人民政府抢险救灾指挥车通行费有关问题的通知》(桂交财务函〔2008〕719号)、《关于免收"复明十八号"流动眼科手术专用车养路费和车辆通行费的通知》(桂交财务函〔2008〕848号)、《关于免征我区森林消防专用车辆通行费的通知》(桂交财务函〔2009〕74号)等。

项目公司不断完善管理体系和机制建设,进行养护管理改革创新。先后组织编制了《工程施工合同范本》等多项规范性文本文件,制定了《兴六高速公路养护管理办法》《兴六高速公路绿化养护、保洁考核实施标准》等多项制度,加强部门内控建设,修订完善部门工作管理有关制度、流程及工作表单,逐步实现养护管理全面规范化和标准化;同时在管理上推行周计划、周例会制度,深化落实"一分钟""三角形""归零"等管理理念,以公路养护质量保证体系和制度化、规范化、标准化的管理为主要抓手,继续提升公路养护管理水平为重点,强力推进各项养护管理工作,努力构建管养精细、服务优良的养护管理体系。

(二)路面养护

在路面养护上,推行"一防、二稳、三治理"的养护理念,注重路面全面防水养护工作。贯彻落实"预防为主、防治结合"的养护方针,加强路面全面防水和路面板底脱空治理力度,开展了路面及路基灌浆加固施工作业,有效地治理了路面脱空、路基沉陷等潜在病害,抑制了路面质量状况下滑趋势,稳固了路面质量技术状况,保持良好状态;在路面全面防水养护作业上,采用"硅酮胶"等填缝材料对路面接缝、裂缝进行全面的防水治理,通过局部增设横向排水管、清疏急流槽等多种措施改善路面排水性能,做到了常年路面防水性能保持良好,有效消除了路面病害诱发因素;重视病害多发路段路病害的综合治理,通过采取灌浆、换板、设置横向排水设施等养护手段,加强病害多发路段的治理力度,提高路面整体质量技术状况。同时为了全面掌握路面养护质量状况,为路面养护科学决策提供有力保障,项目公司加强路面病害数据库的建立,建立完善了路面养护管理系统,并通过对路面板进行编号,逐一录入病害和历史维修记录的方式,建立了"路面病历卡"。

(三)养护模式

养护管理模式变化。随着运营深入,养护任务加重,广西新长江高速公路有限责任公司结合实际情况,摸索出一套合适的养护管理体制,近年来养护体制改革主要体现在以下两大点:

1. 日常养护管理体制改革

兴业至六景高速公路通车后,随着年限的增长及车流量的增大,运营初期的由公司自行组建劳务队伍进行日常养护维修的养护管理模式,已不能满足日益增长的公路养护服务需求,经过多方面比较,考察其他养护公司成功经验,项目公司目前采用了更合适的养护外包模式,将日常小修养护通过引入市场的方式外包给有资质的专业养护公司进行公路日常小修养护施工作业。

2. 注重预防性养护,开展全面养护,增强养护决策的科学性

自通车运营以来,兴业至六景高速公路始终坚持"预防为主、防治结合"的养护方针,注重预防性养护,开展全面养护,增强养护决策的科学性。在公路养护管理决策上,通过全面开展公路病害调查结合广西壮族自治区高速公路管理局下达的年度养护任务指

标,科学评价公路路况,精心编制养护计划及预算,确保了公路养护工作的平稳发展。在养护资金投资上,公司坚持公路全面养护的原则,严格执行公路养护有关技术规范,每年均开展预防性养护、周期性养护、日常性养护及应急养护等多方位养护作业;开展路基、路面、桥涵、交通安全设施及绿化等多种养护作业。同时公司在公路养护作业上还根据不同路段特点,因地制宜,分轻重缓急,梯次推进,实行重点路段全力养护,危险路段重改造,畅通路段树样板,样板路段重巩固的养护方式。同时近年来由于年限的增长和车流量的增加,路面质量状况呈下滑趋势,公司加强路面养护工作,每年路面养护资金投入约占年度公路养护资金总投入的65%左右;同时提出了"一防、二稳、三治理"的路面养护指导思想,增强路面养护的防治工作。公司在公路养护管理工作上,通过科学分析、合理安排养护资金,目前兴业至六景高速公路养护质量状况保持良好,养护工作平稳发展。

第十二节　南宁至坛洛高速公路

一、项目概况

(一)项目的起终点、中间控制点及工程进度

南宁至坛洛高速公路全长68.703km。其中主线(安吉—坛洛段)起于南宁市安吉,经天雹水库、金沙湖水库,在那莫村跨右江,往大林村,终于南宁市坛洛镇,长33.845km;联线(石埠—良庆段)起于石埠与主线相接,往乐洲,跨邕江经沙井、高岭、玉洞,终于邕宁县良庆镇那团村,与南宁至北海高速公路相接,全长34.858km。

(二)主要技术指标

全线采用平原微丘区四车道高速公路标准。设计速度100km/h,路基宽26m,行车道宽2×7.5m,设计最小曲线半径600m,设计最大纵坡4%。

设计荷载:汽车—超20级,挂车—120。

设计洪水频率:特大桥1/300,大中小桥涵洞及路基1/100。

抗震设施:本路段处于地震烈度Ⅵ度区,大、中、小桥按Ⅵ度简易设防,特大桥等有特殊抗震要求的按交通部颁《公路工程抗震设计规范》(JTJ 004—89)执行。

(三)主要工程量

设计工程量:路基挖方927万m^3,填方1081万m^3;管涵8963m/212座,盖板涵

1798m/36 座,通道 6029m/187 座;中小桥 344.56m/5 座,特大桥 879m/2 座,分离式立交桥 1850.98m/33 座,互通式立交 7 处,互通式立交中小桥 894.374m/16 座,大桥 125m/1 座。混凝土路面 1723.594 千 m^2。

完成工程量:路基挖方 988 万 m^3,填方 1081 万 m^3;管涵 8086m/198 座,盖板涵 1811m/41 座,通道 5147m/178 座;中小桥 993.773m/20 座,特大桥 879m/2 座,分离式立交桥 1298.38m/23 座,互通式立交 7 处,互通式立交中小桥 894.374m/16 座,大桥 125m/1 座。混凝土路面 1723.594 千 m^2。

(四)沿线自然地理概况

1. 气候

项目所在区域位于北回归线以南,属中亚热带湿润季风气候,全年气候温和,夏无酷暑,冬无严寒,年平均温度 21.6℃,年平均最高气温为 24.6~28.6℃,年平均最低气温 7.4~12.5℃。区域内雨量充沛,全年平均降雨量 1313.1mm,最多降雨量 1973.9mm,最少降雨量为 1062mm,降雨主要集中在 5~9 月,属我国南部多雨湿区,年相对湿度 83%,年均蒸发量 1134.8mm,年平均无霜期 344d;年主导风向为北南风,6~8 月常受台风影响,多大雨、暴雨天气。

2. 地形、地貌、地质

本段路线位于南宁市的郊区,沿线地形比较复杂,以低山丘陵为主,起伏较大,海拔 60~182m,相对高差 30~120m,线位基本沿着盆地边缘的山腰或山前丘陵布线,路段内局部地段地形起伏较大。沿线平原及丘地主要植被为葡萄、芭蕉等经济作物,低山植被主要有松木及其他杂木。

路线位于南宁盆地范围内,地层稳定性较好。沿线覆盖层厚度一般为 0~10m,土质类型多为高中液限冲沉积、坡积和残积黏土、砂土、碎石土、砾石土、粉砂和细砂,下伏寒武系、泥盘系和第三系砂岩、泥岩、砾岩及页岩。其容许承载力达到小桥涵承载力要求。沿线水塘及低洼处局部有软土分布,除少数深度较深外,多数在 0.8~4m,经设置盲沟排水及换土法等常规方法处理后能确保路基稳定。因此,沿线工程地质条件是较好的。

3. 水文

路线跨越的河流主要有邕江、右江、良凤江,其中良凤江属邕江支流,属珠江流域西江水西。

沿线经过的水库主要有狗儿六水库、天雹水库、罗文水库、金沙湖、牛头水库等;路线区域小河支流多,水利灌溉渠纵横交错,鱼塘星罗棋布。

地下水主要为埋藏于覆盖层中的孔隙水和岩层中的裂隙水、岩溶潜水,局部地下水埋藏较浅,水文网较发育。地下水位受气候影响,其主要补给为大气降水,其次受江河、水库水的补给,一般地下水对路基影响不大。

(五)项目投资及来源

2001年4月19日,交通部批准南宁至坛洛高速公路概算为1680054401元人民币。其后,上级累计下达投资计划为168005万元人民币。其中国家开发银行计划投资104205万元,交通部补助计划投资36200万元,中央国债计划投资25000万元。

(六)主要参建单位

本工程由广西壮族自治区交通工程质量监督站进行监督,广西交通规划勘察设计研究院进行设计。表8-12-1为土建工程施工单位一览表,表8-12-2为监理单位一览表,表8-12-3为预制工程构件及主要建筑材料供应商一览表。

土建工程施工单位一览表　　　　表8-12-1

序号	标段名称	施工单位名称	中标价(元)	施工起止桩号
1	No.1	西藏珠峰工程企业集团	50007936	主线K0+000~K6+450
2	No.2	黑龙江省公路桥梁建设集团有限公司	52733754	主线K6+450~K14+355.848
3	No.3	广西公路桥梁总公司	64659972	主线K14+355.848~K22+000
4	No.4	广西公路桥梁总公司	82961386	主线K22+000~K33+800
5	No.5	湖南省公路桥梁建设总公司	64588679	连线K0+000~K8+400
6	No.6	广西公路桥梁总公司	72675451	连线K8+400~K11+300
7	No.7	广西公路桥梁总公司	61098872	连线K11+300~K17+300
8	No.8	中铁十二局集团有限公司	57555207	连线K17+300~K26+000
9	No.9	中建第五工程局	59985898	连线K26+000~K34+723.098
10	No.A	广西公路桥梁总公司	94656730	主线K0+000~K14+300 连线K0+000~K11+300
11	No.B	西藏珠峰工程企业集团	69429273	主线K14+300~K33+800
12	No.C	路桥集团第二公路工程局第三工程处	90270012	连线K11+300~K34+23.098

监理单位一览表　　　　表8-12-2

序号	标段名称	监理单位名称	监理范围
1	No.1	广西桂通公路工程监理咨询有限公司	No.1、No.2、No.5、No.6路基工程合同段;No.A路面工程合同段;No.L-1、No.L-4绿化合同段;No.F-1、No.F-2房建工程合同段;No.J-11交通工程;No.S-1、No.S-2伸缩缝工程等合同段

续上表

序号	标段名称	监理单位名称	监理范围
2	No.2	广西八桂工程监理咨询有限公司	No.3、No.4 路基工程合同段;No.B 路面工程合同段;No.L-2、No.L-3 绿化合同段;No.F-1 房建工程合同段;No.J-12 交通工程合同段;No.S-1、No.S-2 伸缩缝工程等合同段
3	No.3	海南交通工程监理公司	No.7、No.8、No.9 路基工程合同段;No.C 路面工程合同段;No.L-5、No.L-6 绿化合同段;No.F-3 房建工程合同段;No.J-13 交通工程合同段;No.S-1、No.S-2 伸缩缝工程等合同段;No.G 预制场合同段

预制工程构件及主要建筑材料供应商一览表　　　　　表 8-12-3

序号	标段名称	单位名称
1	No.A-1(水泥)	广西华宏水泥股份有限公司
2	No.A-2(水泥)	广西鱼峰水泥股份有限公司
3	No.A-3(水泥)	南宁金钢水泥限公司
4	No.A-4(水泥)	南宁金钢水泥限公司
5	No.B1-2(水泥)	南宁亚大建材有限公司
6	No.B7-4(水泥)	南宁金龙实业有限公司
7	No.B5-7(水泥)	南宁金龙实业有限公司
8	No.B8-9(水泥)	邕宁县蒲庙八鲤水泥有限公司
9	No.C-1(钢材)	广西区交通物资总公司
10	No.D-1(钢绞线)	新华金属制品股份有限公司
11	No.G(预制场)	广西区航务工程处

二、建设情况

(一)项目准备阶段

1. 建设依据

项目建议书:交通部交规划发字〔1998〕18 号文件。

可行性研究报告:交通部交规划发字〔1998〕487 号文件。

初步设计:交通部交公路发字〔2001〕185 号文件。

施工图设计：广西壮族自治区交通厅交基建函字〔2001〕948 号文件。

报建：2001 年 10 月 10 日，按规定程序向交通部呈报了项目开工报告，交通部 24 日批准项目开工。

开工前审计：项目正式开工前通过广西壮族自治区审计厅开工前审计。

开工：1998 年 4 月 26 日，广西壮族自治区交通厅批准开工建设。

报监：2001 年 10 月 16 日，广西壮族自治区交通工程质量监督站以交质监〔2001〕100 号文批复明确本项目纳入政府工程质量监督程序。

2. 成立项目法人、管理机构及职责

本项目法人广西壮族自治区交通基建管理局组建和成立南坛路工程建设筹备办公室，进入工程前期实际工作阶段成立工程建设办公室。工程建设办下设行政处、政治处、财务处、合约部、协调保卫处 5 个职能部门，为建设办具体办事机构。

3. 招标情况

广西壮族自治区交通厅授权广西交通基建管理局委托广西壮族自治区交通规划勘测设计院承担施工图设计任务。

本项目选择施工承包人时，均按国家规定向社会公开招标，本着公开、公平、公正、择优的原则以法定程序开展各项招投标工作。广西壮族自治区交通基建管理局在广西壮族自治区交通厅专家库抽取评标专家组成评审工作组对投标人进行资格预审，通过资格审查后向其发出投标邀请书及发售招标文件。在上级部门监督下，招标人抽取评标专家成立评标委员会。评标委员会按照评标办法对投标人进行充分审查，最后推荐中标单位名单，由广西壮族自治区交通厅定标委员会决定最后中标单位。

工程监理单位公开招标由广西壮族自治区交通基建管理局主持，采用国内竞争性的招标方式进行。招标文件经专家评审并由广西壮族自治区交通厅核准后予以实施。开标后经评标委员会评标，定标委员会定标确定中标单位。

混凝土预制构件和主要工程材料由业主组织集中统一供应，通过公开招标进行选择供货商。招标工作由广西壮族自治区交通基建管理局主持，按规定程序和原则进行评标确定中标单位。

后续各项工程，包括绿化、房建、交通、伸缩缝等工程的招投标工作均按国家招标投标法等有关程序及要求进行。

4. 征地拆迁情况

本项目使用永久性土地 7926.94 亩。其中水田 729 亩、旱地 1381.72 亩、林地 1754.91 亩、菜地 577.56 亩、园地 1505.49 亩、鱼塘 858.29 亩、牧草地 188.88 亩、宅基地 19.74 亩、农村道路 142.77 亩、荒地 399.49 亩，其他类别土地 368.24 亩。

全路拆迁房屋总计 46149.11m²。其中砖混结构 11785.03m²、砖（石）木结构 4537.06m²、砖瓦结构 9885.94m²、泥墙草面 892.59m²、简易房 17311.35m²。

征用工程临时用地（含地方群众生产便道、水沟等用地）共 2391.23 亩。其中水田 110.06 亩、旱地 638.51 亩、林地 258.13 亩、菜地 107.29 亩、园地 556.85 亩、坑塘水面 177.99 亩、牧草地 188.88 亩、宅基地 19.74 亩、农村道路 2.31 亩、荒地 84.82 亩，其他类别土地 443.32 亩。

依据工作需要和线路通过地域区段的划分，本项目分别成立了南宁市郊区分指挥部和邕宁县分指挥部负责征地拆迁工作。

（二）项目实施阶段

重大设计变更情况：根据广西壮族自治区交通厅专家及南坛办〔2002〕32 号文件的要求，为了确保那莫大桥建成后的使用安全及桥梁寿命，大桥吊杆的抗拉安全系数由原设计的 2.73 提高到 3.5。

三、科技创新

在那莫右江大桥的施工中，通过调查研究，认真听取有关专家的意见，采用了红外线陶瓷法焊接钢管的新工艺，使钢管拱肋的线形准确、外部美观、就位无误，明显提高了工程质量。在邕江大桥的施工中，采用深水钢板箱围堰的办法进行桩基施工，加快了施工作业进度和施工安全度。大胆采用远程沉江导管泵送混凝土。便利了施工，节约了人力，大大缩短了基础施工工期。路基施工中，首次应用混凝土树根桩加固边坡裂缝的新技术，取得很好的效果，使地质不良地段的边坡得到切实加固，确保其稳定性，消除了隐患。

四、运营管理

（一）服务区设置

该路段共设置 1 对服务区：高岭服务区。2010—2014 年，高岭服务区连续 4 年被评为广西区高速公路"三星级服务区"。

（二）收费站点设置

该路段共设置 5 个收费站：玉洞收费站、高岭收费站、沙井收费站、石埠收费站、坛洛收费站。5 个收费站共 38 条车道。具体见表 8-12-4。

收费站点设置情况表 表8-12-4

站 点 名 称	车道数（条）	收 费 方 式
玉洞站	5	半自动收费方式
石埠站	8	半自动收费方式
沙井站	8	半自动收费方式
高岭站	9	半自动收费方式
坛洛站	8	半自动收费方式

（三）车流量发展状况

该路段日均车流量从2004年的2365辆增至2014年14539辆，年平均增长率为19.91%。具体见表8-12-5和图8-12-1。

南坛段2004—2016年日均车流量增长情况表 表8-12-5

年份（年）	日均车流量（辆/d）	同比增长率	年份（年）	日均车流量（辆/d）	同比增长率
2004	2365		2011	9121	
2005	3028		2012	11348	
2006	3686		2013	12982	
2007	4290		2014	14618	
2008	5491		2015	13904	
2009	5964		2016	11866	
2010	7263				

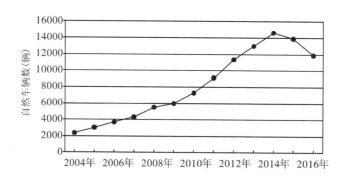

图8-12-1　南坛段2004—2016年日均车流量发展趋势图

（四）大修情况

该路段计划于2015年下半年实施加铺改造，计划投资2.659亿元。大修主要包括：旧路处治（含更换路面破碎板、水泥路面板底灌浆、路面裂缝修补、填缝料更换、排水设施完善、路基病害处治等）、桥梁维修加固处理、沥青混凝土路面施工（包含沥青拌和场临时用地、场地硬化、设备安装与拆除及与沥青混凝土施工相关工作内容）、热熔标线、垫高路缘石、中央分隔带回填土及种植草皮、钢护栏等交安设施改造和施工期间高速公路日常维修养护。

第十三节　水任至南宁高速公路

一、项目概况

（一）基本情况

河池（水任）至南宁高速公路是国家重点支持建设的"两纵两横"和"三个重要路段"中国道主干线重庆至湛江公路（G050）的重要路段，是大西南云、贵、川、渝各省、直辖市最便捷的出海大通道，同时也是广西首个利用世界银行贷款修建的高等级公路项目。路线起于河池市河池镇水任村，接六寨至水任二级公路及金城江至水任二级公路，途经河池市、都安县、马山县、武鸣县，终于南宁市东郊三岸互通立交，与桂林至北海高速公路相接。

水南高速公路全长236.76km，分段采用不同的技术标准修建。其中河池（水任）至大兴段66.5km，采用山岭重丘区二级公路标准，设计速度为60km/h；大兴至都安段30.1km，采用平原微丘区二级公路标准，设计速度为80km/h，二级公路路基宽15m，路面宽14m；都安至南宁段140.24km，采用平原微丘区高速公路标准，设计速度100km/h，路基宽26m，路面宽22.5m。路面结构采用水泥混凝土面层、水泥稳定碎石基层（第10合同段为C10贫混凝土基层）及级配碎石底基层。

工程于2001年7月28日开工建设，2004年9月28日建成通车。其中第9合同段安吉互通立交和第10合同段属于南宁外环高速公路组成部分，全长19.03723km，于2003年12月28日建成。

全线共完成路基土石方3710.5448万m^3，水泥混凝土面层4841.925千m^2，排水防护工程158.1446万m^3；特大桥285.5m/1座，大桥1922.046m/11座，中桥1387.988m/24座，小桥382.62m/16座，分离式立交2808.306m/47座，互通式立交桥1221.516m/15座，涵洞通道39450.472m/1181道。全线共设马山、府城、武鸣、伊岭岩、安吉和二塘6处互通式立交，水任、都安2处立交，8个收费站，2个养护工区，2个停车区和2个服务区。

本项目主线地形、水文、地质情况较复杂。K96～K150段位于云贵高原南端，地形为高山峻岭，地质多为石灰岩夹高液限土，部分地段有岩溶，路基高填深挖较多。K150～K192段为广西典型的石灰岩山区；K192～K211段为喀斯特地带，岩溶密布；K211～K250段为丘陵地区；从K250开始进入南宁盆地，主要地质情况为高液限、高塑指土和膨胀土，部分路段存在碳质泥岩。

(二)前期决策情况

河池(水任)至南宁公路是国家重点支持建设的"两纵两横"和"三个重要路段"中国道主干线重庆至湛江公路(G050)的重要路段,是大西南云、贵、川、渝各省、直辖市最便捷的出海大通道,同时也是广西首个利用世界银行贷款修建的高等级公路项目。根据1998年10月13日国家发展计划委员会计基础〔1998〕1974号《印发国家计划发展委员会关于审批重庆至湛江国道主干线广西河池至南宁公路项目建议书的请示的通知》立项修建,项目的工程可行性研究、初步设计、施工图设计、环境保护评估、土地征用、监理及施工招投标等基本建设程序齐全,2001年7月17日经交通部公路司批准开工。

(三)参建单位主要情况

本项目由广西壮族自治区交通厅委托广西壮族自治区交通基建管理局代为行使项目法人职责,为便于现场管理成立了河池(水任)至南宁公路建设办公室(以下简称"建设办")。建设办下设合约部、协调处、财务处、行政处、政治处5个职能部门。沿途经过的河池市、都安县、马山县、武鸣县和南宁市分别成立分指挥部,负责征地拆迁、沿线社会治安及协调施工单位与地方关系等事宜。

监理机构按两级直线职能式设置,第一级为总监理工程师办公室(以下简称"总监办"),由总监办负责组织和实施全线的工程监理工作;第二级为高级驻地监理工程师办公室(以下简称驻地办),负责工程现场监理业务,共设9个驻地办。总监办下设监理处、计量经济室、中心试验室3个职能处室作为总监理工程师的办事机构,负责日常监理业务工作。业主通过公开招标方式与湖南大学建设监理中心等9家单位签订了监理咨询服务合同,组建了9个高级驻地监理工程师办公室对本项目的施工质量、进度、投资及合同管理进行现场监管控制。

另外,由于本项目是世界银行贷款项目,根据世界银行要求,经国际招标由澳大利亚雪山公司专家组成外籍监理组,参与本项目的监理工作。澳大利亚雪山公司先后派遣了7位外籍专家,包括监理组长、路基专家、桥梁专家、路面专家及机电专家作为总监的技术顾问对本项目提供监理咨询服务。

土建部分设计单位是广西壮族自治区交通规划勘察设计研究院,交通安全设施及机电工程设计单位是中国公路工程咨询监理总公司。

全线施工单位土建工程分为10个合同段,分别由路桥华南工程有限公司等8家单位通过国际竞争性招标确定;房建工程划分为3个合同段,分别由湛江市土木建筑工程公司、广西建工集团第五建筑工程有限责任公司和南宁市第三建筑安装工程公司3家单位承建;机电工程划分为1个合同段,由加拿大道康/石家庄泛安科技开发有限公司(联营体)承建。

二、建设情况

(一)项目准备阶段

1. 项目立项审批情况

本项目严格执行国家基建程序,项目的立项、报建、开工等手续齐全。

1998年10月13日,国家发展计划委员会以计基础〔1998〕1974号文批准项目立项。

2000年8月3日,国家计委以计基础〔2000〕1095号文批复了本项目工程可行性研究报告。

2000年11月2日,交通部以交公路发〔2000〕562号文批复了本项目初步设计。

2001年7月12日,广西壮族自治区交通厅以交基建函〔2001〕712号文批复了本项目两阶段施工图设计。2001年1月18日,批复本项目交通工程施工图设计。

业主遵照世界银行及国内程序全部完成监理咨询及土建施工定标工作后,于2001年7月13日按规定递交《公路建设项目开工报告》申请开工,7月17日获交通部批准开工。

2001年8月31日,广西壮族自治区交通工程质量监督站以交质监字〔2001〕87号文件同意办理本项目质量监督手续。

业主在开工前还按规定办理了土地征用、环境保护、地质灾害、文物调查等方面的评估和审批工作。

1999年1月19日,广西壮族自治区文物工作队以《关于水任至南宁公路沿线文物古迹调查的报告》通过了本项目沿线文物古迹占压情况评估。

1999年5月22日,国家环境保护总局以环函〔1999〕181号文件批复了本项目《环境影响报告书》。

1999年8月5日,国土资源部办公厅以国土资厅函〔1999〕215号文件批复本项目用地预审;2001年1月23日,以国土资厅函〔2001〕54号文件批复建设用地申请。

2000年3月14日,广西壮族自治区地质矿产厅以桂地环管〔2000〕2号文件通过了本项目地质灾害危险性评估。

2000年12月19日,国家林业局以林资发〔2000〕688号文件批准本项目占用林地。

2. 项目资金筹措情况

交通部批准概算金额44.5742亿元,其中利用世界银行贷款1.8534亿美元。国家财政部共安排广西公路项目利用世行贷款2亿美元,除上述1.8534亿美元直接用于本项目建设外,其余0.1466亿美元用于山心至贵港等路网项目的改造。

本项目资金来源计划有交通部投资,国内商业银行贷款、国债专项资金、世界银行贷款及广西壮族自治区交通厅自筹资金等。

3. 工程招投标情况

1) 监理招标

施工监理分国际咨询专家选聘及国内监理招标两部分,国际咨询专家的选聘由广西壮族自治区交通厅负责实施,采取国际竞争性公开招标方式进行。国内监理招标,经广西壮族自治区交通厅批准,由广西壮族自治区交通基建管理局自行组织招标,国内监理采取国内竞争性公开招标方式,业主通过刊登资格预审公告发布招标信息,资格预审、评标由评标专家小组组织进行,评标结果报广西壮族自治区交通厅批复后定标。国内监理评标专家组通过广西壮族自治区交通厅专家库抽取专家组成,招投标工作严格依据《招投标法》及招标文件中载明的评标程序和办法进行。9个高级驻地监理工程师办公室分别由湖南大学建设监理中心、育才—布朗交通咨询监理公司、海南海通公路工程咨询监理有限公司、北京中通公路桥梁工程咨询发展有限公司、广西八桂工程监理咨询有限公司、北京华通路桥监理咨询有限公司、福建省交通建设工程监理咨询公司、重庆正大工程监理咨询有限公司、广西桂通公路工程监理咨询有限公司9个单位中标。

2) 施工招标

本项目土建工程划分为10个合同段,采用国际竞争性公开招标。土建工程资格预审文件于1999年8月7日获世界银行不反对意见,截至10月10日共有115家国内外施工单位递交了资格预审文件,经评审,共有52家投标人通过资格预审。资格预审评审报告于2000年11月27日得到交通部的批准(交公建字〔2000〕268号文),共有52家投标人通过资格预审,该报告及招标文件于2000年12月27日得到世界银行不反对意见。

交通部于2001年4月9日以交公便字〔2001〕34号文件批复了土建工程招标文件,业主随后组织招标。2001年4月9日交通部批复了评标结果,世界银行也分别于5月25日和6月5日发来不反对意见。2001年6月26日,业主与中标单位签订了土建工程施工合同协议书。

4. 征地拆迁工作

本项目征地拆迁补偿工作执行广西壮族自治区人民政府办公厅《自治区人民政府批转自治区计委等部门关于广西壮族自治区基础设施重大项目建设用地征地拆迁暂行办法的通知》(桂政发〔2000〕39号)和《关于公布广西壮族自治区基础设施重大项目建设用地被征用土地年均产值基数标准和拆迁补偿标准的通知》(桂计法规〔2000〕501号)所确定的原则和标准,由业主与沿线各县市人民政府签订工程建设征地拆迁协议书,由各县市人民政府按照文件精神,统一部署和开展征地拆迁工作。各县(区)人民政府成立分指挥部具体负责土地丈量、造册及兑现补偿款,协调处理工程建设与当地群众的关系,维护施工路段的社会治安等工作。

本项目占用永久性土地共21544.58亩(含林地,不包括线外工程占地),永久用地当中耕地为9426.49亩,林地4687.81亩,其他土地7430.28亩。临时租用土地共7883.07亩。全线共拆迁房屋172299.60m^2,搬迁、升高、加固防护电力杆线166处,通信线路和地下光缆22处,搬迁坟墓5114个,拆除回建的水井(包括水池和地头水柜)544个,自来水厂1座,水磨加工房4座,砖瓦窑8座及一些其他管线。

共计支付征地拆迁补偿费55163.0847万元,其中永久占地补偿和安置补助费33335.2014万元,青苗补偿费2449.0442万元(含线外工程占地费用);临时用地补偿费2314.0047万元;地面附着物拆迁补偿8125.3162万元,其中,房屋拆迁补偿费3122.9289万元,电力电信拆迁支付补偿费1604.36万元,其他地面附着物拆迁等补偿费3398.0273万元;耕地开垦费、森林植被恢复费、征地管理费三项支付8939.5182万元(表8-13-1、表8-13-2)。

征地拆迁情况统计表　　　　　　　　　　　　　　表8-13-1

分　期	征地拆迁安置起止时间	征用土地(亩)	拆迁房屋(m^2)	支付补偿费用(元)	备　注
一期		21544.5795	172299.61	551630846.79	

标段划分情况表　　　　　　　　　　　　　　　　表8-13-2

标段号	标段所在地	工程内容及长度	施工单位
No.1	河池(水任)	30km 土建工程	中国葛洲坝水利水电集团公司
No.2	下坳	28.13km 土建工程	中港第二航务工程局
No.3	大兴	38.39km 土建工程	中国路桥集团国际建设股份有限公司北京工程处
No.4	都安	18.56km 土建工程	中国路桥集团公路一局厦门工程处
No.5	马山	19.75km 土建工程	广西壮族自治区公路桥梁工程总公司
No.6	马山	19.95km 土建工程	广西壮族自治区公路桥梁工程总公司
No.7	府城	29.6km 土建工程	中国路桥集团华南工程有限公司
No.8	武鸣	21.41km 土建工程	中国路桥集团华南工程有限公司
No.9	南宁	13.8km 土建工程	中国水利水电第八工程局
No.10	南宁	17.17km 土建工程	中铁五局集团机械化工程有限责任公司

(二)项目实施阶段

1.建设实施过程中的重大决策、重大事件

在工程实施期间,业主在充分总结广西以往高速公路建设的经验和准确分析现场实际情况的基础上,针对不同施工阶段特点,有侧重地提出不同要求,始终把握着项目沿既定方向稳步推进。针对工程开工后各合同段准备不够充分、局面尚未打开的实际情况,业主及时要求承包人严格履约,投入足够资源,稳定劳务队伍,并提出"大干苦干90天,完成970万m^3路基土石方"的明确目标;为做好服务工作,两办各处室实行夜班值班制度积极配合现场施工,有效掀起了第一次旱季施工高潮。工程进度有所起色后,业主又适时强调牢固树立质量意识,扼制了重进度轻质量的思想苗头,整顿违规施工。每次雨季来临前,业主都及时敦促承包人加快计量,预备充足资金;进入雨季后,又要求以结构物和圬工砌筑为施工重点,利用雨天做好人员培训和机械保养,同时要求监理工程师加大对承包人计量指导和帮助力度,确保了承包人的资金周转。此外还在路基工程收尾阶段要求承包人为路面工程及早备料,落实拌和及摊铺设备;在交通工程施工阶段要求监理对交叉施工理清头绪,抓住重点,科学地预控,使得监理和承包人对下一步工作重点和即将出现的问题始终做到心中有数,准备充分。

2003年上半年全国部分地区爆发了非典型肺炎疫情,由于疾病传染性极强,必须通过隔离手段控制其蔓延趋势,因此对本项目正在紧张进行的工程施工产生了极大影响。在预防"非典"方面,业主采取了积极的防范措施,及时召开紧急会议研究和部署了预防工作,成立了防治和控制非典型肺炎工作领导小组;各驻地办、合同段、工区也相应成立了领导小组,设立24h专线汇报电话。两办和临时党委团结协作,层层动员,层层宣传,把各项任务落实到各经理部工区和每一个民工队伍;并认真组织督办和工作检查,确保了预防措施在各驻地办、合同段、工区及民工队得到落实。在加快工程建设方面,业主针对非典型肺炎传播途径和预防要点,认真研究制订"非典"时期的施工方案,采取封闭式施工措施。要求各驻地办、项目经理部设立观察室,对从疫区回工地的人员按规定隔离观察至少两周;同时严格控制人员外出学习、参观、考察,不到疫情重灾区出差、探亲,不邀请疫区人员来工地工作或探亲访友。事实证明封闭式施工是一条正确可行的措施,它最大限度避免了外界干扰,有效确保了项目施工连续不间断。

2003年下半年由于广西全区供电紧张,工业用电受到拉闸限制,造成水泥产量减少,致使正在紧张进行的路面施工进度严重受阻,大多数合同段有时只能得到需求计划三分之一甚至一半的水泥,缺口数量最高时达到每天3600多吨。为有效缓解路面水泥供应的紧张局面,业主多次约见各水泥生产厂家代表,就供应问题进行商谈。为妥善协调好水泥厂与土建承包人之间的计划关系,业主与总监办多次研究,反复磋商,决定采取双向动态调控手段确保路面水泥供应。在计划调控方面,以承包人上报的需求计划指导各水泥厂家安排生产任务,水泥厂家在保证满足最低供应数量的基础上提出按最大生产能力的供应计划,再以此计划通知承包人以便其相应调整工序安排,适当错开供应高峰期;在实际供应方面,及时了解各合同段每日水泥供应情况,实行动态监控,对供需矛盾较为突出且使用相同品牌水泥的承包人立即在相邻合同段内就近调度。由于措施得当,各合同段最终均按计划完成了混凝土路面工程。

水南高速公路为利用世界银行贷款建设工程,业主严格遵照国家财政部、广西壮族自治区人民政府与世界银行签订的《项目协定》和《贷款协定》要求,积极履行有关承诺,定期向世行上报所需的进度报告,如实反映工程进展情况,共向世界银行如期提交了40期工程进展月报、13期季报和3期年报,此外还及时根据世界银行的要求提供各种临时需要的报告和统计数据。

作为利用世界银行贷款在广西修建的第一条高等级公路,世界银行华盛顿总部和北京办事处对本项目非常关注,每年均派出由项目经理召集有关各方官员和专家组成的代表团检查工程实施情况。从2002年2月开始,代表团前后共组织了5次全面检查,良好的施工质量、有效的边坡防护和完善的景观绿化给世界银行官员留下了深刻印象。在2004年8月项目建成通车前夕世界银行代表团对全线进行全面检查后,在备忘录中对本项目给予了"就设计类型和建设规模而言堪称中国最佳典范"的高度评价。

2. 工程变更情况

本项目的工程变更主要有以下几个方面:

(1)沿线挖方存在大量的高液限、高塑性指数、低CBR值土,原设计利用方不能满足路基填筑要求。为保证路基质量,这部分路堤填土全部另行借用符合规范要求的土或借石填筑,同时增加了运距。此项变更涉及变更金额约7423.8万元。其中No.1、No.3、No.4、No.6、No.7、No.8、No.9、No.10合同段变更较大。

(2)软基处理。由于本项目地质情况复杂,出现了大量设计以外的软基处理,如换填、粉喷桩加固等。另外,对于挖方路床土质不满足规范要求的,予以换填80cm厚95区土,并相应增加了运距。此项变更涉及变更金额约8008.7万元;溶洞处理735.7万元。

(3)边坡处理。由于沿线地质情况复杂,经过不少断层带、破碎山体、垂直路线走向的滑坡体、坡积滑坡体等,路基的开挖和填筑破坏了原有的平衡,造成滑坡、崩塌等病害。本项目采取了放缓边坡、抗滑桩、抗滑挡土墙、预应力锚索防护、挂网锚喷混凝土防护等技术措施处理。此项变更涉及变更金额约19095.4万元。

(4)为了保证路面质量,顺应新形势及新技术的潮流,本项目对路面工程进行了大规模的优化设计,优化设计涉及路面结构层设计、路面排水、结构物面层补强、路面灌缝等各方面。该项变更涉及变更金额5872.20万元。

(5)岩溶路段的处理。本项目No.1、No.2、No.3、No.4、No.8合同段都不同程度地存在岩溶路段,特别是No.4合同段K203~K209路段,更是岩溶密布。为此,本项目采取了疏导、封堵、盖板跨越、拱跨越、桥梁跨越等方法处理。其中光因跨越溶洞而增加的桥梁就有5座。该项变更涉及变更金额约1917.7万元。

(6)涉农工程。本项目在主线以外增设了较多的排水灌溉设施及道路设施。此项变更涉及变更金额约4500.2万元。

(7)环保景观绿化工程。原绿化工程设计较粗糙,为提高公路环保和景观效果,本项目对全线景观绿化做了较大变更。变更范围涉及路基上边坡、中央分隔带、互通式立交景观等。此项变更涉及变更金额约5064.6万元。

(8)房建工程变更。由于房建工程设计深度不足,房建施工中出现了大量的工程变更。主要集中在房屋基础、主体形式及钢筋用量和装修方式及材料上。该项工程变更涉及变更金额约1916.6万元。

(9)其他工程变更如设计工程量与原合同不符、桥梁及其他构造物桩基及细部变更、路基增设排水防护设施等,约涉及变更金额7118.3万元。

三、复杂技术工程

在工程实施期间,业主在充分总结广西以往高速公路建设的经验和准确分析本项目实际情况的基础上,在针对不良地质处理、填石路堤冲击夯实工艺的使用、边坡稳定处理、路面工程优化、公路景观优化等方面,采取了适应本项目特点的技术措施。

(一)不良地质处理

1. 软基处理

本项目的软基形态较复杂。针对不同的软基形态,采取了不同的处理方法。

(1)对一般情况下填方路基的淤泥、软土,采取一般的挖除换填方法处理。换填材料为液限、塑性指数及CBR指标均符合95区要求的土,对有地下水的路段,采用片石回填至地下水位以上,以碎石嵌缝,然后回填土方的方法处理。对No.1合同段部分山间洼地,No.3合同段部分水田路段,No.7、No.8合同段平原区高液限土路段,No.9合同段高峰林场山区天然冲沟路段及No.10合同段南宁周边的鱼塘区采用换填的方法,处理后效果良好,路基稳定,无沉降现象。

(2)挖方区不良土质的处理。针对以往公路建设中挖方路段不良土质造成的公路病害,本项目十分重视挖方区路段的不良土质处理。如No.1、No.5、No.6、No.7、No.8合同段大量的挖方路床为高液限、高塑性指数、高含水率的土,CBR值较低,部分还存在腐殖质;No.10合同段大量的挖方路段为高液限、高塑性指数的中、强膨胀土等。对上述路段路床采取了换填80cm处理,换填材料为符合95区要求的砂性土、砾石土等,以提高路床的承载能力。同时,对存在地下水的路段,在路基边沟下设置片石盲沟,降低地下水位,将地下水集中引至填挖交界处排出,保证路床的干燥。

(3)对于深层软基,采取水泥粉喷搅拌桩的方法予以加固。如No.1合同段部分山间冲沟,淤泥深度达 7~8m;No.6 合同段羊洞水库路段,路基基底为厚约 2m 的硬土,以下则为厚 6~8m 的淤泥质软土,在高约 6m 的路基荷载下难以保证路基的稳定。针对此种情况,本项目采取了水泥粉喷桩方法加固上述地基。施工中注意控制其水泥用量、喷管提升速度、复搅工艺等关键指标,保证了软基处理的质量。从历年观察的情况看,处理的结果是成功的。

（4）对于地下水位高的软土层,厚度在 2m 左右的地段,采用井字形方格网片碎石盲沟,其顶上加铺级配碎石隔水层处理,获得了较好的技术经济效益。

2. 膨胀土路段路基的处理

No.10 合同段为典型的膨胀土路段,在路基施工中采取了一些切合实际的处理措施:

（1）对膨胀土上边坡,采取先以渗透系数很小的土工膜进行封闭,然后砌筑带泄水槽的拱形骨架,再回填土进行绿化的方法,既满足了膨胀土处理封闭和排水的要求,又美化了景观。

（2）对膨胀土挖方路床,坚持换填 80cm 砾石土,对有地下水影响的地方,还在边沟底增设盲沟,排除地下水,降低地下水位,使路基干燥,与路面结构层的贫混凝土一起,构成保护路面的防线。

（3）对 No.10 合同段多处膨胀土坡积层古滑坡,由于施工开挖(上边坡)或加载(下边坡),破坏了原滑坡体的平衡。采取了抗滑桩及桩间挡土墙技术。有的还根据既有横向滑动又有竖向下沉的实际情况采取抗滑桩抵抗横向滑移,结合复合地基桩和化学灌浆抵抗竖向位移的方法处理复杂地基。如 K326+170~K326+260 路堤和 K331+160~K331+200 路堤。

（4）No.10 合同段主线原设计利用方基本上都是膨胀土。原设计全部采取包芯或掺灰改良处理,施工中的质量极难控制,雨季施工更困难。为此,总监办决定,除 K321+150~K321+400 及 K322+000~K322+100 两段以土工合成材料加强和包边工艺进行试验路外,将全线膨胀土利用方全部废弃,用砾石土进行填筑路基,保证了路堤的施工质量和施工进度。

3. 岩溶地区路基处理

No.1~No.4 合同段从石灰岩山区过渡到喀斯特岩溶地区,主线基底多处出现溶洞、溶槽、漏斗等,给路基基底处理造成较大困难。为此,本项目针对不同情况采取了不同措施对岩溶路段的地基进行了处理:

（1）引水疏导。对既落水又冒水的溶洞、泉眼、泉眼群采用盖板竖井、暗涵、渗沟、渗沟网等构造物进行引水疏导处理。

(2)封堵。对落水洞采取片石回填,碎石嵌缝,上部以混凝土板封堵的方法保证路堤的正常施工和路基的稳定。

(3)跨越。对连续的溶洞群采取增设桥梁的方式跨越。本项目为跨越溶洞群增设了2座大桥、2座中桥和1座小桥;对较小型的溶洞,采取钢筋混凝土盖板或拱跨越。

(4)局部地基加固。对一些结构物基础部分落在溶洞上的情况,采取在岩面上打入锚杆加固,再浇筑混凝土基底的方法处理。

(5)支挡。对路堤坡脚伸至溶洞口的情况,采取增设挡墙,收小坡脚,避开溶洞的方法处理。

(二)冲击夯实工艺的使用

在填石路堤、软基路段、高填方路段、路基93区顶和挖方双高土路段挖换后采用冲击夯实技术(砾石土路基除外),加强了路基的密实性和稳定性。冲击夯实机最大夯实力为50t。通过对石方、砂性土、黏性土等不同土质的试验,确定了不同土质材料的夯实遍数,并用于施工。根据实地观测,运用冲击夯实工艺处理上述路段,取得了较好的效果,路基稳定性大为提高。

(三)边坡稳定处理

本项目地质情况复杂,在K96~K210及K301~K313路段,高填深挖边坡较多,最高挖方边坡高达110m,边坡稳定的处理工作非常艰巨。对一些地质情况较为恶劣的边坡,本项目采取了有针对性的处理方式:预应力锚索、挂网锚喷和抗滑桩综合处理。

No.1合同段、No.2合同段山岭区路段,地处云贵高原南端,边坡多为裂隙发育的石灰岩、裂隙发育的石灰岩夹高液限土及强风化泥岩,边坡稳定性差;No.7合同段地处南宁盆地高液限土地段,存在多处坡积体;No.9合同段高峰林场路段地处山岭重丘区,存在多处古滑坡;No.10合同段为典型的膨胀土地区。上述路段在边坡开挖后由于破坏了边坡的天然平衡,出现多次滑塌。因此多处采用了抗滑桩及抗滑挡土墙处理。如No.2合同段K133+100~K133+250段地处下坳断层带,其左上边坡除采取抗滑桩处理外,还采用了预应力锚索及挂网锚喷混凝土加固边坡。在No.7合同段K273~K274路段存在古滑坡坡积体,采取了抗滑桩处理;No.9合同段K313+200~K313+800段右侧为一大型古滑坡体,路基开挖后多次滑塌,在几次放缓仍难稳定的情况下,采取了混凝土抗滑挡土墙加预应力锚索加固的处理方案;No.10合同段多处高液限膨胀土路基亦采取了抗滑桩及抗滑挡墙处理。

No.1~No.4合同段由云贵高原南端高山深沟地形地貌过渡到典型的石灰岩山区地形和喀斯特地貌,挖方边坡多为裂隙发育的石灰岩、裂隙发育的石灰岩夹高液限土及强风化泥岩,边坡极不稳定,即使总体稳定,也因裂隙发育、土石质差而发生部分塌方或落石。No.9 合同段地处高峰林场,为山岭重丘区地形,多处边坡地质情况较差,坡面土石质破碎,多次发生滑塌和碎落。

为此,本项目在上述路段中,对整体稳定但表面裂隙发育、土石质破碎的边坡除使用浆砌片石护面外,还有选择地采用挂钢筋网锚喷水泥混凝土护面工艺对边坡进行防护:根据不同的坡面情况,在坡面植入粗钢筋至完整稳固的岩面,以高强砂浆封闭后,挂好钢筋网,然后喷射厚 8~10cm 的 C20 细粒式混凝土。

对部分整体不稳定的边坡还采用预应力锚索进行加固。锚索为 3~7 束的 $\phi15.7mm$ 钢绞线,植入边坡完整稳固岩面后以高强砂浆灌入形成锚固端,以千斤顶施加预应力后锚固,形成加固体系。

实践表明,采用上述方法处理的边坡达到了预计的效果。

(四)路面工程优化

为了更好地保证工程质量,经对实地充分调研,广西交通规划勘察设计研究院对水南公路的路面进行了优化设计。优化设计主要对路面排水、填挖交界处及结构物处路面的加强、路面结构、接缝处理等方面进行了优化。面层厚度由 24cm 变更为 26cm,增设了路床渗沟,明确了填挖交界及结构物顶部混凝土路面钢筋网加强的形式,对软基、采空区等路基较薄弱的路段设置为连续配筋混凝土面层,部分基层(K315+600~K332+787 段,No.10 合同段路段,位于南宁外环段主线)采用 20cm 厚贫混凝土,路面接缝按新规范进行了重新设计等。体现了路面工程设计思想的与时俱进,对保证路面的质量起到了一定的作用。

(五)桥梁结构物工程

(1)对于桥涵混凝土表面可能出现的蜂窝、麻面、砂斑、错台、跑模、平整度差等质量通病的控制,除抓好常规质量控制措施外,还规定承包人必须用强制式搅拌机拌和,并一律采用大块的钢模板,保证了混凝土的质量和外观;此外,将部分盖板涵及桥台墙身片石混凝土变更为混凝土,一定程度上提高了工程整体质量。

(2)对桥台背的回填,除严格控制涵背回填料的质量及回填厚度控制在 20cm 以内,确保涵背的压实度外,还采取了对靠近台背难以压实的 30~50cm 宽度内采取反开挖回填 C10 贫混凝土的方法,以确保台背回填质量。

(3)提倡和鼓励承包人对涵洞、排水及防护工程砌体外露面进行锯面勾凹缝处理,同时,加强对砂浆强度的抽检和砌体的破体检查,真正做到"内实外美"。

(4)对部分后张法预应力混凝土大梁预应力管道采取真空压浆的施工工艺,保证了预应力管道的压浆质量。本项目的临江红水河特大桥、屯里跨湘桂铁路大桥、安吉互通立交2号大桥应用了此项工艺。

(5)对不合理的、影响工程质量的结构形式,及时与设计单位沟通,更改设计,消除质量隐患。如加强桥面连续的配筋、在部分位于纵坡较大的凹形竖曲线上的桥梁桥头处增设板状锚等。其中最大的是K330+813.8处大桥的箱梁处理问题。

K330+813.8处屯里跨湘桂铁路大桥主跨原设计为40m箱形简支梁,由于设计箱梁截面较窄,仅有15cm,而钢筋较密,在钢绞线波纹管布设后仅有1.5cm的空隙,振捣困难,容易形成空洞和离析;且梁的中部有四根波纹管紧贴布设,周围没有混凝土包裹,空气进入后易形成腐蚀。在10片大梁完成后,经过监理检验和灌水试验,发现大梁腹板以及腹板和底板结合处存在较为严重的蜂窝和空洞。经请示上级领导和专家现场鉴定,决定对先期成型的10片大梁做废弃处理,并由原设计单位重新设计变更为T形大梁。

(六)公路景观优化

为了美化公路环境,本项目对公路景观绿化做了一定深度的尝试。委托富有经验的单位和专业人员对本项目的公路景观做了专题设计。

(1)大量采用客土喷播工艺绿化上边坡。客土喷播绿化是近年来在我国公路边坡绿化中引进的新工艺。对硬土边坡,采取坡面刻槽素喷草籽的方法;对风化石且坡度较缓的边坡,采取挂三维纤维网客土喷播的方法,客土厚5~10cm;对风化石且坡度较陡的边坡,采取挂铁丝网客土喷播的方法,客土厚8~10cm。

(2)对一些土质边坡,除种植一些本地草、马尼拉草、螃蜞菊等草本植物外,尝试采用一些园林小灌木树种,如红草、黄素梅、常春花、福建茶等组成一些美术图案,提高了边坡美化效果。

(3)对上边坡平台,采取砌筑平台培土,种植夹竹桃、一品红、黄素梅球、扶桑等灌木,下面配以草皮、满地黄金、雪茄花等草本植物和南迎春、爬山虎等攀援植物。对于零填挖平台或主线边上的弃土场空地,以乔灌木及地花草本植物组成绿化小品。这些措施大大提高了公路的绿化景观。

(4)中央分隔带采用符合本地域气候特点的垂叶榕作为乔木树种,间种的灌木树种多样化,有红绒球、扶桑、尖叶木樨榄等。地被除马尼拉草皮外,对临近南宁市的路段,如No.9、No.10合同段,采用密植红绒球、扶桑的方法,增强美化效果。

(5)对于互通式立交的美化,采用自然式与园林式相结合的方式重新设计。在原来自然式设计的基础上,增加一些园林绿化苗木,如美人蕉、七彩朱槿、大叶红草、满地黄金、黄金榕、福建茶、苏铁、非洲茉莉等,提高了互通式立交的景观效果。

四、科技创新

(一)结合工程实际开展课题研究,成绩显著

针对本项目沿线地质情况和工程施工的重点、难点,业主有的放矢地开展了"岩溶地区高等级公路建设关键技术研究"课题,该课题的实施主要依托河池(水任)至南宁高速公路工程,对岩溶地区修筑高等级公路中填石路堤、不良土处治、石方光面爆破和景观设计、植被恢复等技术进行综合研究,开展现场勘察和试验,进行理论研究和数值计算,制订施工方案并指导施工,为工程建设提供技术支持,并被广西壮族自治区交通厅确定为广西交通2001年科研项目计划。通过深入细致地调查、分析,反复试验、论证和总结,课题组提出了包括新的路基病害分类方法和岩溶水实用处治技术方案在内的一系列重大科研成果。有关研究成果在项目建设过程中得到直接应用,解决了复杂岩溶路基的地基处理、岩溶水处理、跨越不同岩溶形态结构物设计与施工、填石路基的压实控制标准和方法、膨胀土路堤和路堑边坡设计与施工关键技术问题,并在其他高等级公路建设中得到推广应用。课题最终获得广西壮族自治区2005年度科技进步三等奖。

开发工程软件,实现信息化管理。业主本着与时俱进的思想,与交通系统其他兄弟单位经过一年多的不断调试和修改,合作开发了一套工程管理软件——广西公路工程施工管理业务系统,采用先进的信息技术手段在广西高等级公路建设中首次大规模、全方位利用计算机软件系统对项目建设实行全过程管理。开发的工程管理业务系统包括计量支付、合同管理、试验检测、质量监理、进度控制、公文处理、劳资人事管理、固定资产管理、征地拆迁材料管理等十多个功能模块,并组建局域网。驻地办、承包人通过计算机传输上报各种材料、报表资料,大大加快了信息传输速度,使各级领导随时可以掌握工程建设的各方面信息,实现了对工程全方位动态管理。该系统具有业务处理功能全面、分析功能强大多样、查询功能快捷周全、操作简单和适应性强等特点,使施工及施工监理过程中所需要掌握的数据能够及时、准确、形象、快捷地反映到各级管理层,为业主、监理、承包人等不同身份管理者提供完整可靠的信息,为决策提供了更科学、更快捷的手段,有效监控工程质量、费用和进度等要素的运行状况。不但提高了工作效率,同时也使管理工作更加规范、高效,达到对公路基建工程项目进行全面管理和综合控制的目的,使工程管理水平提升到一个新的层次。该业务系统于2003年3月获得广西壮族自治区科技厅鉴定通过,专家认为它在自动生成横道图和香蕉形曲线的叠加图、反映施工进度等3个方面实现了技术创新,具有较高的推广价值,在国内同类软件中处于领先水平,并荣获2003年度广西壮族自治区人民政府科学技术进步三等奖。

（二）积极组织优化设计，推广新技术和新工艺

组织大规模路面设计优化，积累新型路面结构层施工经验。在全线广泛应用混凝土路面研究的最新成果，对基层采用水泥稳定碎石基层；调整了结构层厚度；增设了路面防排水设施，路面接缝按新规范进行重新设计等，在工程实际应用中取得了良好效果。

在预应力梁施工中采用真空压浆工艺。本项目对No.4合同段临江红水河特大桥、No.10合同段屯里跨湘桂铁路大桥和安吉互通立交2号大桥等部分后张法预应力混凝土大梁预应力管道采取真空压浆的施工工艺，比传统压浆法显著提高了灌浆密实度和饱满度，增强了防腐的可靠度，从而保证了预应力管道的压浆质量和结构的耐久性。

在深层软基处理中采用粉喷桩工艺。No.1合同段部分山间冲沟，淤泥深度达7～8m；No.6合同段羊洞水库路段，路基基底2m以下为厚6～8m的淤泥质软土，这些软土地带在荷载下难以保证路基稳定性。针对此种情况，本项目采取了水泥粉喷桩特殊施工工艺加固上述地基。施工中注意控制其水泥用量、喷管提升速度、复搅工艺等关键指标，保证了软基处理的质量。

五、运营管理

（一）服务区设置

该路段共设置2对服务区、2对停车区：武鸣服务区、马山服务区、伊岭岩停车区和都安停车区。武鸣服务区于2010—2011年被评为广西高速公路"三星级服务区"，于2012年被评为广西壮族自治区交通厅省级"最佳服务区"，于2012—2014年被评为广西高速公路"四星级服务区"；马山服务区于2012—2014年被评为广西高速公路"三星级服务区"。

（二）收费站点设置

该路段共设置7个收费站：二塘收费站、安吉收费站、伊岭岩收费站、武鸣收费站、府城收费站、马山收费站、都安收费站。7个收费站共56条车道，具体见表8-13-3。

收费站点设置情况表　　　　表8-13-3

站点名称	车道数（条）	收费方式
安吉站	13	半自动收费方式
二塘站	8	半自动收费方式
伊岭岩站	4	半自动收费方式
武鸣站	10	半自动收费方式
府城站	4	半自动收费方式
马山站	8	半自动收费方式
都安站	9	半自动收费方式

(三)车流量发展状况

该路段日均车流量从 2004 年的 3555 辆增至 2014 年 11086 辆,年平均增长率为 12.05%。具体见表 8-13-4 及图 8-13-1。

水南段 2004—2016 年日均车流量增长情况表　　　　表 8-13-4

年份(年)	日均车流量(辆/d)	同比增长率	年份(年)	日均车流量(辆/d)	同比增长率
2004	3555		2011	9189	
2005	3265		2012	8846	
2006	4262		2013	8745	
2007	4932		2014	8131	
2008	5432		2015	8687	
2009	6098		2016	12321	
2010	7553				

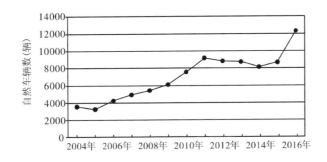

图 8-13-1　水南段 2004—2016 日均车流量发展趋势图

第十四节　黄沙河至全州高速公路

一、项目概况

(一)基本情况

黄沙河至全州高速公路是国家规划"五纵七横"国道主干线衡阳至昆明公路(G075)的重要路段,也是广西连接湖南、云南和我国中西部地区的主要交通走廊。本项目的建设,对于进一步完善广西纵贯南北的公路主骨架,加快广西出海、出边和出省国道主干线的建设进程,促进广西桂北地区和沿线的经济发展,具有十分重要的社会和经济意义。

本项目起点位于全州县黄沙河镇附近,北接湖南衡阳至枣木铺高速公路,途经全州县黄沙河镇、永岁乡和全州镇,跨越湘江、湘桂铁路,终于全州县城东北面的新彰甲村。南接全州至桂林高速公路,并通过全州互通立交与全州至桂林一级公路相连。路线全长22.303km,批复概算投资为4.94亿元人民币。经广西壮族自治区交通厅批准,全黄高速公路于2002年2月8日开工建设,2004年12月18日通车试运营,建设工期34个月。

本项目按四车道新建高速公路标准修建,全长22.303km,设计速度100km/h,路基宽26m,路面行车道宽度为2×7.5m,设计荷载:汽—超20,挂—120。设计洪水频率:特大桥为1/300,大、中、小桥涵洞及路基为1/100,全立交,全部控制进出口,全线设置完备的通信、收费和监控系统,全线绿化工程按景观路和生态路设计。

工程主要控制点:湘桂交界点,湘江大桥,跨公路、铁路大桥,全州互通立交(终点)。

主要技术指标:公路等级:四车道高速公路;设计速度:100km/h;最小平曲线半径:1000m/1处;最大纵坡:2.8%,720m/1处;设计车辆荷载:汽车超—20级,挂车—120;设计洪水频率:大桥1/100,中桥1/100,小桥、涵洞及路基均为1/100;路基、路面宽度:路基宽度为26m,路面行车道宽度为2×7.5m;路面结构类型:26cm水泥混凝土面层+2cm封油层+20cm水泥碎石基层+16~18cm级配碎石底基层。

主要工程量:路基土石方260.9m³;软基处理10.6万m³/32处,排水及防护工程9万m³;大桥586.86m/3座,中桥244.2m/5座,跨线中桥589m/11座,小桥51.58m/2座,涵洞3071m/80道,通道1911.9m/58道;水泥混凝土路面562千m²,水泥稳定碎石基层627.61千m²,级配碎石底基层649.735千m²;波形梁护栏70586m,标志牌136块。

黄沙河至全州高速公路桥涵数量汇总表见表8-14-1,路基土石方数量汇总表见表8-14-2,特殊路基处理工程数量汇总表见表8-14-3。

黄沙河至全州高速公路桥涵数量汇总表 表8-14-1

名 称	单 位	数 量	
		设 计	竣 工
特大桥	m/座	0	0
大桥	m/座	367.7/1	367.7/1
中桥	m/座	244.2/5	244.2/5
小桥	m/座	0	0
分离式立交桥	m/座	779.34/13	779.34/13
互通式立交桥	m/座	83.04/2	83.04/2
涵洞	m/道	3249/92	2719.31/81
通道	m/道	1693.6/51	1867.18/57
互通立交	处	2	2

黄沙河至全州高速公路路基土石方数量汇总表 表8-14-2

序号	合同段	施工桩号		里程(km)	计价土石方(m³)			备注
		起	讫		土方	石方	合计	
1	No.1合同段	K0+000	K11+575	11.575	866869	604340	1471209	
2	No.2合同段	K11+575	K22+300	10.725	1046518	588815	1635333	
合计				22.3	1913387	1193155	3106542	

黄沙河至全州高速公路特殊路基处理工程数量汇总表 表8-14-3

序号	合同段	施工桩号		长度(km)	挖除淤泥(m³)	清除软土(m³)	砂砾(碎石)垫层(m³)	干砌片石(m³)	回填片石(m³)	单向土工格栅(m²)
		起	讫							
1	No.1	K0+000	K11+575	11.575	84224.3	72201.5	117788.2	0	64888.23	28100.2
2	No.2	K11+575	K22+300	10.725	24162.79	23853.33	31487.47	1534.16	29742.4	28027.4
合计				22.3	108387.09	96054.83	149275.67	1534.16	94630.63	56127.6

地形:南至港底,处于湘江河道右侧,主要为低矮起伏的丘陵,路线起点为中等山峰岩溶地貌。路线从下改洲向南至新彰甲,处于湘江河道左侧,主要为低矮起伏的丘陵,个别丘陵为中等山峰岩溶地貌,全线低洼及开阔地带主要为水田及旱地,地形较为平缓,海拔高程在130~220m之间。

地层岩性:测区通过地层有第四系、石炭系、泥盆系地层,其中以第四系为主。第四系地层(Q):该层分布于全线地区,与下伏基岩呈不整合接触,为褐黄色硬塑状黏土,棕红色、灰白色亚黏土,粉砂土层等。在低洼水田地段该层呈淤泥及软塑状,而在河流两岸及河漫滩则为砂砾卵石层。石炭系地层(C):主要分布于路线的中段,以深灰色、暗灰色隐晶质灰岩及生物碎屑灰岩互层为主,局部夹灰黄色、灰褐色泥岩、粉砂质页岩、粉砂岩、泥灰岩及白云质灰岩。

泥盆系:泥盆系地层(D)分布于路线前段,岩性为深灰色、灰黑色中厚层状灰岩及厚层块状灰岩夹薄层灰岩,局部夹砂质泥岩及泥灰岩、粉砂岩、硅质岩等,质纯的灰岩岩溶发育,灰黑色灰岩较硬,略含硅质。

地质构造及地震:测区位于全州向斜的北半部,主要构造线以北东为主,局部为东西向。主干断裂多倾向南东,断层线长达44~65km,倾角较陡,为50°~75°,属压扭性断裂,沿断层线老地层冲于新地层之上。次一级断裂由压扭性断裂及与其配套的张扭断裂组成,一般延长5~15km不等,断面倾角较陡。由于断层的作用,使多数岩石被挤压破碎,区内小断层和节理裂隙发育。泥盆系地层及石炭系地层以向斜出现,岩层主要倾向北西及南东,倾角一般为25°~45°,石炭系地层位于向斜核部,岩层倾角稍缓。路线区属于以溶蚀残丘平原间剥蚀丘陵地貌为主,由于受构造控制,岩体挤压严重,埋藏于第四系以下的碳酸盐岩类地层,岩面高差较大,岩溶形态发育。根据查《广西地震烈度区划图》(广西建委抗震办1992年,10版),路线区内地震基本烈度为小于Ⅵ度,路线区范围内一般不会发生破坏性地震。

气候：本路段处于北回归线以北，属中亚热带湿润季节气候，全年气候温和，夏季湿热，年平均气温17.8℃，7月平均最高气温为28.5℃，1月平均最低气温为6.3℃，全年几乎为无霜期，雨量充沛，年平均降雨在1519mm以上，雨季集中在3~9月份，占全年降雨量的70%。降雨是主要的影响因素，妥善安排工期可常年组织施工。

水文：测区内地下水主要是埋藏于覆盖层的孔隙水、碎屑岩类的裂隙孔隙水及碳酸盐岩类的岩溶水（或地下河），均属潜水型地下水。局部地下水埋藏较浅，形成泉水向地表外泄。地下水主要来自大气降水的垂直补给，其次受江河、水库水的补给，排泄形式主要以潜水下降泉出露，一般地下水对路基影响不大，但低洼处，路基均适当增高或进行防护。地表水主要有湘江及其支流，路线跨越应作好防护，并注意路堤高度等。

不良地质现象：路线经过山间洼地、水田等地段，常出现软土、淤泥及软塑状黏土层，一般厚0.5~1.5m。其软土分布较零星，多为洼地排水不良，地表常积水，而造成土质软化及淤积，软土路段详见《不良地质地段表》。沿线软土不良地段不能作路基填土持力层，必须清除软土，换填碎石土或砂性土后方可作为持力层，并做好排水设施。路线大部分地段第四系覆盖层多为风化残积含砂低至高液限黏土，厚几米至十几米，土体结构松散，易形成雨季地表水流的冲刷，造成水土流失。路线区属于岩溶地区，埋藏于第四系以下的碳酸盐岩类地层，岩面高差较大，溶槽、溶沟、落水洞、地下河、泉水、溶蚀裂隙等发育。

（二）前期决策情况

主要背景：全黄高速公路的建设，对于进一步完善广西纵贯南北的主骨架，加快广西出海、出边和出省国道主干线的建设进程，促进广西桂北地区和沿线的经济发展，具有十分重要的社会和经济意义。

设计依据：

(1) 广西壮族自治区交通基建管理局《关于委托设计黄沙河至全州高速公路施工图的函》（交基总函〔2001〕222号）。

(2) 与广西壮族自治区交通基建管理局签订的《黄沙河至全州高速公路两阶段施工图勘察设计合同》。

(3) 广西黄沙河至全州高速公路工程可行性研究报告及批复。

(4) 广西黄沙河至全州高速公路初步设计文件及初步设计审查意见。

(5) 广西公路学会专家组施工图设计审查意见。

外业勘测严格执行交通部有关法令规程，严格遵照交通部颁布的《公路路线勘测规程》（JTJ 061—1985）和《公路工程地质勘测规程》（JTJ 064—1986）等有关规程要求和深度进行勘测。

路基、路面设计严格按照《公路路基设计规范》(JTJ 013—1995)、《公路水泥混凝土路面设计规范》(JTJ 012—1994)、《公路排水设计规范》(JTJ 018—1997)等要求进行。

桥涵设计严格按照《公路桥涵设计通用规范》(JTJ 021—1989)、《公路砖石混凝土桥涵设计规范》(JTJ 022—1985)、《公路钢筋混凝土及预应力混凝土桥涵设计规范》(JTJ 023—1985)、《公路桥涵地基与基础设计规范》(JTJ 024—1985)等规范进行。

(三)参建单位主要情况

设计单位:广西壮族自治区交通规划勘察设计研究院(设计资质:甲级,资信登记号:2001011)。

监理单位:中国公路工程咨询监理总公司[监理资质:公路甲级,资信登记号:(1999)建京银评字第47号]。

施工单位:广西壮族自治区公路桥梁工程总公司、中港第二航务工程局第一工程公司、广西壮族自治区公路桥梁工程总公司、北京中咨华科交通工程技术有限公司、宜兴市公路交通设施总厂、广西交通科学研究所、山西长达交通设施有限公司。

经广西壮族自治区交通厅授权,广西壮族自治区交通基建管理局作为项目法人负责组建全州至黄沙河高速公路工程建设办公室,代表业主全面负责项目现场组织、管理和建设工作。

黄沙河至全州高速公路主要参建单位一览表见表8-14-4,各组织机构框架图如图8-14-1～图8-14-5所示。

黄沙河至全州高速公路主要参建单位一览表　　　　表8-14-4

序 号	单位性质	合同段编号	单位名称
1	设计单位	路基路面	广西区交通规划勘察设计院
2		交通工程施工图	中国公路工程咨询监理总公司
3	施工单位	路基 No.1	广西壮族自治区公路桥梁总公司
4		路基 No.2	中港第二航务工程局第一工程公司
		路面 No.3	广西壮族自治区公路桥梁总公司
5		绿化 No.L-1	株洲市东方园林绿化有限公司
6		房建 No.F-1	衡阳市第二建筑工程公司
7		房建 No.F-2	桂林中核建筑安装工程有限公司
8		房建 No.F-3	广西钦州市建筑工程总公司
9		交通工程 No.J-1	北京中咨华科交通工程技术有限公司
10		交通工程 No.J-2	宜兴市公路交通设施总厂
11		交通工程 No.J-3	广西壮族自治区交通科学研究所
12		交通工程 No.J-4	山西长达交通设施有限公司
13		机电工程 JD1	广西壮族自治区交通科学研究所

续上表

序　号	单位性质	合同段编号	单位名称
14	监理单位		中国公路工程咨询监理总公司
15	监督单位		广西壮族自治区交通工程质量监督站
16	检测单位		广西新桂交通工程质量检测有限公司

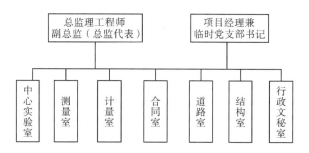

图 8-14-1　黄沙河至全州高速公路一期工程施工监理组织机构框架图

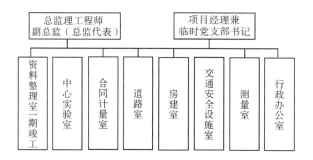

图 8-14-2　黄沙河至全州高速公路二、三期工程施工监理组织机构框架图

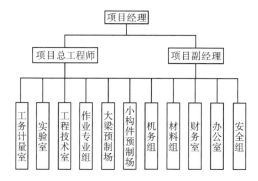

图 8-14-3　黄沙河至全州高速公路 No.1 合同段组织机构框架图

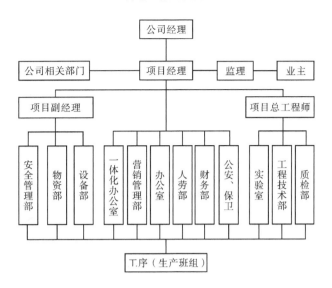

图 8-14-4　黄沙河至全州高速公路 No.2 合同段组织机构框架图

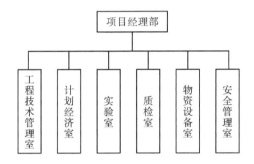

图 8-14-5　黄沙河至全州高速公路 No.3 合同段组织机构框架图

二、建设情况

(一)项目准备阶段

1. 立项审批

2001年6月21日,广西壮族自治区发展计划委员会以桂计交通〔2001〕245号文批复了该项目可行性研究报告。

2001年8月27日,广西壮族自治区环境保护局以桂环管字〔2001〕102号文批复了本项目环境影响报告书。

2001年8月28日,广西壮族自治区国土资源厅以桂国土资规〔2001〕67号文批复了本项目用地预审。

2001年11月16日,广西壮族自治区发展计划委员会以桂计交通〔2001〕501号文批复了本项目初步设计。

2001年12月20日,广西壮族自治区林业局以桂林政发〔2001〕227号文批复了本项目工程先行使用林地。

2002年3月14日,广西壮族自治区交通厅以交基建函〔2002〕126号文批复了本项目的施工图设计。

2. 资金筹措

按照广西壮族自治区发展计划委员会对初步设计的批复,批准概算为4.94亿元,申请交通部车购税补助投入1.69亿元,广西壮族自治区交通厅安排公路建设资金1000万元,银行贷款3.15亿元,银行贷款部分利用收过路费还贷。

3. 招投标情况

本工程项目遵循公开、公平、公正的原则,严格按照招投标法定程序,择优选择中标单位。根据《中华人民共和国招标投标法》,国家发改委《评标委员会和评标办法暂行规定》,以及交通部颁发的《公路建设市场管理办法》《公路工程施工招标资格预审办法》《公路工程施工招投标管理办法》《公路工程施工监理招投标管理办法》等有关规定,开展黄沙河至全州高速公路的监理、施工和材料供应招投标活动。

4. 设计单位招标情况

业主单位委托广西交通勘察设计研究院负责初步设计和施工图设计,并与设计单位签订了黄沙河至全州高速公路两阶段初步设计和施工图勘察设计合同书,于2002年1月完成全部设计任务。

5. 施工单位招标情况

全黄高速公路工程招标工作分三期进行。一期路基、桥梁涵洞、路面底基层工程招标工作于2001年8月开始进行,经过发布公告、资格预审、招投标、召开标前会议和评标定标等一系列严格程序,择优选择了广西路桥总公司、中港第二航务工程局一公司为土建工程施工单位,二期路面工程,三期房建、绿化、交通设施工程及材料采购均按上述程序通过公开招标落实了施工与材料供应单位。

6. 监理单位招标情况

按照公共基础建设工程监理实行公开招标的原则,于2001年8月20日发布监理咨询服务招标公告,共有布朗育才监理公司等五家监理公司通过了资格预审。2001年9月30日出售监理咨询服务招标文件,10月8日实地考察,10月30日投交投标文件并开标,经过对投标书的监理咨询服务的人员组成、技术建议书和财务建议书等评审比较,最终选定技术建议书较优和财务建议书较合理的中国公路工程咨询监理总公司作为中标单位。黄沙河至全州高速公路合同段划分情况见表8-14-5。

第八章
高速公路项目建设

黄沙河至全州高速公路合同段划分情况表　　　　表 8-14-5

标 段 号	标段所在地	工程内容及长度	施工单位
No.1 合同段	位于全州县黄沙河镇,路线起点桩号 K0+000,终点桩号 K11+575	全长 11.575km,工程内容:路基	广西公路桥梁工程总公司
No.2 合同段	横跨永岁乡和全州镇,起点位于广西全州县永岁乡五岗村附近,终点位于全州镇新彰甲村,起止点桩号分别为 K11+575、K22+300	全长 10.725km,工程内容:路基	中港第二航务局第一分公司
No.3 合同段	全州县黄沙河镇至全州县全州镇新彰甲村,起止点桩号分别为 K0+000、K22+300	路线全长为 22.3km,工程内容:路面	广西公路桥梁工程总公司

7. 征地拆迁

全黄高速公路项目依据《广西壮族自治区基础设施重大项目建设用地征地拆迁暂行办法》(桂政发〔2000〕39号)和《广西壮族自治区基础设施重大项目建设用地被征用土地年均产值基数标准和拆迁补偿标准》(桂计法规〔2000〕501号)文件规定,依法征地拆迁,合理补偿。征地拆迁机构由全州县人民政府成立征地拆迁办公室,具体负责土地征用、房屋拆迁以及电力电信杆线拆迁,取、弃土场和施工单位驻地及便道等临时用地的征用工作。征地拆迁款兑付由建设办根据征地拆迁进展,拨付给全州县人民政府黄沙河至全州高速公路征地拆迁办公室,然后由征地拆迁办公室通过全州县建设银行,根据实际丈量的面积和数量,采用发放存折的方法直接兑付给被征拆的农户和有关单位。建设办与全州县人民政府黄沙河至全州高速公路征地拆迁办公室之间采取按月或定期的方式结算征地拆迁款。全州县人民政府行动迅速,组织得力,依法办事,措施果断,仅用1个多月的时间就完成了主线征地拆迁丈量任务和先期用地的报批工作;到 2002 年 2 月正式开工前,全线 95% 以上建设用地及时提供给了施工单位使用,保证了工程建设的顺利进行。

黄沙河至全州高速公路征(租)用土地汇总表见表 8-14-6,拆迁建筑物汇总表见表 8-14-7。

黄沙河至全州高速公路征(租)用土地汇总表　　　　表 8-14-6

序 号	性 质	类 别	数量(亩)	备 注
1	永久用地	水田	599.55	
		旱地	391.59	
		果园	572.36	
		荒地	140.95	
		鱼塘	11.14	
		林地	878.03	
		合计	2593.62	

续上表

序 号	性 质	类 别	数量（亩）	备 注
2	临时用地	水田	32.91	
		旱地	332.21	
		果园	118.526	
		荒地	49.079	
		林地	378.367	
		合计	911.092	

黄沙河至全州高速公路拆迁建筑物汇总表　　表8-14-7

序 号	类 别	单 位	数 量	备 注
1	泥墙瓦面房	m²	1969.58	
2	砖体结构房	m²	7566.8	
3	水井	口	37	
4	晒场	m²	4451	
5	砖窑	只	2	
6	迁坟	个	2062	
7	厕所	座	1	

（二）项目实施阶段

设计变更如下：

（1）K15+075处增设一座10m+2×16m+10m混凝土连续梁下穿分离式立交桥，由于当地部门规划永岁至湘山四级公路的要求，同时考虑到K14+807处通道地形及结合附近乡村耕种等原因，增设跨线桥，取消K14+807处通道。

（2）由于受铁路部门批文影响，K12+762.51处和全州两跨线桥，路基设计出现变更。

（3）K16+098处分离式立交桥2号桥台由于地质钻探钻孔太少，地质情况复杂，没能满足设计要求。施工开挖后根据实际情况，建设办要求改为桩台基础。

本项目建设期间不存在擅自变更与越权变更的问题。据统计到2004年10月20日止，一期工程共发生一般变更335项，累计变更金额为829.58万元，重大变更60项，累计变更金额1714.54万元。二期工程共发生一般变更2项，累计变更金额为12.97万元，重大变更5项，累计变更金额625.17万元。三期工程共发生一般变更36项，累计变更金额为81.42万元，重大变更11项，累计变更金额175.86万元。

三、复杂技术工程

路基第 1 合同段:关键点和难点的施工。

(一)高液限土的施工措施

本合同段沿线高液限土在土方路基中占比例较大,若不利用高液限土填筑,则填挖数量将严重失平,况且沿线周围方圆 10km 内均难找到可利用的土质土场。在填筑中,根据其特点,本项目部采取如下措施:

(1)过湿土、高液限土的施工,尽量避免在雨季和冬季施工。

(2)把过湿土、高液限土翻松打碎晾晒,薄层填筑,每层压实厚度不超过 30cm,但不小于 10cm。

(3)在过湿土、高液限土填土前,均进行了过湿土、高液限土填筑试验路施工,掌握其施工特点,找出最佳碾压遍数及最佳碾压含水率。

(4)压实后,及时检测,及时填筑下一层土进行覆盖,防止含水率降低,造成压实层表面开裂。同时注意路基的排水,对地表水采取拦截、分散、防渗的措施。

(二)填石路段密实度的保证措施

本合同段填石方数量为 24.7 万 m^3。

(1)采用填石路堤的材料的强度不小于 15MPa。风化的软岩不用于填石路堤,亦不用作塞缝料。倾填前,路堤边坡每一水平层摊铺的松方厚度不超过 45cm,使用石块尺寸不大于层厚的 2/3。石块摆平放稳,靠紧密实。所有填石孔隙用小石块或石渣、砂砾填满铺平;并用大型履带推土机碾平。

(2)填石路堤的各层压实使用 50t 英格索兰重型振动压路机分层进行,每层铺填厚度和碾压遍数均通过压实试验确定。

(3)在路基面以下 80cm 的深度范围内(即 95 区),根据业主的指示,采用级配碎石填筑,并分层压实。93 区本合同段也根据业主的要求采用级配碎石作为填料,采用 50t 振动压路机碾压,使填石、土石混填路基达到嵌锁紧密状态,保证路基的稳定。

(4)在填石路堤施工过程中,为保证路基稳定,根据业主的安排,每五层进行了强夯补强,加固了路基的稳定。

(三)湘江大桥施工

湘江大桥是本合同段唯一一座大桥,是本项目部施工的重中之重,该桥为 12×30m 预应力混凝土连续 T 形梁,采用后张法施工,桩柱式埋置桥台,全桥长 367.7m。为了能顺

利完成大桥的施工任务,采取了以下措施:

桩基施工除5号、6号采用钢架平台外,其余均采用筑岛围堰的方式,使用钢护筒跟进式磨桩机及6台冲击钻一起进行施工。

桩基混凝土为灌注水下混凝土,钻孔清孔完成后将加工后的钢筋笼用吊车吊装就位,混凝土浇筑采用现场集中拌和,混凝土输送泵浇筑混凝土。坍落度控制在18~20cm之间,在浇筑过程中注意防止混凝土离析。混凝土初凝后7d凿除桩头多余混凝土,并请设计单位进行桩基质量检测。

桥梁桥墩为$\phi 1.5m$圆柱墩,桥台为$\phi 1.5m$柱式埋置式台。为了确保桩基埋置式桥台周围填土压实度,采用先填后挖的方式,与桩基础同时施工。

钻孔桩施工结束并经检测合格后,进行系梁施工。钢筋加工后,运至现场进行绑扎。系梁混凝土分层浇注,每层厚度控制在30~40cm,用插入式振捣棒振捣。浇筑过程中认真检查钢筋和模板的稳固性,发现问题及时处理。混凝土浇筑完初凝后,立即洒水覆盖养生,达到规定强度后拆除模板,经检验合格后再进行基坑回填。

墩身施工采用由两片半圆钢模组成的圆柱墩模板,模板采用企口接缝,精度高。在安装模板时,接口处用玻璃胶密封,避免出现接缝线。对于混凝土薄壁墩,采用大块$2m \times 2m$的整体模板,并组合用夹具将I字钢立柱和板片竖向连接,横向销钉和多种槽钢横肋,将整个模板连成整体,安装就位,用临时支撑支牢,待另一面模板吊装就位后,用圆钢拉杆外套塑料管并加设锥形垫,外加垫块螺帽,内加横内撑,将两面模板横向连成整体,校正定位。

混凝土浇筑前首先将模板内杂物、混凝土浆、泥土清理干净,模板、钢筋检查合格后,方可进行混凝土的浇筑。混凝土浇筑完成后用薄膜包裹养生。

1)后张法预应力混凝土30m T形梁预制

T形梁模板由台座底模、端头模、侧模和隔板模组成。底模固定在台座上,端头模用12mm钢板做面板、侧模,隔板模用3mm钢板做面板,支撑骨架用[8槽钢,纵、横向加劲肋用∠50mm×50mm角钢。侧模上安装两排附着式振动器,间距为1.0m。单排水平间隔1.5m,上下按三角形布置。全标段制作外梁模1套,内梁模2套。

钢筋按设计图纸及规范要求在钢筋场下料和加工成半成品,台座上用油漆标出钢筋间距及定位架间距,运至预制台座绑扎成型,准确埋设预留孔及预埋件。根据设计图纸钢束坐标精确放样,每50cm焊接一个定位架,检查定位架合格后安装波纹管,并用绑扎铁线绑牢在定位架上,波纹管接头要用包装胶带包好,防止漏浆。钢筋绑扎完成后,按设计保护层要求绑上相应的砂浆垫块,防止露筋。

用龙门吊电动葫芦吊装模板进行安装。模板安装完成后,按有关要求穿入钢绞线。模板验收合格后,浇筑混凝土。混凝土采用连续灌注法,从梁的一端往另一端浇筑,斜向分段,水平分层,采用附着式振动器和插入式振捣器相结合振捣密实。混凝土浇筑过程中根据浇筑情况来回移动波纹管内的钢绞线,预防漏浆堵塞管道,混凝土浇筑完成2h后应用湿麻袋覆盖,防止混凝土收缩开裂,养护时间不少于7d。

2)张拉钢绞线束

预制梁在预制14d及混凝土抗压强度达到100%时,可进行张拉。张拉设备采用YCW-150和YCW-250张拉千斤顶及相应高压油泵和压力表(精度不低于1.5级)、锚具。将编制好的钢绞线束穿入波纹孔道,安装OVM锚具及千斤顶与压力表必须按检测时配套使用。张拉采用两端同时张拉,采用锚下张拉应力与伸长值双指标控制。张拉程序为$0\rightarrow10\%\sigma$(初应力)$\rightarrow1.00\sigma con$(锚固),张拉顺序严格按设计图纸及施工规范要求进行,并详细记录张拉有关数据,张拉应力从压力表上读出,伸长值在张拉过程中测量,并请监理工程师现场签认。张拉完成后,及时在每根钢绞线上用油漆做标记,待24h后检查是否有滑移,并用电动手砂轮切断多余的钢绞线工作长度,用环氧树脂水泥砂浆封闭锚头,注意不要把砂浆封住压浆口,以备压浆。

压浆设备有砂浆拌和机,活塞型压浆泵,$6m^3$空气压缩机,压浆泵压力表(使用前经过检验)。压浆前应对孔道进行清洗,并用空压机吹干,安装进出浆口开关。拌制水灰比为0.40的加外掺剂水泥浆,并经1.0mm网筛过滤,放到压浆泵储存砂浆筒内以备压浆使用,从加入水泥搅拌到压浆结束间隔时间不能超过40min,压浆过程对水泥浆不断搅拌,确保均匀性和流动性,压浆从一端压往另一端,当出浆口流出的砂浆与拌和浆一致且无气泡时,关闭出浆口,压浆端水泥浆压力大于0.7MPa,并最少维护10s后才能关闭进浆开关。压浆从下往上按顺序进行。当压浆过程中出现故障时,立即用备用压浆泵压清水冲洗,重新清孔。24h后移到存放台座存放,并浇筑封锚混凝土。

本标段T形梁安装使用装配式架桥机1套,在桥台后用汽车吊进行拼装,拼装完成检查符合要求后前移,该类架桥机整机前移无须经过桥面,不需铺设轨道,且总重减少15%,用其支承和行走系统完成架桥机的空载前移。

T形梁通过运梁平车送到架桥机下,用起吊天车来完成梁的起吊、运输以及控制梁的就位安装;边梁通过边梁挂梁整机携带就位。在T形梁安装前,用全站仪准确放样支座位置,以确保T形梁安装后梁体的稳定和支座受力均匀。相邻两片安装完毕,立即电焊连接隔板接头,加强整体稳定性。第一跨安装完成,架桥机往前跨行走,准备安装前一跨。重复前述步骤安装各跨。

3)现浇连续接头

T形梁安装完成后,安装连续接头底模、边模和端模,根据设计图纸安装接头钢筋并安装波纹管,并用绑扎铁线绑牢在定位架上,波纹管接头要用包装胶带包好,防止漏浆。注意浇筑混凝土前,波纹管内需穿钢绞线。用混凝土运输车进行浇筑,浇筑完成后洒水养生,待接头处混凝土强度达到100%时用YDC240Q张拉千斤顶张拉T形梁顶部负弯矩段钢绞线,形成T形梁连续体系。

4)桥面铺装施工

为使桥面铺装与下面的混凝土结构物紧密结合,对结构物表面凿毛使其粗糙,并在桥面铺装前用水冲洗干净。混凝土由拌和站统一供应,用混凝土搅拌车运至现场,用三滚轴进行摊铺浇筑,以加快施工进度。

进行桥面铺装时,按图纸所示的位置及尺寸预留好伸缩缝的工作槽,当有桥面伸缩缝,特别注意与伸缩缝的安装相配合。为防止桥面混凝土开裂,桥面混凝土配制中采用钢纤维抗缩措施。为减少温度和收缩应力,桥面铺装在混凝土达到一定强度后用切缝机锯割纵向横向缝。

通过湘江大桥分部全体员工的艰苦奋战,2003年7月合同段胜利完成了下构施工任务,2003年9月29日提前完成了最后一片T形梁的吊装任务,2003年12月湘江大桥作为全黄高速公路第一名完成桥面及防撞墙的施工任务,实现了湘江两岸的贯通,2003年12月底,合同段顺利完成了路基主体工程的施工任务。有力地保证了全黄路第二、三期工程的施工。

四、科技创新

黄沙河至全州高速公路科技创新开展情况如下:

在施工技术上,充分吸收区内外高速公路修建过程中的好经验加以应用,并根据本路段的地形地质特点积极引进新技术、新工艺进行试点和推广。

第一,抓好起点石山爆破和填石路段的施工,并有针对性地研究制定了《全黄路石方光面爆破施工技术指南》《填石路基施工技术指南》,认真帮助解决施工中存在的问题,做好事前技术指导,确保质量。

第二,针对广西水泥路面在使用过程中出现的问题,从路基着手,着眼于从根本上解决质量隐患问题。对软基处理全部采用换填处治方案,全部清除软土,换填砂砾和碎石、片石等透水性材料;对沿线土质差、路基填料不足的问题,因地制宜,采取湘江河砂作为填料远运好土的技术措施,确保了路基的稳定。逐个落实防护方案,采取多种防护形式确保路基边坡整齐、稳定和美观。加强路床和路面的排水设施,在挖方区普遍增设了渗沟。路床施工引进了美国冲击夯实工艺加强控制路基填筑和密实度,取得了较好的效果。

第三,认真抓好桥涵结构物施工的内在和外观质量。通过推广混凝土集中拌和,采用大面积整体钢模施工,确保结构物的内在质量和外观美感;对桥梁的桥面铺筑,采取了加密钢筋间距,以及采用抗裂、抗震的钢纤维混凝土进行施工,确保工程质量。

第四,对关键部位制订有效的技术措施加以控制,如对路基填挖交界、半填半挖路段进行土工格栅加筋处理,认真克服沉降不均匀现象的发生;对三背回填采用贫混凝土回填治理,努力避免桥头跳车等。通过有针对性的技术指导和有力的现场质量监控,有效控制和提高了工程质量。

(一)路基第1合同段

1. 采用先进的机具进行施工

(1)为保证路基稳定性,减少完工后的路基沉降,合同段采用强夯机对所施工的路基进行强夯。

(2)为了保证桩基施工的进度及质量,合同段从总公司调来了先进的钢护筒跟进式磨桩机:CEFFR-VRM2000(德国产)1台。

(3)由于洪水影响桩基施工,合同段改用水上施工平台进行桩基及下构施工,保证了施工进度及质量。

(4)所有的混凝土施工全部采用自动计量系统进行配料,下构混凝土施工全部采用泵送混凝土进行施工,有效地保证了施工的质量。

2. 积极研究和实践新的施工工艺及材料

(1)湘江大桥桩基施工中,由于湘江大桥地处广西桂北典型的喀斯特地貌区,岩石基本上为大塘阶灰黑色岩质灰岩与灰岩互层,局部夹少量泥灰岩。桥区为宽阔的U形河谷,地下岩溶发育情况复杂。82%的桩基穿过岩溶区,个别桩要穿过3~4个溶洞区、溶槽。6号墩岩石顶面大部分呈石牙状或半边岩石半边覆盖层,且呈串珠状垂直分布,对施工极为不利。同时由于河床覆盖层较薄,正常的单护筒施工不能起到作用。为此,在项目领导的带领下,技术人员积极参与,经过反复研究及试验,终于摸索出一套适合此类地形桩基施工的方案,并形成了成熟的双护筒施工工艺,为湘江大桥下构施工优质的完成奠定了基础。

(2)由于该段路基施工的上、下路床填料缺乏,一度导致合同段停工。为保证施工质量,本合同段经过反复研究讨论,认为采用湘江河岸丰富的砂砾进行填筑将能起到良好的效果。在上报两办批准后,采用级配良好的砂砾对路基上、下路床进行填筑,发现,路基压实度、弯沉等都优于用填土填筑。但是,美中不足的是砂砾填筑的路基边坡更容易受雨水冲刷,且不能种植草皮,因此合同段对填筑砂砾的路段边坡用种植土换填。

(3)在填挖交界、半填半挖交界地段,采用换填土方、铺设土工格栅的方法,预防本合同段软基多、沉降不均匀、面层混凝土易拉断的问题。

(二)路基第2合同段

K12+762.5处及AK0+449.1处分离式立交桥原设计为30m+40m+30m空心梁,

后变更为30m+40m+30m箱梁,梁体结构壁薄、钢筋密,40m箱梁设计重量达到135t/榀,其预制及跨度设计在广西公路建设史上均属首次。施工过程中,从模板设计到混凝土施工都经过认真的组织,编制详细的施工实施细则及技术交底。模板设计采用大块整体钢结构模板,25t吊车进行安装,保证了结构的稳定及外观质量的美观。混凝土原材料采用三个级配分开堆放控制,严格按照配合比施工,模板两侧安装附着振捣器,保证混凝土的内在密实。箱梁安装采用DJ40/130架桥机安装。

(三)路面第3合同段

为优化路面混凝土的设计配合比,解决混凝土工作性和预防混凝土开裂、减少水泥用量。本合同段试验室通过双掺技术,在混凝土中掺入适量的粉煤灰和减水剂,通过反复的试验比较,最终得出最优的混凝土设计配合比[水泥:碎石:砂:水:科达KD-2外加剂:粉煤灰 = 315:1235:665:145:3.26:47,(单位kg/m^3)],解决了混凝土的工作性和预防了混凝土的开裂,并产生很好的经济效益。

五、运营管理

(一)服务区设置

该路段共设置1对服务区:全州服务区。全州服务区于2008年1月获得"高速公路十佳服务区"荣誉;2011年9月获得"三星级服务区"荣誉;2012年9月获得"四星级服务区"荣誉;2013年9月获得"四星级服务区"荣誉;2014年9月获得"四星级服务区"荣誉。

(二)收费站点设置

该路段共设置3个收费站:桂湘收费站、黄沙河收费站、全州收费站。3个收费站共18条车道。具体见表8-14-8。

收费站点设置情况表 表8-14-8

站 点 名 称	车道数(条)	收 费 方 式
桂湘站	8出	半自动收费方式
黄沙河站	2进2出	半自动收费方式
全州站	3进3出	半自动收费方式

(三)车流量发展状况

该路段日均车流量从2004年的2976辆增至2014年的6726辆,年平均增长率为8.5%。具体见表8-14-9,车流量发展趋势图如图8-14-6所示。

日均车流量发展状况表　　　　　　　　　　　　　表 8-14-9

年　份　（年）	日均车流量(辆/d)	同比增长率(%)	年　份(年)	日均车流量(辆/d)	同比增长率(%)
2004	2976	—	2011	5169	2.42
2005	3056	2.69	2012	5848	13.14
2006	3192	4.45	2013	6451	10.31
2007	3621	13.44	2014	6744	4.54
2008	3811	5.25	2015	7933	17.63
2009	4532	18.92	2016	6505	−18
2010	5047	11.36			

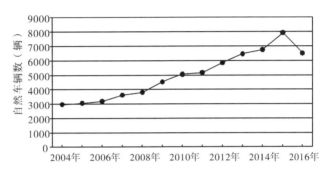

图 8-14-6　日均车流量发展趋势图

第十五节　南宁至友谊关高速公路

一、项目概况

（一）项目的起终点、中间控制点及工程进度

南宁至友谊关高速公路是国道主干线衡阳至昆明公路支线，是广西高速公路网主骨架的重要组成部分，也是我国通往越南乃至东南亚地区最便捷的陆路国际运输通道。路线起自南宁至吴圩机场高速公路 K16+339 处，经扶绥、崇左、宁明、凭祥，止于中越边境友谊关，与越南 1 号公路相连。主线起讫桩号为 K0+000～K178+825.56，全长 179.18km，其中高速公路 136.36km，一级公路 42.82km。连线全长 41.846km，其中扶绥联线长 10.236km，龙州联线长 31.61km。全线设互通立交 9 处、平交 1 处，收费站 9 处，管理区 3 处，服务区 4 处。桥隧比 3.41%。

南友路工程批复概算 37.0437 亿元，竣工决算 37.1448 亿元。计划工期为 48 个月，土建工程施工合同工期为 36 个月，交通工程及沿线设施与土建合同交工同步。项目于 2003 年 4 月开工，2005 年 12 月完工，实际工期为 32 个月，比合同工期提前 4 个月，比计划工期提前16个月建成通车。

（二）主要技术指标

南宁至宁明段K0+000~K135+700.96共136.36km，采用双向四车道高速公路标准建设，其中南宁至崇左段K0+000~92+183.03共92.25km，路基宽26m，路面宽2×11.25m，设计速度100km/h；崇左至宁明段K92+183.03~K135+700.96共44.11km，路基宽24.5m，路面宽2×10.75m，设计速度80km/h。

宁明至友谊关K135+700.96~K178+825.56共42.82km，采用一级公路标准建设，路基宽22.5m，路面宽2×9.75m，设计速度60km/h。

扶绥、宁明和龙州连线45.76km，采用二级公路标准，路基宽12m，路面宽9.0m，设计速度60km/h。

设计荷载：汽车—超20级，挂车—120。

设计洪水频率：大、中桥1/100，小桥、涵洞、路基1/50。

路面结构组成：

主线高速公路、一级公路：4cmAK-13A沥青混凝土+改性沥青黏结防水层+5cmAC-20I沥青混凝土+乳化沥青黏层+6cmAC-25I沥青混凝土+1cm乳化沥青或同步碎石封层+20cm水泥稳定碎石上基层+20cm水泥稳定碎石下基层+18cm水泥稳定碎石底基层。

互通立交匝道和连线二级公路：4cmAC-16I沥青混凝土+5cmAC-25I沥青混凝土+1cm乳化沥青封层+13~15cm水泥稳定碎石上基层+15cm水泥稳定碎石下基层+18cm级配碎石底基层。

（三）主要工程量

主线长179.18km、连线长45.76km。路基计价土石方3158万m³，涵洞通道882道，排水支挡工程87.1万m³，沥青混凝土路面3647500m²，大桥12座，中小桥113座，隧道2座。

完成主线路基土石方2820.76万m³，涵洞11695m/292道，通道16960m/430道，排水工程66.535万m³，防护、支挡工程4.586万m³；沥青混凝土路面3647500m²；桥梁5706m/117座，其中大桥1620m/9座，中桥957m/16座，小桥26m/2座；分离式立交90座，互通立交10处；隧道885m/2座；收费站9处，管理区3处，服务区4处。

完成连接线路基土石方338.24万m³，涵洞3244m/122道，通道727m/38道，排水工程5.042万m³，防护、支挡工程1.0632万m³；沥青混凝土路面747500m²；桥梁1118m/18座，其中大桥434m/2座，中桥520m/11座，小桥36m/2座；分离式立交3座。

（四）沿线自然地理概况

南宁至友谊关公路工程项目起于南宁市吴圩(K0+000)，通过吴圩互通立交与机场高速公路相接,经苏圩、扶绥、渠黎、渠旧、濑湍、崇左、天西、宁明、夏石、凭祥,终于友谊关,与越南1号公路相接(K178+825.56),全长179.19010km。其中高速公路136.36526km,一级公路42.82484km。另有两条连接线为二级公路。

扶绥连线:起于扶绥互通立交与主线相接,沿旧公路布线至扶绥县城,绕城东经过,终于扶绥至中东公路,全长10.23614km。

龙州连线:起于夏石互通立交与主线(K149+659.51)相接,经那标水库、菊梗,终于龙州至崇左公路,全长31.61251km。

1. 地形、地貌

工程项目位于广西西南部。起点至崇左段K0+000～K95+000处沿线地形为平原微丘区,地形平坦,沿线植被较为发育,主要农作物为甘蔗、水稻等。崇左至友谊关段为山岭重丘区,局部为山前丘陵及岩溶平丘区地形,地势南高北低,海拔高程为80～400m,相对高差320m左右,地面横坡时陡时缓,地形变化较大。沿线植被较为发育,主要农作物为甘蔗、桉树、松树等。

龙州连线K0+000～K20+000段属山岭重丘区地形,山体高大,地面横坡较陡;K20+000～K31+257.21段属平原微丘区地形,农业发达、交通便利。

2. 地质

1) 区域地质稳定性评价

路线所经过地区位于南岭纬向构造带西段南缘,新华夏系第二沉降带西南端。测区内沉积建造复杂多变,褶皱断裂非常发育,形成了复杂的地质构造。主要表现有东北部的冲断及褶皱呈东北、北东向斜列,西北冲断多呈北西向,路线跨越主要断裂为渠梨及崇左断层。路线所经断层相对稳定,对路基及构造物影响不大。但由于局部路段小断层相对集中,断层破碎带的影响仍然存在。因此,挖方路基边坡适当放缓,且进行必要的防护,以保证路基的稳定。

2) 工程地质评价及不良地质

根据野外地质勘察,沿线的地层岩性主要为第四系、第三系、三叠系、二叠系、石炭系、泥盆系、白垩系、侏罗系等地层。其中起点吴圩至扶绥(K28)段一带主要为泥盆系硅质岩,基岩出露少,上覆黏土及碎石土层较厚。崇左四贯(K100)至天西(K110)段,主要分布侏罗系,白垩系砂岩,粉砂岩,覆盖层较薄,一般为2～5m。测区内其他路段广泛分布的是石灰系,二叠系、三叠系的炭岩及白云岩,覆盖厚度不一,局部风化出露。整个路段工程地质条件良好。

全线不良地质主要为软土、膨胀土、岩溶。

软土:沿线软土主要分布于冲槽、水沟、水田等低洼地带,深度一般为0.5～3.5m,分布范围为十几至几十米,设计时一般采用清除后换土回填,并做好排水设施。

膨胀土:主要分布于宁明路段,为弱~中膨胀。设计时路床换土回填或对路床灌注石灰浆进行改性处理。部分路段须用膨胀土挖方作路基填方时,则将掺灰改性处理,以保证路基边坡稳定。所有膨胀土挖方及填方路段的边坡均适当放缓,采用1:2~1:1.5边坡,采用适当的坡面防护措施和排水措施。

岩溶:主线院景前后(K118~K126)路段及龙州联线(K8~K20)岩溶地质较为发育,分布有溶沟、溶槽、漏斗等,在外业测量中,已对线位做了适当调整,尽可能避开,但仍有小部分未能避开,采用填石或排导等处理措施。

3. 地震

根据《中国地震烈度区划图(1990年版)》以及广西壮族自治区建设委员会《关于施行中国地震烈度区划图[1990]的通知》(桂建字[1992]第17号)路线区域内地震基本烈度为Ⅵ度或小于Ⅵ度,路线区范围内一般不会发生破坏性地震。构造物采取简易设防措施。

4. 气候

路线处于广西西南部,北回归线以南,位于东经106°41′~107°02′,北纬21°58′~22°10′,属南亚热带季风气候,阳光充足,气候温和,雨量充沛,湿度较大,无霜期较长,夏长冬短,夏湿冬干,春季阴雨连绵,夏季暴雨频繁,气候呈显著的季节性变化。年平均降雨量1344mm,主要集中在4~10月,年平均日照1679.9h,年平均气温21~22.1℃,极端低温-3℃,极端高温40.5℃,年无霜期为352d,年平均蒸发量为1347.2mm,蒸发量近似于降雨量。全年主导风向为东风,其次是西南风,最大风速为29.8m/s,年平均风速为0.8m/s。

5. 水文

路线处于左江流域,地表水丰富,河流、沟渠纵横,水库、鱼塘时有分布。路线所经主要河流有汪庄河、邑模河、明江等,其中明江为通航河道,通航等级为Ⅵ(3)级。在汪庄河、碧计水库、明江等路段,由于左江水倒灌,洪水水位控制路基设计高程。另外,渠笃(K44~K46)、渠芦(K50~K55)、院景(K120)等路段,由于地表水排泄不畅,形成内涝,控制了路基高程,这些路段由于受水位影响,造成路基高填,大量借方。路线均注意避开或跨越,路基认真做好防护,并注意路堤高度等。其中扶绥、崇左段为岩溶丘陵地貌单元,岩溶发育,溶槽、溶洞、漏斗密布,洪水时排水不畅,形成洪涝地带,一般需要4~6个月才能排干积水。地下水主要是埋藏于覆盖层的孔隙水及熔岩水,地下水补给主要来源于降雨及地表水。地下水多以地下降泉形成出露,在挖方路段,将会改变其水力状态,极易出露,对边坡稳定有一定影响。因此,路基设计均适当抬高和防护。

第八章
高速公路项目建设

(五)项目投资及来源

南友路概算投资为37.1448亿元,其中交通部车购税补助83600万元,国内银行贷款120230万元(国家开发银行120000万元,其他银行230万元),欧洲投资银行和亚洲开发银行贷款共141000万元。

(六)主要参建单位

南友路由广西交通工程质量监督站监督,交工验收检测由广西新桂交通工程质量检测有限公司承担,竣工验收检测由广西交通科学研究院承担。勘察设计单位、监理单位、施工单位情况见表8-15-1~表8-15-9。

勘察设计单位一览表　　　　　　　　　　表8-15-1

设计合同段	设计单位	设计内容
初步设计	广西交通规划勘察设计研究院	全线初步设计阶段勘察、设计
施工图设计	广西交通规划勘察设计研究院	土建、房建工程施工图设计
交安施工图设计	中国公路工程咨询监理总公司	交通(含机电)工程施工图设计

监理单位一览表　　　　　　　　　　表8-15-2

合同段	监理单位	合同金额(元)
第一驻地办(C1,C2)	广西八桂工程监理咨询公司	6559631
第二驻地办(C3,C4)	广西桂通公路工程监理咨询有限责任公司	5073334
第三驻地办(C5,C6)	湖北省公路水运工程监理公司	5117555
第四驻地办(C7,C8)	广西桂通公路工程监理咨询有限责任公司	5418225
第五驻地办(C9,C10)	江苏华宁交通工程咨询监理公司	5519737
第六驻地办(C11)	重庆中宇/重庆育才工程咨询监理有限公司	3828757
第七驻地办(C12,C13)	湖南省交通建设工程监理有限公司	4810675
第八驻地办(C14,C15)	东北林业大学工程监理部	4518000
合计		40845914

土建工程施工单位一览表　　　　　　　　　　表8-15-3

合同段	施工单位	合同金额(元)
C1	中铁十九局集团有限公司	147866480
C2	龙建路桥股份有限公司	180181533
C3	中国港湾建设(集团)总公司	139588389
C4	中南市政工程建设总公司	129776944
C5	中国路桥集团第一公路工程局第一工程公司	125837073
C6	中国路桥集团第一公路工程局第一工程公司	162037089
C7	中港第二航务工程局	120450000

续上表

合同段	施工单位	合同金额(元)
C8	广西区公路桥梁总公司	146584800
C9	广西区公路桥梁总公司	150745353
C10	广西区公路桥梁总公司	164308978
C11	四川公路桥梁建设集团有限公司	175659100
C12	中铁隧道集团有限公司/湖南省路桥总公司	171501846
C13	中铁隧道集团有限公司/湖南省路桥总公司	141291061
C14	广西区航务工程处	57415446
C15	连云港华祥国际工程有限公司	60127619
合计		2073371711

房建工程施工单位一览表　　　　表8-15-4

合同段	施工单位	合同金额(元)
No. NF-1	北海市建筑工程公司	13512465.6
No. NF-2	合浦县建筑安装工程总公司	6036585
No. NF-3	南宁市建筑安装工程公司	11499154
No. NF-4	湛江市第四建筑安装工程有限公司	12674432
No. NF-5	合浦县建筑安装工程总公司	8739938
No. NF-6	桂林市建筑安装工程公司	8308089
合计		60770663.6

钢护栏工程施工单位一览表　　　　表8-15-5

合同段	合同签订单位	合同金额(元)
No. NJG-1	中国路桥集团第一公路工程局	14228545.20
No. NJG-2	苏州安泰交通安全设施工程有限公司	11483096.00
No. NJG-3	江苏华夏交通工程集团有限公司	9453917.00
No. NJG-4	北京中咨华科交通工程技术有限公司	12210687.60
No. NJG-5	河北银信交通设施有限公司	11180004.00
No. NJG-6	北京中咨华科交通工程技术有限公司	12751880.15
No. NJG-7	广西交通科学研究所	6681789.00
合计		77989918.95

交通标线工程施工单位一览表　　　　表8-15-6

合同段	合同签订单位	合同金额(元)
No. NJX-1	北京华凯交通科技有限公司	1856990.26
No. NJX-2	北京华凯交通科技有限公司	1923452.67
No. NJX-3	山西长达交通设施有限公司	1510000.00
合计		5290442.93

交通标志工程施工单位一览表

表 8-15-7

合同段	合同签订单位	合同金额(元)
No. NJZ-1	广西弘路交通附属工程有限公司	3805771.00
No. NJZ-2	上海交大天长交通工程有限公司	3097742.00
No. NJZ-3	上海交大天长交通工程有限公司	2616594.00
合计		9520107.00

隔离栅工程施工单位一览表

表 8-15-8

合同段	合同签订单位	合同金额(元)
No. NJS-1	张家港港丰交通安全设施有限公司	4632199.00
No. NJS-2	张家港港丰交通安全设施有限公司	3558281.00
No. NJS-3	北京通大现代设施技术开发有限责任公司	4312192.00
合计		12502672.00

绿化工程施工单位一览表

表 8-15-9

合同段	施工单位	合同金额(元)
No. NLH-1	中国科学院广西植物研究所	2531895.00
No. NLH-2	桂林市花木公司	2268797.54
No. NLH-3	中国科学院广西植物研究所	1969193.00
No. NLH-4	桂林锦绣园林有限公司	1097382.00
No. NLH-5	桂林锦绣园林有限公司	1411978.00
No. NLH-6	桂林锦绣园林有限公司	1169327.00
No. LH-7	广西交通科学研究所	1838575.50
No. LH-8	南宁市鹭湖风景园林有限公司	1075739.00
合计		13362887.04

二、建设情况

(一)项目准备阶段

1. 建设依据

(1)交通部交函计〔1998〕155号审查项目建议书,中国国际工程咨询公司咨交通〔1999〕197号对项目建议书进行评估。

(2)交通部交函规划〔2000〕203号提出可行性研究报告审查意见,中国国际工程咨询公司提出评估报告(咨交通〔2000〕675号),国家发展计划委员会报国务院批准,对可行性研究报告进行批复(计基础〔2001〕2449号)。

(3)广西壮族自治区矿产资源厅桂地质函〔1999〕138号同意地质灾害评估,国土资源厅桂国土资源函〔2000〕191号同意压矿评估,国家林业局林资林地审字〔2002〕092号同意征用林地,国土资源部国土资厅函〔2000〕281号同意通过用地预审,国土资源部国土资函〔2002〕519号批准建设用地。

(4)广西壮族自治区环境保护局桂环然函〔2000〕32号和交通部交环函字〔2000〕80号对环境影响评价提出预审查意见,国家环保总局环审〔2001〕15号从环境保护角度同意项目建设。

(5)交通部交公路发〔2002〕224号对初步设计文件进行批复。广西壮族自治区交通厅交基建函〔2002〕571号、交基建函〔2004〕648号和交基建函〔2004〕513号分别对土建工程、交通安全设施工程施工图设计和房建工程设计方案进行批复,广西壮族自治区经贸委和建设厅桂经贸贸易〔2002〕598号批复服务区加油站方案。

(6)项目开工报告于2003年3月6日报交通部公路司审核同意,广西壮族自治区交通工程质量监督站交质监督〔2003〕91号落实监督计划。

2.成立项目法人、管理机构及职责

广西壮族自治区交通厅交人教〔2001〕14号成立南宁至友谊关公路项目管理办公室,负责项目策划、资金筹措和建设实施。

广西壮族自治区交通厅交基建函〔2001〕93号,明确自治区交通基建管理局为项目法人。项目法人为事业单位法人,具体承担项目建设实施和管理工作。项目法人成立项目管委会,对重大问题进行决策。

广西壮族自治区交通基建管理局交基项目〔2001〕15号成立工程建设筹备处,广西壮族自治区交通厅交基建函〔2001〕258号成立南宁至友谊关公路工程建设办公室,全面负责项目建设实施的现场管理工作,设建设办公室主任1名、副主任1名,建设办设合同处、协调处、财务处、综合处和政治处5个职能部门。

经广西壮族自治区区直机关党委同意,广西壮族自治区交通厅党组同意,广西壮族自治区交通厅机关党委成立南宁至友谊关公路临时委员会,负责项目的人事、政治、宣传和廉政建设工作,具体办事机构为政治处。

项目建设单位严格执行基本建设程序,完善相关的基本建设程序手续;严格执行国家有关法律、法规、规章和公路建设技术标准、规范和规程,执行好批复的规模、标准和概算,做好技术管理工作;严格执行《公路建设市场管理办法》的规定,成立相应的管理机构,按照合同约定,加强质量、进度、安全、投资和合同管理,加强廉政建设和环境保护工作,全面履行职责。

3. 招标情况

1）勘察设计招标情况

广西壮族自治区交通厅交基建函〔1999〕397号下达两阶段初步设计任务通知，广西壮族自治区交通基建管理局委托广西交通规划勘察设计研究院进行两阶段初步设计（根据任务通知下达）和施工图设计（交基建总〔2001〕18号），并与勘察设计单位签订了勘察设计合同，其中交通工程（含机电工程）施工图设计由项目法人委托中国公路工程咨询监理总公司承担。

2）监理招标情况

监理招标采取公开招标方式进行。国内监理招标共8个驻地监理合同，通过资格预审的监理单位26个，经公开招标，定标领导小组定标，共7个监理单位中标。国际咨询专家组通过国际竞争性招标，澳大利亚雪山公司中标，专家组长担任总监办副总监理工程师。

3）施工招标情况

土建工程施工招标由广西壮族自治区交通厅项目管理办公室委托中技国际招标公司负责，采取国际竞争性招标方式。广西壮族自治区交通厅桂交基建报〔2002〕68号和桂交基建报〔2002〕69号分别将资格预审结果和招标文件报交通部，交通部批复同意资格预审结果。通过资格预审的单位为49家，分欧洲投资银行路段3个合同段和亚洲开发银行路段12个合同段进行招标，交通安全设施及机电工程另行招标。通过公开招标和评标，广西壮族自治区交通厅桂交基建报〔2002〕127号和桂交基建报〔2003〕17号报交通部审查，交通部同意15个合同段的施工招标结果。

房建工程6个合同段；钢护栏工程7个合同段，标线工程3个合同段，标志工程3个合同段，隔离栅工程3个合同段；绿化工程8个合同段；先张法预应力梁板及涵管由1个合同段2处预制场集中预制安装，桥梁伸缩缝4个合同段集中安装；中央分隔带硅芯管材料1个合同由业主招标采购，由土建工程承包人埋设。上述合同由项目管理办公室组织招标，经过资格预审、公开招标、评标和定标，确定中标单位，签订合同。机电设备工程1个合同段，由项目管理办公室组织国际竞争性招标，广西壮族自治区交通科学研究院中标，负责设备安装施工。

主要材料采购由项目法人组织进行公开招标。全线路基与桥涵结构用水泥8个合同由8家水泥厂供应，路面用水泥9个合同由6家水泥厂供应；钢材1个合同、钢绞线1个合同、沥青路面表面层碎石1个合同分别由1家公司供应，重交沥青和基质沥青6个合同由2家公司供应，SBS改性沥青2个合同由2家公司现场生产供应。

4. 征地拆迁情况

南友高速公路批复用地19717.6395亩，实际用地21294.32亩。沿线设邕宁、扶绥、崇左、宁明、龙州、凭祥6个分指挥部,具体负责组织征地拆迁工作。征地拆迁进行现场勘测定界、调查、丈量、登记并拟定征用土地方案报批,根据桂政办〔2000〕39号、桂计法规〔2002〕274号文件计算各类补偿费用,在被征用土地所在地的乡、镇、村公示,以银行存折方式由各分指挥部办公室兑付。修改设计变更增加的土地,根据修改设计用地范围,交沿线各县市分指挥部土地管理部门办理用地手续并组织实施。

项目设计取土场、弃土场征用临时用地2430.54亩,主要是软土地基处理采用清淤换填方案,沿线高液限土及膨胀土数量巨大,进行土石方合理调配需要借土与弃土。临时用地使用期满前,由建设办组织,施工单位全部进行了复耕,部分因石方含量高,或土壤酸性强,无法复耕,进行了绿化处理。临时用地的租用由沿线各县市分指挥部土地管理部门办理租用和补偿手续,由承包人复耕并向被征户移交后,由土地管理部门办理移交手续,产生土地性质变化的,在办理移交手续时由土地管理部门完善手续并补偿。

全线拆迁电力线63.887km,通信线路76.022km;共拆迁房屋27800.631m^2,涉及376户(间),其中需要回建的住宅232户已全部回建。回建水坝水轮机站3处,对施工影响的水利设施及其他水系进行全面恢复。

项目立项、设计、施工和管理过程中,严格执行国家和交通运输部有关土地保护政策,依靠科技进步优化方案,节约用地。通过严格执行用地审批手续和加强临时用地复耕工作,规范用地、科学用地、合理用地和节约用地。施工沿线使用的临时道路,均按不低于原标准的要求进行了修复,并进一步完善了沿线受南友公路建设影响的乡村道路,改善了公路沿线的交通环境。

(二)项目实施阶段

1. 重大决策

1)宁明至友谊关段调整设计

南宁至友谊关高速公路宁明至友谊关段长42.824km,采用一级公路标准,设计速度60km/h,路基宽22.5m,部分控制出入口,实行开放式管理。

随着中国—东盟自由贸易区的建立,作为中国东盟国际大通道,连接中国东盟博览会永久举办城市南宁、国家一类口岸凭祥铁路口岸和友谊关公路口岸的南宁至友谊关高速公路,其宁明至友谊关段的设计标准偏低,开放式管理给通行和交通运输安全带来不利的影响,已不适应需求。为满足口岸通行、通关、交通运输安全要求,并适应国家高速公路网和广西高速公路网总体规划的需要,需加强宁明至友谊关段出入口控制。调整为全部控制出入口,实行封闭式管理。

主要调整内容为:

(1)设置凭祥主线收费站;

(2)修改相应平交路口为分离式立交或通道;

(3)对相应的交通工程及沿线设施设计进行修改;

(4)左伏山隧道修改为双连拱隧道;

(5)修改凭祥路口板透平面交叉;

(6)增设宁明至友谊关辅道。

2)六尖山隧道设计

六尖山隧道位于 K163+070~K163+560,全长 490m,其中 K163+070~K163+436.757段长 366.757m,位于直线上,K163+436.757~K163+560 段长 123.243m,位于 $R=403.454m,L_s=130m$ 的缓和曲线上,超高横坡为 -2.0%~3.0%;纵坡为 -2.5%,两端进出口段均位于竖曲线上。隧道设计为带中墙的整体式双跨连拱结构,单跨净宽为 9.45m,净高为 7.264m。单跨采用圆拱式断面,边墙及中墙为直线,中墙厚 2.5m,隧道净宽为21.4m,隧道最大埋深为 105m。设计中采用了当时国际上先进的"新奥法"技术。在地质勘探上,项目加强了遥感技术、物探技术等方面的应用研究,提高了勘察成果的可靠性。

2. 重大设计变更

南宁至友谊关高速公路设计施工过程中对路面结构进行了重大的设计变更调整。

南宁至友谊关高速公路是中国东盟大通道的重要路段,是国道主干线"五纵七横"和广西公路网主骨架的重要组成部分,是连接中国—东盟自由贸易区心脏地带通往东盟各国的主动脉,是广西高速公路第一次采用沥青混凝土路面结构,由于沥青路面的使用性能敏感,且依赖于时间和温度,加上南友公路沿线降雨量较大,对沥青路面是一个考验,需要加大力度解决沥青路面设计施工中的问题,所以有必要加强路面半刚性基层和功能层,以提高路面结构的抗车辙和抗水损害能力,提高对材料加工的要求及机械设备的要求,提高检测指标要求,保证路面施工质量。

2003 年 10 月,广西壮族自治区交通厅在南宁主持召开了南宁至友谊关公路路面结构设计研讨会,会上课题组对南宁至友谊关公路沥青路面结构设计方案做了汇报,经充分讨论,达成了共识。2004 年 3 月,依据广西壮族自治区交通厅交纪要[2003]22 号《关于南宁至友谊关公路路面结构设计研讨会会议纪要》、广西交通基建管理局交基总函[2004]47 号函《关于修改完善南宁至友谊关公路路面结构设计的函》以及相关的设计规范,设计单位对南宁至友谊关高速公路路面结构进行了修改设计。修改后的主线沥青路面结构为:4cm AK-13A 沥青混凝土 + 改性沥青黏结防水层 + 5cm AC-20I 沥青混凝土 + 乳化沥青黏层 + 6cm AC-25I 沥青混凝土 + 1cm 乳化沥青封层 + 20cm 水泥稳定碎石上基层 + 20cm 水泥稳定碎石下基层 + 18cm 水泥稳定碎石底基层。连线和互通式立交的沥路面结构为:4cm AC-16I 沥青混凝土 +5cm AC-25I 沥青混凝土 +1cm 乳化沥青封层 +15cm 水泥稳定碎石上基层 +15cm 水泥稳定碎石下基层 +18cm 级配碎石底基层。路面结构调整后增加的费用见表 8-15-10。

路面结构调整后增加费用汇总表　　　　表 8-15-10

序 号	结 构 层 名 称	变更增加金额(元)
1	底基层由级配碎石变更为水泥稳定碎石	42062129
2	增加稀释沥青透层	22631400
3	封层变更为改性沥青稀浆封层	30448577
4	增加改性沥青黏层	11180216
5	增加 SBS 改性沥青黏结防水层	33970656
合 计		140292978

三、复杂技术工程

(1)大部分分离式立体交叉跨线桥采用钢筋混凝土无台斜腿刚构新颖桥型,该桥型首次在广西推广应用,它取消了传统桥型中的桥台,以与路基边坡倾斜一致的边斜撑取代,抵消斜腿部分不利的水平分力,改善了整座桥梁的受力状态。在同等条件下它比其他桥型能节省约25%的投资,社会经济效益十分显著。

(2)六尖山隧道位于 K163+070~K163+560,全长490m,其中 K163+070~K163+436.757段长366.757m,位于直线上,K163+436.757~K163+560段长123.243m,位于$R=403.454m,L_s=130m$的缓和曲线上,超高横坡为 -2.0%~3.0%;纵坡为 -2.5%,两端进出口段均位于竖曲线上。隧道设计为带中墙的整体式双跨连拱结构,单跨净宽为9.45m,净高为 7.264m。单跨采用圆拱式断面,边墙及中墙为直线,中墙厚2.5m,隧道净宽为21.4m,隧道最大埋深为105m。

左伏山隧道位于 SK178+272~SK178+640,全长368m。友谊关口长22.344m,位于$R=369.09m$的圆曲线上,超高横坡为 -2.0%~1.37%,纵坡为 -2.15%;下行线隧道位于 XK178+310~XK178+688,全长378m。全部位于直线上,横坡为 -2.0%,纵坡为 -2.098%。隧道设计采用单心圆曲墙式断面,净宽为 10.22m,净高为 7.146m,隧道最大埋深上行线为 54.1m、下行线为 68.8m。隧道洞内设置了照明、消防、维修电源插座及其供配电、控制设备,并对隧道进行了内装。

设计中采用了当时国际上先进的"新奥法"技术。在地质勘探上,项目加强了遥感技术、物探技术等方面的应用研究,提高了勘察成果的可靠性。

(3)针对南友高速公路沿线膨胀土、高液限黏土、红黏土等分布较广的特点,以项目为依托工程,联合国内高水平的科研院校,开展了交通部西部科研项目"膨胀土地区公路建设成套设计技术研究"和"高液限土路基稳定技术研究",研究成果在南友高速公路中得到了成功应用,对指导广西和我国西部其他省份公路工程建设具有重要意义,其中,"膨胀土地区公路建设成套设计技术研究"荣获2009年度国家科学技术进步一等奖,"高液限土路基稳定技术研究"荣获2006年度中国公路学会科学技术进步一等奖。

(4)南友高速公路是广西首条大规模采用SBS改性沥青混凝土的高等级公路,通过试验研究优化沥青混合料配合比,将SBS改性沥青由路面上面层应用到中面层,很好地解决了国内沥青混凝土路面常见的严重车辙及路面早期破坏等技术难题。

四、科技创新

研究采用新技术解决建设中的关键技术难题,主要承担或参加西部交通建设科技项目计划4项,广西交通科技项目2项,获国家科技进步一等奖1项、二等奖1项,中国公路学会科学技术特等奖2项,省部级科技进步一等奖2项、二等奖1项、三等奖2项。主要科研成果和新技术应用情况如下。

(一)岩溶地区公路修筑成套技术

岩溶地区公路建设技术,包括高液限土应用技术、岩质边坡防护技术、填石路基压实控制技术和岩溶地区生态建设技术。广西壮族自治区交通科学研究院参加西部交通建设科技项目"岩溶地区公路修筑成套技术研究",承担岩溶路基病害处治技术部分,在南友高速公路建设中应用。

(1)高液限土应用技术主要采用控制高液限土填筑高度和使用部位,限制高液限土路基侧向变形开裂和防止路床强度降低技术;采用重型压实设备和采用稠度进行压实控制技术。

(2)岩质边坡防护技术主要采用锚杆、锚索和喷射混凝土支护加固技术,SNS柔性防护网技术。

(3)填石路基压实控制主要采用空隙率控制新技术、冲击压路机检查岩溶路基病害及补强压实技术。

(4)岩溶地区生态建设技术包括岩溶水疏导技术和边坡绿化技术。岩溶水疏导技术,设引水洞,引出岩溶水;设截水墙阻止地下水位降低;采用无砂大孔隙混凝土填充路基内部溶洞。岩溶地区边坡绿化技术,采用边坡土质改良(DAH改良固化剂、石灰及绿化基材改良)、湿法草灌混喷绿化技术、客土喷播绿化技术、挂网(钢丝网、三维网、其他复合材料网)客土喷播绿化技术。

(二)膨胀土地区公路修筑成套技术

膨胀土地区公路建设技术为西部交通建设科技项目,包括膨胀土路堤、路床、边坡稳定、防排水及生态建设技术。广西交通科学研究院、广西交通规划勘察设计研究院和广西壮族自治区交通基建管理局参加主要研究工作,在南友高速公路中主要应用以下技术:

(1)利用膨胀土填筑路堤,采用膨胀土物理处治技术、包芯填筑、土工格栅加筋填筑、石灰改良膨胀土填筑等技术。膨胀土路床采用换填透水性填料,控制换填厚度和路床变形。

(2)膨胀土边坡采用柔性边坡加固技术,通过利用膨胀土和土工合成材料加固,保护边坡稳定。

(3)采用边坡支撑渗沟、坡顶截水墙、坡脚片石排水加固护脚、坡面采用满铺土工膜回填土和排水骨架综合措施,对膨胀土边坡进行防排水和稳定处理。

(4)对膨胀土边坡进行 DAH 改良和石灰改良,选用适宜膨胀土边坡生长的植物进行绿化,建立了具有草、灌木和乔木,生物多样性和生态稳定性的植被生态系统。

(三)广西高速公路沥青路面材料、结构与施工技术

广西壮族自治区交通基建管理局承担广西交通科技项目"沥青路面材料、结构及施工技术研究",在南友高速公路中应用,包括以下主要内容:

(1)采用骨架密实结构沥青混合料、SMA 沥青混合料、OGFC 透水性沥青混合料、掺水泥提高沥青混合料水稳定性、湖沥青改性等技术,其中采用石灰岩细集料代替英安岩细集料,保证了沥青混合料的路用性能稳定性,节约了改性沥青。

(2)采用煤油稀释沥青透层保证透层透入深度及沥青含量;采用同步碎石封层、改性沥青稀浆封层新技术提高封层黏结防水性能;采用黏结防水层和改性沥青黏层新技术保证了沥青路面的层间结合及防水性能。

(3)采用湖沥青中面层和表面层技术,提高大纵坡和重载交通路段沥青路面的抗车辙能力;采用大粒径沥青混合料柔性基层改善沥青路面结构的受力性能,设计长寿命沥青路面;采用土工合成材料加固碎石基层,防止沥青路面反射裂缝;采用透水性路面技术减少路面水膜厚度,提高行车安全性并降低噪声;采用无砂混凝土排水路肩,加固路面边缘,及时排除路面内部积水;采用无砂混凝土路面基层,保证隧道路面及广场路面内部排水,防止混凝土路面早期水损坏。

(4)采用两台摊铺机梯队摊铺技术、重型双钢轮振动压路机和重型胶轮压路机组合压实技术等,保证沥青混合料的压实,控制空隙率变化,提高沥青路面的高温稳定性和水稳定性。

(四)高速公路无缝桥试验研究

由广西壮族自治区交通基建管理局与湖南大学承担广西交通科技项目计划,结合南

友高速公路建设,开展无缝桥试验研究,减少桥梁伸缩缝和桥头跳车现象,研究成果达到国际先进水平。

在其他桥梁中,桥梁伸缩缝采用模数式伸缩缝,采用补偿收缩钢纤维混凝土防止伸缩缝混凝土冲断开裂。

五、运营管理

(一)服务区设置

南宁至友谊关高速公路共设置4对服务区:扶绥服务区、崇左服务区、宁明服务区、凭祥服务区。2008年,崇左服务区荣获广西高速公路管理行业2005—2007年度两个文明建设"先进集体";2008年,崇左服务区、凭祥服务区获得广西壮族自治区提升中国公民旅游文明素质行动创建活动"高速公路十佳文明服务区"荣誉称号;2012年,崇左服务区、凭祥服务区获得广西高速公路服务劳动竞赛活动"最佳服务区"称号;2012—2014年,扶绥服务区、崇左服务区、宁明服务区连续三年被评为广西区高速公路"三星级服务区";2012—2013年,凭祥服务区连续两年被评为"三星级服务区"。

(二)收费站点设置

该路段共设置10个收费站:凭祥收费站、夏石收费站、宁明收费站、天西收费站、崇左收费站、渠旧收费站、渠黎收费站、扶绥收费站、苏圩收费站、吴圩收费站。10个收费站共63条车道,其中宁明收费站、崇左收费站、扶绥收费站、吴圩收费站各设置ETC车道2条。具体见表8-15-11。

收费站点设置情况表 表8-15-11

站点名称	车道数(条)	收费方式
凭祥	9	半自动收费方式
夏石	4	半自动收费方式
宁明	6(其中ETC车道2条)	半自动收费方式
天西	4	半自动收费方式
崇左	8(其中ETC车道2条)	半自动收费方式
渠旧	4	半自动收费方式
渠黎	4	半自动收费方式
扶绥	8(其中ETC车道2条)	半自动收费方式
苏圩	4	半自动收费方式
吴圩	12(其中ETC车道2条)	半自动收费方式

(三)车流量发展状况

该路段日均车流量从2005年的2128辆增至2014年的8661辆,年平均增长率为

16.88%。具体见表8-15-12和图8-15-1。

日均车流量增长情况表 表8-15-12

年份(年)	日均车流量(辆/d)	年份(年)	日均车流量(辆/d)
2005	2128	2011	4799
2006	2478	2012	5752
2007	2952	2013	7354
2008	3338	2014	8262
2009	3980	2015	9030
2010	4323	2016	8526

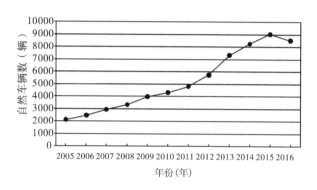

图8-15-1 南宁至友谊关高速公路日均车流量发展趋势图

第十六节 百色至罗村口高速公路

一、项目概况

(一)项目的起终点、中间控制点及工程进度

广西百色至罗村口高速公路是国家规划建设的"五纵七横"国道主干线衡阳至昆明公路的一个重要路段,路线起点位于百色市西郊百色电化厂附近,起点桩号为K126+051.12,接规划建设的坛洛至百色高速公路,沿右江岸,经平圩、阳圩、百康,终于滇桂交界罗村口,与云南省规划建设的八宝到罗村口高速公路相接,终点桩号为K182+025.32,路线全长55.472km。路线起点附近设百色西互通立交和百色连线。本路段水系主要受右江影响,跨越的主要河流有百康河、谷拉河等多条右江支流。

(二)建设规模及主要技术指标

本项目主线全长55.527km,另建百色连接线1.2km。主线起点位于百色市东郊,东接南宁至百色高速公路,沿右江右岸往西,途经百色市右江区平圩、阳圩、坡温、发达、百康、小二,止于滇桂交界的罗村口,与云南省罗村口至富宁高速公路相接,如图8-16-1、图8-16-2所示。

图8-16-1 百色至罗村口高速公路示意图

图8-16-2 百色至罗村口高速公路线路示意图

主线起讫桩号 K126+000~K181+845.451,除百色连接线按二级公路设计外,主线均按山岭重丘区四车道高速公路标准设计,其中 K126+000~K128+808.926 段路基宽24.5m,设计速度80km/h;K126+808.926~K181+845.451 段路基宽22.5m,设计速度60km/h。

主线设计最小平曲线半径为230m,曲线占路线全长71.72%,最大纵坡5%。桥涵设计荷载为汽车—超20级,挂车—120;设计洪水频率为1/100,路面首次在广西采用沥青混凝土结构。

本项目设百色西和平圩2处互通式立交,百色西、平圩、罗村口3处收费站,并设发达服务区1处。

全线路基土石方1516万 m^3,平均每公里27.3万 m^3,为目前广西高速公路之最。设计速度60km/h,高路堤占19%,错幅路基占53.0%;桥梁34座,占路线长度的9.15%,隧道1575m(双幅)/3座,沥青混凝土路面998340m^2,软岩、浅埋段及偏压段占的比例大。路线绝大部分位于百色水利枢纽库区,设计采用高线位,高差大。有16处达到极限设计纵坡,平曲线占路线总长的71.72%。这是广西自修建桂柳高速公路以来,第一条采用沥青混凝土路面结构的高速公路。各项设计指标如下:

路基宽度22.5m,沥青混凝土路面,行车道宽2×7.0m。其中起点 K126+051.12~K128+860.04 为设计标准过渡路段,设计速度80km/h,路基宽度24.5m,行车道宽2×7.5m。

设计荷载:汽车—超20级,挂车—120。

设计洪水频率:特大桥1/300;大、中、小桥,涵洞及路基为1/100。

百色连线按二级公路标准建设,路基宽12m,沥青混凝土路面行车道宽9.0m。

东笋辅道为山岭重丘区三级公路,路基宽7.5m,沥青混凝土路面宽6.0m,辅道桥东笋剥隘河大桥桥面净宽7m,不设人行道。

(三)主要工程数量

全线路基计价土石方1973.61万 m³,水泥稳定碎石底基层1124400m²,水泥稳定碎石基层1020000m²,沥青混凝土路面1018800m²,排水工程22.7633万 m³,涵洞通道8313.49m/190道,防护及支挡工程65.7867万 m³;大桥5180.398m/23座(含平圩辅道大桥及罗村大桥),中桥783.2325m/10座,主线下穿分离式立交中桥111.08m/2座,主线上跨分离式立交中桥164.74m/3座,互通立交桥162.43m/2座,涵洞通道8123.45m/186道,隧道1617m/3座,另建3个收费站、1个服务区。工程数量统计见表8-16-1。

工程数量统计表　　表8-16-1

序号	指标名称	单位	数量	工程说明
1	路线总长	km	55.47203	
2	土石方数量(含互通)	万 m³	1516.3911	
	其中:土方	万 m³	618.5885	
	石方	万 m³	897.8026	
3	平均每公里土石方数量	万 m³	27.3361	
4	沥青混凝土路面	千 m²	998.342	
5	特大桥	m/座	513/1	谷拉河特大桥
6	大桥	m/座	3198.65/14	
7	中桥	m/座	807.95/10	
8	涵洞	道	100	
9	平均每公里桥长	m/km	81.475	
10	平均每公里涵洞道数	道/km	1.80	
11	隧道	m/座	1537.5/3	坡温、发达、小二隧道
12	互通式立交	处	2	百色西、平圩互通立交
13	分离式立交	处	8	
14	通道(含互通)	道	62	
15	平均每公里通道数	道/km	1.118	
16	服务区	处	1	发达服务区
17	管理所、收费站	处	3	百色西、平圩、主线终点
18	占用土地(含互通)	亩	5590.12	
	其中:水田	亩	133.32	
	旱地	亩	1135.74	
	林地	亩	2804.15	
19	拆迁建筑物	m²	17128	
20	拆迁电信电力线	百米	389.1	

(四)沿线地形、地质、气候、水文等自然地理特征

1. 地形地貌

全线地貌可分成两大类。

(1)低山丘陵地貌:主要为近百色市的 K126~K130 路段。主要特征为地形起伏不大,山坡坡度一般为 30°~50°,一般高程为 120~400m,山顶高程在 400m 以下。第四系覆盖层较薄。路线经过区域一般为右江河漫滩Ⅰ~Ⅱ级阶地,大多沿着右江江边走,河漫滩一般较狭窄,岸坡约 30°。右江江面不宽,为 100~150m,水流较平缓。

(2)山地地貌:从 K130+000 往后直至终点,都是山地地貌。地形起伏较大,地势陡峻,山顶高程一般在 500m 以上。山坡上分布第四系坡残积层,层厚较小,约 2m,但局部厚度可达 10m 以上。从阳圩往后,沿线毁林耕地较多,水土流失现象严重。

2. 地质、地震

本路段属于广西地槽活动区的西部边缘,西邻康滇古陆稳定区。褶皱构造简单,断裂稀疏,新构造运动和缓,属构造相对稳定区。

1)褶皱

线路横跨一个复式背斜、一个复式向斜。北西侧为冒舍穹隆状背斜,由数个短轴斜与短轴向斜构成。核部地层为泥盆系,翼部与化碳伏依序为石炭一、二叠系与三叠系。背斜昂起处在冒舍一带,向南东方向急剧倾伏,至百林一带已变为单斜构造。与背斜伴生的多发育北西向的逆断层,受断层牵引常在断层一侧出现一些方向不定的次一级短轴牵引褶皱。轴部有辉绿岩脉侵入。因断裂破坏,岩层破碎强烈,地形上一般比较低缓。

2)断层

测区因变形不强,不仅表现在褶皱变形和缓,而且断裂构造也比较稀疏,无区域性大断裂发育,都是岩层在褶皱处派生的次一级断裂。因此,断裂主要是与褶皱轴平行的北西向断裂,它们规模较大,延伸较长。

3)地震

根据 1990 年版的《中国地震烈度区划图》,路线起点至 K140+000 段,地震基本烈度为Ⅶ度;K140+000 至罗村口段,地震基本烈度为Ⅵ度。据水利水电科学研究院抗震防震研究所的《百色水利枢纽水库诱发地震危险性的初步评价报告》(1988 年),水库蓄水诱发地震的强度低于坝区地震基本烈度Ⅶ度。

3. 水文及气候

根据含水岩组的岩性、储水构造以及地下水水动力条件,公路路线区域地下水类型有:第四系松散岩类孔隙潜水、陆相碎屑岩类孔隙裂隙水、海相碎屑岩类裂隙水、岩浆岩类

基岩裂隙水4种类型。

地下水多属弱酸性软水,孔隙水、孔隙裂隙水化学类型较复杂,但以重碳酸钙(钙钠)型、重碳酸氯酸钙钠型水为主;裂隙水、基岩裂隙水多为重碳酸钙、重碳酸钙镁、重碳酸钙钠型水。地下水pH值多低于饮用水水质标准,一般地下水对混凝土无侵蚀性。

本路段所在区域属南亚热带季风气候,温暖潮湿,光照充足,长夏无冬,无霜期长达350d以上,历年平均气温为22.0℃,月平均气温为13.3~28.6℃,极端最低气温-0.4℃,极端最高气温42.2℃,年平均相对湿度76%,年均降雨量为1098.7mm,降雨多集中在5~9月,占全年降雨量的74%左右,平均日照时数1795h,年主导风向为东南偏南风,频率为8%,静风频率为44%,多年平均风速1.3m/s。

4. 不良地质路段情况

沿线的不良地质主要表现为低洼地段的软土及具有膨胀性质的分布于第三系地层的膨胀土和沿线的古滑坡、活动滑坡、坍塌等。

1) 软土、淤泥

沿线软土主要为水塘、水田中长期积水而形成。沿线软土分布范围不广,深度较浅,工程上采取清除换土处理。

2) 滑坡、坍塌

在沿线的碎屑岩地区,岩性多为砂、泥岩互层,砂泥岩比从1:1至1:4不等,砂岩性脆,泥岩软化系数低,均不耐风化,多形成残坡积层。在残坡积层较厚的地方,存在着滑坡的隐患。沿线的滑坡、坍塌规模以10~30m宽为主,但有时常常成群出现。

3) 膨胀土

在路线的K127+750~K129+500段,分布着第三系渐始—新统灰绿色泥岩夹粉砂岩,其中泥岩及其风化后的残积土具有弱—中膨胀性,自由膨胀率在41%~69%之间。这一段地形地貌均为低矮丘陵,呈浑圆状,坡度平缓,可见有天然的小滑塌及开裂出现。工程开工后,自然边坡遭到破坏,雨水下渗,易造成膨胀土病害。

4) 巨型古滑坡

在K151+700~K151+950平高路段,路线经过一个巨型古滑坡。该滑坡形成年代久远,有800万~10000万年。底滑面在灰黑色炭质泥(页)岩夹薄层灰岩内,系一次大体积高速度滑坡,滑坡体积可能大于360万m^3,滑坡前缘部分被辉绿岩山丘阻挡,部分冲出,但冲出部分已被河流冲刷,形成目前的临空面。在目前条件下古滑坡已稳定,但库区蓄水后滑坡体受浸泡抗滑能力降低,稳定性受到影响。

(五) 项目投资及来源

项目原批复概算投资173743万元,2007年5月经广西壮族自治区发改委批复同意,调整概算投资 206038 万元。项目投资来源为:交通部车购费(税)补助 36400 万元,公路建设基金 21451 万元,国家开发银行贷款 28000 万元,中国建设银行贷款 115087 万元。

(六)主要参建单位

1. 勘察设计单位

本项目共有 2 家设计单位,由具有公路工程甲级资质的广西交通规划勘察设计研究院进行初步设计和施工图设计,由具有城市园林绿化贰级资质的北京绿茵达绿化工程技术公司对全线景观绿化工程进行补充设计。

2. 施工单位

全线共设 31 个施工合同段,其中一期工程设 26 个施工合同段:9 个土建合同段、1 个预制场合同段、2 个路面合同段、3 个房建合同段及 7 个交通工程、1 个机电工程、3 个绿化工程合同段;二期工程 5 个合同段:1 个路面合同段、1 个新增机电工程合同段和 3 个抢险工程合同段。上述 31 个合同段由广西壮族自治区公路桥梁工程总公司、贵州省公路工程总公司、中铁隧道集团有限公司、中国路桥集团第一公路工程局一公司等 22 家具有相应资质的施工单位承建。

3. 监理单位

项目总监理工程师办公室由业主组建,现场监理由 5 家监理单位组建,分别由具有公路工程甲级资质的海南省交通工程监理公司、北京中通公路桥梁工程咨询发展有限公司、福建省交通建设工程监理咨询公司、中国公路工程咨询监理总公司及广西交通科学研究所对上述 31 个施工合同段进行二级监理。滇桂两省合建主线收费站机电工程由百色至罗村口高速公路总监理工程师办公室进行一级监理。

4. 监督单位

由广西交通工程质量监督站代表政府主管部门对本项目进行监督。

主要从业单位一览表见表 8-16-2。

主要从业单位一览表　　　　　　　　　　表 8-16-2

序 号	施 工 单 位	路线长度(km)	监 理 单 位
No.1	广西壮族自治区公路桥梁工程总公司	6	第一驻地办:海南交通工程监理公司
No.2	贵州省公路工程总公司	8.5	
No.3	中国路桥集团二公局(洛阳)第四工程处	7.5	
No.A	路面工程 A 标	28	
No.C	广西壮族自治区公路桥梁工程总公司	全线管涵预制	

续上表

序　号	施 工 单 位	路线长度(km)	监 理 单 位
No.4	广西壮族自治区公路桥梁工程总公司	6	第二驻地办:北京中通公路桥梁工程咨询发展有限公司
No.5	中国路桥集团第二公路工程局	7	
No.6	中铁隧道集团公司	5	
No.D	交通安全设施、房建工程	全线	
No.7	中国路桥集团第一公路工程局第一工程公司	4.8	第三驻地办:福建省交通建设工程监理咨询公司
No.8	湖南路桥建设集团公司	5.7	
No.9	中铁十八局第一工程有限公司	5.5	
No.B	路面工程B标	27.5	

二、建设情况

(一)项目准备阶段

1. 建设依据

百色至罗村口高速公路是国家和广西"十五"重点建设项目,是国家规划的"五纵七横"国道主干线中衡阳至昆明的重要路段,是连接广西、云南两省区的快捷通道以及西南各省通往广西沿海港口及粤港地区的便捷出海通道,是广西贯彻落实国家西部大开发战略的标志性工程之一。

本项目自1999年编制项目建议书开始,至工程验收,各项工作中均严格执行国家和交通部的有关法律法规,工程的立项、可行性研究、初步设计、施工图设计以及开工前的其他各项有关工作,均循序进行,逐一报批,手续完备齐全。

(1)项目建议书:交通部交函计〔1998〕155号审查项目建议书,中国国际工程咨询公司咨交通〔1999〕197号对项目建议书进行评估。

(2)可行性研究报告:2001年5月,广西交通规划勘察设计研究院完成可行性研究报告并送审,广西国际工程咨询公司提出评估报告,广西壮族自治区发展计划委员会以桂计交通〔2001〕582号对本项目可行性研究报告进行批复。

(3)建设用地审批:广西壮族自治区国土资源厅以桂国土资规〔2002〕16号批复本项目用地预审;广西壮族自治区发展计划委员会以桂计交通函〔2002〕341号批复本项目单体控制性工程先行用地;广西壮族自治区国土资源厅以桂国土资函〔2004〕(51号)批准本项目工程建设用地。

(4)环境影响评价、水土保持审批:广西壮族自治区环境保护局以桂环环管字〔2002〕139号批复本项目环境影响报告书;广西壮族自治区水利厅以桂水水保〔2002〕33号批复本项目水土保持方案,同意项目建设。

(5)初步设计与施工图设计审批:广西壮族自治区发展计划委员会以桂计交通函〔2002〕341号批复本项目初步设计;广西壮族自治区交通厅以交基建函〔2003〕104号批复本项目两阶段施工图设计;广西壮族自治区建设厅以桂经贸贸易〔2004〕325号批复本项目服务区加油站布局规划方案;广西壮族自治区交通厅以交基建函〔2004〕181号批复本项目沥青路面分期修建方案。

(6)监督计划与开工报告:广西壮族自治区交通工程质量监督站以交质监监督〔2003〕44号下达本项目质量监督计划。项目开工报告于2003年2月10日获广西壮族自治区交通厅批复,同意开工。

2.项目管理机构的设置及职能

按照国家公路建设管理规定和要求,项目管理实行项目业主与工程监理分离。2002年7月3日,广西壮族自治区交通厅《关于同意成立百色至罗村口高速公路工程建设办公室的批复》(交基建函〔2002〕412号)和《关于同意成立百色至罗村口高速公路工程建设总监理工程师办公室的批复》(交基建函〔2002〕413号)批复同意百罗高速公路项目分别成立项目建设办公室及项目工程总监理工程师办公室。建设办公室代表业主在授权范围内履行业主职责,负责对本项目建设实行具体组织管理,总监理工程师办公室履行监理职责,负责对工程施工的质量、进度、投资进行控制,并对工程安全、工地文明施工和环境保护进行管理。在具体管理中,建设办公室、总监理工程师办公室分别设置了具体办事的职能机构。建设办公室下设合约部、财务处、综合处、协调处及保卫科。

为发挥党组织的政治核心作用,保证与监督党和国家各项方针政策的贯彻执行,确保工程建设任务的顺利完成,2002年7月31日,广西壮族自治区交通厅直属机关委员会《关于同意成立中共百色至罗村口高速公路工程建设临时党支部委员会的批复》(交机关党〔2002〕12号),批复百罗高速公路项目成立临时党支部委员会,临时党总支还兼管本项目建设中的党的纪律检查工作。

3.招标情况

本项目建设严格执行《中华人民共和国公路法》《中华人民共和国招标投标法》《中华人民共和国合同法》以及交通部《公路建设市场管理办法》和《公路建设四项制度实施办法》等各项法律、法规,通过公开招标择优选定监理、施工单位。在各次招投标活动中,业主的资格预审文件、招标文件均获得广西壮族自治区交通厅批复,广西壮族自治区交通厅对招标全过程进行监督,开标时由南宁市公证处进行公正,专家评标推荐,最后由业主定标并经自治区交通厅公示和批复。

1)勘察设计招标情况

根据广西区发展计划委员会批复,自治区交通厅以《关于下达百色至罗村口公路设计编制任务的通知》(交基建函〔2001〕1193号)下达百罗高速公路设计编制任务,广西交通基建管理局根据自治区交通厅的通知,以《关于委托百色至罗村口公路设计任务的函》(交基建总函〔2001〕285号)委托广西交通规划勘察设计研究院进行百罗高速公路项目勘察设计并签订《百色至罗村口高速公路建设设计合同》。

2)监理招标情况

监理招标采取公开招标方式进行。一期土建工程监理3个驻地监理合同和二期路面工程1个监理合同,均通过公开招标、经评标和定标领导小组定标并报广西壮族自治区交通厅审批,广西壮族自治区交通厅以《关于百色至罗村口高速公路工程监理招标文件的批复》(交基建函〔2002〕630号)同意招标结果,确定监理中标单位。

3)施工招标情况

项目分31个合同段,除通车后实施的3个抢险工程采取竞争性招标外,其余土建、交安、房建、绿化等工程全部采用公开招标方式。通过公开招标和评标并报广西壮族自治区交通厅审批同意招标结果,确定施工中标单位。

主要材料钢材、钢绞线、水泥、沥青由项目法人组织进行公开招标,落实15家单位集中采购供应。

4. 征地拆迁情况

1)征地手续办理

百罗高速公路项目在建设实施中,严格执行国家的有关法律、法规的规定,公路工程建设用地分别获得国土、林业等部门的批复,各项手续齐全。

2002年4月11日,广西壮族自治区国土资源厅《百色至罗村口公路建设用地地质灾害危险性评估报告初步审查认定意见》(桂国土资地灾害〔2002〕26号)对百罗高速公路用地地质灾害危险性评估报告提出初步审查认定意见。

2002年6月6日,广西壮族自治区国土资源厅《关于百色至罗村口公路建设用地预审的复函》(桂国土资规〔2002〕16号)批复百罗高速公路项目用地预审。

2002年6月19日,广西壮族自治区国土资源厅《关于百色至罗村口高速公路工程压矿情况的函》(桂矿资〔2002〕24号)函复项目没有压覆重要矿产。

2002年10月23日,广西壮族自治区发展计划委员会《关于百色至罗村口高速公路单体控制性工程先行用地的意见的函》(桂计交通函〔2002〕341号)批复百罗高速公路单体控制性工程先行用地。

2002年12月8日,国家林业局核发百罗高速公路《使用林地审核同意书》(林资林地审字〔2002〕136号)。2003年1月4日,广西壮族自治区林业局《转发国家林业局核发百色至罗村口公路使用林地审核同意书的函》,函告百罗高速公路领取《使用林地审核同意书》,并凭《使用林地审核同意书》依法办理建设用地审批手续。

2004年2月11日,广西壮族自治区国土资源厅《关于批准百罗至罗村口高速公路工程建设用地的函》(桂国土资函〔2004〕51号)批准百罗高速公路工程建设用地。

2008年7月31日,项目通过百色市国土资源局,办理了百罗高速公路建设用地土地使用证,证书号为百国用(2008)第00304号、第00305号、第00306号、第00307号,成为广西高速公路第一个取得土地使用证的建设项目。

2)征地拆迁机构

根据《自治区人民政府批转自治区计委等部门关于广西壮族自治区基础设施重大项目建设用地征地拆迁暂行办法的通知》(桂政发〔2000〕39号)规定,建设办督促百色市人民政府成立了百色至罗村口高速公路征地拆迁办公室,并根据协议开展项目征地拆迁工作。为便于开展征地拆迁和社会综合协调工作,沿线各乡镇同时设立协调小组,协助百色市征地拆迁办公室,管理本乡镇范围内的征地拆迁工作和社会协调任务。

3)征地拆迁标准

本项目征用土地的补偿标准及补偿操作程序,均严格执行广西壮族自治区人民政府桂政发〔2000〕39号、桂计法规〔2002〕274号和百色市右江区人民政府右政发〔2002〕6号文件的有关规定,及时足额兑现征迁款。同时,根据百色市右江区人民政府下发的《关于印发百罗高速公路临时用地复垦交付使用的通知》(右政办发〔2005〕74号),已全部移交临时用地2621亩。工程建设中实行统一的征地拆迁补偿标准。

4)征地拆迁数量

项目总计征用永久性用地7547.6亩,其中耕地为984.7亩,占永久性用地的13.04%,征用工程施工临时用地2934亩。总计拆迁各类房屋8532.1m^2,电力线路总长41km,通信线路总长50.45km。

(二)项目实施阶段

1. 重大决策

1)增设K141+306大桥、K141+898中桥

该两处桥址处初步设计、施工图设计阶段均为填土路堤,根据百色市人民政府会议纪要第30期"百色市人民政府关于南昆高速公路与阳圩镇新址移民规划用地重叠问题第二次协调会会议纪要"的精神,为了最大限度地减少高速公路对阳圩镇新址移民安置用地的影响,决定该路段采取高架桥跨越,以减少占地和提高移民安置点的安全性。

2)库淹路基及斜坡桥基边坡变更设计

根据交纪要〔2005〕4号"百色至罗村口高速公路路基及斜坡桥基稳定性评价评审会议纪要"和百罗办综合〔2005〕25号"关于成立百色至罗村口高速公路库淹路段加固处治工作小组的通知"精神,由业主单位、设计单位、监理单位和科研单位共同组成的

百罗路库淹路段加固处治工作小组通过现场地质测绘、调查,对原工程地质勘察报告进行复核和计算分析;根据现场调查成果,并依据有关设计规范,本着"安全、实用、综合治理"的设计理念及务实的工作态度,通过多方面讨论及多方案比选,为提高库淹路段及斜坡桥桥基边坡的安全储备,对百罗路库淹路段路基及斜坡桥基边坡进行修改设计。

受库区正常蓄水位浸泡影响需进行加固处理的10处路堤,即K150+000~K150+110、K150+290~K150+390、K150+670~K150+910、K151+230~K150+320、K151+840~K150+880、K151+895~K150+935、K153+645~K150+710、K154+280~K150+360、K172+875~K150+930和K174+890~930,累计长度约860m,分布于第4、第5、第8合同段,对其进行变更设计。对于有条件放缓的路基边坡优先考虑采用放缓边坡的方案处理,对于无条件放缓边坡或放缓方案实施难度较大的路基边坡采用小导管注浆加固方案处理,同时对高程在229m以下的填方路基边坡采用新的防护结构,即采用土工布、混凝土格梁和20cm厚无砂大孔混凝土进行坡面防护。

百罗路处于库区并受水浸泡影响的桥梁有6座,受水库淹没影响的高挡土墙有4个。这6座桥均有部分墩、台处于斜坡和陡坡上,它们分别是:K151+096高架大桥、平高一号高架大桥(右幅)、K152+312中桥(右幅)、平高二号高架大桥百色端、百康河大桥、谷拉河大桥,桥墩受水淹高度为0.5~68.5m;受水库淹没影响的高挡土墙分别是:K152+165~K152+287右高挡墙、K153+810~K153+890左高挡墙、K173+685~K173+800左高挡墙、K173+920~K174+000左高挡墙。对这些桥梁和高挡土墙主要根据现场实际地质情况采用锚杆挂钢筋网喷混凝土及设置深层泄水孔的方案处理,锚喷区域、喷混凝土厚度、锚杆和深层泄水孔长度、间距,根据不同边坡地形地貌和地质情况确定。

2. 重大设计变更

项目施工过程中变更较多,较重大变更如下。

1)百色西管理所边坡

百色西管理所原设计在百色西收费站入口右侧,由于征地和城市规划等原因变更到收费站入口左侧山坡坡脚处,边坡为土夹石边坡,土质松散,覆盖层厚,土质为高液限黏土,水稳定性差,2005年6月因连续大暴雨导致边坡产生大滑坡,经总监办、设计院、驻地办及施工单位四方对该边坡进行现场踏勘,决定对该滑坡产生的松散岩土体进行清除处理,从而保证管理所的安全运营及边坡的整体稳定,即将边坡坡比变为1:2~1:3五级边坡,对该滑坡产生的松散岩土体进行清除至稳定岩层,由此增加土石方共274212m^3。

2）K153+259~K153+440 右边坡

该边坡表层为破碎、松散的风化岩石,原设计坡比为1:0.5~1:1.5九级边坡,按原设计施工完成后出现塌方,为确保该段边坡稳定,经变更设计将边坡坡比变为1:1~1:1.5九级边坡,并根据信息法施工,由此增加土石方共202287m³。

3）K159+680~K159+980 右边坡

该挖方边坡地质属强风化泥岩,土质松散,边坡稳定性很差,原设计坡比为1:0.5/1:0.5/1:0.75/1:1,按原设计施工完成后出现局部塌方,为确保该段边坡稳定,总监办、设计院、驻地办及施工单位四方对该边坡进行现场踏勘,在K159+767~K159+890段挖方边坡第二、第四级设10m宽平台,第三、四级边坡改为1:1,第四级平台以上改为1:1.25,边坡放缓增加方量66678m³。但由于该段边坡岩层走向约与挖方边坡坡比1:1.5基本一致且岩层较破碎,造成该段边坡在二次放缓施工完成后再次出现开裂,局部边坡滑移。为确保该段边坡稳定,经变更设计将边坡变为八级边坡,每级边坡坡比均为1:1.5,并根据信息法施工,由此增加土石方共396513m³。

4）K162+498~K162+740 右上边坡

该边坡坡面各岩层的风化程度不同,强弱风化岩层相互交错,岩层破碎,整体稳定性差,原设计坡比为1:0.5~1:1.5六级边坡,按原设计施工完成后出现塌方,为确保该段边坡稳定,经变更设计,将一、二级边坡放缓为1:1,第二、三级边坡之间的平台改为5m,第三级及以上边坡坡比改为1:1.5,由此增加土石方共232970m³。

5）K163+220~K163+400 左边坡

该边坡原设计为1:0.5~1:1.5九级边坡,坡面各岩层的风化程度不同,强弱风化岩层相互交错,岩层破碎,特别是下四级边坡较松散,设计坡率较陡,开挖后已发生局部坍塌。由于三级路从上边坡第五级顶平台通过,为保证边坡的稳定和三级路的安全,经变更设计,边坡放缓为1:1~1:1.5十级边坡,在第二级边坡设10m宽平台,在第五级边坡设15m宽平台,由此增加土石方共254619m³。

6）K166+880~K167+100 右上边坡

该边坡表层为破碎、松散的风化岩石,原设计坡比为1:1/1:1/1:1.25/1:1.25,按原设计施工完成后出现塌方,为确保该段边坡稳定,将边坡坡比变为1:1~1:1.5八级边坡,并在第二、四级边坡分别设20m宽平台,第六级边坡设10m宽平台,由此增加土石方共209675m³。

7）K179+040~K179+260 左上边坡

该边坡表层为破碎、松散的风化岩石,原设计坡比为1:1/1:1.25/1:1.25/1:1.5,在按设计施工过程中出现滑塌,坡顶以上地面出现裂缝,为确保该段边坡稳定,将该边坡坡比全部按1:1.5放缓,并鉴于该合同段缺方较大,同意在此挖方段通过将碎落台宽度加宽至 31.5m,另借土 146958m³ 用于填方填缺部分,由此增加土石方共 266801m³。

8) K133+760~K134+420 左边坡

该挖方边坡地质为土夹石边坡,土质松散,强风化泥质砂岩节理裂隙很发育,覆盖层碎石土层厚达 6~7m,原设计坡比为 1:0.5~1:1 五级边坡,2004 年 2 月按原设计坡比开挖后该边坡出现多处滑塌,经设计单位变更设计将坡比变为 1:0.75~1:1.25 七级边坡,土石方比设计增加 131742m³。由于 2005 年 6 月下旬百色地区的连续大雨,再次导致该段边坡产生大型滑坡,同时存在危岩落石危险。为保证坡顶高压电线塔的安全及该路段的安全运营,经广西壮族自治区交通厅的批复(交基建函〔2006〕499 号)同意对该段边坡进行变更设计,根据信息法施工对由于滑塌产生的松散岩土体和危岩进行清除,清除岩土体约 115230m³,施工单位于 2005 年年底按此方案施工完成。2006 年 6 月 14 日 K133+795~K133+835 左边坡第二~四级边坡发生滑坡,主要原因为放坡后坡体为强风化泥质砂岩,岩体节理裂隙很发育,岩体不完整较破碎,易风化、易软化,工程地质条件很差;2006 年 3~6 月连续下暴雨,雨水等地表径流在滑坡地段集中,沿着孔隙渗入强风化泥质砂岩中,由于雨水侵入强风化层,从而使强风化层岩体抗剪强度降低,进一步导致岩体失稳,而诱发山体滑移。高速公路下行线被滑坡土淹没导致交通中断,对坡顶高压电线塔和高速公路的安全运行构成很大威胁。为尽快消除隐患,保证高速公路的安全运行,经广西壮族自治区交通厅同意,该边坡的治理按抢险工程进行施工。设计单位于 2006 年 6 月完成该边坡滑坡治理的施工图设计,对由于滑塌产生的松散岩土体和危岩进行清除,清除塌方土 10268m³,因此,K133+760~K134+420 左边坡因塌方导致边坡放缓增加土石方共 257240m³。

9) 边坡防护

百罗路施工图设计中,挖方边坡防护形式的选择根据具体的地质情况及边坡高度逐段确定,形式主要有满铺式草皮防护、浆砌片石拱(菱)形骨架防护、浆砌片石护面墙、锚杆挂网喷射混凝土加固,局部路段采用抗滑桩等防护形式。施工过程中,为保证百罗路沿线的边坡稳定和生态恢复,根据百罗路具体的地质情况和建设生态路的要求,经业主、监理和设计单位逐一对各个边坡进行核实,将原设计的浆砌片石护面墙防护变更为浆砌片石窗式护面墙防护,将锚杆挂网喷射混凝土加固变更为锚杆格子梁防护。因沿线地质多为强风化的泥岩、砂岩,岩体较破碎,土质松散,且施工中受不良气候影响,沿线不少边坡出现塌方,部分边坡在施工完成甚至通车后仍然发生边坡塌方。为保证边坡的稳定和安全,经对现场的勘察论证,对出现的塌方边坡一般在清理塌方岩土体后采用锚杆(索)混凝土格子梁或抗滑桩等防护形式加固处理的方案,对一些石质边坡但岩体较破碎的边坡采用主(被)动网的防护形式,同时,由于采用放缓边坡处理塌方,防护面积大量增加,从而使本项目增加大量的防护加固工程量,其中混凝土格子梁防护增加混凝土

10796m³,锚杆增加117952m,锚索增加27948m,防护网增加16处共73266m²,抗滑桩增加4525.98m。

10) 路面工程设计变更

原百色至罗村口高速公路两阶段施工图设计路面结构组合为:4cm抗滑上面层+5cm中粒式沥青混凝土中面层+6cm粗粒式沥青混凝土下面层+1cm沥青石屑下封层、透层+20(18)cm水泥稳定碎石上基层+20cm水泥稳定碎石下基层+18cm级配碎石底基层。

按广西壮族自治区交通厅交基建函〔2004〕181号文规定,百色至罗村口高速公路沥青路面分期修建施工图设计中有以下修改:

(1)百色至罗村口高速公路沥青路面进行分期修建,第一期工程暂不实施AK-13A沥青混凝土抗滑上面层,先实施中面层、下面层、基层等;第二期工程视具体情况再实施抗滑上面层。因4cm抗滑上面层+沥青黏结防水层暂不实施,所以5cm中粒式沥青混凝土中面层在第一期工程中是作为表面层直接行车的,考虑到整个行车及路用性能等问题,于是把原施工图设计的中粒式沥青混凝土中面层AC-20Ⅰ调整为AC-16Ⅰ;其所使用的沥青也从原来的重交道路沥青改为改性沥青。

(2)18cm级配碎石底基层改为18cm水泥稳定碎石底基层。

(3)在AC-25Ⅰ6cm粗粒式沥青混凝土下面层和AC-16Ⅰ5cm中粒式沥青混凝土中面层间设置一层乳化沥青黏层。

(4)在AC-16Ⅰ5cm中粒式沥青混凝土中面层和AC-13Ⅰ4cm细粒式沥青混凝土上面层间设置一层改性沥青黏结防水层。

11) 增设罗村大桥

百色至罗村口高速公路已于2002年动工修建,并且计划于2005年建成通车,由于罗村口至昆明公路尚未动工修建,使百色至罗村口高速公路在广西、云南两省交界处无法与现有交通相连接。为了充分利用百色至罗村口高速公路,根据百色至罗村口高速公路工程建设办公室的要求,在罗村收费站(K179+150处)的右侧修建一座大桥与323国道相连接,方便323国道和高速公路的车辆相互进出。

12) 发达隧道左线塌方及洞身大变形,换拱处治

由于发达隧道左线罗村口端地形存在严重偏压,且地质条件差,土夹强风化泥岩,施工中出现严重塌方及大变形,初期支护侵入建筑限界,必须进行换拱处理,以保证净空满足设计要求。

13) 小二隧道塌方处治

业主为了节省投资,欲缩短小二隧道长度,对罗村口端进行压缩,致使洞口仰坡、边坡过高,造成严重塌方、冒顶现象,采取了处治措施。

14）由于发达隧道右线百色端洞身施工过程中出现整体往左位移现象,采用了回填反压的处理措施,回填体占用了左线的位置。同时,左线洞口原设计的挖方边坡也偏高,发达隧道左线百色端进行了平面调整,洞身增长约40m。

三、复杂技术工程

发达隧道位于K168+200处,距百色市大楞乡发达屯西北约1km处。隧道区地貌单元属构造侵蚀中等—浅等割中、低山地貌,地面起伏较大。地面高程为403.80~526.30m,相对高差约121.50m。上行线山体自然坡度20°~50°,隧道通过山坳处,覆盖层厚约126.00m,进出口自然坡度均在40°左右;下行线山体自然坡度20°~50°,隧道通过山坳最低处覆盖层厚约120.00m,进口自然坡度均在20°左右,出口自然坡度在40°左右。隧道百色方向山体大部分为灌木丛林,罗村口方向则林草杂生,林密草深,整体地形陡峭,通行困难。

隧道区覆盖层为第四系残积亚黏土。隧道穿越处下伏基岩为三叠系百逢组砂岩、泥质砂岩和泥岩,据钻探揭露及地面地质调查,隧道区于区域构造位置为冒背斜西翼中部,区内岩层属单斜构造,局部偶有小褶曲发育。据钻探揭露及现场调查,隧道穿越处无大型滑坡、塌陷、断裂破碎等不良地质现象。隧道入口北侧小冲沟被地表水的长期冲刷而局部有少量岩石露头,岩层产状为180°∠80°~190°∠40°。

隧道区罗村口端附近岩层中主要发育有3组节理,节理以风化型为主,分布不规则,多呈闭合状,少量微张,规模短小,通贯性差,隙宽1~4cm,局部有黏土充填。

路线与所穿越山体顶部高差120m。上行隧道长680m,下行隧道长688m。

设计根据围岩类属,按"新奥法"施工进行设计。隧道断面形式为曲边墙式变截面弧拱,单洞内建筑限界净高为5m,净宽为11.00m(含单侧检修道0.75m)。长度超过100m的隧道设计照明;长度超过400m的隧道按预留机械通风设计。根据地形、地质情况,上、下行线两端均设置削竹式洞门。

四、科技创新

百色至罗村口高速公路是典型的山岭重丘区高速公路,结合项目特点,项目与有关科研单位合作,开展了长大纵坡沥青路面的抗车辙、抗水破坏及抗滑安全研究、斜弯坡桥的桥面铺装层抗剪切研究、库淹区公路路基桥梁稳定性研究三个课题的研究。

(一)百色至罗村口高速公路沥青路面施工技术研究

(1)提出分期修建路面方案,并对分期修建路面结构的使用性能进行了评价,评价结论是分期修建路面满足使用要求,由此获得批准应用。

(2)提出了适合重载交通和高温条件的抗车辙、抗滑和抗水损坏沥青混合料实用技术,为百罗路沥青混合料组成设计提供依据。经实际应用,现场实测百罗路沥青路面面层的压实度、混合料的级配、油石比、马歇尔稳定度、动稳定度及空隙率等指标均满足合同和规范要求,部分指标达到广西沥青混凝土路面先进水平。

(二)百色至罗村口高速公路沥青混凝土桥面铺装施工技术研究

(1)提出了适应百罗路水泥混凝土桥面沥青混凝土铺装层抗剪破坏的材料及合理结构技术,并得到实际应用。

(2)提出了桥面铺装层防水黏结层材料设计,指导现场施工,经检测百罗路桥面沥青混凝土铺装层与水泥混凝土铺装层间黏结性能良好,效果明显。

(三)百色至罗村口高速公路库区公路路基稳定关键技术研究

(1)应用水利水电研究院的STAB计算程序、北京理正分析程序及离散单元法,分别对库岸稳定性进行评价和对斜坡桥基稳定性进行分析评价,在国内交通行业尚属首次。

(2)提出了在已竣工的路基上进行加固处治的指导思想。坚持坡体、坡面处理相结合,防冲刷和加固防护相结合,通过设置合理的防冲刷和锚固结构,改善边坡体的水理状况和受力状况,增强其整体稳定性和抗冲刷侵蚀破坏能力。本着经济节省、施工简单的原则,提出了处理措施。

(3)提出了百罗路库淹区加固处治方案并得到应用。对有条件的路基优先考虑采用放缓边坡的处理方案,无条件放缓或放缓实施难度大的路基边坡采用小导管注浆加固处理;对高程在229m以下的填方路基边坡采用土工布、水泥稳定层级配碎石和混凝土格子梁进行坡面防护,对于受水浸泡且处于203~229m高程范围斜坡桥桥基边坡,根据实际地质情况,采用锚杆挂钢筋网喷混凝土及设置深层泄水孔的方案处理。

五、运营管理

(一)服务区设置

该路段共设置1对服务区:发达服务区。2010—2014年,发达服务区连续五年被评为广西高速公路"四星级服务区"。

(二)收费站点设置

该路段共设置3个收费站:百色西收费站、阳圩收费站、罗村口收费站。3个收费站共16条车道。具体见表8-16-3。

收费站点设置情况表 表8-16-3

站点名称	车道数(条)	收费方式
百色西	5	半自动收费方式
阳圩	4	半自动收费方式
罗村口	7	半自动收费方式

(三)车流量发展状况

该路段日均车流量从2006年的405辆增至2014年的4417辆,年平均增长率为34.8%。具体见表8-16-4、图8-16-3。

日均车流量增长情况表 表8-16-4

年份(年)	日均车流量(辆/d)	年份(年)	日均车流量(辆/d)
2006	405	2012	3619
2007	532	2013	4060
2008	2143	2014	4417
2009	2790	2015	4407
2010	3249	2016	3944
2011	3632		

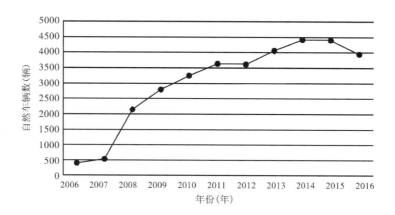

图8-16-3 百色至罗村口高速公路日均车流量发展趋势图

第十七节 苍梧至郁南高速公路

一、项目概况

(一)基本情况

苍梧至郁南高速公路苍梧段(以下简称"苍郁高速")位于广西梧州市苍梧县境内,是广西规划通往广东省的四条高速公路通道之一。苍郁高速是国家高速公路广昆线(G80)

在广西境内的重要组成部分,起点为梧州市苍梧县龙圩镇(现改为龙圩区)岑梧二级公路交会处,往东经龙佛岭、河村、河步、昙神、交村、路马、狮子岭,终点为两广交界的大坡镇龙眼咀村,并以二级公路与广东郁南县路网连接过渡,2010年云梧高速公路通车后直接连通云梧高速公路通往广州。苍郁高速于2005年11月8日建成通车,是以BOT形式由广西越秀苍郁高速公路有限公司经营和管理的一条高速公路。

苍郁高速由苍梧县连线一级公路2.58km、主线高速公路18.48298km、广东省郁南临时二级公路连线1.393km组成,路线全长22.456km。

苍郁高速是国家高速公路广昆线(G80)在广西境内的重要组成,双向四车道,水泥混凝土路面,设计速度100km/h。现有桥梁255.969延米/3座、涵洞、通道93座,各类公路交通标志及附属设施齐全;路段内设一个主线收费站(桂东站),4进7出共11条车道。建设总投资5.3763亿元,资金来源为银行贷款和企业自筹。

苍郁高速由苍梧桂海苍郁高速公路有限公司采用BOT模式投资兴建,项目批复概算5.455亿元,于2003年4月15日开工,2005年10月建成,2005年11月8日正式投入试运营。

苍郁高速按双向四车道山岭重丘区高速公路标准设计建设。

设计速度:高速公路100km/h、苍梧一级公路连线60km/h、郁南二级公路连线40km/h;设计洪水频率:大、中桥,涵洞、路基均为1/100。

设计荷载:汽车超—20,挂车—120。设计抗震烈度Ⅵ度。

路基路面宽度:高速公路路基24.5m,一级公路路基24m,二级公路路基10m。

路面结构组成:高速公路采用16~18cm级配碎石底基层+20cm水泥稳定碎石基层+26cm水泥混凝土面层;一级公路采用16cm级配碎石底基层+20cm水泥稳定碎石基层+26cm水泥混凝土面层;二级公路采用30cm水泥稳定碎石基层+3cm沥青表面处治。

沿线附属设施:全线设有1个收费站即大坡收费站(该站按广西壮族自治区人民政府桂政函〔2005〕278号文件精神设立在苍郁高速公路K11+200处,于2005年11月8日开征,2010年7月29日改名为桂东收费站),还有1对服务区、1个管理区。

主要构造物:路线全长22.456km,其中一级公路2.58km、高速公路18.48298km、二级公路1.393km。路基挖方439万m^3,填方375m^3,浆砌排水、支挡工程15万m^3,圆管涵和盖板涵洞3615m/69道,通道1664.18m/49道,大桥125.895m/1座,中桥130.04m/2座,16cm级配碎石底基层54.9万m^2,18cm级配碎石底基层0.5万m^2,20cm水泥稳定碎石基层51.3万m^2,26cm水泥混凝土面层47.1万m^2,1cm厚沥青封油层47.4万m^2,3cm沥青表面处治面层1.3万m^2。

(二)前期决策情况

1. 严格执行国家基建程序,各项手续齐全

2000年5月16日,国家发展计划委员会以计基础〔2000〕1673号文批复项目立项。

2000年1月11日和2001年6月20日,广西壮族自治区发展计划委员会分别以桂计交通〔2000〕6号和桂计交通函〔2001〕212号批复项目工程可行性研究报告。

2002年7月28日,广西壮族自治区交通厅与苍梧桂海苍郁高速公路有限公司签订《广西苍梧至郁南公路苍梧段高速公路项目建设、经营、移交合同》,经营期25年。

2002年8月16日,广西壮族自治区交通厅以交基建函〔2002〕181号批复了项目初步设计图。

2002年8月30日,广西壮族自治区交通厅批复了项目开工报告。

2002年10月29日,广西壮族自治区交通工程质量监督站以交质监字〔2002〕99号文件同意办理本项目质量监督手续。

2. 用地及环保手续办理情况

2001年8月2日,广西壮族自治区国土资源厅以桂国土资源〔2001〕63号批复项目工程建设用地。

2002年7月29日,广西壮族自治区环境保护厅以桂环管字〔2002〕190号文件批复了项目环境影响报告书。

2002年9月4日,广西壮族自治区林业厅以桂林函〔2002〕241号文件转发国家林业部项目使用林地审核同意书(林资林地审字〔2002〕074号2002年8月12日)。

(三)参建单位主要情况

(1)建设单位:苍梧桂海苍郁高速公路有限公司。

(2)设计单位:广西交通勘测设计研究院(设计资质等级:公路行业设计甲级)。

(3)监理单位:广西八桂工程监理咨询有限公司(监理资质等级:公路工程监理甲级)。

(4)施工单位:

路基No.1:中国铁路工程总公司。

路基No.2:中铁二局股份有限公司。

路面No.3:中铁三局集团公司。

二级公路:广西苍梧县图强筑路工程部。

机电工程:中铁二局集团电务工程有限公司。

安全设施:衡阳公路路桥建设有限公司。

房建工程:广西冶金建设公司。

二、建设情况

该项目于2000年1月12日由广西壮族自治区发展计划委员会批复可行性研究报告,2002年8月16日广西壮族自治区交通厅审批通过初步设计文件,2002年10月26日广西壮族自治区交通厅审批通过施工图设计文件,2002年8月30日广西壮族自治区交通厅批复项目开工报告,2005年10月25日广西壮族自治区交通工程质量监督站批准竣工验收。

(一)项目准备阶段

1. 立项审批

2000年5月16日,国家发展计划委员会以计〔2000〕1673号文批复项目立项。

2000年1月11日和2001年6月20日,广西壮族自治区发展计划委员会分别以桂计交通〔2000〕自治区6号和桂计交通函〔2001〕212号文批复项目工程可行性研究报告。

2001年8月2日,广西壮族自治区国土资源厅以桂国土资源〔2001〕63号文批复项目工程建设用地。

2002年7月29日,广西壮族自治区环境保护厅以桂〔2002〕190号文件批复了项目环境影响报告书。

2002年8月16日,广西壮族自治区交通厅以交基建函〔2002〕181号文批复了项目初步设计图。

2002年8月30日,广西壮族自治区交通厅批复了项目开工报告。

2. 资金筹措

苍郁高速批准总概算投资5.455亿元,主要用于支出在征地拆迁和工程实体建设方面。资金来源由广西梧州桂海企业发展有限公司自筹资本金1.909亿元(占投资总额的35%),向中国农业银行苍梧县支行贷款3.546亿元(占投资总额的65%)。

3. 招投标、合同段划分和征地拆迁

广西壮族自治区交通规划设计院(甲级设计资质)根据广西壮族自治区交通厅的批准,与苍梧桂海苍郁高速公路有限公司签订了《关于苍郁高速公路苍梧段委托设计合同书》,负责项目的全部设计。

土建工程分两个合同段,经招标分别由中国铁路工程总公司、中铁二局股份有限公司中标施工;路面工程分一个合同段,经招标由中铁三局集团公司中标施工;配套工程共分三个合同段,经招标分别中标单位为:管理与养护由中铁二局电务公司中标施工,安全设施由湖南省衡阳路桥建设公司中标施工,服务区、管理区房建工程由广西冶金建筑建设有限公司中标施工。

本项目实行一级监理制,经公开招标,由广西八桂监理咨询有限公司中标组建总代理工程师办公室,并对现场施工进行监理。

征地拆迁方面,本项目在建设过程中,严格执行"十分珍惜、合理利用土地和切实保护耕地"的基本国策,使用土地严格执行国家的法律、法规,各项手续齐全。本项目严格执行《关于广西壮族自治区基础设施重大项目建设用地征地拆迁暂行办法》(桂政发〔2000〕39号)文件精神,设计征地实行县(市)人民政府包干负责制;拆迁采用业主代表、地方政府、施工单位代表及拆迁户主几方现场丈量及确认,统一由地方政府项目办公室负责征迁补偿资金分发。实行征迁补偿资金分账户管理、先结算后支付、补偿资金支付"实名制"、补偿资金"银行—银行—存折"模式运行并定期回访检查等办法。从项目公司拨付征迁补偿费起即明确每一分钱的受益人,及时、足额、安全地将补偿费支付到农户手中,力图从制度和操作程序上保证拆迁资金专款专用。

设计征用永久性征地2566.33亩、工程施工临时用地350.77亩。总计拆迁各类房屋10632m^2。截至2008年10月,实际征地的土地面积为2566.33亩,其中水田441.16亩,旱地348.42亩,园地87.02亩,林地870.14亩,鱼塘及其他类征地657.87亩,服务区征地161.71亩;拆迁建筑物5316m^2,拆迁电力、电信、广电、供水等设施一批。征地及拆迁补偿费用共计46691050.88万元。

(二)项目实施阶段

2002年7月28日,广西壮族自治区交通厅与苍梧桂海苍郁高速公路有限公司签订《广西苍梧至郁南公路苍梧段高速公路项目建设、经营、移交合同》,经营期25年。

2002年9月4日,广西壮族自治区林业厅以桂林函〔2002〕241号文件转发国家林业部项目使用林地审核同意书(林资林地审字〔2002〕074号)。

2002年10月29日,广西壮族自治区交通工程质量监督站以交质监字〔2002〕99号文件同意办理本项目质量监督手续。

2003年3月6日,广西壮族自治区国土资源厅批准苍梧至郁南高速公路苍梧段工程建设用地145.8799hm^2(桂国土资源函〔2003〕75号)。

2005年8月9日,广西壮族自治区交通厅同意调整苍梧至郁南公路苍梧段初步设计概算,调整后的总概算为545510959元,比原概算497709560元增加了47801399元(交基建函〔2015〕627号)。

2005年8月22日,广西壮族自治区交通厅同意将苍梧至郁南公路苍梧段原建设工期交付日期2005年1月28日延长至2005年12月28日(交基建函〔2005〕663号)。

三、科研和新技术应用情况

对科研和新技术的应用在建设中开展了两个课题。

(一)利用"三高"(高液限、高塑限、高含水)土的新技术应用

主要研究如何利用"三高土"并保证路基稳定,减少弃方占用大量土地及污染环境。通过后期的沉降观测和试运营期的质量回访,采用"三高土"填筑的路基段落无明显下沉、边坡坍滑现象,路基稳定。

(二)采用复合性聚氨酯材料进行路面封缝

主要研究如何提高灌缝材料的黏结力,防止路面渗水,避免面板早期破坏。该材料在施工后三年内,基本无老化脱落现象,防水效果较好,大大减少了混凝土面板的破坏。

四、运营管理

苍郁高速设置1对服务区、1个收费站即大坡收费站(现名桂东收费站),2005年投入运营后日均车流量:2005年800辆,2006年1300辆,2007年1200辆,2008年800辆,2009年3400辆,2010年5600辆,2011年10100辆,2012年11000辆,2013年11900辆,2014年7100辆。具体见表8-17-1、图8-17-1。养护管理方面,一直按照《公路养护技术规范》《公路养护质量检查评定标准》开展苍郁高速养护管理工作,无大修工程。

日均车流量发展状况表　　　　表8-17-1

年份(年)	日均车流量(辆/d)	年份(年)	日均车流量(辆/d)
2005	800	2011	9216
2006	1300	2012	11238
2007	1200	2013	12065
2008	800	2014	7107
2009	3400	2015	7364
2010	5861	2016	9683

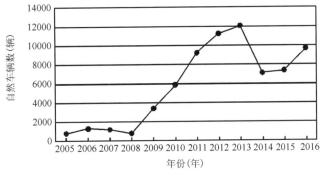

图8-17-1　苍梧至郁南高速公路日均车流量发展趋势图

第十八节　平乐至钟山高速公路

一、项目概况

广西桂林至梧州公路平乐至钟山段为我国西部开发省际公路通道阿荣旗至北海公路南宁—梧州—桂林支线,桂林至梧州公路的重要路段,也是国家重点公路建设规划中汕头至昆明公路、临汾至三亚公路的重要组成路段之一,与桂林至平乐公路、同古至梧州公路共同组成桂东北地区通往粤、港、澳的便捷通道。该项目的建设,对于西部大开发战略的顺利实施,加强国防建设,完善国家及区域公路网,增强和完善大西南出海通道的功能,促进广西、贵州、四川、湖南等省区经济发展和旅游资源开发利用等都具有重要意义。本项目起于桂林市平乐县二塘镇,止于贺州市,全长约87.839km,分主线及贺州支线两部分。同期建设钟山连接线二级公路长17.053km,贺州连接线一级公路长6.192km。

（一）路线起终点、中间控制点、所经河流

桂林至梧州公路平乐至钟山段主线段起点于平乐县二塘镇岩底村附近,起点桩号为K108+000,与拟建的桂林至平乐高速公路相接。途经拱背岭、里结、马派、华山、大里、桃村、龙交田、新田寨、老铺、黄宝、大雄、麻地冲、白沙井(英家)、犁家洞、下岩、凤口、板桥、新寨肚,终于钟山县同古镇附近,终点桩号 K165+365.305,与拟建的钟山至梧州高速公路相接。贺州支线起点接桂林至梧州公路平乐至钟山段同古互通式立体交叉,终于贺州市道石圩佛子脚村,途经中寨、大亭水库、寨仔头村、董家村、凤翔、木冲、塘寨。钟山连线起于贺州支线回龙互通式立体交叉,途经泉岭、回龙、井仔、榕木寨,跨富江后终于钟山县国道323线钟山绕城段。贺州连线起点接贺州支线贺州互通式立体交叉,终于贺州市迎宾大道路口,途经白沙镇、八步镇。

（二）技术标准

设计标准:根据交通部颁发的《公路工程技术标准》(JTJ 001—97)、《公路勘测规范》(JTJ 061—99)、《公路工程地质勘察规范》(JTJ 064—98)等有关技术规范进行设计。

(1)公路技术等级及行车速度。桂林至梧州公路平乐至钟山段主线:采用四车道高速公路标准,设计速度120km/h,路基宽28m。

贺州支线:采用四车道高速公路标准,设计速度100km/h,路基宽26m。

钟山连线:采用二级公路标准,设计速度80km/h,路基宽17m。

贺州连线：采用一级公路标准，设计速度100km/h，路基宽25.5m。

(2)设计荷载。桂林至梧州公路平乐至钟山段主线：汽车—超20级，挂车—120。

贺州支线：汽车—超20级，挂车—120。

钟山连线：汽车—超20级，挂车—120。

贺州连线：汽车—超20级，挂车—120。

(3)设计洪水频率。桂林至梧州公路平乐至钟山段主线：大、中、小桥，涵洞及路基1/100；特大桥1/300。

贺州支线：大、中、小桥，涵洞及路基1/100；特大桥1/300。

钟山连线：特大、大、中桥1/100；小桥、涵洞及路基1/50。

贺州连线：大、中、小桥，涵洞及路基1/100；特大桥1/300。

(4)抗震设计：本路段地震基本烈度Ⅵ度，抗震措施按《公路工程抗震设计规范》（JTJ 004—89）有关规定进行。

(5)其他相应技术指标应符合《公路工程技术标准》（JTJ 001—97）等交通部部颁标准。

(三)设计主要工程量和构造物

平乐至钟山公路设计的主要工程数量：路基计价土石方1201.8万m^3（其中土方868.3万m^3，石方333.5万m^3）；圬工防护工程36.5万m^3；排水工程19.9万m^3；涵洞17519m/568座；通道6994m/222座；大桥1560.00/8座，中桥315.62m/5座；分离式立交32处，互通式立交6处；隧道单洞总长达11208m/3座，其中木冲隧道为特长隧道，长度达3695m，是广西目前最长的公路隧道，隧道总长度占路线总长度的5.14%。

平钟公路主要竣工工程量为：路基土石方1434万m^3，软基处理154.86万m^3/52，大桥1560.00延米/8，中桥1457延米/18，小桥256.2延米/10，涵洞、通道22515.07延米/755，排水及防护圬工48.4万m^3，互通式立交6处，分离式立交34处，沥青混凝土路面28.635万m^2。

主要竣工工程量见表8-18-1。

平钟公路主要竣工工程量表　　　　表8-18-1

项　目	单位	主　线	贺州支线	钟山连线	贺州连线	合　计
路基土石方	万m^3	898.6	399.9	122.3	13	1434
软基处理	m^3/km	104/30.2	25.5/12.3	7.8/3.2	17.56/6.1	154.86/51.8
大桥	延米/座	945.22/5		242.08/1	372.7/2	1560.00/8
中桥	延米/座	1165.908/13	190.04/4	101.06/1		1457/18
小桥	延米/座	156.2/6	54.0/2	46.0/2		256.2/10
涵洞通道	延米/座	13578.02/383	6845.19/241	2091/86	1174/45	22515.07/755
隧道	延米/座	3843/2	7365/1			11208/3

续上表

项　目	单　位	主　线	贺州支线	钟山连线	贺州连线	合　计
排水及防护圬工	万 m³	33.55	7.9	4.4	2.5	48.4
互通式立交	处	4	2			6
分离式立交	处	16	18			34
水泥混凝土路面	万 m³	4.375	20.118		4.142	28.635
沥青混凝土路面	万 m³	287.318	64.726	25.094	10.12	387.258
决算金额	万元					

(四)沿线地形、地质、气候、水文等自然地理特征

桂林至梧州公路平乐至钟山段主线路线走向由北西向南东,所经地区部分为剥蚀中、低丘山地,丘顶多呈馒头状,连绵起伏,冲沟发育,部分形成长流小溪;主要为广泛发育的喀斯特地形,奇峰林立,峰林陡峻、挺拔,巍然壮观;而榕津河、同安河、沙江河及思勤江等河流冲积阶地则较为开阔平坦。全线地势两端高,中间低,海拔高程一般在 160~360m 之间,地形变化较大。

贺州支线走向近于东西向,钟山连线走向则近于南北向,所经地区为局部的剥蚀中、低丘山地,丘顶多呈馒头状,连绵起伏,冲沟发育,部分形成长流小溪;局部发育的喀斯特地形,奇峰林立,峰林陡峻、挺拔,巍然壮观;由于贺江、富江和思勤江等河水的作用,又叠加了局部的流水地貌,两岸冲积平原较为开阔、平坦。全线地势两端高,中间低,海拔高程一般在 160~668m 之间。路线所经地区地貌类型大致可分为三类。

(1)河流阶地:主要位于贺江、富江和思勤江河流两岸,为堆积阶地和河漫滩、河床冲积层。堆积阶地分布于低丘边缘,地形较为开阔平坦,主要为水田、部分旱地;河漫滩则表现为冲积沙洲。

(2)岩溶峰丛洼地:为沿线所经的局部地貌类型,石峰密集,峰林或峰丛定向排列,其间为条形谷地及少量圆形洼地。基底为泥盆系中、上统灰岩、白云岩等,灰岩石峰多呈塔状,白云岩山峰多为锥状挺拔,孤峰、峰林山脚常有脚洞。

(3)中、低丘山地:主要分布于贺州支线前端、中后段及钟山连线中部,为由砂、页岩及局部组成的碎屑岩分布区,山丘连绵起伏,山体宽大,丘顶多呈馒头状,冲沟发育,部分形成长流小溪。路线大部分的深挖段位于该地貌段,同时也是本路段的隧道集中区。山上植被茂盛,山前、山间谷地多为旱地、农田,主要种植水稻等农作物。

测区属亚热带季风气候区,春暖雨绵,夏暑酷热;秋明气爽,冬少冰霜。气温 2 月最低,平均气温在 6℃ 以下,最低气温在 -1℃ 左右。夏季平均气温 27.6℃,7、8 月最热,最高气温 36.6~38.8℃。春季时冷时热,气温变化较大。秋季气候宜人,晴天多。年平均温度差为 18~21℃,年平均气温为 19℃。

本区雨量甚为丰富,年降雨量1100~1800mm。降雨量随季节变化,春季为雨季,占全年雨量80%,其中4、5月份最多,降雨量大于150~755mm,占全年雨量30%~50%;11月雨量最少。年降雨日70~199d。气温、雨量随地形而异,山区雨多雾大,气温较低,冬季有冰冻及霎时冰雹出现,雨量及降雨日也偏多。风向、风力随季节变化,受冬夏季风影响,冬季吹西北风,春季吹东南风或南风。风力以冬季为最大。

(五)投资规模

(1)交通部批准本项目初步设计总概算为27.63亿元(含建设期贷款利息1.73亿元)。项目建设总工期三年,工程已于2003年11月20日正式开工建设,于2006年12月28日建成通车。

(2)前期决策情况:包括项目前期决策的主要背景、决策过程等情况。

根据广西壮族自治区"十五"公路建设计划,广西交通厅于2000年8月25日以交计划函(2000)736号《关于委托编制梧州至桂林公路工程可行性研究报告的函》委托广西交通规划勘察设计研究院编制梧州至桂林公路工程可行性研究报告。根据国家重点干线公路布局规划,2000年11月28日广西壮族自治区交通厅以便函将《关于更改梧州至桂林公路项目名称的函》发至设计单位,项目名称改为桂林至梧州公路,2001年3月设计单位完成了该报告的编制工作。随着国家西部大开发战略的实施和贺州地区经济的发展,广西壮族自治区交通厅决定加快桂林至梧州公路平乐(二塘)至贺州段的建设,于2001年11月9日以交计划(2001)1034号《关于委托编制梧州至桂林公路平乐(二塘)至贺州段工程可行性研究报告的函》委托设计单位开展该项目工程可行性研究工作。根据广西壮族自治区交通厅计划处《关于更改桂林至梧州公路平乐(二塘)至贺州段项目名称的函》,将项目名称改为梧州至桂林公路平乐(二塘)至钟山(同古)段工程可行性研究,设计院于2001年12月20日完成了本项目工可报告。

(3)参建单位主要情况:包括总体建设、设计、施工、监理单位情况。

2002年2月,广西壮族自治区交通厅以交基建函〔2002〕号237文明确了广西壮族自治区交通基建管理局为桂林至梧州公路平乐至钟山段工程建设的项目法人,负责管理本工程项目的建设。在具体实施管理中,为明确分工及工作职责,建设办公室下设合约部、财务处、行政处、协调处。为便于开展工程建设的征地拆迁和对项目建设外部的社会综合协调工作,沿线各乡镇设协调小组,协助征迁办管理本乡镇范围内的征地拆迁工作和社会协调任务。

为发挥党组织的政治核心作用,围绕高速公路建设开展党建工作,保证与监督党和国家各项方针政策的贯彻执行,确保工程建设任务的顺利完成,上级党组织在本项目建设中设立党的临时党委。临时党委和所属各支部根据《党章》规定,认真执行《党章》八项基本任务,并对上级党委负责。临时党委还兼管本项目建设中的党的纪律检查工作。组织机构主要组成部门详见图8-18-1。

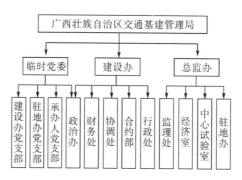

图8-18-1 组织机构图

本项目建设单位由广西壮族自治区交通基建管理局组建的桂林至梧州公路平乐至钟山段建设办公室负责。

设计单位由根据广西壮族自治区交通基建管理局委托广西壮族自治区交通规划勘察设计研究院负责,其中全线机电和交通安全设施工程由中国公路工程咨询总公司负责。

施工监理组织机构按两级直线——职能式设置,即设桂林至梧州公路平乐至钟山段工程建设总监理工程师办公室(简称平钟总监办)和高级驻地监理工程师办公室(简称驻地办)两级监理组织负责全线的监理工作。总监办下设监理处、计量经济室、中心试验室。5个驻地办(1~4驻地办和机电监理驻地办)及1个监理组(No. HL1监理组)。

全线主要的施工合同段为路基、桥涵工程13个合同段,路面工程4个合同段,交通工程10个合同段,房建工程3个合同段及机电工程3个合同段。

二、建设情况

(一)项目准备阶段

平乐至钟山公路项目严格执行基本建设程序,主要基本建设程序审批情况详见表8-18-2。

平乐至钟山公路立项审批情况一览表　　　　表8-18-2

序号	建设程序	审批单位	批复文件名称	批复文号
1	项目环境影响	广西壮族自治区环保厅	关于桂林至梧州公路平乐(二塘)至钟山(同古)段环境影响报告书的批复	桂环管字〔2003〕23号
2	建设用地审批	广西壮族自治区国土资源厅	关于平乐至钟山公路工程建设用地的批复	桂国土资规〔2002〕39号

第八章 高速公路项目建设

续上表

序号	建设程序	审批单位	批复文件名称	批复文号
3	水土保持方案批复	广西壮族自治区水利厅	关于桂林至梧州公路平乐(二塘)至钟山(同古)段水土保持方案审批的函	桂水水保〔2003〕12号
4	项目可行性研究	交通部	关于平乐至钟山公路可行性研究报告的批复	交规划发〔2002〕351号
5	初步设计批复	交通部	关于平乐至钟山公路初步设计的批复	交公路发〔2003〕188号
6	施工图设计批复	广西壮族自治区交通厅	关于平乐至钟山公路两阶段施工图设计的批复	交基建函〔2003〕856号
7	开工报告审批	交通部		
8	工程质量监督手续	广西交通质量监督站	关于下达桂林至梧州高速公路平乐至钟山段公路工程质量监督通知书的通知	交质监督〔2004〕10号

(二)建设资金来源

交通部批准本项目初步设计总概算为27.63亿元(含建设期贷款利息1.73亿元)。批复建设资金来源为:车购税交通专项资金4.48亿元,国家开发银行贷款17.7亿元,中国工商银行贷款1.5亿元。

(三)组织机构及管理模式

2002年2月,广西壮族自治区交通厅以交基建函〔2002〕号237文明确了广西壮族自治区交通基建管理局为桂林至梧州公路平乐至钟山段工程建设的项目法人,负责管理本工程项目的建设。本项目采用二级监理体制,经过招标组建了总监理工程师办公室和4个驻地高级监理工程师办公室。

(四)项目招标

本项目建设严格执行《中华人民共和国公路法》《中华人民共和国招标投标法》《中华人民共和国合同法》以及交通部《公路建设市场管理办法》和《公路建设四项制度实施办法》等各项法律、法规,通过公开招标择优选定各设计单位、监理咨询单位、工程施工单位,工程建设用招标采购材料供应商。在各次招投标活动中,业主的资格预审文件、招标文件均获得广西壮族自治区交通厅的批复,招投标各方行为守法规范,均能做到"公开、公平、公正、诚信",广西壮族自治区交通厅对招标全过程进行监督,开标时由南宁市公证处进行公证,专家评标推荐,最后由业主定标并经区交通厅公示和批复。通过招标共择优选定3个设计单位、1个总监理单位、5个驻地监理单位、39合同段的施工单位及11个招标采购材料的供应商,各中标单位分路基工程合同段,路面工程合同段及交通安全设施、绿化、房建、机电工程合同段3部分,具体中标单位及合同情况详见表8-18-3～表8-18-6。

设 计 单 位 表   表8-18-3

序 号	设计单位名称	设计资质	设计负责人	设计里程及内容
1	广西壮族自治区交通规划勘察设计研究院	甲级	林文岩	全线土建、路面、房建工程
2	广西壮族自治区交通研究院	甲级	罗洁	全线绿化工程
3	中国公路工程咨询总公司	甲级	汤春文	全线机电和交通安全设施工程

监 理 单 位 表   表8-18-4

监理办	监理单位	资质等级	总监/高监	监理里程、内容
总监办	广西桂通公路工程监理咨询有限责任公司	公路工程甲级	黄敏、王瑞雄	全线路基、路面、绿化、房建、交通安全设施工程及机电工程
第一驻地办	海南交通工程监理公司	公路工程甲级	姚森、高恒贤	主线K108+000～K138+400共30.4km,路基、路面、绿化、房建和交通安全设施工程
第二驻地办	广西八桂工程监理咨询有限公司	公路工程甲级	严尔全、黄显安	主线K138+400～K165+365共26.9km,路基、路面、绿化、房建工程
第三驻地办	广西桂通公路工程监理咨询有限责任公司	公路工程甲级	李惠远、杨美莲	贺州连线K0+000～K19+233和钟山连线K0+000～K16+501共35.7km,路基、路面、绿化、房建和交通安全设施工程
第四驻地办	重庆育才工程监理咨询有限公司	公路工程甲级	唐亮	贺州支线K19+233～K30+500和贺州连线K0+000～K4+600共16km,路基、路面、绿化工程
机电驻地办	中国公路工程总公司	公路工程甲级	庞俊明	全线机电工程

施 工 单 位 表   表8-18-5

合同段	施工单位	资质等级	项目经理	项目总工	施工里程、内容
No.1	福建路桥建设有限公司	总承包壹级	张利人	何志毅	主线路基、桥涵、支挡工程K108+000～K119+100
No.2	广西壮族自治区公路桥梁工程总公司	总承包特级	王泽能	蒋玮	主线路基、桥涵、支挡工程K119+100～K127+177
No.3	中铁二局股份有限公司	总承包壹级	林远义	叶应高	主线路基、桥涵、支挡、隧道工程K127+177～K138+400
No.4	四川武通路桥工程局	总承包壹级	吴生炳	许发灿	主线路基、桥涵、支挡、隧道工程K138+400～K148+800

第八章
高速公路项目建设

续上表

合同段	施 工 单 位	资质等级	项目经理	项目总工	施工里程、内容
No.5	中铁十一局集团第二工程有限公司	总承包壹级	许云跃	陈红兵	主线路基、桥涵、支挡、隧道工程 K148+800~K156+000
No.6	湖南军信公路桥梁建设有限公司	总承包壹级	宋建华	伍光祥	主线路基、桥涵、支挡工程 K156+000~K165+365
No.7	广西壮族自治区公路桥梁工程总公司	总承包特级	周小喜	袁祖光	支线路基、桥涵、支挡工程 K0+000~K6+850
No.8	广西壮族自治区公路桥梁工程总公司	总承包特级	黄海权	潘伟宏	支线路基、桥涵、支挡工程 K6+850~K19+233
No.9	中铁十二局集团有限公司	总承包壹级	吴坤	剧仲林	支线路基、桥涵、支挡、隧道工程 K19+233~K22+470
No.10	中铁隧道局集团有限公司	总承包壹级	系正兵	王延民	支线路基、桥涵、支挡、隧道工程 K22+470~K25+974
No.11	广西壮族自治区公路桥梁工程总公司	总承包特级	廖林	陆军	支线、贺州连线路基、桥涵、支挡工程 K22+470~K25+974
No.12	广西高速公路集团有限责任公司	总承包贰级	陈全	黄志春	钟山连线路基、桥涵、支挡工程 K0+000~K16+501
No.HL1	广西壮族自治区公路桥梁工程总公司	总承包特级	杨东梅	石宝山	贺州连线路基、桥涵、支挡工程 K4+000~K6+007
No.A	广西壮族自治区公路桥梁工程总公司	总承包特级	李美林	黎继国	主线路面工程 K108+000~K138+4000
No.B	路桥华东工程有限公司	总承包壹级	王平	吕文恩	主线路面工程 K138+400~K165+365
No.C	广西壮族自治区公路桥梁工程总公司	总承包特级	劳家荣	何克扬	支线、钟山连线路面工程 K0+000~K19+233、K0+000~K16+501
No.D	东盟营造工程有限公司	总承包壹级	孙青	巩涛	支线、贺州连线路面工程 K19+233~K30+500、K0+000~K4+600
No.PF1	四川省第十三建筑有限公司	总承包壹级	何德文	曾光全	二塘、英家、同安匝道收费站及水口冲隧道监控站
No.PF2	桂林中核建筑安装工程有限责任公司	总承包贰级	宋务民	王志中	同古服务区
No.PF3	广西壮族自治区冶金建设公司	总承包壹级	薛锦坤	戴敏	回龙、贺州匝道收费站及木冲隧道监控站
No.JG1	潍坊恒建交通工程有限公司	交通工程专业承包	邱清永	苑芳圻	主线钢筋护栏 K108+000~K138+400

续上表

合同段	施工单位	资质等级	项目经理	项目总工	施工里程、内容
No. JG2	贵州省交通工程有限公司	交通工程专业承包	封宁	陶平	主线钢护栏 K138+400～K165+365 钟山连线钢护栏
No. JG3	茂名市公路建设有限公司	交通工程专业承包	张如开	陈荣良	支线全线、贺州连线钢护栏
No. JZ1	广西劲达交通工程有限责任公司	交通工程专业承包	程苏莎	葛义林	主线全线标志、轮廓标
No. JZ2	广西弘路交通附属工程有限公司	交通工程专业承包	鞠武	梁兵	支线全线、贺州连线、钟山连线标志、轮廓标
No. JX1	北京汉威达交通运输设备有限公司	交通工程专业承包	尤良春	雷起发	主线全线标线
No. JX2	广西劲达交通工程有限责任公司	交通工程专业承包	陈玉龙	李建军	支线全线、贺州连线、钟山连线标线
No. JS1	盐城金阳交通设施有限公司	交通工程专业承包	王其静	徐新章	主线隔离栅、防落网 K108+000～138+400
No. JS2	山西长达交通设施有限公司	交通工程专业承包	申维忠	王晋歧	主线隔离栅、防落网 K138+400～K165+365
No. JS3	连云港云路交通设施厂	交通工程专业承包	增令高	韦全余	支线全线隔离栅、防落网
No. PLH1	南宁杏林景观工程有限责任公司	贰级	梁乃铿	韦凤翔	主线绿化 K108+000～K122+570.4
No. PLH2	柳州市振兴园林绿化工程有限公司	贰级	周祥	韦东明	主线绿化 K122+570.4～K138+400
No. PLH3	南宁市国丽园林绿化工程有限公司	贰级	马金满	龙定建	主线绿化 K138+400～K150+822.5
No. PLH4	柳州市新科园林发展有限公司	贰级	邓耘	傅建华	主线绿化 K150+822.5～K165+365
No. PLH5	南宁市绿美园林工程有限责任公司	贰级	韦凤翔	贾宝环	支线绿化 K0+000～K19+232.755；钟山连线绿化 K0+000～K16+517
No. PLH6	广西北流市益大园林工程有限公司	贰级	陈付刚	罗绍全	支线绿化 K19+232.755～K30+500；贺州连线绿化 K0+000～K6+007

续上表

合同段	施工单位	资质等级	项目经理	项目总工	施工里程、内容
No.JD1	中铁电气化局集团有限公司	总承包特级	徐建平	史卫平	主线隧道机电工程 K137+860~K139+250、K154+720~K155+270
No.JD2	中铁十二局集团电气化工程有限公司	总承包特级	李保国	刘霁	支线隧道机电工程 K20+650~K24+325
No.JD3	北京公科飞达交通工程发展有限公司	交通工程专业承包	许凤龙	庄晓实	除隧道外全线机电工程

征地拆迁情况统计表　　　　表8-18-6

阶段	征地拆迁安置起止时间	征用土地（亩）	拆迁房屋（m²）	支付补偿费用（元）	备注
一期	2003.11~2006.12	11428.9	139002.5	308630667.13	

（五）征地拆迁

本项目在建设实施中，严格执行"十分珍惜、合理利用土地和切实保护耕地"的基本国策，使用土地严格执行国家的法律、法规，各项手续齐全。本项目采用先结算后支付新模式，通过统一征地拆迁工作程序，实行征地拆迁补偿资金分账户管理、先结算后支付、补偿资金支付"实名制"、补偿资金银行—银行—存折模式运行并定期回访检查等整套办法。从建设办拨付征地拆迁补偿费起即明确每一分钱的受益人，及时、足额、安全地将补偿费支付到农户手中，力图从制度和操作程序上保证征地拆迁补偿资金专款专用，尽可能避免和制止挪用、截留、贪污等违法犯罪现象的发生，保障建设资金安全，保护农户的合法权益。

1. 征用土地批复情况

2002年，广西壮族自治区国土资源厅以桂国土资规〔2002〕39号文件《关于平乐至钟山公路工程建设用地的批复》批准项目建设用地方案。

2003年，国土资源部以广西壮族自治区国土资源厅函〔2003〕361号文件《对平钟路控制工期单体工程先行用地的批复》批准本项目先行用地方案。

2005年7月14日，国土资源部以国土资函〔2005〕514号文件《关于平乐至钟山公路工程建设用地的批复》批复项目建设用地。

2. 征地拆迁机构

根据《自治区人民政府批转自治区计委等部门关于广西壮族自治区基础设施重大项目建设用地征地拆迁暂行办法的通知》（桂政发〔2000〕39号）规定，贺州市、钟山县、平乐县政府成立平乐至钟山公路征地拆迁办公室(下简称征迁办),负责公路征迁的各项目具体工作。项目法人通过协议方式委托征迁办完成平钟路全线征地、拆迁工作。

3. 执行标准

根据上级决定,本工程项目建设对所征用土地的补偿标准及补偿操作程序,均严格执行广西壮族自治区人民政府桂政发〔2000〕39号、桂计法规〔2002〕274号、平乐县政府平政发(2003)46号、钟山县政府钟政发(2003)56号及贺州市政府贺政发(2003)54号文件的有关规定,及时足额兑现征地拆迁款。工程建设中实行统一的征地拆迁补偿标准。

4. 征地拆迁工程量

总计征用永久性征地11428.9亩,征用工程施工临时用地5428.4亩。总计拆迁各类房屋139002.5m^2。具体情况见表8-18-6。

通过支付模式的创新,平钟路征地拆迁管理工作取得了显著的成效,成为平钟路工程建设的一大亮点,并在广西壮族自治区基建管理局新开工项目和部分BOT项目上推广。

三、项目实施阶段

平钟公路项目坚持"以人为本"的和谐管理理念,以"优质、生态、安全、廉洁、和谐"的建设方针为指导,坚持"进度按时均衡、质量零缺陷、安全零事故、投资不超概、绿化环保、管理和谐"的建设总目标不动摇。努力将平钟路建成"行车舒适,线形、景观与环境协调,隧道干燥、安全"的精品路、生态路。

平钟公路地处平原孤峰区,沿线自然景观优美,植被茂盛,为此平钟公路设计和施工中充分体现了自然性和服务社会性的原则,减少大开挖,合理设置桥梁隧道,避免深挖高填,在过水田地段设置半路堤式挡墙,减少占用耕地,在施工中尽量选用荒地作为取、弃土场,对部分取土困难的地方采用借石填方,减少占地。考虑到沿线风光优美,结合当地的情况,项目对全线的上下边坡,包括石质边坡都采取了绿化措施,使公路与沿线自然景观协调,同时种植多品种的乔木、灌木,不设置过多或过高的树木,使视线通透。

本项目在工程建设过程中,严格执行各项工程建设资金管理制度,不断探索建设资金管理新办法,确保工程建设资金专款专用,保障工程建设的顺利进行。

(一)重大决策

(1)针对全线岩溶地区不同地质、水文条件下隧道施工难度大,质量控制变化因素多,尤其是木冲隧道(单洞长3670m),为广西最长公路隧道,制订科学施工方案,运用新奥法原则,根据不同围岩和洞口条件采用不同进洞方案、开挖方案及支护方案,爆破采用光面爆破技术,塑料导管非电起爆系统,毫秒微差起爆,初期支护采用超前径向注浆锚杆(或小导管),型钢支架、钢格栅及挂网湿喷等施工技术,并对围岩进行超前地质预报和监控量测,做到动态设计、施工,有效处理和防止塌方,使隧道施工顺利贯通和质量得到保证,目前隧道安全、干燥、路面平整。

(2)对填石路堤材料及施工工艺严格控制,通过冲击夯实和采用级配碎石顶面找平,使路基稳定密实,另外采用骨架培土或灌缝植草,使得边坡得到绿化,效果美观。

(3)补充明确了沥青混凝土路面的技术要求和设备要求,提高了材料标准、工艺标准和设备能力要求,很好地解决了路面施工接缝和平整度问题,路面施工起步台阶高,取得了质量均衡、稳定的效果。

(4)对土建工程第1合同段岩石高边坡采取了挂网客土喷播技术,恢复了生态和植被,提升了美观效果。

(二)主要设计变更情况

本项目由于地质情况较复杂、设计深度不足等原因,隧道工程复杂,工程变更较多,主要变更情况如下。

(1)取消寨仔头连拱隧道,改为明挖:开挖仰坡发现围岩内有洞隙,洞口露在山腰,山洞很大很深,贯穿山体,据估计山洞底已超过路基设计高程,在开挖及衬砌时可能会带来很大的麻烦,改为明挖。

(2)水冲口隧道进口加长:由于在开挖时山体产生大面积的滑移坍塌,破坏了原洞口的地形地貌,原设计的洞口位置不符合地形的要求,右洞加长10m,左洞加长7m。

(3)取消下岩隧道洞口棚洞:由于施工方面存在困难及对美观方面没有足够的改善作用,取消洞口棚洞设计,通过加长明洞,把左右洞的洞门设置在同一断面上,明洞加长约15m。

(4)增加钟山连线一座小桥:原设计为双孔盖板涵,距路线下游约20m处有一旧涵,只有一孔,宽约4m,在当地群众的强烈要求下改为2~10m小桥。

(5)增加K130+040分离式立交桥:根据当地群众的要求,同时为方便路两旁的居民通行和架设水管、水沟之用,在此增设一座分离式立交桥。

(6)增加粉喷桩处理软基:K130+700~K131+200、K131+520~K131+700段由于软基层比较厚,在探明软基厚度后采取粉喷桩处理。

(7)更改隧道路面结构:隧道内路面改用无砂大孔混凝土底基层和贫混凝土基层。

(8)由于地质原因,隧道施工中隧道支护的变更设计较多。

工程变更费用增加主要有以下几个部分:

(1)沿线挖方存在大量的高液限、高塑性指数、低CBR值土,原设计利用方不能满足路基填筑要求。为保证路基质量,这部分路堤填土全部另行借用符合规范要求的土或借石填筑,同时增加了运距。初步统计,此项变更增加计价土石方330万 m^3。变更涉及变更金额约3400万元。其中路基第11、第12合同段变更较大。

(2)软基处理:由于本项目地质复杂,出现了大量设计以外的软基处理,如换填等。另外,对于挖方路床土质不满足规范要求的,予以换填60～120cm厚95区土,并相应增加了运距。此项变更涉及变更金额约7600万元。

(3)隧道工程由于地质条件及围岩变化需要调整支护参数及处治不良地质。此项变更涉及金额约9100万元。

(4)边坡处理等地质灾害治理:由于沿线地质情况复杂,经过不少土夹石、高液限土、膨胀土等,路基的开挖和填筑破坏了原有的平衡,雨后造成滑坡、崩塌等病害;其他地质问题还有古滑坡治理、采空区等。本项目采取了放缓边坡、挂网锚喷混凝土及锚杆防护等技术措施处理。此项变更涉及变更金额约3500万元。

(5)为了保证路面质量,本项目对路面工程进行了优化设计,优化设计涉及路面结构层设计、路面排水、结构物面层补强即功能层等各方面。该项变更涉及变更金额3800万元。

(6)环保景观绿化工程。原绿化工程设计较粗糙,为提高公路环保和景观效果,本项目对全线景观绿化做了较大变更。变更范围涉及路基上边坡、中央分隔带、互通式立交景观、隧道进出口及洞顶优化设计等。此项变更涉及变更金额约1200万元。

(7)房建工程变更。由于房建工程设计深度不足,房建施工中出现了较大的工程变更。主要集中在房屋基础、主体形式及钢筋用量和装修方式及材料上。该项工程变更涉及变更金额约1300万元。

(8)其他工程变更,如设计工程量与原合同不符、桥梁及其他构造物桩基及细部变更、路基增设排水防护设施等,约涉及变更金额1200万元。

四、复杂技术工程

平钟公路有水冲口、下岩、木冲三座隧道,水冲口隧道左洞长1353m,右洞长1410m,下岩隧道左洞长550m,右洞长530m,木冲隧道左洞长3670m,右洞长3695m。水冲口及木冲隧道为平钟公路的控制工程,水冲口隧道浅埋、偏压,软弱围岩及经过水库等不良地质条件给进洞施工推进带来很大困难,木冲隧道溶洞、溶槽、流砂、涌水及断层等特殊路段施工更是施工及监理重点和难点。

针对全线岩溶地区不同地质、水文条件下隧道施工难度大，质量控制变化因素多，尤其是木冲隧道（单洞长3670m），为广西最长公路隧道，制订科学施工方案，运用新奥法原则，根据不同围岩和洞口条件采用不同进洞方案、开挖方案及支护方案，爆破采用光面爆破技术，塑料导管非电起爆系统，毫秒微差起爆，初期支护采用超前径向注浆锚杆（或小导管）、型钢支架、钢格栅及挂网湿喷等施工技术，并对围岩进行超前地质预报和监控量测，做到动态设计、施工，有效处理和防止塌方，使隧道施工顺利贯通和质量得到保证，目前隧道安全、干燥、路面平整。

（1）水冲口隧道第4合同段左右线在施工过程中由于土石分界以及裂隙水影响，在洞身开挖时均出现冒顶及洞内塌方现象，通过在地面回填混凝土防止地表水渗入，在洞内用管棚穿过塌方体，并对塌方体用小导管注浆加固等措施得到有效治理。

（2）水冲口出口左行线地表为沟槽浅埋段，当施工至掌子面PK138+940时出现洞内塌方及地表滑坡。通过洞内小导管注浆加固，超前支护加强，采用单侧壁导坑开挖及加大预留量，初期支护型钢加密及喷射混凝土加厚，地表沟槽增设浆砌片石截水沟等综合措施，取得了较好效果。

（3）水冲口进口水库段采用暗洞明做施工方案顺利通过。

（4）第9标木冲隧道左线ZK21+033开始进入F2大断层，根据实际条件通过地质预报，采取科学开挖方式及调整支护参数，主要采用管棚穿过塌方体，注浆加固围岩，加强超前支护，加强型钢初期支护；加大预留量，增加临时仰拱和锁脚锚杆以及引水等综合处治措施，使得左右线顺利通过200多米的大断层。

五、科技创新

（1）推广应用重型拖振式羊足碾碾压路基土石方以适应软岩、高液限土、陡坡高路堤及填石路基压实稳定的需要，提高了本项目路基压实质量。

（2）路基施工中对软基采用清淤和粉喷桩有效处理，对路基填料指标有效控制，对高液限土质采用借土或合理使用，采用承载比高的填料对路床进行换填，填挖交界采用了土工格栅逐个加固处理，路床强度高，弯沉小，对填石路堤或高填方路基采用冲击夯实使得路基稳定。

（3）桥涵结构物混凝土采用集中拌和工艺，混合料均匀性、结构强度得到保证，采用大块整体模板，混凝土外表光洁度和平整度得到控制。

（4）隧道喷射混凝土采用湿喷，二次衬砌混凝土采用整体模板台车和泵送混凝土，有效保证初喷及二次衬砌混凝土强度、厚度和平整度，排水采用环向盲沟和两布一膜等综合处治，确保隧道安全干燥。

（5）路面水泥稳定碎石底基层及基层强调了碎石分级生产及堆放，拌和能力、运输能力和采用两台摊铺机梯队摊铺工艺,强调了压实设备的配置等措施,质量均匀稳定,工艺水平和质量稳定性有了很大的提高。

(6)沥青路面施工强调拌和能力、运输能力、摊铺机及碾压设备配置,严格控制碎石材料均匀性、工艺操作规范性,重点控制碾压温度、接缝处理,有效保证了平整度、压实度和空隙率等指标。

(7)上边坡绿化使用并推广草灌混喷、点缀具有乡土物种的乔木进行绿化防护,实现公路边坡绿化较快恢复且与周边环境协调,并实现四季常绿的效果。

(8)全线机电工程设计较为先进,设施配置齐全,监控覆盖面广,并针对隧道供电照明采取了许多节能措施,如LVD无极灯的应用等。

(9)通过对多个课题的专项研究解决本项目技术难题,为工程提供了技术保障。

六、运营管理

(一)服务区设置

该路段共设置1对服务区:同古服务区。同古服务区于2011年9月获"三星级服务区"荣誉;2012年2月获广西壮族自治区交通运输厅"最佳服务区"荣誉;2012年9月获"三星级服务区"荣誉;2013年9月获"三星级服务区"荣誉;2014年10月获"三星级服务区"荣誉。

(二)收费站点设置

该路段共设置5个收费站:平乐二塘站、同安站、英家站、钟山站、贺州站。5个收费站共30条车道。具体如表8-18-7所示。

收费站点设置情况表　　　　　　　表8-18-7

站点名称	车道数(条)	收费方式
平乐二塘站	2进2出	半自动收费方式
同安站	2进2出	半自动收费方式
英家站	2进4出	半自动收费方式
钟山站	2进4出	半自动收费方式
贺州站	4进6出	半自动收费方式

(三)车流量发展状况

该路段日均车流量从2006年的2890辆增至2014年的7815辆,年平均增长率为13.24%。具体见表8-18-8、图8-18-2。

日均车流量增长情况表　　　　　　　表8-18-8

年份(年)	日均车流量(辆/d)	同比增长率(%)	年份(年)	日均车流量(辆/d)	同比增长率(%)
2006	2890	—	2012	5449	25.70
2007	2982	3.18	2013	6172	13.27
2008	3079	3.25	2014	7297	18.23
2009	3060	-0.62	2015	7328	0.42
2010	3260	6.55	2016	6611	-9.78
2011	4335	32.98			

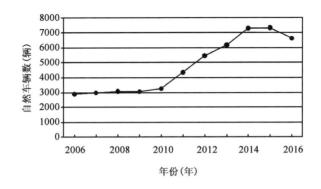

图8-18-2　平乐至钟山高速公路日均车流量发展趋势图

第十九节　坛洛至百色高速公路

一、项目概况

(一)基本情况

广西南宁(坛洛)至百色高速公路是国家规划建设的"五纵七横"国道主干线衡阳至昆明干线的重要组成部分,是我国贯通中西部地区的重要通道之一,也是云、贵、川等西部省份通往广西沿海港口,对接东盟和粤、港、澳最便捷的出海出边国际大通道,属于国家和广西壮族自治区重点工程。

项目起自南宁市西郊坛洛镇,接南宁至坛洛高速公路,经隆安县、平果县、田东县、田阳县、百色市右江区,终点接百色至罗村口高速公路。全长187.67km,同步建设互通立交连接线长约16km。主线南宁(坛洛)至田阳那坡段(161km),采用高速公路标准,设计速度120km/h,路基宽度28m,双向四车道;田阳那坡至百色六塘段(16km),采用高速公路标准,设计速度 100km/h,路基宽度 28m,双向四车道;百色六塘至百色右江区段(11km),采用高速公路标准,设计速度 80km/h,路基宽度 24.5m,双向四车道。连接线采用二级公路标准建设。全线桥涵设计车辆荷载采用汽车—超 20 级,挂车—120 级。全线采用沥青混凝土路面结构。南百高速公路于 2005 年 6 月 23 日正式开工建设,2007 年 12 月 28 日建成通车。

沿线经过地貌类型主要为侵蚀剥蚀低山丘陵、低丘岗埠、河流侵蚀堆积台地、岩溶峰林洼地地貌。山上植被发育,低丘山地区果树漫漫;岩溶残丘区灌木成林,杂草丛生;河流阶地、山前、山间谷地多为旱地、农田,主要种植水稻、甘蔗等农作物。

全线计价土石方 2596 万 m^3,有特大桥 1 座、大桥 34 座、中小桥 109 座;全线设置坛洛、那桐、小林、隆安、平果、平果铝、思林、田东、祥周、田阳、那坡、百色东(六塘)等 12 处互通式立交;设置坛洛、隆安、田东、百色 4 个服务区和小林、果化、祥周 3 个停车区。路面采用沥青混凝土路面结构,厚度 93.6cm。

(二)前期决策情况

国家发展和改革委员会《印发国家发展改革委关于审批衡阳至昆明国道主干线南宁(坛洛)至百色公路可行性研究报告的请示的通知》(发改交运〔2004〕1507 号),批复南宁(坛洛)至百色高速公路可行性研究报告。经国土资源部批准,广西壮族自治区国土资源厅以桂国土资规〔2004〕67 号文件批复了本项目用地预审。

(三)参建单位主要情况

广西壮族自治区基建管理局是广西高速公路建设项目法人单位,在本项目筹备阶段,负责项目地质灾害评估、文物调查、行洪论证委托,负责项目各项设计、监理、施工、材料、保险等招标工作,负责项目用地预审、项目建设用地报批,负责项目建设管理班子的组建,行使项目法人职责。在项目建设阶段,对工程建设中的进度、质量、安全、投资、廉政进行全方位的管理。

南百路项目建设办公室是基建局在项目建设现场的派出机构,2004 年 7 月经广西壮族自治区交通厅批准同意成立南宁(坛洛)至百色高速公路工程建设办公室,代表业主进行现场管理,行使业主的管理职责。建设办下设合约部、协调处、财务处、行政处、政治处 5 个职能部门。

(四)国际监理、总监办及驻地办

南百路国际监理、总监办及驻地办均通过招标组建。南宁(坛洛)至百色高速公路监理机构按二级监理机构,设置 1 个总监理工程师办公室和 7 个高级驻地监理工程师办公室。总监办设总监 1 名、副总监 6 名(其中外监 1 名),下设监理处、计量经济室、中心试验室 3 个职能处室。根据亚洲开发银行规定,经国际招标由合乐中国有限公司专家组成外籍专家组,参与项目的监理工作,专家组长为安德鲁斯·胡泊,外监组长同时任总监办副总监。

全线土建路基工程合同段 12 个,土建路面工程合同段 6 个、房建工程合同段 10 个,交通安全设施工程合同段 12 个,绿化工程合同段 12 个,机电工程合同段 1 个。

二、建设情况

(一)项目准备阶段

1. 项目立项审批情况

南百高速公路工程严格执行国家基建程序,项目的立项、报建、开工、交工等手续齐全。

2003 年 11 月 26 日,国家环境保护总局以《关于南宁(坛洛)至百色公路工程环境影响报告书审查意见的复函》(环审[2003]307 号)批复了项目环境评价报告。

2003 年 12 月,广西壮族自治区国土资源厅以《关于南宁(坛洛)至百色公路压矿情况的函》认定了项目建设用地范围内无查明的重要矿产资源。

地质灾害危险性评估于 2003 年 11 月底完成报告编制,2003 年 12 月通过了广西壮族自治区国土资源厅初步评审,于 2004 年 2 月通过了国土资源部的最终评审及批复。

2004 年 3 月 24 日,经国土资源部批准,广西壮族自治区国土资源厅以《关于南宁(坛洛)至百色公路建设用地预审意见的复函》(桂国土资规[2004]67 号)批复了项目用地预审。

2004 年 4 月 3 日,经国家文物局批准,广西壮族自治区文化厅以《关于南宁(坛洛)至百色高速公路文物保护问题的函》(桂文[2004]154 号)批复了项目的文物古迹保护措施。

2004 年 7 月 19 日,国家水利部以《关于南宁(坛洛)至百色公路水土保持方案的复函》(水函[2004]126 号)批复了本项目水土保持方案。

南宁(坛洛)至百色高速公路经国务院批准,国家发展和改革委员会于 2004 年 7 月以《印发国家发展改革委员会关于审批衡阳至昆明国道主干线南宁(坛洛)至百色公路可行性研究报告的请示的通知》(发改交运[2004]1507 号)批复了项目工程可行性研究报告。

2004 年 10 月 12 日,交通部以《关于衡阳至昆明国道主干线南宁(坛洛)至百色公路初步设计的批复》(交公路发[2004]563 号)批复了项目初步设计,批准概算总投资 51.5287 亿元。

2005年4月,广西壮族自治区审计厅对该项目进行了开工前审计,认为各项手续齐全,资金已落实,同意本项目开工。

2005年6月,广西壮族自治区交通厅以《关于南宁(坛洛)至百色高速公路两阶段施工图设计的批复》(交基建函〔2005〕487号)批复了项目施工图设计。

2005年6月,广西壮族自治区交通质量监督站以《关于下达南宁(坛洛)至百色高速公路工程质量监督计划的通知》(交质监督〔2005〕101号)批复了项目工程质量监督手续。

2006年2月,国土资源部以《关于南宁(坛洛)至百色高速公路建设用地的批复》(国土资函〔2006〕88号)批复了本项目建设用地手续。

经补报申请,2006年9月4日取得交通部施工许可批复。

项目大桥行洪论证报告于2007年9月通过了广西壮族自治区水利厅的评审。

2006年12月30日,委托广西工程防震研究院对南百高速公路隆安花周大桥工程场地进行地震安全性评价。

2007年12月24日,项目完成了工程交工质量检测工作,并取得广西壮族自治区交通工程质量监督站的交工验收意见。

2. 项目资金筹措情况

南百高速公路工程批准概算为515287.00万元人民币。其来源分别为:交通部车购税122200.00万元,国内银行贷款198875.00万元,国外银行贷款2亿美元,地方企业自筹48712.00万元,交通厅自筹资金2500.00万元,国债转贷资金8000.00万元。

3. 工程招投标情况

项目招投标工作严格贯彻《中华人民共和国招标投标法》,坚持公开、公平和公正的原则。采取国际或国内竞争性公开招标的方式,业主在"中国采购与招标网"和《中国交通报》上发布和刊登招标公告,同时,接收申请人的资格预审申请文件。招投标工作严格依据《中华人民共和国招标投标法》《亚洲开发银行采购指南》、商务部《机电产品国际招标投标实施办法》公开发布的招标文件及相应补遗或澄清文件的有关规定进行,并组成评标委员会进行评标工作。根据工程建设进度情况,先后开展了工程勘察设计、监理服务、路基工程、路面工程、交通安全设施工程、机电工程、房建服务设施工程、绿化工程、设备采购等招标工作,共招标94个合同段。

1) 工程勘察设计招标工作

工程勘察设计共招标7个合同段,采取国内竞争性公开招标方式,业主通过刊登资格预审公告发布招标信息,资格预审、评标由评标专家小组组织进行,评标结果报交通部及亚洲开发银行通过后定标。土建工程及交通工程评标专家组通过交通部专家库抽取专家组成,房建工程设计评标专家组通过广西壮族自治区交通厅专家库抽取专家组成,招投标工作严格依据《中华人民共和国招标投标法》及招标文件中载明的评标程序和办法进行。工程勘察设计分别由广西壮族自治区交通勘察设计院等3个设计单位中标。

2）工程施工监理招标工作

施工监理分国际咨询专家选聘及国内监理招标两部分，国际咨询专家的选聘由广西壮族自治区交通厅负责实施，采取国际竞争性公开招标方式进行，选聘工作严格按照《亚洲开发银行及其借款人聘用咨询专家指南》的规定进行，程序包括咨询专家的任务大纲编制、短名单的确定、招标文件的发售、评标细则的确定、技术评定及商务评审，上述各个环节均需要亚洲开发银行的事先批复。经亚洲开发银行最终批准，确定由合乐中国有限公司为本项目的国际咨询公司。国内监理招标，经广西壮族自治区交通厅批准，由广西壮族自治区交通基建管理局自行组织招标，国内监理采取国内竞争性公开招标方式，业主通过刊登资格预审公告发布招标信息，资格预审、评标由评标专家小组组织进行，评标结果报广西壮族自治区交通厅批复后定标。国内监理评标专家组通过广西壮族自治区交通厅专家库抽取专家组成，招投标工作严格依据《中华人民共和国招标投标法》及招标文件中载明的评标程序和办法进行。总监理工程师办公室由广西八桂咨询监理公司中标；7个高级驻地监理工程师办公室分别由北京中通公路桥梁工程咨询发展有限公司等6个单位中标。

3）土建、房建、交通安全设施、机电、绿化工程招标工作

项目土建路基工程12个标段及土建路面工程6个标段的招标，其中路基第11、第12标段采取国内竞争性公开招标，其余16个土建工程标段及机电工程标段均采取国际竞争性公开招标方式，土建工程招标代理为公开招标确定的中技国际招标公司，机电工程招标代理机构为中仪国际招标公司。招标代理机构按照亚洲开发银行采购指南的规定，在规定的新闻媒体上刊登资格预审公告发布招标信息，资格预审、评标由评标专家小组组织进行，评标结果报交通部及亚洲开发银行通过后定标。土建路基、路面工程招标及机电工程招标评标专家组通过交通部专家库抽取专家组成，招投标工作严格依据《中华人民共和国招标投标法》及招标文件中载明的评标程序和办法进行。

房建工程10个标段、交通安全设施工程12个标段、绿化工程12个标段分开三次招标，均采取国内竞争性公开招标方式，业主通过刊登资格预审公告发布招标信息，资格预审、评标由评标专家小组组织进行，评标结果报广西壮族自治区交通厅批复后定标。房建、交安、绿化工程评标专家组通过广西壮族自治区交通厅专家库抽取专家组成，招投标工作严格依据《中华人民共和国招标投标法》及招标文件中载明的评标程序和办法进行。

项目土建路基工程12个标段分别由中铁二十局集团公司等8个单位中标；土建路面工程6个标段分别由中交第二公路工程局有限公司等6个单位中标；房建工程10个标段分别由广西巨安建筑安装工程有限责任公司等9个单位中标；绿化工程12个标段分别由南宁市碧景园林工程有限责任公司等11个单位中标；交通安全设施工程12个标段分别

由辽宁省交通工程公司等12个单位中标。土建工程标段划分情况见表8-19-1。

标段划分情况表　　表8-19-1

标段号	标段所在地	工程内容及长度	施工单位
No.1	坛洛	20km 路基工程	中铁二十局集团有限公司
No.2	小林	23.46km 路基工程	龙建路桥建设股份有限公司
No.3	隆安	9.04km 路基工程	中铁二局第四工程有限公司
No.4	平果	12.446km 路基工程	福建路桥建设有限公司
No.5	平果	17km 路基工程	中国路桥集团华东工程有限公司
No.6	思林	14.51km 路基工程	广西壮族自治区路桥建设工程有限公司
No.7	思林	13.59km 路基工程	中国建筑第五工程局
No.8	田东	14.059km 路基工程	中港第二航务工程局
No.9～No.12	祥周、田阳、那坡、百色东	63.62km 路基工程	广西壮族自治区公路桥梁工程总公司
No.13	坛洛、小林	43.046km 路面工程	中交第二公路工程局有限公司
No.14	隆安、平果	21.946km 路面工程	中国路桥集团华东工程有限公司
No.15	平果、思林	31.51km 路面工程	中南市政建设集团股份有限公司
No.16	思林、田东	27.648km 路面工程	广西壮族自治区公路桥梁工程总公司
No.17	祥周、田阳	33.24km 路面工程	中铁十二局集团有限公司
No.18	那坡、百色东	30.88km 路面工程	广西壮族自治区路桥建设工程有限公司

4. 征地拆迁工作

本项目主线使用永久性土地共21332.65亩。其中水田5326.66亩、旱地（含甘蔗地）6512.54亩、菜地200.54亩、园地5957.77亩、鱼（藕）塘351.22亩、林地806.30亩、荒地及其他用地2177.98亩。征用工程临时用地共8778.44亩。拆迁住宅房屋总计66866.3m²。具体情况见表8-19-2。

征地拆迁情况统计表　　表8-19-2

征地拆迁安置起止时间	征用土地（亩）	拆迁房屋（m²）	支付补偿费用（元）	备注
一期	21332.65	66866.3	639065743.5	

本项目在征迁过程中严格执行国家有关征地拆迁补偿政策，同时加强对征地拆迁补偿费专款的使用管理和监控，完善有关管理制度，加大检查频率，确保征地拆迁补偿资金安全、高效使用，并督促分征迁办及时、足额地把征地拆迁补偿费兑付到被征地拆迁的群众手中，使群众理解与支持征地拆迁工作。

用创新的"田阳模式"来办理征地拆迁协调工作，这是南百高速公路工程在征地拆迁工作中创新的方式方法，因田阳县实施，故名为"田阳模式"。"田阳模式"有如下特点：

（1）县党委、县政府把南百路建设征地拆迁协调工作作为地方社会经济建设来抓，并作为地方的任务来完成，而不是当作额外的任务来对待。着力建章立制，县委给征地拆迁办配好班子，由县政法委书记和一位副县长挂帅并抽精兵强将组建征地拆迁办，行政效能较高。

（2）征地拆迁基本做到一次完整移交，使工程从开始之时就能整体施工，同时，正因为一次完整移交，建设中后期的征地拆迁量较少，则需要的人员和经费相对少，能够保证机构和人员的长时间的稳定和持续，中后期的协调和零星的征地拆迁得到充分保证。

（3）房屋拆迁采用换位思考的工作方法，全面考虑被拆迁户的意见和实际困难，考虑被拆迁户的利益，站在比被拆迁户更高更广的角度来谋划拆迁、重建、建成以后的生活、工作、发展等一系列问题，赢得了每个拆迁户的信任，取得了工作的主动性，在南百路被拆迁户最多的三处（96户、36户、24户）得到了当地群众的一致拥护，按新农村建设的标准建起了三处新农村住宅区。这三个住宅区，经百色市、全国人大代表和政协委员以及亚洲开发银行的代表明察暗访，得到一致赞赏。

（4）路系、水系的恢复和完善，采取从屯到村委，从镇政府到县政府各有关部门，再集中于县征地拆迁办，多层审核和沟通的方式，去掉不合理的成分，把合理的部分用书面材料反映到建设办，然后，建设、施工、监理、设计单位同屯、村、镇政府，县政府各相关部门、县征地拆迁办采用步行踏勘的办法，逐处逐项确定路系、水系的恢复和完善方案并共同监督实施，使得路系、水系得到较完整的恢复和完善，使沿线群众生活、生产、交通条件得到恢复升级改善，使群众、村委、乡镇县政府三方都比较满意，保障社会稳定和谐。

（5）县征地拆迁办的领导和工作人员密切同基层群众、干部联系和沟通，加强思想感情交流，加大公路法、治安处罚法的宣传力度，使群众和村屯乡镇干部都能遵纪守法，避免了恶性案件、突发事件的发生，使工程顺利进行。

"田阳模式"在南百路建设中发挥了积极的作用，它使建设者集中精力搞建设，又能借东风发展地方社会经济。在此模式下，沿线群众感到满意，参建各方感到舒心。

（二）项目实施阶段

1. 建设实施过程中的重大决策、重大事件

1）抓好亮点工程，树典型，立榜样，及时推广普及

从工程一开始，项目就提出样板引路的要求，通过劳动竞赛的办法进行推广，实行首件工程认可制。通过采取这些方法管理，路基平整度、压实度控制得比较好，结构物混凝土外观质量美观，这些都是本工程的亮点。

2）敢动真格，狠抓质量问题，达到震慑全线的作用

在工程施工中，对于出现的质量问题，敢动真格，特别是较大的质量问题，及时召开现场会，该返工就要返工，该停工就停工。让劣质工程制造者、管理者无话可说，无地自容，

自觉改正,重树形象,既教育别人,又震动全线。这是项目管理中的狠招,用得准、快、广、严,效果非常好。

3) 搞好服务,抓好季节性适应性施工,创造效益,确保质量

在广西进行公路工程施工,要有一个适应性施工季节,主要是旱季。广西旱季一般天高气爽,长时间无雨,是施工企业获取效益的最好时机,也是施工质量最有保障的季节。为做好旱季施工工作,首先做好旱季施工计划,做好各分项工程旱季施工计划,对人员、机械、材料做好计划安排,并下达计划;增加监理人员,加强巡视检查,确保不因检查验收而影响施工进度。

4) 本项目根据以往高速公路建设的管理经验,对于管理环节较薄弱的征迁补偿费改变了支付办法,并制订了相应的《南宁(坛洛)至百色高速公路工程建设征地拆迁协调办公室财务管理和会计核算暂行办法》。一是对全线采用的征迁现场记录表和补偿协议书进行了统一、规范,一份协议书对所有的征迁补偿费进行了归集,改变了以前各种费用签订不同的协议及上报时间不同步的局面。二是改变了以前用预支款结算的方式,现所有的征迁费兑付均采用上报结算征迁资料并同步结算支付方式,不再借支预付款。三是对征地拆迁专款和征地拆迁经费均设立专户,不得调剂使用,并按要求将征地拆迁款直接到被征迁单位或个人手中。另外,对征迁款的流向进行不定期的回访,深入到农户或被征迁户,确保征迁补偿款落到实处,被征迁农户都能拿到征迁补偿款。通过支付模式的创新和在实践中摸索的经验,建设办在征迁款兑付方面取得了一定的成功。

2. 工程变更情况

南百路各项设计总体而言比较合理,出现较大的设计变更不多,主要有 K70+500～K72+300 段、K72+300～K77+400 段的纵坡调整,K120+344～K120+543.5 路肩挡墙变更为连续预应力混凝土箱梁桥等。

1) 平果铝互通立交(K70+500～K72+300 段)变更设计

南宁(坛洛)至百色高速公路平果铝互通立交(K70+500～K72+300 段),地形开阔、平缓,所经地段大多为农田、水塘、乱石荒地等,属于岩溶区,石牙、石笋发育,石牙、石笋低平,露出地面一般为 0.5～1.0m,石牙、石笋间充填物表层为黑色腐殖土,厚度平均 0.5～1.5m。地下水十分丰富,施工开挖后发现地下水位较高,一般地表下 0.5～1.0m 即为地下水位,而且由于地势平缓,排水不畅,极易积水形成水塘,原设计 K71+300～K72+300 段填土 2.36～1.25m,最小 0.32m,地下水及毛细水易泡软路基(96区)及路面基层,降低结构强度,易导致路面的破坏。同时该段石牙、石笋石质坚硬,路床开挖困难。

通过对该路段地形、地质、水文情况综合分析,根据现场施工实际情况,总监办提出了抬高路基方案。2005 年 12 月 25 日总监办行文《关于请求尽快调整 K71+500～K72+500 纵坡设计方案的报告》(南百监报〔2005〕299 号)报建设办,并由建设办报广西壮族自

治区交通厅。广西壮族自治区交通规划勘察设计研究院根据广西壮族自治区交通厅批复及建设办、总监办意见对平果铝互通立交主线 K70+500~K72+300 段及匝道进行纵坡调整修改设计，并对互通立交范围内所有路基、排水防护及桥梁涵洞等进行修改设计。

2）K72+300~K77+400 段设计变更

南宁（坛洛）至百色高速公路 K72+300~K77+400 段，地形开阔、平缓。其中 K72+300~K72+900 段所经地段大多为农田、水塘、乱石荒地等，属于岩溶区，石牙、石笋发育，石牙、石笋低平，露出地面一般为 0.5~1.0m，石牙、石笋间充填物表层为黑色腐殖土，厚度平均 0.5~1.5m。地下水十分丰富，施工开挖后发现地下水位较高，一般地表下 0.5~1.0m 即为地下水位，而且由于地势平缓，排水不畅，极易积水。

该段原设计路基采用初步设计批复的低路堤方案，施工过程中发现石芽、石笋清炸困难，而且地下水位较高，影响路基、路面结构强度。

总监办提出了抬高路基的方案。2005 年 8 月 23 日，总监办行文《关于对 K110+700 段改沟变更为过水隧道等几个问题的意见》（南百监报〔2005〕110 号）报建设办并由建设办报广西壮族自治区交通厅。广西壮族自治区交通规划勘察设计研究院根据广西壮族自治区交通厅批复及建设办、总监办意见对 K72+300~K77+400 段进行纵坡调整，以及该路段内所有路基、排水防护及桥梁涵洞等修改设计。

3）K120+344~K120+543.5 路肩挡墙变更为连续预应力混凝土箱梁桥

施工时总监办、驻地办、承包人发现按原设计浆砌片石路肩挡墙施工存在如下问题：①主线浆砌片石路肩挡墙施工基础埋置深 6~9m，基底较宽，对原有山坡开挖大，施工期间降低山体稳定，存在安全隐患，同时大面积削坡对植被影响大，恢复周期较长。钻探资料显示该段部分覆盖层厚达 6m，通过改变墙身截面形式，减少基础尺寸，地基承载力无法满足设计要求。②主线浆砌片石路肩挡墙占用田东至天等三级公路，该路为田东通往天等的唯一道路，交通流量大。修主线挡墙要先改路，改路仅能布在主线右侧江岸边，岸坡陡峭且多覆盖有旧路废弃土，改路外侧坡脚需设置挡墙，改路施工难度大、工期长；改路改好后方能进行主线浆砌片石路肩挡墙的施工，主线挡墙浆砌片石施工数量大，施工场地狭小，容易中断交通，工期也较长，无法满足进度的要求。③主线浆砌片石路肩挡墙占用当地重要水利渠，该渠常年流水，修主线挡墙要将先将渠迁移到改路外侧，该侧为右江陡岸，地质情况复杂，不可预见因素较多，改造困难，日后维护难度大。

经总监办、驻地办、承包人会同设计方多次现场调查认为应修改设计，决定采用桥梁跨越的方案。广西壮族自治区交通勘察设计研究院对现场调查测量，进一步研究并多方征求意见将 K120+344~K120+543.5 路段变更为左幅 4 孔 20m、右幅 9 孔 20m 先简支后连续预应力混凝土箱梁跨越，墩身采用独柱墩。该方案避免改路，少量改渠，对环境破坏小，工期易于控制，景观效果好。

三、复杂技术工程

(一)红黏土路段

第1合同段和第2合同段存在大量的红黏土,原设计为部分废弃、部分改良。设计为康耐改良利用140万 m^3 红黏土,总监办对康耐改良进行了专题研究,从试验数据考察康耐改良的效果,发现康耐改良对红黏土的CBR值、液限、塑性指数提高不明显,甚至难以提高,建设办和总监办通过技术和经济两方面比较,果断决定取消康耐改良红黏土方案,改为弃土借土填方,确保工程质量。

考虑广西大量存在红黏土的实际情况,为以后的工程积累经验,项目开展了有条件利用红黏土的研究,并得到了广西壮族自治区交通厅的批复。K23+000~K28+000修筑了有条件利用红黏土的试验段,在93区采用红黏土包芯利用,每层红黏土进行包边封闭,包边宽度为3m,红黏土与包边好土同时碾压,每填三层红黏土,填一层好土进行封闭,从施工情况看,有条件利用红黏土是可行的,使用效果有待经受时间和行车的考验。

(二)岩溶路段

第5合同段从K65+000~K81+000段为连续的岩溶地形,原设计为清表后填土,经总监办、业主及聘请专家对现场进行考察、分析,认为原设计方案存在严重的质量隐患,借鉴广西其他项目岩溶路基处理的经验,经与设计单位进一步的研究,采用了片石、碎石混合料回填厚40cm,用冲击压路机进行冲击碾压方法处理岩溶路基的方案:①通过冲击使岩溶路基的土石缝嵌挤密实减少和消除路基工后的不均匀沉降;②冲击过程中发现溶洞处理掉消除坍塌隐患;③把小溶洞及裂隙水引出路基外消除水毁隐患,再在片碎石顶层铺土工布后,进行填土施工。从历年雨季来看,采取的处理措施是合理有效的。

(三)膨胀土路段

第7和第12合同段存在大量的中、强膨胀土,设计采用了大部分废弃、部分利用的处理方案,边坡防护采用拱形骨架防护、锚杆格梁防护和挡土墙防护的方案。总监办与建设办对以往工程实例进行充分的研究比较,决定对中、强膨胀土全部进行废弃处理以确保路基质量;对膨胀土边坡防护,借鉴区内其他项目对膨胀土边坡防护的经验,吸取国内的最新研究成果,并邀请专家和总监办与建设办的工程技术人员、设计代表、设计单位的专家一起,对边坡防护进行了逐个论证,对原设计进行了逐个调整。调整后的边坡防护主要有三种方案:部分采用柔性挡土墙防护方案,较矮膨胀的土边坡采用防水土工布覆盖加拱形骨架加小挡墙防护方案,对膨胀泥岩边坡采用格梁锚杆防护等综合处理措施,使得防护更贴近实际,更趋于合理。

(四)跨右江的大桥的质量状况

全线跨右江的大桥有:镇流右江大桥、金鸡滩大桥、百峰右江大桥、右江江坝特大桥、思林连线右江大桥、田东连线那福右江大桥、田阳连线右江大桥,经过验收检验均达到合格标准,同时通过了第三方进行的荷载试验检验。

(五)复合路面路段

根据设计,本项目在 K0+000~K12+600 路段采用复合路面(黑加白和白加黑),采用在原广西高速公路经典的路面结构形式混凝土路面上罩面 4~6cm 沥青混凝土和在混凝土面层底下加铺应力吸收层两种形式,同时混凝土层加厚和采用在板块间用传力杆连接,增加板块间连接的强度。

(六)路面材料质量控制

本项目的路面碎石全部采用三级堆放形式,采用拌和搂拌和施工,底基层的施工也是如此,保证了路面底基层的施工质量,确保迅速成型,保证了进度。

四、科技创新

(1)全线混凝土结构物施工采用混凝土集中拌和、灌车运输混凝土到施工现场,混凝土质量好,配合比稳定;见光部分全部采用大面积钢模板施工,使结构物外观平整、光洁度好。

(2)路面垫层材料分级堆放,全部采用大型拌和机拌和、摊铺机摊铺,质量好,进度快。在广西高速公路建设中是第一次采用,是将来路面施工值得推广的施工方法。

(3)沥青路面下面层采用集料密实型级配,大大加强了沥青面层的强度,提高了沥青面层的质量。该技术是首次在广西使用。

(4)在深层软土中首次使用高强度预应力钢筋混凝土管桩成功处理软基,如 K130+060~K130+360 段软土处理,该段软土深达 12m 多,经测算,采用该办法处理该段软土比其他方法节省投资,而且质量比较有保证。

(5)在 50 万伏高压线下路基石方控制爆破施工有可行性方案,如 K58+500~K61+300 段路基石方爆破。

(6)膨胀土和膨胀泥岩的边坡防护采用柔性防护和格梁锚杆防护处理,确保了边坡的稳定,如 K92+000~K110+000、K175+000~K189+800,处理过的膨胀土边坡经过两个雨季的考验,没有再滑塌的现象,证明技术是成功的。

五、运营管理

(一)服务区设置

坛洛至百色高速公路沿线设置有坛洛、隆安、田东、百色4对服务区及小林、果化、田阳3对停车区,具备了停车、加油、修理、餐饮、购物等配套服务功能。

以"服务第一、驾乘至上"为宗旨,深入贯彻"星级服务区"创建活动精神,不断强化经营管理措施,广泛开展各类文明服务活动,内强素质,外塑形象,努力提升服务区管理服务水平,竭诚为广大的驾乘人员提供优质的服务,营造和谐、温馨的休息及消费场所。

2012年,公司对服务区绿化景观进行升级设计,以把服务区建设成为集停车服务、休闲度假、旅游观光于一体的多功能服务区为目标,因地制宜,突出了当地自然环境和文化内涵。

通过挖掘百色革命老区的历史和沿路壮乡民族丰富的文化内涵,提炼"红色文化"和"壮乡文化"元素,并融入服务区绿化景观升级改造中,让驻足的驾乘人员不仅可以享受到一个环境优美、风景宜人的停车休息环境,还可以品味、感悟到壮乡文化的博大精深,在带动经济效益的同时,努力打造当地文化名片,营造具有鲜明特色的高速公路服务区文化品牌。

(二)收费站点设置、车流量发展状况

具体情况见表8-19-3、表8-19-4、图8-19-1。

收费站点设置情况表　　　　　　　　　　　　　　　　　　　　　表8-19-3

站点名称	车道数(条)	收费方式	站点名称	车道数(条)	收费方式
百色东站	3进4出	封闭式收费	平果铝站	2进3出	封闭式收费
那坡镇站	2进2出	封闭式收费	平果站	3进4出	封闭式收费
田阳站	2进3出	封闭式收费	隆安站	2进3出	封闭式收费
祥周站	2进2出	封闭式收费	小林站	2进2出	封闭式收费
田东站	3进4出	封闭式收费	那桐站	2进2出	封闭式收费
思林站	2进3出	封闭式收费			

日均车流量发展状况表　　　　　　　　　　　　　　　　　　　　表8-19-4

年份(年)	日均车流量(辆/d)	年份(年)	日均车流量(辆/d)
2008	6306	2013	12199
2009	6930	2014	13241
2010	8002	2015	13611
2011	9677	2016	12616
2012	11152		

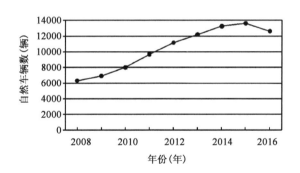

图 8-19-1　坛洛至百色高速公路日均车流量发展状况图

第二十节　灵川至三塘高速公路

一、项目概况

桂林市国道过境公路灵川至三塘高速公路（2008年更名为"桂林绕城高速公路"），是国家发改委（发改办〔2005〕296号文）批准的广西重点急需建设的交通基础设施项目，是国道G72线重要组成部分，是连通桂林市东北、西南及市区主要道路的绕城高速公路，是桂林市重点项目；其位于广西北部桂林市境内，是桂林通向全国各地的公路枢纽。

路线位于广西北部桂林市郊区，路线走廊带内平均海拔约155m，属于典型的喀斯特地形地貌，有平坦开阔的平地，有低矮的丘陵，还有漓江及水库等水面，项目范围道路水系交织、耕地遍布、村镇稠密。路线走廊带露出的地层种类较多，有第四系、白垩系、石灰系、泥盆系、寒武系。路线所经区域属亚热带季风气候，年平均降雨量为1900mm，降雨量季节分配不均，总体为春夏多雨、秋冬少雨，全年降雨量的70%集中在4~8月。

本项目起于桂海高速公路桂林绕城高速公路终点灵川互通立交，经大面圩、天圣山、朝阳、曙光橡胶研究院、崴村、马家坊、白竹境水库、枫林村、良丰农场，终于同期修建的桂梧高速公路马面立交，主线长41.713km，起讫桩号为K0+000~K41+713，在桂林北、尧山、桂林东、桂林南4处设置互通式立交并设收费站及管理区，在尧山（K13+200）设服务区1对。本项目主线采用双向四车道高速公路标准建设，设计速度100km/h，整体式路基宽度26.0m，行车道宽度2×7.5m，分离式路基宽13.0m；设计荷载：公路—Ⅰ级；设计洪水频率：大、中、小桥、涵洞及路基为1/100。

本路段桥隧比为7.17%,桥隧长度总计2.992km,桥梁多采用预应力结构,桥梁共35座,其中大桥5座1627.1m,中桥24座1364.74m。

交通部批准本项目初步设计总概算为15.54亿元。批复建设资金来源为自筹资金。本项目建设总工期四年,工程于2004年8月26日开工建设,于2008年3月25日完工。

高速公路总体情况见表8-20-1。国家高速公路建设情况见表8-20-2。

高速公路总体情况表 表8-20-1

类 型	编 号	总里程(km)	总投资(亿元)	建设性质	备 注
省道	S2201	41.711	15.40	BOT	

国家高速公路建设情况表 表8-20-2

编号	主要控制点	项目名称	里程(km)	投资(亿元)	车道数(条)	设计速度(km/h)	建设时间(开工~通车)	备注
S2201	桂海高速公路接线、漓江桥、国家文物保护单位尧山风景区、第五劳教所路段、桂磨一级公路、竹江码头三级公路,跨越一处地方铁路、漓江、白竹镜水库、桂阳二级公路	灵川至三塘高速公路	41.713	15.40	4	100	2004.8.26~2008.3.25	

二、建设情况

(一)项目准备阶段

1. 立项审批

本项目于2001年编制项目工程可行性研究报告,2001年12月31日广西壮族自治区发展计划委员会以桂计交通〔2001〕628号批准了本项目的可行性研究报告,2003年7月31日广西壮族自治区发展计划委员会以〔2003〕400号文批准本项目的初步设计,而后又委托广西交通规划勘察设计院、广西旅游规划设计院进行了施工图设计。在开工前,广西壮族自治区环保局对本项目进行了环保审查,2002年4月14日以桂环管字〔2002〕48号文审批了项目环境影响评价报告,工程征地经国土资源部以国土资源厅〔2004〕119号文审批了本项目的建设用地。2004年7月26日,本项目建设办公室向广西交通工程质量监督站申办了工程监督报告,其后广西壮族自治区交通质监站以交质监监督〔2004〕122号文下达了工程质量监督计划,本项目纳入了政府职能部门的工程质量监督范围。工程于2004年8月26日开工建设,于2008年3月25日完工。

2. 资金筹措

交通部批准本项目初步设计总概算为15.54亿元。批复建设资金来源为自筹资金。

3. 项目招标及合同管理

本项目建设中的各主要工程的发包,均认真贯彻执行国家《公路建设市场的管理办法》和《公路建设招投标管理办法》的有关规定,面向社会实行工程招标制度,坚持公开、公平、公正、择优的原则,通过招标投标和公正评标择优选定承包施工企业和工程监理单位。工程招投标过程均委托了有资格的公证机关进行监督和公证,招投标活动均受交通行政主管部门的监督。施工及监理单位中标后,均依法与业主签订合同。所有合同均以《中华人民共和国合同法》和有关法规为依据,并按规定程序办理。所签订的合同条款规范,合同内容翔实,符合本项目建设的实际;合同所规定的业主与承包人双方权利、义务和责任明确,在执行中未出现因合同不善引起经济纠纷。

本项目共有2家设计单位,由具有公路工程甲级资质的广西交通规划勘察设计院及具有旅游规划设计甲级资质的广西旅游规划设计院进行初步设计及施工图设计。

全线共分2个土建工程合同段、1个路面工程合同段、1个房建工程合同段、1个机电工程合同段、1个交通安全设施工程合同段、1个绿化工程合同段。全线共设4家监理单位,对以上7个工程合同段进行二级监理。

(二)项目实施阶段

1. 质量管理

该项目依据交通部《公路工程质量管理办法》和其他相关法规文件的要求,制订了本项目的工程质量管理措施:①通过招投标确定监理单位,设立监理工程师办公室;②广西壮族自治区交通工程质量监督站实行全过程监督;③各合同段挂牌施工负责告示,接受社会公众监督;④确立本项目的施工质量目标——分项工程合格率达100%,分部工程优良率98%以上,单位工程优良率达95%以上;⑤编制出关于《灵三高速公路施工质量控制要点及规定》的质量控制细则,下发各施工单位遵循执行;⑥制定出质量检查评比制度,每月、每季、每年度都组织总监办的相关人员分组对各项工程质量进行全面的检查、评比、总结,好的给予表扬或奖励,差的批评指出或整改;⑦内部分工明确,落实责任,建设办副主任、工程处负责现场施工进度、质量管理,副总工、技术处负责设计和变更管理;⑧按本工程特点划分合理标段,调整合理工期、合理造价;⑨组织好交工和竣工验收工作,重视检测评定。

2. 进度管理

本项目原计划工期为36个月,但因地处城乡接合部,征地拆迁工作难度较大,后调整为40个月,广西壮族自治区交通厅于2004年8月26日批准开工,要求于2007年12月底竣工。为达到目标要求,项目建设办合理组织施工,把路基工程划分为两个合同段,其他路面工程、交通安全设施工程、机电工程、房建工程、绿化环保工程分别各为一个合同段，在合同中明确各合同段的施工期限，并采取相应的进度控制措施：①建立健全进度计划的编制和调整；②为进度计划实现落实进场的机械设备、施工技术管理人员和相应劳务队伍；③制定落实进度的月度、季度、年度检查评比制度；④及时兑现进度的奖罚办法，达到目标的给予奖励，超额的给予重奖，达不到目标的给予处罚，责令整改直至达到目标要求为止；⑤给予充足的材料预付款，及时计量支付；⑥及时解决沿线群众阻工的纠纷问题；⑦工程变更现场及时解决，建设办的主要领导、分管领导深入工地，掌握了解工程的实际情况，承包人或监理提出的变更问题，都能现场答复或及时批复，不影响施工。从而使本项目的工程进度一直处于受控状态，除2007年年底因南方遭遇50年一遇的冰冻灾害，延迟两个多月通车外，基本实现了广西壮族自治区交通厅下达的进度目标。

3. 安全生产管理

项目实施过程中认真学习和贯彻国务院《关于进一步加强安全生产工作的决定》，认真贯彻落实《中华人民共和国安全生产法》，坚持以"安全第一，预防为主"的安全生产方针和以人为本，以构建和谐社会为出发点，建立健全安全生产组织管理机构，制定各项安全生产管理制度，落实安全生产责任制，完善安全生产内业资料，加强岗前安全教育培训，提高全员安全生产意识和自我保护能力。同时组织制订并实施本单位的生产安全事故应急救援预案，对安全生产进行风险分析，有目的有重点地进行预防。通过安全管理分解落实，逐步培育项目的安全文化氛围，全员的安全意识有了很大提高，形成时时讲安全、处处讲安全、人人管安全的有利局面。安全管理成为一种自觉行为，化解了大量安全风险，安全事故得到有效的控制，安全生产处于受控状态。

4. 项目竣工验收

2012—2013年本项目先后通过了广西壮族自治区水利厅组织的水保验收、广西壮族自治区环保厅组织的环保验收、广西壮族自治区档案局组织的档案验收、广西壮族自治区交通工程质量监督站组织的质量鉴定后，于2013年9月12日顺利通过了广西壮族自治区交通运输厅组织的竣工验收，经验收组评定，桂林灵川至三塘高速公路工程建设项目综合评分为92.97分，综合评价等级优良。

三、运营管理

（一）项目管理机构设置

本项目为BOT模式，由桂林港建高速公路有限公司建设和运营。在桂林北、尧山、桂林东、桂林南4处设置互通式立交并设收费站及管理区。

(二)收费情况

灵川至三塘高速公路自开通以来,交通量呈稳步增长态势。总流量约为2936万辆,2014年为785万辆,与2013年(588万辆)相比,增加33.50%。其中,客车总流量为651万辆,与2013年(483万辆)相比,增加34.78%;货车总流量为134万辆,与2013年(105万辆)相比,增加27.62%;1类小车总流量为529万辆,与2013年(398万辆)相比,增加32.91%。根据1类小车流量估算,1类客车免收金额为6.1615万元,与2013年(4.3700万元)相比,增加41%。具体各年度路网交通量详见表8-20-3。

交通流量发展状况表 表8-20-3

年份(年)	灵川出入口(辆)	桂林七星出入口(辆)	桂林高新出入口(辆)	桂林象山出入口(辆)	日均车流量(辆/d)
2008	358938	110438	335516	385134	4327
2009	468196	254682	644514	952968	6357
2010	580197	339389	753352	1129659	7678
2011	932504	682317	892516	1375435	10638
2012	1509920	1212936	1034380	1677303	14889
2013	766888	2001416	1158344	1956746	16119
2014	1354506	2700324	1391058	2402056	21501

灵川至三塘高速公路根据《广西壮族自治区物价局 交通运输厅 财政厅关于调整我区高速公路车辆通行费收费标准的通知》(桂价费〔2014〕87号),车辆通行费由基本收费与桥隧收费两部分组成。即按高速公路建成通车年份及计费里程确定基本收费,在此基础上,对通行符合收费条件桥隧的车辆加收桥隧通行费。收费站具体设置情况详见表8-20-4。

收费站点设置情况表 表8-20-4

站点名称	车道数(条)	收费方式	站点名称	车道数(条)	收费方式
灵川收费站	4	封闭式收费	高新收费站	11	封闭式收费
七星收费站	8	封闭式收费	象山收费站	11	封闭式收费

(三)运营管理成效

灵川至三塘高速公路(贺州段)由桂林港建高速公路有限公司自行管养,由广西壮族自治区高管局进行监管。为确保高速公路安全、畅通、舒适,灵川至三塘高速公路以专业化、社会化、规范化和制度化的标准制定了《养护管理办法》,养护管理的方针是:预防为主、防治结合、依靠科技、强化管理、主附并重、全面养护。灵川至三塘高速公路养护组织体系由养护部组成,养护部负责编制管养路段的养护计划,建立各项规章制度,执行上级有关政策和规定,负责具体的日常养护管理工作。养护施工单位的职责是履行养护合同,负责实施养护作业,确保工程质量、工程进度、施工安全和营运安全。养护管理按照"统一领导、分级管理"的原则,实行"管养分离"、规模化的模式。养护工程原则上应按照交通部颁布的《公路养护工程市场准入暂行规定》《公路养护工程施工招标投标管理暂行规定》和《桂林绕城高速公路养护工程施工招标投标管理办法(试行)》实行招投标,择优选择承包人。高速公路养护应加强技术管理,努力提高养护技术水平。应积极应用先进的养护技术和科学的管理办法,包括掌握国内外高速公路养护的科技发展动态,积极引进和应用高速公路养护新技术、新工艺、新材料、新设备,提高养护技术含量。同时建立和应用公路数据库等信息化管理系统,遵循"及时、准确、高效"的原则报送养护交通信息,养护交通信息主要包括养护施工信息和突发事件信息两大类。

第二十一节　阳朔至平乐高速公路

一、项目概况

G65包茂高速公路阳朔至平乐段是桂林市国道过境公路的重要组成部分,是国家发改委批准建设的广西重点急需建设的交通基础设施项目,也是桂林市重点建设项目。阳朔至平乐高速公路(简称阳平高速)的建成,对构筑面向东南亚和西南地区的国家高速公路网,改善桂东南地区交通状况,促进广西经济社会的又好又快发展,加强与中南、华南、西南人员往来、物资流通,连接北部湾开发区,提高广西特别是桂东南经济发展水平,加快发展速度有着十分重大的现实意义。

路线地处桂东北地区,走向由北西向东南,所经地区主要为广泛发育的喀斯特地形,奇峰林立、峰林陡峻、挺拔,巍然壮观;部分为剥蚀中、低丘山地,丘顶多呈馒头状,连绵起伏,冲沟发育,部分形成长流小溪;而部分路线所经地区为岩溶峰丛及洼地地貌单元,地形起伏不大,路线经过溶蚀石芽地,地势开阔平坦,岩溶发育。本合同段地势高低不一,走廊带内地形变化大。地势呈两端低、中间高,中部为丘陵地带。路线所经区域以石山、丘陵为主。沿线中桩海拔高程在127～310m之间,地形变化较大。

山上植被发育,低丘区果树广布;灰岩地区灌木成林,杂草丛生,山前、山间谷地多为旱地、农田,主要种植水稻、蔬菜、果树。

阳朔、平乐两县地处低纬度地区,属中亚热带季风气候。因受太阳强热辐射和季风环流影响,日照充足,雨量充沛,气候温和湿润。多年平均气温为19.9℃,1月最冷,月平均气温9.4℃;7月最高,月平均气温28.7℃。多年年均降雨量为1539.3mm,降雨量在季节上的分布不均匀,主要集中在4~8月,最小降雨量在12月。降雨在季节上的分配不均,形成了春夏雨多而集中,秋冬少雨干旱的特点。在地形和季风气候共同影响下,盛行风向为西北风和东南风,且风向随季节变化明显。年平均风速为1.4m/s,瞬时风力一般在3级以下,最高达12级。

阳平高速公路北面与桂阳高速公路相连,起点位于阳朔县高田附近,经过蒙村、普益、福兴、平乐,终点为平乐县二塘镇,与平钟高速公路相接。全长39.52km,设计为全封闭四车道,设计速度120km/h,项目于2005年3月开工建设,2008年11月10日通过交工验收正式投入通车运营。

本项目是以BOT的方式由广西华通高速公路有限责任公司建设经营,项目所需建设资金大部分由广西华通高速公路有限责任公司自筹解决,其余部分向银行贷款。项目概算投资14.39亿元,决算16.62亿元。

(1)建设规模及主要技术标准如下。

阳朔至平乐高速公路主线长39.52km(以右行线计)。全路均为双向四车道全封闭高速公路设计标准,设计速度:120km/h;路基宽度:K2558+477~K2567+100段为28m,其余路段为26m;桥涵设计荷载:公路—Ⅰ级;设计洪水频率均为1/100;最小平曲线半径:800m;最大纵坡:2.8%。

(2)项目的主要结构物如下。

7座大型桥梁:普益漓江大桥、恭城河大桥、普益高架大桥、黄泥田高架大桥、团鸡山高架大桥、大塘大桥、良木垌分离式立交大桥;4座隧道:高田隧道、岩碑隧道、道其龙隧道、白竹塘隧道;蒙村和平乐2座互通式立交。中小桥15座;涵洞和通道共211个;服务区1对;收费站各1处。

二、项目前期决策

(一)征地拆迁

全线征地拆迁从2004年5月开始,至2006年7月完成。

全线征地5549.87亩(含漓江辅道桥及引道),其中阳朔县2705.93亩、平乐县2843.94亩。其中划拨用地300.0078hm^2。

拆迁房屋263户,拆迁面积43470.9m^2,其中阳朔县19266.2m^2、平乐县24204.7m^2。

(二)环境保护措施

项目位于大桂林旅游区域内,项目公司对环境保护特别重视,采取以下措施:

(1)对施工人员进行"环保"法律、法规教育,树立环保意识,自觉遵守"环保"规定。

施工过程中,在能产生雨水地面径流处开挖路基时,设置临时的砂、土沉淀池,以拦截泥沙。其规模依据汇水面积而定,位置依地貌、地形、施工方式而定。工程完工后,将沉淀池摊平绿化或还耕。

(2)施工过程中的高地取土,做到边开采边平整边绿化,尽量按计划取土。施工驻地及施工场地尽量不破坏既有植被,防止水土流失,保持环境绿化。

(3)弃土堆做好挡土墙后再倒土,弃土堆边缘用压路机碾压,施工完成后,避免工人长时间接触噪声,同时注意保养施工机械,使施工机械维持其最低声级水平。驻地及施工现场卫生设施齐全、布局合理,并有专人负责管理、清扫。

(4)施工机械和运输车辆产生的噪声超标时,操作人员配耳塞,同时注意机械保养,以降低噪声的声级。对距居民区150m以内的施工现场,为保证居民夜间休息,限定施工时间。

(5)充分发挥爱国卫生委员会的作用,广泛进行环境卫生知识宣传,提高全体职工的环境卫生意识,养成良好的卫生习惯,定期进行驻地环境卫生大扫除,保持良好的生活环境。

(6)施工临时道路、运输道路和施工现场在无雨干燥时经常洒水整修,防止扬尘。

(7)施工期间的生活污水、施工废水、泥浆决不流到场外;建筑垃圾及时清理、运输;车辆不带泥行走污染路面。

(8)机械设备跨越既有公路施工时,采取可靠措施,保证既有公路不受污染。

三、复杂技术工程

(一)道其龙隧道

道其龙隧道位于阳朔县普益乡道其龙村北西面约800m,隧道设计为两座独立的分离式隧道,其中隧道左行线长510m(PK81+820~PK82+330),右行线长532m(QK81+820~QK82+352)。根据《公路隧道设计规范》(JTJ 026—90)和《公路工程技术标准》(JTG B01—2003),隧道采用单心圆曲墙式断面,半径$R=5.60m$。隧道建筑限界净宽为10.50m,净高为5m,隧道最大埋深约为95m。

根据《公路隧道设计规范》(JTJ 026—90),本隧道内设计的消防及救援设施为一处行人横洞和左、右行线各设10处灭火器箱。

根据《公路隧道通风照明设计规范》(JTJ 026.1—99),本隧道需要设置机械通风。本隧道长度大于100m,故设置人工照明设施。

本设计要求在隧道内壁不用瓷砖的范围喷刷防火涂料,其耐火要求不小于4h,并对隧道进行了内装饰设计。

1. 技术标准

(1)设计速度:100km/h。

(2)交通量:44002 辆/日(小客车)。

(3)采用单向行驶双车道分离式隧道。

(4)环境卫生标准:

①CO 允许浓度。

交通正常时,$\delta_{CO} \leq 250 \times 10^{-6}$;

交通阻滞时,$\delta_{CO} \leq 300 \times 10^{-6}$(20min 内)。

②烟雾允许浓度。

交通正常时,$K \leq 0.0065 \mathrm{m}^{-1}$;

发生事故时,$K \leq 0.009 \mathrm{m}^{-1}$(20min 内)。

(5)隧道建筑限界:净宽 0.75m + 1.0m + 2 × 3.75m + 0.5m + 0.75m = 10.50m;净高 5m。

(6)平面线形:左行线位于直线段;右行线部分位于曲线隧道。

(7)纵坡:左行线 2.784%;右行线 -2.800%。

2. 地形面貌

隧道区属低山丘陵地貌,地势相对较高。由于长期受风化剥蚀切割作用,阳朔方向山体自然斜坡角25°~30°,平乐方向自然斜坡角23°~27°。山体多为坡残积层覆盖,植被较发育,基岩仅在两端口的深沟中零星出露。阳朔方向洞口地面高程 178~183m,平乐方向洞口地面高程 166~170m,隧道穿越的山脊分水岭高程约262m。

3. 洞门情况

根据本隧道的特点,并结合路基及进出口地形地貌、工程地质、水文条件,在充分考虑隧道进出口综合排水的情况下,尽量减少洞口的开挖并考虑施工开挖边仰坡的稳定性,本着"早进晚出"的原则,确定隧道进出口位置。洞门形式的选择力求结构简洁,并与洞口的地形、地貌协调一致,结合两端洞口处地势和地质情况,洞门均采用削竹式洞门,并进行防护。进出口洞门均采用削竹式洞门,左行线进口桩号为 PK81 + 820,出口桩号为 PK82 + 330;右行线进口桩号为 QK81 + 820,出口桩号为 QK82 + 352。

明洞开挖后的边、仰坡面采用锚杆、喷射混凝土、钢筋网防护,明洞洞身两侧回填5号片石混凝土砌体,片石砌体上回填黏土,压实度要求达到85%以上,表层为种植土层,并进行绿化。洞口回填的原则是尽可能覆盖人工开挖痕迹,使洞口融入自然。洞口施工中应尽量减少扰动周围岩体,尽早做好洞口边、仰坡的防护及隧道洞门,确保洞口安全。

进出口洞门均采用削竹式洞门,左行线进口桩号为 PK81+820,出口桩号为 PK82+330;右行线进口桩号为 QK81+820,出口桩号为 QK82+352。

4.路面、横洞及洞外转向车道设计

由于隧道路面维修困难,使用年限要适当增长,隧道内路面采用水泥混凝土路面,其面层厚 26cm,施工中注意所有路面材料的物理力学指标达到规范要求。

隧道左、右线长分别为 510m 和 532m,根据《公路隧道设计规范》(JTJ 026—90)规定,仅需设人行横洞一处。

隧道两端洞口外设置为车辆换向的转向车道。

(二)普益漓江大桥

普益漓江大桥(图 8-21-1)是阳平高速公路控制性工程之一,墩高达 45m,主桥采用连续刚构悬臂箱梁,主跨 125m,副跨 70m。

图 8-21-1　普益漓江大桥全景图

追求技术创新,积极应用新技术、新材料、新设备、新工艺和计算机,力求达到施工的标准化、规范化,是实现工程质量提高的保障,也是项目公司不懈努力的方向。

(1)钢筋接头施工技术革新:普益漓江大桥下部构造钢筋接头数量达 3 万多个,且接头大多需要在孔桩现场及高空进行。根据在其他工地的施工经验,为保证施工进度,对钢筋接头进行了技术革新,既保证了焊接质量,又节约了施工成本,而且加快了施工进度。

(2)管段内路基高填深挖较多,路段软基较多,施工均采用了经济合理的综合处治措施,既保证了工程质量,又节约了工程成本。

(3)针对普益漓江大桥主桥连续刚构悬臂浇筑墩高、跨度大,进行了《连续刚构挂篮施工安全和质量控制》的论述。结合施工过程对连续刚构悬臂浇筑进行了总结,形成《连续刚构预应力施工质量控制》《普益漓江大桥连续刚构施工线形控制》。

（4）针对普益漓江大桥桩基孔径大,且穿过卵石层,对钻孔技术进行了革新,形成"普益漓江大桥大直径钻孔桩施工技术";由于主墩位于漓江中,承台体积大,承台底地质为卵石层,为了确保承台施工顺利进行,总结有"水中墩大体积承台无底钢套箱施工技术探讨"。

四、运营管理

广西华通高速公路有限责任公司成立于2004年1月17日,主要负责G65包茂高速公路阳朔至平乐段的建设与运营管理。公司设有营运管理部、路产养护部、行政人事部、财务部及阳平路政大队,共有员工60人。

2009～2015年车流量走势如图8-21-2所示。

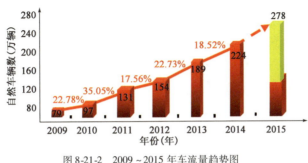

图 8-21-2　2009～2015年车流量趋势图

第二十二节　岑溪至梧州高速公路

一、项目概况

广西岑溪至梧州高速公路是国家西部八条省际公路通道阿荣旗至北海公路南宁—梧州—桂林支线的重要路段,并与国家重点公路临汾至三亚公路重合,也是南宁至广州高速公路的组成部分。路线起点连接临汾至三亚公路岑溪至水汶段及南宁至广州高速公路岑溪至兴业段,终点连接桂林至梧州公路马江至梧州段以及苍梧至郁南高速公路,其位置十分重要。项目的建成将缩短西南各省往桂东南以及广东珠江沿海经济区、港澳方向的行车时间,加快沿线地区货物的运输和旅客的出行速度,有利于改善投资环境,促进经济的发展。同时,对充分发挥南宁、梧州中心城市的集聚功能和辐射作用,进一步推动广西东南部地区的经济发展,具有十分重要的意义。

本项目路线起于岑溪市西南郊十里长街鱼种场附近,路线南北走向,路线沿规划的洛阳至湛江铁路边布线,穿越铁路与岑溪变电站间的空隙地带,经大坡、岑溪市工业开发区外侧,于西牛头附近跨越义昌江,路线继续北上,经佛子岭、江屋、孔杰、洞心、替炉、糯垌、宾村、安平,岑溪与苍梧两县市交界设牛岭界隧道穿越,之后路线经良村、都梅、蒙村、新地、长盈、新圩、大村、四龙、保村,接在建的桂林至梧州公路,桩号为 K61+850,另于保村设互通式立交及苍梧连线,通过苍梧南立交接上已建成的苍梧至郁南高速公路,项目路线总长度 65.45km,其中主线长 62.491km,连线长 2.959km。

路线位于广西东部丘陵地区,地势大致由西南向东北倾斜,地形起伏较大,海拔在 20~450m,中部牛岭界最高,终点段上小河河谷最低。路线走向由南向北,略偏东,基本上沿山间沟谷、丘陵山坡和盆地边缘布设,所经地区地貌类型可分为剥蚀丘陵和山间凹地两类。其中:剥蚀丘陵主要分布在岑溪—糯垌段和苍梧县境内,为砂岩、页岩等碎屑岩类和花岗岩、闪长岩等侵入岩类分布区,山丘连绵起伏,山体宽大,丘顶多呈馒头状,表层基岩风化严重,埋藏较深。山坡多为厚层残坡积土覆盖,植被多为树林、灌木杂草和坡地经济作物。谷底一般堆积有较厚的坡积或冲洪积土,主要为水田,常因排水不畅形成淤泥类有机软土。山间凹地主要分布在安平和糯垌盆地,地形较为开阔、平坦,为第四系冲洪积砾砂土、砂质黏土类地层,厚度可达 20~30m,主要为水田。由于透水性较好,排水通畅,未见有大面积或深层的淤泥类有机软土分布。

路线位于桂东南梧州—容县—博白—合浦断裂以东的云开大山西麓,属云开隆起构造区。沿线出露的地层有第四系、燕山期侵入岩、印支期侵入岩、奥陶系、寒武系。据实地调查,路线所经地区褶皱构造比较平缓,并有短轴背斜和不规则向斜出现,没有活动明显的断层分布,区域地质稳定性较好。沿线地质构造简单,无活动明显的断层分布;地震基本烈度为Ⅵ度;地形地貌简单,地层稳定,强度较好;地下水活动不强烈;无滑坡、膨胀性岩土和大面积的厚层软土等不良地质现象。

本项目主线及苍梧连线采用高速公路标准,全立交、全部控制出入。

(1)设计速度 100km/h,路基宽度 26.0m,行车道宽度 2×7.5m。

(2)设计荷载:汽车—超 20 级,挂车—120。

(3)设计洪水频率:大、中、小桥,涵洞及路基为 1/100。

(4)岑溪连线、临时匝道按二级公路标准建设,路基宽 17m。

本项目建设总工期计划为 3 年,实际建设期为 4 年。其中路基土建工程合同工期为 27 个月、隧道合同工期 24 个月,路面工程合同工期 6 个月,交通工程合同工期 3 个月,房建工程合同工期为 7 个月,工程于 2004 年 4 月 1 日正式开工建设,2008 年 1 月 16 日正式运营通车。全线所有服务区 2010 年 9 月底全部开通服务。

本项目是以 BOT 的方式由广西梧州岑溪高速公路有限公司建设经营,项目所需建设资金大部分由广西梧州岑溪高速公路有限公司自筹解决,其余部分向银行贷款。本项目原批准初步设计总概算为 22.64 亿元(含建设期贷款利息 1.37 亿元)。2006 年 4 月 17 日初步设计调整概算为 27.06 亿元(含建设期贷款利息 1.86 亿元)。

本项目全长65.45km,途经岑溪市、苍梧县等行政区域,经过多处村庄和农田,土石方开挖量较大,防护工程也较多。桥梁43座,钢筋混凝土桥梁,全长3743.63m,1座石质隧道,全长1446.5m。39座桥梁位于G65包茂高速公路K2785+348~K2847+839段,4座桥梁位于G80广昆高速公路K207+519~K210+478段。牛岭界隧道位于岑溪至梧州高速公路上,牛岭界隧道上行线桩号为K2816+339,牛岭界隧道下行线桩号为K2814+879。主要桥形为预应力混凝土连续箱梁桥、预应力混凝土简支箱梁桥、预应力混凝土连续空心梁、钢筋混凝土连续板及斜腿刚构桥。沿线不良地质现象主要表现为冲沟、坍塌、软土地基和高液限黏土等。沿线侵入岩类残坡积土山坡普遍发育有囊状或连拱状冲沟;坍塌一般规模较小。软土地基分布于常年积水的水塘和排水不畅的条形冲沟处水田,厚1.0~8.0m,主要表现为软塑淤泥质黏土类有机质软土,具有低强度、高压缩性和不均匀性;沿线土质均为高液限黏土,难以压实,须采取适当措施处理后方可作为路基填料。

二、建设情况

(一)立项审批

2002年4月11日,广西壮族自治区发展计划委员会批复可行性研究报告。

(二)资金筹措

本项目原批准初步设计总概算为22.64亿元(含建设期贷款利息1.37亿元)。批复建设资金来源为自筹资金。2006年4月17日初步设计调整概算为27.06亿元(含建设期贷款利息1.86亿元)。

(三)招投标

土建工程2003年11月进行招投标工作,监理工程2003年11月进行招投标工作,路面工程2007年8月进行招投标工作,机电工程2007年9月进行招投标工作,房建工程2007年11月进行招投标工作。

(四)合同段划分

土建工程第1合同段K0+103~K4+425,土建工程第2合同段K4+425~K15+150,土建工程第3合同段K15+150~K20+900,土建工程第4合同段K20+900~YZK30+800,土建工程第5合同段K30+800~K32+381.5(牛岭界隧道),土建工程第6合同段K32+358.5~K40+750,土建工程第7合同段K40+750~K46+100,土建工程第8合同段K46+100~K57+160,土建工程第9合同段K57+160~K61+850(苍梧联线),路面工程第A合同段K0+103~K32+400,路面工程第B合同段K32+400~K61+850,第Ⅰ驻地办 K0+103~K20+900，第Ⅱ驻地办 K20+900~K40+750，第Ⅲ驻地办 K40+750~K61+850。

（五）建设用地审批

2006年2月6日，中华人民共和国国土资源部批复岑溪至梧州高速公路工程建设用地。2004年7月与苍梧县人民政府签订征地拆迁合同进行征地拆迁，2004年2月与岑溪市人民政府签订征地拆迁合同进行征地拆迁。

三、复杂技术工程

位于岑溪至梧州高速公路上，岑溪端洞口里程 YK30+935，梧州端洞口里程 YK32+318.5，全长1446.5m，其中，岑溪端 YK30+935~YK31+075 段140m 为浅埋、软基、下穿二级公路段，该段覆盖层最厚处约有14m（下穿二级公路段），最薄处仅有4m 左右。由于该段隧道以约40°的交角穿过一个冲沟，所以隧道基底下卧有约4m 深的软弱土层。如何安全顺利地通过该下穿公路段，不因覆盖层太薄、土体松散而发生塌方事故，并且不会由于下卧软基而使隧道发生大的沉降与变形，是该段隧道建设难度。

（一）隧道通风消防系统

射流风机24台、风机控制箱12台、300t 圆形消防水池1座、消防管道3320m、给水管道640m，成膜泡沫灭火器57套、灭火器箱114组、SS100 室外消火栓2组、人行横洞防火卷帘门6扇、行车横洞防火卷帘门2扇等通风、消防设备的供货、安装、调试。

（二）隧道交通监控系统

遥控摄像机2套、固定摄像机22套、视频光端机20对、视频数据复用光端机2对、多模光缆12.3km、彩色监视器22台、小型可变信息板2套、车道指示标志8套、车行横洞指示标志2套、人行横洞指示标志6套、光纤探测器2.89km、手动报警按钮57只、交通信号灯2套、监控配电箱12个、隧道监控站设备的供货、安装、调试。

（三）隧道供配电照明系统

干式变压器4台、柴油发电机组2台、UPS 不间断电源2台、高压开关柜10台、低压配电柜25台、低压电缆39.8km、照明配电箱18个、隧道高压钠灯1257套、无极灯130套、应急照明荧光灯34套、隧道口引道路灯32套、检修电源插座18个、电缆支架7230个、电缆桥架2899m 等供电、照明设备的供货、安装、调试。

四、科技创新

(1) 推广应用工厂化模具，统一路缘石成品预制，提高了本项目路面整体外观效果质量。

(2)路基施工中对软基采用挖换、粉喷桩、塑料排水板、强夯有效处理,对路基填料指标有效控制,对高液限土质采用借土或分层分段合理使用,采用承载比高的碎石土填料对路床进行换填,填挖交界采用了土工格栅加固处理,严格控制层厚、压实度等,路床强度高,弯沉小,使得路基保持稳定。

(3)桥涵结构物混凝土采用集中拌和工艺,混合料均匀性、结构强度得到保证,采用大块整体模板,混凝土外表光洁度和平整度得到控制。

(4)隧道喷射混凝土采用湿喷,二次衬砌混凝土采用整体模板台车和泵送混凝土,有效保证初喷及二次衬砌混凝土强度、厚度和平整度,路面采用纤维混凝土提高抗磨性,排水采用环向盲沟和复合土工布等综合处治,确保隧道安全干燥。

(5)水泥稳定碎石底基层及基层重点强调了碎石分级生产及堆放,拌和能力、运输能力和三轴机摊铺工艺,强调了压实设备的配置、碾压时间、养护剂和薄膜覆盖养护等措施,质量均匀稳定,工艺水平和质量稳定性有了很大的提高。

(6)混凝土路面施工重点强调拌和能力、运输能力、摊铺机及整平设备配置,严格控制碎石材料均匀性,工艺操作规范性,重点控制摊铺机走行速度,混凝土坍落度,传力杆、拉杆设置,胀缝、施工缝处理,有效保证了平整度、厚度和强度等指标。

(7)边坡绿化推广使用草灌混喷、具有本土物种的乔木进行绿化防护,实现公路边坡、中央分隔带绿化较快恢复且与周边环境协调适应,实现四季常绿的效果。

(8)全线机电工程设计较为先进,设施配置齐全,监控覆盖面广,并针对隧道供电照明采取了许多节能措施,如LED无极灯的应用等。

(9)通过对多个课题的技术专项研究解决本项目有关的技术难题,为工程提供了技术保障。

五、运营管理

(一)养护单位

1. 施工队伍

根据不同的工程内容组织相应的专业施工队伍,调集具有类似工程施工经验的专业施工队参加工程施工。

2. 工程管理

运用科学先进的工程施工组织管理技术,统筹计划,合理安排,平行流水作业,分区均衡施工。

3.机械设备

采用先进的机械设备组成配套合理、高效的机械化作业线,提高机械化施工程度。

4.文明施工

施工现场实行规范化管理,标准化作业,强化安全生产、环境保护与水土保持措施,维护当地优美良好的景观环境。

(二)运营管理成效

(1)广西梧州岑梧高速公路有限公司是岑溪至梧州高速公路养护责任单位,公司下设安全养护部,具体负责公路养护管理工作,日常养护维修由招标签约项目部负责完成。

(2)公司接受行业主管部门监督指导,严格贯彻落实行业主管部门的工作要求,按照《公路养护技术规范》开展各项工作。公司制定了各项养护管理制度,按规范及制度完成各项养护管理工作,如日常养护巡查、小修保养、中修工程管理、桥隧养护管理等,并明确主要病害修复时限、计划安排、作业管理、质量验收等具体要求,并得到有效执行。养护工程均通过招标择优选择公路养护施工单位,养护单位资质满足要求,养护质量验收符合规定。日常巡查主体、巡查频率、巡查内容、巡查记录等内容齐全规范,日常巡查发现问题做到有计划有落实,从发现问题到解决问题形成闭合。日常养护按照年度和季度下达养护计划,做到养护维修计划合理、作业规范、修复及时。

(3)严格按照《公路技术状况评定标准》开展公路技术状况评定,并按规定的频率对公路进行检测和调查。

(4)设立了专职的桥梁和隧道养护工程师,人员资格符合要求。建立了完整的桥梁技术档案,并对桥梁技术数据进行及时更新,按规范要求及时开展桥隧经常性检查、定期检查,各项检查记录齐全规范。按桥梁养护规范要求,分别于2009年和2013年通过招标选择有相关资质检测机构对沿线43座桥梁进行定期检查,并根据定期检查结果制订桥梁专项整治方案。

(5)基础数据和内业资料管理严格执行规范化管理,做到标准统一,管理规范,基础数据库信息完整准确连续,每年更新桥梁数据库,按时上报高速公路统计数据、电子地图等各类养护管理报表。各项维修记录、年度养护投资计划、公路技术状况评定报表、水毁报表、公路统计年报、交通运输统计年报等真实齐全。

(6)按照要求定期请有相关资质机构对全线路面平整度、路面抗滑等路面技术状况指标进行检测,对照检测结果进行有针对性的养护维修。基于基础数据库建立了相应的养护管理信息系统,并依据指导养护实践。路面坑槽、裂缝修补、灌缝、标线、绿化修剪等作业基本实现机械化。

第二十三节　全州至兴安高速公路

一、项目概况

广西全州至兴安高速公路是我国中西部地区连接湖南、广西、云南、广东四省的重要交通咽喉，是国家规划的"五纵七横"国道主干线衡阳至昆明国道主干线和国家重点公路厦门至成都线的主要组成部分，北接黄沙河至全州高速公路，南接桂海（北海）高速公路，连接广西各主要港口及通过南宁至友谊关高速公路连接东盟各国，是中部地区通往东盟及广西壮族自治区沿海港口的便捷通道。该公路的建设对于推动实施国家"西部大开发"战略及促进广西的经济发展具有重要的现实作用和深远的意义；是加快旅游资源开发，实现沿线各地区社会经济可持续发展的需要；是经济发展和交通量迅速增长的需要；是适应其他运输方式发展的需要。

全州至兴安高速公路于2006年7月开工建设，2008年11月28日进行交工验收并通车试运营。事实证明，本项目的建设大大促进了当地经济的发展，在本项目建设期间以及建成后，紧邻项目的区域相继新增了较多产业，其投产也将大大增加本项目的车流量。可见，本项目的建设带来的社会效益是非常丰厚的。

全州至兴安高速公路起于全州县全州镇，接已建成的黄沙河（湘桂界）至全州高速公路，止于兴安县护城乡，接拟建的兴安至桂林高速公路，主线全长61.475km（收费里程63.00km，其中全州县境内约44km，兴安县境内约17km）。全线采用双向四车道高速公路标准建设，其中，起点至全州西互通立交8.782km，设计速度100km/h，路基宽度26m；全州西互通立交至终点52.693km，设计速度120km/h，路基宽度28m。全线桥涵设计汽车荷载采用公路—Ⅰ级，其余技术指标按《公路工程技术标准》（JTG B01—2003）执行。互通立交连接线采用二级公路标准建设。主要工程内容有：路基土石方1195万m^3（其中挖方497万m^3，填方698万m^3），水泥混凝土路面154万m^3，主线桥梁1767m/15座，涵洞及通道348道，互通立交4处（全州西、凤凰、界首、兴安），分离式立交2246m/37座，服务区1处，停车区2处，管理区1处，养护工区1处（与管理区合建），通信中心1处，收费站4处。具有质量要求高、施工工期紧的特点。全线共建设56座桥，其中公路大桥10座，中桥7座，小桥5座，跨线桥5座，人行天桥4座，分离式立交中桥25座，全线桥长为4393.07m。桥梁结构以简支梁桥和连续梁桥为主。

中国铁路工程总公司占有75%股权，广西壮族自治区高速公路管理局占25%。2014年股权变更后，中国铁路工程总公司占66%，广西交通投资集团有限公司占34%。

本项目的投资概算总额为172183万元。交通部《关于广西全州至兴安公路初步设计的批复》（交公路发〔2006〕121号文）批准的初步设计总概算172183万元（含建设期贷款利息11644万元），其中：建筑安装工程费用127438万元，设备及工器具购置费用2959万元，工程建设其他费33759万元，预备费7626万元。目前清算工作基本完成，本项目执行概算较好，未超概算。

二、建设情况

（一）项目准备阶段

可行性研究报告于2003年12月31日前编制完成并上报广西壮族自治区交通厅，广西壮族自治区交通厅上报自治区发改委，广西壮族自治区发改委以《关于请求审批全州至兴安公路可行性研究报告的请示》（桂发改交通报〔2004〕223号）及有关补充材料上报国家发展和改革委员会。2005年10月20日，国家发展和改革委员会以发改交运〔2005〕2105号文进行了批复。2006年3月24日，交通部以《关于广西全州至兴安公路初步设计的批复》（交公路发〔2006〕121号）文批复了本项目的初步设计。2006年12月6日，广西壮族自治区交通厅以《关于全州至兴安高速公路两阶段施工图设计的批复》（交基建函〔2006〕961号）文批复了本项目施工图设计。全州至兴安高速公路于2006年7月开工建设，2008年11月28日进行交工验收并通车试运营，实际工期为27个月，2012年11月28日通过竣工验收。

（二）项目实施阶段

项目实施过程中，公司大力推行"首件工程制"，在各分项工程全面铺开前建立一个标杆，监理在执行上就有明确的目标、尺度。公司经常组织开展安全质量、施工进度、文明施工等方面的竞赛评比活动，对成绩突出的总监办或承包人予以表彰奖励；对落后的予以通报批评；对很差的予以黄牌警告，并上报市交通建设主管部门；对那些组织不力，工程进度迟缓，现场混乱，影响特别恶劣，无法保证工期、质量目标的，坚决收回工程，并交给合格的承包人施工，营造了公平、公开、公正的评价体系，激励和促进了参建单位，形成了积极进取、奋勇争先的工作氛围。

积极开展创建优质样板工程活动，充分发挥优质样板工程的带头作用和示范作用，以点带面，样板引路，提高全线整体质量管理水平。各承包人要严格实行分片、分点的工程质量包保责任制，始终坚持行之有效的样板引路方法，增加质量投资，加大管理力度，做到主体与附属一个样，一般工程与重点工程一个样。公司业主代表、各总高办的正副高监、专业监理工程师，各项目经理部的领导班子成员和部门负责人，必须每人抓一个独立工点的现场质量保证工作,作为该工点的创优负责人;对获得公司优质工程和样板引路工程奖的,根据工程难易程度,可提取10%~20%的奖金奖励该责任人;促进了工程质量的良性发展。

全面实施过程控制,制定了征地拆迁工作管理办法、设计工作管理办法、安全质量环保管理办法、技术工作管理办法、监理工作实施细则、物资管理办法、计划统计调度管理办法、合同管理与计量支付管理办法、财务资金管理办法、建设资金管理实施细则、农民工管理工细则、变更设计工作实施细则、承包人合同履约评从价实施细则、大战活动考核评比办法、环境保护工作要求、文明施工要求、项目建设管理考核激励办法、竣工文件编制办法等一系列管理办法,针对现场的实际情况对业务流程进行了细化和优化,并在此基础上加入了信息平台建设,提高工作效率。

为加强控制公司在管理办法的基础均制定了详细的实施细则,比如在《安全质量管理办法》的基础上又制定了《项目规范化管理细则》《工程质量安全违约实施细则》和"土建工程外观质量标准"等一系列工程质量管理细则。

全面推行责任制,分别与各承包人签订了《工程质量责任书》和《安全生产合同》,严把工程"开工关""材料关""工艺关""验收关",对工程进行全方位、全环节、全过程的监理,强化安全检查及试验检测工作,确保工程质量、安全和进度完全处于受控状态。做到机构健全,制度完善,组织到位,人员落实。

环境评价方面,本项目严格按照环境保护设施与主体工程同时设计、同时施工、同时投入使用的环境保护"三同时"制度,落实各项生态保护、生态恢复措施。

在设计时,注意保护和利用既有自然环境,减少工程对自然景观的破坏。公路布线从环境角度充分考虑利用自然地势,尽量顺应地形的起伏变化,合理选用具体技术指标,优化线路平、纵、横设计;采用以桥代路的生态保护设计理念,尽量避免高填深挖引发的生态破坏和地质灾害;对房建、互通立交、桥梁等构造物进行景观设计,尽可能使其与地方风俗和自然景观相协调。

在施工过程中,禁止施工单位将土方顺坡、沿河或沿沟倾倒,并严禁随意扩大占压土地面积和损坏地貌及地表植被。及时采取水土保持措施,有针对性地恢复取、弃土场和施工便道等临时占地。

服务区、养护区、停车区、收费站、管理区等产生的生活污水和含油污水的排放严格按照要求进行,确保排放达标。

三、复杂技术工程

本项目位于K1003+273的屏山渡湘江大桥是变截面连续箱形梁桥,该桥也是全线施工技术最复杂的桥梁。

屏山渡湘江大桥采用了 1×45m+2×70m+1×45m 的跨径组合,全桥长度为 251.92m,单孔最大跨度达到了 70m,采用重力式桥台、桩柱式墩、盆式橡胶支座等结构。考虑到该桥位处河道顺直,河面顺线路宽约170m,河床切割较深,水深约5m等环境因素,设计时采用大跨径,变截面连续箱梁的上部机构设计,施工时采用箱梁悬臂施工的方法进行施工,是全线桥梁最复杂的施工工艺。

屏山渡湘江大桥采用的挂篮主要力学结构形式为贝雷桁架结构,自重40t,可浇筑最大梁段重达120t,利用系数为0.33,抗倾覆安全系数为2.05(>2),底模前端最大挠度为15mm,满足设计及施工规范要求,具备受力明了、操作简单快速、安全系数高等特点。

挂篮构件采用人力配合吊车安装。在施工0号块前,应先安装好挂篮底模及外侧模,作为0号块现浇模型。待0号块张拉后,便可在桥面上按设计位置拼装主构架及走行系,安装主构架后锚。待0号块拆模后,再将挂篮底模及外侧模通过手拉葫芦悬挂前移至1号段就位,然后安装防护系。将底模、侧模悬挂手拉葫芦换成提吊系统。在底模前端与主构架设置对角斜拉手拉葫芦,调整底模中线;通过螺旋千斤顶及扁担梁调整底模与侧模高程。为了增加挂篮抗风能力,在主构架左右两侧设斜拉扣绳,锚固在梁面上。

挂篮就绪后,即可进行静载试验。试验材料采用河砂。试验前,先在挂篮底模前端、侧模前端、主构架前横梁、后横梁、梁面做好观测点。挂篮分级加载,砂袋(土袋)堆码应模拟箱梁截面布置形式,最大加载质量为梁段的质量。持荷24h后分级卸载。在分级加载及卸载过程中应认真做好沉降观测记录,计算挂篮挠度,以作为正式施工参数。

挂篮静载试验完毕后,根据设计提供施工标高及静载试验数据确定立模高程,校正模型的中线及高程。浇筑箱梁混凝土应按底板—腹板—顶板、左右平衡的顺序进行,两个悬臂的混凝土浇筑应平衡施工,差值不能超过$2m^3$。在梁体混凝土达到设计要求张拉强度后,即可张拉悬臂束。张拉前应在梁面前端做好观测点,测量梁段张拉前后高程及中线变化。当段张拉完毕后,即可在桥面上放出桥面中线,安装桁架。将底模后横梁用手拉葫芦及钢丝绳拴在滑梁上固定,卸落底模及侧模,解除侧模、底模后提吊,将滑梁后端支承转换到走行吊架上。解除主构架后锚。检查各项工作准备就绪后,即可顶推或拖拉主构架前移。挂篮前移时必须左右同步进行。挂篮就位后,即可安装主构架后锚,安装底模、侧模后提吊,将滑梁走行吊架前移至侧模后提吊位置,解除底模走行悬挂。调整底模及侧模中线及高程,进入下一个施工循环。

由于做好了充分的施工准备,制订了详细的施工方案,严格控制施工工序,确保了屏山渡湘江大桥的施工质量。通过采用悬臂挂篮的施工工艺,既缩短了工期,又减少了施工给当地环境带来的不良影响。

四、运营管理

(一)公路规模情况

全州至兴安高速公路通车里程为61.475km,为双向四车道,共有服务区1对(三星级),停车区2对。

(二)公路收费情况

全兴公司下辖4个收费站,分别为兴安收费站、界首收费站、全州凤凰收费站、全州西收费站。所属各收费站秉承"服务人民,奉献社会"的宗旨,坚决做到"应收不漏,应免不收",严格按照国家及广西壮族自治区相关文件精神,对确定的鲜活农产品实施通行费减免的优惠政策,对春节、清明节、劳动节、国庆节4个重大国家法定节假日免费时间段通行该路段的7座以下(含7座)载客车辆,给予免费通行。坚持以优质的服务接待每一辆过往的车辆,实现高品质服务窗口,兴安站、界首站、全州西站先后荣获"广西青年文明号"荣誉称号,其中兴安站还获得"全国青年文明号"、国资委"中央企业青年文明号"荣誉称号。

(三)运营管理成效情况

1. 运营管理模式及现状

(1)人力资源配置

设养护管理中心1处,收费站4个,其中兴安收费站设于养护管理中心处,目前共有员工170名(其中机关人员52人),收费站内员工按三班制进行轮流上岗,采用驻站式管理模式。

(2)收费管理

收费管理基本是按照广西壮族自治区高速公路管理局的要求,定期上报车流量信息、收费票额信息等,上缴收费款项后由清分中心统一清分计算项目通行费收入额。收费站目前暂无ETC车道,以IC卡感应收费为主。执行收费、监控、稽查三个子部门间相互对调、相互检查机制,以便对收费过程实施有效管理,确保应征不漏、应免不征。同时坚持收费员的岗前培训和跟班实习制度,强化管理;加强设备维护员的培训;预防为主,加强设备维护;实行24h值班制度。

(3)养护管理

公路养护管理采用对外承包模式,按照集团公司精细化管理要求定期对外公开招标。内容包括日常小修、中修、大修等。工程计价采用工程量清单计价模式,并采用行业合同范本约束双方权利义务行为。

(4)其他营业类管理

对于服务区和停车区采用承包出租的方式,依据行业规定和合同进行管理。广告类营业采用拍卖或出租模式进行管理。

2.运营成本及财务状况

财务状况:2014年9月,公司资产总额161377万元,其中流动资产10686万元,非流动资产150691万元;公司负债总额91119万元,其中流动负债4349万元,长期负债86770万元;股东权益合计70259万元,其中注册资本10000万元,资本公积57700万元,未分配利润2559万元。

经营业绩:2014年1~9月,公司实现营业收入11900万元,营业外收入61万元,发生营业成本3858万元,营业税金395万元,管理费用491万元,财务费用3727万元,营业外支出33万元,实现利润总额3457万元,净利润2859万元,累计实现净利润2559万元。

3.节假日免通行费及绿通车情况

自2012年的国庆节开始,每年春节、清明节、五一劳动节、国庆节期间对7座以下(含7座)的小型客车给予免费放行,入口累计接待节假日免费车辆为437188辆,出口累计接待节假日免费车辆为439441辆,预估累计减免通行费3950.49万元。重大节假日免收小型客车通行费,方便人民出行,促进旅游业发展,带动地方经济水平。全兴高速公路开通至今通行鲜活车辆558987辆,鲜活免征额约为3.12亿元,鲜活农产品运销绿色通道政策为农村改革发展创造了良好的经济环境,促进农业稳定发展,农民持续增收,为社会作出了巨大贡献。

第二十四节　岑溪至兴业高速公路

一、项目概况

(一)基本情况

岑溪至兴业高速公路是国家高速公路网7918工程中的一横——广州至昆明高速公路的组成部分,是国家西部八条省际公路通道阿荣旗至北海公路南宁—梧州—桂林的重要路段,是国家重点公路临汾至三亚和汕尾至清水河公路在广西境内的重要路段,是广西壮族自治区南宁通往广东珠江三角洲和港澳地区最重要的公路东通道。本项目还是广西公路网主骨架结构"七射一环"中南宁至梧州的一条射线。

项目起于岑溪市,起点桩号为 K2+130,接岑溪至罗定高速公路并通过岑溪南枢纽连接岑溪至梧州高速公路,止于兴业县山心镇,与兴业至六景高速公路相接,终点桩号为 K125+083.957。公路主线全长 125.5km;设容县、山围、北流、玉林北连接线,连接线共长 26.587km;项目路线总长 152.087km,设 2 对服务区、3 对停车区、7 个收费站。主线采用四车道高速公路标准,设计速度 120km/h,路基宽度 28m;玉林北连接线 11.14km,采用四车道高速公路标准,设计速度 100km/h,路基宽度 26m;桥涵构造物设计荷载等级:公路—Ⅰ级。设计洪水频率:大、中、小桥,涵洞及路基均为 1/100。北流连接线 7.72km,采用一级公路标准,设计速度 100km/h,路基宽度 26m;其余连接线采用二级公路标准,设计速度 80km/h,路基宽度 12m;桥涵构造物设计荷载:公路—Ⅱ级。抗震设施:根据《中国地震动参数区划图》(GB 18306—2001),本区域地震动反应谱特征周期为 0.35s,地震动峰值加速度为 0.05g,对应地震基本烈度为Ⅵ度,采用简易设防。交通部批准本项目初步设计总概算为 51.636 亿元,实际投资为 51.53 亿元。

项目的主要控制点:三和高架桥、绣江大桥、兰冲隧道和佛子隧道,岑溪南互通及玉林北互通。

沿线主要地形及地貌:本项目位于广西东南部,按公路自然区划属于Ⅳ6 区(武夷南岭山地过湿区),由一系列剥蚀堆积低丘岗地所组成。地形连绵起伏,错落有序,山体蜿蜒曲折,无主山脊线。沟谷一般切割较深,且形态近似,山坡略凸,沟谷较为狭窄,但谷底平坦多呈"凹"形。海拔高程多在 77.5~130m 之间。

项目经过区域位于我国华夏褶皱带西缘、"云开古陆"的西北侧,横穿北流复式向斜。主要处在加里东构造层、喜马拉雅构造层和燕山期中、酸性侵入岩、印支期中性侵入岩上。由于处在四个区域构造单元接触部位这样的大地构造背景下,本线路段地质构造复杂,褶皱普遍,断层呈网格状发育,出露地层时代多变,地层岩性繁多。本区主要以北东向构造形迹为主,其次为东西向、北西向及近南北向,它们纵横交错,新老构造重叠干扰形迹较为显著。历史上,调查区无强震记录,线路经过地段未发现活动性断裂,因此,本路段在构造运动方面属相对稳定区。

主要构造物:大桥 7480.49m/37 座,中桥 3539.59m/52 座,小桥 265.74m/8 座,涵洞通道 30065.52m/690 座排水及防护工程 77.46 万 m^3,隧道工程 1192m/3 座,水泥混凝土路面 3525770m^2,路基土石方 3021 万 m^3,9 处互通分离立交。其中Ⅱ形梁桥 4 座,空心板梁桥 10 座,连续 T 形梁 4 座,连续箱梁 72 座,箱形梁 6 座,斜腿刚构 1 座,整体现浇板桥 1 座。

开工及通车时间:项目自 2006 年 11 月破土动工,2008 年 12 月 20 日建成通车,比计划提前 11 个月。

(二)前期决策情况

2005年7月,中国铁路工程总公司与广西壮族自治区高速公路管理局签订《广西兴业至岑溪高速公路项目合作投资合同书》并组建广西岑兴高速公路发展有限公司作为岑兴高速公路项目法人,具体负责岑兴高速公路的建设和运营。

(三)参建单位主要情况

本项目共有3家设计单位,土建、房建、绿化和路面工程部分由具有公路工程甲级资质的中交第二公路勘察设计研究院和广西壮族自治区交通规划勘察设计研究院进行初步设计及施工图设计;交通安全设施、机电工程部分由具有公路工程甲级资质的中国公路工程咨询集团有限公司进行设计。各专业设计的设计监理单位为具有国家甲级勘察、设计、测绘、工程咨询、工程监理单位云南省交通规划设计研究院。全线共分7个土建施工合同段、6个路面施工合同段、3个房建施工合同段、4个交通安全设施施工合同段、4个绿化施工合同段、1个机电合同段,详情见表8-24-1;全线共分9家监理单位,分别对以上25个施工合同段进行二级监理,详情见表8-24-1。

施工单位、监理单位一览表　　表8-24-1

合同号	施工单位			监理单位		
	单位名称	资质等级	资信登记编号	单位名称	资质等级	资信登记编号
土建No.1	中铁三局集团有限公司	公路工程施工总承包壹级	A0034114010101-12/6	铁二院监理咨询公司	公路工程甲级	交监公甲175-2006号
土建No.2	中铁隧道局集团有限公司	公路工程施工总承包特级	A0034141030301-16/11	中交国际工程咨询有限公司	公路工程甲级交通工程乙级	交工监〔总〕证字第(181)号
土建No.3	中铁二局股份有限公司	公路工程施工总承包壹级	A0034151010101-15/4	北京华通公路桥梁监理咨询公司	公路工程甲级	交监公甲161-2006号
土建No.4	中国路桥集团有限公司	公路工程施工总承包壹级	A0024111010102-9/3	广西八桂工程监理咨询有限公司	公路工程甲级	交监公甲243-2006号
土建No.5	中铁八局集团有限公司	公路工程施工总承包壹级	A0034351010601-15/9	山东东泰交通建设监理咨询有限公司	公路工程甲级	交监公甲069-2006号
土建No.6	中铁六局集团有限公司	公路工程施工总承包壹级	A0034311010801-15/1	中国公路咨询有限总公司	公路工程甲级	交监公甲010-2006号
土建No.7	中铁二十二局集团有限公司	公路工程施工总承包壹级	A0034311010701-6/6	山东东泰交通建设监理咨询有限公司	公路工程甲级	交工监〔总〕临字第(164)号

第八章 高速公路项目建设

续上表

合同号	施工单位			监理单位		
	单位名称	资质等级	资信登记编号	单位名称	资质等级	资信登记编号
路面 No.1	中铁三局集团有限公司	公路路面专业总承包壹级	A0034114010101-1216	北京华通公路桥梁监理咨询公司	公路工程甲级	交监公甲161-2006号
路面 No.2	中铁四局集团有限公司	公路路面专业总承包壹级	A0034134010401-15/15			
路面 No.3	中铁七局集团有限公司	公路路面专业总承包壹级	A1024161040101-15/11			
路面 No.4	中国路桥集团有限公司	公路路面专业总承包特级	A0024111010102-9/9	广西八桂工程监理咨询有限公司	公路工程甲级	交监公甲243-2006号
路面 No.5	四川路桥桥梁建设集团有限公司	公路路面专业总承包壹级	5400001808911			
路面 No.6	中铁一局集团有限公司	公路路面专业总承包特级	A0034161010301-10/3			
交安 No.1	江苏国强镀锌实业有限公司	交通安全设施分项资质	32050006623	北京华通公路桥梁监理咨询公司	公路工程甲级	交监公甲161-2006号
交安 No.2	中铁四局集团南昌机电设备安装有限公司	交通安全设施分项资质	B1184036012101-6/1	北京华通公路桥梁监理咨询公司	公路工程甲级	交监公甲161-2006号
交安 No.3	广东立乔交通工程有限公司	交通安全设施分项资质	B5284044170101-4/1	广西八桂工程监理咨询有限公司	公路工程甲级	交监公甲243-2006号
交安 No.4	广西壮族自治区公路桥梁工程总公司	交通安全设施分项资质	4500001000664(6-1)			
绿化 No.1	桂林锦绣园林绿化开发有限公司	园林绿化2级	GY新20002	北京华通公路桥梁监理咨询公司	公路工程甲级	交监公甲161-2006号
绿化 No.2	成都市绿豪园林绿化工程有限公司	园林绿化2级	川园0038			

续上表

合同号	施工单位			监理单位		
	单位名称	资质等级	资信登记编号	单位名称	资质等级	资信登记编号
绿化No.3	成都市广泽景观建设有限公司	园林绿化2级	CYLZ.24.20072.C.3.B.2	广西八桂工程监理咨询有限公司	公路工程甲级	交监公甲243-2006号
绿化No.4	厦门溢满鑫环境艺术有限公司	园林绿化2级	3502032000206			
房建No.1	中铁隧道局集团有限公司	房屋建筑总承包特级	4103001000473-2/16	北京华通公路桥梁监理咨询公司	房屋建筑工程监理甲级	交监公甲161-2006号
房建No.2	中铁建工集团有限公司	房屋建筑总承包特级	A0014111011101-15/5	广西八桂工程监理咨询有限公司	公路工程甲级	交监公甲243-2006号
房建No.3	中铁七局集团有限公司	房屋建筑总承包特级	A1014141010101			
机电标	中铁二局集团电务工程有限公司	交通安全设施分项资质	B131451010101-6/1	中国公路咨询有限总公司	公路机电工程专项监理资质	交监公甲101-2006号

本项目监督单位由广西壮族自治区交通工程质量监督站代表政府主管部门进行监督,检测工作等主要由项目公司中心试验室进行,因非常规原因无法进行的试验则委托新桂检测中心及广西壮族自治区交通科学研究所检测中心进行。

二、建设情况

(一)项目准备阶段

1. 立项审批情况

具体情况见表8-24-2。

立项审批情况表　　表8-24-2

序号	建设程序	编制单位(全称)	审批单位(全称)	批复文号	批复日期
1	可行性研究报告	北京路特投资咨询有限公司	国家发展和改革委员会	发改交运〔2005〕2749号	2005.12.23
2	初步设计批复	中交第二公路勘察设计研究院、广西区交通规划勘察设计研究院、中国公路工程咨询集团有限公司	交通运输部	交公路发〔2006〕551号	2006.10.16

续上表

序号	建设程序	编制单位(全称)	审批单位(全称)	批复文号	批复日期
3	施工图设计批复	中交第二公路勘察设计研究院、广西区交通规划勘察设计研究院、中国公路工程咨询集团有限公司	广西壮族自治区交通运输厅	交基建函〔2007〕194号	2007.03.26
4	项目环境影响报告批复	中交第二航务工程勘察设计院	国家环境保护总局	环审〔2005〕872号	2005.10.28
5	水土保持方案批复	交通部环境保护中心	水利部	水保函〔2005〕439号	2005.11.14
6	项目建设用地批复	广西壮族自治区国土资源厅、广西壮族自治区交通基建局	国土资源部	国土资预审字〔2005〕86号	2005.04.22
		沿线县市(岑溪市、容县、北流市、玉州区、兴业县)国土局		国土资函〔2012〕926号	2012.11.28
7	使用林地审核同意书	广西岑兴高速公路发展有限公司	国家林业局	林资许准〔2007〕117号	2007.05.11
8	文物古迹调查	广西壮族自治区交通基建管理局	广西壮族自治区文物工作队	兴业至岑溪高速公路文物古迹调查报告	2005.05.20
9	压矿认定	广西壮族自治区交通基建管理局	广西壮族自治区国土资源厅	桂矿资〔2005〕21号	2005.03.01

2.资金筹措情况

交通部批准本项目初步设计总概算为51.636亿元。建设资金来源为：中央专项资金、自筹资金和银行贷款。

3.招投标情况

本项目建设严格执行《中华人民共和国公路法》《中华人民共和国招标投标法》《中华人民共和国合同法》以及交通部《公路建设市场管理办法》和《公路建设四项制度实施办法》等各项法律、法规,通过公开招标择优选定各设计单位、监理咨询单位、各工程施工单位。在各次招投标活动中,业主的资格(预)审文件、招标文件均获得广西壮族自治区交通厅的批复,招投标各方行为守法规范,均能做到"公开、公平、公正、诚信"原则,广西壮族自治区交通厅对招标全过程进行监督,开标时由广西南宁市公证处对开标全过程进行了公证,专家评标推荐,最后由评标委员会定标并上网公示,整个招标工作合法有效,未收到任何不良反应。

(1)设计单位招标

本项目设计单位及设计监理单位招标工作由广西壮族自治区交通基建管理局负责

实施。

(2) 施工单位招标

本项目根据项目进展情况,分阶段三次招标,第一次于2006年10月22日完成土建工程施工及相应监理服务招标工作,第二次于2007年11月28日完成路面和房建工程施工及相应监理服务招标工作,第三次于2008年5月8日完成交通安全设施、绿化和机电工程施工及机电施工监理服务招标工作。

本项目土建招标代理机构为国信招标有限责任公司,路面、房建、交通安全设施、绿化和机电工程施工招标代理机构为广西壮族自治区建设工程机电设备招标中心。招标代理主要内容包括根据国家相关法律、法规,编制施工及监理服务资格预审和招标文件,按照公开、公平、公正和诚实信用的原则组织招标工作,维护各方合法权益,负责发售资审及招标文件,负责抽取评标专家等。

(3) 监理单位招标

本项目监理单位招标与施工单位招标同步。

4. 征地拆迁情况

本项目在建设实施中,严格执行"十分珍惜、合理利用土地和切实保护耕地"的基本国策,使用土地严格执行国家的法律、法规,各项手续齐全。本项目严格执行《关于广西壮族自治区基础设施重大项目建设用地征地拆迁暂行办法》(桂政发〔2000〕39号)文件精神,征地拆迁实行县(市、区)人民政府包干负责制;征地拆迁采用业主代表、地方政府及拆迁户主几方现场丈量及确认,统一由地方政府项目办公室负责征地拆迁补偿资金分发。实行征地拆迁补偿资金分账户管理、先结算后支付、补偿资金支付"实名制"、补偿资金银行—银行—存折模式运行并定期回访检查等办法。从项目公司拨付征地拆迁补偿费起即明确每一分钱的受益人,及时、足额、安全地将补偿费支付到农户手中,力图从制度和操作程序上保证征地拆迁补偿资金专款专用,避免和制止挪用、截留、贪污等违法犯罪现象的发生,保障建设资金安全,保护农户的合法权益。

(1) 征用土地批复情况

2005年4月,国土资源部以国土资预审字〔2005〕86号作出了《关于岑溪至兴业高速公路建设用地的批复》批准项目建设用地方案。

2012年11月,土地使用获国土资源部批复,批复文号:国土资函〔2012〕926号。

(2) 征地拆迁工程量

设计征用永久性征地15706亩、工程施工临时用地1916亩。总计拆迁各类房屋363355m²。

(二) 项目实施阶段

按照国家公路建设管理规定,并根据规范对项目建设管理的要求,实行项目公司与工程监理分离的原则,本项目分别成立了项目公司和各驻地监理处。公司负责对本项目建设实行具体组织管理,监理处负责对工程施工的质量、安全、进度、水土保持、环境保护和工地文明施工进行管理和控制。在具体实施管理中,为明确分工及工作职责,项目公司下设综合部、工程管理部、安质环保部、监理管理部、财务资金部、合同管理部、协调部、物资部、中心试验室。

项目实施过程中认真贯彻落实《中华人民共和国安全生产法》,坚持以"安全第一,预防为主,综合治理"的安全生产方针,建立健全安全生产组织管理机构,制定各项安全生产管理制度,落实安全生产责任制,组织制定并实施本单位的生产安全事故应急救援预案,对安全生产进行风险分析,有目的、有重点地进行预防,整个建设期间未发生一起责任安全事故。

(1)项目公司成立了广西岑兴高速公路安全生产领导小组,各监理处和各项目经理部也相应成立安全生产领导小组,制定安全生产管理办法和措施,管理过程中不断完善工作机制和规章制度、管理办法。

(2)在签订项目合同时,签订安全生产责任书,提出安全管理目标,实行安全事故一票否决制,并通过关键技术方案和管理措施保证安全技术到位及投入到位。

(3)建立安全生产责任追究制度,明确事故调查及责任人的追究工作程序,进一步规范了对责任事故的处理原则和处罚内容。

(4)加强日常巡查,抓预防、纠违章。经常深入施工现场检查、监督安全工作,对施工现场严查、勤查,找问题、查隐患,抓苗头、堵漏洞。对发现的问题责成施工单位及时整改,并跟踪监督。

(5)及时开展安全专项检查。根据施工进度,目前的安全防范重点,及时组织有针对性的安全专项检查,检查安全的技术方案、检查方案的落实和安全投入到位情况、检查安全交底。通过督促落实安全技术措施、安全投入和安全管理措施,化解了大量的安全风险,避免安全事故的发生。

(6)开展"安全生产月"活动,提高了全员安全意识。公司组织了以"综合治理,保障平安"为主题,进一步推动以"关爱员工,杜绝'三违',创建平安项目"为目标的"安全生产月"活动。通过"安全生产月"活动促进了各单位安全管理水平的提高,安全保证体系得到加强,各项安全管理制度进一步完善,全线安全生产处于受控状态,促进了全线安全工作的进一步提升。

(7)组织安全隐患排查,开展安全隐患治理工作,确保施工安全。认真贯彻落实广西壮族自治区交通厅和交通部关于开展以桥梁为重点的安全隐患排查的文件精神,组织对全线安全隐患进行拉网式排查。对拉网式排查中发现的问题制定了有针对性的整改措施,明确责任,落实整改责任人,限期整改。

项目公司始终坚持把安全生产放在一切工作的首位,坚持抓领导、抓制度、抓管理、抓检查、抓整改,使安全生产工作呈现出平稳的运行态势,安全事故得到有效的控制,安全生产处于受控状态,为施工生产提供强有力的保障。

三、复杂技术工程

绣江大桥是岑溪至兴业高速公路的一座重要桥梁,于容县十里乡读田村跨越绣江,主桥桥轴线与水流方向正交,路线与河中心交点桩号为 K39+906.5。上一阶段补充设计提出,经交通部《关于岑溪至兴业公路初步设计的批复》(交公路发[2006]551号文件)批复同意的桥形方案为:55.5m+100m+55.5m 三孔变截面连续刚构。施工图设计阶段根据地形、地质等详测资料,对主桥边跨布置进行了调整,采用的桥形方案为:主桥 35m+60m+100m+55m 预应力混凝土变截面连续—刚构组合桥,兴业岸引桥采用 7×30m 先简支后连续预应力混凝土 T 形梁。桥梁起讫里程桩号为 K39+756.96~K40+228.962,全长 472.002m。

设计荷载:公路—Ⅰ级。

桥面宽度:分幅式断面,2×[0.50m(防撞墙)+12.25m(行车带)+0.75m(钢护栏)+0.5m(分隔带)],全宽 28m。

设计洪水频率:1/100;设计水位 $SW1\% = 76.192m$;《内河通航标准》中Ⅵ级航道,最高通航水位:$HW20\% = 69.00m$,最低通航水位:62.865m;设计最大风速:无实测值,基本风压按通用桥规取值,$W01\% = 0.35kN/m^2$;地震烈度:Ⅵ度。

桥址处河段缓直,河床平缓,U形河谷。测时水面宽约 100m,桥址水位受上游电站关放水的影响变化较大(63.18~69.05m)。岑溪岸属丘陵地貌,地面起伏大,兴业岸属河流堆积阶地,地形平坦开阔。两岸均为第四系覆盖层覆盖,基本无基岩出露。0号台~1号墩斜坡自然稳定性较好,无坍塌;2号墩处为冲刷岸,坡度达 50%~70%,斜坡自然稳定性较差;11号台路边边坡雨后坍塌现象明显,斜坡稳定性差。

建设主要难题是桥址水位受上游电站影响,施工准备阶段应充分收集上游电站关放水计划资料,预测施工过程中可能出现的水位和流速参数,制订可靠的施工方案。2号墩斜坡自然稳定性较差,施工时加强防护措施。2号、3号墩基础拟采用筑岛围堰方案,若施工水位过高,可考虑改用搭平台施工。2号、3号墩桩基础采用钻成孔,3号墩地质情况复杂,弱风化岩面高差变化大,最大桩长达 5200cm,成孔时应加强对轴线偏差和倾斜度的控制。承台混凝土方量较大,若一次浇筑有困难,最多两次浇筑完成。分层应浇筑按施工缝要求处理接面,并应在接缝面上预先插布钢筋头增强连接性能。为降低基础内部温度,建议采用低热微膨胀水泥或水化热较低的矿渣硅酸盐水泥,且掺入适量细粉煤灰,优化混凝土配合比,减少水泥用量。

桥台施工如图 8-24-1 所示,挂篮施工如图 8-24-2 所示,建成效果如图 8-24-3 所示。

图 8-24-1　桥台施工图

图 8-24-2　挂篮施工图

图 8-24-3　建成效果图

四、科技创新

本项目开展了冲击碾压工艺科研项目。拟通过采用不同的填料、不同的填筑层厚、不同的冲击碾压遍数、不同的运行速度、不同的部位等,主要收集以下资料:

(1)各部位压实度变化数据;

(2)冲击碾压对不同填筑层的变化数据;

(3)冲击碾压的影响深度;

(4)沉降速率变化;

(5)冲击碾压在不同土质条件下的变化等数据,研究并确定冲击碾压对不同土层施工需保证的相关参数,研究冲击碾压对提前完成工后沉降的效果,形成科研结果。但由于施工工期较紧,试验在第二阶段时,被迫取消。

具体情况如图 8-24-4~图 8-24-7 所示。

图8-24-4 匝道路基冲击碾压图

图8-24-5 路基冲击碾压压实度检测图

图8-24-6 主线路基冲击碾压图

图8-24-7 路基冲击碾压压实度检测图

五、运营管理

(一)服务区、收费站设置情况

岑溪至兴业高速公路沿线玉林、容县2对服务区,山心、北流、中林3对停车区。2013年所管辖的2对服务区均被评为广西壮族自治区四星级服务区。随着车流量的增长,为进一步满足驾乘人员的需求,近年来服务区不断提高服务质量和形象,赢得了广大驾乘人员的好评。沿线设置玉林、寒山、北流、山围、容县、昙容和马路7座收费站,设计31个出口和19个进口车道,目前使用26个出口和15个进口车道。

近年出入口交通流量统计见表8-24-3。

近年出入口交通流量统计表　　　　表8-24-3

年份(年)	入口(车次)	出口(车次)	总接待(车次)	增长率(%)
2009	1308413	1341922	2650335	
2010	1631259	1578782	3210041	21.12
2011	2038265	1987879	4026144	25.42
2012	2576792	2511559	5088351	26.38
2013	3004451	3079043	6083494	19.56
2014	3363207	3586321	6949528	14.24
2015(上半年)	1915723	2037406	3953129	
合计	15838110	16122912	31961022	

(二)交通量

根据岑溪至兴业高速公路近年出入口交通流量统计表(表8-24-3),车流量呈逐年增长态势,主要原因如下:

(1)2008年12月12日本路段开通,很多外地车辆不熟悉路况,导致过往的云贵川车辆较少,且客车大部分走二级公路,而部分3类、4.2类的客车购买了二级收费站的年票,改走高速公路的车辆较少。

(2)2009年因本路段的开通时间渐长与宣传到位,过往驾驶员熟悉路况后多选择本路段通行,本地客车也在权衡通行条件后改道走高速公路,车流逐渐增长。

(3)2010年4月13日岑溪—罗定高速公路开通运营、6月30日广州—梧州高速公路全线通车,因本路段为西南各省市通往粤港澳地区的重要通道,此两条高速公路的通车运营使本路段车流有所增长并呈逐月上升态势;8月出现一个全年最高峰,桂平—梧州二级公路一座大桥维修,大型货车与客车无法通行故分流至本路段。

(4)2011年玉林—北流二级公路修路,车辆分流至本路段;玉林市宏进农贸批发市场在玉林市二环路建成,紧靠岑兴高速公路玉林收费站延长线出口,大量物资流通,对本路段交通量带来较大影响。

(5)2012年因玉林—容县一级公路修路,车辆分流至本路段,9月开始车流有较大增长;因总体经济向好,居民出行次数上升,现代物流水平提高使公路货运周转量增速,周边路网趋于稳定等积极因素,2012年车流增长量为开通以来最高。

(6)2013年4月玉林—铁山港高速公路建成通车,从桂林、柳州、贺州、梧州、贵港等地前往铁山港需经过本路段,拉动了本路段的交通量。

(7)2014年8月1日起执行新费率,1类小客车从0.4元/km增长至0.5元/km,且广西区内各地级市高铁相继开通运行,车流量增长放缓;10月玉林市毅德商贸中心正式营业,因紧靠岑溪至兴业高速公路玉林收费站延长线出口,物资流通对本路段交通量带来一定利好影响。

(三)养护模式

项目公司在运营过程中始终坚持"安全第一、预防为主"的方针,紧紧围绕"平安运营"的目标,认真贯彻执行国家、广西壮族自治区及上级单位有关安全生产的方针政策、法律法规和标准,以人为本,牢固树立安全发展理念,全面落实企业安全生产主体责任,坚持一手抓生产,一手抓安全,建立并不断完善了安全生产管理标准体系及重大事故预防控制体系,制定了一系列安全管理制度和应急管理制度,做到了安全生产有章可循、有规可守,确保了岑溪至兴业高速公路的安全、畅通,自2008年12月20日开通以来,本项目未发生一起一般或以上安全责任事故。

截至目前,本项目尚未开展相关大修工程。相关图片如图8-24-8~图8-24-10所示。

图 8-24-8

图 8-24-9

图 8-24-10

第二十五节　桂林至阳朔高速公路

一、项目概况

(一)项目基本情况

桂林至阳朔高速公路(简称桂阳高速公路)是国家西部开发8条省际公路通道阿荣旗至北海公路中南宁—梧州—桂林支线的重要组成路段,也是国家高速公路网中G65包头至茂名高速公路的重要组成路段,同时还是广西公路主骨架的重要组成部分和西南地区与粤港澳经济联系的重要通道。

本项目起点位于桂林市临桂县四塘乡元田村冲口附近,在起点处与G72泉南高速公路(桂柳段)设池头互通相交,线路沿东南方向前进,跨越湘桂铁路,过赵家垭口,在会仙镇马面设互通立交与S2201桂林绕城高速公路(灵川至三塘段)相接,经六塘、葡萄、白沙等乡镇,跨遇龙河、金宝河,终点位于阳朔县高田镇鹤岭村,与G65包茂高速公路阳朔至平乐段相接,路线全长66.645km。本项目主线采用双向四车道高速公路标准建设,设计速度120km/h,设计荷载:汽车—超20级,挂—120;设计洪水频率:大、中、小桥、涵洞及路基均为1/100;路基宽度为28m,行车道宽度为2×7.5m,路面面层类型为沥青混凝土。

本项目批准的工程总概算为22.64125997亿元,实际工程总投资为30.31541589亿元(审计中)。项目建设立项批准工期为48个月,开工时间2004年8月28日,但由于环保专家组提议修改线路方案致使全线开工时间延期推后到2005年7月30日才实现全线全部路基、桥涵标段的开工,工程于2008年12月19日建成通车。

设计路线图如图8-25-1所示。项目建设基本情况见表8-25-1。

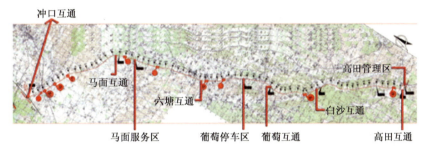

路线起于桂林市临桂县四塘冲口,途经马面、六塘、葡萄、白沙、阳朔,终点在阳朔县高田附近,全长66.793km。

图8-25-1 广西桂林至梧州高速公路桂林至阳朔段设计线路图

项目建设基本情况表 表8-25-1

序号	编号	主要控制点	项目名称	里程(km)	投资(亿元)	车道数	设计速度(km/h)	建设时间(开工~通车)	备注
1	G78	桂柳高速公路、沿线高压输电线路、湘桂铁路、溶洞土洞、遇龙河、金宝河、龙盘岭古墓葬、钱村古村落及大钟庙古建筑遗址	桂林至阳朔高速公路	66.645	30.315	4	120	2004.08.28~2008.12.19	由于环保专家组提议修改线路方案致使全线开工时间延期推后到2005年7月30日才实现全线全部路基、桥涵标段的开工

(二)前期决策情况

(1)2001年11月14日,国家发展计划委员会下发了《国家计委关于西部开发8条公路干线规划建设有关问题的通知》(计基础〔2001〕2376号),通知中表明:"最近,国务院已原则同意西部开发8条公路干线工程规划并批准立项"。批准阿荣旗—北海(含南宁—梧州—桂林支线并连西北、西南的南北出海对外通道)。2003年7月10日,广西壮族自治区交通厅发交计划〔2003〕580函对桂阳高速公路项目立项进行了批复。批准工期48个月。

(2)2003年7月8日,广西发改委《关于桂林至阳朔公路可行性研究报告的批复》(桂计交函〔2003〕357号文)批准本项目的线路起、终点和走向及采用的标准,路线全长约67km。

(3)2003年11月21日,广西壮族自治区交通厅《关于桂林至阳朔高速公路初步设计的批复》(交基建函〔2003〕922号)批准了本项目的初步设计。

(4)2005年1月20日,广西交壮族自治区通厅《关于桂林至阳朔高速公路两阶段施工图设计的批复》(交基建函〔2005〕41号)中批复了本项目的两阶段施工图设计,所采用的指标符合有关标准和规范的要求。

(5)2003年9月10日,国土资源部地质环境司组织有关专家对《桂林至梧州公路桂林至阳朔段建设用地地质灾害危险性评估报告》进行了审查,同意通过,并得到国土资源部地质环境司的认定。

(6)2003年9月25日,广西壮族自治区国土资源厅《关于桂林至阳朔高速公路建设用地压矿情况的函》(桂矿资〔2003〕107号)认定本项目建设用地范围内无查明的重要矿产资源储量,无矿权设置。

(7)2003年12月22日,国土资源部办公厅《关于广西桂林至岑溪高速公路建设用地预审意见的复函》(国土资厅函〔2003〕439号)批准"该项目用地已列入当地土地利用总体规划,同意本项目通过用地预审。"

(8)2003年12月23日,广西壮族自治区国土资源厅《关于广西桂林至岑溪高速公路建设用地预审意见的通知》(桂国土资规〔2003〕89号)批准"该项目用地已列入广西及广西有关市县(市)土地利用总体规则,同意本项目通过用地预审。"

(9)2004年1月5日,广西壮族自治区水利厅《关于桂林至梧州公路桂林至阳朔段水土保持方案审批的函》(桂水保水〔2004〕2号),基本同意本项目的水土保持方案。

(10)2004年1月5日,广西壮族自治区环保局《关于桂林至梧州公路桂林至阳朔段环境影响报告书的批复》(桂环管字〔2004〕28号),同意本项目建设。

(11)2004年2月16日,桂林市林业局根据广西壮族自治区林业局(桂林政发〔2003〕66号)文件的精神,组织各项目区林业主管部门征用林地单位及编写使用林地可行性报告单位对《桂林至阳朔高速公路建设工程使用林地可行性报告》进行了审核,在《桂林至阳朔高速公路建设工程使用林地可行性报告的审核意见》中认定本项目使用林地符合国家法律法规用林地的要求。

(12)2004年3月12日,广西壮族自治区国土厅《关于桂林至阳朔高速公路单体控制工程先行用地的通知》(桂国土资函〔2004〕139号)中,同意工程控制工期的单体工程先行使用土地114.7919hm^2。

(13)2004年8月2日,广西壮族自治区交通厅《关于桂林至阳朔高速公路单体控制工程先行开工的批复》(交基建函〔2004〕540号)同意控制工期的单体工程先行开工。

(14)2004年8月21日,广西壮族自治区商务厅、建设厅共同签发《自治区商务厅关于同意桂林至平乐高速公路服务区加油站布局规划的函》(桂商改函〔2004〕2号),对本项目的管理服务设施建设规划进行了同意批复。

(15)2004年11月18日,国家环保总局将《关于同意桂林至梧州高速公路桂林至阳朔段环评审批的复函》(环办函〔2004〕699号)复函给广西壮族自治区环境保护局,同意确认《关于同意桂林至梧州高速公路桂林至阳朔段环境影响报告书》(桂环管函〔2004〕1号)。

(16)2005年2月17日《国家发展改革委办公厅关于调增广西壮族自治区第一批重点急需建设项目的通知》(发改办投资〔2005〕296号)中,调增桂林至阳朔高速公路为广西第一批重点急需建设项目。

(17)2005年7月26日国土资源部《关于桂林至阳朔高速公路工程建设用地的批复》(国资函〔256〕号)。

(三)参建单位主要情况

本项目共有3家设计单位,其中路基路面由具有公路工程甲级资质的中交通力公路勘察设计有限公司进行设计,交通安全设施机电工程及房建工程由中国公路工程咨询总公司进行设计,绿化工程由重庆市园林建筑规划设计院进行设计。

全线建设单位共有19家,详情见表8-25-2。

建设单位一览表　　　　　　　　　　　　　　表8-25-2

序号	合同段	单位名称	资质等级
1	No.1合同段	重庆渝通工程总公司	公路工程施工总承包壹级
2	No.2合同段	江西交通工程集团公司	公路工程施工总承包壹级
3	No.3、No.5-1、No.J4、No.J8、No.J9合同段	湖南路桥建设集团公司	公路工程施工总承包特级
4	No.4合同段	广西公路桥梁工程总公司	公路工程施工总承包特级
5	No.5合同段	湖南建筑工程集团总公司	公路工程施工总承包壹级
6	No.6合同段	衡阳公路桥梁建设有限公司	公路工程施工总承包壹级
7	No.7合同段	西安萌兴高等级公路工程股份有限公司	公路工程路面专业壹级
8	No.8合同段	路桥集团第二公路工程局	公路工程路面专业壹级
9	No.J1、No.J2交通安全设施工程	烽火通信科技股份有限公司	公路交通工程专业承包通信、监控、收费综合系统工程资质
10	No.J3交通安全设施工程、房建工程	中铁二十五局恒元建筑工程有限公司	房屋建筑工程施工总承包壹级,机电设备安装工程专业承包壹级

续上表

序号	合同段	单位名称	资质等级
11	No.J5、No.J7、No.J11 交通安全设施工程	湖北粤阳建设工程有限公司	有交通安全设施施工资质
12	No.J6 交通安全设施工程	江苏华夏交通工程有限公司	有交通安全设施施工资质
13	No.J10 交通安全设施工程	北京汉威达交通运输设备有限公司	有交通安全设施施工资质
14	No.J12 交通安全设施工程	厦门科发交通工程有限公司	有交通安全设施施工资质
15	No.LA 绿化施工	湖南花卉科技有限公司	贰级
16	No.LB 绿化施工	广西美桂园林工程有限公司	贰级
17	No.LC 绿化施工	湖南格瑞园艺科技发展有限公司	贰级
18	No.LD 绿化施工	湖北四季青景观园林建设有限公司	贰级
19	No.LE 绿化施工	南宁思科达园林绿化有限公司	贰级

全线共分 2 家监理单位,对全线 27 个施工合同段进行二级监理,详情见表 8-25-3。

监理单位一览表 表 8-25-3

合同段	单位名称	资质等级	监理里程及内容
第一驻地办	长沙华南交通工程咨询监理公司	甲级	K0+000～K32+000 路基、路面、绿化、房建、交通安全设施工程及机电工程
第二驻地办	湖南省金衢交通咨询监理有限公司	甲级	K32+000～K66+645 路基、路面、绿化、房建、交通安全设施工程及机电工程

二、建设情况

(一)项目准备阶段

1. 立项审批

广西桂林至阳朔高速公路项目严格执行基本建设程序,主要基本建设程序审批情况详见表 8-25-4。

项目基本建设程序审批情况表 表 8-25-4

序号	基建程序名称	审批机关(单位)	批复文号	批复时间
1	项目立项	国家发展计划委员会	计基础〔2001〕2376号	2001.11.14
2	项目立项	广西壮族自治区交通厅	交计划〔2003〕580函	2003.07.10
3	可行性研究报告	广西壮族自治区发改委	桂计交函〔2003〕357号	2003.07.08
4	初步设计	广西壮族自治区交通厅	交基建函〔2003〕922号	2003.11.21
5	两阶段施工图设计	广西壮族自治区交通厅	交基建函〔2005〕41号	2005.01.20
6	建设用地地质灾害危险性评估报告	国土资源部地质环境司	审查通过	2003.09.10

续上表

序号	基建程序名称	审批机关(单位)	批复文号	批复时间
7	建设用地压矿情况	广西壮族自治区国土资源厅	桂矿资〔2003〕107号	2003.09.25
8	建设用地预审	国土资源部办公厅	国土资厅函〔2003〕439号	2003.12.22
9	水土保持方案	广西壮族自治区水利厅	桂水保水〔2004〕2号	2004.01.05
10	环境影响报告书	广西壮族自治区环保局	桂环管字〔2004〕28号	2004.01.05
11	使用林地可行性报告	桂林市林业局	桂林政发〔2003〕66号	2004.02.16
12	单体控制工程先行用地	广西壮族自治区国土厅	桂国土资函〔2004〕139号	2004.03.12
13	单体控制工程先行开工	广西壮族自治区交通厅	交基建函〔2004〕540号	2004.08.02
14	服务区加油站布局规划	广西壮族自治区商务厅、建设厅	桂商改函〔2004〕2号	2004.08.21
15	环评审批	国家环保总局	环办函〔2004〕699号	2004.11.18
16	建设用地的批复	国土资源部	国资函〔256〕号	2005.07.26

2. 标段划分

全线共分6个土建施工合同段、1个桥梁标、2个路面合同段、1个房建合同段、1个机电合同段、11个交通安全设施合同段、5个绿化合同段,见表8-25-5。

标段划分情况表　　　　　　　表8-25-5

合同段	内容	单位名称	资质等级	起讫桩号
1	路基工程	重庆渝通工程总公司	公路工程施工总承包壹级	K0+000～K9+800
2		江西交通工程集团公司	公路工程施工总承包壹级	K9+800～K20+700
3		湖南路桥建设集团公司	公路工程施工总承包特级	K20+700～K32+000
4		广西公路桥梁工程总公司	公路工程施工总承包特级	K32+000～K44+000
5		湖南建筑工程集团总公司	公路工程施工总承包壹级	K44+000～K56+000
6		湖南路桥建设集团公司	公路工程施工总承包特级	K50+607～K50+913 白沙高架桥
7		衡阳公路桥梁建设有限公司	公路工程施工总承包壹级	K56+000～K66+645
8	路面工程	西安萌兴高等级公路工程股份有限公司	公路工程路面专业壹级	K0+000～K32+000
9		路桥集团第二公路工程局	公路工程路面专业壹级	K32+000～K66+645
10	通信管道	烽火通信科技股份有限公司	公路交通工程专业承包通信、监控、收费综合系统工程资质	K0+000～K66+645
11	机电工程	烽火通信科技股份有限公司	公路交通工程专业承包通信、监控、收费综合系统工程资质	K0+000～K66+645
12	供电工程	中铁二十五局恒元建筑工程有限公司	房屋建筑工程施工总承包壹级、机电设备安装工程专业承包壹级	K0+000～K66+645

续上表

合同段	内　容	单位名称	资质等级	起讫桩号
13	钢护栏工程	湖南路桥建设集团公司	公路工程施工总承包特级	K0+000~K16+500
14	钢护栏工程	湖北粤阳建设工程有限公司	有交通安全设施施工资质	K16+500~K32+500
15	钢护栏工程	江苏华夏交通工程有限公司	有交通安全设施施工资质	K32+500~K50+000
16	钢护栏工程	湖北粤阳建设工程有限公司	有交通安全设施施工资质	K50+000~K66+645
17	交通设施标志工程	湖南路桥建设集团公司	公路工程施工总承包特级	K0+000~K32+000
18	交通设施标志工程	湖南路桥建设集团公司	公路工程施工总承包特级	K32+000~K66+645
19	交通安全设施隔离网工程	北京汉威达交通运输设备有限公司	有交通安全设施施工资质	K0+000~K32+000
20	交通安全设施隔离网工程	湖北粤阳交通运输设备有限公司	有交通安全设施施工资质	K32+000~K66+645
21	交通设施标线工程	厦门科发交通工程有限公司	有交通安全设施施工资质	K0+000~K66+645
22	隔音墙工程	湖北粤阳建设工程有限公司	有交通安全设施施工资质	K0+000~K66+645
23	绿化工程	湖南花卉科技有限公司	贰级	K0+000~K17+500
24	绿化工程	广西美桂园林工程有限公司	贰级	K17+500~K32+000
25	绿化工程	湖南格瑞园艺科技发展有限公司	贰级	K32+000~K50+000
26	绿化工程	湖北四季青景观园林建设有限公司	贰级	K50+000~K66+645
27	收费站、服务区房建工程	中铁二十五局恒元建筑工程有限公司	房屋建筑工程施工总承包壹级	

3. 征地拆迁

征地拆迁情况见表8-25-6。

征地拆迁情况统计表　　　　表8-25-6

	征地拆迁安置起止时间	征用土地(亩)	拆迁房屋(m²)	支付补偿费用(元)	备注
一期	2004.01~2009.06	7549.05	28506.64	125934479	
二期					

(二)项目实施阶段

本项目变更设计较多,主要变更如下:

K1+262~K1+334等多路段软基处理;

K0+696.63~K0+780等多路段路床换填处理;

K12+300~K19+518等多段探明的隐伏土洞变更;

K14+300~K14+800等多段路基溶洞变更;

K54+000~K54+052左侧上边坡等处采用挂网锚喷防护加固;

K50+480~K50+666右侧第一级上边坡采用锚杆挂铁丝网客土喷播,K50+480~K50+666右侧第二级边坡采用直接喷播;

增加K36+051铜山根中桥;

全线明涵、大中小桥桥头中央分隔带增设砖砌挡墙;

全线增设4处紧急停车带;

全线桥涵台背处注浆变更较多。

三、复杂技术工程

本项目共设大桥8座1459.8m,中桥32座1921.626m,小桥63座1470.81m,主要桥梁建设情况如下。

池头互通BK0+889跨桂柳高速公路大桥中心桩号:池头互通BK0+899,路线跨越桂柳高速公路,桥梁上部结构采用1×40m后张法预应力混凝土小箱梁,下部结构桥台采用重力式桥台,基础采用明挖扩大基础;桥台防护采用锥坡及挡墙。

池头互通CK0+424跨桂柳高速公路大桥中心桩号:池头互通CK0+424,路线跨越桂柳高速公路,桥梁上部结构采用1×40m后张法预应力混凝土小箱梁,下部结构桥台采用重力式桥台,基础采用明挖扩大基础;桥台防护采用锥坡及挡墙。

跨桂柳铁路分离式立交桥中心桩号:K2+966,路线跨越湘桂铁路,桥梁上部结构采用5×30m预应力连续T形梁;下部结构桥墩采用柱式墩,桥台采用肋式台,基础采用桩基础;桥台防护采用锥坡及溜坡。

大马塘大桥中心桩号:K4+928,桥位处地势开阔,地形平坦,为岩溶峰林洼地的沟谷地,河谷走向近南北向,断面呈U形,河谷底平坦,河床宽度30~35m,河床河滩无很明显的区别,河滩植被繁茂,河两岸附近多为水浇地、果园,鱼塘密布。本桥上部结构采用 9×20m 后张法预应力混凝土箱梁,先简支后连续;下部结构桥墩采用柱式墩,桥台采用柱式台,基础采用桩基础或扩大基础;桥台防护采用锥坡及溜坡。

马面互通立交 1 号跨线桥中心桩号:马面互通 BK0+791,与桂阳高速公路主线相交于 K16+526 处,桥梁上构采用现浇 16m+3×23m+2×16m+3×23m+16m 预应力混凝土连续箱梁,下部结构 1~4 号、6~9 号桥墩为独柱墩,5 号墩为双柱墩,桥台为柱式桥台,基础为挖孔桩基础;桥台防护采用锥坡及溜坡。

遇龙河大桥中心桩号:K49+567,跨越漓江支流遇龙河,桥梁上部结构采用 8×30m 先简支后连续预应力混凝土 T 形梁;下部结构桥墩采用柱式墩,桥台采用肋式台,基础采用扩大基础;桥台防护采用锥坡及溜坡。

白沙高架大桥中心桩号:K50+760,沿漓江支流遇龙河旁,跨越地方道路,桥梁上部结构采用 10×30m 先简支后连续预应力混凝土 T 形梁;分三联,于 0 号台、3 号墩、6 号墩、10 号台设置伸缩缝。下部结构桥墩采用双柱式墩,明挖扩大基础;桥台为重力式桥台明挖扩大基础。桥台防护采用锥坡及溜坡。

金宝河大桥中心桩号:K65+120,跨越漓江支流金宝河,桥跨组合为 8×30m。上部结构采用预应力连续 T 形梁,四跨一联,于 0 号台、4 号墩、8 号台设置伸缩缝。下部结构桥墩采用双柱式墩,钻孔桩基础;桥台柱式桥台,钻孔桩基础。桥台防护采用锥坡及溜坡。

四、科技创新

科技创新、技术进步是工程质量进一步提高的源泉,建设好优质的高速公路必须要有科学技术,必须采用先进的工艺、先进的技术和先进的设备以及优质的材料。桂林至阳朔高速公路建设过程中,十分重视科学技术对高速公路建设的指导作用,在充分吸收广西近年来高速公路施工各项研究课题成果的同时,针对桂阳高速公路的实际情况,积极开展一系列的科研攻关与技术措施,取得了良好的效果。

(一)建立了我国第一个岩溶土洞监测预警观察站

2007 年项目公司与中国地质科学院岩溶地质研究所、广西交通科学研究院,在桂阳高速公路 K14+550~K14+660 之间的岩溶土洞最为发育路段建设了岩溶土洞长期监测预警观察站,对该路基隐伏的岩溶土洞进行监测预报,这是我国第一个岩溶土洞监测预警观察站。岩溶土洞在空间上具有隐蔽性,时间上具有突发性和累进性,传统的地面监测办法对土洞的形成演化监测已无能为力,针对桂林至阳朔高速公路存在大量的岩溶土洞,观察站采用国际上较为先进的 BOTDR 光线使感技术,结合 TDR 同轴电缆监测技术,地质雷达前期扫描,进行岩溶地下水动力及化学特征值监测,监测值具有科学性和互补性。该观察站每月进行一次观测,结果表明桂林至阳朔高速公路所用相关技术较好地处理了岩溶土洞问题,处理结果安全可靠并对水土保持以及环境保护没有产生影响。

(二)因地制宜、科学处理岩溶土洞

项目公司在路基建设过程中对隐伏岩溶土洞处理采用了新技术方案,据中国地质科学院岩溶研究所和广西交通科学研究院对桂林至阳朔高速公路 K9+050~K65+610(包括高田互通)路段进行探测的结果,对该路段已探明的337个岩溶土洞进行科学处理,确保桂阳高速公路路基工程的质量。

(1)对已探明的外露岩溶采取桥涵跨越,确保溶洞进出水口处于自然状态。

(2)对于隐伏的岩溶采取平整后铺上碎石层,覆盖土工布再进行路基土方填筑,每个隐伏岩溶进出水口都设盲沟,使其和路基两侧排水沟连接起来。

(3)对已探明的外露土洞,采取先填碎石后注浆,而对隐伏土洞则采用钻孔先灌砂石,后注浆处理。

(4)对全线进行处理的隐伏岩溶土洞处理后,采用钻芯取样方法和采用地质雷达探测方法进行检测。实践证明采取以上的几种方法处理桂林至阳朔高速公路的岩溶土洞效果好,是成功的。

五、运营管理

(一)服务区、收费站设置

桂林至阳朔高速公路共有会仙和高田2对服务区,有1对东山停车区,设置临桂六塘、葡萄、阳朔白沙、阳朔高田4个匝道收费站。收费站点设置情况见表8-25-7。

收费站点设置情况表 表8-25-7

站定名称	车道数(条)	收费方式
临桂六塘	4	计重收费
葡萄	4	计重收费
阳朔白沙	9	计重收费
阳朔高田	11	计重收费

交通流发展状况见表8-25-8。

交通流发展状况表 表8-25-8

年份(年)	路段一	路段二	路段三	日均车流量(辆/d)
2009				1767
2010				3199
2011				3690

续上表

年份(年)	路 段 一	路 段 二	路 段 三	日均车流量
2012				4961
2013				8340
2014				10913

(二)养护管理模式变化

随着运营深入,养护任务加重,广西桂梧高速公路桂阳段投资建设有限公司结合实际情况,摸索出一套合适的养护管理体制,"十二五"期间养护体制改革主要体现在小修体制改革。

桂阳高速公路通车后,前期养护任务工程量不多,需要的技术含量不高,建设单位采用自行养护模式组建小修队,由养护工程部负责管理,负责日常小修保养工作,基本能够满足养护需求。

随着运营深入,养护任务加重,自行小修养护模式已渐渐不能满足日益增长的养护需要,经过多方面比较,考察其他养护公司的成功经验,建设单位采用了更合适的养护外包模式,将小修外包给有资质的专业养护公司,于2014年1月1日同桂林顺达路桥建设有限公司签署合同。养护外包的内容包括路基、路面、桥涵、交通安全、绿化及收费站区等沿线设施的维修养护,并配合业主完成指定的工程抢险施工以及保洁。

桂林至阳朔高速公路开通至今,养护维修主要为小修养护,未涉及大修。

第二十六节 钟山至马江高速公路

广西钟山至马江高速公路位于广西东北部钟山和昭平两县境内,是国家规划西部开发8条省际公路通道中阿荣旗至北海公路南宁至梧州至桂林支线重要组成路段,也是国家重点公路规划方案临汾至三亚公路在广西境内的规划路段,同时还是广西公路主骨架的重要组成部分。

本项目路线起于钟山县同古镇,经同古、黄姚、巩桥、樟木、富罗、三合,止于昭平县富罗镇三合村,上接平乐至钟山段终点的同古镇,下接马江至梧州段的起点三合村,都属于桂林至梧州高速公路的主线,路线全长60.050km,在G65路网起止里程为K2655+365～K2715+413,路线全长60.050km,双向四车道,共有黄姚和富罗2对服务区;设置黄姚、潮江、富罗和三合4处互通立交(收费站)。本项目主线采用双向四车道高速公路标准建设。①设计速度:同古至樟木段100km/h,樟木至三合段80km/h,整体式路基同古至樟木段宽度为26.0m,樟木至三合段宽度为24.0m,行车道宽度为2×7.5m。②设计荷载:公路—Ⅰ级。③设计洪水频率:大、中、小桥,涵洞及路基为1/100。④路面结构:沥青混凝土结构。本路段桥隧比为19.45%,桥隧长度总计13.13km,桥梁多采用预应力结构,桥梁共64座,隧道共6座。

交通运输部批准本项目初步设计总概算为26.5294亿元(含建设期贷款利息)。批复建设资金来源为:自筹及贷款资金。后来因原材料等物价大幅上涨,经过概算调整,初步设计调整概算为36.5226亿元(含建设期贷款利息)。

本项目建设总工期4年,工程于2005年1月6日正式开工建设,于2009年12月29日建成通车。

高速公路总体情况见表8-26-1。国家高速公路建设情况见表8-26-2。

高速公路总体情况表　　　　　　　　　　　　　　　　　　　表8-26-1

序号	类型	编号	总里程(km)	总投资(亿元)	建设性质	备注
1	国家	G65	60.050	36.52	BOT	

国家高速公路建设情况表　　　　　　　　　　　　　　　　　表8-26-2

序号	编号	主要控制点	项目名称	里程(km)	投资(亿元)	车道数(条)	设计速度(km/h)	建设时间(开工~通车)	备注
1	G65		钟山至马江高速公路	60.050	36.52	4	100/80	2005.01.06~2009.12.29	

第二十七节　马江至梧州高速公路

一、项目概况

(一)基本情况

桂林至梧州高速公路(马江至梧州段)位于广西东南部梧州市境内,是国家规划的重点公路包头至茂名公路(G65)在广西境内的组成路段,同时也是广西壮族自治区规划的"四纵六横"中的一纵,龙胜—岑溪高速公路的马江至梧州段,是广西重要的出省公路,也是我国中西部地区通往广东及沿海城市的主要通道。

本项目路线起点位于昭平县富罗镇三合口,接钟山至马江高速公路讫点,经茶子脚、狮寨、武岭、长发,在金坡跨桂江,经新塘、倒水、大桥、窝田,在大冲跨浔江,再经新安,至保村与岑溪至梧州高速公路讫点连接。同步建设梧州连接线和梧州连接支线。梧州连接线起于梧州互通式立交,止于平浪,与远期规划的梧州城北过境高速公路连接。梧州连接支线起于平浪互通式立体交叉,止于207国道。

路线位于广西东部丘陵地区,大瑶山山脉的东段,地势北高南低,大致由北向南倾斜,地形起伏较大,海拔在10~450m之间,北部高,西河谷最低。路线走向由北往南,基本上沿山间沟谷、丘陵山坡布设,所经地区主要地貌有中、低山丘陵剥蚀地貌及冲、洪积河流堆积地貌。沿线山丘连绵起伏,山体宽大,山形陡峭,表层出露的基岩一般呈弱~强风化,山坡多为厚层残坡积土覆盖,植被多为树林、灌木杂草和坡地经济作物,谷底一般堆积有较厚的坡积或冲洪积土,多为水田或耕地,主要种植水稻,常因排水不畅形成淤泥类有机质软土。

路线所经区域属亚热带季风气候,冬季温暖,夏季炎热,年平均降雨量为1504mm,降雨量季节分配不均,总体为春夏多雨秋冬少雨,全年降雨量集中在4~8月。

马江至梧州高速公路全长76.62km。全线设武岭、倒水、梧州、苍梧和平浪5处互通立交。本项目主线、梧州连接线采用双向四车道高速公路标准建设、梧州连接支线采用双向四车道一级公路标准建设;设计速度80km/h、100km/h,对应整体式路基宽度为24m、26m,梧州连接线24.5m,梧州连接支线23m;行车道宽度为2×7.5m,分离式路基宽13m;设计荷载为公路—Ⅰ级;设计洪水频率为特大桥1/300,其他桥梁、涵洞及路基1/100。

本路段桥隧比为19.2%,桥隧长度总计14.725493km,桥梁多采用预应力结构,桥梁共47座,隧道共7座。本项目共设特大桥1座1839m,大桥22座5096.216m,中桥5座366.572m,小桥1座27.5m,人行天桥1座,分离式立交10处,互通式立交5处。共有隧道7座6273.5m。其中特长隧道一座,长度为3337.5m;中长隧道3座,长度为1890m;短隧道3座,长度为1046m,隧道设计速度80km/h。

交通运输部批准本项目初步设计总概算为36.59亿元。批复建设资金来源为:自筹资金和银行贷款。后经过概算调整,初步设计调整概算为45.41亿元。本项目建设总工期3年,工程于2007年2月6日正式开工建设,于2009年12月29日建成通车。建设周期比广西壮族自治区交通运输厅批复的46个月提前了11个月,实现了通车的目标。

高速公路总体情况见表8-27-1。国家高速公路总体情况见表8-27-2。

高速公路总体情况表　　　　表8-27-1

序号	类　　型	编　　号	总里程 (km)	总投资 (亿元)	建设性质	备　注
1	国家	G65	76.62	45.41	BOT	

国家高速公路建设情况表　　　　表 8-27-2

序号	编号	主要控制点	项目名称	里程（km）	投资（亿元）	车道数（条）	设计速度（km/h）	建设时间（开工~通车）	备注
1	G65	国道 323 二、三级公路，南方电网 110kV 高压输电线路，洛湛铁路，桂江、浔江大桥，有通航要求	桂林（马江—梧州段）至梧州高速公路	76.62	45.41	4	80/100	2007.02.06 ~ 2009.12.29	

（二）参建单位情况

项目业主为中冶（广西）马梧高速公路建设发展有限公司，全权负责马江至梧州高速公路的建设、管理和移交工作。公司的日常管理工作由总经理负责，并设常务副总经理、副总经理、财务总监和总工程师各 1 名。下设业务部门有工程管理部、技术质量部、合约计划部、资金财务部、综合事务部。工程管理部下设 3 个业主派出的驻地办事处，负责对所辖合同段的监理工作以及征地拆迁、图纸审核、施工组织设计、施工方案、计量签证等的管理和协调工作。

本项目共有 3 家设计单位，由具有公路工程甲级资质的广西壮族自治区交通规划勘察设计研究院承担路基、桥梁、隧道、路面的初步设计及施工图设计；中国公路工程咨询集团有限公司承担房建勘察、机电、交通安全、绿化初步设计及施工图设计。

本项目共有 3 家监理单位，湖南湖大监理公司承担路基、桥梁、隧道、路面工程的施工监理；湖南和天工程项目管理公司承担房建工程的施工监理；西安金路交通工程科技发展有限公司承担交通安全工程和机电工程的施工监理。

二、建设情况

（一）项目准备阶段

全线共分 12 个土建施工合同段、1 个路面合同段、1 个房建合同段、1 个机电合同段、1 个交通安全合同段、1 个绿化合同段。全线共分 3 家监理单位，对以上 17 个施工合同段进行二级监理。

（二）项目实施阶段

1. 项目招标管理

本项目建设严格执行《中华人民共和国公路法》《中华人民共和国招标投标法》《中华人民共和国合同法》以及交通运输部《公路建设市场管理办法》和《公路建设四项制度实

施办法》等各项法律、法规,通过邀请招标择优选定各监理咨询单位、各工程施工单位。在各次招投标活动中,业主的资格后(预)审文件、招标文件均获得广西壮族自治区交通运输厅的批复,招投标各方行为守法规范,均能做到"公开、公平、公正、诚信",广西壮族自治区交通运输厅对招标全过程进行监督,专家评标推荐,最后由业主定标并经广西壮族自治区交通运输厅批复。

2. 制度建设及管理

(1)制定项目的指导思想和工作方针,建立健全各项管理制度,保证项目的规范管理及顺利实施。

(2)制定了工作方针,以合同为本,强化履约意识,加强建设管理,坚持确保质量、工期、投资三大目标的全面实现的指导思想,确保项目按正确的方向又好又快地进行。

(3)制定科学、规范、完备的管理制度。公司在内部、计划、合同、工程建设、资金、物资等方面制定了多个管理制度和办法,对工程建设各个方面的管理进行了要求,保证了各项管理工作有章可循、有条不紊,工作目标清晰明确,工程项目建设快速、规范、有序。

3. 合同管理

贯彻落实广西壮族自治区交通运输厅《关于进一步加强我区公路水运工程建设管理工作的通知》及广西壮族自治区交通基建管理局《关于进一步加强合同管理工作的通知》精神,加强工程建设管理和合同管理工作检查,以合同管理为中心,加大合同监管的密度和力度,严格执行工程建设程序,加强工程质量、安全、进度、文明施工、环保及劳务工资管理。项目公司非常重视合同管理,在征迁、协调、工程款支付和各项变更审批过程中严格执行合同,成为合同执行的模范,同时重视对各从业单位履约情况检查工作,定期或不定期地对各从业单位进行了多项检查:

(1)每一合同段在合同签订后,经检查符合规定后,方可开工。

(2)按季度分别对各施工单位的进度、质量、安全等进行专项检查。

(3)对全线所有从业单位进行履约检查,并考核通报。

(4)对较大的质量事件处理情况进行跟踪检查,确保执行到位。

(5)制定阶段性目标计划,根据项目的特点,编排科学可行的目标计划,分阶段进行考核,为确保2009年年底通车,项目公司与各从业单位制订了阶段进度、质量安全考核目标,分阶段考核并全线通报,表扬先进,对存在的问题,限期督改,确保工程项目的顺利进行。

4. 工程质量管理

桂林至梧州高速公路建设管理核心工作是提前优质地交付一项令各方满意的工程,并严格实施质量、工期和投资"三大控制"。中冶(广西)马梧高速公路建设发展有限公司制定了《工程质量管理实施办法》,要求牢固树立"百年大计,质量第一"的方针,强化优良工程意识,建立健全各级质量管理机构,配备足够的质量检测设备和质量管理人员,制定严格的质量管理措施,落实质量责任制,对施工过程进行有效控制和管理,不断提高工程管理水平,使工程质量不断提高。

(1)项目公司建立总经理领导下的总监理工程师工程质量负责制,下设总监理办公室、总监理工程师代表处、中心试验室、高级驻地监理工程师办公室。总监理工程师、总监理代表、高级驻地监理工程师、专业监理工程师,从上到下直线管理,总工程师、工程管理部、技术质量部全面监督管理,形成业主、承包人、监理工程师齐抓共管的工程质量管理体系。

严格执行工序质量检验认可制度,上道工序未经检验合格不得进行下道工序施工,质量检验不合格和资料不齐全不予签证。

严格按照《公路工程质量检验评定标准》的各项规定对分项工程进行工程质量检测评定,分项工程质量的基本要求必须符合标准规定,各项外观达到"平、直、顺、美"及《勘察设计典型示范工程管理办法》的要求,实测项目评分和质量等级必须达到优良。

落实工程质量管理程序。通过对分项工程开工审批、工序质量检查认可、施工过程检查控制、现场工程质量检查、中间交工证书签认、中间计量表签认六道主要程序的严格把关,有效进行工程质量控制,实现工程质量优良的目标。

(2)承包人在分项工程开工之前,向监理工程师填报"分项工程开工申请批复单",同时向监理工程师提供放样测量、标准试验报告、施工设计图等基础资料,以及施工方案、施工计划、技术质量控制指标及其控制措施,材料、设备、劳动力及现场质量管理人员的安排情况。

分项工程完成后,承包人向监理工程师填报"工程质量检验申请批复单"。监理工程师必须进行现场复测检查验收,确认各项质量指标(包括外观质量)均符合要求后,方能予以签认,否则不予签证,不得进行下道工序的施工。

承包人根据监理工程师签认的"工程质量检验申请批复单",向监理工程师填报"中间交工证书"。

承包人根据监理工程师签认的"中间交工证书",向监理工程师填报"中间计量表"。"中间计量表"是监理工程师对承包人的工程质量和工程数量进行有效控制的最后一道关口,要求监理工程师必须认真复核,严格把关。

(3)项目公司制定了工程质量控制措施。首先要求各标段提交实施的《施工组织设计》,并组织审核,确认优化的施工组织设计和技术措施方案,其次对各标段的进场人、机械按照批准的施工组织设计进行符合性检查,合格后方可开工。

单位工程开工前认真做好分项工程开工审批,施工管理人员、材料、机械的核实,技术质量交底"三件事";施工过程中采取加强现场检测试验和检查监督,惩劣奖优"两项措施",对原材料质量、施工工艺进行严格控制;完工后严格进行检验签证把关,确保每一个分项工程"质量优、资料全、外观美"。

因工程需要,必须引进劳务人员时,承包人选择有施工经验的劳务承包人,对劳务承包人进行必要的施工组织管理和质量管理知识考核,对其施工经历、业绩、信用等情况做调查,择优使用劳务承包人。

承包人在施工过程中层层进行技术质量交底,将控制高程、平面位置、几何尺寸、材料要求、配合比、施工工艺等技术质量规定,向现场质量管理员、试验检测人员、机驾人员及劳务承包人书面交底,明确了责任。

承包人、监理人员对砂、石、水泥、钢材、沥青等各种工程材料的质量进行严格把关,凡是不符合规定的材料不准运进工地。

承包人的试验检测人员,严格按照规范和标准规定的试验检测项目和频率进行取样试验和现场检测,及时提供试验检测结果,对发现的工程质量问题及时进行整改。监理人员按照不少于规范和标准规定检测频率的20%进行取样试验和现场检测,验证承包人的检测结果,当试验检测结果不符合规定时,按规定再进行整改,直到符合要求为止。

项目公司的稽查人员对工程质量进行不间断的稽查,发现问题及时按照规定进行处理。项目公司定期或不定期组织进行工程质量检查,处理工程质量问题,督促各项质量规定得以有效贯彻和落实。

项目公司的工程管理人员,任何时候发现工程质量问题,均可按照规定开具"工程违约处理通知单"进行违约处罚。

承包人、监理人员十分重视工程的外观质量,在保证工程内在质量的条件下,对外观质量严格控制,凡不符合"平、直、顺、美"及《勘察设计典型示范工程管理办法》规定标准的,必须进行整改。

监理工程师严把工程质量检验签证关,从工序认可到中间交工认可,都亲自进行现场检验复核,确认各道工序的内在质量和外观质量是否符合规定,质量保证资料是否齐全完整、规范。

(4)项目公司提出了关键工程的施工要求对路基填挖结合部、路基填筑、路床以下80cm范围的强度、软土及软弱地基、三背回填等直接影响路基稳定性和强度的关键工序,对不良地质地段、高大挡土墙、桥梁、隧道、路面等直接影响整体项目工程质量的关键工程,采取特别严格的施工工艺,确保各分项工程质量优良。

对滑坡、断层、软基等不良地质地段,视情况进行了地质补探,查明了地质情况(包括滑动层位置、断层位置、软土厚度和性质),认真查对了设计资料,不符合实际情况的及时进行了变更设计。

对填方地段的草皮、树根、表层松散腐殖土须全部清理干净,再进行填前碾压,检测压实度大于85%才能进行路基填筑。地面横坡陡于1:5的地段,不论是纵向还是横向,均使用机械从上往下(坡顶至坡脚)一次性推成宽度不低于1.5m的台阶,然后从下往上逐层进行填筑;在填筑之前对台阶进行碾压,压实度达85%以上。

填挖结合部(包括纵向和横向)的处理,除对原地面进行清理、挖台阶、碾压处理外,对地面横坡大于1:2的纵向、横向填挖结合部,除按照设计要求铺筑土工格栅外,全部采用同类土质或内摩擦角较大的砂石材料进行填筑。土工格栅纵向与填挖接缝相垂直,在覆盖土之前拉平钉牢,土工格栅上的第一层填料全部用人工摊铺找平,然后压实。

土方路堤填筑按"四区作业法"组织施工,选用质量指标符合规定的土作为填料,从底到顶插杆拉线分层填筑压实,任意一层的松铺厚度不大于30cm,压实厚度不大于25cm,填料最大粒径不得大于15cm;在接近最佳含水率(±2%)的状态下进行碾压,对压实度进行整层全厚度检测,每一层的检测评定结果符合标准规定;超高横坡采用先填后挖法,即整幅填至外侧高度后,再按照设计横坡挖低内侧。

填方地段路床以下0.8m范围使用粒径不大于10cm的石、砾、砂类土,或含砾、砂低液限黏土进行填筑。土质挖方地段路床以下0.3m范围如属于质量合格的土,翻松后在最佳含水率状态下进行碾压,使压实度、弯沉值、回弹模量三项指标符合设计要求;如属于不良土质,则进行换填处理,使压实度、弯沉值、回弹模量三项指标符合设计要求。

对挖方地段边坡、路床渗水进行了处理,采用设置盲沟、滤水层等措施降低水位,确保将水排入边沟。处理后的压实度、弯沉值、回弹模量三项指标符合设计要求。

认真检验和处理挡土墙、涵洞、桥梁等石砌构造物的基坑,确保了基坑承载力达到设计要求。

严格控制圬工砌体的石料规格、支砌工艺、砂浆强度,确保构造物支砌分层错缝、坐浆挤浆、砂浆饱满无空洞、砂浆强度符合规定。泄水孔总体呈梅花形布置,孔口为10cm高、5cm宽的矩形口;泄水孔由里到外必须保证不小于1%的流水坡度,无堵塞现象,墙背回填时在泄水孔的位置设置了30cm×30cm的碎石反滤层。

对挡墙背、涵台背、桥台背,回填前将松土、杂物认真清理干净,经监理工程师检验合格并签证后方可进行回填。

(5)严格控制桥涵混凝土的施工质量,所有混凝土浇筑一律使用钢模(梁板浇筑一律使用规定厚度的冷轧钢板),不准使用木、竹等作为模板,变形、孔洞、接缝不密封的老旧钢模不准使用,大面积混凝土应使用面积较大的模板;浇筑前认真对模板进行了检查、检测,确保模板安装位置、尺寸、稳定性、接缝符合要求;在保证混凝土强度达到设计要求的同时,拆模后不得有蜂窝麻面、凸凹不平、脱皮开裂、接缝痕迹、轮廓线条不顺、外观颜色不一等影响工程外观的现象。

(6)严格按照《公路隧道施工技术规范》进行隧道各项工程的施工,加强检测监控,确保质量和安全。隧道施工使用钻孔台车掘进,使用衬砌钢模台车架模,泵送混凝土浇筑。严格控制超挖、欠挖,不允许超爆(爆破前必须认真做爆破设计,并经业主批准后方能实施)、超挖、坍孔,相应部分由承包人负责按照要求回填,并注浆加固。管棚、锚杆、导管、钢筋网、钢拱架、混凝土、防水设施等所有工程,均按设计施工,不得随意改变间距、长度、厚度、强度等任何指标;如围岩发生变化,及时报告监理工程师和业主,进行现场研究施工方案。承包人加强测量监控,加强对施工人员的管理;监理工程师加强工序旁站监理,加强工序质量、数量检验把关,做好施工监理记录,特别是记录好有关数量和有争议的隐蔽工程的事实记录。外观要求:拱圈圆滑顺适,无变形开裂;路面平整,盖板预制安装规范、平整顺适;洞内无渗水、漏水现象,洞口、仰坡装饰美观。

(7)路面施工之前对路床进行了严格的转序检测,包括弯沉值、回弹模量、压实度三项强度指标及纵断高程、横坡、平整度、宽度等几何尺寸,其中任何一个指标达不到要求,须进行返工处理,直至检测合格为止。严格按照《公路路面基层施工技术规范》《公路沥青路面施工规范》进行施工,严格控制路床、底基层的强度及其均匀性(弯沉值的偏差系数)。水泥稳定基层采用拌和机拌和、摊铺机摊铺,严格控制水泥剂量,确保其抗压强度达到设计要求。油面层使用性能优良的机械拌和、摊铺。自动找平、预热、振动装置不正常的摊铺机严禁使用。以"合格的材料、先进的机械、严格的管理"来建造质量优良的路面工程。

(8)明确和落实工程质量责任划分。业主、承包人、监理单位分别承担属于自身的工程质量管理职责范围内的责任。

(9)规定了工程质量监督制度。业主、承包人、监理单位自觉接受公路工程建设主管部门和质量监督部门的监督,对公路工程建设主管部门和质量监督部门进行的质量检查监督活动予以密切配合,对检查出的问题按照要求进行彻底整改。制定了工程质量事故处理与质量缺陷处理的办法。

发生工程质量事故后,承包人要以最快的方式将事故的简要情况向监理、业主报告,并对现场采取防止事故进一步扩大的必要处治措施。项目公司对工程质量事故按有关法规进行调查,按照"四不放过"的原则认真进行处理。对破坏工程质量事故现场,隐瞒不报、谎报、拖延报告、提供伪证的单位和个人,按照有关规定进行处理。构成犯罪的,由司法机关依法追究法律责任。

(10)工程施工过程中,要求承包人严格执行项目公司的各项管理制度,对达不到质量要求的工程实体坚决实施推倒返工。如一期路基桥隧工程施工开始,第七合同段就炸掉了通道涵洞的混凝土墙身,对不符合要求的石涧河大桥的混凝土灌注桩基础、大坡桂江大桥的薄壁墩基础、第十二合同段施工的浆砌片石圬工等召开现场质量会议,对工程拆除返工,对责任者进行处罚。对 L8 合同段方埔、河尾冲隧道施工偷工减料的钢拱架施工方进行处罚,并由设计单位提出新的处理方案,重新加固施工直至达到设计文件的要求,确保了工程质量。

5. 安全生产管理

项目实施过程中,项目公司结合工程建设情况认真组织学习和贯彻落实上级的指示精神,以实现制定的安全生产管理目标为指导思想,克服了线长、点多、面广、环境复杂、施工难度大、安全风险极高的工程以及施工人员来自全国四面八方,更换频繁,安全素质差别大、安全防护知识薄弱等困难,自开工以来,始终坚持"安全第一、预防为主、综合治理"的安全生产方针,牢固树立"通过努力一切事故都可以预防"的安全理念,重点抓现场管理,抓整改、抓落实,把安全关口前移,确保施工安全;在全体参建人员的共同努力下,工程建设安全生产处于可控在控状态,实现了安全生产零事故的目标,主要开展了以下工作:

(1)根据工程现场施工的实际情况,完善相关安全制度

项目公司根据工程施工的实际情况,下发《桂林至梧州高速公路马江至梧州工程安全管理办法》《关于加强特殊天气施工安全生产工作的通知》《关于加强汛期施工安全生产工作的通知》《关于加强爆破物品安全管理工作的通知》等通知,成立了相应的领导小组,检查指出各参建单位在施工过程中存在的问题、注意事项以及防范措施,引导各参建单位开展各项安全管理工作。

(2)层层落实和传递安全生产责任制

签订安全生产责任书,把目标分解到部门、个人。对各合同段项目经理部、驻地办、总监办分别签订了安全生产责任书,明确责任,并制定可行的措施贯彻落实安全管理目标,明确全体参建人员各自的安全生产责任,把安全生产责任层层分解和传递,确保安全生产管理目标的实现。

(3)定期或不定期召开安全生产例会及其他安全专题会议(图 8-27-1)

项目公司定期召开季度安全生产管理委员会会议,总结季度的安全生产工作开展情况,指出各参建单位安全生产上存在的问题以及对下季度的工作提出要求;组织召开安全协调会及专项安全例会等明确各自的安全生产责任,布置下一步的安全管理工作,确保各项安全生产工作能够顺利开展。

(4)定期或不定期组织开展季度安全生产大检查或其他专项检查(图 8-27-2)

进行安全生产大检查或其他专项检查及日常检查,对检查发现的问题,下发安全隐患整改通知单和检查通报,要求按"三定"整改,对不按时整改的除了违约处罚外,责令继续整改或停工整改。

图 8-27-1　安全生产咨询活动现场图　　　　图 8-27-2　安全生产大检查现场图

(5) 加强安全文化建设

重视加强安全文化建设,组织全体参建人员每年开展两次安全生产法律、法规、安全生产技能知识考试;各施工项目部认真做好三级安全教育和安全技术交底工作,重点组织员工学习《建设工程安全生产管理条例》《公路工程施工安全技术规程》《高速公路交通工程及沿线安全设施施工安全管理》《桂林至梧州高速公路马江至梧州工程安全管理办法》等;同时加强民工的安全管理工作,做好员工的登记造册、进场三级教育和安全技术交底工作;通过从员工培训入手,提高全体员工的安全防护意识和安全操作技能,使员工的安全意识从"要我安全"到"我要安全"转变,有效地减少安全生产事故的发生。

(6) 组织应急预案演练

根据工程施工的进展情况组织开展消防、防洪、工伤、交通事故等应急预案演练,提高参建人员的自救和互救能力。隧道应急演练现场如图 8-27-3 所示。

图 8-27-3　隧道应急演练现场

(7) 开展安全管理总结评先工作

项目公司号召全体参建人员,以先进为榜样,增强责任感和使命感,进一步强化安全生产意识,提高操作技能,落实安全防护措施,加强管理,努力把安全生产的良好势头保持下去。为表彰先进,树立典型,充分调动安全管理人员的积极性,营造良好的争先氛围,经广泛征求监理、施工方意见,结合每年各参建单位安全生产工作所取得的实效及各项安全检查考评得分,对安全工作突出的单位和个人给予表彰、奖励。

6. 计量支付及变更管理

本建设项目投资的主要来源为自筹资金及银行贷款,资金来之不易。项目公司十分注意加强建设资金的管理和控制。工作中,严格执行财经纪律,严格履行工程价款计量支付手续,严格控制工程变更,坚持专款专用,确保资金到位充足。

1)严格建设资金管理

(1)严格执行建设资金管理制度,做到专款专用,不挪用、不透支;在工程价款支付过程中严格按合同和支付程序办事,每期支付经结算后一律通过银行划拨进入承包人账中,一律杜绝现金来往;为防止承包人提前抽走资金或挪用资金影响工程的正常进展,我们根据工程合同有关条款,委托开户银行协助进行资金控制,在合同执行期间控制承包商将资金随意汇出。

(2)建立项目资金动态管理系统,每月提供变更后合同金额、已计量工程款、未计量工程款、业主招标采购限价供应材料代垫款、材料预付款、开工预付款、借支款动态表,为项目领导提供决策依据,防范财务风险。

2)严格控制建设规模

(1)及时组织设计单位及有关专家对初步设计及施工图设计进行审查,认真优化设计方案,从设计方案上节约投资。

(2)实施过程中严格按已批复的初步设计概算及施工图进行建设,认真按设计组织施工,不扩大建设规模。特别注意对沿线收费站、管理中心等房建工程,及时调整方案,认真按照批准的建筑面积和工程概算金额进行严格控制,做到不超规模、不超投资、不增加项目。同时根据现场实际情况,大力推行合理化建议,对提出切实可行的合理化建议,给予适当奖励,通过激励措施,各参建员工积极提出合理化建议。

(3)严格控制工程变更,严格按照《公路工程设计变更管理办法》(2005年5月9日交通部第5号)和上级交通主管部门的规定及《广贺高速公路设计变更管理办法》的规定,建立和完善工程变更管理制度和审批程序。重要及重大设计变更工程项目,由项目公司、高驻办集体专题讨论决定。最终设计变更方案由项目公司总工程师签署设计变更审批意见后,由高驻办签发工程变更文件组织实施。

(4)严格控制工程单价变更和索赔管理,严格按照合同与变更管理办法执行变更手续及单价的审批。严格审批程序,首先由承包人根据监理工程师指令或其他依据申报,总监理办提出初步单价及金额供公司领导讨论,经公司合同部审查依据后,由监理工程师反馈至承包人,若无异议,再按规定批复执行。

3)严审工程计量

严格执行《马梧高速公路计量支付管理办法》,规定工程计量支付先由承包人申报,高驻办进行审核后,再由公司工程部、计划合同部、财务部进行审核,然后经公司总经理审批后才能予以支付。在审核过程中,各部门根据各自的工作职责和业务分工,互相协作,并互相监督,确保工程款支付准确、合法合规,满足承包人施工用款的需要。

通过严格执行以上管理制度,使本项目建设资金自始至终均得到了有效控制,各项工程支出及管理费用均未超出额定指标,较好地实现了建设资金的管理目标。

(三)项目竣工验收

2012—2014年本项目先后通过了自治区水利厅组织的水保验收、自治区档案局组织的档案验收、自治区环保厅组织的环保验收、自治区交通工程质量监督站组织的质量鉴定后,于2014年10月31日顺利通过了自治区交通运输厅组织的竣工验收,经验收组评定,桂林至梧州高速公路(马江—梧州段)工程建设项目综合评分为92.11分,综合评价等级优良。

三、复杂技术工程

(一)旺垌大桥

桥梁左幅桥长547.08m,右幅桥长554.282m,中心桩号K2747+530,桥址位于梧州市苍梧县长发镇外旺村南边约150m处,跨越桂江一支流及梧州至长发公路。桥梁上部结构采用(18×30)m先简支后连续预应力混凝土T梁;下构桥台采用重力式U形桥台,桥墩采用双柱桥墩,基础为桩基础;桥台防护采用锥坡及溜坡。

(二)大坡桂江大桥

桥梁总长449.92m,中心桩号K2751+802,桥址位于广西梧州市倒水镇四坡村东南侧约150m处,跨越桂江。引桥上构为:4×40m先简支后连续预应力混凝土T梁,0号桥台为柱式桥台、桩基础,桥墩为双柱墩,1号、2号、3号墩基础为钻孔桩基础,4号墩基础明挖扩大基础;主桥上构为:50m+2×90m+50m预应力混凝土连续刚构,8号桥台为U台,明挖扩大基础,桥墩采用双薄壁式墩,5号墩基础为明挖扩大基础,6号和7号墩为承台桩基础;桥台防护采用锥坡。大坡桂江大桥如图8-27-4所示。

(三)浔江大桥

桥梁全长1839m,中心桩号K2782+218,桥址位于梧州市西南12km,在梧州市龙华村附近及经苍梧县白沙村跨越浔江,并跨越浔江中的泗恩洲岛。主桥为 80m + 2×145m + 80m 预应力混凝土连续箱梁,引桥上构梧州岸为 8×30m + 24×40m 先简支后连续预应力混凝土 T 梁,其中 40m 跨 T 梁为 6 孔一联,苍梧岸为 6×30m 先简支后连续预应力混凝土 T 梁。32~36 号桥墩为主桥桥墩,33~35 号桥墩为双薄壁墩,32 号、36 号桥墩为主桥与引桥之间的交接墩,为单排方柱式墩,基础为双排桩基础;引桥 0 号、42 号桥台为桩柱埋置式桥台,1~31 号墩、37~41 号墩为双柱式墩,基础均为桩基础;桥台防护采用锥坡。浔江大桥如图 8-27-5 所示。

图 8-27-4　大坡桂江大桥图

图 8-27-5　浔江大桥图

(四)茶子脚隧道

隧道位于苍梧县狮寨镇与昭平县富罗镇交界处,马江端洞口距昭平县富罗镇三合村茶子脚屯 1.0km,梧州端洞口位于苍梧县狮寨镇古东村梅子屯。茶子脚隧道洞口如图 8-27-6 所示。

图 8-27-6　茶子脚隧道洞口图

茶子脚隧道为分离式隧道,两洞路中心线间距约 50m。下行线隧道桩号为 OK226 + 830~OK230 + 150,长 3320m;上行线隧道桩号为 NK226 + 820~NK230 + 175,长 3355m。隧道位于单坡段上,上行线纵坡为 1.0%/4037.584m,下行线纵坡为 1.0%/4030.413m。隧道内轮廓为三心圆拱曲墙断面,拱顶半径为 5.53m,最大埋深为 303m。

隧道洞口段结合地形、地质情况设置了长度不等的明洞,明洞采用钢筋混凝土结构。隧道洞身段衬砌均按新奥法原理设计,采用柔性支护体系结构的复合式衬砌,即以锚杆、喷射混凝土、钢拱架、格栅钢架等为初期支护,超前注浆小导管,超前锚杆等为施工辅助措施,充分发挥围岩的自承能力,在监控量测信息的指导下施作初期支护和二次模筑衬砌。二次衬砌采用模筑混凝土或钢筋混凝土，二次衬砌抗渗等级不低于 S6。衬砌结构设计采用工程类比法，结合构造要求，根据隧道埋置深度、围岩级别、结构跨度、受力条件、施工因素等，参照有关规范及国内外类似工程经验拟定有关参数，并根据地质资料及相关的规范取用计算参数，进行结构计算校核。最后综合考虑各种影响因素确定各类型复合支护的参数。

紧急停车带与横通道衬砌结构均按新奥法原理设计，其位置一般布置在Ⅳ级围岩及以上地质条件较好的地段。紧急停车带间距约 750m 一道，紧急停车带长 40m，布置在行车方向右侧。设置人行横洞 11 处，其人行横洞与上行线隧道轴线正交；设置车行横洞 4 处，其车行横洞与隧道轴线交角 45°；设置紧急停车带 8 处。

洞门设计根据隧道进出口地形和工程地质条件，结合开挖边仰坡的稳定性及洞口防排水需要，本着"早进晚出"的原则确定隧道洞门位置。结合两端洞口处地势和地质情况，本隧道进出口采用明洞方式，洞口为削竹式洞口。明洞要求进行回填，同时进行绿化和防护。茶子脚隧道内景如图 8-27-7 所示。

防排水设计原则是以排水为主，防排结合，综合治理。采用防、截、堵、排相结合，形成完整的防排水体系，使隧道防水可靠，排水畅通，保证运营期隧道内不渗不漏，基本干燥。隧道明洞外侧铺设三油两布防水层，在墙角处设置 φ100×4mm PVC 管纵向排水管，

图 8-27-7　茶子脚隧道内景图

纵向排水管布于引水管箱梁，将衬砌背后的水引入边沟排走；洞内复合式衬砌段采用土工布加防水板防水，有仰拱段采用环向盲管，墙脚纵向排水管采用 φ100mm PVC 排水管，横向采用 φ100mm PVC 管，排水至隧道两侧电缆沟下方排水沟。隧道洞内设置双侧排水边沟。隧道洞口边仰坡上方根据地形条件设截水沟，引地表水至路基边沟或洞门外侧自然沟谷，以此形成完善的洞内外防排水系统。

四、科技创新

马江至梧州高速公路工程开工以来认真开展合理化建议和新技术的应用。主要表现为：

（1）采用 SBS 热沥青黏结防水层，取消了原桥面设计的永凝剂防水涂料，加快了施工进度，提高了桥面防水效果，节约了施工成本。

（2）在广西首先采用热稳定性好的 SBS 乳化沥青用于稀浆封层。

（3）经过计算，取消了原房建设计的苯板保温层，加快了施工进度，降低了工程成本。

（4）由于高压钠灯存在在超电压条件下消耗功率倍增,且使用寿命较短的问题,马江至梧州高速公路在7条隧道全部采用更加节能的无极灯替代高压钠灯,达到节能降耗的目标。

五、运营管理

（一）收费管理

本项目为BOT模式,由中冶(广西)马梧高速公路建设发展有限公司建设和运营。马江至梧州高速公路在开通投入运营以后实际交通量和收费收入与工可预测的数据相差甚远,究其原因,主要是地方经济发展速度还很慢,G65高速公路广西三江到桂林、广东茂名方向仍未贯通;相邻广州至贺州高速公路已经开通,车流量分流严重。

通车运营后,公司严格执行国家、自治区、行业主管部门出台的相关收费法律法规和政策。按规定标准收取过往车辆通行费,做到应收不漏,应免不收。认真执行行业管理规定和标准,规范收费服务管理工作,如通车前已普行的针对鲜活农产品绿色通道相关惠免措施和规定、对国家和自治区政府规定的一些车辆的惠免规定、通车后国家出台对小型客车免费的规定等。截至2013年年底运营交通量、收费收入见表8-27-3。公司通车运营至今主要执行的相关政策法规有：

收费服务规范管理方面：《中华人民共和国公路法》《收费公路管理条例》《高速公路管理办法》《安全生产法》及《关于印发广西高速公路收费工作规范指导意见的通知》(桂高管清〔2010〕333号)等。

截至2013年年底运营交通量、收费收入表　　　　表8-27-3

项　　目		2010年	2011年	2012年	2013年
收入 （万元）	实际收入	5390	6571	7743	10590
	工可预测	16025	17151	18357	24036
	差额(%)	－66	－62	－58	－56
车流量 （辆）	折算日均交通量	6484	8621	12311	12033
	工可研测日均交通量	14830	16330	17830	19330
	差额(%)	－56	－47	－31	－38

鲜活农产品绿色通道减免政策：《关于建立我区鲜活农产品运输"绿色通道"实施意见的报告》(交财务报〔2004〕75号)、《关于加强我区鲜活农产品运输绿色通道管理有关问题的通知》(交基建〔2005〕119号)、《关于贯彻执行川桂共建鲜活农产品运输绿色通道协议的通知》(交法规〔2005〕126号)、《关于开通全国"五纵二横"鲜活农产品流通"绿色

通道"网络广西境内路段的通知》(交基建〔2006〕2号)、《关于实行我区鲜活农产品运输绿色通道通行费减免无差别政策的紧急通知》(桂交财务发〔2008〕18号)、《关于进一步完善和落实鲜活农产品运输绿色通道政策的通知》(桂公路发〔2009〕784号)、《转发交通运输部国家发展改革委员会财政部关于进一步完善鲜活农产品运输绿色通道政策的紧急通知》(桂交财务〔2010〕147号)及《转发关于进一步完善鲜活农产品运输绿色通道政策的紧急通知》(桂交法规发〔2011〕9号)等。

小客车和其他车辆免费政策:《国务院关于批转交通运输部等部门重大节假日免收小型客车通行费实施方案的通知》(国发〔2012〕37号)、《转发国务院关于批转交通运输部等部门重大节假日免收小型客车通行费实施方案的通知和交通运输部关于做好今年国庆节长假期间小型客车免费通行有关工作的紧急通知》(桂高管清〔2012〕274号)、《关于印发广西高速公路管理局应对重大节假日免收小型客车通行费工作实施方案及应急处置预案的紧急通知》(桂高管清〔2012〕284号)、《关于防汛指挥车免交车辆通行费有关问题的通知》(交财务函〔2005〕606号)、《关于免收广西壮族自治区人民政府抢险救灾指挥车通行费有关问题的通知》(桂交财务函〔2008〕719号)、《关于免收"复明十八号"流动眼科手术专用车养路费和车辆通行费的通知》(桂交财务函〔2008〕848号)和《关于免征我区森林消防专用车辆通行费的通知》(桂交财务函〔2009〕74号)等。

(二)管养模式

马江至梧州高速公路管养由中冶(广西)马梧高速公路建设发展有限公司自行管养,由自治区高速公路管理局进行监管。

公司设有管养、收费、监控、路产(政)运营四大部门,其中管养部负责管辖路段内的绿化、保洁、日常巡查、构筑物病害处理、机电设备巡查、保养、检修等工作,配有部长、机电主管、施工员等管理人员。马江至梧州高速公路从2009年12月29日试运营开始就组建了一支技术力量和施工能力较强的日常养护队伍,聘请了专业桥梁工程师,并招募了一批工程管理、施工经验丰富的养护管理人员。养护队伍下设绿化、保洁、小修、机电4个班组,共计32人,技术管理、安全员、资料员、文秘等9人。苏屋和茶子脚管理所分别安排养护和机电维护人员值守,并配合处理应急突发事件。养护班组配备了高车1辆、水车1辆、材料运输车1辆、通勤车3辆,充分保证了各班组独立作业。专业细化、分工明确。

在养护过程中不断地尝试、创新养护技术;根据现场实际情况对保洁、绿化班组结构进行调整,优化施工方案;养护机械化方面公司也在积极地推动,引进路面清扫、绿化灌木修剪等设备,不断地提高养护效率。

马江至梧州高速公路开通至今,养护维修主要为小修养护,未涉及大修。

第二十八节 灵峰(桂粤界)至八步高速公路

一、项目概况

(一)项目基本情况

广西灵峰(桂粤界)至八步高速公路位于广西东北部贺州市境内,是国家规划的重点公路汕头至昆明高速公路(G78)在广西境内的组成路段,同时也是广西壮族自治区规划的"四纵六横"中"贺州(省界)至隆林(省界)"的重要路段,是广西重要的出省公路,也是我国中西部地区通往广东及港、澳的主要通道。

路线位于广西东北低山丘陵区。路线走廊带内最高海拔约500m,最低海拔70m,相对高差约430m,地势总体北高南低。就地形起伏状况而言,路线走廊带地形复杂多变,既有崎岖不平的山地,也有平坦开阔的平地。前者冲沟发育、沟壑纵横、植被茂密、村镇零散;后者沟谷稀少、道路交织、耕地遍布、村镇稠密。

路线走廊带露出的地层种类较多,有第四系、白垩系、石灰系、泥盆系、寒武系。路线所经区域属亚热带季风气候,年平均降雨量为1516mm,降雨量季节分配不均,总体为春夏多雨秋冬少雨,全年降雨量的68.2%集中在4~8月。

本项目路线起于贺州市灵峰镇灵峰村(桂粤界),接广东省怀集至岗坪(粤桂界)高速公路,经信都、步头、贺街、鹅塘,止于贺州市八步区沙田镇道石村,接桂林至贺州高速公路贺州支线,在G78路网起止里程为K612+073~K688+500,路线全长76.427km。全线设置灵峰、信都、梅花、贺街和贺州东5处互通立交。本项目主线采用双向四车道高速公路标准建设:设计速度100km/h,整体式路基宽度为26.0m,行车道宽度(2×7.5)m,分离式路基宽13.0m;设计荷载:公路—Ⅰ级;设计洪水频率:大、中、小桥、涵洞及路基为1/100。

交通运输部批准本项目初步设计总概算为33.93亿元(含建设期贷款利息2.02亿元)。批复建设资金来源为:自筹资金。后来经过概算调整,初步设计调整概算为39.119亿元(含建设期贷款利息2.067亿元)。

本项目建设总工期3年,工程于2007年9月1日正式开工建设,于2010年9月28日建成通车。项目路线图如图8-28-1所示。项目建设基本情况见表8-28-1。

(二)前期决策情况

本项目于2004年编制项目工程可行性研究报告,2005年11月9日国家发展和改革委员会以发改交运〔2005〕2344号批准了本项目的可行性研究报告,按规定和要求委托中交通力建设股份有限公司按两阶段设计先予进行初步设计,2006年8月2日交通部以交公路发〔2006〕405号文批准本项目的初步设计,而后又委托中交通力建设股份有限公司进行了施工图设计。在开工前,广西壮族自治区环保局对本项目进行了环保审查,2004年12月20日以桂环管字〔2004〕417号文审批了项目环境影响评价报告,工程征地国土资源部分别以国土资源厅〔2008〕541号批准了本项目的建设用地审批。工程于2005年5月正式开工建设,2010年8月完工。

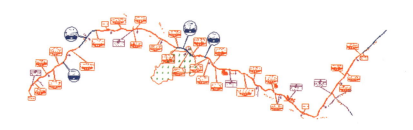

图8-28-1 广西灵峰(桂粤界)至八步高速公路项目路线示意图

项目建设基本情况表 表8-28-1

序号	编号	主要控制点	项目名称	里程(km)	投资(亿元)	车道数(条)	设计速度(km/h)	建设时间(开工~通车)
1	G78	国道207二、三级公路,南方电网两道500kV超高压输电线路,洛湛铁路,水楼水库,蝴蝶岭古墓群	灵峰(桂粤界)至八步高速公路	76.427	39.119	4	100	2007.09.01~2010.09.28

(三)参建单位主要情况

本项目共有1家设计单位,由具有公路工程甲级资质的中交通力公路勘察设计有限公司进行初步设计及施工图设计。

全线建设单位共有8家,见表8-28-2。

项目建设单位统计表 表8-28-2

序号	单位名称	资质等级
1	汕头公路桥梁工程总公司	公路工程施工总承包壹级
2	广西壮族自治区公路桥梁工程总公司	公路工程施工总承包特级
3	山东通达路桥工程有限公司	公路工程施工总承包壹级
4	山西运城路桥有限责任公司	公路工程施工总承包壹级

续上表

序号	单 位 名 称	资 质 等 级
5	河北建设集团有限公司	公路工程施工总承包壹级
6	江苏智运科技发展有限公司	公路交通工程专业承包资质
7	广西华南建设集团有限公司	房屋建筑工程施工总承包
8	河北建设集团园林工程有限公司	风景园林工程设计及工程总承包

全线共分4家监理单位,对全线13个施工合同段进行二级监理,详情见表8-28-3。

项目监理单位统计表　　　　　　　　　表8-28-3

合同段	单 位 名 称	资 质 等 级	起 讫 桩 号
J1	武汉市公路工程咨询监理公司	公路工程甲级	K0+000～K36+220
J2	汕头公路工程监理有限公司	公路工程甲级	K36+220～K76+423
J3	重庆中宇工程咨询监理有限责任公司	机电工程专项	K0+000～K76+423
J4	湖北新天地工程建设监理有限责任公司	房建建筑工程监理甲级	K0+000～K76+423

二、建设情况

(一)项目准备阶段

1. 立项审批

广西灵峰(桂粤界)至八步高速公路项目严格执行基本建设程序,主要基本建设程序审批情况详见表8-28-4。

主要基本建设程序审批情况表　　　　　　表8-28-4

序号	基建程序名称	审批机关(单位)	批复文号	批复时间
1	项目建议书	广西壮族自治区发展计划委员会	桂计交通〔2003〕780号	2003.12.31
2	可行性研究报告	国家发改委	发改交运〔2005〕2344号	2005.11.09
3	一阶段设计批复	中华人民共和国交通部	交公路发〔2006〕405号	2006.08.02
4	施工图设计文件(路基)	广西壮族自治区交通厅	交基建函〔2007〕151号	2007.03.26
	施工图设计文件(路面)		交基建函〔2008〕556号	2008.06.13
	施工图设计文件(房建)		交基建函〔2009〕559号	2009.06.12
	施工图设计文件(交通工程)		交基建函〔2009〕81号	2009.02.04
5	项目环境评估报告	广西壮族自治区环境保护局	桂环管字〔2004〕417号	2004.12.20
6	工程监理招标	广西壮族自治区人民政府	桂政办函〔2007〕68号	2007.11.01
7	工程施工招标	广西壮族自治区人民政府	桂政办函〔2007〕68号	2007.11.01
8	施工招标批复情况	广西壮族自治区交通厅	22-447	2007.01.12
		广西壮族自治区人民政府办公厅文件处理笺		2006.12.01

续上表

序号	基建程序名称	审批机关（单位）	批复文号	批复时间
9	监理招标批复情况	广西壮族自治区交通厅	22-447	2007.01.12
		广西壮族自治区人民政府办公厅文件处理笺		2006.12.01
10	项目开工报告（项目施工许可）	中华人民共和国交通部	无文号（直接在申请书上加盖印章）	2008.11.17
11	年度基本建设计划	广西壮族自治区交通厅		2007.04.09
12	交通部主管部门对建设资金的审计情况	广西正德会计师事务所有限公司	正德审报字（2008）第2-095	
13	建设用地预审批复	国土资源部	国土资厅函〔2005〕54号	2005.01.14
14	建设用地批复	国土资源部	国土资厅函〔2008〕541号	2008.08.22
15	质量监督手续	广西壮族自治区交通工程质量监督站	交质监督（2007）75号	2007.05.23

2. 标段划分

全线共分6个土建施工合同段、2个路面合同段、2个房建合同段、1个机电合同段、1个交安合同段、1个绿化合同段（表8-28-5）。

标段划分情况表　　表8-28-5

合同段	内容	单位名称	资质等级	起讫桩号
1		汕头公路桥梁工程总公司	公路工程施工总承包壹级	K0+000~K12+800
2		广西壮族自治区公路桥梁工程总公司	公路工程施工总承包特级	K12+800~K16+600
3	路基标	汕头公路桥梁工程总公司	公路工程施工总承包壹级	K16+600~K29+300
4		山东通达路桥工程有限公司	公路工程施工总承包壹级	K29+300~K36+220
5		山西运城路桥有限责任公司	公路工程施工总承包壹级	K36+220~K49+600
6		河北建设集团有限公司	公路工程施工总承包壹级	K49+600~K76+423
7	路面标	汕头公路桥梁工程总公司	公路工程施工总承包壹级	K0+000~K36+220
8		山东通达路桥工程有限公司	公路工程施工总承包壹级	K36+220~K76+423
9	交安标	山东通达路桥工程有限公司	交通工程专业承包交通安全设施资质	K0+000~K76+423
10	机电标	江苏智运科技发展有限公司	公路交通工程专业承包资质	K0+000~K76+423
11	房建标	河北建设集团有限公司	房屋建筑工程施工总承包特级	服务区房建
12		广西华南建设集团有限公司	房屋建筑工程施工总承包	收费站、管理中心房建
13	绿化标	河北建设集团园林工程有限公司	风景园林工程设计及工程总承包	K0+000~K76+423

3. 征地拆迁

征地拆迁情况见表8-28-6。

征地拆迁情况统计表　　　　　表 8-28-6

	征地拆迁安置起止时间	征用土地(亩)	拆迁房屋(m^2)	支付补偿费用(元)	备注
一期	2006.07~2009.01	9139	129614	160696545	

(二)项目实施阶段

项目主要变更如下：

(1)K0+000~K0+180 软基处理。

(2)和平大桥、石寨大桥进行多项变更。

(3)涩田隧道出口地表注浆。

(4)K66+950~K67+140 左侧三级挖方边坡三维植被网种草变更为喷混植草防护。

(5)K54+250 三步梯 2 号大桥全桥桩基长度调整等多项变更。

(6)K52+630~K52+880 右侧二、三级边坡防护将原设计"拱形骨架+六棱块种草"变更为"0~24m 高浆砌片石护坡(满铺)"及 C15 片石混凝土挡土墙。

(7)K53+260~K53+320 右侧一级边坡为 C15 片石混凝土挡土墙,墙顶上采用 M7.5 浆砌片石护面墙防护,二级至一级边坡增设截水沟。

(8)各标段涵洞台背回填变更设计较多。

三、复杂技术工程

(一)桥梁

本项目共设大桥 20 座 6167.32m,中桥 7 座 551.07m,小桥 20 座 566.35m,天桥共 10 座,主要桥梁建设情况如下：

1. 灵峰大桥

中心桩号 K1+851,路线在灵峰火机厂旁跨越省道 301 二级公路,桥梁上部结构采用 (5×30)m 先简支后连续预应力混凝土箱梁;下部结构桥墩采用柱式墩,桥台采用柱式台、肋式台,基础采用桩基础;桥台防护采用锥坡及溜坡。

2. 兰寨大桥

中心桩号 K4+862,路线在灵峰镇兰寨村跨越 1 条小河及 1 条既有乡村路,桥梁上部结构采用(6×30)m 先简支后连续预应力混凝土箱梁;下部结构桥墩采用柱式墩,桥台采用柱式台、肋式台,基础采用桩基础;桥台防护采用锥坡及溜坡。

3. 云崖大桥

中心桩号 K6+499、K6+486,路线在灵峰镇云崖村跨越 1 条小河及 1 条既有三级公路,桥梁上部结构左幅采用(4×30+5×30)m 先简支后连续预应力混凝土箱梁,右幅采用(5×30+5×30)m先简支后连续预应力混凝土箱梁;下部结构桥墩采用柱式墩,桥台采用柱式台、肋式台,基础采用桩基础;桥台防护采用锥坡及挡墙。

4. 合水大桥

中心桩号K7+668、K7+685,路线在灵峰镇合水村跨越1条小河及1条既有三级公路,桥梁上部结构左幅采用(7×30)m先简支后连续预应力混凝土箱梁,右幅采用(6×30)m先简支后连续预应力混凝土箱梁;下部结构桥墩采用柱式墩,桥台采用柱式台、肋式台,基础采用桩基础;桥台防护采用锥坡及挡墙。

5. 升塘州大桥

中心桩号ZK16+975、K16+967,上部构造采用(5×30)m先简支后连续预应力混凝土箱梁,桥梁右偏角90°,下部结构根据桥位处的地质情况,采用柱式桥墩台,挖孔桩基础,左幅桥长为157.00m,右幅桥长为157.74m。

6. 合面狮大桥

中心桩号K21+675,路线下跨贺江,桥梁上部结构采用(11×20+5×50)m预应力混凝土组合式梁;下部结构桥墩采用柱式墩,桥台采用柱式台、肋式台。

7. 大桂山1号大桥

中心桩号K32+807,桥梁上部结构采用(6×30)m连续预应力混凝土箱梁,下部结构桥墩采用柱式墩,桥台采用柱式台、肋式台,基础采用桩基础;桥台防护采用锥坡及挡墙。

8. 梅花1号大桥

中心桩号K38+961、ZK38+965,桥梁上部结构右幅采用(9×30)m连续预应力混凝土箱梁,左幅采用(8×30)m连续预应力混凝土箱梁;下部结构桥墩采用柱式墩,桥台采用柱式台、肋式台,基础采用桩基础;桥台防护采用锥坡及挡墙。

9. 三步梯1号大桥

中心桩号K53+533,大桥左幅为(14×30)m预应力混凝土连续箱梁。下部采用柱式墩、薄壁墩,桩基础,0号桥台采用肋式台双排桩基础,14号桥台采用柱式台;右幅为(12×30)m预应力混凝土连续箱梁。下部采用柱式桥墩,桩基础,0号桥台采用肋式台双排桩基础,12号桥台采用柱式台。

10. 三步梯2号大桥

左幅桥梁起点桩号为K53+798.310,桥梁终点桩号为K54+694.628,左幅桥桥长896.319m;右幅桥梁起点桩号为K53+806.535,桥梁终点桩号为K54+693.491,右幅桥长886.957m。三步梯2号大桥为(22×40)m预应力混凝土T形连续刚构(图8-28-2)。桥墩采用柱式墩、薄壁墩,桩基础;桥台采用柱式台、肋式台,桩基础。

11. 沙田河大桥

中心桩号 K75+995.00,全长 147.00m。桥梁按直线布置桥跨,墩台平行布置。上部结构为(7×20)m 预应力混凝土连续箱梁。下部采用柱式墩,桩基础,桥台采用肋式台双排桩基础。

(二)隧道建设情况

本项目共有隧道 4 座 5739.5m。其中特长隧道 1 座,长度为 3177.5m;长隧道 1 座,长度为 1770m;短隧道 2 座,长度为 792m。隧道设计速度 100km/h。主要隧道建设情况如下:

1. 石板尾隧道

石板尾隧道位于贺州市灵峰镇石板尾村到信都镇升塘州村,为双向四车道分离式特长隧道(图 8-28-3)。其中右线进出口里程为 K13+205~K16+380,长 3175m,隧道底板最大埋深约 330.99m,位于 K14+462 处;左线进出口里程为 ZK13+220~ZK16+400,长 3180m,隧道底板最大埋深约 332.29m,位于 ZK14+450 处。

图 8-28-2　三步梯 2 号大桥

图 8-28-3　石板尾隧道

隧道洞口段结合地形、地质情况设置了长度不等的明洞,明洞采用钢筋混凝土结构。隧道洞身段衬砌均按新奥法原理设计,采用柔性支护体系结构的复合式衬砌,即以锚杆、喷射混凝土、钢拱架、格栅钢架等为初期支护,超前注浆小导管,超前锚杆等为施工辅助措施,充分发挥围岩的自承能力,在监控量测信息的指导下施作初期支护和二次模筑衬砌。二次衬砌采用模筑混凝土或钢筋混凝土,二次衬砌抗渗等级不低于 S6。衬砌结构设计采用工程类比法,结合构造要求,根据隧道埋置深度、围岩级别、结构跨度、受力条件、施工因素等,参照有关规范及国内外类似工程经验拟定有关参数,并根据地质资料及相关的规范取用计算参数,进行结构计算校核。最后综合考虑各种影响因素确定各类型复合支护的参数。

紧急停车带与横通道衬砌结构均按新奥法原理设计,其位置一般布置在Ⅳ级围岩及以上地质条件较好的地段,并且紧急停车带与横通道分开布设。紧急停车带间距约750m一道,紧急停车带长40m,布置在行车方向右侧。设置人行横洞5处,其人行横洞与隧道右线轴线正交;设置车行横洞4处,其车行横洞与隧道右线轴线交角60°;设置紧急停车带4处。

洞门设计根据隧道进出口地形和工程地质条件,结合开挖边仰坡的稳定性及洞口防排水需要,本着"早进晚出"的原则确定隧道洞门位置。洞门形式主要考虑使用功能和地形的协调美观,并尽可能节省投资,洞门形式主要采用端墙式和削竹式,并进行了必要的装饰。洞口开挖永久边仰坡,采用浆砌片石、喷混植草或三维网植草的绿化防护。

防排水设计原则是以排水为主,防排结合,综合治理。采用防、截、堵、排相结合,形成完整的防排水体系,使隧道防水可靠,排水畅通,保证运营期隧道内不渗不漏,基本干燥。隧道明洞段采用双层土工布夹防水板及黏土隔水层防水,采用M7.5干砌片石盲沟及由100PE波纹管排水;洞内复合式衬砌段采用土工布加防水板防水,环向采用 $\phi50mm$ 排水盲管,墙脚纵向排水管采用 $\phi100mm$ 透水弹簧波纹管,横向采用 $\phi100mm$ PE波纹管等排水。明洞沉降缝处均设置10mm(厚)×300mm(宽)橡胶止水带,洞内施工缝处设置10mm(厚)×300mm(宽)橡胶止水条。隧道洞内全长设中央排水沟,以横向波纹管连通透水弹簧波纹管和中央排水沟,引水至洞外。隧道洞内设置双侧排水边沟。隧道洞口边仰坡上方根据地形条件设截水沟,引地表水至路基边沟或洞门外侧自然沟谷,以此形成完善的洞内外防排水系统。

隧道洞内进、出口段300m内路面采用复合式路面,路面结构形式为:4cm沥青混凝土上面层+6cm沥青混凝土下面层+22cm C40钢纤维混凝土+16cm调平层C15混凝土;隧道洞内其他段路面采用水泥混凝土路面,路面结构形式为:26cm混凝土路面+21cm调平层C15混凝土。

2. 大桂山隧道

大桂山隧道位于贺州市大桂山林场中,为双向四车道分离式长隧道,其中右线进出口里程为K33+275~K34+955,长1680m,隧道底板最大埋深约153.80m,位于K34+040处。左线进出口里程为ZK33+277~ZK35+137,长1860m,隧道底板最大埋深约134.84m,位于ZK34+100处。

隧道洞口段结合地形、地质情况设置了长度不等的明洞,明洞采用钢筋混凝土结构。隧道洞身段衬砌均按新奥法原理设计,采用柔性支护体系结构的复合式衬砌,即以锚杆、喷射混凝土、钢拱架、格栅钢架等为初期支护,超前注浆小导管、超前锚杆等为施工辅助措施,充分发挥围岩的自承能力,在监控量测信息的指导下施作初期支护和二次模筑衬砌。二次衬砌采用模筑混凝土或钢筋混凝土,二次衬砌抗渗等级不低于S6。衬砌结构设计采用工程类比法,结合构造要求,根据隧道埋置深度、围岩级别、结构跨度、受力条件、施工因素等,参照有关规范及国内外类似工程经验拟定有关参数,并根据地质资料及相关的规范取用计算参数,进行结构计算校核。最后综合考虑各种影响因素确定各类型复合支护的参数。

紧急停车带与横通道衬砌结构均按新奥法原理设计,其位置一般布置在Ⅳ级围岩及以上地质条件较好的地段,并且紧急停车带与横通道分开布设。紧急停车带间距约750m一道,长40m,布置在行车方向右侧。根据本标段隧道的实际情况,设置人行横洞2处,其人行横洞与隧道右线轴线正交;设置车行横洞1处,其车行横洞与隧道右线轴线交角60°;设置紧急停车带2处。

洞门根据隧道进出口地形和工程地质条件,结合开挖边仰坡的稳定性及洞口防排水需要本着"早进晚出"的原则确定隧道洞门位置。洞门形式主要考虑使用功能和地形的协调美观;并尽可能节省投资,洞门形式主要采用端墙式和削竹式,并进行了必要的装饰。洞口开挖永久边仰坡,采用浆砌片石、喷混植草或三维网植草的绿化防护。

防排水设计原则是以排水为主,防排结合,综合治理。采用防、截、堵、排相结合,形成完整的防排水体系,使隧道防水可靠,排水畅通,保证运营期隧道内不渗不漏,基本干燥。隧道明洞段采用双层土工布夹防水板及黏土隔水层防水,采用M7.5干砌片石盲沟及ϕ100 PE波纹管排水;洞内复合式衬砌段采用土工布加防水板防水,环向采用ϕ50mm排水盲管,墙脚纵向排水管采用ϕ100mm透水弹簧波纹管,横向采用ϕ100mm PE波纹管等排水。明洞沉降缝设10mm(厚)×300mm(宽)橡胶止水带,洞内施工缝设置10mm(厚)×300mm(宽)橡胶止水条。隧道洞内全长设中央排水沟,以横向波纹管连通透水弹簧波纹管和中央排水沟,引水至洞外。隧道洞内设置侧排水边沟。隧道洞口边仰坡上方根据地形条件设截水沟,引地表水至路基边沟或洞门外侧自然沟谷,以此形成完善的洞内外防排水系统。

隧道洞内进、出口段300m内路面采用复合式路面,路面结构形式为:4cm沥青混凝土上面层+6cm沥青混凝土下面层+22cmC40钢纤维混凝土+16cm调平层C15混凝土;隧道洞内其他段路面采用水泥混凝土,路面结构形式为:26cm厚混凝土路面+21cm调平层C15混凝土。隧道外5m的土路面结构同洞口内的路面结构。

四、科技创新

(1)推广应用工厂化模具,统一路缘石成品预制,统一缝隙式纵向集水管成品预制,提高了本项目路面整体外观效果质量。

(2)路基施工中对软基采用挖换、碎石桩、强夯有效处理,对路基填料指标有效控制,对高液限土质采用借土或分层分段合理使用,采用承载比高的碎石土填料对路床进行换填,填挖交界采用了土工格栅加固处理,严格控制层厚、压实度等,路床强度高,弯沉小,使得路基保持稳定。

(3)桥涵结构物混凝土采用集中拌和工艺,混合料均匀性、结构强度得到保证,采用大块整体模板,混凝土外表光洁度和平整度得到控制。

(4)隧道喷射混凝土采用湿喷,二衬混凝土采用整体模板台车和泵送混凝土,有效保证初喷及二衬混凝土的强度、厚度和平整度,排水采用环向盲沟和复合土工布等综合处治,确保隧道安全干燥。

(5)路面水泥稳定碎石底基层及基层重点强调了碎石分级生产及堆放,拌和能力、运输能力和三轴机摊铺工艺,强调了压实设备的配置、碾压时间、养护剂和薄膜覆盖养护等措施,质量均匀稳定,工艺水平和质量稳定性有了很大的提高。

(6)沥青混凝土路面施工重点强调拌和能力、运输能力、摊铺机及整平设备配置,严格控制碎石材料均匀性,工艺操作规范性,重点控制摊铺机走行速度、摊铺温度、施工缝处理,有效保证了平整度、厚度和强度等指标。

(7)边坡绿化推广使用草灌混喷,具有本土物种的乔木进行绿化防护,实现公路边坡、中央分隔带绿化较快恢复且与周边环境协调适应,实现四季常绿的效果。

(8)全线机电工程设计较为先进,设施配置齐全,监控覆盖面广,并针对隧道供电照明采取了许多节能措施,如LED灯的应用等。

隧道LED照明综合节能技术应用介绍:

广西灵峰(桂粤界)至八步高速公路项目全线共设有两座分离式隧道和两座连拱隧道,分别为花坟洞隧道(长362m)、涝田隧道(长430m),洞内为沥青路面;石板尾隧道(左洞长3180m,右洞长3175m)、大桂山隧道(左洞长1860m,右洞长1680m),进出口300m为沥青路面,中间为水泥路面。为保障高速公路交通安全,隧道照明是高速公路的重要组成部分。根据《公路隧道通风照明设计规范》规定,长度大于100m的公路隧道应设置照明设施,且每延公里隧道照明负荷应不小于60kW,按每日平均开通10h计,平均年耗电量达21.6万度(折合72t标准煤),能耗巨大。目前高速公路隧道照明设计均采用道路设计年限内的最大车流量确定洞内最大亮度和隧道内各段的灯具功率和灯具分布密度,照明光源大多数使用高压钠灯。高速公路运营期间的管理、维护和维修成本比较高,节能降耗、保障安全是建设和运营单位迫切需要解决的技术难题。影响高速公路隧道照明耗电量的主要因素有灯具效率、灯具布设方式、控制方案等。目前大部分高速公路隧道照明广泛使用的高压钠灯光效低、启动慢、能耗大,不利于智能控制,不符合节能减排的要求,使用新型高效光源是解决问题的关键。发光二极管(LED)照明灯具是一种新型的照明光源,具有能耗低、光指向性好、寿命长、响应快、无汞污染等优点,目前在城市景观及道路照明等领域得到了应用。

项目公司根据广西灵峰(桂粤界)至八步高速公路项目隧道具体情况,通过调查研究、方案论证,决定广西灵峰(桂粤界)至八步高速公路项目四座隧道采用高效 LED 照明方案代替传统的高压钠灯方案,通过灯具比选、配光设计、智能控制等技术措施,在达到良好的照明效果同时节能降耗、减少排放,为广西高速公路隧道照明节能降耗先行试验、积累经验。

LED 主要技术指标如下:

(1)光源功率:30W、40W、120W、170W 灯具(可选)。

(2)光源组成:大功率白色 LED 发光管,单颗额定功率约 1W。

(3)光源效率:>100lm/W@350mA。

(4)色温:5000K<T_c<6000K,色温一致性≤500K。

(5)显色指数:不小于 70。

(6)灯具可调角:纵向 120°,横向 70°。

(7)输入电源:交流输入电压 AC220V(±20%),频率 50±1Hz。

(8)功率因数:>0.95。

(9)整体光衰:10000h 不超过 10%(光输出维持率达 90% 以上)。

(10)光源寿命:≥50000h 时,光衰小于初始值的 30%。

(11)灯具效率:≥80%(灯具输出光通量不小于封装器件输出光通量的 80%)。

(12)调光:应根据洞外亮度和交通量变化分级调整入口段、过渡段、出口段的照明亮度。

(13)温度范围:-30~55℃。

(14)湿度范围:10%~90%。

(15)防护等级:IP65。

实施 LED 照明系统项目后的节能效益分析如下:

年节省用电量为:362.226 万 kW·h[6287227.2-2664967.2=3622260(kW·h)]

年节省电费为:307.8921 万元[电费按实际发生的综合价格(0.85 元/kW·h),362.226×0.85=3078921(元)]

年节省标准煤为:1213.45t 标准煤[3622260×0.335/1000=1213.45(t),0.335kg/kW·h 为广西工业和信息化委员会于 2012 年公布的标准煤转换系数]。

项目实施完成后,年可节省用电约 362.226 万 kW·h,换算为标准煤约为 1213.45t。与原有高压钠灯方案相比,综合节电率可达 58%。隧道 LED 照明灯应用如图 8-28-4 所示。

图 8-28-4　隧道 LED 照明灯应用

五、运营管理

（一）收费管理

灵峰至八步高速公路共有贺州和白马两对服务区,有 1 对大桂山停车区,设置贺州东、贺街、梅花、信都、灵峰 5 个匝道收费站及 1 个桂粤主线收费站（表 8-28-7）。

收费站点设置情况表　　表 8-28-7

站点名称	车道数（条）	收费方式	站点名称	车道数（条）	收费方式
贺州东	9	计重收费	信都	4	计重收费
贺街	6	计重收费	灵峰	4	计重收费
梅花	4	计重收费	桂粤	9	计重收费

交通流发展状况见表 8-28-8。

交通流发展状况表　　表 8-28-8

年份（年）	路段一	路段二	路段三	日均车流量（辆/d）
2010				2169
2011				10428
2012				12636
2013				15614
2014				22450

（二）养护管理模式变化

随着运营深入,养护任务加重,广西龙光广贺高速公路有限公司结合实际情况,摸索

出一套合适的养护管理体制,"十二五"期间养护体制改革主要体现在以下两大点:

广贺高速公路通车后,前期养护任务工程量不多,需要的技术含量不高,广西龙光广贺高速公路有限公司采用自行养护模式组建小修队,由养护工程部负责管理,负责日常小修保养工作,基本能够满足养护需求。

随着运营深入,养护任务加重,自行小修养护模式已渐渐不能满足日益增长的养护需要,经过多方面比较,考察其他养护公司成功经验,广西龙光广贺高速公路有限公司采用了更合适的养护外包模式,将小修外包给有资质的专业养护公司,于2015年4月27日完成了招标,2015年5月28日同河南省高远公路养护技术有限公司签署合同。

养护外包的内容包括路基工程、路面工程、桥梁工程、隧道工程、交安工程、绿化工程的小修养护、抢险工程施工以及保洁。

灵峰至八步高速公路开通至今,养护维修主要为小修养护,未涉及大修。

第二十九节　筋竹(粤桂界)至岑溪高速公路

一、项目概况

(一)基本情况

广西筋竹至岑溪高速公路全长38.574km,起点于岑溪枢纽互通立交(G65 K2852+516~K2854+665和S50 K0+000~K33+235)段,路基宽26m,采用设计速度为100km/h双向四车道的高速公路标准;岑溪枢纽互通立交至终点(G65 K2849+326~K2852+516)段,路基宽33.5m,采用设计速度为120km/h双向六车道的高速公路标准;岑溪东连接线1.239km,路基宽15.5m,采用设计速度为80km/h的二级公路标准。全线共有路基挖方1082.2836万m^3,包括发生塌方的边坡土石方,填方920.8343万m^3。项目共有大桥2422.2m/12座,中小桥1109.94m/18座,涵洞通道8466.9m/173道,隧道505.5m/2座,互通立交3处,路基、路面排水及防护工程223467m^3,水泥混凝土路面973625m^2;征用土地约5398.054亩;共设服务区1对,停车区1对,管理所1个,收费站4个。本项目开工日期是2008年1月,2010年1月基本建成,G65 K2849+326~K2854+665和S50 K0+000~K24+853段于2010年4月13日建成通车,S50 K24+853~K33+235段于2013年12月28日通车。

该项目是一条全部控制出入、全立交分道行驶的四车道高等级公路,设计里程主线长38.52km,连线长1.239km,广西壮族自治区交通运输厅批准本项目原初步设计总概算为

19.16亿元人民币(含建设期贷款利息)。

(二)前期决策情况

广西筋竹至岑溪高速公路是广西高速公路网规划中的横5"岑溪(筋竹)至百色(罗村口)"的重要组成部分,是广西东西向重要公路通道之一。该项目的建设对进一步实施国家西部大开发战略,完善国家和地方高速公路网络,加快西部贫困地区乃至全区的经济发展具有特别重要的意义。

工程的立项、可行性研究、初步设计、施工图设计以及开工前的其他各项有关工作,均循序进行,逐一报批,手续完备齐全,详见表8-29-1。

基本建设程序执行情况　　表8-29-1

序号	基建程序名称	审批机关(单位)	批复文号	批复时间
1	项目建议书	国家发展和改革委员会	发改交运〔2006〕1157号	2006.06.20
2	可行性研究报告	国家发展和改革委员会	发改交运〔2007〕927号	2007.05.19
3	设计招标	广西壮族自治区交通运输厅	已报广西壮族自治区交通运输厅备案	
4	初步设计批复	广西壮族自治区交通运输厅	交办基建〔2007〕258号即交公路发〔2007〕488号	2007.11.01
5	施工图设计文件	广西壮族自治区交通运输厅	桂交办基建〔2008〕147号	2008.03.03
6	项目环境评估报告	广西壮族自治区环保局	环审〔2006〕527号	2006.10.20
7	工程监理招标	广西壮族自治区交通运输厅	已报广西壮族自治区交通运输厅备案	
8	工程施工招标	广西壮族自治区交通运输厅	已报广西壮族自治区交通运输厅备案	
9	工程永久用地征用	国土资源部	桂交计划函〔2006〕609号	2006.07.28
10	项目开工报告	广西壮族自治区交通运输厅	已办理	

(三)参建单位主要情况

2006年1月14日广西壮族自治区人民政府以桂政函〔2006〕6号文批复交通厅将广西筋竹至岑溪高速公路投资建设和收费经营权批复给我项目公司;2006年10月16日广西壮族自治区交通厅以交基建函〔2006〕802号文明确广西岑罗高速公路有限责任公司为岑罗高速公路广西筋竹至岑溪高速公路投资建设业主,并签订了合同,负责广西筋竹至岑溪高速公路项目的建设和经营,该公司具有独立的法人资格。各参建单位见表8-29-2。

第八章 高速公路项目建设

筋竹至岑溪高速公路参建单位一览表　　　　表 8-29-2

合同段编号		单位名称	资质等级	起讫桩号
设计单位	土建工程	广西壮族自治区交通规划勘察设计研究院	公路甲级	K1+500～K40+089.894
	房建工程	广西华蓝设计（集团）有限公司	甲级 202701-sj	全线收费站、服务区、管理区、停车区
监理单位	No.Ⅰ	重庆锦程工程咨询有限公司	公路甲级	K1+500～K20+850（路基1~3标、路面A标）
	No.Ⅱ	广西桂通公路工程监理咨询有限责任公司	公路甲级	K20+850～K40+089.894（路基4~6标、路面B标）
路基工程施工单位	No.1	中交一公局厦门工程有限责任公司	公路一级	K1+500～K4+800
	No.2	中天路桥有限公司	公路一级	K4+800～K11+100
	No.3	中交一公局第三工程有限公司	公路一级	K11+100～K20+850
	No.4	路桥华祥国际工程有限公司	公路一级	K20+850～K25+290
	No.5	中交一公局海威工程建设有限公司	公路一级	K25+290～K33+210
	No.6	中交一公局第三工程有限公司	公路一级	K33+210～K40+089.894
	No.Y1	广西公路桥梁工程总公司	公路特级	K1+500～K40+089.894 圆管预制
	No.A	贵州省公路桥梁工程总公司	公路一级	K1+500～K20+850
	No.B	路桥集团国际建设股份有限公司	公路一级	K20+850～K40+089.894
房建工程	No.FJ-1	广西建工集团第一建筑工程有限责任公司	房屋建筑工程施工总承包壹级	全线收费站、服务区、管理区、停车区
交安工程	No.JA-1	哈尔滨交研交通工程有限责任公司	公路交通安全设施工程专业承包资质	K1+500～K40+089.894
绿化工程	No.L1	南宁市滨江园林绿化工程有限公司	城市园林绿化二级	K1+500～K40+089.894

本项目的监督单位由广西壮族自治区交通工程质量监督站代表政府主管部门进行监督。中间交工检测工作委托具有甲级资质的广西交通科学研究院。日常检测工作由总监办中心实验室承担。

在项目公司签订协议前,广西壮族自治区交通厅基建局作为前业主已对该项目进行了可行性研究,并完成了此项目两阶段勘察、设计任务的招标工作。施工及监理招标工作由业主广西岑罗高速公路有限责任公司完成,全部招标项目均按照"公平、公正、公开"的原则及"政府投资模式"项目管理的规定进行国内公开招标,从招标信息的发布、资格预审文件和招标文件的编制和报批、资格预审及结果报批,到招标、评标、定标及合同签订的全过程,均严格按《中华人民共和国招标投标法》、交通部《公路建设市场管理办法》《公路建设四项制度实施办法》以及交通部、广西壮族自治区交通厅有关基建程序的相关规定进行,同时也按照相关规定进行了招标文件及相关程序的报批工作。

二、建设情况

(一)项目准备阶段

1. 立项审批

本项目前期各项工作及建设期各项工作均严格执行《中华人民共和国公路法》《中华人民共和国公司法》《中华人民共和国招标投标法》《中华人民共和国合同法》和交通部《公路建设市场管理办法》《公路建设四项制度实施办法》等各项法律、法规。通过公开招标择优选定各设计单位、监理咨询单位、各工程施工单位。在各次招投标活动中,业主的资格(预)审文件、招标文件均获得区交通厅的批复。招投标各方行为守法规范,均能做到"公开、公平、公正、诚信"原则,广西壮族自治区交通厅对招标全过程进行监督,开标时由广西壮族自治区南宁市公证处对开标全过程进行了公证,专家评标推荐,最后由评标委员定标并上网公示,整个招标工作合法有效,未收到任何不良反应。

广西壮族自治区交通厅批准本项目原初步设计总概算为19.16亿元人民币(含建设期贷款利息),本项目总投资控制在批复概算范围之内,最终工程造价以竣工决算为准。建设资金来源为:企业自筹资金和银行贷款。

2. 征地拆迁情况

本项目在建设实施中,严格执行"十分珍惜、合理利用土地和切实保护耕地"的基本国策,使用土地严格执行国家的法律、法规,各项手续齐全。本项目严格执行《广西壮族自治区基础设施重大项目建设用地征地拆迁暂行办法》文件精神,设计征地实行县(市)人民政府包干负责制;拆迁采用业主代表、当地政府及拆迁户主几方现场丈量及确认,统一由当地政府分指挥部负责征迁补偿资金分发。实行征迁补偿资金分账户管理、先结算后支付、补偿资金支付"实名制"、补偿资金银行—银行—存折模式运行并定期回访检查等办法。从项目公司拨付征迁补偿费起即明确每一分钱的受益人,及时、足额、安全地将补偿费支付到农户手中,力图从制度和操作程序上保证征迁补偿资金专款专用,避免和制止挪用、截留、贪污等违法犯罪现象的发生,保障建设资金安全,保护农户的合法权益。征地拆迁情况见表8-29-3。

征地拆迁情况统计表　　　　　　　　　　　　　表8-29-3

序号	征地拆迁安置起止时间	征用土地(亩)	拆迁房屋(m^2)	支付补偿费用(元)	备注
1	2007—2010	5398.054	82362.04102		

3. 标段划分

标段划分情况见表8-29-4。

标段划分情况表　　　　　　　　　　　　　　表8-29-4

标段号	标段所在地	工程内容及长度	单位名称
土建工程	筋竹(粤桂界)至岑溪高速公路	G65 K2849+326~K2854+665 和 S50 K0+000~K33+235 高速公路设计工作	广西壮族自治区交通规划勘察设计研究院
房建工程	筋竹(粤桂界)至岑溪高速公路	收费站、服务区、管理区、停车区房建设计工作	广西华蓝设计(集团)有限公司
No.Ⅰ	筋竹(粤桂界)至岑溪高速公路	S50 K13+863~K33+235(路基1~3标、路面A标)监理工作	重庆锦程工程咨询有限公司
No.Ⅱ	筋竹(粤桂界)至岑溪高速公路	S50 K0~K13+863 和 G65 K2849+326~K2854+665(路基4~6标、路面B标)监理工作	广西桂通公路工程监理咨询有限责任公司
No.1	筋竹(粤桂界)至岑溪高速公路	S50 K29+967~K33+235 土建工程施工	中交一公局厦门工程有限责任公司
No.2	筋竹(粤桂界)至岑溪高速公路	S50 K23+613~K29+967 土建工程施工	中天路桥有限公司
No.3	筋竹(粤桂界)至岑溪高速公路	S50 K13+863~K23+613 土建工程施工	中交一公局第三工程有限公司
No.4	筋竹(粤桂界)至岑溪高速公路	S50 K9+460~K13+863 土建工程施工	路桥华祥国际工程有限公司
No.5	筋竹(粤桂界)至岑溪高速公路	S50 K1+541~K9+460 土建工程施工	中交一公局海威工程建设有限公司
No.6	筋竹(粤桂界)至岑溪高速公路	S50 K0+000~K1+541 和 G65 K2849+326~K2854+665 土建工程施工	中交一公局第三工程有限公司
No.Y1	筋竹(粤桂界)至岑溪高速公路	G65 K2849+326~K2854+665 和 S50 K0+000~K33+235 圆管预制	广西公路桥梁工程总公司
No.A	筋竹(粤桂界)至岑溪高速公路	S50 K13+863~K33+235 路面工程施工	贵州省公路桥梁工程总公司
No.B	筋竹(粤桂界)至岑溪高速公路	S50 K0+000~K13+863 和 G65 K2849+326~K2854+665 路面工程施工	路桥集团国际建设股份有限公司
No.FJ-1	筋竹(粤桂界)至岑溪高速公路	全线收费站、服务区、管理区、停车区房建工程施工	广西建工集团第一建筑工程有限责任公司
No.JA-1	筋竹(粤桂界)至岑溪高速公路	G65 K2849+326~K2854+665 和 S50 K0+000~K33+235 交安工程施工	哈尔滨交研交通工程有限责任公司
No.L1	筋竹(粤桂界)至岑溪高速公路	G65 K2849+326~K2854+665 和 S50 K0+000~K33+235 绿化工程施工	南宁市滨江园林绿化工程有限公司

本项目的监督单位由广西壮族自治区交通工程质量监督站代表政府主管部门进行监督。中间交工检测工作委托具有甲级资质的广西交通科学研究院。日常检测工作由总监办中心实验室承担。

(二)项目实施阶段

(1)建立健全各级质量保证体系,坚持"合同为本,质量优先;样板引路,成品优良"的质量方针,有效发挥监理作用,加强环节控制,克服质量通病,确保体系正常运转,同时形成比、学、赶、超工程建设氛围,建立互助型工程建设模式,通过树样板工程和观摩交流学习,先进帮落后,以点带面,不断地实现管理水平和质量水平的提高。

(2)高度重视质量,做到责任层层分解和落实,建立工作责任制和追究制度,以正、反面示例经验教训,加强质量意识教育,纠正不规范行为、做法,同时努力协调承包人之间、承包人与监理、承包人与业主、业主与监理的沟通,创造各方沟通交流平台,较好地促进了质量管理工作的开展。

(3)重视各个时期、不同阶段的施工与监理技术特点,积极开展有关技术质量活动,邀请区内外有关专家讲座、培训,采取路外观摩学习,开展专题研究、现场交流会,认真分析和研究,及时出台相应的技术指南、技术标准要求,正确指导现场施工与监理工作,分别就路基、桥涵结构、隧道、路面等方面组织了多次专题研讨会,解决了施工与监理现场出现的技术难题,为工程持续发展,实现阶段性工程交接及交工验收打下了良好的基础。

(4)大力推广先进技术和先进材料、设备,努力提高施工水平。

①路基施工中对软基采用挖换处理,对路基填料指标有效控制,对高液限土质采用借土或分层分段合理使用,采用承载比高的碎石土填料对路床进行换填,填挖交界采用了超挖换填好土和土工格栅加固处理,严格控制层厚、压实度等,确保路基稳定。

②桥涵结构物混凝土采用集中拌和工艺,混合料均匀性、结构强度得到保证,采用大块整体模板,混凝土外表光洁度和平整度得到控制。

③隧道喷射混凝土采用湿喷,二衬混凝土采用整体模板台车和泵送混凝土,有效保证初喷及二衬混凝土强度、厚度和平整度,隧道排水采用环向盲沟和复合土工布等综合处治,确保隧道安全干燥。

④路面水泥稳定碎石底基层及基层重点强调了碎石分级生产及堆放,拌和能力、运输能力和摊铺工艺,强调了压实设备的配置、碾压时间、土工布覆盖饱湿养护等措施,对上基层采用锯诱导缝措施使收缩裂纹得到一定限制和有规则产生,总体质量均匀稳定。

⑤水泥混凝土路面施工重点强调拌和设备的精准度、运输能力与摊铺机的匹配,严格控制混合料的级配、水灰比、拌和时间、拌和的均匀性,工艺操作的规范性,重点控制摊铺的厚度、平整度,有效保证和提高了各项规定指标。

⑥边坡绿化推广使用草灌混喷、植生袋、挂网喷播,采用具有本土物种的乔木进行绿化防护,实现公路边坡、中央分隔带绿化较快恢复且与周边环境协调适应,实现四季常绿的效果。

⑦全线机电工程设计较为先进,设施配置齐全,监控覆盖面广,并针对隧道供电照明采取了许多节能措施。

⑧通过对多个课题的技术专项研究解决本项目有关的技术难题,为工程提供了技术保障。

(5)重视工程成品质量,在开展"百日大战及创优争先""旱季攻势"等劳动竞赛的同时,大力推广样板引路、典型示范工程,根据不同时期阶段,从管理、施工工艺、设备投入及施工进度、质量、安全等方面将工程实体列入工程评比范围,以先进促后进,以点带面,为工程施工创造了良好的建设氛围。

(6)坚持业主、监理工程师、设计代表及承包人现场办公、协调会的方式及时解决工程施工现场存在的设计遗漏及复杂地质情况、施工工艺等问题,保证了工程质量,促进了工程进度的加快。

(7)高度重视上级及质量监督部门的检查意见,坚持质量第一,整改到位,全过程动态跟踪监督,狠抓落实,及时将结果反馈至检查部门和单位。

(8)严格设计变更及工程计量,鼓励优化设计,推行动态设计,确保工程投资控制。

①制定规范的设计变更及计量管理办法。建立和完善工程变更管理制度和审批程序。重要及重大设计变更工程项目,由项目公司、总监办集体专题讨论决定。最终设计变更方案由项目公司总工程师签署设计变更审批意见后,由总监办签发工程变更文件组织实施。工程计量支付先由承包人申报,报总监办计量室审核,再由公司工程部、合约部、财务部进行审核,然后经公司总经理审批后才能予以支付。在审核过程中,各部门根据各自的工作职责和业务分工,互相协作,并互相监督,确保工程款支付准确、合法合规。

②制定设计优化激励机制,在满足规范及设计使用功能、工程质量的前提下,鼓励各相关单位结合实际地形地貌及地质条件,对设计进行优化。

三、复杂技术工程

(一)亭子坡高架大桥

桥位位于岑溪市岑城镇亭子坡村附近,桥位区属丘陵地貌,三面山丘环抱,地形起伏较大,桥梁跨越一小河及山间谷地,小河河道较窄且弯曲,勘测期间河面宽2~4m,水深0.4~0.8m,桥址处汇水面积38km^2,设计流量348.7m^3/s,设计水位SW1% =110.2m。桥位覆盖层:卵石、黏土,下伏砂质页岩、砂岩。

结合地质条件,采用桥梁结构形式:左幅12孔40m先简支后连续后张法预应力混凝土T梁,桥长497.58m,右幅10孔40m先简支后连续后张法预应力混凝土T梁,桥长410.58m,桥台为U形桥台、扩大基础,桥墩为柱式墩、桩基。

(二)云笑坑隧道

隧道位于岑溪市筋竹镇横垌村云笑坑附近,位于构造剥蚀类型的丘陵地貌中,隧道周围群山蜿蜒起伏,植被茂密,交通不便,中线处隧道开挖最大埋深为47m;隧道进出口为农作物耕作区,筋竹洞口端为水稻田,岑溪洞口端为房屋。

云笑坑隧道为连拱隧道,隧道长为232m,起终点桩号为K1+623~K1+855,纵坡为0.3%,与路线纵面线性协调一致,隧道全长位于圆曲线及缓和曲线段上,路面超高-4%~-2%,与路线平面线形协调一致。

隧道内轮廓为三心圆拱曲墙断面,拱顶半径为5.70m。

测区内出露地层为第四系残积层(Q_{el}),砂质黏性土,局部为砾质黏性土,黄、浅红、浅黄、灰褐色,软塑~硬塑状,遇水易崩解、软化,石英颗粒分布不均匀,粒径以0.5~5mm为主,含量占20%~40%,为花岗岩残积土。分布于地表,所有钻孔均有揭示,厚度为2.20~12.00m。

测区内未发现有区域性断裂构造和构造破碎带存在。

地下水主要为赋存于第四系残积层中的孔隙水和破碎基岩中的裂隙水,属潜水,含水量小。

根据隧道地质勘察资料,按公路隧道围岩分级方法,将隧道分为Ⅲ、Ⅳ、Ⅴ级围岩。

本隧道暗洞进洞处仰坡设计为1:0.5边坡,采用喷锚及挂钢筋网等措施进行防护,仰坡应分层开挖,并及时施作锚杆;因洞口处土层及岩层比较破碎,暗洞进洞采用管棚施工,各管棚位置、相应长度及施工要求详见图纸。明洞开挖永久边坡为1.25:1或1:1,采用挂钢筋网片喷射混凝土防护。明洞洞侧回填黏土,压实度要求达到85%以上,表层采用三维网固土植草防护,尽可能绿化、美化洞口。

本段隧道施工时应先在洞口边坡、仰坡外侧3~6m处沿地形设置截水沟,截水沟采用浆砌片石并进行勾缝和抹面;截水沟完成后再进行管棚和明洞施工,在明洞施工完并回填,做好防排水后,方进行暗洞进洞。施工中应尽量减少扰动周围岩体,尽早做好洞口边坡、仰坡的防护和洞顶排水系统及隧道洞门,确保洞口安全。

(三)高坡冲隧道

隧道位于岑溪市探花镇高坡冲村附近,位于构造剥蚀类型的丘陵地貌中,隧道周围群山蜿蜒起伏,植被茂密,交通不便。隧道从两山之间的鞍部穿越,鞍部相对高差约70m,山体为页岩,风化强烈,大部分地表被页岩残积土覆盖,未见滑坡、崩塌等不良地质现象。隧道所处山体走向与隧道大致呈正交。设计隧道穿越的鞍部高程约为205m,沟谷底高程约为138m,高差67m,地形较陡,地形坡度在20°~40°之间。隧道进出口为农作物耕作区,洞口端均为水稻田。

高坡冲隧道为小间距隧道。左线隧道长为264m,起终点桩号为PK32+350~PK32+614,纵坡为0.3%,与路线纵面线性协调一致;右线隧道长为283m,起终点桩号为QK32+345~QK32+628,纵坡为0.304%,与路线纵面线性协调一致。

隧道全长位于直线及缓和曲线段上,路面超高-3%~-2%,与路线平面线形协调一致。

隧道内轮廓为三心圆拱曲墙断面,拱顶半径为5.70m。

隧道区覆盖层为第四系残积层,该层为黄、灰黄色黏土,硬塑状,含少量风化页岩碎石,为页岩残积土,厚度在4.50~16.60m之间。隧道下伏基岩为奥陶系下统页岩(O_1)和砂质页岩,粉砂或泥质结构,页理构造。

测区内未发现有区域性断裂构造和构造破碎带存在。

隧道区地下水匮乏,钻孔内未见地下水。

隧道洞身地质特征:根据隧道地质勘察资料,按公路隧道围岩分级方法,隧道为Ⅴ级围岩。

根据本隧道的特点,并结合路基及进出口地形地貌、工程地质、水文条件,在充分考虑隧道进出口综合排水的情况下,尽量减少洞口的开挖量,并考虑施工开挖边仰坡的稳定性,本着"早进洞晚出洞"的原则,确定隧道进出口位置。结合两端洞口处地势和地质情况,本隧道进出口采用明洞方式,洞门为削竹式,明洞要求进行回填,进行绿化和防护。

左线进洞口桩号为PK32+350,明洞长16m,进口处隧道暗洞进洞桩号为PK32+366;出洞口桩号为K32+614,明洞长16m,出口处隧道暗洞进洞桩号为PK32+598。

右线进洞口桩号为QK32+345,明洞长16m,进口处隧道暗洞进洞桩号为QK32+361;出洞口桩号为QK32+628,明洞长16m,出口处隧道暗洞进洞桩号为QK32+612。

本隧道暗洞进洞处仰坡设计为1:0.5边坡,采用喷锚及挂钢筋网等措施进行防护,仰坡应分层开挖,并及时施作锚杆;因洞口处土层及岩层比较破碎,暗洞进洞采用管棚施工,各管棚位置、相应长度及施工要求详见图纸。明洞开挖永久边坡为1.25:1或1:1,采用挂钢筋网片喷射混凝土防护。明洞洞侧回填黏土,压实度要求达到85%以上,表层采用三维网固土植草防护,尽可能绿化、美化洞口。

本段隧道施工时应先在洞口边坡、仰坡外侧3~6m处沿地形设置截水沟,截水沟采用浆砌片石并进行勾缝和抹面;截水沟完成后再进行明洞施工,在明洞施工完后回填,做好防排水后,方进行暗洞进洞施工。施工中应尽量减少扰动周围岩体,尽早做好洞口边坡、仰坡的防护和洞顶排水系统及隧道洞门,确保洞口安全。

四、科技创新

(1)路基施工中对软基采用挖换处理,对路基填料指标有效控制,对高液限土质采用借土或分层分段合理使用,采用承载比高的碎石土填料对路床进行换填,填挖交界采用了超挖换填好土和土工格栅加固处理,严格控制层厚、压实度等,确保路基保持稳定。

(2)桥涵结构物混凝土采用集中拌和工艺,混合料均匀性、结构强度得到保证,采用大块整体模板,混凝土外表光洁度和平整度得到控制。

(3)隧道喷射混凝土采用湿喷,二衬混凝土采用整体模板台车和泵送混凝土,有效保证初喷及二衬混凝土强度、厚度和平整度,隧道排水采用环向盲沟和复合土工布等综合处治,确保隧道安全干燥。

(4)路面水泥稳定碎石底基层及基层重点强调了碎石分级生产及堆放,拌和能力、运输能力和摊铺工艺,强调了压实设备的配置、碾压时间、土工布覆盖保湿养护等措施,对上基层采用锯诱导缝措施使收缩裂纹得到一定限制,总体质量均匀稳定。

(5)水泥混凝土路面施工重点强调拌和设备的精准度、运输能力与摊铺机的匹配,严格控制混合料的级配、水灰比、拌和时间、拌和的均匀性,工艺操作的规范性,重点控制摊铺的厚度、平整度,有效保证和提高了各项规定指标。

(6)边坡绿化推广使用草灌混喷、植生袋、挂网喷播,采用具有本土物种的乔木进行绿化防护,实现公路边坡、中央分隔带绿化较快恢复且与周边环境协调适应,实现四季常绿的效果。

(7)全线机电工程设计较为先进,设施配置齐全,监控覆盖面广,并针对隧道供电照明采取了许多节能措施。

(8)通过对多个课题的技术专项研究解决本项目有关的技术难题,为工程提供了技术保障。

五、运营管理

广西筋竹至岑溪高速公路是广西高速公路网规划中的横5"岑溪(筋竹)至百色(罗村口)"的重要组成部分,起点接已通车的岑兴高速公路岑溪南枢纽互通立交,途经岑溪东、归义、筋竹、横峒,终点接新建成的广东箓滨至罗定高速公路,是两广间最便捷省时的通道之一。筋岑高速公路全线设服务区1处,停车区1处,服务区和停车区是为满足在高速公路上运行的驾乘人员的生理和心理需求,以及车辆安全运行的要求而设置的服务设施。服务区所处的道路交通条件、地理位置不同,其具备的功能和规模也将不尽相同。筋竹停车区只具有部分服务功能,仅设有停车场、公共厕所(包括残疾人用的厕所)、餐厅、便利店等服务设施。岑溪东服务区设置有完善的服务功能,包括停车场、公共厕所(包括残疾人用的厕所)、餐厅、加油站、修理所、综合性超市等服务设施,其规模适中,设有住宿等设施。

2013年12月28日,筋竹至岑溪高速公路全线贯通,车流量随之大增(详见交通流量发展状况表)。沿线设有岑溪东、归义、筋竹及省界横垌4个收费站(详见收费站点设置情况表),各站站点根据当地的车流量进行设置,在岑溪东收费站设置8个车道,其中出口5个,入口3个;在归义、筋竹收费站各设置4个车道,均为两进两出;横垌收费站设置13个车道,共13个出口,7个复式亭。岑罗路实现全路段安装整车式计重系统,减少增重纠纷,杜绝了"跳车"偷逃通行费行为。收费站点设置情况见表8-29-5,交通流量发展状况见表8-29-6。路段车流量曲线如图8-29-1所示。

收费站点设置情况表 表8-29-5

站点名称	车道数(条)	收费方式	站点名称	车道数(条)	收费方式
岑溪东收费站	8	车型/计重	筋竹收费站	4	车型/计重
归义收费站	4	车型/计重	横垌收费站	13	车型/计重

交通流量发展状况表 表8-29-6

年份(年)	岑溪至筋竹路段(辆)	日均车流量(辆/d)	年份(年)	岑溪至筋竹路段(辆)	日均车流量(辆/d)
2010	897094	3424	2013	1912201	5239
2011	1458751	3997	2014	5817404	15938
2012	1436423	3925			

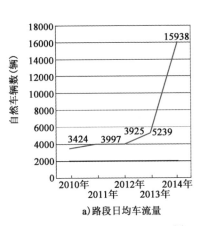
a) 路段日均车流量

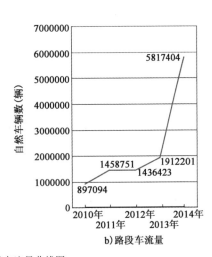
b) 路段车流量

图8-29-1 路段车流量曲线图

第三十节 隆林至百色高速公路

一、项目概况

(一)项目基本情况

隆林至百色高速公路是国家高速公路网规划(简称"7918"网)中第17横汕头至昆明高速公路在广西境内路段,编号为G78,也是广西"4纵6横"高速公路网规划布局中第3横贺州至隆林公路的重要组成部分,路线起于黔桂交界处隆林县平班镇,与贵州省建设中的安龙至平班公路相接,在隆林县境内经委乐、沙梨,田林境内经旧州、板桃、潞城、田林(乐里镇),百色市境内经汪甸、下塘、永乐、百色市(右江区),止于百色市四塘镇,接南宁(坛洛)至百色高速公路,路线全长177.516km。同步建设隆林连接线20.822km、田林连接线4.699km。项目批复概算107.84亿元,其中,利用亚行贷款3亿美元。平均每公里造价6075万元。

项目主线采用四车道高速公路标准建设,其中起点于K114+911.654段113.780km,设计速度为80km/h,路基宽度为24.5m;K114+911.654至终点段63.736km,设计速度为100km/h,路基宽度为26.0m。桥涵设计汽车荷载采用公路-I级,其他技术指标按《公路工程技术标准》(JTJ B01—2003)规定执行。主线路面结构为复合式路面结构,采用水泥混凝土路面加铺4cm橡胶沥青混凝土罩面设计。连接线采用二级公路标准建设。

本项目地处广西西北部山区,属广西山区与云贵高原东南边缘的过渡地带,区域地势总体呈现为由西北向东南逐渐降低。地形以山地为主,基本无平原,素有"地无三里平"之称。地貌按成因可分中、低山中切割缓坡地貌单元,低山浅切谷地貌单元,侵蚀堆积中低山地貌单元,剥蚀类堆积地貌单元。由于气候、地形的共同作用,区域土地表面覆盖按面积大小依次为:红壤、赤红壤、黄壤、水稻土。区域内经历了加里东期、印支—燕山期、喜马拉雅山期三个较明显的构造发展阶段。按照主要构造形迹的排列组合方式,大致可划分为三个构造体系,即北西向构造体系,纬向构造体系,新华夏构造体系。

全线设置桥梁40635.32m/183座,其中主线大中桥37607.35m/159座,匝道桥2234.88m/18座,天桥334.08m/6座。设置隧道红少、开冲、委见、柠檬坳、隆田、米花岭、田林1~7号、东关和泽屯隧道共12298.225m/15座。

项目于2008年8月开工,2011年1月通车。

隆百高速公路项目基本情况见表8-30-1。

第八章 高速公路项目建设

隆林至百色高速公路项目基本情况统计表　　　　表8-30-1

建设单位(公章)	广西隆百高速公路发展有限公司
工程投资	107.84亿元
工程起止桩号	K0+350~K177+900.808
工程设计标准	双向四车道高速公路,设计速度100(80)km/h
开工时间、通车时间	2008年4月、2011年1月
地形条件	山陵重丘区
连接线标准(km)	隆林连接线20.822km,二级公路标准,设计速度60km/h;田林连接线4.699km,二级公路标准,设计速度60km/h
桥隧比	29.81%
施工图设计每公里土石方(万 m^3)	22.4

(二)前期决策情况

2002年11月,党的十六大提出了全面建设小康社会,加快推进社会主义现代化建设的战略目标,对交通运输提出了新的更高的要求。为了适应全面建设小康社会的要求,交通部制定了全面建设小康社会的交通发展目标。2001年和2003年,交通部先后制定了《国家重点公路建设规划》和《国家高速公路网规划》作为指导新世纪我国高等级公路建设的纲领性文件。

根据《国家高速公路网规划》,我国将用30年时间,建成8.5万km的国家高速公路网,新路网由7条首都放射线、9条南北纵向线和18条东西横向线组成,简称为"7918网",它将把我国现人口超过20万的城市全部用高速公路连接起来,覆盖10多亿人口。

广西作为我国唯一一个沿边、沿海、沿江的少数民族自治区在改革和发展中积极奋进,各项事业均取得了长足发展。在交通基础设施建设发展方面,围绕着建设大西南出海通道这个建设中心,以1995年5月自治区交通厅编制完成的《1991—2020年广西公路网规划》为指导目标,加快国道主干线和西部开发省际公路建设,高等级公路建设成绩显著。经过各方共同努力,目前已基本完成了规划既定目标。然而从广西道路发展总体水平看,道路覆盖率依然偏低,经济发展与交通基础设施不配套的矛盾仍较为突出,在今后相当长的一段历史时期,这一矛盾仍将是制约广西社会经济发展的瓶颈。

为适应广西今后的经济发展,自治区交通厅结合国家高速公路网规划,编制完成了

《广西高速公路网规划》作为广西高速公路建设的指导性文件。

在上述规划文件中,隆林至百色高速公路列入《国家重点公路规划》文本中纵9包头至友谊关公路和横14汕头至昆明公路的重要组成路段,同时本项目也列入了《国家高速公路网规划》(以下简称"7918"网)中横17汕头至昆明公路(E66)的一部分。在《广西高速公路网规划》中,将本公路列入横3贺州(省界)至隆林(省界)公路构成路段,计划"十一五"期间建设。

为进一步实施国家西部大开发战略,加快项目沿线地区经济发展步伐,完善国家和地方高速公路网络,充分发挥广西作为中国—东盟自由贸易区国际大通道及西南地区出海大通道的作用,广西壮族自治区交通厅将该项目上报国家申请列入2006年财政利用国际金融组织贷款(亚洲银行)备选项目。为加快项目前期工作和审批进程,自治区交通厅以交外资便函〔2004〕3号,委托广西壮族自治区交通规划勘察设计研究院编制隆林至百色公路预可行性研究报告。广西壮族自治区交通规划勘察设计研究院于2004年6月完成了本项目预可报告。中国国际工程咨询公司和交通部于2004年9月到广西进行了现场调研,并于2005年2月和3月分别提出了咨询评估报告审查意见。国家发改委以交运〔2005〕2370号文批复了本项目建议书。广西壮族自治区交通厅于2005年1月21日以交外资便函〔2005〕8号《关于委托编制隆林至百色公路工程可行性研究报告的函》,委托广西壮族自治区交通规划勘察设计研究院按国际金融组织贷款的有关规定和编制办法进行百色至隆林公路的工程可行性研究报告的编制。广西交通规划勘察设计研究院于2005年8月初完成本项目工程可行性研究报告的编制任务。

(三)参建单位主要情况

(1)项目法人单位:广西隆百高速公路发展有限公司。

(2)项目设计单位:广西壮族自治区交通规划勘察设计研究院,重庆交通科研设计院,北京交科公路勘察设计研究院有限公司。

(3)监理单位:广西八桂工程监理咨询有限公司、广西桂通公路工程监理咨询有限公司、重庆中宇工程咨询监理有限责任公司、北京中通公路桥梁工程咨询发展有限公司。

(4)施工单位:中交第一公路工程局有限公司、四川武通路桥工程局、中交第二航务工程局有限公司、中交第一航务工程局有限公司、中交第二公路工程局有限公司、广西壮族自治区公路桥梁工程总公司、广西路桥建设有限公司、中铁十三局集团有限公司、江苏省镇江市路桥工程总公司等28家单位。

(5)质量监督单位:广西壮族自治区交通工程质量监督站。

二、建设情况

(一)项目准备阶段

1. 立项情况

2005年11月11日,国家发展和改革委员会批复了该项目建议书(发改交运〔2005〕2370号);2007年10月15日,国家发展改革委员会批复了项目工程可行性研究报告(发改交运〔2007〕361号)。

2. 资金筹措情况

本项目批复概算投资107.84015亿元。本项目投资资金来源:国家安排中央专项基金(车购税)13.2亿元、自治区安排交通建设资金22.3亿元作为项目的资本金,共计35.5亿元,占总投资的35%;安排利用亚洲开发银行贷款3亿美元(折合人民币23.4亿元),其中2.7亿美元(折合人民币21.06亿元)用于本项目的建设,0.3亿美元(折合人民币2.34亿元)用于地方道路和农村客运站的建设,其余48.5亿元资金利用国内银行贷款解决。

3. 招标情况

(1)设计单位招标采用国内公开招标,土建及交通工程共13家设计单位参加投标,房建工程共20家设计单位参加投标,均为公路勘察设计甲级资质。

(2)监理单位采用国内公开招标。国内资金支付路段施工监理共21家单位参加投标,机电监理共3家单位参加投标;亚行资金支付路段共12家单位参加投标,均为公路工程甲级监理资质。

(3)施工单位招标:招标形式:K0+350~K68+650段全部为国内公开招标;K68+650~K177+900.808段土建、路面工程为国际公开招标,交安、绿化、房建、机电工程为国内公开招标。

国内资金支付路段,路基工程共24家单位参加投标,具备公路工程施工总承包一级及其以上资质和路基工程专业承包一级资质;路面工程共4家单位参加投标,具备公路工程施工总承包一级及其以上资质和公路路面工程专业承包一级资质;房建工程共4家单位参加投标,具备省级及以上建设主管部门核发的有效的房屋建筑工程施工总承包企业一级资质及市政公路工程施工企业总承包二级资质;机电与交安工程共4家单位参加投标,具有住房和城乡建设部核发有效的公路交通工程专业承包企业通信、监控、收费综合系统分项和交通安全设施分项资质;绿化工程共4家单位参加投标,具有省级及其以上建设主管部门核发的有效的城市园林绿化企业二级资质。

亚行资金支付路段,路基工程共94家单位参加投标,全部具备公路工程施工总承包一级以上资质;路面工程共16家单位参加投标,具有公路工程施工总承包二级及其以上资质和路面工程专项二级资质;房建工程共31家单位参加投标,具有房屋建筑工程施工总承包二级及以上资质;交安工程共22家单位参加投标,具有交通工程专业承包交通安全设施分项资质;绿化工程共30家单位参加投标,具有国家或省级建设行政主管部门颁发的城市园林绿化企业资质二级及以上资质;机电工程共20家单位参加投标,具有公路交通工程专业承包通信、监控、收费综合系统工程施工资质。

全线中标单位为:国内资金支付路段:中交第一公路工程局有限公司等9家单位;亚洲开发银行资金支付路段:广西壮族自治区公路桥梁工程总公司等19家单位。

(二)项目实施阶段

征地拆迁费增加较多。本项目批复概算土地、青苗等补偿和安置补助费金额为45716万元。项目实施期间由于征地拆迁补偿标准提高及厂房整体搬迁等原因,项目的征地拆迁补偿费实际发生70738万元。

征地拆迁情况见表8-30-2,标段划分情况见表8-30-3。

征地拆迁情况统计表 表8-30-2

	征地拆迁安置起止时间	征用土地(亩)	拆迁房屋(m^2)	支付补偿费用(元)	备注
一期	2007.12~2013.06	22870.4	165089.8	374934811	

标段划分情况表 表8-30-3

标 段 号	标段所在地	工 作 内 容 及 长 度	施 工 单 位
No.1-1	隆林县	K0+350~K12+065;路基土石方、桥梁(不含路面)、通道、涵洞、隧道、防护排水等工程	中交第一公路工程局有限公司
No.1-2	隆林县	K12+065~K21+200;路基土石方、桥梁(不含路面)、通道、涵洞、隧道、防护排水等工程	四川武通路桥工程局
No.2-1	田林县	K21+200~K35+117;路基土石方、桥梁(不含路面)、通道、涵洞、隧道、防护排水等工程	中交第二航务工程局有限公司
No.2-2	田林县	K35+117~K52+000;路基土石方、桥梁(不含路面)、通道、涵洞、隧道、防护排水等工程	中交第一航务工程局有限公司
No.3	田林县	K52+000~K68+650;路基土石方、桥梁(不含路面)、通道、涵洞、隧道、防护排水等工程	中交第二公路工程局有限公司
No.4	田林县	K68+650~K82+300;路基土石方、桥梁(不含路面)、通道、涵洞、隧道、防护排水等工程	广西壮族自治区公路桥梁工程总公司

第八章
高速公路项目建设

续上表

标段号	标段所在地	工作内容及长度	施工单位
No.5	田林县	K82+300~K93+650;路基土石方、桥梁(不含路面)、通道、涵洞、隧道、防护排水等工程	广西壮族自治区公路桥梁工程总公司
No.6	田林县	K93+650~K104+800;路基土石方、桥梁(不含路面)、通道、涵洞、隧道、防护排水等工程	广西壮族自治区公路桥梁工程总公司
No.7	田林县、百色右江区	K104+800~K114+911.654;路基土石方、桥梁(不含路面)、通道、涵洞、隧道、防护排水等工程	广西壮族自治区公路桥梁工程总公司
No.8	百色右江区	K114+911.654~K123+700;路基土石方、桥梁(不含路面)、通道、涵洞、隧道、防护排水等工程	中铁十三局集团有限公司
No.9	百色右江区	K123+700~K133+000;路基土石方、桥梁(不含路面)、通道、涵洞、隧道、防护排水等工程	广西路桥建设有限公司
No.10	百色右江区	K133+000~K143+800;路基土石方、桥梁(不含路面)、通道、涵洞、隧道、防护排水等工程	广西路桥建设有限公司
No.11	百色右江区	K143+800~K154+700;路基土石方、桥梁(不含路面)、通道、涵洞、隧道、防护排水等工程	江苏省镇江市路桥工程总公司
No.12	百色右江区	K154+700~K165+800;路基土石方、桥梁(不含路面)、通道、涵洞、隧道、防护排水等工程	广西壮族自治区公路桥梁工程总公司
No.13	百色右江区	K165+800~K177+900.808;路基土石方、桥梁(不含路面)、通道、涵洞、隧道、防护排水等工程	广西壮族自治区公路桥梁工程总公司
No.14	隆林县	LK0+000~LK23+960;路基土石方、桥梁(不含路面)、通道、涵洞、隧道、防护排水等工程	中交四航局第一工程有限公司
No.A-1	隆林县	K0+350~K21+000;路面工程	中交第一航务工程局有限公司
No.A-2	隆林县、田林县	K21+000~K48+000;路面工程	中交第二航务工程局有限公司
No.B	田林县	K48+000~K68+650;路面工程	中交第一航务工程局有限公司
No.C	田林县	K68+690~K104+800;路面工程	广西壮族自治区公路桥梁工程总公司

续上表

标段号	标段所在地	工作内容及长度	施工单位
No.D	田林县	K104+800~K133+000;路面工程	中铁七局集团第三工程有限公司
No.E	百色右江区	K133+000~K154+700;路面工程	贵州路桥集团有限公司
No.F	百色右江区	K154+700~K177+900.808;路面工程	广西壮族自治区公路桥梁工程总公司
No.FJ-1	隆林县、田林县	K0+350~K68+650、LK0+000~LK23+960;房建工程	广西建工集团第一建筑工程有限责任公司
No.FJ-2	百色右江区	K68+650~K133+000;房建工程	5426.3286
No.FJ-3	百色右江区	K133+000~K177+900.808;房建工程	2771.2777
No.LH-1	隆林县、田林县	K0+350~K68+650、LK0+000~LK23+960;景观绿化工程	北京绿茵达绿化工程技术公司
No.LH-2	田林县	K68+650~K104+800;景观绿化工程	广西北流市益大园林工程有限公司
No.LH-3	田林县、百色右江区	K104+800~K133+000;景观绿化工程	桂林锦绣园林开发有限公司
No.LH-4	百色右江区	K133+000~K154+700;景观绿化工程	桂林市花木公司
No.LH-5	百色右江区	K154+700~K177+900.808;景观绿化工程	深圳市铁汉生态环境股份有限公司
No.LJG3	田林县	K68+650~K104+800;钢护栏工程	中交一公局交通工程有限公司
No.LJG4	田林县、百色右江区	K104+800~K133+000;钢护栏工程	广西壮族自治区公路桥梁工程总公司
No.LJG5	百色右江区	K133+000~K154+700;钢护栏工程	广西弘路交通附属工程有限公司
No.LJG6	百色右江区	K154+700~K177+900.808;钢护栏工程	北京市高速公路交通工程有限公司
No.LJZ2	百色右江区	K68+650~K133+000;标志工程	长沙方达交通设施科技有限公司
No.LJZ3	百色右江区	K133+000~K177+900.808;标志工程	北京路桥方舟交通科技发展有限公司
No.LJX2	田林县、百色右江区	K68+650~K133+000;标线工程	北京路桥方舟交通科技发展有限公司
No.LJX3	百色右江区	K133+000~K177+900.808;标线工程	广西壮族自治区公路桥梁工程总公司

续上表

标 段 号	标段所在地	工作内容及长度	施 工 单 位
No. JD-1	隆林县、田林县	K0+350~K68+650、LK0+000~LK23+960；机电及交通安全设施工程	北京路安交通科技发展有限公司
No. JD-2	田林县、百色右江区	K68+650~K177+900.808；全线通信、收费、监控	亿阳信通股份有限公司
No. JD-3	田林县、百色右江区	K68+650~K177+900.808；隧道照明、消防、通风	上海交技发展股份有限公司

三、复杂技术工程

(1)本项目主要桥梁为南盘江大桥。南盘江大桥位于黔桂交界处，主桥采用(70+125+70)m 预应力混凝土刚构连续梁，引桥采用(5×40)m 先简支后连续预应力混凝土 T 梁。桥位场地属中低山山地河谷地貌，山体经长期剥蚀切割作用，地形连绵起伏。桥址坐落在南盘江两岸山体坡麓斜坡上，斜坡坡度20°~55°，上陡下缓，地表植被较发育，大部分覆盖残坡积土层，覆盖层厚12~20m，南盘江岸边为冲积土层，右岸局部基岩出露。

该桥主桥上构采用(70+125+70)m 预应力混凝土刚构连续梁，每幅主梁为单箱单室箱梁，箱梁顶横坡与路拱同坡，为2%。引桥上构采用(5×40)m 先简支后连续预应力混凝土 T 梁，采用现场预制，导梁架设法施工。1号、2号桥墩为主桥桥墩，采用双薄壁墩，墩身与上构箱梁固结，3号桥墩为主桥与引桥之间的交接墩，墩身采用单排双柱式矩形墩，4~7号桥墩为引桥桥墩，采用圆柱式墩，桩基础。桥台采用 U 形桥台，0号桥台采用桩基础，桩直径为150cm，8号桥台采用明挖扩大基础。

(2)本项目主要的隧道工程是米花岭隧道，隧道进口位于田林县旧州镇央牙牧场，出口位于田林县板桃村，为双向四车道小净距+分离式隧道。单洞设计为(10.25×5)m。隧道左线起止里程 ZK55+431.7~ZK57+502，长2120m，右线起止里程 YK55+325~YK57+495，长2170m。隧道左、右线进口段纵坡为3.0%，出口段为-0.75%。隧道隧址区属构造—剥蚀的低山地貌，隧道穿越的山脉呈近北东—南西向展布，地形起伏较大，呈 U 字形沟谷。隧址区的地层为上覆第四系松散残坡积层(Q^{el+dl})碎石土，基岩为三叠系中统板纳组中段(T_2b_2)砂岩、泥质粉砂岩，夹页岩。隧道位于右江大断裂及其影响带的北侧，旧州至板桃背斜坡北翼，进口段岩层产状350°∠35°，洞身段岩层产状275°∠34°，出口段岩层产状280°∠30°，隧道轴线与向斜走向近垂直。进出洞口段斜坡及冲沟一带表层覆盖层厚度较大，下伏基岩强风化多呈碎块状，洞身段冲沟及坡体基岩出露，裂隙发育。隧道区范围内无不良地质现象，隧道最大埋深约190m，远离褶皱中心，附近也没有大型的断层等构造带。隧道区地下水类型主要为第四系松散岩类孔隙潜水、基岩网状风化裂隙水二大类,雨季最大涌水量为2125.5m³/d。

四、科技创新

为有效改良本项目水泥混凝土路面噪声大、行车舒适性差等问题,项目在路面工程中开展了水泥混凝土面层+薄层橡胶沥青混凝土的复合路面结构应用技术研究并大规模应用。项目经四年多试运营表明,加铺橡胶沥青后明显提高了水泥混凝土路面平整度;由于沥青加铺层的黏弹性吸收车辆振动产生的能量,降低振动加速度,行车舒适性较以前的水泥混凝土路面有较大提高;沥青层覆盖水泥混凝土路面接缝和表面纹理,有效降低摩擦噪声,降噪效果明显。同时,橡胶沥青混凝土能够充分利用废旧轮胎橡胶粉,促进资源重复利用,解决废旧轮胎处理过程的污染问题,隆百色高速公路在建设过程中"消灭掉"20万个废弃大货车轮胎,节能标准煤1040.1t,减少替代燃料量(吨标准油)3774.44t的排放,符合我国当前建设资源节约、环境友好型公路交通的发展趋势,在环境保护和技术经济角度优势明显。

五、运营管理

(一)服务区设置

该路段共设置3对服务区:那迷服务区、旧州服务区、潞城服务区。2013—2014年,那迷服务区连续两年被评为广西高速公路"三星级服务区";2014年,旧州服务区被评为"三星级服务区"。

(二)收费站点设置

该路段共设置10个收费站:永乐收费站、下塘收费站、汪甸收费站、田林收费站、潞城收费站、板桃收费站、旧州收费站、沙梨收费站、隆林收费站、平班收费站。10个收费站共62条车道。具体见表8-30-4。

收费站点设置情况表　　　　表8-30-4

站点名称	车道数(条)	收费方式	站点名称	车道数(条)	收费方式
永乐	12	半自动收费方式	板桃	5	半自动收费方式
下塘	5	半自动收费方式	旧州	4	半自动收费方式
汪甸	5	半自动收费方式	沙梨	4	半自动收费方式
田林	6	半自动收费方式	隆林	6	半自动收费方式
潞城	5	半自动收费方式	平班	10	半自动收费方式

（三）车流量发展状况

该路段日均车流量从 2011 年的 1790 辆增至 2014 年的 2924 辆,年平均增长率为 17.78%。具体见表 8-30-5、图 8-30-1。

各年日平均车流量增长情况表　　　　表 8-30-5

年份(年)	日均车流量(辆/d)	同比增长率	年份(年)	日均车流量(辆/d)	同比增长率
2011	1966		2014	3008	
2012	2731		2015	3562	
2013	3236		2016	3973	

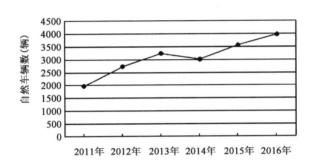

图 8-30-1　车流量发展趋势图

第三十一节　六寨至河池高速公路

一、项目概况

（一）基本情况

广西六寨至河池高速公路是国家西部开发省际公路通道阿荣旗至北海公路的重要组成部分,同时也是《国家高速公路网规划》中兰州至海口高速公路的重要路段。六寨至河池高速公路是广西壮族自治区党委、人民政府作出在全区掀起交通建设新高潮的决策部署后,广西开工建设的第一个高速公路项目,也是广西交通投资建设集团有限公司组建成立后作为业主负责建设的第一个高速公路项目,建设意义重大。项目业主在广西壮族自治区党委、人民政府的正确领导下,在广西壮族自治区交通厅等有关单位的指导帮助下,在项目沿线地方党委、政府和人民群众的大力支持下,秉持发展交通、服务社会的企业使命,坚持科学决策、精细管理、优质服务的管理方针,确保高效、优质、安全、廉洁、和谐建成六寨至河池高速公路,为推进北部湾经济区和中国—东盟自由贸易区建设,促进广西经济又好又快发展,实现建设富裕文明和谐新广西目标作出贡献!

六河路起点位于南丹县六寨镇龙里屯黔桂两省交界处与贵州省贵新公路相接,经南丹县的六寨镇、芒场镇、城关镇、八圩乡,金城江区的侧岭乡、拔贡镇、河池镇、六圩镇,终于河池市西郊肯研北面,与宜州至河池高速公路相接。主线全长107.95km,按全封闭、全立交、双向四车道高速公路标准新建;K0+000～K79+495路基宽24.5m,设计速度为80km/h;K79+495～K107+950路基宽26m,设计速度为100km/h;车河大厂连接线长25.199km,双向二车道二级公路,旧路改扩建。

本项目路基挖方总量为1386万m^3,路基填方1645万m^3;软基处理186万m^3;排水防护工程55万m^3;共设置桥梁79座,涵洞通道464道;隧道16座,单洞长27074m;全线设置六寨、芒场、南丹、车河、水任互通立交5处;设芒场、侧岭2处服务区;设巴平、上甲坪、水任3处停车区;设六寨、芒场、南丹、车河、水任5处匝道收费站,省界主线收费站1处;设南丹养护工区1处,与匝道收费站合建。交通运输部批复初步设计概算为61.188亿元人民币。

桥涵设计汽车荷载采用公路—Ⅰ级,其他技术指标按《公路工程技术标准》(JTJ B01—2003)规定执行。

主线路面结构设计总厚94cm:4cm细粒式沥青混凝土表面层+6cm中粒式沥青混凝土中面层+8cm粗粒式沥青混凝土下面层+1cm热沥青碎石封层+透层+20cm 5%水泥稳定碎石基层+40cm 4%水泥稳定碎石底基层+15cm级配碎石垫层。

中短隧道无仰拱段路面结构组合为:4cm细粒式沥青混凝土表面层+6cm中粒式沥青混凝土下面层+1cm橡胶沥青应力吸收层+28cm水泥混凝土面层+0.6cm改性乳化沥青稀浆封层+20cm C20水泥混凝土基层+15cm C20水泥混凝土找平层,总厚度74.6cm;有仰拱段路面结构组合为:4cm细粒式沥青混凝土表面层+6cm中粒式沥青混凝土下面层+1cm橡胶沥青应力吸收层+28cm水泥混凝土面层+0.6cm改性乳化沥青稀浆封层+20cm C20水泥混凝土基层,总厚度59.6cm。

长隧道无仰拱段路面结构组合为:26cm钢纤维水泥混凝土面层+0.6cm改性乳化沥青稀浆封层+20cm C20水泥混凝土基层+15cm C20水泥混凝土找平层,总厚度61.6cm;有仰拱段路面结构组合为:26cm钢纤维水泥混凝土面层+0.6cm改性乳化沥青稀浆封层+20cm C20水泥混凝土基层,总厚度46.6cm。

互通匝道路面结构组合为:4cm细粒式沥青混凝土表面层+6cm中粒式沥青混凝土下面层+1cm热沥青碎石封层+透层+20cm 5%水泥稳定碎石基层+40cm 4%水泥稳定碎石底基层+15cm级配碎石垫层,总厚度86cm。

车河大厂连线路面结构组合为:7cm中粒式沥青混凝土面层+1cm热沥青碎石封层

+透层+20cm 5%水泥稳定碎石基层+20cm 4%水泥稳定碎石底基层+20cm级配碎石垫层,总厚度68cm。项目基本情况见表8-31-1。

六寨至河池高速公路项目基本情况统计表　　　　表8-31-1

建设单位(公章)	广西万山高速公路有限公司
工程投资	61.188亿元(概算)
工程起止桩号	K0+000~K107+950
工程设计标准	四车道高速公路
开工时间、通车时间	2009年3月开工,2012年7月建成通车
地形条件	中低山向丘陵过渡
连接线标准(km)	车河至大厂连接线双向二车道二级公路全长25.199km,旧路改扩建
桥隧比	29.39%
施工图设计每公里土石方(万 m^3)	土方7.0962万 m^3,石方6.2854万 m^3

本项目地处广西西北部山区,属云贵高原东南边缘与广西山地的过渡地带,由中低山向丘陵过渡。主要山脉、河谷的走向与背斜、向斜的轴向基本一致,背斜宽阔成山岭,向斜狭窄成河谷,总体上构成十分典型的隔槽式褶皱山区,巨大的北西—东南走向隔槽又布置有中小型横向复式隔槽。地势北高南低,多为北西向东南延伸的平行排列的岩溶峰丛、中山、低山丘陵、河谷,次为北东向的溪流沟谷。山势纵横切割,沟谷深邃,边坡陡峭,海拔高程起伏为250~1000m。山脉走向与呈北西线的地质构造线一致,也与路线由北西向东南延伸方向平行一致。拟建公路沿此山岭重丘区行进,沿线天然地形峻峭,气势恢宏,可反映出工程异常艰巨。路线总体走向与地形的隔槽构造之间关系复杂,地形总体上形成两个间距为5~10km、基本呈北西—东南走向的大槽谷,成为路线的两条天然走廊带。两个大槽谷之间山体连绵起伏,高差大,基本自成体系,路线跨越需要打长隧道。每个大槽谷不同的地段又不完全连贯,尚有一些山体纵横交错横挡在大槽谷中,另外,大槽谷呈北西—东南走向时,地势总体呈北西高,东南低,局部落差大,成巨大错台状态。路线沿槽谷展线时地势平缓,需要穿越横隔的山体和隔槽时,地势起伏巨大,山体挺拔陡峭,沟谷深邃,需要设置长大隧道和特大、大桥(图8-31-1~图8-31-3)。

1.主要工程特点

(1)工程浩大。

桥梁隧道较多路线全长107.749km,其中桥梁总长18233m(含主线上跨分离立交桥总长4578m),隧道总长13435m,扣除桥隧长度后路线长76.03135km,桥隧总长度占总里程的29.39%。两条连线全长26.703km;南丹(小场)连线,在小场镇南丹木材转运站附近接上南丹至小场二级公路终点,沿西侧山边向北经青山口,接上主线K35+936南丹(小场)互通,路线长1.37km;车河大厂连线,起于大厂镇,经车河镇、新铺、峒马甫、拉柱,接上主线K62+895车河(拉柱)互通,路线长25.333km。

图 8-31-1　六宜路路线示意图

图　8-31-2

图　8-31-3

主线桥梁13655m/46座,其中特大、大桥34座,长12854m;中桥12座,长801m;无小桥。设置涵洞282道。南丹、车河大厂连线合计设桥梁15座,总长2336.75m,其中大桥8座,长1908.75m;中桥7座,长428m。涵洞98道。

主线共设置隧道16座,总长14335m,其中长隧道9327.5m/6座;中、短隧道4107.5m/10座。16座隧道中,分离式12725m/9座,联体1610m/7座。车河大厂连线设置单洞隧道1座,总长315m,利用原有隧道拓宽加固。

(2)地形复杂,桥梁施工难度较大。

沿线V形、U形沟谷多,沟深窄,岸陡,桥高一般不受水位控制,河流均无通航要求,多数桥梁呈高架桥特性。路线设计以曲线为主,桥梁多为弯、坡、斜桥。部分路段地形复杂,地势起伏大,沟谷深切,导致桥墩高,墩台布置困难,最高桥墩达100多米,高墩稳定性问题突出。

桥梁工程量较大,特别是大量的弯、坡、斜桥,施工工艺较复杂,难度较大,桩基础数量多,需要大量钻孔设备。因此,桥梁成为本项目的关键工程之一,将直接影响设计周期和施工工期。

(3)局部路段与现状道路干扰较大,需要做好施工期的交通组织计划。

主要被交叉公路:六寨至水任二级公路,南丹至小场二级公路,小场至拉黑四级公路,瑶寨至侧岭四级公路,大山塘至北香圩四级公路,水任至金城江二级公路。

主要被交叉铁路:主线跨越两次黔桂铁路扩能工程和六次原有黔桂铁路线。

局部路段占用地方道路,需要在施工前做好地方道路改线工程。本项目被交叉和被占用道路改线总长度13530m,其中二级公路改线长度3500m,四级公路改线长度6830m,地方乡村道路改线长度3200m。

因此,要切实做好施工期的交通组织计划,确保交通流畅通,确保沿线车辆和人员的安全。

(4)气候条件复杂,沿线河流呈山区河流特性,季节性强,冲刷力大。

本项目位于广西与贵州交界的桂西北山区,属亚热带气候类型,具有高原山区的气候特点和变化规律。其特点是气候温和、雨量充沛,沿线河流呈山区河流特性,季节性强,冲刷力大。部分区域的河流穿行于岩溶发育的岩洞带中,明流与伏流紧紧相连反复变换;明流段坡降陡,落差大,水流急。

要结合工程特点和气候特点做好施工组织计划,重视桥梁基础施工,确保安全。

(5)部分路段受到地形条件限制,施工场地狭窄。

山区高速公路地形复杂,地势起伏大,沟深坡陡,横向和纵向便道设置困难,便道线形差,大型机械行驶困难,施工场地狭小。

2. 主要构造物

(1)桥梁建设情况

主线桥梁13655m/46座,其中特大、大桥34座,长12854m;中桥12座,长801m。设置涵洞282道。南丹、车河大厂连线合计设桥梁15座,总长2336.75m,其中大桥8座,长1908.75m;中桥7座,长428m。涵洞98道。

(2)隧道建设情况

六寨至河池高速公路设置隧道16座,其中连拱隧道7座,小净距及分离式隧道9座,单洞总长27367m;六寨至河池高速公路所在区域位于云贵高原向广西丘陵及黔中高原向广西盆地过渡地带。项目区域内地质构造发育强烈,地形复杂,起伏大,自然坡面陡,是典型的山岭重丘区;地层岩性多样,且多为上硬下软不良岩性组合,俗称"灰岩戴帽";区域内松散堆积分布多,且堆积的水文地质十分复杂,常见滑坡、崩塌等不良地质灾害发生,大部分路段熔岩发育。由于项目所在区域为典型的喀斯特熔岩区,地质条件复杂,又被称为"地质博物馆"。

(3)开工及通车时间

项目于2009年3月8日正式开工建设,2012年7月9日投入通车试运营。

(二)前期决策情况

六寨至河池高速公路是广西壮族自治区党委、人民政府作出在全区掀起交通建设新高潮的决策部署后,广西开工建设的第一个高速公路项目,也是广西交通投资建设集团有限公司组建成立后作为业主负责建设的第一个高速公路项目。

(三)参建单位主要情况

(1)项目法人单位:广西万山高速公路有限公司。

(2)项目设计单位:广西壮族自治区交通规划勘察设计研究院(公路勘察设计甲级),重庆交通科研设计院(公路勘察设计甲级),中国公路工程咨询集团有限公司(公路勘察设计甲级)。

(3)质量监督单位:广西壮族自治区交通工程质量监督站。

(4)施工、监理单位详见表8-31-2。

六寨至河池高速公路项目参建单位名录表 表8-31-2

项目	项目业主	管理机构	监理单位	土建施工单位		路面施工单位	房建施工单位		机电施工单位		
六寨至河池高速公路	广西万山高速公路有限公司	六寨至宜州高速公路工程建设指挥部	广西八桂工程监理咨询有限公司	No.1	广西壮族自治区公路桥梁总公司	No.LH-A	中国路桥集团国际建设股份有限公司	No.LH-FJ1	中交第四公路工程局有限公司	No.LH-JD1	北京瑞华赢科技发展有限公司	No.LH-JD2	广西交通科学研究院
				No.2	河南省平顶山中亚路桥建设工程有限公司							
				No.3	广西路桥建设有限公司							
			山东东泰工程咨询有限公司	No.4	中铁隧道集团二处有限公司	No.LH-B	安徽省路桥工程集团有限责任公司					
				No.5	云南第一路桥建设集团有限公司							
				No.6	中国路桥集团国际建设股份有限公司							
			广西桂通公路工程监理咨询有限公司	No.7	中交第四公路工程局有限公司	No.LH-C	新疆昆仑路港工程公司	No.LH-FJ2	中铁隧道集团有限责任公司			
				No.8	广西路桥建设有限公司							
				No.12	湖南郴州公路桥梁建设有限公司							

续上表

项目	项目业主	管理机构	监理单位	土建施工单位		路面施工单位		房建施工单位		机电施工单位		
六寨至河池高速公路	广西万山高速公路有限公司	六寨至宜州高速公路建设指挥部	广西八桂工程监理咨询有限公司	No.9	广西壮族自治区公路桥梁总公司	No.LH-D	中铁四局集团有限公司	No.LH-FJ2	中铁隧道集团有限责任公司	No.LH-JD1	北京瑞华赢科技发展有限公司	No.LH-JD2 广西交通科学研究院
				No.10	广西壮族自治区公路桥梁总公司							
				No.11	广西壮族自治区公路桥梁总公司							

二、建设情况

（一）建设依据

国土资源部于2007年10月23日以国土资预审字〔2007〕262号文批复了六寨至河池段用地预审。

国家环保总局于2007年3月30日以环审〔2007〕128号文批复六寨至河池段环境影响报告。

水利部于2007年9月19日以水保函〔2007〕256号文批复六寨至河池段水土保持方案。

国家发改委于2008年5月24日以发改交运〔2008〕1032号文批复六寨至河池项目工程可行性研究报告。

交通运输部于2008年8月1日以交公路发〔2008〕223号文批复六寨（黔桂界）至河池公路项目初步设计。

国家林业局于2009年1月16日以林资许准〔2009〕016号批复六寨（黔桂界）至河池公路项目临时占用林地的行政许可。

国土资源部以国土资函〔2010〕972号文批复六寨至河池高速公路工程建设用地。

广西壮族自治区交通运输厅以桂交建管函〔2011〕329号文批复六寨（黔桂界）至河池高速公路两阶段施工图设计。

广西壮族自治区交通工程质量监督站交质监监督〔2009〕26号文下达了六寨（黔桂界）至河池高速公路的质量安全生产监督计划。

交通运输部交公路施工许可〔2011〕19号文批复六寨（黔桂界）至河池高速公路施工

许可。

（二）资金筹措

企业自筹资金和国内银行贷款，累计使用361872万元，占该项目到位资金的94.67%，其中，用于在建工程339403万元，支付开工预付款2804万元，预付备料款4841万元，预付工程款1546万元，预付征地拆迁补偿款等955万元，代垫路面标甲招材料款12173万元，购买固定资产150万元。未使用部分存放集团公司财务结算中心和本公司开户银行。

中央扩大内需专项资金，累计使用24988万元，占该项到位资金的99.99%，全部用于在建工程。

交通运输部车购税补助资金，累计使用98199万元，占该项到位资金的99.89%，全部用于在建工程。

征地拆迁情况见表8-31-3。

征地拆迁情况统计表　　　　　　　　　　　　　　　　　　表8-31-3

征地拆迁安置起止时间	征用土地（亩）	拆迁房屋（m²）	支付补偿费用（元）	备　注
2009—2013	13146	87851	420500000	

（三）招投标情况

1. 设计单位招标情况

招标形式：国内公开招标。

参加投标单位及资质：土建及交通工程共10家设计单位参加投标，房建工程共3家设计单位参加投标，均为公路勘察设计甲级资质。

中标单位：中交第一公路勘察设计研究院有限公司（公路勘察设计甲级），具体承担设计任务路段见表8-31-4。

2. 监理单位招标情况

招标形式：国内公开招标。

参加投标单位及资质：施工监理共24家单位参加投标，均为公路工程甲级监理资质。

中标单位：广西八桂工程监理咨询有限公司、山东东泰工程咨询有限公司、广西桂通公路工程监理咨询有限公司。

3. 施工单位招标情况

招标形式：全部为国内公开招标。

参加投标单位及资质:路基土建工程共99家单位参加投标,具备公路工程施工总承包壹级及其以上资质和路基工程专业承包壹级资质;路面、交安、绿化工程共58家单位参加投标,具备公路工程施工总承包壹级及其以上资质和公路路面工程专业承包壹级资质;房建工程共18家单位参加投标,具备省级及以上建设主管部门核发的有效的房屋建筑工程施工总承包企业壹级资质及市政公路工程施工企业总承包贰级资质;机电工程共19家单位参加投标,具有住房和城乡建设部核发有效的公路交通工程专业承包企业通信、监控、收费综合系统分项和交通安全设施分项资质。

全线中标单位:广西壮族自治区公路桥梁工程总公司等20家单位,具体中标单位见表8-31-4。

标段划分情况表　　　　　　　　　　　　　　　　表8-31-4

标段号	标段所在地	工程内容及长度	施工单位
No.1	河池市南丹县龙里屯	全长2.51km,路基土石方挖方18143m^3,填方255259m^3。其中借方236045m^3,洞渣108763m^3,清软141714m^3。本标段有大桥0座,中桥0座,小桥0座,其中设计桩基0根;涵洞3座,共长100m,通道8座,共长239.5m;隧道2个,长1126m。浆砌片石13453m^3,满铺草皮20996m^2,喷播草种0m^2	广西壮族自治区公路桥梁工程总公司
No.2	河池市南丹县巴平	全长14.14km,路基土石方挖方1333435m^3,填方2212167m^3。其中借方1047398m^3,洞渣83000m^3,清软489125m^3,挖方边坡最大高度23.06m,路堤最大填方高度24.01m。本标段有大桥4座,中桥1座,小桥1座,其中设计桩基221根;涵洞30座,共长1231.4m,通道27座,共长912.8m;隧道1个。浆砌片石64942m^3,满铺草皮116688m^2,喷播草种17117m^2,三维植被网15650m^2	河南省平顶山中亚路桥建设工程有限公司
No.3	河池市南丹县芒场镇	全长10.76km,路基土石方挖方2183282m^3,填方2140945m^3。其中借方805297m^3,洞渣88015m^3,清软243783m^3,挖方边坡最大高度32.62m,路堤最大填方高度31.78m。本标段有大桥5座,中桥3座,小桥0座,其中设计桩基351根;涵洞28座,共长1139.3m,通道2座,共长16.9m;隧道1个。浆砌片石55637m^3,满铺草皮101564m^2,喷播草种72083m^2,三维植被网15650m^2	广西路桥建设有限公司
No.4	河池市南丹县关上屯	全长8.01km,路基土石方挖方674417m^3,填方569139m^3。其中借方0m^3,洞渣533000m^3,清软59186m^3,挖方边坡最大高度22.3m,路堤最大填方高度23.51m。本标段有大桥8座,中桥2座,小桥0座,其中设计桩基234根;涵洞11座,共长456m,通道6座,共长194.5m;隧道4个。浆砌片石31930m^3,满铺草皮51109m^2,喷播草种23604m^2,三维植被网0m^2	中铁隧道集团二处有限公司

续上表

标段号	标段所在地	工程内容及长度	施工单位
No.5	河池市南丹县小场镇	全长7.93km,路基土石方挖方1823218m³,填方1422088m³。其中借方0m³,洞渣222985m³,清软91979m³,挖方边坡最大高度27.38m,路基最大填方高度46.34m。本标段有大桥10座,中桥2座,小桥0座,其中设计桩基331根;涵洞26座,共长809.1m,通道2座,共长54.8m;隧道1座。浆砌片石53025m³,满铺草皮118866m²,喷播草种32394m²	云南第一路桥建设集团有限公司
No.6	河池市南丹县小场镇	全长12.38km,路基土石方挖方348631m³,填方1289612m³。其中借方955130m³,洞渣489750m³,清软31203m³。本标段有大桥1座,中桥3座,小桥0座,其中设计桩基57根;涵洞21座,共长654.5m,通道14座,共长434.8m;隧道1座。浆砌片石57353m³,满铺草皮118919m²,喷播草种1331m²	路桥集团国际建设股份有限公司
No.7	河池市南丹县八圩镇	全长13.5km,路基土石方挖方1070825m³,填方1992327m³。其中借方1073397m³,洞渣0m³,清软159700m³。本标段有大桥1座,中桥7座,小桥2座,其中设计桩基154根;涵洞21座,共长596.3m,通道29座,共长904.3m;隧道0座。浆砌片石82553m³,满铺草皮165175m²,喷播草种6082m²	中交第四公路工程局有限公司
No.8	河池市金城江区侧岭乡	全长6.41km,路基土石方挖方530087m³,填方602345m³。其中借方208022m³,洞渣200077m³,清软95531m³,挖方边坡最大高度32.42m,路堤最大填方高度35.8m。本标段有大桥3座,中桥4座,小桥1座,其中设计桩基284根;涵洞9座,共长274.5m,通道9座,共长295.7m;隧道1个。浆砌片石21976m³,满铺草皮35359m²,喷播草种36339m²	广西路桥建设有限公司
No.9	河池市金城江区拔贡	全长10.69km,路基土石方挖方1657838m³,填方1590662m³。其中借方170783m³,洞渣286733m³,清软153830m³,挖方边坡最大高度28.79m,路堤最大填方高度39.59m。本标段有大桥3座,中桥3座,小桥0座,其中设计桩基148根;涵洞18座,共长762m,通道16座,共长674.3m;隧道2个。浆砌片石46377m³,满铺草皮166472m²,喷播草种16225m²	广西壮族自治区公路桥梁工程总公司
No.10	河池市金城江区老河池镇	全长10.68km,路基土石方挖方1470183m³,填方1590455m³。其中借方197879m³,洞渣316388m³,清软132754m³,挖方边坡最大高度26.52m,路堤最大填方高度46.17m。本标段有大桥2座,中桥3座,小桥1座,其中设计桩基127根;涵洞19座,共长761.2m,通道23座,共长777.8m;隧道1个。浆砌片石43568m³,满铺草皮104106m²,喷播草种5825m²	广西壮族自治区公路桥梁工程总公司

续上表

标段号	标段所在地	工程内容及长度	施工单位
No.11	河池市金城江区六圩	全长11.07km,路基土石方挖方1350353m³,填方1400259m³。其中借方122103m³,洞渣241229m³,清软210421m³。本标段有大桥4座,中桥0座,小桥1座,其中设计桩基160根;涵洞6座,共长352.9m,通道13座,共长539m;隧道1个。浆砌片石40964m³,满铺草皮124690m²,喷播草种35334m²	广西壮族自治区公路桥梁工程总公司
No.12	河池市南丹县车河镇	全长25.2km,标段为车河至大厂连接线,有单洞隧道1座(六卡隧道)LK20+330~LK20+640长620m,桥4座	湖南郴州公路桥梁建设有限公司
No.LH-A	河池市南丹县六寨镇	27.41km沥青混凝土路面及相应交安、绿化工程	路桥集团国际建设股份有限公司
No.LH-B	河池市南丹县八圩乡	28.32km沥青混凝土路面及相应交安、绿化工程	安徽省路桥工程集团有限责任公司
No.LH-C	河池市金城江区侧岭乡	45.11km沥青混凝土路面及相应交安、绿化工程	新疆昆仑路港工程公司
No.LH-D	河池市金城江区老河池镇	32.44km沥青混凝土路面及相应交安、绿化工程	中铁四局集团有限公司
No.LH-FJ1	河池市南丹县六寨镇	省界收费站、六寨收费站、巴平停车区、芒场收费站、南丹服务区房建工程	中交第四公路工程局有限公司
No.LH-FJ2	河池市金城江区老河池镇	上甲坪停车区、侧岭收费站、侧岭服务区、水任收费站、水任停车区房建工程	中铁隧道集团有限责任公司
No.LH-JD1	河池市金城江区	全线收费系统机电工程	北京瑞华赢科技发展有限公司
No.LH-JD1	河池市金城江区	隧道系统机电工程	广西交通科学研究院

三、项目实施阶段

(一)炭质泥岩的填筑施工与坡面绿化技术研究

沉积岩中多数富含碳而呈灰黑色,习惯统称为炭质泥岩。炭质泥岩在广西分布较广,如南宁、柳州、河池、百色等地区。在公路、铁路、矿区、水电等建设中,均遇到了大量炭质泥岩。由于宜州至六寨高速公路地处云贵高原向广西盆地过渡地带,公路沿线地段山大沟深,山势险峻,落差悬殊,溪涧交错,水文地质、地形条件异常复杂,广泛分布着的沉积岩中多数富含碳而呈灰黑色,习惯统称为炭质页(泥)岩,在这种地形条件下修筑高速公路,不可避免地出现大量的挖方路堑边坡及高填路堤,考虑到工期和投资,直接采用炭质页岩材料作为路堤填料是不可避免的。除此以外,由于炭质泥岩中植物的不可生长性,使已经施工完成的炭质泥岩边坡,如六寨至水任二级公路等沿线公路难以在坡面生长植物。

处理情况:

(1)系统研究了炭质软岩的矿化成分、物理性质、力学性质和工程性质,深化了对该类软岩填料路用性能的认识。

(2)研究了炭质软岩的崩解及损伤破坏机理,采用三轴 CT 实验揭示了受力过程中细观结构的变化。

炭质软岩如图 8-31-4 所示。

图 8-31-4　炭质软岩

(3)通过现场观测和数值反演,研究了路堤沉降变形规律,用于对路堤沉降变形的预测和控制。

(4)模拟了炭质软岩雨水入渗条件下的路堤稳定性,揭示路堤的失稳破坏机理,提出了路堤填筑施工与控制要求。

(5)研发了聚合物水泥复合材料固化剂,改善软岩遇水崩解软化的特性,有利于后续边坡防护及绿化施工。

项目提交了 7 篇阶段性研究报告,公开发表论文 5 篇,申请实用新型专利用 1 项。

(二)瑶寨隧道地质灾害处理

2011 年 1 月 27 日,瑶寨隧道出口右洞掌子面施工至 ZK47+067 里程(即自二叠系灰岩进入第三系粉砂夹碎石土 2m)后,因恰逢春节放假,随喷射混凝土封闭掌子面,洞内停工。2011 年 2 月 12 日中午 12 点 30 分,隧道内发生大规模突泥地质灾害,泥沙突入隧道,淤积长度约200m,约1h后,隧道掌子面正上方地表(距团结水库大坝下游南约200m左右,原废弃黔桂铁路处)发生塌陷,塌陷坑直径约30m,深约10m。此次隧道冒顶塌陷至地表灾害的原因:第三系粉砂夹碎石土属于欠固结土,干燥时结构较松散,遇水潮湿时呈软塑甚至流塑状态,隧道围岩的自稳能力极低,尤其是当其处于饱水状态时无自稳能力。而施工时由于采取简单的砂浆初期支护封闭,并长时间停滞施工,导致岩土结构破坏发生粹变。瑶寨隧道地质灾害如图8-31-5所示。

（三）拉会大桥建设情况

拉会高架大桥是六宜路全线桥最长、最高、最陡、最弯的高架大桥,该桥桥长1021.6m,墩高110.5m,桥高138m,纵坡为-4.2%,横坡超高6%,最小半径为$R=420$m。该桥引桥上构采用后张预应力混凝土T梁,先简支后连续;主桥下构采用空心薄壁高墩,上构采用现浇混凝土预应力连续刚构。该桥位地形复杂,坡陡路峭,施工异常艰难,技术含量高,安全风险大。拉会大桥如图8-31-6所示。

图8-31-5 瑶寨隧道地质灾害

图8-31-6 拉会大桥

主要措施:①针对110.5m高的空心薄壁高墩施工,制订有效的施工方案,并设计相应系统;②对薄壁空心高墩施工阶段温度裂缝控制及温度效应进行研究(广西交通科研项目);③对空心薄壁高墩大型横隔板施工进行攻克;④配备有效的高强度等级混凝土配合比,制定有效的施工工艺,克服高墩泵送混凝土的难题;⑤针对曲线高架桥高墩施工测量进行攻克,确保测量精度;⑥对大跨度桥梁高性能混凝土制备技术与耐久性进行研究(广西交通科研项目);⑦针对拉会大桥极小半径曲线刚构悬臂浇筑线形控制进行专项监控,确保合龙参数满足设计和规范要求;⑧针对拉会大桥曲线刚构悬臂浇筑的施工特点,制定整套挂篮施工工艺,确保主桥顺利合龙。

获得的主要成果:①优化高墩施工方案,采用整体提升脚手架翻模施工,总结出企业级工法《空心薄壁高墩整体提升脚手架施工工法》。②攻克空心薄壁高墩大型横隔板悬空施工难题,总结出企业级工法《空心薄壁高墩大型横隔板施工工法》。③QC成果:攻克拉会高架大桥空心薄壁高墩大型横隔板施工技术难关。④成果申报两项广西交通科研项目："薄壁空心高墩施工阶段温度裂缝控制及温度效应研究""大跨度桥梁高性能混凝土制备技术与耐久性研究",其中薄壁空心高墩施工阶段温度裂缝控制及温度效应的研究填补了国内该项科研项目的空白。⑤发表了多编学术论文:《薄壁空心高墩施工阶段温度效应有限元分析》《拉会大桥薄壁空心高墩水化热温度场试验研究》《拉会高架大桥空心薄壁高墩施工技术探讨》《拉会大桥高墩施工安全管理探讨》等。⑥采用河砂配置的高性能高强度混凝土,并制定合理的泵送工艺,解决了130多米高度的混凝土泵送施工难题。⑦对拉会大桥极小半径曲线刚构悬臂浇筑线形控制进行专项监控,使得主桥刚构施工顺利合龙。⑧总结出一整套的空心薄壁高墩施工方案以及高架桥曲线刚构悬臂浇筑。

(四)龙里二号隧道塌方及仰坡排水防护处理

2009年1月20日,龙里二号隧道中导洞施工至K1+604~K1+629时出现溶洞(图8-31-7、图8-31-8)。该段原设计为Ⅲ级围岩,出现溶洞后中导洞施工采用V级围岩初期支护方式来加强支护。

图8-31-7 龙里二号隧道中导洞K1+604~K1+629溶洞情况实例图

图8-31-8 龙里二号隧道右主洞K1+604~K1+629溶洞塌方情况实例图

右洞施工中,溶洞段支护加强至K1+595,主洞围岩一半为风化灰岩,一半为溶洞残坡积堆积土,并夹大块孤石,裂隙水丰富,围岩松散,无自稳能力。2009年5月20日右侧拱顶发生局部坍塌掉顶,拱顶悬空高度为0~6m,且时常有大块土石掉落,5月21日,总监办、施工单位现场会勘时塌腔仍在掉块,至26日指挥部、设计代表到现场时塌体已堆积约500m^3。6月5日K1+595处再次发生坍塌。

处理方案:①按照设计单位修改后的设计方案对初期支护和二衬进行加强,施工过程中,根据开挖情况在保证围岩稳定情况下及时调整小导管数量和注浆量;②先对坍塌体进行喷射混凝土初喷封闭,再采用注浆小导管固结溶洞部位松散体,使其成为围岩自承体系的一部分后再继续掘进;③对于坍塌空腔较大部位,采用双层喷射混凝土加预留泵送素混凝土增设护拱来保护二衬及防水板。

龙里二号隧道出口位于斜坡岩溶发育地段,围岩裂隙发育;洞顶仰坡高度达80m;且该隧道出口上方曾为一小型人工开采方解石矿点,坡面表层多为采矿弃渣堆积所覆盖,呈松散状,堆积物范围沿坡面长达70m,宽38m,坡面设有三道挡墙作采矿道路,且山顶有一空洞直通隧道右线主洞。每次大雨过后山体的雨水便直接渗入隧道内,造成大量积水。

龙里二号隧道出口仰坡破碎情况处理方案:在隧道右洞主线穿过溶洞区后,采用人工配合机械的方法对塌陷进行回填整修,清除危石;待坡面稳定后抢修挡渣墙;增设截水沟,减少山体汇水。对洞顶可能出现的悬空塌腔,压注混凝土来形成护拱。在隧道溶洞范围内加密盲管,增强排水能力。

（五）巴怀隧道冒顶处理

巴怀隧道全长390m,设计为连拱隧道,隧道出口端为第四系坡积第二层块石土层,设计为Ⅴ级围岩,残坡积堆积物,土体松散、极不稳定。开挖过程采用了仰坡注浆和加密导管的超前支护方式才得以稳定围岩、缓慢掘进。出口端中导洞洞口施工时,由于近段时间连续的大雨及大暴雨导致地表出现一直径约3m的塌陷坑。

巴怀隧道洞口端采取注浆加固洞顶松散土体、对仰坡进行锚杆和喷射混凝土防护后才得以顺利进洞。

（六）要亮隧道洞口流塌处理

要亮隧道设计为连拱隧道,隧道出口端围岩为第四系坡积第二层块石土层,设计为Ⅴ级围岩,该段极不稳定,出口处位置地表水汇集集中,并且有泉眼冒出。出口端地表为第五纪松散堆积土,由于河池市近日连续多日大雨,对要亮隧道产生了很大的影响。尤其是6月9日、6月12日的大暴雨后地表出现大规模滑坡,对施工安全和进度造成了严重影响。

六河路三标要亮隧道进口端暗洞入口,该隧道出口在开挖中由于大雨的原因造成塌方。如图8-31-9所示。

处理方案:①将洞顶平整夯实(覆盖层不小于2m);②用ϕ50钢管进行地表注浆,间距120cm×120cm;钢管布设范围为:边墙外侧设三排注浆小导管,深度为边墙底1m,隧道顶钢管施工至开挖轮廓线外50cm;③清理中导洞洞口塌方(右洞口塌方不清理),进行中导洞施工;④在进行右洞洞口开挖前,清除右洞口塌方,现场可根据需要在洞口增设挡墙;⑤该洞口隧道施工必须先施工山体外侧后施工内侧。

（七）天生桥隧道出口右线浅埋偏压滑坡不良地质

天生桥隧道出口为半明半暗段衬砌,隧道轴线与山体斜交进洞,偏压严重。本段为第四系冲积土层,厚度为 4~15m,下伏二叠系灰岩。为土质边坡、不稳定。尤其是天生桥隧道右线,冲积土层厚度达 12.5m。且拱顶覆盖层厚度小于 1.5m,在暗挖施工时,容易引发地表开裂及沉降。明挖段施工在雨季进行,受雨水侵蚀,容易引发滑坡地质灾害。由于连续 7d 的雨水侵蚀及 4 月 12 日突降暴雨,引发明洞段及半明半暗段边坡滑塌,偏压加剧,使已经施工的半明半暗段拱架变形、剪切破坏,塌方。

图 8-31-9 要亮隧道洞口流塌灾害

处理情况:①由于隧道右侧拱腰存在偏压,因此在隧道右侧修建偏压挡墙;②隧道左侧的土体已经塌方,因此在隧道左侧修建挡墙,待挡墙修建完毕再进行土体回填反压;③尽早实施隧道下部开挖,使其闭合成环,改善隧道的受力性状。

(八)关上一号隧道突泥、地表沉降、开裂、塌陷

关上一号隧道 K32+280~K32+380 段埋深浅,拱顶以上围岩主要为第四系冲积层及第四系残破系黏土层,且溶蚀岩体群下蚀较深,贯穿整个隧道。溶洞充填物规模大,受雨水侵蚀容易引发突泥地质灾害,引起初支变形、塌方、地表沉陷、地表开裂、严重的可能引发大面积地表塌陷、大面积滑坡等地质灾害。

2009 年 7 月 27 日,关上一号隧道中导洞 K32+296 掌子面掘进中发生突泥,溶洞填充物突然涌出掌子面约 20m。方量约 1000m³,同时伴随有拱顶处地表塌陷、开裂。

处理方案:①做好地表塌陷处的截排水工作,视情况决定是否对地表处塌陷进行砂浆封闭,防止地表水渗入塌陷处;②对洞内已经出现的塌方、涌泥,先进行回填土反压,然后用三台阶微进尺的方法逐步向前掘进;③使用 $\phi 45 \times 4mm$ 的双层注浆小导管进行超前支护,小导管长度为 6m,环向间距为 30cm,视具体情况可做相应调整;④增加喷射混凝土的厚度,提高型钢拱架的型号,缩小钢拱架间距。

(九)瑶寨隧道进口右线塌方及左线溶洞地质灾害

2009年6月23日,瑶寨隧道进口段左线掘进至ZK45+752时发现一朝下向右发展的溶洞,朝下方向洞口面积约为5m(纵向)×7m(横向),洞口往下5m后溶腔变大为17m(横向)×7m(纵向),且溶洞垂直朝下走45m后变为向小桩号约50°斜向向下发展。朝右方向7m(纵)×6m(横)×4m(高)一溶腔,以1m(宽)×1.5m(高)溶隙向右发展。掌子面呈中风化灰岩,层状结构,节理、裂隙较发育,有1~10cm填充物,整体性一般。经最终测量此溶洞深约47m。

处理方案:①掌子面用C25喷射混凝土封闭15cm,以保证掌子面稳定及溶洞处理施工安全;②朝下方向溶洞,采取片石回填处理,片石回填至距仰拱低高程1m时回填M7.5浆砌片石;朝右方向溶洞,溶腔内先初喷C25混凝土15cm封闭,稳定后用M7.5浆砌片石回填;③溶洞段及纵向前后2m范围(即ZK45+752~ZK45+761)内采用S5-A1支护以加强支护;④在回填的浆砌片石上面施作一钢筋混凝土盖板,具体尺寸根据现场实际情况确定。

(十)侧岭隧道滑坡、浅埋段地质病害

侧岭隧道进口段右线YK71+580~YK71+690为超浅埋段,平均埋深为2.5m左右,且地质情况极为复杂根据现场调查和边仰坡施工中发现的进口段地质情况:侧岭隧道进口段为超浅埋洪坡积层,地表0.1~0.3m为种植土,下覆0.3~1.2m的堆积层,围岩呈灰白色全风化灰岩,夹松散碎块石,局部夹杂有0.3~0.5m的原始淤泥,围岩破碎,结构松散,无自稳能力,同时围岩节理发育,地下水丰富,透水量受降雨量和冲沟地表水影响较大,边坡开挖后易掉块,有明显的塑性变形和挤压破坏。

在施作洞口套拱,对第三根大管棚注浆时产生冒顶,套拱施作后出现锚杆与周围岩体脱落的现象。

处理情况:对侧岭隧道进口右线超浅埋段采取明挖法,并且右洞在左洞仰拱施作超过ZK71+620后才放坡开挖。

(十一)侧岭隧道出口滑坡地质灾害

侧岭隧道出口端位于古滑坡体上,由于连续多日大雨和场地修整时破坏了坡角,造成古滑坡体滑动,滑动体总方量约为15万m^3。

处理情况:①按设计放样古滑坡体边线,与现场滑坡体进行对比,如符合则按第2点以下方案施工;否则停止施工,请指挥部、设计代表、总监办人员另行确定处理方案。②在现有滑坡体边线上方岩体埋设观测桩,并在已开挖平台上设置观测桩,每天观测不少于2次。③对现有滑坡体裂缝进行封闭,用彩条布覆盖,防止雨水渗入滑坡面。④经观测上部岩体3d后,如无水平移动,从核实的滑坡体顶从上往下开始清除作业,每3~5m为一层,

将整个古滑坡体上部清除。每清除一层后,停留 1d 进行观测,如上部岩体无水平移动,进行下一层清除作业。⑤当清除至现有开挖平台后,应停止施工,请指挥部、设计代表、总监办人员到现场确定下步施工方案。⑥在洞口上方设洞顶临时坡面防护,即挂网喷混凝土(药卷锚杆 $L=3.5m$,间距 $1.2m×1.2m$,钢筋网 $\phi 8$,喷射 C25 混凝土厚 10cm)对洞口进行坡面防护。⑦在进行清除施工前,承包人应报专项安全施工方案至总监办审批后方能施工,并报指挥部备案。在施工过程中派专人全程观测,出现异常情况立即停止施工。

(十二)三叉岭隧道出口溶洞塌方灾害

2009 年 7 月 23 日,三叉岭隧道上行线掘进至 YK87+907,该处处于残坡积层与山体基岩分界层上,掌子面主要岩性为中风化灰岩,块状~块碎状镶嵌结构,裂隙、节理较发育,围岩破碎,为溶洞填充物整体稳定性较差。开挖后隧道掌子面出现小范围塌方。

拱顶周围围岩破碎,为溶洞填充物,泥夹孤石,整体松散,由于连续多日大雨,雨水渗入导致围岩失稳严重,致使洞内土体不断下掉。7 月 27 日下午 5:30,地表出现塌陷,长为 9m,宽 7m,深 10m。地表沉陷处距离隧道拱顶 41m。

处理情况:①做好地表塌陷处的截排水工作,防止地表水渗入塌陷处;②对洞内已经出现的塌方、涌泥采取回填土反压的方法,再采用三台阶微进尺逐步向前掘进;③对 YK87+907~YK87+917 段采用 S5-A1 型支护方式,工字钢间距调整为 50cm,使用 $\phi 45×4mm$ 双层注浆小导管进行超前支护,小导管长度为 6m,环向间距 30cm,在拱部预留钢管,待初期支护完成后,由钢管泵送回填 C25 混凝土,形成反压护拱层;④从距离目前掌子面尽可能近的地方开始由内向外施作仰拱,并尽快组织二衬施工;⑤做好隧道内施工人员的安全工作,加强隧道监测,做好紧急疏散通道。

(十三)岜肯隧道进口端左线洞口边坡塌方灾害

岜肯隧道洞口由残坡积黏土层及强、中风化碳质泥岩和薄层状灰岩组成,隧道施工难度大。洞口边、仰坡土层为硬塑状黏土,吸水性强,其中多包含大量的漂石和块石,该坡积层与下伏的强、中风化碳质泥岩和薄层状灰岩不整合接触,遇水后极易形成滑动面。

岜肯隧道 4 月 27 日进行下行线边仰坡施工,至 6 月 11 日由于连日的降雨影响,其下行线明洞左侧边坡表层土塌方,造成坐落其上的纵向截水天沟拉断破坏。

6 月 2 日岜肯隧道开始进洞,16 日 23:22,洞口左侧边坡发生掉块。劳务人员紧急撤离之后,边坡随即从预设纵向截水天沟中心位置断裂,向线路中心方向坍塌,同时造成拱顶至截水天沟范围内的土体拉裂。

处理情况：①先采用木架扇形支护洞内，然后对边坡进行注浆加固。②对洞顶截水沟最大桩号以外 5m，横向为下行线隧道中心线左右各 10m 采用小导管对地表进行注浆加固。浆液采用水泥水玻璃(1:1)双液高压劈裂注浆，小导管为 $\phi42mm$ 无缝钢管，$1m \times 1m$ 梅花形布置，在隧道拱顶范围内的垂直小导管长度至隧道开挖面以上 50cm，其余垂直小导管长度为至隧道仰拱底，注浆压力不小于 2MPa。地表注浆前先进行清表，表面设 C25 喷射混凝土止浆盘：混凝土厚 15cm，$\phi8$ 钢筋网网格尺寸为 $20cm \times 20cm$，钢筋网与砂浆锚杆($\phi20$，长度 1.5m，间距 $1m \times 1m$)连接，最后进行双液注浆工作。③加固完毕后再清除塌方至原状土面，然后在左洞左侧设 C25 混凝土挡土墙，左洞右侧设 C25 混凝土挡土墙。④左右拱脚增加 $1m \times 1m$ 的接脚式 C25 混凝土基础，直到下台阶出现基岩为止，尽快进行仰拱施工，施工开挖顺序为先施工右侧再施工左侧。

四、运营管理

六寨至河池高速公路建有侧岭、南丹 2 对服务区和水任、八圩、芒场 3 对停车区，服务区建设有公共卫生间、停车场、加油站、修理厂、餐厅、便利店等服务设施，停车区建设有公共卫生间、停车场等服务设施，为过往车辆和驾乘人员提供相应的加油、维修、餐饮、购物等服务。共设有 1 个主线收费站黔桂界六寨站和六寨、芒场、南丹、车河、水任等 5 个匝道收费站，车流量逐年呈上涨趋势。

收费站点设置情况见表 8-31-5，交通流量发展状况见表 8-31-6，该公路日平均车流量发展状况如图 8-31-10 所示。

收费站点设置情况表　　　　表 8-31-5

站点名称	车道数(条)	收费方式	站点名称	车道数(条)	收费方式
国道 75 黔桂界六寨收费站	9	双向	国道 75 南丹收费站	4	双向
国道 75 六寨收费站	4	双向	国道 75 车河收费站	4	双向
国道 75 芒场收费站	4	双向	国道 75 水任收费站	4	双向

交通流量发展状况表(单位:辆)　　　　表 8-31-6

年份(年)	宜河终点—水任	车河—南丹	六寨—黔桂六寨	芒场—六寨	南丹—芒场	水任—车河
2012	419166	593303	643787	595266	591379	651650
2013	994057	1411614	1495823	1488519	1407340	1555842
2014	1227043	1601977	1560367	1630818	1571336	1706310

图 8-31-10　六寨至河池高速公路日均车流量发展趋势图

第三十二节　宜州至河池高速公路

一、项目概况

（一）基本情况

广西宜州至河池高速公路是国家西部开发省际公路通道阿荣旗至北海公路的重要组成部分，同时也是《国家高速公路网规划》中兰州至海口高速公路的重要路段。项目业主在广西壮族自治区党委、人民政府的正确领导下，在广西壮族自治区交通运输厅等有关单位的指导帮助下，在项目沿线地方党委、政府和人民群众的大力支持下，秉持发展交通、服务社会的企业使命，坚持科学决策、精细管理、优质服务的管理方针，确保高效、优质、安全、廉洁、和谐建成宜州至河池高速公路，为推进北部湾经济区和中国—东盟自由贸易区建设，促进广西经济又好又快发展，实现建设富裕文明和谐新广西目标作出贡献！

本项目路线起点与已建成通车的宜州至柳州高速公路相接，终点与六寨至河池高速公路相连，主线全长 71.62km，按全封闭、全立交、双向四车道高速公路标准新建，德胜连接线长 4.609km，按二级路标准建设；路基挖方 723 万 m^3，路基填方 1016 万 m^3；软基处理 57 万 m^3；排水防护工程 31 万 m^3；共设置桥梁 50 座，其中大桥 19 座，中小桥 31 座；涵洞 202 道；通道 86 道；隧道 17 座，单洞长 19330m；桥隧比为 22.98%；全线设置宜州西、怀远、德胜、河池东、河池西 5 处互通式立交，5 处匝道收费站，服务区 1 处、停车区 2 处。交通运输部批复初步设计概算为 33.73 亿元人民币（中央专项资金 5.38 亿元、客运附加资费 5.44 亿元、银行贷款 22.91 亿元）。

宜州至河池高速公路项目基本情况统计见表 8-32-1。

宜州至河池高速公路项目基本情况统计表

表 8-32-1

建设单位(公章)	广西千山高速公路有限公司
工程投资	33.73 亿元(概算)
工程起止桩号	K0+000~K71+620
工程设计标准	四车道高速公路
开工、通车时间	2009 年 2 月开工,2012 年 7 月建成通车
地形条件	中低山向丘陵过渡
连接线标准(km)	德胜连接线全长 4.609km,二级公路 60km/h
桥隧比	22.98%
施工图设计每公里土石方(万 m³)	土方 6.192 万 m³,石方 3.762 万 m³

桥涵设计汽车荷载采用公路—I级,其他技术指标按《公路工程技术标准》(JTJ B01—2003)规定执行。

一般填方路段主线和枢纽互通立交匝道路面结构组合为:4cm 细粒式沥青混凝土表面层+6cm 中粒式沥青混凝土中面层+8cm 粗粒式沥青混凝土下面层+1cm 热沥青碎石封层+透层+36cm 5% 水泥稳定碎石基层+18cm 4% 水泥稳定碎石底基层+18cm 级配碎石垫层,总厚度 91cm。

土质挖方路段主线路面结构组合为:4cm 细粒式沥青混凝土表面层+6cm 中粒式沥青混凝土中面层+8cm 粗粒式沥青混凝土下面层+1cm 热沥青碎石封层+透层+36cm 5% 水泥稳定碎石基层+18cm 4% 水泥稳定碎石底基层+15cm 级配碎石垫层,总厚度 88cm。

岩质挖方路段主线路面结构组合为:4cm 细粒式沥青混凝土表面层+6cm 中粒式沥青混凝土中面层+8cm 粗粒式沥青混凝土下面层+1cm 热沥青碎石封层+透层+35cm 5% 水泥稳定碎石基层+20cm 级配碎石垫层,总厚度 74cm。

一般互通路面结构组合为:4cm 细粒式沥青混凝土表面层+5cm 中粒式沥青混凝土中面层+7cm 粗粒式沥青混凝土下面层+1cm 热沥青碎石封层+透层+20cm5% 水泥稳定碎石基层+20cm4% 水泥稳定碎石基层+20cm 级配碎石垫层,总厚度 77cm。

中短隧道无仰拱段路面结构组合为:4cm 细粒式沥青混凝土表面层+6cm 中粒式沥青混凝土下面层+1cm 热沥青碎石封油层+透层+26cm 水泥混凝土面层+20cm 贫混凝土基层+15cm 贫混凝土找平层,总厚度 72cm;有仰拱段路面结构组合为:4cm 细粒式沥青混凝土表面层+6cm 中粒式沥青混凝土下面层+1cm 热沥青碎石封油层+透层+26cm 水泥混凝土面层+20cm 贫混凝土基层,总厚度 57cm。

长隧道无仰拱段路面结构组合为:30cm 钢筋水泥混凝土面层+1cm 热沥青碎石封油层+透层+20cm 贫混凝土基层+15cm 贫混凝土找平层,总厚度 66cm;有仰拱段路面结构组合为:30cm 钢筋水泥混凝土面层+1cm 热沥青碎石封油层+透层+20cm 贫混凝土基层,总厚度51cm。

德胜连线路面结构组合为:5cm中粒式沥青混凝土面层+6cm粗粒式沥青混凝土下面层+1cm热沥青碎石封层+透层+40cm 5%水泥稳定碎石基层+20cm级配碎石垫层,总厚度72cm。

沿线地形地貌:项目位于广西壮族自治区河池市境内,处于云贵高原与广西盆地的过渡地带。地势总体呈西北高东南低,局部落差大,成巨大错台状态。路线沿槽谷展线时地势平缓,需要穿越横隔的山体和隔槽时,地势起伏巨大,山体挺拔陡峭,沟谷深邃,需要设置长大隧道和特大、大桥。

主要构造物:路线全长71.62km,其中桥梁总长6798m,隧道总长19328m(单洞),扣除桥隧长度后路线长69.96km,桥隧总长度占总里程的22.98%。德胜连接线连线全长4.61km。全线共设置大桥5401.8m/19座,中桥1427.5m/22座,小桥207.1m/9座。设置隧道16座,其中连拱隧道5座,小净距及分离式隧道12座,单洞总长19328m。

开工及通车时间:项目于2009年2月8日正式开工建设,2012年7月9日投入通车试运营。

(二)前期决策情况

宜州至河池高速公路是广西壮族自治区党委、人民政府作出在全区掀起交通建设新高潮的决策部署后,广西开工建设的第一个高速公路项目,也是广西交通投资建设集团有限公司组建成立后作为业主负责建设的第一个高速公路项目。

(三)参建单位主要情况

1. 对设计单位的评价

各设计单位能够认真履行合同,按时完成设计任务,总体设计方案经济合理,设计文件编制规范,设计服务较好,施工期能及时给予后续服务。

2. 对施工单位的评价

各施工单位能按投标书要求组建工程项目部,认真履行合同,吃苦耐劳,克服重重困难,精心组织,严把质量关,按质按量完成了工作任务,竣工资料真实可信,未发生重大安全事故,文明施工,廉政措施健全,工程质量控制较好。

3. 对监理单位的评价

参与工程建设的各监理单位经由法人委派了业务素质较高的监理人员任总监、驻地高监,组建总监办对所有监理人员进行全面管理,持证上岗,监理内部管理制度健全,责任明确,抽检抽验频率能满足规范要求,资料签认规范,计量真实,无不廉洁被清退或处分的监理人员。

项目参建单位名录见表 8-32-2。

宜州至河池高速公路项目参建单位名录表　　　　表 8-32-2

项目	项目业主	管理机构	监理单位	土建施工单位		路面施工单位		房建施工单位		机电施工单位			
宜州至河池高速公路	广西千山高速公路有限公司	广西六寨至宜州高速公路工程建设指挥部	广西桂通公路工程监理咨询有限责任公司	No.1	中铁二十五局集团有限公司	No. YH-A	广西路桥建设有限公司	No. YH-FJ1	中铁十一局集团有限公司	No. YH-JD1	广西交通科学研究院	No. YH-JD2	亿阳信通股份有限公司
				No.2	成都华川公路建设(集团)有限公司								
				No.3	四川公路桥梁建设集团有限公司								
				No.4	中铁二十五局集团有限公司								
				No.5	中铁隧道集团有限公司								
宜州至河池高速公路	广西千山高速公路有限公司	广西六寨至宜州高速公路工程建设指挥部	北京华宏工程咨询有限公司	No.6	广西壮族自治区公路桥梁工程总公司	No. YH-B	江苏省镇江市路桥工程总公司	No. YH-FJ2	广西壮族自治区公路桥梁工程总公司	No. YH-JD1	广西交通科学研究院	No. YH-JD2	亿阳信通股份有限公司
				No.7	四川武通路桥工程局								
				No.8	广西壮族自治区公路桥梁工程总公司								
				No.K	中铁四局集团有限公司								

二、建设情况

(一)建设依据

国土资源部于 2007 年 10 月 23 日以国土资预审字〔2007〕263 号文批复宜州至河池公路用地预审。国家环保总局以环审〔2007〕128 号文批复宜州至河池公路环境影响报告。水利部以水保函〔2007〕256 号文批复宜州至河池公路水土保持方案。国家发改委于 2008 年 5 月 24 日以发改交运〔2008〕1034 号文批复宜州至河池公路项目工程可行性研究报告。交通运输部于 2008 年 8 月 1 日以交公路发〔2008〕222 号文批复宜州至河池公路项目初步设计。国家林业局以林资许准〔2009〕053 号文批复宜州至河池公路项目使用林地。广西壮族自治区交通工程质量监督站以交质监监督〔2009〕25 号文下达宜州至河池高速公路的质量安全生产监督计划。广西壮族自治区交通运输厅以桂交建管函〔2011〕494 号宜州至河池高速公路批复两阶段施工图。国土资源部于 2010 年 12 月 29 日以国土资〔2010〕971 号批复宜州至河池工程建设用地。交通运输部交公路施工许可〔2011〕21 号文批复宜州至河池高速公路施工许可。

（二）资金筹措

交通运输部批复初步设计概算为 33.73 亿元人民币（中央专项资金 5.38 亿元、客运附加资费 5.44 亿元、银行贷款 22.91 亿元）。

（三）招投标情况

1. 设计单位招标情况

招标形式：国内公开招标。

参加投标单位及资质：土建及交通工程共 10 家设计单位参加投标，房建工程共 3 家设计单位参加投标，均为公路勘察设计甲级资质。

中标单位：中交第一公路勘察设计研究院有限公司（公路勘察设计甲级）。

2. 监理单位招标情况

招标形式：国内公开招标。

参加投标单位及资质：国内资金支付路段施工监理共 8 家单位参加投标；均为公路工程甲级监理资质。

中标单位：广西桂通公路工程监理咨询有限公司、北京华宏工程咨询有限公司。

3. 施工单位招标情况

招标形式：全部为国内公开招标。

参加投标单位及资质：路基土建工程共 77 家单位参加投标，具备公路工程施工总承包壹级及其以上资质和路基工程专业承包壹级资质；路面、交安、绿化工程共 53 家单位参加投标，具备公路工程施工总承包壹级及其以上资质和公路路面工程专业承包壹级资质；房建工程共 19 家单位参加投标，具备省级及以上建设主管部门核发的有效的房屋建筑工程施工总承包企业壹级资质及市政公路工程施工企业总承包贰级资质；机电工程共 4 家单位参加投标，具有住房和城乡建设部核发有效的公路交通工程专业承包企业通信、监控、收费综合系统分项和交通安全设施分项资质。

全线中标单位为:广西壮族自治区公路桥梁工程总公司等14家单位。

(四)征地拆迁情况

项目在建设实施中,严格执行"十分珍惜、合理利用土地和切实保护耕地"的基本国策,使用土地严格执行国家的法律、法规,各项手续齐全。本项目通过统一征地拆迁工作程序、实行征地拆迁补偿资金分账户管理、先结算后支付、补偿资金支付"实名制"、补偿资金银行—银行—存折模式运行并定期回访检查等整套办法,尽可能避免和制止挪用、截留、贪污等违法犯罪现象的发生,保障建设资金安全,保护农户的合法权益。

1. 征地拆迁机构

根据《自治区人民政府批转自治区发展改革委员会等部门关于支持基础设施重大项目建设用地征地拆迁若干规定的通知》(桂政发〔2008〕63号)文规定,各县市区成立征地拆迁分指挥部(简称"分指挥部"),代表县、市一级人民政府负责公路征地拆迁的各项具体工作。

2. 执行标准

本工程项目建设对所征用土地的补偿标准均严格执行广西壮族自治区人民政府颁发的桂政发〔2009〕52号文件的有关规定,及时足额兑现征地拆迁款。工程建设中实行统一的征地拆迁补偿标准,各县市区也同时出台相关细化的标准以及程序。

宜州至河池高速公路使用永久性土地共7818亩。其中水田2281亩、旱地(含甘蔗地)3355亩、菜地302亩、园地2亩、鱼(藕)塘213亩、林地1297亩、荒地及其他用地370亩。拆迁住宅房屋总计44077m^2。其中砖混结构15163m^2、砖(石)木瓦结构12753m^2、泥墙瓦面6543m^2、泥墙草面103m^2。其他类型房屋9515m^2。全线共支付征地拆迁款3.385亿元。征地拆迁情况见表8-32-3,标段划分情况见表8-32-4。

征地拆迁情况统计表 表8-32-3

征地拆迁安置起止时间	征用土地(亩)	拆迁房屋(m^2)	支付补偿费用(元)	备注
2009—2012	7818	44077	338500000	

标段划分情况表 表8-32-4

标段号	标段所在地	工程内容及长度	施工单位
No.1	宜州市庆远镇	全长10.991km,路基土石方挖方816784m^3、填方1008626m^3。其中借方430944m^3、洞渣217553m^3、清软116871m^3,挖方边坡最大高度53.58m,路堤最大填方高度11.57m。本标段无大桥,有中桥4座,小桥3座,其中设计桩基91根;涵洞19座,共长660.3m;涵式通道7座,共长234.4m;桥式通道15座,共长259.5m;隧道3座,共长1788m	中铁二十五局集团有限公司

续上表

标段号	标段所在地	工程内容及长度	施工单位
No.2	宜州市怀远镇	全长9.64km,路基土石方挖方1378654m³,填方1310918m³。其中借方36410m³,清软212755m³,挖方边坡最大高度49.73m,路堤最大填方高度17.21m。本标段有大桥6座、中桥5座、小桥1座,其中设计桩350根;涵洞35座,共长1278.52m,涵式通道3座,共长91.7m;桥式通道7座,共长132.6m;隧道0座。浆砌片石63625m³,满铺草皮172088m²,喷播草种74170m²,三维植被网82351m	成都华川公路建设(集团)有限公司
No.3	宜州市德胜镇	全长12.32km,路基土石方挖方1781916m³,填方1462456m³。其中借方0m³,洞渣0m³,清软162162m³,挖方边坡最大高度38.42m,路堤最大填方高度24.8m。本标段有大桥4座、中桥3座、小桥0座,其中设计桩基170根;涵洞40座,共长1567.5m,涵式通道12座,共长516.93m;桥式通道9座,共长156.5m;隧道0座。浆砌片石54490m³,满铺草皮166807m²,喷播草种102484m²,三维植被网113277m²	四川公路桥梁建设集团有限公司
No.4	宜州市德胜镇	全长11.7km,路基土石方挖方659063m³,填方1774855m³。其中借方1149249m³,洞渣134375m³,清软26288m³,挖方边坡最大高度40.84m,路堤最大填方高度23.39m。本标段有大桥2座、中桥3座、小桥3座,其中设计桩基132根;涵洞49座,共长1516.9m,涵式通道6座,共长208.4m;桥式通道11座,共长208m;隧道1座。浆砌片石51889m³,满铺草皮177525m²,喷播草种139072m²,三维植被网145594m²	中铁二十五局集团有限公司
No.5	河池市金城江区东江镇	全长7.55km,路基土石方挖方285053m³,填方657210m³。其中借方0m³,洞渣620205m³,清软26288m³,挖方边坡最大高度40.84m,路堤最大填方高度23.39m。本标段有大桥3座、中桥0座、小桥2座,其中设计桩基184根;涵洞7座,共长277.9m,涵式通道2座,共长86m;桥式通道4座,共长126m;隧道3座。浆砌片石24612m³,满铺草皮55720m²,喷播草种63598m²,三维植被网66058m²	中铁隧道集团有限公司
No.6	河池市金城江区东江镇	全长8.9km,路基土石方挖方311713m³,填方1371881m³。其中借方658515m³,洞渣439643m³,清软25304m³,挖方边坡最大高度60.96m,路堤最大填方高度24.12m。本标段有大桥1座、中桥6座、小桥0座,其中设计桩基244根;涵洞32座,共长862.46m,涵式通道1座,共长35m;桥式通道2座,共长49.5m;隧道3座。浆砌片石64864m³,满铺草皮104285m²,喷播草种58086m²,三维植被网60636m²	广西壮族自治区公路桥梁工程总公司
No.7	河池市金城江区六圩镇	全长4.25km,路基土石方挖方104498m³,填方1308754m³。其中借方79921m³,洞渣558611m³,清软2822m³,挖方边坡最大高度58.3m,路堤最大填方高度31.74m。本标段有大桥0座、中桥0座、小桥0座,其中设计桩基0根;涵洞8座,共长553.6m,涵式通道1座,共长36.5m;桥式通道2座,共长44.5m;隧道2座。浆砌片石18310m³,满铺草皮65456m²,喷播草种29448m²,三维植被网30620m²	四川武通路桥工程局

续上表

标段号	标段所在地	工程内容及长度	施工单位
No.8	河池市金城江区六圩镇	全长6.22km,路基土石方挖方1890436m³,填方1267573m³。其中借方0m³,洞渣316059m³,清软9978m³,挖方边坡最大高度58.3m,堤堤最大填方高度15.67m。本标段有大桥3座、中桥1座、小桥0座,其中设计桩基276根;涵洞12座,共长472.86m;涵式通道4座,共长297.94m;桥式通道0座,共长0m;隧道3座。浆砌片石33449m³,满铺草皮112259m²,喷播草种23011m²,三维植被网24561m²	广西壮族自治区公路桥梁工程总公司
No.K	河池市金城江区六圩镇	连接河池至都安高速公路肯研互通	中铁四局集团有限公司
No.YH-A	河池市南丹县宜州镇	44.651km沥青混凝土路面及相应交安、绿化工程	广西路桥建设有限公司
No.YH-B	河池市南丹县八圩乡	26.92km沥青混凝土路面及相应交安、绿化工程	江苏省镇江市路桥工程总公司
No.LH-FJ1	河池市南丹县宜州镇	宜州西收费站、怀远收费站、德胜收费站、怀远停车区房建工程	中铁十一局集团有限公司
No.YH-FJ2	河池市金城江区老河池镇	东江停车区、河池东收费站、河池西收费站、河池东管理区房建工程	广西壮族自治区公路桥梁工程总公司
No.YH-JD1	河池市金城江区	隧道机电工程	广西交通科学研究院
No.YH-JD2	河池市金城江区	收费系统机电工程	亿阳信通股份有限公司

三、复杂技术工程

(一)宜州至河池高速公路河池四号隧道溶洞地质灾害处理

2009年6月26日,河池四号隧道左线进口段下导坑开挖过程中,出现一处大溶洞。该溶洞斜向贯穿隧道明洞段,与隧道中心线夹角成60°,溶洞底向隧道暗洞方向延伸,溶洞底长44m,宽17.5m,深30~40m。经业主、设计代表、总监办、项目部现场多次察勘、研究,决定利用洞渣对溶洞进行回填,再设置盖板跨过溶洞裂缝。

(二)宜州至河池高速公路河池五号隧道出口右线塌方灾害处理

2010年7月18日,宜州至河池高速公路No.8合同段所属河池五号隧道掘进至右线YK66+415时隧道内发生塌方,2d后隧道所在位置出现地表塌陷。地表塌陷里程为YK66+415~YK66+409,塌陷处隧道埋深为60m。塌坑直径约为6m。

主要处理措施:做好地表塌陷处的截排水工作,视情况决定是否对地表处的塌陷进行砂浆封闭,防止地表水渗入塌陷处;对洞内已经出现的塌方、涌泥进行回填土反压,再采用三台阶微进尺逐步向前掘进；使用 φ45×4mm 的双层注浆小导管进行超前支护，小导管长度约为 6m，环向间距为 30cm，视具体情况可做相应调整，增加喷射混凝土的厚度和钢拱架，提高型钢拱架的型号，缩小拱架间距；将仰拱施作到距离隧道掌子面最近的地方，每段仰拱施作长度不宜超过 5m，仰拱施作未完成前掌子面不得向前掘进，尽快组织隧道二衬施工；做好隧道内施工人员的安全工作，加强隧道监测，做好紧急疏散通道。

（三）宜州至河池高速公路河池六号隧道出口左线塌方灾害处理

2010 年 6 月 29 日，河池六号隧道左线掘进至 ZK67+595 时出现溶洞，2d 后在溶洞处理过程中隧道掌子面发生塌方，出现地表塌陷，塌陷范围为 ZK67+595~ZK67+585。塌陷处隧道埋深为 58.5m。

处理措施：对地表沉陷处进行封闭处理，在周边设置排水沟，用砂浆抹面，防止雨水渗入塌体。立即停止掌子面掘进，对掌子面实施回填土反压，尽快施作仰拱。采用长度为 5m、环向间距 30cm，梅花形布置的双排 φ42×4mm 注浆小导管对围岩进行注浆加固。I20a 工字钢间距按 50cm 布置，其他支护参数按照原设计施作。加强对初支及洞外坡面的沉降位移监测，及时整理数据进行反馈。

四、科技创新

（一）防止炭质泥岩风化和坡面防水材料的固化剂研究

沿线广泛分布着大量的碳质泥岩，由于该岩属于极软岩，风化快、强度低、遇水易崩解等特点，与长沙理工大学合作开展的炭质泥岩填筑施工课题，通过试验，成功研制出一种防止炭质泥岩风化和坡面防水材料的固化剂。固化剂的基本原理是在刚开挖的炭质页岩边坡涂上一层固坡防水剂，以防止风化崩解，然后在锚杆框架梁内进行挂网培土植草，从而实现炭质泥岩边坡生态护坡。

（二）滑模施工工艺研究

为了避免预制的路缘石安装线形不美观、工期长的弊病，宜州至河池高速公路所有路缘石采取滑模施工工艺，其工作原理是按路缘石设计尺寸调整好滑模机成型模，采用小粒径干式混凝土进行自动滑模成型路缘石，混凝土密实主要靠挤料装置螺旋叶片旋转将混合料挤压在成型模中挤压成型。从实际施工效果来看，线形顺畅、美观，质量符合设计要求。

（三）橡胶沥青试验路铺筑技术研究

橡胶沥青具有比 SBS 改性沥青更多的天然优势。橡胶沥青具有抗老化性能；具有更高的抗变形能力、更好的抗车辙性能、更强的高温稳定性；在低温环境下，具有更低的脆点、更好的低温抗裂性能;抗疲劳性能;防止反射裂缝。其可以有效地降低新路面出现的反射裂缝;可排水降噪,具有良好的排水降噪作用和高温稳定性,同时具有较高的摩擦系数和路表构造深度,所以具有良好的抗滑性能;延长沥青使用寿命;路面厚度减薄。

成本优势:从材料成本比较,橡胶沥青的造价不会高于SBS改性沥青混凝土,甚至略有降低,路面结构厚度减薄,也可以起到节约造价、缩短工期的目的,从使用时间寿命周期分析,其养护费用、运营费用等指标明显低于传统沥青混凝土路面,环保节能、消除黑色污染。

(四)隧道环保型沥青路面铺筑试验研究

运用高强度、环保型结合料和层间黏结材料代替常规改性沥青混合料,实现降低隧道路面铺筑温度并延长路面寿命的环保目标。其具有高强度、环保降噪等施工和路用优点,而且具有抗反射裂缝、抗水损害、抗老化和耐久性等优势。明显降低沥青混合料的生产耗能,降低粉尘排放量,用在长大隧道中可以降低烟雾的生成,极大地改善施工环境,延长沥青拌和料和设备使用寿命,降低设备维修成本,较低的拌和温度有利于沥青施工过程中的老化。其拌和温度不高于150℃,碾压温度不高于100℃;施工隧道内空气中CO浓度不大于$30mg/m^3$,CO_2不大于0.5%,力争做到铺装层7年以内不中修,10年以内不大修。

(五)隧道文化景观主题设计

宜州是刘三姐的故乡,独特的毛南族的肥套傩俗文化,浑然天成的喀斯特地貌加上浓郁的少数民族特色,使该段公路成为广西最具民族特色的高速公路之一,故将该段高速公路文化景观主题拟定为:千里八桂风情路,意即通过文化景观建设体现出广西丰富多样的民俗风情,美化公路环境,使民族文化得到更好的传承。在宜河路的河池3号、6号隧道洞口进行浮雕施工,体现当地的民族特色。

(六)服务区文化设计

在德胜服务区设置《莫一大王》《布洛陀》石碑,该传说广泛流传于河池、南丹、宜山、柳城等壮族地区,桂北每年农历六月初二,那里的人都兴过莫一大王节,又称五谷庙节。以纪念莫一大王拯救壮族之功;《布洛陀》是壮族先民口头文学中的神话人物,是创世神、始祖神和道德神,其功绩主要是开创天地、创造万物、安排秩序、制定伦理等。设计目的是使驾乘人员在休息时能了解当地的文化。

(七)隧道LED灯代替高压钠灯

宜河路隧道达到17座,将来运营管理电费费用达到上千万元,为降低运营管理成本,实现"低碳、节能、环保"在宜河路的充分体现,将原设计隧道内照明采用高压钠灯,进行设计优化,除河池1、3、6号隧道右幅采用钠灯,其余所有隧道采用LED灯。经初步估算,每年节省电费费用约800万元。

五、运营管理

宜州至河池高速公路建设有德胜1对服务区和怀远、东江2对停车区,服务区建设有公共卫生间、停车场、加油站、修理厂、餐厅、便利店等服务设施,停车区建设有公共卫生间、停车场等服务设施,为过往车辆和驾乘人员提供相应的加油、维修、餐饮、购物等服务。共设有五个收费站,分别是宜州西站、怀远站、德胜站、河池东站、河池西站,车流量逐年呈上涨趋势。

收费站点设置情况见表8-32-5,交通流量发展状况见表8-32-6,日均车流量发展状况如图8-32-1所示。

收费站点设置情况表　　　　　　　　　　　　　　表8-32-5

站点名称	车道数(条)	收费方式	站点名称	车道数(条)	收费方式
国道78 宜州西收费站	6	双向	国道78 河池东收费站	5	双向
国道78 怀远收费站	4	双向	国道78 河池西收费站	5	双向
国道78 德胜收费站	5	双向			

交通流量发展状况表(单位:辆)　　　　　　　表8-32-6

年份(年)	宜河起点—宜州西	德胜—河池东	河池西立交—河池东	河池西立交—河池西	宜河终点—河池西	怀远—德胜	宜州西—怀远	河池西立交—河都路起点
2012	661074	674241	418344	418344	410521	687281	608339	0
2013	1250041	1616018	982748	982748	954011	1635990	1339129	0
2014	1333520	1689586	1066935	1287107	1227043	1754720	1452090	383891

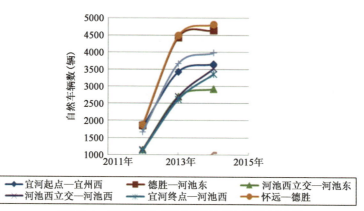

图8-32-1　宜州至河池高速公路日均车流量发展趋势图

第三十三节 六景至钦州港高速公路

一、项目概况

(一)基本情况

六景至钦州港高速公路起于南宁至柳州高速公路伶俐服务区至六景大桥之间的横县峦城镇竹标村附近,通过六景西枢纽互通立交与南宁至柳州高速公路相接,经峦城、平朗、新福、沙坪、旧州、陆屋、久隆等乡镇,于钦州市区东南设置南北枢纽互通立交与南宁至北海高速公路相接,终于钦州港鸡墩头附近,与钦州港区滨海大道相接,主线全长139.137km。同步建设刘圩至良圻连接线39.822km,陆屋连接线2.92km。全线设置六景西枢纽、峦城、平朗、新福、旧州、陆屋、久隆、金桔、南北枢纽等9处互通式立交,设置峦城、陆屋、金窝3处服务区,新福、高厘2处停车区。全线共设置峦城、平朗、新福、旧州、陆屋、久隆、金桔匝道收费站7处;设置中马园区主线收费站一处;设置峦城、陆屋2处养护工区,与邻近匝道收费站合建;设置陆屋分公司1处;刘圩至良圻连接线设置养护工区1处。广西壮族自治区交通运输厅核准批复本项目总概算为65.42亿元人民币。本项目于2009年9月开工建设,2013年4月建成通车。开工仪式如图8-33-1所示。

图8-33-1 六景至钦州港高速公路开工仪式

项目主线路基土石方2116万 m^3,平均15.21万 m^3/km;排水及防护砌体工程62.0万 m^3,平均4456m^3/km;刘圩至良圻连接线路基土石方176.74万 m^3,排水及防护砌体工程5.3313万 m^3。主线沥青混凝土路面3321700m^2,水泥混凝土路面140700m^2。刘圩至良圻连接线水泥混凝土路面477864m^2;陆屋连接线水泥混凝土路面350400m^2。全线共设置桥梁9154.1m/91座,其中特大桥1086.5m/1座,大桥4204.3m/23座,中桥2895.7m/50座,天桥1014.8m/17座;主线另设置有盖板通道小桥3915.6m/103座。连接线设置中桥124.08m/2座,小桥54.06m/2座。主线和互通匝道共设置涵洞523道,总长23027.46延米,其中盖板涵424道,长18732.78延米,圆管涵91道,长3912.681延米,倒虹吸8道,长382延米;连接线共设置涵洞160道,总长3132延米。全线共设置鸡冠坳隧道1座,单洞总长880延米。

本项目主线CK0+014～K135+900段按四车道高速公路标准建设,设计速度120km/h,路基宽28m;K135+900至终点段按四车道一级公路标准建设,设计速度80km/h,路基宽24.5m。两连接线采用二级公路标准建设,设计速度80km/h,路基宽度12m。桥涵与相应路段路基同宽,桥涵设计汽车荷载等级为汽—Ⅰ级,其余技术指标按《公路工程技术标准》(JTG B01—2003)执行。

主线路面结构组合:主线路面采用4cm改性沥青AC-13上面层+6cm改性沥青AC-20中面层+8cm普通沥青AC-25下面层+1cm同步沥青碎石封层+透层+36cm 5%水泥稳定碎石基层+18cm 4%水泥稳定碎石底基层+20cm级配碎石垫层的结构形式,总厚度93cm。

隧道路面结构组合:4cm改性沥青AC-13上面层+6cm改性沥青AC-20中面层+28cm水泥混凝土面层+两布一膜+热沥青隔离层+18cm C20水泥混凝土基层,总厚度56cm。

互通区路面结构组合:南北枢纽互通匝道路面结构组合为:4cm改性沥青AC-13上面层+6cm改性沥青AC-20中面层+8cm普通沥青AC-25下面层+1cm沥青碎石封层+透层+36cm 5%水泥稳定碎石基层+18cm 4%水泥稳定碎石底基层+20cm级配碎石垫层的结构形式,总厚度93cm。其余互通匝道路面结构组合为:4cm改性沥青AC-13上面层+6cm改性沥青AC-20中面层+1cm沥青碎石封层+透层+36cm 5%水泥稳定碎石基层+18cm 4%水泥稳定碎石底基层+20cm级配碎石垫层的结构形式,总厚度85cm。

收费站广场路面结构组合为:30cm钢筋水泥混凝土面层+3cm细粒式沥青混凝土+透层+20cm 5%水泥稳定碎石基层+20cm 4%水泥稳定碎石底基层+20cm级配碎石垫层的结构形式,总厚度93cm。

连接线路面结构组合:26cm水泥混凝土路面+两布一膜+热沥青隔离层+17cm 5%水泥稳定碎石基层+17cm 4%水泥稳定碎石底基层+20cm级配碎石垫层的结构形式,总厚度80cm。

(二)前期决策情况

六景至钦州港高速公路由广西交通投资集团有限公司投资建设。广西交通投资集团积极响应广西壮族自治区党委、政府"三个优先发展"(产业优先发展、交通优先发展、北部湾经济区优先发展)决策部署,不断掀起交通建设高潮,奋力推进产业发展。项目基本情况见表8-33-1。

第八章 高速公路项目建设

六景至钦州港高速公路项目基本情况统计表　　　表 8-33-1

建设单位(公章)	广西金城高速公路有限公司
工程投资	65.4229 亿元人民币
工程起止桩号	K0+000～K140+410.023
工程设计标准	四车道高速公路
开工、通车时间	2009 年 9 月开工,2013 年 4 月建成通车
地形条件	平原区
连接线标准(km)	1. 刘圩至良圻,二级公路,80km/h,39.822km
	2. 陆屋,二级公路,80km/h,2.92km
桥隧比	5.97%
施工图设计每公里土石方(万 m³)	15.21 万 m³/km

六景至钦州港高速公路项目建设的前期决策包含项目立项建议书、项目可行性研究报告和项目设计阶段。六景至钦州港高速公路项目从 2008 年 10 月份开始组建项目建设筹备工作小组,规范了六景至钦州港高速公路项目建设业主单位的管理行为,从加强对建设过程的监督管理开始,强化六景至钦州港高速公路项目基础设施建设,维护建设市场秩序,提高工程质量和投资效益。

项目建设前期工作质量是加强前期工作的关键,六景至钦州港高速公路项目建设前期工作分为三个阶段:预可行性研究即项目立项阶段、工程可行性研究阶段、初步设计阶段。贯穿于三阶段的核心重点是设计工作,要提高项目前期工作的质量实质是提高设计质量。这就要求设计单位要深入现场,做深做细地质勘察等基础工作,尤其对路线方案的比选,对不良地质的处治等要做好方案,反复比选,科学合理地确定推荐方案。对占用耕地、水土保持、环境保护等工作要予以充分关注。

(1)对设计实行招投标、"工可""初设"建立预审制度。六景至钦州港高速公路项目按照设计招投标的有关文件精神,对设计单位实施招标确定了土建路基、路面工程、交通安全设施及机电工程、房建工程三家设计单位,通过合同相互约束,确定设计周期、设计深度及相应责任。对"工可""初设"建立预审制度,项目建设筹备组工程技术干部、广西壮族自治区交通运输厅公路工程专家组组成评审小组,进行对"六景至钦州高速公路可行性研究、六景至钦州高速公路两阶段初步设计"全过程的论证和评估。在调查研究基础上,对比选方案进行技术经济的全面评估、论证,对推荐方案提出评估意见。

(2)六景至钦州港高速公路项目工程前期工作规划注重前瞻性。项目建设的前期工作是将规划构想转化为项目实施的关键阶段,六景至钦州港高速公路项目从规划的全局和远景来把握研究所建设项目,保证项目决策的科学性、系统性和协调性。做好六景至钦州港高速公路项目前期工作前提,是制定好既具有前瞻性,又具有可操作性的六景至钦州港高速公路项目建设规划。根据已批准的公路建设规划中项目的建设时序,广西交通投资集团有限公司启动了六钦项目并制定下达项目建设前期工作计划。项目公司在筹备阶段即组织进行了全线的现场踏勘,注重对六景至钦州港高速公路路线的局部地段的选线方案、地方材料的选择、软土地基处理、桥涵通道位置的确定进行优化。

(3)打造六景至钦州港高速公路项目建设管理团队,充分发挥各项管理职能。广西交通投资集团有限公司成立以来,公路工程项目的建设规模越来越大,技术也越来越复杂,这对六景至钦州港高速公路项目建设的管理提出来许多新的要求。六景至钦州港高速公路项目建设管理机构由有多年高速公路建设管理丰富经验的人员组成来实施对项目建设管理。创新了"项目建设搭班子,项目结束换牌子"过渡;有过多次教训,得到丰富的项目建设管理经验。六景至钦州港高速公路项目管理的做法是:不同专业、不同职能部门的来自各方的成员组成一个团队,项目的管理者同时又是执行者,最后实现建设、运营管养无缝对接。

(4)规范施工招标。施工招投标是公路工程建设市场经济中的一种竞争方式,是双方当事人依法进行的经济活动,通过公平竞争择优确定中标人,能够充分发挥价格杠杆和竞争机制的作用。六景至钦州港高速公路项目认真贯彻执行项目法人负责制、工程招标制、工程监理制、合同管理制度,通过公开招标择优选定各设计单位、监理咨询单位、施工单位及大宗材料采购供应商。为加强工程招投标管理,六景至钦州港高速公路项目认真做好施工企业的资格预审或后审,施工企业的资格预审或后审工作委托广西交通投资集团有限公司的子公司广西宏冠过程咨询有限公司进行招投标。广西壮族自治区交通运输厅对招标全过程进行监督,开标时由南宁市公证处进行公证,专家评标推荐,最后由业主定标并经公示。招投标行为合法合规。六景至钦州港高速公路项目通过招标确定了22家施工单位。招标进入六景至钦州港高速公路项目的施工单位,都是取得相应公路工程施工资格证书,具有法人资格且信誉良好、素质高的施工企业。六景至钦州港高速公路项目公司的资格预审文件、招标文件均获得广西壮族自治区交通运输厅的备案,招投标各方行为守法规范,均能做到"公开、公平、公正、诚信"原则。

在六景至钦州港高速公路3年多建设期里,包括项目业主、监理单位、施工单位在内的广大建设者攻坚克难,凝心聚力,抓质量,保安全,全力推进项目建设,奋力解决了一个个项目建设难题。项目全体参建人员按照"干成事,不出事"的工作目标和"工程质量零缺陷、安全生产零事故、征地拆迁零遗留、财务管理零差错、廉政建设零事件"的建设目标,栉风沐雨,坚守工地一线,战胜严寒酷暑,"五加二""白加黑"地辛勤建设,共同打造了一条美丽的出海大通道。六景至钦州港高速公路风景如图8-33-2所示。

图 8-33-2　六景至钦州港高速公路风景图

（三）参建单位主要情况

六景至钦州港高速公路设计单位见表 8-33-2，监理单位见表 8-33-3，施工单位见表 8-33-4。

六景至钦州港高速公路设计单位一览表　　　　表 8-33-2

勘察设计单位	资质等级	设计里程、内容	路线长度
广西壮族自治区交通规划勘察设计研究院	公路勘察综合类甲级、公路行业甲级	主线 K0+000～K53+556.556，良圩至刘圩连线 LK0+000～LK38+415.047 路基、路面、桥梁、隧道、互通立交 4 处、环保工程	高速公路:53.556km，二级公路:38.85km
中国公路工程咨询集团有限公司	公路勘察综合类甲级、公路行业甲级	主线 K54+000～K103+897.5、陆屋联线路基、路面、桥梁、互通立交（2 处）、环保工程	高速公路:49.898km，二级公路:3.1km
中交第二公路勘察设计研究院有限公司	公路勘察综合类甲级、公路行业甲级	K104+700～K140+406.771 路基、路面、桥梁、互通立交（3 处）、环保工程	高速公路:31.179km，一级公路:4.5km
广西壮族自治区交通规划勘察设计研究院	公路勘察综合类甲级、公路行业甲级	K0+000～K140+406.771、良圩至刘圩二级公路连接线 LK0+000～LK38+415.047 交通安全设施、机电工程、房建工程	高速公路:134.633km，一级公路:4.5km，二级公路:38.85km

六景至钦州港高速公路监理单位一览表　　　　表 8-33-3

标　段	监理单位	监理资质等级	监理里程及内容
第Ⅰ总监办	广西交通科学研究院	公路工程监理甲级	主线 K0+000～K27+100 及良圩至刘圩二级公路连接线 LK0+000～LK38+415.047 路基、路面、桥梁、互通立交（3 处）、环保工程、交通安全设施、房建工程
第Ⅱ总监办	长沙华南交通工程咨询有限公司	公路工程监理甲级	K27+100～K67+000 路基、路面、桥梁、隧道（1 座）、互通立交（2 处）、环保工程、交通安全设施、房建工程

续上表

标 段	监理单位	监理资质等级	监理里程及内容
第Ⅲ总监办	广西八桂工程监理有限公司	公路工程监理甲级	K67+000~K103+897.5、陆屋联线路基、路面、桥梁、互通立交(1处)、环保工程、交通安全设施、房建工程
第Ⅳ总监办	广西桂通公路工程监理有限公司	公路工程监理甲级	K104+700~K140+406.771路基、路面、桥梁、互通立交(3处)、环保工程、交通安全设施、房建工程
机电总监办	广西交通科学研究院	公路机电工程专项监理资质	K0+000~K140+406.771机电、监控、通信收费综合系统及隧道机电(含隧道配电、照明、消防)施工监理
中心试验室	西安长大公路工程检测中心	试验检测机构公路工程综合甲级	K0+000~K140+406.771路基、路面、桥隧、房建、交安、机电等工程的试验及质量检测

六景至钦州港高速公路施工单位一览表　　　　表8-33-4

标段	施工单位	资质等级	施工里程及内容	路线长度	合同造价（万元）
No.1	广西路桥建设有限公司	壹级	K0+000~K13+900路基、路面垫层、路面底基层、路面基层、桥梁、互通立交(2处)工程	高速公路：13.9km	29886.28
No.2	中交隧道工程局有限公司	壹级	K13+900~K27+100路基、路面垫层、路面底基层、路面基层、桥梁、互通立交1处	高速公路：13.2km	27884.56
No.3	山东省路通工程集团有限公司	壹级	K27+100~K41+100路基、路面垫层、路面底基层、路面基层、桥梁、互通立交1处	高速公路：14km	26911.16
No.4	湖南路桥建设集团公司	特级	K41+100~K53+556.552路基、路面垫层、路面底基层、路面基层、桥梁、隧道1座	高速公路：12.456km	29132.02
No.5	福建省闽西交通工程有限公司	壹级	K54+000~K67+000路基、路面垫层、路面底基层、路面基层、桥梁、互通立交(1处)工程	高速公路：13km	17897.34
No.6	中国十五冶金建设有限公司	壹级	K67+000~K74+000、陆屋联线路基、路面垫层、路面底基层、路面基层、桥梁、互通立交(1处)工程	高速公路：7km 二级公路：3.1km	15501.09
No.7	中交第四公路工程局有限公司	壹级	K74+000~K89+500路基、路面垫层、路面底基层、路面基层、桥梁工程	高速公路：15.5km	17413.69

第八章
高速公路项目建设

续上表

标段	施工单位	资质等级	施工里程及内容	路线长度	合同造价（万元）
No.8	武汉市市政建设集团有限公司	壹级	K89+500~K103+897.5 路基、路面垫层、路面底基层、路面基层、桥梁工程	高速公路：14.398km	16131.88
No.9	路桥华南工程有限公司	壹级	K104+700~K112+700 路基、路面垫层、路面底基层、路面基层、桥梁、互通立交1处	高速公路：8km	15753.30
No.10	中铁十四局集团第五工程有限公司	壹级	K112+700~K120+700 路基、路面垫层、路面底基层、路面基层、桥梁、互通立交1处	高速公路：7.979km	14727.11
No.11	武汉市市政建设集团有限公司	壹级	K120+700~K128+700 路基、路面垫层、路面底基层、路面基层、桥梁、互通立交（1处）工程	高速公路：8km	19379.80
No.12	中国建筑股份有限公司	壹级	K128+700~K140+410.023 路基、路面垫层、路面底基层、路面基层、桥梁、互通立交1处	高速公路：7.2km 一级公路：4.5km	18480.58
No.13	宁夏路桥工程股份有限公司	壹级	良圻至刘圩连线 LK0+000~LK38+415.047 路基、路面垫层、路面底基层、路面基层、桥梁工程	二级公路：38.85km	11451.19
路面A标	广西路桥建设有限公司	壹级	K0+000~K27+100、LK0+000~LK38+415.047 路面基层、路面面层、交通安全工程、绿化工程	高速公路：27.1km 二级公路：38.415km	341078218
路面B标	广西长长路桥建设有限公司	壹级	K27+100~K67+000 路面基层、路面面层、交通安全工程、绿化工程	高速公路：39.46km	367425589
路面C标	广西壮族自治区公路桥梁工程总公司	特级	K67+000~K103+897.5 路面基层、路面面层、交通安全工程、绿化工程	高速公路：36.898km	329584303
路面D标	广西壮族自治区公路桥梁工程总公司	特级	K104+700~K140+406.771 路面基层、路面面层、交通安全工程、绿化工程	高速公路：35.679km	372133599
房建1标	广西壮族自治区公路桥梁工程总公司	房建工程贰级	K0+000~K74+000、LK0+000~LK38+415.047 收费站、服务区、停车区、应急站、养护工区、连接线道班房	高速公路：74km 二级公路：38.415km	67843136
房建2标	中铁隧道集团有限公司	房建壹级	K74+000~K140+406.771 收费站、服务区、停车区、应急站、养护工区	高速公路：66.407km	49553247

续上表

标段	施工单位	资质等级	施工里程及内容	路线长度	合同造价（万元）
房建3标	贵州建工集团第六建筑工程有限责任公司	市政壹级	K0+000~K140+406.771 收费大棚膜结构工程	高速公路：140.407km	17925721
机电标	陕西公路交通科技开发咨询公司	公路交通工程专业承包通信、监控、收费综合系统工程	K0+000~K140+406.771 监控、通信、收费综合系统及隧道机电（含隧道配电、照明、消防）施工	高速公路：140.406km	75793318

二、建设情况

（一）项目准备阶段

立项审批：本项目前期及建设实施期各项工作均严格执行《中华人民共和国公路法》《中华人民共和国公司法》《中华人民共和国招标投标法》《中华人民共和国合同法》和交通运输部《公路建设市场管理办法》《公路建设四项制度实施办法》等各项法律、法规。工程的立项、可行性研究、初步设计、施工图设计以及开工前的其他各项有关工作，均已循序进行，逐一报批，手续完备齐全，详见表8-33-5。

六景至钦州港高速公路基本建设程序执行情况　　表8-33-5

序号	基建程序名称	审批机关（单位）	批复文号	批复时间
1	项目建议书	广西壮族自治区发展和改革委员会	桂发改交通〔2008〕1151号	2008.12.31
2	可行性研究报告	广西壮族自治区发展和改革委员会	桂发改交通〔2009〕860号	2009.06.08
3	项目环境影响报告	广西壮族自治区环境保护局	桂环管字〔2008〕308号	2008.11.02
4	水土保持方案批复	广西壮族自治区水利厅	桂水水保〔2008〕35号	2009.03.28
5	初步设计批复	广西壮族自治区交通运输厅	桂交基建函〔2009〕554号	2009.06.12
6	施工图设计批复	广西壮族自治区交通运输厅	桂交管〔2011〕857号	2011.10.11
7	占用林地行政许可	国家林业局	林资许准〔2009〕282号	2009.09.23
8	工程设计招标			
9	工程监理招标			
10	工程施工招标			
11	工程永久用地批复	中华人民共和国国土资源部	国土资函〔2011〕409号	2011.07.24
12	工程质量监督计划	广西壮族自治区交通工程质量监督站	交质监督〔2009〕196号	2009.12.31
13	施工许可	广西壮族自治区交通运输厅		2011.11.18

（二）资金筹措

投资计划及到位情况：截至2015年5月31日，六景至钦州港高速公路累计计划投资

654230万元,其中,地方或企业自筹资金148330万元,已到位91671万元;国内银行贷款422500万元,已到位512790万元;交通运输部车购税补助83400万元,已全部到位。上述资金累计到位687861万元,资金到位率105.14%。

资金使用情况:截至2015年5月31日,企业自筹资金和国内银行贷款,累计使用544935.54万元,占该项到位资金的90.15%,其中,用于在建工程536438.07万元,预付工程款363.92万元,预付征地拆迁补偿款等844.85万元,代垫路面标甲招材料款6405.20万元,代垫施工单位其他款项442.63万元,购买固定资产440.73万元。未使用部分存放广西交通投资集团有限公司财务结算中心、财务公司和本公司开户银行实体账户。截至2015年5月31日,交通运输部车购税补助资金累计使用83400万元,占该项到位资金的100%,全部用于在建工程。

财务投资完成情况:六钦路核准批复总概算为654230万元,截至2015年5月31日,累计完成财务投资637942.26万元,完成概算的97.51%。

(三)招投标

本项目建设严格执行《中华人民共和国公路法》《中华人民共和国招标投标法》《中华人民共和国合同法》和交通运输部《公路建设市场管理办法》《公路建设四项制度实施办法》等各项法律、法规,通过公开招标择优选定各设计单位、监理咨询单位、各工程施工单位。在各次招投标活动中,业主的资格(预)审文件、招标文件均获得广西壮族自治区交通运输厅的批复。招投标各方行为守法规范,均能做到"公开、公平、公正、诚信"原则,广西壮族自治区交通运输厅对招标全过程进行监督,开标时由广西南宁市公证处对开标全过程进行了公证,专家评标推荐,最后由评标委员定标并上网公示,整个招标工作合法有效,未收到任何不良反应。具体招标情况如下:

1. 设计单位招标情况

(1)招标形式:国内公开招标。

(2)参加投标单位及资质:土建、路面及交安工程共17家设计单位参加投标,房建工程共3家设计单位参加投标,均为公路勘察设计甲级资质。

(3)中标单位为:第一合同段,广西壮族自治区交通规划勘察设计研究院;第二合同段,中国公路工程咨询集团有限公司;第三合同段,中交第二公路勘察设计研究院有限公司;第四合同段,广西壮族自治区交通规划勘察设计研究院。

2. 监理单位招标情况

(1)招标形式:国内公开招标。

(2)参加投标单位及资质:施工监理共30家单位参加投标,均为公路工程甲级监理资质。

（3）中标单位为：No.Ⅰ合同段：广西交通科学研究院；No.Ⅱ合同段：长沙华南交通工程咨询监理公司；No.Ⅲ合同段：广西八桂工程监理咨询有限公司；No.Ⅳ合同段：广西桂通公路工程监理咨询有限责任公司。

3. 施工单位招标情况

（1）招标形式：全部为国内公开招标。

（2）参加投标单位及资质：路基土建工程共84家单位参加投标，所有投标人均具备公路工程施工总承包一级及其以上资质和路基工程专业承包一级资质；路面、交安、绿化工程共59家单位参加投标，所有投标人均具备公路工程施工总承包一级及其以上资质和公路路面工程专业承包一级资质；房建工程共20家单位参加投标，所有投标人均具备省级及以上建设主管部门核发的有效的房屋建筑工程施工总承包企业一级资质及市政公路工程施工企业总承包二级资质；机电工程共30家单位参加投标，所有投标人均具有住房和城乡建设部核发有效的公路交通工程专业承包企业通信、监控、收费综合系统分项和交通安全设施分项资质。

（四）征地拆迁

本项目在建设实施中，严格执行"十分珍惜、合理利用土地和切实保护耕地"的基本国策，使用土地严格执行国家的法律、法规，各项手续齐全。本项目严格执行《广西壮族自治区基础设施重大项目建设用地征地拆迁暂行办法》（桂政发〔2000〕39号）文件精神，设计征地实行县（市）人民政府包干负责制；拆迁采用业主代表、当地政府及拆迁户主几方现场丈量及确认，统一由当地政府分指挥部负责征地拆迁补偿资金分发。实行征地拆迁补偿资金分账户管理、先结算后支付、补偿资金支付"实名制"、补偿资金银行—银行—存折模式运行并定期回访检查等办法。从项目公司拨付征迁补偿费起即明确每一分钱的受益人，及时、足额、安全地将补偿费支付到农户手中，力图从制度和操作程序上保证征地拆迁补偿资金专款专用，避免和制止挪用、截留、贪污等违法犯罪现象的发生，保障建设资金安全，保护农户的合法权益。

征用土地批复情况：2011年7月，中华人民共和国国土资源部以国土资函〔2011〕409号批复了本项目建设用地方案，批复用地1143.5197公顷（合计17152.7955亩）。

征地拆迁机构：根据《广西壮族自治区基础设施重大项目建设用地征地拆迁暂行办法》（桂政发〔2000〕39号）规定，项目公司成立协调部专职负责征地拆迁工作，并由项目指挥部一名副指挥长挂帅，负责项目建设征地拆迁的各项具体工作。本项目通过协议方式委托沿线完成全线征地、拆迁及相关协调工作。

执行标准：本项目建设对所征用土地的补偿标准及补偿操作程序，均严格执行广西壮族自治区人民政府桂政发〔2000〕39号、桂计法规〔2002〕274号文件要求,并根据当地实际情况,按照沿线地方政府制定的补充文件的补偿标准及时足额兑现征迁款。

征地拆迁工程量:六景至钦州港高速公路使用永久性土地共18107.11亩,其中水田3878.9亩、旱地(含甘蔗地)3743.6亩、菜地0亩、园地46.3亩、鱼(藕)塘250.1亩、林地5714亩、荒地及其他用地4474.21亩。拆迁住宅房屋总计30063.1m²。其中砖混结构15273.67m²、砖(石)木瓦结构8342m²、泥墙瓦面1153.54m²、泥墙草面0m²。其他类型房屋5293.89m²。全线共支付征地拆迁款5.610亿元。征地拆迁情况见表8-33-6,标段划分情况见表8-33-7。

征地拆迁情况统计表　　　　　　　　　　表8-33-6

	征地拆迁安置起止时间	征用土地(亩)	拆迁房屋(m²)	支付补偿费用(元)	备注
一期	2009.09~2013.03	18107.11	30063.1	560972395	
二期					

标段划分情况表　　　　　　　　　　表8-33-7

标段号	标段所在地	工程内容及长度	施工单位
No.1	南宁市横县六景镇、峦城镇	土建工程,13.9km	广西路桥建设有限公司
No.2	南宁市横县峦城镇、平郎乡	土建工程,13.2km	中交隧道工程局有限公司
No.3	南宁市横县新福镇、沙坪镇	土建工程,14km	山东省路通工程集团有限公司
No.4	南宁市横县沙坪镇、钦州市灵山县旧州镇	土建工程,12.5km	湖南路桥建设集团公司
No.5	钦州市灵山县旧州镇	土建工程,13km	福建省闽西交通工程有限公司
No.6	钦州市灵山县陆屋镇	土建工程,7km	中国十五冶金建设有限公司
No.7	钦州市灵山县陆屋镇、钦州市钦南区久隆镇	土建工程,15.5km	中交第四公路工程局有限公司
No.8	钦州市钦南区久隆镇	土建工程,14.4km	武汉市市政建设集团有限公司
No.9	钦州市钦南区久隆镇	土建工程,8km	路桥华南工程有限公司
No.10	钦州市钦南区	土建工程,8km	中铁十四局集团第五工程有限公司
No.11	钦州市钦南区大番坡镇	土建工程,8km	武汉市市政建设集团有限公司
No.12	钦州市钦州港区	土建工程,11.71km	中国建筑股份有限公司
No.13	南宁市青秀区刘圩镇、南宁市横县峦城镇、良圩镇	刘圩至良圩连接线土建工程,38.4km	宁夏路桥工程股份有限公司
No.LQ-FJ1	南宁市横县峦城镇、南宁市横县新福镇、钦州市灵山县旧州镇、钦州市灵山县陆屋镇	房建工程,73.6km	广西壮族自治区公路桥梁工程总公司
No.LQ-FJ2	钦州市灵山县陆屋镇、钦州市钦南区久隆镇、钦州市钦南区大番坡镇、钦州市钦州港区	房建工程,65.6km	中铁隧道集团有限公司

续上表

标段号	标段所在地	工程内容及长度	施工单位
No. LQ-FJ3	全线收费站	房建工程,全线收费站膜结构	贵州建工集团第六建筑工程有限责任公司
No. A	南宁市横县六景镇、峦城镇、平郎乡	路面、绿化、交安工程,27.1km	广西路桥建设有限公司
No. B	南宁市横县新福镇、沙坪镇、钦州市灵山县旧州镇、钦州市灵山县陆屋镇	路面、绿化、交安工程,39.5km	广西长长路桥建设有限公司
No. C	钦州市灵山县陆屋镇、钦州市钦南区久隆镇、钦州市钦南区	路面、绿化、交安工程,36.9km	广西壮族自治区公路桥梁工程总公司
No. D	钦州市钦南区、钦州市钦南区大番坡镇、钦州市钦州港区	路面、绿化、交安工程,35.7km	广西壮族自治区公路桥梁工程总公司
No. 6-1	钦州市灵山县陆屋镇	钦江特大桥	广西壮族自治区公路桥梁工程总公司
No. LQ-JD1	全线	机电工程,全线	陕西公路交通科技开发咨询公司

(五)项目实施阶段

六景至钦州港高速公路项目在建设过程中采取科学化管理,倒排时间节点,制订详细可行的年度计划、月度计划以及周计划,有跟踪有落实,确保达到目标和落实计划。项目公司不定期地进行检查、跟进、发现问题,寻找与计划和实际之间的差距,采取相应的行动来协调和纠偏,按时完成阶段性和整体性目标。主要重大决策、重大变更、重大事件如下:

(1)主线收费站北移变更:为了适应钦州市和中马园区的发展,根据钦州市意见以及上级部门的批复,主线收费站中马园区收费站从原设计的 K135+900 北移到目前的 K126+600 处,由于变更前原收费站的路基土石方、路面基层等均已完工。

(2)六景西互通变更:受柳南高速公路改扩建影响,六景西互通原设计进行了较大调整,跨线桥跨径加大,匝道加长,互通区石方大幅增加等。

(3)钦江特大桥变更:受航道等级变更影响,钦江特大桥桥型结构进行了重大变更,由原设计的 135m 预应力连续刚构变更为总长 1086.5m 的中承式钢管拱桥。

(4)路面白改黑变更:初步设计钦崇路为混凝土面层,根据交通主管部门的意见,变更为沥青路面。

(5)南北互通变更:受南北高速公路改扩建影响,南北互通原设计进行了较大调整,跨线桥跨径加大,匝道加长,互通区石方大幅增加等。

三、复杂技术工程

钦江特大桥为中承式钢管混凝土拱桥,全长 1086.5m,跨越钦江,主桥长 269m,是六景至钦州港高速公路全线的关键控制性工程之一(图 8-33-3)。由于受到航道等级变更影响,钦江特大桥重新设计、重新招标,主要困难体现在:①工期短、任务重;②大风、雨水、台风等不利天气过多;③由于运输条件限制,钢结构工程只能现场制作,场地狭小、布置困难;④安全管理难度大,由于场地小,交叉作业面多,且高空作业、特种作业和钢结构加工临时用电多等都是安全管理的重点;⑤施工技术含量高、难度大,精度控制困难;⑥焊接工程量大、质量要求高。据统计,全桥钢结构焊接长度达到 89800m(不考虑钢筋焊接),其中在拱肋和格构梁施工中约有 38500m 需进行全熔透焊接,并进行 100% 的探伤检测。

图 8-33-3　钦江特大桥侧面图

针对钦江特大桥变更后工期短、技术难度大等特点,指挥部成立钦江特大桥攻坚小组,由分管领导牵头、副总工蹲点,对钦江特大桥的施工招标、图纸评审、施工方案审批、现场施工等一系列工作进行全面跟踪管理;施工单位广西壮族自治区公路桥梁工程总公司抽调了最有经验的人员迅速组建项目经理部,确保建设过程少走弯路。通过各方的团结协作、创先争优、克难攻坚,发扬"特别能吃苦、特别能战斗、特别能奉献"的精神,攻克一个又一个难关,仅用不到 15 个月的时间完成了正常工期 24~30 个月的施工任务。

(1)引进先进工艺及设备,提高作业自动化程度,从而提高作业功效。在钦江特大桥钢结构加工过程中,承包人大量采用了自动化作业设备。如拱肋制作中引进两套全自动埋弧焊接设备及多台半自动埋弧焊机。所有的场内对接焊缝全部采用自动埋弧焊施焊工艺,相对传统的手工引弧施焊工艺,全自动埋弧焊工艺不受空间狭小、管内温度高、缺氧等条件制约,功效提高十倍以上。又如格构梁施工中承包人引进了数控切割设备,工件下料实现了完全自动化,下料人员无须在板材上放样,只要核对板材型号及材质与电脑排版图是否匹配即可,该设备可实现多点同步切割、工件尺寸准确率达百分之百,功效大幅提升。在拱肋管内混凝土压注施工中采用了真空辅助注浆和高性能混凝土配比工艺,使得拱肋管内混凝土压注功效相对传统工艺提高了一倍。

(2)全面产能评估,及时调整资源配置、改善作业环境提高功效。本项目共计需要完成6300多吨钢结构加工,近89800m的钢材焊缝长度(不考虑钢筋焊接),全熔透焊缝长度达38500m,其中拱肋加工占12000m,大部分采用自动化机械作业,格构梁占18000m,由于受结构形状影响,约有10000m全熔透焊缝需要采用手工作业,同时还有31000套高强度螺栓的精准对位。最初作业队根据其多年的统计的人均车间产能[10m/(人·工日)]配备了20名职业焊工,预计50d有效可以完成全部工作量(当时可用工期100d),由于受运输条件限制本项目只能采用现场露天作业的加工方式,在雨天、空气湿度、风速等恶劣环境条件以及场地的影响下,人均产能大幅下降,导致格构梁加工明显严重滞后。鉴于上述情况,项目公司立即组织承包人管理层及总监办对作业队伍进行实际产能评估并查找原因。调查后发现绝大多数焊工实际功效为4~6m/(人·工日);且野外作业经验缺乏,返修率明显高于车间作业;气候条件严重影响功效。倘若不及时调整人力资源结构,改善施工环境,将无法实现后续节点目标。为此立即组织召开生产协调会并提出补救措施:一是加大职业焊工及CO_2气体保护焊机投入且要求新进场焊工应具有野外施焊作业经验;二是施焊作业区搭设临时风雨棚改善作业环境;三是引进70t以上履带吊机两台,将已完工的成品移出场外存放以扩大作业工作面;四是作业人员在原有89人的基础上增加到161人,新增加了28台焊机、1台空压机以及若干打磨机、千斤顶等设备;五是增加防雨棚、加设防雨伞、增加转运平车、砂房、增加拼装胎架等措施,在确保安全和质量的前提下,抢占天时,晴天大干,雨天巧干,大大增加了施工进度。经过有效组织和落实,承包人从四川、新疆、甘肃高薪聘请了30余名富有野外作业经验的高级焊工进场投入生产。最终如期完成了施工任务,同时也创造了全线工人最高日薪记录,每一个焊工的工资达到500元/d以上,四川籍焊工王朝强拿到了700元/d超高日薪。在后续的格构梁组拼与安装、桥面钢底板及剪力键安装、组合桥面时施工过程中均采用了主动评估产能、及时调整资源的做法,都取得了良好效果。桥面钢底板剪力键部分熔透焊接施工中更是创造了75m/(人·工日)的超高功效。

(3)加大设备投入,以空间换时间。在钦江特大桥上部构造吊装施工过程中,缆索吊装系统产能和设备投入量相当于常规施工的两倍,两组等效的缆索吊机既可以单独作业,也能协同作业;免去了常规施工中横移索鞍、调整主索等工序;单独作业时实现了上下游拱肋同步安装,协同作业时更好地适应了格构梁大吨位吊装需求。在格子梁加工过程中,为了加快施工进度,增加一套跨径39m的吊重160t的大龙门吊,增加了3台25t吊车和2台75t履带吊车,从而充分利用了作业空间,有效实现了缩短工期目标。

(4)钦江特大桥钢管拱肋混凝土灌注采用抽真空灌注工艺,确保工程质量。借鉴广西壮族自治区公路桥梁工程总公司承建的泸州长江大桥世界第一拱采用抽真空灌注工艺取得实效,混凝土密实程度好,脱空少,钦江大桥为了保证钢管拱肋的混凝土灌注质量,钢管混凝土变更原有施工工艺为采用抽真空后输送泵泵送顶升法灌注工艺,即在主弦管顶部设置抽真空装置,在泵送钢管过程中,把弦管内抽空 -0.09 ~ -0.07MPa 范围,从而达到减少混凝土泵送阻力和提高混凝土密实度的目的。

四、科技创新

项目指挥部鼓励员工立足岗位,钻研业务,同时加大科技投入,坚持依靠科技创新解决工程技术瓶颈和工程质量、进度、投资、安全、环保等实际难题,提高项目科技含量。一是针对山区道路的地势起伏较大,地段地质条件差,高填深挖路堤及高填方桥台多的情况,指挥部投入450万元,开展了气泡混合轻质土课题研究,拟定了三座桥作为气泡混合轻质土课题研究项目。二是与广西大学合作,投入130万元,开展南方山区公路隧道施工安全保障与结构长期稳定技术研究。三是为了优化设计膨胀土填筑及边坡防护方案,委托广西交通科学研究院开展钦崇路膨胀土路堤填筑及路堑挖边坡防护课题研究,针对不同膨胀土路段设计专项防护方案和填筑工艺。四是投入179万元,委托重庆忠诚预应力工程技术有限公司采用智能化检测系统对两项目的桥梁上构预应力梁板张拉进行抽检检测,确保桥梁结构安全可靠。

六景至钦州港高速公路高度重视科技创新,在建设过程中,积极推广新技术、新工艺、新产品、新材料、新设备等,并起到了较好的效果。

(一)积极开展新型沥青材料应用试验,全面落实创新创效工作

高模量沥青:随着交通的迅猛发展,车流量日益剧增,重载和超载车辆比例不断提高,许多新修的公路使用年限只有3、4年,甚至1年就出现严重损坏。为了解决这一问题,项目公司与长安大学合作,在六景至钦州港高速公路引入了高模量沥青混凝土这一新产品。高模量沥青混凝土具有良好的水稳性和抗车辙性能,抗车辙性能比普通沥青提高6倍,动态模量提高2倍,抗疲劳性能提高1倍,路面使用年限提高1倍;同时,在保证道路整体承载力的情况下,可以降低路面结构层厚度25%,节省资源及能源消耗30%,节约工程造价20%。该课题已明确在六景至钦州港高速公路A标实施。

(1)试验路段:K13+850 ~ K22+000 路段。

(2)工程量:K19+960 ~ K27+100 左幅、K13+850 ~ K22+000 右幅中面层和 K19+960 ~ K23+000 左幅、K19+000 ~ K22+000 右幅上面层,共21.33km 单幅单层23万 m^2。

(3)经济投入:中面层高模量沥青改性剂采用法国 PRModule,掺量为0.4%,用量为121t;上面层沥青改性剂为法国 PRPlast.s,掺量为0.4%,用量为27t,费用为344万。

(4)应用效果:在通车一年后,课题组于2013年12月20~22日进行了试验路段跟踪检测,具体检测内容包括弯沉、车辙、厚度、动态模量等指标。

检测的结果显示,中面层铺筑了PRM改性沥青混合料的路面结构弯沉值显著小于中

面层为 SBS 改性沥青混合料的路面结构,上面层弯沉值的影响不显著。除了左幅 K22+600～K22+800 路段发现显著车辙外,其余测试路段车辙较小,为 2～6mm,属于合理范围。经钻心检测左幅 K22+600～K22+800 路段车辙严重的原因是路基的压实不足,属于结构型车辙。

(二)钦江特大桥钢管拱肋混凝土灌注采用抽真空灌注工艺

钦江大桥全长为 1086.5m,主桥采用跨径为 252m 的中承式钢管混凝土拱桥,矢跨比为 1/4,拱肋采用变高的钢管混凝土桁架结构,桥面梁采用由钢横梁与钢纵梁组成的钢格构体系,钢格构梁上桥面板采用钢—混凝土组合结构。

借鉴广西公路桥梁工程总公司承建的泸州长江大桥世界第一拱采用抽真空灌注工艺取得实效,混凝土密实程度好,脱空少,钦江大桥为了保证钢管拱肋的混凝土灌注质量,钢管混凝土变更原有施工工艺为采用抽真空后输送泵泵送顶升法灌注工艺,即在主弦管顶部设置抽真空装置,在泵送钢管过程中,把弦管内抽成 -0.09～-0.07MPa 范围,从而达到减少混凝土泵送阻力和提高混凝土密实度的目的。

应用效果:通过现场检测,拱内脱空率比采用普通注浆方式明显降低。

(三)通过台背强夯措施减少台背下沉

结合多年广西高速公路施工管理经验,项目公司深刻认识到,桥涵背跳车一直是困扰公路建设的一个难题,原因非常明了,就是台背的压实达不到设计的要求。

为了比较快捷地解决这一问题,减少桥台背工后沉降,提高运营期间形成舒适性,项目公司采用了 HHT-3 液压夯实设备进行桥台背、涵侧回填补压,提高桥台背路基的压实度,减少工后沉降,从而解决或减少桥头跳车病害。

HHT-3 液压夯实机是国内最新出现的一种新型高效液压夯实机械,该机械填补了传统的表层压实技术如碾压、振动压实和传统强夯技术之间的空白。

(1)作业方式:每个夯点边缘间隔一定距离,呈等边三角形布点,间隔距离一般以一倍的夯锤底面半径较适宜;施工顺序为先从靠近桥台开始,然后逐渐倒退施工;夯实次数和重量为:在靠近桥台背第一和第二排位置采用中档夯击 12 次,其他位置为强档夯实 9 次。

(2)处理长度:大中小桥桥头处理长度为纵向 12m,通道涵洞的处理长度为纵向 8m;宽度为路基宽度。

(3)测试指标:试验段测试指标有两项,分别为夯实前后的沉降量和表层压实度变化。

从沉降量检测结果表明:即使压实度满足规范要求的点位,采用 HHT-3 夯实后平均沉降约为 10cm,说明采用 HHT-3 夯实不仅是对路床表层的补压密实,也是对整个台背路基的补压密实,可以显著降低桥涵台背的工后沉降,防止或减少桥头跳车。

(四)协助编制广西区域性沥青路面施工规范,全面提高沥青路面标准化施工水平

项目公司与广西交通科学研究院合作,结合广西的气候特点,通过调查研究广西沥青路面主要病害类型及所占比例,系统总结广西沥青路面破坏形式及机理,以六景至钦州港高速公路实体工程为依托,对已有的工程技术经验和科研成果进行验证,对某些失败的或是不适用广西高等级沥青路面的技术进行分析,提出广西的集料加工过程质量控制工艺技术参数和适用于广西地区的均匀防离析—骨架稳定密实型沥青混合料的生产技术,并编写了适合广西区域的《沥青路面施工技术地方规范》初稿。

(五)开展混凝土通病治理,提高混凝土工程质量

根据交通运输部下发的《关于印发公路水运工程混凝土质量通病治理活动实施方案的通知》(交质监发〔2009〕174号文)要求,经广西壮族自治区交通运输厅、自治区交通工程质量监督站和广西交通投资集团有限公司共同研究决定将六景至钦州港公路(以下简称六钦路)项目作为广西公路混凝土质量通病治理的示范项目。

通过对管理通病、施工工艺通病、实体质量通病、现场文明施工通病等进行综合治理,六钦路混凝土质量得到了有效提高。

主要的措施:

(1)制订相关控制措施,确保精细化施工。

项目公司针对创建交通运输部混凝土通病治理典型示范项目的要求,制定了技术指导措施(施工指南系列)九大篇、九项管理制度、十四项管理措施、五项技术措施、七项工艺工法措施等一系列技术指导措施和管理措施。

(2)大力开展先进工艺、先进工法的学习与推广。

①钢筋集中加工。大力提倡钢筋集中加工,制作好后运输到现场使用,对设置和制作规范的钢筋集中加工场给予适当的奖励。对不执行钢筋集中加工且加工制作不规范、施工现场凌乱的给予通报批评和一定经济处罚。

②钢筋安装。为保证钢筋安装间距,梁板钢筋采用专用的卡位固定钢筋位置。

③混凝土集中拌和。项目公司在各施工单位进场之初就明确要求全线混凝土采用集中拌和,大力提倡预制场及拌和场砂石料堆放区搭建防雨棚架。要求拌和楼自动计量装置设置密码,以防止操作工人随意改变配合比。六钦路拌和站如图8-33-4所示。

④混凝土养生。桥梁墩柱统一采用薄膜包裹加在顶上放置水桶或简易储水装置的养生方式,由水桶底或简易储水装置底部开小孔进行滴灌,洒水车定时给水桶或简易储水装置加水;涵洞统一采用土工布饱水养生;预制梁板采用自动喷淋系统养护。

⑤模板。项目公司统一规定了底模和侧模面板厚度,要求梁板底模厚度不得小于

10mm,侧模面板厚度不得小于6mm。预制梁板模板进场时,由总监办牵头,组成由业主代表、总监办相关人员和项目经理部总工和梁场负责人组成的联合验收小组,对模板进行统一验收。大块钢模板效果如图8-33-5所示。

图8-33-4 六钦路拌和站全景图

图8-33-5 No.9合同段涵洞墙身采用大块钢模板效果图

(3)措施得力,严格管理。

项目公司先后组织了多次桥涵专项整治活动,狠抓质量,对质量达不到要求的构造物坚决推倒返工,并对相关责任人进行通报批评,清退了责任心不强的监理人员和施工人员。

(4)强力推行首件工程认可制和亮点工程评选活动。

①公司严格实施首件产品认可制,立足于"预防为主,先导试点"的原则,在桥涵施工中推广和完善首件产品认可制,进一步优化施工工艺、改进施工组织,来真正实现"精细化施工"。

第八章
高速公路项目建设

②大力开展亮点工程评选活动,加大宣传,对亮点工程进行重奖,对亮点工程和先进工艺大力进行推广,在全线掀起创优创亮点的热潮。

五、运营管理

(一)服务区设置

该路段共设置5对服务区(停车区):峦城服务区、陆屋服务区、金窝服务区、新福停车区、高厘停车区。2014年,峦城服务区被评为广西高速公路"三星级服务区"。

(二)收费站点设置

该路段共设置8个收费站:峦城收费站、平朗收费站、新福收费站、旧州镇收费站、陆屋镇收费站、久隆收费站、金桔收费站、中马园区收费站。8个收费站共61条车道,其中峦城收费站、新福收费站、陆屋镇收费站、久隆收费站、中马园区收费站设置ETC车道共10条。具体见表8-33-8。

收费站点设置情况表　　　　　　　　　　　　　表8-33-8

站点名称	车道数	收费方式
峦城收费站	9(其中ETC车道2条)	半自动收费方式
平朗收费站	5	半自动收费方式
新福收费站	5(其中ETC车道2条)	半自动收费方式
旧州镇收费站	5	半自动收费方式
陆屋镇收费站	9(其中ETC车道2条)	半自动收费方式
久隆收费站	4(其中ETC车道2条)	半自动收费方式
金桔收费站	4	半自动收费方式
中马园区收费站	20(其中ETC车道2条)	半自动收费方式

(三)车流量发展状况

该路段于2013年4月9日正式开通,日均车流量从2013年的2239辆增至2014年的3112辆,年增长率为39.01%,见表8-33-9。

车流量发展状况表　　　　　　　　　　　　　表8-33-9

年份(年)	日均车流量(辆/d)	年份(年)	日均车流量(辆/d)
2013	2002	2015	3068
2014	3112	2016	3121

第三十四节　钦州至崇左高速公路

一、项目概况

(一)基本情况

钦州至崇左高速公路起于钦州市大寺镇以南的米标村附近,通过米标枢纽互通立交与南宁至北海高速公路相接,经那天、洞利、龙楼、上思、四方山、西长、罗白,终于崇左市元井村附近,与南宁至友谊关高速公路和拟建的崇左至靖西高速公路相接,主线全长129.559km。同步建设板利经西长至东门连接线35.09km,吴圩至上思连接线约63km。全线设置米标枢纽、洞利、上思、七门、柳桥、罗白、元井枢纽等7处互通式立交,设置公正、罗白2处服务区,吊庙、上思、柳桥3处停车区。全线共设置洞利、上思、七门、柳桥、罗白匝道收费站5处;设置上思、罗白2处养护工区,与邻近匝道收费站合建;设置上思管理所1处,与匝道收费站、养护工区合建;设置四方山隧道管理站1处;板利经西长至东门连接线设置养护工区1处;吴圩至上思连接线设置养护工区2处。项目总投资64.5亿元。项目开工仪式如图8-34-1所示。

图8-34-1　钦州至崇左高速公路开工仪式图

本项目全线路基土石方2549万 m^3,平均19.67万 m^3/km;排水及防护工程106.3万 m^3,平均8206m^3/km;主线沥青混凝土路面2781.8千 m^2;连接线沥青薄层水泥混凝土路面987.0千 m^2;全线共设置主线桥梁11639.26m/250座,其中大桥5712.18m/26座,中桥4437.06/72座,小桥1490.02m/152座。主线和互通匝道共设置涵洞291道,总长11748.82m,通道15道,总长514.43m;连接线共设置涵洞291道,总长5249.37m。全线共设置鸡排山、冉后山、路河山、四方山、蕾帽山5座隧道,总长15709延米。

本项目主线按四车道高速公路标准建设,设计速度100km/h,路基宽度26m。两连接线采用二级公路标准建设,其中板利经西长至东门连接线设计速度80km/h,路基宽度12m;吴圩至上思连接线K0+000~K38+240段设计速度80km/h,路基宽度12m;K38+240~K62+380段设计速度60km/h,路基宽度10m。桥涵与相应路段路基同宽,桥涵设计汽车荷载等级为公路—I级,其余技术指标按《公路工程技术标准》(JIG B01—2003)规定值。

主线路面结构组合:主线(不包括K53+500~K85+260段)路面采用4cm改性沥青AC-13上面层+6cm改性沥青AC-20中面层+8cm普通沥青AC-25下面层+1cm沥青碎石封层+透层+20cm 5%水泥稳定碎石基层+35cm 3.5%水泥稳定碎石底基层+20cm级配碎石垫层的结构形式,总厚度94cm。主线K53+500~K85+260段路面结构组合为:4cm改性沥青AC-13上面层+6cm改性沥青AC-20中面层+10cm沥青碎石ATB-30+20cm 5%水泥稳定碎石基层+34cm 3.5%水泥稳定碎石底基层+20cm级配碎石垫层,总厚度94cm。

隧道路面结构组合:隧道进出口段路面结构组合为:4cm改性沥青AC-13上面层+6cm改性沥青AC-20中面层+20cm水泥混凝土面层+15cm水泥混凝土基层,总厚度45cm。隧道洞身段路面结构组合为:28cm水泥混凝土面层+17cm水泥混凝土基层,总厚度45cm。

互通区路面结构组合:互通匝道路面结构组合为:4cm改性沥青AC-13上面层+6cm改性沥青AC-20中面层+8cm普通沥青AC-25下面层+1cm沥青碎石封层+透层+20cm 5%水泥稳定碎石基层+20cm 3.5%水泥稳定碎石底基层+20cm级配碎石垫层的结构形式,总厚度79cm。收费站广场路面结构组合为:28cm钢筋水泥混凝土面层+0.6cm乳化沥青稀浆封层+透层+20cm 5%水泥稳定碎石基层+20cm 3.5%水泥稳定碎石底基层+20cm级配碎石垫层的结构形式,总厚度88cm。

连接线路面结构组合:5cm改性沥青面层+黏层+24cm水泥混凝土面层+0.6cm乳化沥青稀浆封层+透层+20cm 5%水泥稳定碎石基层+25(20)cm级配碎石垫层的结构形式,总厚度74(69)cm。

钦州至崇左高速公路是一条集产业融合、国际友谊、民族风情、生态农业、民俗旅游为一体的示范性公路,具有以下特点:

(1)中国首条引入国外文化元素的风情路。崇左至钦州高速公路被定位为"东盟文化国际交流体验线"和"东盟风情大通道",主题为"走进钦崇,畅游东盟"。所有服务区、停车区、收费站、隧道、桥梁及绿化均体现东盟特色。金灿灿的屋顶,勾檐,三角顶凉亭风雨长廊,佛塔寺柱及东南亚代表树种,鸡蛋花、龙船花、木棉点缀其中,勾勒出浓浓的东盟风情,与远处广西美好的自然风光相融合,全程视野开阔、舒适。

(2)广西第一条全线采用自动发卡的便捷路。进入钦崇高速公路的所有汽车司机只需按一台自动发卡机上的按钮,发卡机就自动送出一张高速公路通行IC卡,通道内的栏杆即抬升放行,这是高速公路新型无人值守自动发卡模式。钦崇高速公路全线5个收费站10道入口,全部采用无人值守自动发卡机发卡,是区内全线采用自动发卡模式的第一路。所有车型自动识别,车牌信息自动获取。发卡时间由原来的8s左右减少到3s左右,加快车辆通行速度。高速公路道口收费方式的发展方向是更便捷的无人值守ETC(电子不停车收费)。自动发卡是无人值守ETC(电子不停车收费)的过渡阶段。为过渡到不停车电子收费(ETC)提供了基础。

(3)广西第一条隧道照明无级自动控制的节能路。钦崇高速公路设置鸡排山、冉后山、路河山、四方山、雷帽山5座隧道,单洞总长1.5万多米。隧道限速80km/h。目前国内一般的隧道自动照明设备主要是按照白天、傍晚、夜间时段内外亮度的变化分三级或五级自动调节,确保行驶的车辆以设计时速度能够安全地接近、穿越和通过隧道。长3.4km的四方山隧道采用的是LED光源照明无级控制模式。利用计算机、通信网络和自动控制技术,自动根据流量、车速和内外亮度三个因素,对各段LED灯进行动态控制。同时运用绿化等措施,从改善洞外光线等方面入手,达到"保障安全、节约资源、节省资金"的目标。据了解,仅四方山隧道照明用电一项每年就节约近50万度电,从根本上杜绝隧道照明能源的浪费。

(4)广西第一条超百公里长主线与附属设施同步投入使用的便民路。钦州至崇左高速公路在做好路基、路面主体工程的推进的同时,积极做好中间绿化隔离带、停车区、餐饮店、加游站等配套设施的完善工作,现主线与附属设施同步建成并投入使用,能满足加油、休息、休闲的需要,给驾乘人员带来美的享受。改变了以往高速公路先通行收费,再完善绿化、房建、加油站、机电等附属工程的旧模式。

(二)前期决策情况

钦州至崇左高速公路由广西交通投资集团有限公司投资建设。广西交通投资集团积极响应广西壮族自治区党委、政府"三个优先发展"(产业优先发展、交通优先发展、北部湾经济区优先发展)决策部署,不断掀起交通建设高潮,奋力推进产业发展。

钦州至崇左高速公路项目建设的前期决策包含项目立项建议书、项目可行性研究报告和项目设计阶段。钦崇路项目从2008年10月份开始组建项目建设筹备工作小组,规范了钦崇路项目建设业主单位的管理行为,从加强对建设过程的监督管理开始,强化钦崇路项目基础设施建设,维护建设市场秩序,提高工程质量和投资效益。

项目建设前期工作质量是加强前期工作的关键,钦崇路项目建设前期工作分为三个阶段:预可行性研究即项目立项阶段、工程可行性研究阶段、初步设计阶段。贯穿于三阶段的核心重点是设计工作,要提高项目前期工作的质量实质是提高设计质量。这就要求设计单位要深入现场,做深做细地质勘察等基础工作,尤其对路线方案的比选,对不良地质的处治等要做深方案,反复比选,科学合理地确定推荐方案。对占用耕地、水土保持、环境保护等工作要予以充分关注。项目基本情况见表8-34-1。

第八章
高速公路项目建设

钦州至崇左高速公路项目基本情况统计表　　　　表 8-34-1

建设单位(公章)	广西金港高速公路有限公司
工程投资	64.8185 亿元人民币
工程起止桩号	K0+000~K122+650
工程设计标准	四车道高速公路
开工时间、通车时间	2009 年 9 月开工,2012 年 12 月建成通车
地形条件	平原区
连接线标准(km)	1. 东门至板利,二级公路,80km/h,35.09km 2. 吴圩至上思,二级公路,80km/h,61.53km
桥隧比	13.77%
施工图设计每公里土石方(万 m^3)	19.67 万 m^3/km

(1)对设计实行招投标、"工可""初设"建立预审制度。钦崇路项目按照设计招投标的有关文件精神,对设计单位实施招标确定了土建路基、路面工程、交通安全设施及机电工程、房建工程三家设计单位,通过合同相互约束,确定设计周期、设计深度及相应责任。对"工可""初设"建立预审制度,项目建设筹备组工程技术干部、广西壮族自治区交通运输厅公路工程专家组组成评审小组,进行对"钦州至崇左高速公路可行性研究、钦州至崇左高速公路两阶段初步设计"全过程的论证和评估。在调查研究基础上,对比选方案进行技术经济的全面评估、论证,对推荐方案提出评估意见。

(2)钦崇路项目工程前期工作规划前瞻性。项目建设的前期工作是将规划构想转化为项目实施的关键阶段,钦崇路项目从规划的全局和远景来把握研究所建设项目,保证项目决策的科学性、系统性和协调性。做好钦崇路项目前期工作前提,是制定好既具有前瞻性,又具有可操作性的钦崇路项目建设规划。根据已批准的公路建设规划中项目的建设时序,广西交通投资集团有限公司启动了钦崇项目并制定下达项目建设前期工作计划。项目公司在筹备阶段即组织进行了全线的现场踏勘,注重在钦崇路路线的局部地段的选线方案、地方材料的选择、软土地基处理、桥涵通道位置的确定进行优化。

(3)打造钦崇路项目建设管理团队,充分发挥各项管理职能。广西交通投资集团有限公司成立以来,公路工程项目的建设规模越来越大,技术也越来越复杂,这对钦崇路项目建设的管理提出来许多新的要求。钦崇路项目建设管理机构由有多年高速公路建设管理丰富经验的人员组成来实施对项目建设管理。创新了"项目建设搭班子,项目结束换牌子"过渡;有过多次教训,得到丰富的项目建设管理经验。钦崇路项目管理的做法是:不同专业、不同职能部门的来自各方的成员组成一个团队,项目的管理者同时又是执行者,最后实现建设、运营管养无缝对接。建成后的钦崇路如图 8-34-2 所示。

图 8-34-2　钦崇路

(4)规范施工招标。施工招投标是公路工程建设市场经济中的一种竞争方式,是双方当事人依法进行的经济活动,通过公平竞争择优确定中标人,能够充分发挥价格杠杆和竞争机制的作用。钦崇路项目认真贯彻执行项目法人负责制、工程招标制、工程监理制、合同管理制度,通过公开招标择优选定各设计单位、监理咨询单位、施工单位及大宗材料采购供应商。为加强工程招投标管理,钦崇路项目认真做好施工企业的资格预审或后审,施工企业的资格预审或后审工作委托广西交通投资集团的子公司广西宏冠过程咨询有限公司进行招投标。广西壮族自治区交通运输厅对招标全过程进行监督,开标时由南宁市公证处进行公证,专家评标推荐,最后由业主定标并经公示。招投标行为合法合规。钦崇路项目通过招标确定了28家施工单位。招标进入钦崇路项目的施工单位,都是取得相应公路工程施工资格证书,具有法人资格且信誉良好、素质高的施工企业。钦崇路项目公司的资格预审文件、招标文件均获得区交通厅的备案,招投标各方行为守法规范,均能遵守"公开、公平、公正、诚信"原则。

在钦州至崇左高速公路3年多建设期里,包括项目业主、监理单位、施工单位在内的广大建设者攻坚克难,凝心聚力,抓质量,保安全,全力推进项目建设,奋力解决了一个个项目建设难题。项目全体参建人员按照"干成事,不出事"的工作目标和"工程质量零缺陷、安全生产零事故、征地拆迁零遗留、财务管理零差错、廉政建设零事件"的建设目标,栉风沐雨,坚守工地一线,辛勤建设,共同打造了一条美丽的出边大通道。

(三)参建单位主要情况

各参建单位主要情况见表8-34-2～表8-34-8。

钦州至崇左高速公路设计单位一览表　　　　表8-34-2

勘察设计单位	资质等级	设计里程、内容	路线长度
中国公路工程咨询集团有限公司	公路勘察综合类甲级、公路行业甲级	主线K0+000~K65+472.718路基、路面、桥梁、隧道、互通立交(2处)、环保工程	高速公路:71.853km
华杰工程咨询有限公司	公路勘察综合类甲级、公路行业甲级	主线K65+472.718~K122+650和板利至东门连接线LK0+000~LK35+092.24路基、路面、桥梁、隧道、互通立交(4处)、环保工程	高速公路:57.65km 二级公路:35.977km
广西壮族自治区交通规划勘察设计研究院	公路勘察综合类甲级、公路行业甲级	吴圩至上思二级公路LK0+000~LK62+390.74路基、路面、桥梁、环保工程	二级公路:62.664km
重庆交通科研设计院	公路勘察综合类甲级、公路行业甲级	主线K0+000~K122+650及板利至东门连接线、吴圩至上思二级公路连接线的交通安全设施工程	高速公路:129.503km 二级公路:98.641km
广西壮族自治区交通规划勘察设计研究院	公路勘察综合类甲级、公路行业甲级	主线K0+000~K122+650及板利至东门连接线、吴圩至上思二级公路连接线的房建工程	高速公路:129.503km 二级公路:98.641km

第八章
高速公路项目建设

钦州至崇左高速公路监理单位一览表
表 8-34-3

标段	监理单位	监理资质等级	监理里程及内容	路线长度
第Ⅰ总监办	广西八桂工程监理咨询有限公司	公路工程监理甲级	K0+000~K30+000 路基、路面、桥梁、隧道、互通立交(1处)、环保工程、交通安全设施、房建工程	高速公路:36.301km
第Ⅱ总监办	北京华宏工程咨询有限公司	公路工程监理甲级	K30+000~K53+500 路基、路面、桥梁、隧道、互通立交(1处)、环保工程、交通安全设施、房建工程	高速公路:23.5km
第Ⅲ总监办	佛山市盛建公路工程咨询有限公司	公路工程监理甲级	K53+500~K86+246.703 路基、路面、桥梁、隧道、互通立交(1处)、环保工程、交通安全设施、房建工程	高速公路:33.299km
第Ⅳ总监办	中国公路工程咨询集团有限公司	公路工程监理甲级	K86+246.703~K122+650、LK0+000~LK35+090(板利至东门连接线)路基、路面、桥梁、互通立交(3处)、环保工程、交通安全设施、房建工程	高速公路:36.403km 二级公路:34.977km
第Ⅴ总监办	广西双建工程咨询有限公司	公路工程监理甲级	K0+000~K62+390.7(吴圩至上思二级公路连接线)路基、路面、桥梁、环保工程、交通安全设施、房建工程	二级公路:62.664km
中心试验室	广西交通科学研究院	试验检测机构公路工程综合甲级	K0+000~K122+650 路基、路面、桥隧、房建、交安、机电等工程的试验及质量检测	高速公路:129.503km 二级公路:97.641km
第Ⅵ总监办	北京泰克华诚技术信息咨询有限公司			

钦州至崇左高速公路路基施工单位一览表
表 8-34-4

标段	施工单位	资质等级	施工里程及内容	路线长度	合同造价(万元)
No.1	江西有色工程有限公司	公路工程施工总承包壹级	K0+000~K11+500 路基、路面垫层、桥梁、互通立交(1处)工程	高速公路:11.481km	17712.3092
No.2	中交第一公路工程局有限公司	公路工程施工总承包特级	K11+500~K27+119.614 路基、路面垫层、桥梁工程	高速公路:15.62km	17547.5338
No.3	广西路桥建设有限公司	公路工程施工总承包壹级	K20+800~K30+000 路基、路面垫层、桥梁、隧道工程	高速公路:9.2km	18218.1239
No.4	中国建筑第五工程局有限公司	公路工程施工总承包壹级	K30+000~K36+800 路基、路面垫层、桥梁、隧道工程	高速公路:6.8km	22244.0059
No.5	中铁二十四局集团南昌铁路工程有限公司	公路工程施工总承包壹级	K36+800~K43+300 路基、路面垫层、桥梁、隧道工程	高速公路:6.5km	24250.0163
No.6	湖南郴州公路桥梁建设有限责任公司	公路工程施工总承包壹级	K43+300~K53+500 路基、路面垫层、桥梁、互通立交(1处)工程	高速公路:10.2km	15322.1219

续上表

标段	施工单位	资质等级	施工里程及内容	路线长度	合同造价(万元)
No.7	中交第一公路工程局有限公司	公路工程施工总承包特级	K53+500~K65+472.718路基、路面垫层、桥梁工程	高速公路:12.052km	18788.6836
No.8	福建路桥建设有限公司	公路工程施工总承包壹级	K65+000~K78+800路基、路面垫层、桥梁、隧道、互通立交(1处)工程	高速公路:13.8km	28131.4411
No.9	中国建筑股份有限公司	公路工程施工总承包特级	K78+800~K86+246.703路基、路面垫层、桥梁、隧道工程	高速公路:7.447km	23266.4781
No.10	山东通达路桥工程有限公司	公路工程施工总承包壹级	K86+246.703~K100+853路基、路面垫层、桥梁、互通立交(1处)工程	高速公路:14.606km	14518.2031
No.11	湖南路桥建设集团公司	公路工程施工总承包特级	K100+853~K113+100路基、路面垫层、桥梁工程	高速公路:12.247km	14127.6977
No.12	中交第四公路工程局有限公司	公路工程施工总承包壹级	K113+100~K122+650路基、路面垫层、桥梁、互通立交(2处)工程	高速公路:9.550km	11992.3655
No.13	广西路桥建设有限公司	公路工程施工总承包壹级	板利至东门连接线LK0+000~LK35+092.243路基、路面垫层、桥梁工程	二级公路:34.977km	6390.0175
No.14	福建路桥建设有限公司	公路工程施工总承包壹级	吴圩至上思二级公路lK0+000~K38+240路基、路面垫层、桥梁工程	二级公路:38.24km	5413.2775
No.15	江西中煤建设工程有限公司	公路工程施工总承包壹级	吴圩至上思二级公路K38+240~K62+390.74路基、路面垫层、桥梁工程	二级公路:24.424km	7695.3745

钦州至崇左高速公路主线路面(包括交安、绿化)标施工单位表　表8-34-5

标段	施工单位	资质等级	施工里程及内容	路线长度	合同造价(万元)
No.A	广西路桥总公司	公路工程施工总承包特级	K0+000~K30+000路面底基层、基层、面层、交安、绿化工程	高速公路:36.301km	41350.8305
No.B	浙江省衢州市交通建设集团有限公司	公路工程施工总承包壹级	K30+000~K53+500路面底基层、基层、面层、交安、绿化工程	高速公路:23.5km	23443.2540
No.C	中交第一公路工程局有限公司	公路工程施工总承包壹级	K53+500~K85+260路面底基层、基层、面层、交安、绿化工程	高速公路:32.312km	30649.8916
No.D	广西路桥建设有限公司	公路工程施工总承包壹级	K85+260~K122+650路面底基层、基层、面层、交安、绿化工程	高速公路:37.39km	45003.2326

钦州至崇左高速公路连接线路面标施工单位一览表　　　　表8-34-6

标段	施工单位	资质等级	施工里程及内容	路线长度	合同造价(万元)
No.L1	广西路桥建设有限公司	公路工程施工总承包壹级	板利至东门连接线LK0+000～LK35+092.243 路面基层、混凝土面层	二级公路：34.977km	5451.1256
No.L2	浙江大地交通工程有限公司	公路工程施工总承包壹级	吴圩至上思二级公路K0+000～K38+240路面基层、混凝土面层	二级公路：38.24km	6152.6204
No.L3	河南高速发展路桥工程有限公司	公路工程施工总承包壹级	吴圩至上思二级公路K38+240～K62+390.74路面基层、混凝土面层	二级公路：24.424km	3245.3721
No.L4	广西路桥建设有限公司	公路工程施工总承包壹级	板利至东门连接线LK0+000～LK35+092.243 路面沥青面层	二级公路：34.977km	2871.2681
No.L5	广西路桥建设有限公司	公路工程施工总承包壹级	吴圩至上思二级公路K0+000～K62+390.74路面沥青面层	二级公路：62.664km	5208.9667

钦州至崇左高速公路房建标施工单位一览表　　　　表8-34-7

标段	施工单位	资质等级	施工里程及内容	路线长度	合同造价(万元)
No.QC.FJ1	中铁隧道集团有限公司	房屋建筑工程施工总承包一级	K0+000～K53+500上的房建工程		4240.5463
No.QC.FJ2	重庆远海建工(集团)有限公司	公路工程施工总承包一级	K53+500～K122+650上的房建工程		6015.7396

钦州至崇左高速公路机电标施工单位一览表　　　　表8-34-8

标段	施工单位	资质等级	施工里程及内容	路线长度	合同造价(万元)
No.QC.JD1	广西交通科学研究院		K0+000～K129+391路段内的监控、通信、收费综合系统		9750.7460
No.QC.JD2	安徽皖通科技股份有限公司		K0+000～K129+391路段内的配电、照明、通风、消防系统		6201.3738

二、建设情况

(一)项目准备阶段

1. 立项审批

本项目前期及建设实施期各项工作均严格执行《中华人民共和国公路法》《中华人民共和国公司法》《中华人民共和国招标投标法》《中华人民共和国合同法》和交通运输部《公路建设市场管理办法》《公路建设四项制度实施办法》等各项法律、法规。工程的立项、可行性研究、初步设计、施工图设计以及开工前的其他各项有关工作,均已循序进行,逐一报批,手续完备齐全,详见表8-34-9。

钦崇路基本建设程序执行情况表　　　　　表8-34-9

序号	基建程序名称	审批机关(单位)	批复文号	批复时间
1	项目建议书	广西壮族自治区发展和改革委员会	桂发改交通〔2006〕201号	2006.04.26
2	可行性研究报告	广西壮族自治区发展和改革委员会	桂发改交通〔2006〕525号	2006.09.16
3	项目环境影响报告	广西壮族自治区环境保护局	桂环管字〔2007〕251号	2007.07.11
4	设计招标			
5	初步设计批复	广西壮族自治区交通运输厅	桂交基建函〔2008〕1005号	2008.12.17
6	施工图设计批复	广西壮族自治区交通运输厅	桂交建管函〔2011〕660号	2011.08.08
7	工程监理招标			
8	工程施工招标			
9	工程永久用地批复	中华人民共和国国土资源部	国土资函〔2009〕888号	2009.07.03
10	项目开工报告			
11	工程质量监督计划	广西壮族自治区交通工程质量监督站	交质监监督〔2009〕133号	2009.09.09
12	施工许可	广西壮族自治区交通运输厅		2011.09.04

2.资金筹措

投资计划及到位情况:截至2015年5月31日,钦崇路累计计划投资637997万元,其中,地方或企业自筹资金84897万元,已到位110572万元(含通行费拨入29927万元);国内银行贷款478500万元,已到位516500万元;交通运输部车购税补助74600万元,已全部到位。上述资金累计到位701672万元,资金到位率109.98%。

钦州至崇左高速公路资金使用情况:截至2015年5月31日,企业自筹资金和国内银行贷款,累计使用614569.19万元,占该项到位资金的98%,其中,用于在建工程609139.23万元,支付未扣回开工预付款349.29万元,支付未扣回预付工程款268万元,预付征地拆迁补偿款未结转514.50万元,代垫路面标甲招材料款未扣回3599.02万元,购固定资产699.15万元。未使用部分存放集团公司财务结算中心、财务公司和本公司开户银行实体账户。截至2015年5月31日,交通运输部车购税补助资金,累计使用74600万元,占该项到位资金的100%,全部用于在建工程。

3.招投标

本项目建设严格执行《中华人民共和国公路法》《中华人民共和国招标投标法》《中华人民共和国合同法》和交通运输部《公路建设市场管理办法》《公路建设四项制度实施办

法》等各项法律、法规,通过公开招标择优选定各设计单位、监理咨询单位、各工程施工单位。在各次招投标活动中,业主的资格(预)审文件、招标文件均获得自治区交通运输厅的批复。招投标各方行为守法规范,均能做到"公开、公平、公正、诚信"原则,自治区交通运输厅对招标全过程进行监督,开标时由广西南宁市公证处对开标全过程进行了公证,专家评标推荐,最后由评标委员定标并上网公示,整个招标工作合法有效,未收到任何不良反应。具体招标情况如下:

(1)设计单位

①招标形式:国内公开招标。

②全线中标单位:华杰工程咨询有限公司(公路勘察设计甲级)、中国公路工程咨询集团有限公司(公路勘察设计甲级)、重庆交通科学研究院(公路勘察设计甲级)、广西区交通规划勘察设计研究院(公路勘察设计甲级)。

(2)监理单位

①招标形式:国内公开招标。

②中标单位:广西八桂工程监理咨询有限公司、北京华宏工程咨询有限公司、佛山市盛建公路工程监理有限公司、中国公路工程咨询集团有限公司、广西双建工程咨询有限公司、北京泰克华城技术信息咨询有限公司。

(3)中心实验室单位

①招标形式:国内公开招标。

②中标单位:广西交通科学研究院。

(4)施工单位

①招标形式:全部为国内公开招标。

②全线中标单位为江西有色工程有限公司等28家单位,具体中标单位见表8-34-10。

施工单位一览表   表8-34-10

序 号	施 工 单 位	主 要 内 容	合同金额(元)
No.1	江西有色工程有限公司	一期工程(路基、桥梁)	177123092
No.2	中交第一公路工程局有限公司	一期工程(路基、桥梁)	175475338
No.3	广西路桥建设有限公司	一期工程(路基、桥梁)	182181239
No.4	中国建筑第五工程局有限公司	一期工程(路基、桥梁)	222440059
No.5	中铁二十四局集团南昌铁路工程有限公司	一期工程(路基、桥梁)	242500163
No.6	湖南郴州公路桥梁建设有限责任公司	一期工程(路基、桥梁)	153221219
No.7	中交第一公路工程局有限公司	一期工程(路基、桥梁)	187886836
No.8	福建路桥建设有限公司	一期工程(路基、桥梁)	281314411
No.9	中国建筑股份有限公司	一期工程(路基、桥梁)	232664781
No.10	山东通达路桥工程有限公司	一期工程(路基、桥梁)	145182031

续上表

序号	施工单位	主要内容	合同金额（元）
No.11	湖南路桥建设集团公司	一期工程（路基、桥梁）	141276977
No.12	中交第四公路工程局有限公司	一期工程（路基、桥梁）	119923655
No.13	广西路桥建设有限公司	一期工程（路基、桥梁）	63900175
No.14	福建路桥建设有限公司	一期工程（路基、桥梁）	54132775
No.15	江西中煤建设工程有限公司	一期工程（路基、桥梁）	76953745
No.L1	广西路桥建设有限公司	连接线路面	54511256
No.L2	浙江大地交通工程有限公司	连接线路面	61526204
No.L3	河南高速发展路桥工程有限公司	连接线路面	32453721
No.A	广西壮族自治区公路桥梁工程总公司	路面工程	413508305
No.B	浙江省衢州市交通建设集团有限公司	路面工程	234432540
No.C	中交第一公路工程局有限公司	路面工程	306498916
No.D	广西路桥建设有限公司	路面工程	450032326
No.QC-FJ1	中铁隧道集团有限公司	房建工程	42405463
No.QC-FJ2	重庆远海建工（集团）有限公司	房建工程	60157396
No.QC-JD1	广西交通科学研究院	机电工程	97507460
No.QC-JD2	安徽皖通科技股份有限公司	机电工程	62013738
No.L4	广西路桥建设有限公司	连接线路面	28712681
No.L5	广西路桥建设有限公司	连接线路面	52089667

（5）征地拆迁

本项目在建设实施中，严格执行"十分珍惜、合理利用土地和切实保护耕地"的基本国策，使用土地严格执行国家的法律、法规，各项手续齐全。本项目严格执行《广西壮族自治区基础设施重大项目建设用地征地拆迁暂行办法》（桂政发〔2000〕39号）文件精神，设计征地实行县（市）人民政府包干负责制；拆迁采用业主代表、当地政府及拆迁户主几方现场丈量及确认，统一由当地政府分指挥部负责征地拆迁补偿资金分发。实行征地拆迁补偿资金分账户管理、先结算后支付、补偿资金支付"实名制"、补偿资金银行—银行—存折模式运行并定期回访检查等办法。从项目公司拨付征地拆迁补偿费起即明确每一分钱的受益人，及时、足额、安全地将补偿费支付到农户手中，力图从制度和操作程序上保证征地拆迁补偿资金专款专用，避免和制止挪用、截留、贪污等违法犯罪现象的发生，保障建设资金安全，保护农户的合法权益。

征用土地批复情况：2009年7月，中华人民共和国国土资源部以国土资函〔2009〕888号批复了本项目建设用地方案，批复用地997.3579公顷（合计14960.2亩）。

征地拆迁机构：根据《广西壮族自治区基础设施重大项目建设用地征地拆迁暂行办法》（桂政发〔2000〕39号）规定，项目公司成立协调部专职负责征地拆迁工作，并由项目指挥部一名副指挥长挂帅,负责项目建设征地拆迁的各项具体工作。本项目通过协议方式委托沿线地方政府完成全线征地、拆迁及相关协调工作。

执行标准:本项目建设对所征用土地的补偿标准及补偿操作程序,均严格执行广西壮族自治区人民政府桂政发〔2000〕39号、桂计法规〔2002〕274号文件要求,并根据当地实际情况,按照沿线地方政府制定的补充文件的补偿标准及时足额兑现征地拆迁款。

征地拆迁工程量:钦州至崇左高速公路使用永久性土地共17440.4亩,其中水田4101.2亩、旱地(含甘蔗地)5563.9亩、菜地380.9亩、园地632.2亩、鱼(藕)塘192.1亩、林地2611.9亩、荒地及其他用地3958.2亩。拆迁住宅房屋总计39614.3m²。其中砖混结构2682m²、砖(石)木瓦结构8103m²、泥墙瓦面3277m²、泥墙草面579.2m²。其他类型房屋1373.1m²。全线共支付征地拆迁款5.816亿元。征地拆迁情况见表8-34-11,标段划分情况见表8-34-12。

征地拆迁情况统计表   表8-34-11

	征地拆迁安置起止时间	征用土地(亩)	拆迁房屋(m²)	支付补偿费用(元)	备注
一期	2009.09~2012.12	17440.4	39614.3	581625040	

标段划分情况表   表8-34-12

标段号	标段所在地	工程内容及长度	施工单位
No.1	钦州市大寺镇米标村	土建工程,11.3km	江西有色工程有限公司
No.2	钦州市大直镇那天村	土建工程,15.6km	中交第一公路工程局有限公司
No.3	钦州市贵台镇洞利村	土建工程,9.2km	广西路桥建设有限公司
No.4	防城港市上思县公正乡	土建工程,6.8km	中国建筑第五工程局有限公司
No.5	防城港市上思县那琴乡龙楼村	土建工程,6.5km	中铁二十四局集团南昌铁路工程有限公司
No.6	防城港市上思县思阳镇	土建工程,10.2km	湖南省郴州公路桥梁建设有限责任公司
No.7	防城港市上思县思阳镇、七门乡	土建工程,12.0km	中交第一公路工程局有限公司
No.8	防城港市上思县七门乡	土建工程,13.8km	福建路桥建设有限公司
No.9	崇左市扶绥县柳桥镇那齐村	土建工程,7.4km	中国建筑股份有限公司
No.10	崇左市扶绥县柳桥镇	土建工程,14.6km	山东通达路桥工程有限公司
No.11	崇左市江州区罗白乡	土建工程,12.2km	湖南路桥建设集团公司
No.12	崇左市江州区罗白乡	土建工程,9.6km	中交第四公路工程局有限公司
No.13	崇左市江州区板利乡、崇左市扶绥县东门镇	板利至东门连接线土建工程,35.1km	广西路桥建设有限公司

续上表

标段号	标段所在地	工程内容及长度	施工单位
No. 14	南宁市江南区吴圩镇、南宁市江南区苏圩镇	吴圩至上思连接线土建工程,38.2km	福建路桥建设有限公司
No. 15	崇左市扶绥县那白村、防城港市上思县思阳镇	吴圩至上思连接线土建工程,26.2km	江西中煤建设工程有限公司
No. L1	崇左市江州区板利乡、崇左市扶绥县东门镇	板利至东门连接线路面工程,35.1km	广西路桥建设有限公司
No. L2	南宁市江南区吴圩镇、南宁市江南区苏圩镇	吴圩至上思连接线路面工程,38.2km	浙江大地交通工程有限公司
No. L3	崇左市扶绥县那白村、防城港市上思县思阳镇	吴圩至上思连接线路面工程,26.2km	河南高速发展路桥工程有限公司
No. L4	崇左市江州区板利乡、崇左市扶绥县东门镇	板利至东门连接线沥青路面工程,35.1km	广西路桥建设有限公司
No. L5	南宁市江南区吴圩镇、南宁市江南区苏圩镇、崇左市扶绥县那白村、防城港市上思县思阳镇	吴圩至上思连接线沥青路面工程,64.4km	广西路桥建设有限公司
No. A	钦州市大寺镇米标村、钦州市大直镇那天村、钦州市贵台镇洞利村	路面、绿化、交安工程,36.1km	广西壮族自治区公路桥梁工程总公司
No. B	防城港市上思县公正乡、防城港市上思县那琴乡龙楼村、防城港市上思县思阳镇	路面、绿化、交安工程,23.5km	浙江省衢州市交通建设集团有限公司
No. C	防城港市上思县思阳镇、七门乡、崇左市扶绥县柳桥镇那齐村	路面、绿化、交安工程,33.2km	中交第一公路工程局有限公司
No. D	崇左市扶绥县柳桥镇、崇左市江州区罗白乡	路面、绿化、交安工程,36.4km	广西路桥建设有限公司
No. QC-FJ1	钦州市大直镇、钦州市贵台镇、防城港市上思县公正乡、防城港市上思县思阳镇	房建工程,59.6km	中铁隧道集团有限公司
No. QC-FJ2	防城港市上思县七门乡、崇左市扶绥县柳桥镇、崇左市江州区罗白乡	房建工程,69.6km	重庆远海建工(集团)有限公司
No. QC-JD1	钦州市、防城港市上思县、崇左市江州区、崇左市扶绥县	机电工程,129.2km	广西交通科学研究院
No. QC-JD2	钦州市贵台镇、防城港市上思县公正乡、防城港市上思县七门乡、崇左市扶绥县柳桥镇	隧道机电工程,鸡排山隧道、冉后山隧道、路河山隧道、四方山隧道、蕾帽山隧道	安徽皖通科技股份有限公司

(二)项目实施阶段

钦州至崇左高速公路项目建设严格执行《中华人民共和国公路法》《中华人民共和国招标投标法》《中华人民共和国合同法》和交通运输部《公路建设市场管理办法》《公路建设四项制度实施办法》等各项法律、法规,通过公开招标择优选定各设计单位、监理咨询单位、各工程施工单位。在各次招投标活动中,业主的资格(预)审文件、招标文件均获得广西壮族自治区交通运输厅的批复。招投标各方行为守法规范,均能做到"公开、公平、公正、诚信"原则,广西壮族自治区交通运输厅对招标全过程进行监督,开标时由广西南宁市公证处对开标全过程进行了公证,专家评标推荐,最后由评标委员定标并上网公示,整个招标工作合法有效,未收到任何不良反应。

钦州至崇左高速公路项目在建设过程中采取科学化管理,倒排时间节点,制订详细可行的年度计划、月度计划以及周计划,有跟踪有落实,确保达到目标和落实计划。项目公司不定期地进行检查、跟进、发现问题,寻找与计划和实际之间的差距,采取相应的行动来协调和纠偏,按时完成阶段性和整体性目标。主要重大决策、重大变更、重大事件如下:

钦州至崇左高速公路由于招标采用的是初步设计招标,另外设计图纸存在诸多不足,一些政策调整及规划改变等,导致钦州至崇左高速公路的变更率较高。

1. 路线的调整

根据上级交通主管部门的要求,为了更好地服务钦州市的发展,钦州至崇左高速公路的起点由原来的那雅调整到米标,路线增长了 6.2km,根据投资测算按土建标 No.1 和路面标 No.B 从 K0 到 K5 测算是:$10008.78 + 5003.56 = 15012.34$ 万元。

2. "6 改 8" 变更

受南北高速公路"6 改 8"改扩建的影响,米标互通全部进行了调整,匝道增长,增加的费用约 1500 万元。

3. 隧道围岩变更

由于设计勘察不准确,钦州至崇左高速公路的四方山隧道和路河山隧道围岩变更比例大,其中四方山变更率达到57%,路河山隧道变更率也达到了50%,全线隧道的变更增加费用约 1.8 亿。

4. 膨胀土变更

钦州至崇左高速公路上思路段约 20km 为膨胀土路段,由于设计不完善,造成基本完工后,路基、桥涵出现较多的开裂、滑移、下沉等病害,加固费用增加了约 1.5 亿。

5. 机电工程变更

由于机电工程设计较早,机电设备的更新快,施工时设计的部分设备已经不能满足当时的需求,部分机电设备都进行了升级和更新,增加费用约5000万元。

6. 房建工程变更

由于房建工程的设计套用的标准较低,无法满足当前管养的需求,对房建装修档次进行了提升,同时完善了部分服务设施,如球场、灯光、健身器材、绿化等,增加费用约1500万。

7. 连接线路面结构变更

原连接线路面结构为混凝土路面,根据广西壮族自治区交通运输厅施工图批复要求,增设了一层5cm薄层沥青路面,增加的费用约6000万。

8. 96区土

钦州至崇左高速公路的全线土质均较差,大部分为高液限土、膨胀土等,80%无法用于96区填土,96区换填增加费用约3000万元。

9. 沥青路面面层材料的变更

原设计图纸中,沥青路面面层采用英安岩,在施工过程中,由于英安岩开采无法供应,材料变更为辉绿岩,增加的费用约1183万元。

10. 主线路面结构层变更

初步设计钦州至崇左高速公路为混凝土面层,根据交通主管部门的意见,变更为沥青路面,增加的费用约34812万元。

三、复杂技术工程

(一)隧道塌方处理

钦州至崇左高速公路的四方山隧道为分离式隧道,左线 ZK76+615~ZK80+020 长3405m,右线 K76+645~K80+035 长3390m,隧道属低山地貌,四方山、猪尾断山、后尾山等几座小山连绵成一体,使得整个山体庞大雄厚,隧道穿越地段最高点约690m,低点位于隧道出口处的斜坡脚一带约290m,相对高差400m。

四方山隧道设计地质情况主要有:残坡积层褐红色~浅黄色,由黏土和碎石块组成灰岩、砂岩、泥岩,其中灰岩、砂岩强度达到70~80MPa,由于隧道穿越厚层状砂岩、灰岩和节理裂隙发育段,底下水易富积,施工过程多次出现股状涌水和塌方,施工难度较大。

四方山隧道地质情况复杂、多变,施工过程揭露的围岩状况与设计地质情况相符性较小(表8-34-13),岩溶现象发育,溶洞、溶槽、溶隙出现频率较高,不时出现全断面为黏土、裂隙发育夹层段、破碎带等地质现象;上述地质状况呈交替状态密集出现,施工工序长期处于交替调整之中,严重制约了工程进度推进,并造成生产成本较大增加。

四方山隧道围岩类别对比表　　　　　　　　　　　　　　　表 8-34-13

围岩类别		V	IV	III	围岩变化率
左洞	设计(m)	70	70	2013.4	64.22%
	实际(m)	617	815.83	720.57	
右洞	设计(m)	45	70	2030	49.16%
	实际(m)	236	877	1032	

四方山隧道进洞施工采用了"0"开挖进洞施工理念,减少和控制隧道口仰坡的高度,减少破坏洞口原地表范围以保证洞口坡面的稳定,确保隧道施工顺利、安全进洞,"零开挖进洞"施工方案拟定进洞段开挖采用上下导坑法施工,套拱上仰坡开挖高度控制在1m左右,保证了洞口仰坡的稳定,为顺利进入洞内施工创造了有利条件。

由于四方山隧道地质复杂多变,不良地质交替出现,在施工过程中出现了多次大塌方,严重制约了工程的顺利推进,给施工带来了极大的困难和风险。

左洞掘进101m(ZK76+746)时出现重大地质变化,断面围岩为软塑状土体,没有自稳能力,掌子面向外凸起速率大,2009年12月25日,指挥部邀请集团公司专家、设计代表、监理、施工等代表进行了现场勘察,并对施工方案提出了建设性意见,因地质情况变化大施工方案处于不断完善过程中,2009年12月25日至2010年4月15日(3.5个月)掘进施工处于停滞状态;特别是2010年4月15日隧道左洞(ZK76+733~ZK76+748)发生特大塌方事故,工程进度进一步受阻,由于处治方案一直在不断优化和完善中,为了确保施工安全和减少工期损失,专家组拟定了将K76+895人行通道变更为车通方案,有效加快左洞施工进度;2010年8月23日,塌方处治方案完成后,施工单位积极组织隧道队进行施工,通过双向施工,左洞塌方段于2010年12月15日施工完成。

右洞K77+052~K77+070段于2010年6月17日发生特大坍塌事故,工程进度受阻;2010年8月23日收到塌方段处理方案,2010年9月7日收到塌方段补充方案一,在施工单位艰苦努力下,右洞塌方段于2010年10月25日施工完成。

四方山隧道右洞于2011年10月23日贯通,2011年11月3日,右洞K78+220~K78+270段突然发生塌方,塌方长度50m,塌方量约2500~3000m³,该段隧道埋深75~97m。塌方体主要为片状块石,岩性为中风化砂岩和泥岩,块石表面稍湿,在塌方体两端有滴水;该段由于受大气强降雨影响,洞内出现线状滴水,该段较差的地质状态以及在地下水的影响下出现塌方。2011年11月11日,指挥部组织了专家、设计、监理、施工等单位在No.8合同段召开了处理塌方的专题会议,2011年12月30日完成了处理方案,塌方段于2012年5月19日贯通。四方山隧道左洞也于2012年4月2日顺利贯通,2012年11月安全完成了隧道施工(图8-34-3)。

图 8-34-3　隧道贯通

（二）膨胀土处理

钦州至崇左高速公路 No.7 及 No.8 合同段位于上思县境内，总里程 25.9km，其中有近 21km 处于上思膨胀土地质带。

受膨胀土地基特性及极端恶劣气候影响，该路段膨胀土地基引起了桥梁扩大基础出现滑移、下沉和不均匀沉降、路基开裂、滑移、下沉等病害。

针对膨胀土路段引起的病害，项目公司多次组织设计、施工、监理、专家组等进行现场勘察和处治方案研究，在高投公司召开了四次方案评审会，最终形成了处治方案，对解决膨胀土病害有一定参考价值。

（1）做好桥梁墩、台四周排水、引水和封水处理。

（2）为进一步减少填土对桥台压力，对未完成桥头搭板的，进行换填碎石处理；对已经完成桥台搭板的，在搭板后面 3m 范围内全幅换填碎石，同步换填中分带部分，并做好排水系统。

（3）为防止桥台纵向变形，在两桥台之间设置支撑梁，支撑梁端头设横向联结，形成框架。

（4）对于已经有较大变形的桥梁采用纠偏或返工处理。

（5）防止桥台、桥墩侧向、横向变形，对变形较大的桥墩、桥台两侧设置两排抗滑桩，形成框架或板凳式较为有利的受力结构，对于变形较小的设置一排抗滑桩进行处理。同时在左右幅台身设置钢筋拉杆，约束中间沉降缝的扩展。

（6）对矮边坡主要采用树根桩处理；对开裂严重的高边坡一般采用抗滑桩＋树根桩处理；对开裂较轻、覆盖层较薄的边坡采用钢管桩＋树根桩处理。

（7）对基层错台小的段落采用路面注浆封堵裂缝、改良土体；对基层错台大的段落开挖扰动部分土体（含路面结构层），并铺设土工格栅、玻纤格栅。

(8)采用软式弹簧透水管排水,对上游有沟渠且地下水水位高的段落设置止水墙截、排地下水;通过深孔测斜仪监测边坡变形,检验加固效果、预测边坡稳定。

通过近两年的运行,总体说,膨胀土治理起到了较好的效果,除个别路段因为治理方案不彻底还留下一些隐患外(已补充治理),其余路段基本稳定。

四、科技创新

钦州至崇左高速公路指挥部鼓励员工立足岗位,钻研业务,同时加大科技投入,坚持依靠科技创新解决工程技术瓶颈和工程质量、进度、投资、安全、环保等实际难题,提高项目科技含量。①针对山区道路的地势起伏较大,地段地质条件差,高填深挖路堤及高填方桥台多的情况,指挥部投入450万元,开展了气泡混合轻质土课题研究,拟定了三座桥作为气泡混合轻质土课题研究项目。②与广西大学合作,投入130万元,开展南方山区公路隧道施工安全保障与结构长期稳定技术研究。③为了优化设计膨胀土填筑及边坡防护方案,委托广西交通科学研究院开展钦崇路膨胀土路堤填筑及路堑挖边坡防护课题研究,针对不同膨胀土路段设计专项防护方案和填筑工艺。④投入179万元,委托重庆忠诚预应力工程技术有限公司采用智能化检测系统进行对两项目的桥梁上构预应力梁板张拉进行抽检检测,确保桥梁结构安全可靠。

钦州至崇左高速公路高度重视科技创新,在建设过程中,积极推广新技术、新工艺、新产品、新材料、新设备等,并起到了较好的效果。

(一)轻质混凝土应用

轻质混凝土是一种比较新型的材料,在广西应用得比较少,这种材料突出的一个特点就是"轻",原理是将水和水泥混合,通过一种发泡技术,将水和水泥混合物进行发泡,并凝固成有一定强度的轻质混凝土,一般其密度为 $0.6 \sim 1.0 \text{kg/dm}^3$,在一些特殊地形条件下比较适宜,如靠近悬崖路段、地基承载力难于满足设计要求路段、涵背回填、隧道顶溶洞回填等。

结合钦州至崇左高速公路的实际情况,项目公司挑选了 K22+959.614 英明中桥崇左台和 K35+868 平民二号桥崇左台的桥头回填作为试点,这两座桥的特点都是跨越小河沟,河床地质较差,承载能力低,如采用全部换填,成本较高,施工难度也大,为此,我们采用了轻质混凝土作为台背回填材料。其中 K22+959.614 英明中桥处理长度为 20m,全幅处理,工程量约 2250m^3,造价约 96 万元,K35+868 平民二号桥处理长度 40m,全幅处理,工程量约 4800m^3,造价约 206 万元。既保证了台背回填材料的强度,也减轻了台背的土压力及基底承重,减少了台背的工后沉降,确保了桥梁和台背范围的路基稳定。经过两年多的运营检验,采用轻质土处理的路段路基稳定,达到了预期的目的,效果较好。

（二）隧道监控系统应用

为了改变隧道施工过程安全管理落后的管理模式，实现管理的现代化、信息化，项目公司率先建立了隧道监控系统，并分别对路河山隧道、四方山隧道、蕾帽山隧道三个长大隧道进行了监控。通过隧道监控系统，进一步提高灾害预防、事故救助、电子信息化等先进的管理手段。

隧道监控系统是集施工现场视频监控、隧道施工人员考勤、区域定位、安全预警、灾后急救、日常管理等功能于一体的综合管理系统，管理人员能够随时掌握施工现场人员、设备的分布状况和每个人员和设备的运动轨迹，便于进行更加合理的调度管理。

当事故发生时，救援人员也可根据隧道施工人员及设备安全监测管理系统所提供的数据、图形，迅速了解有关人员的位置情况，及时采取相应的救援措施，提高应急救援工作的效率。这一系统的建立，为隧道施工的安全生产和日常管理提供有力保障。

（三）通过台背强夯措施减少台背下沉

结合多年广西高速公路施工管理经验，项目公司深刻认识到，桥涵背跳车一直是困扰公路建设的一个难题，原因非常明了，就是台背的压实达不到设计的要求。

为了比较快捷地解决这一问题，减少桥台背工后沉降，提高运营期间形成舒适性，项目公司采用了 HHT-3 液压夯实设备进行桥台背、涵侧回填补压，提高桥台背路基的压实度，减少工后沉降，从而解决或减少桥头跳车病害。

HHT-3 液压夯实机是国内最新出现的一种新型高效液压夯实机械，该机械填补了传统的表层压实技术如碾压、振动压实和传统强夯技术之间的空白。

（1）作业方式：每个夯点边缘间隔一定距离，呈等边三角形布点，间隔距离一般以一倍的夯锤底面半径较适宜；施工顺序为先从靠近桥台开始，然后逐渐倒退施工；夯实次数和重量为：在靠近桥台背第一和第二排位置采用中档夯击12次，其他位置为强档夯实9次。

（2）处理长度：大中小桥桥头处理长度为纵向12m，通道涵洞的处理长度为纵向8m；宽度为路基宽度。

（3）测试指标：试验段测试指标有两项，分别为夯实前后的沉降量和表层压实度变化。

从沉降量检测结果表明：即使压实度满足规范要求的点位，采用 HHT-3 夯实后平均沉降约10cm，说明采用 HHT-3 夯实不仅是对路床表层补压密实，也对整个台背路基的补压密实，可以显著降低桥涵台背的工后沉降，防止或减少桥头跳车。

(四)针对膨胀土路基,优化采用 ATB 柔性基层

鉴于钦州至崇左高速公路地质条件复杂,土质相对较差,项目公司根据项目实际情况,考虑路面各结构层的功能,充分发挥其整体性能,在钦州至崇左高速公路 K53+000~K76+650 膨胀土路段,路面结构下面层采用 10cm 厚的(沥青稳定碎石)ATB-25 柔性基层,与其下部半刚性基层结合,使路面结构刚柔并济,可缓解路面开裂对下层结构的影响,同时也能阻止半刚性基层开裂导致的反射裂缝向上发展,结构组成更加合理。

通过两年多的运营观测,K53+000~K76+650 路段除局部路段因路基下沉较大导致出现路面裂缝外,大部分膨胀土路段路面状况良好,反射裂缝较少。

(五)协助编制广西区域性沥青路面施工规范,全面提高沥青路面标准化施工水平

项目公司与广西交通科学研究院合作,结合广西的气候特点,通过调查研究广西沥青路面主要病害类型及所占比例,系统总结广西沥青路面破坏形式及机理,以钦崇、六钦路实体工程为依托,对已有的工程技术经验和科研成果进行验证,对某些失败的或是不适用广西高等级沥青路面的技术进行分析,提出广西的集料加工过程质量控制工艺技术参数和适用于广西地区的均匀防离析—骨架稳定密实型沥青混合料的生产技术,并编写了适合广西区域的《沥青路面施工技术地方规范》初稿。

(六)"双高土"施工方案优化

按设计图纸,钦州至崇左高速公路 K100+853~K113+100 路段均为"双高土",原设计均为掺灰改良,需改良掺石灰 28972t,涉及金额 9314530 元,考虑到改良的施工工艺控制复杂,石灰的供应无法保证等诸多因素,通过与广西交通科学研究院进行课题研究,改良"双高土"施工工艺,严格控制双高土的使用范围以及压实工艺,把"双高土"直接使用于路基填筑,减少了对"双高土"的改良约 140 万 m^3,节约投资 931 万元。

通过两年多的运营观测,该路段路基稳定,没有出现路基下沉或开裂等现象,效果较佳。

(七)开展边坡调查与治理,提高了挖方边坡的稳定性

项目公司通过与北京工业大学合作,对钦崇路 58 个重点边坡、六钦路 66 个重点边坡进行现场地质调查、测绘以及边坡稳定性评价与分析,提出了初步加固的方案。如:钦崇五标 K38+660~K38+870 左侧边坡,该边坡为四级坡,表层覆盖土,中下部为中强风化粉砂岩和强风化页岩,岩体结构主要为碎镶嵌结构,经调查发现,边坡顶部和中线出现贯通裂缝。

通过计算,拟定了如下的处理方案:第一级边坡布置了三排锚杆框架梁,第二级边坡 K38+706~K38+802 布置了三排锚索框架梁,第二级边坡 K38+718~K38+754 布置了三排锚索框架梁,第四级边坡采用拱形骨架草皮护坡。

通过对有隐患的边坡进行全面排查,并根据每一个边坡的实际情况逐段地制定相应方案,钦州至崇左高速公路的上边坡稳定性得到了进一步提高,确保了路基的安全。

(八)开展混凝土通病治理,提高混凝土工程质量

根据交通运输部下发《关于印发公路水运工程混凝土质量通病治理活动实施方案的通知》(交质监发〔2009〕174 号文)要求,经广西壮族自治区交通运输厅、广西壮族自治区交通工程质量监督站和广西交通投资集团有限公司共同研究决定将六景至钦州港公路(以下简称六钦路)项目作为广西壮族自治区公路混凝土质量通病治理的示范项目。

通过对管理通病、施工工艺通病、实体质量通病、现场文明施工通病等进行综合治理,六钦路混凝土质量得到了有效提高。

主要的措施:

(1)制订相关控制措施,确保精细化施工。

项目公司针对创建交通运输部混凝土通病治理典型示范项目的要求,制定了技术指导措施(施工指南系列)九大篇、九项管理制度、十四项管理措施、五项技术措施、七项工艺工法措施等一系列技术指导措施和管理措施。

(2)大力开展先进工艺、先进工法的学习与推广。

①钢筋集中加工。大力提倡钢筋集中加工,制作好后运输到现场使用,对设置和制作规范的钢筋集中加工场给予适当的奖励。对不执行钢筋集中加工且加工制作不规范、施工现场凌乱的给予通报批评和一定经济处罚。

②钢筋安装。为保证钢筋安装间距,梁板钢筋采用专用的卡位固定钢筋位置。

③混凝土集中拌和。项目公司在各施工单位进场之初就明确要求全线混凝土采用集中拌和,大力提倡预制场及拌和场砂石料堆放区搭建防雨棚架。要求拌和楼自动计量装置设置密码,以防止操作工人随意改变配合比。

④混凝土养生。桥梁墩柱统一采用薄膜包裹加在顶上放置水桶或简易储水装置的养生方式,由水桶底或简易储水装置底部开小孔进行滴灌,洒水车定时给水桶或简易储水装置加水;涵洞统一采用土工布饱水养生;预制梁板采用自动喷淋系统养护。

⑤模板。项目公司统一规定了底模和侧模面板厚度,要求梁板底模厚度不得小于 10mm,侧模面板厚度不得小于 6mm。预制梁板模板进场时,由总监办牵头,组成由业主代表、总监办相关人员和项目经理部总工和梁场负责人组成的联合验收小组,对模板进行统

一验收。

(3) 措施得力,严格管理。

项目公司先后组织了多次桥涵专项整治活动,狠抓质量,对质量达不到要求的构造物坚决推倒返工,并对相关责任人进行通报批评,并清除了责任心不强的监理人员和施工人员。

(4) 强力推行首件工程认可制和亮点工程评选活动。

①公司严格实施首件产品认可制,立足于"预防为主,先导试点"的原则,在桥涵施工中推广和完善首件产品认可制,进一步优化施工工艺、改进施工组织,来真正实现"精细化施工"。

②大力开展亮点工程评选活动,加大宣传,对亮点工程进行重奖,对亮点工程和先进工艺大力进行推广,在全线掀起创优创亮点的热潮。

五、运营管理

(一) 服务区设置

该路段共设置 5 对服务区(停车区):罗白服务区、公正服务区、柳桥停车区、吊苗停车区、上思停车区。2014 年,公正服务区被评为广西区高速公路"三星级服务区"。

(二) 收费站点设置

该路段共设置 5 个收费站:洞利收费站、上思收费站、七门收费站、罗白收费站、柳桥收费站。5 个收费站共 28 条车道,其中上思收费站、洞利收费站设置 ETC 车道共 4 条。具体见表 8-34-14。

收费站点设置表　　　　表 8-34-14

站点名称	车道数(条)	收费方式
洞利收费站	6(其中 ETC 车道 2 条)	半自动收费方式
上思收费站	9(其中 ETC 车道 2 条)	半自动收费方式
七门收费站	4	半自动收费方式
柳桥收费站	5	半自动收费方式
罗白收费站	4	半自动收费方式

(三) 车流量发展状况

该路段于 2012 年 12 月 31 日正式开通,日均车流量从 2013 年的 1940 辆增至 2014 年 2171 辆,年增长率为 11.92%。车流量发展状况见表 8-34-15。

车流量发展状况表 表 8-34-15

年份(年)	日均车流量(辆/d)	年份(年)	日均车流量(辆/d)
2012	696	2015	2419
2013	1933	2016	3004
2014	2171		

第三十五节　玉林至铁山港高速公路

一、项目概况

(一)基本情况

玉林至铁山港高速公路(以下简称玉铁路)位于广西玉林市和北海市境内,是广州至昆明横线和兰州至海口纵线两条国家高速公路的连接线,是国家高速公路网在广西东部地区的重要补充,又是广西壮族自治区"四纵六横"骨架公路网中"纵二"(资源至铁山港)的重要组成部分。

玉铁路北起玉林市北流西埌镇,与岑溪至兴业高速公路设枢纽互通相接,终点位于北海市铁山港区,与兴港路对接于北铁一级路,沿途经玉林市的北流市、玉东新区、玉州区、陆川县、福绵区、博白县和北海市的合浦县、铁山港区。项目批复概算72.406亿元人民币,每公里造价2409万元。玉铁路的建成将有效缓解广西出海、出边运输通道不足的状况,进一步完善国家及区域公路网、完善出海通道的功能,也为中部地区的湖南和西部的贵州等省(市)提供了又一条出海出边陆路通道,对促进区域经济发展和旅游资源开发利用等都具有重要意义。玉铁路路线示意图如图8-35-1所示。

项目主线全长174.460km(其中长链0.385569km),按全封闭、全立交、双向四车道高速公路标准建设,路基宽28m,设计速度120km/h。同期建设一、二级公路连接线35.176km,其中玉林连接线(16.416km)、博白连接线(1.5km)采用一级公路标准,路基宽24.5m,设计速度80km/h;沙河连接线(14.193km)、南康连接线(3.07km)采用二级公路标准,设计速度60km/h。桥涵设计汽车荷载采用公路—Ⅰ级,全线桥梁159座,有大桥6648.78延米/39座,中桥7210.34延米/113座,小桥90.23延米/7座,其中白沙头港大桥为本路段总跨径最长,桥长达到757m,上部结构组合形式为25×30m预应力混凝土T梁。全线设置双连拱隧道155延米/1座,设置12处互通立交,62处分离式立交,设玉林南、博白、松旺3处服务区,设11处收费站,设1处监控中心,设2处养护站。

第八章

高速公路项目建设

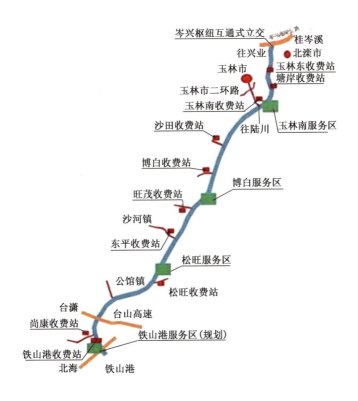

图 8-35-1　玉铁路路线示意图

玉铁路项目处于广西东南部,路线呈北东—南西走向,布设于玉林凹陷、沙田盆地、博白盆地及北部湾之滨,地势为北高南低,海拔为 0～300m。

所经地区地形复杂多变,主要地貌类型以剥蚀丘陵地貌和剥蚀残积准平原地貌、溶蚀峰林地貌为主,其次为侵蚀河谷堆积地貌、海相冲蚀侵蚀河谷堆积地貌、海相沉积堆积垄岗地貌等低山、丘陵区域内。为减少工程建设对自然环境的破坏,设计图平面指标选取主要考虑适应地形,做到"随弯就势",避免过多切割原始地貌,地势平坦路段多为耕地,普遍采用高指标,减少路线迂回以节约用地设计理念。项目路线前后地材资源丰富,中段地材资源紧缺。路线走向有几个控制点:两大枢纽(岑兴、新村枢纽)、四跨铁路(桂地岭、岭塘、朱砂、闸口)。

本项目工可批复建设工期 4 年,其中土建路基合同工期 24 个月,路面交安工程合同工期 12 个月,机电工程合同工期 4 个月,房建工程合同工期 8 个月,工程于 2009 年 8 月正式开工建设。项目建设过程克服了沿线社会治安环境恶劣、征地拆迁工作难度大、恶性阻工频发、特大洪涝灾害、地方砂石建筑材料价格及人工成本大幅度上涨等不利因素影响,采取科学合理措施加速推进项目工程进度,于 2013 年 4 月通车试运营,在批复工期内完成项目建设。项目基本情况见表 8-35-1。

玉林至铁山港高速公路项目基本情况统计表

表 8-35-1

建设单位(公章)	广西玉港高速公路有限公司
工程投资	72.406 亿元(概算)
工程起止桩号	K0+000~K174+075.639
工程设计标准	四车道高速公路
开工时间、通车时间	2009 年 8 月开工
	2013 年 4 月建成通车
地形条件	平原区
连接线标准	玉林连接线,一级公路,80km/h,16.416km
	博白连接线,一级公路,80km/h,1.5km
	沙河连接线,二级公路,60km/h,14.193km
	南康连接线,二级公路,60km/h,3.07km
桥隧比	4.6%
施工图设计每公里土石方(万 m³)	26

(二)前期决策情况

玉铁路项目建设的前期决策包含项目立项建议书、项目可行性研究报告和项目设计阶段。

玉铁路项目从 2008 年 10 月份开始组建项目建设筹备工作小组,规范了玉铁路项目建设业主单位的管理行为,从加强对建设过程的监督管理开始,强化玉铁路项目基础设施建设,维护建设市场秩序,提高工程质量和投资效益。

项目建设前期工作质量是加强前期工作的关键,玉铁路项目建设前期工作分为三个阶段:预可行性研究即项目立项阶段、工程可行性研究阶段、初步设计阶段。贯穿于三阶段的核心重点是设计工作,要提高项目前期工作的质量实质是提高设计质量。这就要求设计单位要深入现场,做深做细地质勘察等基础工作,尤其对路线方案的比选,对不良地质的处治等要做深方案,反复比选,科学合理地确定推荐方案。对占用耕地、水土保持、环境保护等工作要予以充分关注。

1. 对设计实行招投标、"工可""初设"建立预审制度

玉铁路项目按照设计招投标的有关文件精神,对设计单位实施招标确定了土建路基、路面工程、交通安全设施及机电工程、房建工程三家设计单位,通过合同相互约束,确定设计周期、设计深度及相应责任。对"工可""初设"建立预审制度,项目建设筹备组工程技术干部、广西壮族自治区交通运输厅公路工程专家组组成评审小组,进行对"玉林至铁山港公路可行性研究、玉林至铁山港公路两阶段初步设计"全过程的论证和评估。在调查研究基础上,对比选方案进行技术经济的全面评估、论证,对推荐方案提出评估意见。

2.玉铁路项目工程前期工作规划前瞻性

项目建设的前期工作是将规划构想转化为项目实施的关键阶段,玉铁路项目从规划的全局和远景来把握研究所建设项目,保证项目决策的科学性、系统性和协调性。做好玉铁路项目前期工作前提,是制定好既具有前瞻性,又具有可操作性的玉铁路项目建设规划。根据已批准的公路建设规划中项目的建设时序,广西交通投资集团有限公司启动了玉铁项目并制定下达项目建设前期工作计划。项目公司在筹备阶段即组织进行了全线的现场踏勘,注重在玉铁路路线的局部地段的选线方案、地方材料的选择、软土地基处理、桥涵通道位置的确定进行优化。

3.打造玉铁路项目建设管理团队,充分发挥各项管理职能

广西交通投资集团成立以来,公路工程项目的建设规模越来越大,技术也越来越复杂,这对玉铁路项目建设的管理提出来许多新的要求。玉铁路项目建设管理机构由有多年高速公路建设管理丰富经验的人员组成来实施对项目建设管理。创新了"项目建设搭班子,项目结束换牌子"过渡;有过多次教训,得到丰富的项目建设管理经验。玉铁路项目管理的做法是:不同专业、不同职能部门的来自各方的成员组成一个团队,项目的管理者同时又是执行者,最后实现建设、运营管养无缝对接。

4.规范施工招标

施工招投标是公路工程建设市场经济中的一种竞争方式,是双方当事人依法进行的经济活动,通过公平竞争择优确定中标人,能够充分发挥价格杠杆和竞争机制的作用。玉铁路项目认真贯彻执行项目法人负责制、工程招标制、工程监理制、合同管理制度、通过公开招标择优选定各设计单位、监理咨询单位、施工单位及大宗材料采购供应商。为加强工程招投标管理,玉铁路项目认真做好施工企业的资格预审或后审,施工企业的资格预审或后审工作委托广西交通投资集团的子公司广西宏冠过程咨询有限公司进行招投标。广西壮族自治区交通运输厅对招标全过程进行监督,开标时由南宁市公证处进行公证,专家评标推荐,最后由业主定标并经公示。招投标行为合法合规。玉铁路项目通过招标确定了16家施工单位。招标进入玉铁路项目的施工单位,都是取得相应公路工程施工资格证书,具有法人资格且信誉良好、素质高的施工企业。玉铁路项目公司的资格预审文件、招标文件均获得区交通厅的备案,招投标各方行为守法规范,均能做到"公开、公平、公正、

诚信"原则。

（三）参建单位主要情况

（1）项目法人单位：广西玉港高速公路有限公司。

（2）设计单位：本项目共有3家设计单位，分别是具有公路工程甲级资质的广西壮族自治区交通规划勘察设计研究院、中交第二公路勘察设计研究院有限公司、中交公路规划设计院有限公司。

（3）施工单位：全线参建单位16家，其中土建路基工程14个合同段，路面工程4个合同段，房建工程4个合同段，机电工程1个合同段。

（4）监理单位：全线监理参建单位5家，监理合同5个，分别由具有公路工程甲级资质的广西八桂工程监理咨询有限公司等五家监理单位中标承担；中心实验室合同1个，由具有公路工程甲级资质的广西交通科学研究院中标承担。

（5）质量监督单位：监督单位由广西区交通工程质量安全监督站代表政府主管部门对本项目进行监督。

二、建设情况

（一）项目准备阶段

1. 立项审批

项目由具有独立法人资格的广西玉港高速公路有限公司负责建设管理，本项目工程建设严格依据国家法律法规和标准、规范、规程执行，严格执行国家的基本建设程序，从工程的立项、可行性研究、初步设计、施工图设计以及开工前的其他各项有关工作，均遵照国家基本建设程序及公路工程建设市场管理的有关规定，严格按要求分步骤逐一报批，循序地进行，国家基本建设程序审批手续齐全、完善。详情见表8-35-2。

玉铁路立项审批情况一览表　　　　　　表8-35-2

序号	建设程序	审批单位	批复日期	文件编号	文件题名	备注
1	项目立项	广西壮族自治区发改委	2006.08.04	桂发改交通〔2006〕419号	广西壮族自治区发展和改革委员会关于玉林至铁山港公路项目建议书的批复	
2	水土保持方案	广西壮族自治区水利厅	2007.06.21	桂水水保函〔2007〕19号	关于玉林至铁山港公路水土保持方案的复函	
3	环评	广西壮族自治区环保局	2007.12.19	桂环管字〔2007〕523号	关于广西玉林至铁山港公路环境影响报告书的批复	

续上表

序号	建设程序	审批单位	批复日期	文件编号	文件题名	备注
4	项目可研报告	广西壮族自治区发改委	2008.11.07	桂发改交通〔2008〕948号	广西壮族自治区发展和改革委员会关于玉林至铁山港公路可行性研究报告的批复	
5	初步设计批复	广西壮族自治区交通厅	2008.11.14	桂交基建函〔2008〕911号	关于玉林至铁山港公路两阶段初步设计的批复	
6	项目用地预审	广西壮族自治区国土资源厅	2008.11.17	桂国土资函〔2008〕909号	关于玉林至铁山港公路建设项目用地预审的批复	
7	项目工程建设用地批复	中华人民共和国国土资源部	2009.07.03	国土资函〔2009〕887号	国土资源部关于玉林至铁山港高速公路工程建设用地的批复	
8	工程质量安全生产监督	广西壮族自治区交通质监站	2009.09.14	交质监监督〔2009〕136号	关于下达玉林至铁山港高速公路工程质量安全生产监督计划的通知	
9	施工图设计批复	广西壮族自治区交通运输厅	2011.07.28	桂交建管函〔2011〕638号	关于玉林至铁山港高速公路两阶段施工图设计的批复	
10	项目施工许可	广西壮族自治区交通运输厅	2011.08.09			施工许可申请报告上签署同意意见

2.资金筹措

项目批复的初步设计总概算为72.406亿元,其中:交通运输部车购税补助资金10.47亿元,企业自筹资金7.63亿元,国内银行贷款54.306亿元。

3.招投标情况

项目建设严格执行《中华人民共和国公路法》《中华人民共和国招标投标法》《中华人民共和国合同法》以及交通运输部《公路建设市场管理办法》和《公路建设四项制度实施办法》等各项法律、法规,通过公开招标择优选定各设计单位、监理咨询单位、施工单位及大宗材料采购供应商。在各次招投标活动中,业主的资格预审文件、招标文件均获得广西壮族自治区交通运输厅的备案,招标各方行为守法规范,均能做到"公开、公平、公正、诚信"原则,区交通厅对招标全过程进行监督,开标时由南宁市公证处进行公证,专家评标推荐,最后由业主定标并经公示。招投标行为合法合规。

4. 征地拆迁情况

项目在建设实施中,严格执行"十分珍惜、合理利用土地和切实保护耕地"的基本国策,使用土地严格执行国家的法律、法规,各项手续齐全。本项目通过统一征地拆迁工作程序、实行征地拆迁补偿资金分账户管理、先结算后支付、补偿资金支付"实名制"、补偿资金银行—银行—存折模式运行并定期回访检查等整套办法,尽可能避免和制止挪用、截留、贪污等违法犯罪现象的发生,保障建设资金安全,保护农户的合法权益。

(1) 征地拆迁机构

根据《自治区人民政府批转自治区发展改革委员会等部门关于支持基础设施重大项目建设用地征地拆迁若干规定的通知》(桂政发〔2008〕63号)文规定,各县市区成立征地拆迁分指挥部(简称"分指挥部"),代表县、市一级人民政府负责公路征迁的各项具体工作。

(2) 执行标准

本工程项目建设对所征用土地的补偿标准均严格执行广西壮族自治区人民政府颁发的桂政发〔2009〕52号文件的有关规定,及时足额兑现征地拆迁款。工程建设中实行统一的征地拆迁补偿标准,各县市区也同时出台相关细化的标准以及程序。

(3) 征地拆迁工程量

总计征用永久性土地20733.75亩、拆迁住宅房屋272.18 km^2;全线共支付征地拆迁款及上缴相关征地拆迁费用10.84亿元。标段划分情况见表8-35-3。

标段划分情况表　　表8-35-3

标段号	标段所在地	工程内容及长度	施工单位
路基 No.1 标	K0+000~K13+600	路基施工,13.6km	湖南省郴州公路桥梁建设有限责任公司
路基 No.2 标	K13+600~K30+400	路基施工,16.8km	广西路桥建设有限公司
路基 No.3 标	K30+400~K32+500 玉林连线	路基施工,2.1km 玉林连接线,16.416km	中交第一公路工程局有限公司
路基 No.4 标	K32+500~K43+400	路基施工,10.9km	广西壮族自治区公路桥梁工程总公司
路基 No.5 标	K43+400~K57+033.617	路基施工,13.636km	广西壮族自治区公路桥梁工程总公司
路基 No.6 标	K57+000~K72+000	路基施工,15.0km	中交第一公路工程局有限公司

续上表

标 段 号	标 段 所 在 地	工程内容及长度	施 工 单 位
路基 No.7 标	K72+000~K88+000	路基施工,16.0km	西部中大建设集团有限公司
路基 No.8 标	K88+000~K103+800	路基施工,15.8km	中交第三公路工程局有限公司
路基 No.9 标	K103+800~K116+260	路基施工,12.46km	四川公路桥梁建设集团有限公司
路基 No.10 标	K115+909.6~K130+300	路基施工,14.39km	广西路桥建设有限公司
路基 No.11 标	K130+300~K146+000	路基施工,15.7km	云南第一公路桥梁工程有限公司
路基 No.12 标	K146+000~K159+000	路基施工,13.0km	大庆建筑安装集团有限公司
路基 No.12-1 标	K159+000~K161+000	路基施工,2.0km	广西壮族自治区公路桥梁工程总公司
路基 No.13 标	K161+000~K174+513	路基施工,13.513km	中国云南路桥建设集团股份有限公司
路面 No.A 标	K0+000~K43+400	路面施工,43.4km	广西壮族自治区公路桥梁工程总公司
路面 No.B 标	K43+400~K88+000	路面施工,44.6km	科达集团股份有限公司
路面 No.C 标	K88+000~K130+300	路面施工,42.3km	广西路桥建设有限公司
路面 No.D 标	K130+300~K174+513	路面施工,44.213km	安徽开源路桥有限公司
房建 No.F1 标	房建工程,玉林东、塘岸、玉林南收费站以及管理区,玉林南服务区,玉林监控中心	广西壮族自治区公路桥梁工程总公司	
房建 No.F2 标	房建工程,沙田、博白收费站以及管理区,博白服务区	中铁隧道集团有限公司	
房建 No.F3 标	房建工程,旺茂、东平、松旺收费站以及管理区,松旺服务区	中交第四公路工程局有限公司	
房建 No.F4 标	房建工程,公馆、南康、铁山港收费站以及管理区	中铁十二局集团有限公司	
机电 No.JD1 标	K130+300~K174+075.639	机电工程,17.406km	广西交通科学研究院
第一合同段	K0+000~K57+033.617	勘察设计	广西壮族自治区交通规划勘察设计研究院
第二合同段	K57+000~K116+260	勘察设计	广西壮族自治区交通规划勘察设计研究院

续上表

标段号	标段所在地	工程内容及长度	施工单位
第三合同段	K115+909.6~K174+513	勘察设计	中交第二公路勘察设计研究院有限公司
第四合同段	全线交安及机电工程	勘察设计	中交公路规划设计院有限公司
第五合同段	全线房建工程	勘察设计	广西壮族自治区交通规划勘察设计研究院
监理 No.Ⅰ合同段	路基 No.1~No.4;路面 No.A;房建 No.F1	监理	广西桂通公路工程监理咨询有限责任公司
监理 No.Ⅱ合同段	路基 No.5~No.7;路面 No.B;房建 No.F2	监理	广西八桂工程监理咨询有限公司
监理 No.Ⅲ合同段	路基 No.8~No.10;路面 No.C;房建 No.F3	监理	育才—布朗交通咨询监理有限公司
监理 No.Ⅳ合同段	路基 No.11~No.13;路面 No.D;房建 No.F4	监理	广西交通科学研究院
试验检测服务 No.SY 合同段(中心试验室)	机电 No.JD1	监理	北京泰克华诚技术信息咨询有限公司

(二)项目实施阶段

玉铁路项目建设实施阶段性的管理,重点是做好监督,也就是追踪检查和考核,确保达到目标和落实计划。项目公司不定期地进行检查、跟进、发现问题,寻找与计划和实际之间的差距,采取相应的行动来协调和纠偏,按时完成阶段性和整体性目标,重点工作是做好五个管理:进度、质量、安全、投资、信息。

玉铁路项目建设实施阶段根据《公路工程设计变更管理办法》(交通部令 2005 年第 5 号)、《公路工程施工监理规范》(JTG G10—2006)、广西壮族自治区交通运输厅《广西公路工程设计变更管理办法》(桂交基建发〔2010〕第 88 号)的有关规定及本项目招标文件的有关规定制定了《工程变更管理办法》,明确了监理、业主、交通主管部门的变更权限,对施工、监理、设计、业主单位提出的工程变更程序分别作了规定,规范了工程变更执行办法和相关的资料表格。在现场施工中,根据实际情况采取施工、监理、设计、业主四方共同现场办公,对确定的变更方案签署现场办公纪要,再予办理相关变更手续的方式,即保证工程顺利进展,又使变更手续得到完善。同时,建立了工程变更台账,对工程变更进行动态控制。

玉铁路路面工程初步设计结构形式为水泥混凝土路面,原批复概算为 10.36 亿元。

根据自治区党委、政府的要求,为提高路面行车舒适性,广西交通投资集团有限公司于2010年9月以《广西交通投资集团有限公司关于采用沥青混凝土路面的通知》(桂交投发〔2010〕556号)要求玉铁路路面结构形式变更为沥青混凝土路面。自治区交通运输厅于2011年7月颁布了《关于玉林至铁山港公路两阶段施工图设计的批复》(桂交建管函〔2011〕638号),对本项目施工图设计文件进行了批复,其中路面工程批复同意主线采用沥青混凝土路面,批复路面工程预算为18.76亿元,这与原批复路面工程概算的造价相差8.40亿元。

三、复杂技术工程

玉铁路项目全线桥梁158座,基本为结构和受力较简单的先简支后连续预应力混凝土梁桥或现浇连续梁天桥,工程建造技术上不存在特别复杂技术和施工难度,相对比较复杂和关键的为一座跨海滩的大桥。

白沙头港大桥地处K162+255,平面位于$R-3000m$左偏圆曲线,纵面位于$R-30000m$凹曲线、$i=0.5\%$的直线、$R-50000m$凸曲线上,桥长757m,大桥桥区为侵蚀河谷地貌,白沙头港河漫滩地形,海拔一般为0~3.0m,地势平坦开阔,地表水、地下水发育,微地貌为河道和虾塘。

根据勘察资料,桥址区地基覆盖层为第四系全新统冲积成因的粉质黏土,淤泥质粉质黏土,黏土、粗砂、粉砂、砾砂、卵石土等数种,下伏基岩为泥台系上统天子岭组(D_3t)泥质灰岩、灰岩,其中灰岩见溶蚀现象,但未见溶洞。本区大地构造属于华南华夏系构造带的南西一段,区域上主要构造为北东向构造,还发育有东西向构造体系及北东向构造体系,各类构造体系的错综复杂和岩浆活动的多次发生,说明区内曾经过多次构造运动。桥址区未发现大的构造通过,受F6断裂的影响,岩体破碎~较破碎。

桥梁上部构造左、右幅均采用$(5\times30)m$五联预应力混凝土组合T梁,先简支后结构连续。下部构造桥墩采用直径130cm的双圆柱墩,基础为钻孔灌注桩基础;后退岸桥台为肋板台,前进岸桥台为承台分离式台,基础为钻孔灌注桩基础。桥台及分联墩处设GYZF4450×86圆板式滑板支座,连续墩处设GYZ450×99圆板式橡胶支座。桥台背墙与预制梁间设D80型伸缩缝,分联墩处设D160型伸缩缝。

上部结构预制预应力混凝土T梁300片,下部构造共有1.2m直径桩基础16根;1.5m直径桩基础96根;1.3m直径墩身96根。白沙头港大桥是玉铁路项目最长的一座桥,也是整个项目关键性控制工程之一。

(一)桥梁施工的重点和难点

由于项目涉及水中钻孔灌注桩施工,搭设施工便桥和平台,水中墩柱小型钢围堰施工

(图 8-35-2);混凝土构件的钢筋加工、安装;预应力混凝土连续梁钢束安装及张拉,桥面系施工等,桥梁建设过程中项目公司进行了以下技术控制:

(1)由于大桥跨越海潮涨落影响河道、桥墩受海水浸润,在施工技术上首先考虑减少海水以及空气中氯离子盐蚀对桥梁耐久性的影响,在设计时,对桩基、墩柱等构件提高混凝土强度等级、加大保护层厚度。在桥梁的混凝土中配合比采用参加粉煤灰、高效减水剂等"双掺"技术,增强水泥混凝土的刚度和强度,并增加其致密性,有效减缓盐蚀损害。

(2)要求预制场地标准化、施工过程规范化、工序操作精细化、构件成品优良化等措施,预防混凝土质量通病发生。

图 8-35-2 围堰施工

①集中预制预应力梁,设置大型预制场,建立混凝土搅拌站并配备大型起重机及专用门式吊车。

②对预制场地台、模板、支架要求采用新的钢材制作;T 梁构件采用立式预制。

③大桥的墩柱及盖梁处于浪溅区,对海洋环境的混凝土施工配合比、海洋环境中的混凝土保护层厚度等做出详细的专项施工技术方案。

④大梁预制中钢筋加工及安装、混凝土浇筑等桥梁工程的关键部位和关键工序,旁站监理到位后才能开工。

(二)桥梁构件预制场建设

(1)预制场场区划分:梁预制生产区包括拌和站、材料堆放区、预制区、存梁区、运输通道。

(2)预制场设备配置:梁预制区设计有效宽度 30m×180m,分为生产区和存梁区、预制场台座 12 个,75m^3/h 混凝土拌和站一台,配备见表 8-35-4。

预制场设备配置表 表8-35-4

设 备 名 称	规 格 型 号	参 数	数 量
汽车起重机	WD615G.220	25t	3
电焊机	BX350	100	16
变压器	—	300kWA	3
柴油发电机	康明斯	250kW	5
架桥机	JQJ100-30A3	100t	1
龙门吊	MGH50/5-21A3	50	2

所配备设备满足施工总体进度计划要求。

(三)桥梁施工技术措施及质量控制

(1)项目公司加强了该桥梁施工过程的技术指导,要求施工单位针对桥梁施工的重点、难点工程制定专项的施工技术方案,并对其方案进行审查。

①项目公司技术管理措施:最大限度地掌握大桥所处水域的气象、水稳资料,现场工程地质情况;寻找最恰当的技术方案,对施工方案要反复对比,不仅要考虑材料的造价,还要综合考虑施工与将来运营的成本。在人员、急需设备、材料、资金上予以优先保证。

②从工程技术管理人员的配备出发,发挥项目公司工程部的技术优势和中心试验室特长;在第Ⅳ总监办开展"在海洋环境中,跨海大桥混凝土质量通病治理措施"专题讲座。提出须采用高性能防腐混凝土,要求施工单位从原材料着手控制,选择华润旋窑散装水泥、Ⅱ区级配良好的中粗河砂、抗海水腐蚀的集料以及外加剂,优化配合比并加强养护,增加混凝土的抗腐蚀能力。主要采用了以下措施增加抗腐能力:a.采用高效缓凝减水剂,水灰比控制在0.4左右,提高混凝土的抗渗性及氯离子的扩散系数;b.采取优质混凝土矿物掺合料,掺合料控制掺量在20%左右,降低水化热,提升工作性,并使混凝土后期强度增加;c.加强养护和控制混凝土的初凝时间,降低混凝土内部空隙率;d.在施工过程中,各原材料均应检验合格方可使用,严格按审批的配合比施工,做好现场控制。

③做好特殊的海洋混凝土的设计配合比和现场配合比工作,混凝土防腐,墩柱混凝土处于腐蚀条件最恶劣的浪溅区,由于受海水长期侵蚀,结果被严重损坏的风险极大。从某种意义上来说,墩柱防腐蚀是大桥建设中一个至关重要的环节。从结构上分析,墩柱与承台连接现浇混凝土的接触面极易产生混凝土收缩裂缝,形成海水腐蚀通道,项目公司从优化、控制混凝土配合比设计,从材料的选择、耐久性混凝土的配合比试配、集料的力学性能等对海洋环境中的高性能混凝土系统进行试验。对混凝土所用集料进行成分分析及活性检验,防止碱集料反应。施工过程中,及时进行混凝土的强度、弹性模量试验。加强过程控制,合理选择混凝土的灌注时间和温度等需要的防腐措施。

④针对该桥跨越海潮涨落影响河道、桥墩受海水浸润的桥梁,在施工技术上考虑减少

海水以及空气中盐蚀对桥梁耐久性的影响,在设计上桩基及墩柱混凝土强度 C30 提高至 C40,提高混凝土强度等级。加大钢筋保护层厚度(如墩柱)外,在桥梁的混凝土中采用参加粉煤灰、高效减水剂等"双掺"技术,增强水泥混凝土的刚度和强度,并增加其致密性,以便有效减缓盐蚀损害。

(2)对现场施工的技术管理。

①结构混凝土及预应力混凝土现场技术控制。

一是对海洋环境中的构件混凝土的耐久性和良好的动力特性等方面的技术控制,以满足设计的纵横向刚度、抗扭刚度和工后沉降等方面要求。

二是严格预应力梁预制的施工工艺,及时量测预应力施工时两端的状态。严格控制预应力筋的位置和钢筋保护层厚度,对钢筋预埋件进行防锈处理等基本达到有控制。

三是现场浇筑的桩基水下混凝土严格施工工艺,确保尺寸、强度、刚度及使用性能满足设计要求;T 梁现场预制采用了"T 梁钢筋控距器"新技术、新工艺:用 3～5 根 ϕ20 钢筋作为立架,高为 1.6m;用 3 根 2～4m 长的角钢为水平控制架,在角钢上用氧焊按照钢筋间距割出缺口。为使钢架稳定,在水平杆与竖直杆交点处用钢筋焊成三角形。使用时将钢筋控距器支脚置放于 T 梁底座上,角钢上刻度对齐底座钢筋间距刻痕,然后将制作好的钢筋严格按照角钢上刻度对齐摆放,钢筋卡入角钢缺口内,达到控制钢筋间距的目的。

②混凝土构件的钢筋加工及安装技术控制。

强调钢筋加工过程的控制,注意检查以下内容:

a. Ⅰ 级钢筋末端应做 180° 弯钩,其弯弧内直径不应小于钢筋直径的 2.5 倍,弯钩的弯后平直部分长度不应小于钢筋直径的 3 倍。

b. Ⅱ 级和 Ⅲ 级钢筋的弯弧内直径不小于钢筋直径的 4 倍,弯钩的弯后平直部分长度符合设计要求。

c. 钢筋做不大于 90° 的弯折时,弯折处的弯弧内直径不小于钢筋直径的 5 倍。

d. 圆盘条钢筋调直采用冷拉方法,严格控制冷拉率,对 HPB235 级钢筋的冷拉率不宜大于 4%;HRB335 级、HRB400 级和 RRH400 级钢筋的冷拉率不宜大于 1%。

e. 在钢筋加工过程中,关注现钢筋脆断或力学性能显著不正常等现象时,现场施工员及监理取样对该批钢筋进行化学成分检验力学性能检验。

f. 钢筋连接的技术控制。

桥涵钢筋连接方式主要有绑扎搭接、焊接、机械连接三种方式,钢筋焊接形式主要有:手工电弧焊、电渣压力焊。

a)每个施工合同段的预制场及钢筋加工场地在正式焊接之前,参与该项施焊的焊工都要参加现场钢筋焊接工艺试验,并经检验合格后,方可参加焊接施工。

b)钢筋加工时接头宜设置在受力较小处。同一纵向受力钢筋不宜设置两个或两个以上接头。接头末端至钢筋弯起点的距离不应小于钢筋直径的10倍。

c)在同一构件内的接头宜互相错开。同一连接区段内,纵向受力钢筋的接头面积百分率应符合设计要求。

d)钢筋连接开始前及施工过程中,力学性能检验在接头外观检查合格后钢筋焊接接头按300个接头一个验收批次在现场随机截取3个接头试件做抗拉强度试验(在监理人员见证下,随机取样),进行检验批质量检验与验收,包括外观检查和力学性能检验。重点检查同一连接区段内,纵向受力钢筋的接头面百分率是否符合要求,这是焊接最容易出现问题的地方。

g. 钢筋安装的技术控制。

a)钢筋安装是钢筋分项工程质量控制的重点。钢筋安装时,受力钢筋的品种、级别、规格和数量必须符合设计要求。

b)钢筋保护层厚度不符合要求:若钢筋保护层厚度不符合要求,可能影响到结构构件的承载力和耐久性。《混凝土结构工程施工质量验收规范》(GB 50204—2002)对受力钢筋的要求为合格率必须达到90%以上。

(3)混凝土施工过程质量控制。

为确保混凝土施工质量,玉铁路项目混凝土施工全部要求采用搅拌站集中搅拌,采用专用的混凝土输送车运输。

①混凝土浇筑前控制混合料坍落度,控制搅拌和运输时间。

②混凝土灌注时其自由倾落高度不宜大于2.0m,当倾落高度大于2.0m时,应通过窜筒、溜管或振动溜管等设施下落。

③混凝土浇筑时从低处向高处分层连续进行,其浇筑厚度不宜超过30cm。

④混凝土采用机械振捣,控制振捣时间和振捣厚度。

⑤混凝土浇筑过程中不得发生离析现象。从运输车卸出的混凝土不得发生离析、严重泌水现象,否则需重新搅拌和格后方能卸料。

(四)抓住关键工序确保工期

白沙头港大桥的建设工期是玉铁路项目建设的关键路线和关键工程,项目公司对其进度计划的实施跟踪检查和调整,从技术人员和资金上给予支持。

(1)从铁山港台开始验桥位、纵向填土筑坝,位于滩涂的桥墩基础及墩台施工采用草袋围堰和钢板桩围堰;位于海水中的桩基及墩柱采用搭设钢桥和水中施工平台,钻孔桩施工采用冲击钻成孔的施工方案。30m T梁在铁山港桥台段设预制场。

(2)在具体的施工安排上,以关键路线水中桩基出水面及30m T梁的现场预制施工为控制点、钻孔桩有效开工、合理利用枯水期、多开桩基钻孔工作面。

(3)加强原材料及混凝土的配合比控制,从材料的选择、耐久性混凝土的配合比试配、集料的力学性能等对海洋环境中的高性能混凝土系统的进行试验。对混凝土所用集料进行成分分析及活性检验,防止碱集料反应。施工过程中及时进行混凝土的强度、弹性模量试验。加强工程控制、合理选择混凝土的灌注时间和温度。

(五)实施效果

工期控制为2009年10月至2011年10月,共24个月,工期控制满足总体控制要求;桥涵结构的强度、保护层厚度、平整度三大指标符合设计及规范要求,单位工程评定为合格。

四、科技创新

(一)利用炭质泥岩填筑路基施工技术改进及创新

1. 工程概况

炭质泥岩主要分布在玉铁路土建工程第8合同段,K94+900~K100+900路段有24处,深藏在山体的3~5m的深处以下,数量大约30万m^3。一般为褐色、灰色或黑色,强度和硬度不高,开挖时具有页状或薄片状层理,用挖掘机开挖时易裂成碎块。设计路基挖方利用时没有对该路段的炭质泥岩进行特殊说明,设计是挖方可以利用。有研究证明炭质泥岩是黏土岩的一种,是固结较弱的黏土经过挤压、脱水、重结晶和胶结作用在地壳运动中挤压而形成的沉积岩,具有低的天然含水率、强饱水、难压实、难稳定的特殊岩土。

随着高速公路建设规模日益增大,车道数量的增加,路基填料的数量也随之增加。高速公路在路线周边找不到路基填料的问题也越来越突出。玉铁路项目公司从保护土地、保护环境、节约资源、节约建设成本,有效利用资源出发,充分利用可使用的路基填筑材料,尽量减少挖方废弃和远距离借土填方。项目公司针对炭质泥岩的物理特性以及其适用性,通过工艺处理有效利用其作为路基填料。针对土建工程第8合同段的炭质泥岩,项目公司召开了专门讨论会,确定试验检测方案和施工工艺。

2. 炭质泥岩的利用方案

(1)炭质泥岩路堤基底要全方位防水、排水和保水。

要利用炭质泥岩做路基填料,首先要解决防水、排水和保水。因为炭质泥岩浸水易软化、崩解,失水后又不宜碾压,造成路基扬尘等特性。"路基填筑先排水"的理念是路基填筑中必不可少的一环节。几乎所有软土地基处理工程都包括地下排水和土体等量置换等形式。在软土地段的结构物基底,如是炭质泥岩基底,必须采取挖出换填法施工,采用透水性材料进行土体等量置换处理,能大大降低孔隙水压力,增加有效正应力,从而提高基地承载力,尤其是结构物基地的处理,采用透水材料换填往往作为首选的软土地基处理措施之一。

(2)掺配法填筑。

因为炭质泥岩深藏在挖方山体的深 5~8m 的深度,挖掘机在开挖时把上层的黏土一起挖下混合在一起,可以装车,拉到路基填筑。而且黏土与炭质泥岩混合利用,无论是土的强度还是现场施工的可压实性,效果都是最好的。但是大方量的使用挖掘机拌和,拌和不均匀难于施工和检测。

炭质泥岩与黏土的掺配试验结果见表 8-35-5。

炭质泥岩与黏土掺配试验结果表 表 8-35-5

取土桩号、深度	天然含水率(%)	最大干密度(g/cm^3)	最佳含水率(%)	液限(%)	塑性指数(%)	承载比 CBR			备 注
						93 区	94 区	96 区	
K99+800 深 8m	14.6	2.25	6.7	22.6	6.0	6.6	7.8	9.2	炭质泥岩和黏土 50%:50%掺配

(3)加筋土。

加筋土是在土体中埋入抗拉材料以改善土体的总体强度,稳定路基下边坡,加筋土在高填路堤边坡上应用非常广泛。研究表明,在路基顶荷载作用下,边坡和土工格栅的变形规律和力学特征,是埋在土体内部的受力变形规律,不是沿格栅全长均匀分布,土工格栅的抗拉能力没有得到充分发挥,而且投资会增加。原有意向用炭质泥岩填筑路基,每填筑厚度 1m,用土工格栅包边,预防填土边坡滑塌,但是格栅质量和包边宽度难于控制。

(4)包芯填筑法。

包芯填筑并不是一项复杂的施工工艺,第 8 合同段路线上的任何一种路基填料都能满足路基填筑要求,可以用挖方上层黏土做包边的填料,这一简单措施能够达到充分利用资源,而又不增加投资的目的。针对炭质泥岩的物理特性以及其适用性,通过对炭质泥岩填料的试验和现场试验段的施工工艺,玉铁路第 8 合同段的炭质泥岩决定采用包芯填筑施工。不仅缓解了借、弃土矛盾,减少占用耕(林)地,还实现了不良土在保证路基填筑质量的前提下在高速公路上的合理利用,同时节约建设资金近 200 万元。

3.利用炭质泥岩作路基填料的试验思路及方法

(1)在不同的挖方地段和深度对炭质泥岩进行分类取样,依据《公路土工试验规程》(JTG E40—2007)用干土法对炭质泥岩土料进行颗粒分析、含水率、标准干密度、液限、塑性指数、承载比(CBR)等试验。试验结果见表 8-35-6。

干土法试验结果 表8-35-6

序号	取土桩号、深度	天然含水率（%）	最大干密度（g/cm³）	最佳含水率（%）	液限（%）	塑性指数（%）	承载比 CBR		
							93区	94区	96区
1	炭质泥岩和黏土 50%:50% 掺配 K99+800 深8m	14.6	2.25	6.7	22.6	6.0	6.6	7.8	9.2
2	K95+663 深5m	16.9	2.09	11.0	35.7	15.8	0.9	1.6	3.1
3	K96+250 深10m	6.6	2.43	4.0	25.3	5.8	4.3	5.9	7.8
4	K95+200 深10m	7.2	2.45	8.0	32.6	10.2	9.6	10.7	12.7

（2）模拟施工现场的路基填筑碾压工序，在天然含水率状态下进行各项指标的试验，试验结果见表8-35-7。

天然含水率状态下各指标试验结果 表8-35-7

序号	取土桩号、深度	天然含水率（%）	最大干密度（g/cm³）	最佳含水率（%）	液限（%）	塑性指数（%）	承载比 CBR		
							93区	94区	96区
1	K95+200 深10m	7.2	2.45	8.0	32.6	10.2	9.6	10.7	12.7

在天然含水率状态下，碳质泥岩填料的承载比（CBR）等各项指标比用干土法试验的结果还要好，这就说明炭质泥岩作为路基填料，要保水而不是晾干水分后再洒水碾压，验证了炭质泥岩遇水易软化、崩解的特性。试验减少一次水循环，各区域的承载比（CBR）值提高3%~5%。

（3）通过大量的试验数据充分了解了碳质泥岩的力学性能指标，利用炭质泥岩的天然含水率接近最佳含水率的特点，为炭质泥岩的路基填筑施工提供了可靠的方法和施工工艺。

通过上述大量的试验数据说明，第8合同段大部分路基挖方开挖出来的炭质泥岩可以用来作路基填料。

4. 包芯法填筑炭质泥岩施工质量控制措施

通过室内试验，找到了用包芯法填筑碳质泥岩的检验和控制方法，随即由第Ⅲ总监办组织施工标段进行了两次路基试验段填筑施工，第一次试验段施工，由于炭质泥岩天然含水率较小，还没有来得及碾压达到密实度，土体就失水扬尘了。洒水后软化翻浆粘住压路机钢轮，导致压实效果不满足要求。第二次试验段施工，项目公司派出专人到现场进行技术指导，确定试验段改为较短路段160m填筑，松铺厚度严格控制在30cm，确保压实厚度不超过25cm。先静压2遍后小振2遍、强振动碾压4遍的碾压工艺，检测压实度，表明炭质泥岩的包芯法能满足93区路基填筑要求。其质量控制措施有：

(1)鉴于炭质泥岩遇水易软化、崩解的特性,规定"上下左右"各2m范围内不能使用炭质泥岩填筑。即在路基底2m内的路堤不能作为填料,以避免地表水及地下水渗透穿越到炭质泥岩中,造成炭质泥岩遇水软化,降低强度。

(2)路基左右边缘两边用符合路基填筑的土料包边施工,宽度各为2m,避免炭质泥岩裸露及暴晒。因吸水软化降低强度,暴晒容易失去水分,造成边坡松散滑塌。

(3)采取分批、分段使用的原则,包芯进行路基填筑。

(4)填筑时松铺厚度严格控制在30cm,确保压实厚度不超过26cm。

(5)先静压后小振,确保压实效果。

(6)距离路基96区路床顶2m内不能作为填料,有研究表明雨水长期渗入可以进入距地表下2m。

5. 包芯法施工工序及工艺

(1)离开原地面高度2m后,采用左右侧包边土宽度各为2m施工。先摊铺包边土,后摊铺炭质泥岩。炭质泥岩应随挖随用,摊铺碾压过程中,做到当天摊铺,当天碾压完毕,防止暴晒失水尘土飞扬;或被雨淋湿软化。

(2)炭质泥岩填筑层的压实遵循先轻后重,先低后高的原则,压实密度的控制采用碾压遍数结合灌砂法试验进行。

(3)填筑摊铺上层时采取洒水润湿下承层,控制拉土、倒土车行驶路线、速度、掉头、紧急制动等措施,防止压实层松散。

(4)若暂时不能及时填筑上层时,洒水润湿防止表面干燥松散。施工间隔较长时在顶面覆盖适当厚度的封闭上层,并压实,横坡宜稍大于路拱。

(5)当填筑到离路床96区顶2m时及时填筑土作为封闭层,避免被雨水渗透或暴晒失水,影响路基整体强度。

(6)填土封闭层的路拱横坡应与路堤同坡度。

6. 炭质泥岩包芯法填筑路段效果

例如,K95+200~K95+280路基93区炭质泥岩填筑检验结果表明,该段路基最大干密度2.45g/cm³,最佳含水率8.0%,其检测结果见表8-35-8。

炭质泥岩填筑检验结果表 表8-35-8

填筑层次	检测含水率(%)	压实度(%)	检测层厚(cm)
29	7.5、7.0、7.6、7.0、7.4	93.9、95.5、95.1、94.3、95.5	22.9、24.3、23.9、23.9、23.9
28	8.1、7.9、7.5、6.5、8.3	93.5、94.3、93.5、93.5、94.7	24.1、24.5、23.5、25.4、25.7
27	7.2、7.4、7.0、6.8、8.3	93.5、94.3、95.1、93.1、93.9	25.1、23.6、23.9、24.1、23.4
26	7.9、7.6、7.6、7.7、8.0	95.1、94.7、94.3、93.5、93.1	25.5、23.8、25.5、23.4、22.3
25	7.6、8.5、8.1、7.1、7.6	94.3、95.1、94.3、93.9、93.5	22.1、26.0、24.7、23.8、24.5

针对炭质泥岩的物理特性以及其适用性,通过各种试验采用各种可能的施工方案和技术经济比选,采用包芯填筑施工,不仅缓解了借、弃土矛盾,减少占用耕(林)地,实现了不良土在保证路基填筑质量的前提下在高速公路上的合理利用,通过炭质泥岩作为路基填料的施工工艺技术和质量控制,探索到了如何正确使用炭质泥岩作路基填料,既可以节约投资又不浪费国家资源。讨论了炭质泥岩填料施工实施采用的施工方案、论证各种方案的可行性、确定试验段、检测检验等手段,选择了切实可行的方案实施并检测填筑效果。玉铁路约 30 万 m^3 炭质泥岩的填筑成功,对于今后高速公路碳质泥岩的有效利用有十分重要意义。

(二)格宾挡土墙施工技术应用及创新

1. 工程概况

玉铁路项目格宾挡土墙工程设置在 K85+460~K85+580 左侧上边坡脚,原设计只是浆砌片石矮挡土墙。由于开挖后山体滑坡,期间施工完成的片石挡土墙及混凝土挡土墙都因滑坡而移位、冲垮。经设计院对现场情况再三勘察,该路段变更为柔性挡土构筑物——格宾挡土墙。

2. 格宾挡土墙材料

K85+460~K85+580 左侧上边坡脚,使用了新型的柔性挡土构筑物进行边坡固脚和护坡。所用材料为直径 6mm 钢丝编织网箱和无风化的石灰岩块石。每个格宾钢丝网箱内填充 8~30cm 块径的无风化石料,格宾钢丝网箱之间用钢丝绞合逐层砌筑。形成有较大的孔隙率(20%~30%)的天然泄水孔,可尽快排出坡面流水,形成保护屏障,又具有加固坡脚作用。格宾挡土墙工程设置在 K85+460~K85+580 左侧上边坡脚,与周边山体自然环境相协调,提高了玉铁路的环保质量。

3. 格宾挡土墙施工技术方案

(1)重力式格宾挡土墙的基底土质及承载力符合要求,基础是深 2m 宽 2m 的 C20 水泥混凝土基础承重墙,设计为 2 层格宾挡土墙;每层网箱尺寸 2m×1.5m×1m,钢丝网箱外购。层与层之间的网箱用预埋在混凝土基础的直径 28mm 的热扎带肋钢筋连接。

(2)格宾网箱组装:取出一个个完整的格宾网箱单元校准弯曲、变形部分,把网箱放在混凝土基础上,立起隔板及前后面板,用边缘钢丝延长部分固定住四个角点,每一面的梁涛竖直边缘及底部边缘要在统一平面上。

(3)填充格宾网箱的石料是石灰岩片石,符合设计要求。

(4)网箱直径绞合时,每间隔 10~15mm 双圈—单圈—双圈交替进行绞合。

4. 格宾挡土墙施工工艺及技术措施

(1)在混凝土基础上组装好的格宾网箱,须面对面、背对背,便于石料填充、盖板绞合及节约钢丝。

(2)第二层网箱的尺寸与第一次的错缝安放,底部边缘与下层绞合在一起,与第一层一样。

(3)在填充石料前,在网箱前后采取绑扎木板等加固网箱面措施,保证网箱裸露面的平整度,带填充石料施工结束拆除。

(4)石料填充是分层、分级、分网箱内填充石料,禁止将单格网箱一次性填满。

(5)填充石料施工中,控制每层投放厚度在30cm左右,本格宾挡土墙1m高度分3层投放石料,并用碎石填塞空隙,每装填三分之一就按照2根加筋拉丝,拉丝长度为两个网箱长度,中间用小木棒或细石块绕转钢丝,把握送进尺度采取妥当捣实措施,确保箱体填充料的密实度。

5. 格宾挡土墙施工质量保证措施及控制重点

(1)重力式格宾挡土墙施工质量包括内在质量及外在质量,每一道工序须抽检合格后才能进行下道工序。

(2)格宾挡土墙施工质量控制重点:

①挡土墙基础土质、基底承载力、混凝土基础强度、尺寸。

②格宾网箱安装:网箱计划尺寸;网箱组装工艺、拼装程序。

③填充石料施工工艺、填装顺序。

④网箱挡土墙的墙面平整度;墙后填土填料及工艺。

(3)填料施工中,采用机械和人工相配合的施工方法,首先用机械将石料运至箱体附近,再用人工将周边的石料摆放整齐,用细石填缝密实。小石料填缝主要在内部,外露面不用小石料。每层厚度控制在30cm左右,并适当捣实,表面叠放平整。

(4)施工时1m高网箱分四层投料,填充石料顶面宜适当高出网箱,且必须密实,空隙处宜以小碎石填塞。裸露的填充石料,表面用人工或机械砌垒整平,石料间相互搭接。

6. 格宾挡土墙实施效果

边坡使用新型的格宾挡土墙柔性构筑物进行边坡固脚和护坡,每个格宾钢丝网箱内填充5~30cm块径的无风化石料,格宾钢丝网箱之间用钢丝绞合逐层砌筑。形成较大孔隙率(20%~30%)的天然泄水孔,尽快排出坡面流水,形成保护屏障,又具有加固坡脚作用,与周边山体自然环境相协调,提高玉铁路的环保质量。

(三)甲供甲招材料管理及创新

材料管理工作在高速公路工程建设中具有举足轻重的地位,业主应认真做好甲方供应及甲方招标材料(钢材、沥青、钢护栏)的管理工作,项目公司明确规定,业主的甲方供应及甲方招标用于工程建设材料的管理使用,具有材料管理的合同性、计划性及协调性。约定甲方、使用方及业主委托供货方的职责、义务;约定甲方供应材料的渠道、方式、手续和结算办法。与高速公路项目工程建设的其他工作内容相比,材料管理有着独特的管理方式和内容上的不同特点。

(1)为确保高速公路工程建设的质量、进度以及投资控制等,项目公司通过公开招标选择了玉铁路项目主要建筑材料的供应商,负责按时按质按量进行(钢材、沥青、钢护栏)主要材料的供应。材料供应合同中明确规定了玉港公司、使用人及玉港公司委托供货商的职责、义务和关系,项目公司与供货商签订限价定点供应材料合同后,维护材料管理的合同性、坚持按合同条款办事是材料管理的核心内容。因此,作为材料管理人员,首先必须熟悉所有的材料采购与供货合同以及与之相关的指导性文件,保证高速公路工程建设质量及原材料的正常供应,加强项目公司限价定点材料的管理,向材料供应商及材料使用方征询相关意见制定完善的管理办法。

(2)结合玉铁路项目工程管理的实际情况,项目公司材料管理人员在实际工作中必须依照合同对材料甲供方的履约情况进行有效的实时监督,对材料供应过程中出现的纠纷应及时地予以处理和解决,从而保证材料的正常供应和工程的顺利进行。

(3)为确保高速公路工程建设质量及原材料的正常供应,避免材料的浪费和长时间的积压等,坚持材料管理的计划性具有十分重要的意义,它能更简单明了地体现材料的供求关系,并起到平衡与稳定供求关系的作用,有力地保障了材料的正常供应。在材料管理过程中必须通过计划来进行宏观调控,切实做到有计划、合理、及时地采购、储备和供应。玉港公司是按照以下原则做好材料甲供计划的。

①在玉铁高速公路土方路基刚开工不久,出现施工方一度"争抢"钢筋的局面,针对这种状况,完整而合理的材料供应计划与审批工作就体现出其优越的宏观调控功能,综合各施工合同段的计划对钢筋等材料需求计划及供应商的实际供货能力,客观地做出计划的审批,并按计划对桥涵工程的施工进度也做出相应调整,从而保证施工高潮期间钢筋的正常供应。再如沥青、钢护栏等材料,原则上应按照各施工合同段的实际需求量进行采购的,在这个过程中,准确的计划无疑起到了至关重要的作用。

②对甲供材料钢筋要求各土建合同段必须根据其施工组织计划及工程进度在正式开工前一个月内编报限价供应材料的总需求计划及季度需求计划,每月定期报项目公司材料工程师处备案,并建立钢筋使用台账。对变更增加或者减少的钢筋及时调整总需求量以更好地控制钢筋供应数量,尽量避免因变更导致已供应到现场的钢筋数量超过实际需求数量。

③做好甲供材料使用计划,对个别时期某规格材料短缺,应提前通知施工单位及时备货,避免因材料短缺导致施工进度缓慢或停工现象发生;对没有及时申报材料使用计划或申报的材料使用计划不准确所引起的损失,由使用方自行承担相关责任。

④在每个月 25 日前编报下月材料月度需求计划表,经总监办审核后,报项目公司向来工程师审批,并按审批后的计划进行供应;没有提交材料使用申请计划的使用人,项目公司将不保证供应能及时、到位供应所需材料,对其引起的损失也将由使用方自行承担。

⑤项目公司将依据审批后的各合同段材料供应计划,采取委托材料供应商或生产厂家直达或定点供应方式,进行组织供应;项目公司材料工程师每月不定期到现场检查施工合同段的中心仓库钢筋堆放情况,对堆放不满足规范的要及时要求施工单位限期整改并拍照。

⑥对于提出材料计划并经审批后不按计划按时提货的使用人,项目公司将根据有关材料供应协议进行一定的处罚,并不保证其下个月度的用料供应,由此产生的后果还将由使用方自负。

⑦对于在材料供应过程中出现供应商供应的材料到达现场因使用方未派机械及人员到达现场而导致无法卸货的情况,应及时联系使用方负责人,要求及时处理并做好相关的协调工作,避免双方发生误工等纠纷。

(四)对甲招材料管理的控制重点

1. 对沥青原材料的管理

(1)项目公司在沥青材料采购前,提前对甲招沥青材料加工场地及仓库进行考察,了解生产流程和生产能力及仓库容量,对不满足生产的加工场地及时要求供应商调整和更换。

(2)派驻监理人员进入生产加工点,对每一批次的沥青供应严格把关,对每一辆发送现场沥青的运输车辆贴好封条并与前方现场施工联系,通过 GPS 进行运输监控防止中途材料调包或因材料到达现在无人接管。

(3)按合同约定检查各路面施工标段的沥青库容是否满足要求,对不满足要求的及时整改,避免沥青材料按计划到达现场而无法卸载的情况发生。

2.对其他甲招材料的管理

(1)严格控制材料质量,按照规范要求进行抽样检测和送有资质的检测机构进行检测。

(2)一般说来,合同中的材料供应单价一经确认,除非遇到不可抗拒之因素,否则在整个高速公路工程建设过程中是不允许变动的。玉铁路项目施工跨越了5个年头,在工程施工的后期,部分材料市场价格普遍高于原材料采购合同单价,因此出现了材料供应商借机以种种理由、想方设法要求提高材料单价,要求进行材料差价的补偿。对此,必须维护合同的严肃性、法律性,充分做到有理、有力、有节,十分有效地回绝了材料承包商的不合理要求。同时还有做好调差工作,协调好材料供应商与使用方的关系,及时完善结算资料。

(3)严格把关甲招材料质量,对现场发现不合格材料及时要求监理督促供应商清理出场并记录该批材料批号,并要求供应商及时补充材料防止因材料不足导致现场施工滞后。

(五)做好甲供和甲招材料各方的管理和协调

(1)项目公司在材料管理工作中的另一重要环节便是协调和理顺公司、材料使用方及公司委托供货方的职责、义务和关系,在这个环节中,材料管理人员必须坚持公平与公正的原则,实事求是、一切从实际出发,决不偏袒任何一方。

(2)材料供应过程经常会遇到种种预想不到的问题与纠纷,甚至有些是合同中并未作详细规定的,在这种情形下,以合同为基准来协调各方关系显然是必不可少的。例如在玉铁路项目建设期间,由于沥青原材抽样的时间和温度不同,导致某合同段与沥青供应商之间因某项指标不合格发生了纠纷,项目公司按有关合同条款进行了协调处理,旗帜鲜明地指出,由于使用方没有严格按照有关沥青使用及加温规定进行原材料管理,导致该项指标出现偏差。沥青使用方对原材料的规范保管和使用负有责任,由于因沥青材料进场后的抽样时机导致的质量问题是在合同中未作详细规定的,故由沥青供应商与施工使用方双方进行协商并最终达成一致意见。通过协调,此事件最终得到了妥善解决,取得了使双方都比较满意的结果。

(3)在今后的项目建设中,加强项目业主对甲供材料供应的合同性、计划性及协调性,共同维护材料供应合同的严肃性和法律性,定期对各施工标段使用材料情况及材料承包商的生产能力供应情况进行摸底调查,发现问题及时解决,以保证材料的正常供应。

五、运营管理

(一)服务区设置

该路段共设置3对服务区:玉林南服务区、博白服务区、松旺服务区。2015年,博白服务区被评为"三星级服务区"。

（二）收费站点设置

该路段共设置 11 个收费站：玉林东匝道收费站、塘岸匝道收费站、玉林南匝道收费站、沙田匝道收费站、博白匝道收费站、旺茂匝道收费站、东平匝道收费站、松旺匝道收费站、公馆匝道收费站、南康匝道收费站、铁山港主线收费站。11 个收费站共 73 条车道，目前各收费站尚未设置 ETC 车道。具体见表 8-35-9。

收费站站点设置表　　表 8-35-9

站点名称	车道数（条）	收费方式	站点名称	车道数（条）	收费方式
玉林东匝道收费站	9	半自动收费方式	东平匝道收费站	4	半自动收费方式
塘岸匝道收费站	4	半自动收费方式	松旺匝道收费站	6	半自动收费方式
玉林南匝道收费站	15	半自动收费方式	公馆匝道收费站	5	半自动收费方式
沙田匝道收费站	4	半自动收费方式	南康匝道收费站	5	半自动收费方式
博白匝道收费站	8	半自动收费方式	铁山港主线收费站	9	半自动收费方式
旺茂匝道收费站	4	半自动收费方式			

（三）车流量发展状况

该路段日均车流量从 2013 年的 2746 辆增至 2014 年的 3654 辆，年平均增长率为 33.07%，见表 8-35-10。

车流量发展状况表　　表 8-35-10

年份（年）	日均车流量（辆/d）	年份（年）	日均车流量（辆/d）
2013	2156	2015	4323
2014	3376	2016	5243

第三十六节　兴安至桂林高速公路

一、项目概况

（一）基本情况

兴安至桂林高速公路是国道主干线衡阳至昆明重要组成路段，也是国家高速公路网规划中泉州至南宁和厦门至成都高速公路的重要组成部分，更是中原地区通往东盟及大西南地区出海的最便捷通道。路线起点位于兴安县北梅村，与已建成通车的全州至兴安高速公路相连，路线经严关、溶江、三街，终于灵川粟家，在严关、溶江、灵川西以及粟家设有互通立交。路线全长53.401km，其中兴安县镜内26.744km，灵川县境内26.657km。项目采用双向四车道高速公路标准，设计速度120km/h，路基宽度28m，沥青混凝土路面层151.8万m^3，排水、防护及支挡工程156万m^3，大桥3731.5m/14座，中小桥2424.87m/44座，分离式立交桥1118.28m/19座，涵洞通道287座。全线路基土石方1347万m^3；大桥19座，共计4990.24m，中小桥42座，共计2257.92m。工程实际总投资31亿元，于2007年9月正式开工，2013年4月建成通车。

（二）前期决策情况

根据广西壮族自治区交通厅编制的《2000—2020年广西壮族自治区公路发展规划》和交通部要求各地力争在2007年基本贯通"五纵七横"国道主干线的精神，广西壮族自治区交通厅于2003年7月以交计划函〔2003〕563号委托广西壮族自治区交通规划勘察设计研究院编制"国道主干线衡阳至昆明公路兴安至桂林段工程可行性研究报告"。

经过考察论证，由广西桂政高速公路投资建设有限公司投资建设，广西桂兴高速公路投资建设有限公司具体组织实施。

2006年1月，国家发展改革委员会同意建设兴安至桂林高速公路。

项目于2007正式开工建设，2013年4月建成通车。

（三）参建单位主要情况

1. 建设单位

广西桂兴高速公路投资建设有限公司。

2. 设计单位

（1）湖南省交通规划勘察设计研究院。负责全线K0+000~K53+395共53.395km的路基、路面、桥梁工程勘察设计。

（2）广西路佳道桥勘察设计有限公司。负责粟家互通的路基、路面、桥梁工程勘察设计。

3. 施工单位

（1）路基、桥梁、路面等土建工程由湖南路桥建设集团公司总承包，下设8个土建工程分标段和2个路面工程分标段。

（2）交通安全建设工程标段6个，由湖南通顺交通工程有限公司等5家单位负责施工。

4. 监理单位

北京华通公路桥梁监理咨询有限公司负责全线路基、路面、桥梁、交通安全设施工程的监理工作。

二、建设情况

征地拆迁情况统计见表8-36-1,标段划分情况见表8-36-2。

征地拆迁情况统计表 表8-36-1

序号	征地拆迁安置起止时间	征用土地(亩)	拆迁房屋(m^2)	支付补偿费用(元)	备注
1	2008.05~2012.12	15539.744	12165.832	667020220	

标段划分情况表 表8-36-2

序号	标段	标段所在地	工程内容及长度	施工单位
1	第1	兴安县	土建 K0+000~K7+000	湖南路桥建设集团公司
2	第2	兴安县	土建 K7+000~K12+600	中国葛洲坝集团股份有限公司
3	第3	兴安县	土建 K12+600~K19+500	中铁七局集团有限公司
4	第4	兴安县	土建 K19+500~K27+500	中国建筑第五工程局有限公司
5	第5	灵川县	土建 K27+500~K34+000	湖南路桥建设集团公司
6	第6	灵川县	土建 K34+000~K42+400	中国建筑第六工程局
7	第7	灵川县	土建 K42+400~K48+100	中铁七局集团有限公司
8	第8	灵川县	土建 K48+100~K53+401	中国建筑第五工程局有限公司
9	9(路面)	兴安县	路面 K0+000~K27+500	中交第二公路工程局有限公司
10	10(路面)	灵川县	路面 K27+500~K53+401	中国葛洲坝集团股份有限公司
11	F1(房建)	兴安县	房建 K0+000~K27+500	湖南路桥建设集团公司
12	F2(房建)	灵川县	房建 K0+000~K27+500	湖南路桥建设集团公司
13	J1(通信管道)	兴安县、灵川县	通信管道 K0+000~K53+401	山西欣奥特自动化工程有限公司
14	J2(隔离栅)	兴安县	隔离栅 K0+000~K27+500	湖南省醴浏铁路交通工程有限公司
15	J3(隔离栅)	灵川县	隔离栅 K27+500~K53+401	北京华纬交通工程有限公司
16	J4(钢护栏)	兴安县	钢护栏 K0+000~K27+500	湖南通顺交通工程有限公司
17	J5(钢护栏)	灵川县	钢护栏 K27+500~K53+401	湖南通顺交通工程有限公司
18	J6(标志牌)	兴安县、灵川县	标志牌 K0+000~K53+401	江苏兴路交通工程有限公司

续上表

序号	标段	标段所在地	工程内容及长度	施工单位
19	J7（标线）	兴安县、灵川县	标线 K0+000～K53+401	江苏中路交通工程有限公司
20	J8（机电）	兴安县、灵川县	机电 K0+000～K53+401	南京凌云科技发展有限公司
21	L1（绿化）	兴安县	绿化 K0+000～K27+500	浏阳市镇头建筑园林有限责任公司
22	L2（绿化）	灵川县	绿化 K27+500～K53+401	湖北四季青景观园林建设有限公司

三、复杂技术工程

K37+404.5 五里牌分离式桥梁。跨径布置为 40m+65m+40m，单箱单室箱形截面。箱梁梁高、底板厚度均按 2 次抛物线变化，箱梁根部梁高（箱梁中心线）为 400cm，跨中梁高（箱梁中心线）为 220cm，箱梁顶板全宽为 1350cm，厚度为 60～26cm。腹板厚度分别为 60cm、45cm。箱梁在主墩墩顶处设 120cm 厚的横隔板，在边墩墩顶梁端处设 80cm 厚的横隔板，在中跨、边跨合龙段处设 40cm 厚的横隔板。

箱梁单 T 共分 9 段悬臂浇筑，0 号梁段长 500cm，其余 1～9 号梁段分段长为（5×300+4×350）cm，中、边跨合龙段长 200cm，主桥从两个主墩处按两个 T 堆成悬臂现浇施工，除 0 号梁段采用塔设托架浇筑完成，其余梁段采用挂篮悬浇，悬浇最重梁段为 975kg。两边跨 636cm 现浇段采用塔设支架浇筑。全桥合龙顺序为：先合龙边跨，去掉临时固结后再合龙中跨。

四、科技创新

（一）沥青路面裂缝处理

为了减轻公路养护的人力、机械消耗，路面裂缝 1cm 以下的采用卷材型贴缝带处理，比传统沥青灌缝有以下优点：施工简便、施工速度快、不易开裂、成本较低。经路段试验后裂缝处理较好。

（二）振动标线

桂兴路沿行车方向右侧车道边缘线采用振动标线，每当车辆越过该线时会发出较大的摩擦声，给驾驶员很好的提醒作用，尤其在夜间行车，效果十分明显。

五、运营管理

兴安至桂林高速公路全线目前设置有灵川服务区（目前处于试运营阶段）、溶江服务区（尚未开通）两个服务区，桂林北收费站、灵川西收费站、兴安城南收费站以及溶江收费站四个收费站见表8-36-3。

交通流量发展状况见表8-36-4。

收费站站点设置情况表 表8-36-3

站 点 名 称	车道数(条)	收 费 方 式
兴安城南站	2进4出(2出未建成)	人工收费
溶江站	2进2出(均未建成)	人工收费
灵川西站	2进2出(还有2出复式收费)	人工收费
桂林北站	5进7出	1进1出设计为ETC

交通流量发展状况表 表8-36-4

年份(年)	兴桂路起点—兴安城南(辆)	兴安城南—溶江(辆)	溶江—灵川西(辆)	灵川西—桂林北(辆)	日均车流量(辆/d)
2013(9个月)	2117722	2363911	2377957	2929082	8695
2014	3128028	3474672	3474672	3823855	9520
2015(6个月)	1770703	1903923	1903923	2067808	10519

第三十七节 防城至东兴高速公路

一、项目概况

(一)基本情况

防城至东兴高速公路(以下简称防东高速公路)全线位于广西防城港市境内,路线起于防城区,终于东兴市。防东高速公路是国家高速公路网兰州至海口高速公路钦州至东兴联络线的一段,是泛珠江三角洲区高速公路网的组成部分,也是广西高速公路网的重要组成部分,是广西出边出海最便捷的大通道,如图8-37-1所示。

防城至东兴高速公路全线位于广西防城港市境内,路线起于防城区大宝坝村,接钦州至防城港高速公路K18+655处,途经防城区防城镇、茅岭乡、滩营乡、华石镇、那梭镇、东兴市马路镇、江平镇、东兴镇,终于东兴市东面楠木山村,接县道X253线防城至东兴一级公路,与规划的中越北仑河二桥引道相连,路线全长55.187km,如图8-37-2所示。项目按新建双向四车道高速公路标准设计。主线设计里程55.187km,设计速度100km/h,路基宽度26m;江平连接线按二级公路标准设计,设计里程11.343km,设计速度80km/h。设置茅岭枢纽、防城北、华石、江平、东兴枢纽共5处互通立交,设置4处收费站和防城、东兴两个服务区。

图8-37-1 防东高速公路项目在路网中位置示意图

图8-37-2 防东高速公路路线示意图

防东高速公路概算投资25.189亿元,资金主要来源国家补助资金38900万元、债券资金100000万元、银行贷款112990万元。全线共征用土地7251.8亩;路基土石方量为1445万m^3,平均每公里土石方数量为26.19万m^3;全线桥39座(大桥17座,中桥21座,小桥1座);涵洞和通道372道。项目2011年3月开工,2013年12月建成。

项目地处广西东南沿海丘陵地区,十万大山的东南侧,山脉和谷地走向与构造线大体一致,主要呈南西—北东方向平行展布。总体地势为西高东低、北高南低,由西北向东南倾斜。路线带内地形起伏较大,最低海拔在0m以下(位于-K0+060冲仑江河床),最高海拔141.4m(位于K39+100左侧那碰岭顶),主要属剥蚀丘陵地貌类型,局部为河流堆积阶地、海岸堆积阶地地貌。

本项目工可批复建设工期3年,其中土建路基合同工期18个月,路面交安工程合同工期8个月,机电工程合同工期6个月,房建工程合同工期9个月,工程于2011年3月正式开工建设。项目建设过程克服了沿线社会治安环境恶劣、征地拆迁工作难度大、恶性阻工频发、雨水天气多、地方砂石建筑材料价格及人工成本大幅度上涨等不利因素影响,采取科学合理措施加速推进项目工程进度,于2013年12月通车试运营,在批复工期内完成项目建设。防东高速公路项目基本情况统计见表8-37-1。

防东高速公路项目基本情况统计表 表8-37-1

项　　目	基　本　情　况
工程投资	25.189亿元(概算)
工程起止桩号	-K0+750~K54+450
工程设计标准	四车道高速公路
开工时间、通车时间	2011年3月开工,2013年12月建成通车
地形条件	平原微丘区
连接线标准	江平连接线,二级公路80km/h,11.34km
桥隧比	无
施工图设计每公里土石方(万 m³)	26.19

(二)前期决策情况

为了适应经济社会的发展,自治区交通建设紧紧抓住经济发展由艰难爬坡向经济起飞的重要转变机遇期,围绕西南出海大通道发挥作用、加快建设连接东盟国际大通道和扎实推进泛珠三角区域合作的总体目标,着眼全区经济社会发展大局,以构建和谐交通为主线,为建设"富裕广西、文化广西、生态广西、平安广西"、为取得广西富民兴桂新跨越、全面建设小康社会的重要阶段性进展提供便捷、通畅、高效、安全的交通运输条件和运输服务。

2008年1月16日,国家批准实施《广西北部湾经济区发展规划》,这标志着广西北部湾经济区的开放开发正式纳入国家战略。随着国家"西部大开发"战略的深入实施,中国—东盟自由贸易区的逐步建立,泛北部湾经济合作、大湄公河次区域合作、泛珠三角区域合作等国际国内区域合作的发展和广西北部湾经济区的启动,广西的发展更加紧密地与周边省份和国家结合在一起,广西将成为区域性交通枢纽。为加快中国—东盟自由贸易区建设,推进泛北部湾区域经济合作,完善自治区路网布局,促进区域经济社会发展。

1.组建项目建设指挥部

根据广西壮族自治区党委、政府等上级领导的要求和防东高速公路建设实际,广西北投集团组建防东高速公路建设指挥部(下简称指挥部),负责防东高速公路建设。一是落实了指挥部内设机构,指挥部设综合部、合同计划部、工程管理部、财务部和协调部;二是指挥部人员到位,技术人员、财务人员、综合管理人员等全部到位;三是交通办公设备到位,管理用车、办公设备配备齐全;四是管理综合楼开工建设,改善项目建设管理环境;五是制定防东高速公路建设基本管理制度,涵盖工程建设各个环节的23项基本的规章制度和31项岗位职责,确保工程建设项目规范有序开展。

2.办理项目建设手续

按照基本项目建设程序的要求,防东高速公路指挥部积极与自治区和国家的发展改革部门、交通部门、环保部门、水利部门、国土部门、建设部门、金融部门七个相关单位对接、沟通,办理项目建设手续。一是完成环评、矿产、水保、土地、选址、资金、可行性研究评审意见和招标投标方案八项手续办理,2010年3月31日,国家发改委核准批复工程可行报告;二是办理林地使用、江河通航防洪、土地使用复垦等建设手续。

3.组织项目工程设计

(1)组织设计招标,确定设计单位。设计单位是广西壮族自治区交通规划勘察设计院。

(2)完成了项目的初步设计。设计单位2009年完成了初步设计的编制工作,并通过自治区交通运输厅对防东路初步设计的审查,2010年6月,国家交通运输部组织专家现场实地审查,召开初步设计审查会,同意初步设计。

(3)开展了施工图设计。

4.着手项目的工程招标

(1)制定了工程招标方案。落实了招标的组织形式、招标方式、标段划分、评标方法和招标工作时间安排。

(2)落实招标代理机构。编制招标代理机构询价文件,公开公正落实招标代理机构,防东高速公路路基监理招标代理机构是广西新衡通建设工程咨询有限公司。

5.展开了征地拆迁工作

(1)与防城区和东兴市分指挥对接征地拆迁工作,制订征地拆迁工作计划,明确征地拆迁任务责任;洽谈防东高速公路建设征地拆迁补偿标准。

(2)组织人员对防东高速公路的走向、地形地物、主要工程建筑调查,摸清了沿线征地拆迁基本情况。

(3)签订征地拆迁协议书。

(三)参建单位主要情况

(1)项目法人单位:广西北部湾投资集团有限公司。

(2)设计单位:具有公路工程甲级资质的广西壮族自治区交通规划勘察设计研究院。

(3)施工单位:全线参建单位14家,其中土建路基工程6个合同段,路面工程2个合同段,房建工程3个合同段,机电工程1个合同段,绿化2个合同段。

(4)监理单位:全线监理单位3家,监理合同3个,分别由具公路工程专业甲级监理、房屋建筑工程监理甲级广西八桂工程咨询广西桂通公路工程监理有限责任公司;公路工程甲级、房屋建筑工程监理乙级;公路机电工程专项中国公路工程咨询集团有限公司。

(5)质量监督单位:监督单位由广西壮族自治区交通工程质量安全监督站代表政府

主管部门对本项目进行监督。

二、建设情况

(一)项目准备阶段

1. 立项审批

项目由具有独立法人资格的广西北部湾投资集团有限公司负责建设管理,本项目工程建设严格依据国家法律法规和标准、规范、规程执行,严格执行国家的基本建设程序,从工程的立项、可行性研究、初步设计、施工图设计以及开工前的其他各项有关工作,均遵照国家基本建设程序及公路工程建设市场管理的有关规定,严格按要求分步骤逐一报批,循序地进行,国家基本建设程序审批手续齐全、完善,详情见表8-37-2。

防东高速公路立项审批情况一览表　　　　　表8-37-2

序号	建设程序	文件题名	批准单位	批复文号	批复时间
1	项目立项	关于2009年自治区层面统筹推进重大项目建设实施方案的通知	广西壮族自治区	桂政办发〔2009〕9号	2009.01.12
2	环境影响评价	关于广西壮族自治区防城至东兴公路环境影响评价报告书的批复	环保部	环审〔2009〕318号	2009.06.23
3	水土保护	关于国家高速公路兰州至海口防城至东兴段工程水土保持方案的复函	水利部	水保函〔2009〕339号	2009.09.28
4	路线选址规划		广西壮族自治区建设厅	选字第450000200900045号	2009.10.19
5	项目用地预审	关于国家高速公路兰州至海口防城至东兴段建设用地预审意见的复函	国土资源部	国土资预审字〔2009〕361号	2009.09.19
6	压覆矿产资源	关于国家高速公路兰州至海口防城至东兴段建设用地压矿情况的函	广西壮族自治区国土厅	桂矿资〔2008〕176号	2008.10.06
7	地质灾害性	国家高速公路兰州至海口防城至东兴段地质灾害危险性评估报告	广西壮族自治区国土厅	桂国土资地灾备〔2008〕324号	2008.10.20
8	工程可行性研究	国家发展改革委关于广西壮族自治区防城至东兴高速公路可行性报告的批复	国家发改委	发改基础〔2010〕639号	2010.03.31
9	初步设计	关于广西壮族自治区防城至东兴公路初步设计的批复	交通运输部	交公路发〔2010〕442号	2010.08.31

续上表

序号	建设程序	文件题名	批准单位	批复文号	批复时间
10	使用林地	使用林地审核同意书	国家林业局	林资许准〔2011〕324号	2011.11.25
11	项目临时占用林地	国家林业局关于批准广西壮族自治区防城至东兴公路项目临时占用林地行政许可的决定	国家林业局	林资许准〔2011〕325号	2011.11.25
12	项目工程建设用地报批	国土资源部关于防城至东兴高速公路工程建设用地的批复	国土资源部	国土资〔2012〕370号	2012.05.21
13	施工图设计	关于防城至东兴高速公路两阶段施工图设计的批复	广西壮族自治区交通运输厅	桂交建管函〔2011〕911号	2011.11.07
14	安全质量监督	关于下达防城至东兴高速公路建设工程质量安全生产监督计划的通知	广西壮族自治区交通工程质量监督站	交质检监督〔2011〕43号	2011.03.14
15	工程施工许可		交通运输部	交公路施工许可〔2012〕20号	2012.09.18

2.资金筹措

防东高速公路概算投资25.189亿元,资金主要来源国家补助资金38900万元、债券资金100000万元、银行贷款112990万元。

3.招投标情况

项目建设严格执行《中华人民共和国公路法》《中华人民共和国招投标法》《中华人民共和国合同法》以及交通运输部《公路建设市场管理办法》和《公路建设四项制度实施办法》等各项法律、法规,通过公开招标择优选定各设计单位、监理咨询单位、施工单位。在各次招投标活动中,业主的资格预审文件、招标文件均获得广西壮族自治区交通运输厅备案,招标各方行为守法规范,均能做到"公开、公平、公正、诚信"原则,广西壮族自治区交通运输厅对招标全过程进行监督,开标时由南宁市公证处进行公证,专家评标推荐,并经公示后由业主定标报广西壮族自治区交通运输厅备案,经广西壮族自治区交通运输厅批复后发中标通知书,招投标行为合法合规。

4.征地拆迁情况

项目在建设实施中,严格执行"十分珍惜、合理利用土地和切实保护耕地"的基本国策,使用土地严格执行国家的法律、法规,各项手续齐全。本项目通过统一征地拆迁工作程序、实行征地拆迁补偿资金分账户管理、先结算后支付、补偿资金支付"实名制"、补偿资金银行—银行—存折模式运行并定期回访检查等整套办法,尽可能避免和制止挪用、截留、贪污等违法犯罪现象的发生,保障建设资金安全,保护农户的合法权益。

(1)征地拆迁机构。

根据《自治区人民政府批转自治区发展改革委员会等部门关于支持基础设施重大项目建设用地征地拆迁若干规定的通知》(桂政发〔2008〕63号)文规定,成立防城区和东兴市征地拆迁分指挥部(简称"分指挥部"),代防城区、东兴市人民政府负责公路征地拆迁的各项具体工作。

(2)执行标准。

本工程项目建设对所征用土地的补偿标准均严格执行广西壮族自治区人民政府颁发的桂政发〔2009〕52号文件的有关规定,及时足额兑现征地拆迁款。工程建设中实行统一的征地拆迁补偿标准,各县市区也同时出台相关细化的标准以及程序。

(3)征地拆迁工程量。

总计征用永久性土地7251.8221亩、拆迁住宅房屋68809.424m^2;全线共支付征地拆迁款及上缴相关征迁费用27998.21万元。

标段划分情况,见表8-37-3。

标段划分情况表 表8-37-3

标段号	标段所在地	工程内容及长度	施工单位
路基No.1标	-K0+750~K5+000	路基施工,5.75km	广西壮族自治区公路桥梁工程总公司
路基No.2标	K5+000~K19+000	路基施工,14km	广西壮族自治区公路桥梁工程总公司
路基No.3标	K19+000~K33+000	路基施工,14km	中铁隧道集团有限公司
路基No.4标	K33+000~K44+000	路基施工,11km	广西路桥建设有限公司
路基No.5标	K44+400~K54+450	路基施工,9.45km	路桥集团国际建设股份有限公司
路基No.6标	K57+000~K72+000	江平连接线LK0+000~LK11+339.1路基、路面、桥涵、防护工程等	中铁十四局第五工程有限公司
路面No.LM1标	-K0+750~K27+000	路面施工、交通工程,27.75km	广西壮族自治区公路桥梁工程总公司
路面No.LM2标	K27+000~K54+450	路面施工、交通工程,27.45km	广西路桥建设有限公司
房建No.F1标	防城北匝道收费站、华石收费站		广西裕华建设集团有限公司
房建No.F2标	江平收费站、东兴收费站、东兴服务区上下行线、东兴管养中心		广西大业建设集团有限公司
房建No.F3标	防城服务区上下行线,以及相应的附属工程		中王帝印建筑工程集团有限公司
机电No.JD标	沿线监控、收费系统以及外接电网工程		广西交通科学研究院
绿化NOLH1标	-K0+000~K27+000景观绿化工程		深圳市北林地景园林工程有限公司
绿化NOLH2	K27+000~K54+450以及江平连接线LK0+000~LK11+339.1景观绿化工程		宁波市花园园林建设有限公司
设计合同段	-K0+750~K54+450	勘察设计	广西壮族自治区交通规划勘察设计研究院

续上表

标 段 号	标 段 所 在 地	工程内容及长度	施 工 单 位
监理 No. Ⅰ 合同段	路基 No.1~No.3；路面 No.LM1；房建 No.F1、No.F3 标	监理	广西桂通公路工程监理咨询有限责任公司
监理 No. Ⅱ 合同段	路基 No.4~No.6；路面 No.LM2；房建 No.F2	监理	广西八桂工程监理咨询有限公司
监理 NOFD-JDJ 合同段	沿线监控、收费系统以及外接电网工程	监理	中国公路工程咨询集团有限公司

(二)项目实施阶段

防东高速公路项目建设实施阶段性的管理,重点是做好监督,也就是追踪检查和考核,确保达到目标和落实计划。指挥部不定期地进行检查、跟进、发现问题,寻找与计划和实际之间的差距,采取相应的行动来协调和纠偏,按时完成阶段性和整体性目标,重点工作是做好进度、质量、安全、投资、信息管理。

防东高速公路项目建设实施阶段根据《公路工程设计变更管理办法》(交通部令2005年第5号)、《公路工程施工监理规范》(JTG G10—2006)、广西壮族自治区交通运输厅《广西公路工程设计变更管理办法》(桂交基建发〔2010〕第88号)的有关规定及本项目招标文件的有关规定制定了《防东路工程变更管理办法》,明确了监理、业主、交通主管部门的变更权限,对施工、监理、设计、业主单位提出的工程变更程序分别作了规定,规范了工程变更执行办法和相关的资料表格。在现场施工中,根据实际情况采取施工、监理、设计、业主四方共同现场办公,对确定的变更方案签署现场办公纪要,再予办理相关变更手续的方式,即保证工程顺利进展,又使变更手续得到完善。同时,建立了工程变更台账,对工程变更进行动态控制。

防东高速公路茅岭互通根据自治区2011年5月24日桂海高速公路改扩建有关问题专题会议精神,茅岭互通立交原施工图设计(按钦防高速公路六车道预留)须相应作出调整,将由四车道扩建为双向八车道,其标准路基宽度由24.5m调整为42m,设计变更后,茅岭互通立交形式仍采用原施工图设计的部分苜蓿叶+半定向型,仅对与被交公路相关的匝道及加减速车道进行优化调整。变更设计图纸经北京中交京华公路工程技术有限公司审查,茅岭互通立交变更后比初步设计批复概算增加了64301407元。

三、复杂技术工程

防东高速公路项目全线桥梁39座,其结构和受力是较简单的先简支后连续预应力混凝土梁桥或现浇连续梁天桥,工程建造技术上不存在特别复杂技术和施工难度。相对比较复杂的为一座茅岭互通 AK1+237.603 匝道桥。

茅岭互通区域最低海拔在 0m 以下（位于 -K0+060 冲仑江河床），主要有残坡积粉质黏土、砂质黏土、含砾砂土，冲洪积黏土、砂、圆砾。岩性主要表现为砾岩、细砂岩、粉砂岩、泥质粉砂岩、砂质页岩等。区域地质相对稳定，可以进行公路工程建设。

茅岭互通距离海岸线 10 多公里，区域内河流均属于咸淡水交汇河域，环境对桥梁结构损害大，根据项目实际情况，钢筋混凝土加入阻锈剂，防止海水对钢筋混凝土腐蚀，加入量为 $5kg/m^3$，直接在混凝土制备过程中进行加入。

茅岭互通 AK1+237.603 匝道桥跨越冲仑河，全长 251.622m，桥面宽 15m，按通航标准 Ⅶ(2) 级通航设计，单向通航，航道净宽 20m，上底宽 15m，净高 4.5m，侧高 2.8m。全桥共 2 联：$2×25m+(40+2×55+40)m$；上部结构第 1 联采用预应力混凝土（后张）箱梁，先简支后连续，第 2 联采用后张法预应力混凝土现浇变截面连续箱梁，下部结构 0 号桥台采用肋板台，6 号台采用 U 形台接承台，基础均为桩基础，1 号桥墩采用柱式墩，3 号、5 号桥墩采用实体墩，墩台均采用摩擦桩基础，4 号桥墩采用门式框架墩接承台，桩基础。本桥第四孔为通航孔，是整个项目关键性控制工程之一。

（一）桥梁施工的重点和难点

(1)涉及水中钻孔灌注桩施工，需搭设施工便桥和平台，水中墩柱小型钢围堰施工。

(2)上部结构为后张法预应力混凝土现浇变截面连续箱梁。

(3)区域内河流均属于咸淡水交汇河域，河道受到海潮涨落影响，环境对桥梁结构损害大等。

(4)茅岭互通 AK1+237.603 匝道桥第二联上部结构为后张法预应力混凝土现浇变截面连续箱梁，且位于河道区域，采用满堂式支架施工，靠近河岸采用回填硬化基础，钢管桩支撑。河道采用型钢桩，贝雷梁支架施工方法。工程量大、费工、费时，钢筋绑扎和混凝土浇筑时间长，如图 8-37-3、图 8-37-4 所示。

图 8-37-3　茅岭互通匝道桥施工前

图 8-37-4　茅岭互通匝道桥施工后

（5）由于桥跨越冲仑河，河道受到海潮涨落影响，桥墩受海水浸润，在施工技术时考虑减少海水以及空气中氯离子盐蚀，以及海潮对桥墩的冲刷，影响桥梁耐久性，在设计时，对桩基、墩柱等构件提高混凝土强度等级，增厚保护层，在钢筋混凝土加入阻锈剂，防止海水对钢筋混凝土腐蚀。

（6）要求预制场地标准化，施工过程规范化，工序操作精细化，构件成品优良化等措施，预防混凝土质量通病发生。

①集中预制预应力梁，设置大型预制场，建立混凝土搅拌站并配备大型起重机及专用门式吊车。

②把好混凝土施工配合比、混凝土保护层厚度、专项施工技术方案关。

③大梁预制中钢筋加工及安装、混凝土浇筑等桥梁工程的关键部位和关键工序，监理人员全程监理。

（二）桥梁施工技术措施及质量控制

（1）加强了该桥梁施工过程的技术指导，要求施工单位针对桥梁施工的重点、难点工程制定专项的施工技术方案，并对其方案进行审查。

①根据现场工程情况，寻找最恰当的技术方案，对施工方案要反复对比，保证人员、设备、材料、资金到位。

②从原材料着手控制，选择华润旋窑散装水泥、淡水河砂、抗海水腐蚀的集料以及外加剂，增加混凝土的抗腐蚀能力。各原材料均应检验合格方可使用，严格按审批的配合比施工，做好现场控制。

③桥梁位于河道桥墩受海水浸润，内受到海潮涨落影响，在施工技术上考虑减少海水以及空气中盐蚀对桥梁耐久性的影响，提高混凝土强度等级。加大钢筋保护层厚度（如墩柱）外，在钢筋混凝土加入阻锈剂，防止海水对钢筋混凝土腐蚀。

（2）对现场施工的技术管理。

①结构混凝土及预应力混凝土现场技术控制。

一是对构件混凝土的耐久性和良好的动力特性等方面的技术控制，以满足设计的纵横向刚度、抗扭刚度和工后沉降等方面要求。

二是严格预应力梁预制的施工工艺，及时量测预应力施工时两端的状态。严格控制预应力筋的位置和钢筋保护层厚度，对钢筋预埋件进行防锈处理等基本达到有控制。

三是现场浇筑的桩基水下混凝土严格施工工艺，确保尺寸、强度、刚度及使用性能满足设计要求。

②混凝土构件的钢筋加工及安装技术控制。

强调钢筋加工过程的控制，注意检查以下内容：

a.Ⅰ级钢筋末端应做180°弯钩,其弯弧内直径不应小于钢筋直径的2.5倍,弯钩的弯后平直部分长度不应小于钢筋直径的3倍。

b.Ⅱ级和Ⅲ级钢筋的弯弧内直径不小于钢筋直径的4倍,弯钩的弯后平直部分长度符合设计要求。

c.钢筋做不大于90°的弯折时,弯折处的弯弧内直径不小于钢筋直径的5倍。

d.圆盘条钢筋调直采用冷拉方法,严格控制冷拉率,对HPB235级钢筋的冷拉率不宜大于4%;HRB335级、HRB400级和RRH400级钢筋的冷拉率不宜大于1%。

e.在钢筋加工过程中,关注现钢筋脆断或力学性能显著不正常等现象时,现场施工员及监理取样对该批钢筋进行化学成分检验力学性能检验。

f.钢筋连接的技术控制。

桥涵钢筋连接方式主要有绑扎搭接、焊接、机械连接三种方式,钢筋焊接形式主要有:手工电弧焊、电渣压力焊。在桥梁桩基钢筋加工中,采用等强度直螺纹连接技术,加快了钢筋工程施工效率,提高了钢筋的施工质量。

g.钢筋安装的技术控制。

a)钢筋安装是钢筋分项工程质量控制的重点。钢筋安装时,受力钢筋的品种、级别、规格和数量必须符合设计要求。

b)钢筋保护层厚度不符合要求:钢筋保护层厚度不符合要求,这可能影响到结构构件的承载力和耐久性。《混凝土结构工程施工质量验收规范》(GB 50204—2002)对受力钢筋保护层的要求为合格率必须达到90%以上。

③混凝土施工过程质量控制。

为确保混凝土施工质量,防城至东兴高速公路项目混凝土施工全部要求采用搅拌站集中搅拌,采用专用的混凝土输送车运输。

a.混凝土浇筑前控制混合料坍落度,控制搅拌和运输时间。

b.混凝土灌注时其自由倾落高度不宜大于2.0m,当倾落高度大于2.0m时,应通过窜筒、溜管或振动溜管等设施下落。

c.混凝土浇筑时从低处向高处分层连续进行,其浇筑厚度不宜超过30cm。

d.混凝土采用机械振捣,控制振捣时间和振捣厚度。

e.混凝土浇筑过程中不得发生离析现象。从运输车卸出的混凝土不得发生离析、严重泌水现象,否则需重新搅拌合格后方能卸料。

(三)实施效果

工期控制从2011年3月至2013年12月,工期控制满足总体要求。

控制要求:桥涵结构的强度、保护层厚度、平整度三大指标符合设计及规范要求,工程评定为合格。

四、科技创新

防城至东兴高速公路,认真组织开展了科技创新活动,在推广新技术、新工艺、技术创新方面敢于尝试和创新,取得了实用成果,对其质量、进度、费用控制起到了关键的作用。

(一)采用平地机数字化施工工法进行路基土石方施工技术

路基土石方平地机数字化施工是利用计算机和传感设备通过 GPS 定位系统,在软件中建立虚拟的 3D 图形,使平地机操作手可以不借助机械外部的参考系直接在操作室内就能直观地观察到设计要求的平纵面数据,并与机械本身的姿态相结合,从而可以迅速而准确地完成路基填筑施工,如图 8-37-5 所示。而且该工法不受外部时间条件影响,可以 24h 不间断施工。在土建 No. 4 标合同段土石方施工的实际使用中,省略了每次填土所需的放桩、测量环节,高程可直接由操作手直观控制,从而大大节省了人力投入,减少机械空闲时间和台班费用消耗,作业的连续性和准确性完全符合现行土石方施工规范要求的各项指标,施工进度、施工质量大大提高,人力成本大大减少。

图 8-37-5　平地机施工现场图

路基土石方平地机数字化施工工法的操作流程为:向计算机软件中输入设计数据→基站的安装和调试→现场移动接收机的复测及定位→传感器的安装和调试→操作平地机进行施工。

(二)采用直投式"壳牌 Thiopave 改性剂"现场自主改性沥青的高速公路

采用直投式"壳牌 Thiopave 改性剂"现场自主改性沥青,并应用于防东高速公路 K17～K27 全幅硫黄沥青下面层,该产品在沥青混合料拌和过程中直接投放,解决了长期以来生产沥青混合料的高能耗、高污染、高成本、技术不稳定方面的技术难题,填补了我国"直投式—生产硫黄沥青混合料"技术的空白,同时,还具有替代部分沥青、灵活生产、降低成本、节能减排、资源再生等特点,是沥青混合料生产工艺的一次革命。更是直接降低了混合料的拌和温度,节约了拌和设备的燃料消耗,降低了 VOC(有机物挥发分)的排放和排入大气的 CO_2 的排放量。经检测,此次试验路各项技术指标均满足设计规范要求,且抗车辙能力,混合料残留稳定度、冻融劈裂强度明显高于普通沥青混凝土路面。改性沥青路面现场施工如图 8-37-6 所示。

(三)沥青拌和站新型监控设备应用

本项目在沥青面料施工拌和过程中,采用现代化的监控设备进行有效的立体监控,通过传感技术、移动通信技术、互联网应用等,把拌和站生产的混凝土每一盘生产数据进行实时采集、无线传输、存储,为管理各方提供了翔实有效的数据基础,并利用信息手段进行统计分析,从微观到宏观,用一系列列图表,提供及时准确的质量数据跟踪和分析,为决策者提供数据依据。另外,监控采用的是动态管理的方法,对生产过程进行跟踪观测,并将观测结果与标准值进行比较,若发现偏差,则立即进行纠偏,做到防患于未然,真正达到全面质量管理的要求。有效杜绝了偷工减料,确保工程质量。使施工真正实现了现代化和信息化。沥青拌和站现场如图 8-37-7 所示。

图 8-37-6　改性沥青路面现场施工图

图 8-37-7　沥青拌和站现场图

五、运营管理

(一)服务区设置

防东高速公路沿线设置有防城、东兴两对服务区,服务区都具备了停车、加油、修理、餐饮、购物等配套服务功能,目前只开放停车、加油、购物功能。

(二)收费站点设置

防东高速公路沿线设置有防城北、华石、江平、东兴 4 个收费站。具体见表 8-37-4。

收费站点设置情况表　　　　　表8-37-4

站 点 名 称	车道数(条)	收 费 方 式	站 点 名 称	车道数(条)	收 费 方 式
防城北站	8	联网收费	江平站	7	联网收费
华石站	7	联网收费	东兴站	15	联网收费

(三)车流量发展状况

从防城至东兴高速公路交通流量发展状况表可以看出,防城至东兴高速第一年的日均交通流量为4145辆/d,见表8-37-5和表8-37-6。

防城至东兴高速路交通流量发展状况表　　　　　表8-37-5

年份(年)	日均交通量(辆/d)	增(减)幅
2014	4145	

交通流量发展状况表　　　　　表8-37-6

年份(年)	路 段 一	路 段 二	路 段 三	日均车流量(辆/d)
2014	防城至东兴			4185
2015	防城至东兴			4941
2016	防城至东兴			5245

(四)养护模式

防东高速公路由防城港管理处进行管养,养护模式为管养分离,通过招投标模式确定中标单位,由中标单位在管理处所辖路段安排至少一支施工养护队伍负责日常的养护。

第三十八节　河池至都安高速公路

一、项目概况

(一)基本情况

河池至都安高速公路(以下简称河都路)是《国家高速公路网规划》中兰州至海口(纵八)和国道主干线重庆至湛江公路在广西境内的重要组成部分,也是规划"五纵八横八支线"中南丹至东兴公路的重要路段,是联系广西桂西北与桂西南经济区重要的干线公路,是西南地区最便捷的出海通道。本项目的实施对完善国家及广西高速公路网和贯彻中央"充分发挥广西作为西南地区出海通道的作用"决策,促进北部湾经济区崛起,实施西部大开发战略,对加快构建中国—东盟自由贸易区,形成泛珠江三角洲经济圈,促进区域经济合作和广西经济社会发展有着重要的意义。

河都路起于河池市肯研那龙水库,接在建的宜州至河池高速公路的肯研枢纽互通式立交,终点于都安县地苏乡东盘村东侧(K95+182.828),与都安至南宁高速公路K198+200处相接。路线全长92.315km。中间主要控制点:金城江区六圩镇、宜州市龙头乡;都安县板岭乡、永安乡、大兴乡、高岭镇、地苏乡;全线在龙头、永安、高岭、都安4处设置互通式立交。

河都路项目工程永久性征地丈量面积(含红线外改路改沟用地)7694.44亩;房屋丈量面积81314.76m^2,已登记造册坟墓3262座。路基土石方约1088万m^3,沥青混凝土路面约1560.3km^2,水泥混凝土路面11.9km^2;全线设置桥梁8804.7m/54座,其中特大桥1087.7m/1座,大桥5498.5m/20座,中桥2189m/32座(含6座天桥),小桥29.5m/1座;隧道27道共20372.8m,通道101座,涵洞208座;互通式立交4处;通信监控分中心1处,养护工区3处,服务区2处,停车区1处,匝道收费站3处。项目总投资656711万元。

河都路自2010年11月18日正式实质性开工,经过建设单位、设计单位、监理单位、施工单位共同努力,于2014年9月26日正式建成通车,比批复4年建设工期提前约2个月,是广西近年所建高速公路建设速度最快、质量最好的高速公路之一。河都路项目基本情况统计见表8-38-1。

河都路项目基本情况统计表　　　表8-38-1

项　　目	基　本　情　况
工程投资	65.56亿元(概算)
工程起止桩号	YK2+875.987~K95+182.828
工程设计标准	四车道高速公路
开工日期、通车时间	2010年11月18日开工,2014年9月26日建成通车
地形及地貌	典型的中国西南喀斯特地区。沿线主要地貌类型有岩溶峰丛洼地地貌、侵蚀堆积河流阶地地貌及剥蚀丘陵地貌
施工图设计每公里土石方(万m^3)	11.97
实际征用土地数(亩)	7694.44
桥隧比	31.6%

(二)前期决策情况

河都路项目建设的前期决策包含项目立项建议书、项目可行性研究报告和项目设计阶段。

本项目从开始筹备工作小组开始,规范了河都路项目建设业主单位的管理行为,从加强对建设过程的监督管理开始,强化河都路项目基础设施建设,维护建设市场秩序,提高工程质量和投资效益。

项目建设前期工作质量是加强前期工作的关键。河都路项目建设前期工作分为三个阶段:预可行性研究即项目立项阶段、工程可行性研究阶段、初步设计阶段。贯穿于三阶段的核心重点是设计工作,要提高项目前期工作的质量实质是提高设计质量。这就要求设计单位要深入现场,做深做细地质勘察等基础工作,尤其对路线方案的比选,对不良地质的处治,特大桥梁、隧道群、长隧道、高填深挖路段要做深度方案,反复比选,科学合理地确定推荐方案。占用耕地、水土保持、环境保护等工作要予以充分关注。

1. 招投标择优选择设计单位

河都路项目按照设计招投标的有关文件精神,实施设计招标。从10多家有效投标人中最终择优确定了广西交通规划勘察设计研究院、北京交科公路勘察设计研究院有限公司分别承担设计任务。通过合同相互约束,确定设计周期、设计深度及相应责任。

2. 建立预审制度

建立工程可行性研究报告和初步设计文件预审制度,是确保设计质量关键,直接影响到建设成本、营运。项目建设筹备组工程技术干部、广西壮族自治区交通运输厅公路工程专家组组成评审小组,对"河池至都安高速公路可行性研究、河池至都安高速公路初步设计、关键技术设计和两阶段施工图设计"实行全过程进行方案技术论证和评估。专家组多次深入现场,在调查研究基础上,对比选方案进行技术经济的全面评估、论证,对推荐方案,提出评估意见。

3. 前期工作规划的前瞻性

项目建设的前期工作是将规划构想转化为项目实施的关键阶段。河都路项目从规划的全局和远景来把握研究所建设项目,保证项目决策的科学性、系统性和协调性。做好河都路项目前期工作前提,是制定好既具有前瞻性,又具有可操作性的河都路项目建设规划。根据已批准的公路建设规划中项目的建设时序,广西交通投资集团选择了河都项目并制订下达项目建设前期工作计划。项目公司在筹备阶段即组织进行了全线的现场踏勘,注重对河都路的选线方案、地方材料的选择、特殊路基处理、桥隧涵洞通道位置的确定进行优化。

4. 规范施工招标

本项目建设严格执行《中华人民共和国公路法》《中华人民共和国招投标法》《中华人民共和国合同法》和交通运输部《公路建设市场管理办法》《公路建设四项制度实施办法》等各项法律、法规,通过公开招标择优选定各设计单位、监理咨询单位、各工程施工单位。在各次招投标活动中,业主的资格(预)审文件、招标文件均获得广西壮族自治区交通厅的批复。招投标各方行为守法规范,均能做到"公开、公平、公正、诚信"原则,广西壮族自治区交通厅对招标全过程进行监督,开标时由广西南宁市公证处对开标全过程进行了公证,专家评标推荐,最后由评标委员定标并上网公示,整个招标工作合法有效,未收到任何不良反映。

（三）参建单位主要情况

本项目是经广西壮族自治区人民政府批准,并授权广西交通投资集团有限公司(以下简称"交投集团")代表广西壮族自治区人民政府进行投资建设管理的大型公路建设项目。广西交通投资集团出资注册资金,于2009年12月31日成立广西桂山高速公路有限公司独资企业,并于2010年1月20日在广西壮族自治区工商局注册成立,为项目公司独立法人。公司主要职能是负责河都高速项目的建设、经营管理。根据"两块牌子,一套人马"的原则,项目公司还成立河池至都安高速公路工程建设指挥部,由项目公司董事长兼任指挥长。项目公司(指挥部)设置了行政综合部、工程管理部、质量安全部、协调部、财务部、合同计划部6个职能部门,具体负责组织、协调、指挥项目工程建设管理各方面的工作。

公司始终以"干成事,不出事"为原则,坚持"更高、更严、更好"的工作要求,坚持"以人为本、根本在人、质量第一、安全第一、生态和谐"的管理理念,本着求真务实的工作作风,深入开展"一号六岗"活动和"1150"工程,在项目工程技术管理、安全质量管理、资金管理、廉政建设等各个方面取得了较好的成绩,为加快广西交通建设事业的发展作出了积极贡献。

广西桂山高速公路有限公司经过招投标,从投标单位中择优录取广西壮族自治区交通规划勘察设计研究院等10余家单位(表8-38-2)。

1. 设计单位

承担第一、二合同段设计任务的广西壮族自治区交通规划勘察设计研究院,共有工程勘察综合类甲级 200101-KJ,公路行业(公路、特大桥梁、交通工程、特大隧道)甲级 A145002876。

承担第三设计合同段的北京交科公路勘察设计研究院有限公司,具有工程勘察综合类甲级,公路行业(公路、特大桥梁、交通工程、特大隧道)甲级相应资质。

2. 中心实验室

河都路设置中心实验室,有具有甲级资质,广西壮族自治区重点实验室的广西交通科学研究院组建。中心实验室对河都路指挥部负责,是指挥部的试验检测职能部门,负责全线试验、检验业务管理。对整个工程项目的试验、检测进行控制,有权对各种试验检测数据随时进行检查。

3. 监理单位

全线设置4个总监办,分别由具有公路工程甲级资质的北京华宏工程咨询有限公司等四家监理单位中标承担。

4.施工单位

全线施工单位10家,依次划分为土建路基工程4个合同段,路面工程2个合同段,绿化2个合同,机电工程2个合同段。所有施工单位,均具有相应施工资质。

5.质量监督单位

监督单位由广西壮族自治区交通工程质量安全监督站代表政府主管部门对本项目进行监督。

河都路主要参建单位一览表　　表8-38-2

单位类别		单位名称		
建设单位		广西桂山高速公路有限公司		
监督单位		广西壮族自治区交通工程质量安全监督站		
项目	合同号	中标单位	里程(km)	中标金额(万元)
设计单位	第一合同	广西交通规划勘察设计研究院	92.315	4400.00
	第二合同			3530.00
	第三合同	北京交科公路勘察设计研究院有限公司		386.5346
中心实验室	No. HDSY	广西交通科学研究院	92.315	955.08
监理单位	第一总监办(No.Ⅰ)	北京华宏工程咨询有限公司	26.814	1126.2
	第二总监办(No.Ⅱ)	重庆锦程工程咨询有限公司	22.94	1090.4778
	第三总监办(No.Ⅲ)	中国公路工程咨询集团有限公司	19.323	1142.9643
	第四总监办(No.Ⅳ)	湖北双庆工程咨询监理有限公司	23.867	1065.856
土建单位	No. 1	北京市公路桥梁建设集团有限公司	26.814	91157.166
	No. 2	安通建设有限公司	22.94	89777.652
	No. 3	路桥集团国际建设股份有限公司	19.323	100973.17
	No. 4	贵州省公路工程集团有限公司	23.867	66528.424
路面工程	路面A标(No.A)	广西公路桥梁工程总公司	49.124	50810.0966
	路面B标(No.B)	广西路桥建设有限公司	43.183	42864.8879
景观绿化工程	绿化1标(No.LH1)	南昌市世纪园林实业有限公司	49.124	1108.5023
	绿化2标(No.LH2)	深圳市艺园园林绿化有限公司	43.183	871.1396
机电工程	机电 No.JD1	北京瑞华赢科技发展有限公司	92.315	5783.5268
	机电 No.JD2	广西交通科学研究院	92.315	20228.6196

二、建设情况

(一)项目准备阶段

1.立项审批

项目由广西交通投资集团有限公司的子公司广西桂山高速公路有限公司负责建设管

理,项目筹建以来,指挥部严格依据国家法律法规和标准、规范、规程执行,严格执行国家的基本建设程序,从工程的立项、可行性研究、初步设计、施工图设计以及开工前的其他各项有关工作,均遵照国家基本建设程序及公路工程建设市场管理的有关规定,重视项目各项基本建设程序手续报批工作,专人负责,积极主动与广西壮族自治区交通运输厅、国土资源厅等相关单位沟通对接,紧密跟踪各项报批工作进展情况,使各项报批工作得到顺利推进。2011年4月1日交通运输部交公路施工许可〔2011〕9号文件批复本项目施工许可,标志着本项目按照国家规定的各项建设许可手续全部办理完成,详情见表8-38-3。

河都路立项审批情况一览表　　　　　　　表8-38-3

序号	建设程序	审批单位	批复日期	文件编号	文件题名	备注
1	水土保持方案	水利部	2008.11.18	水保函〔2008〕312号	水利部关于河池至都安高速公路工程水土保持方案的批复	
2	环评	国家环保总局	2009.06.23	环审〔2009〕317号	国家环保总局关于河池至都安高速公路工程环境影响报告的批复	
3	项目可研报告	国家发改委	2009.12.11	发改基础〔2009〕3171号	国家发改委关于河池至都安高速公路工程工可报告的批复	
4	初步设计批复	交通运输部	2010.04.14	交公路发〔2010〕186号	交通运输部关于河池至都安高速公路工程初步设计的批复	
5	项目用地预审	国土资源部	2009.06.01	国土资预审字〔2009〕234号	国土资源部关于河池至都安高速公路工程用地预审的批复	
6	压矿	广西壮族自治区国土资源厅	2008.05.15	桂矿资〔2008〕71号	自治区国土资源厅关于河池至都安高速公路工程对压矿评估的批复	
7	林地	国家林业局	2010.06.09	林资许准〔2010〕161号、林资许准〔2010〕162号	国家林业局关于河池至都安高速公路工程建设用林地的批复	

续上表

序号	建设程序	审批单位	批复日期	文件编号	文件题名	备注
8	地灾	广西壮族自治区国土资源厅	2008.05.15	桂国土资地灾备〔2008〕112号	自治区国土资源厅关于河池至都安高速公路工程地灾评估报告的批复	
9	文物保护	广西壮族自治区文化厅	2009.06.04	桂文函〔2009〕212号	自治区文化厅关于河池至都安高速公路工程文物保护调查结论的批复	
10	项目工程建设用地批复	国土资源部	2010.12.29	国土资函〔2010〕1109号	国土资源部关于河池至都安高速公路工程建设用地的批复	
11	工程质量安全生产监督	广西壮族自治区交通质监站	2010.12.10	交质监监督〔2010〕186号	广西交通工程质量监督站下达河池至都安高速公路工程质量安全生产监督计划的通知	
12	施工图设计批复	广西壮族自治区交通运输厅	2010.10.27	桂交基建函〔2010〕798号	关于河池至都安高速公路两阶段施工图设计的批复	
13	监理招标	广西壮族自治区交通运输厅	2010.08.03	桂交基建报〔2010〕86号、桂交基建报〔2010〕153号	广西交通运输厅关于河池至都安高速公路工程监理招标结果的备案批复	
14	施工招标	广西壮族自治区交通运输厅	2010.09.09	桂交基建报〔2010〕106号、桂交基建报〔2010〕184号	广西交通运输厅关于河池至都安高速公路工程施工招标结果核备的批复	
15	项目施工许可	交通运输部	2011.04.01		施工许可申请报告上签署同意意见	

2.资金筹措

项目总投资656711万元,资金来源为交通运输部车购税补助资金110200.00万元,集团公司拨入资本金176641.00万元,银行贷款369870.00万元等。

第八章 高速公路项目建设

3. 招投标及标段划分

本项目建设严格执行《中华人民共和国公路法》《中华人民共和国招投标法》《中华人民共和国合同法》和交通运输部《公路建设市场管理办法》《公路建设四项制度实施办法》等各项法律、法规,通过公开招标择优选定各设计单位、监理咨询单位、各工程施工单位。在各次招投标活动中,业主的资格(预)审文件、招标文件均获得广西壮族自治区交通厅的批复。招投标各方行为守法规范,均能做到"公开、公平、公正、诚信"原则,广西壮族自治区交通厅对招标全过程进行监督,开标时由广西南宁市公证处对开标全过程进行了公证,专家评标推荐,最后由评标委员定标并上网公示,整个招标工作合法有效,未收到任何不良反应。

河都路建设合同段划分方案,经统筹综合考虑,土建项目共划分为 4 个施工标段,路面工程共划分 2 个标段,景观绿化工程共划分 2 个标段,机电工程共划分 2 个标段,具体划分情况见表 8-38-4。

标段划分情况表　　　　　表 8-38-4

标段号	标段所在地	工程内容及长度（km）	施工单位
No.1	K2+875.987~YK29+060(ZK29+101)	土建施工,26.814	北京市公路桥梁建设集团有限公司
No.2	YK29+060(ZK29+010)~K50+000.134	土建施工,22.94	安通建设有限公司
No.3	K52+000.134~K71+315	土建施工,19.323	路桥集团国际建设股份有限公司
No.4	K71+315~K95+182.828	土建施工,23.867	贵州省公路工程集团有限公司
路面 A 标(No.A)	K2+875.987~K52+000.134	路面施工,49.124	广西公路桥梁工程总公司
路面 B 标(No.B)	K52+000.134~K95+182.828	路面施工,43.183	广西路桥建设有限公司
绿化 1 标(No.LH1)	K2+875.987~K52+000.134	绿化,49.124	南昌市世纪园林实业有限公司
绿化 2 标(No.LH2)	K52+000.134~K95+182.828	绿化,43.183	深圳市艺园园林绿化有限公司
机电 No.JD1	K2+876~K95+183	机电工程,92.315	北京瑞华赢科技发展有限公司
机电 No.JD2	K2+875.987~K95+182.828	机电工程,92.315	广西交通科学研究院
设计第一合同	K2+875.987~K95+182.828	勘察设计,92.315	广西交通规划勘察设计研究院
设计第二合同			
设计第三合同	K2+875.987~K95+182.828	勘察设计	北京交科公路勘察设计研究院有限公司
监理(No.Ⅰ)	K2+875.987~K29+060	监理,26.814	北京华宏工程咨询有限公司
监理(No.Ⅱ)	K29+060~K52+000.134	监理,22.94	重庆锦程工程咨询有限公司
监理(No.Ⅲ)	K52+000.134~K71+315	监理,19.323	中国公路工程咨询集团有限公司
监理(No.Ⅳ)	K71+315~K93+900	监理,23.867	湖北双庆工程咨询监理有限公司
实验检测合同	K2+875.987~K95+182.828	监理,92.315	广西交通科学研究院

4. 征地拆迁

本项目在建设实施中,严格执行"十分珍惜、合理利用土地和切实保护耕地"的基本国策,使用土地严格执行国家的法律、法规,各项手续齐全。本项目严格执行《广西壮族自治区基础设施重大项目建设用地征地拆迁暂行办法》(桂政发〔2000〕39号)文件精神,设计征地实行县(市)人民政府包干负责制;拆迁采用业主代表、当地政府及拆迁户主几方现场丈量及确认,统一由当地政府分指挥部负责征地拆迁补偿资金分发。实行征地拆迁补偿资金分账户管理、先结算后支付、补偿资金支付"实名制"、补偿资金银行—银行—存折模式运行并定期回访检查等办法。从项目公司拨付征地拆迁补偿费起即明确每一分钱的受益人,及时、足额、安全地将补偿费支付到农户手中,力图从制度和操作程序上保证征地拆迁补偿资金专款专用,避免和制止挪用、截留、贪污等违法犯罪现象的发生,保障建设资金安全,保护农户的合法权益。

(1)征用土地批复情况。2010年12月,《国土资源部关于河池至都安高速公路工程建设用地的批复》(国土资函〔2010〕1109号)批复了本项目建设用地方案,批复用地7032.783亩。

(2)征地拆迁机构。根据《广西壮族自治区基础设施重大项目建设用地征地拆迁暂行办法》(桂政发〔2000〕39号)规定,项目公司成立协调部专职负责征地拆迁工作,并由项目指挥部一名副指挥长挂帅,负责项目建设征地拆迁的各项具体工作。本项目通过协议方式委托沿线完成全线征地、拆迁及相关协调工作。

(3)执行标准。本项目建设对所征用土地的补偿标准及补偿操作程序,均严格执行广西壮族自治区人民政府桂政发〔2000〕39号、桂计法规〔2002〕274号文件要求,并根据当地实际情况,按照沿线地方政府制定的补充文件的补偿标准及时足额兑现征地拆迁款。

(4)征地拆迁工程量。河都路项目工程永久性征地丈量面积(含改路改沟用地)7694.44亩;房屋丈量面积81314.76m²,已登记造册坟墓3262座。

征地拆迁情况统计见表8-38-5。

征地拆迁情况统计表　　　　　　　　　　　　　表8-38-5

征地拆迁安置起止时间	征用土地(亩)	拆迁房屋(m²)	支付补偿费用(元)	备注
2010.11~2014.09	7694.44	81314.76	329212295.42	

(二)项目实施阶段

1.重大决策

河都高速公路在建设期间,不同阶段作出了重大决策。

(1)喀斯特地区典型示范性工程。2008年,自治区党委、政府提出了"交通优先发展"的战略,掀起了新一轮高速公路建设高潮。随着广西交通投资集团有限公司的组建及发展,筹备、在建项目达20多个,亟需打造一批优质工程、品牌工程,积极为社会奉献精品。2009年9月,广西交通投资集团公司明确提出要把河都路建设成广西首条喀斯特地貌山区高速公路典型示范工程,在建设管理方法及理念、设计方法及理念、施工标准化等方面起示范作用。为此,河都路自筹备建设起,项目建设指挥部就以"典型示范"为指导思想,通过调研、研讨、总结,提出了河都路典型示范工程建设管理总体目标、安全目标、优质目标、文化目标、典型示范目标,作为河都路管理、设计、施工、科研等方面的纲领和指导思想。

为了落实这一重大决策,作为业主的广西桂山高速公路有限公司,首先创新了建设管理体系,牢牢把握制度保障质量、进度、费用、安全的核心关键。根据《公路工程设计变更管理办法》(交通部令2005年第5号)、《公路工程施工监理规范》(JTG G10—2006)、广西壮族自治区交通运输厅《广西公路工程设计变更管理办法》(桂交基建发〔2010〕第88号)的有关规定,指挥部制定、出台了《工程变更管理办法》《岩溶地区填石路堤施工技术指南》《混凝土防撞护栏施工技术指南》《河都高速公路工程档案实施细则》等项目法规。这些法规,对统一、规范全线起到了核心指导作用。根据项目特点,业主制定了90个制度和管理办法并汇总成《广西桂山高速公路有限公司项目管理手册》,统领项目管理,保证项目建设处于受控状态,有条不紊、有序推进。其次,创新顶层设计与建设理念。2010年8月,交通运输部提出公路建设要推行"人本化、专业化、标准化、信息化、精细化",这是新时期我国公路工程管理的核心理念和科学要求,是公路交通发展方式的一次重大变革。广西桂山公司牢牢把握建设管理的新理念、新要求,把施工标准化作为落实"五化"理念、推进现代工程管理的重要抓手,从顶层设计角度,提出了喀斯特地貌山区高速公路的总体建设目标为"安全、优质、生态、创新、典型示范"。项目建设过程中,业主明确提出了"设计是灵魂,施工是关键,监理是手段,管理是保障,共同打造优质工程,示范工程,确保典型示范目标的实现"的建设理念。除了建设管理体系创新,顶层设计与建设理念外,同时在招标管理、计量支付、财务投资管理、征地拆迁程序及施工保障、工程试验检测机制等方面进行了大胆创新,在实施中收到了很好的成效。这些创新成果,融进了河都路典型示范工程的组成部分。贯彻落实重大决策,措施落地结硕果:

①场站建设标准化。场站建设按标准化要求,进行合理规划。路面工程场站建设,严格按照"工厂化、集约化、专业化、规范化"的要求进行选址和规划;拌和站内所有砂石料按材料级配分场堆放,路面堆料场均设弧度挡雨棚,并对堆放场地及路面全部进行混凝土硬化。同时,配备标示牌对各堆料场地进行明确标识,避免混料。驻地办公条件宽敞、整洁、优美。

②桥隧结构施工精雕细琢。既注重了主体结构的内实外美,还加强了附属工程的精细化管理。如桥梁在混凝土防护栏采用不锈钢制作钢模板,克服了普通模板容易造成的线条不顺、混凝土表面气泡、气孔多等问题,取得了明显效果;隧道电缆沟盖板、边沟台帽、边沟盖板、路面集水槽等小型构件,在广西高速公路建设首开先河,改为建造小构件预制

厂,实行工厂化作业,进行集中统一预制,保证了小型构件的内实外美。

③路床结构碎石化。河都路以石方路基为主,石料丰富,取土困难,尤其符合路床使用的细粒土更加缺乏。为此,在路基路床施工中,首次采取加工0～4cm和0～6cm两个粒级的碎石作为填石路基、过湿土路段的路床填料,比规范要求的0～10cm提高了一级。实际上路床结构材料达到路面垫层要求,极大提高了路面强度。

④路面施工标准化。河都高速公路采取了一系列新工艺、新措施,推进路面施工标准化,确保路面工程保质保量完成:级配碎石垫层采取了集中拌和混合料、摊铺机摊铺工艺,保证垫层成型质量、减少离析现象;水泥混凝土桥面铺装层表面采用抛丸工艺进行处理,提高了桥面和沥青路面的连接性能;采用改性乳化沥青稀浆封层摊铺机摊铺封层,加强了层间黏接力,其中改性乳化沥青稀浆封层为广西高速公路第一次大规模使用,封层质量效果较好;36cm的大厚度水泥碎石基层采取了"两次摊铺、一次成型"施工工艺,保证了大厚度基层成为一个整体,成型质量、芯样的完整性、密实度、高程、层厚、平整度等控制较好,确保了路面整体承载性能;从沥青下面层开始,强制采用半幅全宽摊铺机进行摊铺,避免了以往分机摊铺存在的中间接缝渗水、不平整等通病,特别是表面层采用了自动变换宽度、抗离析的大型摊铺机进行摊铺,保持了摊铺的连续性,对河都路桥、隧、路频繁变换的实际适应性强,路面均匀、光洁、平整,使路面质量维持了一个较高的水平,如图8-38-1所示。

图8-38-1 河都路沥青路面摊铺现场

⑤材料把关保质量。严格把控材料料源及进场材料质量。项目对料场规模、开采点数量进行严格控制,对碎石加工工艺严格要求,如沥青面层用粗集料要求采用二破工艺,对含泥量大、级配不合格的材料,及时清除出场。所有房建工程装修材料,实行了业主备案制度,承包人采购前必须获得业主批准。

为控制好沥青材料质量,成立了沥青质量监控小组,进驻北海港埃索沥青仓库,对沥青原料从抵港至施工现场进行全过程跟踪、检测,对发往工地的沥青车辆进行钢丝封条及GPS定位,防止调包,确保了沥青材料质量。

⑥机电交安工程施工标准化。引进《福建省高速公路机电工程施工标准化管理指南》作为河都路机电工程管理和施工标准,保证施工管理的有序性。10kV外接电,大部分是从当地邻近变电站引专线,保证后期运营管理用电稳定。交通安全工程施工,用定制的标准间距尺对立柱的间距进行复测,保证护栏立柱的竖直度,在现浇混凝土时对每根立柱用吊锤检测立柱的竖直度,保证钢护栏线形与公路线形一致。全线27座隧道内,设置拱形整体式轮廓标,提醒驾驶员注意隧道的轮廓,以尽量减少车辆剐碰隧道结构物或机电设施设备。隧道入口计划采用彩色路面并设置振动标线及路肩导流标线,隧道内均设置为振动标线,车道分界线采用黄色实线振动标线,一旦车辆行驶过或压上标线,将提醒驾驶员及时纠正行车路线。

⑦平安示范工地。项目实施过程中,指挥部结合工程建设情况,通过"平安工地"活动的全面开展,深入排查治理施工隐患,及时进行指导,提前做好预防措施;积极做好各总监办、各施工单位的现场管理工作;确保安全工作不留死角;扎实开展安全生产"六个一"活动,突出安全施工重点,把桥梁及隧道作为安全监控重点、隐患排查主要对象,加强安全制度和现场安全防护措施的贯彻落实,突出抓好隧道施工、桥梁施工有关安全规定的落实。自开工以来,工程建设安全生产处于可控在控状态,实现了安全生产零(责任)事故的目标。2013年度获得广西壮族自治区交通运输厅"平安示范工地"称号,并被推荐为交通运输部"平安示范工地"创建单位。

⑧谋部署,勤检查、重落实。根据气候特征,抢抓旱季关键施工期;采用倒排计划,狠抓落实,生产计划精确到具体桩号;注重计划的跟踪调整,以旬保月、以月保季、以季保年,关键性工程实施日报制度;加强对落后项目、滞后分项工程的施工管理;注重检查落实,坚持做到每月进行一次全面检查评比。这些措施,确保了施工进度。

⑨克难攻坚控制工程。征地拆迁、涉农路系水系、隧道群、长隧道、特大桥、深挖石灰岩路堑均是河都路的关键控制工程,并且线多面广。针对河都路的施工重点难点,指挥部成立了征地拆迁、谢家峒隧道溶洞处理等多个"突击队",克难攻坚,加大了攻坚力度。一是以分管领导为组长、工程部门负责人现场蹲点、主管工程师常驻工地的方式加强控制性工程现场管理;二是要求施工单位派出公司副总常驻现场,通过加倍投入人员、设备,全面优化施工方案,24h不间断施工等措施,确保了控制性工程的施工进度;三是对每个关键性节点采取重奖重罚等措施,激励承包人加大了资源的投入。通过采取一系列的措施,河都路的控制性工程取得了满意的成绩:如聋竹坪特大桥的空心薄壁墩施工,使用了滑模施工新工艺,不仅保证了工程质量,还加快了进度,37根墩柱,仅用10个多月就全部完工,创造了1天浇筑5m高墩柱的"河都速度";为降低对靠近红线边密集民房"特殊路段石方

作业"的影响，旺六段等采用劈裂机开挖石方工艺，在正常情况施工慢的情况下，加大投入，确保了河都路如期建成目标。

（2）大标段招标。在制订招标计划时，明确本项目采用大标段招标，全线92.315km，分4个标，最大标的约10亿元，最小标的6亿多。根据交通运输部及省级交通主管部门上一年度公布的企业信用评价名录中选定AA信用评级等级，资产实力雄厚的特级企业或一级企业资质企业。通过认真细致的招标工作，公司引进了履约能力强、信誉好的施工单位，为项目的顺利推进奠定了基础。

后来的实践证明，采用大标段制的重大决策，对实施典型示范工程起到了积极的作用。

（3）广西地区首次应用改性乳化沥青稀浆封层施工结构。这种新型路面封层施工，使用专用稀浆封层摊铺车施工。经科技改良后的摊铺设备，能实现从放料到摊铺的"一体化"施工，相比之前较陈旧的人工加机械摊铺，速度更为加快，工艺更加规范，并且质量得到进一步保证。

2. 重大变更

整个河池至都安高速公路从立项到建设期间，项目业主多次提出优选方案，设计单位精心设计，施工、监理认真领会设计意图，河都高速公路无重大变更。

3. 重大事件

（1）项目于2009年12月29日举行开工典礼，自治区副主席陈刚参加奠基仪式。

（2）2012年12月，在交通运输部组织的高速公路项目"国检"中，河都路得到检查组很高的评价，认为"广西高速公路建设管理已进入了全国先进行列"。

（3）2013年获得了广西壮族自治区交通运输厅"平安工地"示范，并且被推荐为交通运输部"平安工地"示范项目。

（4）2014年6月19日，广西壮族自治区政府陈武主席在河都路考察时，对河都路建设所取得的成绩给予了充分肯定，认为河都路"路面平整、行车舒适"。

（5）广西桂山高速公路有限公司于2012年、2013、2014年被广西交通投资集团评为被为先进单位。

（6）2014年9月24日顺利通过自治区质量监督站组织的交通验收，9月26日正式通车。

三、复杂技术工程

（一）桥梁

（1）地形及技术特征。聋竹坪高架大桥（YK35+412、ZK35+020、ZK35+620）位于都安县板岭乡永顺村南东约850m处,跨越山间谷地及两条乡间小路(图8-38-3)。桥位区属岩溶峰丛谷地地貌,桥梁两侧桥台位于峰丛山体陡坡上,自然地面横坡为40°~50°,局部达70°左右,相对高差约80m。桥梁中部跨越谷地,谷地内以旱地为主。除YK15~YK18钻孔外,钻孔揭示下伏基岩,最大揭示厚度19.00m,未钻穿。力学性质较好,强度较高,是良好的基础持力层。

综合考虑地形、地质及水文情况,采用高架桥梁结构形式跨越。结合地形地质情况,马道坪高架大桥左幅为两座独立桥梁,上构为8×30m+19×40m先简支后连续预应力混凝土T梁,桥长250.341m+770.160m;右幅为30m和40m的组合跨径桥梁,上构为14×30m+18×40m先简支后连续预应力混凝土T梁,桥长1155.16m。下构桥墩为柱式墩及空心墩,扩大基础,钻孔桩基础;桥台为U形台,明挖扩大基础。

(2)建设情况。聋竹坪高架大桥(图8-38-2)合计有37根空心薄壁墩。该桥关键核心技术为滑模施工空心薄壁墩。最大墩高为64.581m。施工采用滑模施工方法,施工前,先凿除承台、基础墩身施工处的表层浮浆,测量放样定出墩柱中心位置。墩身钢筋笼在钢筋加工场加工好,用工程车运至现场,吊车配合安装,墩身钢筋与预留连接筋焊接。模板采用定型钢模板,钢筋、模板由塔吊提升,配合人工安装。墩身周围设安全步梯上下,当墩高超过40m时,用施工电梯作为人员上下的提升设备。

图8-38-2 聋竹坪高架大桥效果图

空心薄壁桥墩的滑模模板采用大块定型钢模,高度为6m。施工时内外模连体滑升,底部1m实心段采用外模压爬式滑模,实心段施工完后吊装内模,内外模连接进行滑模,滑升至空心墩墩顶1m实心段底部停滑,拆除内模,外模滑升浇筑实心段。钢筋竖筋采用套筒连接,水平钢筋采用搭接或焊接。提升架主要为受力主钢管、型钢支撑和精轧螺纹钢组成。液压系统部分主要为油泵、提升千斤顶、胶管和油阀组成。操作平台外侧焊接围栏,以确保施工人员的安全。

施工前,认真做好施工组织,施工工序及滑模设计。

①滑模施工。

a. 模体安装:当桥墩的承台混凝土施工结束后,即可进行桥墩滑模模体的安装,准确对中,找平。依次安装千斤顶架、围圈、桁架梁、模板、平台铺板及栏杆、提升架、千斤顶、支承杆、液压操作台及液压管路。

b. 钢筋安装:滑模施工中,钢筋安装采用边滑升边安装钢筋,平行作业的方式。钢筋的绑扎,始终超前混凝土30cm左右。为了保证滑模速度,钢筋连接采用直螺纹套筒连接。钢筋的垂直运输利用吊车或塔吊吊至滑模工作台上。

钢筋在加工棚内制作,要保证制作钢筋的精度。为验证钢筋制作的精度,可在弯制少量钢筋后,先在地面平地上进行绑扎试验,并根据试验结果调整弯制方法与尺寸。形状与尺寸已确定的钢筋可采取经常拉尺检查的办法对精度进行有效地控制。钢筋必须严格进料、出库管理,加工好的钢筋分类存放,挂牌标识。标识内容包括规格、型号、安装位置等,对检验不符合要求的材料做好标识,防止误用。

②墩身混凝土浇筑。

a. 混凝土入模方式:混凝土运料方式采用吊车或塔吊、料斗、溜槽,上料系统入模。为了保证混凝土顺利入模,要求混凝土和易性好,不出现离析现象,入模混凝土的坍落度控制在12~14cm。

滑模施工时对混凝土拌和、浇筑、振捣及养生的要求:滑模易浇筑低流动度或半干硬性混凝土,混凝土浇筑时应分层、分段对称进行,分层厚度以20~30cm为宜,浇筑后混凝土表面距模板上缘宜有不小于10~15cm的距离。

混凝土入模时,要均匀分布,应采用插入式振捣器捣固,振捣时应避免触及钢筋及模板,振捣器插入下一层混凝土中的深度不得超过5cm。

混凝土脱模时强度应为0.2~0.5MPa,以防在其自重压力下坍塌变形。混凝土脱模后8h左右开始养生,养生采用涂抹养护剂进行养护。

b. 滑模滑升:混凝土初次浇筑和模板初次滑升应严格按以下步骤进行:第一次混凝土浇筑10cm,接着按分层厚30cm浇筑第二层,浇筑第三层后厚度达到70cm时,开始滑升3~6cm,检查脱模混凝土凝固是否合适。第四层浇筑后滑升6cm,继续浇筑第五层总滑升12~15cm,第六层浇筑后总滑升20cm,若无异常现象,便可进行正常浇筑和滑升。

滑模的初次滑升要缓慢进行,并在此过程中对液压装置、模体结构以及有关设施在负载情况下做全面检查,发现问题及时处理,待一切正常后方可进行正常滑升。施工转入正常滑升时,应尽量保持连续施工,并设专人观察和分析混凝土表面情况,确定合适的滑升时间,并根据以下几点进行鉴别,滑升过程能听到"沙沙"的声音;脱模的混凝土无流淌和拉裂现象,手按有硬的感觉,并能留出1mm左右的指印,能用泥板(抹子)抹平。滑模正常滑升,根据现场施工情况,确定合理的滑升速度,按正常滑升每次间隔1h,控制滑升高度30cm,日滑升高度控制在4.5m左右。

③测量控制。

滑模在滑升过程中,受各种不均匀动力影响,模体会发生偏移情况,为了方便及时地观察模体偏移,在四面中心或四角设四根重垂线,每滑升一次检查重垂线相对于初始混凝土的位移,发现偏差及时纠偏。

施工过程的精心组织,河都路创造出每天滑模施工5m高度的速度。

(3)建成效果。聋竹坪高架大桥横亘于瑶都大山,气贯长虹。若为淫雨霏霏,桥在雾都车入仙境,成为河都路的奇特景点。

(二)隧道

1. 加洋隧道厅堂式大溶洞

加洋隧道右线开挖至YK53+010时揭开一个厅堂式大溶洞(连通左右线隧道),之后后行的隧道右线也开挖到该大溶洞。溶洞顶最高距隧道拱顶约8m左右,溶洞横向贯穿左右洞,隧道穿越围岩大部分为该溶洞底部淤泥质溶洞填充物。该溶洞直接连通至隧道出口。

经过现场检测及专家组讨论确定溶洞跨越方案,根据实际地质条件和中导洞洞内施工条件,K53+029~K53+078段采用加强初期支护,采用小导管超前支护、型钢拱架支撑、锚喷支护;其中K53+039~K53+059段中隔墙基底软基处理采用基底换填和钢筋混凝土梁板跨越结合的处理方案。

分别在中导洞基底K53+039和K53+059.5处施做扩大基础,采用C25素混凝土灌筑;在K53+049处施做桩长7.5m、桩径1.5m的桩基,采用C30混凝土浇筑;在K53+037~K53+061段施做长24m,宽4m,厚1.45m的钢筋混凝土盖梁。对于中导洞基底承载力不足350kPa处,采用M7.5浆砌片石换填,换填深度为中导洞基底高程下2m。

本隧道处理方法,在中导洞基底K53+037~K53+061段采用基底换填和钢筋混凝土盖梁跨越的方案。

在施工过程中,由于扩大基础和盖梁基坑开挖使拱脚悬空,导致中导洞支护钢拱架拱脚失稳,基坑侧压力增大,使基坑侧壁出现裂缝,伴随基坑侧墙土坍塌。解决方法为紧急采用I18型钢对中导洞左右两侧钢拱架拱脚按间距1m进行横向支撑,同时在基坑侧壁砌筑浆砌片石挡墙,防止侧壁继续坍塌。

2. 谢家峒隧道厅堂式大溶洞

谢家峒隧道地貌类型有岩溶峰丛地貌、侵蚀堆积河流阶地地貌、剥蚀残丘地貌,路线址区多发育有溶洞、落水洞、溶蚀裂隙、地下暗河等。隧道开挖、掘进过程中,遇到的大小溶洞给隧道的正常施工带来了巨大阻力,严重制约了工程进度,在对部分溶洞的处理上,存在施工难度大、风险高、溶腔内围岩稳定性难以确定等众多因素。其中,条件复杂的大溶洞有以下3处。

(1)左线掘进到YK28+878时揭开一个大溶洞,而后行的右线也挖到该溶洞,左右线连通。该溶洞为大型厅堂式溶洞,受陡倾节理和层面共同控制,竖向上发育高大50m,左右洞呈一宽约10m,高约25m的廊道连通,发育至右洞时扩大一直径约50m,高40~50m的岩溶大厅,因为风险巨大而停工等待方案长达1年。

(2)ZK28+625溶洞内为泥夹石填充物,施工过程中填充物不时出现塌落,危及施工安全。

(3)右线YK28+750溶洞为高度无法探明的巨大空腔,顶上不时有巨石掉落,出现有已施工完成的初支拱架被巨石砸毁的情况,给施工带来了巨大的安全隐患。

项目业主多次邀请设计单位、专家,深入现场,召开技术方案讨论会。主要技术方案、实施要点如下:

衬砌结构加固溶洞周边。谢家峒隧道右线大溶洞周边隧道衬砌结构的加固,开始进行大溶洞施工前,先进行隧道路线与大溶洞相接部分两端各10m的拓宽加固(YK28+816~YK28+826、YK28+878~YK28+888)及下导坑的施工,并及时施工二次衬砌,以确保溶洞腔壁稳定及为施工人员提供安全掩体。由于该部分之前已按原设计进行施工,所以必须扩挖才能达到加强的目的,施工时采取弱爆破,且爆破后立即进行初喷的方式,对部分欠挖位置初喷后用机械炮锤或风镐进行处理,这种方式有效防止了小掉块及围岩若有变化会反映到初支面上,为施工人员争取撤离时间。

强化检测。项目部安排有经验的施工人员24h值班跟踪施工情况,对溶洞内情况的实时监测,大溶洞施工中加强围岩的观测,详细记录施工情况及溶腔壁围岩落石变化情况,溶腔内布置4~6盏探照灯,并在YK28+826、YK28+878位置各安装一台摄像头对施工现场及溶洞腔壁进行观测,随时了解和记录溶腔壁及施工中的具体情况。

回填。大溶洞回填施工,在施工人员不进入溶腔的前提下,尽量对隧道轴线范围内溶腔采用碎石回填,从溶腔两侧进行施工,回填碎石到无法再继续回填施工时,改为泵送混凝土回填施工。混凝土回填中间28~30m采用天泵进行施工,两边各10~12m采用先对溶洞两侧的隧道掌子面进行封闭,预埋泵送管进行地泵泵送混凝土回填,这样的方式能确保隧道轴线范围内均能被混凝土覆盖,为隧道在溶腔位置提供混凝土保护壳,能最有效地防止溶腔再次坍塌造成安全风险。为碎石和混凝土回填的最佳状态,与溶腔壁围岩呈一斜角相交,可以抵御因偏压引起的围岩压力对隧道主体造成的危害。

(4)反开挖施工尽量采用机械炮锤、风镐开挖与人工开挖配合,如必须爆破,则用少量的炸药松动爆破后采用机械与人工开挖作为主要的掘进方式。严格控制每循环进尺,开挖完成后立即进行型钢支护及喷锚施工,对已经施工好初支部分及洞顶部分加强监控量测的工作,认真分析量测数据,使监控量测在开挖施工中起到指导性的作用。由于部分型钢钢架架立在松渣上,可根据现场实际情况,如有必要可对锁脚小导管注水泥净浆进行加固,为了防止下沉,可用事先预制的水泥垫块作为拱脚的支撑,然后用喷射混凝土喷满包裹。

经过攻关技术小组成员的共同努力,谢家峒隧道右线大溶洞已经顺利完成了初期支护的施工,隧道已实现贯通。回填后反开挖的施工工艺效果显著,能有效地为施工人员提供安全保证,采用天泵进行回填的效果达到了预期的目的,形成了一个有效的保护掩体,且先采取碎石回填后泵混凝土的方式降低了成本,该项施工工艺在区内的隧道溶洞处理中是首个成功工程典范。

四、科技创新

河都路自始至终以打造喀斯特地区典型示范工程为宗旨开展科技创新活动。以"新技术、新材料、新工艺、新设备"为科技创新动力,取得了系列科研成果。其中以自治区交通科技项目"喀斯特地区典型示范工程成套技术管理研究"为课题中心,在应用科技和软科学方面,均取得了丰硕成果,在河都路得到了检验。

河都路科技创新,主要在喀斯特地区典型示范工程中开展填石路基质量控制、石方路基路床碎石化结构、混凝土防撞护栏、集中预制小型构件、"两次摊铺、一次成型"的大厚度基层施工工艺、隧道路面集水槽施工、三维网植草喷播、石质坡脚种植金丝竹、福格勒13m宽的全幅宽沥青摊铺机、公路数字档案建设、广西高速公路沥青路面建养关键技术研究等方面。这些创新,既为围绕交通科技项目"喀斯特地区典型示范工程成套技术管理研究"的组成部分,同时各自又有独特的创新点,为广西地区乃至我国西南地区成片的喀斯特地区提供了借鉴的作用。比较典型的科技创新项目主要有:

(一)喀斯特地区典型示范工程成套技术管理研究

该课题经广西壮族自治区交通运输厅批准,列入2011年度广西交通科技项目(〔2011〕54-28)。课题历经三年,开展了岩溶地区高速公路设计理念与路线设计方法研究、喀斯特地区高速公路路域生态本底评价及生态恢复关键技术研究、喀斯特地貌条件下高速公路景观规划与设计技术研究、喀斯特地区高速公路填石路堤修筑技术、喀斯特地区高速公路施工标准化建设管理研究。这些研究成果,在河都路得到了应用和检验,对于今后指导高速公路路线设计、优化路线设计方案、结构物设置及方案对比优化、避免地质灾害发生、降低工程造价、保证运营安全等方面具有较好的指导意义,其经济和社会效益明显。该课题是河都路的核心重大科研项目。河都路的科技创新,如填石路基质量控制、路床结构碎石化、小型构件集中预制、聋竹坪特大桥及隧道群、特长隧道、高架桥、万维网植草喷播,既是该课题的成果结晶、组成部分,也是河都路典型示范工程的真实写照。

（二）数字档案

河都路从项目开始,就将工程档案建设纳入标准化建设范围。河都路工程档案信息化建设作为国家档案局2014年度课题依托工程之一,开发专项专业档案软件《广西河池至都安高速公路档案信息管理系统》,初步实现了网上档案(局域网)。至2014年9月26日通车时,各参建单位档案基本完成编目。2015年4月26日,项目业主主动邀请广西壮族自治区档案局、广西壮族自治区交通厅对河都高速公路的工程档案进行初步的检查和评价。工程档案的及时性、系统性、真实性及信息化建设获得了广西壮族自治区档案局的高度赞扬和充分肯定,工程档案建设实现了示范工程。至2015年6月,除遗留工程、声像资料、竣工结算及工程变更外,已经全部完成档案编目、打码、装订、出版工作,创造了第一个项目全面推行数字档案,通车后6个月达到移交工程档案的速度。数字档案效果截图如图8-38-3所示。

图8-38-3 数字档案效果截图

第三十九节 南宁外环高速公路

一、项目概况

(一)基本情况

南宁外环高速公路位于南宁市正东面,起于南宁市北面安吉互通,与南宁市现有环城高速公路北端相接,途经北湖园艺场、高峰林科所、九曲湾农场、五塘镇、蒲庙镇、新江镇、那马镇,终于良庆区玉洞工业园区西侧,与南宁市现有环城高速公路南端直接相接,全线按照高速公路标准建设,设计速度120km/h,路基宽28m,路线全长81.538km。

南宁外环高速公路项目是广西壮族自治区党委、政府认真贯彻落实中央扩大内需促进经济增长,掀起自治区新一轮交通基础设施建设高潮,实现"保增长、保民生、保稳定、保良好发展势头"目标,促进"泛珠三角"区域发展与北部湾经济区开放开发所采取的重要举措。项目的建成对完善广西公路网结构,打造大南宁"一小时经济圈",推进南宁市"西建东扩"发展规划,把南宁建设成为中国与东盟合作的区域性国际城市,确立广西在全国交通网络中通向东盟的枢纽地位、解决南宁市东出口交通瓶颈有着深远的意义。

(二)前期决策情况

南宁外环高速公路项目建设的前期决策包含项目立项建议书、项目可行性研究报告和项目设计阶段。

南宁外环高速公路项目从2009年5月开始组建项目建设筹备工作小组,规范了南宁外环高速公路项目建设业主单位的管理行为,从加强对建设过程的监督管理开始,强化南宁外环高速公路项目基础设施建设,维护建设市场秩序,提高工程质量和投资效益。

项目建设前期工作质量是加强前期工作的关键,南宁外环高速公路项目建设前期工作分为三个阶段:预可行性研究即项目立项阶段、工程可行性研究阶段、初步设计阶段。贯穿于三阶段的核心重点是设计工作,要提高项目前期工作的质量实质是提高设计质量。这就要求设计单位要深入现场,做深做细地质勘察等基础工作,尤其对路线方案的比选,对不良地质的处治等要做深方案,反复比选,科学合理地确定推荐方案。对占用耕地、水土保持、环境保护等工作要予以充分关注。

1.对设计实行招投标、"工程可行性""初步设计"建立预审制度

南宁外环高速公路项目按照设计招投标的有关文件精神,对设计单位实施招标确定了土建路基、路面工程、绿化工程及机电工程设计单位,通过合同相互约束,确定设计周

期、设计深度及相应责任。对"工程可行性""初步设计"建立预审制度,项目建设筹备组工程技术干部、广西壮族自治区交通运输厅公路工程专家组组成评审小组,进行对"南宁外环公路可行性研究、南宁外环公路两阶段初步设计"全过程的论证和评估。在调查研究基础上,对比选方案进行技术经济的全面评估、论证,对推荐方案提出评估意见,如图 8-39-1 所示。

2. 南宁外环高速公路项目工程前期工作规划前瞻性

项目建设的前期工作是将规划构想转化为项目实施的关键阶段,南宁外环公路指挥部从规划的全局和远景来把握研究所建设项目,保证项目决策的科学性、系统性和协调性。做好南宁外环高速公路项目前期工作前提,是制定好既具有前瞻性,又具有可操作性的南宁外环高速公路项目建设规划。项目公司在筹备阶段即组织进行了全线的现场踏勘,注重在南宁外环高速公路路线局部地段的选线方案,对地方材料的选择、软土地基处理、桥涵通道位置的确定等进行了优化。

3. 打造南宁外环高速公路项目建设管理团队,充分发挥各项管理职能

广西交通投资集团自成立以来,公路工程项目的建设规模越来越大,技术管理也越来越复杂,这对南宁外环高速公路项目建设的管理提出来许多新的要求。南宁外环高速公路项目建设管理机构由多年参加过高速公路建设的管理经验丰富的人员组成。项目通过创新项目建设搭班子,由建设一个项目培养一批人才过渡,经过多次成功与失败的考验,最终得到丰富的项目建设管理经验。南宁外环高速公路项目管理的做法是:不同专业、不同职能部门的来自各方的成员组成一个团队,项目的管理者同时又是执行者,最后实现建设、运营管养无缝对接。

4. 规范施工招标

施工招投标是公路工程建设市场经济中的一种竞争方式,是双方当事人依法进行的经济活动,通过公平竞争择优确定中标人,能够充分发挥价格杠杆和竞争机制的作用。南宁外环公路项目认真贯彻执行项目法人负责制、工程招标制、工程监理制、合同管理制度、通过公开招标择优选定各设计单位、监理咨询单位、施工单位及甲供材料采购供应商。为加强工程招投标管理,南宁外环公路项目便认真做好施工企业的资格后审,施工企业的资格后审工作委托广西交通投资集团的子公司广西宏冠过程咨询有限公司进行招投标。广西壮族自治区交通运输厅对招标全过程进行监督,开标时由南宁市公证处进行公证,专家评标推荐,最后由业主定标并经公示。招投标行为合法合规。南宁外环高速公路项目通过招标确定了 12 家施工单位。招标进入南宁外环高速公路项目的施工单位,都是取得相应公路工程施工资格证书,具有法人资格且信誉良好、素质高的施工企业。南宁外环高速公路项目公司的资格预审文件、招标文件均获得广西壮族自治区交通厅的备案,招投标各

（三）参建单位主要情况

(1) 项目法人单位：广西吉泰投资有限公司。
(2) 设计单位：广西壮族自治区交通规划勘察设计研究院。
(3) 施工单位：全线参建施工单位9家，其中土建路基工程5个合同段，路面工程2个合同段，景观绿化工程2个合同段，机电工程2个合同段。
(4) 监理单位：全线参建监理单位4家。中心实验室合同段1个。
(5) 质量监督单位：监督单位由广西壮族自治区交通工程质量安全监督站代表政府主管部门对本项目进行监督。具体参建设单位见表8-39-1。

南宁外环高速公路中标单位情况一览表　　　　　　表8-39-1

单位类别		单位名称	里程(km)	中标金额(万元)
建设单位		广西吉泰投资有限公司		
监督单位		广西壮族自治区交通工程质量安全监督站		
项目	合同号	中标单位		
设计单位	无	广西交通规划勘察设计研究院	79.024	6868
中心试验室	No. WHSY	长沙理工大公路工程试验检测中心	79.024	994.72
监理单位	第一总监办(No. Ⅰ)	广东翔飞公路工程监理有限公司	34.100	1235.22
	第二总监办(No. Ⅱ)	广西桂通工程咨询有限公司	14.500	1209.40
	第三总监办(No. Ⅲ)	育才一布朗交通咨询监理有限公司	30.424	1211.37
	第四总监办(No. Ⅳ)	北京中交路通交通工程咨询有限公司	79.024	157.31
土建单位	No. 1	河南省平顶山中亚路桥建设工程有限公司	15.000	48504.39
	No. 2	中铁十局集团有限公司	19.100	49336.45
	No. 3	中铁十六局集团有限公司	14.500	63402.94
	No. 4	江西省现代路桥工程总公司	18.000	30814.72
	No. 5	中铁八局集团有限公司	12.424	32355.22
路面工程	路面A标(No. A)	广西公路桥梁工程总公司	34.100	58022.38
	路面B标(No. B)	广西路桥建设有限公司	44.924	72371.46
景观绿化工程	绿化1标(No. LH1)	河南山水园林绿化工程有限公司	49.124	1979.23
	绿化2标(No. LH2)	深圳市铁汉生态环境股份有限公司	43.183	2791.23
机电工程	机电 No. JD1	广西交通科学研究院	92.315	2923.83
	机电 No. JD2	中海网络科技股份有限公司	92.315	3458.26

二、建设情况

(一)立项审批

项目由具有独立法人资格的广西吉泰投资有限公司负责建设管理,本项目工程建设严格依据国家法律法规和标准、规范、规程执行,严格执行国家的基本建设程序,从工程的立项、可行性研究、初步设计、施工图设计以及开工前的其他各项有关工作,均遵照国家基本建设程序及公路工程建设市场管理的有关规定,严格按要求分步骤逐一报批,循序地进行,国家基本建设程序审批手续齐全、完善,详情见表8-39-2。

南宁外环高速公路立项审批情况一览表　　　　　表8-39-2

序号	办理事项	批准/核准单位	批文文件名称	批准文号
1	公路项目建设项目选择意见书	广西壮族自治区建设厅	中华人民共和国建设项目选择意见书	选字第450000200900021号
2	公路可行性研究报告批复情况	广西壮族自治区发改委	广西壮族自治区发展和改革委员会关于南宁外环公路可行性研究报告的批复	桂发改交通〔2009〕476号
3	公路建设项目法人的核准情况	广西壮族自治区工商行政管理局	企业法人营业执照(广西吉泰投资有限公司)	注册号(企)450000000016749
4	建设用地地质灾害危险性评估手续办理情况	广西壮族自治区国土资源厅	地质灾害危险性评估报告备案登记表	桂国土资地灾备〔2009〕134号
5	建设资金筹集情况	国家开发银行广西分行	国家开发银行广西分行关于南宁外环高速公路工程项目贷款承诺的函	开行桂函〔2009〕43号
6	工程压矿调查及处理手续办理情况	广西壮族自治区国土资源厅	关于广州至昆明公路南宁外环段公路建设用地压矿情况的函	桂矿资〔2009〕159号
7	用地预审批复	广西壮族自治区国土资源厅	关于南宁外环高速公路用地预审的批复	桂国土资审字〔2009〕56号
8	文物调查及处理手续办理情况	广西壮族自治区文化厅	广西壮族自治区文化厅关于南宁外环高速公路项目建设范围内有关文物处理意见的函	桂文函〔2009〕314号
9	水土保持方案批复办理情况	广西壮族自治区水利厅	关于国家高速公路网广州至昆明公路南宁外环段工程水土保持方案的函	桂水水保函〔2009〕39号
10	环境影响报告书批复办理情况	广西壮族自治区环保局	关于国家高速公路网广州至昆明公路南宁外环段工程环境影响报告书的批复	桂环管字〔2009〕111号

第八章
高速公路项目建设

续上表

序号	办理事项	批准/核准单位	批文文件名称	批准文号
11	服务区加油站布局规划批复情况	广西壮族自治区发改委	广西壮族自治区发展和改革委员会关于南宁外环公路可行性研究报告的批复	桂发改交通〔2009〕476号
12	公路初步设计的批复	广西壮族自治区交通运输厅	关于南宁外环公路初步设计的批复	桂交基建函〔2010〕40号
13	建设项目水行政许可	广西壮族自治区水利厅	关于印发南宁外环公路大冲邕江特大桥工程《广西壮族自治区河道管理范围内建设项目许可决定书》的函	桂水水管函〔2010〕24号
14	航道通航批复	广西壮族自治区交通运输厅	关于南宁外环公路大冲邕江特大桥通航净空尺度和技术要求的批复	桂交基建函〔2010〕254号
15	航道整治施工图设计	广西壮族自治区南宁航道管理局	关于审定南宁外环公路大冲邕江特大桥桥区航道整治工程施工图设计的复函	宁道航政函〔2010〕33号
16	工程施工监理招标文件	广西壮族自治区交通运输厅	公路工程建设项目招标意见表(施工监理)	
17	工程施工监理评标报告	广西壮族自治区交通运输厅	公路工程建设项目招标意见表(施工监理)	
18	试验检测服务招标文件	广西壮族自治区交通运输厅	公路工程建设项目招标意见表(中心试验室)	
19	试验检测服务招标评标报告	广西壮族自治区交通运输厅	公路工程建设项目招标意见表(中心试验室)	
20	土建工程施工招标文件	广西壮族自治区交通运输厅	公路工程建设项目招标意见表(土建工程)	
21	土建工程施工招标评标报告	广西壮族自治区交通运输厅	公路工程建设项目招标意见表(土建工程)	
22	航道整治工程施工招标文件	广西壮族自治区交通运输厅	公路工程建设项目招标意见表(航道疏浚施工)	
23	航道整治工程施工招标评标报告	广西壮族自治区交通运输厅	公路工程建设项目招标意见表(航道疏浚施工)	
24	航道整治工程施工监理招标文件	广西壮族自治区交通运输厅	公路工程建设项目招标意见表(航道疏浚监理)	
25	航道整治工程施工监理评标报告	广西壮族自治区交通运输厅	公路工程建设项目招标意见表(航道疏浚监理)	
26	路面工程施工招标文件	广西壮族自治区交通运输厅	公路工程建设项目招标意见表(路面工程)	

续上表

序号	办理事项	批准/核准单位	批文文件名称	批准文号
27	路面工程施工招标评标报告	广西壮族自治区交通运输厅	公路工程建设项目招标意见表(路面工程)	
28	开工前审计	广西壮族自治区审计厅	关于南宁外环公路2010年跟踪审计报告	
29	公路使用林地行政许可	国家林业局	准予行政许可决定书	林资许准〔2010〕237号
30	公路土地复垦方案	广西壮族自治区国土资源厅	关于《广州至昆明公路南宁外环段土地复垦方案》的复函	桂国土资函〔2009〕1281号
31	公路工程质量监督手续	广西壮族自治区交通工程质量监督站	关于下达广西南宁外环公路工程质量安全生产监督计划的通知	交质监督〔2010〕180号
32	公路工程建设用地手续	国土资源部	国土资源部关于南宁外环高速公路工程建设用地的批复	国土资函〔2011〕84号
33	通航安全评估	广西海事局	关于南宁外环公路大冲邕江特大桥通航安全评估报告的批复	桂海通航〔2011〕98号
34	公路施工图设计批复	广西壮族自治区交通运输厅	关于南宁外环高速公路两阶段施工图设计的批复	桂交建管函〔2011〕762号
35	公路工程建设施工许可手续	广西壮族自治区交通运输厅	南宁外环公路施工许可申请书	
36	公路工程交工前质量监督检测意见	广西壮族自治区交通工程质量监督站		
37	公路工程交工验收	广西壮族自治区交通运输厅		
38	公路工程水土保持设施竣工验收	广西壮族自治区水利厅		
39	公路工程环境保护竣工验收	广西壮族自治区环保局		
40	公路工程竣工档案验收	广西壮族自治区档案局		
41	公路工程竣工前质量监督检测意见	广西壮族自治区交通工程质量监督站		
42	公路工程竣工决算审计	广西壮族自治区审计厅		
43	公路工程竣工验收	广西壮族自治区交通运输厅		

(二)资金筹措

项目批复的初步设计总概算为 51.8639 亿元,其中:企业自筹资金 14.8639 亿元,国内银行贷款 37 亿元。

(三)招投标情况

项目建设严格执行《中华人民共和国公路法》《中华人民共和国招投标法》《中华人民共和国合同法》以及交通运输部《公路建设市场管理办法》和《公路建设四项制度实施办法》等各项法律、法规,通过公开招标择优选定各设计单位、监理咨询单位、施工单位及甲供材料采购供应商。在各次招投标活动中,业主的资格预审文件、招标文件均获得区交通厅的备案,招标各方行为守法规范,均能做到"公开、公平、公正、诚信"原则,自治区交通厅对招标全过程进行监督,开标时由南宁市公证处进行公证,专家评标推荐,最后由业主定标并经公示。招投标行为合法合规。

(四)征地拆迁情况

项目在建设实施中,严格执行"十分珍惜、合理利用土地和切实保护耕地"的基本国策,使用土地严格执行国家的法律、法规,各项手续齐全。本项目通过统一征地拆迁工作程序、实行征地拆迁补偿资金分账户管理、先结算后支付、补偿资金支付"实名制"、补偿资金银行—银行—存折模式运行并定期回访检查等整套办法,尽可能避免和制止挪用、截留、贪污等违法犯罪现象的发生,保障建设资金安全,保护农户的合法权益。

1. 征地拆迁机构

根据《自治区人民政府批转自治区发展改革委员会等部门关于支持基础设施重大项目建设用地征地拆迁若干规定的通知》(桂政发〔2008〕63 号)文规定,各城区征地办,代表市一级人民政府负责公路征地拆迁的各项具体工作。

2. 执行标准

本工程项目建设对所征用土地的补偿标准均严格执行南宁市市政发〔2008〕15 号和〔2013〕10 号文件的有关规定,及时足额兑现征迁款。

3. 征地拆迁工程量

总计征用永久性土地 12139.85 亩、拆迁住宅房屋 195296.1m^2;全线共支付征地拆迁款及上缴相关征地拆迁费用 12.5 亿元,见表 8-39-3、表 8-39-4。

征地拆迁情况统计表

表 8-39-3

征地拆迁安置起止时间	征用土地(亩)	拆迁房屋(m^2)	支付补偿费用(元)	备注
2009.05～2014.11	12 139.85	195 296.1	1 250 000 000	

标段划分情况表

表 8-39-4

标 段 号	标段所在地	工程内容及长度(km)	施工单位
No.1	K0+000～K15+000	土建施工,15	河南省平顶山中亚路桥建设工程有限公司
No.2	K15+000～K34+100	土建施工,19.10	中铁十局集团有限公司
No.3	K34+100～K48+600	土建施工,14.50	中铁十六局集团有限公司
No.4	K48+600～K66+600	土建施工,18	江西省现代路桥工程总公司
No.5	K66+600～K79+024	土建施工,12.424	中铁八局集团有限公司
路面A标(No.A)	K0+000～K34+100	路面施工,34.10	广西公路桥梁工程总公司
路面B标(No.B)	K34+100～K79+024	路面施工,44.924	广西路桥建设有限公司
绿化1标(No.LH1)	K0+000～K34+100	绿化,34.10	河南山水园林绿化工程有限公司
绿化2标(No.LH2)	K34+100～K79+024	绿化,44.924	深圳市铁汉生态环境股份有限公司
机电 No.JD1	K0+000～K34+100	机电工程,34.10	广西交通科学研究院
机电 No.JD2	K34+100～K79+024	机电工程,44.924	中海网络科技股份有限公司
设计合同	K0+000～K79+024	勘察设计,79.024	广西交通规划勘察设计研究院
监理(No.Ⅰ)	K0+000～K34+100	监理,34.10	广东翔飞公路工程监理有限公司
监理(No.Ⅱ)	K34+100～K48+600	监理,14.5	广西桂通工程咨询有限公司
监理(No.Ⅲ)	K48+600～K79+024	监理,30.524	育才—布朗交通咨询监理有限公司
监理(No.Ⅳ)	K0+000～K79+024	机电监理,79.024	北京中交路通交通工程咨询有限公司
试验检测合同 No.WHSY	K0+000～K79+024	实验检测,79.024	长沙理工大学公路工程试验检测中心

(五)项目实施阶段

南宁外环高速公路项目建设实施阶段性的管理,重点是做好监督,也就是追踪检查和考核,确保达到目标和落实计划。项目公司不定期地进行检查、跟进、发现问题,寻找与计划和实际之间的差距,采取相应的行动来协调和纠偏,按时完成阶段性和整体性目标,重点工作是做好五个管理:进度、质量、安全、投资、信息。

南宁外环高速公路项目建设实施阶段根据《公路工程设计变更管理办法》(交通部令2005年第5号)、《公路工程施工监理规范》(JTGG 10—2006)、广西壮族自治区交通运输厅《广西公路工程设计变更管理办法》(桂交基建发〔2010〕第88号)的有关规定及本项目招标文件的有关规定制定了《工程变更管理办法》,明确了监理、业主、交通主管部门的变更权限,对施工、监理、设计、业主单位提出的工程变更程序分别作了规定,规范了工程变更执行办法和相关的资料表格。在现场施工中,根据实际情况采取施工、监理、设计、业主四方共同现场办公,对确定的变更方案签署现场办公纪要,再予办理相关变更手续的方式,即保证工程顺利进展,又使变更手续得到完善。同时,建立了工程变更台账,对工程变更进行动态控制。

南宁外环高速公路在建设期间,因征地拆迁标准变化和物价上涨等政策性因素影响,项目实际投入资金突破了设计概算。为克服资金筹措困难,减少工程建设成本问题,项目公司根据集团公司管理要求,通过计划引导、组织控制、协调服务等管理手段,严格对项目工期、成本、质量、安全、信息和资源投入等方面进行全过程、全方位管理,实现项目优质、环保、高效的建设目标。

三、复杂技术工程

南宁外环高速公路项目全线共有桥梁53座,其中特大桥1座,大桥13座,中桥13座,分离式立交26座,基本为结构和受力较简单的先简支后连续预应力混凝土梁桥或现浇连续梁天桥,特别复杂和关键的一座桥是大冲邕江特大桥。

大冲邕江特大桥全长888m,主跨径332m,主塔高138.3m,矮塔高104.5m,双塔间上下横梁分别重1200t和1500t,距水面高度分别为100m和28m,塔柱内侧横桥向间距31.8m。采用半漂浮体系,预应力混凝土主梁标准段采用双分离边箱形断面形式,高空施工作业难,技术要求高,既要保质量,又要确保安全。

为确保工程质量及施工安全,大冲邕江特大桥桥塔施工采用国内先进的液压自爬模施工技术,通过自带的液压顶升系统,在无须其他起重设备的状态下完成模板架体与导轨间的互爬,稳步向上交替爬升,完成桥塔各节段的混凝土浇筑,加快了工程施工进度,确保了施工安全,取得了很好施工效果,项目组织开展大冲邕江特大桥塔身环向预应力节段模型试验(图8-39-1),通过利用科技手段精确测定塔身锚索区小半径环向预应力钢束的孔道摩阻损失值,为特大桥塔身锚索区环向预应力钢束张拉提供技术支持。

图8-39-1 塔身环向预应力节段足尺寸模型试验图

主梁是特大桥施工建设的另一难点,主梁 24 节段,主梁标准块件长度为 8m,标准节段重约 480t,采取挂篮施工技术进行施工(图 8-39-2),每节段施工在非常理想、一切正常条件下,进度可到 15 天 1 节,施工工序紧凑,项目建设者们充分发扬"5+2""白加黑"24h 不间断工作的奋斗精神,克服了施工难度大、技术含量高、协调程序多重重困难,顺利如期完成了大桥建设。

图 8-39-2　主梁挂篮技术示例图

四、科技创新

(一)开展路基膨胀土处治新技术在南宁外环高速公路的应用研究,并取得成功

南宁外环高速公路 K6+500~K29+600 一带路基主要为膨胀性岩土地质,设计开挖膨胀土的数量达 244 万 m^3,如果全部采用换填法施工,不但增加建设费用,而且工程本身取弃土石方,对公路周边环境影响也比较大。为减少取弃土数量,保护自然环境,南宁外环开展了膨胀土利用于路堤和对路堑膨胀土边坡采用柔性支护防护的应用研究,如图 8-39-3~图 8-39-5 所示。

图 8-39-3　承台钢筋安装示例图

（1）采用包芯法填筑利用膨胀土。通过对南宁外环高速公路沿线膨胀土进行试验研究，提出了采用包芯法填筑膨胀土路堤的试验、设计、施工一整套新技术。并在南宁外环高速公路利用成功膨胀土填筑了 21 段路基，共计 31 万 m^3，填筑完成后路基结构基本稳定。膨胀土的利用，避免了大量的弃土与借方，节约了临时用地、减少了水土流失、起到了较好的节能减排与保护环境作用，具有较大的社会效益。

图 8-39-4　建设中的特大桥桥墩示例图

图 8-39-5　建成后的大冲邕江特大桥示例图

（2）对膨胀性岩土路堑边坡，则采用柔性挡土墙进行了防护。项目共使用柔性挡土墙防护技术处治的边坡有 23 处，总长度 4510m。从目前膨胀性岩土处治情况来看，路基边坡结构稳定，边坡绿草如茵，取得了巨大的经济效益和环保效益。

（二）完成《路面大厚度水稳基层新技术应用》《沥青路面建养一体化》课题研究，全面提高路面施工技术水平

项目公司积极与交通部公路科学研究院、长沙理工大学、交通科学研究院合作，圆满完成了课题研究各项试验工作，并完成试验路段铺筑，成效显著。

（1）路面大厚度水稳基层新技术应用。2014 年 5 月 8 日，项目公司组织各参建单位在南宁外环高速公路 K32+500～K34+100 右幅施工现场，进行高速公路大厚度水泥稳

压层试验段施工,此次大厚度水稳层试验段施工,采用了陕西中大机械集团研发的大厚度抗离析 DT1800 型摊铺机,在试验路段一次性铺筑 35cm 厚的水泥稳定碎石层。该新型摊铺机基于物料满埋螺旋输送的设计理念,采用了高压低速大转矩马达驱动螺旋的传动方式,能显著提高摊铺机的抗离析功能,再通过配套研发的自重达 36t 的重型振动压路机来确保大厚度水稳层的压实度。经过现场抽检试验,平整度、压实度标准均达到规范要求,顶面高程、压实宽度等各项指标均满足设计要求,边缘及表面无明显离析现象,试验达到预期效果。试验路段的成功铺筑为高速公路的路面结构设计优化和施工提供了新的方法。而该工艺的推广必将成倍缩短施工周期,其产生的直接和间接经济效益将使参建各方受益。

(2)沥青路面建养一体化研究。超薄沥青磨耗层试验路修筑于新建沥青路面的表层,采用 2.5cm 超薄面层取代原路面结构 4cm AC-13C 沥青混合料,重点保障沥青路面的抗滑、抗车辙和抗水损害性能,提高表面功能层的路用性能和使用寿命,通过减薄沥青路面表面层的厚度,缓解广西地区耐磨性优质集料缺乏的矛盾并降低工程建设和养护成本。沥青超薄沥青磨耗层的成功开铺,对项目部确定合理的路面施工方案、矿料加热温度与混合料出场温度、压实方法与松铺系数、机械组合与施工工序、碾压遍数与碾压温度等试验数据具有重要指导意义,总结出沥青面层施工的技术参数,为超薄沥青磨耗层大规模推广使用奠定了坚实的基础。

(三)积极推广应用"四新"(新技术、新工艺、新材料、新设备),提高工程质量

根据新桥规的要求,及时调整使用了新型预应力管道压浆材料,使后张预应力管道压浆浆体流动度、自由泌水率、自由膨胀率等指标满足新规范的要求,确保了预应力管道的压浆质量;在路面各结构层施工中引入沥青混凝土管控一体化系统,全面跟踪监控沥青混凝土拌和站生产中投料、称量、加热、拌和及出料的每一个环节,确保生产的沥青混凝土质量处于可控状态;同时,通过电脑系统及时收集各种原始数据,使每一盘沥青混凝土都留存有可追溯的相关资料;在预制梁板、桥梁先简支后连续和大冲邕江特大桥斜拉索、主梁主塔等各环节的预应力施工中,推广使用预应力智能张拉技术,通过使用电脑控制的预应力智能张拉技术,精准控制预应力的张拉,减少了常规张拉过程中的人为操作偏差,确保梁板及桥梁的预应力更好地满足设计和规范要求。

(四)大冲邕江特大桥创优情况

1. 大冲邕江特大桥创优背景

(1)大冲邕江特大桥桥跨组合 6×40m + 193m + 332m + 113m,桥梁设计全长 888m。主桥为三跨连续高低塔混凝土斜拉桥,主桥长 638m,符合中国建设工程鲁班奖(国家优质

工程)申报工程规模要求单跨300m以上的独立特大桥或独立大型互通立交桥的条件。

(2)大冲邕江特大桥承建单位中铁十六局在之前的各项工程施工中积累的各种经验为争创鲁班奖提供了技术保障,此前中铁十六局已建成的工程有220多项荣获国家和省部级优质工程,9次创国家优质工程,13次捧鲁班奖,12次夺詹天佑大奖,5次获国家科技进步特等奖及一、二等奖。

(3)自项目开工以来,广西壮族自治区各级政府、广西壮族自治区交通厅、广西交通投资集团、广西高速公路投资公司等单位对南宁外环高速公路项目工程建设相当重视,其中大冲邕江特大桥已经列入交通投资集团创优规划,而交通投资集团大力开展"争创典型示范工程""一号六岗""四化建设"等一系列活动,为大冲邕江特大桥争创"鲁班奖"国家优质工程提供了强有力的保障。

2.大冲邕江特大桥创优成果

项目公司继续扎实推进大冲邕江特大桥争创鲁班奖活动,创优工作有了新突破。南宁外环项目大力开展QC技术课题研究,其中正在开展的研究课题有《劲性骨架方案优化》《高标号大体积混凝土防裂方案》《主梁高性能混凝土优化》《套筒连接安装质量控制》《光面混凝土质量控制》五项,使用了建筑业十项新技术应用里的七项内容,并积极利用四新技术,其中《空间倒八字索斜拉桥前支点挂篮行走装置工法》《河床裸岩栈桥防洪措施装置工法》《水下混凝土导管底密封装置》已于2013年6月获得专利授权,扎实推进特大桥大冲邕江特大桥争创鲁班奖活动的开展。

第四十节　百色至靖西高速公路

一、项目概况

(一)基本情况

广西壮族自治区百色至靖西高速公路(以下简称百靖路)位于广西西南区域,属百色市境内,路线起点位于田阳县那坡镇那因村附近,接建成通车的南宁(坛洛)至百色高速公路,路线经过百色市的田阳、德保、靖西三县,终点位于靖西县新靖镇亮表村附近,拟接广西高速公路规划网中的靖西龙邦公路。本项目是《广西高速公路网规划》布局中"横4线"苍梧(龙眼嘴)至龙邦高速公路中的重要组成路段之一。合浦(山口)至那坡(弄内)高速公路的重要组成部分。

项目路线全长97.18km,设计速度为100km/h,路基宽度26.0m,桥涵设计汽车荷载采用公路—I级。联线:连接线长40.15km/4处(坡洪、信发铝连接线设计速度为60km/h,路基宽度10.0m;德保、靖西连接线设计速度为80km/h,路基宽度15.0m)。主线:全线设大桥12600.2m/43座,中桥1756.22m/22座,桥梁总长14356.42m/65座;中隧道3085m/5座,短隧道5014.7m/16座,隧道总长8099.7m/21座,棚洞70m/1座;互通式立交6处,分离式立交6处,通道107道,天桥10座,涵洞267道;设坡洪、德保2处服务区,那音、上央、那怀3处停车区,德保1处管理分中心,百务、靖西2处养护工区,百务、德保、德保南、武平、靖西5处匝道收费站。沥青混凝土路面2513.6km^2。路基土石方1438.8万 m^3。

联线:路基土石方约99万 m^3,中桥38m/1座,涵洞117道。

百靖路所处百色地形东西长320km,南北宽230km,地形为南北高中间低,地势走向由西北向东南倾斜,属于典型的山区,山区约占总面积95.4%(石山占30%,土山占65.4%),丘陵、平原仅占4.6%。由于受地形的影响,百色市区四面山峰环绕,是个典型的小盆地城市,具有"小武汉"之称。地质主要构造形迹为:东西向、德保背斜及燕洞向斜的褶皱和北西南东向的断层等。

本项目工程可行性批复建设工期3年,项目工程总价总承包,由中海京诚工程技术有限公司进行施工总承包。工程于2010年12月20日正式开工建设。项目建设过程克服了沿线社会治安环境恶劣、征地拆迁工作难度大、恶性阻工频发、特大洪涝灾害、地方砂石建筑材料价格及人工成本大幅度上涨等不利因素影响,采取科学合理措施加速推进项目工程进度,于2014年12月16日通车试运营。

(二)前期决策情况

百靖路项目基本情况统计见表8-40-1。

百靖路项目基本情况统计表 表8-40-1

项　　目	基　本　情　况
工程投资	73.41亿元(概算)
工程起止桩号	K0+000～K97+180
工程设计标准	四车道高速公路
开工时间、通车时间	2010年12月开工,2014年12月建成通车
地形条件	山区
连接线标准	坡洪连接线,二级公路,设计速度为60km/h,长度12.729km;信发铝连接线,二级公路,设计速度为60km/h,长度17.979km;德保连接线,二级公路,设计速度为80km/h,长度5.438km;靖西连接线,二级公路,设计速度为80km/h,长度3.432km
桥隧比	23.11%
施工图设计每公里土石方(万 m^3)	14.81

百靖路项目建设的前期决策包含项目立项建议书、项目可行性研究报告和项目设计阶段。

百靖路项目从2009年10月开始组建项目建设筹备工作小组,规范了百靖路项目建设业主单位的管理行为,从加强对建设过程的监督管理开始,强化百靖路项目基础设施建设,维护建设市场秩序,提高工程质量和投资效益。

项目建设前期工作质量是加强前期工作的关键,百靖路项目建设前期工作分为三个阶段:预可行性研究即项目立项阶段、工程可行性研究阶段、初步设计阶段。贯穿于三阶段的核心重点是设计工作,要提高项目前期工作的质量实质是提高设计质量。这就要求设计单位要深入现场,做深做细地质勘察等基础工作,尤其对路线方案的比选,对不良地质的处治等要做深方案,反复比选,科学合理地确定推荐方案。对占用耕地、水土保持、环境保护等工作要予以充分关注。

1. 对设计实行招投标、"工程可行性""初步设计"建立预审制度

百靖路项目按照设计招投标的有关文件精神,对设计单位实施招标确定了土建路基、路面工程、交通安全设施及机电工程、房建工程三家设计单位,通过合同相互约束,确定设计周期、设计深度及相应责任。对"工程可行性""初步设计"建立预审制度,项目建设筹备组工程技术干部、广西壮族自治区交通运输厅公路工程专家组组成评审小组,进行对"百色至靖西公路可行性研究、百色至靖西公路两阶段初步设计"全过程的论证和评估。在调查研究基础上,对比选方案进行技术经济的全面评估、论证,对推荐方案提出评估意见。

2. 百靖路项目工程前期工作规划前瞻性

项目建设的前期工作是将规划构想转化为项目实施的关键阶段,百靖路项目从规划的全局和远景来把握研究所建设项目,保证项目决策的科学性、系统性和协调性。做好百靖路项目前期工作前提,是制定好既具有前瞻性,又具有可操作性的百靖路项目建设规划。根据已批准的公路建设规划中项目的建设时序,广西交通投资集团启动了百靖项目并制定下达项目建设前期工作计划。百靖公司在筹备阶段即组织进行了全线的现场踏勘,注重对百靖路路线局部地段的选线方案、地方材料的选择、软土地基处理、桥涵通道位置的确定进行优化。

3. 打造百靖路项目建设管理团队,充分发挥各项管理职能

广西交通投资集团自成立以来,公路工程项目的建设规模越来越大,技术也越来越复杂,这对百靖路项目建设的管理提出许多新的要求。百靖路项目建设管理机构由有多年高速公路建设管理丰富经验的人员组成来实施对项目建设管理。创新了"项目建设搭班子,项目结束换牌子"过渡;总结了多次经验教训,得到丰富的项目建设管理经验。百靖

路项目管理的做法是:不同专业、不同职能部门的来自各方的成员组成一个团队,项目的管理者同时又是执行者,最后实现建设、运营管养无缝对接。

4. 规范施工招标

施工招投标是公路工程建设市场经济中的一种竞争方式,是双方当事人依法进行的经济活动,通过公平竞争择优确定中标人,能够充分发挥价格杠杆和竞争机制的作用。百靖路项目认真贯彻执行项目法人负责制、工程招标制、工程监理制、合同管理制度、通过公开招标择优选定各设计单位、监理咨询单位、施工单位。为加强工程招投标管理,百靖路项目认真做好施工企业的资格预审或后审。招标进入百靖路项目的施工单位,都是取得相应公路工程施工资格证书,具有法人资格且信誉良好、素质高的施工企业。百靖路百靖公司的资格预审文件、招标文件均获得广西壮族自治区交通运输厅的备案,招投标各方行为守法规范,均能做到"公开、公平、公正、诚信"原则。

(三)参建单位主要情况

(1)项目法人单位:广西百靖高速公路有限公司。

(2)设计单位:本项目共有2家设计单位,分别是具有公路工程甲级资质的中交第二公路勘察设计研究院有限公司、中交第四航务工程设计有限公司。

(3)施工单位:项目实行工程总承包,由中冶京诚工程技术有限公司承担。

(4)监理单位:全线监理参建单位3家,监理合同3个,分别由具有公路工程甲级资质的广西八桂工程监理咨询有限公司等3家监理单位中标承担。

(5)质量监督单位:监督单位由广西壮族自治区交通工程质量安全监督站代表政府主管部门对本项目进行监督。

二、建设情况

(一)项目准备阶段

1. 立项审批

项目由具有独立法人资格的广西百靖高速公路有限公司负责建设管理,本项目工程建设严格依据国家法律法规和标准、规范、规程执行,严格执行国家的基本建设程序,从工程的立项、可行性研究、初步设计、施工图设计以及开工前的其他各项有关工作,均遵照国家基本建设程序及公路工程建设市场管理的有关规定,严格按要求分步骤逐一报批,循序地进行,国家基本建设程序审批手续齐全、完善,详情见表8-40-2。

百靖路立项审批情况一览表 表8-40-2

审批项目	审批情况	
可行性研究报告批复情况	审批单位	广西壮族自治区发改委
	审批文号	桂发改交通〔2009〕535号
	审批日期	2009.07.16
初步设计审查情况	审批单位	广西壮族自治区交通运输厅
	审批文号	桂交基建函〔2010〕76号
	审批日期	2010.04.13
施工图设计批准情况	审批单位	广西壮族自治区交通运输厅
	审批文号	桂交行审〔2012〕38号
	审批日期	2012.08.09
关于广西百色至靖西高速公路建设用地预审意见的复函	审批单位	广西壮族自治区国土资源厅
	审批文号	桂国土资预审字〔2009〕59号
	审批日期	2009.06.25
国土资源部关于百色至靖西公路工程建设用地的批复	审批单位	国土资源部
	审批文号	国土资函〔2012〕858号
	审批日期	2012.10.31
工程监理招标投标审批情况	审批单位	广西壮族自治区交通运输厅
	审批文号	工程施工监理招标意见表
	审批日期	2010.08.12
施工招标投标审批情况	审批单位	广西壮族自治区交通运输厅
	审批文号	根据桂交基建函〔2010〕679号,工程总承包项目不用经交通主管部门审批和备案
	审批日期	2010.09.03

2．资金筹措

百靖路建设使用资金73.42亿元,其中:北京赛瑞斯注入资本金97000万元,车购税资金117120万元,广西交通投资集团拨入资本金7000万元,其余通过国内银行贷款筹措。

3．招投标情况

项目建设严格执行《中华人民共和国公路法》《中华人民共和国招投标法》《中华人民共和国合同法》以及交通运输部《公路建设市场管理办法》和《公路建设四项制度实施办法》等各项法律、法规,通过公开招标择优选定各设计单位、监理咨询单位、施工单位。在各次招投标活动中,业主的资格预审文件、招标文件均获得广西壮族自治区交通运输厅的备案,招标各方行为守法规范,均能坚持"公开、公平、公正、诚信"原则,广西壮族自治区交通运输厅运输对招标全过程进行监督,开标时由南宁市公证处进行公证,专家评标推荐,最后由业主定标并经公示。招投标行为合法合规。

4. 征地拆迁情况

项目在建设实施中,严格执行"十分珍惜、合理利用土地和切实保护耕地"的基本国策,使用土地严格执行国家的法律、法规,各项手续齐全。本项目通过统一征地拆迁工作程序、实行征地拆迁补偿资金分账户管理、先结算后支付、补偿资金支付"实名制"、补偿资金银行—银行—存折模式运行并定期回访检查等整套办法,尽可能避免和制止挪用、截留、贪污等违法犯罪现象的发生,保障建设资金安全,保护农户的合法权益。

（1）征地拆迁机构。

根据《自治区人民政府批转自治区发展改革委员会等部门关于支持基础设施重大项目建设用地征地拆迁若干规定的通知》（桂政发〔2008〕63号）文规定,各县市区成立征地拆迁分指挥部（简称"分指挥部"）,代表县、市一级人民政府负责公路征迁的各项具体工作。

（2）执行标准。

本工程项目建设对所征用土地的补偿标准均严格执行广西壮族自治区人民政府颁发的桂政发〔2009〕52号文件的有关规定,及时足额兑现征迁款。工程建设中实行统一的征地拆迁补偿标准,各县市区也同时出台相关细化的标准以及程序。

（3）征地拆迁工程量。

百靖路项目工程永久性征地丈量面积（含改路改沟用地）11660.69亩；房屋丈量面积74443.5m^2,已完成房屋拆迁356户,见表8-40-3、表8-40-4。

征地拆迁情况统计表　　　　　　　　　　　　　　　　　　表8-40-3

征地拆迁安置起止时间	征用土地（亩）	拆迁房屋（m^2）	支付补偿费用（元）	备注
2010.10～2015.07	11736.12	74558	505182126	

标段划分情况表　　　　　　　　　　　　　　　　　　　　表8-40-4

标段	标段所在地	工程内容及长度	施工单位
总包	K0+000～K96+496 田阳县、德保县、靖西县	整个项目施工,96.496km,二级公路连接线39.58km/4处	中冶京诚工程技术有限公司
分包 BJ-A01	K0+000～K4+050 田阳县	路基施工,4.05km	中铁八局集团有限公司
分包 BJ-A02	K4+050～K7+550 田阳县	路基施工,3.50km	广西路桥建设有限公司
分包 BJ-A03	K7+550～K10+500 田阳县	路基施工,2.95km	中交第四工程局有限公司
分包 BJ-A04	K10+500～K13+100 田阳县	路基施工,2.60km	北京鑫实路桥建设有限公司
分包 BJ-A05	K13+100～K16+750 田阳县	路基施工,3.65km	中国十七冶集团有限公司
分包 BJ-A06	K16+750～K20+650 田阳县	路基施工,3.90km	中冶交通工程技术有限公司
分包 BJ-A07	K20+650～K25+650 田阳县	路基施工,5.00km	中冶交通工程技术有限公司
分包 BJ-A08	K25+650～K32+550 田阳县	路基施工,6.90km	中冶天工集团有限公司

续上表

标 段	标段所在地	工程内容及长度	施工单位
分包 BJ-A09	K32+550~K40+200 田阳县	路基施工,7.65km	中冶天工集团有限公司
分包 BJ-A10	K40+200~K43+770 田阳县、德保县	路基施工,3.57km	广西公路桥梁工程总公司
分包 BJ-A11	K43+770~K46+450 德保县	路基施工,2.68km	云南第三公路桥梁工程有限公司
分包 BJ-A12	K46+450~K50+712 德保县	路基施工,4.262km	中铁十六局集团第一工程有限公司
分包 BJ-A13	K50+070~K54+200 德保县	路基施工,4.13km	路桥华祥国际工程有限公司
分包 BJ-A14	K54+200~K57+160 德保县	路基施工,2.96km	中冶交通工程技术有限公司
分包 BJ-A15	K57+160~K60+900 德保县	路基施工,3.74km	中冶交通工程技术有限公司
分包 BJ-A16	K60+900~K64+500 德保县	路基施工,3.60km	中冶交通工程技术有限公司
分包 BJ-A17	K64+500~K69+360 德保县	路基施工,4.86km	中冶交通工程技术有限公司
分包 BJ-A18	K69+360~K74+700 德保县	路基施工,5.34km	中冶交通工程技术有限公司
分包 BJ-A19-1	K74+700~K79+600 德保县、靖西县	路基施工,4.90km	中冶交通工程技术有限公司
分包 BJ-A19	K79+600~K82+300 靖西县	路基施工,2.70km	中冶交通工程技术有限公司
分包 BJ-A20	K82+300~K86+550 靖西县	路基施工,4.25km	中冶交通工程技术有限公司
分包 BJ-A21	K86+550~K91+400 靖西县	路基施工,4.85km	中冶交通工程技术有限公司
分包 BJ-A22	K91+400~K96+496 靖西县	路基施工,5.096km	中冶交通工程技术有限公司
分包 BJ-A23	LK0+000~LK9+400 田阳县	路基施工,9.4km	中冶天工集团有限公司
分包 BJ-A24	L2K0+000~L2K17+929 靖西县	路基施工,17.929km	中冶交通工程技术有限公司
分包 BJ-A25	靖西联络线靖西县	路基施工,3.432km	海南联合建工集团
分包 LM1	K0+000~K25+615 田阳县	路面、交安、绿化施工,25.615km	中国十七冶集团有限公司
分包 LM2	K25+615~K50+712.1 田阳县、德保县	路面、交安、绿化施工,25.0971km	中冶天工集团有限公司
分包 LM3	K50+712~K66+360 德保县	路面、交安、绿化施工,15.648km	中国一冶集团有限公司
分包 LM4	K66+760~K96+496 德保县、靖西县	路面、交安、绿化施工,29.736km	中冶交通工程技术有限公司

(二)项目实施阶段

百靖路项目建设实施阶段性的管理,重点是做好监督,也就是追踪检查和考核,确保达到目标和落实计划。百靖公司不定期地进行检查、跟进、发现问题,寻找与计划和实际之间的差距,采取相应的行动来协调和纠偏,按时完成阶段性和整体性目标,重点工作是做好五个管理:进度、质量、安全、投资、信息。

百靖路项目建设实施阶段根据《公路工程设计变更管理办法》(交通部令 2005 年第 5

号)、《公路工程施工监理规范》(JTG G10—2006)、广西壮族自治区交通运输厅《广西公路工程设计变更管理办法》(桂交基建发〔2010〕第88号)的有关规定及本项目招标文件的有关规定制定了《工程变更管理办法》,明确了监理、业主、交通主管部门的变更权限,对施工、监理、设计、业主单位提出的工程变更程序分别作了规定,规范了工程变更执行办法和相关的资料表格。在现场施工中,根据实际情况采取施工、监理、设计、业主四方共同现场办公,对确定的变更方案签署现场办公纪要,再予办理相关变更手续的方式,即保证工程顺利进展,又使变更手续得到完善。同时,建立了工程变更台账,对工程变更进行动态控制。

三、复杂技术工程

百靖路项目全线大、中桥梁共65座,总长14356.42m,基本为结构和受力较简单的先简支后连续预应力混凝土梁桥或现浇连续梁天桥,工程建造技术上没有特别复杂技术和施工难度。相对比较复杂和关键的为一座跨铁路大桥——巴更大桥,主桥采用预应力混凝土连续箱梁悬浇施工。

(一)工程概况

巴更大桥上部结构采用 $16 \times 30m + (35 + 60 + 35)m + 30m$ 预应力混凝土连续T梁、预应力混凝土箱梁刚构,先简支后结构连续;下部构造为柱式墩、0号台采用桩柱,3号台采用肋板台,钻孔灌注桩基础。

主跨位于巴更大桥16~19号墩,跨径组合为 $35m + 60m + 35m$,为跨铁路悬浇预应力混凝土连续箱梁,主墩采用矩形截面薄壁墩,主桥与引桥间的过渡墩为柱式墩结构形式。

(二)主桥箱梁悬浇工法

主桥箱梁0号块采用支架现浇施工,1~7号块采用挂篮悬臂现浇的施工方案。挂篮施工时采用单幅4个T单元,共配置4套挂篮,均匀连续对称施工。

本桥悬臂施工采用GL型三角形挂篮。挂篮的主承重架采用三角形桁架,桁架用热轧型钢组拼而成,结构受力明确,自重轻,刚度较大,滑行移动方便。挂篮底模架主要受力构件也采用刚度大的热轧型钢,受力状态良好。挂篮各种杆件连接点采用焊接及栓接(以栓接为主),装拆方便。外模采用组合钢模,用角钢或槽钢焊接的外模架支撑。内模采用组合钢模,用槽钢焊接的内模架及钢管支撑。

该挂篮由斜拉组合梁吊架系统、走行系统、悬吊系统、后部临时锚固系统、模板系统及张拉平台等组成。

(三)施工难点

1. 边跨段施工

边跨段现浇长度 3.94m,梁高 2.20m,边跨段支架采用碗扣脚手架拼组而成。支架搭设前对地基表层进行掺灰碾压 60cm,其上浇筑 20cm 厚的混凝土垫层,并铺设方木。施工前采用砂袋对支架进行预压,预压采用等载预压,以消除地基、杆件等的非弹性变形量,边跨段梁模板均采用大块竹胶板,边跨合龙段直接在挂篮转吊篮上施工,为保证混凝土在灌注过程中受力不变,在两个 7 号梁段上各按合龙段重量的一半进行压重,并随混凝土的灌注分级卸载,以防止因悬臂梁端变形导致合龙段混凝土开裂。

2. 合龙段施工

合龙分两步,首先施工边跨现浇段 3.94m,然后施工边跨合龙段 2.0m,张拉边跨预应力束,拆除临时支撑,再合龙中跨段。

(1)边跨合龙。

边跨合龙段采用满堂排架施工。在边跨现浇段完成后,采用挂篮转吊篮进行施工合龙段。

为了避免浇筑混凝土的过程中因支架弹性沉降而使箱梁底板产生错台,影响外观,采用 I20b 工字钢和螺旋千斤顶加固底模,使底模始终密贴在悬臂段底面,从而消除错台。

由于合龙段使用满堂支架,拆除了挂篮的底模及侧模,7 号段上的配重减少,产生向上的位移。为保证合龙的精度,将实测高程与理论高程进行对比,在 7 号段上加水袋配重,消除向上的位移。

合龙段混凝土浇筑选在一天气温中最低时即凌晨 2:00~5:00 进行。合龙段使用微膨胀性,防止因混凝土收缩产生裂缝。混凝土一次浇筑完成,完成后及时覆盖,洒水养生。

张拉边跨预应力钢束及钢筋,完成边跨体系转换:

①边跨张拉顺序:张拉边跨纵向钢束→竖向预应力精轧螺纹钢筋→底板钢束。

②拆除临时支架:边跨段支架拆除后,临时支架两侧同时对称拆除,先放松预应力钢绞线,横桥向同时割除支撑钢管。

(2)中跨合龙。

中跨合龙用挂篮上的底模及侧模。在 7 号段完成后,将挂篮前移,然后将底模和侧模锚固在两个 7 号段上,用挂篮的底模和侧模作为中跨合龙段的模板,内模采用现支脚手架。

中跨合龙控制要点:

①使用吊车,拆除两个 T 构上的桁架及轨道和其余的模板,张拉桁架下的竖向预应力

精轧螺纹钢筋。

②制作中跨合龙段连接结构，并使一端焊接在6号段的端部，另一端待浇筑混凝土之前焊接。连接结构严格按照图纸进行加工制作。

③预穿腹板位置上的四根锚固钢束，待中跨合龙段连接结构与另一端焊接完成后浇筑混凝土之前进行张拉。

④为保持混凝土在灌注过程中受力不变，在两个7号段上各按设计预压的重量，并随混凝土的灌注进行卸载。预压配重采用水袋，以此控制混凝土的浇筑速度。

⑤合龙段混凝土浇筑选在一天气温中最低时即凌晨2:00~5:00进行。浇筑之前将连接结构与另一端焊接，接着张拉四束钢束，每束钢束的张拉力按图纸要求控制（合龙段完成后再补足到设计张拉力），然后马上浇筑混凝土。浇筑时按浇筑混凝土的重量控制卸载水袋的容量。为了保证合龙段质量，防止产生裂缝，在混凝土中添加微膨胀剂，浇筑完成后及时覆盖，洒水养生。

(四)线形控制

在结合实际施工的情况下，不断进行相关参数的调整，来指导下一步梁段施工。按照预留出各梁段施工后将发生的竖向位移原则，确定各梁段的施工高程，以保证在长期收缩、徐变完成后，梁段的高程与设计一致。在梁段施工前，根据计算确定梁段的桥面施工高程，按照桥面施工高程，并考虑挂篮变形的影响，根据梁段的结构高程，确定顶板、底板、腹板、梁面等控制点的立模高程。由于梁段的竖向位移受梁段的施工时间、预应力材料的材质以及环境温度、湿度等多种因素的影响，计算的梁段变形量与实际发生的变形量难以完全一致，因此梁段的线形控制是在结合已施工梁段的线形变化，根据实际施工的混凝土容重、弹性模量、梁段施工时间，不断进行相应调整的。具体箱梁高程控制的基本措施如下：

(1)挂篮在工厂进行刚度、变形试验，通过加载试验，测定各级荷载作用下，挂篮的弹性变形和非弹性变形值。挂篮安装完成，在使用前进行预压，以减少直至消除挂篮的非弹性变形量。

(2)对0号段以及边跨梁段的支架进行预压，以消除支架的非弹性变形。

(3)由设计单位提供箱梁施工各阶段计算挠度，提供箱梁施工高程，作为箱梁施工高程控制的基本资料。

(4)建立箱梁施工挠度观测组，制定切实可行的挠度观测方案，进行挠度观测。将每一梁段施工过程中由混凝土浇筑、预应力张拉以及挂篮前移产生的实测挠度汇总整理后，交施工技术负责人检查。

(5)建立由施工设计技术负责人及挠度观测组组长组成的箱梁施工高程控制组，及时了解和掌握箱梁施工高程变化情况,对箱梁施工各阶段的实测挠度与计算挠度进行比较分析,确保下一梁段的施工高程,提供测量放样。

(6)在合龙段施工前两个梁段,联测合龙段的高程,以保证合龙段的合龙精度。

(7)为了解决环境温度变化、日照对梁段位移的影响,连续测量一天不同时段(每两小时为一时段),在不同的环境温度下,梁段的位移值。

(8)测量及模板调校尽量在清晨进行,以消除温差、日照对位移的影响。对一些由于工序安排,不能在清晨进行的测量工作,则根据所掌握的位移随日照、温度而变化的规律,进行相应调整。

(9)以岸上水准点为基础,定期对0号块上的水准点进行稳定性监测,并在挠度观测数据处理中加以考虑,予以修正。

(五)抓好关键工作,确保工期

巴更大桥的建设工期是百靖路项目建设的关键路线和关键工程,百靖公司对其进度计划的实施跟踪检查和调整,从技术人员和资金上给予支持。

(1)从大桥桩基施工开始,督促施工单位加大设备和人员投入,选派技术人员会同监理和设计人员,定时对大桥施工进行验收和技术指导,及时解决存在的技术问题。

(2)加强协调管理工作,对该桥涉及的征地拆迁问题,优先处理,同时加强与铁路部门相互的配合,办理铁路配合手续。由铁路主管部门召开点前预备会议,成立专门指挥机构,进行职责分工,从组织上、施工上做好充分的安全保障。跨越铁路线施工作业时,提前向铁路行车部门进行申请铁路要点封闭线路,确保施工的顺利进行。

(3)委托专业单位,对大桥主桥施工过程进行验算和监控,确保连续箱梁主桥施工质量和安全。

(六)实施效果

工期控制为2011年5月至2013年4月,共23个月,工期控制满足总体控制要求;桥梁结构的强度、钢筋保护层厚度、线形等指标符合设计及规范要求,交工验收时,通过桥梁动、静载检测试验,检测结果表明巴更大桥整体质量良好。

四、科技创新

百靖高速公路在渠来停车区设置分布式光伏电站示范工程,是广西壮族自治区首个将并网型光伏电站应用于高速公路中的工程。为今后高速公路的节能减排建设提供参考。分布式光伏电站安装在那怀停车区生态车棚顶部,安装容量31.5kW,共计安装太阳能板126块,首年发电量34051.5kW·h,25年寿命期内发电量76.28万kW·h。光伏电站发出的直流电汇流后通过逆变器转为交流接入停车区用电变压器,供停车区用电,多余电量直接上网。该电站发电可用于停车区内所有用电设备,原设备无须任何其他设定。光伏电站不仅使停车区实现绿色能源供给,达到节能减排的效果,同时起到遮阳、避雨的作用,具有较大的经济效益和社会效益。

第四十一节　靖西至那坡高速公路

一、项目概况

(一)基本情况

广西靖西至那坡高速公路(以下简称靖那路)位于百色市境内,是广西高速公路网布局中"横6"合浦(山口)至那坡(省界)高速公路的重要组成部分。合浦(山口)至那坡(省界)高速公路跨越广西桂南、桂西2个经济区,连通钦州、北海、防城港3个沿海城市及4个国家一类口岸。

靖那路起于靖西县新靖镇亮表村,经靖西、那坡两县,终于那坡县城厢镇那桑村,与云南省富宁县境内规划的高速公路连接。主线全长90.371km(其中主线85.371km,连接线5km),按双向四车道高速公路标准建设,主线起讫桩号K0+000~K85+342,其中,亮表至旧州连接线按主线高速公路标准建设,长度5km;禄峒、那坡和百大连接线按二级公路标准建设,长度分别为1.986km、4.920km和3.652km。概算投资68.82亿元,设计速度100km/h,线路所经地区为桂西南喀斯特地形向云贵高原过渡的边缘地带,地质水文复杂多变,地形切割极为强烈,沟深坡陡,局部山体近乎垂直,相对高差达80~150m,沿线岩溶发育完全,路基高填深挖,桥隧比达28%,其中K61+000至终点段桥隧比约为60.5%。

全线共设互通式立交6处,分离式立交784.48m/12座;特大桥1309.72m/1座,大桥7256.12m/28座,中桥1211.69m/21座、小桥8m/1座,天桥601.6m/8座。主线隧道19座29885.9m(按双洞统计),T线隧道2座1110m(按双洞统计)。

靖那路建成通车后,将成为云南通往广西沿海和广东、海南最便捷的公路通道,进一步提升广西作为西南地区出海通道作用,对构建"中国—东盟自由贸易区"和"泛珠江三角洲经济区"都具有重要的战略意义。

(二)前期决策情况

靖那路建设的前期决策包含项目可行性研究报告和项目设计阶段。

靖那路从2009年开始组建项目建设筹备工作小组,规范了靖那路建设业主单位的管理行为,从加强对建设过程的监督管理开始,强化靖那路基础设施建设,维护建设市场秩序,提高工程质量和投资效益。

项目建设前期工作质量是加强前期工作的关键,靖那路建设前期工作分为三个阶段:预可行性研究即项目立项阶段、工程可行性研究阶段、初步设计阶段。贯穿于三阶段的核心重点是设计工作,要提高项目前期工作的质量实质是提高设计质量。这就要求设计单位要深入现场,做深做细地质勘察等基础工作,尤其对路线方案的比选,对不良地质的处治等要做深方案,反复比选,科学合理地确定推荐方案。对占用耕地、水土保持、环境保护等工作要予以充分关注。

1. 对设计实行招投标、"工程可行性""初步设计"建立预审制度

靖那路按照设计招投标的有关文件精神,对设计单位实施招标确定了二家设计单位,对全线土建路基、路面工程、交通安全设施及机电工程、房建工程进行勘察设计,通过合同相互约束,确定设计周期、设计深度及相应责任。对"工程可行性""初步设计"建立预审制度,项目建设筹备组工程技术干部、广西壮族自治区交通运输厅公路工程专家组组成评审小组,进行对"靖西至那坡高速公路可行性研究、靖西至那坡高速公路两阶段初步设计"全过程的论证和评估。在调查研究基础上,对比选方案进行技术经济的全面评估、论证,对推荐方案提出评估意见。

2. 重视外勘验收和设计优化

靖那路建设初期便高度重视勘察设计工作,组织工程人员开展全线地勘审查,对沿线90%以上的施工钻探点逐个检查。在广西交通投资集团范围内率先组织召开地质勘查外业专项验收会,得到了广西交通投资集团、广西高速公路投资有限公司和有关专家的充分肯定。其次,全过程密切跟踪施工图设计,提出优化方案18项,节省投资成本13907.8万元。例如将靖西至那坡高速公路那坡段原工可推荐的6km隧道方案改为短隧道群从玄武岩地质公园边穿过,减少了特长隧道的后期运营费用,缩短了工期,确保通车目标的实现。

3. 打造靖那路建设管理团队,充分发挥各项管理职能

广西交通投资集团成立以来,公路工程项目的建设规模越来越大,技术也越来越复杂,这对靖那路建设的管理提出许多新的要求。靖那路建设管理机构由有多年高速公路建设管理丰富经验的人员组成来实施对项目进行管理,根据不同专业、不同职能部门的来自各方的成员组成一个团队,项目的管理者同时又是执行者,最后实现建设、运营管养无缝对接。

4. 规范施工招标

靖那路建设严格执行《中华人民共和国公路法》《中华人民共和国招投标法》《中华人

民共和国合同法》和交通运输部《公路建设市场管理办法》《公路建设四项制度实施办法》等各项法律、法规,通过公开招标择优选定各设计单位、监理咨询单位、各工程施工单位和材料供货单位。在各次招投标活动中,业主的招标文件和招标结果均获得广西壮族自治区交通运输厅的批复。招投标各方行为守法规范,均能做到"公开、公平、公正、诚信"原则,广西壮族自治区交通运输厅对招标全过程进行监督,开标时由广西南宁市公证处对开标全过程进行了公证,专家评标推荐,最后由评标委员定标并上网公示,整个招标工作合法有效,未收到任何不良反映。

(三)参建单位主要情况

(1)项目法人单位:广西红都高速公路有限公司(简称红都公司),是广西交通投资集团有限公司为了建设靖那路而成立的项目公司,主要负责靖那路投资建设和管理。

(2)设计单位:分别是广西壮族自治区交通规划勘察设计研究院、中交通力建设股份有限公司承担设计工作。这两家单位均持有国家工程勘察综合类、公路全行业、水运全行业、市政公用行业(道路工程、桥梁工程)甲级勘察设计资质,在国内设计过多项重大工程,具有丰富设计勘察经验。设计是工程建设的灵魂,优秀的设计对控制工程造价、保证工程质量有重要影响,靖那路设计单位都具有极强工程设计勘察能力与极好履约信用评价,为将靖那路工程建设成精品工程夯实了基础。

(3)监理单位:全线监理划分为4个合同段,监理单位分别是广西桂通工程咨询有限公司、长沙华南土木工程监理有限公司、育才—布朗交通咨询监理有限公司、西安金路交通科技有限公司;监理单位全部具有交通运输部核发的甲级资质,这为有效开展社会监理,落实监理职能提供了源头保障。

(4)施工单位:土建划分为3个施工标段,施工单位分别为广西壮族自治区公路桥梁工程总公司、广东省长大公路工程有限公司、中铁一局集团有限公司;路面划分为两个施工标段,施工单位分别为广西壮族自治区公路桥梁工程总公司、广西路桥建设有限公司;靖那项目只设3个路基合同段和两个路面合同段,且3个路基合同段合同价均达12亿元以上,4个中标单位有3个是公路工程总承包特级资质企业,1个是公路工程总承包一级资质企业,履约信用评价等级均为AA级,均是国内有实力的大公司和大企业,有较强的技术实力、先进成熟的管理文化、较强的凝聚力和战斗力,且很重信誉,这给靖那路工程质量管理提供了强有力的保障。绿化工程划分为两个施工标段,施工单位分别为深圳市铁汉生态环境股份有限公司、广西三实园林景观工程有限公司;机电工程划分为两个施工标段,施工单位分别为亿阳信通股份有限公司、广西交通科学研究院。

二、建设情况

(一)项目前期准备阶段

1. 文件审批

靖那路由具有独立法人资格的红都公司负责建设管理,工程建设严格依据国家法律法规和标准、规范、规程执行,严格执行国家的基本建设程序,从工程的立项、可行性研究、初步设计、施工图设计以及开工前的其他各项有关工作,均遵照国家基本建设程序及公路工程建设市场管理的有关规定,严格按要求分步骤逐一报批,循序进行,国家基本建设程序审批手续齐全、完善,详情见表8-41-1。

靖那路审批情况一览表　　　　　　　　　　　　　　　表8-41-1

序号	建设程序	批准/核准单位	批复日期	批文文件名称	批准文号	备注
1	项目地质灾害危险性评估	广西壮族自治区国土资源厅	2009.06.15	靖西至那坡公路工程地质灾害危险性评估报告备案登记表	桂国土资地灾备〔2009〕215号	
2	项目建设用地压矿情况	广西壮族自治区国土资源厅	2009.06.15	关于靖西至那坡高速公路建设用地压矿情况的函	桂矿资〔2009〕142号	
3	水土保持方案	广西壮族自治区水利厅	2009.09.01	关于广西靖西至那坡公路工程水土保持方案的函	桂水水保函〔2009〕88号	
4	环评	广西壮族自治区环保局	2009.08.26	关于广西靖西至那坡公路环境影响报告书的批复	桂环保字〔2009〕258号	
5	项目可研报告	广西壮族自治区发展和改革委员会	2009.09.17	关于靖西至那坡公路可行性研究报告的批复	桂发改交通〔2009〕861号	
6	初步设计批复	广西壮族自治区交通运输厅	2010.05.28	关于靖西至那坡公路初步设计的批复	桂交基建函〔2010〕358号	
7	项目用地预审	广西壮族自治区国土资源厅	2009.06.25	关于靖西至那坡(弄内)高速公路用地预审的批复	桂国土资预审字〔2009〕85号	
8	占用林地行政许可	国家林业局		使用林地审核同意书	林资许准〔2010〕404号	

续上表

序号	建设程序	批准/核准单位	批复日期	批文文件名称	批准文号	备注
9	项目工程建设用地批复	国土资源部	2012.05.21	关于靖西至那坡高速公路工程建设用地批复	国土资函〔2012〕406号	
10	工程质量安全生产监督	广西壮族自治区交通工程质量监督站	2011.02.11	关于下达靖西至那坡（弄内）高速公路工程质量安全生产监督计划的通知	交质监监督〔2011〕21号	
11	施工图设计批复	广西壮族自治区交通运输厅	2012.08.06	关于靖西至那坡高速公路两阶段施工图设计批复	桂交行审〔2012〕36号	
12	项目施工许可	广西壮族自治区交通运输厅	2009.08.06			施工许可申请报告上盖章

2. 资金筹措

项目批复的初步设计总概算为68.82亿元，建设资金由广西交通投资集团按照25%资本金、75%银行贷款自筹，广西交通投资集团统贷统还。

3. 招投标情况

项目建设严格执行《中华人民共和国公路法》《中华人民共和国招投标法》《中华人民共和国合同法》以及交通运输部《公路建设市场管理办法》和《公路建设四项制度实施办法》等各项法律、法规，通过公开招标择优选定各设计单位、监理咨询单位、施工单位及大宗材料采购供应商。在各次招投标活动中，业主的资格预审文件、招标文件均获得广西壮族自治区交通运输厅的备案，招标各方行为守法规范，均能做到"公开、公平、公正、诚信"原则，广西壮族自治区交通运输厅对招标全过程进行监督，开标时由南宁市公证处进行公证，专家评标推荐，最后由业主定标并经公示。招投标行为合法合规。

（二）征地拆迁情况

靖那路在建设过程中，土地使用严格执行"十分珍惜、合理利用土地和切实保护耕地"的基本国策，严格执行国家的相关法律、法规，各项手续齐全。按照《广西壮族自治区基础设施重大项目建设用地征地拆迁暂行办法》（桂政发〔2000〕39号）文件精神，设计征地实行县(市)人民政府包干负责制；拆迁采用业主代表、当地政府及拆迁户主几方现场丈量及确认，统一由当地政府分指挥部负责征地拆迁补偿分发。实行征地拆迁补偿资金分账户管理、先结算后支付、补偿资金支付"实名制"补偿资金银行—银行—存折模式运行并定期回访检查等办法。从红都公司拨付征地拆迁补偿费起即明确每一分钱的受益人,及时、足额、安全地将补偿费支付到农户手中,力图从制度和操作程序上保证征迁补偿资金专款专用,避免和制止挪用、截留、贪污等违法犯罪现象的发生,保障建设资金安全,保护农户的合法权益。

1. 征用土地批复情况

2012年5月,《国土资源部关于靖西至那坡高速公路工程建设用地的批复》(国土资函〔2012〕406号)批复了靖那路建设用地方案,批复用地9072.37亩。

2. 征地拆迁机构

根据《广西壮族自治区基础设施重大项目建设用地征地拆迁暂行办法》(桂政发〔2000〕39号)规定,红都公司成立协调部专职负责征地拆迁工作,并由红都公司一名副总经理挂帅,负责项目建设征地拆迁的各项具体工作,通过协议方式委托沿线完成全线征地、拆迁及相关协调工作。

3. 执行标准

靖那路建设对所征用土地的补偿标准及补偿操作程序,均严格执行广西壮族自治区人民政府桂政发〔2000〕39号、桂计法规〔2002〕274号文件要求,桂政发〔2010〕52号《广西壮族自治区人民政府关于印发广西壮族自治区交通基础设施建设项目征地拆迁工作实施办法的通知》,并根据当地实际情况,按照沿线地方政府制定的补充文件的补偿标准及时足额兑现征地拆迁款。

4. 征地拆迁工程量

靖西至那坡高速公路项目工程永久性征地丈量面积(含改路改沟用地)9148.03亩;房屋丈量面积55150.688m^2,见表8-41-2、表8-41-3。

征地拆迁情况统计表 表8-41-2

	征地拆迁安置起止时间	征用土地(亩)	拆迁房屋(m^2)	支付补偿费用(元)	备注
靖西县	2010.10~2015.07	5 811.636	29 940	208 685 622	
那坡县	2010.10~2015.07	3 371.8563	34 540.8	131 253 439	

标段划分情况表 表8-41-3

标 段 号	标 段 所 在 地	工程内容及长度	施 工 单 位
路基No.1标	K0+000~K44+913.413 TK0+000~TK5+000 禄峒连接线	路基施工,主线44.9km,T线5km;禄峒连接线2km	广西壮族自治区公路桥梁工程总公司
路基No.2标	K44+913.413~K69+900	路基施工,25km	广东省长大公路工程有限公司

续上表

标 段 号	标 段 所 在 地	工程内容及长度	施工单位
路基 No.3 标	K69+900~K85+342 百大、那坡连接线	路基施工，主线15.4km，百大连接线3.7 km，那坡连接线4.9km	中铁一局集团有限公司
路面 No.A 标	K0+000~K44+913.413 TK0+000~TK5+000 禄峒连接线	路面施工，主线44.9km，T线5km；禄峒连接线2km，包括此范围内交安及房建工程路面施工	广西壮族自治区公路桥梁工程总公司
路面 No.B 标	K44+913.413~K85+342 百大、那坡连接线	主线40.4km，百大连接线3.7 km，那坡连接线4.9km，包括此范围内交安及房建工程	广西路桥建设有限公司
机电 No.JN-JD1	靖西至那坡高速公路沿线收费、通信、监控三大系统及各站区	靖西至那坡高速公路沿线收费、通信、监控三大系统及各站区供配电、照明系统	亿阳信通股份有限公司
机电 No.JN-JD2	靖西至那坡高速公路所有隧道	靖西至那坡高速公路所有隧道供配电、监控、照明、通风、消防及救援系统	广西交通科学研究院
绿化 No.JN-LH1	K0+000~K44+913.433 旧州至亮表连接线 TK0+000~TK5+000	主线44.9km，T线5km 路线范围内中央分隔带、互通式立交、管理与服务区(含靖西分公司及养护工区、靖西服务区、禄峒匝道收费站、三合停车区、三合匝道收费站)、隧道洞口、取弃土场、上边坡和下边坡等防护工程外的乔(灌)木、袋苗、草皮等绿化工程的施工	深圳市铁汉生态环境股份有限公司
绿化 No.JN-LH2	K44+913.412~K85+342	主线44.9km 路线范围内中央分隔带、互通式立交、管理与服务区(含坡荷匝道收费站(隧道管理站)、那坡养护工区(应急服务站)、那坡服务区、那坡匝道收费站、省界主线收费站)、隧道洞口、取弃土场、上边坡和下边坡等防护工程外的乔(灌)木、袋苗、草皮等绿化工程的施工	广西三实园林景观工程有限公司
第一合同段	K0+000~K44+913.413 TK0+000~TK5+000 禄峒连接线	主线44.9km，T线5km；禄峒连接线2km 范围内全部勘察设计	广西壮族自治区交通规划勘察设计研究院
第二合同段	K44+913.413~K85+342 百大、那坡连接线	主线40.4km，百大连接线3.7km，那坡连接线4.9km 范围内全部勘察设计	中交通力建设股份有限公司

续上表

标段号	标段所在地	工程内容及长度	施工单位
监理 No.Ⅰ合同段	路基 No.1；路面 No.A；绿化 No.JNLH1	监理	广西桂通工程咨询有限公司
监理 No.Ⅱ合同段	路基 No.2；路面 No.B 标；绿化 No.JN-LH2	监理	长沙华南土木工程监理有限公司
监理 No.Ⅲ合同段	路基 No.3	监理	育才—布朗交通咨询监理有限公司
监理 No.Ⅳ合同段	机电 No.JN-JD1；机电 No.JN-JD2	监理	西安金路交通科技有限公司
中心试验室	靖那路全线	全线所有原材料、半成品、成品等的试验检测	广西金盟工程有限公司

(三)项目实施阶段

靖那路建设阶段主要从合同履约、质量保证体系、质量方针目标、质量载体、原材料、配合比、施工现场、施工工艺等基本质量要素入手，高标准、严要求，严把质量关，通过采取有效的措施，在质量控制方面取得了良好的效果。

在项目建设阶段靖那路实行的重大措施主要有：

1.项目建设采取大标段管理模式

靖那项目只设 3 个路基合同段和 2 个路面合同段，且 3 个路基合同段合同价均达 12 亿元以上，4 个中标单位有 3 个是公路工程总承包特级资质企业，1 个是公路工程总承包一级资质企业，履约信用评价等级均为 AA 级，均是国内有实力的大公司和大企业，有较强的技术实力、先进成熟的管理文化、较强的凝聚力和战斗力，且重信誉，这给靖那路工程质量管理提供了强有力保障。

2.深入推行土建合同段"三集中、两准入"制度管理

"三集中"和隧道模板、桥涵结构物模板等"两准入"作出了较为严格的具体规定，并认真执行了验收。其中："三集中"管理方面，对混凝土拌和站，包括拌和站占地面积、设备型号功率与生产能力、场地硬化与排水、料仓容积、混凝土供应运输设备等；对钢筋加工场地，包括场地面积、场地功能区划、场地硬化与排水、钢筋原材料堆放、半成品与成品存放等；对梁板预制场地，包括场地规划报批、场地功能区划、场地硬化与排水、起吊设备、喷淋养生系统、生产能力等。"两准入"管理方面，包括模板的数量、面板厚度、模板加工精度等。

通过推行"三集中、两准入"，取得了"达到标准、确保质量、提高工效、节约成本"的良好成效，有效提高了靖那路土建工程质量水平。

3. 分组管理、精中求细

红都公司打破现有工程部和质安部人员构成格局,成立路基路面、桥涵、隧道、房建绿化、试验内业、安全6个专业小组,业主、监理、施工单位按照专业分工将相关人员捆绑组队,形成了"横向到边、纵向到底"的管理网络,每个专业小组统一管理标准,做到事事有人管,人人有责任,有效避免了互相扯皮、相互推诿的现象,达到管理不留死角、管理更加精细,大大提高了效率效能。

4. 积极与科研单位合作,保证沥青路面施工质量

为了打造"舒适性、耐久性"的沥青路面,给行车者带来舒适的行车感受,红都公司和路面标段分别聘请长沙理工大学和广西交通科学研究院作为技术咨询指导单位,从原材料、配合比、施工工艺以及技术难题等方面帮助把关和技术指导,并每个月召开一次专题研讨会,及时解决施工过程中存在的各种问题。

5. 安全管理精细化

(1)路基工程安全管理精细化。

在路基安全精细化管理中,主要针对边坡防护、高填方、弃渣场等方面开展各项工作,在边坡防护施工前,及时清理坡面危石、悬石,并设置项目的安全警示标志,边坡施工严格按照自上而下分级进行的原则,开完一级防护一级,严禁立体交叉作业,作业时搭设牢固的落实脚手架,并验收合格才使用。填方作业严格控制好"五度"即压实度、平整度、厚度、宽度和横坡度。弃渣场做好安全监管措施,做好拦砂坝、排水设施,控制好分层弃渣压实,防止造成人为泥石流危及当地居民和污染环境。

(2)桥梁施工安全管理精细化。

桥梁施工区域实行封闭管理,从桩基施工阶段,挖孔桩施工时,桩位设置安全警示标志、工程标识牌、孔口设置锁口,锁口高度高于地表30cm以上,孔口周围1m范围内进行环向硬化。孔口四周搭设防护围栏,停止作业时,达到"一孔一盖一锁"要求。泥浆池四周设置明显的警示标志和防护围栏。超过2m的基坑施工过程中,设置临边防护栏杆,距坑边距离大于0.5m,四周设置排水设施,且坑边1m以内不得堆土、堆料和停放机械。

墩柱施工过程中,作业现场设置作业平台,净宽不低于80cm,人员上下作业采用之字形人行斜梯,高度超40m的现浇、悬浇的桥梁,安装附着式施工电梯,满足作业人员上下安全需求。

在跨线作业施工中,做好各类安全警示标志、安全防护棚,限高限宽门架,道口值班等安全措施。

(3)隧道施工安全管理精细化。

推广"零开挖"进洞理念,尽可能保护隧道洞口范围内的地质地貌;在隧道开工前邀

请专家进行隧道进洞方案专项评审,严格按评审方案进行开挖,施工过程中及时进行地质超前预报;隧道掘进前进行钻爆强化火工产品管理,防止边钻孔边装药及做好安全警戒等措施。钢拱架统一在钢筋加工场规范制作成型;严格控制隧道上下台阶施工步距及掌子面与二衬间的距离;严格执行二衬台车模板准入制度,对进场二衬模板进行严格验收;初支及二衬等严格按照"紧支护、短进尺、弱爆破、快封闭、勤量测"的原则实施。在洞口设置值班室,执行人员进出洞登记制度;长大隧道配置电子安全监控系统;在二衬和掌子面之间设置逃生管道,保障施工人员安全。

(4)特种设备安全管理到位。

工程施工阶段,各参建单位共投入龙门吊、架桥机、塔吊、附着式施工电梯等特种设备90多台(套)。特种设备进场前,按照有关规定进行了检验,证件齐全、有效,技术性能满足安全要求,安全防护设施可靠。每台设备进场后,都建立了机械设备分类管理台账,按照"一机一档"原则建立了管理档案。所有特种身边操作人员都经专门的安全技术培训并考核合格,取得相应资格证书后才能上岗。起重设备按"十不吊"作业,挂篮设备在安装完毕后进行了试吊和组织人员进行验收。塔吊安装完成后报具有资质的检测机构检测和验收,出具验收合格报告后才投入使用。

三、复杂技术工程

(一)百大特大桥薄壁空心墩整体提升脚手架施工工艺在薄壁墩施工中的运用

1. 桥梁高墩施工简介

靖那路全线高墩桥梁较多,高墩采用的结构形式主要是薄壁空心墩。百大特大桥是全线主要控制性工程,最大墩高达到91m。薄壁空心墩施工主要采用翻模施工工艺,内外模采用定型钢模板,一模到顶进行分组排列,确定为标准段和非标准段,标准段高度确定为3m。其主要施工工艺是模板系由两节模板组成,每节模板高3m,以已凝固的混凝土墩体为支承主体,通过圆钢拉杆附着于已完成的混凝土墩身上的下层模板支撑上层模板,周而复始循环完成墩柱的施工;模板接缝采用密封胶条高强螺栓连接,外设作业平台和防护网,高压泵送混凝土入模。

2. 整体提升脚手架施工工艺

空心薄壁高墩现场主要采用整体提升脚手架翻模施工工艺。整体提升脚手架施工工艺是脚手架以墩身预埋件作为墩身施工内外脚手架的支承点,利用倒链滑车作为提升设备,每施工完成一个墩身节段,将脚手架提升一个节段高度,同时模板由下部拆除往上安装,从而形成整体上升。

整体提升脚手架结合翻模法施工工艺的总体思路是:在塔吊及步梯或电梯的配合下,

墩身外安装一套整体式脚手架,脚手架与模板之间预留 80~100cm 间距,脚手架作为模板安装、拆除、钢筋绑扎及混凝土浇筑的施工平台,而且还可作为墩身施工时的全封闭安全防护装置。

整个滑架系统由支承系统、底座、脚手架系统、安全网四部分组成。

(1)支承系统。滑架的支承系统共由6根钢棒组成,钢棒直径为80mm,插在墩身预埋孔内,钢棒两端设限位装置,使其与墩身锁定。钢棒长1.5m,每次浇筑均须在基模0.6m以下设置预留孔。

(2)底座。提升架底座采用8根20槽钢双拼组成,槽钢环抱墩身,与墩身净距为5cm,且4根双排槽钢伸出4个悬臂,形成#形框架,槽钢用以支承上部脚手架系统,脚手架底座支承在钢棒上。为了方便钢棒的安装与拆除,在脚手架底支承点的下面安装吊篮。

(3)脚手架系统。由于提升架的主要重量是脚手架系统,为了降低提升架自重,采用刚度大、重量轻的钢管作脚手架系统,即用 $\phi4.8cm$,壁厚 3.5mm 的扣件式钢管通过扣件联结成脚手架系统。墩身每次浇筑标准高度为4.5m,钢筋一次性接长6m,提升架高度为12m(1.2m+6×1.8m)。框架外形尺寸为9.7m×7.2m,系统以 $\phi48mm$ 竖向钢管作为支承,与底座上的承载梁8cm槽钢焊接。垂直方向:顺、横桥向单边均布置两排,间距为80cm;水平方向:6×1.8m+1.2m,共6层。每层框架顶面上铺设竹条板,分层框架之间设上下人梯。框架外侧及底座下设防坠安全网,框架四面贯通,为施工人员提供一个整体式、全封闭操作空间。内层脚手框架与墩身间预留 80~100cm 距离,作为安拆模板的活动空间。

3. 整体提升脚手架施工工艺实施效果

在薄壁高墩施工中,整体提升脚手架施工工艺对比整体脚手架外包施工的最大优点就是整体形象美观、简洁,同时安全性要大大优于整体脚手架外包施工;在施工中薄壁高墩旁安装垂直升降电梯,供作业工人上下,不仅有利于安全,更降低了工人工作强度,有利于现场施工管理。由于整体提升脚手架施工工艺安全、美观的优点,在靖那高速薄壁高墩施工中得到推广实施,取得良好效果。

(二)靖那路 No.3 合同段百大特大桥主梁施工

1. 百大特大桥主梁施工简介

百大特大桥是靖那路主要控制性工程,主桥共两联,第一联为(85+3×150+85)m刚构连续梁桥,第二联为(85+150+85)m连续刚构桥,起点引桥为5×40m T梁,两主桥间引桥为4×40m T梁,桥梁全长1309.72m。桥梁位于S形曲线上,右线缓和曲线长 $L_s=220m$,圆曲线半径分别为:$R=1200m$ 和 $R=1500m$,左线缓和曲线长 $L_s=220m$,圆曲线半径分别为：$R=1331.865\mathrm{m}$ 和 $R=1500\mathrm{m}$。

百大特大桥主跨为150m，主桥箱梁采用单箱单室结构，三向预应力体系，施工控制具有一定的难度，具备较高技术含量。

2. 百大特大桥刚构主梁施工工艺

(1) 悬臂主梁浇筑墩梁临时固结。

百大特大桥1号主桥为 $85\mathrm{m}+3\times150\mathrm{m}+85\mathrm{m}$ 五跨变截面预应力连续刚构箱梁，主梁采用后支点三角挂篮对称悬臂浇筑，最大悬臂施工长度74m，挂篮自重55t。6号、9号墩墩梁分离，为确保梁体结构在悬浇过程中的稳定、安全，主梁施工时需采取临时锚固措施。锚固时在墩顶设置临时锚固钢筋和钢砂箱，以承受施工时由墩两侧传来的悬浇梁段荷载，在梁体边跨合龙后进行拆除和体系转换。钢砂箱沿墩中心两侧一侧一个，钢砂箱面板采用 $\delta=2\mathrm{cm}$ 钢板制成，内填细砂，并用 $\phi32\mathrm{mm}$ 精轧螺纹钢对拉；临时锚固筋采用精轧螺纹钢，两端分别预埋在梁底和墩顶中，单侧设置2排，排间距15cm，最外排精轧螺纹钢距墩身边缘15cm，如图8-41-1所示。

图8-41-1 百大特大桥悬臂主梁浇筑墩梁临时固结示例图

(2) 挂篮悬臂浇筑施工监控。

百大特大桥主梁划分有20个节段，由于梁段自重、施工临时荷载、结构刚度、张拉索力、混凝土收缩、徐变、温度等因素影响，都会导致实际的施工过程内力和主梁高程偏离理论轨迹，达不到成桥设计目标，严重时导致施工不安全因素。所以对于每个节段每次张拉完成后挠度变形精确控制是桥梁整体线形的保证，也是大桥顺利合龙的关键。

在主梁挂篮施工中，项目部首先在原有的桥梁首级施工控制网的基础上对平面坐标控制网和高程控制网进行联测并形成一个网系，以保证高程与平面线形测量的最大精度。对每一节段挂篮混凝土浇筑完成后，严密监控节段高程。但是由于高程控制是一个动态的控制过程，在预应力箱梁悬臂施工中，其自重作用使得箱梁悬臂段向下位移，当张拉预应力钢绞线时又将使梁体向上位移,同时由于混凝土结构的徐变和收缩机理复杂,结构发生的非线性变形值不易精确确定;其次,考虑到施工中所用材料的变异性、实际结构的受力条件及施工中温度变化等因素,将使得悬臂浇注的箱梁高程与设计高程明显偏差,因此对每一个悬浇梁段要进行4次(调模、混凝土浇筑前、混凝土浇筑后、张拉后)线形控制观测。在进行当前节段测量时必须同时进行以前已完成施工阶段的高程联测,以进行对比,实时动态地掌握箱梁每节段的变形情况,正确地指导后续施工。悬臂施工的挂篮为钢结构,在混凝土浇筑后产生变形,造成箱梁下挠,其变形值最大达30mm,所以百大特大桥施工时采取的是反力托架预压的方式,有效消除了挂篮杆件的非弹性变形,使得挂篮变形在计算控制范围内。同时,在桥梁施工过程中,项目部联合监控部门通过对典型工况下各关键截面的应变进行测试和分析,及时反映关键截面的应力情况,以确保结构的安全。

(3)边跨墩顶托架无配重浇筑。

百大特大桥主桥T构为$(85+3\times150+85)$m预应力混凝土连续刚构箱梁桥,主桥两幅连续刚构箱梁均采用挂篮悬臂浇筑法施工,边跨现浇段长度为9m,梁高为3m,其中5号墩现浇段距地面高度38m,10号墩现浇段距地面高度为38.5m,14号墩现浇段距地面高度为45m,均处于陡峭的山体上,施工相当困难。项目部决定采取在6号、9号墩次边跨侧不平衡浇筑3.5m梁段,缩短边跨现浇段长度,具体是把边跨合龙段2m加上边跨现浇段1.5m合计3.5m作为挂篮不平衡浇筑的一个梁段利用挂篮进行浇筑,再从边跨现浇段截取2m作为边跨合龙段进行浇筑,为减少边跨墩的偏心弯矩,采取在中跨侧配重,挂篮前移2m,利用挂篮杆件作为承重系统进行合龙段混凝土浇筑,这样边跨现浇段就变为5.5m。为确保挂篮前移浇筑不平衡段3.5m梁段的安全稳定性,拟在新增3.5m梁段增加临时预应力钢束,加长原设计17号、18号梁段顶板锯齿块3.5m,截面宽度由原来的95cm改为115cm,以便增加一个锚具孔位作为临时预应力钢束(编号LS)的位置,临时预应力钢束设置2束,左右对称,钢绞线规格采用19ϕs15.24。经过调整后,边跨现浇段长度为5.5m,除去墩顶1.7m,实际悬挑部分只有3.8m,5号、10号、14号墩边跨利用6号、9号墩0号块托架进行浇筑。既有效解决了高墩长跨的施工难题,又节约了成本、加快了施工进度。

(4)中跨及边跨合龙。

对于悬臂浇筑施工的连续刚构梁桥梁在各悬臂标准阶段施工完成后,按照一定的顺序施工合龙和解除支座、0号段临时固结措施,将悬臂施工的静定结构转换为成桥状态的连续超静定结构。

百大特大桥合龙段施工采用挂篮改吊架的方法,在吊架上安装操作平台、模板,绑扎钢筋、浇筑混凝土,同时在T构或边跨现浇段通过配、换重和临时预应力束、劲性骨架等措施,实现施工线形向成桥线形的转换。设计初的百大特大桥的合龙顺序为:边跨—次边跨—中跨,为了加快施工周期,靖那路No.3标段项目部对合龙顺序的几种方式进行比选,采用了中跨—次边跨—边跨的合龙顺序。

在合龙过程中一般会出现混凝土质量通病,例如裂缝、混凝土强度不够、错台等,靖那路 No.3 标段项目部通过合理确定临时预应力索张拉力、优化混凝土配合比设计降低其水化热、混凝土浇筑过程中同步进行换重等措施将混凝土质量通病减降到最小限度。

(三)靖那路隧道复杂技术工程

靖那路项目隧道技术复杂施工困难的工程较多,以下仅列其中比较有代表性几项,其技术特征和建设情况如下:

(1)坡荷隧道进口段穿越山体松散坡堆积体(岩土堆),岩石大小不等堆积在一起,块间夹杂少量土体,隧道与山体斜交进洞,且存在一定偏压,左侧为冲沟,原设计洞口采用长管棚辅助进洞,进洞前严格按设计施作长管棚,并在左侧增设混凝土偏压挡墙并反压回填,左右洞进洞时出现洞顶山体和洞内初支下沉开裂等情况,虽采取了洞内打小导管注浆加固、增设临时横撑和斜撑并及时闭合仰拱等措施,但进洞一定长度(右洞进洞约 8m,左洞进洞约 26m)后仍然出现较大洞口山体滑塌,把右洞已掘进 8m 范围初支全部压垮。后经召开专家会后确定采取以下技术处理方案:

①对洞顶坍塌体及松动体进行挖除卸载至稳定层,洞顶只留 5~6m 厚覆盖层,卸载出露的边仰坡采用锚喷防护,卸载后洞顶地表采用混凝土硬化进行封闭,防止开挖过程雨水下渗,右洞重新施作长管棚辅助进洞,左右洞各延长一定长度偏压明洞,及时施作明洞并回填,提高洞内支护参数,加强锁脚锚杆,并在仰拱增设径向注浆小导管,加固仰拱基础,通过以上综合措施,最后进口段成功穿越了松散坡堆积体,通过观测非常稳定。

②坡荷隧道左洞 ZK65+820~ZK65+920 中间段落隧道整体穿越冲沟破碎带,拱顶覆盖层只有 40 多米,基岩裂隙发育,岩体较破碎,整体稳定性一般,围岩属于Ⅳ级围岩,地表为冲沟和水田,汇水面积较大,隧道围岩含水丰富,冲沟水常年流淌、下渗,导致在开挖掘进过程中掌子面出现了长时间大量涌水,涌水随着掌子面掘进往前移动,给施工带来严重的影响。采取的主要技术措施有:根据隧道"截、堵、排"的治水原则,加大抽水力度;在掌子面比较集中涌水处超前钻几个孔引排,释放排水压力;稳步缓慢掘进;仰拱横向排水管加密加大直径,并横向钻孔深入开挖轮廓以外 1.5m 以外,将水引排至中央水沟,加密环向盲管;贯通后对集中出水 ZK65+860~ZK65+880 段初支进行注浆加固围岩;二衬完成后在 ZK65+820~ZK65+920 段每隔一定距离在仰拱以上 4m 范围环向每 80cm 左右径向钻孔(孔径 5cm 以上、孔深 3m 以上)引排水,释放二衬背后水压力,同时施工缝处环向开槽埋设半圆管将水引排至拱脚,通过连通设置在电缆沟内的纵向排水管将水引排到洞外;洞顶地表冲沟沟底及沟壁采用 C25 混凝土封闭防止地表水下渗;该段洞内混凝土路面连续配筋加固路面。

③坡荷隧道出口洞口段 60m 范围下穿重交通量较大的 S320 省道二级路，路线与二级路斜交，洞顶围岩主要碎石土和破碎全风华泥质页岩，稳定性差，覆盖层只有 5～6m，60m 以后洞顶覆盖层为 20～260m 不等，施工难度大，交通安全压力大。采取的主要技术措施有：对 60m 长度范围隧道全宽范围进行开挖进洞前地表注浆（包括二级路范围），注浆深度达到隧道仰拱以下；通过往小里程开挖洞顶二级路旁山体将二级路往小里程临时改路，并进行混凝土硬化，确保开挖到二级路正下方时洞顶二级路的正常通行，开挖到二级路正下方时将车改移到山体坡脚新增的改路临时通行，施作完二级正下方隧道，在继续往前掘进前再次将二级路改到二级路大里程一侧，并待二级路正下方二衬完成并达到设计强度后再继续往前掘进开挖；洞内采取长管棚和双层小导管超前支护辅助开挖；采取Ⅵ型超强支护参数；采取单侧壁导坑法开挖；开挖该段落时左右洞掌子面距离要保持在 30m 左右，其中一个洞成功穿越二级路后再开挖掘进另外一个洞；成功穿越该二级路后，由于洞顶二级路被损坏，所以对损坏二级路进行修复，最后再改回到原有二级路上行驶。通过以上技术措施，最终坡荷隧道出口成功穿越洞顶覆盖层薄的二级路，过程中始终确保该段二级路的畅通。

（2）金龙岩隧道洞身中间段出现约 60m 长范围断层破碎带，主要为 5～25cm 粒径大小不等的强至中风化泥质砂岩，并夹少量土，潮湿无水，该破碎带横跨分离式隧道左右洞（右洞有 20m 处在紧急停车带加宽段）和中夹岩柱全部范围，具体横向宽度不详，拱顶覆盖层最大厚度达 120m，在开挖掘进过程中虽然拱腰和拱部提前采用 4.5～6m 长小导管超前预注浆加固围岩，并提高支护参数，但由于注浆效果欠佳掘进时拱部拱腰仍出现多次碎块石掉落涌出情况，涌出量少则几十立方米，多则几百立方米，后经过努力虽然穿越了该破碎带，但在施工下台阶、仰拱过程中二衬未施作前由于受上方断层破碎带影响该段初支下沉过快过大，初支被挤压出现严重变形侵限，地表出现几个塌陷坑。针对该情况采取的主要技术措施有：及时采取横、竖、斜向相结合临时钢支撑对拱部进行临时支撑，防止拱部塌方；然后对边墙至拱部范围径向打入 6～9m 长自进式 ϕ32mm 中空锚杆（周边打孔）注浆加固初支背后 6～9m 范围破碎带岩层，让拱顶破碎带形成自稳拱圈，然后再对侵限初支一榀一榀换拱处理；换拱后及时施做该段二衬，并提高二衬支护参数，最终成功穿越该破碎带。

（3）那圩隧道右线有将近 200m 长范围洞身穿越覆盖层 8～20 多米的红黏土段，遇水呈饱和状，稳定性非常差，部分段落还夹杂有孤石；且该段正好穿越一四周高、中间低的漏斗状凹槽地，四周雨水地表水均汇集到低洼处，雨水又不能及时排走，只能慢慢从地下岩溶渗走，最大积水深度能达 2m，施工难度非常大，洞内掘进时覆盖层较薄的段落左右洞均出现多次拱顶塌方冒顶。采取的主要技术措施有：加强洞内支护参数和锁脚；洞内开挖掘进采用三台法和上下台阶弧形导坑预留核心土法；拱顶覆盖层半揭盖加钢筋混凝土盖板法：即为减小软弱土层浅埋隧道拱部荷载，采用先将拱部红黏土覆盖层挖除至拱顶往上1m，开挖宽度为隧道开挖宽度左右边缘各往外1.5~2m，四周按不小于1:0.5坡比放坡，并对线路两侧坑壁根据实际情况采用锚喷适当防护，然后再浇筑1m厚的钢筋混凝土盖板，并在盖板范围四周按一定间距打入4.5m长的$\phi22mm$砂浆锚杆（锚杆打入3.5m，外露1m与盖板内钢筋焊接或绑扎牢固），待拱部钢筋混凝土盖板达到一定强度后洞内再掘进施工。该施工方法一次揭盖的距离不能太长，一般15~25m为宜，并及时浇筑钢筋混凝土盖板，以免坑槽积水坍塌；紧邻节段施工时，需将上一节段的混凝土端头凿出，后一节段的钢筋与上一节段凿出露的钢筋焊接或搭接牢固，使前后段盖板形成整体受力；洞内施工完成二衬后该低洼段落回填土到一定高度并覆盖两层防水板，最后上面再回填1.0m种植土，并在四周设置排水沟，将水引排到稍高处山体处落水洞内排走。最终那圩隧道成功穿越了该特殊红黏土浅埋段。洞顶回填土后覆盖防水板，四周设置排水沟将水引排到稍高处山体天然落水洞排走。

四、科技创新

为将靖那路建成一条"质量优良、景观优美、人文和谐"的边关风情路，靖那路在建设过程中积极引进新技术、推行新工艺，主要科技创新项目如下：

(一)路基、路面方面

1. 石质边坡生态恢复绿化美化新技术

已建成和在建高速公路项目的石质边坡基本无有效的绿化防护设计方案，大多采用传统的喷射混凝土、主动或被动防落网的防护方式，存在岩石裸露，达不到绿化美化效果。为实现"美丽靖那"，实现路与自然的和谐，靖那路对绝大部分石质边坡采用生态恢复绿化新技术进行防护美化。通过在石质边坡的凹槽及小平台砌筑种植槽，利用乡土元素，在边坡上凹槽、种植槽和碎落台上移栽耐旱、易生长的爬山虎、三角梅等植物，并参照周围自然山体的色彩或纹路，通过喷涂颜料，使边坡外观与周围协调，弱化人工痕迹，实现路与自然的和谐。主要工序流程如下：边坡松石危石清除→原材料准备→砌筑种植槽→第一次高压清洗→喷射水泥混凝土（局部比较破碎的坡面要采取锚喷防护以确保安全）→第二次高压清洗→边坡外观修复（喷涂→底漆→喷涂面漆→自然景观点缀）→草灌苗木种植→养护。

靖那路石质边坡生态恢复绿化美化效果显著，得到各级领导和同行的认可，靖那项目成为石质边坡生态恢复绿化美化实践和探索的先行者。

2. 长隧道阻燃温拌沥青路面技术

(1)工程概况。

作为靖那路的一个科研课题，"长隧道阻燃温拌沥青路面技术研究"项目于2013年

10月15日获得了《广西交通运输厅关于下达2013年度广西交通科技项目及标准化项目计划的通知》(桂交科教发〔2013〕100号)文件的批复。依托靖西至那坡高速公路,在百针1号隧道及百针2号隧道内成功施作了阻燃温拌沥青路面。隧道内沥青路面结构层采用4cm的AC-13作为上面层,6cm的AC-20作为下面层。

(2)实施目的。

在隧道沥青混凝土铺装中引入沥青混合料温拌技术,减少燃料能源的消耗,同时降低混合料拌和温度,减少烟尘,保护环境,改善隧道内的施工条件,更利于施工人员的身体健康。添加了阻燃剂之后的阻燃沥青,使沥青性能有所改变,增加了在空气中难燃的特性,除了基本上保持原来基质沥青性能之外,还具有阻燃的性能,提高隧道运行安全性能。

(3)施工工艺简述。

添加Sasobit温拌剂,采用"干拌"现场投放方式投入搅拌机内,掺量为沥青质量的3%。空隙率3.5%对应的施工温度为:出料温度135~145℃;摊铺温度125~135℃;初压温度120~130℃;复压温度110~120℃;终压温度不低于90℃。空隙率4.0%对应的施工温度为:出料温度130~140℃;摊铺温度120~130℃;初压温度115~125℃;复压温度110~120℃;终压温度不低于90℃。温拌剂单价约为35000元/t。添加海川高效阻燃剂,采用在拌和楼观察窗直接投放的方式,掺量为沥青质量的5%。阻燃剂单价约为20000元/t。

(4)取得的效果。

隧道温拌阻燃沥青路面各项检测指标均满足规范要求。

3. 刚性基层复合式沥青路面技术

广西高速公路沥青路面建设过程中存在如下问题:路面早期病害,即通车1~2年后出现的水损害、车辙和裂缝等破坏。由于广西高速公路沥青路面修建时间不长,无法通过经验总结提出经济性和使用性能优良的沥青路面典型结构及材料组成等方案。基于上述背景,特在靖那路开展"广西高速公路沥青路面建养关键技术研究"项目,提出刚性基层复合式沥青路面试验段方案,以验证理论分析和室内实验结果、确定施工工艺,为沥青路面典型结构的选择和提出提供依据。

靖那路共修筑A、B、C、D四种结构形式的刚性基层复合路面试验路,试验路路面结构如下:A方案:6cm复合改性SMA-16+1cm同步碎石封层+界面处理+21cmCRC+改性乳化沥青封层+15cm水稳碎石基层(4MPa)+15cm水稳碎石底基层(2.5MPa)+34cm级配碎石垫层,总厚度92cm;B方案:6cm复合改性SMA-16+1cm同步碎石封层+界面处理+24cmCRC+改性乳化沥青封层+20cm水稳碎石基层(4MPa)+41cm级配碎石垫层,总厚度92cm;C方案:4cm改性AC-13+改性乳化沥青黏层+5cm改性AC-20C+1cm改性沥青碎石黏层+界面处理+28cmC30水泥混凝土+改性乳化沥青封层+20cm水稳碎石基层(4MPa)+23cm级配碎石垫层,总厚度81cm;D方案:6cm复合改性SMA-16+1cm同步碎石封层+界面处理+28cm C30水泥混凝土+改性乳化沥青封层+20cm水稳碎石基层(4MPa)+26cm级配碎石垫层,总厚度81cm。方案A及方案B设置路段为K24+000~K24+500段左右幅,每个方案约为单幅0.5km。方案C及方案D设置路段为那坡连接线NLK3+520~NLK4+020,每个方案为单幅250m。

(二)桥梁工程

连续刚构桥边跨墩顶托架无配重浇筑技术。

百大特大桥主桥T构为85m+3×150m+85m预应力混凝土连续刚构箱梁桥,主桥两幅连续刚构箱梁均采用挂篮悬臂浇筑法施工,边跨现浇段长度为9m,梁高为3m,其中5号墩现浇段距地面高度38m,10号墩现浇段距地面高度为38.5m,14号墩现浇段距地面高度为45m,均处于陡峭的山体上,若按原设计方案进行边跨现浇段施工,须搭设满堂支架或在5号、10号墩40m T梁跨上架设配重平台和压重,施工相当困难。经反复研究,通过设计及监控单位验算,决定采取在6号、9号墩次边跨侧不平衡浇筑3.5m梁段,缩短边跨现浇段长度。

具体是把边跨合龙段2m加上边跨现浇段1.5m合计3.5m作为挂篮不平衡浇筑的一个梁段利用挂篮进行浇筑,再从边跨现浇段截取2m作为边跨合龙段进行浇筑,为减少边跨墩的偏心弯矩,采取在中跨侧配重,挂篮前移2m,利用挂篮杆件作为承重系统进行合龙段混凝土浇筑,这样边跨现浇段就变为5.5m。为确保挂篮前移浇筑不平衡段3.5m梁段的安全稳定性,拟在新增3.5m梁段增加临时预应力钢束,加长原设计17号、18号梁段顶板锯齿块3.5m,截面宽度由原来的95cm改为115cm,以便增加一个锚具孔位作为临时预应力钢束(编号LS)的位置,临时预应力钢束设置2束,左右对称,钢绞线规格采用19ϕs15.24。经过调整后,边跨现浇段长度为5.5m,除去墩顶1.7m,实际悬挑部分只有3.8m,5号、10号、14号墩边跨利用6号、9号墩0号块托架进行浇筑,既有效解决了高墩长跨的施工难题,又节约了成本、加快了施工进度。

第四十二节 桂平至来宾高速公路

一、项目概况

桂平至来宾高速公路是广西高速公路网布局中"横4"与"纵3"的重要组成部分,其中桂平(石龙)至武宣县湾龙段是广西高速公路网规划中三江至北海公路与苍梧至龙邦公路的共用路段,武宣县湾龙至来宾段为苍梧至龙邦公路的组成路段。本项目是广西区内一条东西走向和南北走向的重要交通主干线,是连接珠三角经济发达地区与西南内陆地区重要通道组成部分之一。

(一)项目基本情况

1. 路线起讫点、中间控制点、全长

桂平至来宾高速公路项目为梧州至平果高速公路中的一段(梧州至平果高速公路由梧州至贵港、桂平至来宾、来宾至马山、马山至平果4个项目组成,起点K0+148.054位于梧州苍梧县洞心村设洞心半定向枢纽互通接岑梧高速公路),路线起点K146+672.259,位于桂平市石龙镇珍垌村附近,距离梧州苍梧县洞心村约146km,与在建的梧州至贵港公路石龙枢纽互通M匝道MK146+400相接。路线中经湾龙、武宣、禄新、寺山、来宾市兴宾区的良江镇,终点位于来宾市良江镇南面约4km的吉利村附近,桩号K233+979.315,与桂海高速公路(K137+590)相交,接来宾至马山公路起点K233+770。路线全长87.539796km。全线共设置武宣、寺山、来宾南、良江4处互通式立交。同步建设武宣联线8.356343km,来宾南联线5.596167km。

2. 沿线地形地貌

本项目位于广西中部,总体地势西高东低,地形起伏较大。路线走向近东西向,主要沿山间沟谷、溶蚀洼地展布,其中起点至K171+000段,平地相对较少,地形起伏较大,山势陡峭,沟谷切割较深,一般较狭窄,地面高程为40~480m,山体自然坡度一般为15°~65°,而K171+000至终点段,地势较开阔平缓,地表残丘连续分布,呈波状起伏,或发育高大裸露的石山。沿线主要地貌类型有溶蚀残丘准平原地貌、岩溶峰丛洼地地貌、丘陵地貌和侵蚀堆积河流阶地地貌。

3. 建设规模及主要工程量

本项目主线路线全长87.539796km,路基土石方15971.4万m^3,主线沥青混凝土路面1882.811km^2;大桥3102.26m/15座;中、小桥393.01m/7座;涵洞100道;长隧道2881m/1座,短隧道168m/1座;主线上跨分离式立交桥554.73m/13座(其中上跨柳州至南宁快速铁路62.05m/1座);主线下穿分离式立交桥986.6m/12座;通道174处;互通式立交4处;服务区2处;收费站3处,养护工区2处,管理分中心1处,隧道管理站1处。

武宣联线:路线长8.356343km,路基土石方91.36万m^3;沥青混凝土路面107.336km^2;黔江特大桥749.68m/1座;涵洞17道。

来宾南联线:路线长5.596167km,路基土石方20.2万m^3;沥青混凝土路面74.665km^2;上跨分离式立交桥98m/1座(跨湘桂铁路);涵洞15道。

4. 技术标准

本项目主线采用四车道高速公路标准,设计速度100km/h,路基宽33.5m和26.0m;武宣、来宾南联线为双车道二级公路标准,设计速度80km/h,路基宽15m。桥涵设计汽车荷载等级采用公路—Ⅰ级,其余技术指标按交通部部颁《公路工程技术标准》(JTG B01—2003)等标准执行,主要技术指标见表8-42-1。

主要技术指标表　　　　　　　　　　　　　　　表8-42-1

指标名称	单位	主　　线		武宣联线	来宾南联线
		K146+672.259~K172+740	K173+220~K233+979.315	LK0+000~LK8+356.343	LK0+000~LK5+596.167
公路等级	级	高速	二级	二级	
路线长度	km	26.067741	60.918026	8.356343	5.596
设计速度	km/h	100	80	80	
路基宽度	m	33.5	26.0	15.0	15.0
汽车荷载等级	等级	公路-Ⅰ级	公路-Ⅱ级	公路-Ⅱ级	
设计洪水频率		特大桥1/300,其余桥涵及路基1/100		特大桥、大中桥1/100,其余小桥涵及路基1/50	
抗震		地震动峰值加速度为≤0.05g;地震动反应谱特征周期为0.35s			

注:K172+920~K173+220为右幅路基渐变段,长374.029m。K172+740~K172+890为左幅路基渐变段,长150m。

5. 建设工期

本项目批复初步设计概算45.53亿元,2011年4月28日开工,2014年12月16日建成通车。

(二)参建单位主要情况

2009年9月15日,广西壮族自治区发展和改革委员会以《广西壮族自治区发展和改革委员会关于桂平至来宾公路可行性研究报告的批复》(桂发改交通〔2009〕843号)明确由广西壮族自治区交通厅作为项目业主按照政府公路还贷模式建设。2009年4月21日,广西壮族自治区高速公路管理局通过公开招标确定本项目设计单位为广西交通规划勘察设计研究院。2009年12月9日,广西壮族自治区交通厅以《关于桂平至来宾公路建设模式的通知》(桂交外资函〔2009〕1049号)明确由广西交通投资集团有限公司作为项目业主按照政府公路还贷模式建设,具体负责项目的建设、运营、收费管理工作。

2010年8月6日,广西交通投资集团有限公司和北京信托签订融资协议,共同出资组建桂平至来宾高速公路项目法人单位广西桂和高速公路有限公司。广西桂和高速公路有限公司组织实施桂平至来宾高速公路项目施工总承包招标,通过公开招标确定施工中标单位为西部中大建设集团有限公司与广西交通规划勘察设计研究院联合体;并通过公开招标确定监理单位为甘肃省交通科学研究所有限公司、广西八桂工程监理咨询有限公司及江西交通咨询公司。

二、建设情况

(一)项目准备阶段

1. 立项审批

项目由具有独立法人资格的广西玉港高速公路有限公司负责建设管理,本项目工程建设严格依据国家法律法规和标准、规范、规程执行,严格执行国家的基本建设程序,从工程的立项、可行性研究、初步设计、施工图设计以及开工前的其他各项有关工作,均遵照国家基本建设程序及公路工程建设市场管理的有关规定,严格按要求分步骤逐一报批,循序地进行,国家基本建设程序审批手续齐全、完善,详情见表8-42-2。

桂来路立项审批情况一览表　　　　　　　　　　　表8-42-2

序号	程序名称	批复文件名称	文 号	批复时间
1	水土保持方案审批	转发自治区水利厅关于桂平至来宾公路水土保持方案复函的通知	桂水水保函〔2007〕22号	2007.06.29
2	地质灾害危险性评估报备	地质灾害危险性评估报告备案登记表	桂国土资地灾备〔2006〕325号	2006.12.31
3	压矿情况调查	关于桂平至来宾公路建设用地压矿情况的函	桂矿资〔2006〕172号	2006.12.27
4	环境影响评价报告书审批	关于桂平至来宾公路环境影响报告书的批复	桂环管字〔2009〕89号	2009.04.20
5	用地预审	关于桂平至来宾公路建设项目用地预审的批复	桂国土资预审字〔2009〕48号	2009.06.01
6	项目选址	建设项目选址意向书	选子第450000200900039号	2009.07.31
7	工程可行性研究报告审批(核准)	广西壮族自治区发展和改革委员会关于桂平至来宾公路可行性研究报告的批复	桂发改交通〔2009〕843号	2009.09.15
8	初步设计审批	关于桂平至来宾公路初步设计的批复	桂交基建函〔2010〕318号	2010.05.13
9	文物古迹调查	广西壮族自治区文化厅关于桂平至来宾公路项目文物调查评估结果有关问题的函	桂文函〔2010〕339号	2010.06.03
10	林地使用审批	(1)使用林地审核同意书 (2)国家林业局关于批准桂平至来宾公路项目临时占用林地的行政许可决定	林资许准〔2010〕417号 林资许准〔2010〕418号	2010.12.19
11	申报工程质量监督	关于下达桂平至来宾高速公路工程质量安全生产监督计划的通知	交质监督〔2011〕57号	2011.04.22

续上表

序号	程序名称	批复文件名称	文 号	批复时间
12	项目建设用地审批	国土资源部关于桂平至来宾公路工程建设用地的批复	国土资函〔2012〕583号	2012.07.24
13	施工图设计批复	广西壮族自治区交通运输厅关于桂平至来宾高速公路两阶段施工图设计的批复	桂交行审〔2012〕37号	2012.08.07
14	施工许可	公路建设项目施工许可申请书(批复)		2012.08.08

2. 资金筹措

项目批复的初步设计总概算为45.53亿元,其中:交通运输部车购税补助资金9.63亿元,企业自筹资金10.11亿元,国内银行贷款25.79亿元。

3. 招投标情况

项目建设严格执行《中华人民共和国公路法》《中华人民共和国招投标法》《中华人民共和国合同法》以及交通运输部《公路建设市场管理办法》和《公路建设四项制度实施办法》等各项法律、法规,通过公开招标择优选定各设计单位、监理咨询单位、施工单位。在各次招投标活动中,业主的资格预审文件、招标文件均获得广西壮族自治区交通厅的备案,招标各方行为守法规范,均能做到"公开、公平、公正、诚信"原则,广西壮族自治区交通运输厅对招标全过程进行监督,专家评标推荐,最后由业主定标并经公示。招投标行为合法合规。

4. 征地拆迁情况

项目在建设实施中,严格执行"十分珍惜、合理利用土地和切实保护耕地"的基本国策,使用土地严格执行国家的法律、法规,各项手续齐全。本项目通过统一征地拆迁工作程序、实行征地拆迁补偿资金分账户管理、先结算后支付、补偿资金支付"实名制"、补偿资金银行—银行—存折模式运行并定期回访检查等整套办法,尽可能避免和制止挪用、截留、贪污等违法犯罪现象的发生,保障建设资金安全,保护农户的合法权益。

(1)征地拆迁机构。

根据《自治区人民政府批转自治区发展改革委员会等部门关于支持基础设施重大项目建设用地征地拆迁若干规定的通知》(桂政发〔2008〕63号)文规定,各县市区成立征地拆迁分指挥部(简称"分指挥部"),代表县、市一级人民政府负责公路征迁的各项具体工作。

(2)执行标准。

本工程项目建设对所征用土地的补偿标准均严格执行广西壮族自治区人民政府颁发的桂政发〔2010〕9号文件的有关规定,及时足额兑现征地拆迁款。工程建设中实行统一的征地拆迁补偿标准,各县市区也同时出台相关细化的标准以及程序。

(3)征地拆迁工程量。

总计征用永久性土地9883.2亩、拆迁住宅房屋10125.17m²;全线共支付征地拆迁款及上缴相关征地拆迁费用4.54亿元,见表8-42-3、表8-42-4。

征地拆迁情况统计表　　　　表8-42-3

征地拆迁安置起止时间	征用土地(亩)	拆迁房屋(m²)	支付补偿费用(元)	备注
2010.10~2015.09	9883.2	10125.17	454000000	

标段划分情况表　　　　表8-42-4

标段号	标段所在地	工程内容及长度	施工单位
工程总承包	K146+672.259~K233+979.315 武宣联线LK0+000~LK8+356.343(8.35km)、来宾南联线LK0+000~LK5+596.167(5.59km)	全线(含联线)的路基桥隧工程、路面工程、交通工程及沿线设施等施工和设备采购安装,主线87.3km,联线13.6km	西部中大建设集团有限公司

5.项目实施阶段

重点介绍建设实施过程中的重大决策、重大变更和重大事件三方面,力求真实反映项目建设过程。

(二)复杂技术工程

桂平至来宾高速公路在建造技术上相对复杂,技术难度较大的为马鞍山隧道。

1.马鞍山隧道概况

马鞍山隧道进口位于桂平市石龙镇三陀村北西向约950m处,出口位于桂平市石龙镇那生村南西向约500m处。设计隧道穿越马鞍山,大致呈东西走向,其山体岩性主要为泥盆系粉砂岩、泥岩、砂岩及寒武系泥质粉砂岩、泥岩、砂岩。隧道分左、右线,左线进洞口里程桩号ZK157+140,设计路面高程为149.016m,出洞口里程桩号ZK160+029,设计路面高程为135.199m,隧道左线长度为2889m,纵坡为-0.406%;右线进洞口里程桩号ZK157+150,设计进洞口路面高程为149.944m,出洞口里程桩号ZK160+023,设计路面高程为134.560m,隧道右线长度为2873m,纵坡为-0.36%。左右隧道均属长隧道。设计Ⅲ、Ⅳ及Ⅴ类围岩长度分别为4040m、1445m和277m。

马鞍山隧道为双向六车道、分离式+小净距隧道,洞高8.07m,洞宽15.36m,是广西目前跨度最大的三车道隧道;隧道断面采用拱部三心圆曲墙式断面,净宽为14.5m,净高为5m。

2.马鞍山隧道区段地形地貌

隧道区段属中低山—丘陵地貌,穿越马鞍山山岭,地面高程在126~609m,相对高差约483m。山体走向与隧道走向大致一致,多为北东—南西方向。沿隧道轴线地势最高处约在马鞍山隧道K158+180,高程约485m,最低处为隧道出口处的沟谷地段,地面高程约126m。

由于长期受风化剥蚀切割作用,隧道洞身穿越地段山体较为陡峻,沿山体残坡积覆盖层普遍掩盖,山体上植被较发育,主要为杂树及松树、桉树经济林木等,局部地段见粉砂岩、砂岩、含砾砂岩等出露。未见滑坡、崩塌等不良地质现象。隧道进口端(桂平方向)地势较陡,进洞口地面坡度20°~35°,地面高程145~200m;出口端(来宾方向)地势较为平缓,出洞口坡度15°~25°,地面高程126~150m。隧道进口洞身段横穿斜坡坡腰,垂直进口段斜坡较陡,坡度45°~55°。

3. 马鞍山隧道水文资料

隧址区内无大的地表水体,地表水体主要为各沟谷的泉水、地表流水汇合后形成的溪流。地表径流较为发育,溪流网密度较大,各支流以隧道中部山体的马鞍山峰脊线为分水岭,分别向两侧低洼处径流,各支流汇合形成的主干溪流经隧道进、出口附近,水量较少。地表溪流具季节性,水流量受大气降雨影响较大。隧道两端洞口设计高程大于主干溪流水面高程,溪流对其影响不大。但根据地下水文资料显示,马鞍山隧道除进出口小部分路段外,其他路段均处于推测地下水位以下。

第四十三节　梧州至贵港高速公路

一、项目概况

(一)基本情况

梧州至贵港高速公路是《广西高速公路网规划修编(2010—2020年)》"6横7纵8支线"网络布局中"横4"苍梧(龙眼咀)—硕龙的重要组成部分,也是泛珠三角区域合作公路水路交通基础设施规划"射9"支线云浮—梧州—来宾—平果的重要组成部分。其石龙至木格段还是国家高速公路网"横15"泉州—南宁(G72)的联络线柳州—北海(G7212)、广西高速公路网"纵3"三江—北海的重要组成部分,是云南、贵州西南部、四川等大西南省(自治区)及广西百色市、来宾市、贵港市和其他中西部地市通向梧州市及广东、福建等沿海发达地区、港澳地区的最便捷通道之一。路线起于苍梧县洞心,接包头至茂名国家高速公路(G65)梧州至岑溪段,终于贵港市瓦塘乡,通过瓦塘枢纽互通与广州至昆明国家高速公路(G80)兴业至六景段相接,位于珠江—西江经济带的中心组团、"主轴"的中部和"两核"的连接线上,是广西壮族自治区统筹推进的重大交通基础设施项目。

项目始于梧州市龙圩区洞心村,接已建成的包头至茂名国家高速公路梧州至岑溪段,经藤县、平南县、桂平市、桂平市石龙镇、贵港市港北区,终于贵港市港南区木格镇,接在建的三江至北海高速公路贵合段和已建成的广州至昆明高速公路兴六段,与包茂高速公路(G65)交接可往梧州、肇庆、湛江方向;与广昆高速公路(G80)交接可往南宁、百色方向,在石龙接桂来高速公路(G7212)交接可往桂林、柳州、来宾、方向。沿线设塘步、藤县、新庆、大安、平南、社坡、桂平、蒙圩、贵港北(半幅开通)、贵港南10处匝道收费站及洞心、石龙、瓦塘3处枢纽互通;建有藤县、平南、桂平、贵港南4处服务区和新庆、社坡、石龙3处停车区。

项目主线采用双向四车道高速公路标准建设,连接线采用一级和二级公路标准建设,路面采用沥青混凝土结构。路线主线全长201km,连接线长度27.5km。总概算为125.10亿元,平均造价6223万元/km。特大桥2687/2m/座,大桥6620.48/32m/座,隧道502m/1座。

1. 设计速度

K0+000～K75+250路段设计速度100km/h,路基宽度26.0m,行车道宽度(2×7.5)m;K75+250至终点段设计速度120km/h,路基宽度28.0m,行车道宽度(2×7.5)m。

2. 设计荷载

公路—Ⅰ级。

3. 设计洪水频率

特大桥为1/300,大、中、小桥、涵洞及路基为1/100。

4. 设计标准

桂平和贵港北互通连接线按一级标准建设,设计速度为80km/h,路基宽24.5m;藤县、平南连接线按二级标准建设,设计速度为80km/h,路基宽15m;其余均按二级标准建设,设计速度为80km/h,路基宽12m。

5. 主要路面结构形式和厚度

路面结构形式和厚度值见表8-43-1。

6. 地形地质条件

梧州至贵港高速公路位于广西东南部的丘陵地区,大瑶山山脉的东南段,以及浔江平原及郁江平原,地势北高南低,大致由北向南倾斜,地形起伏较大,海拔在20～480m。路线走向由东往西,基本上沿山间沟谷、丘陵山坡、冲积平原布设,所经地区主要地貌为剥蚀丘陵地貌、河流堆积阶地地貌、溶蚀准平原地貌,地形复杂,植被茂盛,横坡陡峭。

路面结构形式和厚度值表　　　　　　　表 8-43-1

结构层名称		主　线	收费站	互通匝道
面层	上面层	4cm 细粒式沥青混凝土改性沥青（AC-13C）	30cm 水泥混凝土	4cm 细粒式沥青混凝土改性沥青（AC-13C）
	中面层	6cm 中粒式沥青混凝土（AC-20C）		
	下面层	8cm 粗粒式沥青混凝土（AC-25C）		6cm 中粒式沥青混凝土（AC-20C）
封层		1cm 同步沥青碎石封层+透层		1cm 同步沥青碎石封层+透层
基层		36cm 水泥稳定碎石（水泥剂量5%）	20cm 水泥稳定碎石（水泥剂量5%）	36cm 水泥稳定碎石（水泥剂量5%）
底基层		20cm 水泥稳定碎石（水泥剂量4%）	20cm 水泥稳定碎石（水泥剂量4%）	20cm 水泥稳定碎石（水泥剂量4%）
垫层		17cm 级配碎石	20cm 级配碎石	17cm 级配碎石

7. 项目开竣工时间

项目于 2010 年 9 月与广西壮族自治区交通运输厅正式签订项目 BOT 合同,按 BOT 合同约定计划工期为 3 年,计划工期从 2010 年 1 月起算。由于先行用地批复和征地拆迁等因素影响,经自治区交通运输厅批复同意项目工期起算日顺延至 2011 年 2 月 21 日。

工程于 2011 年 2 月 21 日正式开工建设,项目施工过程中由于再次受国家信贷政策和征地拆迁及极端天气等因素影响,经自治区交通运输厅批复同意项目工期延长至四年,即项目可延长至 2015 年 2 月下旬完工,2015 年 3 月 26 日通过交工验收,2015 年 4 月 20 日通车运营。

8. 项目建设模式、投资及来源

项目投资人为龙光基业集团有限公司[原广东龙光(集团)有限公司],项目法人单位为广西龙光贵梧高速公路有限公司(以下简称"公司")。项目采用 BOT 建设模式。

项目原批复总概算为 94.69 亿元(含建设期贷款利息 5.15 亿元),2013 年 12 月经自治区交通运输厅和自治区发改委批复调整概算为 125.10 亿元(含建设期贷款利息 13.13 亿元),因政策性因素的影响超出原概算 30.4 亿元。

9. 主要工程数量

项目地处广西东南部的丘陵地区,途经藤县、平南、桂平、贵港市的多个乡镇,地形起伏较大,桥梁构造物及土石方等工程规模很大,主要工程数量详见表 8-43-2。

主要工程数量表　　　　　　　　　　　　　　表8-43-2

序号	项目	单位	数量	备注
1	路线长度	km	198.308	
2	占用土地	亩	24474.36	
3	拆迁建筑物	m²	63069	
4	路基土石方	1000m³	77020	
5	防护排水工程	1000m³	1377.321	
6	沥青混凝土路面	1000m²	5043.146	
7	特大桥	m/座	2687/2	
8	大桥	m/座	7406.12/35	
9	中桥	m/座	2696.31/40	
10	小桥	m/座	175.08/6	桥长按双幅计,分离式取平均值;含互通、服务区
11	涵洞通道	道	1048	
12	渡槽	m/座	74/1	
13	特长隧道	m/座	—	
14	长隧道	m/座	—	按双幅计,左右线取双幅平均值
15	短隧道(连拱)	m/座	501/1	
16	互通式立交	处	13	
17	分离式立交	m/座	3996.21/52	
18	连接线	km	30.298	一级公路12.442km,二级公路17.856km
19	服务区	处	4	
20	停车区	处	3	
21	匝道收费站	处	10	

(二)前期决策情况

项目前期决策的主要背景:根据《广西高速公路网规划》,拟建项目梧州至贵港公路是广西高速公路网布局中"横4"与"纵3"的重要组成部分,其中梧州至桂平(石龙)段为"横4"苍梧(龙眼嘴)至龙邦高速公路的组成部分,桂平(石龙)至贵港段为"纵3"三江至北海的组成部分,项目规划"十一五"期末建设。项目梧州至桂平(石龙)段同时列入2005年12月交通部《泛珠江三角洲区域合作公路水路交通基础设施规划纲要》区域高速公路网布局"射9"支线云浮—梧州—来宾—平果段的一部分。

为完善广西高速公路网络,促进广西经济和交通发展,加强桂东、桂中、桂西经济区的联系,推动广西融入泛珠江三角洲区域经济合作圈,2006年4月广西壮族自治区交通厅委托广西壮族自治区交通规划勘察设计研究院编制梧州至平南、平南至贵港公路可行性研究报告。广西壮族自治区交通规划勘察设计研究院于2006年4月开始梧州至平南与平南至贵港公路工程可行性研究报告的编制,并于2006年7月完成上述两项目工程可行性研究报告的编制任务。2007年3月初,按照自治区交通厅意见,为更好地发挥项目的投资效益,拓展筹资渠道,尽快形成联结西江经济走廊的交通动脉,将梧州至平南与平南至贵港公路工程可行性研究两个项目合并为梧州至贵港公路工程可行性研究一个项目。

决策过程:

1. 2006年4月3日~2006年4月30日准备工作、外业调查

项目组和沿线各市、县交通局人员一起对沿线主要困难路段、中间控制点、路线起终点、主要桥位、隧道、互通式立交及现有沿线分布的自然、人文设施、区域不良地质点进行实地踏勘与核实,并征求沿线地方政府对本项目的建议和要求。恳请各地方的交通、水利、环保、水电、城建等相关部门协助调查并收集编制本项目工程可行性研究报告所需的基础资料。在当地交通部门及交警的大力配合下,对项目现有相关公路车流进行交通OD调查。

项目组认真研究沿线县、市的城市规划及交通规划,考虑未来社会经济发展情况拟定项目走向。完成沿线1:10000地形图成图,完成路线走廊带选择及1:10000图上走廊带平面方案设计。

2. 2006年5月1日~2006年5月30日内业设计

完善路线走向方案,进行互通立交布设,确定特大桥、长隧道、联络线方案及技术标准、路基宽度,完成路线平面缩图及文字资料。5月19日向广西壮族自治区交通运输厅及广西公路学会进行中间成果汇报,根据会议提出问题与建议,对路线方案进行进一步优化。

完成交通量预测,对全线工点地质、路线地质进行调查,完成相关的地质图表和报告,完成路线地质及边坡设计资料。

3. 2006年5月31日~2006年7月15日完善设计、报告编写并出版

对推荐路线方案进行平、纵、横面、桥隧、互通式立交设计,计算并统计相应的工程数量、投资估算,组织各专业技术人员对路线方案从技术、经济、环保、实施条件等多方面进行论证并编写工可报告文本。由此完成梧州至平南与平南至贵港公路的工程可行性研究报告编制任务,并于7月15日正式出版。

4. 2007年3月

2007年3月初,按照广西壮族自治区交通厅意见,广西壮族自治区交通规划勘察设计研究院在编制完成的梧州至平南、平南至贵港公路工程可行性研究基础上开始梧州至贵港公路工程可行性研究的编制工作。

(三)参建单位情况

项目共有三家设计单位进行初步设计及施工图设计,分别为辽宁省交通勘测设计院、广西壮族自治区交通规划勘察设计研究院、中国公路工程咨询集团有限公司。

全线共分5个土建施工合同段、4个路面合同段、4个房建合同段、2个机电合同段、2个交安合同段、2个绿化合同段,各合同段详情见表8-43-3。

各合同段详情一览表　　　　表8-43-3

合同段	内容	单位名称	资质等级	起讫桩号
一	设计标	辽宁省交通勘测设计院	甲级	K0+000~K41+900
二		广西壮族自治区交通规划勘察设计研究院	甲级	K41+900~K144+500
三		中国公路工程咨询集团有限公司	甲级	K144+500+~K198+078.375
一	路基标	山东省公路建设(集团)有限公司	公路工程施工总承包壹级	K0+000~K53+815
二		湖南金沙路桥建设有限公司	公路工程施工总承包特级	K53+815~K81+910
三		河北建设集团有限公司	施工总承包特级	K81+910~K143+962
四		山东通达路桥工程有限公司	公路工程施工总承包壹级	K143+962~K168+700
五		广东省佛山公路工程有限公司	公路工程施工总承包壹级	K168+700~K198+078.375
六	房建标	葛洲坝集团第五工程有限公司	房屋建筑工程施工总承包壹级	K0+000~K53+815
七		河北建设集团有限公司	施工总承包特级	K53+815~K198+078.375
八		葛洲坝集团第五工程有限公司	房屋建筑工程施工总承包壹级	K0+000~K53+815
九		河北建设集团有限公司	施工总承包特级	K53+815~K198+078.375
十	路面标	山东省公路建设(集团)有限公司	公路工程施工总承包特级/公路路面工程专业承包壹级	K0+000~K53+815
十一		湖南金沙路桥建设有限公司	路面专业承包一级	K53+815~K91+850
十二		河北建设集团有限公司	路面专业承包一级	K91+850~K161+000
十三		广东省佛山公路工程有限公司	路面专业承包一级	K161+000~K198+078.375
十四	交安标	科润智能科技股份有限公司	公路交通工程专业承包交通安全设施资质	K0+000~K53+815
十五		湖南金沙路桥建设有限公司	交通安全设施分项	K53+815~K198+078.375
十六	机电标	科润智能科技股份有限公司	公路交通工程专业承包通信、监控、收费综合系统工程分项资质	K0+000~K53+815
十七		山西欣奥特自动化工程有限公司	通信、监控、收费综合分项资质	K53+815~K198+078.375
十八	绿化标	深圳市新华丰生态环境发展有限公司	园林绿化壹级	K0+000~K53+815
十九		河北建设集团园林工程有限公司	园林绿化壹级	K53+815~K198+078.375

全线共分 2 家监理单位,分别为黑龙江华龙公路工程咨询监理公司、北京中交华捷工程技术咨询有限公司,详情见表 8-43-4。

监理单位资质等级表　　　　表 8-43-4

合同段	单位名称	资质等级	起讫桩号
J1	黑龙江华龙公路工程咨询监理公司	公路工程甲级	K0+000~K53+815
J2	北京中交华捷工程技术咨询有限公司	公路工程甲级	K53+815~K198+078.375

监督工作由广西壮族自治区交通工程质量监督站代表政府交通主管部门进行监督。各项试验工作主要由施工单位及两个总监办的试验室进行,因非常规原因无法进行的试验则委托相应资质的检测中心进行试验。

二、建设情况

(一)资金筹措

项目总投资的 35% 为业主自筹资金,65% 为国内银行贷款。

(二)征地拆迁

项目概况见表 8-43-5、联线建设用地和拆迁数量见表 8-43-6。

项　目　概　况　表　　　　表 8-43-5

项目名称		单位	梧州至贵港公路		合计
			(AK0+000~AK14+802.76)+(K13+200~K75+250)	K75+250~K197+900	
设计路线长度		km	76.853	123.078	199.931
用地数量	水田	亩	2229	4609.42	6838.42
	旱地	亩	1906	3336.73	5242.73
	鱼塘	亩	66	285.77	351.77
	果园	亩	151	543.65	694.65
	经济林	亩	319	31.51	350.51
	林地	亩	3272	3405.97	6677.97
	荒地及其他用地	亩	885	1960.75	2845.75
房屋拆迁	混砖结构	m²	98453	65866	164319
	砖木结构	m²	21399	195980	217379
电力电信设施数量	高压电力线	km	24.31	26	50.31
	电信设施架空 12 芯	km	21.32	11	32.32

联线建设用地和拆迁数量表   表8-43-6

项目名称		单位	联线							
			赤水联线	藤县联线	新庆联线	平南联线	社坡联线	桂平联线	贵港北联线	贵港南联线
设计路线长度		km	2.8	4.5	4.5	4.157	4.018	5.981	11.027	6.569
用地数量	水田	亩	47	76	74	62.06	108.07	179.04	395.51	75.36
	旱地	亩	31	51	47	105.81	53.92	206.72	551.23	139.25
	鱼塘	亩	—	25	12	8.83	2.13	31.34	4.2	5.3
	果园	亩	—	—	—	—	—	—	5.21	—
	经济林	亩	—	—	6	7.07	—	—	4.89	—
	林地	亩	62	101	95	93.49	14.53	17.88	—	5.38
	荒地及其他用地	亩	15	—	3.3	8.41	56.67	198.09	78.35	226.74
房屋拆迁	混砖结构	m²	2400	633	9463	606	1152	—	5640	4080
	砖木结构	m²	360	95	1419	2424	4608	1	22560	16320
电力电讯设施数量	高压电力线	km	0.02	0.23	0.41	—	—	2	—	6.26
	电信设施架空12芯	km	0.02	0.41	0.59	—	—	1.6	—	—

三、复杂技术工程

桂平官侯郁江特大桥位于广西桂平市城区郁江与黔江汇合口上游14km处,梧州岸为桂平西山镇旧官侯自然村,贵港岸为西山镇杉木岭自然村,位于桂平航运水利枢纽上游约11km,贵港航运水利枢纽下游约100.3km,本桥位于桂平航运水利枢纽内,水流流速平缓,桥轴线与河道基本正交。

本桥跨越河流航道规划等级为Ⅰ级,通航净高不小于13m,测高不小于8m,净宽110m,主桥上构采用88m+2×160m+88m预应力混凝土连续刚构,每幅主梁采用直腹板的单箱单室箱梁,箱梁顶面设与路拱同坡的2%单向坡,箱梁顶板宽度为1550cm,箱体宽度为750cm,墩顶根部梁高中心高度1000cm,底板厚度120cm,中跨跨中及梁端梁高350cm,底板厚度32cm,箱梁在薄壁墩顶及梁端设置横隔板,均采用C60混凝土。箱梁采用挂篮悬臂对称浇筑施工,边跨段采用支架现浇。梧州岸引桥为12m×30m先简支后连续预应力混凝土T梁,贵港岸引桥为18m×30m先简支后连续预应力混凝土T梁。

主桥下部构造及基础:13~15号桥墩为主桥桥墩,其中12号、16号桥墩为主桥与引桥之间的交接墩。基础均采用双排桩基础,13~15号桥墩桩基础横桥向每排为3根,桩直径为220cm,12号、16号桥墩桩基础横桥向每排为2根,桩直径为220cm。

13~15号桥墩采用双薄壁墩,墩身与上构箱梁固结,墩壁厚度为150cm,墩身横桥向宽度为900cm,端头做成圆端。13~15号主桥墩高度约27m。

12号、16号桥墩墩身采用单排方柱式墩,横桥向柱中心间距为630cm,单个方柱横桥向尺寸为200cm,顺桥向尺寸为250cm。

桥梁全长左幅1403.883m,右幅1404.118m。

第四十四节　灌阳(永安关)至全州(凤凰)高速公路

一、项目概况

(一)基本情况

灌阳(永安关)至全州(凤凰)高速公路(以下简称灌凤路)位于广西桂林市境内,是国家高速公路网中厦门至成都高速公路(G76厦蓉高速公路)的重要组成部分。厦门至成都高速公路是横贯我国南部并连接我国东、中、西部的东西向主要通道,也是西南腹地通往东南沿海地区的主要出海通道。灌凤路是广西壮族自治区"六横七纵八支线"高速公路网的重要组成部分,为"横1"灌阳(永安关)至三江(唐朝)公路的构成路段。项目位于广西东北部,连接湖南省西南部,背靠大西南,向东向南连接我国东南沿海以及广西首府南宁市,是西南出海大通道的枢纽位置。项目所在区域处于国家西部大开发、中国—东盟自由贸易区、泛珠三角经济区的结合部,具有极优越的经济区位优势。项目的建设对于进一步实施国家西部大开发战略,完善国家和广西高速公路网络,充分发挥广西作为西南出海大通道的作用,构建中国与东盟交通大框架,加快全面建设小康社会进程都具有十分重要的意义。

灌凤路起于灌阳县文市镇永安关(湘桂界),接厦门至成都高速公路湖南省宁远至道县段高速公路,中经灌阳县文市镇、新圩乡,全州县两河乡、石塘镇、凤凰乡,终止于凤凰乡三里村附近,与全州至兴安高速公路相接,路线全长47.965km。全线设置文市、灌阳、石塘、凤凰北4处互通式立交,同步建设石塘连接线1.1km。

灌凤路主线采用四车道高速公路标准,设计速度120km/h,路基宽28.0m;石塘连接线为双车道二级公路标准,设计速度60km/h,路基宽12m。设计洪水频率特大桥1/300,大桥、中桥、小桥、涵洞及路基为1/100,汽车荷载等级公路—I级,其余技术指标按交通部颁发的《公路工程技术标准》(JTG B01—2003)执行。批复初步设计概算30.439亿元人民币。

灌凤路全线桥梁共28座,有特大桥784.08m/1座,大桥3278.269m/11座,中桥901.166m/16座,其中塘屋岭特大桥是全线的控制性工程,主桥为高墩大跨度的连续刚构,桥跨组合为5×40m+92m+2×172m+92m+1×40m。全线设置涵洞114道(含互通),通道101处(含互通);互通式立交4处;服务区1处,停车区1处;主线收费站1处,匝道收费站3处;管理分中心1处,养护工区1处。

项目区地处广西东北部,为南岭山脉的西段,地势西部、北部及东南部高,中部较低。路线布设于地势相对较低的中部"湘桂夹道"内,为东—西、南东—北西走向,海拔高程为190~450m。受构造、风化、剥蚀、溶蚀、河流冲积等影响,区内形成了剥蚀丘陵、剥蚀残丘、岩溶峰林、冲积阶地四类地貌类型。

项目于2011年9月1日开始正式开工建设,经过建设、施工、监理、设计等单位4年多的艰苦努力、奋力拼搏,克服了桂北气候条件差、施工环境艰苦、征地拆迁问题复杂、控制性工程难度较大等种种困难,于2015年12月10日全部完工,2015年12月23日通过交工验收,12月29日正式通车试运营,见表8-44-1。

灌凤路项目基本情况统计表　　　　表8-44-1

项　　目	基 本 情 况
工程投资	30.439亿元(概算)
工程起止桩号	K0+000~K47+964.721
工程设计标准	四车道高速公路
开工时间、通车时间	2011年9月1日开工,2015年12月29日通车
地形条件	山地、丘陵
连接线标准	石塘连接线,双车道二级公路标准,设计速度60km/h,长度1.1km
施工图设计每公里土石方(万 m^3)	15.6

(二)前期决策情况

灌凤路是列入国家高速公路网规划中的项目,项目前期决策工作主要是进行工程可行性研究。

1. 灌凤路项目的主要(历史)背景

灌凤路是国家高速公路网规划中厦门至成都高速公路(G76厦蓉高速公路)广西境内的重要路段。厦门至成都高速公路是连接我国东、中、西部的东西向主要通道,是联系宝岛台湾与祖国腹地的一条便捷通道,其建成对加快经济一体化,促进大城市圈形成,对西部地区崛起战略的实施将发挥重要作用。灌凤路也是广西"6横7纵8支线"高速公路网规划中"横1"灌阳(永安关)至三江(唐朝)公路的重要组成部分。该项目连接湖南省西南部以及广西东北部等贫困地区,项目建成后将成为这些地区与珠江三角洲、粤港澳地区和东盟联系的纽带,将极大地带动沿线地区旅游业、加工业、物流等产业的发展。广西作为连接西南、华南、中南以及东盟大市场的枢纽,将日益发挥重要作用。因此,本项目的建设对于进一步实施国家西部大开发战略,完善国家和广西高速公路网络,充分发挥广西作为西南出海大通道的作用,构建中国与东盟交通大框架,加快全面建设小康社会进程都具有十分重要的意义。

随着西部大开发战略的进一步实施和区域经济的协调发展,以及中国—东盟自由贸易区的建立和泛珠三角经济圈的加快形成以及北部湾(广西)经济区的启动建设,为适应西南出海大通道和中国—东盟国际大通道的需要,适应全面建设小康社会的要求,加快推进社会主义现代化战略目标的进程,加快本项目的实施,可以促进厦门至成都高速公路(G76厦蓉高速公路)早日全线贯通,实施国家高速公路网建设,充分发挥高速公路网络功能。因此,本项目的建设显得尤为紧迫。

2. 前期决策(工程可行性)过程

根据国家和广西高速公路网规划,广西壮族自治区交通厅于2007年7月委托广西壮族自治区交通规划勘察设计研究院(以下简称"广西设计院")研究编制《灌阳(永安关)至全州(凤凰)公路工程可行性研究报告》(广西区交通厅交计划函〔2007〕492号)。广西设计院接受委托后,立即成立了该项目工程可行性研究项目组,开始研究工作,研究内容主要包括项目影响区的社会经济现状与发展,交通运输现状,发展及存在问题,现有路网状况,公路交通流特性分析,未来拟建公路和相关公路的交通量,自然地理条件和环境状况以及项目建设的必要性,技术标准论证,路线方案的技术、投资、经济效益比选,工程环境影响分析和节能分析,项目的社会、财务效益分析,实施方案制订等,研究过程主要分为以下几个阶段:

(1)2007年7月~2007年8月初,方案准备工作,主要收集相关图纸、资料,初拟路线走廊及方案。

(2)2007年8月初~2007年8月底,外业实地踏勘,资料收集及现场方案调研。

(3)2007年8月底~2008年6月,进行方案设计和报告编制。

2008年3月,广西设计院完成了报告初稿。2008年5月21日,广西壮族自治区发展和改革委员会、自治区交通运输厅联合在南宁组织召开了预审查会议,根据会议纪要,广西设计院对初稿进行了修改完善,于2008年7月出版了工程可行性报告。

2009年2月21~22日,国家发展和改革委员会委托中国国际工程咨询公司在北京主持召开了灌凤路可行性研究报告咨询评估会,成立了由6位专家组成的专家组,并形成现场咨询评估专家组意见。根据专家组意见,广西设计院对工可报告中的交通量预测、技术标准论证、投资估算、经济评价、节能评价等进行了修改和补充完善,2009年3月出版工程可行性补充报告。

2009年5月5~8日,交通运输部委托中交第一公路勘察设计研究院有限公司在广西南宁主持召开了灌凤路可行性研究报告现场咨询评估会,成立了由7位专家组成的专家组,并形成现场咨询评估专家组意见。根据专家组意见,广西设计院对工程可行性报告再次进行了补充完善:补充了交通量预测的相关最近历史资料、无本项目时老路交通量预测,对技术标准进一步深化比选,对路线的终点方案补充论证,对路线走廊方案、建设规模的有关内容核查,对投资估算、经济评价进行更新修改等。

2010年7月26日,国家发改委批复同意灌凤路工程可行性报告。

(三)参建单位主要情况

(1)建设单位:广西凤城高速公路有限公司。

(2)设计单位:具有公路工程甲级勘察设计资质的广西壮族自治区交通规划勘察设计研究院。

(3)施工单位:全线参建施工单位共7家,分别为:土建工程(1个标,含路基、路面、桥涵、交安工程等)施工单位是具有公路工程施工总承包特级资质的广西壮族自治区公路桥梁工程总公司;房建工程No.A合同段为云南建工集团有限公司,房建工程No.B合同段为中铁五局(集团)有限公司;景观绿化及环境保护工程No.A合同段为湖南世纪园林建设有限公司,No.B合同段为广西碧虹景观工程有限公司,No.C合同段为北京华凯交通科技有限公司;机电工程(1个标)施工单位为广西交通科学研究院。

(4)监理单位:具有公路工程甲级监理资质的广西桂通工程咨询有限公司。

(5)质量监督单位:由广西壮族自治区交通工程质量安全监督站代表政府主管部门对本项目进行监督。

二、建设情况

(一)项目准备阶段

1. 建设基本程序审批

项目由具有独立法人资格的广西凤城高速公路有限公司负责建设管理,本项目工程建设严格依据国家法律法规和标准、规范、规程执行,严格执行国家的基本建设程序,工程的可行性研究、初步设计、施工图设计以及开工前的其他各项有关工作,均遵照国家基本建设程序及公路工程建设市场管理的有关规定,严格按要求分步骤逐一报批,循序进行,国家基本建设程序审批手续齐全、完善。

(1)地灾:2008年10月27日取得广西壮族自治区国土资源厅桂国土资地灾备〔2008〕329号对地灾评估报告的批复。

(2)压矿:2008年10月30日取得广西壮族自治区国土资源厅桂矿资〔2008〕194号对压矿评估的批复。

(3)水土保持:2009年8月5日取得水利部水保函〔2009〕252号对水土保持的批复。

(4)用地预审:2009年8月5日取得国土资源部国土资预审字〔2009〕300号对用地预审的批复。

(5)银行贷款承诺:2009年6月15日取得国家开发银行开行函〔2009〕265号银行贷

款承诺。

（6）环评：2009年6月22日取得国家环保总局环审〔2009〕319号对环境影响报告的批复。

（7）文物保护：2009年12月24日取得广西壮族自治区文化厅桂文函〔2009〕533号对文物保护调查结论的批复。

（8）工程可行性：2010年7月26日取得国家发改委发改基础〔2010〕1627号对工程可行性报告的批复。

（9）林地：2011年6月20日取得国家林业局林资许准〔2011〕128号、林资许准〔2011〕129号对建设用林地的批复。

（10）初步设计：2010年11月23日取得交通运输部交公路发〔2010〕701号对初步设计的批复。

（11）质量安全监督：2012年1月10日广西壮族自治区交通工程质量安全监督站交质监督〔2012〕10号文下达灌凤路工程质量安全生产监督计划。

（12）施工图设计：2012年1月16日取得广西壮族自治区交通运输厅桂交建管函〔2012〕6号对施工图设计的批复。

（13）建设用地：2012年10月31日取得国土资源部国土资函〔2012〕873号关于灌凤路工程建设用地的批复。

（14）施工许可：2012年4月13日取得交通运输部对本项目公路施工许可的批复。

2. 资金筹措

项目批复的初步设计总概算为30.4395亿元，其中：中央专项基金（车购税）3.46亿元，广西财政专项资金7.18亿元，国内银行贷款19.7995亿元。

3. 招投标情况

本项目建设严格执行《中华人民共和国公路法》《中华人民共和国招标投标法》《中华人民共和国合同法》和《公路建设市场管理办法》《公路建设四项制度实施办法》等各项法律、法规，通过公开招标择优选定设计单位、监理咨询单位和工程施工单位。在各次招投标活动中，业主的资格（预）审文件、招标文件均获得自治区交通运输厅的批复。招投标各方行为守法规范，均能遵循"公开、公平、公正、诚信"原则，广西壮族自治区交通运输厅对招标全过程进行监督，专家评标推荐，最后由评标委员定标并上网公示，整个招标工作合法有效，未收到任何投诉和不良反映。

（1）设计单位招标。

通过国内公开招标的方式，设计中标单位为广西交通规划勘察设计研究院。

（2）监理单位招标。

通过国内公开招标的方式,监理中标单位为广西桂通工程咨询有限公司中标。

(3)施工单位招标。

通过国内公开招标的方式,施工中标单位为广西壮族自治区公路桥梁工程总公司等7家单位(其中土建工程1个、房建工程2个、机电工程1个、景观绿化及环境保护工程3个)。

征地拆迁情况统计见表8-44-2,标段划分情况见表8-44-3。

征地拆迁情况统计表　　　　表8-44-2

项目	征地拆迁安置起止时间	征用土地(亩)	拆迁房屋(m²)	支付补偿费用(元)	备注
灌阳县第一期	2010.11~2010.12	257.493		8945447.94	
灌阳县第二期	2011.01~2011.04	388.9118		13685297.9	
灌阳县第三期	2011.04~2011.07	204.436		8178804.7	
灌阳县第四期	2011.07	211.162		8417327.7	
灌阳县第五期	2011.07	178.723		7090653.4	
灌阳县第六期	2011.07	145.11		4873640.1	
灌阳县第七期	2011.08	135.2407		4685985.8	
灌阳县第八期	2011.08	170.29		4063608.9	
灌阳县第九期	2011.09	72.149		3413347.4	
灌阳县第十期	2011.10	27.594		1007268.4	
灌阳县第十一期	2011.10	543.55		16253420.1	
灌阳县第十二期	2011.10	73.854		2975007.8	
灌阳县第十三期	2011.11	44.51		1606112.2	
灌阳县第十四期	2011.11	6.4463	93.51	809683.3	
灌阳县第十五期	2011.12	56.484		2067996.5	
灌阳县第十六期	2011.12	99.7046		2843725.4	
灌阳县第十七期	2011.12	44.382		1793718.8	
灌阳县第十八期	2011.12	7.9589		310812.7	
灌阳县第十九期	2011.12	1.8731		67673.2	
灌阳县第二十期	2012.02	25.0055	567.53	635275.8	
灌阳县第二十一期	2012.04	16.7336	29.17	663486.34	
灌阳县第二十二期	2012.04	8.9385	49	291458.3	
灌阳县第二十三期	2012.05	3.921	295.21	787657.2	
灌阳县第二十四期	2012.05	49.152		668581.1	
灌阳县第二十五期	2012.06	12.839		174810.4	
灌阳县第二十六期	2012.08	34.0748		1990114.2	

第八章 高速公路项目建设

续上表

	征地拆迁安置起止时间	征用土地(亩)	拆迁房屋(m²)	支付补偿费用(元)	备注
灌阳县第二十七期	2012.08	52.092	207.215	1440033.4	
灌阳县第二十八期	2012.09	6.924		213002.6	
灌阳县第二十九期	2012.12	34.9461	72.15	1477881.8	
灌阳县第三十期	2012.12	6.0093	142.46	271631.4076	
灌阳县第三十一期	2013.04	2.0194		143853.5	
灌阳县第三十二期	2013.04	21.425		1152008.2	
灌阳县第三十三期	2013.08	16.892	908.608	911319.9	
灌阳县第三十四期	2013.12	57.84		1050000	
灌阳县第三十五期	2013.12	54.4277	185.81	2074382	
灌阳县第三十六期	2014.01	13.678		541012.3	
灌阳县第三十七期	2014.05	10.5018	100.2	444396.4	
灌阳县第三十八期	2014.09	33.9117	694.05	1982502.7	
灌阳县第三十九期	2014.09	1.71		69800	
灌阳县第四十期	2014.09			-4000	
灌阳县第四十一期	2014.12	22.8232		406436.4	
灌阳县第四十二期	2015.07	40.0935	199.54	1151383.6	
灌阳县合计		3195.8305	3544.453	111626559.8	
全州县第一期	2010.12	234.6282	222.133	10898551.7	
全州县第二期	2011.01		315.63	211411.4	
全州县第三期	2011.03	219.201	143.61	9331083.7	
全州县第四期	2011.04	448.809	12.09	19703976.6	
全州县第五期	2011.05	262.545	1584.05	11261349.5	
全州县第六期	2011.05	445.332		18947439.1	
全州县第七期	2011.06	204.615		9859905.5	
全州县第八期	2011.06	159.025		7390315.2	
全州县第九期	2011.08	14.506	80.33	703863.3	
全州县第十期	2011.11	113.003		5311198.8	
全州县第十一期	2011.12	163.850		7002995.1	
全州县第十二期	2011.12	47.806		2034439.2	
全州县第十三期	2012.02	5.421		561685.5	
全州县第十四期	2012.03	14.051	17.7	1010986.5	
全州县第十五期	2012.09	22.807		1137065.7	
全州县第十六期	2013.04	48.059	81	2564336.4	

续上表

	征地拆迁安置起止时间	征用土地(亩)	拆迁房屋(m²)	支付补偿费用(元)	备注
全州县第十七期	2013.12	13.972	381.02	1272066.4	
全州县第十八期	2014.04	21.99	214.2	1350128.8	
全州县第十九期	2014.07	11.8946		976145.4	
全州县第二十期	2014.12	134.812	304	3169745.3	
全州县第二十一期	2015.05	60.02	46.31	2205282.6	
全州县第二十二期	2015.06	5.891		282886.5	
全州县第二十三期	2015.08	16.303		940574.4	
全州县第二十四期	2015.10	10.075		1359035.2	
全州县合计		2678.6158	3402.073	119486467.8	
全线总计		5874.4463	6946.526	231113027.6	

标段划分情况表　　　　　　　　　　　　　　　　　表8-44-3

标段号	标段所在地	工程内容及长度	施工单位
土建工程No.1合同段	K0+000~K47+965	路基、路面、桥涵、交安设施工程,47.965km	广西壮族自治区公路桥梁工程总公司
房建工程No.A合同段		主线、文市、石塘收费站及石塘停车区	云南建工集团有限公司
房建工程No.B合同段		K14+500服务区	中铁五局(集团)有限公司
景观绿化及环境保护工程No.A合同段	K0+000~K24+500	部分中央绿化分隔带、文市互通、灌阳互通、填挖方边坡景观绿化,省界主线收费站、文市匝道收费站、灌阳服务区、灌阳匝道收费站等4处景观绿化,24.5km	湖南世纪园林建设有限公司
景观绿化及环境保护工程No.B合同段	K24+500~K47+965	部分中央绿化分隔带、石塘互通、凤凰北互通、填挖方边坡景观绿化,石塘停车区、石塘匝道收费站等2处景观绿化,23.465km	广西碧虹景观工程有限公司
景观绿化及环境保护工程No.C合同段	K0+000~K47+965	在学校、医院、居民区等具体环境敏感点位置设置声屏障;在路线K12、K21、K24、K30、K32、K46等处附近跨越河流、养殖水体、水库,在上述路段路线排水系统出水口处设置油水分离池,47.965km	北京华凯交通科技有限公司
监控、通信、收费综合系统工程No.JD1合同段	K0+000~K47+965	监控、通信、收费综合系统工程,47.965km	广西交通科学研究院

（二）项目实施阶段

灌凤路项目建设实施阶段性管理，重点是做好全程跟踪和监督，也就是追踪检查和考核，确保达到目标和落实计划。在灌凤路项目建设实施阶段中主要抓好以下几个方面：

1. 强化合同管理，监督合同履约

在灌凤路项目建设管理中，项目公司始终坚持"合同管理为本，突出预防为主，注重行为规范"的管理思想，建立"统一管理，归口办理，分级审查、审批，各负其责"的合同管理体系，防范和控制合同风险。在签订工程承包合同和监理合同时，签订了安全生产合同、廉政建设合同。一是重视合同的谈判环节，进场前召开合同谈判会议，对合同履约、环境保护、资金管理、农民工工资及兑付等工作进行协商，并签订了合同谈判补充协议书；二是在项目建设的不同阶段，项目公司工程管理部参与关键工序和关键部位施工技术交底工作，依据合同条款的约定，每季度对施工、监理合同、中心试验室的人员、机械的履约情况进行监督检查，并对相关违约情况进行全线通报和扣以违约金，并责成各施工合同段、监理机构限期整改，项目公司对整改情况进行复查，将整改结果予以通报，通过监督检查，促使各参建单位增强履约意识，按照合同条款规范自己的行为，为灌凤路项目建设控制打下坚实的基础。

2. 对实验室的管理

项目公司加强对项目驻地施工、监理的工地实验室的人员、资质、设备、操作等进行检查、管理，提高中心实验室工作质量和服务意识及服务效率，进一步发挥中心实验室对项目质量综合管控的作用，实行业主专职质量、试验检测监督工程师派驻中心实验室制度。

项目公司对实验室的内部管理：强制实验室按照合同约定配置试验检测人员。指导实验室严格按照技术规范的要求开展试验抽查检测工作，加强材料及材料母源的质量监控，通过严把试验检测关，加强工程质量的过程控制，保证工程质量符合设计和规范要求。广西凤城高速公路有限公司工程部专职质量、试验检测监督工程师每周驻中心实验室3天，监督、指导和协调中心实验室的各项工作。

项目公司协助实验室对外部的管理：一是项目公司编写《关于印发广西凤城公路有限公司试验检测管理办法的通知》，文件规定了灌凤路项目全线试验检测人员资质、试验设备、试验操作方法及试验检测程序流程，规范工程实体试验检测用表。二是根据不同的施工阶段组织召开试验检测培训讲座，规范各项工程检测中操作行为，提高检测人员质量意识。对实验室的外部管理主要是监督检查中心实验室的履约能力，加强灌凤路项目试验检测工作管理力度，强化实验室的质量责任心，目的是迫使实验室的工作与施工现场达到步调统一、和谐一致，成为一个完整的管控体系，进一步提升灌凤路的工程质量管理。

三是为强化实验室的质量管控作用,作为实验室的归口管理人,广西凤城高速公路有限公司工程部专职质量、试验检测监督工程师通过定期或不定期检查进一步加强对各实验室的检查工作,进一步强化对各施工合同段实验室各项工作的监督、指导、管控力度,杜绝各合同工程试验检测频率不足、质保资料造假等现象。

3. 对监理机构的管理

监理作为工程卫士,其工作的好坏对工程质量至关重要,灌凤高速公路实行社会监理担任总监理工程师的模式,对监理人员素质、监理工作质量较以前有了更高要求。工作中主要采取了以下措施:

(1)严把监理队伍进场验收和素质关。在实际施工中发现监理单位个别进场人员达不到合同约定或人员没有取得相应资格证书的,项目公司一方面与中标法人取得联系,督促法人单位按合同履约;另一方面对进场监理人员进行多次单项培训和考核,强化他们的质量意识。

(2)严格监理日常工作考核。广西凤城高速公路有限公司制定下发了《广西凤城高速公路有限公司工程监理管理办法》《广西凤城高速公路有限公司监理工作违约处理细则》《广西凤城高速公路有限公司优监优酬奖励办法》等多项对项目的考核制度,通过定期和不定期检查监理的工作,检查监理日记、监理例会记录、监理台账以及报检工程的成品质量,对监理的工作全面予以考核,对履行监理职责不到位的按相关制度进行处罚,进一步加强和改进作风建设,提高监理工作质量。

(3)重点突出监理作用。日常管理过程中,要求监理单位加大对重点施工环节、关键工序的质量控制巡视、旁站力度,通过抓监理、监理抓等有效手段来提高工程质量水平。强调总监办对隐蔽工程、重要工程部位的关键工序、工艺施工过程和试验,主要材料进场均按照《公路工程施工监理规范》(JTG G10—2006)由专业监理工程师或现场监理员实行全过程的旁站监理。若抽查发现无监理人员在施工现场,则按照缺勤处理。对监理职责的检查采用日常随机抽查的方式,即项目公司各技术干部在路线上执行其他工作的同时,随机地对监理人员进行履行职责的抽查,抽查结果汇总到合同计划部,逐月统计,通报处理。

4. 对检测机构的管理

为了确保检测制度落到实处,重点从抓好各级工地试验室建设、加大试验检测频率和覆盖面、确保检测数据的真实性、狠抓一次抽检合格率及提高检测人员的技术水平等方面入手,不断强化质量检测体系的运作和管理。

(1)加大检测频率和覆盖率。在狠抓各工地试验室试验检测工作的同时,充分发挥第三方试验检测队伍在专业技术和设备上的优势,严格外委试验管理,进一步加大了检测频率和覆盖面。

(2)制定第三方检测机构的工作流程。为使试验检测工作切实为工程质量服务,确保质量控制信息畅通,建立了试验检测与工程现场管理间的联动沟通机制,并建立了试验检测管理工作检查与通报制度、电子台账上报制度、问题整改反馈制度、专项试验检测通知单制度等,在保证质量问题能够得到及时发现和有效解决的同时有力地规范了各工地试验室的试验检测工作,提高了管理水平。

(3)加强日常检查力度。针对工程进展不同阶段试验检测的控制重点,定期对各单位试验室仪器设备性能、运行状况、标定情况、内业资料进行检查。

(4)加强考核和培训力度。坚持定期对工地试验室检测人员进行试验操作考核,对发现的不合格现象及时进行通报并要求及时彻底整改,有力保障了试验检测工作的规范性和科学性。

(5)积极引进第三方检测单位进行检测和监管,竣(交)工实体质量检测邀请了广西交通科学研究院,沥青混凝土路面原材料检测、配合比设计与沥青混凝土路面施工过程质量监控技术咨询服务邀请了苏交科集团股份有限公司,改性沥青 SBS 含量与性能指标检测及交通运输产品抽检邀请了广西金盟工程有限公司,通过委托有关单位较好地控制了进场材料质量和施工质量。

5. 征地拆迁的管理

1)及时成立征地拆迁机构

根据《广西壮族自治区基础设施重大项目建设用地征地拆迁暂行办法》(桂政发〔2000〕39号)规定,项目公司及地方政府均成立了相关的征地拆迁机构:

一是灌凤高速公路工程建设指挥部设立协调部专职负责征地拆迁协调工作,并由项目指挥部1名副指挥长挂帅,分管项目建设征地拆迁业务。

二是项目通过征地拆迁协调工作协议方式,委托高速公路沿线灌阳、全州两县人民政府具体负责完成所辖路段征地、拆迁及相关协调工作任务。地方政府建立相应的征地拆迁协调工作领导小组,并成立全职的征地拆迁协调办公室,征地拆迁协调办公室设立土地征用小组、房屋征拆小组、三线迁移小组(电力、通信、国防光缆)矛盾纠纷协调小组等。

2)编撰《征地拆迁工作手册》

为确保征地拆迁工作程序化、规范化,项目建设初期,在借鉴兄弟单位成功经验的基础上,依据自身实际编撰了《征地拆迁工作手册》,涵盖征地拆迁政策法规、补偿标准、相关图表、征迁内容、实施方案、工作流程、竣工资料整理等,为征地拆迁工作提供了有效性、针对性的指导。同时,广西凤城高速公路有限公司编撰的《征地拆迁工作手册》也得到了广西交通投资集团有限公司和广西高速公路投资有限公司相关部门的好评。

3）营造和谐路地关系

（1）企村联建为征地拆迁工作赢得了良好的外部环境。项目公司以开展"企村八联建"为推手,克难攻艰,实现了路地共建、双方互惠共赢的良好局面。通过与征迁问题较多的村庄签订《路地征迁联建协议》,积极开展文体用品捐赠、"党员1+1"等帮扶活动,不断深化"企村联建"活动内涵,融洽路地关系,使征地拆迁工作得到了村民的理解和支持,沿线征地拆迁难题也迎刃而解,如结合当地的实际情况及沿线路系水系的完善,投入适当资金进行"一桥两路三村自来水供水项目"的援建工作,在石塘镇大口岩村修建"便民路",在杨梅山村修建"惠民井",在螗屋岭村修建"红军桥";施工单位进场后,在广西凤城高速公路有限公司的统一部署下,灌凤路第1合同段项目经理部党支部与中共新圩乡政府党支部也签订了支部联建协议,项目经理部下属的4个工区也以此为契机大力开展"企村联建"工作。

（2）项目建设与沿线经济发展相融共生。项目公司把高速公路建设与当地经济发展及沿线群众的长远利益紧密结合,积极主动做好地方水系路系恢复工作,使用与培训当地劳动力,促进沿线群众的就业,尽量为沿线群众多办实事和好事,引导沿线村民转变思想观念,调整产业结构,最大限度地保护受影响群众的利益,最小限度地给沿线群众造成负面影响,最大可能地带动沿线经济社会发展,使广大群众在项目的建设时期和运营时期都能谢路、爱路、护路,实现路与社会的和谐。

（3）征地拆迁中严格执行补偿标准。项目建设对所征用土地的补偿标准及补偿操作程序,均严格执行《广西壮族自治区人民政府办公厅关于实施征地统一年产值标准有关问题的通知》(桂政办发〔2010〕9号)、《广西壮族自治区人民政府关于印发广西壮族自治区铁路交通基础设施重大建设项目征地拆迁工作实施办法的通知》(桂政发〔2010〕52号)、《桂林市人民政府关于公布征地统一年产值标准的通知》(市政〔2010〕13号)等文件,并根据当地实际情况,按照沿线灌阳、全州两县地方政府制定的补偿文件标准及时足额兑现征迁款。

（4）严格审核征地拆迁工程数量。在审核征地拆迁工程量时,以两阶段公路用地图(含变更设计)和土地勘测定界成果为依据,由县指挥部征地拆迁工作组、村委、村民小组以及被征迁个人共同丈量确认征地面积、地类,清点地上附着物的种类、数量等,并四方签字,以此作为补偿费用结算依据。项目公司坚持做到丈量一批、整理一批、审核一批,现场抽查率不低于20%。灌凤高速公路工程建设永久性征地(含改路改沟用地)5719.2406亩,房屋拆迁7184.316m^2,电力杆线迁改40.446km,通信管线迁改28.2km,国防光缆迁改1.1km。

（5）创新征地拆迁结算程序。传统的征地拆迁补偿费结算程序,是丈量完所用土地后再整理资料、公示,公示发现错误纠正后,再次公示后发放补偿款到村民小组,由村民小组出台分配方案后,补偿款才能发放到村民。这个程序过于烦冗,对于后期财务结算资料整理非常不利,造成竣工资料整理时间过长。

广西凤城高速公路有限公司在吸取全黄、全兴、桂兴、六河、河都等建成和在建高速公路的成功经验的基础上,对结算程序进行了创新,采取"六个一"工作程序,即丈量一批、整理一批、审核一批、公示一批、发放一批、结算一批。整个财务结算资料只要补偿款一发放、村民签好协议,填写领款单后即可完成,省去了大量后期村民分配的时间。与此同时,改进工作方式,积极主动到灌阳县、全州县的各个丈量组指导、监督和核实丈量工作,及时解决丈量过程中出现的各种问题。通过这两项措施,既保证了征地拆迁工作的连续性,给群众带来了实质性的方便,又极大地加快了财务结算速度。

对于政策上模棱两可的项目或非标项目的补偿,项目公司采取的对策是与被征迁对象共同邀请评估单位进行评估,或者请求审计组给予指导意见,这样既确保补偿合法合理,又确保征地拆迁工作顺利推进。

(6)非常措施破解征地拆迁难题。灌凤高速公路有700m的红线范围施工用地恰好位于湘桂两省交界的争议地内,导致该处的征地丈量工作举步维艰。基于该土地权属争议纠纷是由历史原因和现实矛盾相结合而成的,广西凤城高速公路有限公司确立了解决该问题的基本原则——"抛开纠纷、搁置争议、协商分配、各负其责",提出了以"快刀斩乱麻"的方法,集中所有力量,明确解决时限,迅速打赢这场征迁协调关键战。具体措施如下:一是先将土地权属争议暂时搁置,强调高速公路建设用地的征用与历史土地权属纠纷无关,明确在高速公路修建过程中对土地边界的划分并不作为日后两省处理土地权属纠纷的依据,以此消除双方的顾虑。二是坚持土地权属与高速公路修建主体一致性的原则,明确取得土地权属的一方必须承担起辖区范围内的高速公路修建的责任。三是由本项目派出专人对争议地进行实地调查,将地表有附着物等能够明确权属的土地先行划分、统计出来,尽量将存在权属纠纷的土地面积最小化。四是由本项目和争议地所属的两县人民政府共同对争议范围内的土地进行丈量,对地表附着物进行评估,按照征地拆迁标准计算出总补偿费用(该费用包干使用),再由两县人民政府共同进行兑付,并确保总费用支出不超标准。五是两县人民政府各自负责争议地范围内的施工环境,地面清表施工的时间由两县人民政府共同确定,并派专项工作组前往现场维护施工,确保施工顺利进行。六是本着"谁的人员谁负责"的原则,两县人民政府各自负责处理各自群众的补偿工作、矛盾纠纷。

6. 科学谋划,强抓落实,多措并举保通车

灌凤路项目地处广西降雨最充沛的地区之一,雨季超过全年的一半,且冬季气候高寒,常有低温雨雪冰冻天气,严重影响项目的整体施工进度。2012年晴天仅为136d,2013年晴天为146d,2014年晴天仅为169d,2015年晴天仅为122d,且不连续。在这样的气候环境下,广西凤城高速公路有限公司提出了"大干晴天、抢干阴天、巧干雨天"的口号,按照"晴天加班干,雨天巧着干"的思路,统筹计划、合理安排、强化管理、加强协调,推进项目的路基、桥涵、路面、交安、房建、绿化、机电等各项工程有序开展,均衡施工,并重点狠抓控制性工程的施工,攻克难点,使塘屋岭特大桥、凤凰北互通立交桥等按公司制定的进度目标完成,保证整个项目的顺利完工。

(1)建立健全工程进度管理制度。广西凤城高速公路有限公司制定下发了《广西灌阳至凤凰高速公路工程进度计划管理办法》,并且与承包人、监理单位建立了工程建设奖励基金,制定了《灌凤路创先争优奖励办法》《灌凤路关键节点工作考核与奖罚办法》《灌凤路从业单位履约能力考核办法》等办法。通过一系列激励手段,有效提高了施工、监理单位的积极性。

(2)注重谋划部署,勤检查、重落实。一是由于灌凤路位处广西降雨最充沛的地区之一,所以注重抢抓旱季关键施工期;二是注重倒排计划狠抓落实,生产计划精确到具体桩号;三是注重计划的跟踪调整,以旬保月、以月保季、以季保年,关键性工程实施日报制度;四是注重对落后项目、滞后分项工程的施工管理;五是注重检查落实,坚持做到每月进行一次全面检查通报。

(3)全力做好控制性工程克难攻坚。针对灌凤路的施工重点难点,广西凤城高速公路有限公司成立了多个克难攻坚小组,加大攻坚力度。对控制性工程倒排工期计划,以倒排计划确定各项资源的投入,要求承包人坚决落实,并优化施工组织,加班加点推进。同时,项目公司内部进行了明确分工,责任到人,各分管工程师蹲点各控制性工程施工现场,负责日常施工指导、监督和协调;部门负责人坚持每天巡查,检查落实情况;分管副指挥长亲自督办相关合同段法人单位的资源投入。通过上述措施的实施,各控制性工程施工取得了全面胜利。

(4)主动协调,攻坚征地拆迁障碍。一是抓住征迁重点,先急后缓,以点带面,有计划有步骤地逐个击破;二是及时协调处理沿线水系路系恢复问题,促使路与社会和谐共荣。组织两县分指挥部、项目经理部等部门及单位成立专项协调队伍到工地现场办公,妥善协调解决水系、路系有关问题,维护路地和谐;三是组织力量,不遗余力解决遗留问题,为项目施工创造无障碍施工条件。

(5)狠抓施工资金落实,确保工程顺利推进。落实资金是保障施工进度的前提,为解决好这一问题,广西凤城高速公路有限公司在建设过程中对各标段的资金状况进行跟踪调查,了解各标段的剩余工程量资金需求量、未计量工程量、各种欠款等详细情况,并根据不同合同段的实际情况,制定解决资金问题的措施。一是加快工程变更手续的办理,加快计量进度;二是经广西交通投资集团有限公司认可和支持,在确保风险可控前提下,充分利用银行保函置换现金保函手段,为承包人解决了部分资金缺口;三是根据国家部委《关于转发交通运输部减轻公路施工企业负担若干意见的通知》(桂交办财务〔2012〕57号)文件的相关规定,暂停扣除承包人工程尾款并返还已扣款项,缓解了承包人的资金压力;四是对资金缺口大的合同段,要求承包人法人单位分期分批注入资金,确保正常开展施工;五是严格加强资金拨付管理,把有限的资金用在最急需的地方,充分发挥资金管理系统的优势,严格执行四方监管协议,坚持逐笔审批制。

（6）约谈落后标段法人,督促加快进度。针对部分标段存在内部管理不善、施工进度滞后、资金不足等现象,项目公司对相关法人单位分别发函约谈,对性质严重的还分别提请广西高速公路投资有限公司或广西交通投资集团有限公司进行约谈。通过不同层面的约谈,各落后标段的法人单位均派出了工作组进驻项目参与管理,部分法人单位还注入了资金。通过约谈整改,促进了工程进度。

7."红色文化"融入项目建设,成为统领项目建设的灵魂

灌凤高速公路建设路线经过了红军长征线路及湘江战役的凤凰、石塘、新圩、文市等地。项目公司结合项目特有的历史背景和地域特色,积极发扬"不怕牺牲、前赴后继,勇往直前、坚韧不拔,众志成城、团结互助,百折不挠、克服困难"的红军长征精神,不断地将"红色高速路"文化进行升华和深入,发挥文化的软实力作用,将"红色高速路"企业文化真正融入项目建设的每个领域,重点打造"红色精神文化、红色质量文化、红色安全文化、红色廉洁文化、红色和谐文化"。形成了在"点"上,将项目公司打造成为"红色高速路"文化建设中心点,建立红色教育基地,传承红色精神,制订了思想教育活动的学习计划,将思想教育活动与项目建设紧密挂钩;在"线"上,将"红色高速路"理念注入全线绿化景观上,打造富有灌凤特色的"长征情怀红色路";在"面"上,将"红色高速路"文化贯穿项目建设的始终。通过建立"红色质量文化""红色安全文化""红色和谐文化",不仅确保了项目质量安全,还通过建设"红色教育活动室""便民路""惠民井""红军桥"等惠民工程和开展"红色文化下乡"活动,丰富了沿线老百姓娱乐文化生活,拓宽了"红色高速路"文化的覆盖面,营造了良好的路地和谐关系与和谐施工环境。"红色高速路"文化注入各从业单位工作理念中,它已成为既统领员工精神文化生活又助推项目建设的一面"红色"旗帜。"苦不苦,想想红军二万五;累不累,看看革命老前辈"已成为灌凤路项目所有参建人员克难攻坚的强大动力。灌凤路"红色高速路"文化建设与项目建设双促进、双丰收多次获得自治区有关厅局领导及广西交通投资集团有限公司领导高度评价。项目公司"红色文化统领下的项目建管养一体化管理创新机制"在广西高速公路投资有限公司组织的"党组织工作新载体创意评选活动"中获得"党组织工作载体创意奖"。

三、复杂技术工程

灌凤路全线共28座桥梁,无隧道,其中技术最复杂、建设难度最大的是全线的控制性

工程——塘屋岭特大桥。

(一)塘屋岭特大桥概况

塘屋岭特大桥位于桂林市灌阳县塘屋岭村境内,采用高架桥梁跨越两山之间的山麓平原。桥位区属岩溶峰林地貌,两山之间多为水稻田和鱼塘,并发育有一条自西向东流的河流,宽约60m。此外在大桥的8号墩附近有一条宽约4m的乡村土路。桥梁起讫里程桩号为K24+057.42～K24+841.50,全长784.08m。

桥址区中间地形平坦开阔,桥墩址处地表由第四系冲积层覆盖,覆盖层为冲积成因黏土(Qal)和冲洪积成因的卵石(Qal+pl)组成;基岩为石炭系下统岩关阶(C1y)灰岩,中厚层状构造,岩溶强发育,以溶隙、溶洞呈现,岩体较完整,岩质较硬,局部裂隙发育。两端桥台处为表面石芽出露的中风化灰岩岩质边坡。此类岩石力学性质较好,强度较高,是良好的基础持力层。

塘屋岭特大桥的上部结构采用分幅式,桥跨组合为:5×40m+92m+2×172m+92m+1×40m,主桥为92m+2×172m+92m预应力混凝土连续刚构,引桥永安关侧为5×40m跨先简支后连续后张法预应力混凝土T形梁,凤凰侧为1×40m跨简支后张法预应力混凝土T形梁。主桥主墩为空心薄壁墩,主墩基础为整体式承台接群桩基础;引桥桥墩根据高度不同分别采用空心墩或柱式墩,基础为钻孔桩,桥台为U形桥台,采用扩大基础。

(二)施工建设情况

塘屋岭特大桥于2011年9月1日起正式开工建设,参建各方履职尽责,共同努力拼搏,期间经历和克服了该地区雨季漫长、地形地质条件较差、征迁协调复杂艰难、施工技术难度和安全风险较大等各种困难,于2015年10月4日完成了塘屋岭特大桥主体结构施工,成功合龙,2015年11月15日完成桥面系及附属工程施工,全桥顺利完工。

为了建设好塘屋岭特大桥,保证施工力量,施工承包人广西路桥总公司将该桥施工段设为单独的一个工区,配置了现场负责的经理、副经理、技术负责人及其他足够的技术管理人员。工区驻地及专门的拌和站(3号站)和钢筋加工场都设在主桥旁边下方的塘屋岭村内,统一管理。

1.引桥施工

塘屋岭特大桥两端引桥上构均采用40m的预制T形梁,所有T形梁统一集中预制。预制梁场设在永安关侧靠近0号桥台的主线路基上,按标准化要求建设,设置制梁区、存梁区、钢筋加工区、材料堆放区等,场地全部硬化处理,并埋设智能型自动喷淋养生系统,台座、模板、吊装设备按相应要求设置或配备。制梁所用的混凝土为山下的3号拌和站所拌制，采用混凝土运输车运输至预制梁场。T形梁预制好且引桥下构施工完成后，采用架桥机架设T形梁，两端引桥各设架桥机1台，先架设永安关侧的第1～5跨T形梁，凤凰侧的第10跨因受地形和运输条件限制，在主桥合龙后才架设T形梁。

引桥左右幅1、2号墩均为双柱墩（圆柱），3、4号墩为矩形空心墩，基础均为钻孔灌注桩，桩径分别为2.4m、2m，分别有8根、16根。5、9号墩为交界墩，墩身为空心薄壁墩，横桥向宽6m，顺桥向5号墩宽3.6m，9号墩宽3.1m，两片薄壁墩共用一个整体式承台，配2排共8根桩径2.2m的钻孔灌注桩。引桥桥墩、交界墩、承台及桩基均采用C30混凝土。

1～5号墩的桩基施工采用冲击钻成孔，9号墩桩基因所处位置地形陡峭、临近山崖，作业面狭窄，钻机和泥浆池难以布设而改为人工挖孔施工。3、4、5号墩和9号墩的墩身采用翻模施工，并在4号墩旁和9号墩、10号台之间分别设置一座塔吊辅助施工。

0号、10号桥台的扩大基础采用明挖施工。0号台和1～5号墩及其基础的混凝土都是用混凝土罐车从3号拌和站运输至现场，9号墩、10号台及其基础的混凝土是从山脚下泵送至作业面。

2. 主桥施工

塘屋岭特大桥的主桥为高墩大跨度的连续刚构，主桥高墩施工、箱梁0号块、挂篮悬浇、合龙段施工等是本桥施工的难点和重点。另外，位于岩溶强发育区的群桩基础和大体积承台的施工也有一定难度。

1）主桥桩基施工

6、7、8号主墩的左右幅两个空心墩共用一个整体式承台，配3排5列共15根桩径2.5m的钻孔灌注桩，桩基、承台均采用C30混凝土。

桩基施工采用冲击钻成孔，每个主墩群桩施工配2台，共6台。现场合理布设泥浆循环池、沉淀池。钻孔过程中严格控制泥浆质量和孔内水头高度，并预防塌孔、卡钻等故障。钻孔到位后按设计及规范要求进行清孔、检孔。桩基的钢筋笼统一在钢筋加工场内加工制作，其中竖向主筋采用套筒机械连接，钢筋笼加工好后再运至现场安装下放。桩基灌注水下混凝土时，首先备足首盘料，确保首批混凝土灌注后导管埋置深度，灌注开始后，紧凑、连续进行，并控制好灌注速度，防止钢筋笼骨架上浮。灌注的桩顶混凝土高程比设计高0.5m以上，以保证桩头质量，多余部分在承台施工前凿除。

主桥桩基施工遇到的主要问题是地下岩溶洞发育。施工前，经地勘钻探、物探，了解到在地下10～30m深度范围内分布有大小不一的数个溶洞、溶隙。对于规模较大有填充物填满的溶洞，先辅以超前钻，进行固结灌浆预处理，待达到一定强度后再钻孔施工；对于无填充物的一般溶洞，采用片石、碎石、黏土块、低强度等级混凝土等对空洞进行回填，回填密实并达到一定强度后再正常钻进施工。

2) 主墩承台施工

6、7、8号主墩的3个承台体积较大,每个顺桥向宽16m,横桥向长26m,高5m。承台埋置深度原设计为4.8~6m,位于含卵石较多的冲积层,渗水性强,因靠近河流,经试挖基坑内出水量较大,为减少施工安全隐患,方便施工、降低成本,确保承台施工质量,参建各方及相关专家经现场调查并研讨后决定适当上提主墩承台高程,6号墩承台上提3.5m,7、8号墩承台上提2.5m,对应主墩高度由原设计105.5m变为102m和103m。设计单位对承台高程上提后桥梁结构受力进行了验算,满足规范要求。

承台基坑分两次开挖,整体开挖第一层基坑后(深度1m),再沿基坑四周开挖沙袋码砌沟,沿坑壁铺设防水布、码砌沙袋墙,然后开挖第二层主基坑,最后浇筑封底混凝土。为降低基坑内水位,采取轻型井点降水法处理。

承台钢筋在加工场集中加工后再运到现场绑扎安装,模板使用大块组装钢模板。承台混凝土分2次浇筑,第1次浇筑高度为3m,第2次浇筑高度为2m。承台混凝土浇筑量大,施工中采取了防裂及温控措施:一是混凝土配合比设计时,选用粒径大、级配好的粗集料及低热水泥,并掺加粉煤灰和高效缓凝减水剂,降低水灰比,减少水泥用量,降低水化热。二是混凝土结构内部埋设循环水冷却管,通过冷却水循环,降低混凝土内部温度,减小内表温差。冷却循环水管采用$\phi 28mm$薄壁钢管,每层水管水平布置,层距为1m,共设3层。过程中控制好冷却水流量和进、出水的温差。三是降低混凝土入模温度,集料在拌和前洒水降温,并尽量选择气温较低的天气施工。

3) 主桥高墩施工

6、7、8号主墩墩身为单肢式钢筋混凝土空心薄壁墩,每片墩纵向宽10m,横桥向按变宽设计,顶宽7.5m,按50:1放坡,底宽9.61m,采用C40混凝土。施工时每个主墩旁安装有塔吊和升降机各1台。

为提高施工安全性和施工质量、加快施工速度,主墩采用悬臂模板爬模施工方案。主墩分23次浇筑完成,除墩底、墩顶实心段外,每节标准浇筑高度为4.5m,模板高度为4.65m,为防止浇筑漏浆,每次浇筑时模板下包100mm,上留50mm。

爬模系统由专业公司设计制作,模板构件先在厂家加工再运到现场进行组拼、挂设。悬臂模板主要由以下部件组成:模板、主背楞、上平台、背楞挑架、主背楞斜撑、后移装置、承重三脚架、主平台、吊平台、埋件系统。其木梁直墙模板为装卸式模板,拼装方便,在一定的范围和程度上能拼装成各种大小的模板。悬臂模板的特点如下:

(1)支架、模板及施工荷载全部由对拉螺杆、预埋件及承重三脚架承担,不需另搭脚手架,适于高空作业。

(2)模板部分可整体后移650mm,以满足绑扎钢筋,清理模板及刷脱模剂等要求。

(3)模板可利用锚固装置使其与混凝土贴紧,防止漏浆及错台。

(4)模板部分可相对支撑架部分上下左右调节,使用灵活。

(5)利用斜撑模板可前后倾斜,最大角度为30°。

(6)各连接件标准化程度高,适用性强。

(7)支架上设吊平台,可用于埋件的拆除及混凝土处理。

(8)悬臂支架设有斜撑,可方便调整模板的垂直度。

空心墩的内模采用定型钢模与组合钢模相结合的方式,以满足截面变化的需求。内模固定系统由预埋在墩柱上的爬锥和模板外架上的三角斜撑组成。

模板的提升:高度10m以下时模板安装及提升可利用25t吊车进行吊装,10m以上时利用塔吊进行提升。

(1)当一个节段的模板及外架安装完毕后,浇筑该节段的混凝土。

(2)当下一节段钢筋安装完毕,且已浇筑节段混凝土达到拆模条件后,开始拆除模板拉杆。待拉杆全部拆除完毕后,利用模架后移装置脱模。脱模后应及时对模板板面进行清理。

(3)将模板及外架全部交予塔吊受力,开始拆除外架与爬锥的连接。提升模板及外架至下一节段相应位置,将外架与爬锥连接。

(4)当外架安装完毕后,采用模架平移装置安装模板。当模板安装完毕并将模板拉杆紧固后,进行混凝土浇筑。

主墩所用的钢筋先在加工场集中切割、加工,再运至现场安装。钢筋安装前首先安装劲性骨架。劲性骨架采用角钢制作,单个墩柱劲性骨架加工成两片整体式桁架,采用塔吊提升安装。钢筋安装时需固定在劲性骨架上。主筋竖向连接采用套筒机械连接。

主墩的混凝土由拌和站集中拌和,通过混凝土运输车运输,再由输送泵泵送至墩顶作业面。混凝土垂直输送是高墩施工的难点之一。一是采用大功率泵机(避免接力泵送);二是由于墩很高,混凝土配合比的坍落度要根据不同的高度进行适当调整,以确保混凝土强度符合规定要求。泵送混凝土要连续作业,过程中操作人员要紧盯每个细节,预防堵管,如果发生堵塞,迅速采取措施进行处理。

泵送入模的混凝土采用水平分层灌注,每层厚度30cm左右,用插入式振捣器振捣密实。浇筑时注意检查模板的稳定性。浇筑完混凝土后及时养生,冬季施工时做好混凝土保温工作。

主墩施工过程中认真做好测量监控,控制好主墩的垂直度和线形。

塘屋岭特大桥主墩施工图如图8-44-1所示。

4)主桥箱梁0号块施工

主桥上构箱梁横向分幅式布置,每幅采用单箱单室,纵、横、竖三向预应力体系,箱宽7.5m,翼板悬臂3m,全宽13.5m。箱梁高度采用1.65次抛物线方式从箱梁根部高11.3m变化至端部及跨中高3.6m。

图 8-44-1 塘屋岭特大桥主墩施工图

箱梁 0 号块段长 13.1m(包括墩两侧各外伸 1.55m),采用托架施工。托架固定在墩身上部,采取自支撑体系构件设计,具体为:在墩身上预埋钢桁件(牛腿)作为托架支撑,上设贝雷片作为分配梁,贝雷梁上放置钢架(铺设槽钢),钢架上直接放置箱梁模板,托架刚度必须满足要求。托架安装后进行预压以消除非弹性变形,测定弹性变形,为施工立模高程提供依据。

由于 0 号块混凝土数量大,预应力管道密集,为减轻托架负荷和保证混凝土浇筑质量,竖向分两层浇筑,第一次浇筑高度为底板以上 4.15m,待混凝土达到 80% 强度后,再往上立模浇筑剩余混凝土。为保证上下层混凝土结合紧密,下层混凝土顶面进行凿毛处理,浇筑完混凝土后及时养生。0 号块混凝土也是在拌和站集中拌制,用混凝土输送泵机泵送浇筑。

施工步骤:预埋托架牛腿→安装墩顶托架纵、横向贝雷梁→铺设槽钢→安装三角模架、降落木契→安底模板、外侧模→绑扎底板钢筋→安竖向预应力筋及腹板钢筋→安内侧模→浇底板及腹板 4.15m 高度混凝土→养护→安内顶板、翼板模→安预应力束管道→绑扎顶板、翼板钢筋→浇剩余腹板及顶板、翼板混凝土→养护拆模→混凝土接头凿毛。

0 号块的模板采用 5mm 厚的钢模板。普通钢筋在钢筋加工场统一加工,现场绑扎、焊接,主筋竖向连接采用机械连接。0 号块的纵、横、竖向预应力钢束均采用 $\phi^s15.2$mm 钢绞线。

浇筑的混凝土达到设计张拉强度后,开始施加预应力,先张拉纵向预应力束,再张拉横向预应力束及竖向预应力束。所有预应力钢束严格按对称、均衡张拉的原则进行张拉。预应力钢束张拉采用张拉力与伸长量双指标控制,以张拉力为主,伸长量为辅。纵向预应力束两端同时张拉,采用夹片式锚具;横向预应力束交错单端张拉,采用扁锚具;竖向预应力束单端张拉,采用"新型二次张拉低回缩预应力钢绞线锚固系统",张拉端采用 OHM15-3 型锚具,固定端采用 OHPM15-3 型锚具,张拉工艺采用二次张拉。

竖向预应力二次张拉锚固体系实现过程:第一次,按夹片式锚具通用张拉施工方法整束张拉并锚固;第二次,用 H 形支承角支承千斤顶,采用连接器与张拉杆相连,将锚环整体拉起,张拉至设计张拉力,拧紧外圈支承螺母,消除第一次张拉钢绞线产生的锚具放张回缩值。待下一节段纵向预应力束张拉完成后,第一次张拉本节段竖向预应力束,第二次张拉滞后第一次张拉三个节段。第一次张拉实际伸长量与理论伸长量的差值控制在 ±6% 以内,第二次张拉实际伸长量与理论伸长量的差值控制在 ±3% 以内。

预应力张拉完后,及时进行孔道压浆。为保证压浆饱满,提高结构耐久性,采用真空压浆工艺。压浆前先用高压水冲洗孔道,排除杂质,并检查管道是否破漏。压浆材料严格符合设计及规范要求。压浆时先用真空抽气机抽空管道内空气,使管道内气压达 -0.1MPa,真空度稳定后,另一端的压浆机开始连续压浆,直至管道内完全充满浆液。对竖向预应力孔道应由最低点的压浆孔压入水泥浆,由最高点排气和泄水。压浆后从检查孔抽查压浆的密实情况,如有不实,及时补压处理。压浆完成后及时按设计要求封锚。

5)箱梁 1 号块段以后的悬浇施工

主桥"T"构箱梁纵桥向划分 23 个节段,梁段长度分别为 14×3m、9×4.05m,1~23 号节段采用挂篮悬臂浇筑施工,3 个"T"同时对称悬臂浇筑,共设 6 套挂篮,挂篮采用三角形挂篮。

挂篮在已经完成的 0 号块梁段顶上进行安装就位。挂篮各构件运至现场后,使用塔吊配合人工进行挂篮拼装,各构件进场后要严格进行验收检查。挂篮拼装必须在梁顶放好样,各构件严格按照设计图纸进行拼装。先拼装上挂,然后再拼装下挂,拼装完成后要由验收小组对整套挂篮系统进行检查验收。确认拼装符合要求后,方能交付使用。

挂篮在梁顶拼装完成后进行试运行操作及预压测试。挂篮各部位液压系统的试运行在梁段内进行,确保运行正常后,前移就位好,调整到施工 1 号块梁段状态,以进行挂篮预压测试。

预压加载的方式采用内外加载法相结合,前横梁采用外力加载,后横梁采用内力加载。预压加载通过千斤顶液压油泵的压力表控制加载重量。加载逐级进行,加载过程中记录好各级荷载作用下挂篮的变形曲线。计算出挂篮的弹性变形,以获得挂篮施工各块段时立模高程修正控制数据,控制好箱梁悬浇的挠度。

挂篮经过预压测试,并取得相关控制参数后,开始进行箱梁的悬浇施工,主要施工顺序为:

(1)挂篮就位,固定,锚固好后锚。

(2)提升底篮,调整底模至施工控制高程。调整侧模至施工控制高程,并固定好。

(3)绑扎箱梁底板、腹板钢筋,安装定位预应力束管道及竖向预应力筋,安装施工用预留孔道及预埋件。

(4)内模就位,调整顶面高程并固定好。

(5)绑扎箱梁顶板、翼板钢筋,安装定位顶板预应力束管道和横向预应力束及锚垫板。安装施工用预留孔道及预埋件。

(6)浇筑箱梁混凝土,浇筑顺序为:底板→腹板→顶板。

(7)混凝土养生,其间进行预应力管道清洗,预应力钢束穿索及端头混凝土凿毛。

(8)待混凝土达到设计张拉强度后,两端对称张拉纵向预应力束和交错张拉横向预应力束,并进行管道压浆,压浆采用真空压浆工艺。

(9)挂篮卸挂、脱模、前移就位,进行下一块段施工。

竖向预应力滞后一个节段开始张拉,采用二次张拉工艺。3m 节段竖向预应力采用 $\phi^s 15.2mm$ 钢绞线束,4.05m 节段及合龙段竖向预应力采用 JL32 高强精轧螺纹钢筋。

各悬浇梁段要求一次浇筑完成,并在混凝土浇筑、挂篮拆除移动过程中保持对称同步平衡施工。

为了使成桥后线形符合设计要求,悬臂浇筑时必须控制好高程,在施工过程中对已浇筑的箱梁进行挠度、温度观测,并以此随时调整悬浇段的立模高度。

6)合龙段施工

全桥共有两个边跨合龙段及两个中跨合龙段,共计 4 个合龙段,左右幅合计共 8 个合龙段箱梁,每个合龙段长 2.0m。采用先托架现浇边跨 26 号块件,然后采用挂篮合龙边跨,最后挂篮合龙中跨的施工方案。

合龙施工前,观测气温变化规律,选择一天中气温最低且稳定的时段浇筑合龙段混凝土,合龙温度宜控制在 15~20℃之间。本桥合龙段施工均在夜间进行。

(1)边跨合龙段施工。

箱梁悬浇段、边跨 26 号现浇块段完成后,进行边跨合龙施工。由于合龙段长度只有 2m,为使模板能紧贴两端混凝土,先将原来的挂篮模板进行改装,由原来长 4.5m 改为 2.5m,然后将 23 号块段的挂篮下前横梁前移进边跨现浇段箱梁底部,并用精轧螺纹钢通过现浇段底板预埋孔将挂篮前横梁锚固在现浇段底板处。挂篮的内外滑梁两端通过预留孔道用精轧螺纹钢锚固在两端箱梁混凝土上。

边跨合龙施工步骤:

第一步:边跨挂篮前移 2.3m,用挂篮作为合龙吊架,根据监测计算(按监控单位意见),对边跨悬臂端加水箱压重,中跨跨中相应配重。

第二步:安装合龙段模板、钢筋、劲性骨架,临时张拉合龙束,劲性骨架锁定。

第三步:浇筑边跨合龙段混凝土,同步(相同比例)减轻边跨侧的配重,中跨侧配重不变,浇筑完成后,边跨侧配重减至零。

第四步:待合龙段混凝土龄期达到 7d 且达到设计强度 90% 后,张拉合龙段预应力束并锚固压浆,再拆除边跨挂篮和边跨现浇段支架。

(2)中跨合龙段施工。

在两个边跨合龙段施工完后,再施工中跨合龙段。采用 7 号墩的挂篮作为中跨合龙吊架进行改装,其余墩的挂篮全部拆除。将中跨挂篮拆除前中吊带,前移挂篮,使挂篮底前横梁、内外滑梁伸入对面悬臂块段 0.5m 处,用精轧螺纹钢当吊带将底板横梁和内、外纵滑梁固定在前后两个 23 号块段混凝土上,形成合龙段施工吊架,中跨合龙的模板采用挂篮原模板。

中跨合龙施工步骤:

第一步:7 号墩挂篮同步前移 2m,改为合龙段吊架。

第二步:安装合龙劲性骨架,在两个中跨合龙口同步用千斤顶施加水平力顶推,中跨合龙段侧加水箱压重,边跨侧相应配重,锁定劲性骨架,绑扎、焊接钢筋。

第三步:同步对称浇筑两个中跨合龙段混凝土(使用三通泵管浇筑混凝土),浇筑时中跨水箱相应放水减重,边跨侧配重不变。

第四步:混凝土养生达到 90% 设计强度并满足 7d 龄期后张拉中跨顶、底板预应力钢束并锚固压浆。

第五步:拆除所有挂篮和配重,完成合龙。

合龙段劲性骨架安装锁定注意事项:

①劲性骨架合龙(封焊)温度应不大于 20℃。

②安装劲性骨架前应凿混凝土露出锚板 1cm 厚,并按要求将其表面打磨平整光洁。

③安装劲性骨架,其一端与锚板焊接固定,另一端作为调节端。

④中跨劲性骨架锁定前,实施顶推操作,以调整结构应力,消除混凝土后期收缩、徐变的影响,水平顶推力由监控单位根据实际情况计算确定,顶推过程中实行位移和顶推力双控。

⑤梁体内的预埋钢板与骨架槽钢焊接质量须符合图纸要求。

⑥锁定后对劲性骨架灌注同箱梁强度等级(C55)的水泥浆。

3. 工程质量控制与管理措施

塘屋岭特大桥是灌凤路唯一的特大桥和控制性工程,参建各方都高度重视本桥的建设质量,积极采取了多种管理控制措施,主要如下:

(1)加强桥梁施工技术方案审查和技术指导。针对塘屋岭特大桥的实际情况和技术特点,要求施工单位对桥梁施工的重点、难点工程制订专项施工技术方案,包括桩基、承台、高墩、箱梁 0 号块、悬臂浇筑、合龙段施工等,并组织业主、监理、设计单位各方对方案进行审查把关,确保方案合理、施工质量可控。

(2)加强现场监管。总监办派出4名经验较丰富、责任心强的监理人员组成小组常驻施工现场进行监督,业主指挥部安排专人对接管理。

(3)按照施工标准化及"四化"管理的要求,建设和管理本桥的混凝土拌和站、钢筋加工场、大梁预制场,实行混凝土集中拌和、钢筋集中加工、T形梁集中预制,确保混凝土拌制、钢筋加工和T形梁预制的质量优良。

(4)施工现场安装视频监控系统,监控范围覆盖了拌和站、堆料场、预制场、钢筋加工场及特大桥的桩基、墩台、上部结构现浇、安装等全部施工现场,实行全方位全天候实时监控,发现问题能及时指出处理。改进了施工现场管理方式,提高了质量控制水平。

(5)加强施工过程的质量控制。对重点、关键部位、环节、工艺加强过程指导、检查、监督,发现问题及时整改。如混凝土的配合比、浇筑、振捣、养生,钢筋安装间距,混凝土保护层厚度控制,钢筋连接,预应力张拉、压浆等,尤其对现浇箱梁的预应力施工,逐孔、逐根检查记录,如有问题及时处理。

(6)委托有相应资质和能力的第三方监控单位进行施工监控。监控单位通过现场监测和监控计算等手段,对桥梁施工过程中结构的内力和变形进行监测、分析、计算和预测,以保证整个结构在施工过程中的质量安全并最终实现设计成桥目标状态。

(7)施工过程中,定期、不定期地组织召开相关研讨会议,及时反馈、交流有关情况和问题,积极研究并予以解决,推动了施工的顺利进行,保证了工程质量。

4. 实施效果

2015年11月15日,塘屋岭特大桥完工,12月23日通过交工验收,桥梁质量满足设计和规范要求,质量评定合格。2015年12月29日,正式通车试运营。

塘屋岭特大桥成桥后实景图如图8-44-2所示。

图8-44-2 塘屋岭特大桥成桥后实景图

四、科技创新

灌凤路建设过程中坚持"科技含量高、环保效益好"的理念,注重科技创新效益,积极采用新材料、新设备、新工艺、新技术,力促项目建设工程质量稳步提高、安全生产管理良好势态持续发展。本项目应用了大梁预制智能喷淋养护系统、特桥梁视频监控、二氧化碳气体保护焊、"两高"土处治技术、砂砾路堤边坡防护技术、植被生态混凝土护坡技术等"四新"技术,取得了良好效果,部分科技创新成果得到广西壮族自治区交通运输厅、广西壮族自治区交通工程质量监督站等上级单位领导的充分肯定,并得以在全区推广。

(一)大梁预制场自动喷淋养生系统应用技术

灌凤高速公路项目建设全面推行"标准化、规范化、精细化、人本化"管理,项目的大梁预制按照"工厂化、集约化、专业化、规范化"要求设置标准化的预制场实行集中预制生产。为了提高大梁预制质量和标准化生产水平,项目引进了新型的智能型自动喷淋养生系统,通过实际应用,取得了显著效果,达到了预期目的。

1. 项目应用概况

灌凤路土建1标1号大梁预制场应用了自动喷淋养生系统。1号大梁预制场长431m,宽25m,总面积达到10775m^2。该预制场负责灌江大桥等5座桥梁共计401片梁的预制(30m箱梁161片,25m T形梁240片)。

2. 系统的主要设备配置

大梁预制场自动喷淋养生系统主要由旋转雨帘喷头、喷头、电磁阀、智能养护控制系统等构成,具体见表8-44-4。

喷淋养生系统主要设备配置表　　表8-44-4

序号	名称	型号及规格	单位	数量	备注
1	旋转雨帘喷头	美国雨鸟3504型	个	510	喷淋
2	专用喷头铰接	配套	个	510	连接PVC管及喷头
3	PVC管	De75×0.63MPa 给水管	m	18	排水
		De63×0.63MPa 给水管	m	200	排水
		De50×0.8MPa 给水管	m	290	排水
		De40×1.0MPa 给水管	m	1600	排水
4	电磁阀	200PGa	个	25	调节水压
5	智能养护控制系统	流量12m^3/h,扬程60m	套	1	智能控制中心
6	电缆	8×1mm^2	m	180	

3. 自动喷淋养生系统工作原理及流程

首先在主水池进水管上安装好电磁阀,同时根据需要水量在水池上方安装好浮筒控制器,当水池水位下降,进水管路电磁阀打开进水,当水位上升到一定高度,电磁阀自动关闭,以保证水池的水能够供应喷淋系统。调节电结点压力表,下限为工作值,上限为安全值,打开自动控制系统电源开关,压力水泵开始工作,将水池里的水抽到储压罐里,当储压罐内压力达到电结点压力表下限时,电结点压力表在压力作用下向喷淋时间继电器及电磁阀提供开启信号,喷淋开始,此时水泵仍在抽水,保持罐内压力,当达到电结点压力表上限时,电结点压力表指挥水泵电源断电,水泵停止工作。根据一次性喷洒时间来调节喷淋时间继电器时间,时间到后自动停止喷淋。喷淋停止后,测试梁体表面水分蒸发完毕时间,根据此时间来调节水泵时间继电器,当延时时间达到后,水泵再一次自动工作抽水,如此周而复始,直到养护期满为止。

自动喷淋养生系统工作流程如图8-44-3所示。

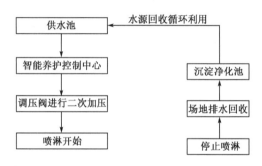

图 8-44-3 自动喷淋养生系统工作流程图

4. 自动喷淋养生系统的优点

(1)养护效果好。自动喷淋养护喷头可进行180°旋转且喷出的是气雾状水,喷洒范围大,出水密集且均匀,喷射范围最高可达10m,合理设置好喷头位置可照顾到梁体所有位置,喷淋无死角,可以达到全湿润的养护质量标准。自动喷淋装置设置为每隔20~30min喷一次,一次喷淋2.5min,确保预制梁混凝土表面始终处于湿润,可以达到全天候的养护质量标准。

(2)节省劳动力。同等数量大梁养护以往至少需要6人,而采用自动喷淋系统,只需2人进行计算机控制和系统日常保养即可,熟练技工1人也可以操作。

(3)节约用水。养护用水通过场地排水系统流入沉淀池,经沉淀后流入养护用水蓄水池,实现了养护用水的循环利用,合理利用了水资源,从而节约用水,达到施工环保的目的。

(4)不占用场地。系统采用美国雨鸟3504型旋转雨帘喷头,未开动时喷头处于场地以下,开启系统后喷头自动伸长露出地面对大梁进行喷淋养护。该设计既能很好地保证喷头的使用寿命,也不妨碍大梁的钢筋及模板安装。预制场地更整洁,作业更有序。

(5)工作管理安全。系统使用的PVC管、电缆均提前预埋置于场地底部,保证了现场施工作业人员的安全。

5.成本及效益分析

(1)本系统除埋设于地面的PVC管外,均可回收再利用。整个系统安装及材料设备费共20万元,本项目完成后尚能回收材料及设备15万元左右。

(2)按"三全"(全天候、全方位、全湿润)标准要求,一天两班倒,若使用人工养护至少需要6人,每人工资按2000元计,一年则需14.4万元,而全套自动喷淋系统使用成本约2.5万元,另加2人进行日常系统维护约4.8万元,共7.3万元,由此可节约7.1万元。

由此可见,使用本系统,其设备及安装费用增加不多,而使用和维护费用可大为减少,总的成本不会增加,经济效益较好。同时,因养护效果好、效率高、养护水循环利用等而带来了质量效益、环保效益,所以,使用本系统综合效益良好。

6.取得的成果

灌凤路大梁预制场新型雾化喷淋系统在项目管理中取得良好效果,得到了广西壮族自治区交通运输厅、广西壮族自治区交通工程质量监督站等上级单位领导的高度评价,认为本项目该系统的使用已达到全区领先水平,并计划在全区推广。同时,该系统在2013年广西路桥QC项目活动评比中荣获一等奖,也在广西新发展交通集团有限公司内部申请了工法。

(二)开展高液限高塑性指数黏土处治施工工艺试验

1.项目应用概况

灌凤路K38+393~K47+977(含凤凰北互通匝道)约9.8km的不良地质路段中所有的14个自然挖(土)方段不同程度存在着大量高液限、高塑性指数黏土,涉及的挖方数量约为94.2173万 m^3,大部分土的CBR值达不到《公路路基施工技术规范》(JTG F10—2006)中路基填料的有关规定要求,不能直接作为填料进行高速公路路堤填筑。为了更好地保护环境、加快施工进度、保证工程质量、节约工程投资,对沿线较好的高液限、高塑性指数黏土加以合理利用,项目公司组织设计、监理和施工等各方面力量进行了专题研究,针对本项目高液限、高塑性指数黏土特点,结合实际,采用晾晒利用、掺灰改良等工艺措施,在施工质量到到保证的前提下,合理利用了"两高"土,节约工程投资约922万元,避免了征用大量的取(弃)场,当地的生态环境得到有效保护。

2.灌凤路"两高土"的利用方案

根据《公路路基施工技术规范》(JTG F10—2006)第4.1.2条和第6.1.4条规定:

液限大于50%、塑性指数大于26的土,以及含水率超过规定的细粒土,不得直接作为路堤填料。应按《公路土工试验规程》(JTG E40—2007)进行土工试验,根据试验结果确定各路段的利用方案,灌凤路主要采用了简单晾晒利用、掺灰改良两种施工工艺。各路段利用方案具体如下:

(1)K38+393~K38+510、K41+597~K41+820、K46+140~K46+575、K46+820~K47+353段土质分布不均匀,在同一断面不同深度土质变化较大,并且有夹层胶泥或膨胀土,在利用数量上根据现场实际情况确定。

(2)K42+583~K43+075、K43+294~K43+882挖方段土液限过高(最高达85.3%),塑性指数较大,同时CBR值严重偏低(普遍在2.0%以下),不能用于路基填筑,作全部废弃处理。

(3)K39+640~K39+710、K39+875~K40+433、K46+820~K47+353段液限稍偏大、含水率偏高但强度指标CBR值合格并含大量砾石,通过简单晾晒后按设计直接利用。

(4)K38+683~K39+218、K39+258~K39+350、K41+215~K41+370、K41+597~K41+820段液限偏高,天然含水率高(天然稠度底),CBR偏低(用湿土法制件测试>3%),仅限用于93区填筑。

(5)K44+233~K44+777、K45+050~K45+693、K46+140~K46+575段及凤凰北互通匝道液限偏高,天然含水率高,CBR值接近4%(用湿土法制件测试>4%),可用于94区填筑。

3.高液限土通过晾晒施工方法

1)路基施工工艺控制要点

(1)施工前的准备:首先要熟悉料场的地形地貌,进行必要的土工试验,了解土样的物理力学指标,尤其是料场的天然含水率,当料场的天然含水率不满足要求时可以考虑翻松晾晒。其次是配备相当数量的运输车辆、推土机、平地机、挖掘机、压路机、羊足碾等施工机械。

(2)含水率控制:控制在碾压稠度范围(1.1~1.3)。

(3)松铺厚度控制:填料土经翻松运至路基现场后进行摊铺,经推土机初平、平地机精平后,每层的松铺厚度宜为20cm左右,同一土层的填料含水率相差不宜超过3个百分点,不同性质的土应分层摊铺。

(4)路拱坡度控制:应做成2%~4%的横坡,并应保证路拱的纵、横方向的平整度。

(5)碾压过程工艺控制:碾压路线应从路缘向路基中心逐步碾压,压路机错位时的横向重叠宽度不得小于40cm,纵向接头重叠长度不得小于150cm。碾压时,先静碾1~2遍,然后再振动碾压,最大激振力25t(静载12t);碾压遍数一般为10~12遍,当稠度偏高、含水率偏低时(稠度1.15~1.30),建议采用最大激振力40t(静载18t)的压路机,适当增加碾压遍数,并视具体情况在路基表面出现软弹、剪切破坏之前中止碾压。碾压区范围内应达到无漏压、无死角,保证碾压均匀;同时强调连续施工的必要性,在压完一层经检测合格后,必须马上进行下一层的摊铺,以防本层土被晒干后开裂。

(6)碾压速度控制:压路机在碾压过程中,速度应控制在3km/h左右。

(7)变形观测:对于路基填筑高度大于6m的路段,需要预先埋设必要的沉降观测板,进行路基沉降变形观测。

(8)排水和防护:及时疏通路基边沟排水和采取必要的路基防护辅助措施,一方面防止路基被雨水浸泡,另一方面防止路基施工完成后,遭暴晒而产生开裂。

2)施工过程质量控制要点及工后质量验证

(1)压实度和饱和度双控指标。加强施工过程的监理与记录,对松铺厚度、填料的稠度、压路机吨位、碾压遍数、行驶速度等均应进行详细记录。质量检测主要检查施工过程记录的完整性,以及压实度、饱和度双指标是否满足规定要求等进行控制。压实度和饱和度的抽检频率按《公路路基施工技术规范》(JTG F10—2006)的相关规定执行,每2000m² 检测8个点,不足200m² 至少检测2个点,且只要符合下面规定中的其中一条,则认为路基压实合格,否则应予以重压。

(2)路基设计采用土的回弹模量作为土基抗压强度的指标,回弹模量的大小直接影响到路面结构层的设计厚度,而设计是按地区公路自然区划土组(区划V3区、土组为黏性土)来定,是一种代表性土。本项目使用高液限、高塑性指数、高天然含水率土填筑的路基在94区完成后进行弯沉值测量,其结果数据根据土基回弹模量和路基弯沉之间的关系来判定其施工填筑质量(路基强度)。

4.掺石灰改良施工方法

1)工艺原理

"两高土"具有一定的膨胀性,消除高液限黏土的破坏性膨胀是高液限黏土施工的关键环节。高液限黏土中加入石灰后,二者发生物理和化学作用,包括离子交换、$Ca(OH)_2$结晶、碳酸化和火山灰反应。$Ca(OH)_2$离解后的Ca^{2+}与黏土胶体颗粒反离子层上的K^+、Na^+进行交换,胶体吸附层减薄,胶体颗粒发生聚结;$Ca(OH)_2$与水作用形成的含水晶体将黏土颗粒胶结成整体,以及形成$CaCO_3$过程的碳酸化反应和形成硅酸钙、铝酸钙过程的火山灰反应均改变了高液限黏土的力学性质,其强度和水稳定性大大提高,膨胀性也得到控制。

2)施工工艺流程及操作要点

(1)方案设计及优化。掺石灰改良"两高土"方案中材料选择、机械配置、工艺采用等主要根据项目实际情况进行,并通过先进行室内掺灰试验研究后再开展室外试验段进行验证来不断优化。一是室内掺灰试验。室内掺灰试验的目的主要是为确定最佳设计灰剂量、绘制灰剂量测定曲线以及测定灰土含水率的变化情况,以方便用来指导施工。二是开展室外试验路段。选取一段路基作为掺灰改良的试验段,试验段施工主要为确定压实工艺主要参数(如最佳灰剂量、最佳含水率、机械组合;压实机械规格、松铺厚度、碾压遍数、碾压速度)。

(2)方案实施阶段。根据试验段的技术参数组织安排施工,并根据土质、天气、运距等方面变化进行动态调整。

取土焖灰:在取土场向"两高土"掺2%生石灰,焖放2天,每天拌和1~2次,使含水率快速降低,土料团块变小(控制粒径小于5cm),黏性降低。

二次掺灰:2天后运输到路基上,通过控制石灰层厚补足剩余的掺灰量,采用农用旋耕机与多铧犁或平地机配合进行拌和。

整形:待含水量及灰剂量检测合格后,先用平地机初平。在直线段,平地机由路边向路中心进行刮平;在平曲线段,平地机由内侧向外侧进行刮平。用平地机立即在初平的路段上快速碾压1遍,以暴露潜在的不平整。再用平地机重新进行整形,整形前用齿耙将轮迹低洼处表层5cm以上耙松,并用新拌和的混合料进行找平。最后平地机再整形一次,将高处料直接刮出路外,不应形成薄层贴补现象。

碾压:压实采用振动压路机和三轮压路机联合作业。碾压时直线段由两侧路肩向中心碾压,平曲线由内侧向外侧路肩进行碾压。遵照先轻后重、先静后振再静的原则,先用振动压路机静压1遍,然后用18~20t振动压路机振压2遍,接下来用18~20t三轮压路机静压至压实度合格为止,达到表面无轮迹,无软弹,一般静压3~4遍即可。静压速度为1.7km/h,振动压路机振压速度为2.0~2.5km/h。碾压时振动压路机横向重叠前轮的1/3,三轮压路机重叠后轮的1/2,前后相邻两段纵向重叠1.0~1.5m,做到无漏压、无死角,确保碾压均匀。压实过程中,如发现弹簧、松散、起皮等现象,应及时翻开处理。

3)关键技术措施及技术方案

(1)二次掺灰及灰土拌和。因"两高土"天然含水率较高,黏性大,如采用一次掺灰,晾晒后进行灰土拌和,很难使土颗粒直径减少、拌和均匀,而采用二次掺灰能很好地提高灰土拌和质量,具体过程如下:

在取土坑处先揭除表层有机质含量高的耕植土层,纵横间距开挖深度为0.8m左右的网状排水沟,以降低表层土的含水率,现场测试取土坑内土体的平均干密度。根据实测的土体干密度、取土深度计算掺2%生石灰所需的生石灰量,在地面画等面积的方格,使每个方格的面积刚好摊铺1车生石灰,人工配合机械进行铺灰,用挖掘机挖土、堆料,焖放2d,每天翻拌1~2次,经掺灰、翻拌后土的含水率快速降低3.5%~4.1%并使土料团块变小,黏性降低。

2d 后将含灰量 2% 的灰土运到打好网格的路基上,通过控制石灰层厚法补足至设计灰剂量,控制松铺厚度不大于 25cm。采用农用旋耕机与多铧犁或平地机配合拌和灰土。先用旋耕机拌和,但一定不要拌到底,旋耕机拌完 1 遍后用铧犁或平地机将底部素土翻起,再用旋耕机拌和 2 遍,铧犁和平地机再将底部翻起。使用铧犁和平地机时,应随时检查深度,一定要使稳定土层全部翻透,不能留有"素土"夹层,但也不能过深,过多破坏下承层,最后再用旋耕机翻拌至均匀,确保灰土粒径为 5cm 颗粒含量≤5%,粒径大于 2cm 的颗粒含量≤20%。

(2)灰剂量及含水率控制。在拌和过程中,及时检查含水率。如含水率过大应进行翻拌晾晒;如含水率较小,用洒水车补充洒水,使混合料含水率稍大于最佳含水率,水车起洒处和调头处应超过拌和路段 2m 以上,洒水车不要在正在进行拌和或当天计划拌和的路段上掉头和停留,以防局部水量过大,拌和机应紧跟水车进行拌和;当含水率合适时(大于最佳含水率 2%~3%),用压路机紧跟旋耕机进行封面以防止水分蒸发。拌和完毕及时检测灰剂量,如灰剂量小于设计标准,则必须重新布灰补足至设计灰剂量。

5. 取得的成果

(1)通过晾晒和改善施工工艺,科学合理地利用高液限土填筑路基,路基强度、稳定性符合有关设计要求。

(2)通过设置填筑层间透水层、坡脚增设矮墙,增强路基稳定性和防水渗透。

(3)采用好土包边和增设反压护道,保证路基稳定性。

(4)挖方段增设路基横向盲沟和纵向渗沟引排地下水,保持路基(床)干燥和稳定。

(5)经济效益:通过晾晒,降低土的含水率,改进填筑施工工艺,科学合理地利用了 68 万 m³ 高液限土,在施工质量得到保证的前提下,节约工程投资约 922 万元。同时,避免了征用大量的取(弃)场,当地的生态环境得到有效保护。

(6)社会生态效益:部分路床采用掺石灰改良"两高土",减少破坏林地约 120 亩,耕地 200 亩;同时,减少了水土流失,对生态环境效益十分明显。

(7)试验理念先进:践行室内试验尽量采用模拟现场施工的理念,有效减少了试验工作量,大大提高了工作效率,同时节约了施工成本。

(8)掺灰改良后施工效果明显:掺灰改良后,含水率、液塑限和塑性指数均降低,CBR 值大幅度提高,改变了黏土的物理性质,提高了路基填筑的施工质量。

(9)项目"两高土"改良施工技术取得较大成效,2014 年,"两高土"改良后路基填筑技术向中国公路建设行业协会申请了公路工程工法。

第四十五节 柳州至武宣高速公路

一、总体情况

柳州至武宣高速公路(以下简称柳武路)是高速公路网规划修编(2010—2020)"六横七纵八支线"中"纵3"三江至北海高速公路的重要组成部分。项目初步设计批复概算为51.0086亿元,计划工期为3年。项目施工图于2012年8月获得批复,预算50.9亿元。项目通过三江至北海公路三江至柳州段和桂林至柳州高速公路连接贵州省东南部、湖南省西部以及广西东北部等地区,项目建成后将成为这些地区与珠江三角洲、粤港澳地区和东盟联系的纽带,将极大地带动沿线地区旅游业、加工业、物流等产业的发展。对于进一步实施国家西部大开发战略,完善国家和广西高速公路网络,充分发挥广西作为西南出海大通道的作用,构建中国与东盟交通大框架,加快全面建设小康社会进程都具有十分重要的意义。

柳州至武宣高速公路总体情况见表8-45-1。

柳武路总体情况表 表8-45-1

类　　型	编　　号	总里程(km)	总投资(亿元)	建设性质	备　　注
国家高速公路	G7212	88.445	51.864	新建	

二、建设情况

(一)建设依据

本项目前期及建设实施期各项工作均严格执行《中华人民共和国公路法》《中华人民共和国公司法》《中华人民共和国招标投标法》《中华人民共和国合同法》和交通运输部《公路建设市场管理办法》《公路建设四项制度实施办法》等各项法律、法规。工程的立项、可行性研究、初步设计、施工图设计以及开工前的其他各项有关工作,均已循序进行,逐一报批,手续完备齐全,详见表8-45-2。

柳武路基本建设程序执行情况表 表8-45-2

序号	建设依据	审批单位	审批文号	审批时间
1	关于柳州至武宣公路项目用地预审的批复	广西壮族自治区国土资源厅	桂国土资预审字〔2010〕26号	2010.03.17
2	关于柳州至武宣高速公路环境影响报告书的批复	广西壮族自治区环境保护厅	桂环管字〔2010〕72号	2010.06.28

续上表

序号	建设依据	审批单位	审批文号	审批时间
3	柳州至武宣公路可行性研究报告的批复	广西壮族自治区发展和改革委员会	桂发改交通〔2010〕613号	2010.07.21
4	柳州至武宣公路初步设计的批复	广西壮族自治区交通运输厅	桂交基建函〔2011〕484号	2011.06.14
5	国家林业局关于批准广西柳州至武宣公路项目临时占用林地的行政许可决定	国家林业局	林资许准〔2011〕322号	2011.11.23
6	使用林地审核同意书	国家林业局	林资许准〔2011〕321号	2011.11.23
7	关于柳州至武宣高速公路建设项目土地复垦方案的函	广西壮族自治区国土资源厅	桂国土资函〔2012〕379号	2012.03.19
8	国土资源部关于柳州至武宣公路工程建用地的批复	广西壮族自治区国土资源厅	国土资函〔2013〕212号	2013.03.29
9	关于柳州至武宣高速公路两阶段施工图设计的批复	广西壮族自治区交通运输厅	桂交行审〔2012〕35号	2012.08.01
10	柳州至武宣公路工程施工许可证	广西壮族自治区交通运输厅		2013.06.05

(二)建设规模及主要技术指标

1. 线路走向及主要控制点设置

柳州至武宣高速公路位于广西中部偏东地区的柳江县、象州县以及武宣县境内,北起于柳州市柳江县新兴农场附近,采用半定向T形互通立交与宜州至柳州高速公路相接,途经柳江县穿山镇,象州县的马坪乡,武宣县的金鸡乡、黄茆镇、二塘镇、武宣镇、三里镇,终于武宣县湾龙村附近,与桂平至来宾高速公路相交设置Y形立交相接,主线路线全长88.445km。同时修建象州、石龙、黄茆连接线,其中象州石龙连接线27.514km,黄茆连接线1.455km。

全线设置新兴西、新兴南、马坪、象州、黄茆、武宣东、武宣南7处互通式立交,设置象州、武宣东2处服务区。

2. 建设规模及主要工程量

本项目初步设计批复概算为51.0086亿元,平均每公里5766万元,项目2012年10月20日下达开工,2015年12月29日通过交工验收。主线路线全长88.445km,全线主线路基土石方1554.4万m^3,沥青混凝土路面2234821m^2;水泥混凝土路面18600m^2;主线特大桥2334.92m/2座;大桥4402.55m/17座(其中主线大桥1864.05m/10座,互通范围内匝道桥2538.5m/7座);中桥2347.53m/33座(其中主线中桥1177.17m/16座,分离式立交298.16m/4座,互通范围内主线及匝道跨线桥872.20m/13座);天桥2317m/35座;通道195道;涵洞192道(不含改路);互通式立交7处;服务区2处(象州服务区、武宣东服务区);停车区1处(木团停车区);收费站4处(马坪、象州、黄茆、武宣东收费站),养护工区3处(马坪养护工区、象州养护工区、武宣东养护工区),管理所2处(马坪管理所、武宣东管理所),其中马坪收费站和武宣东收费站及对应的养护工区、管理所同址建设。

象州石龙连接线:路基土石方367.98万m³;水泥混凝土路面350877m²;特大桥1001.08m/1座,大桥2座,中桥3座;涵洞99道、通道1道。

黄茆连接线:路基土石方2.74万m³;水泥混凝土路面14540m²;涵洞3道。

3. 技术标准

本项目主线采用四车道高速公路标准,设计速度120km/h,路基宽28.0m;象州连接线路基宽15m,石龙连接线基宽12m,双车道二级公路标准,设计速度80km/h;黄茆连接线路基宽10m,双车道二级公路标准,设计速度60km/h。桥涵设计汽车荷载等级采用公路—Ⅰ级,其余技术指标按交通部颁《公路工程技术标准》(JTG B01—2003)等交通部部颁标准执行,见表8-45-3。

柳武路主要技术指标表 表8-45-3

指标名称	单位	主线 K0+000~K87+765.777	黄茆连接线 L3K0+000~L3K1+450	象州连接线 LK0+000~LK15+000	石龙连接线 LK15+000~LK27+528.234
公路等级	级	高速	二级	二级	二级
路线长度	km	88.445	1.450	15	12.514
设计速度	km/h	120	60	80	80
路基宽度	m	33.5	10	15.0	12.0
汽车荷载等级	等级	公路—Ⅰ级	公路—Ⅱ级	公路—Ⅱ级	公路—Ⅱ级
设计洪水频率		特大桥1/300,其余桥涵及路基1/100		特大桥、大中桥1/100,其余小桥涵及路基1/50	
抗震		地震动峰值加速度为≤0.05g,地震动反应谱特征周期为0.35s			

4. 参建单位主要情况

柳武路主要参建单位见表8-45-4。

柳武路主要参建单位一览表 表8-45-4

项目	合同段	中标单位	里程(km)	中标金额(万元)	备注
设计单位	第1合同段	广西交通规划勘察设计研究院	主线52,象州、石龙连接线27.5	3610	
	第2合同段	中铁二院工程集团有限责任公司	主线36.445,全线房建、机电工程	2208	
监理单位	No.Ⅰ总监办	广西交通科学研究院	27	1558.8	
	No.Ⅱ总监办	广西八桂工程监理咨询有限公司/北京泰克华诚技术信息咨询有限公司联合体	主线25,连接线27.5,全线机电工程	2207	
	No.Ⅲ总监办	广西桂通工程咨询有限公司	36.445	2093.6	
施工单位	工程总承包	西部中大建设集团有限公司/陕西省交通规划设计研究院联合体	88.445	430021.8	
	土建专业分包	原为中国中铁上海工程局有限公司,后西部中大柳武路总包部收回自建	连接线15	20972.4	工程总承包部专业分包项目部,费用已包含在总承包中标费用内
	土建专业分包	中铁二局第五工程有限公司	2.765	35248.5	

三、项目实施情况

项目公司根据集团公司关于全面推行"四化"建设的要求,在筹备之初明确了"四化"建设目标及理念。项目公司以打造"3710"的质量精品工程为目标,以"团结协作、开拓创新、求真务实、优质服务、廉洁高效、和谐生态"为管理理念,努力建设优质工程,打造精英团队,成为桂中第一集团一流的高速公路项目建设与管理公司。"3710"工程的含义就是:抓好勘察设计质量、推行标准化的施工工艺、提高规范化的管理手段、采用精细化的管理方式,自交工验收起实现3年无小修、7年无中修、10年无大修的高速公路建设质量目标,通过过程管理的质量控制,提升工程品质,达到建设、运营管理整个过程成本最小化的最终目的。

自2012年10月16日下发开工令以来,项目公司全力推行"四化"建设、"清洁工程进项目活动",深入开展"保优质、创精品、上品质"质量管理年活动,以"标准化的要求、规范化的施工、精细化的管理、人本化的理念"为工作主线,狠抓项目建设质量、安全管理,精心组织、周密部署、落实措施、破解难题,项目建设稳步推进,"四化"建设取得新成效,对"四化"建设也有了全新的认识。总体来说,高速公路项目的"四化"管理是一项系统工程,标准化是管理的基础,规范化是管理的手段,精细化是管理的方式,人本化是管理理念,四者之间既相互联系,又互为补充。

1. 标准化管理

在柳武路项目的推进过程中,项目公司认真贯彻交通运输部、广西壮族自治区交通运输厅及广西交通投资集团有限公司的标准化管理理念,基本上实现了勘察设计标准化、管理制度标准化建设,制定了工地建设标准化、施工工艺标准化及施工机械设备和模板标准化建设的相关制度,要求让标准化管理理念落实于项目实施中的每一环节,成为一种"工作常态",真正做到"标准成为习惯、习惯符合标准、结果达到标准",形成"实施有规范、操作有程序、过程有控制、结果有考核"的标准化管理体系。

(1)勘察设计标准化。在柳武路项目勘察设计中,项目公司采取了一系列促进标准化设计的措施。进行勘察设计合同谈判时,即明确要求设计单位在勘察设计过程中贯彻标准化的设计理念,设计成果中体现"六个统一",即:两家设计院要做到全线设计理念、设计思路、设计进度统一,利用土石方调配统一,构造物形式统一,概预算编制标准统一,工程量清单统一和软土处理方案统一。明确"三个集中"(混凝土集中拌和、构件集中预制、钢筋集中加工)的相关要求,并在概(预)文件中考虑相关内容,要求设计单位对路基路面、桥梁结构、绿化、排水及防护工程等做到标准化统一设计,要求在设计成果中有独立的"四化"管理篇章。

(2)管理制度标准化。项目管理不在于管,而在于理,在于合乎逻辑的规章及制度。项目公司结合本项目的实际情况,编制完善了高速公路驻地建设、工地现场建设、路基施工、桥梁施工、路面施工、边坡生态恢复施工等七个分册的标准化管理实施细则;制定了《原材料及预制构配件备案管理制度》《隐蔽工程验收管理制度》《首件工程认可制》《模板准入管理制度》《安全生产投入资金管理制度》《施工现场安全生产达标认可制》《施工单位绩效考核管理办法》《监理单位绩效考核管理办法》《广西柳州至武宣公路样板工程考核管理办法(试行)》《柳州至武宣公路路面工程施工管理之规定》《柳州至武宣公路悬臂浇筑预应力连续箱梁(连续刚构)施工标准化管理实施细则(试行)》《柳州至武宣高速公路路面工程材料准入制管理办法》等多达38项工程质量、安全和"四化"建设的管理制度,为工程质量、安全和"四化"建设管理工作的开展提供了制度保障。

(3)工地建设标准化。项目公司在勘察设计文件中充分考虑工地建设标准化的相关内容(如概、预算中的相关费用、临时用地的划分等),并在招标文件中明确"三个集中"的场地建设标准化要求,筑路材料加工及堆放场地标准化建设要求,监理、施工单位及劳务民工的驻地、试验室等生产生活设施的标准化建设要求,以便于在合同文件中进一步约定工地建设标准化的内容,使得项目公司可以利用合同约束这种强有力手段对监理及承包人进行监管。

2. 规范化管理

规范化管理更多是强调"项目管理"专业化的理念,通过规范化管理将复杂的事情简单化,简单的事情流程化,流程化的事情定量化,定量的事情信息化,使得项目管理的工作流程规范、简捷、合理,提升项目公司规范化的管理能力。按照广西交通投资集团有限公司对规范化管理的要求,项目公司制定了科学的工程管理制度,在项目管理规范化建设上初见成效。

(1)管理流程规范化。进一步完善工程管理决策、施工与监理过程控制、结果考核的程序,以形成统一的做法,实现管理过程的井然有序、协调高效。一是明确了各部门的职责与权限,让各部负责人非常清晰地了解到部门的职能与工作目标,每个部门的员工都明确了相应的职责,分工明确,避免问题处理时相互推诿和重复处理等现象。二是充分发挥业主服务的作用,明确了计量支付的程序及各级人员的审批时间,要求技术人员第一时间参与施工现场的验收、收方等,确保了施工单位资金的周转和工程的顺利开展。

(2)检查考核规范化。勘察设计阶段,项目公司在勘察设计阶段对设计单位进行专项检查、验收共计12次,分别针对合同履约、地质勘察、征地沟开挖等情况进行了检查。施工阶段,项目公司开展了质量、安全、履约及"四化"建设大检查、工地试验室专项检查、"三背"回填、填挖交界及新旧路基连接处台阶施工、高填方填筑、混凝土强度、钢筋间距及保护层、工程质量保证体系检查等多项质量专项检查,还配合广西高速公路投资有限公司和广西壮族自治区交通工程质量监督站开展了相应的质量、安全综合检查。每次检查都制定有合理的考核目标,严格按照项目公司出台的施工单位、监理单位绩效考核管理办法对违反合同、规范、设计的施工行为及履约不到位的单位进行处罚,对项目的质量和安全起到了很好的促进作用。

(3)过程监控规范化。一是规范管理日记、施工日记和监理日记的统一要求,规范填写格式和填写内容;二是制定统一的试验表格、计量支付表格、质量检测表格和监理工作记录表格;三是规范隐蔽工程、重要部位、关键工序检查验收的时间、人员和责任要求;四是推行安装施工现场视频监控系统,柳武路马王黔江特大桥、盘龙柳江特大桥、一分部梁板预制场、一分部炸药库均配备了远程监控系统,实现了项目公司领导和主要技术管理人员在办公室就能通过监控系统了解现场的施工情况。

(4)责任落实规范化。项目公司建立健全了以董事长、总经理、副总经理为主要成员的"四化"建设管理领导小组,并由质量安全部负责"四化"建设管理的日常具体工作。各总监办、总承包部、各分部也相应建立了"四化"管理组织机构,形成法人负责、专业分工、全员参与的工作格局,实行"从下自上、典型带路、重点突破、全面推进"的工作机制,为实施工程"四化"建设管理提供了可靠的组织保证及良好的工作格局和工作机制。

3. 精细化管理

精细化管理,是一种管理理念和管理技术。最终产品的优质,取决于过程管理的细致,可以说精细决定品质,细节决定成败。按广西交通投资集团有限公司对精细化管理的要求,项目公司从项目管理精细化、勘察设计精细化、招标管理精细化、施工管理精细化、监理工作精细化、工程管理信息化几个方面进行了精细化管理建设。

(1)项目管理精细化。项目公司严格贯彻落实"四项基本制度"和"三清除,三不准"管理理念,提升工程品质。实行"三集中两准入制""首件工程审批制""隐蔽工程验收认可制""安全生产达标认可制"四项基本制度,严格执行"三清除,三不准",即:有悖于"四化"管理理念、经警告后仍不端正态度并积极改正以及不尊重服从甲方、监理管理的人员必须清除;不满足要求的模板必须清除;不合格的原材料及设备必须清除。拌和站、钢筋加工场没有通过验收的不允许进行结构物施工;路基填筑没有平地机的不允许施工;弃土场及换填材料没有落实的不允许进行路基填筑、软基换填及结构物基础开挖施工。通过推行"四项基本制度"和"三清除,三不准"管理理念,明确了程序标准和要求,规范了施工行为,改变了现场脏、乱、差的面貌,确保了工程质量,提升了工程品质。

(2)勘察设计精细化。勘察设计可以说是高速公路项目建设的重要保证,优质的工程源于优质的勘察设计成果。在勘察设计过程中,业主或是设计单位都需贯彻"粗活细做、细活精做、精益求精"的精细化管理理念,无论在设计、复核、监管过程中都要做到"精、准、细、严",确保勘察设计成果的准确性、设计深度。本项目在勘察设计过程中同样应用了精细化管理的理念,从勘察设计合同文件的签订,便提出"双标管理""六个坚持、六个树立"的具体要求,实行勘察设计全过程跟踪服务,多次召开勘察设计专项会议,加强总体设计与协调,对勘察设计过程中存在的问题及时解决,采用审查咨询单位提前介入,对勘察设计的阶段性成果进行过程审核,同时也充分利用项目公司的技术力量,对沿线的路系、水系、筑路材料进行走访、调查,对地质勘察成果、初步设计文件、施工图设计文件、招标资料等勘察设计成果进行认真核对,并形成相应的审查意见,要求设计单位及时反馈、整改。

(3)招标管理精细化。项目公司无论从招标文件的编制、清标工作、资格审查、合同谈判以及合同签订工作都有一套相对完善的体系。在监理招标和土建招标工作,项目公司非常重视招标文件的编制工作,招标文件中明确落实"四化"建设的要求和专项资金,为深入开展"四化"建设奠定了基础。组织公司技术干部对设计单位提供的施工图、招标资料、工程量清单进行认真复核,并要求设计单位按复核结果对设计文件进行修改,基本上保证了施工图文件的真实、合理,避免了工程量清单缺项、漏项的出现,扎实地做好了招标前的准备工作。

（4）施工管理精细化。项目公司要求施工单位明确每道工序精细化施工的具体要求、措施、工艺流程和责任人，制订工序交接程序，明确责任划分，优化施工工艺，强化过程控制，狠抓关键部位和环节、关键施工工艺的管理，强化工程质量和安全生产控制，切实提高精细化施工水平，确保精细化管理的各项要求和措施落实到位。重点实施路基工程施工精细化、路面工程施工精细化、桥梁工程施工精细化、交通工程及沿线设施施工精细化和安全生产管理精细化。

（5）监理工作精细化。监理单位作为施工现场质量、安全、进度、投资等的主要管理单位，对工程质量起到至关重要的作用。项目公司非常重视对监理单位的管理，敢于创新，采取了一系列措施加强对监理单位的管理：一是采取按实际进场监理人员为依据的计量支付新方式；二是加强培训，公司领导亲自组织召开全体监理人员工作会议，并主讲《监理工作分析与探讨》，举行监理人员业务知识考试；三是创新实施"变序名单每日考勤制"，并根据各总监办的情况，定期和不定期深入现场抽查监理人员出勤情况，有效解决了以往监理人员考勤难、吃空饷等管理难题；四是设置阶段性考核、日常工作考核及工程质量一次性抽检考核全方位考核机制。

（6）工程管理信息化。一是充分利用共建 QQ 群等网络资源和《质量安全月报》《工程建设快报》等载体，展示亮点和标杆工程的效果，对违规施工行为和质量低劣产品进行曝光，并对每月的质量情况进行总结通报，为互相学习、促进整改提供了交流平台；二是引入 EP2000 工程管理系统，该系统包括了合同管理、计量支付、计划进度、质量管理、安全管理、环境保护、征地拆迁、党风廉政、文档管理、信息交流等，对提高高速公路信息化建设管理水平，加强对项目建设的全面有效的管理和控制，提高工程质量，确保安全施工，创造精品工程具有积极的推动作用。

4. 人本化管理

项目公司坚持以人为本的发展理念，着重于实现高速公路产品合理化的勘察设计、文明的施工环境、人性化的服务功能，将满足人的发展、调动人的积极性、突出人的创造性作为工程建设管理的核心理念。

（1）勘察设计成果人性化。施工图设计阶段，项目公司组织自身技术力量，对施工图方案及现场进行了认真核查，提出了诸多合理化建议，如柳武路原设计方案 K 线拟采用跨线桥跨越广西思源酒业养化塘（第四级养化池），但经项目公司实地踏勘，发现养化塘恶臭味极浓，施工单位在此环境下根本无法进行正常施工，这与广西交通投资集团有限公司提出的"人本化"的管理理念相违背，项目公司要求设计单位增设 F 线对其进行绕避，不但为项目提供了正常施工环境，而且也节约了项目投资。

（2）征地拆迁工作人本化。项目公司做到征地拆迁补偿方案、标准、费用实施三公开,做好水系路系恢复和环境保护工作,最大限度地服务沿线群众生产生活。

(3)参建人员工作、生活环境人本化。为参建人员营造良好的工作、生活环境,确保工资发放及时、到位,这是人本化管理的核心所在。项目公司要求各参建单位在驻地建设当中严格按照"四化"要求进行建设,为参建员工配备齐全的办公设施、生活设施、安全设施,确保各参建人员以积极的态度、勇于奉献的精神投入到柳武路的建设当中。同时,项目公司非常重视农民工工资的管理,多次组织开展对农民工用工管理及工资支付情况的专项检查,深入农民工驻地进行走访调查,并印发了《致农民工兄弟姐妹的一封信》,向农民工兄弟姐妹宣传国家法律法规以及广西交通投资集团、高速公路投资有限公司和项目公司关于农民工管理及工资支付管理各项规章制度,帮助参建农民工提高认识,学会合法维护自身权益,确保各用工单位按时足额兑付农民工工资,营造了和谐稳定的内部施工环境,保障了工程建设的顺利进行。

(4)学习和培训工作人本化。筹备期间,项目公司针对员工开展了"给力龙和百日大培训"及"六力"建设(建设学习力、决策力、创新力、执行力、文化力、凝聚力的团队)活动。各参建单位进场后,公司组织各部门、总监办及合作单位相关技术人员进行"四化"建设管理培训,并组织到广西交通投资集团有限公司"四化"管理的标杆单位——靖西至那坡高速公路项目进行观摩学习。在施工过程中,开展了各种培训及技术交流活动,包括开展EP2000系统应用管理培训,创建"平安工地"安全培训,悬臂浇筑预应力连续箱梁(连续刚构)施工标准化培训。邀请广西壮族自治区交通工程质量监督站副站长陈剑到柳武高速公路项目进行高速公路施工标准化技术培训,邀请重庆交通大学吴海军博士到本项目主讲公路桥梁精细化施工技术,邀请广西壮族自治区交通运输厅安全监督处李日昌到本项目进行安全教育培训;开展了试验检测操作技能竞赛活动,箱梁预制"四化"管理现场分析会和防护与排水工程"四化"管理现场分析会等一系列活动。无论是领导干部,还是新老员工,都积极地参与进来,在培训中提高自身的业务水平,形成了自我学习的意识。培训仅仅是一种手段,时间相对较短,重要的是让大家掌握一种学习的方法,认识到自身的不足,得到一种积极的学习态度,真正实现不断自我学习,自我提高,这才是"人本化"建设的根本目的。

5. 做好工地的文明施工工作

结合标准化建设,大力开展"清洁工程进项目"活动,施工现场基本没有废土乱堆乱放,电线没有乱接乱搭,材料机具没有乱堆乱摆,建筑生活垃圾没有随意遗弃等现象,做到路基填方段规范、平整,路基挖方或取土场取土规整有序,施工场地清洁、整齐。为实现"一流的施工现场管理,一流的施工现场形象,一流的施工作业环境,一流的项目管理水平"打下基础。

第八章 高速公路项目建设

第四十六节 来宾至马山高速公路

一、项目概况

(一)基本情况

来宾至马山高速公路(以下简称来马路)起点位于广西壮族自治区来宾市良江镇南侧吉利村附近,与桂平至来宾高速公路和柳州至南宁高速公路相接,经迁江、上林县三里、西燕、马山县古零、白山等乡镇,止于乔利乡那料村附近,与都安至南宁高速公路和同步建设的马山至平果高速公路相接。来马路批复概算63.23亿元,主线长114.686km,连接线长39.56km,项目主线按双向四车道高速公路标准建设,路基宽26m,沥青混凝土路面,设计速度100km/h。项目于2012年7月开工建设,2015年12月建成通车。

来马路与国家公路主干道交叉或相连的主要公路有都南高速公路、柳南高速公路、210国道等;与来马路交叉的地方公路主要有来宾至上林二级公路、上林至马山二级公路,如图8-46-1所示。

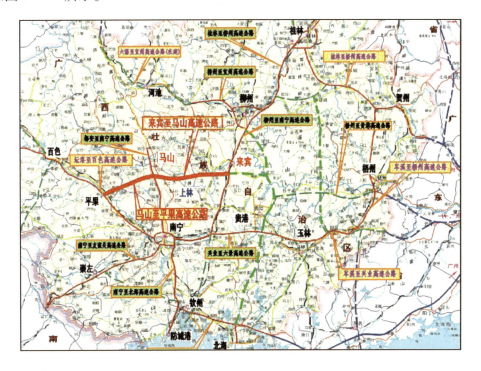

图8-46-1 来宾至马山高速公路地理位置示意图

来马路是广西高速公路网布局中"横四"苍梧至龙邦高速公路的重要组成部分,是沟通桂东、桂中、桂西的纽带和桥梁,也是广西壮族自治区"十一五"规划的重点项目。来马路总体情况见表8-46-1。

来马路总体情况表   表8-46-1

类　　　型	编　　号	总里程(km)	总投资(亿元)	建设性质	备　　注
地方高速公路	S52	114.686	63.23	新建	

来马路主线全长114.686km,项目主线全线按双向四车道高速公路标准建设,设计车速100km/h,路基宽度采用26.0m,桥涵设计汽车荷载采用公路—Ⅰ级,设计洪水频率特大桥1/300,大、中、小桥、涵洞1/100,桥梁抗震烈度为Ⅵ度。合山连接线采用双车道二级公路标准建设,设计速度80km/h,路基宽度为15.0m;上林连接线采用双车道二级公路标准建设,设计速度80km/h,路基宽度为12.0m。

来马路设雅山、西燕2处服务区,寺村、双罗、古零3处停车区及马山南养护工区,全线设迁江、三里、上林、西燕、古零、马山南、乔利7处互通式立交。

来马路主线和互通匝道路面均为沥青混凝土路面。

(二)前期决策情况

来马路项目建设的前期决策包含项目可行性研究报告和项目设计阶段。项目从2010年10月开始组建项目建设筹备工作小组,规范了项目建设业主单位的管理行为,从加强对建设过程的监督管理开始,强化项目基础设施建设,维护建设市场秩序,提高工程质量和投资效益。

来马路项目建设前期工作质量是加强前期工作的关键,项目建设前期工作分为三个阶段:预可行性研究即项目立项阶段、工程可行性研究阶段、初步设计阶段。贯穿于三阶段的核心重点是设计工作,要提高项目前期工作的质量实质是提高设计质量。同时在建设初期提出了建设"建设优质、高效、低碳、创新高速公路"的项目建设理念,并严格要求设计单位深入现场,做深做细地质勘查等基础工作,尤其对路线方案的比选,对不良地质的处治等要做深方案,反复比选,科学合理地确定推荐方案。对占用耕地、水土保持、环境保护等工作要予以充分关注。

1. 对设计实行招投标、"工可""初设"建立预审制度

来马路项目按照设计招投标的有关文件精神,对设计单位实施招标确定了土建路基、路面工程、绿化工程及机电工程设计单位,通过合同相互约束,确定设计周期、设计深度及相应责任。对"工可""初设"建立预审制度,项目建设筹备组工程技术干部、广西壮族自治区交通运输厅公路工程专家组组成评审小组,对"来马公路可行性研究、来马路两阶段初步设计"进行全过程的论证和评估。在调查研究基础上,对比选方案进行技术经济的

全面评估、论证,对推荐方案提出评估意见。

2. 来马路项目工程前期工作规划前瞻性

项目建设的前期工作是将规划构想转化为项目实施的关键阶段,来马路建设指挥部从规划的全局和远景来把握研究所建设项目,保证项目决策的科学性、系统性和协调性。做好项目前期工作的前提,是制定好既具有前瞻性又具有可操作性的项目建设规划。项目公司在筹备阶段即组织进行了全线的现场踏勘,注重路线的选线方案,对地方材料的选择、软土地基处理、桥涵通道位置的确定等进行了优化。

3. 打造优秀的来马路项目建设管理团队,充分发挥各项管理职能

广西交通投资集团有限公司自成立以来,公路工程项目的建设规模越来越大,技术管理也越来越复杂,这对来马路项目建设的管理提出许多新的要求。来马路项目建设管理机构由参加过高速公路建设的管理经验丰富的人员组成。项目通过创新"项目建设搭班子",由建设一个项目培养一批人才过渡,经过多次成功与失败的考验,最终得到丰富的项目建设管理经验。来马路项目管理的做法是:不同专业、不同职能部门的来自各方的成员组成一个团队,项目的管理者同时又是执行者,最后实现建设、运营管养无缝对接。

4. 规范施工招标

施工招投标是公路工程建设市场经济中的一种竞争方式,是双方当事人依法进行的经济活动,通过公平竞争择优确定中标人,能够充分发挥价格杠杆和竞争机制的作用。来马路项目认真贯彻执行项目法人负责制、工程招标制、工程监理制、合同管理制度,通过公开招标择优选定各设计单位、监理咨询单位、施工单位及甲供材料采购供应商。为加强工程招投标管理,来马路项目认真做好施工企业的资格后审,施工企业的资格后审工作委托广西交通投资集团有限公司的子公司广西宏冠过程咨询有限公司进行招投标。广西壮族自治区交通运输厅对招标全过程进行监督,开标时由南宁市公证处进行公证,专家评标推荐,最后由业主定标并经公示。招投标行为合法合规。来马路项目通过招标确定了12家施工单位。招标进入来马路项目的施工单位,都是取得相应公路工程施工资格证书,具有法人资格且信誉良好、素质高的施工企业。来马路项目公司的资格预审文件、招标文件均获得广西壮族自治区交通运输厅的备案,招投标各方行为守法规范,均能做到"公开、公平、公正、诚信"原则。

(三)参建单位主要情况

(1)项目法人单位:广西红河高速公路有限公司。

(2)设计单位:广西壮族自治区交通规划勘察设计研究院、广西交通科学研究院。

(3)施工单位:来马路由广西壮族自治区公路桥梁工程总公司与广西交通科学研究

院组成联合体进行施工总承包。

(4)监理单位:全线参建监理单位3家。

(5)质量监督单位:由广西壮族自治区交通工程质量安全监督站代表政府主管部门对本项目进行监督。具体参建设单位见表8-46-2。

来马路参建单位一览表 表8-46-2

参建单位	合同号	单位名称	资质等级	起讫桩号	中标金额(万)
监理单位	No.1	长沙华南土木工程监理有限公司	公路工程甲级	K233+760~k268+930（主线35.17km,连接线29km)	1728.68
	No.2	广西桂通工程咨询有限公司	公路工程甲级	K268+930~K304+120（主线32.38km,连接线12.3km)	1835.40
	No.3	广西八桂工程监理咨询有限公司	公路工程甲级	K304+120~K351+073.354（主线46.95km)	2397.30
施工总承包单位	No.1	广西壮族自治区公路桥梁工程总公司/广西交通科学研究院联合体	公路工程施工总承包特级	K233+760~K351+073.354（主线114.493km,连接线41.3km)	497086.52
设计单位	No.1	广西壮族自治区交通规划勘察设计研究院	公路甲级	K233+770~K289+190	3619.05
	No.2	广西交通科学研究院	公路甲级	K291+000~K351+073	3667.08

二、建设情况

(一)立项审批

来马路前期及建设实施期各项工作均严格执行《中华人民共和国公路法》《中华人民共和国公司法》《中华人民共和国招标投标法》《中华人民共和国合同法》和交通运输部《公路建设市场管理办法》《公路建设四项制度实施办法》等各项法律、法规。工程的立项、可行性研究、初步设计、施工图设计以及开工前的其他各项有关工作,均已循序进行,逐一报批,手续完备齐全,详见表8-46-3。

来马路基本建设程序执行情况表 表8-46-3

序号	办理事项	批准/核准单位	批文文件名称	批准文号	批文完成办理日期
1	公路可行性研究报告批复情况	广西壮族自治区发改委	广西壮族自治区发展和改革委员会关于来宾至马山公路可行性研究报告的批复	桂发改交通〔2010〕311号	2010.04.26
2	公路建设项目法人的核准情况	广西壮族自治区工商局	企业法人营业执照[广西红河(正和)高速公路有限公司]	企450000000017080(1-1)	2010.07.02

第八章 高速公路项目建设

续上表

序号	办理事项	批准/核准单位	批文文件名称	批准文号	批文完成办理日期
3	地质灾害危险性评估报告	广西壮族自治区国土资源厅	地质灾害危险性评估报告备案登记表	桂国土资地灾备〔2007〕068号	2007.03.27
4	工程压矿调查及处理手续办理情况	广西壮族自治区国土资源厅	关于来宾至马山公路建设用地压矿情况的函	桂矿资〔2007〕54号	2007.04.20
5	文物调查及处理手续办理情况	广西壮族自治区文化厅	广西壮族自治区文化厅关于来宾至马山高速公路工程用地范围内有关文物处理意见的函	桂文函〔2011〕53号	2011.01.31
6	水土保持方案批复办理情况	广西壮族自治区水利厅	关于来宾至马山公路水土保持方案的函	桂水水保函〔2007〕21号	2007.06.29
7	环境影响报告书批复办理情况	广西壮族自治区环保局	关于来宾至马山公路环境影响报告书的批复	桂环管字〔2010〕39号	2010.04.21
8	服务区加油站布局规划批复情况	广西壮族自治区发改委	关于同意2012年广西高速公路服务区加油站规划的批复	桂商商贸函〔2012〕99号	2012.06.18
9	公路初步设计的批复	广西壮族自治区交通运输厅	关于来宾至马山公路初步设计的批复	桂交基建函〔2010〕565号	2010.07.20
10	公路使用林地行政许可办理情况	国家林业局	使用林地审核同意书	林资许准〔2011〕086号	2011.05.06
11	公路工程建设用地手续办理情况	广西壮族自治区国土资源厅	关于来宾至马山高速公路项目用地预审的批复	桂国土资预审字〔2009〕182号	2009.11.16
12	公路土地复垦方案	广西壮族自治区国土资源厅	关于来宾至马山高速公路建设项目土地复垦方案的函	桂国土资函〔2011〕36号	2011.01.12
13	公路施工图设计批复	广西壮族自治区交通运输厅	关于来宾至马山高速公路两阶段施工图设计的批复	桂交建管函〔2011〕989号	2011.12.07
14	公路工程质量监督手续	广西壮族自治区交通工程质量监督站	关于下达来宾至马山高速公路工程质量安全生产监督计划的通知	交质监督〔2012〕96号	2012.07.16
15	工程建设用地批复	国土资源部	国土资源部关于来宾至马山公路工程建设用地的批复	国土资函〔2013〕86号	2013.02.07
16	施工许可	广西壮族自治区交通运输厅	来宾至马山高速公路施工许可申请书		2012.08.17

(二)资金筹措

截至2016年6月30日,来马路累计到位资金608150万元,其中:广西新发展交通集团有限公司注入资本金32082万元,车购税资金126000万元,广西交通投资集团有限公司拨入自筹资金30418万元,贷款资金419650万元,累计已支付各类款项601510.53万元,尚余可使用资金6639.47万元,现有资金可以满足目前建设需求。

(三)招投标情况

广西红河高速公路有限公司(以下简称公司)遵循"公开、公平、公正"的原则,委托广西宏冠工程咨询有限公司负责本项目招标技术咨询服务,以招标投标有关法律、法规为依据和准绳开展招标工作,严格执行各项招投标程序,按规定履行报批或核备手续,所有招标项目的招标活动均自觉主动接受上级交通行政主管部门的全过程执法监督和纪律监督。

来马路严格按《中华人民共和国招标投标法》的有关规定完成工程设计、工程施工监理、施工总承包、机电工程施工监理的招投标工作。

1. 设计单位招标

来马路全线划分为2个勘察设计合同段,初步设计和施工图设计合并招标,分别由广西壮族自治区交通规划勘察设计研究院和广西交通科学研究院负责本项目勘察设计任务。

2. 施工总承包招标

来马路采用施工总承包模式承建,总承包范围为全线(含联线)的路基工程、桥梁工程、隧道工程、涵洞通道工程、路面工程、交通安全设施、绿化工程、房屋建筑工程、机电工程采购安装等。来马路施工总承包招标公告于2012年3月23日发布,经开标、评标、定标、核备评标报告,广西壮族自治区公路桥梁工程总公司、广西交通科学研究院(联合体)中标,项目于2012年6月21日正式签订施工总承包合同。

3. 监理单位招标

来马路监理共划分3个标段。其中工程施工监理采用一级监理模式,设3个总监办;两项目共设置3个机电总监办,机电工程施工监理采用一级监理模式,与施工监理捆绑同时招投标,采用公开招标资格后审。来马路于2011年11月9日发布招标公告,经开标、评标、定标、核备评标报告,于2012年4月8日正式签订工程施工监理合同。

4. 施工单位的组织

根据来马路总承包合同文件,由总承包单位组织具备资质的施工单位进行项目的施工,并对施工单位进行综合管理。施工总承包单位通过内部招标方式,选择土建、路面、机电、交安、绿化等施工单位,各施工单位均具备从事相应工程施工的施工资质和资格,满足公路建设市场的相关准入规定,所有施工单位的相关资料、合同文件均报监理审核备案后上报项目公司核备。

（四）征地拆迁情况

项目在建设实施中,征地拆迁工作严格执行国家的相关法律、法规,各项用地手续齐全。项目通过统一征地拆迁工作程序、实行征地拆迁补偿资金分账户管理、先结算后支付、补偿资金支付"实名制"、补偿资金银行—银行—存折模式运行。征地拆迁补偿费做到专款专用,足额并及时地兑付给被征地拆迁户。各分指挥部接受项目公司业务部定期或不定期的检查和指导,并主动接受上级主管部门的审计和监督,避免和制止挪用、截留、贪污等违法犯罪现象的发生,保障征地拆迁补偿费资金安全,保护征拆群众的合法权益。

1. 征地拆迁机构

根据《广西壮族自治区人民政府关于印发广西壮族自治区铁路交通基础设施重大建设项目用地征地拆迁工作实施办法的通知》（桂政发〔2010〕52号）规定,成立征地拆迁分指挥部（征地拆迁协调办公室）,代表沿线县（市）、区一级人民政府负责实施高速公路征地拆迁的各项具体工作。

2. 执行标准

为确保高速公路沿线群众的合法权益,来马路项目在征地、拆迁补偿标准上严格执行《广西壮族自治区实施〈中华人民共和国土地管理法〉办法》《广西壮族自治区人民政府关于印发广西壮族自治区铁路交通基础设施重大建设项目用地征地拆迁工作实施办法的通知》（桂政发〔2010〕52号）和《广西壮族自治区人民政府办公厅关于实施征地统一年产值标准有关问题的通知》（桂政办发〔2010〕9号）等文件和沿线县（市）、区一级人民政府出台的相关征地文件规定,开展征地、拆迁补偿工作。

3. 征地拆迁工程量

来马路完成征地结算共计14018.22亩;完成房屋拆迁及构造物结算113151m²,完成房屋拆迁365户;坟墓结算5380座（缸）;已完成78km电力杆线拆迁;完成195km通信杆线拆迁;已完成国防光缆迁改工程27.5km;支付征地拆迁费用61096.0784万元。

征地拆迁情况统计表见表8-46-4。

征地拆迁情况统计表　　　　　　　　　　　　　　　　表8-46-4

征地拆迁安置起止时间	征用土地（亩）	拆迁房屋（m²）	支付补偿费用（元）	备注
2011.01~2016.11	14018	113151	610960784	

(五)项目实施阶段

来马路项目建设实施阶段性的管理,重点抓好监督,也就是追踪检查和考核,确保"建设优质、高效、低碳、创新高速公路"的项目建设目标得以实现。在进度、质量、安全、投资、信息五个方面,项目公司不定期地进行检查、跟进、发现问题,寻找计划和实际之间的差距,采取相应的行动来协调和纠偏,按时完成阶段性和整体性目标。

1. 进度管理方面

工程进度管理是项目管理的三大控制目标之一,也是三大控制目标中最重要的控制目标。公司通过统筹计划,合理安排,狠抓控制性工程的施工,其中马安红水河大桥,那架1号、2号桥、小明山隧道及几处石方高边坡等均能按公司制定的进度目标全面完成。同时发挥总承包单位总体协调作用,各项工程并行施工,实现人力、机械、设备、材料等资源的综合利用,提高生产效率,有效缩短工期,项目建设得以快速、均衡推进,实现主体工程与附属工程、内业与外业同步交付。

2. 质量管理方面

项目全面推进"标准化、规范化、精细化、人本化"管理工作,公司始终坚持"场站建设标准化和工艺标准化并重"的管理理念,坚定不移,坚持高标准高要求推进工作。在满足广西壮族自治区交通运输厅标准化施工指南要求的基础上,因地制宜分阶段编制了项目分部工程标准化施工指南和作业指导书,为施工单位提供及时指导,有效地提高了项目"四化"管理水平。项目公司先后制定并下发了《来马路工程质量管理办法》《来马路工程进度管理办法》《来马路工程设计变更管理办法》《广西红河高速公路工程质量一次性抽检管理办法》《红河公司安全考核管理办法》《来马路人工挖孔灌注桩施工安全管理办法》《来马路质量管理手册》《来马路安全管理手册》《来马路文明施工管理手册》《路基质量通病防治与治理实施细则》《混凝土质量通病防治与治理实施细则》《来马路床中间交工验收实施细则》《来马路结构物"三背"回填施工指导意见》《全线实行试验检测信息化管理的通知》《开展隧道质量通病防治与治理的通知》《来马路沥青路面"零污染"施工管理办法》《关于印发来宾至马山高速公路沥青路面施工过程质量控制抽样检测办法》《关于印发来宾至马山高速公路项目沥青供应管理办法的通知》《沥青路面面层集料加工标准化及质量控制》《关于印发来宾至马山高速公路沥青路面透层施工指导意见的通知》《安装混合料质量动态监控系统和限速装置》《沥青混合料拌和场标准化建设指南》等各类保证工程质量的指导性文件、制度、指南、办法,为工程质量管理工作的开展提供了坚实的制度保障。通过一系列的措施,项目"四化"管理工作取得了良好的效果。

3. 安全管理方面

项目以建设"平安工地"示范项目为核心,按"以人为本、安全优先、持续改进"的安全管理思路,确立了"夯基础、达标准、建示范"的工作步骤,采取规范化、精细化、人本化管理措施,积极开展各项安全生产工作。公司认真落实安全生产责任制,坚持"安全第一、预防为主、综合治理"方针,坚持"管生产,必须管安全,党政同责"的原则,制定一整套完善的安全生产管理制度,加大安全隐患排查力度。项目积极推进工地施工安全标准化建设,认真开展安全生产(月)年、"打非治违""平安交通"、预防起重机和脚手架坍塌事故等系列活动,狠抓安全管理体系运作和现场管理,夯实基础工作,提高综合防范和应急能力,奖优罚劣,全面落实安全教育制度,同时严把安全生产费用计量支付和使用管理关,确保安全生产费用有足够投入和专款专用,并分别获得了2014年、2015年的年度"平安工地"的称号。

4. 投资控制方面

项目据广西壮族自治区交通运输厅《广西公路工程设计变更管理办法》(桂交基建发〔2010〕第88号)、《广西交通投资集团有限公司公路工程设计变更管理办法》(桂交投发〔2014〕99号),结合来宾至马山高速公路工程相关合同文件和工程实际,制定了广西红河高速公路有限公司工程变更管理办法;并根据相关法律法规编制了《广西红河高速公路计量支付实施办法》《广西红河高速公路缺项单价审批制度》,使工程一开始就"有法可依,有规可循"。明确了监理、业主变更计量的权限,例如在现场施工中,根据实际情况采取施工、监理、设计、业主四方共同现场办公,对确定的变更方案签署现场办公纪要,再予办理相关变更手续的方式,即保证工程顺利进展,又使变更手续得到完善。

5. 信息管理方面

在抓好外业的同时,项目推行档案信息化管理,力争在交工验收半年内完成内业资料归档。该系统是具有收录、造表、分类、查询、导入、导出、播放、打印、上传、下载项目文件的工程档案信息化管理软件,各参建单位施工准备、施工过程所形成的文件及时收录到软件,真正实现档案与项目建设同准备、同完成,并参与档案建设的过程。该系统于2012年投入使用,并在使用过程中不断完善,进展顺利。本项目实行档案信息化管理后创造了项目通车9个月后完成档案验收的纪录。

三、复杂技术工程

(一)工程概况

马安红水河大桥位于来宾市兴宾区平阳镇马安煤矿厂西南侧1km处,在原马安大桥旧址上游约460m处跨越红水河。中心桩号为LK8+880.8,是来宾至马山高速公路关键性控制工程。

桥梁结构形式:大桥跨径组合为:2×40m+66m+120m+66m+4×40m,主桥为66m+

120m+66m 预应力混凝土箱形连续刚构,引桥为先简支后连续 40m 预应力混凝土 T 形梁。上部构造:主桥主梁的断面形式为单箱单室箱梁结构,箱宽 8.5m,翼板悬臂 3.25m,全宽 15m。箱梁根部高 7.9m,交界墩部及跨中高 3.0m。箱梁 0 号段长 10.9m,主墩节段划分为 7×3.5m、7×4.15m 两种。下部构造:大桥有三种下部构造形式:3 号、4 号主墩采用双薄壁墩,2 号、5 号交界桥墩采用双方柱墩,引桥为双圆柱实心墩。主墩墩身每片墩宽 10m,厚 1.5m,高 14.65m。交界墩宽顺桥向为 2m,横桥向为 2.5m,墩高 19.62m。引桥平均墩高为 11.56m,最大墩高为 16.48m。承台及基础:主墩为承台接群桩基础,主墩桩基为双排(3+3)根 2.5m 的钻孔桩,上接分离式承台,每个承台的尺寸为 16.5m×4.5m×4m。交界墩为 4 根 2m 的钻孔桩,上接 11.1m×9.1m×3m 承台。引桥桩基有 3 种桩径,分别为 1.5m、2m 和 2.5m。2~7 号墩桩基为水下桩基,平均水深为 17m,最大水深为 26m。

(二)主要技术特征

本项目施工工期 30 个月,其中关键工程为:主桥钢栈桥以及施工平台、桩基础、引桥 40m T 形梁预制和安装、预应力混凝土连续刚构挂篮施工。

根据设计图纸,结合现场了解的实际情况,马安红水河大桥拟采用钢栈桥和钢浮桥相结合的方式进行施工,具体方案为:从 1 号墩岸边至 4 号墩位处采用搭设约 200m 长的钢栈桥方式进行施工,8 号墩岸边至 5 号墩位处采用 120m 钢浮桥的方式进行施工,施工期间保留 4~5 号墩之间为通航断面,其通航净宽为 46m,可以满足临时通航标准的要求;2 号墩根据开工时的水位情况,采用筑岛围堰施工桩基础,3~7 号墩搭设钢平台安装钢护筒施工;两边桥台采用挖孔桩施工桥台基础,其他墩位全部采用冲击钻施工桩基础;对 3~7 号墩位的第一节系梁和承台采用钢吊箱施工方法施工;在 3 号和 4 号墩各设制 1 台 50 型塔吊配合主桥的连续刚构施工。在施工下部结构时,配备一艘 500t 大船及 50t 大船吊以满足正常施工需要。具备开工条件后,可进行 2 号墩围堰筑岛施工,平整 0 号和 1 号的施工场地,将多余的土方向河道水中推进,用于筑岛施工,筑岛围堰宽 15m,长度以能满足该墩靠水一侧的开挖尺寸为宜。

筑岛围堰靠水的部分需要采用黏性土装袋进行码砌,装袋前应将黏土捣碎,以防止未捣碎土装入袋中导致孔隙率大,不易堆码密实,留下漏水的后患及不稳定因素。3~7 号墩的第一节系梁必须采用吊箱施工,桩基础完成后,拆除部分钢平台,立即展开钢吊箱围堰工作,为了便于系梁施工,钢吊箱围堰比设计系梁尺寸四周各加宽 0.6m,即各墩位钢吊箱围堰尺寸不等,高度要根据施工时期的水位高程来确定,无论是枯水期还是丰水期,钢吊箱都要高出当时常水位 1m 以上为宜,与确保系梁工作的顺利完成。

马安红水河大桥 3 号墩水上承台施工图如图 8-46-2 所示。马安红水河大桥示例图如图 8-46-3 所示。

图 8-46-2　马安红水河大桥 3 号墩水上承台施工图　　图 8-46-3　马安红水河大桥示例图

主跨上构预应力连续箱梁采用挂篮悬浇现浇的施工方法,该工法可以在不设支架和不使用大型吊机的情况下浇筑大跨径预应力混凝土箱梁,该技术已相当成熟。本桥刚构共 2 个"T",设置 4 套挂篮平行施工。0、1、1′号块段在墩顶托架上浇筑,各单"T"用挂篮悬臂对称、平衡浇筑施工直至各单"T"最大悬臂,然后浇筑边跨合龙段,待边跨合龙段完成后进行中跨合龙。

引桥大梁预制根据实际情况,在合山桥头处设置预制场和钢筋集中加工厂,预制后的 T 形梁用轨道牵引车运输到位,用架桥机安装。

四、科技创新

为实现本项目建设成为"四化"管理、融资合作建设项目的典型示范工程的目标,公司以科技科研为依托,全力推进来马、马平路科研课题研究。目前,项目公司开展的科研项目有:"基于唯一性标识编码与公路数字化档案相关性的应用研究""桥隧铺装关键技术研究""橡胶沥青改性沥青路面",其中"基于唯一性标识编码与公路数字化档案相关性的应用研究"获得国家档案局批准立项,并已顺利通过了国家档案局鉴定委员会鉴定。

（一）基于唯一性标识编码与公路数字化档案相关性的应用研究

该系统是由项目公司组织研发,是具有收录、造表、分类、查询、导入、导出、播放、打印、上传、下载项目文件的工程档案信息化管理软件,各参建单位施工准备、施工过程所形成的文件及时收录到软件,真正实现档案与项目建设同准备、同完成,使全员参与档案建设的过程,实现了质保资料与工程质量互动的良性循环,最大限度减少资料的回忆录,杜绝资料失真。本系统将项目档案建设参与到整个建设过程,使所归档的材料经受历史的考验,为今后维护、加固、借鉴提供有价值的档案,同时也为广西其他公路档案信息化管理起到促进作用。

项目于 2011 年年底开始组织开发信息化管理系统,2012 年 8 月系统正式投入使用。课题组先后完成了"基于唯一性标识编码与公路数字化档案相关性的应用研究总报告""唯一性标识编码与公路数字档案相关性的研究""公路数字档案编码词典""公路数字档案管理系统应用研究""云技术在公路数字档案建设的应用研究""唯一性标识编码的分析研究""数字档案管理系统的应用与评价"等研究报告。其中,《公路数字化档案唯一性标识编码词典》版权作品于 2014 年 12 月 12 日获得广西壮族自治区版权局颁发版权证书;"基于唯一性标识编码与公路数字化档案相关性的应用研究"项目于 2015 年 12 月 7 日通过国家档案局鉴定,荣获 2016 年国家档案局优秀科技成果奖三等奖。

(二)桥隧铺装关键技术研究课题

本课题为广西交通科技项目,课题研究室内试验在长沙理工大学公路工程实验室进行。项目于 2013 年 6 月启动,经过文献资料搜集,交通、气象调研,沥青铺装主要破坏形式调查与检测,典型桥隧沥青铺装结构温度场、温度应力分析,交通荷载作用下的铺装结构力学响应分析,环境与交通荷载耦合作用下的铺装结构力学响应特性分析等。在施工单位,指挥部和长沙理工大学项目组成员进行了料场调查、拌和站调查,确定了试验所用原材料、桥隧结构方案及其实施路段。

结合长沙理工大学进行的室内试验研究和项目实际进度情况,2015 年 6 月 9 日,长沙理工大学项目负责人、来马路副指挥长及来马二分部总工及相关人员对现场进行了勘察,重新确定了试验方案和试验路段,选择 4 段试验路,分别为上林互通式立体交叉跨线桥(左幅)、大龙洞干渠大桥(左幅)、弄桃山隧道(左线)、伫童隧道(左线)。

课题组铺装方案为:原桥面现浇层抛丸除浮浆 + 桥面刻横槽 + 同步碎石封层 + 5cm SBS 改性沥青混凝土 AC-13C 下面层 + 5cm SBS 改性沥青混凝土 AC-13C 表面层。课题组铺装方案中 5cm SBS 改性沥青混凝土 AC-13C 采用的配合比和原材料技术要求与原设计方案相同。在路面较低一侧(横坡外侧,超高内侧)增设碎石盲沟,碎石盲沟与下面层平齐,表面层覆盖。对于原桥面泄水孔高度高于铺装底面的,需要对横向泄水孔进行下凿,以满足铺装结构内部渗入的水及时排除。

1. 抛丸工艺要求

采用抛丸喷砂凿毛工艺处理浮浆,处理后的桥面采用铺砂法进行构造深度检测,保证其构造深度 $T_D \geq 0.8\text{mm}$。抛丸除浮浆合格后,应将桥面浮尘清理干净,为后续刻槽施工提供洁净工作面。

2. 刻横槽工艺要求

(1)用专用的刻槽机进行硬刻槽,刻槽时,水泥混凝土的强度应大于设计强度的 90%。

（2）刻槽前应精确放线，确定刻槽机的行走轨道，确保刻槽线形顺直、均匀。刻槽应连续进行，以保证槽深均匀一致。

（3）槽的深度为 5mm，宽度为 3mm，相邻两槽的净间距为 20mm，硬刻槽应垂直于桥面纵轴。

3. 同步碎石封层工艺要求

（1）在刻横槽工序完成后，应对刻槽产生粉尘进行清理，特别是槽内粉尘应采用高压空气进行清理干净，若桥面潮湿，需待桥面干燥后方可进行同步碎石封层施工。

（2）进行热沥青洒布，所选用材料为 70 号基质沥青，沥青洒布量以 $1.1\sim1.3\text{kg/m}^2$ 为宜。

（3）同步碎石封层应选择 $9.5\sim13.2\text{mm}$ 的单粒径辉绿岩碎石，碎石使用前应通过拌和楼除湿、除尘并筛分，碎石撒布量控制在 $6\sim7\text{kg/m}^2$ 为宜。

（4）对于明显的浮石应进行清除。

2015 年 9 月中旬进行试验路摊铺，2015 年 9 月 25 日，广西交通投资集团有限公司在南宁组织召开了"桥隧铺装关键技术研究"项目阶段性成果验收会议。会议认为，长沙理工大学针对广西壮族自治区特殊路段桥隧铺装沥青路面的特性，按照合同要求开展了调研、理论分析、室内外试验等研究工作，已完成了桥隧特殊路段沥青路面典型破坏模式与破坏机理研究、桥隧沥青路面结构力学响应特性研究、桥隧铺装沥青路面结构与材料的优化设计及施工指导等工作，并正在对铺装的试验路进行跟踪观测。现阶段取得的研究成果对高速公路桥隧铺装路面工程具有指导作用，达到了合同现阶段的要求。

第四十七节　马山至平果高速公路

一、项目概况

（一）基本情况

马山至平果高速公路（以下简称马平路）起点位于广西壮族自治区马山县乔利乡那料村附近，接同步建设的来宾至马山高速公路，经周鹿、武鸣县灵马、平果县四塘、坡造、马头、新安，终于新安镇玻利附近，与南宁（坛洛）至百色高速公路相接。马平路批复概算41.32 亿元，主线长 82.4km，连接线长 23.788km，两个项目主线均按双向四车道高速公路标准建设，路基宽 26m，沥青混凝土路面，设计速度 100km/h。项目于 2012 年 7 月开工建设，2015 年 12 月建成通车。

马平路与国家公路主干道交叉或相连的主要公路有 G78 南百高速公路；与马平路交叉的地方公路主要有武鸣至平果二级公路。

马平路是广西高速公路网布局中"横四"苍梧至龙邦高速公路的重要组成部分，是沟通桂东、桂中、桂西的纽带和桥梁，也是广西壮族自治区"十一五"规划的重点项目。

马平路总体情况见表 8-47-1。

马平路总体情况表　　　　　　　　　　　　　表 8-47-1

类　型	编　号	总里程(km)	总投资(亿元)	建设性质	备　注
地方高速公路	S52	82.4	41.32	新建	

马平路主线全长 82.4km，项目主线全线按双向四车道高速公路标准建设，设计速度 100km/h，路基宽度采用 26.0m，桥涵设计汽车荷载采用公路—Ⅰ级，设计洪水频率特大桥 1/300，大、中、小桥、涵洞 1/100，桥梁抗震烈度为Ⅵ度。大化连接线采用双车道二级公路标准建设，设计速度 80km/h，路基宽度为 12.0m。

马平路全线设莲塘、平果 2 处服务区，邦香、玻利 2 处停车区，设周鹿、四塘、坡造、平果北、玻利 5 处互通式立交。

马平路主线和互通匝道路面均为沥青混凝土路面。

（二）前期决策情况

马平路项目建设的前期决策包含项目可行性研究报告和项目设计阶段。项目从 2010 年 10 月开始组建项目建设筹备工作小组，规范了项目建设业主单位的管理行为，从加强对建设过程的监督管理开始，强化项目基础设施建设，维护建设市场秩序，提高工程质量和投资效益。

马平项目建设前期工作质量是加强前期工作的关键，项目建设前期工作分为三个阶段：预可行性研究即项目立项阶段、工程可行性研究阶段、初步设计阶段。贯穿于三阶段的核心重点是设计工作，要提高项目前期工作的质量实质是提高设计质量。同时在建设初期提出了"建设优质、高效、低碳、创新高速公路"的项目建设理念，并严格要求设计单位深入现场，做深做细地质勘查等基础工作，尤其对路线方案的比选，对不良地质的处治等要做深方案，反复比选，科学合理地确定推荐方案。对占用耕地、水土保持、环境保护等工作要予以充分关注。

1. 对设计实行招投标、"工可""初设"建立预审制度

项目按照设计招投标有关文件精神，对设计单位实施招标确定了土建路基、路面工程、绿化工程及机电工程设计单位，通过合同相互约束，确定设计周期、设计深度及相应责任。对"工可""初设"建立预审制度，项目建设筹备组工程技术干部、广西壮族自治区交通运输厅公路工程专家组组成评审小组，进行对"马平公路可行性研究、马平公路两阶段

初步设计"全过程的论证和评估。在调查研究基础上,对比选方案进行技术经济的全面评估、论证,对推荐方案提出评估意见。

2.马平路项目工程前期工作规划前瞻性

项目建设的前期工作是将规划构想转化为项目实施的关键阶段,马平路建设指挥部从规划的全局和远景来把握研究所建设项目,保证项目决策的科学性、系统性和协调性。做好项目前期工作的前提,是制定好既具有前瞻性又具有可操作性的项目建设规划。项目公司在筹备阶段即组织进行了全线的现场踏勘,注重路线的选线方案,对地方材料的选择、软土地基处理、桥涵通道位置的确定等进行了优化。

3.打造优秀的马平路项目建设管理团队,充分发挥各项管理职能

广西交通投资集团有限公司自成立以来,公路工程项目的建设规模越来越大,技术管理也越来越复杂,这对马平路项目建设的管理提出许多新的要求。马平路项目建设管理机构由参加过高速公路建设的管理经验丰富的人员组成。项目通过创新"项目建设搭班子",由建设一个项目培养一批人才过渡,经过多次成功与失败的考验,最终得到丰富的项目建设管理经验。马平路项目管理的做法是:不同专业、不同职能部门的来自各方的成员组成一个团队,项目的管理者同时又是执行者,最后实现建设、运营管养无缝对接。

4.规范施工招标

施工招投标是公路工程建设市场经济中的一种竞争方式,是双方当事人依法进行的经济活动,通过公平竞争择优确定中标人,能够充分发挥价格杠杆和竞争机制的作用。马平路项目认真贯彻执行项目法人负责制、工程招标制、工程监理制、合同管理制度,通过公开招标择优选定各设计单位、监理咨询单位、施工单位及甲供材料采购供应商。为加强工程招投标管理,马平路项目认真做好施工企业的资格后审,施工企业的资格后审工作委托广西交通投资集团有限公司的子公司广西宏冠过程咨询有限公司进行招投标。广西壮族自治区交通运输厅对招标全过程进行监督,开标时由南宁市公证处进行公证,专家评标推荐,最后由业主定标并经公示。招投标行为合法合规。马平路项目通过招标确定了12家施工单位。进入马平路项目的施工单位,都是取得相应公路工程施工资格证书,具有法人资格且信誉良好、素质高的施工企业。马平路项目公司的资格预审文件、招标文件均获得广西壮族自治区交通运输厅的备案,招投标各方行为守法规范,均能遵循"公开、公平、公正、诚信"的原则。

(三)参建单位主要情况

(1)项目法人单位:广西正和高速公路有限公司。

(2)设计单位:广西壮族自治区交通规划勘察设计研究院、中交通力建设股份有限

公司。

（3）施工单位:马平路分为两个合同段,其中第1合同段(K356+000~K434+660.648)由广西路桥建设有限公司负责施工,第2合同段由广西路桥建设有限公司、陕西省交通规划设计研究院(联合体)进行施工总承包。

（4）监理单位:全线参建监理单位2家。

（5）质量监督单位:由广西壮族自治区交通工程质量安全监督站代表政府主管部门对本项目进行监督。具体参建单位见表8-47-2。

马平路参建单位一览表　　　　表8-47-2

参建单位	合同号	单位名称	资质等级	起讫桩号	中标金额(万元)
监理单位	No.1	广西八桂工程监理咨询有限公司	公路工程甲级	K352+000~K391+776.186（主线39.776km,连接线23.788km）	1650.64
	No.2	长沙华南土木工程监理有限公司	公路工程甲级	K392+000~K434+660.648（主线42.661km）	1638.70
施工单位	No.1	广西路桥建设有限公司	公路工程施工总承包一级	K356+000~K434+660.648（主线4km）	5784.995
	No.2	广西路桥建设有限公司、陕西省交通规划设计研究院（联合体）	公路工程施工总承包一级	K356+000~K434+660.648（主线78.661km,连接线23.788km）	311893.84
设计单位	No.1	中交通力建设股份有限公司	公路甲级	K352+000~K391+776.186（主线39.776km,连接线23.788km）	2076.19
	No.2	广西壮族自治区交通规划勘察设计研究院	公路甲级	K392+000~K434+660.648（主线42.661km）	3142.86

二、建设情况

（一）立项审批

马平路前期及建设实施期各项工作均严格执行《中华人民共和国公路法》《中华人民共和国公司法》《中华人民共和国招标投标法》《中华人民共和国合同法》和交通运输部《公路建设市场管理办法》《公路建设四项制度实施办法》等各项法律、法规。工程的立项、可行性研究、初步设计、施工图设计以及开工前的其他各项有关工作,均已循序进行,逐一报批,手续完备齐全,详见表8-47-3。

马平路基本建设程序执行情况表

表 8-47-3

序号	办理事项	批准/核准单位	批文文件名称	批准文号	批文完成办理日期
1	公路可行性研究报告批复情况	广西壮族自治区发改委	广西壮族自治区发展和改革委员会关于马山至平果公路可行性研究报告的批复	桂发改交通〔2010〕310号	2010.04.26
2	公路建设项目法人的核准情况	广西壮族自治区工商局	企业法人营业执照〔广西红河(正和)高速公路有限公司〕	企450000000017080(1-1)	2010.07.02
3	地质灾害危险性评估报告	广西壮族自治区国土资源厅	地质灾害危险性评估报告备案登记表	桂国土资地灾备〔2006〕319号	2006.12.31
4	工程压矿调查及处理手续办理情况	广西壮族自治区国土资源厅	关于马山至平果公路建设用地压矿情况的函	桂矿资〔2006〕173号	2006.12.27
5	文物调查及处理手续办理情况	广西壮族自治区文化厅	广西壮族自治区文化厅关于马山至平果高速公路工程用地范围内有关文物处理意见的函	桂文函〔2010〕676号	2010.10.26
6	水土保持方案批复办理情况	广西壮族自治区水利厅	关于马山至平果公路水土保持方案的函	桂水水保函〔2007〕18号	2007.06.26
7	环境影响报告书批复办理情况	广西壮族自治区环保局	关于马山至平果公路环境影响报告书的批复	桂环管字〔2008〕266号	2008.10.15
8	服务区加油站布局规划批复情况	广西壮族自治区发改委	关于同意2012年广西高速公路服务区加油站规划的批复	桂商商贸函〔2012〕99号	2012.06.18
9	公路初步设计的批复	广西壮族自治区交通运输厅	关于马山至平果公路初步设计的批复	桂交基建函〔2010〕561号	2010.07.20
10	公路使用林地行政许可办理情况	国家林业局	使用林地审核同意书	林资许准〔2011〕114号	2011.06.09
11	公路工程建设用地手续办理情况	广西壮族自治区国土资源厅	关于马山至平果高速公路项目用地预审的批复	桂国土资预审字〔2009〕180号	2009.11.13
12	公路土地复垦方案	广西壮族自治区国土资源厅	关于来宾至马山高速公路建设项目土地复垦方案的函	桂国土资函〔2011〕308号	2011.03.20
13	公路施工图设计批复	广西壮族自治区交通运输厅	关于来宾至马山高速公路两阶段施工图设计的批复	桂交建管函〔2011〕1032号	2011.12.20

续上表

序号	办理事项	批准/核准单位	批文文件名称	批准文号	批文完成办理日期
14	公路工程质量监督手续	广西壮族自治区交通工程质量监督站	关于下达马山至平果高速公路工程质量安全生产监督计划的通知	交质监监督〔2012〕187号	2012.11.26
15	工程建设用地批复	国土资源部	国土资源部关于马山至平果公路工程建设用地的批复	国土资函〔2013〕132号	2013.02.07
16	施工许可	广西壮族自治区交通运输厅	马山至平果高速公路施工许可申请书		2013.04.03

（二）资金筹措

截至2016年6月30日，马平路累计到位资金403540万元，其中：广西新发展交通集团有限公司注入资本金12614万元，车购税资金90700万元，广西交通投资集团有限公司拨入自筹资金48486万元，贷款资金251740万元，累计已支付各类款项369693.01万元，尚余可使用资金33846.99万元，现有资金可以满足目前建设需求。

（三）招投标情况

广西正和高速公路有限公司（以下简称公司）遵循"公开、公平、公正"的原则，委托广西宏冠工程咨询有限公司负责本项目招标技术咨询服务，以招标投标有关法律、法规为依据和准绳开展招标工作，严格执行各项招投标程序，按规定履行报批或核备手续，所有招标项目的招标活动均自觉主动接受上级交通行政主管部门的全过程执法监督和纪律监督。

马平路严格按《中华人民共和国招标投标法》的有关规定完成工程设计、工程施工监理、施工总承包、机电工程施工监理的招投标工作。

1. 设计单位招标

马平路全线分为2个勘察设计合同段，分别由中交通力建设股份有限公司和广西壮族自治区交通规划勘察设计研究院负责本项目的勘察设计任务。

2. 施工总承包招标

马平路采用工程施工总承包模式承建，总承包范围为全线（含联线）的路基工程、桥梁工程、隧道工程、涵洞通道工程、路面工程、交通安全设施、绿化工程、房屋建筑工程、机电工程采购安装等。马平路施工总承包招标公告于2012年5月21日发布，经开标、评标、定标、核备评标报告，广西路桥建设有限公司、陕西省交通规划设计研究院（联合体）中标，项目分别于2012年7月24日正式签订施工总承包合同。

3. 监理单位招标

马平路监理共划分 2 个标段。其中工程施工监理采用一级监理模式，2 个总监办；项目设置 1 个机电总监办，机电工程施工监理采用一级监理模式，与施工监理捆绑同时招投标，采用公开招标资格后审，马平路于 2010 年 10 月 10 日发布招标公告，经开标、评标、定标、核备评标报告，于 2011 年 2 月 19 日正式签订工程施工监理合同。

4. 施工单位的组织

根据马平路总承包合同文件，由总承包单位组织具备资质的施工单位进行项目的施工，并对施工单位进行综合管理。施工总承包单位通过内部招标方式，选择土建、路面、机电、交安、绿化等施工单位，各施工单位均具备从事相应工程施工的施工资质和资格，满足公路建设市场的相关准入规定，所有施工单位的相关资料、合同文件均报监理审核备案后上报项目公司核备。

（四）征地拆迁情况

项目在建设实施中，征地拆迁工作严格执行国家的相关法律、法规，各项用地手续齐全。项目通过统一征地拆迁工作程序、实行征地拆迁补偿资金分账户管理、先结算后支付、补偿资金支付"实名制"、补偿资金银行—银行—存折模式运行。征地拆迁补偿费做到专款专用，足额并及时地兑付给被征地拆迁户。各分指挥部接受项目公司业务部定期或不定期的检查和指导，并主动接受上级主管部门的审计和监督，避免和制止挪用、截留、贪污等违法犯罪现象的发生，保障征地拆迁补偿费资金安全，保护征拆群众的合法权益。

1. 征地拆迁机构

根据《广西壮族自治区人民政府关于印发广西壮族自治区铁路交通基础设施重大建设项目用地征地拆迁工作实施办法的通知》（桂政发〔2010〕52 号）规定，成立征地拆迁分指挥部（征地拆迁协调办公室），代表沿线县（市）、区一级人民政府负责实施高速公路征地拆迁的各项具体工作。

2. 执行标准

为确保高速公路沿线群众的合法权益，马平路项目在征地、拆迁补偿标准上将严格执行《广西壮族自治区实施〈中华人民共和国土地管理法〉办法》《广西壮族自治区人民政府关于印发广西壮族自治区铁路交通基础设施重大建设项目用地征地拆迁工作实施办法的通知》（桂政发〔2010〕52 号）和《广西壮族自治区人民政府办公厅关于实施征地统一年产值标准有关问题的通知》（桂政办发〔2010〕9 号）文件和沿线县（市）、区一级人民政府出台的相关征地文件规定，开展征地、拆迁补偿工作。

3. 征地拆迁工程量

马平路完成征地结算共计 9560 亩；完成房屋拆迁及构造物结算 25074m²，完成房屋拆迁 80 户；坟墓结算 3704 座；电力杆线完成迁改 60km，通信杆线完成迁改 80km；已完成国防光缆迁改工程 0.3km；支付征地拆迁费用 41520.6707 万元。

征地拆迁情况统计表见表 8-47-4。

征地拆迁情况统计表 表 8-47-4

征地拆迁安置起止时间	征用土地（亩）	拆迁房屋（m²）	支付补偿费用（元）	备注
2011.01~2016.11	9560	25074	415206707	

（五）项目实施阶段

马平路项目建设实施阶段性的管理，重点抓好监督，追踪检查和考核，确保"建设优质、高效、低碳、创新高速公路"的项目建设目标得以实现。在进度、质量、安全、投资、信息五个方面，项目公司不定期地进行检查、跟进、发现问题，寻找计划和实际之间的差距，采取相应的行动来协调和纠偏，按时完成阶段性和整体性目标。

1. 进度管理方面

工程进度管理是项目管理的三大控制目标之一，也是三大控制目标中最重要的控制目标。公司通过统筹计划，合理安排，狠抓控制性工程的施工，其中板可隧道、那厘右江特大桥以及几处石方高边坡等均能按公司制定的进度目标全面完成。同时发挥总承包单位总体协调作用，各项工程并行施工，实现人力、机械、设备、材料等资源的综合利用，提高生产效率，有利缩短工期，项目建设得以快速、均衡推进，实现主体工程与附属工程、内业与外业同步交付。

2. 质量管理方面

项目全面推进"标准化、规范化、精细化、人本化"管理工作，公司始终坚持"场站建设标准化和工艺标准化并重"的管理理念，坚定不移，坚持高标准、高要求推进工作。在满足广西壮族自治区交通运输厅标准化施工指南要求的基础上，项目因地制宜分阶段编制了项目分部工程标准化施工指南和作业指导书，为施工单位提供及时指导，有效地提高了项目"四化"管理水平。项目公司先后制定并下发了《马平路工程质量管理办法》《马平路工程进度管理办法》《马平路工程设计变更管理办法》《广西红河、正和高速公路工程质量一次性抽检管理办法》《红河、正和公司安全考核管理办法》《马平路人工挖孔灌注桩施工安全管理办法》《马平路质量管理手册》《马平路安全管理手册》《马平路文明施工管理手册》《路基质量通病防治与治理实施细则》《混凝土质量通病防治与治理实施细则》《马平路床中间交工验收实施细则》《马平路结构物"三背"回填施工指导意见》《全线实行试验检测信息化管理的通知》《开展隧道质量通病防治与治理的通知》《马平路沥青路面"零污染"施工管理办法》《关于印发来宾至马山、马山至平果高速公路沥青路面施工过程质量控制抽样检测办法》《关于印发来宾至马山、马山至平果高速公路项目沥青供应管理办法的通知》《沥青路面面层集料加工标准化及质量控制》《关于印发来宾至马山、马山至平果高速公路沥青路面透层施工指导意见的通知》《安装混合料质量动态监控系统和限速装置》《沥青混合料拌和场标准化建设指南》等各类保证工程质量的指导性文件、各项制度、指南、办法,为工程质量管理工作的开展提供了坚实的制度保障。通过一系列的措施,项目"四化"管理工作取得了良好的效果。

3. 安全管理方面

项目以建设"平安工地"示范项目为核心,按"以人为本、安全优先、持续改进"的安全管理思路,确立了"夯基础、达标准、建示范"的工作步骤,采取规范化、精细化、人本化管理措施,积极开展各项安全生产工作。公司认真落实安全生产责任制,坚持"安全第一、预防为主、综合治理"方针,坚持"管生产,必须管安全,党政同责"的原则,制定一整套完善的安全生产管理制度,加大安全隐患排查力度。项目积极推进工地施工安全标准化建设,认真开展安全生产(月)年、"打非治违""平安交通"、预防起重机和脚手架坍塌事故等系列活动,狠抓安全管理体系运作和现场管理,夯实基础工作,提高综合防范和应急能力,奖优罚劣,全面落实安全教育制度,同时严把安全生产费用计量支付和使用管理关,确保安全生产费用有足够投入和专款专用,并获得了2014年度"平安工地"的称号。

4. 投资控制方面

项目据广西壮族自治区交通运输厅《广西公路工程设计变更管理办法》(桂交基建发〔2010〕第88号)、《广西交通投资集团有限公司公路工程设计变更管理办法》(桂交投发〔2014〕99号),结合马山至平果高速公路工程相关合同文件和工程实际,制定了广西红河(正和)高速公路有限公司工程变更管理办法;并根据相关法律法规编制了《广西红河(正和)高速公路计量支付实施办法》《广西红河(正和)高速公路缺项单价审批制度》,使工程一开始就"有法可依,有规可循"。明确了监理、业主变更计量的权限,例如在现场施工中,根据实际情况采取施工、监理、设计、业主四方共同现场办公,对确定的变更方案签署现场办公纪要,再予办理相关变更手续的方式,既保证工程顺利进展,又使变更手续得到完善。

5. 信息管理方面

在抓好外业的同时,项目推行档案信息化管理,力争在交工验收半年内完成内业资料归档。该系统是具有收录、造表、分类、查询、导入、导出、播放、打印、上传、下载项目文件的工程档案信息化管理软件,各参建单位施工准备、施工过程所形成的文件及时收录到软件,真正实现档案与项目建设同准备、同完成,并参与档案建设的过程。该系统于2012年投入使用,并在使用过程中不断完善,进展顺利。本项目实行档案信息化管理后创造了项目通车9个月后完成档案验收的纪录。

6. 重大变更

马平路 K382+832.871~K386+136.547 段原设计从武鸣县灵马镇三民村漾梧屯村后山坡经过,距离村庄较近,拆迁房屋3562m²。该县灵马镇三民村第15、16组(禄梧屯)村民认为高速公路从其村背通过存在噪声、废气污染,强烈要求将高速公路改从村前经过,项目公司根据现场实际情况,深入现场调查后,为尊重当地群众的意见,制造和谐的路地关系,公司于2012年10月15日向广西壮族自治区交通运输厅提交了《关于调整马山至平果高速公路K382+832~K386+136段设计变更方案的请示》,并于2013年2月27日获得了广西壮族自治区交通运输厅的正式批复。

三、复杂技术工程

马平路项目桥梁工程比例较高,沿线桥梁工程有4254.9延米/63座。设置有空心板简支梁桥、斜腹小箱梁,采用先简支后连续结构、T形梁预制先简支后连续结构、现浇预应力混凝土箱梁、上承式钢筋混凝土箱形拱桥结构5种结构形式。相对技术较为复杂的是马平路项目的K431+361.2那厘右江特大桥。

该桥上部构造左幅共12联:3×30m(T形梁)+4×30m(T形梁)+(45+65+45)m(预应力混凝土箱梁)+4×30.35m(T形梁)+4×45m(T形梁)+4×45m(T形梁)+4×30.38m(T形梁)+3×30.38m(T形梁)+160m(钢筋混凝土箱形拱)+4×30m(T形梁)+4×30m(T形梁)+5×30m(T形梁);右幅共12联:3×30m(T形梁)+4×30m(T形梁)+(45+65+45)m(预应力混凝土箱梁)+4×29.85m(T形梁)+4×45m(T形梁)+4×45m(T形梁)+4×30.12m(T形梁)+3×30.12m(T形梁)+160m(钢筋混凝土箱形拱)+4×30m(T形梁)+4×30m(T形梁)+5×30m(T形梁)。上部结构主桥为160m上承式钢筋混凝土箱形拱桥,矢跨比为1/6.5,单幅横向布置7个箱,行车道采用10m跨径的空心板,单幅横向布置9块板。主拱上第1~4跨空心板梁为第1联,第5~8跨空心板梁为第2联,第9~12跨空心板梁为第3联,第13~16跨空心板梁为第4联,第17~19跨空心板梁为第5联。左幅桥长1654.86m,右幅桥长1644.03m。下部构造主拱29号墩采用扩大基础,30号墩为桩基础;两岸引桥桥墩为柱式墩,扩大基础或桩基础,桥台为埋置式肋形台,明挖扩大基础。该桥依次跨越云桂高速铁路、南昆铁路、平果铝铁路专用线、南宁至百色二级公路以及右江等主要控制点。该桥梁的预制梁板数量多,且不仅跨越铁路及公路次数多,同时还需跨越广西西江黄金航道之一的右江。施工过程中材料运输困难、受制约的客观因素多,必须协调好云桂铁路、南昆铁路、平果铝铁路专用线及航道管理等相关部门关系。

上部结构预制预应力混凝土梁板886片、预制拱箱98段,下部构造共桩基础44根、扩大基础84个、墩柱150个,是马平路项目最长的一座桥,也是整个项目的关键性控制工程之一。该桥施工的重点和难点是主桥施工,其中涉及水中钻孔灌注桩施工、水中大型承台围堰施工、拱箱的预制和安装等。现将有关过程和技术工艺介绍如下。

(一)拱座深基坑施工工艺

大桥29号、30号拱座为大型承台桩基础结构。承台最大尺寸为15m×12m×13m,属宽大基础。施工顺序为:筑岛围堰→桩基施工→承台开挖→钢筋安装→混凝土浇筑。

(二)主拱箱、立柱、盖梁预制工艺

主桥为上承式钢筋混凝土箱形拱桥,主拱箱由7条拱肋拼装而成,每条拱肋分7段进行组拼。拱箱节段采用预制场进行集中预制,有效保证了梁体质量。

弧形地胎采用浆砌片石,顶面设置10cm混凝土,地胎顶面设置6mm厚整体式钢板,两端设置反力墩,用于定位拱箱接头角钢,保证接头精度要求。地胎设置两套共计14条,每条地胎对应相应拱段,相邻地胎接头进行匹配测量。

拱上立柱、盖梁采用预制安装工艺,有效提高了构件质量,降低了施工安全风险,加快了施工进度。依据立柱、盖梁的数量,分别设置6条立柱地胎和4条盖梁地胎,满足进度要求。立柱、盖梁预制工艺流程为:地胎制作→钢筋安装→模板安装→混凝土浇筑→养护存梁。

(三)主扣合一缆索悬臂拼装工艺

主桥采用主扣合一缆索悬臂拼装工艺。缆索吊机采用单索跨布置,主塔、扣塔合一,主地锚与扣地锚分离。起吊点设置在29号墩附近的岸上,预制构件通过设在起吊区域与预制场间的横移小车横移到位。单条拱肋扣挂合龙示例图如图8-47-1所示。

图8-47-1 单条拱肋扣挂合龙示例图

(四)基础施工质量控制

1. 设置止水帷幕

主桥两岸拱座均位于右江岸坡内,采用筑岛围堰的基坑支护办法。为增强围堰的抗渗性能,向堰体中压注水玻璃混合液形成止水帷幕,有效提高了基坑的安全性能,提供了基础施工的有利条件。

2. 降低大体积混凝土水化热

29号、30号拱座混凝土浇筑方量大,控制混凝土的水化热成为保障拱座质量的重点工作。混凝土拌制时,采用低水化热水泥,降低水灰比;浇筑顺序上,采取分层浇筑;施工时间安排上,尽量安排在气温较低的下午至次日上午。在每一层混凝土中,均设置由镀锌薄壁钢管组成的冷却管道系统,混凝土浇筑结束后,向管道进口连续注水,通过管道中水的循环降低混凝土内部的热量。

3. 设置钢筋支架

利用型钢作为拱座大型钢筋工程的劲性骨架,便于钢筋安装定位,保证间距符合要求。同时利用定位骨架的稳定性,对拱箱预埋角钢进行固定,保证了预埋精度。

(五)拱箱、立柱、盖梁预制质量控制

腹板、隔板厚度在8~10cm之间,预制中采用角钢作为模板,模板上开槽兼作钢筋定位架,有效保证了预制件尺寸,钢筋间距和保护层合格率均达到98%以上。

腹板、隔板采用土工布进行覆盖养护,通过管道供水保持土工布处于湿润状态,养护时间不小于7d。全桥腹板共计840块,隔板1078块,合格率100%,优良率达99%。

拱箱地胎上铺设厚度为6mm的整体式钢板,第一次使用前,使用电动砂轮机进行打磨除锈,在干净的钢板表面刷涂模板漆,待漆膜干燥后方投入使用。每次拱箱起模后,亦使用电动砂轮对地胎上的杂物进行清磨,对破损的漆膜进行修补后,方能再次循环使用。

在钢筋安装及检查过程中采用定位架、定位尺进行质量控制,使钢筋安装质量得到有效提高。

底板钢筋安装合格后,进行腹板、隔板的安装。由于腹板隔板的预埋件钢筋插入底板钢筋内时,造成原安装合格的钢筋偏位,不能满足规范要求。经过调整底板钢筋与腹板安装的工序,既保证了腹板、隔板的正确安装,同时确保安装合格的底板钢筋不变形,符合规范要求。

腹板的安装采用亦采用带调平尺的定位架,既保证了安装精度,又提高了安装效率。

拱箱是带有一定幅度的弯梁,模板均采用以折代曲的方式进行拼装,因此在预制过程中,由于模板密封性浇筑混凝土时漏浆,造成混凝土外观缺陷的频率高。针对此问题,除采用常规的塞堵方式外,也采取了以下针对性的措施:

(1)腹板接缝预埋筋处,采用橡胶垫片,外加三角木进行压紧。

(2)现浇腹板外模底部垫好充气的橡胶管以封浆。

(3)拉杆处使用密封垫圈。

通过采取以上措施后,拱箱混凝土外观质量显著提高,得到业内的一致认可。

立柱、盖梁预制采用定位架绑扎钢筋,钢筋间距、保护层合格率均达100%。

(六)拱箱安装质量控制

拱箱安装前,对拱座进行复核,将预埋角钢处的杂物清理干净,保证拱箱准确对位。节段安装就位后,测量员检测节段高程、轴线,粗定位后,安装侧缆风、扣索。通过吊点的起放操作,实现拱箱节段的准确就位;开始张拉扣索,将吊点力转到扣索上,拉紧侧缆风。测量复核无误后,解开吊点,定位完成。

侧缆风调整轴线示例图如图8-47-2所示。

图8-47-2 侧缆风调整轴线示例图

拱箱接头的焊接是保证拱圈结构安全的重要工序,其质量的好坏直接影响结构安全,因此,须严控焊接环节。拱上焊接环境的特点是风大,适用电弧焊。焊条从烘箱处取出后,装入保温桶,按需抽取。焊接前,都施焊部位进行除锈、除湿。焊接过程控制电流、电压,拉专用电源线,保障焊机的电压稳定。及时敲掉焊渣,检查焊缝质量,发现问题及时处理。经检查,全桥接头焊缝合格率达94.8%。

(七)立柱、盖梁安装质量控制

立柱安装采用先栓接后焊接的连接方式。依据高强螺栓规范,直径24mm的螺栓应采取直径26mm的孔,采用相同的定位板进行预制件与预埋件的制作,完全能满足精度要求。

盖梁与立柱的连接采用湿接缝连接,定位钢筋的预埋采用定位架的方式。经过盖梁的安装检验,预埋正确率达100%。

立柱、盖梁的高质量预制,缩短了构件的安装时间,右幅共有16根立柱,仅6d就完成安装任务,盖梁安装达到2d一条的进度,同时安装精度均符合规范要求。

单幅盖梁安装完成全景图如图8-47-3所示。

图8-47-3 单幅盖梁安装完成全景图

(八)安全文明施工情况

从大桥建设的筹备阶段、施工阶段,广西交通投资集团有限公司一直致力于标准化、规范化、集约化、人本化推行,以指导施工。场站建设上,采用标准化的理念进行建设,集备料区、拌和区、加工区、停车区、清洗区、办公区、生活区于一体,布局科学合理。集料分类存放、机械设备集中停放、钢筋加工厂整洁有序,每道工序均挂检验牌。施工出入口附近,悬挂工程概况标牌、风险源标识牌重点施工区域,采用隔离栏杆进行隔离,严禁非施工人员进入。主桥施工均属于高空作业,所有工作面的安全措施与实体施工同步进行。混凝土作业区域铺设彩条布,减少二次污染;高空作业系安全带,对只系不挂的行为进行重点查处,确保工人的安全。经过3年的奋战,那厘右江特大桥现犹如一道漂亮的彩虹,横跨在右江之上。

四、科技创新

为实现将本项目建设成为"四化"管理、融资合作建设项目的典型示范工程的目标,公司以科技科研为依托,全力推进马平路科研课题研究。目前,公司开展的科研项目有:"基于唯一性标识编码与公路数字化档案相关性的应用研究""桥隧铺装关键技术研究""橡胶沥青改性沥青路面",其中"基于唯一性标识编码与公路数字化档案相关性的应用研究"获得国家档案局批准立项,目前已顺利通过了国家档案局鉴定委员会鉴定。

"基于唯一性标识编码与公路数字化档案相关性的应用研究"系统由项目公司组织研发,是具有收录、造表、分类、查询、导入、导出、播放、打印、上传、下载项目文件的工程档案信息化管理软件,各参建单位施工准备、施工过程所形成的文件及时收录到软件,真正实现档案与项目建设同准备、同完成,使全员参与档案建设的过程,实现了质保资料与工程质量互动的良性循环,最大限度地减少资料的回忆录,杜绝资料失真。本系统将项目档案建设参与到整个建设过程,使所归档的材料经受历史的考验,为今后维护、加固、借鉴提供有价值的档案,同时也为广西壮族自治区其他公路档案信息化管理起到促进作用。

项目于2011年年底开始组织开发信息化管理系统,2012年8月系统正式投入使用。课题组先后完成了"基于唯一性标识编码与公路数字化档案相关性的应用研究总报告""唯一性标识编码与公路数字档案相关性的研究""公路数字档案编码词典""公路数字档案管理系统应用研究""云技术在公路数字档案建设的应用研究""唯一性标识编码的分析研究""数字档案管理系统的应用与评价"等研究报告。其中《公路数字化档案唯一性标识编码词典》于2014年12月12日获得广西壮族自治区版权局颁发版权证书;"基于唯一性标识编码与公路数字化档案相关性的应用研究"项目于2015年12月7日通过国家档案局鉴定,荣获2016年国家档案局优秀科技成果奖三等奖。

第四十八节　崇左至靖西高速公路

一、项目概况

（一）基本情况

崇左至靖西高速公路(以下简称崇靖路)位于广西西南部,是《广西高速公路网规划》"横6"——合浦至那坡高速公路的重要组成路段。路线起点与钦州至崇左高速公路相连,终点与靖西至那坡高速公路相接,途经崇左市江州区、大新县、天等县和百色市靖西市。主线全长147.6km,路基宽26m,采用双向四车道标准,设计速度100km/h,同步建设连接线60.7km。初步批复概算总投资为118.5亿元。项目于2013年4月1日开工建设,

2016年5月30日建成通车。

项目公司力争建设一条"质量优良,景观优美,人文和谐,使用者满意"的最美边关风情路。项目对于完善区域主骨架公路网、促进西南地区对外开放和经济发展、加快北部湾经济区开放发展具有重要作用。同时对于加快沿线旅游业的发展、加强战备、巩固国防具有重要意义。

项目主要工程量:路基土石方5474万m^3,沥青混凝土路面上中下三层共计1017万m^2;特大桥456m/1座,大桥10345.09m/34座,中桥4726.44m/74座;隧道22408m/33座;通涵687道;互通式立交10处,分离式立交20处,天桥17处。全线桥隧比22.21%,是目前广西已建高速公路中桥隧比最高的项目之一。全线设互通式立交10处、服务区3处、停车区3处、养护工区3处、匝道收费站9处。

崇靖路总体情况见表8-48-1。

崇靖路总体情况表 表8-48-1

类　　型	编　号	总里程(km)	总投资(亿元)	建设性质	备　注
地方高速公路	S60	147.6	118.5	新建	崇靖路

(二)前期决策情况

崇靖路项目建设的前期决策包含项目可行性研究报告和项目设计阶段。项目从2010年7月开始组建项目建设筹备工作小组,规范了项目建设业主单位的管理行为,从加强对建设过程的监督管理开始,强化项目基础设施建设,维护建设市场秩序,提高工程质量和投资效益。

崇靖路项目建设前期工作质量是加强前期工作的关键,项目建设前期工作分为三个阶段:预可行性研究即项目立项阶段、工程可行性研究阶段、初步设计阶段。贯穿于三阶段的核心重点是设计工作,要提高项目前期工作的质量实质是提高设计质量。同时在建设初期提出了"建设优质、高效、低碳、创新高速公路"的项目建设理念,并严格要求设计单位深入现场,做深做细地质勘察等基础工作,尤其对路线方案的比选,对不良地质的处治等要做深方案,反复比选,科学合理地确定推荐方案。对占用耕地、水土保持、环境保护等工作要予以充分关注。

1. 对设计实行招投标、"工可""初设"建立预审制度

崇靖路项目按照设计招投标有关文件精神,对设计单位实施招标确定了土建路基、路面工程、绿化工程及机电工程设计单位,通过合同相互约束,确定设计周期、设计深度及相应责任。对"工可""初设"建立预审制度,项目建设筹备组工程技术干部、广西壮族自治区交通运输厅公路工程专家组组成评审小组,对"崇靖公路可行性研究、崇靖路两阶段初步设计"全过程进行论证和评估。在调查研究基础上,对比选方案进行技术经济的全面

评估、论证,对推荐方案提出评估意见。

2. 崇靖路项目工程前期工作规划前瞻性

项目建设的前期工作是将规划构想转化为项目实施的关键阶段,崇靖路建设指挥部从规划的全局和远景来把握研究所建设项目,保证项目决策的科学性、系统性和协调性。做好项目前期工作的前提,是制定好既具有前瞻性又具有可操作性的项目建设规划。项目公司在筹备阶段即组织进行了全线的现场踏勘,注重路线的选线方案,对地方材料的选择、软土地基处理、桥涵通道位置的确定等进行了优化。

3. 打造优秀的崇靖路项目建设管理团队,充分发挥各项管理职能

广西交通投资集团有限公司自成立以来,公路工程项目的建设规模越来越大,技术管理也越来越复杂,这对崇靖路项目建设的管理提出许多新的要求。崇靖路项目建设管理机构由参加过高速公路建设的管理经验丰富的人员组成。项目通过创新"项目建设搭班子",由建设一个项目培养一批人才过渡,经过多次成功与失败的考验,最终得到丰富的项目建设管理经验。崇靖路项目管理的做法是:不同专业、不同职能部门的来自各方的成员组成一个团队,项目的管理者同时又是执行者,最后实现建设、运营管养无缝对接。

4. 规范施工招标

施工招投标是公路工程建设市场经济中的一种竞争方式,是双方当事人依法进行的经济活动,通过公平竞争择优确定中标人,能够充分发挥价格杠杆和竞争机制的作用。崇靖路项目认真贯彻执行项目法人负责制、工程招标制、工程监理制、合同管理制度,通过公开招标择优选定各设计单位、监理咨询单位、施工单位。为加强工程招投标管理,崇靖路项目认真做好施工企业的资格后审,施工企业的资格后审工作委托广西交通投资集团有限公司的子公司广西宏冠过程咨询有限公司进行招投标。广西壮族自治区交通运输厅对招标全过程进行监督,开标时由南宁市公证处进行公证,专家评标推荐,最后由业主定标并经公示。招投标行为合法合规。招标进入崇靖路项目的施工单位,都是取得相应公路工程施工资格证书,具有法人资格且信誉良好、素质高的施工企业。崇靖路项目公司的资格预审文件、招标文件均获得广西壮族自治区交通运输厅的备案,招投标各方行为守法规范,均能遵循"公开、公平、公正、诚信"原则。

(三)参建单位主要情况

(1)项目法人单位:广西金石高速公路有限公司。

(2)设计单位:中交第二公路勘察设计研究院有限公司、中国公路工程咨询集团有限公司、广西壮族自治区交通规划勘察设计研究院。

(3)施工单位:崇靖路由湖南路桥建设集团有限责任公司进行施工总承包。

(4)监理单位:全线参建监理单位5家。

(5)质量监督单位:由广西壮族自治区交通工程质量安全监督站代表政府主管部门对本项目进行监督。具体参建设单位见表8-48-2~表8-48-5。

崇靖路参建单位一览表　　　　　　　表8-48-2

参建单位	合同号	单位名称	资质等级	起讫桩号	合同金额（万元）
设计单位	No.1	中交第二公路勘察设计研究院有限公司	工程勘察综合类甲级,工程设计公路行业甲级	K0+000~K53+500（主线:52.41km,金龙连接线:4.70km）	3070
	No.2	中国公路工程咨询集团有限公司	工程勘察综合类甲级,工程设计公路行业甲级	K50+200~K94+487（主线44.29km,大新西连接线4.87km,天等连接线28.79km）	4006
	No.3	广西交通规划勘察设计研究院	工程勘察综合类甲级,工程设计公路行业甲级,建筑行业设计乙级	K94+300~K145+207（主线50.94km,天等连接线18.19km,下雷连接线4.19km）	6490
监理单位	No.Ⅰ	长沙华南土木工程监理有限公司	公路工程监理甲级	K1+219~K44+800（主线43.71km,金龙连接线4.7km）及K1+219~K76+000范围内的房建工程	2611.35
	No.Ⅱ	北京路桥通国际工程咨询有限公司	公路工程监理甲级	K44+800~K76+000（主线34.50km,大新西连接线4.87km）	1850
	No.Ⅲ	广西交科工程监理咨询有限公司	公路工程监理甲级	K76+000~K94+487（主线18.48km和天等至硕龙连接线46.98km）及K94+300~K114+850和下雷连接线的路面、交安及绿化工程	2534.55
	No.Ⅳ	广西八桂工程监理咨询有限公司和江西交通咨询公司（联合体）	公路工程监理甲级	K94+300~K114+850（主线20.56km和下雷连接线4.19km），全线的机电工程	2700
	No.Ⅴ	广西桂通工程咨询有限公司	公路工程监理甲级	K114+850~K145+207（主线30.38km）	2138.4

第八章
高速公路项目建设

崇靖路土建施工单位一览表　　　　表 8-48-3

合同段		单位名称	资质等级	施工里程及内容	合同价（万元）
总承包		湖南路桥建设集团有限责任公司和湖南筑星交通工程有限公司（联合体）	公路工程施工总承包特级/公路交通工程专业承包交通安全设施资质	建设项目全部施工内容（机电除外），项目征地拆迁	915857.8476（建安费：840985.5389；征地拆迁费用：74872.3087）
路基工程	No.1	湖南路桥建设集团有限责任公司	公路工程施工总承包特级	K1+219～K16+900 和金龙连接线的路基、桥涵工程	47688.7639
	No.2	湖南路桥建设集团有限责任公司	公路工程施工总承包特级	K16+900～K44+800 和新和互通路基、桥涵、隧道工程	76131.6992
	No.3	中铁五局集团机械化工程有限责任公司	公路工程施工总承包一级	K44+800～K76+000 和大新西连接线的路基、桥涵、隧道工程	95197.0091
	No.4	中交一公局第四工程有限公司	公路工程施工总承包一级	K76+000～K94+487.175 路基、桥涵、隧道工程	123393.3145
	No.4-1	湖南省通盛工程有限公司	公路工程施工总承包二级	天等至硕龙连接线的路基、桥涵、隧道工程	42026.1337
	No.5	中铁港航局集团第三工程有限公司	公路工程施工总承包一级	K94+300～K103+900 路基、桥涵、隧道工程	61562.6385
路基工程	No.6-1	湖南路桥建设集团有限责任公司	公路工程施工总承包特级	K103+900～K110+600 和下雷连接线的路基、桥涵、隧道工程	50673.5917
	No.6-2	中铁一局集团有限公司	公路工程施工总承包特级	K110+600～K114+850 路基、桥涵、隧道工程	62846.3101
	No.7-1	中铁港航局集团有限公司	公路工程施工总承包一级	K114+850～K125+600 路基、桥涵、隧道工程	74702.6974
	No.7-2	湖南路桥建设集团有限责任公司	公路工程施工总承包特级	K125+600～K145+207 路基、桥涵工程	41802.7686

崇靖路路面、交安、绿化施工单位一览表

表 8-48-4

合同段		单位名称	资质等级	施工里程及内容	合同价（万元）
总承包		湖南路桥建设集团有限责任公司和湖南筑星交通工程有限公司（联合体）	公路工程施工总承包特级/公路交通工程专业承包交通安全设施资质	建设项目全部施工内容（机电除外），项目征地拆迁	915857.8476
路面工程	No.A	湖南湘筑工程有限公司	公路工程施工总承包一级，公路路面工程专业承包一级	K1+219~K44+800 和金龙连接线新和互通的路面工程	34876.8129
	No.B	中铁五局集团机械化工程有限责任公司	公路路面工程专业承包一级	K61+000~K76+000 和大新西连接线的路面工程	21442.2268
	No.C	中交一公局第四工程有限公司	公路工程施工总承包一级，公路路面工程专业承包一级	K76+000~K114+850 和下雷连接线的路面工程	20952.9379
	No.D	中铁港航局集团第三工程有限公司	公路工程施工总承包一级，公路路面工程专业承包三级	K114+850~K145+207 的路面工程	23319.2761
	No.E	湖南省通盛工程有限公司	公路工程施工总承包二级	天等至硕龙连接线的路面工程	18257.6225
路面工程	No.F	江苏瑞桓建设有限公司	公路工程施工总承包一级	K44+800~K61+000 沥青混凝土面层及 K1+219.184~K145+207.205 全线隧道内水泥混凝土面层（含天等连接线和硕龙连接线隧道）工程	7008.2397
交安工程	No.JA1	湖南省湘筑工程有限公司	公路交通工程专业承包交通安全设施分项资质	K1+219.184~K44+800	5131.3468
	No.JA2	湖南筑星交通工程有限公司	公路交通工程专业承包交通安全设施分项资质	K44+800~K76+000（含大新西连接线）	3501.9484
	No.JA3	江苏瑞桓建设有限公司和湖南达陆基交通工程有限公司（联合体）	公路交通工程专业承包交通安全设施资质	K76+000~K145+207.205（含天等、硕龙、下雷连接线）	10997.8918

续上表

合同段	单位名称	资质等级	施工里程及内容	合同价（万元）
房建	No.FJ1 湖南路桥建设集团有限责任公司	房屋建筑工程总承包二级	K1+000～K76+000，负责崇左管理中心、金龙收费站、崇左北收费站、新和服务区、新和收费站、雷平停车区、大新收费站、大新西收费站、大新管理分中心、沿线隧道变电所建筑安装、装饰装修场地及水电工程等的施工	5689.1406
	No.FJ2 中铁港航局集团有限公司	房屋建筑工程总承包一级	施工桩号 K76+000～K145+207.205，负责大新服务区、天等收费站、福新停车区、下雷收费站、通灵收费站、通灵服务区、化峒收费站、化峒停车区、天等连接线龙茗养护站、靖西管理分中心（百色多功能厅）、沿线隧道变电所建筑安装、装饰装修场地及水电工程等的施工	8218.8907
绿化及环境保护	No.LH1 广西绿城园林工程有限公司	城市园林绿化施工二级	K1+219.184～K44+800 绿化及环境保护	2007.5545
	No.LH2 湖南建工园林工程有限公司	城市园林绿化施工二级	K44+800～K76+000 绿化及环境保护	1496.7204
	No.LH3 江苏瑞桓建设有限公司	市政公用工程总承包二级	K76+000～K145+207.205 绿化及环境保护	2060.0031

崇靖路监控、通信、收费综合系统及隧道机电工程施工单位一览表　　表8-48-5

合同段	单位名称	资质等级	施工里程及内容	合同价（万元）
No.JD1	广西交通科学研究院和湖南路桥建设集团有限公司（联合体）	公路交通工程专业承包通信、监控、收费综合系统工程/房屋建筑工程总承包二级	K1+219.184～K145+207.205 全线监控、通信、收费综合系统及隧道机电工程；站区、隧道用电接入地主电网工程及隧道变电所房建工程	44352.7462

二、建设情况

（一）项目准备阶段

1．立项审批

崇靖路前期及建设实施期各项工作均严格执行《中华人民共和国公路法》《中华人民

共和国公司法》《中华人民共和国招标投标法》《中华人民共和国合同法》和交通运输部《公路建设市场管理办法》《公路建设四项制度实施办法》等各项法律、法规。工程的立项、可行性研究、初步设计、施工图设计以及开工前的其他各项有关工作,均已循序进行,逐一报批,手续完备齐全,详见表8-48-6。

崇靖路基本建设程序执行情况表　　　　　　　　　　　　　表8-48-6

序号	文件编号	批文文件名称	发文/审批单位	发文时间
1	桂国土资地灾备〔2009〕383号	地质灾害危险性评估报告备案登记表		2009.10
2	桂国土资预审字〔2010〕5号	关于崇左至靖西高速公路项目用地预审的批复	广西壮族自治区国土资源厅	2010.02.02
3	桂矿资〔2010〕26号	关于崇左至靖西公路建设用地压矿情况的函	广西壮族自治区国土资源厅	2010.02.09
4	选字第450000201000019号	建设项目选址意见书	广西壮族自治区住房和城乡建设厅	2010.06.23
5	桂林函〔2010〕596号	关于同意崇左至靖西公路经过自然保护区的函	广西壮族自治区林业厅	2010.08.30
6	桂水水保函〔2010〕69号	关于崇左至靖西公路水土保持方案的函	广西壮族自治区水利厅	2010.09.18
7	桂建函〔2010〕1103号	关于崇左至靖西高速公路穿越花山国家级风景名胜区线路选线规划意见的函	广西壮族自治区住房和城乡建设厅	2010.09.19
8	桂环管字〔2010〕157号	关于崇左至靖西公路环境影响报告书的批复	广西壮族自治区环境保护厅	2010.12.07
9	桂城函〔2010〕318号	关于崇左至靖西高速公路穿越花山风景名胜区选线问题的函	住房和城乡建设部	2010.12.14
10	桂发改交通〔2011〕73号	广西壮族自治区发展和改革委员会关于崇左至靖西公路可行性研究报告的批复	广西壮族自治区发展和改革委员会	2011.01.25
11	桂林函〔2011〕521号	关于同意崇左至靖西公路通过崇左白头叶猴自然保护区的复函	广西壮族自治区林业厅	2011.05.31
12	桂交水运函〔2011〕622号	关于崇左至靖西高速公路左江特大桥通航净空尺度和技术要求的批复	广西壮族自治区交通运输厅	2011.07.27
13	桂交建管函〔2011〕811号	关于崇左至靖西公路初步设计的批复	广西壮族自治区交通运输厅	2011.10.11
14	桂文函〔2011〕745号	广西壮族自治区文化厅关于崇左至靖西高速公路项目建设用地范围内有关文物处理意见的函	广西壮族自治区文化厅	2011.10.11

续上表

序号	文件编号	批文文件名称	发文/审批单位	发文时间
15	桂国土资函〔2011〕1577号	关于崇左至靖西高速公路建设项目土地复垦方案的函	广西壮族自治区国土资源厅	2011.11.16
16	林资许准〔2012〕178号	使用林地审核同意书	国家林业局	2012.08.07
17	林资许准〔2012〕179号	国家林业局关于批准崇左至靖西公路项目临时占用林地的行政许可决定	国家林业局	2012.08.07
18	桂交安监函〔2013〕240号	广西壮族自治区交通运输厅关于崇左至靖西高速公路工程安全预评价报告审核的意见	广西壮族自治区交通运输厅	2013.04.05
19	桂交监路发〔2013〕73号	广西壮族自治区交通工程质量监督站关于下达崇左至靖西公路工程质量安全生产监督计划的通知	广西壮族自治区交通工程质量监督站	2013.05.31
20	国土资函〔2013〕490号	国土资源部关于崇左至靖西公路项目建设用地的批复	国土资源部	2013.07.12
21	桂交行审〔2013〕132号	广西壮族自治区交通运输厅关于崇左至靖西高速公路两阶段施工图设计的批复	广西壮族自治区交通运输厅	2013.09.05
22		施工许可申请书	广西壮族自治区交通运输厅	2014.03.13

2. 资金筹措

截至2016年10月31日,崇靖路累计到位资金1045704.85万元,其中:荣湘公司注入资本金59254.85万元,车购税资金194400万元,广西交通投资集团有限公司拨入自筹资金93000万元,贷款资金699050万元,累计已支付各类款项1004240.85万元,尚余可使用资金41464万元,现有资金可以满足目前建设需求。

3. 招投标情况

广西金石高速公路有限公司(以下简称公司)遵循"公开、公平、公正"的原则,委托广西宏冠工程咨询有限公司负责本项目招标技术咨询服务,以招标投标有关法律、法规为依据和准绳开展招标工作,严格执行各项招投标程序,按规定履行报批或核备手续,所有招标项目的招标活动均自觉主动接受上级交通行政主管部门的全过程执法监督和纪律监督。

崇靖路严格按《中华人民共和国招标投标法》的有关规定完成工程设计、工程施工监理、施工总承包、机电工程施工监理的招投标工作。

(1)项目勘察设计招标情况。由广西交通投资集团有限公司负责崇左至靖西高速公路工程的勘察设计招标工作,2010年6月11日发布招标公告,2010年7月26日开标,共有15家勘察设计单位参与了投标,经清标、评标,选择了3家勘察设计单位,2010年9月20日发出中标通知书,2010年10月16日与中标单位签订了勘察设计合同及廉政合同。2011年5月3日进行了合同主体变更,签订合同中的业主单位由广西交通投资集团有限公司变更为广西金石高速公路有限公司。中标的勘察设计单位见表8-48-7。

中标勘察设计单位一览表　　　　　表8-48-7

勘察设计单位	合同价（万元）	资质等级	设计内容	路线长度（km）
中交第二公路勘察设计研究院有限公司	3037	工程勘察综合类甲级,工程设计公路行业甲级	主线K0+000~K53+500的路线、路基、路面、桥涵、隧道、路线交叉、交通安全设施等的两阶段勘察设计。含金龙连接线	主线52.41,金龙连接线4.70
中国公路工程咨询集团有限公司	4006	工程勘察综合类甲级,工程设计公路行业甲级	主线K50+200~K94+48的路线、路基、路面、桥涵、隧道、路线交叉、交通安全设施等的两阶段勘察设计。含大新西连接线、天等至黎亮连接线	主线44.29,大新西连接线4.87,天等连接线28.79
广西交通规划勘察设计研究院	6490	工程勘察综合类甲级,工程设计公路行业甲级,建筑行业设计乙级	主线K94+300~K145+207的路线、路基、路面、桥涵、隧道、路线交叉、交通安全设施以及全线的交通工程及沿线设施的两阶段勘察设计。含黎亮至硕龙连接线、下雷连接线	主线50.94,天等连接线18.19,下雷连接线4.19

(2)项目施工监理服务招标情况。项目施工监理服务招标经过广西壮族自治区交通运输厅核备后,于2012年2月20日发布监理招标公告。3月22日组织各投标人参与本项目的监理开标工作。4月5日开始评标,4月9日发布《广西壮族自治区崇左至靖西公路工程施工监理服务招标评标结果公示》,4月19日报评标报告至广西壮族自治区交通运输厅核备,并召开崇靖路监理合同谈判工作会议,5月8日向项目施工监理服务中标单位发布中标通知书,5月19日在南宁召开了施工监理服务合同洽谈会议,6月6日签订了项目施工监理服务合同文件。中标的施工监理服务单位见表8-48-8。

中标监理服务单位一览表　　　　　表8-48-8

合同段	监理单位	合同价（万元）	监理资质	监理里程及内容	路线长度（km）
No.I	长沙华南土木工程监理有限公司	2611.35	公路工程监理甲级	K1+219~K44+800和金龙连接线的路基、路面、桥梁、隧道、交通安全设施工程及K1+219~K76+000范围内的房建工程	主线43.71,金龙连接线4.70

续上表

合同段	监理单位	合同价（万元）	监理资质	监理里程及内容	路线长度（km）
No.Ⅱ	北京路桥通国际工程咨询有限公司	1850.00	公路工程监理甲级	K44+800~K76+000和大新西连接线的路基、路面、桥梁、隧道、交通安全设施工程	主线34.50，大新西连接线4.87
No.Ⅲ	广西交通科学研究院	2534.55	公路工程监理甲级	K76+000~K94+487和天等至硕龙连接线的路基、路面、交叉、桥涵、隧道、交通安全设施等及K94+300~K114+850和下雷连接线的路面、交安及绿化工程	主线18.48，天等至硕龙连接线46.98，下雷连接线4.19
No.Ⅳ	广西八桂工程监理咨询有限公司，江西交通咨询公司	2700.00	公路工程监理甲级	K94+300~K114+850和下雷连接线的路基、交叉、桥涵、隧道、全线的机电工程	主线20.56，下雷连接线4.19
No.Ⅴ	广西桂通工程咨询有限公司	2138.40	公路工程监理甲级	K114+850~K145+207路基、路面、交叉、桥涵、隧道、交通安全设施和K76+000~K145+207房建工程	主线30.38

（3）项目施工总承包招标情况。根据广西交通投资集团有限公司及荣湘公司的融资合同建设合同及补充合同文件约定，项目招标方式采用施工总承包招标，投资控制为建筑安装工程费和土地征用及拆迁补偿费总额，以初步设计概算批复中建筑安装费（不含项目机电工程）和土地征用及拆迁补偿费的总额包干使用，超出部分由施工总承包中标单位承担。如有批复的调整概算，则以批复后的调整概算为准，采用固定总价合同方式进行施工总承包（不含机电工程）招标。根据广西壮族自治区交通运输厅于2012年3月12日关于施工总承包公路项目建设有关问题的答复，没有进行施工总承包招标文件的备案，于2012年6月18日发布《崇左至靖西高速公路工程施工总承包招标公告》。后因广西交通投资集团有限公司与项目合作方荣湘公司融资方面存在分歧，原计划2012年7月16日开标延至11月13日，11月16日发布评标公示，2012年11月29日发中标通知书，2012年12月28日广西金石高速公路有限公司与中标单位湖南路桥建设集团公司签订施工总承包合同。

（4）项目机电工程招标情况。项目机电工程招标文件于2015年12月28日获得广西壮族自治区交通运输厅备案，2016年1月5日颁布机电工程招标公告，共有9家单位参与了投标，2月3日开标并清标，2月4日进行了评标，2月5日发布评标结果公示，2月25

日评标报告获得广西壮族自治区交通运输厅的备案,3月2日发出中标通知书,3月8日进行合同谈判,3月28日与中标单位广西交通科学研究院、湖南路桥建设集团有限责任公司(联合体)签订机电工程施工合同,合同金额为44352.7468万元。

(5)施工单位的组织。根据崇靖路总承包合同文件,由总承包单位组织具备资质的施工单位进行项目的施工,并对施工单位进行综合管理。施工总承包单位通过内部招标方式,选择土建、路面、机电、交安、绿化等施工单位,各施工单位均具备从事相应工程施工的施工资质和资格,满足公路建设市场的相关准入规定,所有施工单位的相关资料、合同文件均报监理审核备案后上报项目公司核备。

4. 征地拆迁情况

项目在建设实施中,征地拆迁工作严格执行国家的相关法律、法规,各项用地手续齐全。项目通过统一征地拆迁工作程序、实行征地拆迁补偿资金分账户管理、先结算后支付、补偿资金支付"实名制"、补偿资金银行—银行—存折模式运行。征地拆迁补偿费做到专款专用,足额并及时地兑付给被征地拆迁户。各分指挥部接受项目公司业务部定期或不定期的检查和指导,并主动接受上级主管部门的审计和监督,避免和制止挪用、截留、贪污等违法犯罪现象的发生,保障征地征地拆迁补偿费资金安全,保护征地拆迁群众的合法权益。

(1)征地拆迁机构。根据《广西壮族自治区人民政府关于印发广西壮族自治区铁路交通基础设施重大建设项目用地征地拆迁工作实施办法的通知》(桂政发〔2010〕52号)规定,成立征地拆迁分指挥部(征地拆迁协调办公室),代表沿线县(市)、区一级人民政府负责实施高速公路征迁的各项具体工作。

(2)执行标准。为确保高速公路沿线群众的合法权益,崇靖路项目在征地、拆迁补偿标准上将严格执行《广西壮族自治区实施〈中华人民共和国土地管理法〉办法》《广西壮族自治区人民政府关于印发广西壮族自治区铁路交通基础设施重大建设项目用地征地拆迁工作实施办法的通知》(桂政发〔2010〕52号)和《广西壮族自治区人民政府办公厅关于实施征地统一年产值标准有关问题的通知》(桂政办发〔2010〕9号)等文件和沿线县(市)、区一级人民政府出台的相关征地文件规定,开展征地、拆迁补偿工作。

(3)征地拆迁工程量。崇靖路完成征地结算共计16256.203亩;完成房屋拆迁及构造物结算6.48万m²;支付征地拆迁费用7.38亿元。具体情况见表8-48-9和表8-48-10。

征地拆迁情况统计表 表8-48-9

征地拆迁安置起止时间	征用土地(亩)	拆迁房屋万(m²)	支付补偿费用亿(元)	备注
2012~2016.11	16256.203	6.48	7.38	

标段划分情况表 表 8-48-10

标 段 号	标段所在地	工程内容及长度	施 工 单 位
崇靖路施工总承包	崇左市江州区、大新县、天等县、百色市靖西市	建设项目主线 147.6km，连接线 60.7km 全部施工内容（机电除外），项目征地拆迁	湖南路桥建设集团有限责任公司
No. JD1	崇左市江州区、大新县、天等县、百色市靖西市	K1+219.184～K145+207.205 全线监控、通信、收费综合系统及隧道机电工程；站区、隧道用电接入地主电网工程及隧道变电所房建工程	广西交通科学研究院和湖南路桥建设集团有限责任公司（联合体）

（二）项目实施阶段

崇靖路项目建设实施阶段性的管理，重点抓好监督，即追踪检查和考核，确保"质量优良，景观优美，人文和谐，使用者满意"的最美边关风情路项目建设目标得以实现。在进度、质量、安全、投资、信息五个方面，项目公司不定期地进行检查、跟进、发现问题，寻找计划和实际之间的差距，采取相应的行动来协调和纠偏，按时完成阶段性和整体性目标。

1. 进度管理方面

工程进度管理是项目管理的三大控制目标之一，也是三大控制目标中最重要的控制目标。崇靖路在通车冲刺阶段通过采取了"五加二""白加黑"、春节坚守施工等一系列非常举措，攻坚克难，努力按广西交通投资集团有限公司通车目标开展各项工作，并于2016年5月30日较工可及初步设计批复提前10个月建成通车。建设过程中，公司通过统筹计划，合理安排，狠抓控制性工程的施工，其中左江特大桥、湖润1号大桥、湖润4号大桥、古龙山大桥、那岭隧道、布孟2号隧道及几处石方高边坡等均能按公司制定的进度目标全面完成。同时发挥总承包单位总体协调作用，各项工程并行施工，实现人力、机械、设备、材料等资源的综合利用，提高生产效率，有利缩短工期，项目建设得以快速、均衡推进。实现主体工程与附属工程、内业与外业同步交付。

2. 质量管理方面

项目全面推进"标准化、规范化、精细化、人本化"管理工作，公司始终坚持"场站建设标准化和工艺标准化并重"的管理理念，坚定不移，坚持高标准、高要求推进工作，在工程质量管理过程中全面贯彻"控制投资、提升品质、创建一流"建设理念；更加注重工程全寿命周期，注重思考和落实质量控制要领，注重"四新"技术的推广和应用；坚持"大质量"管理，即传统质量管理向经营质量管理全面过渡。在满足广西壮族自治区交通运输厅标准化施工指南要求的基础上，项目因地制宜分阶段编制了项目分部工程标准化施工指南和作业指导书，为施工单位提供及时指导，有效地提高了项目"四化"管理水平。项目公司先后制定并下发了《崇靖路工程质量管理办法》《崇靖路工程进度管理办法》《崇靖路工程设计变更管理办法》《广西金石高速公路有限公司工程质量一次性抽检管理办法》《广西金石高速公路有限公司安全考核管理办法》《崇靖路人工挖孔灌注桩施工安全管理办法》《崇靖路质量管理手册》《崇靖路安全管理手册》《崇靖路文明施工管理手册》《路基质量通病防治与治理实施细则》《混凝土质量通病防治与治理实施细则》《崇靖路床中间交工验收实施细则》《崇靖路结构物"三背"回填施工指导意见》《全线实行试验检测信息化管理的通知》《开展隧道质量通病防治与治理的通知》《崇靖路沥青路面"零污染"施工管理办法》《关于印发崇左至靖西高速公路沥青路面施工过程质量控制抽样检测办法》《关于印发崇左至靖西高速公路项目沥青供应管理办法的通知》《沥青路面面层集料加工标准化及质量控制》《关于印发崇左至靖西高速公路沥青路面透层施工指导意见的通知》《安装混合料质量动态监控系统和限速装置》《沥青混合料拌和场标准化建设指南》等各类保证工程质量的指导性文件、各项制度、指南、办法，为工程质量管理工作的开展提供了坚实的制度保障。通过一系列的措施，项目"四化"管理工作取得了良好的效果。

3. 安全管理方面

项目以建设"平安工地"示范项目为核心，按"以人为本、安全优先、持续改进"的安全管理思路，确立了"夯基础、达标准、建示范"的工作步骤，采取规范化、精细化、人本化管理措施，积极开展各项安全生产工作。公司认真落实安全生产责任制，坚持"安全第一、预防为主、综合治理"的方针，坚持"管生产，必须管安全，党政同责"的原则，制定一整套完善的安全生产管理制度，加大安全隐患排查力度。项目积极推进工地施工安全标准化建设，认真开展安全生产（月）年、"打非治违""平安交通"、预防起重机和脚手架坍塌事故等系列活动，狠抓安全管理体系运作和现场管理，夯实基础工作，提高综合防范和应急能力，奖优罚劣，全面落实安全教育制度，同时严把安全生产费用计量支付和使用管理关，确保安全生产费用有足够投入和专款专用，并分别获得了2014年、2015年度广西壮族自治区"平安工地示范项目"称号。

4. 投资控制方面

项目据广西壮族自治区交通运输厅《广西公路工程设计变更管理办法》（桂交基建发〔2010〕第88号）、《广西交通投资集团有限公司公路工程设计变更管理办法》（桂交投发〔2014〕99号），结合崇靖路工程相关合同文件和工程实际，制定了广西金石高速公路有限公司工程变更管理办法；并根据相关法律法规编制了《广西金石高速公路计量支付实施办法》《广西金石高速公路缺项单价审批制度》，使工程一开始就"有法可依，有规可循"。明确了监理、业主变更计量的权限，例如在现场施工中，根据实际情况采取施工、监理、设计、业主四方共同现场办公，对确定的变更方案签署现场办公纪要，再予办理相关变更手续的方式,既保证了工程顺利进展,又使变更手续得到完善。

三、复杂技术工程

(一)左江特大桥

左江特大桥位于广西崇左市太平镇,跨越左江干流,南岸崇左端属大村三北屯,北岸靖西端属公益村婆利屯。桥址区属构造剥蚀丘陵区河谷地貌,桥址跨越左江干流,河谷宽约350m,深约30m,两岸地形较平坦,多为耕地,以种植甘蔗为主。

根据地质调绘及钻孔资料,桥址区覆盖层为第四系残坡积成因的黏土和冲洪积成因的卵石,基岩为三叠系下统马脚岭组的灰岩。

桥址区在大地构造位置上,属华南板块之南华活动带的右江海潮,东南以凭祥—南宁为界,为大陆边缘裂谷盆地的一部分,地质演化过程独特。区域地质构造特征:以黑水河断层为界,北部地区的硕龙—全茗以东为凹陷区,分布中泥盆系—下三叠系碳酸岩岩系,岩层平缓,褶皱发育差而以北东向断裂为主,北西向断裂次之;硕龙—全茗以西为凸起区,分布基底寒武系和盖层泥盆系—下二叠系岩层,北东向褶皱、断裂强烈发育,并有地层倒转现象,有零星或小片的火山岩侵入;黑水河断层及以南地区则以北西向压扭性断裂占主导地位,断层延伸数十至百余公里,并错断北东向断层。

据区域地质资料,桥址区崇左端附近发育 F3 逆断层,走向北东,倾向南东,长度约10km,与线路交于 K11+884 处,线路区被第四系覆盖。该断层近期无活动迹象,属非活动断层。

地质调查及钻探资料表明,桥位区地形较平缓,不存在滑坡、崩塌等不良地质现象。桥位区不良地质主要为岩溶,下伏基岩为三叠系下统马脚岭组灰岩,岩溶中等发育—强发育。

根据室内土的物理力学性质试验成果,场地内第四系残坡积黏土属广西 B 类 B1 亚类膨胀土。

左江特大桥合龙段施工图如图 8-48-1 所示。

本桥位于整体式路基段,平面位于直线上,纵面位于 $R-16000m$ 的凸竖曲线上。左右幅桥的起终点桩号分别为 K12+089.182 和 K12+545.182,孔径布置为 $2\times20m+(85+160+85)m+4\times20m$,桥全长 456m。其中主桥 85m+160m+85m 采用变截面预应力混凝土连续刚构箱梁,两岸引桥采用预应力混凝土小箱梁,先简支后连续。左右幅桥均分为三联,主桥一联,两岸引桥各一联。下部构造:左右幅桥 3、4 号主墩采用双肢实体薄壁墩配桩基础,引桥桥墩采用双柱墩配桩基础、扩大基础,桥台采用肋板台配桩基础。

图 8-48-1 左江特大桥合龙段施工图

(二)古龙山大桥

古龙山大桥位于百色市靖西市湖润镇新灵村新桥屯。桥梁起点崇左端位于山体鞍部,跨越古龙山漂流景区地下暗河,终点靖西端位于半山腰,与新灵隧道进口相接。桥位区地处云贵高原台地东南边缘,属低山峡谷地貌。崇左侧桥台位于山坡近山顶地段,地形较陡峭,植被发育,以乔木为主。靖西侧桥台位于山体中上近山巅部位,地势较陡,植被较发育,以灌木为主。桥梁跨越古龙山地下暗河,地势较平缓,主墩右侧为其入口,地下暗河于两主墩之间地下流过。

桥位区地层主要由第四系植物层、第四系残坡积层和石炭系下统地层、泥盆系中统东岗岭组地层组成。

据本次地质调查及钻孔资料显示,桥位区地质构造发育,受区域构造影响较大,次级断裂构造发育。根据区域地质资料及调查、钻探资料显示,桥位区有两条断层穿过。其中F1断层(湖润至黑水河横断层次级支断裂)在K115+560附近与大桥斜交通过,受F1断层影响,大桥主跨部位岩溶发育,古龙山地下暗河基本沿断层发育,暗河内可见断层破碎带,带宽5~10m。

本桥位地表水体主要为古龙山地下暗河及地表小河流水。古龙山峡谷内沟宽10~20m,沟内水量及流速受大气降水直接控制,暴雨时水量大,旱季干涸,勘察期间为枯水季节,峡谷内地表水水深0.5~2.0m。地表小河流落差大,流速快,在平坦处冲刷出深潭,面积约200m^2,水深3~5m,水量及流速受大气降水直接控制,暴雨时水量大,旱季干涸。

根据地质调查,桥位区地表岩石溶蚀较发育,主要表现为溶沟、溶槽、石芽、石笋、落水洞、地下暗河等。根据钻探资料反映,桥位区灰岩岩溶较发育,其形态主要以溶洞(槽)、溶蚀裂隙为主,洞内一般有碎石、泥质、角砾、砂充填,少量无充填。

根据地质调查,桥位区古龙山地下暗河宽 10~20m,其大致走向为 160°~220°,大致沿区域性断层支断层 F1 展布,在 K115+580m 附近通过,地下暗河顶底板埋深分别约为 85m 和 130m,暗河走向 215°左右,洞宽 8~12m,洞高 5~10m,水深约 1m,水面高程 235m,上层有溶洞,洞高约 30m,局部与地面河流相通。

本桥平面位于直线、缓和曲线($A=402.492m$)和圆曲线($R=900m$)上,纵断面纵坡为 2.350% 和 2.9%,变坡点桩号为 K115+650。

主桥桥跨布置为 65m+3×120m+65m,主桥长 490m,采用五跨预应力混凝土连续刚构箱梁,主桥桥墩为双肢薄壁空心墩,交界墩为变截面矩形空心薄壁墩,主墩及交界墩基础均为桩基承台。

左幅桥崇左侧引桥为 6×40m 先简支后连续预应力混凝土 T 形梁(后张),靖西侧引桥为 5×40m 先简支后连续预应力混凝土 T 形梁(后张),左幅桥全长 930m。

右幅桥崇左侧引桥为 7×40m 先简支后连续预应力混凝土 T 形梁(后张),靖西侧引桥为 5×40m 先简支后连续预应力混凝土 T 形梁(后张),右幅桥全长 970m。

引桥桥墩采用矩形实心墩、薄壁空心墩,基础均为桩基承台。崇左侧桥台为重力式台配承台桩基础,靖西侧桥台为重力式台配扩大基础。

(三)那岭隧道

那岭隧道进口位于广西天等县福新乡伏昌屯北西侧约 400m,出口位于广西天等县福新乡那岭屯东南侧约 100m,隧道走向 320°~273°,穿越丘陵及灰岩山体。本隧道为分离式长隧道,隧道右线 K91+675~K94+298,长 2623m,左线 ZK91+666~ZK94+263,长 2597m。

隧道进口距简易村道约 300m,出口有简易村道通行,交通较为方便,隧道进口需要修筑较长的施工便道。隧道进、出洞口均位于山体坡脚,隧道进出口各设置 1 处施工场地。

本隧道在 K92+185、K92+985 以及 K93+785 处设置 3 条车行横洞;分别在 K91+930、K92+460、K92+710、K93+260、K93+510 处以及 K94+042 处共设置 6 条人行横洞。车行横洞为隧道轴线左偏 60°,人行横洞与隧道轴线垂直,紧急停车带和车行横洞相对应布置。

1. 地形地貌

隧道区属丘陵及峰林地貌,地面线呈波状起伏。隧道进口至 K93+400 处、K94+080 至隧道出口段穿越丘陵,K93+400~K94+080 段穿越峰林山体。丘陵段以林地、旱地为主,局部地段为农田;峰林山体陡峭,最高处高程约为 796.20m。隧道进、出洞口均位于丘陵坡脚,自然斜坡坡角 20°~30°。

2. 地层岩性

根据工程地质调查,隧道进口至 K93+400 处、K94+080 至隧道出口段下伏基岩为泥盆系下统(D1)泥岩夹粉砂岩、页岩,其浅表为风化残积(Qel)黏土;K93+400~K94+080 段基岩为泥盆系下统(D1)石灰岩,山体下段部分地段被第四系残积(Qel)块石夹黏土覆盖。

3. 地质构造

根据现场地质调查及钻探揭露,接触带石灰岩与页岩呈平行不整合接触,该断层属老断层,隧道区其他地段未发现活动性断裂构造。隧道进口端岩层产状为280°∠20°,在隧道中段 K93+400 附近岩层产状为307°∠20°,出口端岩层产状为245°∠25°。岩石节理裂隙较发育,在隧道出口附近较发育的节理裂隙产状分别为:①155°∠39°(6 条/m);②145°∠76°(6 条/m);③50°∠64°(4 条/m);④135°∠80°(3 条/m)。岩石节理裂隙虽较发育,但规模短小,分布不规则,隙宽一般为 1~4mm,泥岩及页岩裂隙中有泥质充填,石灰岩裂隙中有白色方解石脉充填胶结。

4. 水文地质

隧道区地表水不发育,主要的地表水体为丘陵沟谷地带的小水沟及低洼处的鱼塘,勘察期间小水沟水量较小,鱼塘面积在 1~3 亩之间。

勘察期间勘探孔的深度内未揭露到地下水。雨季时,基岩裂隙水主要赋存于石灰岩、粉砂岩、泥岩及页岩的风化、构造裂隙中,受大气降水补给。

根据在丘陵沟谷地带的小水沟采取的水样分析检测结果,按《公路工程地质勘察规范》(JTG C20—2011)判定,地表水对混凝土结构无腐蚀。

隧道区内地下水主要接受大气降水补给,本阶段采用降雨入渗法对隧道的涌水量进行粗略估算后可以看出隧道区地下水不丰富。但断层接触带可能有点滴状渗水,且围岩为石灰岩段可能岩溶较发育,可能存在管状涌水通道,应注意防范。

5. 不良地质

根据现场地质调查及钻探揭露,隧道区丘陵地段及石灰岩山体段斜坡未发现滑坡、崩塌等不良地质现象;峰林石灰岩段钻孔勘探深度范围内的岩溶形态主要以溶孔、溶蚀裂隙为主,未揭露到大的溶蚀洞穴,但附近山体上可见到岩洞,岩溶对隧道围岩稳定性有影响。

6. 隧道洞身围岩稳定性分析

隧道洞身围岩主要为石灰岩,围岩级别为Ⅲ~Ⅳ级(可能存在低级别围岩),岩体为较破碎—较完整,岩层呈单斜状,围岩自身稳定性较好。隧道施工开挖局部裂隙发育地段可能出现松动掉块现象;钻孔内的岩溶形态主要以石灰岩浅表的溶孔、溶蚀裂隙为主,但隧道进、出洞口及附近石灰岩山体上可见小型岩洞,隧道区岩溶较发育,岩溶对围岩的稳定性有影响,应注意防范。

(四)布孟2号隧道

ZBK101+270/YBK101+300布孟2号隧道起点位于崇左市大新县下雷镇吉门村布给屯西南侧约300m,终点位于崇左市大新县下雷镇吉门村布江屯西北侧约500m处,隧道走向约为273°。设计隧道为分离式长隧道,隧道左线起止桩号ZBK100+085~ZBK102+465,设计长度为2380.00m,隧道右线起止桩号为YBK100+105~YBK102+495,设计长度为2390.00m,左线进、出口隧道路面设计高程分别为508.404m、445.966m,右线进、出口隧道路面设计高程分别为507.835m、445.098m,左线最大埋深约263.43m,右线最大埋深约225.89m。

1. 地形地貌

隧道区属低山剥蚀丘陵及低山岩溶峰丛洼(谷)地地貌,地形起伏较大,山体连绵起伏。隧道穿越连绵山体,谷地和山顶高程分别为417.0m、757.0m,相对高差约340m,山体较陡,山体中部分布有溶蚀洼地,隧道洞身埋深均较深,一般为150~200m,最大埋深约265m。进口段山体斜坡自然坡角为37°~41°,出洞口段山体斜坡自然坡角为55°~68°。隧道区除进口端有薄层第四系残坡积层外,基岩多裸露,地表植被不发育,主要为灌木等。在隧道出口端西侧约100m处有一正施工中的引水隧洞,引水隧洞走向约28°,该隧洞的高程约位于隧道出口端路基设计高程之下28~30m。

2. 地层岩性

根据工程地质调绘,场地多为基岩出露,局部处覆盖薄层第四系残坡积层(Q4el+dl),基岩为泥盆系中统东岗岭阶(D2d)灰岩。

3. 地质构造

根据地质调查及区域地质资料显示,隧道区无构造断裂带分布,区域地质稳定。隧道区局部节理裂隙发育,岩体破碎。隧址区内岩体按结构面发育程度可分为5组,其中J1为区内岩层产状,J2~J5为区内最为发育的4组主控裂隙,裂隙特征详见表8-48-11。

隧道区节理裂隙特征一览表　　　　　　表8-48-11

组别	产状	地质特征
J1	227°~245°∠19°~29°	该组为区内灰岩层面,层面较为平直,多呈微闭状,部分闭合状,无充填,层面线密度为2~4条/m
J2	215°~225°∠80°~85°	该组节理贯通性较差,多闭合,裂隙面较平直粗糙,无充填,裂隙线密度为3~4条/m

续上表

组别	产状	地质特征
J3	130°~140°∠65°~75°	该组节理贯通性较差,多闭合,裂隙面较平直粗糙,无充填,裂隙线密度为2~4条/m
J4	60°~70°∠70°~80°	该组节理贯通性较差,多微闭合,裂隙面较平直粗糙,无充填,裂隙线密度为3~4条/m
J5	300°~320°∠35°~45°	该组节理贯通性较差,多呈微闭状,裂隙面较平直粗糙,无充填,裂隙线密度为2~3条/m

4. 不良地质

隧址区浅层溶洞、地表落水洞及岩溶洼地等不良地质作用较发育。

5. 水文地质

(1)地表水。勘察区内地表水不发育,勘察期间未见地表水。

(2)地下水。勘察区地下水主要为第四系孔隙水和基岩裂隙水。勘察期间仅钻孔 ZK1 测得地下水位,水位最深约 10.0m。孔隙水主要赋存于第四系覆盖层中,接受大气降水补给,水量较小。基岩裂隙水主要赋存于泥盆系中统东岗岭组灰岩的风化、构造裂隙及岩溶裂隙中,主要接受大气降水及附近山体地表水补给。根据现场地质调查,结合在建引水隧洞的地下水位情况,隧址区地下水多被疏导至地下暗河中。

(3)环境水对混凝土的腐蚀性。为评价环境水对混凝土的腐蚀性,采取隧道区溶洞暗河水一组,试验结果为:Cl^- 含量为 84.94mg/L,SO_4^{2-} 含量为 144.09mg/L,侵蚀性 CO_2 含量为 11.0mg/L,pH 值为 8.38,根据《公路工程地质勘察规范》(JTG C20—2011),隧道区环境水对混凝土无腐蚀;根据《岩土工程勘察规范》(GB 50021—2001),隧道区环境水对钢筋混凝土结构中的钢筋无腐蚀性。

6. 隧道岩土工程地质特征及围岩分级

(1)隧道围岩工程地质特征。隧道所穿越山体主要为泥盆系中统东岗岭阶(D2d)灰岩,隧道进出口段主要由中—微风化灰岩,其中进口端表层覆盖薄层粉质黏土,岩质较硬,结构面较发育,中厚层状构造,岩体较破碎—较完整;洞身段主要为微风化灰岩,上部为中风化灰岩,岩质较坚硬,局部裂隙较发育,多呈闭合状态,岩体较完整,局部较破碎,力学强度较高,抗风化能力强,工程地质稳定性较好。

(2)隧道围岩分级。隧道围岩分级标准按照《公路隧道设计规范》(JTG D70—2004)中的围岩分级进行。依据岩石的坚硬程度和岩体完整程度两个基本因素的定性特征和定量的岩体基本质量指标 BQ 进行初步分级;详细定级时,则按修正后的岩体基本质量指标[BQ],结合岩体的定性特征综合评判、确定围岩的详细分级。

四、科技创新

(一)大吨位压路机在填石路基中的运用技术

目前,在高速公路施工中一般采用20t或22t的压路机对填石路基进行碾压,但由于受功率的限制,往往需要将石料进行多次解小施工,且现有的羊足碾更多的是起到挤密的作用,对稍大一点的石块,其破碎和挤密效果均不佳。羊足碾施工后,需要用强夯法或冲击法进行补强碾压,对单价、转场、施工场地、现场操作要求较高,存在补强效率低、横向挤压变形大、密实度不均匀、施工工艺复杂等缺点,在实际施工中的应用和推广遇到了较大阻力。针对上述情况,崇靖路引进了中大YZ32K振动羊足碾作为填石路基压实机械。在试点成功的基础上,做出了在全线各分部推广使用的要求,取得了良好的效果。

1. 机械介绍及工艺组合

YZ32K振动羊足碾自重32t;最大作用力(激振力+前轮主力)81t(前轮荷载21t,后轮荷载110t)。

使用YZ32K振动羊足碾时,需配备的机械组合为:布料、整平用1台推土机,现场解小较大石块用1台炮机,碾压用中大YZ32K羊足碾1台,复压用平地机1台及22t光轮压路机1台。

压实工艺的最佳组合为:碾压用中大YZ32K羊足碾1台碾压4遍,用平地机整平,最后用22t光轮压路机振压2遍。碾压速度为3~4km/h,亦即满足≤4km/h的要求时,所碾压的压实效果最佳,4遍强振便已满足规范以及设计要求。

2. 大吨位填石压路机的使用成效

大吨位填石压路机用于石方路基施工时,其显著的成效主要表现在以下两方面:

一是新填筑层压实质量明显提高。金石公司在石方路基施工试验中选取了一段800m的填石路基,该段路基已填筑高5.5m。该层松铺厚度为50cm,每20米断面补点8个,每压实1遍后用平地机刮平测量沉降差。通过测量每遍强振前后的数据,该试验段平均沉降差数据统计见表8-48-12。

试验段平均沉降差数据表 表8-48-12

序号	压实遍数	沉降差平均值(mm)	序号	压实遍数	沉降差平均值(mm)
1	强振1遍后	47	3	强振3遍后	10
2	强振2遍后	28	4	强振4遍后	5

二是破碎效果明显,有效解决了填石路基粒径难控制问题。中大32t羊足碾激振力可达81t,梅花形凸块布置减少了2/5表面积,凸块激振力可达133t。石块抗压强度一般为80~100MPa,压实行进中,凸块与石块单点接触面积不会超过100cm^2,压强可达到

133MPa,从而起到破碎石块效果。在800m的新填筑路基试验段中,指挥部特意布置了100m²的大粒径石块(个别平铺直径达到80cm),以试验该压路机的破碎效果。压实中,第1、2遍主要起到嵌紧作用,第3、4遍主要起到破碎密实作用,可达到再上平地机刮平,光轮压路机收光的效果,破碎作用显著,良好地解决了填石层厚、粒径难控制的质量通病。

路基平整压实经济效果评估对比表见表8-48-13。

路基平整压实经济效果评估对比表　　　　表8-48-13

施工机械		YZ32D压路机施工		普通压路机施工		备 注
		数量(台班)	费用(元)	数量(台班)	费用(元)	
羊足碾	租金	1	2400	1	900	现场反馈的实际情况表明:各施工单位更愿意使用大吨位压路机用于石方路基施工。因为它施工速度提升明显,施工的破碎、挤密、压实质量更有保障
	使用费用(燃油、保养)	1	1750	1	850	
压路机	租金	1	650	1	650	
	使用费用(燃油、保养)	1	600	1	600	
炮机	租金	1	1000	2	2000	
	使用费用(燃油、保养)	1	1330	2	2660	
推土机	租金	1	1000	1	1000	
	使用费用(燃油、保养)	1	1330	1	1330	
平地机	租金及使用费用	0.25	400			
小计			10460		9990	
平整压实施工方量		150m(长)×32m(宽)×0.5(高)=2400m³				
平整压实机械成本		4.36元/m³		4.16元/m³		

3. 大吨位石方压路机的经济效益对比

指挥部选取了两个工作面,对采用YZ32D压路机机械组合与普通羊足碾机械组合压实成本进行了成本经济对比,在同厚度填石压实中,使用大吨位压路机施工仅比使用普通的石方路基压实机械投入的成本多4.7%,成本相差无几。

4. 大吨位石方压路机优势总结

经金石公司组织各参建单位综合分析,以大吨位压路机大厚度压实试验路的结果显示:不管是常规碾压还是补强压实,压实质量都符合规范要求,且有显著提高。金石公司认为,采用大吨位、超大激振力的自行式压路机对填石路基进行碾压有以下优点:

(1)有效压实厚度可以达到0.6~0.7m,石块破碎效果显著,可有效解决填石层厚、粒径难控制的质量通病。

(2)压实效率较高,经济成本增加不多,可提高施工质量,加快施工进度。

(3)相对于强夯和冲击压实施工,大吨位压路机的施工工艺简单,可往返作业、定位压实,速度可控,密实度均匀,无盲区、弱区,便于在公路建设中大面积推广使用。

(二)高大桥墩自动爬模系统应用技术

1. 自动爬模系统介绍

液压自爬模的动力来源是本身自带的液压顶升系统,通过液压系统可使模板架体与导轨间形成互爬,从而使液压自爬模稳步向上爬升。液压自爬模在施工过程中无需其他起重设备,操作方便,爬升速度快,安全系数高,是高耸建筑物施工时的首选模板体系。

自动爬模系统的组成结构如下:

模板系统:木梁胶合板体系,由面板、木梁、背楞和连接件等组成。

埋件系统:主要由埋件板、高强螺杆、受力螺栓、爬锥等组成。

支架系统:主要由受力三脚架、上部支架、调节系统、导轨、平台等组成。

液压系统:主要由泵站、油缸、上下换向装置、胶管等组成。

其组成部件由模板结构、埋件系统、主背楞、主背楞斜撑、三脚架斜撑、吊平台、平台立杆、桁架加高节、液压油缸、导轨、导轨尾撑、后移装置12个部件组成。

在一次爬升循环中需要完成前一模混凝土浇筑、后移模板、提升导轨、提升支架、合模浇筑混凝土5个步骤。

2. 液压自爬模体系优点

(1)操作方便,安全性高,可节省大量工时和材料。一般情况下爬模架一次组装后,一直到顶不落地,节省了施工场地,减少了模板(特别是面板)的碰伤损毁。

(2)液压爬升过程平稳、同步、安全。

(3)提供全方位的操作平台,施工单位不必为重新搭设操作平台而浪费材料和劳动力。

(4)结构施工误差小,纠偏简单,施工误差可逐层消除。

(5)爬升速度快,可以提高工程施工速度。

(6)模板自爬,原地清理,大大降低塔吊的吊次。

以古龙山大桥为例:古龙山主桥桥跨布置为 65m + 3 × 120m + 65m,长 490m,左幅桥全长 930m,右幅桥全长 970m。大桥主墩最高为 107m。在该桥的施工中,指挥部引入了自动爬模系统,在质量、安全、进度等方面取得了良好效果。具体对比项详见表 8-48-14。

古龙山大桥翻模与爬模工艺对比分析表　　　　表 8-48-14

对 比 项	翻 模	爬 模
模板成本	投入16套翻模,综合成本384万元	投入16套爬模,综合成本588万元
工期	最高墩107m,工期8个月	最高墩107m,工期5个月

续上表

对 比 项	翻 模	爬 模
安全风险	翻装次数多,模板体积重,吊装风险大,高空、立体交叉作业,安全风险高	自带液压系统爬升,进口木模板便捷轻快,速度快,无需塔吊提升模板,高空系统平台作业,安全有保障
工艺质量	传统工艺,从以往施工经验看,外观质量不佳	先进工艺,外观质量稳定,代表高墩施工先进水平

第四十九节 岑溪至水汶高速公路

一、项目概况

广西岑溪至水汶高速公路(以下简称岑水路)位于广西岑溪市境内,是广西高速公路网规划中的纵1"龙胜(思陇)至岑溪(水汶)"的组成路段,是《国家高速公路网规划》第七纵包头至茂名高速公路的重要路段,同时也是交通运输部提出的《泛珠江三角洲区域合作公路水路交通基础设施规划纲要》中"十射、六纵、五横、六条国际通道及三个环线"中的第三纵达州至茂名的组成部分。

岑水路起于岑溪市思孟村附近,与筋竹至岑溪高速公路相接,路线经岑城镇、大隆镇、水汶镇,止于两广交界的陈金顶。项目批复概算24.42亿元人民币。岑溪至水汶高速公路是广西又一条连接广东的出海高速公路,项目使用大批新技术、新工艺,是一条优质平安、绿色生态、经济耐久、舒适现代的精品之路。项目建成通车,对完善广西高速公路网结构,提高国家高速公路网的服务水平,构建广西、湖南、贵州与广东、海南及东盟的联系通道,促进广西以及沿线当地的经济社会发展,加快构建"两区一带"区域协调发展新格局,实现泛珠三角区经济建设的最终目标——区域经济一体化具有重要意义。

(一)前期决策情况

2009年4月,国土资源部同意通过岑溪至水汶(粤桂界)高速公路建设用地预审。要求在初步设计阶段,应进一步优化设计方案,按照工程项目建设用地指标的规定,从严控制建设用地规模,节约和集约用地。

2009年12月,为贯彻落实国家西部大开发战略部署,完善国家和广西壮族自治区高速公路网,发挥高速公路的整体效益,改善区域交通条件,促进沿线地区资源开发和经济社会协调发展,国家发展和改革委员会同意建设岑溪至水汶(桂粤界)公路。路线起自岑溪市思孟村,接在建的筋竹(粤桂界)至岑溪高速公路,经大隆、水汶,止于陈金顶(桂粤界),接拟建的包茂国家高速公路广东境段,全长约30km,概算投资22.42亿元。

2010年4月,交通运输部对岑溪至水汶(桂粤界)公路初步设计进行批复。

(二)参建单位主要情况

(1)项目法人单位:广西信达高速公路有限公司。

(2)设计单位:本项目只有1家设计单位,即广西壮族自治区交通规划勘察设计研究院。

(3)施工单位:全线参建单位16家,其中土建路基工程3个合同段,路面工程1个合同段,机电工程2个合同段。

(4)监理单位:全线监理参建单位1家。

(5)质量监督单位:由广西壮族自治区交通工程质量安全监督站代表政府主管部门对本项目进行监督。

二、建设情况

(一)项目准备阶段

1. 立项审批

项目由具有独立法人资格的广西信达高速公路有限公司负责建设管理,本项目工程建设严格依据国家法律法规和标准、规范、规程执行,严格执行国家的基本建设程序,从工程的立项、可行性研究、初步设计、施工图设计以及开工前的其他各项有关工作,均遵照国家基本建设程序及公路工程建设市场管理的有关规定,严格按要求分步骤逐一报批,循序进行,国家基本建设程序审批手续齐全、完善。详情见表8-49-1。

岑水路基本建设程序执行情况表　　　表8-49-1

序号	建设程序	批准单位	批复日期	文件编号	文件题名	备注
1	压矿情况	广西壮族自治区国土资源厅	2008.01.21	桂矿资〔2008〕9号	关于岑溪至水汶公路建设用地压矿情况的函	
2	地灾备案	广西壮族自治区国土资源厅	2008.01.30	桂国土资地灾备〔2008〕028号	地质灾害危险性评估报告备案登记表	
3	水保	国家水利部	2008.07.22	水保函〔2008〕196号	关于岑溪至水汶(粤桂界)公路水土保持方案的复函	
4	建设用地预审	国土资源部	2009.04.08	国土资预审字〔2009〕160号	关于岑溪至水汶(粤桂界)高速公路建设用地预审意见的复函	

续上表

序号	建设程序	批准单位	批复日期	文件编号	文件题名	备注
5	可行性研究	国家发展和改革委员会	2009.12.11	发改基础〔2009〕3157号	关于广西壮族自治区岑溪至水汶（桂粤界）公路可行性研究报告的批复	
6	初步设计批复	交通运输部	2010.04.14	交公路发〔2010〕187号	关于岑溪至水汶公路（桂粤界）初步设计的批复	
7	两阶段施工图设计批复	广西壮族自治区交通运输厅	2010.12.03	桂交基建函〔2010〕876号	关于岑溪至水汶高速公路（桂粤界）两阶段施工图设计的批复	
8	建设用地批复	国土资源部	2011.09.10	国土资函〔2011〕670号	国土资源部关于岑溪至水汶（粤桂界）高速公路工程建设用地批复	

2. 资金筹措

项目批复的初步设计总概算为24.42亿元，其中：交通运输部车购税补助资金3.76亿元，企业自筹资金3.86亿元，国内银行贷款16.8亿元。

3. 招投标情况

项目建设严格执行《中华人民共和国公路法》《中华人民共和国招标投标法》《中华人民共和国合同法》以及交通运输部《公路建设市场管理办法》和《公路建设四项制度实施办法》等各项法律、法规，通过公开招标择优选定各设计单位、监理咨询单位、施工单位及大宗材料采购供应商。在各次招投标活动中，业主的资格预审文件、招标文件均获得广西壮族自治区交通运输厅的备案，招标各方行为守法规范，均能遵循"公开、公平、公正、诚信"原则，广西壮族自治区交通运输厅运输对招标全过程进行监督，开标时由南宁市公证处进行公证，专家评标推荐，最后由业主定标并公示。招投标行为合法合规。

4. 标段划分

标段划分情况表见表8-49-2。

标段划分情况表　　表8-49-2

标段号	标段所在地	工程内容及长度	施工单位
监理	K0+000～GK30+712.02	监理，30.052km	重庆锦城工程咨询有限公司
路基No.1标	K0+000～CK6+300	路基施工，6.9km	安通建设有限公司
路基No.2标	CK6+300～K13+140	路基施工，6.8km	四川公路桥梁建设集团有限公司

续上表

标 段 号	标段所在地	工程内容及长度	施工单位
路基 No.3 标	K13+140～GK30+712.020	路基施工，17.57km	中铁七局集团有限公司
路面 No.A 标	K0+000～GK30+712.02	路面施工，30.052km	广西路桥建设有限公司
机电 No.1 标	K0+000～GK30+712.02	监控(不含隧道监控)、通信(含通信电缆穿管)、收费综合系统工程的施工工艺和软件设计，设备供货、运输、交付、安装、调试、完工测试，试运营及管理操作的培训，竣工文件和缺陷责任期等全部服务；外接电网工程	中交路桥建设有限公司
机电 No.2 标	岑溪至水汶公路 K0+000～GK30+712.02	隧道机电设施工程(含隧道监控、通风、照明、供配电、消防及其他附属机电设施)的设计(施工工艺和软件)，设备供货、运输、交付、安装、调试、完工测试，试运营及管理操作的培训，竣工文件和缺陷责任期等全部服务	广西交通科学研究院
勘察设计	K0+000～GK30+712.02	勘察设计	广西壮族自治区交通勘察规划设计研究院

5. 征地拆迁情况

项目于 2009 年开始进行征地拆迁工作，并于 2011 年完成主线用地已经基本征用。从项目开工至今积极协调处理好沿线土地、林木权属纠纷，拆迁房屋、丈量赔付土地、杆线迁移、坟山赔付等涉农问题，有力保障了工程建设顺利开展。

(1)征地拆迁机构。根据《自治区人民政府批转自治区发展改革委员会等部门关于支持基础设施重大项目建设用地征地拆迁若干规定的通知》(桂政发〔2008〕63 号)文规定，岑溪市人民政府成立高速公路征地拆地拆迁工作领导小组办公室(简称"高速办")，负责高速公路征地拆迁的各项具体工作。

(2)执行标准。本工程项目建设指挥部和本地政府签订征地拆迁包干协议，高速办对所征用土地的补偿标准均严格岑溪市人民政府岑政府〔2009〕26 号文的有关规定，及时足额兑现拆地拆迁款。工程建设中实行统一的征地拆迁补偿标准。

(3)征地拆迁工程量。目前已征用永久性土地 3887.82 亩，拆迁住宅房屋 45946.05m^2；全线共支付征地拆迁款及上缴相关征迁费用 1.4 亿元。

征地拆迁情况统计见表 8-49-3。

征地拆迁情况统计表　　表 8-49-3

征地拆迁安置起止时间	征用土地(亩)	拆迁房屋(m^2)	支付补偿费用(元)	备注
2009—2011	3887.82	45946.05	140000000	

（二）项目实施阶段

重大变更：岑水路路面工程初步设计结构形式为水泥混凝土路面，2012年根据广西壮族自治区党委、人民政府的指示精神，为提高路面行车舒适性和质量，降低工后养护成本，将岑溪至水汶高速公路的路面结构形式由原水泥混凝土路面设计变更为沥青混凝土路面，变更后路面工程（含隧道路面、桥梁铺装）建筑安装工程费为2.5亿元，比原设计建筑安装工程费2.07亿元增加0.43亿元。

重大决策：岑水路均昌隧道长4.3km，于2013年9月11日前，已开挖了3.9km，占总长的91%，用时2年9个月；剩下的400m仅占9%，处于隧道中间，为异常困难地段，用时大致为3年3个月。在掘进这400m的过程中，遇到了诸多问题，其中发生了2次特大涌水和2次特大突泥，至少发生了91次中等以上水文地质灾害，隧道掘进了又后退，后退了又重新掘进，反反复复多次，进展极其缓慢，并且极其困难与危险，导致具有施工特级资质的原施工单位无奈让出，由具有施工特级资质和设计甲级资质的中铁五局进场施工，中铁五局开始时也感到吃力，经摸索了6个月后才逐步找到有效处治办法。

三、复杂技术工程

本项目的重难点工程为均昌特长隧道、思孟大桥、独洲高架大桥、三白庄大桥、六活口大桥、黄华河大桥、大路底根竹河大桥等。

（一）均昌特长隧道

均昌隧道是一座上、下行分离式四车道高速公路特长隧道，长4279m，最大埋深为416.7m。隧道进口位于岑溪市岑城镇境内，从与岑溪至罗定高速公路接口处到达隧道进口，需行走约6km的山区机耕道路。隧道进口后端为一道宽约6m、深约15m的沟谷，洞口前后均为陡峻的山体。隧道既有深埋段落，也有浅埋段落。隧道出口位于岑溪市大隆镇均昌村，从大隆镇到达隧道出口的距离约为4km，其中2km为地方三级路，另外2km为地方机耕路，且隧道出口与地方三级路相对高差为70m，到达隧道出口非常困难。主要的不良地质现象为混合岩、夹层、风化破碎花岗岩等，山体植被茂盛，沟壑众多，地下资源丰富。隧道施工中冒顶、塌方、突水、突泥的风险巨大。本隧道采用灯光照明，全纵向式机械通风。

（二）思孟大桥

桥位区处于横跨两山体间的沟谷，沟谷平面呈S形展布，横断面呈V字形；地形起伏较大，地面高程为130～280m，相对高差为150m；沟谷水流随季节变化较大，沟谷谷坡陡峻,自然坡度大于70°,植被发育。桥梁上构采用9×30m预应力混凝土T形梁,先简支后连续,下构采用双圆柱墩,最大墩高34m,基础采用钻孔灌注桩基础,全桥长300m。

(三)独洲高架大桥

桥位处于斜跨山涧谷地及陡坡,地面高程为180～301m,相对高差121m。两侧山体坡度约为45°。桥梁上构采用11×40m预应力混凝土T形梁,先简支后连续,下构采用双圆柱墩,最大墩高37m,基础采用钻孔灌注桩基础,全桥长500m。

(四)三白庄大桥

桥位区地形连绵起伏,地形较陡,两桥台自然边坡坡度约为60°,地面高程为192.5～301.3m,相对高差108.5m。桥位两次跨越冲沟,冲沟宽约50m,水面宽约5m,水深约0.5m,水流及水量受季节影响较大,丰水期易形成短暂性洪水。桥梁上构采用8×40m预应力混凝土T形梁,先简支后连续,下构采用双圆柱墩,最大墩高42.6m,基础采用钻孔灌注桩基础,全桥长330m。

(五)六活口大桥

六活口大桥位于水汶镇石咀村附近跨越207国道,桥位区属构造剥蚀丘陵地貌,地形起伏较大,地面高程为150～250m,地形高差约100m。大桥上构采用9×40m预应力混凝土箱梁,斜交45°,桥台为U形台,扩大基础,采用双圆柱墩,基础采用钻孔灌注桩基础,全桥长369m。

(六)黄华河大桥

黄华河大桥位于水汶镇,桥位跨越黄华河,河床宽约150m,河水深2m,水面宽约50m。水量及流速受季节影响和下游水电站蓄水影响较大。桥位处地形相对较平坦,两端低山连绵起伏。河流两岸自然边坡坡度约为30°,地面高程为137.80～180.53m,地形高差约43m。黄华河大桥上构采用11×30m预应力混凝土T形梁,先简支后连续,下构采用双圆柱墩,最大墩高18.5m,基础采用钻孔灌注桩基础,全桥长340m。

(七)大路底根竹河大桥

大路底根竹河大桥位于水汶镇大路底村约400m处跨越根竹河。桥位区属丘陵地貌,桥台边坡陡峻,自然坡度大于60°;根竹河河面宽约40m,水深约0.5m,水流随季节变化较大,地面高程为145～161m,地形高差约21m。大路底根竹河大桥上构采用12×30m预应力混凝土T形梁,先简支后连续,下构采用双圆柱墩,基础采用钻孔灌注桩基础,全桥长376m。

四、科技创新

(一)高速公路大厚度水泥混凝土路面铺筑技术研究

"高速公路大厚度水泥混凝土路面铺筑技术研究"(2009年广西交通科技项目)项目已完成课题的验收与鉴定工作,研究成果总体达到国际先进水平,编制了《高速公路大厚度水泥混凝土路面铺筑技术指南》与《高速公路大厚度水泥混凝土路面铺筑技术研究》研究报告,获授权实用新型专利《滑模摊铺试验机》一项,发表论文8篇。已获得2014年度广西科技进步三等奖。

获奖证书如图8-49-1所示,著作权登记证书如图8-49-2所示。

图8-49-1 获奖证书

图8-49-2 著作权登记证书

研究成果主要有以下四个方面的创新:

(1)新型路面混凝土引气剂的研发,显著改善混凝土工作性,对于低坍落度混凝土,提高了其流动性,而对于高流态混凝土,减少了其离析、泌水现象。

(2)通过对路面混凝土振动液化性能的研究,给出了振捣棒参数与混凝土黏度系数的关系,有效解决了路面混凝土容易产生塌边的病害。

(3)通过自制的滑模试验机室内模拟试验,建立大厚度水泥混凝土滑模施工过程中干硬性混凝土在高频振动激振下混凝土的液化机理,并指导现场施工。

(4)研发了专用平整度检测设备,提出了水泥混凝土路面塑性阶段(混凝土硬化前)平整度检测技术,为塑性阶段混凝土缺陷部位修复提供了依据。

通过对大厚度水泥混凝土路面施工工艺的研究,对改善大厚度水泥混凝土路面平整度差,传力杆难以就位,施工质量差的现状,大大提高水泥混凝土路面使用寿命和行驶舒适性,对于拉动广西区内水泥产业发展,应对金融危机具有重要现实意义,为促进水泥混凝土路面在高等级公路中的应用提供技术支撑。

(二)工程基础数据的作用和应用及全过程反作弊研究

"工程基础数据的作用和应用及全过程反作弊研究"(2010年广西交通科技项目)项目已完成课题的验收与鉴定工作,研究成果总体达到国内领先水平,编制了《ACPAY公路项目管理系统用户手册》与《工程基础数据的作用和应用及全过程反作弊研究》研究报告,《ACPay公路工程反作弊收方测量与计量支付管理系统》获国家版权局软件著作权,形成专著《工程基础数据的组织、管理与应用》(修改完善中)一部。研究成果已申报2014年度中国公路学会科学技术奖二等奖,"ACPAY公路工程项目管理系统"申报了广西计算机成果奖。

研究成果主要有以下三个方面的创新:

(1)提出具有反作弊功能的工程计量单元数据模型,单元不但包括代表工程实体的唯一代码、工程数量、工程位置、工程类型等属性数据,还包括工程轮廓特征点、影像特征点、基准面体系、质量指标等特有数据。

(2)提出利用该模型实现反作弊的操作方法,将设计、变更、收方测量、质量检验多环节数据关联于一体,数据可验证、可追溯,可对异常工程单元进行全程监测,辅助事前、事中、事后的异常数据判别。该体系不仅适用于传统的全站仪收方技术,也适用于激光雷达收方、数码照相收方等新技术。

(3)基于课题提出的数据组织、管理与运用理论,可形成完整的包含从设计到竣工各阶段的数据链、特征数据群,既可应用于项目费用、进度、质量控制一体化管理,也可为纪检、审计工作提供可验证、可追溯的数据。

公路工程基础数据管理与运用研究为工程项目管理实现从设计到招标、签订合同、办理工程变更令、办理计量支付单、办理收方验收单、办理质量检查等各阶段各环节一体化作业,反作弊,提高效率提供了可行的方法。软件的实施可以提供项目每个计量单元投资完成情况的监测,从而保证投资的安全,并且可以提高工作效率,减少项目管理风险和个人风险,避免管理过程中失误的出现。通过项目实施防范作弊,减少工程项目不必要支出,节省投资,具有显著的经济效益和社会效益。

广西高速公路大事记（1991—2016 年）

1992 年 5 月，中共中央、国务院作出"要充分发挥广西作为西南地区出海通道的作用"的战略决策。宏图之下，广西高速公路人上下一心，共谋发展，"建设大通道，服务大西南"的发展思路，多渠道筹集资金谋发展。

春华秋实，瞬尔十余年。1991—2016 年，广西高速公路人风雨兼程地走过了 25 年。广西高速公路人融冰筹资难题，群策群力，硕果垂坠，相继建成的 30 多条（段）共计 4603km 高速公路成为改写壮乡公路格局的纽带。随着广西高速公路发展迈入了快车道，昔日全国交通路网的"神经末梢"，正成为连接多区域的"国际枢纽"，一个连通中国和东盟的国际交通枢纽正展现在世人面前。

1993 年

10 月 5 日，桂林至柳州高速公路项目正式动工。项目是广西第一条全封闭、全立交、全部控制出入的高速公路，也是当时投资最多、规模最大和技术标准最高的高等级公路，首次采用"菲迪克"条款向全国公开招标，并用该条款进行管理，在广西公路建设史上开了先河。

1994 年

5 月 16 日，广西壮族自治区政府在南宁召开钦州至防城港高速公路建设工作会议。

10 月 8 日，钦州至防城港高速公路（图 1）全面动工，是广西第一条由高速公路和汽车专用一级公路组成的沿海高等级公路。

图 1　防城港区百米宽大道示例图

12月18日,南宁至北海高速公路南宁三岸至南间段工程举行奠基仪式。同日,广西交通投资股份有限公司圆满完成二期募股2.5亿元,所募股本金全部投入柳(州)桂(林)汽车一级公路和钦(州)防(城港)高速公路工程建设。

1995年

3月29日~4月2日,交通部副部长李居昌到北海出席港口建设费和水运客货附加费管理工作会议,其间,在广西壮族自治区副主席袁凤兰等陪同下考察了钦(州)防(城港)高速公路(图2)、柳(州)桂(林)汽车专用一级公路施工工地。

图2 钦(州)防(城港)高速公路卜家至防城港段示例图

5月22~25日,交通部部长黄镇东到广西检查西南地区公路出海通道建设情况,实地考察了南丹、河池、南宁等地的大通道线路走向,并与广西壮族自治区领导共同研究广西西南出海通道建设规划。

7月7日,广西壮族自治区交通厅成立建设西南公路大通道领导小组,厅长曹洪兴任组长。

7月26日,广西壮族自治区交通厅印发实施《广西交通厅合资修建国省道干线公路工程项目管理办法(试行)》。

9月19日,广西壮族自治区政府下发《关于治理整顿我区公路通行费收费站(点)的通知》,对广西公路通行费收费站(点)进行全面治理整顿。

10月28日,广西南(宁)北(海)高速公路南宁至南间段招标大会在广西壮族自治区交通厅举行,来自广西、广东、福建、海南、四川等10多个省区市的公路、航务、铁道、水利、市政等行业47个投标单位参加竞投。

11月17日,南(宁)北(海)高速公路总指挥部南宁至南间段办公室挂牌,南宁至南间段路面工程正式动工修建。

1996年

7月10日,对柳州至南宁高速公路柳州至王灵段进行监理招标。这是广西首次举行高速公路工程监理招标会。

9月24日~10月3日,交通部部长黄镇东在广西壮族自治区副主席刘洪福和广西壮族自治区交通厅领导陪同下,考察东兴口岸、防城港、钦州港、南(宁)梧(州)二级公路、西江二期工程和猫儿山港、梧州港、柳州港、桂(林)柳(州)高速公路、灵川至兴安一级公路。

10月3日,国务院总理李鹏在桂林两江机场剪彩后,考察桂(林)柳(州)高速公路,在南宁为广西第一条高速公路题写路名"桂柳高速公路"。

10月15日,柳州至南宁高速公路柳州至王灵段正式开工建设。

11月26日,经广西壮族自治区机构编制委员会批复,同意成立广西壮族自治区高速公路管理局,属事业单位,为广西壮族自治区交通厅直属单位。同时同意成立桂(林)柳(州)高速公路管理处和沿海高速公路管理处,归广西壮族自治区高速公路管理局管理。

1997年

1月1日,广西壮族自治区政府令《广西壮族自治区高速公路管理办法》开始实施。

5月1日,广西第一条高速公路——桂林至柳州高速公路通车庆典在柳州举行(图3)。全国人大常委会副委员长程思远、交通部副部长李居昌、广西壮族自治区党委书记赵富林等领导为通车典礼剪彩。

图3 "广西第一路"桂林至柳州高速公路通车典礼剪彩

10月28日,广西壮族自治区政府分别在钦州市和防城港市举行钦(州)防(城港)高速公路通车庆典。

12月11日,国内跨径最大的钢管混凝土拱桥——南宁至北海高速公路三岸邕江大桥合龙。

1998年

4月10日,广西壮族自治区纪委书记曹洪兴陪同美籍华人、公路桥梁专家刘飞考察在建的南(宁)南(间)高速公路三岸立交、三岸大桥和邕宁邕江大桥等工程。

6月1日,南宁那马至钦州南间高速公路建成通车。

12月3~7日,南宁至那马、柳州至王灵高速公路以及金城江至宜州一级公路二期工程通过交工验收,工程质量均评定为优良。

12月24日,广西高速公路第一次面向全国发行交通建设债券。

1999年

1月16~31日,桂林至柳州高速公路和钦州至防城港高速公路(图4)通过交通部组织的检查竣工验收,工程质量双双被评为优良。

图4 钦州至防城港高速公路冲仑立交

4月8日,西南出海大通道组成部分——合浦至山口高速公路开工建设。

10月1日,桂林至北海高速公路建成通车。

2000年

1月15日,柳州至王灵高速公路通过国家环保局专家检查验收。

5月1日,桂(林)柳(州)高速公路桂林绕城线(灵川至临桂段)建成通车。

6月1日,桂林至北海高速公路钦州段开通"高速公路120"。由广西壮族自治区高速公路管理局沿海高速公路管理处与广西壮族自治区公安厅交警总队高速公路支队七大队、钦州市第二人民医院签订《关于建立高速公路钦州路段绿色通道协议书》,"高速公路120"首次推行。

11月6日,广西壮族自治区交通厅和中国华闻事业发展总公司签署协议。从2000年11月6日起,华闻总公司获得南宁至广州高速公路中兴业至六景高速公路的特许权,开创了利用社会资金建设高速公路的先河。

12月28日,广西运兴、运泰、宁海3家高速客运有限责任公司联合组建广西立兴高速公路客运有限责任公司。

12月30日,宜(州)柳(州)高速公路(图5)建成通车。交通部副部长李居昌,广西壮族自治区主席李兆焯、副主席王汉民,广西壮族自治区交通厅领导等出席通车仪式。

图 5 宜（州）柳（州）高速公路

2001 年

2月18日，亚行代表团在南宁与广西壮族自治区交通厅召开工程评估联席会，对南宁至友谊关高速公路贷款项目进行预审评估。

2月18日，广西首个利用世界银行贷款修建的高等级公路项目——河池（水任）至南宁公路开工建设。

9月19～20日，全国公路水泥混凝土路面修筑技术现场会在北海举行。交通部专家委员会副主任杨盛福主持会议。来自全国各省（区）市交通部门专家150多人参加会议并参观合浦至山口高速公路施工现场。

11月2日，南宁至坛洛高速公路开工建设。

12月4～6日，从四川成都经贵州贵阳、广西南宁到广西北海的1709km"西南公路出海大通道"全线通车，由交通部组织的1部3省（区）的代表，自四川、贵州到广西全程参观考察通道工程。

12月26日，合浦至山口高速公路建成通车，质量评定等级为优良。

2002 年

5月1日，广西壮族自治区交通规划勘察设计研究院设计的柳州至王灵、六景至三岸、三岸至南间高速公路以及三岸邕江大桥工程项目获优秀工程设计奖。

6月1日，广西高速公路即日起全部实行ISO9001—2000质量管理体系，成为国内在省（区）范围实行该体系的第一个省（区）。

11月30日，百色至罗村口高速公路开工建设。

12月28日，桂林至梧州高速公路贺州大桥开工建设。

2003 年

3月18日，经广西壮族自治区政府批准，广西壮族自治区交通厅下属的广西壮族自治区公路桥梁工程总公司、广西壮族自治区交通规划勘察设计研究院、广西交通科研所、广西交通物资总公司、广西汽车工业销售总公司、广西航务工程处、广西交通房地产开发总公司7个企事业单位正式成立"广西新发展交通集团有限公司"并挂牌。

7月7日，广西壮族自治区交通厅分别与广西梧州桂海岑梧高速公路有限公司、广西新发展交通集团有限公司签订岑溪至梧州高速公路、柳州市绕城高速公路BOT合同。

8月5日，广西公路建设史上第一条采用BOT（即投资、建设、经营、管理）模式运作的项目——兴业至六景高速公路（图6）建成通车。

图6 兴业至六景高速公路

9月16日，广西壮族自治区交通厅与广西碧雅投资股份有限公司签订桂林市国道过境公路灵川至三塘高速公路BOT合同。

10月28日，桂林至阳朔高速公路开工建设。该公路采用BOT模式，由广西桂政高速公路公司投资建设。

12月28日，南宁环城高速公路建成通车。

同年，广西新增高速公路189km，高速公路通车里程实现突破1000km的历史性跨越，累计完成投资187亿元人民币。同时，广西也成为5个少数民族自治区中率先实现高速公路里程突破1000km的自治区。

2004年

8月2日，广西壮族自治区第一个"远程监控高速动态称重固定式超限超载检测系统"在黎塘稽查站正式运行，当天检测准确率达到98%以上。

9月28日，河池（水任）至南宁公路建成通车。

12月18日，全州至黄沙河高速公路竣工通车。

2005年

1月16日，南宁（坛洛）至百色高速公路（图7）正式开工建设。

1月19日，亚洲开发银行行长千野中男和中国驻菲律宾大使吴红波在亚行总部马尼拉签订广西公路发展二期项目《贷款协定》和《项目协定》。该项目贷款额为2亿美元，主要用于南宁（坛洛）至百色高速公路以及县际、少数民族乡公路建设。

图7　南宁（坛洛）至百色高速公路田东互通立交

3月21日，由广西壮族自治区交通规划勘察设计研究院负责设计的南宁至吴圩机场高速公路项目荣获国家建设部2004年度国家优质工程银质奖。

5月31日，广西壮族自治区治理超限超载网络系统建成并正式投入使用，广西文明治超工程进入数字化管理阶段。

9月21日，全国交通系统治理车辆超限超载办公室座谈会在南宁召开。与会代表参观广西治超称重系统和治超数字化信息系统。

11月8日，广州至昆明高速公路梧州苍梧至广东郁南段正式通车。该高速公路采用BOT模式建设，是广西第一条由民营企业投资建设的高速公路。

12月20日，广州至贺州高速公路灵峰至八步段开工建设。

12月28日，中国通往东盟国家的第一条高速公路——南宁至友谊关高速公路正式通车。

12月30日，广西壮族自治区交通厅在百色举行百色至罗村口高速公路通车庆典大会。该高速公路是广西壮族自治区第一条错幅高速公路（图8），是国家规划建设的"五纵七横"国道主干线中衡阳至昆明公路的一个重要路段。该项工程是广西壮族自治区首次在区内实施山岭重丘区沥青混凝土路面高速公路。

图8　百色至罗村口高速公路错幅路段

2006 年

5月29日,广西玉林兴业至岑溪高速公路启动仪式举行。

7月14日,广西壮族自治区人民政府召开广西高速公路网批准实施新闻发布会。广西壮族自治区人民政府副秘书长何国林主持了新闻发布会,广西壮族自治区发改委副主任李宏庆、交通厅厅长黄华宽分别就广西高速网规划的相关内容进行了新闻发布:广西将全面实施"四纵六横三支线"共5590km高速公路网建设。

12月28日,国家重点工程桂林至梧州高速公路平乐至钟山段建成通车,该高速公路的建成结束了贺州市没有高速公路的历史,是桂东、桂东北地区乃至湘、滇、贵三省通往粤港澳经济发达地区最重要、最便捷的省级公路通道之一,拥有广西最长的公路曲线隧道。

2007 年

1月23日,广西筋竹至岑溪、百色至隆林、兴安至桂林三条高速公路同时开工,标志着广西与周边省际的高速公路骨架进一步完善,为广西壮族自治区加快构建出海、出省、连接东盟国际大通道奠定了基础。广西壮族自治区领导刘奇葆等分别出席了三条高速公路开工仪式并为工程奠基。

2月27日,广西壮族自治区政府与中国交通建设股份有限公司在南宁举行合作建设隆林至百色高速公路框架协议签约仪式,这是该公司与广西首次合作的高速公路建设项目。

3月29日,广西阳朔至鹿寨高速公路项目BOT合同签约仪式在南宁隆重举行。这是广西第一条引进外国企业以BOT方式投资经营的高速公路,签约标志着该项目进入实质性实施阶段。

4月16日,广西壮族自治区交通厅与中国交通建设股份有限公司在南宁正式签订隆林至百色高速公路项目合作协议书。

12月28日,广西高速公路建设史上一次性通车里程最长、投资最大的南宁(坛洛)至百色高速公路建成通车。至此,广西高速公路通车里程突破1800km。

12月29日,广西壮族自治区人民政府下文批复同意成立广西交通投资集团有限公司。

2008 年

1月16日,岑溪至梧州高速公路正式建成通车。岑溪至梧州高速公路是由中国中铁股份有限公司、广西壮族自治区交通基建管理局合作投资的,是广西高速公路建融资模式的新尝试。

8月20日,六寨至河池、宜州至河池高速公路开工。

11月18日,广西交通基础设施建设的又一里程碑工程——玉林至铁山港高速公路开工建设。

11月24日,钦州至崇左高速公路开工,这是继11月18日玉林至铁山港高速公路开工建设后,广西拉动内需、扩大投资的又一个高速公路工程项目,也是广西壮族自治区2008年开工建设的第4条高速公路。

11月30日,中西部连接湘桂滇粤四省区的重要交通咽喉——全州至兴安高速公路建成通车。

12月20日,岑溪至兴业高速公路通车。

同年,广西高速公路通车总里程突破2000km。

2009年

1月1日,六景至钦州港高速公路开工。广西壮族自治区党委书记郭声琨、自治区主席马飚出席开工仪式。

6月23日,南宁外环高速公路开工仪式在南宁市三塘镇隆重举行,该项目是广西壮族自治区重大交通建设项目之一,项目建成后将有效带动南宁市及周边县区经济的发展。

9月25日,百色至靖西、靖西至那坡、三江至柳州3条高速公路分别在百色那坡、柳州隆重举行开工仪式,为新中国成立60周年献礼。这是实施交通优先发展战略以来广西高速公路项目集中开工数量最多的一次。

12月29日,岑溪至水汶、桂平至来宾、河池至都安高速公路项目开工,再次掀起了广西高速公路建设新高潮。

12月31日,广西交通投资集团有限公司圆满完成广西壮族自治区党委、政府下达的"年内开工8条高速公路,完成投资建设148亿元"的目标任务,年内开工建设了六景至钦州港、南宁外环、百色至靖西、靖西至那坡、三江至柳州、岑溪至水汶、河池至都安、桂平至来宾8条高速公路,全年完成投资总额达148.68亿元。

2010年

1月21~22日,广西壮族自治区交通运输厅原党组书记黄华宽带领检查组到百色市开展春节调研检查慰问活动。检查组先后到鱼梁航运枢纽、百色至隆林高速公路施工现场以及市交通运输局开展调研检查活动,听取有关部门的工作汇报,实地了解相关项目建设情况,向百隆高速公路建设者以及百色交通系统的干部职工致以节日的问候,并送上慰问品、慰问金。

2月10日,柳州至南宁高速公路改扩建项目开工。

4月13日,筋竹至岑溪高速公路建成通车。该路是广西通过上市公司发行可转换公司债券募集项目资本金进行建设的首条高速公路。至此,国家高速公路网规划"7918"网中的第十八横广州至昆明高速公路广西段全线贯通,桂、粤两省区打开新的一条便捷通道。

4月13日,广西壮族自治区交通运输厅厅长潘巍、副厅长梁毅带队深入南宁至梧州高速公路岑溪至梧州段、岑溪至兴业段、兴业至六景段督查绿化美化实施工作。

4月12～16日,由交通运输部质监总站副站长张晓冰为组长的部公路质量安全督查组到广西对隆林至百色、宜州至河池高速公路和田东县思林至坡塘通乡油路进行质量安全督查。

5月7日,越南宁平至球也高速公路智能交通机电项目10.1标段总承包(EPC)合同签约仪式在河内进行。

5月14日,广西壮族自治区政府主席马飚到广州至贺州高速公路八步至灵峰段建设工地调研,要求建设单位发扬连续作战精神,克服一切困难,尽快实现项目建成通车。

5月29日,隆林至百色高速公路(图9)建设协调会在隆林县召开。

图9　隆林至百色高速公路

7月26日,国家发展改革委批复广西灌阳(永安关)至全州(凤凰)高速公路可行性研究报告。

7月26～27日,广西壮族自治区交通运输厅副厅长梁毅到玉林视察,察看国道324线兴业至玉林段、玉林至铁山港高速公路、玉林至陆川二级公路、浦北至宝圩二级公路陆川至博白路段、省道216线博白至山口路段的养护和建设工作情况。

9月27日,广州至贺州高速公路(贺州段)通车庆典仪式在贺州市隆重举行。该项目主线全长76.5km,是西南地区(包括四川、重庆、云南、贵州、湖南西部)经贺州通往粤、港、澳最便捷的通道。

11月19日,在玉林市考察调研的广西壮族自治区政府主席马飚来到玉林至铁山港高速公路(图10)项目检查指导项目建设工作,看望慰问奋战在建设工地上的干部职工。同日,广西桂平至来宾高速公路项目正式启动。

图10　玉林至铁山港高速公路玉林东互通

11月23日,广西壮族自治区副主席杨道喜率自治区工信委、交通运输厅等部门负责人深入六寨到宜州高速公路考察指导。杨道喜副主席要求,要加快高速公路建设进度,确保征地拆迁工作,圆满完成自治区下达全年目标任务。

12月26日,总投资约420亿元的9个重大交通项目集中开工,掀起了广西新一轮投资建设热潮。此次集中开工的9个重大交通项目分别是:来宾至马山、马山至平果、柳州至武宣、灌阳至凤凰、靖西至龙邦、广西沿海高速公路改扩建6个高速公路项目和广西滨海公路,以及湘桂铁路柳州至南宁段电气化改造和玉林铁路地区扩能改造工程两个铁路项目。其中,6个高速公路项目建设总里程560多公里,总投资近300亿元。

2011年

1月27日,隆林至百色高速公路项目提前1年半建成通车,是当时广西高速公路建设中投资最大、桥隧比最高、建设施工条件最艰苦的典型山区高速公路。

10月24日,崇左至靖西高速公路项目开工。

12月29日,桂林至南宁高速公路改扩建及梧州至柳州高速公路开工,再次掀起了广西交通建设新高潮。

2012年

1月9日,2012年度广西壮族自治区高速公路运营管理工作会议在南宁召开。会议通报广西壮族自治区高速公路2011年度运营管理检查和路政执法管理检查考核情况,总结2011年广西壮族自治区高速公路运营管理工作,提出2012年的主要工作目标。

3月12日,2012年度广西壮族自治区高速公路路政管理工作会议在南宁市召开,会议认真总结2011年广西壮族自治区高速公路路政管理工作,研究部署2012年工作任务。

3月21日,结合"解放思想、赶超跨越"大讨论活动的开展,广西壮族自治区交通运输厅召开2012年拟建成高速公路工作促进会。

3月26日,广西高速公路ETC不停车收费系统通过专家验收鉴定,标志着ETC不停车收费系统达到使用及推广的条件。

3月26~27日,2012年度广西壮族自治区高速公路施工标准化现场会在百色市靖西县召开,会议全面总结广西壮族自治区高速公路施工标准化建设经验,分析存在问题,部署推进自治区高速公路施工标准化工作。

5月10日,广西壮族自治区交通运输厅与贵州省交通运输厅召开座谈会,就两省区高速公路通道建设情况进行会商。

6月8~10日,广西壮族自治区交通运输厅邀请中国工程院院士王梦恕到岑溪至水汶高速公路建设现场指导工作。

7月9日,桂林至三江高速公路开工仪式,六寨至河池、宜州至河池高速公路通车仪式同日分别在临桂县和宜州市举行。广西壮族自治区党委书记、自治区人大常委会主任郭声琨宣布高速公路开工、通车,自治区副主席杨道喜在开工、通车仪式上讲话。贵州省副省长慕德贵率贵州省交通运输代表团出席桂林至三江高速公路开工仪式。

8月8日,广西高速公路综合监管平台和广西高速公路出行信息服务网正式投入使用。

8月14日,由广西壮族自治区交通运输厅和自治区公安厅共同举办的广西壮族自治区高速公路服务区警务室建设现场会在柳州召开。

8月17日,广西壮族自治区法制办和自治区交通运输厅联合发文,正式启动《广西壮族自治区高速公路管理办法》立法后评估工作。

8月23日,交通运输部总工程师周海涛率调研组一行到广西壮族自治区高速公路管理局检查高速公路应急管理建设工作。

8月28~31日,广西壮族自治区交通运输厅在南宁组织召开梧州至柳州高速公路两阶段初步设计审查会。

9月5日,广西壮族自治区政府办公厅党组成员、自治区政府督查室主任蒙建华率督查组到钦州市现场督查六景至钦州港、钦州至崇左高速公路项目建设。

9月24日,广西壮族自治区交通运输厅召开重大节假日小型客车免费通行工作布置会,精心策划,周密部署自治区普通公路、高速公路国庆节长假期间小型客车免费通行的各项工作(图11)。

11月5~11日,交通运输部国家干线公路网监测广西检查组到广西壮族自治区,对国道322线、国道321线、国道209线、国道325线4条线路共计1000km路段进行国家干线公路网监测路况抽检。

图 11　广西壮族自治区交通运输厅潘巍厅长到扶照收费站视察小型客车免费通行工作开展情况

11月13日,广西壮族自治区法制办、交通运输厅在南宁组织召开《广西高速公路管理办法》立法后评估专家论证会,对《广西高速公路管理办法》后评估报告进行评审、论证,并明确需要完成的后续工作。

11月28日,广西壮族自治区副主席杨道喜深入六景至钦州港高速公路调研项目建设情况,要求项目建设各方全力冲刺,确保实现六景至钦州港高速公路如期建成通车的目标。

12月12日,为期3天的"广西东盟大通道交通干线检测及保障技术培训班"在南宁开班。广西壮族自治区交通运输厅总工程师王劼耘,重庆交通科研设计院党委书记许晓锋出席开班仪式。

12月18～19日,2012年度全国收费公路统计布置会在南宁召开,交通运输部公路局副局长王太、交通运输部路网监测与应急处置中心副主任孙永红出席会议并讲话。

2013 年

1月15日,广东省交通运输厅厅长曾兆庆率队到广西壮族自治区交通运输厅调研交通建设投融资情况。

5月3日,广西壮族自治区交通运输厅厅长潘巍在南宁市主持召开协调会,研究协调解决南宁火车东站段高速公路改移工程施工进度有关问题。

8月6日,广西壮族自治区主席陈武深入百色市田阳县百育镇,调查研究河池至百色高速公路巴马至田阳段建设方案。

10月29日,广西壮族自治区交通运输厅组织召开防城至东兴高速公路建设协调会,贯彻落实自治区党委书记、人大常委会主任彭清华在东兴市调研时提出的"沿边旅游交通基础设施的建设,应注重东盟元素及边关特色元素的融入"等指示精神,专题研究防城至东兴高速公路标志牌、服务设施等改造问题。

11月20日,广西壮族自治区交通运输厅厅长潘巍等有关领导冒雨深入百色至靖西、靖西至那坡高速公路建设一线,深入了解工程施工进展情况,并就两个项目工程建设进行现场指导。

2014 年

1月10日,全区高速公路运营管理工作会议在南宁召开。会议全面总结了2013年广西全区高速公路运营工作情况,安排部署2014年各项重点工作任务。

同日,广西壮族自治区主席陈武到广西交通投资集团有限公司调研,并召开专题会议,研究解决集团公司高速公路项目建设存在的困难和问题。

3月1日,《广西壮族自治区高速公路管理办法》正式颁布施行,为加强广西高速公路的建设与管理提供了更有力的法律和制度支撑;对于规范广西高速公路规划、建设、养护、经营、使用和管理等行为,保障高速公路完好、安全、畅通,维护高速公路投资者、经营管理者、使用者的合法权益,提高高速公路公共服务水平,推动广西经济社会又好又快发展,都具有重要意义。

3月6~7日,广西壮族自治区交通运输厅厅长潘巍、副厅长梁毅率检查组前往崇左至靖西高速公路项目和广西沿海高速改扩建项目一期工程施工一线调研工程建设情况。

4月23日,广西壮族自治区主席陈武主持召开自治区十二届人民政府第28次常务会议,审议并通过了《县县通高速公路建设工作方案》,规划在2014—2017年争取开工23个高速公路项目;到2015年,全区高速公路里程突破4900km,县(区)通高速公路率达到85%;到2017年,全区高速公路里程达到5800km,县(区)通高速公路率达到92%;到2020年,全区高速公路里程突破8000km,基本实现全区所有县(区)通高速公路。

5月4日,广西壮族自治区党委副书记、自治区主席陈武率队深入部分高速公路建设项目工地,对广西高速公路建设进展情况进行实地调研,并主持召开专题工作会议,研究今明两年广西开竣工高速公路建设工作,强调要采取有力举措加快高速公路特别是县县通高速公路建设步伐。

5月6日,广西壮族自治区副主席陈刚率队深入梧州至柳州高速公路建设工地,对柳州市高速公路建设推进情况进行实地调研,现场协调解决建设难题。

5月7日,广西壮族自治区政府召开全区县县通高速公路建设工作推进会。

5月11日,随着右10-2号主墩实心段混凝土浇筑完毕,古龙山大桥主墩左、右幅16个高墩全部成功封顶。古龙山大桥为崇左至靖西高速公路重点控制性工程,最高墩达107m,为广西目前在建桥梁第一高墩。

5月20日,广西壮族自治区副主席陈刚率队深入百色至靖西、靖西至那坡、靖西至龙邦高速公路项目进行实地调研,了解当前项目推进面临的难题,并亲切慰问奋战在项目建设一线的广大员工。

5月21～25日，广西壮族自治区交通运输厅副厅长梁毅率队深入三江至柳州、桂林至三江、灌阳（永安关）至全州（凤凰）、阳朔至鹿寨高速公路4个自治区重大建设项目进行督查。

6月16日，广西壮族自治区副主席陈刚在自治区交通运输厅厅长潘巍陪同下检查、调研南宁市外环高速公路建设情况。

6月18～19日，广西壮族自治区交通运输厅厅长潘巍到贺州调研交通运输建设情况。18日下午，潘巍先后深入永贺高速公路上跨贵广高速铁路桥和平桂发展大道施工现场，考察了贺州市重点交通项目建设推进情况。

9月26日，由广西交通投资集团有限公司投资建设的河（池）都（安）高速公路通车。这条主线全长92.32km的高速公路，将河池到南宁的车程缩短了1个多小时，结束了两地不通高速公路的历史，广西13个地级市与首府南宁全部通高速公路。通车仪式在河池至都安高速公路都安北（高岭）收费站举行。广西壮族自治区人大常委会副主任杨道喜宣布河池至都安高速公路通车，通车仪式由自治区副主席陈武主持。广西壮族自治区交通运输厅厅长潘巍出席通车仪式。同日，河池至百色高速公路开工建设。

10月17日，由广西壮族自治区交通运输厅组织的全区高速公路服务区及高速公路沿线环境卫生综合整治现场交流会在百色召开。会议总结了全区交通运输系统开展"美丽广西·清洁乡村"交通行动以来在"清洁高速"活动中取得的经验，以发挥先进典型示范引领作用，推动全区高速公路服务区及高速公路沿线环境卫生综合整治行动深入开展。

11月10～11日，广西壮族自治区交通运输厅厅长潘巍率领调研组到柳州至桂林两市，调研三江至柳州、桂林至三江、兴安至资源等高速公路建设情况。

11月19～28日，由广西壮族自治区政府督查室牵头，联合自治区国土资源厅、交通运输厅、绩效办组成督查组，对南宁、柳州、桂林、贵港、来宾、崇左6市在建高速公路征地拆迁情况进行实地督查。

12月16日，由广西交通投资集团有限公司投资建设的桂平至来宾（武宣至来宾段）、百色至靖西、靖西至那坡3条高速公路同日建成通车，广西新增德保、靖西、那坡、武宣4个县通高速公路。

12月17日，广西壮族自治区交通运输厅副厅长梁毅深入防城至东兴高速公路进行实地调研。

12月22日，南宁市吴圩机场至大塘高速公路项目开工仪式在南宁市江南区大塘镇举行。

12月26日，南宁外环高速公路建成通车。该项目的建成通车，为南宁市城市发展、基础设施完善、缓解交通压力增添了一条新的主干线，对实施国家高速公路网规划，完善广西公路网结构,打造大南宁"1小时经济圈",推进南宁市"西建东扩"规划发展,把南宁建设成为中国与东盟合作的区域性国际城市,确立广西在全国交通网络中通向东盟的枢纽地位和建成西南中南地区开放发展新的战略支点具有深远的意义。

12月22日,吴圩机场至大塘高速公路项目开工仪式在南宁市江南区大塘镇举行,标志着该项目正式进入施工建设阶段。广西壮族自治区副主席陈刚出席开工仪式并宣布项目开工,广西壮族自治区交通运输厅厅长潘巍主持仪式。

12月23~24日,广西壮族自治区交通运输厅副厅长梁毅一行到百色市那坡县检查靖西至那坡高速公路建设情况。

2015年

3月11日,广西壮族自治区交通运输厅厅长潘巍一行深入崇左至靖西高速公路施工一线检查指导工作。

3月31日,广西壮族自治区副主席陈刚率工作组到平果县对来宾至马山、马山至平果高速公路项目建设工作进行检查,现场协调解决项目建设中存在的困难和问题。自治区交通运输厅厅长潘巍等领导陪同调研。

4月20日,梧州至贵港高速公路建成通车,结束了藤县、平南、桂平三县(区)没有高速公路的历史。

5月26日,广西壮族自治区副主席陈刚率队深入柳州至武宣高速公路项目一线视察。

6月1日,广西壮族自治区交通运输厅调研组到来宾至马山、马山至平果高速公路建设一线督查项目建设情况。

8月12~14日,交通运输部副部长冯正霖一行到广西督导调研"贴近民生10件事"有关工作,深入沿海高速公路改扩建一期、马山至平果高速公路、南宁至百色高速公路百色服务区调研。

9月15日,广西壮族自治区副主席陈刚率有关部门到桂林至柳州高速公路桂林服务区路段(原僚田收费站),就桂柳高速公路(僚田至鹿寨北互通)路面改造工程前期工作、是否具备开工条件等情况进行调研并现场办公,协调解决下一步施工存在的困难。陈刚要求,桂林、柳州两市以及区直有关部门要切实加强协调配合,主动帮助解决项目推进中存在的困难,确保高效、安全、保质、按时完成改造任务。

9月28日,广西高速公路ETC实现全国联网。

10月15日,崇左至靖西高速公路古龙山特大桥实现全幅贯通。

10月28日,柳州至武宣高速公路全线重点控制性工程——马王黔江特大桥全桥贯通。

12月7日,广西第一个以PPP方式与央企合作并实施"区市共建"模式的县县通高速公路项目——贵港至隆安高速公路开工建设。

12月29日,来宾至马山、马山至平果、灌阳至凤凰、柳州至武宣高速公路建成通车,新增合山、上林、灌阳、象州4个县(市)通高速公路,全区高速公路总里程突破4000km,达到4289km。同日,乐业至百色、崇左至水口、贺州至巴马(钟山至昭平段)3条高速公路项目开工建设。

2016年

5月10日,广西壮族自治区副主席陈刚深入崇左至靖西高速公路调研项目通车工作准备情况,进一步部署项目通车工作。

5月11日,广西壮族自治区主席陈武,自治区党委常委、自治区副主席蓝天立一行深入河池至百色高速公路视察项目建设情况。自治区交通运输厅厅长潘巍等领导陪同视察。

5月20日,《广西ETC移动发行接入方案》通过专家评审。今后,人们除了到固定营业网点,还可以通过临时服务点的移动发行系统更方便快捷地办理ETC业务。

5月30日,崇左至靖西高速公路(以下简称崇靖高速公路)通车现场会在大新收费站举行。广西壮族自治区副主席陈刚出席通车仪式并宣布崇靖高速公路顺利建成通车。崇靖高速公路的建成通车,标志着大新、天等县结束了不通高速公路的历史,云南至北部湾最便捷的西南出海大通道全线贯通,一条南部边疆重要的旅游黄金大道完美呈现。项目的建成通车也使得全区109个县(市、区)中通高速公路的县(市、区)达到89个,"县县通高速公路"又向前迈进了一大步。自治区政府副秘书长黄敏,自治区交通运输厅厅长潘巍、副厅长梁毅出席通车现场会。

7月29日,广西壮族自治区交通运输厅召开桂林至柳城、柳州经合山至南宁高速公路项目工作对接会议。自治区交通运输厅副厅长李小林出席会议,通报项目前期工作进展情况并作工作部署。会上,自治区交通运输厅与西部中大建设集团和北京国际信托有限公司(联合体)签署了《桂林至柳城高速公路项目投资协议》,与广西交通投资集团和广西新发展交通集团(联合体)签署了《柳州经合山至南宁高速公路项目投资协议》。

8月30~31日,广西壮族自治区交通运输厅厅长潘巍率调研组到贵港、梧州进行调研。在贵港先后实地察看了贵港至合浦高速公路(以下简称贵合路)贵港段土建No.1合同段和路面No.A合同段的施工情况,现场听取了贵合路项目建设进展情况汇报,在柳梧高速公路倒水互通项目施工现场考察。

9月21日,广西壮族自治区交通运输厅厅长潘巍、副厅长梁毅一行深入三江至柳州高速公路检查指导工作。

11月28日,兰州至海口高速公路南宁经钦州至防城港改扩建工程项目开工。

12月14日,广西壮族自治区副主席黄日波深入贵港至合浦高速公路钦州段施工现场,调研项目建设情况。

12月14日,广西壮族自治区副主席陈刚率队前往梧州市调研岑溪至水汶高速公路建设进展情况。

12月27日,"2016年广西高速公路重大项目开竣工现场会"(主会场)在南宁市五塘镇五塘收费站互通接口处举行。广西壮族自治区副主席陈刚出席会议并宣布,由广西交通投资集团有限公司和广西新发展交通集团有限公司共同投资建设的柳州经合山至南宁高速公路开工建设。在分会场,桂林至柳州高速公路(僚田至鹿寨北互通)路面改造项目同日建成通车。这标志着截至2016年年底,广西高速公路建成总里程突破4500km,达到4656km。同日,荔浦至玉林、松旺至铁山港东岸、贺州至巴马昭平至蒙山段、都安至巴马段4条高速公路项目开工建设,进一步向"县县通高速"目标迈出坚实步伐,为广西壮族自治区经济持续健康发展、早日实现"两个建成"目标提供了强劲动力和有力支撑。